Aaron Judge
Yankees
アーロン・ジャッジ
ヤンキース

JN013880

Pablo Lopez
Twins
パブロ・ロペス
ツインズ

Tarik Skubal
Tigers
タリク・スクーバル
タイガース

Tanner Bibee
Guardians
タナー・バイビー
ガーディアンズ

Luis Robert Jr.
White Sox
ルイス・ロバート・ジュニア
ホワイトソックス

Bobby Witt Jr.
Royals
ボビー・ウィット・ジュニア
ロイヤルズ

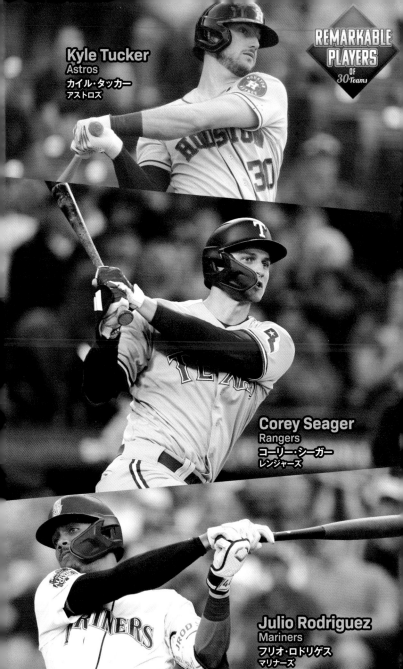

Kyle Tucker
Astros
カイル・タッカー
アストロズ

REMARKABLE
PLAYERS
OF 30 Teams

Corey Seager
Rangers
コーリー・シーガー
レンジャーズ

Julio Rodriguez
Mariners
フリオ・ロドリゲス
マリナーズ

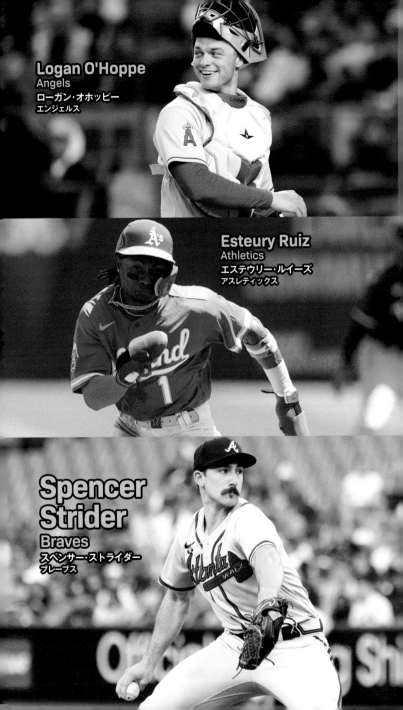

Logan O'Hoppe
Angels
ローガン・オホッピー
エンジェルス

Esteury Ruiz
Athletics
エステウリー・ルイーズ
アスレティックス

Spencer Strider
Braves
スペンサー・ストライダー
ブレーブス

Zack Wheeler
Phillies
ザック・ウィーラー
フィリーズ

Luis Arraez
Marlins
ルイス・アラエズ
マーリンズ

Francisco Lindor
Mets
フランシスコ・リンドーア
メッツ

REMARKABLE
PLAYERS
OF
30 Teams

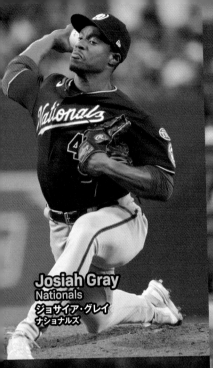

Josiah Gray
Nationals
ジョサイア・グレイ
ナショナルズ

William Contreras
Brewers
ウィリアム・コントレラス
ブリュワーズ

Dansby Swanson
Cubs
ダンズビー・スワンソン
カブス

Elly De La Cruz
Reds
エリー・デラクルーズ
レッズ

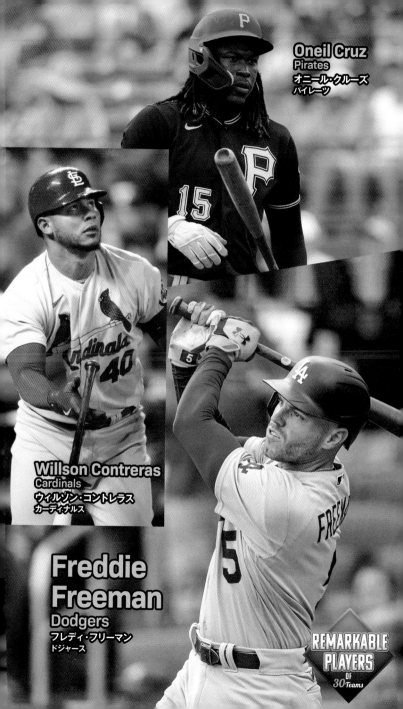

Oneil Cruz
Pirates
オニール・クルーズ
パイレーツ

Willson Contreras
Cardinals
ウィルソン・コントレラス
カーディナルス

Freddie
Freeman
Dodgers
フレディ・フリーマン
ドジャース

REMARKABLE
PLAYERS
OF
30 Teams

Corbin Carroll
Diamondbacks
コービン・キャロル
ダイヤモンドバックス

Fernando Tatis Jr.
Padres
フェルナンド・タティース・ジュニア
パドレス

Patrick Bailey
Giants
パトリック・ベイリー
ジャイアンツ

Nolan Jones
Rockies
ノーラン・ジョーンズ
ロッキーズ

メジャー
リーグ・
完全データ
選手名鑑
2024

監修 村上雅則　編著 友成那智

Major League
Perfect Data
Players Directory
2024

廣済堂出版

今年は一刀流で打撃に集中できる大谷に期待

　2023年は大谷、大谷、大谷の１年でした。本塁打王になり、MVPにも２度目の満票。９月に手術を受けたヒジも順調に回復しているようなので、ドジャーズに移籍し、打者一本で出場する今季は、本塁打50、盗塁30、打点100、打率３割を期待しています。投手としての史上最高額でドジャースに入団した山本由伸は、15以上は勝って欲しいですね。パドレス入団の松井裕樹は、ダルビッシュ有とコンビを組んで、チームの牽引役になる可能性があります。２年目の千賀滉大は、メッツの戦力が落ちている中でエースを務めるのでたいへんでしょうが、こちらも15勝を期待しています。藤浪晋太郎は制球が良くなれば活躍できるでしょうし、カブスに入った今永昇太も２ケタ勝てる実力はあります。鈴木誠也が昨年以上の成績を出せば、カブスは地区優勝にグンと近づくことになります。レッドソックスの吉田正尚はチームが弱体化している中で、今年も孤軍奮闘することになるでしょう。菊池雄星は昨年まずまずでしたが、今季、被本塁打を減らすことができれば、もっと数字は残せるはずです。前田健太はヒジの手術から復帰した昨年、良い働きをしました。タイガースに移った今季は、昨年以上の活躍を楽しみにしています。上沢直之はマイナー契約でレイズに入りましたが、メジャーで十分活躍できる投球術と制球力があります。筒香嘉智もマイナー契約ではありますが、今年のジャイアンツは戦力がスカスカなので、チャンスがあります。

　私事ですが、昨年10月17日に、ワシントンD.C.で、日米の野球の懸け橋となったことを評価され、日米協会から「マーシャル・グリーン賞」を授与されました。これは両国の交流に多大な貢献があった者に贈られる賞で、スポーツ界からは初めての受賞だそうです。また、今年１月には、「日本スポーツ学会大賞」も頂戴しました。授賞理由は、ロベルト・クレメンテが行っていた難民救済チャリティ活動を引き継いで約30年間継続したことや、国連難民サポーターとなったことが評価されたようです。

　大谷翔平は、全国の小学校にグラブを３個ずつプレゼント。能登半島の地震にも多額の寄付をしました。ダルビッシュも社会貢献に熱心です。規模の大きさでは彼らにかないませんが、そうした活動もできる限り、頑張っていきたいと思います。

村上雅則

選手やMLBを取り巻く事情を掘り下げて解説

　2024年度版では856人の選手を、豊富なデータやエピソードを交えて紹介しています。とくにWBC出場の有無を、できるだけ書くようにしました。なぜならWBCで、ケガをしたり、燃え尽きたりする者が少なくなかったからです。ケガで深刻な影響が出た代表例は、メッツの守護神エドウィン・ディアスです。彼はゲーム中ではなく、ゲームに勝って歓喜のジャンプをしていたときに、ヒザの前十字靱帯（ぜんじゅうじじんたい）を断裂して、1シーズン、棒に振ったのです。燃え尽き症候群（こうぐん）の代表格は、フィリーズのトレイ・ターナーです。彼はWBCで6試合に出場して、5本塁打、11打点と大暴れしましたが、それで大仕事をした気持ちになり、シーズン開幕後はモチベーションが上がらず、開幕から55日が経過した時点で、本塁打が4本、打点が10でした。エンジェルスのデイヴィッド・フレッチャーもこれと似たケースですが、開幕後2週間でマイナー落ちし、その間にポジションを失い、シーズン終了後には不用品の烙印（らくいん）を押され、トレードで出されてしまいました。WBCではこういった泣き笑いが繰り返されてきましたが、今回はとくに多かったので、興味深いケースについては、本文中で紹介しました。

　また、2024年度版ではキューバ亡命選手が、どのような背景があり、どのような手段で亡命したか、ということをわかる範囲で書くようにしました。もちろん選手たちは、純粋に自由を求めて亡命したわけではありません。「キューバ野球選手密輸ビジネス」を手がける人間たちに取り込まれ、彼らの描いた筋書き通り動いているのです。それが実態の一部だとしても、「亡命劇」の裏側を知ることは意味があるので、書く必要を感じたのです。

　中南米出身選手の契約年齢とプロ入り前後の事情も、わかる範囲で書くことにしました。なぜなら、ドミニカなど中南米の一部の国では、10〜13歳で学校をドロップアウトし、有望株育成業者のキャンプに入って野球漬けの生活を送り、16歳でプロ入りするシステムができあがっているからです。筆者はこれらをすべてネガティブにとらえているわけではありませんが、このままではいずれ人権問題として、後ろ指を指されるのは必至。このシステムの最大の受益者であるMLBとそのファンは、そろそろ問題意識を持ってもいいと思ったので、少し触れてみることにしたのです。

友成那智

Contents

本書の見方

投手

年齢（2024年満年齢）生年月日
｜身長 体重｜サイドハンド、アンダーハンドは明記

先発、クローザーなどの役割

背番号

ピッチャー版の「ミスター・オクトーバー」　先発

45 ザック・ウィーラー
Zack Wheeler

34歳 1990.5.30生｜193cm｜88kg｜右投左打

◆速球のスピード／150キロ台中頃（フォーシーム、シンカー）
◆決め球と持ち球／☆フォーシーム、◎シンカー、○スイーパー、○カッター、○カーブ
◆対左打者被打率／.261　◆対右打者被打率／.194
◆ホーム防御率／4.13　◆アウェー防御率／3.16
◆ドラフトデータ／2009①ジャイアンツ
◆出身地／ジョージア州　◆年俸／2350万ドル（約32億9000万円）
◆最多奪三振1回（21年）、ゴールドグラブ賞1回（23年）

球威 5+
制球 5
緩急 4
守備・牽制 5
度胸 5

◆好調時の速球のスピード
◆球種（☆はアウトピッチレベル、◎は上レベル、○は平均レベル、△は平均未満レベル）
◆昨季の対左打者・対右打者被打率
◆昨季のホーム・アウェー防御率
◆ドラフトデータ（入団年、指名巡〔ドラフト外は㊀〕、指名球団）
◆出身地
◆2024年の年俸
◆主要タイトル受賞歴
（MVP、サイ・ヤング賞、最優秀防御率、最多勝、最多奪三振、最多セーブ、最優秀救援投手賞、ゴールドグラブ賞、シルバースラッガー賞、カムバック賞、ロベルト・クレメンテ賞、新人王）

各能力5段階評価
- 球威
- 制球
- 緩急
- 守備・牽制
- 度胸

（5+も、稀にあり）

野手

今季移籍入団した選手（新人王受賞資格を有する者は、ルーキーマークが入る）

年齢（2024年満年齢）生年月日
｜身長 体重｜スイッチヒッターは両打と表示

ポジション

背番号

得点力向上の切り札として獲得　レフト ライト DH　移籍

22 ホアン・ソト
Juan Soto

26歳 1998.10.25生｜188cm｜101kg｜左投左打

◆対左投手打率／.256（172-44）　◆対右投手打率／.283（396-112）
◆ホーム打率／.240（275-66）　◆アウェー打率／.307（293-90）
◆得点圏打率／.299（144-43）
◆23年のポジション別出場数／レフト=154、DH=7
◆ドラフトデータ／2015㊀ナショナルズ
◆出身地／ドミニカ
◆年俸／3100万ドル（約43億4000万円）
◆首位打者1回（20年）、シルバースラッガー賞4回（20～23年）

ミート 4
パワー 5
走塁 3
守備 2
肩 3

◆昨季の対左投手・対右投手打率
◆昨季のホーム・アウェー打率
◆昨季の得点圏打率
◆昨季のポジション別出場数
◆ドラフトデータ（入団年、指名巡〔ドラフト外は㊀〕、指名球団）
◆出身地
◆2024年の年俸
◆主要タイトル受賞歴
（MVP、首位打者、本塁打王、打点王、盗塁王、ゴールドグラブ賞、シルバースラッガー賞、ハンク・アーロン賞、カムバック賞、ロベルト・クレメンテ賞、新人王）

各能力5段階評価
- ミート
- パワー
- 走塁
- 守備
- 肩

（5+も、稀にあり）

メジャー用語解説

主な球種と代表的投手

■フォーシームの速球
日本における「直球」「ストレート」。昨季、J・ドゥランのフォーシームは、平均球速が163.8キロもあった。最速は168.7キロを計測。

■ツーシームの速球
動く速球で、日本の「シュート」もこれに含まれる。一般にフォーシームより球速は落ちる。最近は「シンカー」でまとめられることも多い。

■シンカー
ゴロを打たせるのに最適な沈む速球。ツーシームを含める場合もある。代表的な使い手には、M・ストローマン、R・スアレスなどがいる。

■カッター(カットファストボール)
速球に近いスピードで来て、打者の手元で小さく鋭く変化する球種。E・クラセー、C・バーンズ、K・ジャンセンらが、武器にしている。

■チェンジアップ
打者の近くで沈むスピードの遅い変化球で、握り方によって変化は異なる。代表的な投手に、D・ウィリアムズ、T・ケインリーなどがいる。

■スライダー
ヨコやタテに鋭く曲がる変化球。多くの投手が持ち球にしている。G・コール、S・ストライダー、J・ヘイダーらのスライダーは一級品。

■スイーパー
ヨコの変化が大きいスライダー。大谷翔平が多投している。S・グレイやP・ロペスのスライダーも、「スイーパー」に分類されている。

■カーブ
大きく曲がりながら落ちる変化球。代表的な使い手には、T・グラスナウ、ダルビッシュ有、M・フリード、D・ベドナーなどがいる。

■スプリッター
打者の近くでストンと落ちる変化球。日本における「フォークボール」も、これに含まれる。大谷翔平、千賀滉大、K・ゴーズマンらの勝負球。

■ナックルボール
揺れながら来て、打者の近くで予測のつかない沈みを見せる変化球。最近のメジャーでは、この球種を武器にする投手がほぼいなくなった。

投手に関する用語

■ブルペン
もとの意味は、投球練習場。転じて、「リリーフ」の意。

■クオリティ・スタート(QS)
先発して6回以上を投げ、自責点3以下に抑えた試合を指す。昨シーズンのメジャー最多は、G・コールとL・ウェッブが記録した24。

■WHIP(Walks & Hits per Inning Pitched)
1イニングあたりに許した走者（安打＋四球）の数。G・コールの0.98が昨季、規定投球回に達した投手の中で、ベストの数字。

■サイ・ヤング賞
その年、最も活躍した投手に贈られる賞。両リーグから1人ずつ選ばれる。昨季は、G・コールとB・スネルが授賞した。

■スターター
先発投手のこと。メジャーでは100球を目途に交代するケースが多い。

■クローザー
リードしている試合の9回、あるいは8回の途中から登板する抑え投手。

■セットアップ
7回、8回から登板し、クローザーへつなぐ役割を担う投手。

■スイングマン
チーム事情によって、先発にリリーフにと様々な使い方をされる投手。

野手に関する用語

■5(ファイブ)ツール
野手を評価する際によく用いられる、重要な5つの能力。「高打率を出す能力」「長打力」「走塁技術」「守備力」「肩の強さ」を指す。

■クラッチヒッター
チャンスや大事な場面でしっかり結果を出す、勝負強い打者のこと。

■フリースインガー
狙い球をしぼらず、なんでもかんでも打ちにいく打者。出塁率が低い。

■ユーティリティ・プレーヤー
複数のポジションを守ることのできる選手。投手と捕手以外ならどこでも守れる、内外野兼用のユーティリティ・プレーヤーもいる。

■プラトーン・プレーヤー
左投手（右投手）が先発する際に、先発で出場する右打者（左打者）。

■OPS(On-base Plus Slugging)
出塁率と長打率を合わせた、強打者度を示す数値。

■DRS(Defensive Runs Saved)
守備力を測る数値。ある選手がそのポジションの平均と比べ、シーズンを通して守備でどれだけ失点を防いだ（与えた）かを示す。

■アシスト
補殺のこと。打球を捕球後、打者や走者をアウトにした送球など。

■ゴールドグラブ賞、シルバースラッガー賞
ゴールドグラブ賞は、その年、とくに優れた守備を見せた選手に贈られる賞。シルバースラッガー賞は、とくに優れた打撃を見せた選手に贈られる賞。両リーグから、各ポジション1人ずつ選ばれる。

■ハンク・アーロン賞
その年、最も活躍した打者に贈られる賞。両リーグから、各1人選ばれる。

■ゼネラル・マネージャー(GM)

トレードやドラフトなど、チーム編成業務の統括的役職。最近ではさらなる編成上の責任者を、GMの上に置く球団も増えている。

■ベンチコーチ

監督の補佐的役割を担うコーチ。日本の「ヘッドコーチ」にあたる。

■フリー・エージェント(FA)

所属先が確定しておらず、どのチームとも契約を結べる自由契約選手。

■ドラフト

7月に開催。指名対象地域はアメリカ、カナダ、プエルトリコ。

■ルール5(ファイブ)ドラフト

毎年12月に行われる。各チームのメジャー登録選手枠に入っていない選手を他球団が獲得できる、選手の飼い殺しを防ぐ制度。獲得した選手の起用法や相手球団への補償など、細かな制約がいくつもある。

■オプトアウト

契約を破棄すること。選手が球団と長期契約を結ぶ際、途中で他球団と有利な条件で契約できるよう、オプトアウト条項を盛り込む場合も多い。

■故障者リスト(IL=Injured List)

故障選手の登録制度。リストに登録された選手は、メジャー選手の資格を持ったまま、申請期日満了となるまで、ベンチ入り枠から除外される。

■トミー・ジョン手術

ヒジの腱の移植手術。数多くの選手がこの手術を受け、復活している。投手であれば通常、実戦復帰までに1～1年半の時間がかかる。

■スモールボール

犠打、盗塁、ヒットエンドランなど、小技や機動力を駆使する戦術。

■カムバック賞

病気やケガを乗り越え、活躍した選手に贈られる賞。

■ロベルト・クレメンテ賞

慈善活動に積極的に取り組んでいる選手に贈られる名誉ある賞。

MLB英語略記

G=試合、AB=打数、H=安打、HR=本塁打、RBI=打点、AVG=打率、BB=四球、SO=三振、SB=盗塁、CS=盗塁死、OBP=出塁率、GS=先発試合数、W=勝利、L=敗戦、SV=セーブ、IP=投球回、ER=自責点、E=失策、FPCT=守備率、WS=ワールドシリーズ、ALCS=アメリカン・リーグ・チャンピオンシップシリーズ、NLCS=ナショナル・リーグ・チャンピオンシップシリーズ、ALDS=アメリカン・リーグ・ディヴィジョンシリーズ、NLDS=ナショナル・リーグ・ディヴィジョンシリーズ

Roster（出場選手登録）略記

R=右投げ（右打ち）、L=左投げ（左打ち）、S=両打ち、SP=先発投手、RP=リリーフ投手、1B=ファースト、2B=セカンド、3B=サード、SS=ショート、LF=レフト、CF=センター、RF=ライト、OF=外野手、UT=ユーティリティ、DH=指名打者

日本人・新メジャーリーガー 2024年 大予測！

山本由伸 Yoshinobu Yamamoto

今永昇太 Shota Imanaga

松井裕樹 Yuki Matsui

上沢直之 Naoyuki Uwasawa

今年は山本由伸、今永昇太、松井裕樹の3人がメジャー契約で、上沢直之がマイナー契約で、アメリカへ渡った。彼らの活躍具合を、予想してみよう。

山本由伸（ドジャース）…～大谷と一緒になる大きなメリット～

オリックスのエースだった山本由伸は、ヤンキース、ドジャース、メッツなどが激しい獲得合戦を繰り広げた末、12年3億2500万ドルという、投手としての史上最高額で、ロサンジェルス・ドジャースに入団した。

契約期間が12年になったことを考えれば、山本は最良の選択をしたと言っていいだろう。以下に挙げるように、ドジャース入りはプラス要素がたくさんある一方で、マイナス要素はわずかしかないからだ。

＋プラス要因 　1：大谷翔平が投手として復帰する来シーズン（2025年シーズン）から、ドジャースは6人ローテーションに移行。

2：今まで多くの日本人選手が在籍したので、球団がその扱いに慣れている。

3：同じチームに面倒見の良い大谷翔平がいて、必要な情報やアドバイスをいつでも受けることができる。投手陣のしきたりや、ルールも教えてもらえるので、まごつかずに済む。

◀ドジャースのデイブ・ロバーツ監督は、沖縄県生まれ。母親は日本人だ。

▲ドジャース強力打線の援護を受けて、山本が最多勝を獲得する可能性は十分ある。

4：ロサンジェルスは気候が温暖で暮らしやすい。日本食や日本文化も充実しているので、生活環境での問題点が少なく、野球に専念できる。

5：ドジャース打線は得点力がメジャーで1、2を争うレベルなので、勝ち星をかせぎやすく、最多勝も夢ではない。

6：内野も外野も、全般に守備力が高い。そのため、味方の拙守に足をすくわれて思わぬ失点を重ねるようなことが少ない。

7：ドジャースは、クローザー、セットアッパーらリリーフ陣のレベルが高いので、勝ち星を消されることがあまりない。

この7つの中で最も大きいのは、1に挙げた、来シーズンから6人ローテーションで投げられることだ。日本人投手がMLBに来て5人ローテーションで投げ続ければ、ヒジや肩の故障リスクがどんどん高くなり、松坂大輔は5年目に、ダルビッシュ有は3年目にトミー・ジョン手術を受ける羽目になった。6人ローテーションで投げることができれば、ヒジを壊すリスクが大幅に下がる。山本は、投手ではこれまで誰もしたことのない「12年」という長い契約を結んだ。何よりも避けなくてはいけないのは、9年目、10年目あたりでまともに稼働できなくなり、不良資産化することだ。来季から6人ローテーションで投げることができれば、不良資産化せず、12年契約を完遂できるかもしれない。だから、大きな意味を持つのだ。

1：ロバーツ監督は投手交代のタイミングが早いため、フラストレーションがたまる。

2：ドジャースは100勝が当たり前。接戦を制してポストシーズン進出というパターンにならず、「ヒリヒリするような9月」を経験できない。

このように、ドジャースを選択したことによるマイナスは少ない。もしヤンキースを選択していたら、プラス要素とマイナス要素は同数くらいになっていたはずだ。山本は賢明な判断をしたようだ。

今永昇太（カブス）…〜日本人の成功例が少ないカブスを選択〜

ベイスターズの元エース今永昇太は、ポスティングでシカゴ・カブスに入団した。今季はエースの左腕スティール、2番手の技巧派ヘンドリックスに次ぐ先発3番手として使われる可能性が高い。メジャーリーグ移籍、およびカブス入団は、どのようなプラス要素があるのだろう？

＋プラス要因 1：同じチームに鈴木誠也がいて、チームに溶け込むうえで必要なルールや知識を教えてくれるので、まごつかずに済む。

2：メジャーリーグの打者は、NPBの打者より積極的に振ってくる。そのため、今永にとっては、三振を取りやすくなる。

3：捕手ゴームスは、見せ球を効果的に使った考えたリードをしてくれるので、女房役にもってこい。

4：制球力があるため球数が増えず、100球で6回終了まで投げ切ることができる。

その一方で、マイナスに作用すると思われる要素も、いくつかある。

ーマイナス要因 1：登板間隔が日本時代の中6日から中4日に変わる。そのため、疲れが完全に取れないまま、次の登板が来てしまう。

2：カブスはメジャーリーグで唯一、デーゲームをメインにしている。そのため、体調管理が難しい。

3：今永はフォーシームのキレと制球力が生命線。夏場に酷暑になるシ

◀昨年のWBC決勝アメリカ戦では、今永が日本チームの先発を任された。

カゴでは疲労が蓄積し、スピン量が落ちて、一発を食いやすくなる。

4：シカゴはファンもメディアも辛辣で、高年俸なのに働きの悪い者は、激しいブーイングとヤジにさらされてしまう。

5：本拠地リグレー・フィールドは、ミシガン湖から絶えず強い風が吹くため、ポテンヒットや捕球ミスが起きやすい。

　このようにリグレー・フィールドでは、自然条件のいたずらによるヒットが少なくない。ピッチャーは頭に血が上って冷静さを失いがちになるが、今永にはそれをコントロールできる精神力があるので、心配は無用だろう。

松井裕樹（パドレス）…～奪三振率の大幅アップなるか!?～

　東北楽天のクローザーだった松井裕樹は、5年2600万ドルの契約で、ダルビッシュ有のいるサンディエゴ・パドレスに入団した。今シーズン、パドレスでは阪神タイガースの元守護神ロベルト・スアレスがクローザーに入るので、松井はその前を投げるセットアッパーとしてスタートする。

　メジャーで投げること、そしてパドレスで投げることは、松井にとって、どのようなプラスがあるのだろうか？

＋プラス要因　1：同じチームに、後輩の面倒をよく見ることで知られるダルビッシュ有がいる。そのアドバイスで、すんなりチームに溶け込めるだけでなく、シーズン中は気がついたことを指摘してもらえる。

2：本拠地のペトコ・パークは、メジャー屈指の広い球場であるため、フライボール・ピッチャーである松井にとって、大きな恵みになる。

3：クローザーに予定されているロベルト・スアレスは、故障しやすくなっているので、シーズン途中に松井がクローザーで使われるチャンスは十分ある。

4：パドレスは、内野、外野ともに、守備力が高い。

－マイナス要因　1：チームが年俸総額の大幅削減を断行したため、ローテーションもブルペンもコマ不足になっており、セットアッパーだけでなく、様々な役回りで酷使される可能性がある。

▶松井の活躍は、メジャーリーグの使用球に対応できるかが、大きなカギになる。

２：パドレスはここ数年、キャッチャーに人材を欠き、今季は、バッティングには長けているが守備はイマイチというタイプのキャンピュサーノが、正捕手を務める。ボールブロックに難があるので、決め球のフォークボールを逸らし、振り逃げを許すようなケースがあるかもしれない。

３：夏場は高温と乾燥で打球が飛びうえ、投手は疲労の蓄積でフォーシームのキレが落ちるので、立て続けに一発を食うシーンがあるかも。

　パドレスのブルペンは守護神のヘイダーがチームを去り、今後、誰が中心になるか見えない状態となっている。楽天でリーダーシップを発揮してきた松井がそれに一番ふさわしいのは、疑問の余地がないところだ。どのようにリーダーシップを発揮していくか、注目だ。

上沢直之(レイズ)…〜マイナー契約からメジャーを目指す〜

　昨年まで北海道日本ハムに在籍し、良い働きをしてきた上沢直之は、タンパベイ・レイズにマイナー契約で入団した。メジャーリーグのキャンプには招待選手として参加し、そこからメジャーを目指すことになる。

　プラス要素とマイナス要素は、以下の通りだ。

＋プラス要因　１：速球(フォーシーム主体)の平均スピードは147キロ前後だが、スピン量が多く、キレは悪くない。

２：制球力があり、四球を最小限に抑えられるので、イニングをかせげる。多くのイニングを消化してくれる「イニング・イーター」は、長いシーズンを戦ううえで、貴重な存在となる。

３：トレードによる移籍や故障により、今季のレイズはメジャーのローテーションが確定されていない。

－マイナス要因　１：狙って三振を取れる必殺変化球がない。日本でも、奪三振率は高くなかった。

２：球速が遅いうえ、タイミングを合わせやすい投球フォーム。

　本人はあくまでも先発でメジャー入りすることにこだわっており、レイズを選択したのも、故障者続出でローテーションに２つ空きがあるからだ。シーズン途中の昇格も、十分あり得る。

◀上沢の制球力は、メジャーでも大きな武器になるに違いない。

影響はあった!?
ルール変更を徹底検証

試合時間の短縮や、野球本来の魅力を取り戻すことなどを目的に、昨年からいくつかのルールが新たに導入された。その効果などを検証しよう。

▲昨シーズン、投手・大谷翔平は、ピッチクロックへの対応に苦労した。

投手には大きなマイナス。攻撃側には?

1 ピッチクロック

効果絶大 **試合時間が前年比24分短縮**

昨季の9イニングあたりの試合時間は平均2時間39分で、前年比24分、前々年比では31分も短縮された。これはファンに好感され、観客動員数が前年比9.5%増の7045万人になった。観客動員数が7000万人台になったのは、7年ぶりのことだ。

チーム別に見ると、ピッチクロック違反の最多はメッツの55回。最少はマリナーズの15回。個々の選手で最も違反が多かったのは、昨年、フィリーズで投げていたクレイグ・キンブル(現オリオールズ)の13回。マウンド上で、上体を折って捕手のサインをじっくり確認するおなじみのルーティンを短縮できなかったことが響いた。日本人選手では、メッツの千賀滉大が7回違反している。ちなみに、大谷翔平は2回、菊池雄星は0回だった。菊池は以前から投球と投球の間隔が短く、ピッチクロックのルールに関して優等生だ。

MLBはこの結果に満足しており、今シーズンから塁に走者がいる場合の制限時間が、20秒から18秒になる。走者なしの場面の制限時間は、15秒で変わりがない。

▼投球前の独特のルーティンで知られるクレイグ・キンブルが、昨季の最多違反者になってしまった。

25

2 極端なシフトの制限

効果
小 シングルヒット数は
前年比0.6%の伸び

MLBが塁間に内野手を3人配置する極端な守備シフトを禁止した狙いは、シングルヒットを増やし、打線のつながりによる得点を増やすことにあった。しかし、昨年のシングルヒット数は、前年比0.6%の伸びにとどまり、効果はほとんどなかった。

狙い通りにいかなかったのは、どのチームも、左打者が打席に立つと、遊撃手が二塁ベースのほぼ真後ろのあたりにポジショニングするようになり、逆に右打者の場合は二塁手が二塁ベースのほぼ真後ろに立つという、新たな守備陣形をとるようになったからだ。つまり、別の特殊な守備陣形が導入されたのと同じ結果になったと言える。MLBが極端なシフトを禁止した究極の狙いは、本塁打偏重に歯止めをかけることにあったが、本塁打は減るどころか、結果的に、前年比13.1%の増加となった。

3 牽制球の制限とベース拡大

効果
絶大 盗塁成功数が
前年比**40%アップ**

新ルールの導入で、昨シーズンから牽制球が実質2球までに制限された。それに加え、一塁、二塁、三塁の各ベースが、38.1センチ四方から45.7センチ四方に拡大され、塁と塁の間が11.6センチ短くなった。それによって、積極的に盗塁にトライする者が多くなり、盗塁企図数が前年の3131から4165に増加（増加率33%）し、成功も4％ほどアップ。昨シーズンのメジャーリーグ全体の盗塁成功数は3503で、前年の2486から約1.4倍となった。

出塁機会の多いアクーニャ・ジュニア（ブレーブス）は、16年ぶりに70を超える盗塁数をマークして、ナショナル・リーグの盗塁王になった。アメリカン・リーグの盗塁王ルイーズも、68盗塁を記録。70盗塁前後決めないと、盗塁王になれない時代が到来した。これはキャッチャー受難の時代になったことをも意味し、平均盗塁阻止率は、前年の20.6％から15.9％にダウン。肩の衰えが始まったベテラン捕手は、盗塁をほとんど刺せなくなり、出番を減らす結果になってしまった。

興味深いのは、投手の牽制球が大幅に減っているのに、投手の牽制球でアウトになる走者が52％も増えていることだ。これは走者が、牽制球が来ないと高をくくって、リードを大きくとりすぎるのが原因。

▼ロナルド・アクーニャ・ジュニアは、新ルールを味方につけ、73盗塁。

AMERICAN
LEAGUE
アメリカン・リーグ

東部地区	ボルティモア・オリオールズ タンパベイ・レイズ トロント・ブルージェイズ ニューヨーク・ヤンキース ボストン・レッドソックス
中部地区	ミネソタ・ツインズ デトロイト・タイガース クリーブランド・ガーディアンズ シカゴ・ホワイトソックス カンザスシティ・ロイヤルズ
西部地区	ヒューストン・アストロズ テキサス・レンジャーズ シアトル・マリナーズ ロサンジェルス・エンジェルス オークランド・アスレティックス

AMERICAN LEAGUE

パイレーツ
（ペンシルヴァニア州
ピッツバーグ市）

フィリーズ
（ペンシルヴァニア州
フィラデルフィア市）

マリナーズ
（ワシントン州
シアトル市）

ツインズ
（ミネソタ州
ミネアポリス市）

ブリュワーズ
（ウィスコンシン州
ミルウォーキー市）

ホワイトソックス
（イリノイ州シカゴ市）

ブルージェイズ
（オンタリオ州
トロント市
（カナダ））

ヤンキース
（ニューヨーク州
ニューヨーク市）

メッツ
（ニューヨーク州
ニューヨーク市）

アスレティックス
（カリフォルニア州
オークランド市）

ロイヤルズ
（ミズーリ州カンザスシティ市）

タイガース
（ミシガン州
デトロイト市）

カブス
（イリノイ州
シカゴ市）

レッドソックス
（マサチューセッツ州
ボストン市）

ジャイアンツ
（カリフォルニア州
サンフランシスコ市）

ロッキーズ
（コロラド州
デンバー市）

カーディナルス
（ミズーリ州セントルイス市）

レッズ
（オハイオ州
シンシナティ市）

オリオールズ
（メリーランド州
ボルティモア市）

エンジェルス
（カリフォルニア州
アナハイム市）

レンジャーズ
（テキサス州
アーリントン市）

ガーディアンズ
（オハイオ州
クリーブランド市）

ナショナルズ
（コロンビア特別区）

ダイヤモンドバックス
（アリゾナ州
フェニックス市）

レイズ
（フロリダ州
セントピーターズバーグ市）

ブレーブス
（ジョージア州アトランタ市）

パドレス
（カリフォルニア州サンディエゴ市）

アストロズ
（テキサス州ヒューストン市）

ドジャース
（カリフォルニア州ロサンジェルス市）

マーリンズ
（フロリダ州マイアミ市）

			略記	
EAST	BALTIMORE ORIOLES		**BAL**	オリオールズ
	TAMPA BAY RAYS		**TB**	レイズ
	TORONTO BLUE JAYS		**TOR**	ブルージェイズ
	NEW YORK YANKEES		**NYY**	ヤンキース
	BOSTON RED SOX		**BOS**	レッドソックス
CENTRAL	MINNESOTA TWINS		**MIN**	ツインズ
	DETROIT TIGERS		**DET**	タイガース
	CLEVELAND GUARDIANS		**CLE**	ガーディアンズ
	CHICAGO WHITE SOX		**CWS**	ホワイトソックス
	KANSAS CITY ROYALS		**KC**	ロイヤルズ
WEST	HOUSTON ASTROS		**HOU**	アストロズ
	TEXAS RANGERS		**TEX**	レンジャーズ
	SEATTLE MARINERS		**SEA**	マリナーズ
	LOS ANGELES ANGELS		**LAA**	エンジェルス
	OAKLAND ATHLETICS		**OAK**	アスレティックス

ボルティモア・オリオールズ

◆創　立：1901年
◆本拠地：メリーランド州ボルティモア市

◆ワールドシリーズ制覇：3回／◆リーグ優勝：7回
◆地区優勝：10回／◆ワイルドカード獲得：3回

主要オーナー　デイヴィッド・ルーベンスタイン（投資家）

過去5年成績	年度	勝	負	勝率	ゲーム差	地区順位	ポストシーズン成績
	2019	54	108	.333	49.0	⑤	―
	2020	25	35	.417	15.0	④	―
	2021	52	110	.321	48.0	⑤	―
	2022	83	79	.512	16.0	④	―
	2023	**101**	**61**	**.623**	**(2.0)**	**①**	地区シリーズ敗退

監督　18 ブランドン・ハイド *Brandon Hyde*

◆年　齢…………51歳（カリフォルニア州出身）
◆現役時代の経歴 … メジャーでのプレー経験なし
（キャッチャー、ファースト）
◆監督経歴…………5シーズン　オリオールズ（2019～）
◆通算成績…………315勝393敗（勝率.445）
　　　　　　　　　最優秀監督賞1回（23年）

　昨年のアメリカン・リーグ最優秀監督。才能ある若手選手たちの力を十分に引き出し、2021年に110敗していたチームを、強豪ひしめくアメリカン・リーグ東部地区のトップに押し上げた。前向きでポジティブな性格が、チームに好影響を与えている。カブスのベンチコーチだった18年オフ、弱小オリオールズの監督に就任。同じ時期にエンジェルス、ブルージェイズ、レンジャーズ、ツインズの新監督候補となり、面接まで受けていたが、すべて不採用になっていた。

注目コーチ　9 アンソニー・サンダース *Anthony Sanders*

　一塁ベースコーチ。50歳。現役時代は外野手。2001年のシーズン途中に来日し、横浜（現横浜DeNA）に入団したが、14試合で打率1割1分4厘、1本塁打と、活躍できず。

編成責任者　マイク・イライアス *Mike Elias*

　42歳。若手の能力を見抜く力、育成力に定評あり。再建計画が実を結び、弱小チームが若手中心の強豪に生まれ変わった。2023年のMLB最優秀エグゼクティブ賞を受賞。

スタジアム　オリオールパーク・アット・キャムデンヤーズ *Oriole Park at Camden Yards*

◆開場年…………1992年
◆仕　様…………天然芝
◆収容能力…………45,971人
◆フェンスの高さ…4.0～6.4m
◆特　徴…………以前は右打者に本塁打が出やすかったが、レフトフェンスの位置をやや後方に動かしてからは、本塁打の出る頻度が低下した。レンガと鉄骨を基調としたレトロな外観で、ライトスタンド後方の、レンガ造りの巨大倉庫がシンボル。

ニュートラルパーク

Best Order [ベストオーダー]

① ガナー・ヘンダーソン……サード
② アドリー・ラッチマン……キャッチャー
③ アンソニー・サンタンデーア……ライト
④ ライアン・オハーン……ファースト
⑤ オースティン・ヘイズ……レフト
⑥ セドリック・マリンズ……センター
⑦ ライアン・マウントキャッスル……DH
⑧ ジャクソン・ホリデー……ショート
⑨ ジョーダン・ウエストバーグ……セカンド

Depth Chart [ポジション別選手層・メンバーリスト]

※2024年2月25日時点の候補選手。数字は背番号（開幕前に変更する場合もあり）、右・左等は投・打の順。

センター
31 セドリック・マリンズ [左・左]
26 ライアン・マッケナ [右・右]

レフト
21 **オースティン・ヘイズ [右・右]**
13 ヘストン・カースタッド [右・左]
26 ライアン・マッケナ [右・右]

ライト
25 **アンソニー・サンタンデーア [右・両]**
13 ヘストン・カースタッド [右・左]
26 ライアン・マッケナ [右・右]

ショート
－ **ジャクソン・ホリデー [右・左]**
3 ホルヘ・マテオ [右・右]

セカンド
11 **ジョーダン・ウエストバーグ [右・右]**
29 ラモン・ウリーアス [右・右]

ローテーション
39 コービン・バーンズ [右・右]
38 カイル・ブラディッシュ [右・右]
30 グレイソン・ロドリゲス [右・右]
47 ジョン・ミーンズ [左・左]
64 ディーン・クレマー [右・右]
68 タイラー・ウェルズ [右・右]
19 コール・アーヴィン [左・左]

サード
2 **ガナー・ヘンダーソン [右・左]**
11 ジョーダン・ウエストバーグ [右・右]
29 ラモン・ウリーアス [右・右]

ファースト
32 **ライアン・オハーン [左・左]**
6 ライアン・マウントキャッスル [右・右]
25 アンソニー・サンタンデーア [右・両]

キャッチャー
35 **アドリー・ラッチマン [右・両]**
27 ジェイムズ・マッキャン [右・右]

DH
6 **ライアン・マウントキャッスル [右・右]**
32 ライアン・オハーン [左・左]

ブルペン
46 クレイグ・キンブル [右・右] **CL**
78 イェニエル・カノー [右・右]
58 シオネル・ペレス [左・右]
54 ダニー・クーロム [左・右]
43 ブライアン・ベイカー [右・右]
53 マイク・バウマン [右・右]
71 ジェイコブ・ウェッブ [右・右]
55 ディロン・テイト [右・右]
45 キーガン・エイキン [左・右]
52 ジョナサン・ヒーズリー [右・右]

※**CL**＝クローザー

オリオールズ試合日程……＊はアウェーでの開催

球団メモ 昨季、レギュラーシーズンでは、1回もスイープ（同一カードの連戦で全勝すること）されなかった。ただ、ポストシーズンでは、レンジャーズにスイープを食らった。

オリオールズ

■投手力⬇️…★★★✦✧【昨年度チーム防御率3.89、リーグ5位】

ローテーションはバーンズ、ブラディッシュ、G・ロドリゲス、ミーンズ、クレマーで回していく予定。昨季終了時点でも「中の上」レベルの実力がある楽しみなローテーションだったが、キャンプ直前にサイ・ヤング賞投手のバーンズが加わったことで、より強力な顔ぶれになった。リリーフ陣は、昨季アメリカン・リーグの最優秀救援投手賞（マリアーノ・リベラ賞）を受賞した、クローザーのバウティスタが昨年9月にトミー・ジョン手術を受けたので、今シーズンは使えない。その穴を埋めるのに、衰えが進む不安定なキンブルでは心もとない。リリーフ陣の実力はダウンしているよう見える。

■攻撃力➡️…★★★★✧【昨年度チーム得点807、リーグ4位】

昨年と一昨年の新人王が顔をそろえる、フレッシュで伸びしろの大きい打線。昨シーズンは「中の上」レベルだったが、ルーキーを含む若手が確実に成長するチームなので、「上」レベルにアップしている可能性がある。

■守備力⬇️…★★★✧✧【昨年度チーム失策数71、リーグ3位タイ】

今季は開幕から、ショートに大物ルーキーのホリデーが起用され、セカンドにもルーキーのウエストバーグが入る。内野守備で最も重要な2つのポジションがルーキーで占められることは、マイナスに作用するだろう。

■機動力➡️…★★★✦✧【昨年度チーム盗塁数114、リーグ6位】

盗塁数は平均レベルだが、成功率が高い。ハイド監督は犠打を多用するので、送りバントの数はアメリカン・リーグで2番目に多かった。

総合評価⬇️ ★★★★✧	一昨年はラッチマンが、昨年はヘンダーソンが新人王になったが、投手陣のほうでもバウティスタやブラディッシュの台頭があったため、最下位の常連から瞬く間に地区優勝するチームに。今シーズンもブレイクする若手が、3、4人出てきそうだ。

IN 主な入団選手
投手
コービン・バーンズ⬅ブリュワーズ
クレイグ・キンブル⬅フィリーズ
野手
とくになし

OUT 主な退団選手
投手
カイル・ギブソン➡カーディナルス
ジャック・フラハティ➡タイガース
藤浪晋太郎➡メッツ
ホルヘ・ロペス➡メッツ
野手
アーロン・ヒックス➡エンジェルス
アダム・フレイジャー➡ロイヤルズ

7月2・3・4	マリナーズ*	8月1・2・3・4	ガーディアンズ*	2・3・4	ホワイトソックス
5・6・7	アスレティックス*	6・7・8	ブルージェイズ*	6・7・8	レイズ
9・10・11	カブス	9・10・11	レイズ*	9・10・11	レッドソックス*
12・13・14	ヤンキース	13・14	ナショナルズ	13・14・15	タイガース*
16	オールスターゲーム	15・16・17・18	レッドソックス	17・18・19	ジャイアンツ
19・20・21	レンジャーズ*	19・20・21	メッツ*	20・21・22	タイガース
23・24・25	マーリンズ*	22・23・24・25	アストロズ	24・25・26	ヤンキース*
26・27・28	パドレス	27・28・29	ドジャース*	27・28・29	ツインズ*
29・30・31	ブルージェイズ	30・31・9月1	ロッキーズ*		

球団メモ　昨季は絶対的守護神のフェリックス・バウティスタが、チームの躍進に大きく貢献。だが、8月にヒジを痛め、オフにトミー・ジョン手術を受けたため、今季は全休濃厚。

エンジェルスが評価を誤って放出した逸材 先 発

38 カイル・ブラディッシュ
Kyle Bradish

28歳 1996.9.12生｜190cm｜97kg｜右投右打

- ◆速球のスピード／150キロ台前半（フォーシーム、シンカー）
- ◆決め球と持ち球／☆スライダー、☆カーブ、◎シンカー、○チェンジアップ、△フォーシーム
- ◆対左打者被打率／.220　◆対右打者被打率／.211
- ◆ホーム防御率／2.23　◆アウェー防御率／3.33
- ◆ドラフトデータ／2018④エンジェルス
- ◆出身地／アリゾナ州
- ◆年俸／74万ドル（約1億360万円）+α

球威	4
制球	4
緩急	5
守備・牽制	3
度胸	4

　育成力の低いエンジェルスから高いオリオールズにトレードされたことで、急成長をとげたオリオールズの新エース。もともとはエンジェルスが2018年のドラフトで4巡目に指名した投手だが、制球難で伸び悩んだため、19年12月にエンジェルスがオリオールズからベテラン右腕のバンディを獲得した際、その見返りの1人としてあっさり放出されてしまった。

　しかし、オリオールズでは、制球が安定すれば大化けの可能性がある逸材と評価され、マイナーの各レベルで好成績をあげてとんとん拍子に出世。22年4月末に、メジャーに到達した。2年目の昨季は、最初の登板で打球速度167キロの弾丸ライナーを右足に受け、負傷退場。ただちにIL（故障者リスト）入りして検査を受けたが、骨に異常がなかったため16日後に復帰。その後はしばらく出来不出来の激しい状態が続いたものの、シーズン中盤に入ったあたりから目に見えて制球が安定。6月中旬以降の18試合中15試合を2失点以内に抑え、チームの快進撃を支えた。ただ、今季開幕は右ヒジの故障で、IL入りしてのスタートとなる。

　多彩な球種を、どんどんストライクゾーンに投げ込んでいく「攻めのピッチング」が持ち味。的をしぼらせることと、打者心理の裏をかくことにも長けている。一番の武器はスライダーで、右打者を追い込むと、これを外側にきっちり決めて空振りを誘う。150キロ台前半のフォーシームは、好調時にはホップする軌道になるが、スピンのかかりが悪いときは棒球になりがちで、長打を食いやすくなる。

　早婚で、コロナ禍で開幕が延期された2020年5月に、高校時代の同級生である、ブロンド美人のモリー・グレイヴスさんと結婚。大学時代は、ブラディッシュがフル奨学金で誘ってくれたニューメキシコ州立大学に進んだのに対し、モリーさんは地元の北アリゾナ大学に進んだため離れ離れになったが、遠距離恋愛を続けて愛を深め、結婚に至った。

カモ T・ストーリー（レッドソックス）.000(10-0)0本　J・アルトゥーヴェ（アストロズ）.000(7-0)0本
苦手 G・スプリンガー（ブルージェイズ）.412(17-7)1本　G・トーレス（ヤンキース）.571(7-4)0本

年度	所属チーム	勝利	敗戦	防御率	試合数	先発	セーブ	投球イニング	被安打	失点	自責点	被本塁打	与四球	奪三振	WHIP
2022	オリオールズ	4	7	4.90	23	23	0	117.2	119	68	64	17	46	111	1.40
2023	オリオールズ	12	7	2.83	30	30	0	168.2	132	54	53	14	44	168	1.04
通算成績		16	14	3.68	53	53	0	286.1	251	122	117	31	90	279	1.19

トレードのオマケで来て、29歳で大化け セットアップ クローザー

78 イェニエル・カノー
Yennier Cano

30歳 1994.3.9生 193cm 110kg 右投右打

◆速球のスピード／150キロ台中頃(シンカー主体)
◆決め球と持ち球／☆シンカー、◎チェンジアップ、
　○スライダー
◆対左打者被打率／.262　◆対右打者被打率／.202
◆ホーム防御率／0.82　◆アウェー防御率／3.18
◆ドラフトデータ／2019⑭ツインズ
◆出身地／キューバ
◆年俸／74万ドル(約1億360万円)+α

球威 3
制球 3
緩急 5
守備·牽制 4
度胸 4

　最強のセットアッパーにのし上がった、キューバ亡命組の苦労人。キューバ出身で、同国の野球リーグ「セリエ・ナシオナール」で3シーズン投げたあと亡命を敢行し、成功。ところが、お披露目登板でスカウトたちから好評価を得られず、2年間浪人生活を送ったあと、2019年5月にツインズとマイナー契約。22年5月にメジャーに到達した。

　しかし、制球が不安定で、シンカーが中途半端な高さに行って痛打され、9試合で12失点したため3Aに降格。7月末に再昇格したが、依然失点が多く、同年8月2日にツインズがオリオールズの守護神ホルヘ・ロペスを獲得した際、オマケのような形で4人目の交換要員として、放出された。トレードは、奥さんのアリアニーさんからようやく妊娠したことを知らされ、有頂天になっているときに電話で通告された。それゆえ、生まれてくる子のためにも、オリオールズで成功すると心に誓った。

　移籍後は3Aでひと月ほど投げたあと、9月上旬にメジャーに呼ばれたが、1回1/3を投げて7失点する荒れようだったため、メジャーで通用する投球術を身につけない限り、早晩クビになると自分に言い聞かせた。その後、オフに入ると、シンカーとチェンジアップを、同じ腕の振りで同じ軌道に投げる練習に時間を費やした。シンカーのように見えるチェンジアップを投げることができれば、打者はシンカーのタイミングでバットを出すので、凡ゴロか空振りに終わる。そうなれば投球が安定し、常時メジャーで投げることが可能になるはずだった。結果は目論み通りになる。昨年4月中旬にメジャーに呼ばれると、9試合連続で被安打ゼロ、与四球ゼロの驚異的なピッチングを見せ、トップ・セットアッパーに抜擢された。7月にはオールスターにも出場。バウティスタがトミー・ジョン手術で戦列を離れたあとは、数試合クローザーでも起用され、良い働きを見せた。

カモ A・ヴァードゥーゴ(レッドソックス).000(4-0)0本　R・アロザレーナ(レイズ).000(3-0)0本
苦手 R・デヴァーズ(レッドソックス).667(3-2)0本　A・パレイデス(レイズ).500(4-2)0本

年度	所属チーム	勝利	敗戦	防御率	試合数	先発	セーブ	投球イニング	被安打	失点	自責点	被本塁打	与四球	奪三振	WHIP
2022	ツインズ	0	0	9.22	10	0	0	13.2	17	14	14	3	11	14	2.05
2022	オリオールズ	0	1	18.69	3	0	0	4.1	9	9	9	0	5	7	3.23
2022	2チーム計	0	1	11.50	13	0	0	18.0	26	23	23	3	16	21	2.33
2023	オリオールズ	1	4	2.11	72	0	8	72.2	60	19	17	4	13	65	1.00
通算成績		2	5	3.97	85	0	8	90.2	86	42	40	7	29	86	1.27

投 手

30 グレイソン・ロドリゲス *Grayson Rodriguez*

素質はサイ・ヤング賞を狙えるレベル 【先発】

25歳 1999.11.16生 | 196cm | 104kg | 右投左打
◆速球のスピード／150キロ台中頃〜後半（フォーシーム主体）
◆決め球と持ち球／◎チェンジアップ、◎スライダー、◎カーブ、
△フォーシーム、△カッター ◆対左.277 ◆対右.246
◆ホ防4.59 ◆ア防4.08 ◆ド2018①オリオールズ
◆出テキサス州 ◆年74万ドル（約1億360万円）+α

球威	3
制球	3
緩急	5
守備・牽制	4
度胸	3

　高校時代、全米きっての才能と評価され、2018年のドラフトで1巡目指名（全体11位）を受けて18歳でプロ入り。順調に成長し、昨季のキャンプ前に発表されたMLB全体の有望新人ランキングで、7位という高評価を受けた。開幕直後にブラディッシュのIL入りにともない、初めてメジャーに呼ばれ先発で使われたが、5月に入ってボールが浮き始め、深刻な一発病におちいってしまい、5月末に3A降格。しかし、7月中旬の再昇格後は、速球と3つの変化球を効果的に組み合わせた、緩急自在のピッチングが冴えを見せて好投を続けたため、評価が急上昇した。フォーシームは平均球速が157キロあるが、スピンが足りない見かけ倒しのボール。父ギルバートさんとは固い絆で結ばれており、4月5日の初登板後、涙を流しながら抱き合うシーンが見られた。

カモ R・アロザレーナ（レイズ）.143(7-1)0本　苦手 W・フランコ（レイズ）.500(6-3)1本

年度	所属チーム	勝利	敗戦	防御率	試合数	先発	セーブ	投球イニング	被安打	失点	自責点	被本塁打	与四球	奪三振	WHIP
2023	オリオールズ	7	4	4.35	23	23	0	122.0	121	62	59	16	42	129	1.34
通算成績		7	4	4.35	23	23	0	122.0	121	62	59	16	42	129	1.34

47 ジョン・ミーンズ *John Means*

エース復活を期待される生え抜きの左腕 【先発】

31歳 1993.4.24生 | 193cm | 104kg | 左投左打
◆速球のスピード／140キロ台後半（フォーシーム主体）
◆決め球と持ち球／◎フォーシーム、◎チェンジアップ、
○スライダー、○カーブ ◆対左.182 ◆対右.150
◆ホ防3.97 ◆ア防1.46 ◆ド2014⑪オリオールズ
◆出カンザス州 ◆年333万ドル（約4億6620万円）

球威	4
制球	5
緩急	4
守備・牽制	3
度胸	4

　100敗が続いたオリオールズの暗黒時代、唯一の希望の星だった本格派サウスポー。2018年にメジャーデビュー後、翌年好投を続けてオールスターに選出され、さらにシーズン終了後の新人王投票では次点に。21年には開幕投手を務めたあと、5月5日のマリナーズ戦で、オリオールズでは33年ぶりにノーヒットノーランを達成。出した唯一の走者は捕手の拙守による振り逃げだったので、本当は完全試合になるはずのノーノーだった。しかし、その後肩痛に悩まされ、さらに翌22年には開幕早々ヒジを痛めてトミー・ジョン手術を受けた。昨季は8月中旬からマイナーのゲームに登板したあと、メジャーに復帰。先発で好投を続け。今季のエース復活を期待されるようになった。

カモ A・ジャッジ（ヤンキース）.133(15-2)0本　苦手 R・アロザレーナ（レイズ）.467(15-7)2本

年度	所属チーム	勝利	敗戦	防御率	試合数	先発	セーブ	投球イニング	被安打	失点	自責点	被本塁打	与四球	奪三振	WHIP
2018	オリオールズ	0	0	13.50	1	0	0	3.1	6	5	5	1	0	4	1.80
2019	オリオールズ	12	11	3.60	31	27	0	155.0	138	68	62	23	38	121	1.14
2020	オリオールズ	2	4	4.53	10	10	0	43.2	36	22	22	12	7	42	0.98
2021	オリオールズ	6	9	3.62	26	26	0	146.2	125	64	59	30	26	134	1.03
2022	オリオールズ	0	0	3.38	2	2	0	8.0	8	3	3	0	2	1	1.25
2023	オリオールズ	1	2	2.66	4	4	0	23.2	13	7	7	4	4	10	0.72
通算成績		21	26	3.74	74	69	0	380.1	326	169	158	70	77	318	1.06

対左=対左打者被打率　対右=対右打者被打率　ホ防=ホーム防御率　ア防=アウェー防御率
ド=ドラフトデータ　出=出身地　年=年俸　カモ　苦手 は通算成績

39 コービン・バーンズ Corbin Burnes

望むのは3億ドル以上の大型契約　先発　移籍

30歳 1994.10.22生｜190cm｜111kg｜右投右打
- ◆速球のスピード／150キロ前半〜中頃（シンカー主体）
- ◆決め球と持ち球／☆カッター、◎カーブ、◎チェンジアップ、○スライダー、△シンカー　【対左】.170　【対右】.229
- ◆[木防]4.28　◆[ア防]2.77　◆[ド]2016④ブリュワーズ
- ◆[田]カリフォルニア州　◆[年]1564万ドル（約21億8960万円）
- ◆最優秀防御率1回（21年）、最多奪三振1回（22年）

球威 5
制球 4
緩急 4
守備・牽制 3
度胸 4

オリオールズ

2年連続で32試合以上に先発、3年連続で奪三振数が200の大台に乗った、前ブリュワーズのエース。4年連続の防御率2点台はならなかったが、安定感を見る指標WHIP（1.067）が、ナショナル・リーグの規定投球回以上の投手でトップだったため、一流の実力を備えた投手という評価は揺らいでいない。今年2月1日のトレードで、オリオールズへ移籍。今シーズン終了後にFA権を得るが、市場規模の小さな都市に本拠地を置くブリュワーズに、バーンズの希望額は支払えないため、トレードが濃厚となっていた。昨年3月に、今後の大型契約を見据え、辣腕スコット・ボラス事務所と代理人契約を結んでいる。

[カモ] B・ハーパー（フィリーズ）.000(8-0)0本　[苦手] D・スワンソン（カブス）.600(15-9)2本

年度	所属チーム	勝利	敗戦	防御率	試合数	先発	セーブ	投球イニング	被安打	失点	自責点	被本塁打	与四球	奪三振	WHIP
2018	ブリュワーズ	7	0	2.61	30	0	1	38.0	27	11	11	4	11	35	1.00
2019	ブリュワーズ	1	5	8.82	32	4	0	49.0	70	52	48	17	20	70	1.84
2020	ブリュワーズ	4	1	2.11	12	9	0	59.2	37	15	14	2	24	88	1.02
2021	ブリュワーズ	11	5	2.43	28	28	0	167.0	123	47	45	7	34	234	0.94
2022	ブリュワーズ	12	8	2.94	33	33	0	202.0	144	73	66	23	51	243	0.97
2023	ブリュワーズ	10	8	3.39	32	32	0	193.2	141	77	73	22	66	200	1.07
通算成績		45	27	3.26	167	106	2	709.1	542	275	257	75	206	870	1.05

64 ディーン・クレマー Dean Kremer

イスラエルとハマスの衝突で集中力低下　先発

28歳 1996.1.7生｜188cm｜95kg｜右投右打
- ◆速球のスピード／150キロ前半（フォーシーム、シンカー）
- ◆決め球と持ち球／○フォーシーム、○カッター、○シンカー、△チェンジアップ、△カーブ、△スイーパー　【対左】.270　【対右】.241
- ◆[木防]4.38　◆[ア防]3.73　◆[ド]2016⑭ドジャース
- ◆[田]カリフォルニア州　◆[年]74万ドル（約1億360万円）+α

球威 4
制球 2
緩急 3
守備・牽制 4
度胸 4

優秀なイニングイーターに成長し、チーム最多タイの13勝をマークした右腕。長所は球種が6つもあり、それらを効果的に使って打者に的をしぼらせないピッチングができること。短所は制球の波が大きいことと、絶対的な武器がないため球数が多くなること。ユダヤ系米国人で、父アディさんと母シゲルさんはイスラエル出身。米国とイスラエルの二重国籍を持ち、ヘブライ語で日常会話ができる。これは少年時代、毎年夏休みになると、イスラエルのテルアビブにある祖父母の家で過ごしていたからだ。昨季のポストシーズンでは地区シリーズ第3戦に先発したが、その直前にイスラエルとハマスの軍事衝突が発生したため、集中力を欠き、6失点して2回にKOされた。

[カモ] 大谷翔平（ドジャース）.000(4-0)0本　[苦手] S・エスピナル（ブルージェイズ）.714(7-5)0本

年度	所属チーム	勝利	敗戦	防御率	試合数	先発	セーブ	投球イニング	被安打	失点	自責点	被本塁打	与四球	奪三振	WHIP
2020	オリオールズ	1	1	4.82	4	4	0	18.2	15	10	10	0	12	22	1.45
2021	オリオールズ	0	7	7.55	13	13	0	53.2	63	46	45	17	25	47	1.64
2022	オリオールズ	8	7	3.23	22	21	0	125.1	123	48	45	11	34	87	1.25
2023	オリオールズ	13	5	4.12	32	32	0	172.2	171	85	79	27	55	157	1.31
通算成績		22	20	4.35	71	70	0	370.1	372	189	179	55	126	313	1.34

MLB歴代8位の通算417セーブ

46 クレイグ・キンブル *Craig Kimbrel*　クローザー　移籍

36歳 1988.5.28生 | 183cm | 97kg | 右投右打 | 球150キロ中盤(フォーシーム) | 決◯フォーシーム
対左.184 対右.179 ⑤2008③ブレーブス ⑪アラバマ州 ⑯1200万ドル(約16億8000万円)
◆最多セーブ4回(11〜14年)、最優秀救援投手賞2回(14,17年)、新人王(11年)

球 4
制 2
緩 4
守 2
度 4

フィリーズからFAになり、1年1200万ドルの契約で加入したベテラン・クローザー。昨季序盤はイマイチ波に乗れなかったが、5月26日のブレーブス戦で、通算400セーブを達成したあたりから調子が上向き、6月にはナショナル・リーグの月間最優秀リリーフ投手に選ばれた。7月には自身9度目となるオールスターに選ばれている。だが8月はまた失点する試合が増え、全体で見ると波の多いシーズンだった。通算417セーブはMLB歴代8位で、現役では2位。投球までのルーティンを大事にするため、昨季は全投手で最多の13度もピッチクロック違反を取られた。

年度	所属チーム	勝利	敗戦	防御率	試合数	先発	セーブ	投球イニング	被安打	失点	自責点	被本塁打	与四球	奪三振	WHIP
2023	フィリーズ	8	6	3.26	71	0	23	69.0	44	28	25	10	28	94	1.04
通算成績		49	42	2.40	780	0	417	757.1	442	224	202	66	308	1192	0.99

課題は夏場を乗り切るスタミナ

68 タイラー・ウェルズ *Tyler Wells*　先発　移籍

30歳 1994.8.26生 | 203cm | 117kg | 右投右打 | 球150キロ前後(フォーシーム主体) | 決◯スライダー
対左.198 対右.190 ⑤2016⑮ツインズ ⑪オクラホマ州 ⑯74万ドル(約1億360万円)+α

球 3
制 5
緩 3
守 4
度 3

最近のルール5ドラフトで指名された選手の中では、最も良い働きをしている掘り出し物。制球力が生命線の技巧派で、5つの球種(フォーシーム、スライダー、カッター、チェンジアップ、カーブ)はどれも並レベルだが、すべての球種でどんなカウントからでもストライクを取れる。無駄な走者を出さない投手の代表格で、昨季のWHIP0.99は、100イニング以上投げた投手の中では、サイ・ヤング賞に輝いたコールに次ぐ2番目に優れた数字。4歳で母を癌で亡くし、高校2年生のときには母親代わりだった祖母も死去。つらい時期もあったが、野球に打ち込み、乗り越えた。

年度	所属チーム	勝利	敗戦	防御率	試合数	先発	セーブ	投球イニング	被安打	失点	自責点	被本塁打	与四球	奪三振	WHIP
2023	オリオールズ	7	6	3.64	25	20	1	118.2	83	50	48	25	34	117	0.99
通算成績		16	16	3.96	92	43	5	279.1	213	126	123	50	74	258	1.03

キューバ代表チーム入りを拒否

58 シオネル・ペレス *Cionel Perez*　ミドルリリーフ

28歳 1996.4.21生 | 183cm | 79kg | 左投左打 | 球150キロ台中頃(シンカー,フォーシーム) | 決☆スライダー
対左.213 対右.305 ⑤2016⑯アストロズ ⑪キューバ ⑯120万ドル(約1億6800万円)

球 4
制 2
緩 3
守 2
度 4

反骨精神旺盛なキューバ亡命組のリリーフ左腕。一昨年大化けしたため、昨年はWBCのキューバ代表チームに入ることを期待された。しかし、「オレを裏切り者呼ばわりする政権のために働くのは嫌だ」と拒否。それが尾を引き、精神的に落ちつかない状態でシーズンに入った。開幕後は制球が不安定で、度々四球がらみで失点し、5月以降はセットアッパーでは使われなくなった。キューバで過ごした少年時代、アスペルガー症候群と診断され、両親にともなわれて精神科に通院した時期がある。子供は一男一女。長男は今年9歳、長女は4歳になるので、早婚だったようだ。

年度	所属チーム	勝利	敗戦	防御率	試合数	先発	セーブ	投球イニング	被安打	失点	自責点	被本塁打	与四球	奪三振	WHIP
2023	オリオールズ	4	2	3.54	65	0	4	53.1	56	30	21	2	27	44	1.56
通算成績		13	6	3.56	176	0	4	161.2	147	79	64	15	83	151	1.42

球=速球のスピード 決=決め球 対左=対左打者被打率 対右=対右打者被打率
ド=ドラフトデータ 出=出身地 年=年俸

投手

オリオールズ

メジャー10年目で生まれ変わった不屈の男　セットアップ

54 ダニー・クーロム　*Danny Coulombe*

35歳 1989.10.26生｜178cm｜86kg｜左投左打 園140キロ台中頃〜後半(シンカー、フォーシーム) 図○カッター
対左.256 対右.212 Ｄ2012㉕ドジャース 囲ミズーリ州 囲230万ドル(約3億2200万円)

球 2
制 4
緩 4
守 2
度 4

　昨季開幕直前にツインズから移籍。6年ぶりにフルシーズン、メジャーで投げ、目を見張る活躍をした。メジャーデビューから10年目でブレイクしたのは、フォーシーム、チェンジアップ、カーブ主体から、カッター、シンカー、スライダー主体に変えたことが大きい。セットアッパーとして22ホールドをマークしたほか、ピンチの火消し役としても良い働きを見せ、引き継いだ走者の生還率を22%にとどめた(平均は32%)。祖父ベルトランさんは、第2次大戦で活躍した伝説の戦闘機乗り。この祖父の活躍を記した本が映画化されることになり、完成を心待ちにしている。

年度	所属チーム	勝利	敗戦	防御率	試合数	先発	セーブ	投球イニング	被安打	失点	自責点	被本塁打	与四球	奪三振	WHIP
2023	オリオールズ	5	3	2.81	61	0	2	51.1	45	17	16	4	12	58	1.11
通算成績		14	9	3.69	255	1	2	244.0	218	109	100	25	92	237	1.27

ビール好きを生かして新ビールの開発に挑戦　ミドルリリーフ

43 ブライアン・ベイカー　*Bryan Baker*

30歳 1994.12.2生｜198cm｜106kg｜右投右打 園150キロ台前半(フォーシーム主体) 図○スプリットチェンジ
対左.143 対右.241 Ｄ2016⑪ロッキーズ 囲フロリダ州 囲74万ドル(約1億360万円)＋α

球 4
制 2
緩 3
守 3
度 2

　ハイレベルなスプリットチェンジがあるため、左打者にめっぽう強いリリーフ右腕。課題はシーズン中盤以降のスタミナ切れ。昨季は月を経るごとに疲労で球威が落ち、8月にマイナー落ち。プレッシャーにも弱く、ピンチの火消し役で起用されたときは、引き継いだ走者の54%を生還させてしまった。大のビール党として知られ、昨年の夏には、地ビール会社のオーナーと二人三脚でオリジナル・ビールを開発。ネットで販売し、その収益を地元の環境保護団体に寄付している。ちなみにそのビールは口当たりのいいペールエール・タイプで、アルコール度数は4.3%だ。

年度	所属チーム	勝利	敗戦	防御率	試合数	先発	セーブ	投球イニング	被安打	失点	自責点	被本塁打	与四球	奪三振	WHIP
2023	オリオールズ	4	3	3.60	46	0	0	45.0	33	19	18	4	24	51	1.27
通算成績		8	6	3.50	113	2	1	115.2	94	48	45	7	50	128	1.24

昨季後半は制球難を克服し、防御率3.40　先発

19 コール・アーヴィン　*Cole Irvin*

30歳 1994.1.31生｜193cm｜101kg｜左投左打 園150キロ前後(フォーシーム) 図○フォーシーム
対左.267 対右.253 Ｄ2016⑤フィリーズ 囲カリフォルニア州 囲200万ドル(約2億8000万円)

球 3
制 3
緩 3
守 4
度 3

　ローテーション返り咲きを狙う、抜群の耐久性を備えた左腕。昨年1月末のトレードで、アスレティックスから移籍。2022年はエース格で投げていたため、期待された。しかし、シーズンが始まると制球難で、3試合で15失点し、マイナー落ち。その後3Aで2カ月ほど投げてから復帰したが、優秀な若手の台頭によって序列が下がったため、その後は先発6番手とロングリリーフを兼ねるスイングマンとして起用された。12年の「ミス・サンディエゴ」である、クリスティン・ビートさんと事実婚状態。彼女は現在、スポーツ中継やイベントのリポーターとして活躍している。

年度	所属チーム	勝利	敗戦	防御率	試合数	先発	セーブ	投球イニング	被安打	失点	自責点	被本塁打	与四球	奪三振	WHIP
2023	オリオールズ	1	4	4.42	24	12	0	77.1	78	42	38	11	21	68	1.28
通算成績		22	34	4.41	105	77	1	482.0	503	258	236	67	113	356	1.28

課題は「走者あり」の場面でのピッチング

53 マイク・バウマン *Mike Baumann*

29歳 1995.9.10生 | 193cm | 108kg | 右投右打 | 球150キロ台中頃（フォーシーム主体）| 決◎カーブ | 対左.209 | 対右.228 | ド2017③オリオールズ | 田ミネソタ州 | 年74万ドル（約1億360万円）+α

球 4
制 2
緩 4
守 2
度 2

　好成績をあげているのに、ポストシーズンのメンバーから外された屈辱をバネに、今季巻き返しを図るリリーフ右腕。昨季は開幕からメジャーのリリーフ専任投手として投げることになり、中盤のリリーフ、セットアップ、ピンチの火消し役、ロングリリーフ、延長戦のリリーフなど、様々な役回りで起用された。はまり役はロングリリーフで、リードされている場面で登板し、好投している間に味方打線が爆発、というパターンに何度もなったため、勝ち星が10個もついた。その一方で、ピンチの火消し屋としてはよく打たれ、引き継いだ走者の40%を生還させてしまった。

年度	所属チーム	勝利	敗戦	防御率	試合数	先発	セーブ	投球イニング	被安打	失点	自責点	被本塁打	与四球	奪三振	WHIP
2023	オリオールズ	10	1	3.76	60	0	0	64.2	52	29	27	7	33	61	1.31
通算成績		12	5	4.62	77	4	0	109.0	108	60	56	12	48	89	1.43

投手・大谷翔平の消えかけた6勝目をセーブ

71 ジェイコブ・ウェッブ *Jacob Webb*

31歳 1993.8.15生 | 188cm | 95kg | 右投右打 | 球150キロ台前半（フォーシーム主体）| 決◎フォーシーム | 対左.246 | 対右.178 | ド2014⑱ブレーブス | 田カリフォルニア州 | 年100万ドル（約1億4000万円）

球 5
制 2
緩 3
守 1
度 2

　昨年8月初旬までエンジェルスに在籍し、一時期、良い働きをしていたリリーフ右腕。とくに日本のファンの記憶に新しいのは、6月15日のレンジャーズ戦で、守護神エステヴェスがアウトを1つも取れずに3連続四球を出して降板したあと、緊急登板し、相手の中軸を気迫のピッチングで抑え込んだシーンだ。ただ好調は長続きせず、7月に入ると失点が多くなったため首脳陣の信頼を失い、8月初旬にウエーバーにかけられ、オリオールズが手を挙げ、入団の運びとなった。移籍後は華々しい活躍は見られなかったが、ポストシーズンのメンバーに入り、1度だけ登板があった。

年度	所属チーム	勝利	敗戦	防御率	試合数	先発	セーブ	投球イニング	被安打	失点	自責点	被本塁打	与四球	奪三振	WHIP
2023	エンジェルス	1	1	3.98	29	0	1	31.2	23	14	14	6	20	34	1.36
2023	オリオールズ	0	0	3.27	25	0	0	22.0	16	8	8	0	10	23	1.18
2023	2チーム計	1	1	3.69	54	0	1	53.2	39	22	22	6	30	57	1.29
通算成績		10	5	2.97	132	0	4	130.1	108	56	43	14	61	128	1.30

— チェイス・マクダーモット *Chayce McDermott*

26歳 1988.8.22生 | 190cm | 89kg | 右投左打 | ◆昨季は2A、3Aでプレー | ド2021④アストロズ | 田インディアナ州

　武器は150キロ台中盤の球速が出るフォーシーム。これにスライダーとチェンジアップを組み合わせて、ハイペースで三振を奪うピッチングが持ち味だ。短所は制球が不安定で、四球が多いこと。昨季後半は3Aで良好な防御率（2.49）を出しており、今季は早い時期のメジャー入りを期待されている。

— ケイド・ポーヴィッチ *Cade Povich*

24歳 2000.4.12生 | 190cm | 83kg | 左打左投 | ◆昨季は2A、3Aでプレー | ド2021③ツインズ | 田ネヴァダ州

　速球、チェンジアップ、スライダー、カーブ、カッターの5つを駆使し、打者に的をしぼらせないピッチングを見せる技巧派左腕。タイミングを外すことに長けていて奪三振率も高いが、うまくメリハリをつけられないときは、一発を食うケースが多くなる。これを克服できれば、メジャーが見えてくる。

オリオールズ100勝の原動力

キャッチャー

35 アドリー・ラッチマン
Adley Rutschman

26歳 1998.2.6生｜188cm｜104kg｜右投両打 ◆盗塁阻止率／.186(70-13)

◆対左投手打率／.304(158-48) ◆対右投手打率／.267(430-115)

◆ホーム打率／.310(281-87) ◆アウェー打率／.248(307-76)

◆得点圏打率／.274(135-37)

◆23年のポジション別出場数／キャッチャー＝110、DH＝46

◆ドラフトデータ／2019①オリオールズ

◆出身地／オレゴン州

◆年俸／74万ドル（約1億360万円）＋α

◆シルバースラッガー賞1回(23年)

ミート	4
パワー	5
走塁	2
守備	4
肩	4

オリオールズ

　打線の火付け役、守りの司令塔、ピッチャーの能力の引き出し役となってチームを牽引する、才能の宝庫のようなキャッチャー。昨季、守備面では、メジャーのレギュラー級捕手の中でただ1人、パスボールがゼロだった。ボーダーラインの投球をストライクとコールさせる、フレーミングの技術も高い。その一方で、昨季は盗塁阻止率とワイルドピッチを出す頻度が平均レベルに低下したことが響いて、ゴールドグラブ賞の最終候補にはなったものの、受賞には至らなかった。

　投手とのコミュニケーション能力が非常に高く、ほめ言葉や感嘆のフレーズを連発して、自信を持たせることに長けている。昨年7月下旬、アスレティックスからトレードで加入したノーコンの藤浪晋太郎に対しては、制球力が急速に良くなっていることを感じさせるほめ言葉を連発して、うまくコントロールしていた。

　打者としては、オールスター前日に開催されるホームランダービーに出場。父ランディさんに打撃投手をやってもらいながら、規定の3分間は左打席に立って22本、T-モバイル・パークの外野席に叩き込み、ボーナスタイムが30秒あると告げられると、今度は右打席に入って、7スイングで5本追加した。これで計27本になったが、対戦相手がメジャーきっての一発屋に成長したホワイトソックスのルイス・ロバートで、28本叩き込まれ、惜敗した。このときは母キャロルさんと妹ジョシーさんがスタンドで観戦していたが、テレビカメラが何度も妹ジョシーさんを映し出したため、野球ファンの間で、かわいいと評判になった。

　シーズン中は、18歳の頃から交際しているアリ・シュワームさんと行動をともにしている。アリさんは同じオレゴン州シャーウッド出身で、ワシントン州立大学在学中に、スペインに留学した経験がある才媛。2人とも旅行好きで、オフに日本とタイに行ったことがある。

カモ J・ベリオス（ブルージェイズ）.625(16-10)1本　菊池雄星（ブルージェイズ）.412(17-7)2本

苦手 J・グレイ（ナショナルズ）.000(6-0)0本　Z・エフリン（レイズ）.125(8-1)1本

年度	所属チーム	試合数	打数	得点	安打	二塁打	三塁打	本塁打	打点	四球	三振	盗塁	盗塁死	出塁率	OPS	打率
2022	オリオールズ	113	398	70	101	35	1	13	42	65	86	4	0	.362	.807	.254
2023	オリオールズ	154	588	84	163	31	1	20	80	92	101	1	2	.374	.809	.277
通算成績		267	986	154	264	66	2	33	122	157	187	5	2	.369	.808	.268

カモ **苦手** は通算成績

本塁打王レースの常連になりそうな破壊力　サード

2 ガナー・ヘンダーソン *Gunnar Henderson*

23歳 2001.6.29生 | 190cm | 99kg | 右投左打
◆対左投手打率／.209　◆対右投手打率／.272
◆ホーム打率／.256　◆アウェー打率／.254　◆得点圏打率／.281
◆23年のポジション別出場数／サード=84、ショート=83、DH=11
◆Ⓓ2019②オリオールズ　◆Ⓑアラバマ州
◆Ⓢ74万ドル（約1億360万円）+α
◆シルバースラッガー賞1回（23年）、新人王（23年）

ミート	3
パワー	5+
走塁	3
守備	4
肩	5

アメリカン・リーグ新人王に輝いたスター候補生。南部アラバマ州の信仰心の厚い家庭で育ったカントリーボーイ。父アレンさんはスポーツを通じて息子たちを鍛えることに熱心なスパルタ父さんで、次男のガナーがまだ小学校に上がる前に、家の裏手に自力でフェンス付きの野球グラウンドを造成。毎朝そこに息子たちを連れ出して野球の基礎を叩き込むようになった。身体能力が抜群に高く、高校時代はバスケットでも花形選手になったが、将来ドラフトで指名されることを夢見て強豪オーバーン大学に進んで、野球に専念。良好な成績をあげ、2019年のドラフトでオリオールズから2巡目で指名された。最大のウリは、打球の飛距離がすごいこと。昨年6月11日に飛び出した飛距離141.1メートルの場外アーチは、本拠地キャムデンヤーズの最長記録。

カモ T・グラスナウ（ドジャース）.556(9-5)1本　苦手 Z・エフリン（レイズ）.111(9-1)0本

年度	所属チーム	試合数	打数	得点	安打	二塁打	三塁打	本塁打	打点	四球	三振	盗塁	盗塁死	出塁率	OPS	打率
2022	オリオールズ	34	116	12	30	7	1	4	18	16	34	1	1	.348	.788	.259
2023	オリオールズ	150	560	100	143	29	9	28	82	56	159	10	3	.325	.814	.255
通算成績		184	676	112	173	36	10	32	100	72	193	11	4	.329	.810	.256

価値ある打点を量産するゲームチェンジャー　センター

31 セドリック・マリンズ *Cedric Mullins*

30歳 1994.10.1生 | 175cm | 79kg | 左投左打
◆対左投手打率／.233　◆対右投手打率／.233
◆ホーム打率／.211　◆アウェー打率／.252　◆得点圏打率／.320
◆23年のポジション別出場数／センター=110、DH=3
◆Ⓓ2015⑬オリオールズ　◆Ⓑノースカロライナ州
◆Ⓢ633万ドル（約8億8620万円）
◆盗塁王1回（22年）、シルバースラッガー賞1回（21年）

ミート	4
パワー	5
走塁	5
守備	4
肩	3

打つほうではクラッチヒッター、守るほうではクラッチディフェンダーと称賛される値千金の外野手。昨季は5月30日のゲームで鼠径部に激痛が走り、26日間IL入り。さらに7月19日に大腿の大内転筋を痛め、20日間IL入りしたため、116試合の出場にとどまった。しかし、ゲームに出ているときは八面六臂の活躍を見せ、サヨナラアーチ、逆転アーチ、決勝アーチ、満塁アーチ、サヨナラ犠牲フライ、ホームランキャッチなどを次々にやってのけ、ファンを熱狂させた。IL入りする間は、前年（22年）の11月に結婚した妻エリカさんから、様々な助言を受けた。彼女は正式な免許を持つ現役看護師で、大病院に勤務した経験もあるため、患者の管理に精通している。

カモ K・ゴーズマン（ブルージェイズ）.417(12-5)0本　苦手 T・グラスナウ（ドジャース）.000(11-0)0本

年度	所属チーム	試合数	打数	得点	安打	二塁打	三塁打	本塁打	打点	四球	三振	盗塁	盗塁死	出塁率	OPS	打率
2018	オリオールズ	45	170	23	40	9	0	4	11	17	37	2	3	.312	.671	.235
2019	オリオールズ	22	64	7	6	0	2	0	4	4	14	1	0	.181	.337	.094
2020	オリオールズ	48	140	16	38	4	3	12	5	12	29	7	2	.315	.722	.271
2021	オリオールズ	159	602	91	175	37	5	30	59	59	125	30	8	.360	.878	.291
2022	オリオールズ	156	608	80	157	32	4	16	64	47	126	34	10	.318	.721	.258
2023	オリオールズ	116	404	51	94	23	3	15	74	43	101	19	3	.305	.721	.233
通算成績		546	1988	277	510	105	17	68	224	178	440	93	26	.323	.752	.257

　Ⓓ＝ドラフトデータ　Ⓑ＝出身地　Ⓢ＝年俸　カモ 苦手 は通算成績

野手

オリオールズ

少年時代の夢はMLBではなく、NBAの選手 `ライト DH`

25 アンソニー・サンタンデーア *Anthony Santander*

30歳 1994.10.19生／188cm／104kg／右投両打

◆対左投手打率／.250 ◆対右投手打率／.260

◆ホーム打率／.261 ◆アウェー打率／.253 ◆得点圏打率／.305

◆23年のポジション別出場数／ライト=97、DH=47、ファースト=12、レフト=1 ◆Ⓓ2011⑧インディアンズ

◆囲ベネズエラ ◆囿1170万ドル（約16億3800万円）

ミート	3
パワー	5
走塁	3
守備	2
肩	4

オリオールズの暗黒時代を生き延びたスラッガー。打者としてのウリは、パワーと勝負強さを兼ね備えているため、欲しい場面で価値ある打点を叩き出せること。守備力も多少向上しているが信頼度はイマイチで、9回に守備固め要員と交代させられるケースが多い。ベネズエラ出身で、バスケットボールの優秀な選手だった父ロジャーさんの影響もあり、少年時代はバスケに熱中。成長が早く、13歳で身長が183センチあったため、この分だと210センチくらいまで伸びてNBAの選手になれるかも、と夢をふくらませていた。だが、実際はあと5センチしか伸びず、バスケを断念。野球に打ち込むようになった。

カモ P・サンドバル（エンジェルス）.600(5-3)0本　苦手 G・コール（ヤンキース）.136(22-3)0本

年度	所属チーム	試合数	打数	得点	安打	二塁打	三塁打	本塁打	打点	四球	三振	盗塁	盗塁死	出塁率	OPS	打率
2017	オリオールズ	13	30	1	8	3	0	0	2	0	8	0	0	.258	.625	.267
2018	オリオールズ	33	101	8	20	5	1	1	6	6	21	1	0	.250	.547	.198
2019	オリオールズ	93	380	46	99	20	1	20	59	19	86	1	2	.297	.773	.261
2020	オリオールズ	37	153	24	40	13	1	11	32	10	25	0	1	.315	.890	.261
2021	オリオールズ	110	406	54	98	24	0	18	50	23	101	1	1	.286	.719	.241
2022	オリオールズ	152	554	78	134	24	0	33	89	55	122	0	2	.318	.773	.240
2023	オリオールズ	153	591	81	152	41	1	28	95	55	152	5	0	.325	.797	.257
通算成績		591	2235	292	555	130	4	111	333	168	515	8	7	.307	.766	.248

今季は大物新人たちと、激しいポジション争い `レフト ライト`

21 オースティン・ヘイズ *Austin Hays*

29歳 1995.7.5生／180cm／90kg／右投右打

◆対左投手打率／.262 ◆対右投手打率／.280

◆ホーム打率／.267 ◆アウェー打率／.283 ◆得点圏打率／.271

◆23年のポジション別出場数／レフト=137、センター=7、ライト=5、DH=3 ◆Ⓓ2016③オリオールズ

◆囲フロリダ州 ◆囿630万ドル（約8億8200万円）

ミート	4
パワー	4
走塁	3
守備	4
肩	3

練習熱心、研究熱心なことで知られる野球職人。昨シーズンは後半になってスタミナ切れを起こしたが、前半は首位打者争いに加わり、初めてオールスターにも出場した。守備では守備範囲がさらに広くなり、DRS（守備で防いだ失点）が増加。ゴールドグラブ賞の最終候補にもなったが、受賞はのがしている。プレー同様生き方も堅実で、24歳のとき、高校時代から交際を続けてきたサマンサさんと結婚。初デートの場所はアイススケートリンクだったそうで、初心者同士、手と手を取り合ってぎこちなく滑ることに魅力を感じたようだ。現在は、2人の男の子（リーヴァイ君、ヘイドン君）の良きパパだ。

カモ K・ゴーズマン（ブルージェイズ）.455(11-5)0本　苦手 N・ピヴェッタ（レッドソックス）.000(18-0)0本

年度	所属チーム	試合数	打数	得点	安打	二塁打	三塁打	本塁打	打点	四球	三振	盗塁	盗塁死	出塁率	OPS	打率
2017	オリオールズ	20	60	4	13	3	0	1	8	2	16	0	0	.238	.555	.217
2019	オリオールズ	21	68	12	21	6	0	4	13	7	13	2	0	.373	.947	.309
2020	オリオールズ	33	122	20	34	4	0	4	9	8	25	2	3	.328	.721	.279
2021	オリオールズ	131	488	73	125	26	4	22	71	28	107	4	3	.308	.769	.256
2022	オリオールズ	145	535	66	134	35	2	16	60	34	114	2	4	.306	.719	.250
2023	オリオールズ	144	520	76	143	36	2	16	67	38	141	5	1	.325	.769	.275
通算成績		494	1793	251	470	108	8	63	228	117	416	15	11	.314	.751	.262

41

30本台復活を期待される未完の大器　ファースト DH

6　ライアン・マウントキャッスル　*Ryan Mountcastle*

27歳 1997.2.18生｜193cm／99kg｜右投右打

- ◆対左投手打率／.338　◆対右投手打率／.235
- ◆ホーム打率／.262　◆アウェー打率／.276　◆得点圏打率／.298
- ◆23年のポジション別出場数／ファースト＝90、DH＝23
- ◆Ⓓ2015①オリオールズ　◆Ⓗフロリダ州
- ◆Ⓨ414万ドル（約5億7960万円）

ミート	3
パワー	5
走塁	3
守備	3
肩	3

主砲になりきれない状態が続く、パワーとうまさを併せ持つ一塁手。昨年は2月に、高校時代から交際を続けていたテイラー・スカローラさんとフロリダで挙式し、張り切ってキャンプに臨んだ。シーズンが始まると、出だし好調で、13試合で6本叩き込んだため、主砲へのステップアップを期待された。しかし、その後は快速球に差し込まれることが多くなり、打率が徐々に低下。6月8日に2割2分台まで落ちたあと、「回転性のめまい」を理由にIL入りした。これは自分ないしは周囲が回転しているような感覚が生じる疾患で、復帰までひと月ほどかかった。その後、8月に入って復調するが、9月に左肩痛で再度IL入りし、最終的な打撃成績は期待値を大きく下回った。

カモ 菊池雄星（ブルージェイズ）.467(15-7)4本　苦手 J・アーキーディ（アストロズ）.000(9-0)0本

年度	所属チーム	試合数	打数	得点	安打	二塁打	三塁打	本塁打	打点	四球	三振	盗塁	盗塁死	出塁率	OPS	打率
2020	オリオールズ	35	126	12	42	5	0	5	23	11	30	0	1	.386	.878	.333
2021	オリオールズ	144	534	77	136	23	1	33	89	41	161	4	3	.309	.796	.255
2022	オリオールズ	145	555	62	139	28	1	22	85	43	154	4	1	.305	.728	.250
2023	オリオールズ	115	423	64	114	21	1	18	68	37	107	3	1	.328	.780	.270
通算成績		439	1638	215	431	77	3	78	265	132	452	11	6	.319	.776	.263

やっかいな病気を克服し、打者として急成長　ライト レフト　ルーキー

13　ヘストン・カースタッド　*Heston Kjerstad*

25歳 1999.2.12生｜190cm／92kg｜右投左打

- ◆対左投手打率／.000　◆対右投手打率／.241
- ◆ホーム打率／.250　◆アウェー打率／.222　◆得点圏打率／.333
- ◆23年のポジション別出場数／DH＝6、レフト＝3、ライト＝1
- ◆Ⓓ2020①オリオールズ　◆Ⓗテキサス州
- ◆Ⓨ74万ドル（約1億360万円）＋α

ミート	4
パワー	5
走塁	3
守備	2
肩	4

今季はレギュラー獲りを期待される、昨年9月にメジャーデビューした注目の外野手。強豪アーカンソー大学で活躍後、2020年のドラフトでオリオールズから1巡目（全体2位）に指名され、契約金520万ドルで入団。その後、にわかに体調を崩し、医師の診察を受けたところ、心筋炎と判明。突然死することもあるやっかいな疾患であるため、治療とリハビリに時間を要し、21年シーズンは全休。22年は体力回復に努めながら、マイナーの1A級と1A+級でプレー。体力を回復した昨年は、2Aと3Aで計122試合に出場。打率3割0分3厘、二塁打29、三塁打8、本塁打21という見事な数字を叩き出し、9月14日にメジャーデビュー。打撃面のウリは飛距離が出ることと、学習能力が高いこと。初めは結果が出なくても、失敗から学んでどんどん良くなっていく。肩は強いほうだが、守備範囲はイマイチ。ライトかレフトが適任だろう。

カモ ─　苦手 N・ピヴェッタ（レッドソックス）.000(3-0)0本

年度	所属チーム	試合数	打数	得点	安打	二塁打	三塁打	本塁打	打点	四球	三振	盗塁	盗塁死	出塁率	OPS	打率
2023	オリオールズ	13	30	3	7	1	0	2	3	2	10	0	0	.281	.748	.233
通算成績		13	30	3	7	1	0	2	3	2	10	0	0	.281	.748	.233

オリオールズ

ラッチマンの助言者としても重要な存在に
キャッチャー

27 ジェイムズ・マッキャン James McCann

34歳 1990.6.13生｜190cm｜106kg｜右投右打 ◆盗塁阻止率／.275(40-11) 対左.200 対右.247 ホ.189 ア.257 得.244 Ⅾ2011②タイガース 囲カリフォルニア州 囲1200万ドル（約16億8000万円）

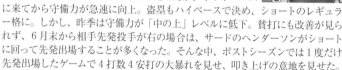

ミ3
バ3
走2
守3
肩4

　メッツで挫折を味わったあと、オリオールズでよみがえった、いぶし銀の捕手。昨季はバックアップ捕手として54試合に先発出場。カノー、藤浪などリリーフ陣のリードで冴えを見せたほか、4年ぶりに25%超の盗塁阻止率を記録。タイガース、ホワイトソックス、メッツで計6シーズンの正捕手経験があり、守備の司令塔としての能力が高い。連係プレーに精通し、手抜きをする者やボーンヘッドをした者に怒りを爆発させることがあり、タイガース時代には手抜きを指摘したところ、開き直って逆襲してきた正遊撃手のホセ・イグレシアスとベンチで大ゲンカになった。

年度	所属チーム	試合数	打数	得点	安打	二塁打	三塁打	本塁打	打点	四球	三振	盗塁	盗塁死	出塁率	OPS	打率
2023	オリオールズ	70	207	25	46	14	0	6	26	9	57	3	1	.269	.646	.222
通算成績		853	2828	290	683	119	16	84	342	181	791	14	10	.294	.674	.242

トレードの可能性が高まる、守備と盗塁の名手
ショート

3 ホルヘ・マテオ Jorge Mateo

29歳 1995.6.23生｜185cm｜90kg｜右投右打 対左.276 対右.178 ホ.215 ア.219 得.211 Ⅾ2012外ヤンキース 囲ドミニカ 囲270万ドル（約3億7800万円）

ミ2
バ3
走5
守4
肩5

　内野に大物新人が次々と台頭するあおりを受け、居場所がなくなりつつある叩き上げの遊撃手。パドレス時代は貧打のため出番の少ないユーティリティだったが、オリオールズに来てから守備力が急速に向上。盗塁もハイペースで決め、ショートのレギュラー格に。しかし、昨季は守備力が「中の上」レベルに低下。貧打にも改善が見られず、6月末から相手先発投手が右の場合は、サードのヘンダーソンがショートに回って先発出場することが多くなった。そんな中、ポストシーズンでは1度だけ先発出場したゲームで4打数4安打の大暴れを見せ、叩き上げの意地を見せた。

年度	所属チーム	試合数	打数	得点	安打	二塁打	三塁打	本塁打	打点	四球	三振	盗塁	盗塁死	出塁率	OPS	打率
2023	オリオールズ	116	318	58	69	14	2	7	34	22	82	32	5	.267	.607	.217
通算成績		377	1032	144	230	53	10	24	100	59	295	81	17	.270	.633	.223

セカンドのレギュラーに起用される逸材
ユーティリティ

11 ジョーダン・ウエストバーグ Jordan Westburg

25歳 1999.2.18生｜188cm｜95kg｜右投右打 対左.284 対右.246 ホ.252 ア.267 得.261 Ⅾ2020①オリオールズ 囲テキサス州 囲74万ドル（約1億360万円）+α

ミ4
バ3
走4
守4
肩3

　昨年6月にメジャーデビューした、使い勝手が良い内野手。ユーティリティとしてセカンド、サード、ショートをカバーするが、ハマリ役はセカンド。守備範囲が広く、球際にも強いため、セカンドで出場した50試合でDRS（守備で防いだ失点）が3ある。それが評価され、今季はセカンドのレギュラーに抜擢されることになった。打撃面は、一発狙いではなく、強い打球を飛ばすことに徹しているため、二塁打が多い。昨年5月から6月にかけ、テキサス州のニューブローンフェルズ高校出身者が一挙に3人もメジャーデビューを果たし、話題になったが、その1人だ。

年度	所属チーム	試合数	打数	得点	安打	二塁打	三塁打	本塁打	打点	四球	三振	盗塁	盗塁死	出塁率	OPS	打率
2023	オリオールズ	68	208	26	54	17	2	3	23	16	56	4	1	.311	.715	.260
通算成績		68	208	26	54	17	2	3	23	16	56	4	1	.311	.715	.260

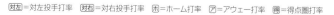

右投手にめっぽう強いプラトーン向きの強打者

ファースト／ライト

32 ライアン・オハーン *Ryan O'Hearn*

31歳 1993.7.26生｜190cm｜99kg｜左投左打 対左.192 対右.297 ホ.245 ア.326 得.349 ド2014⑧ロイヤルズ 田フロリダ州 囲350万ドル（約4億9000万円）

ミ	3
パ	5
走	3
守	3
肩	3

　6年目でメジャーに定着した遅咲きのスラッガー。ロイヤルズでメジャーデビューした2018年にハイペースでアーチを量産し、主砲に成長することを期待されたが、伸び悩んだ。昨年はオリオールズにマイナー契約で入団。4月中旬にメジャーに呼ばれ、タイムリーがよく出たため、右投手用の一塁手で出番を増やした。父トムさんはミルウォーキー出身で、ブリュワーズがカウンティ・スタジアムを本拠地にしていた頃、球場内でビール販売所を経営。その関係で現在も息子のライアンが遠征で来ると、親戚や父の知人が球場に大挙つめかけて、応援に花を咲かせる。

年度	所属チーム	試合数	打数	得点	安打	二塁打	三塁打	本塁打	打点	四球	三振	盗塁	盗塁死	出塁率	OPS	打率
2023	オリオールズ	112	346	48	100	22	1	14	60	15	82	5	1	.322	.802	.289
通算成績		454	1306	147	310	62	6	52	191	113	369	5	2	.300	.713	.237

落球で地に落ちた評判をサヨナラ弾で回復

外野手

26 ライアン・マッケナ *Ryan McKenna*

27歳 1997.2.14生｜180cm｜88kg｜右投右打 対左.250 対右.260 ホ.279 ア.230 得.250 ド2015④オリオールズ 田オレゴン州 囲74万ドル（約1億360万円）+α

ミ	2
パ	2
走	5
守	4
肩	3

　昨季は2度記事のネタになった、守備で貢献するタイプの脇役外野手。1度目は4月1日のレッドソックス戦。9回裏に守備固めで起用されたが、2死走者なしの場面で吉田正尚が打ち上げたレフトへの凡フライを落球。そのあとデュヴォールのサヨナラツーランが出たため、オリオールズファンの怨嗟の的になった。2度目は6月24日のマリナーズ戦。同点で迎えた延長10回に守備固めに入ったマッケナは、その裏に回ってきた打席でトパのシンカーを叩くと、打球は右中間のフェンスを越えてサヨナラツーランに。エラーの借りをバットで見事に返したと称賛された。

年度	所属チーム	試合数	打数	得点	安打	二塁打	三塁打	本塁打	打点	四球	三振	盗塁	盗塁死	出塁率	OPS	打率
2023	オリオールズ	89	122	23	31	7	0	2	18	9	40	5	0	.316	.677	.254
通算成績		284	447	66	99	23	1	6	43	44	169	8	1	.299	.617	.221

— ジャクソン・ホリデー *Jackson Holliday*

ショート　**期待度 A**　**ルーキー**

21歳 2003.12.4生｜183cm｜83kg｜右投左打 ◆昨季は1A,1A+,2A,3Aでプレー ド2022①オリオールズ 田テキサス州

　メジャー全体の有望選手100ランキングで1位にランクされているホープ。316本塁打を記録し、2018年限りで引退したマット・ホリデーの長男。父ゆずりの天才打者で、昨シーズンは1A、1A+、2Aの各レベルで3割超えの打率を残し、8月に3A昇格。今季は、開幕からショートのレギュラーに抜擢される。

— コビー・メイヨー *Coby Mayo*

サード／ファースト　**期待度 B**　**ルーキー**

23歳 2001.12.10生｜196cm｜104kg｜右投右打 ◆昨季は2A,3Aでプレー ド2020④オリオールズ 田フロリダ州

　ケガさえなければオリオールズの中軸を担う打者に成長する可能性がある長距離砲。スイングスピードが速いため快速球にめっぽう強く、レフト方向に行くと飛距離が出る。昨季は2Aと3Aで計29本塁打と45二塁打を記録。巨漢だが、敏捷性に富んでいて、守備もうまい。かなりの強肩で、送球も正確。

対左=対左投手打率　対右=対右投手打率　ホ=ホーム打率　ア=アウェー打率　得=得点圏打率　ド=ドラフトデータ　田=出身地　囲=年俸

タンパベイ・レイズ

◆創 立：1998年　　　　　　　　　◆ワールドシリーズ制覇：0回／◆リーグ優勝：2回
◆本拠地：フロリダ州セントピーターズバーグ市　　◆地区優勝：4回／◆ワイルドカード獲得：5回
主要オーナー ▶ ステュワート・スターンバーグ（投資家）

過去5年成績

年度	勝	負	勝率	ゲーム差	地区順位	ポストシーズン成績
2019	96	66	.593	7.0	②	地区シリーズ敗退
2020	40	20	.667	(7.0)	①	ワールドシリーズ敗退
2021	100	62	.617	(8.0)	①	地区シリーズ敗退
2022	86	76	.531	13.0	③	ワイルドカードシリーズ敗退
2023	**99**	**63**	**.611**	**2.0**	**②**	**ワイルドカードシリーズ敗退**

監督 ▶ **16 ケヴィン・キャッシュ** *Kevin Cash*

◆年　　　齢…………47歳（フロリダ州出身）
◆現役時代の経歴…8シーズン　ブルージェイズ（2002〜04）、
（キャッチャー）　　デビルレイズ（2005）、レッドソックス（2007〜
　　　　　　　　　　08)、ヤンキース（2009）、アストロズ（2010）、
　　　　　　　　　　レッドソックス（2010）
◆現役通算成績……246試合 .183 12本 58打点
◆監督経歴…………9シーズン　レイズ（2015〜）
◆通算成績…………739勝617敗（勝率.545）最優秀監督賞2回（20,21年）

　ほかのチームの一歩先を行く新戦術を積極的に取り入れ、好成績を収め続けている智将。昨季は途中離脱者が多かったが、うまく選手をやりくりし、5年連続のポストシーズン進出を果たしている。試合の流れを読む力に長け、昨季の代打打率は30球団で唯一、3割を超えていた。同一球団の監督在任期間は、現役監督の中では最長で、今季が10年目。現在、監督通算739勝。ジョー・マドンが持つ、監督勝利数754勝の球団記録を、今季序盤で抜くことになるだろう。

注目コーチ ▶ **27 ロドニー・リナレス** *Rodney Linares*

　ベンチコーチ。47歳。2019年からレイズのコーチを務め、昨季から現職。アストロズのマイナーで、多くの若手を育ててきた人物。昨年のWBCでは、ドミニカ代表の監督。

編成責任者 ▶ **エリック・ニアンダー** *Erik Neander*

　41歳。マイナー組織をしっかりと整備し、補強も的確。新しい戦術も積極的に取り入れ、金をかけずに、継続的に勝てるチームを作り上げた。バージニア工科大学卒。

スタジアム ▶ **トロピカーナ・フィールド** *Tropicana Field*

◆開場年…………1990年
◆仕様…………人工芝、ドーム球場
◆収容能力…………25,000人
◆フェンスの高さ…2.7〜3.4m
◆特徴…………現在、メジャーでは唯一の密閉式ドーム球場。ホームランはやや出にくい。名物は、バックスクリーン前の右翼寄り外野席に設置された巨大水槽。その中では、旧チーム名の由来となったイトマキエイ（デビルレイ）が泳いでいる。

ピッチャーズパーク

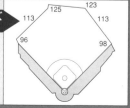

45

Best Order

Depth Chart

[ポジション別選手層・メンバーリスト]

※2024年2月25日時点の候補選手。
数字は背番号（開幕前に変更する
場合もあり）、右・左等は投・打の順。

センター
22 ホセ・シリ [右・右]
21 ジョニー・デルーカ [右・右]
1 リッチー・パラシオス [右・左]

ライト
15 ジョシュ・ロウ [右・左]
21 ジョニー・デルーカ [右・右]
1 リッチー・パラシオス [右・左]

レフト
56 ランディ・アロザレーナ [右・右]
21 ジョニー・デルーカ [右・右]
1 リッチー・パラシオス [右・左]

ショート
7 ホセ・カバイエロ [右・右]
10 アーメド・ロザリオ [右・右]
13 ジュニア・カミネロ [右・右]
5 ワンダー・フランコ [右・右]

セカンド
8 ブランドン・ラウ [右・左]
10 アーメド・ロザリオ [右・右]
7 ホセ・カバイエロ [右・右]
25 カーティス・ミード [右・右]

サード
17 アイザック・パレデス [右・右]
13 ジュニア・カミネロ [右・右]
25 カーティス・ミード [右・右]

ローテーション
24 ザック・エフリン [右・右]
34 アーロン・シヴァーリ [右・右]
44 ライアン・ペピオ [右・右]
52 ザック・リテル [右・右]
45 タージ・ブラッドリー [右・右]
11 シェイン・バズ [右・右]

ファースト
2 ヤンディ・ディアス [右・右]
17 アイザック・パレデス [右・右]
62 ジョナサン・アランダ [右・左]

キャッチャー
50 レネ・ピント [右・右]

DH
43 ハロルド・ラミレス [右・右]
62 ジョナサン・アランダ [右・左]

ブルペン
29 ピート・フェアバンクス [右・右] CL
47 ジェイソン・アダム [右・右]
38 コリン・ポシェイ [左・右]
64 ショーン・アームストロング [右・右]
48 クリス・デヴェンスキー [右・右]
60 ギャレット・クレヴィンジャー [左・右]
49 ケヴィン・ケリー [右・右]
74 ジェイコブ・ロペス [左・右]
— フィル・メイトン [右・右]
44 ライアン・ペピオ [右・右]

※ CL =クローザー

レイズ試合日程……＊はアウェーでの開催

3月28・29・30・31	ブルージェイズ	29・30・5月1	ブリュワーズ＊	31・6月1・2	オリオールズ＊
4月1・2・3	レンジャーズ	3・4・5	メッツ	4・5	マーリンズ＊
5・6・7	ロッキーズ＊	6・7・8	ホワイトソックス	7・8・9・10	オリオールズ
8・9・10	エンジェルス＊	10・11・12	ヤンキース	11・12・13	カブス
12・13・14	ジャイアンツ	13・14・15・16	レッドソックス	14・15・16	ブレーブス＊
15・16・17・18	エンジェルス	17・18・19	ブルージェイズ＊	18・19・20	ツインズ＊
19・20・21	ヤンキース＊	20・21・22	レッドソックス	21・22・23	パイレーツ＊
22・23・24	タイガース	24・25・26	ロイヤルズ	24・25・26	マリナーズ
26・27・28	ホワイトソックス＊	28・29・30	アスレティックス	28・29・30	ナショナルズ

46　**球団メモ**　昨季開幕時の総年俸は、メジャー30球団中28位。貧乏なのに強いチームの代表格で、フロントの優秀さはメジャー屈指。革新的な戦術を次々導入し、好成績を収めている。

■投手力 ⬇…★★★⯨★　【昨年度チーム防御率3.86、リーグ3位】

　昨シーズンは先発陣の中核をなしていたスプリング、ラスマッセン、マクラナハンが、次々にヒジを壊してトミー・ジョン手術を受け、戦線離脱。壊滅的な状態となってもおかしくなかったが、それでも、メジャーで1、2を争う投手育成力があるため、優秀な若手をマイナーから引き上げて穴を埋め、高いレベルを維持した。このオフにはグラスナウが抜けたが、その見返りに取ったペピオは、ブレイクの可能性がある逸材。ローテーション全体で見れば、レベルは「上」から「中の上」に落ちている程度か。リリーフ陣は昨シーズン後半、トップレベルだった。顔ぶれは、ほとんど変わっていない。

■攻撃力 ⬇…★★★⯨★　【昨年度チーム得点860、リーグ2位】

　スイッチが入ると120％の力が出るノリのいい打線だが、今年は大きな問題が存在する。打線の起爆剤になっていたワンダー・フランコがセックス関連の容疑で、ドミニカで拘留され、いつ復帰できるかまったく見えない状態が続いているのだ。開幕時に復帰できれば、得点力は小幅のダウンにとどまるだろうが、中盤以降にずれ込めば、平均以下のレベルになる可能性も。

■守備力 ⬇…★★★★★★　【昨年度チーム失策数75、リーグ6位】

　内野の守備の要フランコの復帰が大幅に遅れると、大きなダメージを受けることになる。守備力の高いマーゴウが去ったことも、多少マイナスになる。

■機動力 ➡…★★★★★　【昨年度チーム盗塁数160、リーグ2位】

　打線に俊足が多く、昨年は盗塁を201回トライして、160回成功。

総合評価

★★★⯨★

　フランコの復帰がなくても、得点手段がたくさんあるので、得点力は大幅に落ちるとは思えない。ローテーションも主力投手の長期欠場や移籍で生じた穴を育成力である程度補うだろう。ただ、勝ち越しても、その上を狙える陣容には見えない。

IN 主な入団選手
投手
ライアン・ペピオ ←ドジャース
フィル・メイトン ←アストロズ
上沢直之 ←北海道日本ハム
野手
ホセ・カバイェロ ←マリナーズ
ジョニー・デルーカ ←ドジャース
リッチー・パラシオス ←カーディナルス

OUT 主な退団選手
投手
タイラー・グラスナウ →ドジャース
ロバート・スティーヴンソン →エンジェルス
野手
クリスチャン・ベタンコート →マーリンズ
ヴィダル・ブルハーン →マーリンズ
ルーク・レイリー →マリナーズ
マニュエル・マーゴウ →ドジャース

7月2·3·4	ロイヤルズ*	8月2·3·4	アストロズ*	2·3·4·5	ツインズ
5·6·7	レンジャーズ*	6·7·8	カーディナルス*	6·7·8	オリオールズ*
9·10·11	ヤンキース	9·10·11	オリオールズ	9·10·11	フィリーズ*
12·13·14	ガーディアンズ*	12·13·14	アストロズ	12·13·14·15	ガーディアンズ*
16	オールスターゲーム	16·17·18	ダイヤモンドバックス	17·18·19	レッドソックス*
19·20·21·22	ヤンキース*	19·20·21·22	アスレティックス*	20·21·22	ブルージェイズ
23·24·25	ブルージェイズ*	23·24·25	ドジャース*	24·25·26	タイガース*
26·27·28	レッズ	26·27·28	マリナーズ*	27·28·29	レッドソックス*
30·31	マーリンズ*	30·31·9月1	パドレス		

球団メモ　昨季はスタートダッシュに大成功。開幕13連勝はMLBタイ記録だった。だが、7月に失速し、地区首位から陥落。それでも昨季の得失点差＋195は、リーグトップ。

自宅通勤が可能なレイズに来て大化け　先 発

24 ザック・エフリン
Zach Eflin

30歳　1994.4.8生｜198cm｜99kg｜右投右打
◆速球のスピード／150キロ前後（シンカー、フォーシーム）
◆決め球と持ち球／☆カーブ、◎シンカー、◎フォーシーム、
　◎チェンジアップ、○スイーパー、△カッター
◆対左打者被打率／.210　◆対右打者被打率／.259
◆ホーム防御率／3.30　◆アウェー防御率／3.77
◆ドラフトデータ／2012①パドレス　◆出身地／フロリダ州
◆年俸／1100万ドル（約15億4000万円）
◆最多勝1回（23年）

球威	3
制球	5
緩急	5
守備・牽制	4
度胸	4

　メジャー8年目でブレイクし、アメリカン・リーグ最多タイの16勝をマーク、サイ・ヤング賞投票でも6位に入った先発右腕。投手としての特徴は球種が多いことと、右投手なのに左打者に強いこと。左打者に強いのは、カーブが強力な武器になるからだ。以前はシンカーとカッターを多投して、ゴロを引っかけさせる投手というイメージだったが、最近はカーブとフォーシームを組み合わせて、三振をハイペースで奪えるようになった。そのため、プランAで連打を浴びたら、すぐにプランBに切り替えて6回まで持ちこたえてしまう、一筋縄ではいかない投手になっている。

　フィリーズ時代はアーロン・ノーラと特別仲が良く、兄弟分の付き合いをしていただけでなく、ピッチングに関するアドバイスを日常的に受けていた。レイズに来てからも、この兄弟分の関係は続いている。なぜならノーラがエフリンの住むセントピーターズバーグに新居を購入し、10分で行き来できるようになったからだ。昨年7月4日にトロピカーナ・フィールドで行われたフィリーズ戦では、この2人の対決が実現。エフリンが7回を2失点に抑えたのに対し、ノーラがレイズ打線を1点に封じたため、勝ち投手になったのはノーラのほうだった。この試合では2人が奪三振ショーを繰り広げ、2人で21奪三振を記録したので、試合終了後、ユニフォームを交換して健闘をたたえ合った。

　2020年12月に、高校時代から交際を続けていたローレンさんと結婚。21年10月に長女アシュトンちゃんが誕生したが、昨年3月には双子の女の子を授かり、一気に3人の娘のパパになった。

カモ　A・ジャッジ（ヤンキース）.111（9-1）0本　G・ヘンダーソン（オリオールズ）.111（9-1）0本
苦手　K・ブライアント（ロッキーズ）.600（15-9）0本　B・ハーパー（フィリーズ）.500（12-6）0本

年度	所属チーム	勝利	敗戦	防御率	試合数	先発	セーブ	投球イニング	被安打	失点	自責点	被本塁打	与四球	奪三振	WHIP
2016	フィリーズ	3	5	5.54	11	11	0	63.1	67	42	39	17	12	31	1.33
2017	フィリーズ	1	5	6.16	11	11	0	64.1	79	45	44	16	12	35	1.41
2018	フィリーズ	11	8	4.36	24	24	0	128.0	130	69	62	16	37	123	1.30
2019	フィリーズ	10	13	4.13	32	28	0	163.1	172	88	75	28	48	129	1.35
2020	フィリーズ	4	2	3.97	11	10	0	59.0	60	28	26	8	15	70	1.27
2021	フィリーズ	4	7	4.17	18	18	0	105.2	116	52	49	15	16	99	1.25
2022	フィリーズ	3	5	4.04	20	13	1	75.2	70	38	34	8	15	65	1.12
2023	レイズ	16	8	3.50	31	31	0	177.2	158	69	69	19	24	186	1.02
通算成績		52	53	4.28	158	146	1	837.0	852	431	398	122	184	738	1.24

メジャーに上がると最大350万ドル

先 発
ロングリリーフ

ルーキー

レイズ

上沢直之
Naoyuki Uwasawa

30歳　1994.2.6生　187cm｜88kg｜右投右打

◆速球のスピード／140キロ台中頃（フォーシーム主体）
◆決め球と持ち球／◎スプリッター、◎カーブ、○カッター、
　○チェンジアップ、△フォーシーム、△スライダー、
　△ツーシーム
◆メジャーでのプレー経験なし
◆ドラフトデータ／2011⑥北海道日本ハム、
　2024⑭レイズ
◆出身地／千葉県

球威	3
制球	5
緩急	3
守備・牽制	5
度胸	3

　マイナーリーグからメジャーを目指すことになった、7つの球種を操る技巧派右腕。昨季まで9シーズン、北海道日本ハムでプレーし、通算70勝をマーク。昨季はパシフィック・リーグ最多の170イニングを投げ、9勝9敗、防御率2.96の成績を残している。オフにポスティングシステムを利用し、メジャー球団への移籍を狙ったが、高い評価を得られなかった。その原因は、スピードボールがないことだけではない。絶対的な変化球がないこと、奪三振率が低いことなども、マイナス要因になったようだ。その一方で、①ピンポイントの制球力がある、②四球が少ない、③目立った故障歴がないという点を評価し、メジャー契約で獲得する意思を示した球団もあったようだが、交渉期限までに具体的なオファーは届かなかった模様。

　レイズを選択したのは、エース格のマクラナハン、ローテーション投手のスプリング、ラスマッセンの3人が、トミー・ジョン手術で今季は登板不能なことに加えて、昨年トミー・ジョン手術から復帰して見事な働きをしたグラスナウが、トレードでドジャースに放出され、ローテーションがスカスカになっているからだ。ただスカスカと言っても、エンジェルスのように、防御率3点台がかろうじて1人いるという悲惨な状況ではない。1、2、3番手はエフリン、シヴァーリ、ペピオでほぼ決まりなので、4、5番手の座をキャンプでバズ、リテル、ブラッドリー、上沢、ジェイコブ・ロペスあたりが争うことになる。上沢は慣れないメジャーのキャンプ地の球場で、初めてバッテリーを組む捕手相手に投げることになるので、ライバルたちよりいい成績を出すことは至難のワザだ。

　ただ、レイズのローテーションは例年5月くらいから故障者が続出し、人の入れ替わりが激しくなる。上沢は3Aで3点台の防御率をキープしていれば、遅かれ早かれメジャーに呼ばれるだろう。大変なのはそれからだ。大半の投手は、すぐには好成績を出せず、その後、降格と昇格を繰り返すことになる。定着できるのは、メジャーで通用する武器や投球術を身につけた者だけだ。上沢がどうやって定着するか、見守っていきたい。

年度	所属チーム	勝利	敗戦	防御率	試合数	先発	セーブ	投球イニング	被安打	失点	自責点	被本塁打	与四球	奪三振	WHIP
2023	北海道日本ハム	9	9	2.96	24	24	0	170.0	152	66	56	14	41	124	1.14
日本通算成績		70	62	3.19	173	172	0	1118.1	972	445	397	94	349	913	1.18

ブルドッグ・メンタリティの守護神　クローザー

29 ピート・フェアバンクス Pete Fairbanks

31歳 1993.12.16生 | 198cm | 101kg | 右投右打

◆速球のスピード／160キロ前後（フォーシーム主体）
◆決め球と持ち球／☆スライダー、◎フォーシーム
◆対左.211 ◆対右.120 ◆ホ防2.63 ◆ア防2.53
◆ド2015⑨レンジャーズ ◆田ウィスコンシン州
◆甲367万ドル（約5億1380万円）

球威	5
制球	2
緩急	3
守備・機敏	4
度胸	4

　160キロ近い豪速球と高速スライダーで、打者にアタックするクローザー。昨季は2度IL（故障者リスト）入りし、49試合の登板にとどまったが、奪三振率13.50をマーク。これはメジャーのクローザーで、4番目に高い数字だ。昨年6月に、パンダ目になっていた時期があった。これは家のプールに入って、プールの縁に取りつけたバスケットボールのリム（ゴールのリング）を引っ張り、3歳の子供をその中から水に落として遊んでいたところ、手が滑って、引っ張っていたリムが自分の顔面を直撃したのが原因。昨年、スポーツサイト『ジ・アスレティック』が選んだ「メジャーリーガーのおバカなケガ」の1位に。

カモ J・ラミレス（ガーディアンズ）.000(7-0)0本　苦手 R・マグワイア（レッドソックス）.667(6-4)1本

年度	所属チーム	勝利	敗戦	防御率	試合数	先発	セーブ	投球イニング	被安打	失点	自責点	被本塁打	与四球	奪三振	WHIP
2019	レンジャーズ	0	2	9.35	8	0	0	8.2	8	10	9	4	7	15	1.73
2019	レイズ	2	1	5.11	13	0	2	12.1	17	10	7	1	3	13	1.62
2019	2チーム計	2	3	6.86	21	0	2	21.0	25	20	16	5	10	28	1.67
2020	レイズ	6	3	2.70	27	2	0	26.2	23	9	8	2	14	39	1.39
2021	レイズ	3	6	3.59	47	0	5	42.2	40	22	17	2	21	56	1.43
2022	レイズ	0	1	1.13	24	0	8	24.0	13	3	3	1	3	38	0.67
2023	レイズ	2	4	2.58	49	0	25	45.1	26	14	13	3	20	68	1.01
通算成績		13	16	3.21	168	2	40	159.2	127	68	57	13	68	229	1.22

4度のヒジの手術で地獄を味わった苦労人　セットアップ

47 ジェイソン・アダム Jason Adam

33歳 1991.8.4生 | 190cm | 103kg | 右投右打

◆速球のスピード／150キロ台前半（フォーシーム主体）
◆決め球と持ち球／◎スライダー、◎チェンジアップ、○フォーシーム
◆対左.167 ◆対右.196 ◆ホ防2.70 ◆ア防3.43
◆ド2010⑤ロイヤルズ ◆田ネブラスカ州
◆甲270万ドル（約3億7800万円）

球威	4
制球	3
緩急	4
守備・機敏	4
度胸	4

　昨季はまず、チームUSAに加わってWBCに出場。侍ジャパンとの決勝では1イニングを無安打に抑え、中村悠平と岡本和真から三振を奪った。シーズンが始まってからはセットアッパーで使われたが、フェアバンクスが2度IL入りしたときはその代役を務め、12セーブをマーク。マイナー時代、4度ヒジの手術を受け、2015年と16年は全休。野球をやめる決意をしたが、妻ケルシーさんに励まされて思い直し、17年に投球を再開。翌18年にロイヤルズでメジャーデビュー。ケルシーさんは、14年に「ミス・デラウェア」に選出されたブロンド美人で、モデルをしていた時期もある。娘が3人いる。

カモ G・トーレス（ヤンキース）.000(5-0)0本　苦手 J・アルトゥーヴェ（アストロズ）.667(6-4)3本

年度	所属チーム	勝利	敗戦	防御率	試合数	先発	セーブ	投球イニング	被安打	失点	自責点	被本塁打	与四球	奪三振	WHIP
2018	ロイヤルズ	0	3	6.12	31	0	0	32.1	30	24	22	9	15	37	1.39
2019	ブルージェイズ	3	0	2.91	23	0	0	21.2	15	8	7	1	10	18	1.15
2020	カブス	2	1	3.29	13	0	0	13.2	9	7	5	2	8	21	1.24
2021	カブス	0	1	5.91	12	0	0	10.2	10	7	7	1	6	19	1.50
2022	レイズ	2	3	1.56	67	0	8	63.1	31	12	11	5	17	75	0.76
2023	レイズ	5	4	2.98	56	0	12	54.1	35	21	18	7	20	69	1.01
通算成績		12	9	3.21	202	0	20	196.0	130	77	70	25	76	239	1.05

対左＝対左打者被打率　対右＝対右打者被打率　ホ防＝ホーム防御率　ア防＝アウェー防御率
ド＝ドラフトデータ　田＝出身地　甲＝年俸　カモ　苦手 は通算成績

昨年7月末のトレードでガーディアンズから移籍

34 アーロン・シヴァーリ *Aaron Civale* **先発**

29歳 1995.6.12生 | 188cm | 97kg | 右投右打 | 球140キロ台後半(シンカー、フォーシーム) 決☆カッター

対左.234 対右.237 ド2016③インディアンズ 囲コネティカット州 囲490万ドル(約6億8600万円)

球	2
制	4
耀	4
守・走	3
度	3

明晰な頭脳を有する技巧派右腕。一昨年はカッターの制球に苦しみ、防御率が4.92まで悪化した。だが、昨年は7月になってカッターの制球が安定したため防御率がどんどん良くなり、2点台中頃になったところでレイズにトレード。課題はここ3年、毎年故障し、稼働率が悪くなっていること。高校時代、熱力学の授業を受けたことをきっかけに科学好きになり、大学では機械工学を専攻。流体力学もしっかり勉強したため、ピッチングをその視点で考える傾向がある。物静かだが面倒見がいいので、レイズでは若い投手陣に好影響を与えるベテランと評価されている。

年度	所属チーム	勝利	敗戦	防御率	試合数	先発	セーブ	投球イニング	被安打	失点	自責点	被本塁打	与四球	奪三振	WHIP
2023	ガーディアンズ	3	2	2.34	13	13	0	77	58	20	20	5	22	58	1.04
2023	レイズ	2	3	5.36	10	10	0	45.1	51	27	27	7	11	58	1.37
2023	2チーム計	5	5	3.46	23	23	0	122.1	109	47	47	12	33	116	1.16
通算成績		31	26	3.92	86	86	0	475.1	436	218	207	64	118	428	1.17

ドジャースから移籍した注目のピッチャー

44 ライアン・ペピオ *Ryan Pepiot* **先発** **移籍**

27歳 1997.8.21生 | 190cm | 97kg | 右投右打 | 球150キロ前後(フォーシーム主体) 決☆チェンジアップ

対左.111 対右.241 ド2019③ドジャース 囲インディアナ州 囲74万ドル(約1億360万円)+α

球	5
制	3
耀	5
守・走	5
度	4

エース格のグラスナウと交換で来たため、今季は開幕からローテーション入りすると思われる逸材。昨季はキャンプ終盤、脇腹の筋肉の肉離れで戦列を離れ、7月15日から3Aで投げ始めた。その後、8月19日にメジャーに呼ばれ、先発とロングリリーフで8試合に登板。9月7日のマーリンズ戦では、7回途中までパーフェクトに抑えて、並の新人ではないことを印象づけた。課題は、一発を食いすぎること。球種はフォーシーム、チェンジアップ、スライダーの3つで、どれもハイレベル。フォーシームはスピン量がトップクラスで、昨年の被打率は1割5分6厘だった。

年度	所属チーム	勝利	敗戦	防御率	試合数	先発	セーブ	投球イニング	被安打	失点	自責点	被本塁打	与四球	奪三振	WHIP
2023	ドジャース	2	1	2.14	8	3	0	42.0	27	10	10	7	5	38	0.76
通算成績		5	1	2.76	17	10	0	78.1	53	25	24	13	32	80	1.09

同点の場面で好投し、勝ち星を荒かせぎ

38 コリン・ポシェイ *Colin Poche* **セットアップ**

30歳 1994.1.17生 | 190cm | 101kg | 左投左打 | 球150キロ前後(フォーシーム主体) 決◎スライダー

対左.185 対右.199 ド2016⑭ダイヤモンドバックス 囲オハイオ州 囲238万ドル(約3億3320万円)

球	4
制	3
耀	4
度	4

被本塁打を11本から4本に減らすことができたため、安定感が格段に増したリリーフ左腕。昨季はリードしている場面でセットアッパーとして使われただけでなく、同点の場面で18回も起用され、無失点に抑えたあと、味方が得点するパターンでどんどん勝ち星をゲット。リリーフ投手としては異例の12勝をマークした。白人警察官による黒人市民への虐待に反対する運動に賛同し、積極的に発言している。これは少年時代に、そうした虐待行為を実際に見た経験があるからだ。2021年11月に結婚した妻ジェシカさんは、女優顔負けのルックスをした知的な美人。

年度	所属チーム	勝利	敗戦	防御率	試合数	先発	セーブ	投球イニング	被安打	失点	自責点	被本塁打	与四球	奪三振	WHIP
2023	レイズ	12	3	2.23	66	0	1	60.2	42	17	15	4	24	61	1.09
通算成績		21	10	3.58	182	0	10	171.0	121	74	68	24	65	197	1.09

球=速球のスピード 決=決め球

ミドルリリーフ

30歳を過ぎてからピッチングに開眼
64 ショーン・アームストロング Shawn Armstrong

34歳 1990.9.11生 | 188cm | 101kg | 右投右打 | 速150キロ台前半(シンカー・フォーシーム) | 決☆フォーシーム | 対左.209 | 対右.170 | ド2011⑱インディアンズ | 田ノースカロライナ州 | 軍205万ドル(約2億8700万円)

球制緩守度 3 4 2 4 4

リードされている場面や延長戦のリリーフ、ブルペンデーの先発などでよく使われるベテラン・リリーバー。昨季はキャンプ終盤に、首の張りを訴えてIL入り。回復に少し時間がかかったため、6月3日からの出場となった。その後は球速にあまり差がないシンカー、カッター、フォーシームの3つをどんどんストライクゾーンに投げ込んで、振り遅れ気味の弱い打球を打たせまくった。この3つの速球系の球種は、途中まで同じ軌道で来て、違う方向に変化する。そのため打者は球種の見分けがつきにくく、スイングの始動が一瞬遅れ、強い打球を飛ばせなくなるのだ。

年度	所属チーム	勝利	敗戦	防御率	試合数	先発	セーブ	投球イニング	被安打	失点	自責点	被本塁打	与四球	奪三振	WHIP
2023	レイズ	1	0	1.38	39	6	0	52.0	36	12	8	2	11	54	0.90
通算成績		8	5	3.98	242	9	7	280.2	262	135	124	36	95	294	1.27

先発

赤ヒゲがトレードマークのジャーニーマン
52 ザック・リテル Zack Littell

29歳 1995.10.5生 | 193cm | 99kg | 右投右打 | 速150キロ前後(フォーシーム、シンカー) | 決◎フォーシーム | 対左.233 | 対右.287 | ド2013⑪マリナーズ | 田ノースカロライナ州 | 軍185万ドル(約2億5900万円)

球制緩守度 3 4 3 3 3

先発投手のコマ不足が続くため、今季も先発の4、5番手に予定されている右腕。昨季は2月3日にレンジャーズとマイナー契約。4月末までにメジャーに上がれなかったため、オプトアウト。5月6日にレッドソックスと契約して、4試合だけメジャーに在籍後、レイズに来た。2球団合わせて、先発とリリーフで各14試合使われ、先発では防御率3.41、リリーフでは6.75という結果が出ている。フラストレーションを抑えられないタイプで、ジャイアンツ時代、交代を告げに来たキャプラー監督に反抗的なセリフを吐き、ベンチに戻ったあと、きつく説教されたことがある。

年度	所属チーム	勝利	敗戦	防御率	試合数	先発	セーブ	投球イニング	被安打	失点	自責点	被本塁打	与四球	奪三振	WHIP
2023	レッドソックス	0	0	9.00	2	0	0	3.0	3	3	3	0	3	2	2.00
2023	レイズ	3	6	3.93	26	14	0	87.0	91	40	38	13	9	72	1.15
2023	2チーム計	3	6	4.10	28	14	0	90.0	94	43	41	13	12	74	1.18
通算成績		16	11	4.09	173	18	3	259.2	259	128	118	40	72	225	1.27

先発

今季も先発で起用される未完の大器
45 タージ・ブラッドリー Taj Bradley

23歳 2001.3.20生 | 188cm | 86kg | 右投右打 | 速150キロ台中盤(フォーシーム主体) | 決◎スプリットチェンジ | 対左.227 | 対右.282 | ド2018⑤レイズ | 田カリフォルニア州 | 軍74万ドル(約1億360万円)+α

球制緩守度 4 2 4 4 3

1年目の失敗から多くを学んだため、2年目の今季は違った顔を見せると期待されている右腕。昨季は3Aの先発1番手としてシーズンに入るも、すぐにメジャーに呼ばれ、先発で試された。すると勝ち運にも恵まれ、いきなり3連勝。そのままメジャーで使われることになった。その後は徐々に失点が増え、防御率が5点台後半になった7月末にマイナー落ち。球種はフォーシーム、カッター、カーブ、スプリットチェンジ。高校時代は外野手だったが、強肩を見込まれてピッチャーに転向。すぐに頭角を現し、高校卒業時に行われたドラフトで5巡目に指名され、プロ入り。

年度	所属チーム	勝利	敗戦	防御率	試合数	先発	セーブ	投球イニング	被安打	失点	自責点	被本塁打	与四球	奪三振	WHIP
2023	レイズ	5	8	5.59	23	21	0	104.2	106	69	65	23	39	129	1.39
通算成績		5	8	5.59	23	21	0	104.2	106	69	65	23	39	129	1.39

速=速球のスピード 決=決め球 対左=対左打者被打率 対右=対右打者被打率
ド=ドラフトデータ 田=出身地 年=年俸

100%の状態に戻るのは今季中盤以降

11 シェイン・バズ Shane Baz

25歳 1999.6.17生 | 188cm | 86kg | 右投右打 | 球150キロ台中盤～後半(フォーシーム主体) | 決○スライダー
◆昨季はメジャー出場なし | 回2017①パイレーツ | 囲テキサス州 | 囲74万ドル(約1億360万円)+α

球	5
制	3
経	4
守	3
度	3

　一昨年9月にトミー・ジョン手術を受け、今季がカムバックイヤーになる将来のエース候補。球団は、メジャーに早く引き上げすぎたことでトミー・ジョン手術を招いたという反省から、今季はしばらく3Aで投げさせる方針。高校卒業時の2017年ドラフトで、パイレーツに1巡目で指名されプロ入りしたのに、翌年8月にレイズに放出された。これはノーコンで思うようにストライクを取れないため、コーチたちからあれこれ言われてノイローゼ状態になったからだ。育成力のあるレイズに来たバズは急成長し、トップ・プロスペクト(超有望株)に。(5段階評価は手術前のもの)

年度	所属チーム	勝利	敗戦	防御率	試合数	先発	セーブ	投球イニング	被安打	失点	自責点	被本塁打	与四球	奪三振	WHIP
2022	レイズ	1	2	5.00	6	6	0	27.0	27	15	15	5	9	30	1.33
通算成績		2	5	4.02	9	9	0	40.1	33	18	18	8	12	48	1.12

2カ月間ならセットアッパーで活躍可能

48 クリス・デヴェンスキー Chris Devenski

34歳 1990.11.13生 | 190cm | 95kg | 右投右打 | 球150キロ前後(フォーシーム主体) | 決○チェンジアップ
対左.206 対右.245 回2011⑤ホワイトソックス | 囲カリフォルニア州 | 囲100万ドル(約1億4000万円)

球	4
制	2
経	4
守	3
度	5

　昨年5月にエンジェルスで見事に復活した、浮き沈みの激しい投手人生を歩んできたリリーフ右腕。シーズン終盤はレイズに来て、良い働きをしたため、いったんFAになったあと、呼び戻される形でレイズと年俸100万ドルで再契約。2016年にアストロズでメジャーデビューしたあと、チェンジアップを武器に2年連続で大活躍。17年にはオールスター出場も果たしたが、その後、長い低迷期に入った。21年6月にはトミー・ジョン手術を受けたため再起できるか危ぶまれたが、昨年選手層の薄いエンジェルスにマイナー契約で入団。メジャーで再飛躍するチャンスをつかんだ。

年度	所属チーム	勝利	敗戦	防御率	試合数	先発	セーブ	投球イニング	被安打	失点	自責点	被本塁打	与四球	奪三振	WHIP
2023	エンジェルス	3	2	5.08	29	0	0	33.2	31	20	19	5	9	33	1.19
2023	レイズ	3	2	2.08	9	0	0	8.2	5	4	2	1	2	9	0.81
2023	2チーム計	6	4	4.46	38	0	0	42.1	36	24	21	6	11	42	1.11
通算成績		25	21	3.78	284	7	8	373.1	315	165	157	49	97	391	1.10

ー メイソン・モンゴメリー Mason Montgomery

24歳 2000.6.17生 | 188cm | 88kg | 左投左打 | ◆昨季は2A、3Aでプレー | 回2021⑥レイズ | 囲テキサス州

　昨季終盤3Aに上がって4試合に先発し、2勝0敗、防御率2.70という見事な成績を出したサウスポー。特徴は、ボールの出どころが見えにくい投球フォーム。フォーシームとチェンジアップは、平均をやや上回るレベル。弱点はフライボールピッチャーで一発を食いやすいことと、波が大きいこと。

74 ジェイコブ・ロペス Jacob Lopez

26歳 1998.3.11生 | 193cm | 99kg | 左投左打 | ◆昨季はメジャーで4試合に出場 | 回2018㉖ジャイアンツ | 囲カリフォルニア州

　速球の威力に欠けるマイナスを、制球力とレベルの高い2つの変化球(チェンジアップ、スライダー)で補っているサウスポー。マイナーの各レベルで2点台の防御率を出し続けてきたが、昨季も2Aと3Aで2点台の防御率を記録。終盤メジャーに呼ばれ、4試合に登板し、1勝1セーブをマーク。

レイズの選手で初めて首位打者に輝く

ファースト

2 ヤンディ・ディアス
Yandy Diaz

33歳 1991.8.8生 │ 188cm │ 97kg │ 右投右打

◆対左投手打率／.355(121-43) ◆対右投手打率／.322(404-130)
◆ホーム打率／.363(259-94) ◆アウェー打率／.297(266-79)
◆得点圏打率／.365(96-35)
◆23年のポジション別出場数／ファースト=118、DH=13、サード=6
◆ドラフトデータ／2013㊱インディアンズ
◆出身地／キューバ
◆年俸／800万ドル（約11億2000万円）
◆首位打者1回(23年)、シルバースラッガー賞1回(23年)

ミート **5**
パワー **4**
走塁 **2**
守備 **3**
肩 **5**

シーズン終盤、レンジャーズのコーリー・シーガーとの激しい首位打者争いを制して、初めてタイトルを手にした一塁手。昨季は1月に球団と3年2400万ドルの契約を交わし、気を良くしてシーズンに入ったため、序盤から途切れることなくヒットが出た。シーズン中は3割台のハイアベレージをキープし続けたが、9月17日の時点で、ディアス3割1分9厘に対し、シーガーが3割3分7厘で、後者が断然有利だった。しかし、9月23日の試合で、4打数4安打の固め打ちをやったのが効いて、最終戦の前日にはディアス3割2分9厘5毛、シーガー3割2分9厘8毛と3毛差にせまり、最終戦をディアスは欠場、シーガーは出場して4打数無安打だったため、ディアスにタイトルが転がり込んだ。

昨年は初めてオールスターにも出場した。少ししか寝ていない体で、一塁手として先発出場。最初の打席でソロアーチを放って脚光を浴びた。睡眠不足のまま出場したのは、妻マジスレイディスさんの出産予定日が来たので付き添っていたが、生まれる気配がないので、深夜の便に乗ってその日の朝、オールスターの舞台であるシアトルに着いたからだ。オールスターが終わると、すぐにフロリダにトンボ帰り。すると、奥さんが産気づいて、男の子（ヤンディ・ジュニア）が誕生した。

趣味はウエイトリフティング。ボディビルダー向けの雑誌に登場して、ムキムキのボディを披露したことがある。キューバ亡命組で、21歳になった2013年に脱出に成功し、ドミニカに上陸。メジャー球団のスカウトたちを呼んで公開練習を行い、インディアンズ（現ガーディアンズ）と契約。身体能力が高くないため、契約金は30万ドルだった。

カモ	B・ベイヨ(レッドソックス).714(7-5)0本	K・ブラディッシュ(オリオールズ).429(14-6)0本
苦手	M・ストローマン(ヤンキース).000(7-0)0本	D・クレマー(オリオールズ).077(13-1)0本

年度	所属チーム	試合数	打数	得点	安打	二塁打	三塁打	本塁打	打点	四球	三振	盗塁	盗塁死	出塁率	OPS	打率
2017	インディアンズ	49	156	25	41	8	1	0	13	21	35	2	0	.352	.679	.263
2018	インディアンズ	39	109	15	34	5	2	1	15	11	19	0		.375	.797	.312
2019	レイズ	79	307	53	82	20	1	14	38	35	61	2	2	.340	.816	.267
2020	レイズ	34	114	16	35	3	0	2	11	23	17	0		.428	.814	.307
2021	レイズ	134	465	62	119	20	1	13	64	68	85	1	1	.353	.740	.256
2022	レイズ	137	473	71	140	33	0	9	57	78	60	3		.401	.824	.296
2023	レイズ	137	525	95	173	35	0	22	78	65	94	0	1	.410	.932	.330
通算成績		609	2149	337	624	124	5	61	276	302	371	8	7	.381	.819	.290

カモ 苦手 は通算成績

野手

14歳の少女と関係を持ったことで大騒ぎに ショート

5 ワンダー・フランコ
Wander Franco

23歳 2001.3.1生｜178cm｜85kg｜右投両打

◆対左投手率／.325(83-27)　◆対右投手率／.270(359-97)
◆ホーム打率／.282(234-66)　◆アウェー打率／.279(208-58)
◆得点圏打率／.234(107-25)
◆23年のポジション別出場数／ショート＝111、DH＝1
◆ドラフトデータ／2017⑩レイズ
◆出身地／ドミニカ
◆年俸／200万ドル(約2億8000万円)

ミート **4**
パワー **5**
走塁 **3**
守備 **5**
肩 **4**

レイズ

　選手生命の危機に瀕している、レイズの看板選手。昨季は開幕から長打やタイムリーがよく出て、チームの開幕13連勝に貢献。その後もチャンスメーカーとして、良い働きをしていた。ショートの守備でも、DRS(守備で防いだ失点)がメジャーの全遊撃手の中でトップを走っていたため、ゴールドグラブ賞を確実視されていた。オールスターにも初めて選出され、すべてが順風満帆に見えた。ところが8月13日に、球団からフランコが制限リストに入ったという発表があり、姿を消してしまった。ドミニカの司法当局が、フランコが前のオフに帰国中、14歳の少女とセックスをしたという告発があり、捜査対象となったため、急遽帰国していたのだ。しかも捜査が進むにつれて、フランコがその少女の母親に数千ドルの現金を渡して、娘と性的関係を持つことを認めさせていたことがわかった。さらにほかの複数のティーンエイジャーとも、ベッドをともにしていたことも発覚。12月末には検察官から出頭を求められたが、応じなかったため逮捕され、拘置所にぶち込まれた。拘置所から検察局に護送された際には、手錠をかけられた姿で階段を歩く姿がテレビカメラに収められて、ファンにショックを与えた。フランコのファンたちは、司法当局が法律上の建前を振りかざして、フランコだけに罪を着せるのは言語道断として、プラカードをいくつも掲げて、「早く自由の身にせよ」とアピールしている。

　ドミニカでは、メジャーリーガーが手に持っていた拳銃が「暴発」して、近くにいた人間を死に至らしめた事件が2件起きているが、いずれも正当な処罰を受けることなく、現役生活を続けることができた。それを考えれば、裏ワザが使われて、そう遅くない時期に米国に戻れる可能性もあるが、司法当局は正義をカネで買える国という悪いイメージを払拭したいようなので、フランコが見せしめにされる可能性もある。

カモ 菊池雄星(ブルージェイズ).545(11-6)0本　G・ウィトロック(レッドソックス).455(11-5)0本
苦手 K・ゴーズマン(ブルージェイズ).000(8-0)0本　J・ベリオス(ブルージェイズ).100(10-1)0本

年度	所属チーム	試合数	打数	得点	安打	二塁打	三塁打	本塁打	打点	四球	三振	盗塁	盗塁死	出塁率	OPS	打率
2021	レイズ	70	281	53	81	18	5	7	39	24	37	2	1	.347	.810	.288
2022	レイズ	83	314	46	87	20	3	6	33	26	33	8	0	.328	.745	.277
2023	レイズ	112	442	65	124	23	6	17	58	42	69	30	10	.344	.819	.281
通算成績		265	1037	164	292	61	14	30	130	92	139	40	11	.340	.794	.282

WBC日本戦でも、お得意のポーズを決める　レフト

56 ランディ・アロザレーナ
Randy Arozarena

29歳 1995.2.28生｜180cm｜83kg｜右投右打

◆対左投手打率／.254(118-30)　◆対右投手打率／.254(433-110)
◆ホーム打率／.245(265-65)　◆アウェー打率／.262(286-75)
◆得点圏打率／.292(154-45)
◆23年のポジション別出場数／レフト=139、DH=12
◆ドラフトデータ／2016㉑カブス
◆出身地／キューバ
◆年俸／810万ドル（約11億3400万円）
◆新人王（21年）

ミート **4**
パワー **4**
走塁 **4**
守備 **3**
肩 **3**

　チームを上昇気流に乗せる神がかった活躍をすることで知られる、キューバ亡命組の千両役者。昨年、神がかった活躍が見られたのは、3月と4月だ。3月は市民権を有するメキシコのナショナルチームに加わり、WBCで圧巻の活躍を見せた。予選ラウンドでは4試合で9打点を叩き出し、プールCのMVPを獲得。日本との準決勝では、レフトへのホームラン性の打球をジャンプ一番グラブに収め、満塁の場面ではポテンヒットになりそうなフライを出足鋭く好捕。腕組みをして胸を反らせてドヤ顔をする、お得意のポーズを決めて、球場のファンを熱狂させた。この試合の前には、大谷翔平と並んでツーショットのドヤ顔ポーズの写真を撮ることに成功。それをネット上に公開したので、世界中の野球ファンが大笑いした。2つ目の神がかった活躍は、開幕からチャンスにタイムリーを打ちまくって、13試合で16打点を叩き出し、チームの開幕13連勝を牽引したことだ。

　昨季は初めてオールスターに選出されたが、お祭り男の本領を発揮したのは、前日に行われるホームランダービーのほうだった。出場者8人の中で、アロザレーナだけがホームランバッターではないので、誰もが1回戦敗退を予想した。ところが突然神がかったパワーがわいてきて、1回戦でアドリス・ガルシアを「24本-17本」で下し、準決勝でもルイス・ロバート・ジュニアに「35本-22本」で圧勝。決勝ではヴラディミール・ゲレーロ・ジュニアに「23本-25本」で惜敗したものの、T-モバイルパークの観客から、健闘をスタンディングオベーションで称賛された。

　ファンを感動させるシーンもあった。プレーオフの初戦では、自分が独断で亡命したことで、つらい思いをさせた母サンドラさんを球場に呼んでマウンドに立たせ、自分が捕手になって母のボールを受けた。

カモ J・ミーンズ（オリオールズ）.467(15-7)2本　L・ジオリート（レッドソックス）.444(9-4)0本
苦手 C・シュミット（ヤンキース）.091(11-1)0本　G・ウィトロック（レッドソックス）.091(11-1)0本

年度	所属名	試合数	打数	得点	安打	二塁打	三塁打	本塁打	打点	四球	三振	盗塁	盗塁死	出塁率	OPS	打率
2019	カーディナルス	19	20	4	6	1	0	1	2	4	2	1	1	.391	.891	.300
2020	レイズ	23	64	15	18	2	0	7	11	6	22	4	0	.382	1.023	.281
2021	レイズ	141	529	94	145	32	3	20	69	56	170	20	10	.356	.815	.274
2022	レイズ	153	586	72	154	41	3	20	89	46	156	32	12	.327	.772	.263
2023	レイズ	151	551	95	140	19	3	23	83	80	156	22	10	.364	.789	.254
通算成績		487	1750	280	463	95	9	71	254	190	508	80	33	.351	.802	.265

30本塁打と30盗塁の同時達成に期待　**ライト**

15 ジョシュ・ロウ *Josh Lowe*

26歳 1998.2.2生｜193cm／92kg｜右投左打

- ◆対左投手率／.238　◆対右投手率／.300
- ◆ホーム打率／.282　◆アウェー打率／.300　◆得点圏打率／.339
- ◆23年のポジション別出場数／ライト＝101、DH＝21、センター＝14、レフト＝3　◆⑫2016①レイズ
- ◆⑭ジョージア州　◆⑭74万ドル（約1億360万円）＋α

ミート	4
パワー	4
走塁	5
守備	4
肩	4

　昨年ブレイクした、学習能力の高いスラッガー。前年（2022年）はじっくり待ちすぎて三振の山を築いたため、昨季は狙い球をしぼって積極的に打ちにいった。それによって強い打球の割合がアップし、ヒットがコンスタントに出た。トップレベルのスピードも備えており、昨季は32盗塁を記録しているが、球団は打点製造機になることを期待しているので、今季も4番ないし5番打者で使われる可能性が高い。昨年6月10日のレンジャーズ戦で、3歳上の兄ナサニエルとの兄弟対決が実現。両親や親戚だけでなく、100人を超す友人が観戦に来た。母ウェンディさんは、親としてどちらにも勝って欲しい気持ちを示すため、左半分が白（レイズのカラー）、右半分がブルー（レンジャーズのカラー）の「中立ユニフォーム」を自分で作り、着用していた。

カモ B・ベイヨ（レッドソックス）.500（14-7）1本　苦手 G・コール（ヤンキース）.000（9-0）0本

年度	所属チーム	試合数	打数	得点	安打	二塁打	三塁打	本塁打	打点	四球	三振	盗塁	盗塁死	出塁率	OPS	打率
2021	レイズ	2	1	0	1	0	0	0	0	1	0	1	0	1.000	2.000	1.000
2022	レイズ	52	181	24	40	12	2	2	13	15	66	3	0	.284	.627	.221
2023	レイズ	135	466	71	136	33	2	20	83	31	124	32	3	.335	.835	.292
通算成績		189	648	95	177	45	4	22	96	47	190	36	3	.323	.780	.273

あえて常識の逆を行く打法で31本塁打　**サード／ファースト**

17 アイザック・パレデス *Isaac Paredes*

25歳 1999.2.18生｜180cm／96kg｜右投右打

- ◆対左投手率／.259　◆対右投手率／.247
- ◆ホーム打率／.261　◆アウェー打率／.241　◆得点圏打率／.295
- ◆23年のポジション別出場数／サード＝116、ファースト＝25、セカンド＝14、DH＝3、ショート＝1　◆⑫2015⑰カブス
- ◆⑭メキシコ　◆⑭340万ドル（約4億7600万円）

ミート	3
パワー	5
走塁	2
守備	3
肩	3

　長所は、動体視力が良くパワーに恵まれていることと、常識が自分に合わなければ非常識のほうでいく割り切りができることだ。野球常識では、引っ張り一辺倒の打者は三流と見なされるが、昨季はあえて引っ張ることに徹し、これが31本塁打につながった。体の頑丈さもウリの1つ。本塁打を量産するようになると、相手投手から厳しい内角攻めにあい、20回もぶつけられたが、1回もケガをせず、打席に立ち続けた。昨年のWBCには、メキシコ代表として出場。準決勝の日本戦で8回表2死二、三塁の場面で打席に入り、阪神・湯浅のフォークをレフト前に運んだ。これで2点入ったかに見えたが、2人目が本塁タッチアウト。それが9回裏の日本の逆転劇につながってしまった。

カモ C・シュミット（ヤンキース）.500（6-3）1本　苦手 J・シュライバー（レッドソックス）.000（7-0）0本

年度	所属チーム	試合数	打数	得点	安打	二塁打	三塁打	本塁打	打点	四球	三振	盗塁	盗塁死	出塁率	OPS	打率
2020	タイガース	34	100	7	22	4	0	1	6	8	24	0	0	.278	.568	.220
2021	タイガース	23	72	7	15	3	1	1	6	5	10	1	0	.306	.625	.208
2022	レイズ	111	331	48	68	16	0	20	45	44	67	0	1	.304	.739	.205
2023	レイズ	143	492	71	123	24	0	31	98	58	104	1	0	.352	.840	.250
通算成績		311	995	133	228	47	1	53	154	120	206	1	1	.326	.764	.229

腰の故障がなければ、25～30本塁打可能　　セカンド

8　ブランドン・ラウ　*Brandon Lowe*

30歳　1994.7.6生｜178cm｜83kg｜右投左打

◆対左投手打率／.170　◆対右投手打率／.241
◆ホーム打率／.242　◆アウェー打率／.221　◆得点圏打率／.303
◆23年のポジション別出場数／セカンド＝105、DH＝4
◆🄳2015③レイズ　◆🄱ヴァージニア州
◆🄰875万ドル（約12億2500万円）

ミート **3**
パワー **5**
走塁 **4**
守備 **3**
肩 **3**

　故障続きで、稼働率が低下した状態が続く強打の二塁手。2022年は腰の疲労骨折にさいなまれたが、昨年も腰の状態が完全ではなかったので、バッティングに影響が出た。そんな中で光ったのは勝負強さで、4月21日にサヨナラツーラン、8月23日にはサヨナラヒット、9月5日にはサヨナラスリーランを放ちヒーローに。9月下旬のエンジェルス戦で、自打球がヒザを直撃。骨折してIL入りしたが、これは昨年中に完治。22年から続いていた腰の不調も消え、久々に故障なしでシーズン入りできそう。今季は6年契約の最終年。来季以降も見据え、出だしからギアがトップに入った状態になるだろう。

カモ　D・クレマー（オリオールズ）.444(9-4)1本　　苦手　菊池雄星（ブルージェイズ）.000(6-0)0本

年度	所属チーム	試合数	打数	得点	安打	二塁打	三塁打	本塁打	打点	四球	三振	盗塁	盗塁死	出塁率	OPS	打率
2018	レイズ	43	129	16	30	6	2	6	25	16	38	2	1	.324	.774	.233
2019	レイズ	82	296	42	80	17	2	17	51	25	113	5	0	.336	.850	.270
2020	レイズ	56	193	36	52	9	2	14	37	25	58	3	0	.362	.916	.269
2021	レイズ	149	535	97	132	31	0	39	99	68	167	7	1	.340	.863	.247
2022	レイズ	65	235	31	52	10	2	8	25	27	61	1	0	.308	.691	.221
2023	レイズ	109	377	58	87	15	1	21	68	50	119	7	0	.328	.771	.231
通算成績		504	1765	280	433	88	9	105	305	211	556	25	2	.334	.818	.245

油断すると痛い目にあう野球巧者　　ショートセカンド　　移籍

7　ホセ・カバイエロ　*Jose Caballero*

28歳　1996.8.30生｜175cm｜83kg｜右投右打

◆対左投手打率／.265　◆対右投手打率／.186
◆ホーム打率／.186　◆アウェー打率／.254　◆得点圏打率／.200
◆23年のポジション別出場数／セカンド＝64、ショート＝21、
　サード＝9、DH＝7、レフト＝1　◆🄳2017⑦ダイヤモンドバックス
◆🄱パナマ　◆🄰74万ドル（約1億360万円）＋α

ミート **3**
パワー **2**
走塁 **5**
守備 **5**
肩 **3**

　今年1月のトレードでマリナーズから移籍した、クセモノぶりをいかんなく発揮する内野手。基本的には守備と足で貢献するタイプ。敏捷でグラブさばきがうまく、球際にも強いため、ファインプレーが多い。昨年はセカンドでDRS（守備で防いだ失点）が7、ショートで4ある。スモールボールのスキルも高く、盗塁は名人級。昨季は盗塁を29回トライして26回成功、成功率は89.6％という高さだ。相手の隙を突く走塁も得意で、相手の三塁手がバントシフトで塁をがら空きにしていると、一瞬の速さで塁をおとしいれる。出塁のためなら手段を選ばないタイプ。昨季は死球で17回出塁したが、これはケガしない程度に上手にぶつけられる技術を磨いた成果だ。パナマ出身。ドラフトで指名されることを目論んで、野球で実績のあるフロリダ州のチポラ短大に入学。2年終了時にドラフトで7巡目に指名され、願いがかなった。

カモ　J・シアーズ（アスレティックス）.667(6-4)1本　　苦手　A・ヒーニー（レンジャーズ）.167(6-1)0本

年度	所属チーム	試合数	打数	得点	安打	二塁打	三塁打	本塁打	打点	四球	三振	盗塁	盗塁死	出塁率	OPS	打率
2023	マリナーズ	104	231	37	51	9	1	4	26	28	66	26	3	.343	.663	.221
通算成績		104	231	37	51	9	1	4	26	28	66	26	3	.343	.663	.221

野手

最高の代打男でもある、チャンスに強いDH

43 ハロルド・ラミレス Harold Ramirez

DH／レフト／ファースト

30歳 1994.9.6生｜178cm｜104kg｜右投右打 [対左].387 [対右].281 [ホ].275 [ア].354 [得].319 [ド]2011⑭パイレーツ [出]コロンビア [年]380万ドル（約5億3200万円）

ミ5／バ3／走2／守2／肩2

　２年連続で３割台の打率をマークした、低予算のチームにうってつけの指名打者。バットを持たせると一流、グラブを持たせると三流という典型的なタイプ。昨年進化した点は、右投手からもよくヒットが出るようになったので、プラトーン・プレーヤーではなくなりつつあること。最大のウリは勝負強さ。昨年の代打打率は５割２分４厘（21-11）で、欲しいときにしっかり打点を叩き出してくれるので称賛された。守備は全体で見ると三流だが、レフトで起用されたときは、しばしば好プレーを見せることがあり、昨年レフトではDRS（守備で防いだ失点）が２つあった。

年度	所属チーム	試合数	打数	得点	安打	二塁打	三塁打	本塁打	打点	四球	三振	盗塁	盗塁死	出塁率	OPS	打率
2023	レイズ	122	400	58	125	19	2	12	68	22	79	5	3	.353	.813	.313
通算成績		463	1573	193	455	84	6	36	218	74	300	13	11	.329	.748	.289

高い身体能力と低い学習能力が同居

22 ホセ・シリ Jose Siri

センター

29歳 1995.7.22生｜188cm｜79kg｜右投右打 [対左].198 [対右].230 [ホ].244 [ア].198 [得].271 [ド]2012⑭レッズ [出]ドミニカ [年]74万ドル（約1億360万円）＋α

ミ2／バ5／走4／守4／肩4

　守備の達人ケヴィン・キアマイアの後継者と見なされている外野手。ハッキリした長所と短所があり、長所は守備範囲の広さ、強肩、長打力、スピード、盗塁とバントのスキルなどだ。短所は早打ちのフリースインガー、選球眼がお粗末、空振りが多い、出塁率が低いといった点。問題なのは、短所が１つも改善されないことだ。空振り率はブービー賞から、ブービーメーカーに。その一方で、長所だった守備範囲の広さに陰りが見られ、バントも下手になってしまっている。そんなマイナス要素を本塁打25本で相殺しているが、いつまでも続けられるものではない。

年度	所属チーム	試合数	打数	得点	安打	二塁打	三塁打	本塁打	打点	四球	三振	盗塁	盗塁死	出塁率	OPS	打率
2023	レイズ	101	338	58	75	13	2	25	56	20	130	12	3	.267	.761	.222
通算成績		226	685	121	153	26	5	36	89	41	255	29	6	.273	.707	.223

若い投手の能力を引き出すことに長けた捕手

50 レネ・ピント Rene Pinto

キャッチャー

28歳 1996.11.2生｜178cm｜88kg｜右投右打 ◆盗塁阻止率.136(22-3) [対左].286 [対右].244 [ホ].130 [ア].351 [得].290 [ド]2013⑭レイズ [出]ベネズエラ [年]74万ドル（約1億360万円）＋α

ミ2／バ2／走2／守3／肩3

　メジャー定着を目指す、レイズ生え抜きのキャッチャー。2013年にレイズと契約し、16歳でプロ入り。マイナーの出世階段を少しずつ上がって、22年４月にメジャー到達。初打席初本塁打で注目された。その後は、降格と昇格を繰り返すシャトル便状態が続いていたが、オフに昨年正捕手格だったベタンコートと第２捕手だったメヒアがともにチームを去ったため、今季はメジャーでの出場機会が大幅に増える可能性がある。長所は守備力が高く、強肩で、長打力があること。リードもうまいほうだ。その一方で、打者としては空振りが異常に多く、安定感に欠ける。

年度	所属チーム	試合数	打数	得点	安打	二塁打	三塁打	本塁打	打点	四球	三振	盗塁	盗塁死	出塁率	OPS	打率
2023	レイズ	39	103	10	26	3	0	6	16	2	34	0	0	.267	.723	.252
通算成績		64	183	15	43	6	0	8	26	4	69	0	0	.255	.654	.235

[対左]=対左投手打率 [対右]=対右投手打率 [ホ]=ホーム打率 [ア]=アウェー打率 [得]=得点圏打率

レイズ

センターのレギュラーでも使えそうな逸材

外野手 **移籍**

21 ジョニー・デルーカ *Jonny Deluca*

26歳 1998.7.10生｜183cm｜90kg｜右投右打 対左.281 対右.200 ホ.211 ア.304 得.333 ド2019㉕ドジャース 出カリフォルニア州 年74万ドル(約1億360万円)+α

ミ	3
パ	4
走	4
守	4
肩	4

昨年12月のトレードでドジャースから移籍した、楽しみな要素がたくさんある外野のホープ。打撃面のウリは、パワーとスピードを併せ持つこと。スイングスピードが速く、打球を上げる技術もあるので、昨季はマイナーの2Aと3Aで計73試合に出場し、17本塁打。メジャーでフル出場すれば、20本前後を期待でき、20盗塁可能な足もある。守備は外野の3ポジションに対応可能。強肩で守備範囲が広く、ジャンプ力もトップクラスだ。高校時代は野球と並行して陸上競技にも打ち込み、カリフォルニア州の競技会で走り幅跳びに出場し、入賞した実績を持っている。

年度	所属チーム	試合数	打数	得点	安打	二塁打	三塁打	本塁打	打点	四球	三振	盗塁	盗塁死	出塁率	OPS	打率
2023	ドジャース	24	42	5	11	1	0	2	6	3	8	1	0	.311	.740	.262
通算成績		24	42	5	11	1	0	2	6	3	8	1	0	.311	.740	.262

プラトーンで使うのにもってこいのタイプ

外野手 **移籍**

1 リッチー・パラシオス *Richie Palacios*

27歳 1997.5.16生｜178cm｜81kg｜右投左打 対左.421 対右.216 ホ.217 ア.298 得.412 ド2018③インディアンズ 出ニューヨーク州 年74万ドル(約1億360万円)+α

ミ	3
パ	3
走	4
守	3
肩	3

1月のトレードで、カーディナルスから来た外野手。ウリは選球眼が良く、当てることもうまいため、三振が少なく四球が多いこと。パワーは平均レベルだが、スイングスピードが速く、外野の間を抜ける長打が多い。塁に出ると、足で相手にプレッシャーをかけることにも長けている。野球ファミリー出身。父リチャードは、タイガースで3Aまで行った元マイナーリーガー。叔父レイは、ロイヤルズに3年間在籍した捕手兼内野手。兄ジョシュアは外野手で、21年にブルージェイズでメジャーデビュー。母親がキュラソー出身のため、昨年のWBCにはオランダ代表で出場。

年度	所属チーム	試合数	打数	得点	安打	二塁打	三塁打	本塁打	打点	四球	三振	盗塁	盗塁死	出塁率	OPS	打率
2023	カーディナルス	32	93	9	24	6	0	6	16	6	11	2	0	.307	.823	.258
通算成績		86	205	16	50	12	0	6	26	15	31	4	0	.299	.689	.244

13 ジュニア・カミネロ *Junior Caminero*

サード ショート **期待度 A+** **ルーキー**

21歳 2003.7.5生｜185cm｜71kg｜右投右打 ◆昨季はメジャーで7試合に出場 ド2019㉚インディアンズ 出ドミニカ

メジャーでレギュラーポジションを与えられるレベルに成長した、今年の最有望株。パワーと打撃センスを併せ持つ天才肌の打者で、昨季はマイナーの1A+級と2A級で117試合に出場し、打率3割2分4厘、31本塁打、94打点をマーク。守備も着実に向上し、守備範囲と肩の強さが平均レベルに。

─ カーソン・ウィリアムズ *Carson Williams*

ショート **期待度 A** **ルーキー**

21歳 2003.1.25生｜185cm｜81kg｜右投右打 ◆昨季は1A+、2A、3Aでプレー ド2021①レイズ 出カリフォルニア州

打者としてのウリは長打力。ただ誘い球の変化球にバットが出てしまうことが多く、カウントを考えた打撃ができない。気合が入りすぎて、ど真ん中の打ち頃の球を空振りすることもよくある。遊撃手としては、肩の強さはトップレベル。守備範囲の広さも平均以上。20盗塁以上を決める足もある。

対左=対左投手打率　対右=対右投手打率　ホ=ホーム打率　ア=アウェー打率　得=得点圏打率
ド=ドラフトデータ　出=出身地　年=年俸

トロント・ブルージェイズ

◆創　立：1977年
◆本拠地：オンタリオ州トロント市（カナダ）
◆ワールドシリーズ制覇：2回／◆リーグ優勝：2回
◆地区優勝：6回／◆ワイルドカード獲得：4回

主要オーナー　ロジャーズ・コミュニケーションズ社（総合メディア企業）

過去5年成績

年度	勝	負	勝率	ゲーム差	地区順位	ポストシーズン成績
2019	67	95	.414	36.0	④	－
2020	32	28	.533	8.0	③	ワイルドカードシリーズ敗退
2021	91	71	.562	9.0	④	－
2022	92	70	.568	7.0	③	ワイルドカードシリーズ敗退
2023	**89**	**73**	**.549**	**12.0**	**③**	**ワイルドカードシリーズ敗退**

監督　**14 ジョン・シュナイダー** *John Schneider*

◆年　　齢…………44歳（ニュージャージー州出身）
◆現役時代の経歴 …メジャーでのプレー経験なし（キャッチャー）
◆監督経歴…………2シーズン　ブルージェイズ（2022〜）
◆通算成績…………135勝101敗（勝率.572）

　ブルージェイズにドラフトで指名されてプロ入りし、27歳で引退後は、ブルージェイズのマイナーでコーチとしての実績を積み上げてきた人物。ベンチコーチだった2022年途中に暫定監督となり、同年オフ、正式に監督に就任している。昨年5月20日の試合で、先発投手マノアを激励しようとマウンドへ。だが、同イニングにすでに投手コーチがマウンドを訪れていたため、マノアはルールで「強制降板」となってしまった。シュナイダー監督のうっかりミスだった。

注目コーチ　**41 ピート・ウォーカー** *Pete Walker*

　投手コーチ。55歳。10年以上、ブルージェイズで投手コーチを務めている。現役時代の2004年に横浜（現横浜DeNA）で投げたが、10試合で防御率6.80と、結果を残せず。

編成責任者　**ロス・アトキンス** *Ross Atkins*

　51歳。若手を中心としたチーム作りが、うまく進んでいる。インディアンズ（現ガーディアンズ）傘下のチームで投げていた元投手。引退後、同球団のスタッフになっていた。

スタジアム　**ロジャーズ・センター** *Rogers Centre*

◆開場年…………1989年
◆仕　様…………人工芝、開閉式屋根付き
◆収容能力………49,282人
◆フェンスの高さ…2.4〜4.4m
◆特　徴…………カナダのトロントにある、世界初の開閉式ドーム球場。2022年オフの工事で、右中間と左中間のフェンスがやや前に来たが、フェンスの高さは上がった。ただ、センターフェンスの位置は変わらず、高さも低いまま(2.4メートル)。

ニュートラルパーク

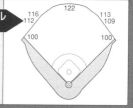

61

Best Order [ベストオーダー]

①ジョージ・スプリンガー……ライト
②ボー・ビシェット……ショート
③ヴラディミール・ゲレーロ・ジュニア……ファースト
④ジャスティン・ターナー……DH
⑤ドールトン・ヴァーショ……レフト
⑥アレハンドロ・カーク／
　ダニー・ジャンセン……キャッチャー
⑦ケヴィン・キアマイア……センター
⑧サンティアーゴ・エスピナル……セカンド
⑨キャヴァン・ビジオ……サード

Depth Chart [ポジション別選手層・メンバーリスト]

※2024年2月25日時点の候補選手。数字は背番号(開幕前に変更する場合もあり)、右・左等は投・打の順。

センター
39 ケヴィン・キアマイア [右・左]
25 ドールトン・ヴァーショ [右・左]
7 アイザイア・カイナー＝ファレーファ[右・右]

レフト
25 ドールトン・ヴァーショ [右・左]
36 デイヴィス・シュナイダー [右・右]
7 アイザイア・カイナー＝ファレーファ [右・右]

ライト
4 ジョージ・スプリンガー [右・右]
8 キャヴァン・ビジオ [右・左]

ショート
11 ボー・ビシェット [右・右]
28 アーニー・クレメント [右・右]
5 サンティアーゴ・エスピナル [右・右]
7 アイザイア・カイナー＝ファレーファ[右・右]

セカンド
5 サンティアーゴ・エスピナル [右・右]
36 デイヴィス・シュナイダー [右・右]
8 キャヴァン・ビジオ [右・左]

ローテーション
34 ケヴィン・ゴースマン [右・左]
40 クリス・バシット [右・右]
17 ホセ・ベリオス [右・右]
16 菊池雄星 [左・左]
6 アレック・マノア [右・右]
29 ジャリエル・ロドリゲス [右・右]

サード
8 キャヴァン・ビジオ [右・左]
7 アイザイア・カイナー＝ファレーファ [右・右]
5 サンティアーゴ・エスピナル [右・右]

ファースト
27 ヴラディミール・ゲレーロ・ジュニア [右・右]
48 スペンサー・ホーウィッツ [右・左]
8 キャヴァン・ビジオ [右・左]

キャッチャー
30 アレハンドロ・カーク [右・右]
9 ダニー・ジャンセン [右・右]

DH
2 ジャスティン・ターナー [右・右]
48 スペンサー・ホーウィッツ [右・左]
30 アレハンドロ・カーク [右・右]

ブルペン
68 ジョーダン・ロマーノ [右・右] CL
58 ティム・メイザ [左・左]
50 エリック・スワンソン [右・右]
93 ジミー・ガルシア [右・右]
57 チャド・グリーン [右・右]
29 ジャリエル・ロドリゲス [右・右]
92 ヘネシス・カブレラ [左・左]
44 ボウデン・フランシス [右・右]
33 トレヴァー・リチャーズ [右・右]
24 ネイト・ピアーソン [右・右]
56 ザック・ポップ [右・右]
65 ハーゲン・ダナー [右・右]

※CL＝クローザー

ブルージェイズ試合日程……＊はアウェーでの開催

3月28・29・30・31 レイズ＊	29・30・5月1 ロイヤルズ	31・6月1・2 パイレーツ
4月1・2・3 アストロズ＊	3・4・5 ナショナルズ＊	3・4・5・6 オリオールズ
5・6・7 ヤンキース＊	7・8 フィリーズ＊	7・8・9 アスレティックス＊
8・9・10 マリナーズ	10・11・12 ツインズ	10・11・12 ブリュワーズ＊
12・13・14 ロッキーズ	13・14・15 オリオールズ＊	14・15・16 ガーディアンズ
15・16・17 ヤンキース	17・18・19 レイズ	17・18・19 レッドソックス＊
19・20・21 パドレス＊	20・21・22 ホワイトソックス	21・22・23 ガーディアンズ
22・23・24・25 ロイヤルズ＊	23・24・25・26 タイガース＊	24・25・26 レッドソックス＊
26・27・28 ドジャース	27・28・29 ホワイトソックス＊	27・28・29・30 ヤンキース

球団メモ カナダに本拠地を置くメジャー唯一の球団。コロナ禍の2022年、カナダ政府による入国制限で、ワクチン未接種の選手は、球場のあるトロントに遠征できなかった。

ブルージェイズ

■投手力➡️…★★★★☆【昨年度チーム防御率3.78、リーグ2位】

ローテーションの1〜4番手はゴーズマン、バシット、ベリオス、菊池雄星という、去年と同じ顔ぶれ。故障者が続出しない限り、10〜20は勝ち越せる陣容だ。5番手は、昨年スランプだったマノアと元中日ドラゴンズのジャリエル・ロドリゲスが争うことになりそう。リリーフ陣も、昨年同様にハイレベル。クローザーのロマーノが故障しても、セットアッパーのメイザかスワンソンがその穴を埋めるので、大きくレベルダウンすることはないだろう。

■攻撃力↘️…★★★☆☆【昨年度チーム得点746、リーグ8位】

打線からマット・チャップマンが抜け、そのスポットに大ベテランのジャスティン・ターナーが入る。これはマイナスにはならないが、ベルトと、メリフィールドが向けた穴を、現有戦力で埋めるのは多少マイナスに作用するだろう。ブルージェイズ打線の一番の問題点は、ゲレーロ・ジュニアとスプリンガーが期待通り働かないことにある。この2人が持ち味を発揮してフル回転すれば、チーム得点はリーグトップレベルまで上昇する可能性がある。

■守備力➡️…★★★★☆【昨年度チーム失策数71、リーグ3位タイ】

昨シーズンはビシェットが守備面で急成長をとげたため、センターラインが最強レベルになった。チーム全体で昨年のDRS（守備で防いだ失点）が85もあり、これはメジャー30球団中トップの数字だ。

■機動力…★★☆☆☆【昨年度チーム盗塁数99、リーグ10位】

スモールボールのスキルがある選手が少なく、機動力は、あまり評価できない。

総合評価➡️
★★★★☆

二刀流・大谷翔平をあと少しのところで獲得できなかったが、それがなくても十分、地区優勝を狙える戦力がある。打線で1人ブレイクすれば95勝、2人出れば100勝しても不思議ではない。このチームの問題は、10月に入ると機能しなくなることだ。

IN　主な入団選手
投手
ジャリエル・ロドリゲス⬅️中日
野手
ジャスティン・ターナー⬅️レッドソックス
アイザイア・カイナー=ファレーファ⬅️ヤンキース

OUT　主な退団選手
投手
ジョーダン・ヒックス➡️ブルージェイズ
アダム・シンバー➡️エンジェルス
柳賢振➡️ハンファ(韓国)
野手
マット・チャップマン➡️所属先未定
ブランドン・ベルト➡️所属先未定

7月1·2·3·4	アストロズ	**8月**2·3·4	ヤンキース*	3·4	フィリーズ
5·6·7	マリナーズ*	6·7·8	オリオールズ*	6·7·8	ブレーブス*
9·10·11	ジャイアンツ*	9·10·11	アスレティックス	9·10·11	メッツ
12·13·14	ダイヤモンドバックス	12·13·14	エンジェルス	13·14·15	カーディナルス
16	オールスターゲーム	16·17·18	カブス*	17·18·19	レンジャーズ*
19·20·21	タイガース	19·20·21	レッズ	20·21·22	レイズ*
23·24·25	レイズ	22·23·24·25	エンジェルス	23·24·25	レッドソックス
26·27·28	レンジャーズ	26·27·28·29	レッドソックス*	27·28·29	マーリンズ
29·30·31	オリオールズ*	30·31·**9月**1	ツインズ*		

球団メモ　昨季は、ワイルドカードシリーズでツインズに敗れた。直近4シーズンでは、ポストシーズンに3度進出。だが、いずれも1勝もあげることができずに敗退している。

チーム内でリーダーシップを発揮する大黒柱 先 発

34 ケヴィン・ゴーズマン
Kevin Gausman

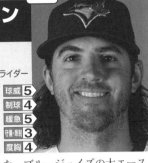

33歳 1991.1.6生 188cm 92kg 右投左打
◆速球のスピード／150キロ台前半（フォーシーム）
◆決め球と持ち球／☆フォーシーム、◎スプリッター、△スライダー
◆対左打者被打率／.250 ◆対右打者被打率／.218
◆ホーム防御率／3.07 ◆アウェー防御率／3.27
◆ドラフトデータ／2012①オリオールズ
◆出身地／コロラド州
◆年俸／2400万ドル（約33億6000万円）
◆最多奪三振1回（23年）

球威	5
制球	4
緩急	5
守備·制球	3
度胸	4

　初めてサイ・ヤング賞の最終候補になった、ブルージェイズの大エース。伸びのあるフォーシームとよく落ちるスプリッターを高低に投げ分け、三振を量産する。昨季は序盤からハイペースで三振をゲットし、アメリカン・リーグ最多の237奪三振を記録。MVPやサイ・ヤング賞の候補を選出する際に重視される『ファングラフス』版のWAR（貢献ポイント）も5.3でトップだった。好調時は相手に付け入る隙を与えず、自責点ゼロに抑えたケースが9試合あり、これはサイ・ヤング賞のコールより1つ多い。それでいながら勝ち星が12しかないのは、ランサポート（9イニングあたりの得点援護）が、規定投球回に達した投手では最少の3.55しかなかったからだ。

　投手陣のリーダー的存在になっており、ニューヨーク遠征のときには、投手陣全員をディナーに招待し、チームの士気と結束を高めることに貢献した。昨年、底なしのスランプにおちいったマノアがマイナー落ちしたときは「野球選手には浮き沈みは付き物だ。お前の場合、今年はたまたまダウンイヤー（不調の年）だったというだけだよ。マイナー落ちなんてたいしたことじゃない。オレなんか、ブレーブスにいたとき、打たれまくってメジャー枠から外されて、野球人生が終わりかけたことがある。気を取り直して早く戻ってこいよ」という内容のメッセージを送って、励ました。

　コロラド育ちだが、大学野球の強豪ルイジアナ州立大学に奨学金付きで進み、大学野球屈指の投手に成長した。妻テイラーさんは同大のチアリーダーだった人で、1年生のときに交際を始め、25歳で結婚。娘が2人いる。

カモ T・ストーリー（レッドソックス）.120(25-3)0本 D・ラメイヒュー（ヤンキース）.167(18-3)0本
苦手 R・マウントキャッスル（オリオールズ）.429(14-6)0本 C・シーガー（レンジャーズ）.556(18-10)1本

年度	所属チーム	勝利	敗戦	防御率	試合数	先発	セーブ	投球イニング	被安打	失点	自責点	被本塁打	与四球	奪三振	WHIP
2013	オリオールズ	3	5	5.66	20	5	0	47.2	51	30	30	8	13	49	1.34
2014	オリオールズ	7	7	3.57	20	20	0	113.1	111	48	45	7	38	88	1.31
2015	オリオールズ	4	7	4.25	25	17	0	112.1	109	56	53	17	29	103	1.23
2016	オリオールズ	9	12	3.61	30	30	0	179.2	183	76	72	28	47	174	1.28
2017	オリオールズ	11	12	4.68	34	34	0	186.2	208	99	97	29	71	179	1.49
2018	オリオールズ	5	8	4.43	21	21	0	124.0	139	62	61	21	32	104	1.38
2018	ブレーブス	5	3	2.87	10	10	0	59.2	50	23	19	5	18	44	1.14
2018	2チーム計	10	11	3.92	31	31	0	183.2	189	85	80	26	50	148	1.30
2019	ブレーブス	3	7	6.19	16	16	0	80.0	92	60	55	12	27	85	1.49
2019	レッズ	0	2	4.03	15	1	0	22.1	21	11	10	3	5	29	1.16
2019	2チーム計	3	9	5.72	31	17	0	102.1	113	71	65	15	32	114	1.42
2020	ジャイアンツ	3	3	3.62	12	10	0	59.2	50	26	24	8	16	79	1.11
2021	ジャイアンツ	14	6	2.81	33	33	0	192.0	150	66	60	20	50	227	1.04
2022	ブルージェイズ	12	10	3.35	31	31	0	174.2	188	72	65	15	28	205	1.24
2023	ブルージェイズ	12	9	3.16	31	31	0	185.0	163	72	65	19	55	237	1.18
通算成績		88	91	3.84	298	259	0	1537.0	1515	701	656	192	429	1603	1.26

メジャー5年目の昨季は年俸以上の働き　先発

16 菊池雄星
Yusei Kikuchi

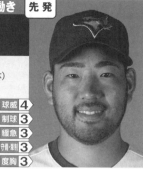

33歳 1991.6.17生｜183cm｜95kg｜左投左打

◆速球のスピード／150キロ台前半（フォーシーム主体）
◆決め球と持ち球／☆スライダー、◎フォーシーム、○カーブ、△チェンジアップ
◆対左打者被打率／.214　◆対右打者被打率／.266
◆ホーム防御率／3.97　◆アウェー防御率／3.77
◆ドラフトデータ／2010①埼玉西武、2019㉚マリナーズ
◆出身地／岩手県
◆年俸／1000万ドル（約14億円）

球威	4
制球	3
緩急	3
守備・牽制	3
度胸	3

　契約最終年の働きが期待される岩手産のサウスポー。昨季はメジャーで3点台の防御率と2ケタ勝利をあげ、埼玉西武時代の2017年以来の見事な働きをしたシーズンになった。昨年のキャンプでは先発組には入ったものの、5番手候補はほかにもいて、オープン戦で好成績を収める必要があった。この危機感をバネに菊池は好投を続け、オープン戦で0.87という目を見張る防御率をマーク。ローテーションの5番手の座を勝ち取った。

　この勢いを駆って開幕後も好調で、初戦から四球を出さないことに注力した結果、4月は5試合中4試合を1失点以内に抑え、4勝0敗と上々のスタートを切った。しかし5月以降は、投球が浮いて頻繁に一発を食ったため、失点が多くなった。結局、シーズン前半だけで被本塁打が21もあったため、後半戦は一発を食わないことに主眼を置いた組み立てにチェンジ。それが功を奏して、7月中旬以降は被本塁打ゼロの試合が続き、シーズン後半の最初の6試合は、すべて1失点以内に抑えた。

　メジャーでは4年目まで、年俸に見合った活躍ができなかった。だが、昨季は1.0ポイントを800万ドルと置き換えることができる『ファングラフス』版のWARが2.6だったため、2080万ドル相当の働きをしたことになる。昨季の年俸は1300万ドルだったので、780万ドルの黒字という結果になった。シーズン中はチームメートとジョークを交えて談笑することが多くなったが、仲間内ではゴーズマンと並ぶ食通と見なされており、どんな食べ物にも興味を示すので、食に対する冒険心は菊池が一番というのが、彼らの一致した見解だ。今季は契約最終年のため、何が何でも昨年並みの数字を出す必要がある。それができれば、「3年4500万ドル」レベルの契約どころか、代理人がボラス事務所なので、それ以上も期待できる。

カモ　G・スタントン（ヤンキース）.071（14-1）0本　B・ビシェット（ブルージェイズ）.111（9-1）0本
苦手　R・マウントキャッスル（オリオールズ）.467（15-7）4本　A・ラッチマン（オリオールズ）.412（17-7）2本

年度	所属チーム	勝利	敗戦	防御率	試合数	先発	セーブ	投球イニング	被安打	失点	自責点	被本塁打	与四球	奪三振	WHIP
2019	マリナーズ	6	11	5.46	32	32	0	161.2	195	109	98	36	50	116	1.52
2020	マリナーズ	2	4	5.17	9	9	0	47.0	41	27	27	3	20	47	1.30
2021	マリナーズ	7	9	4.41	29	29	0	157.0	145	82	77	27	62	163	1.32
2022	ブルージェイズ	6	7	5.19	32	20	0	100.2	93	67	58	23	58	124	1.50
2023	ブルージェイズ	11	6	3.86	32	32	0	167.2	165	78	72	27	48	181	1.27
通算成績		32	37	4.71	134	122	1	634.0	639	363	332	116	238	631	1.38

再生した結果は、初のゴールドグラブ賞　先発

17 ホセ・ベリオス
Jose Berrios

30歳 1994.5.27生｜183cm｜92kg｜右投右打
◆速球のスピード／150キロ台前半（シンカー、フォーシーム）
◆決め球と持ち球／☆シンカー、◎フォーシーム、
　○スラーブ、△チェンジアップ
◆対左打者被打率／.261　◆対右打者被打率／.220
◆ホーム防御率／3.30　◆アウェー防御率／3.97
◆ドラフトデータ／2012①ツインズ　◆出身地／プエルトリコ
◆年俸／1700万ドル（約23億8000万円）
◆ゴールドグラブ賞1回（23年）

球威	4
制球	4
緩急	3
守備・牽制	5
度胸	3

　悪夢の2022年から多くの教訓を得て、昨年見事に立ち直った先発右腕。昨季は、初めから順風が吹いていたわけではない。プエルトリコ代表チームの一員として臨んだWBCでは、初戦のベネズエラ戦に先発したが、3つしかアウトを取れずに6失点し、KOされた。そのためヤディアー・モリナ監督から、厳しい言葉で叱責されている。開幕初戦でも炎上し、期待が絶望に変わりかけた。しかし、2戦目からはシンカーが機能するようになり、安定したピッチングを見せるようになった。

　昨年のベストゲームは、古巣ツインズとの対戦になった10月4日のワイルドカードシリーズ第2戦。先発したベリオスは負けられないゲームであることを意識して、気合のこもった投球を見せ、最初の3イニングを完璧に抑えた。しかし、4回の先頭打者を歩かせただけで監督から降板を告げられた。その後リリーフした菊池が内野安打と四球で無死満塁にしてタイムリーという最悪の展開になったため、自責点が1つベリオスにつき、負け投手になった。菊池が戻ってきた際、ダグアウトのステップのところで厳しい言葉を浴びせているシーンをテレビ中継のカメラがとらえていたが、これからというときに交代させられたうえ、自分に自責点がついたので、フラストレーションを抑えられなかったようだ。ゲーム後、ベンチで呆然としていると、バシットが肩に手を回して言葉を尽くして慰めてくれたので落ち着きを取り戻し、23年シーズンを終えた。3児のパパで、上の娘は19歳のとき授かっており、今年10歳になる。奥さん同士が姉妹なので、タイガースの看板選手ハヴィエア・バエズとは義理の兄弟の関係。

カモ J・トレヴィーニョ（ヤンキース）.000(8-0)0本　C・イェリッチ（ブリュワーズ）.000(9-0)0本
苦手 吉田正尚（レッドソックス）.500(12-6)0本　大谷翔平（ドジャース）.444(18-8)3本

年度	所属チーム	勝利	敗戦	防御率	試合数	先発	セーブ	投球イニング	被安打	失点	自責点	被本塁打	与四球	奪三振	WHIP
2016	ツインズ	3	7	8.02	14	14	0	58.1	74	56	52	12	35	49	1.87
2017	ツインズ	14	8	3.89	26	25	0	145.2	131	71	63	15	48	139	1.23
2018	ツインズ	12	11	3.84	32	32	0	192.1	159	83	82	25	61	202	1.14
2019	ツインズ	14	8	3.68	32	32	0	200.1	194	94	82	26	51	195	1.22
2020	ツインズ	5	4	4.00	12	12	0	63.0	57	28	28	8	26	68	1.32
2021	ツインズ	7	5	3.48	20	20	0	121.2	95	53	47	14	32	126	1.04
2021	ブルージェイズ	5	4	3.58	12	12	0	70.1	64	30	28	8	13	78	1.09
2021	2チーム計	12	9	3.52	32	32	0	192.0	159	83	75	22	45	204	1.06
2022	ブルージェイズ	12	7	5.23	32	32	0	172.0	199	103	100	29	45	149	1.42
2023	ブルージェイズ	11	12	3.65	32	32	0	189.2	173	82	77	25	52	184	1.19
通算成績		83	66	4.15	212	211	0	1213.1	1146	600	559	162	363	1190	1.24

　カモ 苦手 は通算成績

効率良くアウトを取る技術はピカイチ

先発

40 クリス・バシット *Chris Bassitt*

35歳 1989.2.22生 | 196cm | 98kg | 右投右打
◆速球のスピード／150キロ前後（シンカー、フォーシーム）
◆決め球と持ち球／☆シンカー、◎カーブ、○カッター、
　○チェンジアップ、○スライダー、○フォーシーム、△スプリッター
◆対左.265　◆対右.208　◆ホ防2.86　◆ア防4.50
◆ド2011⑯ホワイトソックス　◆田オハイオ州
◆年2100万ドル（約29億4000万円）　◆最多勝1回（23年）

球威	3
制球	4
緩急	3
守備・牽制	3
度胸	4

移籍1年目の昨季、チーム最多の200イニングを投げた右腕。16勝はアメリカン・リーグ最多タイ、QS21はリーグ2位だ。晩成型で、29歳までは故障続きで4勝しかできなかったが、30歳以降は投球スタイルを確立し、58勝。特徴は球種が多いことで、昨季スプリッターが加わり、7種類になった。長所は、①豊富な球種をフルに使って打者に的をしぼらせない、②タイミングを外すことに長けている、③効率良くアウトを取れるため長いイニングを行ける、といった点だ。人柄が良く、若手にも助言を惜しまないので、人望がある。

カモ 吉田正尚（レッドソックス）.143(7-1)0本　苦手 M・トラウト（エンジェルス）.400(20-8)2本

年度	所属チーム	勝利	敗戦	防御率	試合数	先発	セーブ	投球イニング	被安打	失点	自責点	被本塁打	与四球	奪三振	WHIP
2014	ホワイトソックス	1	1	3.94	6	5	0	29.2	34	13	13	0	13	21	1.58
2015	アスレティックス	1	8	3.56	18	13	0	86.0	78	36	34	5	30	64	1.26
2016	アスレティックス	0	2	6.11	5	5	0	28.0	35	20	19	5	14	25	1.75
2018	アスレティックス	2	3	3.02	11	7	0	47.2	40	21	16	4	19	41	1.24
2019	アスレティックス	10	5	3.81	28	25	0	144.0	125	66	61	21	47	141	1.19
2020	アスレティックス	5	2	2.29	11	11	0	63.0	56	18	16	6	17	55	1.16
2021	アスレティックス	12	4	3.15	27	27	0	157.1	127	55	55	15	39	159	1.06
2022	メッツ	15	9	3.42	30	30	0	181.2	159	71	69	19	49	167	1.14
2023	ブルージェイズ	16	8	3.60	33	33	0	200.0	176	88	80	28	59	186	1.18
通算成績		62	42	3.49	169	156	0	937.1	830	388	363	103	287	857	1.19

スポーツ管理学の修士号を持つインテリ投手

セットアップ

58 ティム・メイザ *Tim Mayza*

32歳 1992.1.15生 | 190cm | 97kg | 左投左打
◆速球のスピード／150キロ前後（シンカー主体）
◆決め球と持ち球／☆シンカー、○スライダー
◆対左.245　◆対右.258　◆ホ防1.85　◆ア防1.24
◆ド2013⑫ブルージェイズ　◆田ペンシルヴァニア州
◆年359万ドル（約5億260万円）

球威	4
制球	5
緩急	4
守備・牽制	4
度胸	5

クローザーでも十分使えるレベルに進化した左腕。シンカー75%、スライダー25%くらいの比率で投げるツーピッチ・ピッチャーで、これまではシンカーはハイレベルでもスライダーはイマイチで、片肺飛行になっていた。しかし、昨季はスライダーがレベルアップし、両肺飛行になったため失点が減り、6月以降は防御率が1点台で推移した。昨季の防御率1.52は、ブルージェイズのリリーフ投手（40イニング以上）では、B.J.ライアンが2006年に出した1.37に次ぐ2位の数字。探究心が旺盛で、知的好奇心が強いタイプ。オフになると、毎年オハイオ大学の大学院に通い、スポーツ管理学の修士号を取得。

カモ C・マリンズ（オリオールズ）.125(8-1)0本　苦手 R・デヴァーズ（レッドソックス）.357(14-5)0本

年度	所属チーム	勝利	敗戦	防御率	試合数	先発	セーブ	投球イニング	被安打	失点	自責点	被本塁打	与四球	奪三振	WHIP
2017	ブルージェイズ	1	0	6.88	19	0	0	17.0	24	15	13	3	4	27	1.65
2018	ブルージェイズ	2	0	3.28	37	0	0	35.2	33	13	13	3	14	40	1.32
2019	ブルージェイズ	1	3	4.91	68	0	0	51.1	45	29	28	8	27	55	1.40
2021	ブルージェイズ	5	2	3.40	61	0	1	53.0	40	21	20	5	12	55	0.98
2022	ブルージェイズ	8	1	3.14	63	0	2	48.2	42	19	17	7	12	44	1.11
2023	ブルージェイズ	3	1	1.52	69	0	0	53.1	50	10	9	2	15	53	1.22
通算成績		20	7	3.47	317	0	4	259.0	234	107	100	28	84	276	1.23

対左=対左打者被打率　対右=対右打者被打率　ホ防=ホーム防御率　ア防=アウェー防御率
ド=ドラフトデータ　田=出身地　年=年俸

（右ページ縦書き）ブルージェイズ

投｜手

地元トロント出身のため、絶大な人気　[クローザー]

68 ジョーダン・ロマーノ *Jordan Romano*

31歳｜1993.4.21生｜196cm｜95kg｜右投右打

- ◆速球のスピード／150キロ台中頃（フォーシーム主体）
- ◆決め球と持ち球／◎スライダー、◎フォーシーム
- ◆対左.229　◆対右.210　◆ホ防2.48　◆ア防3.30
- ◆ド2014⑩ブルージェイズ　◆出カナダ
- ◆年775万ドル（約10億8500万円）

球威	5
制球	2
緩急	3
守備・走塁	3
度胸	4

　スライダーと豪速球のシンプルな組み合わせでセーブを量産する守護神。昨季は序盤荒れ模様で、4月9日のエンジェルス戦で3つ四死球を出して3失点し、セーブに失敗。その後も安定感を欠き、5月には2度セーブを失敗して、不安が広がった。だが、その後持ち直し、6月だけで12セーブをあげたため、懸念は払拭された。しかし、オールスターゲームで登板した際、5球投げたところで腰の張りを訴えて降板。戦線離脱せずにしばらく投げたが、症状が改善されず、7月末にIL（故障者リスト）入り。不在の間は、緊急トレードでカーディナルスから来た160キロ男ジョーダン・ヒックスが代役を務めた。2022年12月に、7年間交際を続けたサマンサ・ハスコートさんと結婚。

[カモ] J・デュラン（レッドソックス）.000(6-0)0本　[苦手] G・トーレス（ヤンキース）.429(7-3)0本

年度	所属チーム	勝利	敗戦	防御率	試合数	先発	セーブ	投球イニング	被安打	失点	自責点	被本塁打	与四球	奪三振	WHIP
2019	ブルージェイズ	0	2	7.63	17	0	0	15.1	17	14	13	4	9	21	1.70
2020	ブルージェイズ	2	1	1.23	15	0	2	14.2	8	3	2	2	5	21	0.89
2021	ブルージェイズ	7	1	2.14	62	0	23	63.0	41	17	15	7	25	85	1.05
2022	ブルージェイズ	5	4	2.11	63	0	36	64.0	44	18	15	4	21	73	1.02
2023	ブルージェイズ	5	7	2.90	59	0	36	59.0	48	20	19	6	24	72	1.22
通算成績		19	15	2.67	216	0	97	216.0	158	72	64	23	84	272	1.12

今季は先発5番手候補としてゼロから再出発　[先発]

6 アレック・マノア *Alek Manoah*

26歳｜1998.1.9生｜198cm｜128kg｜右投右打

- ◆速球のスピード／150キロ前後（フォーシーム主体）
- ◆決め球と持ち球／◎スライダー、◎シンカー、
　○チェンジアップ、○フォーシーム　◆対右.263
- ◆ホ防8.15　◆ア防4.33　◆ド2019①ブルージェイズ
- ◆出フロリダ州　◆年74万ドル（約1億360万円）+α

球威	2
制球	2
緩急	3
守備・走塁	2
度胸	3

　一昨年、24歳の若さでサイ・ヤング賞候補になったことが、進歩ではなく後退につながった早熟の野球エリート。昨季は開幕投手を務めたが、4回途中でKOされ、そこからすべてが悪いほうに転がり出した。フォーシームは平均球速が2キロ落ちたまま回復せず、それによって、変化球の効果も低下。春先に128キロあった体重が落ちないため、ヒザ痛に悩まされ、7月には弾丸ライナーが右ヒジを直撃するアクシデントもあり、投球に影響が出た。防御率が高止まりしたままなので、2度マイナーに落とされたが、立ち直りのきっかけはつかめないままだった。もがけばもがくほど深みにハマるため、球団は9月上旬にマノアをシャットダウンし、苦渋に満ちたシーズンを終わらせた。

[カモ] A・ヘイズ（オリオールズ）.077(13-1)0本　[苦手] J・デュラン（レッドソックス）.500(10-5)1本

年度	所属チーム	勝利	敗戦	防御率	試合数	先発	セーブ	投球イニング	被安打	失点	自責点	被本塁打	与四球	奪三振	WHIP
2021	ブルージェイズ	9	2	3.22	20	20	0	111.2	77	44	40	12	40	127	1.05
2022	ブルージェイズ	16	7	2.24	31	31	0	196.2	144	55	49	16	51	180	0.99
2023	ブルージェイズ	3	9	5.87	19	19	0	87.1	93	61	57	15	59	79	1.74
通算成績		28	18	3.32	70	70	0	395.2	314	160	146	43	150	386	1.17

[対左]=対左打者被打率　[対右]=対右打者被打率　[ホ防]=ホーム防御率　[ア防]=アウェー防御率
[ド]=ドラフトデータ　[出]=出身地　[年]=年俸　[カモ] [苦手]は通算成績

93 クローザー経験もあるパワーピッチャー
ジミー・ガルシア *Yimi Garcia*

`セットアップ`

34歳 1990.8.18生｜185cm｜104kg｜右投右打 ⚡150キロ台前半(フォーシーム主体) 決◎フォーシーム
対左.237 対右.274 D2009外ドジャース 出ドミニカ 年600万ドル(約8億4000万円)

球 5
制 3
緩 4
守 3
度 3

　豪速球を投げる姿は絵になるが、調子の波が大きいリリーフ右腕。昨季はドミニカ代表としてWBCで投げたが、入れ込みすぎたことが災いし、シーズン開幕後はフォーシーム、スライダー、シンカーのキレがなく、甘く入ったところを叩かれて一発やタイムリーを頻繁に食った。そのため4月と5月は月間防御率が6点台で、メディアからメルトダウン状態と揶揄された。その後、フォーシームよりカーブの割合を多くし、強い打球を浴びる比率が減ったが、7月末のエンジェルス戦で延長10回にレンフローにまさかの勝ち越しツーランを食うなど、その後も安定感を欠いた。

年度	所属チーム	勝利	敗戦	防御率	試合数	先発	セーブ	投球イニング	被安打	失点	自責点	被本塁打	与四球	奪三振	WHIP
2023	ブルージェイズ	3	4	4.09	73	0	3	66.0	67	35	30	8	15	79	1.24
通算成績		19	29	3.61	375	1	21	309.1	301	169	144	54	84	382	1.07

50 オフはノースダコタの家で田舎暮らしを楽しむ
エリック・スワンソン *Erik Swanson*

`セットアップ`

31歳 1993.9.4生｜190cm｜101kg｜右投右打 ⚡150キロ台後半(フォーシーム主体) 決☆スプリッター
対左.198 対右.231 D2014⑧レンジャーズ 出ノースダコタ州 年275万ドル(約3億8500万円)

球 3
制 4
緩 5
守 2
度 3

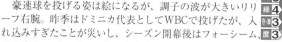

　マリナーズから移籍して迎えた昨シーズン、アメリカン・リーグ3位の29ホールドをマークしたリリーフ右腕。アトキンスGMは、スワンソンをブルージェイズの弱体なリリーフ陣をレベルアップさせてくれる人材と見込んで獲得したところ、シーズンに入るとスプリッターをメインに使うピッチングで好投を続け、同GMの見立てが正しかったことを証明した。ウリは酷使されても壊れない耐久性。カントリーライフを愛し、オフの間は北海道の2倍の面積に77万人しか住んでいないノースダコタ州にある家で、妻マディソンさん、娘レミーちゃん、息子トビー君と、のんびり過ごす。

年度	所属チーム	勝利	敗戦	防御率	試合数	先発	セーブ	投球イニング	被安打	失点	自責点	被本塁打	与四球	奪三振	WHIP
2023	ブルージェイズ	4	2	2.97	69	0	4	66.2	52	22	22	8	21	75	1.10
通算成績		8	14	3.78	195	11	10	221.1	186	104	93	36	55	241	1.09

29 WBC後、日本には戻らず、亡命
ジャリエル・ロドリゲス *Yariel Rodriguez*

`セットアップ` `ルーキー`

27歳 1997.3.10生｜185cm｜74kg｜右投右打 ⚡150キロ台中頃(フォーシーム) 決◎スライダー
◆メジャーでのプレー経験なし D2024ブルージェイズ 出キューバ 年800万ドル(約11億2000万円)

球 5
制 3
緩 4
守 3
度 4

　5年3200万ドルの契約で加入した、日本の中日ドラゴンズで投げていたキューバ出身の右腕。日本3シーズン目の2022年には、セットアッパーとして大活躍し、最優秀中継ぎ投手のタイトルも獲得。昨年3月のWBCには、キューバ代表チームの一員として参加した。だが、いったんキューバに帰国したあと、日本には戻らず、亡命。10月に中日の支配下選手でなくなると、亡命先のドミニカに、メジャーのスカウトたちを招いてピッチングを披露し、高い評価を得た。多くの球団はリリーフ投手として考えていたようだが、ブルージェイズは先発起用も視野に入れている。

年度	所属チーム	勝利	敗戦	防御率	試合数	先発	セーブ	投球イニング	被安打	失点	自責点	被本塁打	与四球	奪三振	WHIP
2022	中日	6	2	1.15	56	0	0	54.2	32	9	7	4	18	60	0.92
日本通算成績		10	10	3.03	79	21	0	175.1	138	68	59	12	77	188	1.23

⚡=速球のスピード 決=決め球

ブルージェイズ

セットアッパー案とスイングマン案が浮上

ミドルリリーフ

57 チャド・グリーン *Chad Green*

33歳 1991.5.24生 | 190cm | 97kg | 右投左打 | 速150キロ台前半（フォーシーム主体） | 決○フォーシーム
対左.200 対右.273 ド2013①タイガース 出サウスカロライナ州 年1050万ドル（約14億7000万円）

球	4
制	4
緩	4
守	4
度	3

ヤンキースにいた2022年5月にトミー・ジョン手術を受けたあと、オフにFAになってブルージェイズに入団。昨年7月にマイナーでリハビリ登板を開始。9月1日に復帰がかなった。ただフォーシームは以前のレベルに戻っているが、カーブは6分程度の回復のため、失点が多くなった。今後については、セットアッパー案とスイングマン案がある。後者は、グリーンはイニングまたぎを苦にせず、先発経験もあるのだから、平時はロングリリーフで使い、先発5番手（菊池かマノア）が使えなくなったらローテーション入りさせれば大きな戦力になるという考えに基づいている。

年度	所属チーム	勝利	敗戦	防御率	試合数	先発	セーブ	投球イニング	被安打	失点	自責点	被本塁打	与四球	奪三振	WHIP
2023	ブルージェイズ	3	0	5.25	12	0	0	12.0	12	10	7	1	4	16	1.33
通算成績		36	22	3.23	284	24	11	395.2	308	158	142	56	100	510	1.03

新天地で賢いピッチングを覚え、復活

ミドルリリーフ

92 ヘネシス・カブレラ *Genesis Cabrera*

28歳 1996.10.10生 | 188cm | 81kg | 左投左打 | 速150キロ台中頃（フォーシーム、ツーシーム） | 決○カーブ
対左.198 対右.264 ド2013外レイズ 出ドミニカ 年151万ドル（約2億1140万円）

球	4
制	4
緩	3
守	3
度	3

昨年7月のトレードでカーディナルスから移籍して、生まれ変わったリリーフ左腕。最も変わった点は、三振をたくさん取ることに重点を置いた攻めのピッチングから、効率良くアウトを取ることと四球を出さないことに重点を置いたスタイルに転換したことだ。その結果、無駄な走者を出さなくなり、最低レベルの1.56だったWHIP（1イニングあたりの被安打＋与四球）が、最高レベルの0.97に下がり、ピンチを招くケースが激減した。ヘネシスという名は、聖書の創世記という意味だ。頭脳的なピッチングを覚えたカブレラの創世記は、トロントに来て始まったようだ。

年度	所属チーム	勝利	敗戦	防御率	試合数	先発	セーブ	投球イニング	被安打	失点	自責点	被本塁打	与四球	奪三振	WHIP
2023	カーディナルス	1	0	5.06	32	0	0	32.0	32	18	18	6	18	38	1.56
2023	ブルージェイズ	1	0	2.66	29	0	0	23.2	17	10	7	2	6	20	0.97
2023	2チーム計	2	1	4.04	61	0	0	55.2	49	28	25	8	24	58	1.31
通算成績		14	11	3.97	203	2	3	213.0	173	108	94	24	107	218	1.31

― リッキー・ティードマン *Ricky Tiedemann*

先発 | **期待度 B** | **ルーキー**

22歳 2002.8.1生 | 193cm | 99kg | 左投左打 | ◆昨季はルーキー級、1A、2A、3Aでプレー | ド2021③ブルージェイズ | 出カリフォルニア州

昨季は上腕二頭筋（じょうわんにとうきん）を痛めて不本意なシーズンになったが、球団は今季3Aで先発で使ってみて、良ければメジャーに引き上げてローテーション入りさせる方針。一番の武器はロー・スリークォーターから投げ込むチェンジアップ。これと速球を効果的に組み合わせ、タイミングを外すことに長けている。

― チャド・ダラス *Chad Dallas*

先発 | **期待度 C+** | **ルーキー**

24歳 2000.6.26生 | 180cm | 93kg | 右投右打 | ◆昨季は1A+、2Aでプレー | ド2021④ブルージェイズ | 出テキサス州

フォーシーム、スライダー、カーブ、チェンジアップと、球種が4つある、奪三振率の高い投手。最大の武器はスライダーで、これを外側に決める制球力もあるため、右打者に強い。短所は、チェンジアップとカーブがイマイチで、左打者を封じる武器がないこと。この問題を解決できれば、メジャーへの道が開けるだろう。

速＝速球のスピード 決＝決め球 対左＝対左打者被打率 対右＝対右打者被打率
ド＝ドラフトデータ 出＝出身地 年＝年俸
※メジャー経験がない投手の「先発」「リリーフ」はマイナーでの役割

ゲレーロ・ジュニアの不振を終わらせた打撃談義 **ショート**

11 ボー・ビシェット
Bo Bichette

26歳 1998.3.5生｜183cm｜86kg｜右投右打

◆対左投手打率／.323(99-32) ◆対右投手打率／.303(472-143)
◆ホーム打率／.287(282-81) ◆アウェー打率／.325(289-94)
◆得点圏打率／.364(118-43)
◆23年のポジション別出場数／ショート＝130、DH＝5
◆ドラフトデータ／2016②ブルージェイズ
◆出身地／フロリダ州
◆年俸／1100万ドル（約15億4000万円）

ミート	5
パワー	5
走塁	4
守備	3
肩	4

ブルージェイズ

　打撃と守備の両面でチームを牽引するようになった、女性ファンが多いスター遊撃手。2021年にメジャー全体でワーストの24失策、続く22年も23失策を記録したため、チーム内ではセカンドにコンバートすることが検討された。結局、もう1年様子を見ようということになったが、ビシェットはこうした動きに危機感をつのらせ、オフに守備範囲を広げるトレーニングに励み、バランスを崩しながら一塁に正確に送球する練習にも多くの時間を割いた。この努力は無駄にはならず、昨シーズンはエラーの数が一昨年の23から8に減少しただけでなく、守備範囲の広さもワーストレベルから「中の上」レベルに向上した。

　打撃のほうでは、チームにスロースターターが多い中で、出だしから途切れることなくヒットを放って打線を牽引。得点にからむ活躍は、チームの誰よりも多かった。8月初旬に、ヒザを故障してIL入りすることになったため、最終的に本塁打や打点の数字は前年（2022年）を下回ったが、昨季は数字に表れない貢献が大きかったため、打者としての総合的な働きは、昨季のほうがずっと大きいと評価された。

　ゲレーロ・ジュニアとは2017年にマイナーの1A級で一緒になってからずっと同じチームでプレーしているため、「仲良し」以上の関係になっている。昨年5月にゲレーロ・ジュニアがスランプにあえいでいたとき、ビシェットがベンチの端に連れていって、打撃談義を始めたことがあった。ビシェットは思いつくまま話しただけだが、ゲレーロ・ジュニアはそれからヒントを得たようで、その後、立て続けにヒットが出て、スランプから抜け出した。

　カトリックの教会に通う敬虔なクリスチャンで、カトリック系のメディアにインタビュー記事が掲載されたことがある。

カモ N・コルテス（ヤンキース）.615(13-8)2本　B・ベイヨ（レッドソックス）.417(12-5)0本
苦手 G・コール（ヤンキース）.163(43-7)1本　A・キトリッジ（レッズ）.100(10-1)0本

年度	所属チーム	試合数	打数	得点	安打	二塁打	三塁打	本塁打	打点	四球	三振	盗塁	盗塁死	出塁率	OPS	打率
2019	ブルージェイズ	46	196	32	61	18	0	11	21	14	50	4		.358	.929	.311
2020	ブルージェイズ	29	123	18	37	9	1	5	23	5	27	4	1	.328	.840	.301
2021	ブルージェイズ	159	640	121	191	30	1	29	102	40	137	25	1	.343	.827	.298
2022	ブルージェイズ	159	652	91	189	43	1	24	93	41	155	13	8	.333	.802	.290
2023	ブルージェイズ	135	571	69	175	30	3	20	73	27	115	5	3	.339	.814	.306
通算成績		528	2182	331	653	130	6	89	312	127	484	51	17	.340	.827	.299

カモ **苦手** は通算成績

30 アレハンドロ・カーク Alejandro Kirk

赤ちゃんから離れられず、打撃が不調に `キャッチャー`

26歳｜1998.11.6生｜173cm｜110kg｜右投右打｜盗塁阻止率／.171(82-14)

◆対左投手打率／.264 ◆対右投手打率／.244
◆ホーム打率／.285 ◆アウェー打率／.215 ◆得点圏打率／.208
◆23年のポジション別出場数／キャッチャー＝99、DH＝17
◆Ⓓ2016Ⓕブルージェイズ ◆Ⓗメキシコ
◆Ⓨ280万ドル（約3億9200万円） ◆シルバースラッガー賞1回(22年)

ミート	4
パワー	3
走塁	2
守備	4
肩	3

　打撃より守備面で、良い働きをするようになった捕手。昨季は春先にメキシコ代表としてWBCに出場する予定だったが、2月28日に第一子となる女児が誕生したため、ドタキャン。しかも、出産立会い休暇の期限（72時間）が過ぎても奥さんと赤ちゃんのそばを離れなかったせいで、キャンプに戻るのが遅れ、打撃練習を十分やらないまま、シーズンに入った。そのため、強い打球の出る比率が大幅に減少。打率低下や本塁打減少の遠因になった。守備面では能力を発揮し、ワイルドピッチを出す頻度は最小レベル。きわどい球をストライクにするフレーミング技術も向上した。リード面では新加入のバシットと28試合バッテリーを組み、的をしぼらせない巧みなリードで支え続けた。

`カモ` G・コール（ヤンキース）.364(22-8)1本 `苦手` N・コルテス（ヤンキース）.000(10-0)0本

年度	所属チーム	試合数	打数	得点	安打	二塁打	三塁打	本塁打	打点	四球	三振	盗塁	盗塁死	出塁率	OPS	打率
2020	ブルージェイズ	9	24	4	9	2	0	1	3	1	4	0	0	.400	.983	.375
2021	ブルージェイズ	60	165	19	40	8	0	8	24	19	22	0	0	.328	.764	.242
2022	ブルージェイズ	139	470	59	134	19	0	14	63	63	58	0	0	.372	.787	.285
2023	ブルージェイズ	123	372	34	93	16	0	8	43	42	45	0	0	.334	.692	.250
通算成績		331	1031	116	276	45	0	31	133	125	129	0	0	.352	.754	.268

25 ドールトン・ヴァーショ Daulton Varsho

バント名人でもある、未完のパワーヒッター `レフト`

28歳｜1996.7.2生｜178cm｜93kg｜右投左打

◆対左投手打率／.292 ◆対右投手打率／.202
◆ホーム打率／.181 ◆アウェー打率／.254 ◆得点圏打率／.218
◆23年のポジション別出場数／レフト＝117、センター＝64、DH＝1
◆Ⓓ2017②ダイヤモンドバックス ◆Ⓗウィスコンシン州
◆Ⓨ565万ドル（約7億9100万円）

ミート	2
パワー	5
走塁	5
守備	5
肩	5

　2022年12月のトレードでダイヤモンドバックスから移籍した、ワクワクする要素がたくさんある異能派外野手。打者としては20本塁打以上のパワーがある一方で、バント名人で昨年のバントヒット17はメジャー最多。ずんぐりしたひと昔前の捕手体型なのに足がメチャ速く、2年連続で16盗塁を記録。守備では、一昨年まで捕手と兼用の外野手ながら守備範囲が抜群に広く、球際にも強いうえ、スーパーキャッチを連発する。これだけ取り柄があるにもかかわらず、昨年トロントのファンを失望させたのは、打者としてはフリースインガーで出塁率が低く、確実性に欠けるからだ。昨季は開幕時、打順は4番だったが、閉幕時には9番に下がっていた。今季、どう巻き返すか見ものだ。

`カモ` N・ピヴェッタ（レッドソックス）.500(8-4)2本 `苦手` Z・ウィーラー（フィリーズ）.100(10-1)0本

年度	所属チーム	試合数	打数	得点	安打	二塁打	三塁打	本塁打	打点	四球	三振	盗塁	盗塁死	出塁率	OPS	打率
2020	ダイヤモンドバックス	37	101	16	19	5	2	3	9	12	33	3	1	.287	.653	.188
2021	ダイヤモンドバックス	95	284	41	70	17	2	11	38	30	67	6	0	.318	.755	.246
2022	ダイヤモンドバックス	151	531	79	125	23	3	27	74	46	145	16	6	.302	.745	.235
2023	ブルージェイズ	158	527	65	116	23	3	20	61	45	135	16	7	.285	.674	.220
通算成績		441	1443	201	330	68	10	61	182	133	380	41	14	.298	.714	.229

ブルージェイズ

母の容態が心配で、打撃成績が低下？

27 ヴラディミール・ゲレーロ・ジュニア *Vladimir Guerrero Jr.*

ファースト
DH

25歳 1999.3.16生｜188cm｜110kg｜右投右打
◆対左投手打率／.284　◆対右投手打率／.260
◆ホーム打率／.238　◆アウェー打率／.289　◆得点圏打率／.268
◆23年のポジション別出場数／ファースト＝121、DH＝35
◆⑤2015⑰ブルージェイズ　◆⊞カナダ
◆㊒1990万ドル（約27億8600万円）　◆本塁打王1回(21年)、ゴールドグラブ賞
1回(22年)、シルバースラッガー賞1回(21年)、ハンク・アーロン賞1回(21年)

ミート	4
パワー	5
走塁	3
守備	2
肩	3

　昨年のホームランダービーでは、3つのラウンドで外野席に計92本叩き込んで優勝した長距離砲。それでいながら、レギュラーシーズンではなかなかペースが上がらず、まさかの26本にとどまった。その原因をめぐって様々な説が流れたが、有力視されたのは母リケルマさんが重い病気で療養中であるため、それが気になってゲームに集中できなかったという説だ。ゲレーロ・ジュニアは両親が離別したあと、シングルマザーになった母が苦労しながら自分を育ててくれた、という思いが強いと聞くので、あり得る説だ。シーズン中はいつも、左袖の部分だけをピンク色に染めたアンダーシャツを着用していたので、それは最愛の母への連帯を示すメッセージだった可能性がある。

（カモ）B・ベイヨ(レッドソックス).500(14-7)2本　（苦手）M・キング(ヤンキース).125(16-2)0本

年度	所属チーム	試合数	打数	得点	安打	二塁打	三塁打	本塁打	打点	四球	三振	盗塁	盗塁死	出塁率	OPS	打率
2019	ブルージェイズ	123	464	52	126	26	2	15	69	46	91	0	1	.339	.772	.272
2020	ブルージェイズ	60	221	34	58	13	2	9	33	20	38	1	0	.329	.791	.262
2021	ブルージェイズ	161	604	123	188	29	1	48	111	86	110	4	1	.401	1.002	.311
2022	ブルージェイズ	160	638	90	175	35	0	32	97	58	116	8	3	.339	.819	.274
2023	ブルージェイズ	156	602	78	159	30	0	26	94	67	100	5	3	.345	.789	.264
通算成績		660	2529	377	706	133	5	130	404	277	455	18	8	.355	.845	.279

シーズン中の打撃改造でよみがえり、活躍

8 キャヴァン・ビジオ *Cavan Biggio*

ユーティリティ

29歳 1995.4.11生｜188cm｜90kg｜右投左打
◆対左投手打率／.298　◆対右投手打率／.223
◆ホーム打率／.264　◆アウェー打率／.213　◆得点圏打率／.267
◆23年のポジション別出場数／セカンド＝49、ライト＝27、ファースト＝20、サード＝13、DH＝8、ショート＝1
◆⑤2016⑤ブルージェイズ　◆⊞テキサス州
◆㊒421万ドル（約6億8940万円）

ミート	3
パワー	3
走塁	3
守備	3
肩	3

　「チーム優先」の姿勢を貫く、5つのポジション（内野すべてとライト）で起用可能な使い勝手の良いプレーヤー。バットで貢献するタイプのユーティリティなのに、21年と22年は打撃成績が低迷した。昨年も4月は打率1割1分1厘と絶不調。ここで打撃を、一発狙いから、引きつけてライナーや強いゴロを弾き返すスタイルに変えたところ、ヒットがよく出るようになった。ピークが来たのは9月で、17安打と18四球で頻繁に出塁し、チームの誰よりも得点にからむ働きをした。打者としてのウリは、選球眼がいいこと。ボール球に手を出す比率はメジャー屈指の低さ（19％）で、出塁率が高い。守備は、内野で使うと平均レベルだが、外野で起用すると守備範囲が狭くなる。

（カモ）N・ピヴェッタ(レッドソックス).353(17-6)2本　（苦手）M・キング(ヤンキース).077(13-1)0本

年度	所属チーム	試合数	打数	得点	安打	二塁打	三塁打	本塁打	打点	四球	三振	盗塁	盗塁死	出塁率	OPS	打率
2019	ブルージェイズ	100	354	66	83	17	2	16	48	71	123	14	0	.364	.793	.234
2020	ブルージェイズ	59	220	41	55	16	0	8	28	41	61	6	0	.375	.807	.250
2021	ブルージェイズ	79	250	27	56	10	1	7	27	37	78	3	1	.322	.678	.224
2022	ブルージェイズ	97	257	43	52	18	1	6	24	38	85	2	0	.318	.668	.202
2023	ブルージェイズ	111	289	54	68	12	0	9	40	40	88	5	2	.340	.710	.235
通算成績		446	1370	231	314	73	4	46	167	227	435	30	3	.345	.734	.229

リードオフマンの代名詞的存在だったが…

4 **ジョージ・スプリンガー** *George Springer* ライト

35歳 1989.9.19生｜190cm｜99kg｜右投右打 対左.242 対右.262 ホ.249 ア.266 得.269
D2011①アストロズ 出コネティカット州 年2250万ドル（約31億5000万円）◆シルバースラッガー賞2回（17.19年）

	ミ	3
	パ	4
	走	5
	守	4
	肩	4

　アストロズ時代の、はつらつとしたプレーの復活を期待されるスター外野手。ブルージェイズ4年目の昨季は、開幕からリードオフマンとして起用され、打線の火付け役になることを期待された。しかし、なかなかエンジンがかからず、スロースターター軍団の1人になってしまった。5月中旬以降持ち直したが、7月に35打数無安打のスランプがあり、その間に1番打者を外された。その後は4番や5番で起用されたあと、8月下旬に1番に復帰している。打席では、快速球に差し込まれると、右投手のスライダーに手が出てしまうケースが目立つようになった。

年度	所属チーム	試合数	打数	得点	安打	二塁打	三塁打	本塁打	打点	四球	三振	盗塁	盗塁死	出塁率	OPS	打率
2023	ブルージェイズ	154	613	87	158	25	1	21	72	60	125	20	5	.327	.732	.258
通算成績		1160	4512	802	1206	203	19	242	656	547	1089	86	39	.354	.836	.267

4度目のゴールドグラブ賞を獲得

39 **ケヴィン・キアマイア** *Kevin Kiermaier* センター

34歳 1990.4.22生｜185cm｜95kg｜右投左打 対左.281 対右.260 ホ.238 ア.286 得.222
D2010③レイズ 出インディアナ州 年1050万ドル（約14億7000万円）◆ゴールドグラブ賞4回（15.16.19.23年）

	ミ	3
	パ	2
	走	4
	守	5
	肩	5

　ブルージェイズと新たに1年1050万ドルの契約を交わし、残留する形になった、メジャーを代表する好守の中堅手。昨季も好プレーを連発し、自身4度目のゴールドグラブ賞に輝いた。得意技は、ホームランキャッチ。タイミング良くジャンプし、フェンス越えしそうな打球をもぎとってしまう。「最強の9番打者」を目指していた打撃面もまずまずの働きで、シーズン終盤には6番や7番を打つこともあった。走塁面では、4年ぶりの2ケタ盗塁をマークしている。満足いくシーズンを送り、自信を持ってFA市場に出たが、思ったほどのオファーがなく、少し拍子抜け。

年度	所属チーム	試合数	打数	得点	安打	二塁打	三塁打	本塁打	打点	四球	三振	盗塁	盗塁死	出塁率	OPS	打率
2023	ブルージェイズ	129	370	58	98	21	6	8	36	29	86	14	1	.322	.741	.265
通算成績		1043	3423	468	854	161	57	90	352	265	822	126	37	.309	.718	.249

ハワイ・サモア・日本、多様なルーツに誇り

7 **アイザイア・カイナー＝ファレーファ** *Isiah Kiner-Falefa* ユーティリティ ［移籍 NY］

29歳 1995.3.23生｜180cm｜86kg｜右投右打 対左.230 対右.246 ホ.234 ア.249
得.288 D2013④レンジャーズ 出ハワイ州 年750万ドル（約10億5000万円）◆ゴールドグラブ賞1回（20年）

	ミ	3
	パ	2
	走	4
	守	4
	肩	4

　2年1500万ドルの契約で加入したユーティリティ。ヤンキース1年目の一昨年は、正遊撃手としてプレー。2年目の昨季は、マイナーでもほとんど守ったことのない外野守備にもチャレンジし、スーパーサブの役割を担った。様々なポジションを器用にこなすが、自身がベストと感じているのはサードだ。このポジションで、レンジャーズ時代の2020年に、ゴールドグラブ賞を獲得している。相手の隙を突くプレーが得意。昨年6月14日のメッツ戦では、ホームスチールを決めている。ハワイ州オアフ島のホノルル出身。祖母の1人は日本人で、広島県で生まれている。

年度	所属チーム	試合数	打数	得点	安打	二塁打	三塁打	本塁打	打点	四球	三振	盗塁	盗塁死	出塁率	OPS	打率
2023	ヤンキース	115	326	39	79	12	1	6	37	28	70	14	5	.306	.646	.242
通算成績		649	2213	273	577	91	10	26	203	147	375	74	24	.314	.660	.261

対左＝対左投手打率　対右＝対右投手打率　ホ＝ホーム打率　ア＝アウェー打率　得＝得点圏打率
D＝ドラフトデータ　出＝出身地　年＝年俸

手を骨折したが、バッティングは好調

9 **ダニー・ジャンセン** *Danny Jansen* `キャッチャー`

ブルージェイズ

29歳 1995.4.15生 | 188cm | 97kg | 右投右打 ◆盗塁阻止率/.103(58-6) 対左.205 対右.237 出塁.244
⑦.214 長.254 ドラ2013⑯ ブルージェイズ 出イリノイ州 年520万ドル(約7億2800万円)

ミ	2
バ	5
走	2
守	4
肩	3

　昨年は5月と9月の2度、手を骨折したクラッチヒッターの捕手。それによって、出場機会が減っただけでなく、盗塁阻止率が23.1%から10.3%に落ちてしまった。打者としては好調で、本塁打17、二塁打15、打点53は、どれもキャリアハイ。本塁打の生産ペースは15.7打席に1本で、アクーニャ・ジュニアと同じペースだった。クラッチヒッターでもあり、5月17日のヤンキース戦では0対0で迎えた10回裏にサヨナラスリーラン、7月9日のタイガース戦では9回表の2死から同点ツーランを放っている。リード面では21試合で菊池雄星の女房役を務め、復活をサポート。

年度	所属チーム	試合数	打数	得点	安打	二塁打	三塁打	本塁打	打点	四球	三振	盗塁	盗塁死	出塁率	OPS	打率
2023	ブルージェイズ	86	268	38	61	15	0	17	53	23	62	1	0	.312	.786	.228
通算成績		409	1215	175	272	59	1	65	196	126	277	1	1	.308	.743	.224

今季はセカンドのレギュラー候補の1人

36 **デイヴィス・シュナイダー** *Davis Schneider* `セカンド レフト`

25歳 1999.1.26生 | 175cm | 86kg | 右投右打 対左.326 対右.247 出.274 ⑦.278
長.280 ドラ2017㉘ ブルージェイズ 出ニュージャージー州 年74万ドル(約1億360万円)+α

ミ	3
バ	5
走	3
守	2
肩	3

　昨年8月4日にメジャーデビュー後、3週間ほど打ちまくった黒い口ヒゲがトレードマークの逸材。2017年のドラフトで、当時スカウトだったジョン・シュナイダー（現監督）が球団に強く獲得を進言したため、28巡目で指名され、プロ入り。昨季は3Aで87試合に出場し、21本塁打を記録したあとメジャーに呼ばれ、敵地でのレッドソックス3連戦にセカンドで先発出場。その3連戦で、15打数9安打2本塁打5打点の驚異的な活躍を見せた。その後も豪快なアッパースイングで長打をよく放ったため、スタンドには紙で作った黒い口ヒゲを付けて応援するファンが多数出現。

年度	所属チーム	試合数	打数	得点	安打	二塁打	三塁打	本塁打	打点	四球	三振	盗塁	盗塁死	出塁率	OPS	打率
2023	ブルージェイズ	35	116	23	32	12	1	8	20	21	43	1	0	.404	1.007	.276
通算成績		35	116	23	32	12	1	8	20	21	43	1	0	.404	1.007	.276

若手のお手本になる価値あるベテラン

2 **ジャスティン・ターナー** *Justin Turner* `DH ファースト` `移籍`

40歳 1984.11.23生 | 180cm | 94kg | 右投右打 対左.285 対右.273 出.293 ⑦.257
長.338 ドラ2006⑦ レッズ 出カリフォルニア州 年1300万ドル(約18億2000万円) ◆ロベルト・クレメンテ賞1回(22年)

ミ	5
バ	4
走	1
守	1
肩	2

　赤ヒゲがトレードマークの打撃職人。昨季はレッドソックスでプレー。チャンスによくタイムリーが出て、キャリアハイの96打点をマークした。ウリは、勝負強さと変化球打ちの技術。とくに、チェンジアップとカーブに強い。ブルージェイズが好待遇で獲得したのは、打線の中軸に置いて使えば、打点マシンになると評価したことに加え、ポストシーズンで華々しい活躍した実績があるため、それを活用できると読んだからだ。若手の面倒をよく見る価値あるベテランと見なされており、どの球団でも人望があった。守備力が落ちたため、今季はDHでの出場がメイン。

年度	所属チーム	試合数	打数	得点	安打	二塁打	三塁打	本塁打	打点	四球	三振	盗塁	盗塁死	出塁率	OPS	打率
2023	レッドソックス	146	558	86	154	31	0	23	96	51	110	4	1	.345	.800	.276
通算成績		1539	5080	738	1461	323	9	187	759	513	880	45	11	.363	.828	.288

適役は右投手用のDH兼ファーストの控え

ファースト／レフト
ルーキー

48 スペンサー・ホーウィッツ Spencer Horwitz

27歳 1997.11.14生 | 178cm | 86kg | 右投左打 対左.200 対右.265 困.273 ア.250
得.231 ド2019㉔ブルージェイズ 出メリーランド州 年74万ドル（約1億360万円）+α

ミ 3
パ 4
走 2
守 3
肩 3

　メジャーでの出場機会増加を目指す、昨年傘下の3AでMVPに選出された一塁手。打席では本塁打狙いではなく、ライナーを広角に弾き返すタイプ。パワーがあるのに本塁打は少なめだが、その分、シングルと二塁打が多く、高打率を残せる。また選球眼が良く、打者有利のカウントまでじっくり待てるため、高出塁率も期待できる。昨季は、3Aで4割5分0厘という驚異的な出塁率をマークした。ブランドン・ベルトが右投手用のDHとファーストの控えを兼任していたが、FAでチームを出たので、その役回りを継承できれば、出場機会を増やす絶好のチャンスになる。

年度	所属チーム	試合数	打数	得点	安打	二塁打	三塁打	本塁打	打点	四球	三振	盗塁	盗塁死	出塁率	OPS	打率
2023	ブルージェイズ	15	39	5	10	2	0	1	7	4	12	0	0	.341	.726	.256
	通算成績	15	39	5	10	2	0	1	7	4	12	0	0	.341	.726	.256

今季もサブで使われる予定

ユーティリティ

5 サンティアーゴ・エスピナル Santiago Espinal

30歳 1994.11.13生 | 178cm | 83kg | 右投右打 対左.252 対右.244 困.263 ア.227
得.254 ド2016⑩レッドソックス 出ドミニカ 年273万ドル（約3億8220万円）

ミ 3
パ 2
走 4
守 3
肩 3

　一昨年はセカンドのレギュラー格でオールスターにも出場した内野手。しかし、昨年はセカンドのレギュラーをメリフィールドと争って敗れ、セカンド、サード、ショートを兼任するユーティリティに回ることに。それに気落ちしたのか、打席でも守備でも精彩を欠き、オフになれば契約延長を見送られる可能性が高まった。だが、8月末から土壇際の踏ん張りを見せ、ヒットを量産。得点にからむ活躍も度々あったので価値を再認識され、新たに契約を締結。ただ球団は、セカンドは伸びしろの大きいフレッシュな人材を据える方針なので、引き続きサブで使われることになりそう。

年度	所属チーム	試合数	打数	得点	安打	二塁打	三塁打	本塁打	打点	四球	三振	盗塁	盗塁死	出塁率	OPS	打率
2023	ブルージェイズ	93	230	30	57	14	0	2	25	18	36	2	1	.310	.645	.248
	通算成績	347	961	123	262	56	1	11	99	80	150	15	8	.331	.698	.273

ライト／ショート／サード **期待度 C+** **ルーキー**

57 アディソン・バージャー Addison Barger

25歳 1999.11.12生 | 183cm | 95kg | 右投左打 ◆昨季はルーキー級,1A,3Aでプレー ド2018⑥ブルージェイズ 出ワシントン州

　もともとは遊撃手兼三塁手だが、球団が将来はメジャーでスーパーサブとして活用することを考え、昨季3Aではショート、サードのほか、ライトでも起用された。オープンスタンスで構えて、前の足を高く上げてタイミングを取るバッティングはユニークだが、打撃成績の波が激しい原因にもなっている。

レフト／ライト **期待度 B-** **ルーキー**

ー アラン・ローデン Alan Roden

25歳 1999.12.22生 | 180cm | 97kg | 右投左打 ◆昨季は1A+,2Aでプレー ド2022③ブルージェイズ 出ウィスコンシン州

　昨年マイナーの1A+級と2A級で、3割超えの打率をマークした好打者。打撃フォームの改良に取り組んだ結果、パワーもつき、1A+級では二塁打を量産した。今季は3Aで開幕を迎えると思われるが、天性の打撃センスがあるので、ここでもハイアベレージを出して、メジャー昇格となる可能性は十分ある。

対左=対左投手打率 対右=対右投手打率 困=ホーム打率 ア=アウェー打率 得=得点圏打率
ド=ドラフトデータ 出=出身地 年=年俸

ニューヨーク・ヤンキース

◆創　立：1901年
◆本拠地：ニューヨーク州ニューヨーク市

◆ワールドシリーズ制覇：27回／◆リーグ優勝：40回
◆地区優勝：20回／◆ワイルドカード獲得：9回

主要オーナー　ハル・スタインブレナー（ヤンキー・グローバル・エンタープライズ代表）

過去5年成績

年度	勝	負	勝率	ゲーム差	地区順位	ポストシーズン成績
2019	103	59	.636	7.0	①	リーグ優勝決定シリーズ敗退
2020	33	27	.550	7.0	②	地区シリーズ敗退
2021	92	70	.568	8.0	②(同率)	ワイルドカードゲーム敗退
2022	99	63	.611	(7.0)	①	リーグ優勝決定シリーズ敗退
2023	**82**	**80**	**.506**	**19.0**	**④**	**—**

監督 　**17** アーロン・ブーン *Aaron Boone*

◆年　　齢…………51歳（カリフォルニア州出身）
◆現役時代の経歴 …12シーズン　レッズ（1997〜2003）、
（サード）　　　 ヤンキース（2003）、インディアンズ（2005〜06）、
　　　　　　　　 マーリンズ（2007）、ナショナルズ（2008）、
　　　　　　　　 アストロズ（2009）
◆現役通算成績 ……1152試合　.263　126本　555打点
◆監督経歴 …………6シーズン　ヤンキース（2018〜）
◆通算成績 …………509勝361敗（勝率.585）

　祖父、父、兄もメジャーで活躍した、ベースボールファミリー出身の監督。選手を守る意識が強く、審判への抗議が多い。そのため退場も多く、昨シーズンの7回は30球団最多タイ。2年連続の退場王となった。球審のストライク・ボール判定に対しても、文句を言いまくるブーンだが、ロボット審判の導入には消極的な立場。「ほとんどの面でいい仕事をしているし、一生懸命取り組んでいる。時にはミスをすることもある」と、審判への敬意もしっかり払っている。

注目コーチ 　**62** ジェイムズ・ロウソン *James Rowson*

　新打撃コーチ。48歳。昨季はタイガースの打撃コーチ補佐。ヤンキースのマイナーで打撃コーディネーターを務め、アーロン・ジャッジらを指導していた時期もある。

編成責任者 　ブライアン・キャッシュマン *Brian Cashman*

　57歳。30歳のときに編成トップの座につき、豊富な資金を武器に常勝軍団を作り上げてきた。だが、昨季のチーム成績は、編成トップに就任以来、最も悪いものだった。

スタジアム 　ヤンキー・スタジアム *Yankee Stadium*

◆開場年…………2009年
◆仕　様…………天然芝
◆収容能力………46,537人
◆フェンスの高さ…2.4〜2.6m
◆特　徴…………ホームランの出やすい球場。ホームからライトフェンスまでの距離が短く、ふくらみも小さいため、とくに左の強打者に有利な造りとなっている。ホームランの出やすい理由には、球場の形状のほか、風の影響も指摘されている。

ヒッターズ
パーク

Best Order

[ベストオーダー]

①**DJ・ラメイヒュー**……サード
②**ホアン・ソト**……レフト
③**アーロン・ジャッジ**……センター
④**アンソニー・リゾ**……ファースト
⑤**グレイバー・トーレス**……セカンド
⑥**アレックス・ヴァードゥーゴ**……ライト
⑦**ジャンカルロ・スタントン**……DH
⑧**ホセ・トレヴィーニョ／
オースティン・ウェルズ**……キャッチャー
⑨**アンソニー・ヴォルピー**……ショート

Depth Chart

[ポジション別選手層・メンバーリスト]

※2024年2月25日時点の候補選手。数字は背番号（開幕前に変更する場合もあり）、右・左等は投・打の順。

センター
99 **アーロン・ジャッジ [右・右]**
12 トレント・グリシャム [左・左]
89 ジェイソン・ドミンゲス [右・両]

レフト
22 **ホアン・ソト [左・左]**
24 アレックス・ヴァードゥーゴ [左・左]
95 オズワルド・カブレラ [右・両]
80 エヴァーソン・ペレイラ [右・右]

ライト
24 **アレックス・ヴァードゥーゴ [左・左]**
99 アーロン・ジャッジ [右・右]
22 ホアン・ソト [左・左]
27 ジャンカルロ・スタントン [右・右]

ショート
11 **アンソニー・ヴォルピー [右・右]**
91 オズワルド・ペラザ [右・右]

セカンド
25 **グレイバー・トーレス [右・右]**
26 DJ・ラメイヒュー [右・右]
91 オズワルド・ペラザ [右・右]
95 オズワルド・カブレラ [右・両]

サード
26 **DJ・ラメイヒュー [右・右]**
91 オズワルド・ペラザ [右・右]
95 オズワルド・カブレラ [右・両]

ローテーション
45 ゲリット・コール [右・右]
0 マーカス・ストローマン [右・右]
36 クラーク・シュミット [右・右]
55 カルロス・ロドーン [左・左]
65 ネスター・コルテス [左・左]
94 ヨエンドリス・ゴメス [右・右]

ファースト
48 **アンソニー・リゾ [左・左]**
95 オズワルド・カブレラ [右・両]
26 DJ・ラメイヒュー [右・右]

キャッチャー
39 **ホセ・トレヴィーニョ [右・右]**
88 オースティン・ウェルズ [右・右]
38 ベン・ロートヴェット [右・右]

DH
27 **ジャンカルロ・スタントン [右・右]**
22 ホアン・ソト [左・左]
99 アーロン・ジャッジ [右・右]

ブルペン
35 クレイ・ホームズ [右・右]CL
41 トミー・ケインリー [右・右]
43 ジョナサン・ロアイシガ [右・右]
64 ケイレブ・ファーガソン [右・右]
97 ロン・マリナチオ [右・右]

71 イアン・ハミルトン [右・右]
47 ヴィクター・ゴンザレス [右・右]
59 スコット・エフロス [右・左]
63 ニック・ラミレス [左・左]
56 ルー・トリヴィーノ [右・右]

82 コーディ・モリス [右・右]
72 コーディ・ポティート [右・右]
30 ルーク・ウィーヴァー [右・右]
94 ヨエンドリス・ゴメス [右・右]

※CL=クローザー

ヤンキース試合日程……＊はアウェーでの開催

3月28·29·30·31	アストロズ＊	29·30·5月1·2	オリオールズ＊	31·6月1·2	ジャイアンツ＊
4月1·2·3	ダイヤモンドバックス＊	3·4·5	タイガース	4·5·6	ツインズ
5·6·7	ブルージェイズ	7·8·9	アストロズ	7·8·9	ドジャース
8·9·10	マーリンズ	10·11·12	レイズ＊	10·11·12·13	ロイヤルズ＊
12·13·14	ガーディアンズ＊	14·15·16	ツインズ＊	14·15·16	レッドソックス＊
16·17·18	ブルージェイズ＊	17·18·19	ホワイトソックス	18·19·20	オリオールズ
19·20·21	レイズ	20·21·22·23	マリナーズ	21·22·23	ブレーブス
22·23·24·25	アスレティックス＊	24·25·26	パドレス＊	25·26	メッツ＊
26·27·28	ブリュワーズ	28·29·30	エンジェルス＊	27·28·29·30	ブルージェイズ＊

球団メモ 昨季は勝ち星が伸びず、8月には41年ぶりの9連敗も経験。9月に持ち直したため、1992年以来となる負け越し、1990年以来となる最下位は、なんとか回避した。

ヤンキース

■投手力 🔼 … ★★★✦ ★ 【昨年度チーム防御率3.97、リーグ8位】

今シーズンのローテーションはコール、ロドーン、ストローマン、シュミット、コルテスという、知名度はあるが、故障リスクの高そうな陣容。故障者が出た場合、良い代役になっていたキングとブリトーをトレードで出してしまったので、若手有望株のビーターあたりで埋めることになるが、レベルダウンは避けられないだろう。リリーフ陣の顔ぶれは、クローザーがホームズ、セットアッパーがロアイシガ、ケインリーで、平均レベル。

■攻撃力 🔼 … ★★★✦ ★ 【昨年度チーム得点673、リーグ11位】

昨季は、ジャッジが足のケガで6月上旬から7月末まで欠場。リゾとラメイヒューもフル稼働できず、チーム得点がリーグ11位の673点だった。再度得点力をトップレベルにする切り札として、ソトを獲得。これでチーム得点は「中の上」くらいになるだろう。しかし、トップレベルに戻るとは思えない。スタントンが不良資産化し、打線に機能しない部分ができつつあるからだ。

■守備力 ➡ … ★★★✦ ★ 【昨年度チーム失策数96、リーグ12位】

今季ヤンキースは、打力を優先した選手起用をする方針で、守備に難のあるオースティン・ウェルズが正捕手で起用されれば、守備力は大幅に低下する。守備の達人トレヴィーニョが正捕手なら、センターラインがトレヴィーニョ、ヴォルピー、ジャッジとなり、ゴールドグラブ級の陣容になる。

■機動力 🔽 … ★★✦ ★ ★ 【昨年度チーム盗塁数100、リーグ9位】

スモールボールのスキルが高いカイナー＝ファレーファが、チームを出た。

総合評価 🔼
★★★★ ★

昨年は8月下旬に負け越しが5になり、最下位が確定的になったかに見えた。だが、ブーン監督はあきらめず、なりふり構わず勝ちにいった。そして最下位を抜け出し、最後は勝率が5割を超えるところまで持っていった。今季は100勝の期待がかかる。

IN 主な入団選手		OUT 主な退団選手
投手		投手
マーカス・ストローマン ⬅カブス		フランキー・モンタス ➡レッズ
ケイレブ・ファーガソン ⬅ドジャース		ルイス・セベリーノ ➡メッツ
ヴィクター・ゴンザレス ⬅ドジャース		マイケル・キング ➡パドレス
野手		野手
ホアン・ソト ⬅パドレス		アイザイア・カイナー＝ファレーファ ➡ブルージェイズ
アレックス・ヴァードゥーゴ ⬅レッドソックス		カイル・ヒガシオカ ➡パドレス
トレント・グリシャム ⬅パドレス		ジェイク・バウアーズ ➡ブリュワーズ

7月2・3・4	レッズ	8月2・3・4	ブルージェイズ	2・3・4	レンジャーズ＊
5・6・7	レッドソックス	6・7・8	エンジェルス	6・7・8	カブス＊
9・10・11	レイズ＊	9・10・11	レンジャーズ	9・10・11	ロイヤルズ
12・13・14	オリオールズ＊	12・13・14	ホワイトソックス＊	12・13・14・15	レッドソックス
16	オールスターゲーム	16・17・18	タイガース	17・18・19	マリナーズ＊
19・20・21・22	レイズ	20・21・22	ガーディアンズ	20・21・22	アスレティックス＊
23・24	メッツ	23・24・25	ロッキーズ	24・25・26	オリオールズ
26・27・28	レッドソックス＊	26・27・28	ナショナルズ＊	27・28・29	パイレーツ
29・30・31	フィリーズ＊	30・31・9月1	カーディナルス		

球団メモ ワールドシリーズ制覇27回はメジャートップ。最後の制覇は、フィリーズを倒した2009年のこと。3本塁打を放った松井秀喜が日本人初のシリーズMVPに輝いた。

チームリーダーとしても重要な存在に

45 ゲリット・コール
Gerrit Cole

34歳 1990.9.8生｜193cm｜99kg｜右投右打
◆速球のスピード／150キロ前後（フォーシーム主体）
◆決め球と持ち球／☆フォーシーム、☆スライダー、◎カーブ、○カッター、△チェンジアップ
◆対左打者被打率／.202 ◆対右打者被打率／.210
◆ホーム防御率／2.88 ◆アウェー防御率／2.34
◆ドラフトデータ／2011①パイレーツ
◆出身地／カリフォルニア州 ◆年俸／3600万ドル（約50億4000万円）※9年契約の単年平均
◆サイ・ヤング賞1回（23年）、最多勝1回（21年）、最優秀防御率2回（19、23年）、最多奪三振2回（19、22年）

球威	5
制球	5
緩急	4
守備・牽制	4
度胸	4

アメリカン・リーグのサイ・ヤング賞に、満票で選出されたヤンキースの大黒柱。投手成績の各部門では、防御率（2.63）、イニング数（209.0）、WHIP（0.98）が1位、奪三振（222）と勝利数（15）が3位で、サイ・ヤング賞にふさわしい数字が並んだ。ヤンキースファンから称賛されたのは、8月25日のレイズ戦から、7試合連続で見事なピッチングを見せ、23年ぶりの最下位転落を阻止したことだ。

チーム内ではリーダー的存在になっている。昨年の夏場、カルロス・ロドーンがKOされてベンチに戻ったあと、コールが横に座って、悪かったところを身振りを交えながら強い口調で指摘しているシーンを、テレビカメラが映し出したことがあったが、今ではこのような光景が、頻繁に見られるようになった。先発登板する日以外は、ベンチから自軍の投手のピッチングを注視し、気づいたことがあると逐次、本人に知らせている。ベンチに「iPad」を持ち込んで、自軍の打者のスイングもチェックしており、気づいたことがあると、「iPad」で画像を示しながら指摘して、感謝されている。ゲーム中、ベンチでブーン監督と肩を並べて話し込んでいることもよくあり、相手バッテリーのクセや、配球パターン、盗塁への対応力など、様々な事柄を伝えているようだ。趣味はクッキング。ネット配信の料理番組などに、妻エイミーさんと一緒にエプロン姿で出演して、プロ顔負けの腕前を披露している。そのエイミーさんは、ジャイアンツの名遊撃手クロフォードの実妹。昨年1月、次男ギャレット君が誕生した。

| カモ | B・ビシェット（ブルージェイズ）.163（43-7）1本 | M・オルソン（ブレーブス）.000（21-0）0本 |
| 苦手 | R・デバーズ（レッドソックス）.306（36-11）7本 | N・アレナード（カーディナルス）.455（22-10）3本 |

年度	所属チーム	勝利	敗戦	防御率	試合数	先発	セーブ	投球イニング	被安打	失点	自責点	被本塁打	与四球	奪三振	WHIP
2013	パイレーツ	10	7	3.22	19	19	0	117.1	109	43	42	7	28	100	1.17
2014	パイレーツ	11	5	3.65	22	22	0	138.0	127	58	56	11	40	138	1.21
2015	パイレーツ	19	8	2.60	32	32	0	208.0	183	71	60	11	44	202	1.09
2016	パイレーツ	7	10	3.88	21	21	0	116.0	131	57	50	7	36	98	1.44
2017	パイレーツ	12	12	4.26	33	33	0	203.0	199	98	96	31	55	196	1.25
2018	アストロズ	15	5	2.88	32	32	0	200.1	143	68	64	19	64	276	1.03
2019	アストロズ	20	5	2.50	33	33	0	212.1	142	66	59	29	48	326	0.89
2020	ヤンキース	7	3	2.84	12	12	0	73.0	53	27	23	14	17	94	0.96
2021	ヤンキース	16	8	3.23	30	30	0	181.1	151	69	65	24	41	243	1.06
2022	ヤンキース	13	8	3.50	33	33	0	200.2	154	81	78	33	50	257	1.02
2023	ヤンキース	15	4	2.63	33	33	0	209.0	157	64	61	20	48	222	0.98
通算成績		145	75	3.17	300	300	0	1859.0	1549	702	654	206	471	2152	1.09

憎んでいたヤンキースに入団し、ファンは絶句 　**先発**　**移籍**

0 マーカス・ストローマン
Marcus Stroman

33歳 1991.5.1生｜170cm｜81kg｜右投右打
◆速球のスピード／140キロ台後半（シンカー主体）
◆決め球と持ち球／☆シンカー、◎スライダー、
　○フォーシーム、○チェンジアップ、○カッター
◆対左打者被打率／.194　◆対右打者被打率／.272
◆ホーム防御率／3.93　◆アウェー防御率／3.98
◆ドラフトデータ／2012①ブルージェイズ
◆出身地／ニューヨーク州
◆年俸／1800万ドル（約25億2000万円）
◆ゴールドグラブ賞1回（17年）

ヤンキース

球威	4
制球	5
緩急	4
球種・制球	4
度胸	5

　2年3700万ドルの契約で入団した、地元産の先発右腕。昨季はカブスに在籍。6月末時点の防御率が2.47と好調で、オールスターに選出された。しかし、シーズン後半に入ると臀部に痛みが走るようになり、にわかに失点が多くなった末、IL（故障者リスト）入りした。契約が1年残っていたのにチームを去ったのは、ストローマンが「カブスでずっと投げたい」と公言し、2025年以降の長期契約を希望していたのに、カブス側が乗ってこないため、気分を害したからだと言われている。

　ヤンキースが1月中旬という遅い時期にストローマンと契約したのは、山本由伸にオールインしていたのに、ドジャースに持っていかれたことが最大の要因。そこでプランBの、トレードでのディラン・シース（ホワイトソックス）獲得に動いたが首尾良くいかず、プランCのストローマンを短期契約で迎え入れることにしたのだ。ストローマンは、シンカーを多投するグラウンドボール・ピッチャーで、一発リスクの低い点が、ホームランの出やすいヤンキー・スタジアム向きと評価されたようだ。

　ヤンキースファンは、キャッシュマンGMがストローマンと契約したことに驚きを隠せなかった。なぜなら、19年の7月末のトレードで、ストローマンがメッツに移籍した際、「ストローマンは違いを生む戦力にはならないだろう」とクサし、それにストローマンが反発して、険悪な空気になったからだ。その経緯を突かれたくないため、ストローマンはソーシャルメディアに載せた過去のコメントをすべて削除している。

カモ R・デヴァーズ（レッドソックス）.100(10-1)0本　B・ハーパー（フィリーズ）.125(16-2)0本
苦手 P・ゴールドシュミット（カーディナルス）.407(27-11)3本　M・トラウト（エンジェルス）.444(18-8)0本

年度	所属チーム	勝利	敗戦	防御率	試合数	先発	セーブ	投球イニング	被安打	失点	自責点	被本塁打	与四球	奪三振	WHIP
2014	ブルージェイズ	11	6	3.65	26	20	1	130.2	125	56	53	7	28	111	1.17
2015	ブルージェイズ	4	0	1.67	4	4	0	27.0	20	5	5	2	6	18	0.96
2016	ブルージェイズ	9	10	4.37	32	32	0	204.0	209	104	99	21	54	166	1.29
2017	ブルージェイズ	13	9	3.09	33	33	0	201.0	201	82	69	21	62	164	1.31
2018	ブルージェイズ	4	9	5.54	19	19	0	102.1	115	68	63	9	36	77	1.48
2019	ブルージェイズ	6	11	2.96	21	21	0	124.2	118	50	41	10	35	99	1.23
2019	メッツ	4	2	3.77	11	11	0	59.2	65	27	25	8	23	60	1.47
2019	2チーム計	10	13	3.22	32	32	0	184.1	183	77	66	18	58	159	1.31
2021	メッツ	10	13	3.02	33	33	0	179.0	161	70	60	17	44	158	1.15
2022	カブス	6	7	3.50	25	25	0	138.2	123	61	54	16	36	119	1.15
2023	カブス	10	9	3.95	27	25	0	136.2	120	68	60	7	52	119	1.26
通算成績		77	76	3.65	231	223	1	1303.2	1257	591	529	120	376	1091	1.25

あのマリアーノ・リヴェラが太鼓判 | クローザー

35 クレイ・ホームズ *Clay Holmes*

31歳 | 1993.3.27生 | 196cm | 110kg | 右投右打
◆速球のスピード／150キロ台中頃〜後半（シンカー主体）
◆決め球と持ち球／☆スライダー、◎シンカー
◆対左.200 ◆対右.231 ◆ホ防3.15 ◆ア防2.51
◆ド2011⑨パイレーツ ◆出アラバマ州
◆年600万ドル（約8億4000万円）

球威5
制球3
緩急3
守備・牽制4
度胸4

シンカーとスライダーで攻めのピッチングを見せるリリーフ右腕。グラウンドボール・ピッチャーなため、一発リスクが低い。昨季は序盤、2度セーブ失敗があり、5月上旬に一時的にクローザーを外され、セットアッパーに回った。その後、無失点登板を続け、3週間ほどで復帰した。クローザーから外されたとき、マリアーノ・リヴェラが「クローザーにセーブ失敗はつきもの。オレもやって叩かれたけど、シーズンが終わったとき、毎年同じような数字になっていた。ホームズも、それができる能力がある。大丈夫」と擁護。

カモ V・ゲレーロJr.（ブルージェイズ）.125(8-0)0本　苦手 P・デヤング（ホワイトソックス）.714(7-5)0本

年度	所属チーム	勝利	敗戦	防御率	試合数	先発	セーブ	投球イニング	被安打	失点	自責点	被本塁打	与四球	奪三振	WHIP
2018	パイレーツ	1	3	6.84	11	4	0	26.1	30	21	20	2	23	21	2.01
2019	パイレーツ	1	2	5.58	35	0	0	50.0	45	36	31	5	36	56	1.62
2020	パイレーツ	0	0	0.00	1	0	0	1.1	2	0	0	0	1	1	1.50
2021	パイレーツ	3	2	4.93	44	0	0	42.0	35	24	23	3	25	44	1.43
2021	ヤンキース	5	2	1.61	25	0	0	28.0	18	8	5	2	4	34	0.79
2021	2チーム計	8	4	3.60	69	0	0	70.0	53	32	28	5	29	78	1.17
2022	ヤンキース	7	4	2.54	62	0	20	63.2	45	21	18	2	20	65	1.02
2023	ヤンキース	4	4	2.86	66	0	24	63.0	51	22	20	2	23	71	1.17
通算成績		21	17	3.84	244	4	44	274.1	226	132	117	16	131	292	1.30

5番手向きのイニングイーター | 先発

36 クラーク・シュミット *Clarke Schmidt*

28歳 | 1996.2.20生 | 185cm | 90kg | 右投右打
◆速球のスピード／150キロ前後（シンカー主体）
◆決め球と持ち球／◎カッター、○シンカー、○カーブ、
　△スライダー、△チェンジアップ ◆対左.303 ◆対右.236
◆ホ防4.15 ◆ド2017①ヤンキース
◆出ジョージア州 ◆年203万ドル（約2億8420万円）

球威3
制球3
緩急3
守備・牽制4
度胸3

昨季は先発陣に故障者が続出したためフルシーズン、ローテーションに入って投げることができた強運な右腕。最初の4試合はいずれも4回終了までにKOされ、防御率も9.45。前途多難を思わせたが、その後は右打者にはシンカー、左打者にはカッターを主体に攻めるピッチングが機能するようになり、イニングイーターとして良い働きをするようになった。終盤は疲労でやや失点が多くなったものの、大崩れせず、先発で投げ切っている。防御率4.64は、メジャーの先発投手の平均値（4.46）に近い数字であり、5番手で投げるイニングイーターの防御率としては合格点をもらえる数字だ。ピッチングは、弱い当たりを打たせることと、空振りを奪うことに主眼を置いている。

カモ 吉田正尚（レッドソックス）.000(10-0)0本　苦手 R・デヴァーズ（レッドソックス）.500(12-6)2本

年度	所属チーム	勝利	敗戦	防御率	試合数	先発	セーブ	投球イニング	被安打	失点	自責点	被本塁打	与四球	奪三振	WHIP
2020	ヤンキース	0	1	7.11	3	1	0	6.1	7	5	5	0	3	7	1.89
2021	ヤンキース	0	0	5.68	2	1	0	6.1	11	8	4	1	5	6	2.53
2022	ヤンキース	5	5	3.12	29	3	0	57.2	46	23	20	5	23	56	1.20
2023	ヤンキース	9	9	4.64	33	32	0	159.0	169	91	82	24	46	149	1.35
通算成績		14	15	4.36	67	37	0	229.1	233	127	111	30	79	218	1.36

対左=対左打者被打率 対右=対右打者被打率 ホ防=ホーム防御率 ア防=アウェー防御率
ド=ドラフトデータ 出=出身地 年=年俸 カモ 苦手は通算成績

1年目の惨敗を帳消しにする活躍に期待　先発

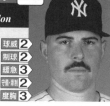

55 カルロス・ロドーン　*Carlos Rodon*

32歳　1992.12.10生　｜188cm｜115kg｜左投左打

◆速球のスピード／150キロ台前半（フォーシーム主体）
◆決め球と持ち球／○スライダー、○チェンジアップ、△フォーシーム、△カーブ　◆対左.195　◆対右.274
◆ホ防6.15　◆ア防7.63　◆ド2014①ホワイトソックス
◆田フロリダ州　◆年2700万ドル（約37億8000万円）

球威	2
制球	2
緩急	3
守備・走塁	2
度胸	3

　6年1億6200万ドルの契約で入団し、救世主になることを期待されたのに、疫病神になってしまったサウスポー。昨年、ロドーンが左前腕部の張りを理由にIL入りしたのは、キャンプ中の3月5日のことだ。ロドーンは腰も痛めていたため、そのせいで前腕部の張りのリハビリが思うように進まず、7月7日にようやく復帰がかなった。その後はキレのないフォーシームを打たれまくって、27イニングで22失点したあと、ハムストリング痛でIL入り。8月下旬に復帰後は調子を取り戻し、その後の7試合の防御率は4.58だった。

カモ　M・ベッツ（ドジャース）.053(19-1)0本　苦手　S・ペレス（ロイヤルズ）.450(20-9)2本

年度	所属チーム	勝利	敗戦	防御率	試合数	先発	セーブ	投球イニング	被安打	失点	自責点	被本塁打	与四球	奪三振	WHIP
2015	ホワイトソックス	9	6	3.75	26	23	0	139.1	130	63	58	11	71	139	1.44
2016	ホワイトソックス	9	10	4.04	28	28	0	165.0	176	82	74	23	54	168	1.39
2017	ホワイトソックス	2	5	4.15	12	12	0	69.1	64	35	32	12	31	76	1.37
2018	ホワイトソックス	6	8	4.18	20	20	0	120.2	97	61	56	15	55	90	1.26
2019	ホワイトソックス	3	2	5.19	7	7	0	34.2	33	22	20	4	17	46	1.44
2020	ホワイトソックス	0	2	8.22	4	2	0	7.2	9	7	7	3	6	9	1.57
2021	ホワイトソックス	13	5	2.37	24	24	0	132.2	91	39	35	13	36	185	0.96
2022	ジャイアンツ	14	8	2.88	31	31	0	178.0	131	59	57	12	52	237	1.03
2023	ヤンキース	3	8	6.85	14	14	0	64.1	65	51	49	15	26	55	1.45
通算成績		59	54	3.83	166	161	0	911.2	796	419	388	106	347	1011	1.25

魔球レベルのチェンジアップが武器　セットアップ

41 トミー・ケインリー　*Tommy Kahnle*

35歳　1989.8.7生　｜185cm｜104kg｜右投右打

◆速球のスピード／150キロ台前半（フォーシーム、シンカー）
◆決め球と持ち球／◎チェンジアップ、◎フォーシーム、◎シンカー
◆対左.176　◆対右.191　◆ホ防2.91　◆ア防2.37
◆ド2010⑤ヤンキース　◆田ニューヨーク州
◆年575万ドル（約8億500万円）

球威	3
制球	2
緩急	5
守備・走塁	4
度胸	4

　チェンジアップが全投球の75%を占める、メジャーで最もチェンジアップ依存度の高い投手。チェンジアップと速球を、まったく同じ腕の振りで投げられるため、チェンジアップが来ると予想していても、バットが出てしまう打者が多い。昨年から、本人が「ツーシームとシンカーのハイブリッド」と呼んでいる速球系のボールを、全投球の5%くらいの割合で交えるようになった。2019年にヤンキースに在籍していたときは、エナジードリンクのレッドブルを1日5缶飲んでいたが、心臓に悪いので、現在は1缶に減らしている。

カモ　T・ダーノウ（ブレーブス）.143(7-1)0本　苦手　F・リンドーア（メッツ）.444(9-4)0本

年度	所属チーム	勝利	敗戦	防御率	試合数	先発	セーブ	投球イニング	被安打	失点	自責点	被本塁打	与四球	奪三振	WHIP
2014	ロッキーズ	2	1	4.19	54	0	0	68.2	51	39	32	7	31	63	1.19
2015	ロッキーズ	0	1	4.86	36	0	2	33.1	31	22	18	3	28	39	1.77
2016	ホワイトソックス	0	1	2.63	29	0	0	27.1	21	8	8	2	20	25	1.50
2017	ホワイトソックス	1	3	2.50	37	0	0	36.0	28	12	10	3	7	60	0.97
2017	ヤンキース	1	1	2.70	32	0	0	26.2	25	8	8	1	10	36	1.31
2017	2チーム計	2	4	2.59	69	0	0	62.2	53	20	18	4	17	96	1.12
2018	ヤンキース	2	0	6.56	24	0	1	23.1	23	22	17	3	15	30	1.63
2019	ヤンキース	3	2	3.67	72	0	0	61.1	45	27	25	9	20	88	1.06
2020	ヤンキース	0	0	0.00	1	0	0	1.1	0	0	0	0	1	2	0.00
2022	ヤンキース	0	0	2.84	13	0	1	12.2	5	4	4	3	3	14	0.63
2023	ヤンキース	1	3	2.66	42	0	2	40.2	26	14	12	5	19	48	1.11
通算成績		10	12	3.64	340	0	7	331.0	256	156	134	35	154	406	1.24

43 ジョナサン・ロアイシガ Jonathan Loaisiga
FA権を取得を前に大活躍の可能性も セットアップ

30歳 1994.11.2生 | 180cm | 74kg | 右投右打 | 球150キロ台中盤～後半（シンカー、ツーシーム） | 決◎シンカー
対左.286 対右.186 ド2012外ジャイアンツ 田ニカラグア 年250万ドル（約3億5000万円）

球 **4**
制 **4**
緩 **2**
守・備 **4**
度 **4**

ヒジの手術で昨年はチームに貢献できなかったため、今季こそという思いが強い豪腕リリーバー。昨年はまず、ニカラグア代表としてWBCに出場。イスラエル戦の1点リードの場面で登板し、3点を失って敗戦投手になった。開幕後はセットアッパーとして起用されたが、ヒジに痛みが走るようになり、4月8日にIL入り。骨棘の除去手術を受けたため、4カ月近く戦列を離れている。ニカラグアのベースボール・ファミリー出身。父スタンリーは元マイナーリーガーで、ニカラグア・ナショナルチームの元メンバー。弟のマイクは、ドジャースのマイナーで3年間プレー。

年度	所属チーム	勝利	敗戦	防御率	試合数	先発	セーブ	投球イニング	被安打	失点	自責点	被本塁打	与四球	奪三振	WHIP
2023	ヤンキース	0	2	3.06	17	0	1	17.2	14	7	6	2	1	6	0.85
通算成績		18	11	3.51	160	11	7	215.2	191	95	84	20	71	204	1.21

65 ネスター・コルテス Nestor Cortes
故障とは無縁が望まれる、人気の高いサウスポー 先発

30歳 1994.12.10生 | 180cm | 95kg | 左投右打 | 球140キロ台後半（フォーシーム主体） | 決◎フォーシーム
対左.163 対右.261 ド2013外ヤンキース 田キューバ 年395万ドル（約5億5300万円）

球 **2**
制 **4**
緩 **5**
守・備 **3**
度 **4**

昨年は故障続きで稼働率が35％程度だった、コメディアンのようなキャラの技巧派サウスポー。故障その1は、キャンプイン直前に起きたハムストリングの肉離れ。これで心待ちにしていたWBCで、投げられなくなった。肉離れのせいで、キャンプでは十分練習ができなかったが、故障者が続出していたため開幕からローテーション入り。しかし調整不足が響いて、4月下旬から失点が多くなり、5月は防御率が5点台で推移。さらに6月に入ると肩が痛み出し、回旋筋腱板の炎症と診断され、2カ月間IL入り。8月上旬に復帰したが、すぐに再発し、ILへ逆戻りした。

年度	所属チーム	勝利	敗戦	防御率	試合数	先発	セーブ	投球イニング	被安打	失点	自責点	被本塁打	与四球	奪三振	WHIP
2023	ヤンキース	5	2	4.97	12	12	0	63.1	59	36	35	11	20	67	1.25
通算成績		24	11	3.82	104	56	0	393.2	339	174	167	65	121	413	1.17

47 ヴィクター・ゴンザレス Victor Gonzalez
シャトル便状態にピリオドを打てるか注目 ミドルリリーフ 移籍

29歳 1995.11.16生 | 183cm | 81kg | 左投左打 | 球150キロ台前半（シンカー主体） | 決◎シンカー
対左.259 対右.190 ド2012外ドジャース 田メキシコ 年86万ドル（約1億2040万円）

球 **3**
制 **3**
緩 **2**
守・備 **3**
度 **3**

大谷翔平のドジャース入団の際、40人枠を1つ空けるため、ヤンキースにトレードされたリリーフ左腕。ロー・スリークォーターから、シンカーとスライダーを投げ込んでくるグラウンドボール・ピッチャー。2020年にメジャーデビューしたあと、メジャーとマイナーを往復する状態が続いているため、移籍を期にメジャー定着を目論んでいる。メキシコ出身。ドジャースのスカウトたちが、ヤシエル・プイグの視察にメキシコを訪れた際、併せて獲得した6選手の1人。17年にトミー・ジョン手術を受けたあと、現在のようなタイプに生まれ変わり、メジャー入りが実現。

年度	所属チーム	勝利	敗戦	防御率	試合数	先発	セーブ	投球イニング	被安打	失点	自責点	被本塁打	与四球	奪三振	WHIP
2023	ドジャース	3	3	4.01	34	1	0	33.2	27	15	15	2	10	30	1.10
通算成績		9	4	3.22	93	3	1	89.1	72	32	32	5	31	86	1.15

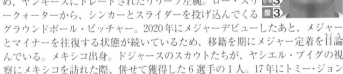

球=速球のスピード　決=決め球　対左=対左打者被打率　対右=対右打者被打率
ド=ドラフトデータ　田=出身地　年=年俸

投 手

ミドル
リリーフ　　移籍

64 今季は「痛恨の失投」をゼロにするのが目標
ケイレブ・ファーガソン *Caleb Ferguson*

28歳 1996.7.2生 | 190cm | 102kg | 左投右打 園150キロ台中頃(フォーシーム主体) 園○フォーシーム
[対左].266 [対右].270 №2014⑱ドジャース 田オハイオ州 軍240万ドル(約3億3600万円)

球	5
制	3
緩	3
守	2
度	3

　今年2月5日のトレードで、ドジャースから移籍のリリーフ左腕。昨年は自己最多の68試合に登板したが、内容はイマイチで、痛恨の失投が2度あった。その1つが、6月のフィリーズ戦でシュワーバーに打たれたサヨナラホーマー。8月のガーディアンズ戦で、コール・カルフーンに打たれたスリーランも、失投を叩かれたものだった。昨年、ドジャースのロバーツ監督は、リリーフ投手だけで9イニングをまかなう「ブルペンデー」を7試合も実行したが、どの試合もファーガソンが初回に投げる先鋒(オープナー)を担当。6試合目までは失点がなかったが、最後に3失点。

年度	所属チーム	勝利	敗戦	防御率	試合数	先発	セーブ	投球イニング	被安打	失点	自責点	被本塁打	与四球	奪三振	WHIP
2023	ドジャース	7	4	3.43	68	7	3	60.1	64	30	23	4	23	70	1.44
通算成績		18	9	3.43	201	14	5	207.1	185	93	79	24	82	247	1.29

ミドル
リリーフ

71 1人で10役をこなす、スライダーの使い手
イアン・ハミルトン *Ian Hamilton*

29歳 1995.6.16生 | 185cm | 90kg | 右投右打 園150キロ台中頃(シンカー、フォーシーム) 園☆スライダー
[対左].198 [対右].230 №2016⑪ホワイトソックス 田ニューハンプシャー州 軍74万ドル(約1億360万円)+α

球	4
制	2
緩	3
守	5
度	4

　昨年のキャンプ前に、マイナー契約で入団した苦労人。それまでメジャーのゲームで投げた経験は15試合しかなかったが、オープン戦での好投が評価されて、開幕直後に3Aからメジャーに呼ばれた。その後はセットアッパー、クローザーからロングリリーフ、ミドルリリーフ、ピンチの火消し役、ブルペンデーの先発、延長戦のリリーフまで、様々な役回りで起用され、良い働きをして、ブーン監督に重宝がられた。通常はスライダー6割、フォーシーム、ツーシーム各2割くらいの比率で投げており、スライダーの軌道を1球ごとに変えてハイペースで三振を奪う。

年度	所属チーム	勝利	敗戦	防御率	試合数	先発	セーブ	投球イニング	被安打	失点	自責点	被本塁打	与四球	奪三振	WHIP
2023	ヤンキース	3	2	2.64	39	3	2	58.0	45	19	17	3	26	69	1.22
通算成績		4	4	3.10	54	3	2	72.2	58	28	25	5	34	78	1.27

85 クレイトン・ビーター *Clayton Beeter*　　先発　期待度 B⁻　ルーキー

25歳 1998.10.9生 | 188cm | 99kg | 右投右打 ◆昨季は2A、3Aでプレー №2020②ドジャース 田テキサス州

　昨年2Aでは防御率が2.08だったが、3Aでは71イニングで本塁打を15本も打たれたため、4.94という冴えない数字になった。キレのあるフォーシームとスピンの効いたカーブを高低に投げ分けて、ハイペースで三振を奪う。しかし、四球を乱発するので、メジャーではリリーフで使われるだろう。

94 ヨエンドリス・ゴメス *Yoendrys Gomez*　　リリーフ　先発　期待度 B　ルーキー

25歳 1999.10.15生 | 190cm | 95kg | 右投右打 ◆昨季はメジャーで1試合に出場 №2016ヤンキース 田ベネズエラ

　浮き上がる軌道のフォーシームに、スピン量の多いスライダーとカーブを組み合わせて投げる右腕。ウリは、奪三振率の高さ。ただ、制球がイマイチで与四球率が高いため、メジャーではリリーフで使うといい戦力になる可能性がある。フライボール・ピッチャーだが、一発を食うリスクはさほど高くない。

ヤンキース

野手

センター
ライト

本塁打王と打点王は本命中の本命

99 アーロン・ジャッジ
Aaron Judge

32歳 | 1992.4.26生 | 201cm | 127kg | 右投右打
◆対左投手打率／.274(62-17)　◆対右投手打率／.266(305-81)
◆ホーム打率／.249(185-46)　◆アウェー打率／.286(182-52)
◆得点圏打率／.262(61-16)
◆23年のポジション別出場数／ライト=54、DH=38、センター=18
◆ドラフトデータ／2013①ヤンキース
◆出身地／カリフォルニア州　◆年俸／4000万ドル(約56億円)
◆MVP1回(22年)、本塁打王2回(17,22年)、打点王1回(22年)、
シルバースラッガー賞3回(17,21,22年)、ハンク・アーロン賞
1回(22年)、ロベルト・クレメンテ賞1回(23年)、新人王(17年)

ミート 5
パワー 5+
走塁 3
守備 4
肩 4

　本塁打の生産能力は、メジャーリーグの誰よりも高いヤンキースの主砲。前年(2022年)に62本塁打を放ったため、昨季も同レベルの本数を期待されてシーズンに入った。62本は「9.1打数に1本」のペースで生産したことによって生まれた記録だったが、昨季も5月末時点で生産ペースは「9.2打数に1本」で、本塁打王レースのトップを走っていた。

　しかし6月3日のドジャース戦で、J.D.マルティネスが放ったライトへの大飛球を、フェンス代わりになっているブルペンの金網に体をぶつけながら好捕した際、右足のつま先を強打し、親指の靱帯を断裂。IL入りを余儀なくされた。復帰がかなったのは55日後の7月28日で、そのとき本塁打王争いは、6月に15本叩き込んだ大谷翔平の独走状態になっていた。ジャッジがIL入りしていた間に行われた42試合、ヤンキースは19勝23敗で地区最下位に転落しており、ポストシーズン進出の望みはわずかになっていた。ブランクがあったせいで、ジャッジ自身も復帰した当初は調子が上がらず、復帰後10試合目までは1本しかホームランを打てなかったが、その後はペースを上げて、37本でシーズンを終えた。

　今季は出塁率の高い新加入のソトが打順2番に、ジャッジが3番に入るので、打点をかせぎやすくなった。また、大谷翔平がナショナル・リーグに移ったことで、本塁打王争いの強力なライバルが1人いなくなり、本命中の本命と見なされている。それを考えれば、一昨年、わずかなところでのがした三冠王に手が届く可能性がある。昨年は無冠に終わったが、慈善活動を熱心に行った選手に贈られるロベルト・クレメンテ賞を授与された。

カモ T.ウェルズ(オリオールズ).429(21-9)4本　J.ベリオス(ブルージェイズ).370(27-10)3本
苦手 J.ミーンズ(オリオールズ).133(15-2)0本　C.ハヴィエア(アストロズ).000(10-0)0本

年度	所属チーム	試合数	打数	得点	安打	二塁打	三塁打	本塁打	打点	四球	三振	盗塁	盗塁死	出塁率	OPS	打率
2016	ヤンキース	27	84	10	15	2	0	4	10	9	42	0	1	.263	.608	.179
2017	ヤンキース	155	542	128	154	24	3	52	114	127	208	9	4	.422	1.049	.284
2018	ヤンキース	112	413	77	115	22	0	27	67	76	152	6	3	.392	.920	.278
2019	ヤンキース	102	378	75	103	18	1	27	55	64	141	3	2	.381	.921	.272
2020	ヤンキース	28	101	23	26	3	0	9	22	10	32	0	1	.336	.890	.257
2021	ヤンキース	148	550	89	158	24	0	39	98	75	158	6	1	.373	.917	.287
2022	ヤンキース	157	570	133	177	28	0	62	131	111	175	16	3	.425	1.111	.311
2023	ヤンキース	106	367	79	98	16	0	37	75	88	130	3	1	.406	1.019	.267
通算成績		835	3005	614	846	137	4	257	572	560	1038	43	16	.396	.982	.282

得点力向上の切り札として獲得

22 ホアン・ソト
Juan Soto

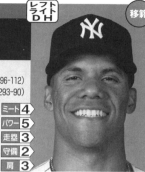

26歳 1998.10.25生 | 188cm | 101kg | 左投左打

- ◆対左投手打率／.256(172-44) ◆対右投手打率／.283(396-112)
- ◆ホーム打率／.240(275-66) ◆アウェー打率／.307(293-90)
- ◆得点圏打率／.299(144-43)
- ◆23年のポジション別出場数／レフト＝154、DH＝7
- ◆ドラフトデータ／2015㉟ナショナルズ
- ◆出身地／ドミニカ
- ◆年俸／3100万ドル（約43億4000万円）
- ◆首位打者1回(20年)、シルバースラッガー賞4回(20〜23年)

ミート **4**
パワー **5**
走塁 **3**
守備 **2**
肩 **3**

昨年12月の大型トレードで、パドレスから移籍した長距離砲。このトレードでヤンキースは、メジャーの戦力になっていたキング（4勝、防御率2.75）、ブリトー（9勝、防御率4.28）、ヴァスケス（2勝、防御率2.87）、メジャー入り直前のソープの4投手と、準レギュラー級捕手のヒガシオカの計5選手をパドレスに放出し、ソトと外野手のグリシャムを獲得した。まさに出血大サービスのトレードだった。ヤンキースがここまでしたのはなぜか？ それは得点力が低下して、危うく23年ぶりの地区最下位になりかけたからだ。昨年のヤンキースのチーム得点は、アメリカン・リーグ15球団中11位の673点。これは、あのダメなエンジェルスより、さらに66点も少ない数字だ。このお寒い状態にピリオドを打つには、ジャッジのほかにもう1人大砲が必要ということで、ソト獲得に動いたのだ。

打者としてのソトのウリは、トップレベルのパワーがあることに加え、選球眼が良く、ボール球にはあまり手を出さないことだ。打席では早打ちをせず、失投をじっくり待つため四球が多く、出塁率が際立って高い。

本拠地球場が本塁打の出にくいペトコ・パークから、左打者の本塁打が一番出やすいヤンキー・スタジアムに代わることは、大きな追い風になり、シーズンの本塁打数がかなり増える可能性がある。

ヤンキースは大出血トレードで獲得したソトを、長期契約でつなぎ止めるのだろうか？ これについては、否定的な意見が多い。代理人がスコット・ボラスなので、過大すぎる要求を突きつけられることが予想されるからだ。今年限りの在籍になる可能性は十分ある。

カモ C・モートン（ブレーブス）.636(11-7)3本　Z・エフリン（レイズ）.440(25-11)2本
苦手 R・スアレス（フィリーズ）.000(10-0)0本　L・ウェッブ（ジャイアンツ）.077(13-1)0本

年度	所属チーム	試合数	打数	得点	安打	二塁打	三塁打	本塁打	打点	四球	三振	盗塁	盗塁死	出塁率	OPS	打率
2018	ナショナルズ	116	414	77	121	25	1	22	70	79	99	5	2	.406	.923	.292
2019	ナショナルズ	150	542	110	153	32	5	34	110	108	132	12	1	.401	.949	.282
2020	ナショナルズ	47	154	39	54	14	0	13	37	41	28	6	2	.490	1.185	.351
2021	ナショナルズ	151	502	111	157	20	2	29	95	145	93	9	7	.465	.999	.313
2022	ナショナルズ	101	342	62	84	17	1	21	46	91	62	6	2	.408	.893	.246
2022	パドレス	52	182	31	43	8	1	6	16	44	34	0	0	.388	.774	.236
2022	2チーム計	153	524	93	127	25	2	27	62	135	96	6	2	.401	.853	.242
2023	パドレス	162	568	97	156	32	1	35	109	132	129	12	5	.410	.929	.275
通算成績		779	2704	527	768	148	11	160	483	640	577	50	19	.421	.945	.284

忽然と現れたスーパースター候補生

11 アンソニー・ヴォルピー Anthony Volpe

ショート

23歳 2001.4.28生 | 175cm | 81kg | 右投右打

◆対左投手打率／.248 ◆対右投手打率／.198
◆ホーム打率／.188 ◆アウェー打率／.229 ◆得点圏打率／.204
◆23年のポジション別出場数／ショート＝157
◆Ⓓ2019①ヤンキース ◆⊞ニュージャージー州
◆囲74万ドル（約1億360万円）+α ◆ゴールドグラブ賞1回（23年）

ミート	2
パワー	4
走塁	5
守備	5
肩	5

　昨年ショートのレギュラーに抜擢され、ルーキーながらゴールドグラブ賞を獲得した遊撃手。2022年にレギュラーだったカイナー＝ファレーファは貧打のうえ、22年のポストシーズンで手痛いエラーをやらかしたため、球団はショートのレギュラー変更を検討。ヴォルピー、ペラザにカイナー＝ファレーファを加えた3人を競わせ、守備力が際立って高く、打撃成績も良かったヴォルピーがレギュラー格で起用されることになった。守備面での長所は、敏捷性に富み、グラブさばきがうまく、リリースが素早いこと。その一方で、ファインプレーも多いがエラーも多いタイプで、ルーティン・プレーでしばしばミスをする。打撃面ではパワーとスピードがウリで、1年目に早くも本塁打20と盗塁20を同時に達成。今後、メジャーの投手の投球術に慣れてくれば、毎年25本塁打、80打点レベルの打者に成長する可能性は十分にある。

カモ J・ライアン（ツインズ）.500(6-3)0本　苦手 K・ゴーズマン（ブルージェイズ）.000(9-0)0本

年度	所属チーム	試合数	打数	得点	安打	二塁打	三塁打	本塁打	打点	四球	三振	盗塁	盗塁死	出塁率	OPS	打率
2023	ヤンキース	159	541	62	113	23	4	21	60	52	167	24	5	.283	.666	.209
通算成績		159	541	62	113	23	4	21	60	52	167	24	5	.283	.666	.209

球団から長期契約の提示はなし

25 グレイバー・トーレス Gleyber Torres

セカンド

28歳 1996.12.13生 | 185cm | 92kg | 右投右打

◆対左投手打率／.278 ◆対右投手打率／.273
◆ホーム打率／.273 ◆アウェー打率／.274 ◆得点圏打率／.270
◆23年のポジション別出場数／セカンド＝145、DH＝12
◆Ⓓ2013㊱カブス ◆⊞ベネズエラ
◆囲1420万ドル（約19億8800万円）

ミート	4
パワー	5
走塁	4
守備	3
肩	4

　今季終了後にFA権を取得するため、それを見据えた活躍が予想される強打の二塁手。ヤンキースが、中心選手の1人であるトーレスを長期契約で引き留めようとしないのは、不良資産化した長期契約が多すぎるので、オーナーが慎重になっているからだ。それに加え、安定して好成績を出せる選手ではないこと、手抜きプレーが見られた時期があったことなども、マイナスに作用したようだ。打者としては着実に進化している。昨季は三振に倒れる割合が大幅に減少する一方で、四球による出塁が増え、チャンスメーカーとして良い働きを見せていた。セカンドの守備はイマイチで、改善点が多い。

カモ 菊池雄星（ブルージェイズ）.409(22-9)1本　苦手 C・セイル（ブレーブス）.000(15-0)0本

年度	所属チーム	試合数	打数	得点	安打	二塁打	三塁打	本塁打	打点	四球	三振	盗塁	盗塁死	出塁率	OPS	打率
2018	ヤンキース	123	431	54	117	16	1	24	77	42	122	6	2	.340	.820	.271
2019	ヤンキース	144	546	96	152	26	0	38	90	48	129	5	2	.337	.872	.278
2020	ヤンキース	42	136	17	33	8	0	3	16	22	28	1	0	.356	.724	.243
2021	ヤンキース	127	459	50	119	22	0	9	51	50	104	14	6	.331	.697	.259
2022	ヤンキース	140	526	73	135	28	1	24	76	39	129	10	5	.310	.761	.257
2023	ヤンキース	158	596	90	163	28	2	25	68	67	98	13	6	.347	.800	.273
通算成績		734	2694	380	719	128	4	123	378	268	610	49	21	.334	.788	.267

24 因縁のヤンキースに来たハイエナジー外野手 ライトレフト 移籍
アレックス・ヴァードゥーゴ Alex Verdugo

28歳 1996.5.15生 183cm 94kg 左投左打

◆対左投手打率／.220 ◆対右投手打率／.279
◆ホーム打率／.279 ◆アウェー打率／.248 ◆得点圏打率／.250
◆23年のポジション別出場数／ライト＝140
◆⑤2014②ドジャース ◆⑪アリゾナ州
◆⑪870万ドル（約12億1800万円）

ミート **4**
パワー **3**
走塁 **3**
守備 **4**
肩 **5**

ヤンキース

　トレードでレッドソックスから加入した、ハッスルプレーを連発する外野手。特徴は調子の波が激しいこと。昨季は4月と6月は打率が3割台でブレイクしたかに見えたが、7月と9月は1割台で、終わってみると例年並みの数字だった。レッドソックス時代はヤンキー・スタジアムで一番憎まれた選手。2022年には、ヤンキー・スタジアムで守備についているとき、興奮したファンが投げつけたボールが頭を直撃、レフト席のファンたちと険悪な空気に。その後、レフトに本塁打を叩き込み、指を立てて報復の意を示した。そのファンはゲーム後、永久追放処分。高校時代は投手兼外野手だったため、大谷に刺激され、21年のオフに二刀流の練習にトライしたが、途中で挫折。

| カモ | T・ブラッドリー（レイズ）1.000(5-5)0本 | | 苦手 | K・ゴーズマン（ブルージェイズ）.071(14-1)0本 |

年度	所属チーム	試合数	打数	得点	安打	二塁打	三塁打	本塁打	打点	四球	三振	盗塁	盗塁死	出塁率	OPS	打率
2017	ドジャース	15	23	1	4	0	0	1	1	2	4	0	1	.240	.544	.174
2018	ドジャース	37	77	11	20	6	0	1	4	8	14	0	0	.329	.706	.260
2019	ドジャース	106	343	43	101	22	2	12	44	26	49	4	1	.342	.817	.294
2020	レッドソックス	53	201	36	62	16	0	6	15	17	45	4	0	.367	.845	.308
2021	レッドソックス	146	544	88	157	32	2	13	63	51	96	6	2	.351	.777	.289
2022	レッドソックス	152	593	75	166	39	1	11	74	42	86	1	3	.328	.733	.280
2023	レッドソックス	142	546	81	144	37	5	13	54	45	93	5	3	.324	.745	.264
通算成績		651	2327	335	654	152	10	57	255	191	387	20	10	.337	.765	.281

39 捕手のオールラウンド・ディフェンダー キャッチャー
ホセ・トレヴィーニョ Jose Trevino

32歳 1992.11.28生 178cm 97kg 右投右打 ◆盗塁阻止率／.233(30-7)

◆対左投手打率／.268 ◆対右投手打率／.190
◆ホーム打率／.220 ◆アウェー打率／.200 ◆得点圏打率／.250
◆23年のポジション別出場数／キャッチャー＝54
◆⑤2014⑥レンジャーズ ◆⑪テキサス州
◆⑪273万ドル（約3億8220万円） ◆ゴールドグラブ賞1回(22年)

ミート **2**
パワー **3**
走塁 **2**
守備 **5**
肩 **5**

　一昨年4月、緊急トレードでレンジャーズから移籍。その後は守備全般で抜群の働きを見せ、ゴールドグラブ賞だけでなく、同賞受賞者のナンバーワンに贈られるプラチナ・ゴールドグラブ賞も受賞。昨季も巧みなフレーミングやボールブロックで投手を助け、捕手牽制刺も3つあったが、5月中旬にハムストリングの肉離れでIL入り。7月末には手首を痛めて手術を受け、55試合の出場にとどまった。ただ今季は、キャンプからフル稼働できる。球団は若いウェルズを正捕手に育てる方針で、バックアップに回る可能性もある。

| カモ | K・ゴーズマン（ブルージェイズ）.667(6-4)0本 | | 苦手 | J・ベリオス（ブルージェイズ）.000(8-0)0本 |

年度	所属チーム	試合数	打数	得点	安打	二塁打	三塁打	本塁打	打点	四球	三振	盗塁	盗塁死	出塁率	OPS	打率
2018	レンジャーズ	3	8	0	2	0	0	0	0	0	1	0	0	.250	.500	.250
2019	レンジャーズ	40	120	18	31	9	0	2	13	3	27	0	0	.272	.655	.258
2020	レンジャーズ	24	76	10	19	8	0	2	9	3	15	0	0	.280	.714	.250
2021	レンジャーズ	89	285	23	68	14	0	5	30	12	57	1	1	.267	.607	.239
2022	ヤンキース	115	335	39	83	12	1	11	43	15	62	1	1	.283	.671	.248
2023	ヤンキース	55	157	15	33	4	0	4	15	8	22	0	0	.257	.569	.210
通算成績		326	981	105	236	47	1	24	113	41	184	3	2	.272	.636	.241

つま先を痛めてから別の打者に

サード

26 DJ・ラメイヒュー DJ LeMahieu

36歳 1988.7.13生 | 193cm | 99kg | 右投右打 [対左].255 [対右].241 [ホ].246 [ア].241
[得].224 [F]2009②カブス [出]カリフォルニア州 [年]1500万ドル（約21億円）
◆首位打者2回(16,20年)、ゴールドグラブ賞4回(14,17,18,22年)、シルバースラッガー賞2回(19,20年)

ミ	4
バ	3
走	3
守	4
肩	3

　まだ契約が３年も残っているのに、不良資産化の兆候が見え出した好守の内野手。首位打者に２度輝いた実績があり、一昨年まではメジャーリーグを代表するリードオフマンの１人と見なされていた。しかし、一昨年の８月につま先を痛め、打席で強く踏み込むことができなくなり、打撃に深刻な影響が出た。手術するように医師に勧められたが、欠場が長くなるためそれを拒否して臨んだ昨季は、チャンスに結果を出せないことが多く、衰えが進んでいる印象を与える結果になった。ただ、強い打球が出る比率はアップしており、今シーズンの巻き返しを期待されている。

年度	所属チーム	試合数	打数	得点	安打	二塁打	三塁打	本塁打	打点	四球	三振	盗塁	盗塁死	出塁率	OPS	打率
2023	ヤンキース	136	497	55	121	22	3	15	44	60	125	2	2	.327	.717	.243
通算成績		1561	5803	864	1697	270	39	122	625	542	978	93	48	.354	.769	.292

結果を出せなければ、選手生命が終わる年に

ファースト

48 アンソニー・リゾ Anthony Rizzo

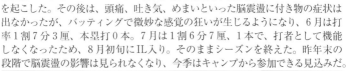

35歳 1989.8.8生 | 190cm | 108kg | 左投左打 [対左].333 [対右].220 [ホ].288 [ア].188
[得].253 [F]2007⑥レッドソックス [出]フロリダ州 [年]1700万ドル（約23億8000万円）
◆ゴールドグラブ賞4回(16,18～20年)、シルバースラッガー賞1回(16年)、ロベルト・クレメンテ賞1回(17年)

ミ	3
バ	5
走	3
守	3
肩	3

　脳震盪の後遺症を乗り越えて新シーズンに臨む強打の一塁手。昨季は５月28日のパドレス戦で、一塁ベース上で打者走者のタティース・ジュニアと衝突。頭を強打し、脳震盪を起こした。その後は、頭痛、吐き気、めまいといった脳震盪に付き物の症状は出なかったが、バッティングで微妙な感覚の狂いが生じるようになり、６月は打率１割７分３厘、本塁打０本。７月は１割６分７厘、１本で、打者として機能しなくなったため、８月初旬にIL入り。そのままシーズンを終えた。昨年末の段階で脳震盪の影響は見られなくなり、今季はキャンプから参加できる見込みだ。

年度	所属チーム	試合数	打数	得点	安打	二塁打	三塁打	本塁打	打点	四球	三振	盗塁	盗塁死	出塁率	OPS	打率
2023	ヤンキース	99	373	45	91	14	0	12	41	35	97	0	3	.328	.706	.244
通算成績		1635	5951	884	1567	326	22	295	930	754	1143	72	44	.364	.838	.263

守備力の向上が待たれる強打の捕手

キャッチャー

88 オースティン・ウェルズ Austin Wells

25歳 1999.7.12生 | 183cm | 99kg | 右投左打 ◆盗塁阻止率／.056(18-1) [対左].000 [対右].250 [ホ].185
[ア].256 [得].174 [F]2020①ヤンキース [出]ネヴァダ州 [年]74万ドル（約1億360万円）＋α

ミ	2
バ	5
走	2
守	2
肩	2

　正捕手格で起用される可能性もある、ドラフト１巡目でプロ入りしたキャッチャーのホープ。打者として価値があるタイプの捕手で、ウリは長打力。昨季はマイナーで９打数に１本のペースで長打を生産しているが、メジャーではペースが上がり、７打数に１本のペースで生産。捕手としては昨季、メジャーで18試合に先発出場したが、盗塁阻止率はワーストレベルの5.6％（16-1）、ボールブロックやフレーミングもイマイチ。守備面では不安が多いため、オフの間はそうした能力を向上させるトレーニングに励んだ。今季は平均レベルに近い守備が見られるかもしれない。

年度	所属チーム	試合数	打数	得点	安打	二塁打	三塁打	本塁打	打点	四球	三振	盗塁	盗塁死	出塁率	OPS	打率
2023	ヤンキース	19	70	8	16	6	0	4	13	3	14	0	0	.257	.743	.229
通算成績		19	70	8	16	6	0	4	13	3	14	0	0	.257	.743	.229

[対左]=対左投手打率　[対右]=対右投手打率　[ホ]=ホーム打率　[ア]=アウェー打率　[得]=得点圏打率
[F]=ドラフトデータ　[出]=出身地　[年]=年俸

足と小ワザも使える守備のエキスパート

外野手 **移籍**

12 トレント・グリシャム *Trent Grisham*

28歳 1996.11.1生｜180cm｜101kg｜左投左打｜対左.256 対右.178 困.214 ⑦.185
通.237 ⑮2015①ブリュワーズ 困テキサス州 囲550万ドル（約7億7000万円）◆ゴールドグラブ賞1回(22年)

	ミ	2
パ	3
走	4
守	5
肩	3

　ソトとともにパドレスから移籍した、ゴールドグラブ賞2
回の外野手。守備面でのウリは、①フライ打球の軌道を的
確に読んで最短コースで落下点に入る、②ジャンプ力があ
るためフェンス際のプレーに強い、③球際に強くダイビングキャッチが得意、
などだ。今季ヤンキースは、ライトがヴァードゥーゴ、センターがジャッジ、レ
フトがソトで固定されるため、4人目の外野手としてシーズンに入ることになる。
ただ、グリシャムの傑出した守備力を生かすため、ブーン監督は守備に不安が
あるソトを時々DHに回し、50〜60試合、センターで先発する機会を作るだろう。

年度	所属チーム	試合数	打数	得点	安打	二塁打	三塁打	本塁打	打点	四球	三振	盗塁	盗塁死	出塁率	OPS	打率
2023	パドレス	153	469	67	93	31	1	13	50	75	154	15	3	.315	.667	.198
通算成績		547	1753	252	378	89	11	61	215	237	535	46	10	.316	.699	.216

名脇役に成長する可能性がある優秀なサブ

ユーティリティ

95 オズワルド・カブレラ *Oswaldo Cabrera*

25歳 1999.3.1生｜180cm｜90kg｜右投両打｜対左.200 対右.215 困.194 ⑦.226
通.229 ⓓ2015外ヤンキース 囲ベネズエラ 囲74万ドル（約1億360万円）+α

	ミ	3
パ	3
走	4
守	2
肩	4

　昨季、内野と外野の7つのポジションすべてに入ったス
イッチヒッターのスーパーサブ。盗塁とバントのスキルがあ
り、代走でも使えるため、ゲーム終盤の1点が欲しい場面
で役に立つ。昨年はメジャーの投手の緩急を使った攻めにうまく対応できず、
一発が5本しか出なかったが、2021年には2Aと3Aで計29本塁打を記録して
おり、慣れてくれば300打数で2ケタ本塁打を期待できる。守備はイマイチ。
もともとは二塁手兼遊撃手なのに、昨年はその両ポジションで起用するとエラ
ーが多く、レフト、ライトで使ったときも、守備範囲は「中の下」レベルだった。

年度	所属チーム	試合数	打数	得点	安打	二塁打	三塁打	本塁打	打点	四球	三振	盗塁	盗塁死	出塁率	OPS	打率
2023	ヤンキース	115	298	35	63	11	0	5	29	25	72	8	0	.275	.574	.211
通算成績		159	452	56	101	19	1	6	48	40	116	11	2	.288	.631	.223

失敗から学ぶことができれば、まだまだ成長可能

ユーティリティ

91 オズワルド・ペラザ *Oswald Peraza*

24歳 2000.6.15生｜183cm｜90kg｜右投右打｜対左.114 対右.217 困.197 ⑦.186
通.174 ⓓ2016外ヤンキース 囲ベネズエラ 囲74万ドル（約1億360万円）+α

	ミ	2
パ	3
走	4
守	3
肩	4

　ショートのレギュラー獲得の可能性もあった昨季、メジャ
ーの投手の投球術に翻弄されてしまった内野のホープ。昨
季はペラザ、カイナー=ファレーファ、ヴォルピーの3人が
有力候補だったが、オープン戦で打撃好調だったヴォルピーがレギュラーで使
われることになり、打率1割9分のペラザは3Aに降格してシーズンに入った。
その後3回、メジャーに呼ばれたが、前年（2022年）は得意にしていたフォー
シームにうまく対応できず、また、変化球には空振り率が4割以上になったため、
打撃面でほとんどチームに貢献できなかった。今季は、内野のサブとして出直し。

年度	所属チーム	試合数	打数	得点	安打	二塁打	三塁打	本塁打	打点	四球	三振	盗塁	盗塁死	出塁率	OPS	打率
2023	ヤンキース	52	173	15	33	8	0	2	14	13	50	4	3	.267	.539	.191
通算成績		70	222	23	48	11	0	3	16	19	59	6	3	.298	.604	.216

今季はプラトーン起用の7番打者か

27 ジャンカルロ・スタントン Giancarlo Stanton

DH

35歳 1989.11.8生 | 198cm | 110kg | 右投右打 対左.265 対右.175 ホ.189 ⑦.194
⑨.200 ⑱2007②マーリンズ 囲カリフォルニア州 囲3200万ドル(約44億8000万円)
◆MVP1回(17年).本塁王2回(14,17年).打点王1回(17年).シルバースラッガー賞2回(14,17年).ハンク・アーロン賞2回(14,17年)

ミ **1**
バ **4**
走 **2**
守 **1**
肩 **3**

不良資産化した打者の「東の横綱」をレンドーンとすれば、「西の横綱」にランクされる13年契約の10年目に入る元スラッガー。昨季も持病の「ハムストリングの肉離れ」で、4月中旬から5月末まで欠場したため、101試合の出場にとどまった。問題なのは打力がすっかり衰え、強打者度を測る指標OPSが、平均(.734)を大きく下回る.695まで落ちていること。故障続きでほとんどDHでしか使えなくなっているのに、これはない。左投手にはまだ強いので、今季は7番打者としてプラトーンで起用されることになるだろう。トレードマークは極端なクローズドスタンス。

年度	所属チーム	試合数	打数	得点	安打	二塁打	三塁打	本塁打	打点	四球	三振	盗塁	盗塁死	出塁率	OPS	打率
2023	ヤンキース	101	371	43	71	13	0	24	60	41	124	0	0	.275	.695	.191
通算成績		1535	5608	858	1454	285	11	402	1031	738	1820	42	15	.349	.878	.259

コールの女房役としてサイ・ヤング賞に貢献

38 ベン・ロートヴェット Ben Rortvedt

キャッチャー

27歳 1997.9.25生 | 175cm | 86kg | 右投左打 ◆盗塁阻止率.273(11-3) 対左.000 対右.133 ホ.086
⑦.152 ⑱2016②ツインズ 囲ウィスコンシン州 囲74万ドル(約1億360万円)+α

ミ **1**
バ **2**
走 **2**
守 **4**
肩 **4**

守備力の高い第3の捕手。2022年3月、ヤンキースがゲーリー・サンチェスとアーシェラをツインズにトレードした際、見返りの1人として移籍。昨シーズンはトレヴィーニョが5月にハムストリングの肉離れでIL入りした期間と、手首の手術でIL入りした7月末以降、その代役としてメジャーに呼ばれ、24試合に先発出場。エースのコールと抜群に相性が良く、バッテリーを組んだ13試合の防御率は2.25だった。シュミットとも息が合っている。盗塁阻止率は27.3%(11-3)で、ヤンキースの捕手ではベストだったが、フレーミングの能力はイマイチのレベルだ。

年度	所属チーム	試合数	打数	得点	安打	二塁打	三塁打	本塁打	打点	四球	三振	盗塁	盗塁死	出塁率	OPS	打率
2023	ヤンキース	32	68	6	8	1	0	2	4	11	19	0	0	.241	.462	.118
通算成績		71	157	14	23	2	0	5	11	17	48	0	0	.234	.489	.146

89 ジェイソン・ドミンゲス Jasson Dominguez

センター **期待度 A** **ルーキー**

21歳 2003.2.7生 | 175cm | 86kg | 右投両打 ◆昨季はメジャーで8試合に出場 ⑱2019外ヤンキース 囲ドミニカ

昨年9月1日にメジャーに呼ばれ、31打数で4本塁打を記録して注目された外野のホープ。しかし9月10日のゲームで、ヒジの側副靱帯を断裂。再建手術を受けたため、今季はシーズン後半からの出場になる見込み。長打力は平均レベルだが、選球眼が良く、出塁率が高い。俊足で盗塁のスキルも十分。

― スペンサー・ジョーンズ Spencer Jones

センター **期待度 B** **ルーキー**

23歳 2001.5.14生 | 198cm | 106kg | 左投左打 ◆昨季は1A+2Aでプレー ⑱2022①ヤンキース 囲カリフォルニア州

今年度のヤンキースの最有望株。身体能力の高い巨漢で、動体視力も良く、スイングスピードも速い。打球の速さはトップレベルだが、インサイド攻めに弱く、変化球への対応力も低いので、球団は今季に関しては2Aで経験を積ませる方針。中堅手としては、守備範囲は広いが、肩の強さがイマイチ。

対左=対左投手打率 対右=対右投手打率 ホ=ホーム打率 ⑦=アウェー打率 ⑱=得点圏打率 ⑱=ドラフトデータ 囲=出身地 囲=年俸

ボストン・レッドソックス

◆創　立：1901年　　　　　　　　　　◆ワールドシリーズ制覇：9回／◆リーグ優勝：14回
◆本拠地：マサチューセッツ州ボストン市　◆地区優勝：10回／◆ワイルドカード獲得：8回

主要オーナー ▶ ジョン・ヘンリー（フェンウェイ・スポーツグループ代表）

過去5年成績 ▶

年度	勝	負	勝率	ゲーム差	地区順位	ポストシーズン成績
2019	84	78	.519	19.0	③	―
2020	24	36	.400	16.0	⑤	―
2021	92	70	.568	8.0	②（同率）	リーグ優勝決定シリーズ敗退
2022	78	84	.481	21.0	⑤	―
2023	**78**	**84**	**.481**	**23.0**	**⑤**	**―**

監督 ▶ 13 アレックス・コーラ *Alex Cora*

◆年　　齢 ………… 49歳（プエルトリコ出身）
◆現役時代の経歴 … 14シーズン　ドジャース（1998〜2004）、
　（ショート、セカンド）　インディアンズ（2005）、レッドソックス（2005〜08）、
　　　　　　　　　　　メッツ（2009〜10）、レンジャーズ（2010）、
　　　　　　　　　　　ナショナルズ（2011）
◆現役通算成績 …… 1273試合 .243 35本 286打点
◆監督経歴 ………… 5シーズン　レッドソックス（2018〜19、21〜）
◆通算成績 ………… 440勝370敗（勝率.543）

　選手の気持ちを盛り上げるのがうまい、プエルトリコ出身監督。昨季、入団したばかりの吉田正尚に対しても、セレブレーションアイテムとしてビニール製ダンベルを用意したり、「Google翻訳」を利用して日本語でメッセージを送ったりと、様々な気づかいを見せていた。監督2年目の2019年オフ、アストロズのコーチ時代（2017年）に、不正なサイン盗みに関与していたことが発覚。それによって解任されたが、1年後の21年シーズンに、監督復帰を果たした。

注目コーチ ▶ 53 アンドルー・ベイリー *Andrew Bailey*

　新投手コーチ。40歳。昨季まではジャイアンツの投手コーチ。オフには、同地区ヤンキースのベンチコーチ候補にもなっていた。現役時代の2009年に、新人王を獲得。

編成責任者 ▶ クレイグ・ブレスロウ *Craig Breslow*

　44歳。昨年10月に就任。昨季までは、カブスでGM補佐を務めていた。レッドソックスでのプレー経験もある元リリーフ投手（通算576試合）。イェール大学出身の秀才。

スタジアム ▶ フェンウェイ・パーク *Fenway Park*

◆開場年 ………… 1912年
◆仕　様 ………… 天然芝
◆収容能力 ……… 37,755人
◆フェンスの高さ … 0.9〜11.3m
◆特　徴 ………… 現在のメジャーの球場の中で、最も古い球場。名物は、「グリーンモンスター」と呼ばれる、高さ11.3メートルの巨大レフトフェンス。ホームからの距離が短いため、浅めのフライがこのフェンスに当たって、よく長打になる。

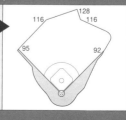

ヒッターズパーク

93

Best Order [ベストオーダー]

① **ジャレン・デュラン**……センター
② **ラファエル・デヴァーズ**……サード
③ **トリストン・カサス**……ファースト
④ **トレヴァー・ストーリー**……ショート
⑤ **吉田正尚**……DH
⑥ **タイラー・オニール**……ライト
⑦ **ウィルヤー・アブレイユ**……レフト
⑧ **ヴォーン・グリッソム**……セカンド
⑨ **コナー・ウォン**……キャッチャー

Depth Chart [ポジション別選手層・メンバーリスト]

※2024年2月25日時点の候補選手。数字は背番号（開幕前に変更する場合もあり)、右・左等は投・打の順。

センター
16 **ジャレン・デュラン [右・左]**
43 セダン・ラファエラ [右・右]
52 ウィルヤー・アブレイユ [左・左]
30 ロブ・レフスナイダー [右・右]

レフト
52 **ウィルヤー・アブレイユ [左・左]**
7 吉田正尚 [右・左]
30 ロブ・レフスナイダー [右・右]
16 ジャレン・デュラン [右・左]

ライト
17 **タイラー・オニール [右・右]**
52 ウィルヤー・アブレイユ [左・左]
30 ロブ・レフスナイダー [右・右]
16 ジャレン・デュラン [右・左]

ショート
10 **トレヴァー・ストーリー [右・右]**
43 セダン・ラファエラ [右・右]
5 ヴォーン・グリッソム [右・右]
19 パブロ・レイエス [右・右]

セカンド
5 **ヴォーン・グリッソム [右・右]**
19 パブロ・レイエス [右・右]
47 エマヌエル・ヴァルデス [右・左]
43 セダン・ラファエラ [右・右]

サード
11 **ラファエル・デヴァーズ [右・右]**
43 セダン・ラファエラ [右・右]
19 パブロ・レイエス [右・右]
29 ボビー・ドルベック [右・右]

ローテーション
54 ルーカス・ジオリート [右・右]
66 ブライアン・ベイヨ [右・右]
50 カッター・クロフォード [右・右]
37 ニック・ピヴェッタ [右・右]
22 ギャレット・ウィトロック [右・右]
89 タナー・ハウク [右・右]

ファースト
36 **トリストン・カサス [右・左]**
19 パブロ・レイエス [右・右]
29 ボビー・ドルベック [右・右]

キャッチャー
12 **コナー・ウォン [右・右]**
3 リース・マグワイア [右・左]
32 タイラー・ハイネマン [右・両]

DH
7 **吉田正尚 [右・左]**
10 トレヴァー・ストーリー [右・右]

ブルペン
74 ケンリー・ジャンセン [右・両] CL
55 クリス・マーティン [右・右]
25 ジョシュ・ウィンカウスキー [右・右]
44 アイゼイア・キャンベル [右・右]
57 グレッグ・ワイサート [右・右]
83 ブレナン・バナディーノ [左・右]
22 ギャレット・ウィトロック [右・右]
64 クーパー・クリスウェル [右・右]
75 ブランドン・ウォルター [左・左]
89 タナー・ハウク [右・右]

※CL＝クローザー

レッドソックス試合日程……＊はアウェーでの開催

3月28・29・30・31 マリナーズ＊	30・5月1・2 ジャイアンツ	30・31・6月1・2 タイガース
4月1・2・3 アスレティックス＊	3・4・5 ツインズ＊	4・5 ブレーブス
5・6・7 エンジェルス＊	7・8 ブレーブス＊	6・7・8・9 ホワイトソックス＊
9・10・11 オリオールズ	10・11・12 ナショナルズ	11・12・13 フィリーズ
12・13・14 エンジェルス	13・14・15・16 レイズ	14・15・16 ヤンキース
16・17・18 ガーディアンズ	17・18・19 カーディナルス＊	17・18・19 ブルージェイズ＊
19・20・21 パイレーツ＊	20・21・22 レイズ＊	21・22・23 レッズ＊
23・24・25 ガーディアンズ＊	24・25・26 ブリュワーズ	24・25・26 ブルージェイズ
26・27・28 カブス	27・28・29 オリオールズ＊	28・29・30 パドレス

94 | **球団メモ** 1918年のワールドシリーズ優勝後、86年間、優勝でき。1919年にベーブ・ルースを放出したため、彼の愛称から「バンビーノの呪い」と皮肉られ続けていた。

■投手力➡️…★★⯪★★　【昨年度チーム防御率4.52、リーグ11位】

　開幕前から心配されていたように、昨季は先発ローテーションをなかなか固定できず、メジャー2年目のベイヨが孤軍奮闘する形に。先発防御率はリーグ12位の4.68だった。オフに獲得したローテーション候補は、昨季中盤にエンジェルスで評価が暴落したジオリートのみで、整備が思うように進んでいない。ブルペンにも大きな補強はなく、平均未満の陣容。守護神ジャンセンは現役最多のセーブ数を積み上げているが、かつての安定感はない。

■攻撃力⬆️…★★★★★　【昨年度チーム得点772、リーグ6位】

　チーム打率は高いが、一発を期待できる選手が少ない。昨季、20本塁打以上の打者は4人いたが、そのうちの2人（ターナー、デュヴォール）がオフにチームを去った。カサスや吉田正尚のさらなるブレイクに、期待が集まる。主砲デヴァーズは、毎年安定してハイレベルな成績を叩き出す。

■守備力➡️…★★⯪★★　【昨年度チーム失策数102、リーグ14位タイ】

　昨季は主要メンバーの多くのDRS（守備で防いだ失点）が、マイナスを記録した。オフに、ライトでゴールドグラブ賞の候補になったヴァードゥーゴがチームを去ったが、ゴールドグラブ獲得歴のあるオニールが、新右翼手として加入。レフトの吉田正尚は、DHでの出場がさらに多くなりそうだ。

■機動力➡️…★★★★★　【昨年度チーム盗塁数112、リーグ7位】

　昨季24盗塁のデュランや、2020年の盗塁王ストーリーがいるものの、それ以外では、足でかき回すタイプの選手が全体的に少ない。

総合評価 ⬇️ ★★⯪★★	編成トップの座に新しくついたブレスロウは、チーム立て直しのため、投打ともに大胆な補強を明言。ビッグネームが入団するのではと、ファンの期待が高まった。だが、投打ともに補強は進まず、むしろ後退!? 楽しみな有望株は多いほうだ。

レッドソックス

IN 主な入団選手
投手
ルーカス・ジオリート ← ガーディアンズ
アイセイア・キャンベル ← マリナーズ
リチャード・フィッツ ← ヤンキース
野手
タイラー・オニール ← カーディナルス
ヴォーン・グリッソム ← ブレーブス

OUT 主な退団選手
投手
クリス・セイル → ブレーブス
ジェイムズ・パクストン → ドジャース
野手
アレックス・ヴァードゥーゴ → ヤンキース
ルイス・ウリーアス → マリナーズ
ジャスティン・ターナー → ブルージェイズ
アダム・デュヴォール → 所属先未定

7月2・3・4	マーリンズ＊	8月2・3・4	レンジャーズ＊	2・3・4	メッツ＊
5・6・7	ヤンキース＊	5・6・7	ロイヤルズ＊	6・7・8	ホワイトソックス＊
9・10・11	アスレティックス	9・10・11	アストロズ	9・10・11	オリオールズ
12・13・14	ロイヤルズ	12・13・14	レンジャーズ	12・13・14・15	ヤンキース＊
16	オールスターゲーム	15・16・17・18	オリオールズ＊	17・18・19	レイズ＊
19・20・21	ドジャース	19・20・21	アストロズ＊	20・21・22	ツインズ
22・23・24	ロッキーズ＊	23・24・25	ダイヤモンドバックス	23・24・25	ブルージェイズ＊
26・27・28	ヤンキース	26・27・28・29	ブルージェイズ	27・28・29	レイズ
29・30・31	マリナーズ	30・31・9月1	タイガース＊		

ペドロ・マルティネスが絶賛する才能　先発

66 ブライアン・ベイヨ *Brayan Bello*

25歳 1999.5.17生 | 185cm | 88kg | 右投右打
- ◆速球のスピード／150キロ台前半（フォーシーム、シンカー）
- ◆決め球と持ち球／☆チェンジアップ、○シンカー、○フォーシーム、○スライダー、△カッター
- ◆対左.313　◆対右.229
- ◆ホ防3.86　◆ア防4.66　◆ド2017外レッドソックス
- ◆出ドミニカ　◆年74万ドル（約1億360万円）+α

球威	2
制球	3
緩急	5
守備・牽制	3
度胸	3

　メジャー2年目の昨季、チーム最多の12勝をマークした右腕。一級品のチェンジアップが最大の武器で、ゴロを打たせるピッチングが持ち味。ランナーは出しても得点を許さない、粘りのピッチングも持ち味で、昨年は5月下旬から9月中旬まで、3点台半ばの防御率をキープ。だが、シーズン最後の2試合で大量失点し、4点台の防御率でシーズンを終えた。課題は、速球の威力に欠けるため、甘く入ると簡単にスタンドに運ばれてしまうこと。あこがれは、球団OBで、チェンジアップの使い手でもあった同じドミニカ出身のペドロ・マルティネス。ペドロも事あるごとに、ベイヨの才能を絶賛している。

| カモ | T・ウォールズ（レイズ）.111(9-1)0本 | 苦手 | 大谷翔平（ドジャース）.600(5-3)0本 |

年度	所属チーム	勝利	敗戦	防御率	試合数	先発	セーブ	投球イニング	被安打	失点	自責点	被本塁打	与四球	奪三振	WHIP
2022	レッドソックス	2	8	4.71	13	11	0	57.1	75	34	30	1	27	55	1.78
2023	レッドソックス	12	11	4.24	28	28	0	157.0	165	77	74	24	45	132	1.34
通算成績		14	19	4.37	41	39	0	214.1	240	111	104	25	72	187	1.46

現役投手最多の通算420セーブ　クローザー

74 ケンリー・ジャンセン *Kenley Jansen*

37歳 1987.9.30生 | 196cm | 119kg | 右投両打
- ◆速球のスピード／150キロ台半ば（カッター主体）
- ◆決め球と持ち球／◎カッター、◎スライダー、◎シンカー
- ◆対左.198　◆対右.273　◆ホ防4.87　◆ア防2.59
- ◆ド2004外ドジャース　◆出オランダ領キュラソー島
- ◆年1600万ドル（約22億4000万円）
- ◆最多セーブ2回(17,22年)、最優秀救援投手賞1回(16,17年)

球威	5
制球	2
緩急	2
守備・牽制	2
度胸	4

　MLB歴代7位の通算420セーブをマークしている、メジャーを代表するクローザー。昨季は5月10日のブレーブス戦で、節目となる通算400セーブを達成。自身4度目のオールスターにも選出された。しかし、シーズン全体で見ると安定していたとは言えず、9月半ばにはハムストリングを痛めて離脱。シーズンを完走できなかった。あと2セーブで歴代6位タイ、4セーブで歴代5位タイ、17セーブで歴代4位のフランシスコ・ロドリゲスに並ぶ。

| カモ | 大谷翔平（ドジャース）.000(6-0)0本 | 苦手 | B・ハーパー（フィリーズ）.417(12-5)2本 |

年度	所属チーム	勝利	敗戦	防御率	試合数	先発	セーブ	投球イニング	被安打	失点	自責点	被本塁打	与四球	奪三振	WHIP
2010	ドジャース	1	0	0.67	25	0	4	27.0	12	2	2	0	15	41	1.00
2011	ドジャース	2	1	2.85	51	0	5	53.2	30	17	17	3	26	96	1.04
2012	ドジャース	5	3	2.35	65	0	25	65.0	33	18	17	6	22	99	0.85
2013	ドジャース	4	3	1.88	75	0	28	76.2	48	16	16	8	18	111	0.86
2014	ドジャース	2	3	2.76	68	0	44	65.1	55	20	20	5	19	101	1.13
2015	ドジャース	2	1	2.41	54	0	36	52.1	33	14	14	6	8	80	0.78
2016	ドジャース	3	2	1.83	71	0	47	68.2	35	14	14	4	11	104	0.67
2017	ドジャース	5	0	1.32	65	0	41	68.1	44	11	10	5	7	109	0.75
2018	ドジャース	1	5	3.01	69	0	38	71.2	54	28	24	13	17	82	0.99
2019	ドジャース	5	3	3.71	62	0	33	63.0	51	28	26	9	16	80	1.06
2020	ドジャース	3	1	3.33	27	0	11	24.1	19	11	9	2	9	33	1.15
2021	ドジャース	4	4	2.22	69	0	38	69.0	36	21	17	4	36	86	1.04
2022	ブレーブス	5	2	3.38	65	0	41	64.0	45	26	24	8	22	85	1.05
2023	レッドソックス	3	6	3.63	51	0	29	44.2	40	21	18	5	17	52	1.24
通算成績		45	34	2.52	817	0	420	813.2	535	246	228	76	243	1159	0.96

対左＝対左打者被打率　対右＝対右打者被打率　ホ防＝ホーム防御率　ア防＝アウェー防御率
ド＝ドラフトデータ　出＝出身地　年＝年俸　カモ・苦手は通算成績

エンジェルスファンを落胆させた大炎上　先発　移籍

54　ルーカス・ジオリート　*Lucas Giolito*

30歳｜1994.7.14生｜198cm｜110kg｜右投右打

◆速球のスピード／150キロ前後（フォーシーム）
◆決め球と持ち球／◎フォーシーム、◎チェンジアップ、
　◎スライダー、△カーブ　◆対左.226　◆対右.249
◆床防3.58　◆ア防6.07　◆ド2012①ナショナルズ
◆田カリフォルニア州　◆囲1800万ドル（約25億2000万円）

球威	4
制球	2
緩急	4
守備·牽制	2
度胸	3

　ホワイトソックスでは準エース格の働きをしていた、耐久性にも優れた右腕。シーズン終了後にFAとなる昨夏のトレード市場で最大の目玉商品となっていたところ、エンジェルスが有望株を放出して、7月末に獲得。ポストシーズン進出の切り札として、大車輪の活躍を期待された。しかし、9失点の大炎上試合もあり、エンジェルスでは6先発で1勝5敗、防御率6.89。期待を大きく裏切り、ポストシーズン進出の目がなくなった8月末、放出された。

カモ B・ラウ（レイズ）.000(12-0)0本　苦手 C・マリンズ（オリオールズ）.615(13-8)0本

年度	所属チーム	勝利	敗戦	防御率	試合数	先発	セーブ	投球イニング	被安打	失点	自責点	被本塁打	与四球	奪三振	WHIP
2016	ナショナルズ	0	1	6.75	6	4	0	21.1	26	18	16	7	12	11	1.78
2017	ホワイトソックス	3	3	2.38	7	7	0	45.1	31	14	12	8	12	34	0.95
2018	ホワイトソックス	10	13	6.13	32	32	0	173.1	166	123	118	27	90	125	1.48
2019	ホワイトソックス	14	9	3.41	29	29	0	176.2	131	69	67	24	57	228	1.06
2020	ホワイトソックス	4	3	3.48	12	12	0	72.1	47	31	28	8	28	97	1.04
2021	ホワイトソックス	11	9	3.53	31	31	0	178.2	145	74	70	27	52	201	1.10
2022	ホワイトソックス	11	9	4.90	30	30	0	161.2	171	92	88	24	61	177	1.44
2023	ホワイトソックス	6	6	3.79	21	21	0	121.0	106	55	51	20	42	131	1.22
2023	エンジェルス	1	5	6.89	6	6	0	32.2	33	28	25	10	15	34	1.47
2023	ガーディアンズ	1	4	7.04	6	6	0	30.2	30	27	24	11	16	39	1.50
2023	3チーム計	8	15	4.88	33	33	0	184.1	169	110	100	41	73	204	1.31
通算成績		61	62	4.43	180	178	0	1013.2	886	531	499	166	385	1077	1.25

フォーシームは並の速さだが、被打率は1割台　先発

50　カッター・クロフォード　*Kutter Crawford*

28歳｜1996.4.1生｜185cm｜88kg｜右投右打

◆速球のスピード／150キロ前後（フォーシーム主体）
◆決め球と持ち球／◎フォーシーム、◎カッター、○カーブ、
　○スプリッター、○スライダー　◆対左.209　◆対右.232
◆床防6.00　◆ア防2.49　◆ド2017⑯レッドソックス
◆田フロリダ州　◆囲74万ドル（約1億360万円）+α

球威	4
制球	4
緩急	3
守備·牽制	3
度胸	3

　腕を上げず、畳んだまま振り出す独特のフォームで投げる右腕。このタイミングの取りにくいモーションから、昨シーズンは、フォーシーム4割、カッター3割、カーブ、スプリッター、スライダーを各1割程度の割合で投げていた。6月以降はローテーションに入って、先発防御率は4.51。欠点は、2巡目以降によく打たれ出すこと。昨季、リリーフでは防御率が1.66だった。プロ入り時の評価は低く、2017年のドラフトで、レッドソックスに16巡目で指名されてプロ入り。兄ジョナサンは、ドラフト1巡目指名でプロ入りした投手。故障もあってメジャーに上がれず、独立リーグでプレー後、昨年引退。

カモ Y・ディアス（レイズ）.111(9-1)0本　苦手 G・スプリンガー（ブルージェイズ）.444(9-4)1本

年度	所属チーム	勝利	敗戦	防御率	試合数	先発	セーブ	投球イニング	被安打	失点	自責点	被本塁打	与四球	奪三振	WHIP
2021	レッドソックス	0	1	22.50	1	1	0	2.0	5	5	5	1	2	2	3.50
2022	レッドソックス	3	6	5.47	21	12	0	77.1	81	49	47	12	29	77	1.42
2023	レッドソックス	6	8	4.04	31	23	0	129.1	107	59	58	17	36	135	1.11
通算成績		9	15	4.74	53	36	0	208.2	193	113	110	30	67	214	1.25

レッドソックス

55 クリス・マーティン Chris Martin

今年38歳で、いまだに進化中

セットアップ

38歳 1986.6.2生 | 203cm | 101kg | 右投右打
◆速球のスピード／150キロ台前半～中頃(フォーシーム、カッター、シンカー)
◆決め球と持ち球／◎カッター、◎シンカー、◎スプリッター、
○フォーシーム、△スイーパー ◆対左.235 ◆対右.239
◆ホ防0.35 ◆ア防1.75 ◆下2005㉑ロッキーズ
◆出テキサス州 ◆甲750万ドル（約10億5000万円）

球威	3
制球	5
緩急	3
守備・制球	4
度胸	4

北海道日本ハムでのプレー経験もある、ベテランのリリーフ右腕。一昨年、レッズやドジャースで投球フォームや配球の見直しを行い、好成績を記録。昨季、2年契約で加入したレッドソックスでは、55試合に登板して防御率1.05。この数字は昨季、30イニング以上を投げた投手の中で、最高の数字だ。とくにシーズン後半の25試合では、自責点がわずか1だった。カッター、フォーシーム、シンカーといった速球系を中心としたピッチングに、ますますシフト。それにより、時折交えるスプリッターやスライダーの効果も増している。

カモ J・ターナー(ブルージェイズ).125(8-1)0本　苦手 J・アルトゥーヴェ(アストロズ).556(9-5)0本

年度	所属チーム	勝利	敗戦	防御率	試合数	先発	セーブ	投球イニング	被安打	失点	自責点	被本塁打	与四球	奪三振	WHIP
2014	ロッキーズ	0	0	6.89	16	0	0	15.2	22	12	12	2	4	14	1.66
2015	ヤンキース	0	2	5.66	24	0	1	20.2	28	13	13	2	6	18	1.65
2018	レンジャーズ	1	5	4.54	46	0	0	41.2	46	21	21	5	5	37	1.22
2019	レンジャーズ	0	3	3.08	38	0	4	38.0	35	13	13	8	4	43	1.03
2019	ブレーブス	1	0	4.08	20	0	0	17.2	17	10	8	1	1	22	1.02
2019	2チーム計	1	3	3.40	58	0	4	55.2	52	23	21	9	5	65	1.02
2020	ブレーブス	1	1	1.00	19	0	1	18.0	8	3	2	1	3	20	0.61
2021	ブレーブス	2	4	3.95	46	0	1	43.1	49	20	19	6	6	33	1.27
2022	カブス	1	0	4.31	34	0	0	31.1	38	16	15	5	4	40	1.34
2022	ドジャース	3	1	1.46	26	0	2	24.2	12	4	4	1	1	34	0.53
2022	2チーム計	4	1	3.05	60	0	2	56.0	50	20	19	6	5	74	0.98
2023	レッドソックス	4	1	1.05	55	0	3	51.1	45	6	6	2	8	46	1.03
通算成績		13	17	3.36	324	0	12	302.1	300	118	113	31	42	307	1.13

22 ギャレット・ウィトロック Garrett Whitlock

2年連続で先発ローテーション入り後に故障

スイングマン

28歳 1996.6.11生 | 196cm | 100kg | 右投右打
◆速球のスピード／150キロ前後(シンカー)
◆決め球と持ち球／◎スイーパー、◎シンカー、○チェンジアップ
◆対左.260 ◆対右.309 ◆ホ防4.37 ◆ア防5.89
◆下2017⑱ヤンキース ◆出ジョージア州
◆甲325万ドル（約4億5500万円）

球威	2
制球	4
緩急	4
守備・制球	4
度胸	3

昨季前半は先発で起用され、10試合で防御率は5.23。右ヒジを痛め、離脱している期間も長かった。8月半ばに復帰後はリリーフで投げている。与四球の少なさが最大のウリだが、昨季はシンカーとチェンジアップの制球に苦しんだ。マウンド上ではテンポよく投球し、クイックや守備もうまいほう。昨年8月23日のレイズ戦では、バックネット方向へ上がったフライを、捕手が打者と交錯しているのを見るや追いかけ、スライディングキャッチし、観客の喝采を浴びた。お母さんが手話通訳者で、ウィトロックも手話が得意。

カモ R・アロザレーナ(レイズ).091(11-1)0本　苦手 Y・ディアス(レイズ).500(10-5)1本

年度	所属チーム	勝利	敗戦	防御率	試合数	先発	セーブ	投球イニング	被安打	失点	自責点	被本塁打	与四球	奪三振	WHIP
2021	レッドソックス	8	4	1.96	46	0	2	73.1	64	22	16	6	17	81	1.10
2022	レッドソックス	4	2	3.45	31	9	6	78.1	65	32	30	10	15	82	1.02
2023	レッドソックス	5	5	5.15	22	10	1	71.2	82	43	41	13	13	72	1.33
通算成績		17	11	3.51	99	19	9	223.1	211	97	87	29	45	235	1.15

対左＝対左打者被打率　対右＝対右打者被打率　ホ防＝ホーム防御率　ア防＝アウェー防御率
下＝ドラフトデータ　出＝出身地　甲＝年俸　カモ 苦手 は通算成績

球団では野茂英雄以来の快挙達成　　先発

37 ニック・ピヴェッタ *Nick Pivetta*

31歳 1993.2.14生 | 196cm | 95kg | 右投右打 國150キロ台前半（フォーシーム） 園◎カーブ
対左.225 対右.197 ⑤2013④ナショナルズ 田カナダ 国750万ドル（約10億5000万円）

球 3
制 3
緩 4
守備 2
度 3

　2年連続で10勝をあげたカナダ出身の右腕。とはいえ、一昨年の10勝はすべて先発で記録したものだが、昨年は先発で5勝、リリーフで5勝。昨季は開幕から5月半ばまでローテーションに入って投げていたが、防御率が6点台になり、リリーフに配置転換。その後、9月に入ってまた、先発へ。7月17日のアスレティックス戦では、3回表から8回表までの6イニングを投げ、無安打、13奪三振の好投を見せた。リリーフでの13奪三振は、球団史上最多記録だ。また、無安打、10奪三振以上は、スモーキー・ジョー・ウッド、野茂英雄に次いで、球団史上3人目の快挙。

年度	所属チーム	勝利	敗戦	防御率	試合数	先発	セーブ	投球イニング	被安打	失点	自責点	被本塁打	与四球	奪三振	WHIP
2023	レッドソックス	10	9	4.04	38	16	1	142.2	110	69	64	23	50	183	1.12
通算成績		50	59	4.86	196	152	3	883.2	850	498	477	147	341	967	1.35

カッターの割合を増やし、大成功　　ミドルリリーフ

25 ジョシュ・ウィンカウスキー *Josh Winckowski*

26歳 1998.6.28生 | 193cm | 97kg | 右投右打 國150キロ台中盤（シンカー主体） 園◎カッター
対左.239 対右.287 ⑤2016⑮ブルージェイズ 田オハイオ州 国74万ドル（約1億360万円）+α

球 3
制 3
緩 3
守備 2

　メジャー2年目の昨季、チーム最多の60試合に登板したリリーフ右腕。シンカー、カッター、スライダーを低めに集めるピッチングを展開し、打球はゴロになりやすい。昨季はこの3球種が、投球の約9割を占めていた。これにチェンジアップ、フォーシームを交える。昨季は2点台の防御率をマークしたが、まだ首脳陣の信頼を勝ち得たとは言い難い。重要度の高い場面では、制球が乱れがちになるからだ。また、ピンチの火消し役としても、昨季はイマイチの働きだった。勝気な性格や率直な物言いが誤解され、時に騒動を引き起こすこともあるが、本人に悪気はない。

年度	所属チーム	勝利	敗戦	防御率	試合数	先発	セーブ	投球イニング	被安打	失点	自責点	被本塁打	与四球	奪三振	WHIP
2023	レッドソックス	4	4	2.88	60	1	3	84.1	89	34	27	9	31	82	1.42
通算成績		9	11	4.25	75	15	3	154.2	174	81	73	19	58	126	1.50

サウスポーが少ないチームにとって、貴重な存在　　ミドルリリーフ

83 ブレナン・バナディーノ *Brennan Bernardino*

32歳 1992.1.15生 | 193cm | 81kg | 左投左打 國140キロ台後半（シンカー） 園◎カーブ
対左.169 対右.304 ⑤2014⑯レッズ 田カリフォルニア州 国74万ドル（約1億360万円）+α

球 2
制 4
緩 3
守備 3
度 3

　マイナーや独立リーグでのプレー歴が長かった、苦労人のリリーフ左腕。マリナーズに在籍していた一昨年、30歳でメジャーデビューし、2試合に登板。レッドソックスに移籍した昨季は、チームで2番目に多い55試合に登板した。ロー・スリークォーターから、シンカーとカーブを組み合わせて、緩急をうまく使うピッチングが持ち味だ。アメリカとメキシコの二重国籍を持ち、2015年、19年の「WBSCプレミア12」には、メキシコ代表チームの一員として参加した。息子ジェイレン君は、野球のビデオゲームにお父さんが登場するようになって、うれしくてたまらない。

年度	所属チーム	勝利	敗戦	防御率	試合数	先発	セーブ	投球イニング	被安打	失点	自責点	被本塁打	与四球	奪三振	WHIP
2023	レッドソックス	2	1	3.20	55	6	0	50.2	48	19	18	4	18	58	1.30
通算成績		2	2	3.23	57	6	0	53.0	51	22	19	4	20	58	1.34

國＝速球のスピード　園＝決め球

レッドソックス

先発ロングリリーフ
89 タナー・ハウク Tanner Houck

28歳 1996.6.29生 | 196cm | 102kg | 右投右打 | 國150キロ前後(シンカー主体) | 國◎スライダー
対左.271 対右.236 | D2017①レッドソックス | 田ミズーリ州 | 田74万ドル(約1億360万円)+α

球3 制2 経3 守•軍4 度3

　ピッチングはサイドハンドに近いスリークォーターから、シンカー、スライダー、スプリッター、カッター、フォーシームを交えて投げる。シンカーの変化量はメジャーでもトップクラスだが、制球がアバウトでよく打たれる。開幕ローテーション入りした昨季は、最初の4先発で3勝をマーク。しかし、その後はピリッとしない投球が続き、勝ち星から遠ざかった。そして13試合目の先発となった6月16日のヤンキース戦、勝ち投手の権利ゲットが目前だった5回表に、カイル・ヒガシオカの強烈なライナーが顔に直撃。顔面骨折で2カ月間の離脱を余儀なくされた。

年度	所属チーム	勝利	敗戦	防御率	試合数	先発	セーブ	投球イニング	被安打	失点	自責点	被本塁打	与四球	奪三振	WHIP
2023	レッドソックス	6	10	5.01	21	21	0	106.0	104	61	59	14	41	99	1.37
通算成績		15	19	3.86	74	41	9	252.0	216	117	108	22	93	263	1.23

ミドルリリーフ / 移籍
44 アイゼイア・キャンベル Isaiah Campbell

148年ぶりに誕生のポルトガル産メジャーリーガー

27歳 1997.8.15生 | 193cm | 104kg | 右投右打 | 國150キロ台前半(フォーシーム) | 國◎スライダー
対左.163 対右.242 | D2019②マリナーズ | 田ポルトガル | 田74万ドル(約1億360万円)+α

球3 制2 経3 守•軍2 度3

　オフのトレードで加入したリリーフ右腕。昨年7月、マリナーズでメジャーデビューし、フォーシームとスライダーのコンビネーションでまずまずの投球を見せた。10月1日のシーズン最終戦では、レンジャーズ相手にメジャー初セーブをマークしている。メジャーで初めて本塁打を打たれたのは、8月3日のエンジェルス戦。大谷翔平に、ど真ん中に入った速球を、弾丸ライナーでライトスタンドに運ばれた。ポルトガルで生まれたMLB史上2人目の選手。ただ、これはアメリカ空軍に所属していた父の駐屯地であった関係によるもので、アメリカのカンザス州で育っている。

年度	所属チーム	勝利	敗戦	防御率	試合数	先発	セーブ	投球イニング	被安打	失点	自責点	被本塁打	与四球	奪三振	WHIP
2023	マリナーズ	4	1	2.83	27	0	1	28.2	22	9	9	2	13	33	1.22
通算成績		4	1	2.83	27	0	1	28.2	22	9	9	2	13	33	1.22

― リチャード・フィッツ Richard Fitts
先発 | 期待度B+ | 移籍 / ルーキー

25歳 1999.12.17生 | 190cm | 104kg | 右投右打 | ◆昨季は2Aでプレー | D2021⑥ヤンキース | 田アラバマ州

　昨年12月のトレードでヴァードゥーゴを放出した際、ヤンキースから来た若手選手の1人。昨季、イースタン・リーグ(2A級)の年間最優秀投手に選ばれており、成績は27試合の先発で、11勝5敗、防御率3.48、リーグトップの奪三振163。150キロ台中盤の速球が武器で、変化球のレベルも高い。

― ウィケルマン・ゴンザレス Wikelman Gonzalez
先発 | 期待度B | ルーキー

22歳 2002.3.25生 | 183cm | 75kg | 右投右打 | ◆昨季は1A+,2Aでプレー | D2018⑥レッドソックス | 田ベネズエラ

　制球力に難があるが、三振を奪う能力には秀でたものがある、ベネズエラ出身の右腕。昨年7月中旬、2Aに昇格し、10試合に先発して防御率2.79をマーク。レッドソックスのマイナー年間最優秀投手にも選ばれた。最速156キロの速球とカーブが武器。スライダー、チェンジアップも、進化している。

1年目が終わったばかりなのにトレード説浮上

レフト DH

7 吉田正尚
Masataka Yoshida

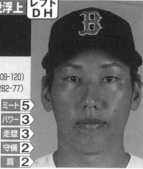

31歳 1993.7.15生｜173cm｜86kg｜右投左打

◆対左投手打率／.273(128-35) ◆対右投手打率／.293(409-120)
◆ホーム打率／.306(255-78) ◆アウェー打率／.273(282-77)
◆得点圏打率／.266(143-38)
◆23年のポジション別出場数／レフト=87、DH=49
◆ドラフトデータ／2015①オリックス、
　2022㊚レッドソックス
◆出身地／福井県
◆年俸／1800万ドル（約25億2000万円）

ミート **5**
パワー **3**
走塁 **3**
守備 **2**
肩 **2**

レッドソックス

　守備力の向上が不可欠になっている、天性の打撃センスを備えた外野手。2022年12月に、レッドソックスに5年9000万ドルの契約で入団。入団1年目であるにもかかわらず、昨季は侍ジャパンの一員としてWBCに出場。準決勝のメキシコ戦で、7回に同点に追いつくスリーランアーチをライトポール際に運んだ。シーズン開幕後はイマイチの出来だったが、4月23日のブリュワーズ戦で満塁弾を含む2本叩き込んでから復調し、8月上旬までおおむね打率3割台をキープした。

　終盤は打率が2割9分台に落ちたあと、3割に戻せず2割8分9厘に終わったが、これはアメリカン・リーグで5位に入る数字で、打撃技術の高さは賞賛された。守備ではレフトで84試合に先発出場。それ以外のポジションでは起用されず、DHで49試合に出場している。

　オフの間、米国の一部のメディアにレッドソックスがいくつかの球団に、吉田のトレードを持ちかけているという消息情報が出た。これはレッドソックスの編成責任者が、ハイム・ブルームからクレイグ・ブレスロウに交代したことと深く関わっている。ブレスロウ新編成責任者は、外野のレギュラー陣を、本塁打を量産できる打者に変えないとチーム得点の大幅な増加は望めないと考え、まず、ライトのヴァードゥーゴを出して、オニールを獲得。第2弾として、吉田正尚をトレードで放出して、25本塁打を期待できるテオスカー・ヘルナンデスをFA市場で獲得することを画策した。しかし、割高な年俸、低い守備力、一番のウリだった出塁率が低かったことなどがネックになって、首尾良くいかなかったのだ。

　ブレスロウ編成責任者は吉田と直接、守備力を向上させるトレーニングに励むよううながし、レッドソックスの百瀬喜与志ストレングス・コンディショニングコーチを日本に派遣して、全面サポートすることを約束していた。その成果が、今季どのような形で表れるか、注目したい。

| カモ | J・ベリオス(ブルージェイズ).500(12-6)1本　D・クレマー(オリオールズ).429(7-3)0本 |
| 苦手 | C・シュミット(ヤンキース).000(10-0)0本　G・コール(ヤンキース).000(5-0)0本 |

年度	所属チーム	試合数	打数	得点	安打	二塁打	三塁打	本塁打	打点	四球	三振	盗塁	盗塁死	出塁率	OPS	打率
2023	レッドソックス	140	537	71	155	33	3	15	72	34	81	8	0	.338	.783	.289
通算成績		140	537	71	155	33	3	15	72	34	81	8	0	.338	.783	.289

カモ 苦手 は通算成績

20歳でレギュラーになった天才打者　サード

11 ラファエル・デヴァーズ *Rafael Devers*

28歳 1996.10.24生 │ 183cm │ 106kg │ 右投左打
◆対左投手打率／.273　◆対右投手打率／.270
◆ホーム打率／.279　◆アウェー打率／.262　◆得点圏打率／.289
◆23年のポジション別出場数／サード=151、DH=2、ショート=1
◆(ド)2013外レッドソックス　◆(田)ドミニカ
◆(年)2750万ドル(約38億5000万円)　◆シルバースラッガー賞2回(21、23年)

ミート **5**
パワー **5**
走塁 **2**
守備 **2**
肩 **4**

　自身3度目となる、「30本塁打・100打点」をクリアしたチームの看板打者。昨年1月、2023年の年俸確定後、球団と新たに2024年から始まる10年3億1350万ドルの契約を交わした。レッドソックス史上最大規模の契約を手にし、張り切って臨んだ昨シーズンは、開幕から快調に一発が出て、4月はアメリカン・リーグ最多の10本塁打をマーク。5月以降もコンスタントに長打を放ち、シーズン終了後にはシルバースラッガー賞を受賞した。100打点はリーグ4位タイの数字だ。一方、一昨年は少し改善したと思われた三塁の守備は、ワーストレベルに逆戻り。エラー数19は、メジャーの三塁手で最多だった。

|カモ| G・コール(ヤンキース).306(36-11)7本　|苦手| C・ボシェイ(レイズ).077(13-1)1本

年度	所属チーム	試合数	打数	得点	安打	二塁打	三塁打	本塁打	打点	四球	三振	盗塁	盗塁死	出塁率	OPS	打率
2017	レッドソックス	58	222	34	63	14	0	10	30	18	57	3	1	.338	.820	.284
2018	レッドソックス	121	450	59	108	24	0	21	66	38	121	5	2	.298	.731	.240
2019	レッドソックス	156	647	129	201	54	4	32	115	48	119	8	8	.361	.916	.311
2020	レッドソックス	57	232	32	61	16	1	11	43	13	67	0	0	.310	.793	.263
2021	レッドソックス	156	591	101	165	37	1	38	113	62	143	5	5	.352	.890	.279
2022	レッドソックス	141	555	84	164	42	1	27	88	50	114	3	1	.358	.879	.295
2023	レッドソックス	153	580	90	157	34	0	33	100	62	126	5	1	.351	.851	.271
通算成績		842	3277	529	919	221	7	172	555	291	747	29	18	.343	.853	.280

マーモル監督と走塁をめぐって対立　ライト　移籍

17 タイラー・オニール *Tyler O'Neill*

29歳 1995.6.22生 │ 180cm │ 90kg │ 右投右打
◆対左投手打率／.227　◆対右投手打率／.233
◆ホーム打率／.231　◆アウェー打率／.231　◆得点圏打率／.123
◆23年のポジション別出場数／レフト=58、センター=13、DH=1
◆(ド)2013③マリナーズ　◆(田)カナダ
◆(年)585万ドル(約8億1900万円)　◆ゴールドグラブ賞2回(20、21年)

ミート **2**
パワー **4**
走塁 **4**
守備 **3**
肩 **4**

　オフのトレードでカーディナルスから獲得した、カナダ出身の外野手。2021年には、34本塁打を放ったうえ、ゴールドグラブ賞も受賞するなど、打撃と守備の両面で大活躍。しかし、22年、23年は故障もあって、攻守で本来の力を発揮できなかった。昨季開幕直後の4月4日ブレーブス戦、二塁にいたオニールは、味方のヒットで生還を狙ったが、ホームでアウトになってしまった。このプレーを、マーモル監督は怠慢走塁だと断罪。だが、これまで全力プレーを心がけ、オフにハムストリングの故障から必死で立ち直ってきたという自負もあったオニールはこれに反発。2人の間に確執が生まれた。

|カモ| J・スティール(カブス).500(8-4)1本　|苦手| ダルビッシュ有(パドレス).000(8-0)0本

年度	所属チーム	試合数	打数	得点	安打	二塁打	三塁打	本塁打	打点	四球	三振	盗塁	盗塁死	出塁率	OPS	打率
2018	カーディナルス	61	130	29	33	5	0	9	23	7	57	2	0	.303	.803	.254
2019	カーディナルス	60	141	18	37	6	0	5	16	10	53	1	0	.311	.722	.262
2020	カーディナルス	50	139	20	24	5	0	7	19	15	43	3	1	.261	.621	.173
2021	カーディナルス	138	482	89	138	26	2	34	80	38	168	15	4	.352	.912	.286
2022	カーディナルス	96	334	56	76	11	1	14	58	38	103	14	4	.308	.700	.228
2023	カーディナルス	72	238	27	55	14	0	9	21	28	67	5	0	.312	.715	.231
通算成績		477	1464	239	363	67	3	78	217	136	491	40	9	.318	.776	.248

36 トリストン・カサス *Triston Casas*

将来的にはホームラン王も狙える逸材

ファースト

24歳 2000.1.15生 | 196cm | 110kg | 右投左打
◆対左投手打率／.215 ◆対右投手打率／.274
◆ホーム打率／.274 ◆アウェー打率／.253 ◆得点圏打率／.250
◆23年のポジション別出場数／ファースト=125、DH=3
◆ドラフト2018①レッドソックス ◆出フロリダ州
◆年74万ドル（約1億360万円）＋α

ミート3 パワー5 走塁2 守備3 肩4

昨季、新人王投票で3位に入った若きスラッガー。一昨年9月にメジャーデビューし、昨季はファーストのレギュラーで開幕入り。シーズン前半は成績が低迷したが、夏場から調子が上向き、後半戦は打率3割1分7厘、15本塁打と、すばらしい成績をマークした。9月には4番を任されるようになっていたが、右肩を痛めてしまい、残り10数試合を残してシーズンを終えている。最大のウリは、シーズン40本塁打も狙えるパワー。また、ブンブン振り回すタイプではないので四球が多く、高い出塁率を期待できる点も、大きな魅力だ。一塁の守備は「中の下」レベルだが、成長の余地はありそう。肩は強いほうだ。今後心配なのは、何と言っても故障。大柄な体を支える下半身の故障をとくに懸念（けねん）されており、実際、一昨年には足首とヒザを痛めている。

カモ G・コール（ヤンキース）.600(5-3)1本　苦手 J・ベリオス（ブルージェイズ）.000(6-0)0本

年度	所属チーム	試合数	打数	得点	安打	二塁打	三塁打	本塁打	打点	四球	三振	盗塁	盗塁死	出塁率	OPS	打率
2022	レッドソックス	27	76	11	15	1	0	5	12	19	23	1	0	.358	.766	.197
2023	レッドソックス	132	429	66	113	21	2	24	65	70	126	0	0	.367	.857	.263
通算成績		159	505	77	128	22	2	29	77	89	149	1	0	.365	.842	.253

10 トレヴァー・ストーリー *Trevor Story*

8月に復帰も、最後まで打撃不振

ショート

32歳 1992.11.15生 | 188cm | 94kg | 右投右打
◆対左投手打率／.222 ◆対右投手打率／.197
◆ホーム打率／.274 ◆アウェー打率／.141 ◆得点圏打率／.196
◆23年のポジション別出場数／ショート=36、DH=6、セカンド=1
◆ドラフト2011①ロッキーズ ◆出テキサス州
◆年2250万ドル（約31億5000万円）
◆盗塁王1回（20年）、シルバースラッガー賞2回（18、19年）

ミート2 パワー4 走塁4 守備4 肩3

ボストンにやって来てから故障続きで、期待を裏切っている遊撃手。メジャーを代表する5ツール・プレーヤーとしてロッキーズで活躍後、2022年開幕直前に、6年1億4000万ドルの契約でレッドソックス入り。しかし、慣れないセカンドを守った移籍1年目は実力を発揮できず、右手や左足の故障で94試合の出場にとどまった。昨季は本来のショートに戻ったため復活を期待されたが、開幕前の1月に右ヒジを手術することになり、メジャーでのプレー開始は8月になってから。しかも、シーズン終了まで低打率にあえいだ。

カモ M・フリード（ブレーブス）.429(7-3)2本　苦手 K・ブラディッシュ（オリオールズ）.000(10-0)0本

年度	所属チーム	試合数	打数	得点	安打	二塁打	三塁打	本塁打	打点	四球	三振	盗塁	盗塁死	出塁率	OPS	打率
2016	ロッキーズ	97	372	67	101	21	4	27	72	35	130	8	5	.341	.908	.272
2017	ロッキーズ	145	503	68	120	32	3	24	82	49	191	7	2	.308	.765	.239
2018	ロッキーズ	157	598	88	174	42	6	37	108	47	168	27	6	.348	.915	.291
2019	ロッキーズ	145	588	111	173	38	5	35	85	58	174	23	8	.363	.917	.294
2020	ロッキーズ	59	235	41	68	13	4	11	28	24	63	15	3	.355	.874	.289
2021	ロッキーズ	142	526	88	132	34	5	24	75	53	139	20	6	.329	.800	.251
2022	レッドソックス	94	357	53	85	22	0	16	66	32	122	13	0	.303	.737	.238
2023	レッドソックス	43	158	12	32	9	0	3	14	9	55	10	3	.250	.566	.203
通算成績		882	3337	528	885	211	27	177	530	307	1042	123	33	.332	.836	.265

12 継父も元メジャーリーガー

キャッチャー

コナー・ウォン Connor Wong

28歳 1996.5.19生｜185cm｜86kg｜右投右打 ◆盗塁阻止率／.200(85-17) 対左.156 対右.262 ホ.270
ア.199 得.217 ド2017③ドジャース 出テキサス州 年74万ドル（約1億360万円）+α

ミ2
バ3
走3
守3
肩5

　正捕手の座をつかんだ強肩キャッチャー。一昨年17試合だった先発マスクは、昨季は105試合と大幅増。ウリは肩の強さで、捕球からスローイングまでの動作も速い。大学の途中まで遊撃手だったこともあり、動きも俊敏だ。リード面では昨季、捕手防御率が4.19で、マグワイアの5.30よりずっと良かった。とくにベイオとの相性が良く、度々、好投を引き出している。東洋系の顔立ちをしているのは、実父のルーツが中国にあるため。継父のマット・メイジーは、メジャーのプレー経験（計25試合）もある元投手で、彼との会話が、選手としての成長に役立ったようだ。

年度	所属チーム	試合数	打数	得点	安打	二塁打	三塁打	本塁打	打点	四球	三振	盗塁	盗塁死	出塁率	OPS	打率
2023	レッドソックス	126	371	55	87	25	2	9	36	22	134	8	2	.288	.673	.235
通算成績		159	432	66	100	29	3	10	44	28	157	8	2	.288	.670	.231

3 走塁の大失態に、ファンはがっかり

キャッチャー

リース・マグワイア Reese McGuire

29歳 1995.3.2生｜183cm｜105kg｜右投左打 ◆盗塁阻止率／.128(39-5) 対左.391 対右.250 ホ.323
ア.213 得.200 ド2013①パイレーツ 出ワシントン州 年150万ドル（約2億1000万円）

ミ3
バ2
走2
守4
肩5

　今シーズンは開幕からバックアップに回る、ディフェンス面での評価が高い捕手。強肩だが、昨季は盗塁阻止率が低迷した。これはオリオールズとの開幕シリーズで、ピッチクロックに不慣れな投手陣の隙を突かれ、走られまくったのが影響している。打撃面では、三振の割合が大幅に増え、打球も上がらなくなった。さらに、走塁面で大きなミスもあった。8月5日のブルージェイズ戦、9回裏1点ビハインド、1死一、二塁の場面。二塁走者マグワイアは、味方の大飛球にガッツポーズをして三塁を回ったが、センターがキャッチ。二塁に戻れず、ダブルプレーであえなく試合終了。

年度	所属チーム	試合数	打数	得点	安打	二塁打	三塁打	本塁打	打点	四球	三振	盗塁	盗塁死	出塁率	OPS	打率
2023	レッドソックス	72	187	15	50	12	1	1	16	11	53	2	1	.310	.668	.267
通算成績		302	803	83	208	51	2	13	64	47	191	4	1	.303	.679	.259

5 打撃練習で見せるパワーを実戦でも発揮できるか!?

セカンド
ショート

移籍

ヴォーン・グリッソム Vaughn Grissom

23歳 2001.1.5生｜188cm｜95kg｜右投右打 対左.265 対右.293 ホ.333 ア.231
得.471 ド2019⑪ブレーブス 出フロリダ州 年74万ドル（約1億360万円）+α

ミ3
バ2
走4
守3
肩4

　クリス・セイルとのトレードで、ブレーブスから移籍してきた内野手。一番のウリは動体視力がいいため、高打率を期待できること。選球眼が良く、高い出塁率も見込める。ネックは、打撃練習では外野席にポンポン叩き込むのに、メジャーの実戦ではそのパワーが見られなくなることだ。この問題を解決できれば、メジャーに定着し、セカンドのレギュラーも獲得できるだろう。昨季、3Aでは102試合に出場し、打率3割3分0厘、8本塁打で、二塁打を量産していた。一昨年、メジャーデビュー戦で本塁打と盗塁をマークしたが、これはメジャー最年少記録（21歳7カ月）。

年度	所属チーム	試合数	打数	得点	安打	二塁打	三塁打	本塁打	打点	四球	三振	盗塁	盗塁死	出塁率	OPS	打率
2023	ブレーブス	23	75	5	21	3	1	0	9	2	15	0	1	.313	.660	.280
通算成績		64	216	29	62	9	1	5	27	13	49	5	3	.339	.746	.287

対左=対左投手打率　対右=対右投手打率　ホ=ホーム打率　ア=アウェー打率　得=得点圏打率　ド=ドラフトデータ　出=出身地　年=年俸

チーム1の俊足で、盗塁成功率は92.3%

センター

16 ジャレン・デュラン *Jarren Duran*

28歳 1996.9.5生 | 188cm | 92kg | 右投左打 | 対左.289 対右.296 (地.315 (ア.276 (得.319 (ド2018⑦レッドソックス (出カリフォルニア州 (年74万ドル(約1億360万円)+α

ミ **3**
バ **2**
走 **5**
守 **2**
肩 **3**

昨季、プチ・ブレイクした俊足外野手。2021年のシーズン後半にデビューしたものの、メジャーでは攻守に苦しんでいた。しかし、昨季は打撃面で成長を示し、3割前後の打率をキープ。盗塁と二塁打の数でもチームトップの数字を残していたが、8月半ばに左足の指を負傷し、シーズン終了となった。一昨年、度々、大チョンボをやらかしたセンターの守備は、改善したとはいえ、まだ不安が残る。カリフォルニア生まれだが、父親はメキシコ出身。そのため、昨年3月のWBCにはメキシコ代表チームでプレーし、主に代走で出場した。母親はプエルトリコにルーツがある。

年度	所属チーム	試合数	打数	得点	安打	二塁打	三塁打	本塁打	打点	四球	三振	盗塁	盗塁死	出塁率	OPS	打率
2023	レッドソックス	102	332	46	98	34	2	8	40	24	90	24	2	.346	.828	.295
通算成績		193	643	86	166	51	7	13	67	42	193	33	4	.309	.729	.258

ベッツと比較されることもあるホープ中のホープ

センター ショート サード

ルーキー

43 セダン・ラファエラ *Ceddanne Rafaela*

24歳 2000.9.18生 | 175cm | 74kg | 右投右打 | 対左.192 対右.263 (地.268 (ア.214 (得.182 (ド2017外レッドソックス (出オランダ領キュラソー島 (年74万ドル(約1億360万円)+α

ミ **2**
バ **3**
走 **4**
守 **5**
肩 **4**

昨年8月末にメジャーデビューを果たした、オランダ領キュラソー島出身の有望株。身体能力が高く、高い守備力が要求されるセンターとショートを守れるのが強み。とくにセンターの守備はハイレベルで、将来のゴールドグラブ賞候補との評判だ。昨季はマイナー(2Aと3A)で計108試合に出場し、打率3割0分2厘、20本塁打、36盗塁をマークして、レッドソックスのマイナー年間最優秀選手に選ばれた。打撃面のネックは、四球の少なさ。ミドルネームの「チッパー」は、元ブレーブスの大選手チッパー・ジョーンズに由来する。お母さんが大ファンだったそうだ。

年度	所属チーム	試合数	打数	得点	安打	二塁打	三塁打	本塁打	打点	四球	三振	盗塁	盗塁死	出塁率	OPS	打率
2023	レッドソックス	28	83	11	20	6	0	2	5	4	28	3	1	.281	.667	.241
通算成績		28	83	11	20	6	0	2	5	4	28	3	1	.281	.667	.241

めぐってきたチャンスをのがさず、アピール成功

外野手

ルーキー

52 ウィルヤー・アブレイユ *Wilyer Abreu*

25歳 1999.6.24生 | 178cm | 97kg | 左投左打 | 対左.200 対右.333 (地.378 (ア.256 (得.333 (ド2017外アストロズ (出ベネズエラ (年74万ドル(約1億360万円)+α

ミ **2**
バ **3**
守 **3**
肩 **4**

打撃面の成長が著しい、ベネズエラ出身の外野手。昨年8月下旬、デュランの離脱でメジャー初昇格。打席でじっくりボールを見ていくタイプで、四球が多い。昨季はマイナーで89試合に出場し、出塁率は3割9分1厘。出場数は少なかったが、メジャーでも同等の数字を残している。最近はパワーもアップし、長打の割合も増加中だ。守備は外野の3ポジションに対応可能で、マイナーではセンターでの出場が多かった。ずんぐりむっくりした体型のわりには、意外と俊敏に動く。少年時代のヒーローは、同郷の強打者カルロス・ゴンザレス。特技は、ヘアカット。

年度	所属チーム	試合数	打数	得点	安打	二塁打	三塁打	本塁打	打点	四球	三振	盗塁	盗塁死	出塁率	OPS	打率
2023	レッドソックス	28	76	10	24	6	0	2	14	9	23	3	1	.388	.862	.316
通算成績		28	76	10	24	6	0	2	14	9	23	3	1	.388	.862	.316

レッドソックス

内野も外野もOKな便利屋 ユーティリティ

19 パブロ・レイエス *Pablo Reyes*

31歳 1993.9.5生 | 173cm | 79kg | 右投右打 対左.327 対右.270 ホ.300 ア.273
得.238 D2012外パイレーツ 出ドミニカ 年74万ドル（約1億360万円）+α

ミ 2
パ 2
走 3
守 3
肩 3

昨年5月、金銭トレードでアスレティックスから移籍した、ドミニカ出身のユーティリティ。昨季はショート、セカンドを中心に出場したほか、サード、ファーストでも試合に出ている。また、大差がついた場面で2試合、投手としても使われた。打撃は期待されていなかったが、まずまずの打率を残し、185打席は自己最多の数字。2度の故障離脱が悔やまれる。8月7日のロイヤルズ戦では、9回裏にサヨナラ満塁弾を放ち、ヒーローになった。2020年に、パフォーマンス向上薬の使用で、出場停止処分を受けている。弟のサミュエルは、カブスのマイナーに所属するピッチャー。

年度	所属チーム	試合数	打数	得点	安打	二塁打	三塁打	本塁打	打点	四球	三振	盗塁	盗塁死	出塁率	OPS	打率
2023	レッドソックス	64	167	24	48	9	0	2	20	14	21	7	2	.339	.716	.287
通算成績		212	461	67	118	23	2	8	49	42	85	12	4	.318	.685	.256

対左投手打率は3年連続で3割超え 外野手

30 ロブ・レフスナイダー *Rob Refsnyder*

33歳 1991.3.26生 | 183cm | 91kg | 右投右打 対左.308 対右.159 ホ.250 ア.245
得.281 D2012⑤ヤンキース 出韓国 年200万ドル（約2億8000万円）

ミ 3
パ 2
走 3
守 3
肩 4

左投手に抜群に強い外野手。昨季は開幕からメジャーでプレーし、控え外野手として存在感を発揮。5月末終了時点で、出塁率は4割を超えていた。6月に入ってすぐ、球団は2024年シーズンの契約延長を申し入れ、合意に達している。守備固めや代打での出場が多かったが、計89試合の出場は、自己最多だ。レッドソックスが6球団目の所属チームで、同地区のヤンキース、ブルージェイズ、レイズにも所属歴がある。韓国生まれだが、生後すぐにアメリカに養子に出された。人種差別的な扱いを受けたこともあったが、家族の愛に包まれ、たくましく、優しい男に成長。

年度	所属チーム	試合数	打数	得点	安打	二塁打	三塁打	本塁打	打点	四球	三振	盗塁	盗塁死	出塁率	OPS	打率
2023	レッドソックス	89	202	31	50	9	1	1	28	33	47	7	2	.365	.682	.248
通算成績		378	891	127	217	45	6	13	84	114	224	17	7	.336	.678	.244

— ニック・ヨーク *Nick Yorke* セカンド 期待度 B+ ルーキー

22歳 2002.4.2生 | 180cm | 90kg | 右投右打 ◆昨季は2Aでプレー D2020①レッドソックス 出カリフォルニア州

高い打率が期待でき、将来的にはメジャーで、20本塁打を打てる打者になると見込まれている二塁手。スピードは「中」、セカンドの守備は「中の下」レベル。肩はあまり強くない。ケガの多さも心配なところだ。野球の基礎は、大学時代にソフトボールのスター選手だった母ロビンさんに叩き込まれた。

— ネイサン・ヒッキー *Nathan Hickey* キャッチャー 期待度 B- ルーキー

25歳 1999.11.23生 | 180cm | 95kg | 右投左打 ◆昨季は1A+,2Aでプレー D2021⑤レッドソックス 出フロリダ州

パワーが魅力の攻撃型捕手。打者としては、長打と四球が多いが、三振もやたらと多い、カイル・シュワーバー・タイプ。スピードは「下」レベル。守備はキャッチングやブロッキングに難があり、肩の強さも捕手としては並で、送球の正確さにも欠ける。メジャー昇格には、守備力の向上が不可欠だ。

対左=対左投手打率 対右=対右投手打率 ホ=ホーム打率 ア=アウェー打率 得=得点圏打率 D=ドラフトデータ 出=出身地 年=年俸

ミネソタ・ツインズ

◆創　立：1901年
◆本拠地：ミネソタ州ミネアポリス市
主要オーナー ▶ ジョー・ポーラッド（実業家）

◆ワールドシリーズ制覇：3回／◆リーグ優勝：6回
◆地区優勝：13回／◆ワイルドカード獲得：1回

過去5年成績

年度	勝	負	勝率	ゲーム差	地区順位	ポストシーズン成績
2019	101	61	.623	(8.0)	①	地区シリーズ敗退
2020	36	24	.600	(1.0)	①	ワイルドカードシリーズ敗退
2021	73	89	.451	20.0	⑤	—
2022	78	84	.481	14.0	③	—
2023	87	75	.537	(9.0)	①	地区シリーズ敗退

監督 ▶ **5 ロッコ・バルデッリ** *Rocco Baldelli*

◆年　　齢…………43歳（ロードアイランド州出身）
◆現役時代の経歴…7シーズン
　（外野手）　　　デビルレイズ[現レイズ]（2003～04.06～08）、
　　　　　　　　　レッドソックス（2009）、レイズ（2010）
◆現役通算成績……519試合　.278　60本　262打点
◆監督歴…………5シーズン　ツインズ（2019～）
◆通算成績…………375勝333敗（勝率.530）
　　　　　　　　　最優秀監督賞1回（19年）

　監督就任1年目の2019年、最優秀監督賞に史上最年少の38歳で輝いたイタリア系アメリカ人監督。就任以来、強い打球を飛ばすことを打者に徹底させており、昨季は実に12人もの選手が2ケタ本塁打を達成している。現役時代は外野手。28歳で引退し、指導者の道に進んだ。昨年9月、妻アリーさんが双子の男の子を出産。「ツインズの監督がツインズのパパになった」と、話題になった。ロードアイランド州ウーンソケット市の出身で、叔母が同市の現役市長を務める。

注目コーチ ▶ **88 ピート・マキ** *Pete Maki*

　投手コーチ。42歳。一昨年7月から現職。就任後、投手に「ストライク先行」を徹底させ、チーム防御率が大きく改善。昨季の先発防御率は、リーグトップだった。

編成責任者 ▶ **デレク・ファルヴィー** *Derek Falvey*

　41歳。昨年1月、投手力改善のため、首位打者アラエズを放出し、パブロ・ロペスを獲得。開幕後、ロペスは期待通りの活躍を見せ、地区優勝に大きく貢献した。

スタジアム ▶ **ターゲット・フィールド** *Target Field*

◆開場年…………2010年
◆仕　　様…………天然芝
◆収容能力………38,544人
◆フェンスの高さ…2.4～7.0m
◆特　　微…………天候の影響を受けやすい球場。
春先は寒さが、8～9月は暑さと湿気の多さが選手を苦しめる。球場建設時、開閉式屋根の設置も検討されていたが、予算オーバーで見送られた。レフトフェンスが低く、ライトフェンスが高い。

ニュートラルパーク ▶

Best Order [ベストオーダー]

① エドゥアルド・ジュリアン……セカンド
② ロイス・ルイス……サード
③ バイロン・バクストン……センター
④ マックス・ケプラー……ライト
⑤ カルロス・コレイア……ショート
⑥ カルロス・サンタナ……ファースト
⑦ マット・ウォールナー……レフト
⑧ ライアン・ジェファーズ……キャッチャー
⑨ アレックス・キリロフ……DH

Depth Chart [ポジション別選手層・メンバーリスト]

※2024年2月25日時点の候補選手。数字は背番号（開幕前に変更する場合もあり）、右・左等は投・打の順。

センター
25 バイロン・バクストン [右・右]
50 ウィリ・カストロ [右・両]

レフト
38 マット・ウォールナー [右・左]
50 ウィリ・カストロ [右・両]
9 トレヴァー・ラーナック [右・右]

ライト
26 マックス・ケプラー [左・左]
50 ウィリ・カストロ [右・両]

ショート
4 カルロス・コレイア [右・右]
50 ウィリ・カストロ [右・両]
12 カイル・ファーマー [右・右]

セカンド
47 エドゥアルド・ジュリアン [右・左]
50 ウィリ・カストロ [右・両]

ローテーション
49 パブロ・ロペス [右・右]
41 ジョー・ライアン [右・右]
17 ベイリー・オーバー [右・右]
20 クリス・パダック [右・右]
21 アンソニー・デスクラファーニ [右・右]
37 ルーイ・ヴァーランド [右・右]

サード
23 ロイス・ルイス [右・右]
50 ウィリ・カストロ [右・両]
12 カイル・ファーマー [右・右]

ファースト
30 カルロス・サンタナ [左・両]
19 アレックス・キリロフ [左・左]
64 ホセ・ミランダ [右・右]
12 カイル・ファーマー [右・右]

キャッチャー
27 ライアン・ジェファーズ [右・右]
8 クリスチャン・ヴァスケス [右・右]

DH
19 アレックス・キリロフ [左・左]
47 エドゥアルド・ジュリアン [右・左]
25 バイロン・バクストン [右・右]

ブルペン
59 ヨアン・ドゥラン [右・右] CL
22 グリフィン・ジャックス [右・右]
61 ブロック・スチュワート [右・右]
56 ケイレブ・スィールバー [左・右]
48 ジャスティン・トーパ [右・右]
63 ジョシュ・ストーモント [右・右]
20 クリス・パダック [右・右]
37 ルーイ・ヴァーランド [右・右]
66 ホルヘ・アルカラ [右・右]
39 ジェイ・ジャクソン [右・右]
55 コーディ・ファンダーバーク [左・右]
44 コール・サンズ [右・右]
57 ザック・ワイス [右・右]
16 スティーヴン・オーカート [左・右]

※ CL =クローザー

ツインズ試合日程……＊はアウェーでの開催

3月28・30・31	ロイヤルズ＊	29・30・5月1	ホワイトソックス＊	31・6月1・2	アストロズ＊
4月2・3	ブリュワーズ＊	3・4・5	レッドソックス	4・5・6	ヤンキース
4・6・7	ガーディアンズ	6・7・8・9	マリナーズ	7・8・9	パイレーツ
8・9・10	ドジャース	10・11・12	ブルージェイズ＊	10・11・12	ロッキーズ
11・12・13・14	タイガース＊	14・15・16	ヤンキース	13・14・15・16	アスレティックス
15・16・17	オリオールズ＊	17・18・19	ガーディアンズ＊	18・19・20	レイズ
19・20・21	タイガース	20・21・22	ナショナルズ＊	21・22・23	アスレティックス＊
22・23・24・25	ホワイトソックス	24・25・26	レンジャーズ	26・26・27	ダイヤモンドバックス＊
26・27・28	エンジェルス＊	27・28・29・30	ロイヤルズ	28・29・30	マリナーズ＊

球団メモ ポストシーズンでは18連敗中と、ここ最近まったく結果を残せていなかったが、昨年ついに連敗ストップ。2004年以来の勝利をあげ、地区シリーズにも進出。

■投手力 … ★★★ ☆ ☆ 【昨年度チーム防御率3.87、リーグ4位】

昨季の先発防御率3.82は、リーグトップ。グレイとロペスが大活躍だった。そのうちのグレイが、オフに抜けたのは大きなマイナスだ。前田健太もチームを去り、今季のローテーションはロペス、ジョー・ライアン、オーバー、パダック、新加入のデスクラファーニとなり、スケールダウン。クローザーに、メジャー最速の男ドゥランが控えるブルペンは、平均レベル。

■攻撃力 ➡️ … ★★★ ☆ ☆ 【昨年度チーム得点778、リーグ5位】

昨季のチーム打率は平均未満だったが、四球が多いので、出塁率は平均より良かった。三振が多く、打線のつながりも悪いが、長打は多いチーム。昨季、30本塁打以上はチームに1人もいなかったが、2ケタ本塁打を放った打者が12人いて、チーム本塁打数233はリーグ最多タイだった。オフに、この打線から、ギャロ、ポランコらが抜けたが、昨季23本塁打のサンタナが加入。

■守備力 ➡️ … ★★★★ ☆ 【昨年度チーム失策数66、リーグ2位】

メジャー屈指の守備力を誇る中堅手マイケル・A・テイラーが、チームを去った。昨季はDHで出ていたバクストンが、今季、センターに復帰する。バクストンも名手だが、ケガが多い選手なので、守備による影響が気がかり。

■機動力 ➡️ … ★★ ☆ ☆ ☆ 【昨年度チーム盗塁数86、リーグ11位タイ】

バルデッリ監督は長打志向が強く、盗塁のサインはあまり出さないタイプ。だが、昨季はカストロの加入や、ベース拡大、牽制制限などの影響もあり、前年(2022年)の38から大幅増となる86盗塁。成功率もリーグで2番目に高かった。

総合評価
★★★ ☆ ☆

放送局から多額の放映権料を得ていたが、その放送局が経営破綻。結果、このオフには、補強らしい補強ができなかった。総年俸削減のため、高額年俸の選手を放出する可能性もある。それでもアメリカン・リーグ中部地区では、優勝を争える戦力だ。

ツインズ

IN 主な入団選手	**OUT** 主な退団選手
投手	投手
ジャスティン・トーパ ← マリナーズ	前田健太 → タイガース
アンソニー・デスクラファーニ ← ジャイアンツ	ソニー・グレイ → カーディナルス
ジョシュ・ストーモント ← ロイヤルズ	エミリオ・パガン → レッズ
スティーヴン・オーカート ← マーリンズ	ディラン・フローロ → ナショナルズ
野手	野手
カルロス・サンタナ ← ブリュワーズ	ホルヘ・ポランコ → マリナーズ
	ジョーイ・ギャロ → ナショナルズ

7月2・3・4	タイガース	8月2・3・4	ホワイトソックス		2・3・4・5	レイズ*
5・6・7	アストロズ	5・6・7	カブス*		6・7・8	ロイヤルズ*
8・9・10	ホワイトソックス*	9・10・11	ガーディアンズ		9・10・11	エンジェルス
12・13・14	ジャイアンツ*	12・13・14	ロイヤルズ		13・14・15	レッズ
16	オールスターゲーム	15・16・17・18	レンジャーズ*		16・17・18・19	ガーディアンズ*
20・21	ブリュワーズ	19・20・21	パドレス		20・21・22	レッドソックス*
22・23・24	フィリーズ	23・24・25	カーディナルス		24・25・26	マーリンズ
26・27・28	タイガース*	26・27・28	ブレーブス		27・28・29	オリオールズ
29・30・31	メッツ*	30・31・9月1	ブルージェイズ			

球団メモ 1984年より、ポーラッド家がオーナーを務めている。2022年、祖父カール、伯父ジムに続く一族の3代目として、ジョー・ポーラッドが組織のトップに就任した。

109

医学部進学もあり得たドクターK

先 発

49 パブロ・ロペス
Pablo Lopez

28歳｜1996.3.7生｜193cm｜101kg｜右投左打

◆速球のスピード／150キロ台前半（フォーシーム）
◆決め球と持ち球／○フォーシーム、◎スライダー、
　◎チェンジアップ、◎カーブ、○シンカー
◆対左打者被打率／.271　◆対右打者被打率／.205
◆ホーム防御率／4.21　◆アウェー防御率／3.10
◆ドラフトデータ／2012㉑マリナーズ
◆出身地／ベネズエラ
◆年俸／800万ドル（約111億2000万円）

球威	4
制球	4
緩急	5
守備・総合	4
度胸	4

　昨年1月、首位打者ルイス・アラエズとのトレードで、若手2選手とともに加入した本格派右腕。150キロ台前半の速球に、米メディアで「破滅的で打者を無力にする」と称されるスライダー、「踊るような」と形容されるチェンジアップなどの変化球を小気味よく織り交ぜるコンビネーションが光る。ツインズ移籍初年度の昨年は、開幕前に開催されたWBCに、ベネズエラ代表チームの一員として参加。シーズンでは移籍直後にもかかわらず、開幕投手の大役を務めた。その試合で6回途中無失点と好投し、移籍後初勝利を収めている。快調な滑り出しを見せると、7月6日のロイヤルズ戦では、相手打線を4安打に封じ込める快投で、自身メジャー初となる完封勝利を達成。キャリアハイとなる12奪三振も記録した。辞退したケビン・ゴーズマン（ブルージェイズ）に代わる形で、オールスターゲームにも初出場。1年を通して自身最多の11勝を記録するなど、メジャーを代表する投手の一員に食い込む充実のシーズンを過ごした。昨季の234奪三振は、アメリカン・リーグで2番目に多い数字だ。

　両親は医者。親戚には弁護士、エンジニアがいるという教育熱心な家系の出身で、ロペス自身も4カ国語を学び、飛び級で高校を卒業した秀才。両親が卒業した大学の医学部に合格し、野球とどちらを取るか迷ったが、野球好きな父は「野球で結果が出なくても、そのときにまだ大学はある。だが、大学に進んで自分に合わなかったときに、プロ野球に挑戦するのは難しいかもしれないよ」と、メジャー挑戦へと背中を押したというエピソードも。ベネズエラ出身らしく、幼少期は同国出身のヨハン・サンタナを羨望のまなざしで見つめた。今度は、レジェンドと同じユニフォームに袖を通す「ドクターK」が、郷里の野球少年たちを熱狂させる。

カモ B・ウィット・ジュニア（ロイヤルズ）.111(9-1)0本　W・アダメス（ブリュワーズ）.000(14-0)0本
苦手 W・スミス（ドジャース）.500(8-4)2本　J・ソト（ヤンキース）.370(27-10)3本

年度	チーム	勝利	敗戦	防御率	試合数	先発	セーブ	投球イニング	被安打	失点	自責点	被本塁打	与四球	奪三振	WHIP
2018	マーリンズ	2	4	4.14	10	10	0	58.2	56	28	27	8	18	46	1.26
2019	マーリンズ	5	8	5.09	21	21	0	111.1	111	64	63	15	27	95	1.24
2020	マーリンズ	6	4	3.61	11	11	0	57.1	50	27	23	4	18	59	1.19
2021	マーリンズ	5	5	3.07	20	20	0	102.2	89	37	35	11	26	115	1.12
2022	マーリンズ	10	10	3.75	32	32	0	180.0	157	78	75	21	53	174	1.17
2023	ツインズ	11	8	3.66	32	32	0	194.0	176	81	79	24	48	234	1.15
通算成績		39	39	3.86	126	126	0	704.0	639	315	302	83	190	723	1.18

投|手

ツインズ

魔球「スプリンカー」でクローザー定着　クローザー

59 ヨアン・ドゥラン *Jhoan Duran*

26歳 | 1998.1.8生 | 196cm | 104kg | 右投右打
◆速球のスピード／160キロ台中頃（フォーシーム）
◆決め球と持ち球／☆フォーシーム、☆スプリッター、◎カーブ
◆対左.205 ◆対右.209 ◆ホ防2.27 ◆ア防2.64
◆ド2015外ダイヤモンドバックス ◆田ドミニカ
◆年74万ドル（約1億360万円）+α

球威	5
制球	4
緩急	4
守備・走塁	3
度胸	5

　メジャーデビューから2年でクローザーに定着した豪腕。フォーシームの速球は、最速169キロ。平均球速は163.8キロもあり、昨季、メジャー全体で最も速かった。このフォーシームと並んで快投を支えているのが、高品質のスプリッターだ。フォークよりも指を浅めに挟んで投じる一般的な握りだが、シンカーに近い軌道で落下し、「スプリンカー」とも呼ばれている。157キロを記録したこともある、高速で急激に変化する魔球で、メジャー初年度、バルデッリ監督は「このような球種を私は1度も見たことがない」と感嘆の声をあげた。本人のリリースのイメージは「ストライクゾーンの中心をめがけて、フィニッシュは土の中」。メジャー初年度は、速球とパワーカーブが中心だったが、昨年はスプリンカーの割合を上昇させ、ブレイクにつなげた。

カモ A.ベニンテンディ（ホワイトソックス）.000(6-0)0本　　苦手 J.アルトゥーヴェ（アストロズ）.429(7-3)0本

年度	所属チーム	勝利	敗戦	防御率	試合数	先発	セーブ	投球イニング	被安打	失点	自責点	被本塁打	与四球	奪三振	WHIP
2022	ツインズ	2	4	1.86	57	0	8	67.2	50	15	14	6	16	89	0.98
2023	ツインズ	3	6	2.45	59	0	27	62.1	46	25	17	6	25	84	1.14
通算成績		5	10	2.15	116	0	35	130.0	96	40	31	12	41	173	1.05

浮き上がる速球で自身初完封も達成　先発

41 ジョー・ライアン *Joe Ryan*

28歳 | 1996.6.5生 | 188cm | 92kg | 右投右打
◆速球のスピード／150キロ前後（フォーシーム）
◆決め球と持ち球／◎フォーシーム、☆スプリッター、◎スライダー
◆対左.222 ◆対右.269 ◆ホ防3.83 ◆ア防5.22
◆ド2018⑦レイズ ◆田カリフォルニア州
◆年74万ドル（約1億360万円）+α

球威	5
制球	4
緩急	3
守備・走塁	2
度胸	5

　スピンの効いた「ライジング・ボール」を繰り出し、打者の空振りを誘う本格派。メジャー2年目で開幕投手を務めた2022年の13勝には届かなかったものの、昨季も11勝をマークし、ローテーションの柱へと着実な歩みを続けている。6月23日のレッドソックス戦では、被安打3、9奪三振の快投で、メジャー初完封も記録した。レイズ傘下でプレーしていた21年には、東京オリンピックにアメリカ代表で出場。予選ラウンドで好投し、銀メダル獲得に貢献したが、このときに使用された、大きさが一定で、すべりにくい日本製の公式球を「世界最高のボール」と絶賛していた。オリンピック期間中にツインズ傘下へトレードされ、同年9月にメジャーデビューを果たしている。

カモ B.ウィット・ジュニア（ロイヤルズ）.063(16-1)0本　　苦手 A.ベニンテンディ（ホワイトソックス）.455(11-5)1本

年度	所属チーム	勝利	敗戦	防御率	試合数	先発	セーブ	投球イニング	被安打	失点	自責点	被本塁打	与四球	奪三振	WHIP
2021	ツインズ	2	1	4.05	5	5	0	26.2	16	12	12	4	5	30	0.79
2022	ツインズ	13	8	3.55	27	27	0	147.0	115	60	58	20	47	151	1.10
2023	ツインズ	11	10	4.51	29	29	0	161.2	155	83	81	32	34	197	1.17
通算成績		26	19	4.05	61	61	0	335.1	286	155	151	56	86	378	1.11

対左=対左打者被打率　対右=対右打者被打率　ホ防=ホーム防御率　ア防=アウェー防御率
ド=ドラフトデータ　田=出身地　年=年俸

身長2メートル超えの技巧派

17 ベイリー・オーバー Bailey Ober

先発

29歳 1995.7.12生 | 206cm | 117kg | 右投右打 | (速)140キロ台中盤(フォーシーム) | (決)○チェンジアップ
(対左).228 (対右).236 (ド)2017⑫ツインズ (出)ノースカロライナ州 (年)74万ドル(約1億360万円)+α

球2
制4
緩4
守備4
度3

　身長が206センチあるメジャー屈指の長身右腕。幼少期は背格好が近いランディ・ジョンソンにあこがれたが、速球で制圧するランディとはタイプが違い、140キロ台のフォーシームに、チェンジアップなどの変化球を巧みに織り交ぜるテクニカルな好投手だ。2021年のメジャーデビューから2年間は、股関節の故障に泣かされるなど戦線離脱する一幕もあり、勝ち星を積み重ね切れなかったが、昨季は自己最多の26試合に先発し、キャリアハイとなる8勝をマーク。投球回を上回る146奪三振を記録するなど、ローテーションの一角を射止め、投球のうまさを示した。

年度	所属チーム	勝利	敗戦	防御率	試合数	先発	セーブ	投球イニング	被安打	失点	自責点	被本塁打	与四球	奪三振	WHIP
2023	ツインズ	8	6	3.43	26	26	0	144.1	125	58	55	22	29	146	1.07
通算成績		13	12	3.63	57	57	0	292.2	265	125	118	46	59	293	1.11

32歳でメジャー定着を実現した苦労人

48 ジャスティン・トーパ Justin Topa

セットアップ / 移籍

33歳 1991.3.7生 | 193cm | 90kg | 右投右打 | (速)150キロ台前半〜中頃(シンカー) | (決)○シンカー
(対左).216 (対右).253 (ド)2013⑰パイレーツ (出)ニューヨーク州 (年)125万ドル(約1億7500万円)

球4
制4
緩3
守備2
度4

　オフのトレードで移籍の、シンカーとスライダーを多投してゴロを量産する、典型的なグラウンドボール・ピッチャー。カッターやチェンジアップも効果的に使い、強い打球を打たせないことにも長けている。アウトピッチ(決め球)はシンカー。スピードがあるうえ(平均球速153キロ)、落ち幅が平均76センチもあり、ヨコにも曲がるため、打ちにいくとバットの下側に当たって凡ゴロになる。メジャー定着に11年もかかったのは、2度目のトミー・ジョン手術、最初の球団パイレーツからの解雇通告、1年半に及んだ独立リーグ暮らしなど、つらい経験をたくさんしてきたからだ。

年度	所属チーム	勝利	敗戦	防御率	試合数	先発	セーブ	投球イニング	被安打	失点	自責点	被本塁打	与四球	奪三振	WHIP
2023	マリナーズ	5	4	2.61	75	0	3	69.0	61	26	20	4	18	61	1.14
通算成績		5	5	3.81	92	0	3	87.1	89	46	37	7	23	78	1.28

メジャー史上初の空軍士官学校出身選手

22 グリフィン・ジャックス Griffin Jax

セットアップ

30歳 1994.11.22生 | 188cm | 88kg | 右投右打 | (速)150キロ台中盤(フォーシーム) | (決)○スイーパー
(対左).238 (対右).228 (ド)2016③ツインズ (出)アリゾナ州 (年)74万ドル(約1億360万円)+α

球4
制4
緩4
守備3
度4

　フォーシームをしのぐ割合で投じるスライダーで、打者を惑わせるリリーバー。昨季は自己最多の71試合に登板し、ツインズのブルペンを支えた。高校時代にフィリーズからドラフト指名されたが、入団せずにアメリカ合衆国空軍士官学校へと進学した異色のキャリアを持つ。空軍士官学校出身のメジャーリーガーは、MLB史上初だった。同学校在学中に知り合い、メジャーデビューの2021年に結婚した妻のサバンナさんは、アメリカ空軍の大尉。父ガースは元NFL選手。本人もプロ入り後にコロラド州立大学で経営学の修士号を取得するなど、エピソードに事欠かない。

年度	所属チーム	勝利	敗戦	防御率	試合数	先発	セーブ	投球イニング	被安打	失点	自責点	被本塁打	与四球	奪三振	WHIP
2023	ツインズ	6	10	3.86	71	0	4	65.1	58	30	28	5	19	68	1.18
通算成績		17	19	4.63	154	14	5	219.2	196	121	113	35	68	211	1.20

(速)=速球のスピード　(決)=決め球　(対左)=対左打者被打率　(対右)=対右打者被打率
(ド)=ドラフトデータ　(出)=出身地　(年)=年俸

30歳を過ぎて、速球のスピードが大幅アップ
セットアップ

61 ブロック・スチュワート *Brock Stewart*

33歳 1991.10.3生｜190cm｜99kg｜右投左打 球150キロ台中頃(フォーシーム) 決◎スイーパー
対左.184 対右.203 下2014⑥ドジャース 田イリノイ州 甲74万ドル(約1億360万円)+α

球 **4**
制 **3**
緩 **3**
守備 **3**
度 **4**

ツインズ

　度重なる故障に負けない不屈の右腕。2016年にドジャースでメジャーデビューしたが、故障もあって定着できず、21年5月にはトミー・ジョン手術を経験した。その後、22年7月にツインズとマイナー契約を結び、昨年4月27日、3年7カ月ぶりにメジャーのマウンドに復帰。途中離脱もあったが、28試合で防御率0.65という目を見張る成績を残した。ジョシュ・ヘイダー、ミッチ・ケラー、コール・レギャンズなどが通うトレーニング施設「トレッド・アスレティックス」で、投球メカニズムなどの見直しを行った結果、以前より速球のスピードが8キロもアップしている。

年度	所属チーム	勝利	敗戦	防御率	試合数	先発	セーブ	投球イニング	被安打	失点	自責点	被本塁打	与四球	奪三振	WHIP
2023	ツインズ	2	0	0.65	28	0	1	27.2	19	2	2	1	11	39	1.08
通算成績		8	3	4.93	74	11	2	133.1	140	82	73	27	59	126	1.49

流浪の野球人生を生き抜くタフなサウスポー
ミドルリリーフ

56 ケイレブ・スィールバー *Caleb Thielbar*

37歳 1987.1.31生｜183cm｜92kg｜左投右打 球150キロ前後(フォーシーム) 決◎スイーパー
対左.128 対右.258 下2009⑱ブリュワーズ 田ミネソタ州 甲323万ドル(約4億5220万円)

球 **3**
制 **3**
緩 **4**
守備 **4**
度 **4**

　独立リーグでのプレー経験もあるリリーフ左腕。2019年にブレーブス傘下からマイナー契約でツインズに移籍し、20年のシーズン途中にメジャー再昇格。5年ぶりのメジャー復帰登板を果たすと、以降はブルペンに食い込み、昨季も36試合に登板して、14ホールドをあげた。ピッチングの基本は、フォーシームとスイーパーのコンビネーションで、右打者には110キロ台を記録することもあるカーブも交える。プロ入り時の球団であるブリュワーズの傘下を皮切りに、いくつもの球団を渡り歩いたが、13年の初登板から、メジャーでの登板はすべてツインズでのもの。

年度	所属チーム	勝利	敗戦	防御率	試合数	先発	セーブ	投球イニング	被安打	失点	自責点	被本塁打	与四球	奪三振	WHIP
2023	ツインズ	3	1	3.23	36	0	0	30.2	23	12	11	7	6	36	0.95
通算成績		21	8	3.04	288	0	1	272.2	223	101	92	27	83	294	1.12

2度目のトミー・ジョン手術から復帰
先発

20 クリス・パダック *Chris Paddack*

28歳 1996.1.8生｜196cm｜98kg｜右投右打 球150キロ台中頃(フォーシーム) 決◎チェンジアップ
対左.200 対右.313 下2015⑧マーリンズ 田テキサス州 甲253万ドル(約3億5420万円)

球 **4**
制 **4**
緩 **4**
守備 **3**
度 **4**

　2022年5月に、2度目のトミー・ジョン手術を経験した長身右腕。昨季終盤に復帰し、2試合にリリーフ登板。今季は先発ローテーションに入って投げる見込みだ。手術後はリハビリに励み、筋肉量を約9キロ増加させ、メジャーのシーズンでも記録したことのない最速157キロを叩き出すなど、フィジカル強化を推し進めた。手術直後の22年オフにツインズと3年契約を交わし、今年が2年目。「残留が保証され、自分にとっても家族にとっても助かった」と、ツインズには恩義を感じているようだ。19年にパドレスでメジャーデビュー。同年の9勝が自己最多勝ち星。

年度	所属チーム	勝利	敗戦	防御率	試合数	先発	セーブ	投球イニング	被安打	失点	自責点	被本塁打	与四球	奪三振	WHIP
2023	ツインズ	1	0	5.40	2	0	0	5.0	6	3	3	1	1	8	1.40
通算成績		22	21	4.21	68	65	0	335.1	313	171	157	53	68	338	1.14

開幕後6先発の防御率は2.13

21 アンソニー・デスクラファーニ *Anthony DeSclafani*

スイングマン / 移籍

34歳 1990.4.18生 | 188cm | 88kg | 右投右打 | 園150キロ前後(シンカー、フォーシーム) | 函○スライダー
函右.294 函左.246 | 医2011⑥ブルージェイズ | 囲ニュージャージー州 | 囲1200万ドル(約16億8000万円)

球 2 / 制 4 / 経 3 / 守備 3 / 度 4

昨季はジャイアンツで、開幕から先発ローテーションに入って投げ、最初の6試合で5つのQSを記録する好スタート。しかし、夏場になって右ヒジ、右肩を痛め、7月23日の登板が最後になってしまった。レッズからジャイアンツに移籍した21年は、31試合に先発して13勝、防御率3.17の好成績をマークしたが、22、23年は故障の影響で、満足いくピッチングができずにいる。今年1月5日、マリナーズへトレードで移籍。それから1カ月も経たないうちに、今度はツインズへトレード。食通で、新しいレストランを開拓するのが好き。自分でもよく料理をするそうだ。

年度	所属チーム	勝利	敗戦	防御率	試合数	先発	セーブ	投球イニング	被安打	失点	自責点	被本塁打	与四球	奪三振	WHIP
2023	ジャイアンツ	4	8	4.88	19	18	0	99.2	105	59	54	15	20	79	1.25
通算成績		54	56	4.20	180	169	0	942.2	944	480	440	135	251	830	1.27

速球の被打率が3割近くまで悪化

63 ジョシュ・ストーモント *Josh Staumont*

ミドルリリーフ / 移籍

31歳 1993.12.21生 | 190cm | 90kg | 右投右打 | 園150キロ中盤(フォーシーム主体) | 函○スライダー
函左.219 函右.220 | 医2015②ロイヤルズ | 囲カリフォルニア州 | 囲95万ドル(約1億3300万円)

球 4 / 制 2 / 経 3 / 守備 3 / 度 3

昨季まで、同地区のロイヤルズで投げていたリリーフ右腕。2021年には、64試合に登板して防御率2.88の好成績を残している。だが直近2年は故障が続き、低迷。昨年は6月に首を痛めて戦線離脱。7月に胸郭出口症候群の手術を受けたため、残りシーズンは全休している。22年までは速球とカーブのコンビネーションで投げていたが、昨季はスライダーも交え、これが全投球の2割程度を占めていた。以前は160キロ超えの速球を投げ込み、そのスピードから「ランボルギーニ」と、高級スポーツカーの名で形容したメディアもあったが、平均球速は年々低下傾向にある。

年度	所属チーム	勝利	敗戦	防御率	試合数	先発	セーブ	投球イニング	被安打	失点	自責点	被本塁打	与四球	奪三振	WHIP
2023	ロイヤルズ	0	0	5.40	21	1	0	20.0	16	12	12	1	13	24	1.45
通算成績		9	7	4.01	169	1	8	168.1	137	85	75	16	95	191	1.38

— デイヴィッド・フェスタ *David Festa*

先発 / 期待度 B / ルーキー

24歳 2000.3.8生 | 198cm | 83kg | 右投右打 | ◆昨季は2A、3Aでプレー | 医2021⑬ツインズ | 囲ニュージャージー州

メジャー昇格の一歩手前まで来た、身長198センチの長身右腕。プロ入り時、平均球速が140キロ台後半だったフォーシームは、現在、150キロ台前半までアップしている。変化球はスライダー、カーブ、チェンジアップを投げ、この中ではスライダーの評価が最も高い。課題だった制球力も向上中だ。

— マルコ・ラヤ *Marco Raya*

先発 / 期待度 B+ / ルーキー

22歳 2002.8.7生 | 185cm | 77kg | 右投右打 | ◆昨季は1A+、2Aでプレー | 医2020④ツインズ | 囲テキサス州

肩の状態が良くなり、昨年急成長した右腕。ピッチングはフォーシームに、スライダー、カーブ、チェンジアップを交える。150キロ台前半のフォーシームは、スピン量の多い、威力のあるボールだ。まだ若く、成長途上。伸びしろはさらにありそうで、トレードで獲得を狙っている球団も多いようだ。

速=速球のスピード　決=決め球　対左=対左打者被打率　対右=対右打者被打率
医=ドラフトデータ　囲=出身地　囲=年俸
※メジャー経験がない投手の「先発」「リリーフ」はマイナーでの役割

巻き返しを目指す、出戻り大型契約2年目　ショート

4 カルロス・コレイア　Carlos Correa

30歳 1994.9.22生｜193cm｜99kg｜右投右打
◆対左投手打率／.248 ◆対右投手打率／.224
◆ホーム打率／.212 ◆アウェー打率／.245 ◆得点圏打率／.207
◆23年のポジション別出場数／ショート=135
◆Ⓓ2012①アストロズ ◆⨀プエルトリコ
◆甲3200万ドル（約44億8000万円）
◆ゴールドグラブ賞1回（21年）、新人王（15年）

ミート	4
パワー	4
走塁	3
守備	4
肩	5

メジャー屈指の遊撃手の１人。2022年オフに一旦は退団し、ジャイアンツ、メッツと大型契約を結んだと報じられるも、メディカルチェックで問題が発生。いずれも破談となり、６年契約でツインズに出戻った。より一層の活躍が求められる中、開幕から低打率にあえぎ、ファンからは大ブーイング。「オレも自分にブーイングする。これだけのお金をもらって、こんな体たらくではね」と自嘲するしかなかった。それでもポストシーズンでは、6試合で出塁率4割5分8厘と存在感を発揮。守りでも貢献し、意地を見せている。

カモ 菊池雄星（ブルージェイズ）.474(19-9)0本　苦手 J・ライルズ（ロイヤルズ）.167(24-4)1本

年度	所属チーム	試合数	打数	得点	安打	二塁打	三塁打	本塁打	打点	四球	三振	盗塁	盗塁死	出塁率	OPS	打率
2015	アストロズ	99	387	52	108	22	1	22	68	40	78	14	4	.345	.857	.279
2016	アストロズ	153	577	76	158	36	3	20	96	75	139	13	3	.361	.812	.274
2017	アストロズ	109	422	82	133	25	1	24	84	53	92	2	1	.391	.941	.315
2018	アストロズ	110	402	60	96	20	1	15	65	53	111	3	0	.323	.728	.239
2019	アストロズ	75	280	42	78	16	1	21	59	35	75	1	0	.358	.926	.279
2020	アストロズ	58	201	22	53	9	0	5	25	16	49	0	0	.326	.709	.264
2021	アストロズ	148	555	104	155	34	1	26	92	75	116	0	0	.366	.851	.279
2022	ツインズ	136	522	70	152	24	1	22	64	61	121	0	1	.366	.833	.291
2023	ツインズ	135	514	60	118	29	2	18	65	59	131	0	0	.312	.711	.230
通算成績		1023	3860	568	1051	215	11	173	618	467	912	33	9	.351	.819	.272

大谷から「二刀流謝罪」を受けた好捕手　キャッチャー

27 ライアン・ジェファーズ　Ryan Jeffers

27歳 1997.6.3生｜193cm｜106kg｜右投右打 ◆盗塁阻止率／.149(47-7)
◆対左投手打率／.263 ◆対右投手打率／.281
◆ホーム打率／.281 ◆アウェー打率／.272 ◆得点圏打率／.207
◆23年のポジション別出場数／キャッチャー=82、DH=9
◆Ⓓ2018②ツインズ ◆⨀ノースカロライナ州
◆甲243万ドル（約3億4020万円）

ミート	3
パワー	4
走塁	2
守備	4
肩	3

長らく正捕手候補と言われながらも突き抜けられなかったが、昨シーズンはキャリアハイとなる96試合でマスクをかぶり、ツインズの守りの要になりつつある。投手とこまめにコミュニケーションを取って収集する情報に裏打ちされたリードだけでなく、メジャー昇格間もない頃は「粗い」と言われがちだった打撃でも自己最高の2割7分6厘を記録するなど、攻守両面で成長を示した。昨年5月21日のエンジェルス戦では、5回表に大谷翔平から死球を受け、顔をゆがめた。その裏、打席に入った大谷から「大丈夫？ ごめんね」と、謝罪される一幕も。二刀流だからできる「即謝罪」に「当てた直後に打席で再会するなんて、滅多に起きないこと」と驚き、謝罪を受け入れた。

カモ L・リン（カーディナルス）.500(8-4)1本　苦手 T・スクーバル（タイガース）.091(11-1)1本

年度	所属チーム	試合数	打数	得点	安打	二塁打	三塁打	本塁打	打点	四球	三振	盗塁	盗塁死	出塁率	OPS	打率
2020	ツインズ	26	55	5	15	0	0	3	7	5	19	0	0	.355	.791	.273
2021	ツインズ	85	267	28	53	10	1	14	35	22	108	0	1	.270	.671	.199
2022	ツインズ	67	212	25	44	10	1	7	27	23	62	0	0	.285	.648	.208
2023	ツインズ	96	286	46	79	15	2	14	43	33	93	3	2	.369	.859	.276
通算成績		274	820	104	191	35	4	38	112	83	282	3	3	.315	.739	.233

Ⓓ=ドラフトデータ　⨀=出身地　甲=年俸　カモ 苦手 は通算成績

3週間で4本の満塁ホームラン

サード

23 ロイス・ルイス Royce Lewis

25歳 1999.6.5生｜188cm｜90kg｜右投右打

◆対左投手打率／.314 ◆対右投手打率／.307
◆ホーム打率／.250 ◆アウェー打率／.371 ◆得点圏打率／.385
◆23年のポジション別出場数／サード=49、DH=9、ショート=1
◆Ⓓ2017①ツインズ ◆Ⓑカリフォルニア州
◆Ⓢ74万ドル（約1億360万円）+α

ミート	4
パワー	4
走塁	4
守備	4
肩	4

　2017年のドラフトでツインズから全体1位指名された、大選手への成長を期待されている三塁手。右ヒザの前十字靭帯断裂など故障に泣かされ続け、メジャー2年目の昨シーズンも、腹斜筋やハムストリングを痛めて度々離脱したが、58試合で15本塁打、52打点を記録。3年ぶりの地区優勝に貢献した。とくにチャンスで無類の勝負強さを発揮し、4本のグランドスラムを放っている。また、ブルージェイズとのワイルドカードシリーズ第1戦では、2打席連続本塁打を記録。ポストシーズンの連敗を18で止める原動力となった。俊足巧打のプレースタイルから、「全盛期のホセ・レイエス（元メッツ）に、高い野球IQを加えた選手になれる」と目されていた選手。故障なくフルシーズンを戦えるかどうかが、今後、スター選手への道を歩むカギになりそうだ。

| カモ R・オルソン（タイガース）.750(4-3)0本 | 苦手 N・サンドリン（ガーディアンズ）.000(5-0)0本 |

年度	所属チーム	試合数	打数	得点	安打	二塁打	三塁打	本塁打	打点	四球	三振	盗塁	盗塁死	出塁率	OPS	打率
2022	ツインズ	12	40	5	12	4	0	2	5	1	5	0	0	.317	.867	.300
2023	ツインズ	58	217	36	67	7	0	15	52	20	55	6	1	.372	.920	.309
通算成績		70	257	41	79	11	0	17	57	21	60	6	1	.364	.913	.307

アメリカン・リーグ4位の33盗塁

ユーティリティ

50 ウィリ・カストロ Willi Castro

27歳 1997.4.24生｜185cm｜93kg｜右投両打

◆対左投手打率／.237 ◆対右投手打率／.266
◆ホーム打率／.260 ◆アウェー打率／.255 ◆得点圏打率／.234
◆23年のポジション別出場数／レフト=54、センター=45、サード=41、セカンド=10、ショート=8、ライト=4、DH=3、ピッチャー=3
◆Ⓓ2013㊿インディアンズ ◆Ⓑプエルトリコ
◆Ⓢ330万ドル（約4億6200万円）

ミート	3
パワー	2
走塁	4
守備	4
肩	4

　プエルトリコ出身の俊足スイッチヒッター。2022年オフにツインズとマイナー契約。昨季開幕前にメジャーに昇格し、レフト、センター、サードを中心にユーティリティ性を発揮。計124試合に出場する貢献ぶりを見せた。足でも魅せ、33盗塁はチーム最多。相手守備陣の隙を突いた好走塁も光った。タイガース所属最終年の22年5月18日のレイズ戦で、カストロが放った打球が自身の足に当たったように見えたが、猛然と一塁にダッシュし、内野安打となるプレーがあった。この一打に、「自打球以外で、あそこまで打球の軌道が変わることはない」「なんで走ったんだ？」とバッシングされたことも。

| カモ D・リンチ4世（ロイヤルズ）.500(14-7)1本 | 苦手 J・カリンチャク（ガーディアンズ）.000(10-0)0本 |

年度	所属チーム	試合数	打数	得点	安打	二塁打	三塁打	本塁打	打点	四球	三振	盗塁	盗塁死	出塁率	OPS	打率
2019	タイガース	30	100	10	23	6	1	1	8	6	34	0	1	.284	.624	.230
2020	タイガース	36	129	21	45	4	2	6	24	7	38	0	1	.381	.931	.349
2021	タイガース	125	413	56	91	15	6	9	38	23	109	9	4	.273	.624	.220
2022	タイガース	112	365	47	88	18	2	8	31	15	82	9	4	.284	.651	.241
2023	ツインズ	124	358	60	92	18	5	9	34	34	99	33	5	.339	.750	.257
通算成績		427	1365	194	339	61	16	33	135	85	362	51	15	.305	.694	.248

センター

25 昨季はDH、今季はセンター復帰予定
バイロン・バクストン
Byron Buxton

31歳 1993.12.18生｜188cm｜86kg｜右投右打

◆対左投手打率／.179　◆対右投手打率／.217
◆ホーム打率／.216　◆アウェー打率／.197　◆得点圏打率／.141
◆23年のポジション別出場数／DH=80
◆Ⓓ2012①ツインズ　◆田ジョージア州
◆囲1500万ドル（約21億円）　◆ゴールドグラブ賞1回（17年）

ミート**3**
パワー**5**
走塁**5**
守備**5**
肩**4**

ツインズ

　かつては「マイク・トラウトの再来」とも称された外野手。右打者にもかかわらず、2015年から19年まで、5年連続でアメリカン・リーグ最速の一塁到達速度を記録。センターの守備も、17年にゴールドグラブ賞に輝くなど定評がある。パワーもメジャートップクラスで、周囲の度肝を抜く特大弾をよく放つ。しかし、とにかく故障が多く、メジャー9年間で、シーズン100試合以上出場は1回だけ。昨季は故障防止に指名打者で出場していたが、8月にハムストリングを痛めてシーズン終了。10月には右ヒザを手術している。

カモ B・シンガー（ロイヤルズ）.538(13-7)2本　苦手 T・マッケンジー（ガーディアンズ）.083(12-1)1本

年度	所属チーム	試合数	打数	得点	安打	二塁打	三塁打	本塁打	打点	四球	三振	盗塁	盗塁死	出塁率	OPS	打率
2015	ツインズ	46	129	16	27	7	1	2	6	6	44	2		.250	.576	.209
2016	ツインズ	92	298	44	67	19	6	10	38	23	118	10	2	.284	.714	.225
2017	ツインズ	140	462	69	117	14	6	16	51	38	150	29	1	.314	.727	.253
2018	ツインズ	28	90	8	14	4	0	0	4	3	28	5	0	.183	.383	.156
2019	ツインズ	87	271	48	71	30	4	10	46	19	68	14	3	.314	.827	.262
2020	ツインズ	39	130	19	33	3	0	13	27	2	36	2	1	.267	.844	.254
2021	ツインズ	61	235	50	72	23	6	19	32	13	62	9	1	.358	1.005	.306
2022	ツインズ	92	340	61	76	13	3	28	51	34	116	6	0	.306	.832	.224
2023	ツインズ	85	304	49	63	17	1	17	42	35	109	9	0	.294	.732	.207
通算成績		670	2259	364	540	130	21	115	297	173	731	86	10	.300	.768	.239

ファースト

19 イェリッチになぞらえられる巧打者
アレックス・キリロフ
Alex Kirilloff

27歳 1997.11.9生｜188cm｜88kg｜左投左打

◆対左投手打率／.125　◆対右投手打率／.300
◆ホーム打率／.234　◆アウェー打率／.306　◆得点圏打率／.253
◆23年のポジション別出場数／ファースト=75、ライト=11、
レフト=10、DH=3　◆Ⓓ2016①ツインズ
◆田ペンシルヴァニア州　◆囲135万ドル（約1億8900万円）

ミート**3**
パワー**3**
走塁**2**
守備**2**
肩**3**

　流れるようなスイングで、広角に快打を飛ばす左打者。そのスイングの美しさから、しばしばブリュワーズの看板打者クリスチャン・イェリッチと比較される。2020年のポストシーズンでメジャー初昇格を果たしてからは、メジャーの壁に悩まされていたが、昨季はファーストを中心にキャリアハイの88試合に出場し、打率2割7分0厘をマーク。成長ぶりを示した。父デイヴィッドさんは、パイレーツの元スカウトで、現在は野球のトレーニング施設を運営している。野球に覚えのある父は、息子であるアレックスに生後11カ月から打撃指導を敢行し、今に続く、しなやかなスイングの会得につなげた。

カモ M・コペック（ホワイトソックス）.571(7-4)1本　苦手 L・カスティーヨ（マリナーズ）.000(6-0)0本

年度	所属チーム	試合数	打数	得点	安打	二塁打	三塁打	本塁打	打点	四球	三振	盗塁	盗塁死	出塁率	OPS	打率
2021	ツインズ	59	215	23	54	11	1	8	34	14	52	1	1	.299	.722	.251
2022	ツインズ	45	144	14	36	7	0	3	21	5	36	0	0	.290	.651	.250
2023	ツインズ	88	281	35	76	14	1	11	41	28	80	1	1	.348	.793	.270
通算成績		192	640	72	166	32	2	22	96	47	168	2	1	.319	.738	.259

復活を果たしたドイツ出身の強打者 ライト

26 マックス・ケプラー Max Kepler

31歳 1993.2.10生｜193cm｜101kg｜左投左打

◆対左投手打率／.250 ◆対右投手打率／.263
◆ホーム打率／.291 ◆アウェー打率／.233 ◆得点圏打率／.266
◆23年のポジション別出場数／ライト=124、DH=2
◆回2009㉚ツインズ ◆囲ドイツ
◆囝1000万ドル（約14億円）

ミート **3**
パワー **4**
走塁 **4**
守備 **5**
肩 **4**

　2019年に36本塁打を記録して以降、打撃に苦しむシーズンが続いていたが、昨季は自己最多の試合出場だった19年の134試合に次ぐ、130試合に出場。5月に左ハムストリングを負傷しての離脱がありながらも、チーム最多の24本塁打をマークした。ドイツのベルリン出身。少年時代は野球以外にも、サッカー、テニス、水泳、スキーなど、様々なスポーツを経験。その中で最もケプラー少年の心を揺さぶったのが野球で、「サッカーでなく、野球を選んだことに後悔はない」と断言する。両親はともに、プロのバレエダンサー。

カモ E・ロドリゲス（ダイヤモンドバックス）.353(17-6)2本　苦手 J・ヴァーランダー（アストロズ）.043(23-1)0本

年度	所属チーム	試合数	打数	得点	安打	二塁打	三塁打	本塁打	打点	四球	三振	盗塁	盗塁死	出塁率	OPS	打率
2015	ツインズ	3	7	0	1	0	0	0	0	0	3	0	0	.143	.286	.143
2016	ツインズ	113	396	52	93	20	2	17	63	42	93	6	1	.309	.733	.235
2017	ツインズ	147	511	67	124	32	2	19	69	47	114	6	1	.312	.737	.243
2018	ツインズ	156	532	80	119	30	4	20	58	71	96	4	5	.319	.727	.224
2019	ツインズ	134	524	98	132	32	0	36	90	60	99	1	5	.336	.855	.252
2020	ツインズ	48	171	27	39	9	0	9	23	22	36	3	0	.321	.760	.228
2021	ツインズ	121	426	61	90	21	4	19	54	54	96	10	0	.306	.719	.211
2022	ツインズ	115	388	54	88	18	1	9	43	49	66	3	2	.318	.666	.227
2023	ツインズ	130	438	72	114	22	2	24	66	45	106	1	1	.332	.816	.260
通算成績		967	3393	511	800	184	15	153	466	390	709	34	16	.319	.753	.236

顔面死球を乗り越えたユーティリティ ユーティリティ

12 カイル・ファーマー Kyle Farmer

34歳 1990.8.17生｜183cm｜92kg｜右投右打

◆対左投手打率／.289 ◆対右投手打率／.239
◆ホーム打率／.280 ◆アウェー打率／.234 ◆得点圏打率／.346
◆23年のポジション別出場数／セカンド=45、サード=43、ショート=40、ファースト=4、レフト=3、DH=1 ◆回2013⑧ドジャース
◆囲ジョージア州 ◆囝630万ドル（約8億8200万円）

ミート **2**
パワー **3**
走塁 **3**
守備 **4**
肩 **3**

　2022年のオフに、レッズからトレードで加入した内野のユーティリティ。ツインズ移籍初年度の昨季も内野全ポジションで起用され、サード、ショート、セカンドで各40試合以上、出場している。昨年4月12日のホワイトソックス戦では、顔面に死球を受け、歯を損傷。手術が必要なケガを負ったが、1ヵ月後に戦列復帰し、最終的に120試合に出場した。150キロにせまるボールを顔面に受けたことで、「ピッチクロックの導入で、投げるのを急かされたことが、今回の悲劇につながったのでは？」と、新ルールとの関連性を含め、各所で議論を呼んだ。19年まではキャッチャーとしてもプレーしている。

カモ M・ケラー（パイレーツ）.533(15-8)0本　苦手 C・ストラットン（ロイヤルズ）.000(7-0)0本

年度	所属チーム	試合数	打数	得点	安打	二塁打	三塁打	本塁打	打点	四球	三振	盗塁	盗塁死	出塁率	OPS	打率
2017	ドジャース	20	20	1	6	1	0	0	2	0	3	0	0	.300	.650	.300
2018	ドジャース	39	68	1	16	4	1	0	9	5	15	0	0	.312	.636	.235
2019	レッズ	97	183	22	42	6	0	9	27	10	59	4	1	.279	.689	.230
2020	レッズ	32	64	4	17	3	0	0	4	5	13	1	0	.329	.642	.266
2021	レッズ	147	483	60	127	22	2	16	63	22	97	2	3	.316	.732	.263
2022	レッズ	145	526	58	134	25	1	14	78	33	99	4	3	.315	.701	.255
2023	ツインズ	120	336	49	86	14	2	11	46	23	86	2	4	.317	.725	.256
通算成績		600	1680	195	428	75	6	50	229	98	372	13	11	.312	.708	.255

ドラフト18巡目指名からの大出世

セカンド

47 エドゥアルド・ジュリアン *Edouard Julien*

25歳 1999.4.30生｜183cm｜88kg｜右投左打 対左.196 対右.274 ホ.265 ア.262 得.273 D2019⑱ツインズ 囲カナダ 囲74万ドル(約1億360万円)+α

ミ**3** バ**4** 走**4** 守**4** 肩**3**

2Aで磨いた走攻守を評価した球団が、ルール5ドラフトでの他球団流出を警戒し、2022年オフに40人枠に登録。昨年メジャーに昇格し、レギュラーをつかんだ売り出し中の二塁手。7月20日のマリナーズ戦で、先発の前田健太を援護する本塁打を放つと、昨季は109試合に出場し、16本塁打、打率2割6分3厘とバットで存在感を示した。カナダ出身で、フランス語、スペイン語に加え、大学在学時に身につけた英語の3カ国語を操るトリリンガル。大学時代には、公衆酩酊とごみのポイ捨てによって、逮捕されたという悲しい過去も。昨年のWBCにはカナダ代表で出場。

年度	所属チーム	試合数	打数	得点	安打	二塁打	三塁打	本塁打	打点	四球	三振	盗塁	盗塁死	出塁率	OPS	打率
2023	ツインズ	109	338	60	89	16	1	16	37	64	128	3	0	.381	.840	.263
通算成績		109	338	60	89	16	1	16	37	64	128	3	0	.381	.840	.263

間一髪で顔面直撃を回避

キャッチャー

8 クリスチャン・ヴァスケス *Christian Vazquez*

34歳 1990.8.21生｜175cm｜92kg｜右投右打 ◆盗塁阻止率/.229(70-16) 対左.250 対右.216 ホ.241 ア.207 得.260 D2008⑨レッドソックス 囲プエルトリコ 囲1000万ドル(約14億円)

ミ**3** バ**3** 走**2** 守**4** 肩**4**

レッドソックスとアストロズで、ワールドシリーズ制覇を経験しているベテラン捕手。3年契約でツインズに加入した昨シーズンは、91試合で先発マスクをかぶったものの、打撃成績が低迷。ジェファーズの台頭により、今季はバックアップに回るが、トレードで出される可能性もある。昨年話題になったのが、8月16日のタイガース戦での出来事。ネクストバッターズサークルにいたヴァスケスの顔面付近に、鋭いファウルボールが飛んできたが、ヘルメットのツバに当たり、顔面直撃はぎりぎりのところで避けられた。あわや大惨事に、本人はただ苦笑するしかなかった。

年度	所属チーム	試合数	打数	得点	安打	二塁打	三塁打	本塁打	打点	四球	三振	盗塁	盗塁死	出塁率	OPS	打率
2023	ツインズ	102	327	34	73	13	0	6	32	25	82	1	0	.280	.598	.223
通算成績		835	2760	317	709	140	5	61	308	188	556	29	16	.306	.684	.257

ツインズの未来を切り開く有望株

ショート・サード
ルーキー

— ブルックス・リー *Brooks Lee*

23歳 2001.2.14生｜180cm｜92kg｜右投左打 ◆メジャーでのプレー経験なし D2022①ツインズ 囲カリフォルニア州

ミ**4** バ**3** 走**3** 守**3** 肩**3**

2022年のドラフトで、ツインズが1巡目(全体8位)に指名した強打の内野手。打撃面では高い打率を期待でき、パワーも確実についてきている。ショートの守備も、「中の上」レベルだ。今季中のメジャー昇格が確実視されているが、ツインズのショートにはコレイアがいるため、サードやセカンドにコンバートされる可能性が高い。昨季は2Aで好成績を残したあと、8月に3A昇格。3Aでは38試合に出場し、打率2割3分7厘、5本塁打だった。お父さんのラリーさんは、大学の野球チームのコーチ。野球の基礎は、この父から学んでいる。名前の由来は、ゴールドグラブ賞を16度受賞し、「人間掃除機」の異名をとった、殿堂入り選手のブルックス・ロビンソン(昨年9月に死去)から。ラリーさんが、大好きな選手だったそうだ。

ツインズ

38 ホームランの平均飛距離が大谷を上回る
マット・ウォールナー *Matt Wallner*

レフト

27歳 1997.12.12生 | 193cm | 99kg | 右投左打 対左.119 対右.281 ホ.265 ア.229 得.278 ド2019①ツインズ 出ミネソタ州 年74万ドル(約1億360万円)+α

ミ2 パ5 走3 守3 肩3

ツボに来れば果てしなく飛ばす外野手。大学時代は南ミシシッピ州の歴代本塁打記録を樹立するなど、飛ばし屋として名をとどろかせた。一昨年、メジャーデビュー。昨季は3Aでのスタートだったが、4月上旬に昇格。このときは8打数無安打で、6試合で降格となったが、3Aで特大本塁打を放つなどポテンシャルを発揮し、再昇格。最終的に76試合に出場した。昨季の14本塁打の平均飛距離は、424フィート(約129.2メートル)。この数字は、大谷の422フィート(128.6メール)をしのぎ、10本塁打以上記録したアメリカン・リーグの選手の中ではトップだった。

年度 所属チーム	試合数	打数	得点	安打	二塁打	三塁打	本塁打	打点	四球	三振	盗塁	盗塁死	出塁率	OPS	打率
2023 ツインズ	76	213	42	53	11	1	14	41	28	80	2	1	.370	.877	.249
通算成績	94	270	46	66	14	1	16	51	34	105	3	1	.361	.842	.244

30 一塁守備で、ゴールドグラブ賞の最終候補に
カルロス・サンタナ *Carlos Santana*

ファースト DH　移籍

38歳 1986.4.8生 | 180cm | 95kg | 右投両打 対左.266 対右.231 ホ.260 ア.260 得.291 ド2004外ドジャース 出ドミニカ 年525万ドル(約7億3500万円) ◆シルバースラッガー賞1回(19年)

ミ2 パ4 走2 守4 肩3

昨季はパイレーツとブリュワーズで、計23本塁打を放ったベテラン一塁手。今年2月のキャンプ直前に、1年525万ドルの契約で加入。インディアンズ(現ガーディアンズ)で10シーズンのプレー歴があるほか、ロイヤルズに所属していたこともあり、キャリアの大半をアメリカン・リーグ中部地区で過ごしている選手だ。打撃面では、スイッチヒッターだが、右打席(対左投手)でとくに力を発揮する。一塁の守備は、守備範囲が平均以上。昨季はピンチに度々好プレーを見せ、ゴールドグラブ賞の最終候補になったが、メジャー14年目での初受賞とはならなかった。

年度 所属チーム	試合数	打数	得点	安打	二塁打	三塁打	本塁打	打点	四球	三振	盗塁	盗塁死	出塁率	OPS	打率
2023 パイレーツ	94	345	45	81	25	0	12	53	45	69	6	0	.321	.733	.235
2023 ブリュワーズ	52	205	33	51	8	1	11	33	20	35	0	0	.314	.773	.249
2023 2チーム計	146	550	78	132	33	1	23	86	65	104	6	0	.318	.747	.240
通算成績	1930	6879	995	1665	367	17	301	1011	1213	1350	54	18	.356	.788	.242

ー オースティン・マーティン *Austin Martin*

センター レフト セカンド　期待度 B　ルーキー

25歳 1999.3.23生 | 183cm | 83kg | 右投右打 ◆昨季はルーキー級、1A、3Aでプレー ド2020①ブルージェイズ 出フロリダ州

2020年のドラフトで、ブルージェイズが1巡目(全体5位)に指名した逸材。21年途中のトレードでツインズへ移籍。プロ入り後、打撃面がやや伸び悩んでいるが、選球眼に優れているため出塁能力は高い。ウリは、スピード。外野の守備範囲も広いほうだが、肩はあまり強くない。大の負けず嫌い。

ー ユニアー・セヴェリーノ *Yunior Severino*

サード セカンド ファースト　期待度 C+　ルーキー

25歳 1999.10.3生 | 183cm | 85kg | 右投両打 ◆昨季は2A、3Aでプレー ド2016外ブレーブス 出ドミニカ

昨季は2A、3Aで計120試合に出場し、35本塁打を放ったスイッチヒッターの強打者。最大のウリはパワーで、逆方向にも大きな打球を飛ばせる。打撃面の欠点は、三振が非常に多いこと。足の速さも平均未満だ。守備は課題だらけ。サード、セカンドがメインだが、昨季はファーストにも挑戦している。

対左=対左投手打率 対右=対右投手打率 ホ=ホーム打率 ア=アウェー打率 得=得点圏打率 ド=ドラフトデータ 出=出身地 年=年俸

デトロイト・タイガース

◆創　立：1894年
◆本拠地：ミシガン州デトロイト市

◆ワールドシリーズ制覇：4回／◆リーグ優勝：11回
◆地区優勝：7回／◆ワイルドカード獲得：1回

主要オーナー クリストファー・イーリッチ（イーリッチ・ホールディングス代表）

過去5年成績

年度	勝	負	勝率	ゲーム差	地区順位	ポストシーズン成績
2019	47	114	.292	53.5	⑤	―
2020	23	35	.397	12.0	⑤	―
2021	77	85	.475	16.0	③	―
2022	66	96	.407	26.0	④	―
2023	78	84	.481	9.0	②	―

監督

14 A.J.ヒンチ *A.J. Hinch*

◆年　　齢…………50歳（アイオワ州出身）
◆現役時代の経歴 …7シーズン　アスレチックス（1998〜2000）、
（キャッチャー）　ロイヤルズ（2001〜02）、タイガース（2003）、
フィリーズ（2004）
◆現役通算成績……350試合　.219　32本　112打点
◆監督経歴…………10シーズン　ダイヤモンドバックス（2009〜10）、
アストロズ（2015〜19）、タイガース（2021〜）
◆通算成績…………791勝717敗（勝率.525）

　データ分析力、コミュニケーション力、若手育成力など、監督に必要な要素をいくつも兼ね備えた指揮官。若手の成長に手ごたえを感じており、今季、チームのさらなるステップアップを狙っている。アストロズ監督時代の2017年に、ワールドシリーズを制覇。名将としてたたえられたが、19年オフ、アストロズがチームぐるみで不正なサイン盗みを行っていたことが発覚。ヒンチの関与はなかったようだが、止められなかった責任を問われ、アストロズ監督を辞任した。

注目コーチ **90 マイケル・ブルダー** *Michael Brdar*

　打撃コーチ。30歳。若いながらも卓越した打撃理論とリーダーシップ、そして分析力で、周囲の信頼を勝ち得てきた。2022年はパドレスで、打撃コーチを務めていた。

編成責任者 **スコット・ハリス** *Scott Harris*

　38歳。一昨年9月、ジャイアンツの組織から引き抜かれ、すぐに医療・健康部門の改革に着手。そのおかげか、昨年、チームの故障者は減少した。両親は、ともに医者。

スタジアム **コメリカ・パーク** *Comerica Park*

◆開場年…………2000年
◆仕　様…………天然芝
◆収容能力………41,083人
◆フェンスの高さ…2.1m
◆特　徴…………2022年オフにセンターフェンスの位置を少し手前に動かしたが、依然としてセンターが全体的に深いため、2023年もこれまでの傾向通り、三塁打が多く出た。タイガースの球場らしく、至る所に虎のオブジェが設置されている。

ニュートラルパーク

Best Order [ベストオーダー]

① パーカー・メドウズ……センター
② ライリー・グリーン……ライト
③ スペンサー・トーケルソン……ファースト
④ ケリー・カーペンター……DH
⑤ マーク・キャナ……レフト
⑥ ハヴィエア・バエズ……ショート
⑦ コルト・キース……セカンド
⑧ ジオ・アーシェラ……サード
⑨ ジェイク・ロジャーズ……キャッチャー

Depth Chart [ポジション別選手層・メンバーリスト]

※2024年2月25日時点の候補選手。数字は背番号(開幕前に変更する場合もあり)、右・左等は投・打の順。

センター
22 **パーカー・メドウズ [右・左]**
31 ライリー・グリーン [左・左]
8 マット・ヴィアリング [右・右]

レフト
21 **マーク・キャナ [右・右]**
22 パーカー・メドウズ [右・左]
60 アキル・バドゥー [左・左]
8 マット・ヴィアリング [右・右]

ライト
31 **ライリー・グリーン [左・左]**
30 ケリー・カーペンター [右・左]
22 パーカー・メドウズ [右・左]
39 ザック・マキンストリー [右・左]

ショート
28 **ハヴィエア・バエズ [右・右]**
39 ザック・マキンストリー [右・左]

セカンド
33 **コルト・キース [右・左]**
39 ザック・マキンストリー [右・左]
77 アンディ・イバニェス [右・右]

ローテーション
29 タリク・スクーバル [左・左]
18 前田健太 [右・右]
45 ジャック・フラハティ [右・右]
25 マット・マニング [右・右]
40 リース・オルソン [右・右]
12 ケイシー・マイズ [右・右]
66 ソーヤー・ギブソン=ロング [右・右]

サード
13 **ジオ・アーシェラ [右・右]**
8 マット・ヴィアリング [右・右]
39 ザック・マキンストリー [右・左]
33 コルト・キース [右・左]

ファースト
20 **スペンサー・トーケルソン [右・右]**
21 マーク・キャナ [右・右]

キャッチャー
34 **ジェイク・ロジャーズ [右・右]**
15 カーソン・ケリー [右・右]

DH
30 **ケリー・カーペンター [右・左]**
21 マーク・キャナ [右・右]

ブルペン
55 アレックス・ラング [右・右] **CL**
68 ジェイソン・フォーリー [右・右]
7 シェルビー・ミラー [右・右]
19 ウィル・ヴェスト [右・右]
87 タイラー・ホルトン [左・左]
17 アンドルー・チェイフィン [左・右]
53 メイソン・イングラート [右・両]
58 ミゲール・ディアス [右・右]
52 ブレンダン・ホワイト [右・右]
4 ボー・ブリスキー [右・右]
43 ジョーイ・ウェンツ [左・左]

※**CL**=クローザー

タイガース試合日程……＊はアウェーでの開催

3月28・30・31	ホワイトソックス＊	29・30・**5月**1	カーディナルス	30・31・**6月**1・2	レッドソックス＊
4月1・2・3	メッツ＊	3・4・5	ヤンキース＊	3・4・5	レンジャーズ＊
5・6・7	アスレティックス	6・7・8	ガーディアンズ＊	7・8・9	ブリュワーズ
8・9	パイレーツ＊	10・11・12	アストロズ	11・12・13	ナショナルズ
11・12・13・14	ツインズ	13・14・15	マーリンズ	14・15・16	アストロズ＊
15・16・17・18	レンジャーズ	17・18・19	ダイヤモンドバックス	17・18・19	ブレーブス＊
19・20・21	ツインズ＊	20・21・22	ロイヤルズ＊	21・22・23	ホワイトソックス
22・23・24	レイズ＊	23・24・25・26	ブルージェイズ	24・25・26	フィリーズ
26・27・28	ロイヤルズ	28・29	パイレーツ	27・28・29・30	エンジェルス＊

球団メモ エンジェルスとともに、最もポストシーズンから遠ざかっているチームで、最後の進出は2014年。マイナー組織が壊滅的なエンジェルスに比べ、未来は明るい!?

タイガース

■投手力 ➡ …★★★ ☆☆ 【昨年度チーム防御率4.24、リーグ9位】

エース格だったエドゥアルド・ロドリゲスが抜け、前田健太とフラハティが新たに加わった。この2人と、スクーバル、マニング、オルソンで形成するローテーションは、「中」レベル。ベテラン前田の加入は、若い投手たちに好影響を与えるだろう。ブルペンには、ドジャース再生工場で昨年よみがえったミラーが加入し、こちらも「中」レベルになっている。

■攻撃力 ↗ …★★↗ ☆☆ 【昨年度チーム得点661、リーグ13位】

昨季のチーム得点（661）はリーグ13位で、本塁打数（165）も13位。これだけ見れば、ため息しか出てこないが、前年（2022年）のリーグワーストだった得点（557）、本塁打数（110）と比較すれば、ずいぶんと向上したように感じられる。トーケルソン、カーペンターの若き主砲たちに、さらなる成長が見込まれ、オフにキャナも加入。今季も得点力のアップが期待できる。

■守備力 ➡ …★★↗ ☆☆ 【昨年度チーム失策数100、リーグ13位】

守備の名手と呼べるような人材がいない。ただ、マキンストリーが昨季、7つのポジション（ピッチャー含む）でプレーし、ゴールドグラブ賞（ユーティリティ部門）の最終候補に残っている。トーケルソンは昨季、メジャーの一塁手でワーストの11エラーを記録するなど、守備で苦しんだ。

■機動力 ➡ …★★ ☆☆☆ 【昨年度チーム盗塁数85、リーグ13位】

ヒンチ監督は、盗塁に積極的ではない。チームに、スモールボールのスキルが高い選手も少ない。昨季のチーム最多盗塁は、マキンストリーの16。

総合評価 ➡
★★↗☆☆

昨季は地区2位とはいえ、負け越しており、ポストシーズンを狙うには、まだ戦力が不十分。有望株たちが躍動するのも、もう少し先か。しかし、ツインズも戦力を整えられていないため、若手選手のブレイク次第では、地区優勝の目が出てくる可能性も。

IN 主な入団選手
投手
前田健太 ←ツインズ
ジャック・フラハティ ←オリオールズ
シェルビー・ミラー ←ドジャース
アンドリュー・チェイフィン ←ブリュワーズ
野手
マーク・キャナ ←ブリュワーズ
ジオ・アーシェラ ←エンジェルス

OUT 主な退団選手
投手
エドゥアルド・ロドリゲス →ダイヤモンドバックス
野手
ミゲール・カブレラ →引退

7月2・3・4	ツインズ*	**8**月1・2・3・4	ロイヤルズ	2・4・5	パドレス*
5・6・7	レッズ*	6・7・8	マリナーズ*	6・7・8	アスレティックス*
8・9・10・11	ガーディアンズ	9・10・11	ジャイアンツ*	10・11・12	ロッキーズ
12・13・14	ドジャース	13・14・15	マリナーズ	13・14・15	オリオールズ
16	オールスターゲーム	16・17・18	ヤンキース	16・17・18	ロイヤルズ*
19・20・21	ブルージェイズ*	20・21・22	カブス*	20・21・22	オリオールズ*
22・23・24・25	ガーディアンズ*	23・24・25・26	ホワイトソックス*	24・25・26	レイズ
26・27・28	ツインズ	27・28・29	エンジェルス	27・28・29	ホワイトソックス
29・30	ガーディアンズ	30・31・**9**月1	レッドソックス		

右ヒジの故障を乗り越え、見事復活 先発 移籍

18 前田健太 *Kenta Maeda*

36歳 1988.4.11生｜185cm｜83kg｜右投右打

◆速球のスピード／140キロ台中頃～後半（フォーシーム、シンカー）
◆決め球と持ち球／◎スプリッター、◎スライダー、◎フォーシーム、△カーブ、△シンカー　◆対左.241　◆対右.237
◆ホ防5.80　◆ア防3.03　◆ド2007①広島、2016ドジャース
◆出大阪府　◆年1400万ドル（約19億6000万円）

球威	3
制球	4
緩急	4
精神・頭脳	4
度胸	4

　ツインズから移籍の日本人右腕。トミー・ジョン手術の影響で、一昨年は全休。復帰した昨季は、4月は調子が上がらず、4試合投げたところで、右上腕部の張りでIL（故障者リスト）入り。だが、6月下旬に復帰後は、まずまずの投球を見せていた。オフにFAとなり、2年2400万ドルでタイガース入り。契約には、子供たちの野球支援などを行うタイガース財団に、1年目7万ドル、2年目5万ドルを寄付する、との条項も盛り込まれた。「最初にオファーをかけてくれたチーム。その気持ちがうれしくて選ばせていただきました」と語る。球団は、若い投手たちの精神的支柱としての役割も、期待している。

カモ L・ロバート・ジュニア（ホワイトソックス）.100(10-1)1本　苦手 M・オルソン（ブレーブス）.667(6-4)2本

年度	所属チーム	勝利	敗戦	防御率	試合数	先発	セーブ	投球イニング	被安打	失点	自責点	被本塁打	与四球	奪三振	WHIP
2016	ドジャース	16	11	3.48	32	32	0	175.2	150	72	68	20	50	179	1.14
2017	ドジャース	13	6	4.22	29	25	1	134.1	121	68	63	22	34	140	1.15
2018	ドジャース	8	10	3.81	39	20	2	125.1	115	58	53	13	43	153	1.26
2019	ドジャース	10	8	4.04	37	26	3	153.2	114	70	69	22	51	169	1.07
2020	ツインズ	6	1	2.70	11	11	0	66.2	40	20	20	9	10	80	0.75
2021	ツインズ	6	5	4.66	21	21	0	106.1	106	60	55	16	32	113	1.30
2023	ツインズ	6	8	4.23	21	20	0	104.1	94	50	49	17	28	117	1.17
通算成績		65	49	3.92	190	155	6	866.1	740	398	377	119	248	951	1.14

昨季終盤、圧巻のピッチング 先発

29 タリク・スクーバル *Tarik Skubal*

28歳 1996.11.20生｜190cm｜108kg｜左投右打

◆速球のスピード／150キロ台中頃（フォーシーム、シンカー）
◆決め球と持ち球／☆チェンジアップ、◎スライダー、◎フォーシーム、◎シンカー、○カーブ　◆対左.125　◆対右.210
◆ホ防1.37　◆ア防4.17　◆ド2018⑨タイガース
◆出カリフォルニア州　◆年265万ドル（約3億7100万円）

球威	4
制球	4
緩急	5
精神・頭脳	3
度胸	4

　2022年8月に左ヒジを手術し、昨年7月に復帰を果たした先発左腕。シーズン終盤となる9月の投球内容は、まさに圧巻。5試合に先発し、4勝0敗、計30イニングを投げ、43奪三振、防御率0.90というすさまじい数字を残した。当然のごとく、9、10月アメリカン・リーグ投手部門の月間MVPも受賞。従来からの主武器である150キロ台中盤から後半のフォーシーム、切れ味鋭いスライダーに加え、打者のタイミングを狂わす130キロ台中盤のチェンジアップが、絶大な効果を発揮した。シアトル大学在学時にトミー・ジョン手術を受け、翌年のドラフト指名をことわった経験も持つ苦労人。昨季終盤の好調を維持できるかが、今季のチームの浮沈を決めるカギとなりそうだ。

カモ B・ウィット・ジュニア（ロイヤルズ）.077(13-1)0本　苦手 S・ペレス（ロイヤルズ）.444(18-8)3本

年度	所属チーム	勝利	敗戦	防御率	試合数	先発	セーブ	投球イニング	被安打	失点	自責点	被本塁打	与四球	奪三振	WHIP
2020	タイガース	4	4	5.63	8	7	0	32.0	28	21	20	9	11	37	1.22
2021	タイガース	8	12	4.34	31	29	0	149.1	141	76	72	35	47	164	1.26
2022	タイガース	7	8	3.52	21	21	0	117.2	104	53	46	9	32	117	1.16
2023	タイガース	7	3	2.80	15	15	0	80.1	58	28	25	4	14	102	0.90
通算成績		23	27	3.87	75	72	0	379.1	331	178	163	57	104	420	1.15

対左＝対左打者被打率　対右＝対右打者被打率　ホ防＝ホーム防御率　ア防＝アウェー防御率
ド＝ドラフトデータ　出＝出身地　年＝年俸　カモ 苦手 は通算成績

ピッチャー返しで2度の骨折を経験 　先発

25 マット・マニング *Matt Manning*

26歳 1998.1.28生｜198cm｜88kg｜右投右打
◆速球のスピード／150キロ前後（フォーシーム）
◆決め球と持ち球／◎スライダー、◎フォーシーム、
○チェンジアップ、△カーブ　◆対左.221　◆対右.204
◆ホ防3.69　◆ア防3.50　◆ド2016①タイガース
◆田カリフォルニア州　◆年74万ドル（約1億360万円）+α

球威	3
制球	3
緩急	4
守備・牽制	3
度胸	3

昨季、2度にわたって悲劇的事態に見舞われた、2016年ドラフト1巡目指名の長身右腕。最初の災難は、2試合目の先発となった4月11日のブルージェイズ戦。ピッチャー返しの打球が右足に当たり、のちに骨折が判明。6月27日のレンジャーズ戦まで、2カ月半も実戦から遠ざかった。復帰後の7月8日のブルージェイズ戦では、6回2/3を無安打、無失点に抑え、あとを継いだジェイソン・フォーリー、アレックス・ラングの3投手による「継投でのノーヒットノーラン達成」という快挙を達成。しかし、9月6日のヤンキース戦で、再び悲劇が襲う。スタントンが放った打球速度192キロの強烈な当たりが、またも右足を直撃し、骨折。これがシーズン最後の登板となった。

カモ T・ウォード（エンジェルス）.000(9-0)0本　　苦手 C・マリンズ（オリオールズ）.444(9-4)0本

年度	所属チーム	勝利	敗戦	防御率	試合数	先発	セーブ	投球イニング	被安打	失点	自責点	被本塁打	与四球	奪三振	WHIP
2021	タイガース	4	7	5.80	18	18	0	85.1	96	59	55	10	33	57	1.51
2022	タイガース	2	3	3.43	12	12	0	63.0	55	27	24	6	19	48	1.17
2023	タイガース	5	4	3.58	15	15	0	78.0	60	37	31	11	21	50	1.04
通算成績		11	14	4.37	45	45	0	226.1	211	123	110	27	73	155	1.25

抑えに定着した、奪三振率の高いドラ1右腕 　クローザー

55 アレックス・ラング *Alex Lange*

29歳 1995.10.2生｜190cm｜91kg｜右投右打
◆速球のスピード／150キロ台中頃（シンカー、フォーシーム）
◆決め球と持ち球／☆カーブ、☆チェンジアップ、
◎シンカー、○フォーシーム　◆対左.209　◆対右.162
◆ホ防2.23　◆ア防5.08　◆ド2017①カブス
◆田カリフォルニア州　◆年74万ドル（約1億360万円）+α

球威	4
制球	4
緩急	4
守備・牽制	3
度胸	4

昨季からクローザーを任され、26セーブをマークした、2017年ドラフト1巡目指名のパワーピッチャー。10.77にも及ぶ、奪三振率の高さが大きな魅力だが、なかでも、昨季に奪った計79個の三振のうち、62回の決め球となったカーブのキレ味は、抜群のものがある。140キロの球速で急激に曲がり落ちていく軌道は、かなり独特。また、投げる割合は少ないが、被打率1割1分1厘のチェンジアップも、打者を惑わす、やっかいな持ち球となっている。真っ向勝負をするタイプで、時折、手痛い一発を浴びることもあるが、ポテンシャルは高く、リーグを代表するクローザーへと成長できる器。昨年5月には、2勝7セーブ、防御率0.84で、月間最優秀救援投手に選出された。

カモ J・ラミレス（ガーディアンズ）.100(10-1)0本　　苦手 A・ベニンテンディ（ホワイトソックス）.500(6-3)0本

年度	所属チーム	勝利	敗戦	防御率	試合数	先発	セーブ	投球イニング	被安打	失点	自責点	被本塁打	与四球	奪三振	WHIP
2021	タイガース	1	3	4.04	36	0	1	35.2	37	18	16	5	16	39	1.49
2022	タイガース	7	4	3.41	71	0	0	63.1	47	30	24	5	31	82	1.23
2023	タイガース	7	5	3.68	67	0	26	66.0	43	30	27	6	45	79	1.33
通算成績		15	12	3.65	174	0	27	165.0	127	78	67	16	92	200	1.33

タイガース

チーム最多の70試合に登板

セットアップ

68 ジェイソン・フォーリー Jason Foley

29歳 1995.11.1生 | 193cm | 97kg | 右投右打

◆速球のスピード／150キロ台中頃（シンカー）
◆決め球と持ち球／◎シンカー、○スライダー、○チェンジアップ
◆対左.299 ◆対右.222 ◆床防1.93 ◆ア防3.07
◆ド2016外タイガース ◆田ニューヨーク州
◆年74万ドル（約1億360万円）+α

球威	4
制球	3
緩急	3
守備・牽制	4
度胸	4

　メジャー3年目を迎えた昨季、70試合に登板し、ブルペンを支えたパワーピッチャー。セットアップ、ミドルリリーフのほか、9度のセーブ機会に登板し、7つのセーブをマークするなど、抑えとしての適性も示した。防御率、WHIPの改善が示す通り、安定感、粘り強さが増したことも、成長の証。3投手の継投ノーヒットノーランを記録した、昨年7月8日のブルージェイズ戦では、ランナー1人を残して降板したマニングのあとを受け、7回表を打者1人で片づけ、続く8回表も三者凡退と、快挙達成の重要な役割を果たしている。投球の7割弱を占める150キロ台半ばのシンカーが、生命線。芯を外し、詰まらせて打ち取るピッチングが真骨頂だ。被本塁打の少なさもウリ。

カモ B・ウィット・ジュニア（ロイヤルズ）.000(9-0)0本　**苦手** A・ヴォーン（ホワイトソックス）.444(9-4)1本

年度	所属チーム	勝利	敗戦	防御率	試合数	先発	セーブ	投球イニング	被安打	失点	自責点	被本塁打	与四球	奪三振	WHIP
2021	タイガース	0	0	2.61	11	0	0	10.1	8	3	3	1	5	6	1.26
2022	タイガース	1	0	3.88	60	0	0	60.1	72	27	26	2	11	43	1.38
2023	タイガース	3	3	2.61	70	0	7	69.0	65	21	20	2	15	55	1.16
通算成績		4	3	3.16	141	0	7	139.2	145	51	49	5	31	104	1.26

エンジェルス戦で10失点の大炎上

先発　**移籍**

45 ジャック・フラハティ Jack Flaherty

29歳 1995.10.15生 | 193cm | 101kg | 右投右打

◆速球のスピード／150キロ前後（フォーシーム主体）
◆決め球と持ち球／◎カーブ、○フォーシーム、○スライダー、○チェンジアップ、△カッター、△シンカー
◆対左.298 ◆対右.274 ◆床防5.68 ◆ア防4.53
◆ド2014①カーディナルス ◆田カリフォルニア州
◆年1400万ドル（約19億6000万円）

球威	2
制球	2
緩急	4
守備・牽制	4
度胸	4

　2017年にカーディナルスでメジャーデビュー。19年にはサイ・ヤング賞投票で4位に入る活躍を見せ、20、21年は開幕投手も務めた。ただ、22年に右肩を痛めてから、成績が下降気味。昨年は、10失点の大炎上試合もあった。8月1日にオリオールズ移籍後も調子は上向かず、シーズン終盤はリリーフに回っている。タイガースへの入団が決まった際、お母さんのアイリーンさんが自身のSNSに、タイガースの帽子とユニフォームを身につけた、少年時代のフラハティの写真をアップ。18年後に現実のものになったと、話題に。

カモ C・シーガー（レンジャーズ）.000(8-0)0本　**苦手** N・マドリガル（カブス）.800(5-4)1本

年度	所属チーム	勝利	敗戦	防御率	試合数	先発	セーブ	投球イニング	被安打	失点	自責点	被本塁打	与四球	奪三振	WHIP
2017	カーディナルス	0	2	6.33	6	5	0	21.1	23	15	15	4	10	20	1.55
2018	カーディナルス	8	9	3.34	28	28	0	151.0	108	59	56	20	59	182	1.11
2019	カーディナルス	11	8	2.75	33	33	0	196.1	135	62	60	25	55	231	0.97
2020	カーディナルス	4	3	4.91	9	9	0	40.1	33	22	22	6	16	49	1.21
2021	カーディナルス	9	2	3.22	17	15	0	78.1	57	35	28	12	26	85	1.06
2022	カーディナルス	2	1	4.25	9	8	0	36.0	36	18	17	4	22	33	1.61
2023	カーディナルス	7	6	4.43	20	20	0	109.2	116	56	54	10	54	106	1.55
2023	オリオールズ	1	3	6.75	9	7	0	34.2	46	27	26	7	12	42	1.67
2023	2チーム計	8	9	4.99	29	27	0	144.1	162	83	80	17	66	148	1.58
通算成績		42	34	3.75	131	125	0	667.2	554	294	278	88	254	748	1.21

対左=対左打者被打率　対右=対右打者被打率　床防=ホーム防御率　ア防=アウェー防御率
ド=ドラフトデータ　田=出身地　年=年俸　カモ 苦手=通算成績

40 メジャーデビュー戦で快投を披露
リース・オルソン *Reese Olson*

先発

25歳 1999.7.31生 | 185cm | 72kg | 右投右打 速150キロ台前半(フォーシーム、シンカー) 決◎スライダー
対左.218 対右.213 ド2018⑬ブリュワーズ 出ジョージア州 年74万ドル(約1億360万円)+α

球4 制3 緩3 守・牽4 度3

昨年6月2日のホワイトソックス戦に先発し、メジャーデビューを果たした新鋭。その試合では5回まで無安打、与四球1、奪三振6という快投を見せたが、6回表に連続安打を許して交代。後続が打たれ、負け投手となった。その後、6月24日のツインズ戦で、5回1/3を1失点でしのぎ、初勝利。以降もシーズン終了までローテーションを守り、計5勝をマークした。ピッチングは速球(フォーシーム、シンカー)、スライダー、チェンジアップを組み合わせ、時折、カーブも交える。ブリュワーズでプロ生活を始め、2021年シーズン半ばのトレードでタイガースに加入。

年度 所属チーム	勝利	敗戦	防御率	試合数	先発	セーブ	投球イニング	被安打	失点	自責点	被本塁打	与四球	奪三振	WHIP
2023 タイガース	5	7	3.99	21	18	0	103.2	83	49	46	14	33	103	1.12
通算成績	5	7	3.99	21	18	0	103.2	83	49	46	14	33	103	1.12

12 トミー・ジョン手術からの復活を目指す
ケイシー・マイズ *Casey Mize*

先発

27歳 1997.5.1生 | 190cm | 95kg | 右投右打 速150キロ台前半(フォーシーム、シンカー) 決◎スライダー
◆昨季はメジャー出場なし ド2018①タイガース 出アラバマ州 年84万ドル(約1億1760万円)

球4 制4 緩4 守・牽4 度4

2018年ドラフトで全体1位指名を受け、大成を期待されていた元エース候補。メジャー昇格2年目の2021年には、30試合に先発。チームの不振もあって7勝にとどまったが、防御率3.71、WHIP1.14と、大器の片鱗(へんりん)を見せた。しかし、22年6月に右ヒジのトミー・ジョン手術を受け、昨季も全休を余儀なくされた。今シーズンに復活を期すが、21年時の投球が再現できれば、ローテーションの軸としての働きが期待できる。プロ入り直後の19年に、大学時代から交際していた、ソフトボール選手だったタリさんにプロポーズ。彼女も快諾し、若い2人の夫婦生活が始まった。

年度 所属チーム	勝利	敗戦	防御率	試合数	先発	セーブ	投球イニング	被安打	失点	自責点	被本塁打	与四球	奪三振	WHIP
2022 タイガース	0	1	5.40	2	2	0	10.0	13	6	6	1	2	4	1.50
通算成績	7	13	4.29	39	39	0	188.2	172	95	90	32	56	148	1.21

7 「ドジャース再生工場」でよみがえる
シェルビー・ミラー *Shelby Miller*

ミドルリリーフ　移籍

34歳 1990.10.10生 | 190cm | 101kg | 右投右打 速150キロ前後(フォーシーム) 決◎スプリッター
対左.129 対右.139 ド2009①カーディナルス 出テキサス州 年325万ドル(約4億5500万円)

球4 制3 緩4 守・牽3 度3

昨季、ドジャースで復活したリリーフ右腕。カーディナルス時代の2013年に15勝をマークするなど、もともと先発を務めていた投手だが、ヒジを痛めて成績が低迷。移籍を繰り返す中でリリーフに転向したものの、結果が出ず、昨年は1年150万ドルの契約でドジャースに加入した。すると、開幕からリリーフで好投。6月半ばから首を痛めて2カ月以上離脱したものの、復帰後は制球がさらに良くなり、11試合(11イニング)を無失点に抑えた。オフに、1年300万ドルの契約でタイガース入り。奥さんの故郷がデトロイト近郊だったことも、入団の決め手になったようだ。

年度 所属チーム	勝利	敗戦	防御率	試合数	先発	セーブ	投球イニング	被安打	失点	自責点	被本塁打	与四球	奪三振	WHIP
2023 ドジャース	3	0	1.71	36	1	1	42.0	19	8	8	3	19	42	0.90
通算成績	41	58	4.08	203	133	1	820.0	774	402	372	89	331	686	1.35

速=速球のスピード　決=決め球

投手

8月末以降の15試合は、14試合で無失点

ミドルリリーフ

19 ウィル・ヴェスト Will Vest

29歳 1995.6.6生 | 183cm | 81kg | 右投右打 | 球150キロ台前半（フォーシーム、シンカー） | 決◎フォーシーム
対左.218 対右.215 ド2017⑫タイガース 出テキサス州 年74万ドル（約1億360万円）+α

球 4
制 3
緩 3
守・走 4
度 3

昨季は4月22日にメジャーに昇格し、以降、ほぼシーズンを通してタフに投げ抜いたリリーバー。三振を取れることが魅力で、6割強の割合で決め球となったフォーシームは、高めで空振りを奪える力強さと伸びを備えている。昨季は4試合で先発もしたが、これはオープナーやブルペンデーの先発として投げたもので、いずれも1イニング以内にマウンドを下りている。2017年のドラフトで、タイガースの12巡目指名を受け、プロ入り。ルール5ドラフトで移籍したマリナーズでメジャーデビューしたが、初登板から3カ月後にウエーバーにかけられ、古巣に戻った。

年度	所属チーム	勝利	敗戦	防御率	試合数	先発	セーブ	投球イニング	被安打	失点	自責点	被本塁打	与四球	奪三振	WHIP
2023	タイガース	2	1	2.98	48	4	2	48.1	40	18	16	3	13	56	1.10
通算成績		6	4	4.18	139	6	3	146.1	140	73	68	11	53	146	1.32

新天地に来て、まさかの大活躍

ミドルリリーフ

87 タイラー・ホルトン Tyler Holton

28歳 1996.6.13生 | 188cm | 90kg | 左投左打 | 球140キロ台後半（フォーシーム、シンカー） | 決◎スライダー
対左.147 対右.209 ド2018①ダイヤモンドバックス 出フロリダ州 年74万ドル（約1億30万円）+α

球 3
制 4
緩 4
守・走 4
度 4

昨年2月、ウエーバーにかけられ、ダイヤモンドバックスから移籍してきたリリーフ左腕。10試合、計9イニングの登板にとどまった2022年アリゾナ時代との比較では、試合数で約6倍の59試合、イニング数で約9.5倍増の85回1/3と、その存在感を飛躍的に高めた。圧倒的な決め球はないが、曲がり鋭いスライダー、伸びのあるフォーシーム、絶妙にタイミングを外すチェンジアップと、打者をしとめる球種は豊富。2017年ドラフトでマーリンズから35巡目に指名されたが、契約には至らず、翌年のドラフトでダイヤモンドバックスから9巡目に指名され、プロ入り。

年度	所属チーム	勝利	敗戦	防御率	試合数	先発	セーブ	投球イニング	被安打	失点	自責点	被本塁打	与四球	奪三振	WHIP
2023	タイガース	3	2	2.11	59	1	1	85.1	56	21	20	9	18	74	0.87
通算成績		3	2	2.19	69	1	1	94.1	64	24	23	10	20	80	0.89

― タイ・マッデン Ty Madden

先発 | 期待度 B | ルーキー

24歳 2000.2.21生 | 190cm | 97kg | 右投右打 | ◆昨季は2Aでプレー | ド2021①タイガース | 出テキサス州

2021年のドラフトで、全体32位でタイガースに指名されたテキサス大学出身の右腕。ピッチングは、速球にスライダー、チェンジアップ、カーブを交える。とくにスライダーの評価が高い。昨季は2Aで25試合に先発し、防御率3.43、奪三振率11.14。制球力が向上すれば、メジャー昇格も近い。

66 ソーヤー・ギプソン=ロング Sawyer Gipson-Long

先発 | 期待度 C+ | ルーキー

27歳 1997.12.12生 | 193cm | 101kg | 右投右打 | ◆昨季はメジャーで4試合に出場 | ド2019⑥ツインズ | 出ジョージア州

昨年9月10日のホワイトソックス戦で、先発投手としてメジャーデビュー。5回を2失点でしのぎ、初勝利をマークした。結局、昨季は先発で計4試合（計20イニング）に登板し、防御率2.70。ピッチングは、150キロ前後の速球（フォーシーム、シンカー）に、チェンジアップ、スライダーを交える。

球=速球のスピード　決=決め球　対左=対左打者被打率　対右=対右打者被打率
ド=ドラフトデータ　出=出身地　年=年俸

128

※メジャー経験がない投手の「先発」「リリーフ」はマイナーでの役割

ドラフト全体1位指名のエリートが目覚める

ファースト

20 スペンサー・トーケルソン Spencer Torkelson

25歳 1999.8.26生｜185cm｜99kg｜右投右打

◆対左投手打率／.231 ◆対右投手打率／.233
◆ホーム打率／.219 ◆アウェー打率／.246 ◆得点圏打率／.208
◆23年のポジション別出場数／ファースト=154、DH=5
◆Ⓓ2020①タイガース ◆⊞カリフォルニア州
◆囲74万ドル（約1億360万円）＋α

ミート	3
パワー	5
走塁	3
守備	2
肩	3

　2020年ドラフトの全体1位指名スラッガー。メジャー2年目の昨季、いずれもチーム最多となる31本塁打、94打点、66長打をマークした。打率の低さ、三振の多さなど、まだまだ物足りないところはあるが、大事な場面で長打を放てることが、最大の魅力となっている。昨季は、4、5月は2本塁打ずつと出遅れ気味だったが、6月に7本塁打を放ってから調子を上げ、オールスター以降は計19本塁打と、チームの主軸としての地位を完全に確立した。高校時代から華々しい活躍を示し、声がかかることを確信していた2017年ドラフトで、まさかの指名漏れ。その屈辱もバネに、進学したアリゾナ州立大学で本塁打を量産し、2年連続で日米大学野球選手権に参加している。タイガースとの契約金841万6300ドルは、当時の史上最高金額だった。

| カモ | G・ジャックス（ツインズ）.600(5-3)1本 | 苦手 | B・オーバー（ツインズ）.077(13-1)1本 |

年度	所属チーム	試合数	打数	得点	安打	二塁打	三塁打	本塁打	打点	四球	三振	盗塁	盗塁死	出塁率	OPS	打率
2022	タイガース	110	360	38	73	16	1	8	28	37	99	0	1	.285	.604	.203
2023	タイガース	159	606	88	141	34	1	31	94	87	171	3	0	.313	.759	.233
通算成績		269	966	126	214	50	2	39	122	104	270	3	1	.302	.701	.222

大谷翔平のノーヒッターを阻止

ライト DH

30 ケリー・カーペンター Kerry Carpenter

27歳 1997.9.2生｜188cm｜99kg｜右投左打

◆対左投手打率／.235 ◆対右投手打率／.286
◆ホーム打率／.311 ◆アウェー打率／.243 ◆得点圏打率／.303
◆23年のポジション別出場数／ライト=80、DH=27、レフト=11
◆Ⓓ2019⑲タイガース ◆⊞フロリダ州
◆囲74万ドル（約1億360万円）＋α

ミート	4
パワー	4
走塁	3
守備	3
肩	4

　ドラフト19巡目（全体562位）指名から、はい上がってきた新進気鋭外野手。メジャー2年目の昨季は、右肩を痛めて1カ月半ほど休んだものの、一昨年から大幅に出場機会を増やし、計118試合でプレー。20本塁打をマークした。なかでも光ったのが、8月の大活躍。打率3割4分7厘、9本塁打という、すばらしい成績を残している。7月27日のエンジェルス戦ダブルヘッダー第1試合では、大谷翔平がタイガース打線を1安打に抑え、メジャー初完投、初完封をやってのけたが、この試合で唯一安打を放ったのが、カーペンターだった。プロ入り時の注目度は低かったが、その後、急成長。21年には、タイガース傘下のマイナーリーグ最優秀選手に選出された。敬虔なクリスチャンで、「野球をプレーすることは、神への感謝を捧げる行為」と考えている。

| カモ | G・コール（ヤンキース）.500(6-3)0本 | 苦手 | P・サンドヴァル（エンジェルス）.143(7-1)0本 |

年度	所属チーム	試合数	打数	得点	安打	二塁打	三塁打	本塁打	打点	四球	三振	盗塁	盗塁死	出塁率	OPS	打率
2022	タイガース	31	103	16	26	4	1	6	10	6	32	0	0	.310	.795	.252
2023	タイガース	118	418	57	116	17	2	20	64	32	115	6	0	.340	.811	.278
通算成績		149	521	73	142	21	3	26	74	38	147	6	0	.334	.808	.273

| カモ | 苦手 | は通算成績

タイガース

野手

ケガの多さは気になるが、能力は一級品

ライト
センター

31 ライリー・グリーン Riley Greene

24歳 2000.9.28生｜190cm｜90kg｜左投左打

◆対左投手打率／.279 ◆対右投手打率／.291
◆ホーム打率／.303 ◆アウェー打率／.273 ◆得点圏打率／.250
◆23年のポジション別出場数／センター＝79、DH＝9、
レフト＝6、ライト＝6 Ⓓ2019①タイガース
Ⓑフロリダ州 Ⓨ74万ドル（約1億360万円）＋α

ミート	4
パワー	4
走塁	3
守備	4
肩	3

　左腓骨の疲労骨折、右ヒジの炎症で、昨季は99試合の出場にとどまったが、上位打線の一角を担い、シュアな打撃を見せた2019年のドラフト1巡目指名外野手。ミート力が高く、広角に鋭い打球を飛ばせることが大きな武器。ツボにきたときは、特大の一発を放つパワーも有している。22年には大谷翔平から、右中間への飛距離448フィート（約137m）のホームランを打った。しかし、昨季の対戦では、4打数ノーヒット2三振と大谷に完璧に抑え込まれている。昨年9月中旬、右ヒジのトミー・ジョン手術を受けたことを球団が発表。今季のプレーに支障がないことも、併せてアナウンスされた。

カモ J・ヴァーランダー（アストロズ）.500(6-3)1本　苦手 J・ライルズ（ロイヤルズ）.000(7-0)0本

年度	所属チーム	試合数	打数	得点	安打	二塁打	三塁打	本塁打	打点	四球	三振	盗塁	盗塁死	出塁率	OPS	打率
2022	タイガース	93	376	46	95	18	4	5	42	36	120	1	4	.321	.683	.253
2023	タイガース	99	378	51	109	19	4	11	37	35	114	7	0	.349	.796	.288
通算成績		192	754	97	204	37	8	16	79	71	234	8	4	.335	.740	.271

毎年安定した成績を残す打撃職人

レフト
DH

移籍

21 マーク・キャナ Mark Canha

35歳 1989.2.15生｜188cm｜94kg｜右投右打

◆対左投手打率／.264 ◆対右投手打率／.261
◆ホーム打率／.283 ◆アウェー打率／.243 ◆得点圏打率／.315
◆23年のポジション別出場数／レフト＝68、DH＝33、ライト＝26、
ファースト＝18、サード＝4 Ⓓ2010⑦マーリンズ
Ⓑカリフォルニア州 Ⓨ1150万ドル（約16億1000万円）

ミート	4
パワー	4
走塁	3
守備	3
肩	3

　昨年11月のトレードで、ブリュワーズから移籍の外野手兼一塁手。2021年オフに、メッツと「2年2650万ドル＋2024年は1150万ドルの球団オプション」の契約を結んだが、昨年はメッツの「チーム崩壊」のあおりを受け、シーズン半ばに若手投手とのトレードでブリュワーズへ移籍。チームのポストシーズン進出に貢献した。オフに入ると、FA・トレード市場が本格化する前にタイガースへ移籍。トーケルソン以外の若手主力に左打者が多いこともあり、強打のベテラン右打者の加入は、チームのバランスを整える、価値ある補強となりそうだ。メジャー屈指の当たり屋で、21年、22年は死球数が最多。

カモ P・ロペス（ツインズ）.500(8-4)0本　苦手 G・コール（ヤンキース）.125(16-2)0本

年度	所属チーム	試合数	打数	得点	安打	二塁打	三塁打	本塁打	打点	四球	三振	盗塁	盗塁死	出塁率	OPS	打率
2015	アスレティックス	124	441	61	112	22	3	16	70	33	96	7	2	.315	.741	.254
2016	アスレティックス	16	41	4	5	0	0	0	0	0	20	0	1	.140	.481	.122
2017	アスレティックス	57	173	16	36	13	1	5	14	7	56	2	0	.262	.644	.208
2018	アスレティックス	122	365	60	91	22	0	17	52	34	88	1	2	.328	.777	.249
2019	アスレティックス	126	410	80	112	16	3	26	58	67	107	3	2	.396	.913	.273
2020	アスレティックス	59	191	32	47	12	2	5	33	37	54	4	0	.387	.795	.246
2021	アスレティックス	141	519	93	120	22	4	17	61	77	128	12	2	.358	.745	.231
2022	メッツ	140	462	71	123	24	0	13	61	48	97	3	1	.367	.770	.266
2023	メッツ	89	257	28	63	15	1	6	29	32	52	7	0	.343	.724	.245
2023	ブリュワーズ	50	178	23	51	10	0	5	33	17	27	4	1	.373	.800	.287
2023	2チーム計	139	435	51	114	25	1	11	62	49	79	11	1	.355	.755	.262
通算成績		924	3037	468	760	156	14	113	417	352	725	43	11	.349	.771	.250

Ⓓ＝ドラフトデータ　Ⓑ＝出身地　Ⓨ＝年俸　カモ 苦手 は通算成績

プレーできる喜びを感じて試合に出場

キャッチャー

34 ジェイク・ロジャーズ *Jake Rogers*

29歳 1995.4.18生 | 185cm | 90kg | 右投右打 ◆盗塁阻止率／.121(58-7)
◆対左投手打率／.235 ◆対右投手打率／.215
◆ホーム打率／.222 ◆アウェー打率／.219 ◆得点圏打率／.195
◆23年のポジション別出場数／キャッチャー=99、DH=7、レフト=1
◆⑤2016③アストロズ ◆⑪テキサス州
◆⑭170万ドル（約2億3800万円）

ミート	2
パワー	4
走塁	2
守備	3
肩	3

昨季は107試合に出場し、21本塁打を記録したパワフルな打撃が魅力の捕手。2021年まで73試合に出場し、計10本塁打と長距離砲としての片鱗を見せていたが、22年は右ヒジのトミー・ジョン手術の影響もあり、全休。それだけに、捕手のレギュラーポジションを確保したこと自体に大きな喜びを感じている様子で、シーズン終盤には「毎日プレーできることがうれしい。それが一番の目標だった」と、素直な気持ちを語っている。打撃面の特徴は、左投手からよく長打を放つこと。また、エンジェルス戦が得意で、昨季は4試合で15打数7安打、4本塁打、9打点。9月17日の試合では2本塁打を放ち、チーム30年ぶりとなる「エンジェルス本拠地でのスイープ」に貢献した。

カモ G・キャニング（エンジェルス）.429(7-3)2本　苦手 L・リン（カーディナルス）.154(13-2)1本

年度	所属チーム	試合数	打数	得点	安打	二塁打	三塁打	本塁打	打点	四球	三振	盗塁	盗塁死	出塁率	OPS	打率
2019	タイガース	35	112	11	14	3	0	4	8	13	51	0	0	.222	.481	.125
2021	タイガース	38	113	17	27	5	3	6	17	11	46	1	0	.306	.802	.239
2023	タイガース	107	331	47	73	11	0	21	49	28	118	1	1	.286	.730	.221
通算成績		180	556	75	114	19	3	31	74	52	215	2	1	.277	.694	.205

昨季は7つのポジションでプレー

ユーティリティ

39 ザック・マキンストリー *Zach McKinstry*

29歳 1995.4.29生 | 183cm | 81kg | 右投左打
◆対左投手打率／.243 ◆対右投手打率／.230
◆ホーム打率／.247 ◆アウェー打率／.215 ◆得点圏打率／.202
◆23年のポジション別出場数／サード=52、セカンド=47、ショート=23、レフト=22、センター=2、ライト=1、DH=2、ピッチャー=1
◆⑤2016㉝ドジャース ◆⑪オハイオ州
◆⑭74万ドル（約1億360万円）+α

ミート	2
パワー	2
走塁	4
守備	4
肩	4

昨季開幕直前、マイナーの若手投手とのトレードで、カブスからやって来たユーティリティ。本人にとってこの移籍は大成功となり、ドジャース在籍時の2021年シーズンの60試合を大きく上回る、自己最多の148試合で出場機会を得た。特筆すべきは、そのユーティリティぶり。昨季はセカンド、サード、ショート、レフト、センター、ライトの各守備位置についたほか、大差がついたゲームでの登板と、計7つのポジションを経験した。走塁面では、チーム最多の16盗塁を記録。守備でのダイビングキャッチ、走塁でのヘッドスライディングに象徴されるハッスルプレーで、チームの士気を高める存在でもある。

カモ B・オーバー（ツインズ）.500(8-4)0本　苦手 P・ロペス（ツインズ）.182(11-2)0本

年度	所属チーム	試合数	打数	得点	安打	二塁打	三塁打	本塁打	打点	四球	三振	盗塁	盗塁死	出塁率	OPS	打率
2020	ドジャース	4	7	1	2	1	0	0	0	0	3	0	0	.286	.715	.286
2021	ドジャース	60	158	19	34	9	0	7	29	10	50	1	1	.263	.668	.215
2022	ドジャース	10	11	4	1	0	0	1	2	3	4	0	0	.286	.650	.091
2022	カブス	47	155	17	32	6	3	4	12	13	48	7	0	.272	.633	.206
2022	2チーム計	57	166	21	33	6	3	5	14	16	52	7	0	.273	.634	.199
2023	タイガース	148	464	60	107	21	4	9	35	44	113	16	6	.302	.653	.231
通算成績		269	795	101	176	37	7	21	78	70	218	24	7	.288	.653	.221

タイガース

2023年WBCベストナインに選出 ショート

28 ハヴィエア・バエズ Javier Baez

32歳 1992.12.1生／183cm／86kg／右投右打
- ◆対左投手打率／.232 ◆対右投手打率／.218　ミート **2**
- ◆ホーム打率／.205 ◆アウェー打率／.238 ◆得点圏打率／.312　パワー **3**
- ◆23年のポジション別出場数／ショート=130、DH=5　走塁 **3**
- ◆Ⓓ2011①カブス ◆⊞プエルトリコ　守備 **4**
- ◆ⅲ2500万ドル(約35億円) ◆打点王1回(18年)、ゴールドグ　肩 **4**
ラブ賞1回(20年)、シルバースラッガー賞1回(18年)

　今季、6年1億4000万ドルの大型契約3年目となる、プエルトリコ出身の遊撃手。チームの中心選手として、昨季も136試合に出場したが、自慢の遊撃守備では凡ミス的なエラーも多く、守備力が衰えてきた印象もある。打撃のほうでも、6月21日のロイヤルズ戦で、メジャー通算1000安打に到達したものの、三振の多さ、四球の少なさが目立った。シーズンでは、今ひとつパッとしなかったが、母国代表として参加した春先のWBCでは本領を発揮。17年のWBCに続いて、2大会連続でベストナイン(二塁手)に選ばれた。

カモ E・フェディ(ホワイトソックス).667(6-4)2本　苦手 W・スミス(ロイヤルズ).000(8-0)0本

年度	所属チーム	試合数	打数	得点	安打	二塁打	三塁打	本塁打	打点	四球	三振	盗塁	盗塁死	出塁率	OPS	打率
2014	カブス	52	213	25	36	6	0	9	20	15	95	5	1	.227	.551	.169
2015	カブス	28	76	4	22	6	0	1	4	4	24	1	2	.325	.733	.289
2016	カブス	142	421	50	115	19	1	14	59	15	108	12	3	.314	.737	.273
2017	カブス	145	469	75	128	24	2	23	75	30	144	10	3	.317	.797	.273
2018	カブス	160	606	101	176	40	9	34	111	29	167	21	9	.326	.880	.290
2019	カブス	138	531	89	149	38	4	29	85	28	156	11	7	.316	.847	.281
2020	カブス	59	222	27	45	9	1	8	24	7	75	3	0	.238	.598	.203
2021	カブス	91	335	48	83	9	2	22	65	15	131	13	3	.292	.776	.248
2021	メッツ	47	167	32	50	9	0	9	22	13	53	5	2	.371	.886	.299
2021	2チーム計	138	502	80	133	18	2	31	87	28	184	18	5	.319	.813	.265
2022	タイガース	144	555	64	132	27	4	17	67	26	147	9	2	.278	.671	.238
2023	タイガース	136	510	58	113	18	4	9	59	24	125	12	0	.267	.592	.222
通算成績		1142	4105	573	1049	205	27	175	591	206	1225	102	32	.298	.745	.256

シーズンを通して働いた「便利屋」 外野手 サード

8 マット・ヴィアリング Matt Vierling

28歳 1996.9.16生／190cm／92kg／右投右打
- ◆対左投手打率／.264 ◆対右投手打率／.260　ミート **3**
- ◆ホーム打率／.235 ◆アウェー打率／.285 ◆得点圏打率／.211　パワー **3**
- ◆23年のポジション別出場数／ライト=58、レフト=41、サード=35、　走塁 **3**
センター=31、セカンド=1 ◆Ⓓ2018⑤フィリーズ　守備 **4**
- ◆⊞ミズーリ州 ◆ⅲ74万ドル(約1億360万円)+α　肩 **3**

　昨年1月、オールスター出場投手であるグレゴリー・ソトを放出した2対3のトレードで、フィリーズからやって来た外野手兼三塁手。昨シーズンはライト、センター、レフト、サードで各20試合以上に先発出場するなど、使い勝手の良さで、チームに欠かせない存在となった。ただ、センターの守備は心もとない。バッティングでも、まずまずの活躍を見せ、メジャー3年目で初の2ケタ本塁打をマークした。足は速いほうだが、盗塁技術はイマイチ。セントルイスの出身で、少年時代はカーディナルスのファンだった。

カモ P・コービン(ナショナルズ).533(15-8)1本　苦手 M・ペレス(パイレーツ).000(7-0)0本

年度	所属チーム	試合数	打数	得点	安打	二塁打	三塁打	本塁打	打点	四球	三振	盗塁	盗塁死	出塁率	OPS	打率
2021	フィリーズ	34	71	11	23	3	1	2	6	4	20	2	0	.364	.843	.324
2022	フィリーズ	117	325	41	80	12	2	6	32	23	70	7	4	.297	.648	.246
2023	タイガース	134	479	63	125	21	5	10	44	44	112	6	6	.329	.717	.261
通算成績		285	875	115	228	36	8	18	82	71	202	15	10	.320	.702	.261

キャッチャー
15 ヤディアー・モリナも認めた高い守備力
カーソン・ケリー *Carson Kelly*

30歳 1994.7.14生｜188cm｜95kg｜右投右打 ◆盗塁阻止率／.250(40-10) 対左.229 対右.198 ホ.149
ア.274 得.194 ⓓ2012②カーディナルス 囲イリノイ州 囲350万ドル（約4億9000万円）

ミ②
パ③
走②
守④
肩④

　2016年にカーディナルスでメジャーデビューした、守備力の高さが光るキャッチャー。ダイヤモンドバックスに所属していた昨季は、オープン戦で死球を受け、右前腕を骨折。6月12日まで試合に出られなかった。その後、計33試合に出場したが、8月13日に支配下登録から外され、6日後にタイガースとメジャー契約を結んでいる。移籍後、打撃では貢献できなかったが、かつての同僚だったヤディアー・モリナからも一目置かれた高い守備力で、チームの守りに、安定感と安心感をもたらした。プロ入り後に三塁手からキャッチャーに転向した、異色の経歴の持ち主。

年度	所属チーム	試合数	打数	得点	安打	二塁打	三塁打	本塁打	打点	四球	三振	盗塁	盗塁死	出塁率	OPS	打率
2023	ダイヤモンドバックス	33	84	6	19	3	0	1	6	7	23	1	0	.283	.581	.226
2023	タイガース	19	52	7	9	2	0	1	7	7	17	0	0	.271	.540	.173
2023	2チーム計	52	136	13	28	5	0	2	13	14	40	1	0	.278	.565	.206
通算成績		467	1310	158	290	62	1	45	170	149	313	3	0	.306	.679	.221

外野手 ルーキー
22 昨季終盤、センターのレギュラー格で出場
パーカー・メドウズ *Parker Meadows*

25歳 1999.11.2生｜196cm｜92kg｜右投左打 対左.273 対右.223 ホ.238 ア.222
得.176 ⓓ2018②タイガース 囲ジョージア州 囲74万ドル（約1億360万円）+α

ミ②
パ③
走④
守③
肩④

　昨年8月21日にメジャーデビューを果たした、成長著しい若手外野手。以降計37試合に出場し、将来への期待をいだかせる、長打力をともなったバッティングと、現時点での最大の武器である高い走力を披露した。それぞれの大学時代に、母はソフトボール、父は野球とアメフトで鳴らした、スポーツ一家の出身。4歳上の兄は、昨季まで同じタイガースに所属していたオースティン・メドウズ。今でもパーカーの兄に対する尊敬の念は絶大で、「兄は常にインスピレーションを与えてくれる存在」とコメントしている。今季はまず、4人目の外野手としてメジャー定着を狙う。

年度	所属チーム	試合数	打数	得点	安打	二塁打	三塁打	本塁打	打点	四球	三振	盗塁	盗塁死	出塁率	OPS	打率
2023	タイガース	37	125	19	29	4	2	3	13	17	37	8	1	.331	.699	.232
通算成績		37	125	19	29	4	2	3	13	17	37	8	1	.331	.699	.232

セカンド サード ルーキー
33 新人王候補にも推されている期待の有望株
コルト・キース *Colt Keith*

23歳 2001.8.14生｜188cm｜95kg｜右投左打 ◆メジャーでのプレー経験なし
ⓓ2020⑤タイガース 囲オハイオ州 囲250万ドル（約3億5000万円）

ミ③
パ④
走③
守③
肩④

　今季開幕戦でのメジャーデビューもあり得る、期待の大きな内野手。2020年のドラフトで、タイガースから5巡目に指名され、予定されていた名門アリゾナ州立大学進学を取りやめてプロ生活を開始。昨季は2A、3Aで計126試合に出場し、打率3割0分6厘、27本塁打、101打点の好成績を残した。マイナーの有望株が集う、オールスター・フューチャーズゲームにも選出されている。打撃では、打球速度がトップレベル。左打ちだが、左投手を苦にしないのも強みだ。守備では昨季マイナーで、セカンド41試合、サード61試合に先発出場。華麗とまでは言えないものの、及第点の守備力を披露している。今年1月28日には、メジャーデビュー前の選手としては異例の、6年2864万ドルの長期契約を球団と交わし、話題になった。

大谷と、バットにおまじないをかけあう

13 ジオ・アーシェラ *Gio Urshela*

サード 移籍

33歳 | 1991.10.11生 | 183cm | 97kg | 右投右打 | 対左.373 | 対右.276 | 困.340 | ⑦.259 | 得.229 | ⑨2008⑭インディアンズ | 出コロンビア | 年150万ドル（約2億1000万円）

ミ③
バ③
走③
守④
肩⑤

　昨季はエンジェルスでプレーしていた内野手。昨年3月のWBCには、コロンビア代表チームの一員として参加。打線の上位を任され、活躍を期待されたが、4試合で11打数無安打に終わった。しかし、シーズン開幕後は、好調に。4月下旬には、チームメートだった大谷翔平にカタカナで「ヒット」とサインしてもらったバットを使い、活躍した。大谷も、アーシェラに「ヒット」と書いてもらったバットで、本塁打を放っている。6月に入っても、3割前後の打率をキープしていたアーシェラだったが、同月15日の試合で骨盤を骨折。そのまま復帰できずに、シーズンを終えた。

年度	所属チーム	試合数	打数	得点	安打	二塁打	三塁打	本塁打	打点	四球	三振	盗塁	盗死	出塁率	OPS	打率
2023	エンジェルス	13	36	4	13	1	1	0	4	2	4	0	0	.395	.839	.361
通算成績		129	311	40	90	20	2	16	42	17	52	1	0	.329	.850	.289

低打率の改善が今季の課題

60 アキル・バドゥー *Akil Baddoo*

レフト

26歳 | 1998.8.16生 | 185cm | 96kg | 左投左打 | 対左.222 | 対右.218 | 困.212 | ⑦.224 | 得.257 | ⑨2016②ツインズ | 出メリーランド州 | 年155万ドル（約2億1700万円）

ミ②
バ③
走⑤
守④
肩③

　メジャー4年目のシーズンを迎える、アフリカとカリブ海にルーツがある外野手。2021年4月にメジャーデビューし、「初打席初球ホームラン」をやってのけると、球団初の「デビューから8試合で4本塁打」を記録。ド派手なスタートを見せ、ファンの期待が高まった。だが、2年目以降は低打率にあえぎ、当初の期待を裏切っている。俊足で、昨季の14盗塁はチームで2番目に多い。「Baddoo（バドゥー）」という珍しい姓だが、これはエンジニアをしている父ジョンさんのルーツが、ガーナにあるため。また、母アキラさんは、トリニダード・トバゴにルーツがある。

年度	所属チーム	試合数	打数	得点	安打	二塁打	三塁打	本塁打	打点	四球	三振	盗塁	盗死	出塁率	OPS	打率
2023	タイガース	112	312	40	68	13	1	11	34	42	89	14	3	.310	.682	.218
通算成績		309	926	130	216	36	10	26	98	111	275	41	13	.314	.692	.233

― ジャスティン・ヘンリー＝マロイ *Justyn Henry-Malloy*

レフト サード / 期待度 B / ルーキー

24歳 | 2000.2.19生 | 185cm | 96kg | 右投右打 | ◆昨季は3Aでプレー | ⑨2021⑥ブレーブス | 出ニューヨーク州

　2022年11月のトレードでブレーブスからやって来た、高い出塁率を期待できる有望株。昨季は3Aで135試合に出場し、打率2割7分7厘、23本塁打。三振も多いが四球も多いタイプで、出塁率は4割を超えていた。レフトとサードをメインに守るが、守備はあまり期待できない。走力も平均未満。

― ジェイス・ヤング *Jace Jung*

セカンド / 期待度 B+ / ルーキー

24歳 | 2000.10.4生 | 183cm | 92kg | 右投左打 | ◆昨季は1A+,2Aでプレー | ⑨2022①タイガース | 出テキサス州

　昨季、レンジャーズで大活躍した、ジョシュ・ヤングの2歳下の弟。2022年のドラフトで、兄同様1巡目に指名され、プロ入り。昨季は1A+、2Aの2カテゴリーで計28本塁打を記録し、早速、天性の打撃センスを見せつけている。打撃面の評価はかなり高いが、セカンドの守備、肩、走力の評価はイマイチ。

対左=対左投手打率　対右=対右投手打率　困=ホーム打率　⑦=アウェー打率　得=得点圏打率　⑨=ドラフトデータ　出=出身地　年=年俸

クリーブランド・ガーディアンズ

◆創　立：1894年
◆本拠地：オハイオ州クリーブランド市

◆ワールドシリーズ制覇：2回　◆リーグ優勝：6回
◆地区優勝：11回　◆ワイルドカード獲得：2回

主要オーナー　ローレンス・ドーラン（元弁護士）

過去5年成績

年度	勝	負	勝率	ゲーム差	地区順位	ポストシーズン成績
2019	93	69	.574	8.0	②	－
2020	35	25	.583	1.0	②(同率)	ワイルドカードシリーズ敗退
2021	80	82	.494	13.0	②	－
2022	92	70	.568	(11.0)	①	地区シリーズ敗退
2023	**76**	**86**	**.469**	**11.0**	③	－

監督　**12 スティーヴン・ヴォート** *Stephen Vogt*

新

◆年　齢…………40歳（カリフォルニア州）
◆現役時代の経歴…10シーズン　レイズ（2012）、アスレティックス
（キャッチャー）　　（2013〜17）、ブリュワーズ（2017）、
　　　　　　　　　　ジャイアンツ（2019）、ダイヤモンドバックス
　　　　　　　　　　（2020〜21）、ブレーブス（2021）、
　　　　　　　　　　アスレティックス（2022）
◆現役通算成績……794試合 .239 82本 313打点
◆監督経歴…………メジャーでの監督経験なし

　勇退したテリー・フランコーナの後任に選ばれた、今季開幕時39歳の捕手出身監督。フランコーナから、年齢が一気に25歳も若返った。2年前まで現役捕手で、最終年にはアスレティックスで70試合に出場。昨季はマリナーズでコーチを務めた。現役時代からリーダーシップに定評があり、ボブ・メルヴィン（現ジャイアンツ監督）も「間違いなく監督になる」と断言。本人も「将来は監督になりたい」と公言していたが、思いのほか早く、その機会がめぐってきた。

注目コーチ　**55 クレイグ・アルバーナズ** *Craig Albernaz*

　新ベンチコーチ。42歳。2020年から昨季までは、ジャイアンツのブルペンコーチ。現役時代は捕手で、レイズのマイナー時代に、ヴォート新監督と同じチームでプレー。

編成責任者　**クリス・アントネッティ** *Chris Antonetti*

　49歳。FA補強やトレードの成功率は上々。育ててきた若手も戦力になりつつある。2022年に、MLB最優秀エグゼクティブ賞を受賞。ガーディアンズの組織に、25年間在籍。

スタジアム　**プログレッシブ・フィールド** *Progressive Field*

◆開場年…………1994年
◆仕　様…………天然芝
◆収容能力………34,830人
◆フェンスの高さ…2.7〜5.8m
◆特　徴…………外野フェンスの高さが、ホームから見て右半分（センター〜ライト側）が低く、左半分（センター〜レフト側）が高くなっている。工業都市の球場らしく、グラウンドを照らす19本の細長い照明は、工場の煙突がモチーフになっている。

ニュートラルパーク

Best Order

① スティーヴン・クワン……レフト
② アンドレス・ヒメネス……セカンド
③ ホセ・ラミレス……サード
④ ジョシュ・ネイラー……ファースト
⑤ ボー・ネイラー……キャッチャー
⑥ ウィル・ブレナン……ライト
⑦ タイラー・フリーマン……DH
⑧ ブライアン・ロッキオ……ショート
⑨ マイルズ・ストロウ……センター

Depth Chart
[ポジション別選手層・メンバーリスト]

※2024年2月25日時点の候補選手。
数字は背番号（開幕前に変更する
場合もあり）、右・左等は投・打の順。

センター
7 マイルズ・ストロウ [右・右]
10 ラモン・ローリアーノ [右・右]
90 エステヴァン・フロリアル [左・右]
17 ウィル・ブレナン [左・左]

レフト
38 スティーヴン・クワン [左・左]
17 ウィル・ブレナン [左・左]
10 ラモン・ローリアーノ [右・右]

ライト
17 ウィル・ブレナン [左・左]
6 デイヴィッド・フライ [右・右]
13 ガブリエル・アリアス [右・右]

ショート
4 ブライアン・ロッキオ [右・両]
13 ガブリエル・アリアス [右・右]
2 タイラー・フリーマン [右・右]
8 ホセ・ティーナ [右・左]

セカンド
0 アンドレス・ヒメネス [右・左]
2 タイラー・フリーマン [右・右]
13 ガブリエル・アリアス [右・右]
4 ブライアン・ロッキオ [右・両]

サード
11 ホセ・ラミレス [右・両]
13 ガブリエル・アリアス [右・右]
2 タイラー・フリーマン [右・右]
4 ブライアン・ロッキオ [右・両]

ローテーション
57 シェイン・ビーバー [右・右]
28 タナー・バイビー [右・右]
24 トリスタン・マッケンジー [右・右]
32 ギャヴィン・ウィリアムズ [右・右]
41 ローガン・アレン [左・左]

ファースト
22 ジョシュ・ネイラー [左・左]
6 デイヴィッド・フライ [右・右]

キャッチャー
23 ボー・ネイラー [右・左]
27 オースティン・ヘッジス [右・右]
6 デイヴィッド・フライ [右・右]

DH
2 タイラー・フリーマン [右・右]
22 ジョシュ・ネイラー [左・左]

ブルペン
48 エマヌエル・クラセー [右・右] CL
37 トレヴァー・ステファン [右・右]
58 スコット・バーロウ [右・右]
31 サム・ヘンジェス [左・右]
49 イーライ・モーガン [右・右]
52 ニック・サンドリン [右・右]
99 ジェイムズ・カリンチャク [右・右]
39 ベン・ライヴリー [右・右]
44 ゼヴィアン・カリー [右・右]
29 ティム・ヘリン [左・左]
33 ハンター・ギャディス [右・右]

※CL＝クローザー

ガーディアンズ試合日程……＊はアウェーでの開催

3月28・29・30・31 アスレティックス＊	30・5月1・2 アストロズ＊	31・6月1・2 ナショナルズ
4月1・2・3 マリナーズ＊	3・4・5 エンジェルス	4・5・6 ロイヤルズ
4・6・7 ツインズ＊	6・7・8 タイガース	7・8・9 マーリンズ＊
8・9・10 ホワイトソックス	9・10・11・12 ホワイトソックス＊	11・12 レッズ＊
12・13・14 ヤンキース	13・14・15 レンジャーズ＊	14・15・16 ブルージェイズ
15・16・17・18 レッドソックス＊	17・18・19 ツインズ	18・19・20 マリナーズ
19・20・21 アスレティックス	20・21・22 メッツ	21・22・23 ブルージェイズ
23・24・25 レッドソックス	24・25・26 エンジェルス＊	24・25・26 オリオールズ＊
26・27・28 ブレーブス＊	27・28・29 ロッキーズ＊	27・28・29・30 ロイヤルズ＊

136 **球団メモ** 昨年のトレード期限（8月1日）前には、その時点でポストシーズン進出の可能性が大いにありながら「売り手」に回り、選手たちが激怒。フロントは釈明に追われた。

■投手力➡…★★★↗★【昨年度チーム防御率3.96、リーグ7位】

　昨シーズンはメジャー1年目の3人（バイビー、ウィリアムズ、アレン）がローテーションに定着し、ガーディアンズの投手育成能力の高さを見せつける結果になった。ローテーションを形成するほかの2人は、放出の噂が絶えないエースのビーバーと、昨季は故障に苦しんだマッケンジーで、全体で見れば、「中の上」レベルの陣容だ。リリーフ陣も、「中の上」レベルを維持。クローザーのクラセーは、一昨年、昨年と、2年連続で最多セーブに輝いている。

■攻撃力➡…★★↗★【昨年度チーム得点662、リーグ12位】

　昨季のチーム本塁打数124は、30球団ワースト。20本塁打以上がホセ・ラミレスしかいない、迫力に欠ける打線だ。一方、当てるのがうまい選手が多く、三振の数は2年連続で30球団最少。しかし、四球の数も少ないので、チーム打率はリーグ平均を上回っているが、出塁率は平均を下回っていた。

■守備力➡…★★★★【昨年度チーム失策数83、リーグ9位】

　昨季は二塁手ヒメネス、左翼手クワンが、ともに2年連続となるゴールドグラブ賞を受賞。中堅手ストロウも守備力が高く、外野には穴がない。ショートは昨季前半まで、守備に難があるアーメド・ロザリオが務めていたが、7月に移籍。その後は、守備に定評があるアリアスやロッキオが守った。

■機動力➡…★★★★【昨年度チーム盗塁数151、リーグ3位】

　昨季はヒメネス、ラミレス、クワン、ストロウの4人が、20盗塁以上をマークした。ベースランニングやバントのうまい選手も多い。

総合評価 ➡ ★★★☆☆	課題は、何と言っても攻撃面。地区王者に返り咲くためには、パワーヒッターの獲得が不可欠だ。いつまでも、ホセ・ラミレス1人に頼っているわけにはいかない。名将フランコーナの後任を務める、若き新指揮官ヴォートの采配にも注目が集まる。

ガーディアンズ

IN　主な入団選手
投手
スコット・バーロウ ← パドレス
野手
オースティン・ヘッジス ← レンジャーズ

OUT　主な退団選手
投手
ルーカス・ジオリート → レッドソックス
レイナルド・ロペス → ブレーブス
カル・クワントリル → ロッキーズ
エンジェル・デロスサントス → パドレス
ザック・プリーサック → エンジェルス
野手
エリック・ハース → ブリュワーズ

7月2・3・4	ホワイトソックス	**8月**1・2・3・4	オリオールズ	2・3・4	ロイヤルズ*
5・6・7	ジャイアンツ	5・6・7	ダイヤモンドバックス	6・7・8	ドジャース*
8・9・10・11	タイガース*	9・10・11	ツインズ*	9・10・11	ホワイトソックス*
12・13・14	レイズ*	12・13・14	カブス	12・13・14・15	レイズ
16	オールスターゲーム	16・17・18	ブリュワーズ*	16・17・18・19	ツインズ
19・20・21	パドレス	20・21・22	ヤンキース*	20・21・22	カーディナルス*
22・23・24・25	タイガース	23・24・25	レンジャーズ	24・25	レッズ
26・27・28	フィリーズ*	26・27・28	ロイヤルズ	27・28・29	アストロズ
29・30	タイガース*	30・31・**9月**1	パイレーツ		

球団メモ	昨季、メジャーでプレーした選手の平均年齢は、全30球団の中で最も若い26.4歳。ちなみに、次に若かったのはレッズの27.1歳で、最も高かったのはメッツの30.1歳。

28 菊池にも投げ勝ったプロスペクト　先発
タナー・バイビー *Tanner Bibee*

25歳 1999.3.5生｜188cm｜92kg｜右投右打

◆速球のスピード／150キロ台半ば（フォーシーム）
◆決め球と持ち球／◎フォーシーム、◎スライダー、
○カーブ、○チェンジアップ　◆対左.202　◆対右.253
◆ホ防2.11　◆ア防3.79　◆ド2021⑤インディアンズ
◆出カリフォルニア州　◆年74万ドル（約1億360万円）＋α

球威	4
制球	4
緩急	4
守備・牽制	3
度胸	3

　昨年4月下旬にメジャーデビューし、アメリカン・リーグの新人王投票で2位に入る活躍を見せたエース候補。25試合に先発して10勝4敗、防御率2.98、141奪三振をマーク。菊池雄星に投げ勝った8月8日のブルージェイズ戦では、7回2安打無失点の好投を見せた。大崩れしないのが特長の1つで、5イニングを投げ切れなかった試合は2試合しかなかった。メジャー球界有数のプロスペクト（有望株）とされる右腕も、高校入学時は身長が165センチ程度しかなく、無名だった。だが、父から説かれた「いつか体は大きくなる。それまではストライクゾーンを広く使う投球と変化球を磨け」という助言を胸に努力を続けると、成長にともなって球威が向上していき、大学で大きな飛躍をとげた。登板日の朝はコーヒーを飲むのがルーティン。若者に人気のエナジードリンクは、カフェインが強すぎるので得意ではないとか。

カモ　C・コレイア（ツインズ）.125(8-1)0本　苦手　V・ゲレーロ・ジュニア（ブルージェイズ）.500(6-3)1本

年度	所属チーム	勝利	敗戦	防御率	試合数	先発	セーブ	投球イニング	被安打	失点	自責点	被本塁打	与四球	奪三振	WHIP
2023	ガーディアンズ	10	4	2.98	25	25	0	142.0	122	49	47	13	45	141	1.18
通算成績		10	4	2.98	25	25	0	142.0	122	49	47	13	45	141	1.18

48 2年連続最多セーブの豪腕　クローザー
エマヌエル・クラセー *Emmanuel Clase*

26歳 1998.3.18生｜188cm｜93kg｜右投右打

◆速球のスピード／160キロ前後（カッター主体）
◆決め球と持ち球／☆カッター、☆スライダー
◆対左.252　◆対右.232　◆ホ防1.85　◆ア防4.81
◆ド2015外パドレス　◆出ドミニカ
◆年250万ドル（約3億5000万円）
◆最多セーブ2回(22,23年)、最優秀救援投手賞1回(22年)

球威	5
制球	4
緩急	3
守備・牽制	2
度胸	5

　不動のクローザーとして君臨する豪腕。アメリカン・リーグ最多の77試合登板、42セーブをあげた2022年に続き、昨年も自己最多を更新、またもアメリカン・リーグ最多の44セーブを記録した。21年に最速165キロを記録したフォーシームは、ナチュラルにカット変化する、左打者泣かせの代物。球種の多様化が進む現代野球にあって、このナチュラルカッターに、スライダーを加えた2球種でメジャーを制圧しているのは圧巻の一言に尽きる。昨季は2年連続でオールスターに選出されたが、妻の出産に立ち会うために辞退。翌8月には乱闘での退場処分を受けるなど、激動のシーズンだった。

カモ　M・ケプラー（ツインズ）.000(8-0)0本　苦手　N・ロペス（ホワイトソックス）.500(6-3)0本

年度	所属チーム	勝利	敗戦	防御率	試合数	先発	セーブ	投球イニング	被安打	失点	自責点	被本塁打	与四球	奪三振	WHIP
2019	レンジャーズ	2	3	2.31	21	1	1	23.1	20	8	6	2	6	21	1.11
2021	ガーディアンズ	4	5	1.29	71	0	24	69.2	51	18	10	2	16	74	0.96
2022	ガーディアンズ	3	4	1.36	77	0	42	72.2	43	18	11	3	10	77	0.73
2023	ガーディアンズ	3	9	3.22	75	0	44	72.2	68	37	26	4	16	64	1.16
通算成績		12	21	2.00	244	1	111	238.1	182	81	53	11	48	236	0.97

対左＝対左打者被打率　対右＝対右打者被打率　ホ防＝ホーム防御率　ア防＝アウェー防御率
ド＝ドラフトデータ　出＝出身地　年＝年俸　カモ　苦手＝通算成績

32 球団ルーキー史上3人目の快挙を達成　先発
ギャヴィン・ウィリアムズ Gavin Williams

25歳 1999.7.26生 | 198cm | 113kg | 右投左打
◆速球のスピード／150キロ台後半（フォーシーム）
◆決め球と持ち球／◎フォーシーム、◎スライダー、
◎カーブ、△チェンジアップ　◆対左.237　◆対右.200
◆床防3.74　◆ア防2.48　◆ド2021①インディアンズ
◆囲ノースカロライナ州　◆囲74万ドル（約1億360万円）+α

球威	5
制球	2
緩急	3
守備・牽制	2
度胸	4

覚醒の気配が漂う本格派。昨年6月21日のアスレティックス戦でメジャー初登板。4試合目の先発となった7月8日のロイヤルズ戦で、メジャー初勝利を手にした。8月7日のブルージェイズ戦では12奪三振、同月12日のレイズ戦では10奪三振をマーク。「ルーキーによる2試合連続2ケタ奪三振」は、球団では過去に、ボブ・フェラーとハーブ・スコアしか達成していない快挙だった。最大の武器は、コンパクトなテイクバックから繰り出す、最速162.5キロのフォーシーム。スライダー、カーブなどの変化球を交え、昨季は82イニングで81個の三振を積み上げた。課題の制球面に安定感が出てくれば、2021年のドラフト1巡目指名のポテンシャルが解放されるだろう。高校時代、レイズからドラフト指名（30巡目）されたが入団せず、大学に進学している。

カモ M・ガルシア（ロイヤルズ）.000(8-0)0本　苦手 F・ファーミーン（ロイヤルズ）.571(7-4)0本

年度	所属チーム	勝利	敗戦	防御率	試合数	先発	セーブ	投球イニング	被安打	失点	自責点	被本塁打	与四球	奪三振	WHIP
2023	ガーディアンズ	3	5	3.29	16	16	0	82.0	66	32	30	8	37	81	1.26
通算成績		3	5	3.29	16	16	0	82.0	66	32	30	8	37	81	1.26

57 今季途中にトレードされる可能性が大　先発
シェイン・ビーバー Shane Bieber

29歳 1995.5.31生 | 190cm | 90kg | 右投右打
◆速球のスピード／140キロ台後半（フォーシーム）
◆決め球と持ち球／◎フォーシーム、◎スライダー、◎カーブ、◎カッター、△チェンジアップ
◆対左.288　◆対右.220　◆床防3.46　◆ア防4.14
◆ド2016④インディアンズ　◆囲カリフォルニア州
◆囲1313万ドル（約18億3820万円）　◆サイ・ヤング賞1回（20年）、最優秀防御率1回（20年）、最多勝1回（20年）、最多奪三振1回（20年）、ゴールドグラブ賞1回（22年）

球威	3
制球	4
緩急	4
守備・牽制	4
度胸	4

メジャー6年目は、自身ワーストのシーズンになったクリーブランドのエース。昨季は右ヒジを痛めた影響で球速が低下し、奪三振率が大幅にダウン。短縮シーズンの2020年にサイ・ヤング賞に輝いているが、この年の奪三振率は14.2。昨季の奪三振率は7.5にとどまった。シーズン後半は戦列を離れたが、終盤に復帰して2試合に登板。まずまずのピッチングを見せ、本調子であればハイレベルな成績を残せると見られており、オフには多くの球団がトレードでの獲得を狙っていた。今季終了後、FAになるため、ポストシーズン争いから脱落すれば、トレード期限前に放出される可能性が高い。

カモ B・ウィット・ジュニア（ロイヤルズ）.083(12-1)0本　苦手 A・ベニンテンディ（ホワイトソックス）.524(21-11)1本

年度	所属チーム	勝利	敗戦	防御率	試合数	先発	セーブ	投球イニング	被安打	失点	自責点	被本塁打	与四球	奪三振	WHIP
2018	インディアンズ	11	5	4.55	20	19	0	114.2	130	60	58	13	23	118	1.33
2019	インディアンズ	15	8	3.28	34	33	0	214.1	186	86	78	31	40	259	1.05
2020	インディアンズ	8	1	1.63	12	12	0	77.1	46	15	14	7	21	122	0.87
2021	インディアンズ	7	4	3.17	16	16	0	96.2	84	36	34	11	33	134	1.21
2022	ガーディアンズ	13	8	2.88	31	31	0	200.0	172	70	64	18	36	198	1.04
2023	ガーディアンズ	6	6	3.80	21	21	0	128.0	124	56	54	14	34	107	1.23
通算成績		60	32	3.27	134	132	0	831.0	742	323	302	94	187	938	1.12

ガーディアンズ

故障からの復活を期す細身の大型右腕　先発

24 トリストン・マッケンジー　Triston McKenzie

27歳 1997.8.2生 | 196cm | 74kg | 右投右打 | 球150キロ前後（フォーシーム）| 決◎フォーシーム
対左.000 対右.279 ド2015①インディアンズ 田ニューヨーク州 俸160万ドル（約2億2400万円）

球④
制③
緩④
守・走③
度④

　BMIが19前後という長身痩躯のシルエットから、150キロ前後のフォーシームを繰り出す先発右腕。球速は突出した存在ではないが、長い腕をしならせてスピンを効かせる球質の良さがウリ。昨季は開幕をIL（故障者リスト）で迎え、6月4日にシーズン初登板。その後もIL入りを繰り返し、勝ち星なしで1年を終えた。今季は、約190回を投げるイニングイーターぶりを見せて11勝を記録した、2022年の輝きを取り戻せるか注目だ。学生時代は学校から出される課題にまったく手をつけず、直前にしか勉強しない「悪童」だったが、テストでは好成績を収める天才肌だった。

年度	所属チーム	勝利	敗戦	防御率	試合数	先発	セーブ	投球イニング	被安打	失点	自責点	被本塁打	与四球	奪三振	WHIP
2023	ガーディアンズ	0	3	5.06	4	4	0	16.0	12	9	9	1	13	16	1.56
通算成績		18	24	3.74	68	64	0	360.2	255	152	150	53	124	384	1.05

宝刀スプリッターで空振り量産　セットアップ

37 トレヴァー・ステファン　Trevor Stephan

29歳 1995.11.25生 | 196cm | 101kg | 右投右打 | 球150キロ台前半（フォーシーム主体）| 決◎スプリッター
対左.237 対右.252 ド2017③ヤンキース 田テキサス州 俸160万ドル（約2億2400万円）

球③
制③
緩④
守・走③
度④

　メジャー3年目の昨季は自己最多71試合に登板し、ブルペンを支えたセットアッパー。ただ9月に調子を落とし、8月末時点で2点台だった防御率は、終了時には4点台になっていた。スリークォーターとサイドスローの中間に近い腕の振りから、キレのある変化球を投げて空振りを奪う。ヤンキースのマイナーからガーディアンズに移籍後、スプリッターを習得し、メジャーで活躍できる投手になった。スプリッターは、ブライアン・ショウに握り方を、ブレイク・パーカーからリリースの感覚を教えてもらったという、移籍当初の同僚のエッセンスが詰まった代物だ。

年度	所属チーム	勝利	敗戦	防御率	試合数	先発	セーブ	投球イニング	被安打	失点	自責点	被本塁打	与四球	奪三振	WHIP
2023	ガーディアンズ	7	7	4.06	71	0	2	68.2	63	35	31	6	26	75	1.30
通算成績		16	13	3.73	180	0	6	195.2	178	91	81	24	75	232	1.29

連投OKなタフネス右腕がトレード加入　セットアップ　移籍

58 スコット・バーロウ　Scott Barlow

32歳 1992.12.18生 | 190cm | 95kg | 右投右打 | 球150キロ前後（フォーシーム・シンカー）| 決◎スライダー
対左.279 対右.208 ド2011⑥ドジャース 田コネティカット州 俸670万ドル（約9億3800万円）

球③
制③
緩④
守・走③
度④

　オフにデロスサントスとのトレードでパドレスから加入した、長髪のリリーフ右腕。ロイヤルズのクローザーとして開幕を迎えた昨季だったが、イマイチ波に乗れないまま8月1日のトレードでパドレスへ移籍。移籍後は8月中旬以降、セットアッパーとしてまずまずのピッチングを見せている。投球における変化球の割合の高さが特徴で、昨季はスライダーが約40%、カーブが約32%を占めていた。連投を苦にしないタフさがウリの1つ。ロイヤルズ在籍時の2018年オフ、日米野球メジャーリーグ選抜メンバーに選出され、東京ドームのマウンドに立った経験がある。

年度	所属チーム	勝利	敗戦	防御率	試合数	先発	セーブ	投球イニング	被安打	失点	自責点	被本塁打	与四球	奪三振	WHIP
2023	ロイヤルズ	2	4	5.35	38	0	13	38.2	38	26	23	3	22	47	1.55
2023	パドレス	2	2	3.07	25	0	0	29.1	23	13	10	1	12	32	1.19
2023	2チーム計	2	6	4.37	63	0	13	68.0	61	39	33	4	34	79	1.40
通算成績		20	18	3.36	302	0	56	332.0	281	136	124	29	133	393	1.25

球=速球のスピード 決=決め球 対左=対左打者被打率 対右=対右打者被打率
ド=ドラフトデータ 田=出身地 俸=年俸

41 ローガン・アレン *Logan Allen*

昨季7勝と飛躍した期待のサウスポー　**先発**

26歳 1998.9.5生｜183cm｜86kg｜左投右打 函140キロ台後半(フォーシーム) 決◎スイーパー
対左.205 対右.274 ⑩2020②インディアンズ 囲フロリダ州 囲74万ドル(約1億360万円)+α

球 **3**
制 **3**
緩 **4**
守番 **3**
度 **4**

　大きくヨコに変化するスイーパーを習得したことで、投球が安定した左腕。昨年4月23日のマーリンズ戦でメジャーデビューし、6回1失点で初勝利。その後、ほぼローテーション通りに投げ、最終的にチームの先発で2番目に多い7勝をマークした。2022年途中までガーディアンズに所属し、昨季はマリナーズ傘下でプレーした投手にも、同姓同名の「ローガン・アレン」がいる。年齢が1歳違いの同世代であるだけでなく、左投右打の投手であることまで同じだ。ミドルネームは、現ガーディアンズのアレンが「テイラー」、元ガーディアンズのアレンが「シェーン」。

年度	所属チーム	勝利	敗戦	防御率	試合数	先発	セーブ	投球イニング	被安打	失点	自責点	被本塁打	与四球	奪三振	WHIP
2023	ガーディアンズ	7	8	3.81	24	24	0	125.1	127	55	53	16	48	119	1.40
通算成績		7	8	3.81	24	24	0	125.1	127	55	53	16	48	119	1.40

99 ジェイムズ・カリンチャク *James Karinchak*

リリースは高く、腰は低いナイスガイ　**ミドルリリーフ**

29歳 1995.9.22生｜190cm｜97kg｜右投右打 函150キロ台中頃(フォーシーム) 決◎カーブ
対左.222 対右.148 ⑩2017⑨インディアンズ 囲ニューヨーク州 囲190万ドル(約2億6600万円)

球 **4**
制 **4**
緩 **3**
守番 **3**
度 **5**

　長身なだけでなく、高いリリースポイントから投げ下ろすことで生み出される出色の角度がウリの右腕。最速160キロにせまるフォーシームと、タテに大きく割れるパワーカーブの2球種のみという、シンプルかつ豪快な投球スタイルが特徴だ。昨季の投球の割合は、フォーシームが56%、パワーカーブが44%。速球で押しながらカーブで目線を変える投球で、メジャーデビュー後、自身2番目に多い44試合に登板、自己最多タイの13ホールドを記録した。ドラフトで指名された際には、指導者陣に直筆のお礼の手紙を渡すなど、周囲への気づかいを絶やさないナイスガイ。

年度	所属チーム	勝利	敗戦	防御率	試合数	先発	セーブ	投球イニング	被安打	失点	自責点	被本塁打	与四球	奪三振	WHIP
2023	ガーディアンズ	2	5	3.23	44	0	0	39.0	24	18	14	6	28	52	1.33
通算成績		12	11	3.10	174	0	15	165.2	98	64	57	18	98	253	1.18

52 ニック・サンドリン *Nick Sandlin*

マウンドに立つと一目でわかる個性派サイドハンド　**セットアップ**

27歳 1997.1.10生｜180cm｜79kg｜右投げ⁄左打 函150キロ前後(フォーシーム主体) 決◎スライダー
対左.145 対右.197 ⑩2018②インディアンズ 囲ジョージア州 囲108万ドル(約1億5120万円)

球 **4**
制 **4**
緩 **4**
守番 **3**
度 **5**

　上体をかがめるような独特の構えから始動する、個性派右腕。横手から繰り出すフォーシームの最速は、150キロ台中盤にまで達するという、メジャーでも有数のパワー系サイドハンドだ。配球も個性的で、最も多投するのは大きくヨコに曲がるスライダー。昨季は全投球の約半分がスライダーだった。特徴的なフォームに取り組み始めたのは、高校2年生から。卒業した先輩投手に代わる存在になろうと、サイドハンドに挑戦したのがきっかけだった。パワフルな腕の振りの代償か、マイナー時代の2019年に右前腕、メジャーデビューした21年には右肩を痛めている。

年度	所属チーム	勝利	敗戦	防御率	試合数	先発	セーブ	投球イニング	被安打	失点	自責点	被本塁打	与四球	奪三振	WHIP
2023	ガーディアンズ	5	5	3.75	61	0	0	60.0	38	28	25	12	24	66	1.03
通算成績		11	8	3.07	141	0	0	137.2	86	56	47	16	65	155	1.10

ガーディアンズ

スポーツ記者だった父の影響で、野球好きに

ミドル リリーフ

49 イーライ・モーガン *Eli Morgan*

28歳 1996.5.13生 | 178cm | 86kg | 右投右打 | 速150キロ前後（フォーシーム） | 決◎チェンジアップ
対左.208 対右.314 ド2017⑧インディアンズ 出カリフォルニア州 年74万ドル（約1億360万円）+α

球 **3**
制 **4**
緩 **4**
守・走 **3**
度 **4**

メジャー4年目のシーズンを迎えるリリーフ右腕。昨季は開幕から好調で、4月末まで10試合（12回2/3）連続で無失点。シーズン前半の防御率は1.89だった。しかし、後半に入ると自慢の制球力に乱れが生じ、連続して失点する試合が増えた。そのためシーズン後半の防御率は、6.75にまで悪化した。球種は、フォーシーム、チェンジアップ、スライダー。右投手だが、チェンジアップの質が高く、左打者にも強い。父デイヴさんは、「ロサンジェルス・タイムズ」に所属していた元スポーツ記者で、退職後は、大手メディアのスポーツ部門を渡り歩き、要職に就いている。

年度	所属チーム	勝利	敗戦	防御率	試合数	先発	セーブ	投球イニング	被安打	失点	自責点	被本塁打	与四球	奪三振	WHIP
2023	インディアンズ	5	5	4.01	61	0	1	67.1	73	37	30	9	24	75	1.44
通算成績		15	12	4.35	129	19	1	223.1	209	120	108	39	59	228	1.20

8月以降の防御率は0.37

ミドル リリーフ

31 サム・ヘンジェス *Sam Hentges*

28歳 1996.7.18生 | 198cm | 110kg | 左投左打 | 速150キロ台前半（フォーシーム） | 決◎カーブ
対左.280 対右.248 ド2014④インディアンズ 出ミネソタ州 年116万ドル（約1億6240万円）

球 **3**
制 **3**
緩 **4**
守・走 **3**
度 **3**

重要な場面を任せられる信頼を勝ち取り、自己最高の17ホールドを記録したリリーフ左腕。昨季は左肩を痛めて出遅れたが、5月にメジャー復帰。8月以降の26試合は、24回1/3を投げて、自責点はわずか1だった。左腕らしい大きなカーブ、併殺が欲しい場面でゴロを打たせるのに効果的なシンカーを器用に投げ分けながら投球を組み立てる。ミネアポリス周辺で育ったため、幼少期はツインズのファン。チームのレジェンドであるジョー・マウアーや、自身と同じ左腕のヨハン・サンタナに熱視線を送る少年だった。198センチと長身だが、実弟はそれ以上の高身長。

年度	所属チーム	勝利	敗戦	防御率	試合数	先発	セーブ	投球イニング	被安打	失点	自責点	被本塁打	与四球	奪三振	WHIP
2023	ガーディアンズ	3	2	3.61	56	0	0	52.1	53	24	21	2	18	56	1.36
通算成績		7	8	4.33	143	12	0	183.0	184	95	88	15	69	196	1.38

68 ジョーイ・カンティロ *Joey Cantillo*

先発 期待度 **B⁻** **ルーキー**

25歳 1999.12.18生 | 193cm | 101kg | 左投左打 | ◆昨季は2A,3Aでプレー | ド2017⑯パドレス | 出ハワイ州

昨年、オールスター期間に合わせて開催される、マイナーリーグ所属の有望選手たちの登竜門である「オールスター・フューチャーズゲーム」に、ガーディアンズ代表で出場した左腕。長身の体をダイナミックに使い、豪快に投げ込んでくる。最大の武器はチェンジアップ。故障の多さが気がかり。

― ウィル・ディオン *Will Dion*

先発 期待度 **C⁺** **ルーキー**

24歳 2000.4.17生 | 178cm | 81kg | 左投左打 | ◆昨季は1A+,2Aでプレー | ド2021⑨インディアンズ | 出ルイジアナ州

体格は小柄だが、クレイトン・カーショウを思わせる特徴的なフォームから、本家さながらのキレのあるフォーシームとカーブを繰り出すサウスポー。マイナーでは、カーブを警戒されるやいなや、チェンジアップを磨いて打者を惑わすなど、投球の引き出しの多さも魅力だ。制球力の高さにも定評あり。

野手

通算「200本塁打・200盗塁」を達成　　サード

11 ホセ・ラミレス
Jose Ramirez

32歳 1992.9.17生｜175cm｜86kg｜右投両打

◆対左投手打率／.243(210-51) ◆対右投手打率／.302(401-121)
◆ホーム打率／.282(309-87) ◆アウェー打率／.281(302-85)
◆得点圏打率／.212(156-33)
◆23年のポジション別出場数／サード＝125、DH＝31
◆ドラフトデータ／2009⑦㉘インディアンズ
◆出身地／ドミニカ
◆年俸／1700万ドル（約23億8000万円）
◆シルバースラッガー賞4回(17,18,20,22年)

ミート **5**
パワー **5**
走塁 **5**
守備 **5**
肩 **4**

ガーディアンズ

　毎年ハイレベルな数字を出し続けている、故障知らずの小さな大打者。スイッチヒッターで、6月8日のレッドソックス戦では、右打席で2本、左打席で1本の計3本塁打を叩き込んだ。この試合で放った2本目の本塁打は、メジャー通算200号という節目の一発。9月18日のロイヤルズ戦では通算200盗塁も達成し、現役ではマイク・トラウト、アンドルー・マカッチェン、ホセ・アルトゥーヴェしか記録していない「200本塁打・200盗塁」の達成者となった。昨季は自身5度目のオールスターにも出場。

　身長は175センチしかないが、がっしりした体型で、腕っぷしは強い。昨年8月5日のホワイトソックス戦では、二塁打を放ち、セカンドベースにヘッドスライディングをした際、ラミレスをまたいでしばらく動かなかった相手遊撃手ティム・アンダーソンと、口論になった。ファイティングポーズを取ったアンダーソンがパンチを繰り出してきたが、それをかわすと、ラミレスの右フックが相手のアゴにきれいにヒット。アンダーソンからダウンを奪った。口論の発端は、アンダーソンがガーディアンズの選手に対して、リスペクトに欠ける行為を続けていたため、それをラミレスがとがめたことによる。2人の殴り合いは、両軍入り乱れての騒動に発展。当事者の2人や両軍監督を含んだ計6名が退場になったが、ベンチに引き上げるラミレスに対し、クリーブランドのファンは喝采を浴びせた。

　普段は陽気なドミニカン。ゲーム好きで、『マリオカート』や『MLB the show』などで、若手選手を完膚なきまでに倒すことに喜びを感じている。

カモ B・シンガー(ロイヤルズ).435(23-10)2本　G・コール(ヤンキース).409(22-9)2本
苦手 前田健太(タイガース).125(16-2)1本　J・ライアン(ツインズ).143(21-3)1本

年度	所属チーム	試合数	打数	得点	安打	二塁打	三塁打	本塁打	打点	四球	三振	盗塁	盗塁死	出塁率	OPS	打率
2013	インディアンズ	15	12	5	4	0	1	0	2	0	2	2	1	.429	.929	.333
2014	インディアンズ	68	237	27	62	10	2	2	17	13	35	10	1	.300	.646	.262
2015	インディアンズ	97	315	50	69	14	3	6	27	32	39	10	4	.291	.631	.219
2016	インディアンズ	152	565	84	176	46	3	11	76	44	62	22	7	.363	.825	.312
2017	インディアンズ	152	585	107	186	56	6	29	83	52	69	17	5	.374	.957	.318
2018	インディアンズ	157	578	110	156	38	4	39	105	106	80	34	6	.387	.939	.270
2019	インディアンズ	129	482	68	123	33	3	23	83	52	74	24	4	.327	.806	.255
2020	インディアンズ	58	219	45	64	16	1	17	46	31	43	10	4	.386	.993	.292
2021	インディアンズ	152	552	111	147	32	5	36	103	72	87	27	4	.355	.893	.266
2022	ガーディアンズ	157	601	90	168	44	5	29	126	69	82	20	7	.355	.869	.280
2023	ガーディアンズ	156	611	87	172	36	5	24	80	73	73	28	6	.356	.831	.282
通算成績		1293	4757	784	1327	325	38	216	746	546	646	202	48	.355	.854	.279

カモ 苦手 は通算成績

143

日本ゆかりの「ベイビー・イチロー」

レフト

38 スティーヴン・クワン Steven Kwan

27歳 1997.9.5生｜175cm｜77kg｜左投左打
- ◆対左投手打率／.260　◆対右投手打率／.272
- ◆ホーム打率／.246　◆アウェー打率／.290　◆得点圏打率／.292
- ◆23年のポジション別出場数／レフト=153、DH=3
- ◆Ⓓ2018⑤インディアンズ　Ⓗカリフォルニア州
- ◆Ⓨ74万ドル（約1億360万円）+α
- ◆ゴールドグラブ賞2回（22,23年）

ミート	5
パワー	3
走塁	5
守備	5
肩	3

　ハイレベルな走攻守を誇り、「ベイビー・イチロー」の異名を取る外野手。メジャー昇格を果たした2022年は、デビュー6戦目の第1打席途中まで、1回も空振りをしなかった。昨年は打率こそ下がったものの、安打数、とりわけ二塁打を増やし、力強いスイングを披露している。レフトの守備ではDRS（守備で防いだ失点）が16あり、メジャーの左翼手でトップ。2年連続となるゴールドグラブ賞を受賞した。父は中国系アメリカ人、母は日系アメリカ人というアジア系。母方の祖父母は、第2次世界大戦後に山形県からカリフォルニアに移住したという。このように日本へのゆかりもあったため、昨年のWBCでは、大谷翔平から熱烈な誘いを受け、侍ジャパン入りに前向きだったが、出場資格に適合せず断念した。趣味はチェスで、めちゃくちゃ強い。

カモ P・ロペス（ツインズ）.455(11-5)0本　**苦手** B・オーバー（ツインズ）.000(9-0)0本

年度	所属チーム	試合数	打数	得点	安打	二塁打	三塁打	本塁打	打点	四球	三振	盗塁	盗塁死	出塁率	OPS	打率
2022	ガーディアンズ	147	563	89	168	25	7	6	52	62	60	19	5	.373	.773	.298
2023	ガーディアンズ	158	638	93	171	36	7	5	54	70	75	21	3	.340	.710	.268
通算成績		305	1201	182	339	61	14	11	106	132	135	40	8	.356	.740	.282

プラチナ・ゴールドグラブ賞を受賞

セカンド

0 アンドレス・ヒメネス Andres Gimenez

26歳 1998.9.4生｜180cm｜72kg｜右投左打
- ◆対左投手打率／.268　◆対右投手打率／.243
- ◆ホーム打率／.247　◆アウェー打率／.255　◆得点圏打率／.238
- ◆23年のポジション別出場数／セカンド=150
- ◆Ⓓ2015⑰メッツ　Ⓗベネズエラ
- ◆Ⓨ500万ドル（約7億円）　◆ゴールドグラブ賞2回（22,23年）

ミート	4
パワー	4
走塁	5
守備	5+
肩	4

　チームトップの30盗塁をマークした、スモールボールにも長けた野球IQの高い内野手。一昨年はメジャー最多の25死球、昨季もアメリカン・リーグ2位の20死球と当たりまくり、塁上から相手投手を揺さぶった。セカンドの守備では、グラブさばきが巧みで、2年連続でゴールドグラブ賞を獲得。さらに昨季は、ゴールドグラブ賞の受賞者から、「最も守備がうまい選手」をファン投票で選出するプラチナ・ゴールドグラブ賞も受賞。メジャー屈指の守備職人としての地位を、揺るぎないものとした。ベネズエラ出身。一族からは、パイロットや理系教師など、他ジャンルの優秀な人材も多数輩出しているそうだ。メジャー昇格時の契約金で、母に車と家をプレゼントしたという孝行息子。

カモ P・ロペス（ツインズ）.455(11-5)0本　**苦手** B・オーバー（ツインズ）.000(8-0)0本

年度	所属チーム	試合数	打数	得点	安打	二塁打	三塁打	本塁打	打点	四球	三振	盗塁	盗塁死	出塁率	OPS	打率
2020	メッツ	49	118	22	31	3	2	3	12	7	28	8	1	.333	.731	.263
2021	インディアンズ	68	188	23	41	10	0	3	16	11	54	11	0	.282	.633	.218
2022	ガーディアンズ	146	491	66	146	26	3	17	69	34	112	20	3	.371	.837	.297
2023	ガーディアンズ	153	557	76	140	27	5	15	62	32	112	30	6	.314	.713	.251
通算成績		416	1354	187	358	66	10	40	159	84	306	69	10	.332	.749	.264

弟に負けじと、かっ飛ばした強打の兄 ファースト

22 ジョシュ・ネイラー Josh Naylor

27歳 1997.6.22生｜180cm｜113kg｜左投左打
◆対左投手打率／.299 ◆対右投手打率／.311
◆ホーム打率／.309 ◆アウェー打率／.306 ◆得点圏打率／.363
◆23年のポジション別出場数／ファースト＝91、DH＝27、ライト＝1
◆ド2015①マーリンズ ◆田カナダ
◆囲650万ドル（約9億1000万円）

ミート	4
パワー	4
走塁	3
守備	3
肩	3

昨季もクラッチヒッターぶりを、いかんなく発揮したスラッガー。一昨年、ゲームを決める一打を何度も放って話題になったが、昨季も勝負強いバッティングを見せ、得点圏打率は3割6分3厘。チームトップの97打点をマークした。昨年7月14日のレンジャーズ戦では、3回表に弟のボー・ネイラーが先制ツーランを叩き込むと、負けじと同じイニングに、ライトポール直撃のツーランを放っている。豪快なバッティングとは裏腹に、恋愛の駆け引きと感情の揺れを描く人気リアリティ番組の『バチェラー』を見るのが好きという一面も。自炊にも励むが、皿を使いすぎる点を、弟ボーに指摘されている。

[カモ] J.ベリオス（ブルージェイズ）.600(10-6)1本　[苦手] B.シンガー（ロイヤルズ）.143(21-3)1本

年度	所属チーム	試合数	打数	得点	安打	二塁打	三塁打	本塁打	打点	四球	三振	盗塁	盗塁死	出塁率	OPS	打率
2019	パドレス	94	253	29	63	15	0	8	32	25	64	1	1	.315	.718	.249
2020	パドレス	18	36	4	10	0	1	1	4	1	4	1	0	.316	.733	.278
2020	インディアンズ	22	61	9	14	3	0	0	2	4	8	0	0	.277	.556	.230
2020	2チーム計	40	97	13	24	3	1	1	6	5	12	1	0	.291	.621	.247
2021	インディアンズ	69	233	28	59	13	0	7	21	14	45	1	0	.301	.700	.253
2022	ガーディアンズ	122	449	47	115	28	0	20	79	38	80	6	1	.319	.771	.256
2023	ガーディアンズ	121	452	52	139	31	0	17	97	33	68	10	3	.354	.843	.308
通算成績		446	1484	169	400	90	1	53	235	115	269	19	5	.325	.764	.270

兄弟本塁打で話題になった強打の捕手 キャッチャー

23 ボー・ネイラー Bo Naylor

24歳 2000.2.21生｜183cm｜92kg｜右投左打 ◆盗塁阻止率／.121(66-8)
◆対左投手打率／.217 ◆対右投手打率／.243
◆ホーム打率／.261 ◆アウェー打率／.217 ◆得点圏打率／.212
◆23年のポジション別出場数／キャッチャー＝67
◆ド2018①インディアンズ ◆田カナダ
◆囲74万ドル（約1億360万円）＋α

ミート	3
パワー	4
走塁	3
守備	3
肩	3

今季は開幕から正捕手としてマスクをかぶる、カナダ出身のキャッチャー。兄ジョシュに負けず劣らずの強打の持ち主で、広角に強い打球を打ち分ける。昨年は3月のWBCにカナダ代表で出場。シーズンの開幕は3Aで迎えたが、6月中旬以降メジャーに定着した。昨年7月14日のレンジャーズ戦では、3回表に兄弟で本塁打を記録。メジャーでの兄弟本塁打は、2014年に当時ブレーブス所属のアプトン兄弟が達成して以来の快挙。同一イニングに記録したのは、同じくアプトン兄弟が13年に記録して以来のことだった。現役の兄弟メジャーリーガーとして注目を集めるが、昨年のドラフトでは、2人の弟マイルズがアスレティックスから1巡目（全体39位）に指名され、プロ入りしている。いとこのデンゼル・クラークも、アスレティックス傘下でプレー。

[カモ] B.シンガー（ロイヤルズ）.571(7-4)0本　[苦手] ──

年度	所属チーム	試合数	打数	得点	安打	二塁打	三塁打	本塁打	打点	四球	三振	盗塁	盗塁死	出塁率	OPS	打率
2022	ガーディアンズ	5	8	0	0	0	0	0	0	0	5	0	0	.000	.000	.000
2023	ガーディアンズ	67	198	33	47	13	0	11	32	30	53	5	0	.339	.809	.237
通算成績		72	206	33	47	13	0	11	32	30	58	5	0	.328	.779	.228

ガーディアンズ

昨季は鳥にささげる本塁打も放つ

ライト

17 ウィル・ブレナン *Will Brennan*

26歳 1998.2.2生｜183cm｜90kg｜左投左打

- ◆対左投手打率／.214　◆対右投手打率／.279
- ◆ホーム打率／.261　◆アウェー打率／.271　◆得点圏打率／.250
- ◆23年のポジション別出場数／ライト＝110、センター＝11、レフト＝7、DH＝4　◆Ｄ2019⑧インディアンズ
- ◆出コロラド州　◆年74万ドル（約1億360万円）＋α

ミート	3
パワー	3
走塁	4
守備	4
肩	3

　バットコントロールが巧みな左の好打者。早打ちで、三振が少ないが、四球も少ないタイプだ。守備では、外野3ポジションをそつなくこなす。昨年5月22日のホワイトソックス戦では、自身が放った打球が、フィールドを羽ばたく鳥を直撃。あまりに痛烈な打球だったので、鳥は死んでしまった。翌日の試合では、その鳥を追悼する本塁打を記録している。少年時代は大のレッドソックスファン。当時、レッドソックスの監督で、昨季までガーディアンズの監督だったテリー・フランコーナのサインが欲しくて仕方がない。

カモ B・シンガー（ロイヤルズ）.600(10-6)0本　苦手 J・グレイ（レンジャーズ）.000(6-0)0本

年度	所属チーム	試合数	打数	得点	安打	二塁打	三塁打	本塁打	打点	四球	三振	盗塁	盗塁死	出塁率	OPS	打率
2022	ガーディアンズ	11	42	6	15	1	1	1	8	2	4	2	1	.400	.900	.357
2023	ガーディアンズ	138	432	41	115	24	0	5	41	16	57	13	5	.299	.655	.266
通算成績		149	474	47	130	25	1	6	49	18	61	15	6	.308	.677	.274

ボー・ネイラーの教育係として復帰

キャッチャー　**移籍**

27 オースティン・ヘッジス *Austin Hedges*

32歳 1992.8.18生｜185cm｜99kg｜右投右打　◆盗塁阻止率／.105(57-6)

- ◆対左投手打率／.147　◆対右投手打率／.205
- ◆ホーム打率／.174　◆アウェー打率／.192　◆得点圏打率／.208
- ◆23年のポジション別出場数／キャッチャー＝80、ピッチャー＝4、DH＝1　◆Ｄ2011②パドレス
- ◆出カリフォルニア州　◆年400万ドル（約5億6000万円）

ミート	1
パワー	2
走塁	1
守備	5
肩	3

　2年ぶりにクリーブランドに帰ってきた、明るい性格のベテラン捕手。正捕手ボー・ネイラーの控え、そして教育係としてはもちろんのこと、若い選手が多いため、チーム全体に対するリーダーとしての役割も球団は期待している。昨シーズンは、パイレーツで正捕手格としてプレー。8月からは、トレードで移籍したレンジャーズで控え捕手を務め、ワールドシリーズも経験した。打撃は打率が5年連続1割台で多くを期待できないが、守備はハイレベル。ボールブロッキング、フレーミングの技術は、メジャーでもトップクラスだ。母方の曽祖父母は、ウクライナからピッツバーグにやって来た移民。

カモ M・マイコラス（カーディナルス）.667(6-4)0本　苦手 M・ワカ（ロイヤルズ）.000(9-0)0本

年度	所属チーム	試合数	打数	得点	安打	二塁打	三塁打	本塁打	打点	四球	三振	盗塁	盗塁死	出塁率	OPS	打率
2015	パドレス	56	137	13	23	4	0	3	11	8	38	0	0	.215	.463	.168
2016	パドレス	8	24	2	3	1	0	0	1	0	7	0	1	.154	.321	.125
2017	パドレス	120	387	36	83	17	0	18	55	23	122	4	1	.262	.660	.214
2018	パドレス	91	303	29	70	14	2	14	37	21	90	3	0	.282	.711	.231
2019	パドレス	102	312	28	55	9	0	11	36	27	109	1	0	.252	.563	.176
2020	パドレス	29	57	7	9	1	0	3	6	6	18	1	1	.258	.591	.158
2020	インディアンズ	6	12	0	1	0	0	0	0	0	5	0	0	.083	.166	.083
2020	2チーム計	35	69	7	10	1	0	3	6	6	23	1	1	.231	.521	.145
2021	インディアンズ	88	286	32	51	9	0	10	31	15	87	1	0	.220	.528	.178
2022	ガーディアンズ	105	294	26	48	4	0	7	30	25	78	2	0	.241	.489	.163
2023	パイレーツ	65	161	13	29	5	0	4	14	11	39	1	0	.237	.467	.180
2023	レンジャーズ	17	24	1	5	0	0	0	2	0	8	0	0	.208	.416	.208
2023	2チーム計	82	185	14	34	5	0	4	16	11	47	1	0	.234	.461	.184
通算成績		687	1997	187	377	60	2	67	223	136	601	13	3	.246	.567	.189

野 手

高い守備力でレギュラーの座を維持
7 マイルズ・ストロウ Myles Straw

センター

30歳 1994.10.17生｜178cm｜80kg｜右投右打 対左.216 対右.257 ホ.246 ア.235
得.205 ⑤2015⑰アストロズ 出カリフォルニア州 囲450万ドル(約6億3000万円) ◆ゴールドグラブ賞1回(22年)

ミ2
パ1
走4
守4
肩5

　一昨年にはゴールドグラブ賞を受賞している、守備での貢献度が高い好守のセンター。一方、打撃は多くを期待できず、打順は8番、9番で出場することが多い。規定打席に達していながら、一昨年は0本塁打、昨年もわずかに1本塁打に終わった。義理堅い性格で、シーズン途中のトレードでアストロズからガーディアンズに移籍した2021年は、古巣が出場したワールドシリーズの応援にマイケル・ブラントリーのユニフォームを着て駆けつけた。試合中に物を投げつけられた経験から、ヤンキースファンを「地球上で最悪のファン」と吐き捨てるなど、嫌悪感を表す。

年度	所属チーム	試合数	打数	得点	安打	二塁打	三塁打	本塁打	打点	四球	三振	盗塁	盗塁死	出塁率	OPS	打率
2023	ガーディアンズ	147	462	52	110	18	3	1	29	42	97	20	6	.301	.598	.238
通算成績		555	1760	249	430	77	9	6	125	187	351	87	16	.316	.625	.244

守備力、パワー、感受性が豊かな有望株
13 ガブリエル・アリアス Gabriel Arias

ユーティリティ

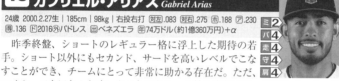

24歳 2000.2.27生｜185cm｜98kg｜右投右打 対左.083 対右.275 ホ.188 ア.230
得.136 ⑤2016⑰パドレス 出ベネズエラ 囲74万ドル(約1億360万円)+α

ミ2
パ4
走4
守4
肩4

　昨季終盤、ショートのレギュラー格に浮上した期待の若手。ショート以外にもセカンド、サードを高いレベルでこなすことができ、チームにとって非常に助かる存在だ。ただ、マイナーでもほとんど守ったことのなかった外野守備では、苦戦していた。打撃面ではパワーがあるほうで、昨季は345打席に立ち、二塁打を15本、本塁打を10本記録している。課題は、緩急をつけたピッチングへの対応。幼少期に祖父の影響で野球を始め、2022年4月20日に、念願のメジャー昇格。同日の試合で、スコアボードに表示された自分の名前を見て、思わず歓喜の涙を流した。

年度	所属チーム	試合数	打数	得点	安打	二塁打	三塁打	本塁打	打点	四球	三振	盗塁	盗塁死	出塁率	OPS	打率
2023	ガーディアンズ	122	315	36	66	15	0	10	26	28	113	3	4	.275	.627	.210
通算成績		138	362	45	75	16	1	11	31	36	129	4	4	.282	.630	.207

遊撃守備に定評がある「プロフェッサー」
4 ブライアン・ロッキオ Brayan Rocchio

ショート
ルーキー

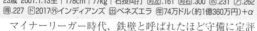

23歳 2001.1.13生｜178cm｜77kg｜右投両打 対左.161 対右.300 ホ.231 ア.262
得.227 ⑤2017⑰インディアンズ 出ベネズエラ 囲74万ドル(約1億360万円)+α

ミ3
パ3
走4
守4
肩4

　マイナーリーガー時代、鉄壁と呼ばれたほど守備に定評がある遊撃手。ずば抜けた身体能力があるわけではないが、攻守ともに状況判断力に優れ、その野球IQの高さから「プロフェッサー」の異名を取る。昨年は4月にメジャー初昇格を果たしたが、そのときは出場機会がなく、すぐにマイナー降格の悔しさを味わった。だが、5月16日に、ホセ・ラミレスが忌引きリストに入ったことで、再昇格。同日のホワイトソックス戦で、念願のメジャーデビューを果たした。打撃面では、スイッチヒッターだが、両打席ともにバットに当てる技術が高く、スイング軌道にも粗がない。

年度	所属チーム	試合数	打数	得点	安打	二塁打	三塁打	本塁打	打点	四球	三振	盗塁	盗塁死	出塁率	OPS	打率
2023	ガーディアンズ	23	81	9	20	6	0	0	8	4	27	0	0	.279	.600	.247
通算成績		23	81	9	20	6	0	0	8	4	27	0	0	.279	.600	.247

ガーディアンズ

昨季途中加入の勝負師

外野手

10 ラモン・ローリアーノ *Ramon Laureano*

30歳 1994.7.15生 | 180cm | 91kg | 右投右打 対左.270 対右.200 困.249 ア.202 得.198 ド2014⑯アストロズ 田ドミニカ 年515万ドル（約7億2100万円）

ミ	2
パ	4
走	4
守	4
肩	4

　高い走塁センスと、振りの鋭さを備えた外野手。アスレティックスでプレーしていた昨年8月、40人枠から外され、ガーディアンズに加入した。2018年のメジャー初昇格、初スタメンで起用されたタイガース戦で、初安打をサヨナラ打で記録。メジャー初安打がサヨナラ打となったのは、アスレティックスでは初めてのことだった。打のパンチ力は昨季も健在。やや目についた、崩されての三振を減らし、メジャーデビュー時に見せた勝負強さをガーディアンズでも発揮できるか注目だ。昨季も打率は低かったが、四死球でよく塁に出たため、出塁率はそこまでひどくはなかった。

年度	所属チーム	試合数	打数	得点	安打	二塁打	三塁打	本塁打	打点	四球	三振	盗塁	盗塁死	出塁率	OPS	打率
2023	アスレティックス	64	225	24	48	10	3	6	21	17	73	8	0	.280	.644	.213
2023	ガーディアンズ	41	136	22	33	8	1	3	14	16	41	4	1	.342	.724	.243
2023	2チーム計	105	361	46	81	18	4	9	35	33	114	12	1	.304	.675	.224
通算成績		512	1821	271	447	106	8	71	219	152	547	57	16	.320	.749	.245

パワーもついてきたヒットメーカー

ユーティリティ

2 タイラー・フリーマン *Tyler Freeman*

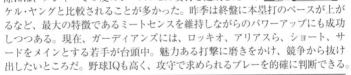

25歳 1999.5.21生 | 183cm | 86kg | 右投右打 対左.216 対右.266 困.269 ア.221 得.317 ド2017②インディアンズ 田カリフォルニア州 年74万ドル（約1億360万円）+α

ミ	4
パ	3
走	4
守	3
肩	3

　昨季は168打席で三振はわずか30個という、高いコンタクト力を誇る期待の好打者。2017年にドラフト指名された際には、メジャーで6度のシーズン200安打を達成したマイケル・ヤングと比較されることが多かった。昨季は終盤に本塁打のペースが上がるなど、最大の特徴であるミートセンスを維持しながらのパワーアップにも成功しつつある。現在、ガーディアンズには、ロッキオ、アリアスら、ショート、サードをメインとする若手が台頭中。魅力ある打撃に磨きをかけ、競争から抜け出したいところだ。野球IQも高く、攻守で求められるプレーを的確に判断できる。

年度	所属チーム	試合数	打数	得点	安打	二塁打	三塁打	本塁打	打点	四球	三振	盗塁	盗塁死	出塁率	OPS	打率
2023	ガーディアンズ	64	153	20	37	7	0	4	18	10	30	5	0	.295	.661	.242
通算成績		88	230	29	56	10	0	4	21	14	41	6	0	.302	.641	.243

— カイル・マンザード *Kyle Manzardo*

ファースト 期待度 B+ ルーキー

24歳 2000.7.18生 | 183cm | 92kg | 右投左打 ◆昨季はルーキー級.3Aでプレー ド2021②レイズ 田アイダホ州

　高い出塁率と、向上中の長打力に注目が集まる左のスラッガー。レイズの3Aでプレーしていた昨季は、オールスター期間に開催される「フューチャーズゲーム」にも選出された。その後、アーロン・シヴァーリとのトレードでガーディアンズに加入。一塁守備は「中の下」で、スピードにも欠ける。

76 ジョージ・ヴァレラ *George Valera*

外野手 期待度 B ルーキー

24歳 2000.11.13生 | 183cm | 88kg | 左投左打 ◆昨季はルーキー級.3Aでプレー ド2017⑰インディアンズ 田ニューヨーク州

　ボールをじっくり見ていくタイプで、三振も四球も多い外野手。昨季は、3Aで73試合に出場し、打率2割1分1厘、出塁率3割4分3厘、10本塁打を記録。「成長すれば30本塁打も夢ではない」と言われるハードスイングに要注目だ。ニューヨーク生まれだが、13歳のときに家族でドミニカへ移住。

対左=対左投手打率　対右=対右投手打率　困=ホーム打率　ア=アウェー打率　得=得点圏打率
ド=ドラフトデータ　田=出身地　年=年俸

シカゴ・ホワイトソックス

◆創　立：1900年
◆本拠地：イリノイ州シカゴ市
◆主要オーナー▶ ジェリー・ラインズドーフ（NBAシカゴ・ブルズ オーナー）

◆ワールドシリーズ制覇：3回　◆リーグ優勝：6回
◆地区優勝：6回　◆ワイルドカード獲得：1回

過去5年成績

年度	勝	負	勝率	ゲーム差	地区順位	ポストシーズン成績
2019	72	89	.447	28.5	③	―
2020	35	25	.583	1.0	②(同率)	ワイルドカードシリーズ敗退
2021	93	69	.574	(13.0)	①	地区シリーズ敗退
2022	81	81	.500	11.0	②	―
2023	**61**	**101**	**.377**	**26.0**	**④**	**―**

監督　**5** ペドロ・グリフォル *Pedro Grifol*

◆年　　齢…………55歳（フロリダ州出身）
◆現役時代の経歴…メジャーでのプレー経験なし
　（キャッチャー）
◆監督経歴…………1シーズン　ホワイトソックス（2023〜）
◆通算成績…………61勝101敗（勝率.377）

　就任1年目の昨季は苦難のシーズンとなった、キューバ系アメリカ人監督。ロイヤルズのベンチコーチを経て、2022年オフに、ホワイトソックスの監督に就任した。コミュニケーション能力が高く、スペイン語にも堪能。就任時には、ラルーサ前監督の下で士気が低下していたチームの立て直しを期待されていた。だが、シーズンが始まってもチーム内部は緊張感に欠け、ゆるみきったまま。結果的に大きく負け越し、グリフォルのリーダーシップに疑問の声が上がった。

注目コーチ **99** マーカス・テイムズ *Marcus Thames*

　新打撃コーチ。47歳。昨季はエンジェルスで打撃コーチを務め、大谷翔平とのコミカルなやりとりが話題になったこともあった。一昨年はマーリンズの打撃コーチ。

編成責任者 クリス・ゲッツ *Chris Getz*

　41歳。昨年8月、GM補佐から昇格。元メジャーリーガー（二塁手）で、7シーズン、プレー。2005年ドラフトで、ホワイトソックスから4巡目に指名され、プロ入りしている。

スタジアム ギャランティード・レート・フィールド *Guaranteed Rate Field*

◆開場年…………1991年
◆仕　様…………天然芝
◆収容能力………40,615人
◆フェンスの高さ…2.4m
◆特　徴…………外野フェンスが低く、ホームランが出やすい。その一方で、外野手によるフェンス際のホームランキャッチもよく見られる。カブスの鈴木誠也も昨年、この球場でモンカダの満塁弾を阻止するホームランキャッチを披露している。

ヒッターズ
パーク ▶

149

Best Order

[ベストオーダー]

①アンドルー・ベニンテンディ……レフト
②アンドルー・ヴォーン……ファースト
③ルイス・ロバート・ジュニア……センター
④ヨアン・モンカダ……サード
⑤エロイ・ヒメネス……DH
⑥ドミニク・フレッチャー……ライト
⑦ポール・デヤング……ショート
⑧レニン・ソーサ……セカンド
⑨マックス・スタッシー……キャッチャー

Depth Chart

[ポジション別選手層・メンバーリスト]

※2024年2月25日時点の候補選手。数字は背番号（開幕前に変更する場合もあり）、右・左は投・打の順。

センター
88 ルイス・ロバート・ジュニア [右・右]
22 オスカー・コラス [左・左]

レフト
23 アンドルー・ベニンテンディ [左・左]
74 エロイ・ヒメネス [右・右]

ライト
7 ドミニク・フレッチャー [左・左]
22 オスカー・コラス [左・左]
32 ギャヴィン・シーツ [左・左]

ショート
11 ポール・デヤング [右・右]
8 ニッキー・ロペス [右・左]
12 ロミー・ゴンザレス [右・右]

セカンド
50 レニン・ソーサ [右・右]
8 ニッキー・ロペス [右・左]
12 ロミー・ゴンザレス [右・右]

ローテーション
84 ディラン・シース [右・右]
20 エリック・フェディ [右・右]
77 クリス・フレクセン [右・右]
40 マイケル・ソロカ [右・右]
47 トゥーキー・トゥーサン [右・右]
34 マイケル・コペック [右・右]

サード
10 ヨアン・モンカダ [右・両]
8 ニッキー・ロペス [右・左]

ファースト
25 アンドルー・ヴォーン [右・右]
32 ギャヴィン・シーツ [左・左]

キャッチャー
33 マックス・スタッシー [右・右]
15 マーティン・マルドナード [右・右]
26 コリー・リー [右・右]

DH
74 エロイ・ヒメネス [右・右]
25 アンドルー・ヴォーン [右・右]

ブルペン
59 ジョン・ブレビア [右・右] CL
45 ギャレット・クロシェ [左・右]
54 ティム・ヒル [左・右]
57 タナー・バンクス [左・右]
58 ジミー・ランバート [右・右]
64 デイヴィー・ガルシア [右・右]
70 アレックス・スピーズ [右・右]
67 サミー・ペラルタ [左・右]
62 ジェシー・ショルテンズ [右・右]

※CL=クローザー

ホワイトソックス試合日程……＊はアウェーでの開催

3月28・30・31	タイガース	29・30・5月1	ツインズ	31・6月1・2	ブリュワーズ＊
4月1・2・3	ブレーブス	3・4・5	カーディナルス＊	4・5	カブス＊
4・5・6・7	ロイヤルズ＊	6・7・8	レイズ＊	6・7・8・9	レッドソックス
8・9・10	ガーディアンズ＊	9・10・11・12	ガーディアンズ	10・11・12・13	マリナーズ＊
12・13・14	レッズ	13・14・15	ナショナルズ	14・15・16	ダイヤモンドバックス＊
15・16・17	ロイヤルズ	17・18・19	ヤンキース＊	18・19・20	アストロズ
19・20・21	フィリーズ＊	20・21・22	ブルージェイズ＊	21・22・23	タイガース
22・23・24・25	ツインズ＊	23・24・25・26	オリオールズ	24・25・26	ドジャース
26・27・28	レイズ	27・28・29	ブルージェイズ	28・29・30	ロッキーズ

150　**球団メモ** 昨年8月、トレードで出た選手たちの発言から、チームの規律のなさが露呈。管理体制の責任を問われ、ウィリアムズ上級副社長、ハーンGMがクビになっている。

■投手力➡…★★★★★【昨年度チーム防御率4.87、リーグ13位】

ローテーションからクレヴィンジャーが抜け、昨年韓国で活躍したフェディと、4年前に韓国で活躍したフレクセンが加わった。故障からの完全復活を目指すソロカも加入し、顔ぶれが大きく変わったが、それぞれがどこまでやれるかは、未知数な部分が多い。また、エースのシースは、トレードで出される可能性が高くなっている。リリーフ陣には、ブレビア、ヒルが加わったが、こちらの補強も、劇的な改善をもたらすほどのインパクトはない。

■攻撃力➡…★★★★★【昨年度チーム得点641、リーグ14位】

昨季はロバート・ジュニアがブレイクしたが、ほかが頼りなく、チーム得点は一昨年からダウンした。相変わらず早打ち傾向の選手が多く、四球率は2年連続でリーグ最低。チーム出塁率は、30球団ワーストだった。オフに、かつての強打者が数人抜けているが、大きな戦力ダウンにはならない。

■守備力⬆…★★★♪★★【昨年度チーム失策数95、リーグ10位タイ】

捕手では、衰えの目立っていたグランダルが抜け、スタッシー、マルドナードという、チームに安心感を与える2人が加わった。これは大きなプラスだ。また、ショートがアンダーソンから、デヤングに変わるのも心強い。

■機動力⬇…★★♪★★★【昨年度チーム盗塁数86、リーグ11位タイ】

機動力野球ロイヤルズのベンチコーチだったグリフォルが監督に就任しても、劇的な変化はなし。昨季は4人が2ケタ盗塁をマークしているが、そのうちの2人（アンダーソン、アンドルス）が、オフにチームを去っている。

総合評価 ➡ ★★★★★	リーダーのホセ・アブレイユが2022年オフに退団し、チーム内の規律が乱れ始めた。トラブルを起こしていたアンダーソンとグランダルが退団したものの、まずはチームの引き締めが先決だ。その点でもマルドナードの獲得は大きな意味を持つ。

ホワイトソックス

IN　主な入団選手	**OUT**　主な退団選手
投手	投手
エリック・フェディ←NC(韓国)	アーロン・バマー➡ブレーブス
クリス・フレクセン←ロッキーズ	マイク・クレヴィンジャー➡所属先未定
マイケル・ソロカ←ブレーブス	リーアム・ヘンドリックス➡レッドソックス
野手	グレゴリー・サントス➡マリナーズ
マックス・スタッシー←エンジェルス	野手
ニッキー・ロペス←ブレーブス	ティム・アンダーソン➡マーリンズ
マーティン・マルドナード←アストロズ	ヤスマニ・グランダル➡パイレーツ

7月2・3・4	ガーディアンズ*	8月2・3・4	ツインズ*	2・3・4	オリオールズ*
5・6・7	マーリンズ*	5・6・7	アスレティックス*	6・7・8	レッドソックス*
8・9・10	ツインズ	9・10	カブス	9・10・11	ガーディアンズ*
12・13・14	パイレーツ	12・13・14	ヤンキース	13・14・15	アスレティックス
16	オールスターゲーム	16・17・18	アストロズ*	16・17・18	エンジェルス*
19・20・21	ロイヤルズ*	19・20・21	ジャイアンツ*	20・21・22	パドレス*
22・23・24・25	レンジャーズ*	23・24・25・26	タイガース*	24・25・26	エンジェルス
26・27・28	マリナーズ	27・28・29	レンジャーズ	27・28・29	タイガース*
29・30・31	ロイヤルズ	30・31・9月1	メッツ		

球団メモ 昨年1月に癌を公表したリーアム・ヘンドリックスが、5月末に復帰。カムバック賞を受賞した。ただ、8月にヒジを手術し、今季（レッドソックス）は全休が濃厚だ。

151

84 ディラン・シース *Dylan Cease*
獲得を狙って、強豪球団が熱視線

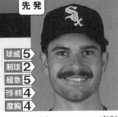

先発

29歳 1995.12.28生 | 188cm | 88kg | 右投右打
◆速球のスピード／150キロ台中頃（フォーシーム）
◆決め球と持ち球／◎フォーシーム、◎スライダー、
　◎カーブ、△チェンジアップ　◆対左.268 ◆対右.230
◆ホ防4.20　◆ア防5.01　◆ド2014⑥カブス
◆出ジョージア州　◆年800万ドル（約11億2000万円）

球威	5
制球	2
緩急	5
守・籍	4
度胸	4

　多くの強豪球団がトレードでの獲得を狙っている、ホワイトソックスの豪腕エース。一昨年、サイ・ヤング賞投票で2位に入る大活躍を見せ、WBCアメリカ代表入りをことわって臨んだ昨季も、同様の活躍を期待された。だが、ローテーション通り最後まで投げ抜いたものの、試合ごとに好不調の差が激しく、一昨年2点台前半だった防御率は4点台後半まで下落した。好調時は、豪速球と鋭く曲がるスライダーを軸にしたピッチングで、三振をハイペースで奪い、奪三振率10.88はアメリカン・リーグ2位（規定投球回以上）。一方、与四球数はリーグでワースト2位、ワイルドピッチ数はメジャー最多タイだった。

カモ J・ラミレス（ガーディアンズ）.208(24-5)0本　苦手 J・アルトゥーベ（アストロズ）.500(10-5)2本

年度	所属チーム	勝利	敗戦	防御率	試合数	先発	セーブ	投球イニング	被安打	失点	自責点	被本塁打	与四球	奪三振	WHIP
2019	ホワイトソックス	4	7	5.79	14	14	0	73.0	78	51	47	15	35	81	1.55
2020	ホワイトソックス	5	4	4.01	12	12	0	58.1	50	30	26	12	34	44	1.44
2021	ホワイトソックス	13	7	3.91	32	32	0	165.2	139	77	72	20	68	226	1.25
2022	ホワイトソックス	14	8	2.20	32	32	0	184.0	126	55	45	16	78	227	1.11
2023	ホワイトソックス	7	9	4.58	33	33	0	177.0	172	98	90	19	79	214	1.42
通算成績		43	35	3.83	123	123	0	658.0	565	311	280	82	294	792	1.31

20 エリック・フェデイ *Erick Fedde*
韓国リーグで投手三冠&MVPに輝く

先発　**移籍**

31歳 1993.2.25生 | 193cm | 92kg | 右投右打
◆速球のスピード／150キロ前後（シンカー主体）
◆決め球と持ち球／◎スイーパー、◎シンカー、○カーブ、
　○チェンジアップ、△カッター
◆昨季はメジャー出場なし　◆ド2014①ナショナルズ
◆出ネバダ州　◆年750万ドル（約10億5000万円）

球威	3
制球	4
緩急	4
守・籍	3
度胸	4

　韓国で1年投げ、レベルアップしてアメリカに戻ってきた右腕。2014年のドラフトで、ナショナルズから1巡目に指名され、プロ入り。17年にメジャーデビューしたが、望まれた結果を出せないまま年月が経ち、FAになった22年12月、KBOリーグ（韓国プロ野球）のNCダイノスと契約を交わした。韓国では新しく取り入れたスイーパーを武器に、大活躍。30試合に先発し、20勝6敗、防御率2.00、209奪三振と、圧倒的な数字を残した。勝ち星、防御率、奪三振は、いずれもKBOリーグでトップ。オフに入り、複数のメジャー球団が興味を示した中、ホワイトソックスが2年1500万ドルで獲得した。

カモ M・ロハス（ドジャース）.118(17-2)0本　苦手 M・キャナ（タイガース）.714(7-5)1本

年度	所属チーム	勝利	敗戦	防御率	試合数	先発	セーブ	投球イニング	被安打	失点	自責点	被本塁打	与四球	奪三振	WHIP
2017	ナショナルズ	0	1	9.39	3	3	0	15.1	25	16	16	5	8	15	2.15
2018	ナショナルズ	2	4	5.54	11	11	0	50.1	55	31	31	8	22	46	1.53
2019	ナショナルズ	4	2	4.50	21	12	0	78.0	81	39	39	11	33	41	1.46
2020	ナショナルズ	2	4	4.29	11	8	0	50.1	47	25	24	10	22	28	1.37
2021	ナショナルズ	7	9	5.47	29	27	0	133.1	144	90	81	23	48	128	1.44
2022	ナショナルズ	6	13	5.81	27	27	0	127.0	149	84	82	21	58	94	1.63
通算成績		21	33	5.41	102	88	0	454.1	501	285	273	78	191	352	1.52

対左=対左打者被打率　対右=対右打者被打率　ホ防=ホーム防御率　ア防=アウェー防御率
ド=ドラフトデータ　出=出身地　年=年俸　カモ 苦手=通算成績

投　手

4月はさわやか、9月はワイルド

59 ジョン・ブレビア *John Brebbia*

クローザー　移籍

34歳 1990.5.30生 ｜185cm｜90kg｜右投左打
◆速球のスピード／150キロ台前半（フォーシーム）
◆決め球と持ち球／◎フォーシーム、◎スライダー
◆[対左].204 ◆[対右].221 ◆[ホ防]3.43 ◆[ア防]4.67
◆[ド]2011㉚ヤンキース ◆[出]マサチューセッツ州
◆[年]400万ドル（約5億6000万円）

球威	4
制球	3
緩急	4
守備・牽制	4
度胸	3

　2022年にジャイアンツで、ナショナル・リーグ最多の76試合に登板した右腕。昨季は広背筋を痛めたため、40試合の登板にとどまった。10試合、先発もしたが、これはオープナー戦法で起用されたもの。昨季は防御率が3.99で、前年（22年）の3.18からダウンしたが、内容は悪くなく、奪三振率11.0は自己ベスト。今季ホワイトソックスでは、抑えを任される可能性がある。スライダーとフォーシームの2球種で投げるツーピッチ・ピッチャー。ヒゲを開幕時に1度そったあとは、そらずに、のばし続けるため、シーズン終了時点ではヒゲがモジャモジャの状態になり、見た目が別人のようになっている。

[カモ] I・ハップ（カブス）.000(7-0)0本　　[苦手] F・フリーマン（ドジャース）.500(8-4)1本

年度	所属チーム	勝利	敗戦	防御率	試合数	先発	セーブ	投球イニング	被安打	失点	自責点	被本塁打	与四球	奪三振	WHIP
2017	カーディナルス	0	0	2.44	50	0	0	51.2	37	15	14	8	11	51	0.93
2018	カーディナルス	3	3	3.20	45	0	0	50.2	43	18	18	5	16	60	1.16
2019	カーディナルス	3	4	3.59	66	0	0	72.2	59	31	29	6	27	87	1.18
2021	ジャイアンツ	0	1	5.89	18	0	0	18.1	25	13	12	4	4	22	1.58
2022	ジャイアンツ	6	2	3.18	76	11	0	68.0	71	27	24	5	18	54	1.31
2023	ジャイアンツ	3	5	3.99	40	10	0	38.1	31	21	17	6	14	47	1.17
通算成績		15	15	3.42	295	21	2	299.2	266	125	114	34	90	321	1.19

今季160イニング超えでプラス100万ドル

77 クリス・フレクセン *Chris Flexen*

先発　移籍

34歳 1994.7.1生 ｜190cm｜99kg｜右投右打
◆速球のスピード／140キロ台後半（フォーシーム主体）
◆決め球と持ち球／◎チェンジアップ、○フォーシーム、○カッター、△スライダー、△スイーパー、△カーブ、△シンカー ◆[対左].282 ◆[対右].345
◆[ホ防]5.77 ◆[ア防]8.69 ◆[ド]2012⑭メッツ
◆[出]カリフォルニア州 ◆[年]175万ドル（約2億4500万円）

球威	2
制球	3
緩急	4
守備・牽制	3
度胸	3

　多彩な球種を駆使し、打たせて取るタイプの技巧派。メジャーデビューしたメッツでは結果を残せなかったが、2020年に韓国へ渡り、斗山ベアーズで才能開花。翌21年にメジャー復帰し、マリナーズでアメリカン・リーグ2位タイの14勝を記録した。ただ、昨季は4月に炎上する試合が続き、早々にローテーションから外され、7月には古巣メッツへトレード。そこでもすぐ放出となり、ロッキーズへ移籍した。オフに1年175万ドルの契約でホワイトソックス入り。投げたイニング数に応じて、パフォーマンスボーナスが付与される。

[カモ] A・ラッチマン（オリオールズ）.000(8-0)0本　　[苦手] B・バクストン（ツインズ）.750(8-6)2本

年度	所属チーム	勝利	敗戦	防御率	試合数	先発	セーブ	投球イニング	被安打	失点	自責点	被本塁打	与四球	奪三振	WHIP
2017	メッツ	3	6	7.88	14	9	0	48.0	62	44	42	11	35	36	2.02
2018	メッツ	2	2	12.79	4	1	0	6.1	14	13	9	2	6	3	3.16
2019	メッツ	0	3	6.59	9	1	0	13.2	15	12	10	1	13	10	2.05
2021	マリナーズ	14	6	3.61	31	31	0	179.2	185	74	72	19	40	125	1.25
2022	マリナーズ	8	9	3.73	33	22	2	137.2	132	61	57	17	51	95	1.33
2023	マリナーズ	0	4	7.71	17	4	0	42.0	59	36	36	11	19	29	1.86
2023	ロッキーズ	2	4	6.27	12	12	0	60.1	74	45	42	14	19	45	1.54
2023	2チーム計	2	8	6.86	29	16	0	102.1	133	81	78	25	38	74	1.67
通算成績		27	34	4.95	120	80	2	487.2	541	285	268	75	183	343	1.48

ホワイトソックス

153

アキレス腱断裂で、投手人生が暗転

先発　移籍

40 マイケル・ソロカ *Michael Soroka*

27歳 1997.8.4生 | 196cm | 101kg | 右投右打 | 國150キロ前後（フォーシーム、シンカー）| 図○スライダー
対左.250 対右.321 | Ｄ2015①ブレーブス | 囲カナダ | 囲300万ドル（約4億2000万円）

球 3
制 3
緩 3
守備 3
度 3

ホワイトソックスで復活を期す、元アトランタのエース候補。2018年、20歳のときにブレーブスでメジャーデビュー。翌19年は新人王投票で2位に入る活躍を見せ、オールスターにも選ばれた。そのため、アトランタのファンは若き新エースの誕生を夢見たが、20年に守備でベースカバーに入った際、アキレス腱を断裂。手術を受けたが状態は良くならず、長期離脱する羽目に。昨年5月29日のアスレティックス戦で復帰したが、これは約3年ぶりのメジャー登板だった。復帰後は投球が高めに浮くことが多く、持ち味であるゴロを打たせて取るピッチングができなかった。

年度	所属チーム	勝利	敗戦	防御率	試合数	先発	セーブ	投球イニング	被安打	失点	自責点	被本塁打	与四球	奪三振	WHIP
2023	ブレーブス	2	2	6.40	7	6	0	32.1	36	23	23	9	12	29	1.48
通算成績		17	8	3.32	44	43	0	246.1	230	100	91	24	67	200	1.21

長身から投げ込まれる速球は威力満点

セットアップ

45 ギャレット・クロシェ *Garrett Crochet*

25歳 1999.6.21生 | 198cm | 104kg | 左投左打 | 國150キロ台中頃（フォーシーム）| 図○スライダー
対左.389 対右.172 | Ｄ2020①ホワイトソックス | 囲ミシシッピ州 | 囲80万ドル（約1億2000万円）

球 5
制 2
緩 4
守備 2
度 3

今季は先発で投げる可能性もある豪腕サウスポー。2022年4月にトミー・ジョン手術を受け、22年シーズンは全休。昨年5月に復帰したが、左肩の状態が思わしくなく、6月半ばにIL（故障者リスト）入りした。ただ、9月下旬に復帰しており、今季は万全の状態で投げられそうだ。20年のドラフトで、ホワイトソックスから1巡目に指名されてプロ入り。160キロの豪速球を投げていたため、球団はリリーフの即戦力で起用できると判断。同年9月、マイナーを経験せずに、いきなりメジャーデビューを果たし、話題になった。速球の威力はすごいが、制球はイマイチだ。

年度	所属チーム	勝利	敗戦	防御率	試合数	先発	セーブ	投球イニング	被安打	失点	自責点	被本塁打	与四球	奪三振	WHIP
2023	ホワイトソックス	0	2	3.55	13	0	0	12.2	12	6	5	1	13	12	1.97
通算成績		3	7	2.71	72	0	0	73.0	57	28	22	3	40	85	1.33

与四球数はアメリカン・リーグのワースト

先発

34 マイケル・コペック *Michael Kopech*

28歳 1996.4.30生 | 190cm | 95kg | 右投右打 | 國150キロ台前半（フォーシーム）| 図○フォーシーム
対左.231 対右.245 | Ｄ2014①レッドソックス | 囲テキサス州 | 囲300万ドル（約4億2000万円）

球 4
制 1
緩 3
守備 2
度 3

昨シーズンは異常な制球難にさいなまれた先発右腕。5月以外は不安定な投球が続き、9月にはローテーションから外された。シーズンで129回1/3しか投げていないのに、与四球は91もあり、アメリカン・リーグのワースト。本塁打も浴びまくった。夏場から右ヒザの状態が悪かったようで、9月末に手術を受けている。ピッチングの基本は、フォーシームとスライダーのコンビネーション。プライベートでは、2020年に女優のヴァネッサ・モーガンと結婚し、男児も誕生したが、離婚。その後、交際していたフィットネス・インフルエンサーの女性が妊娠し、再婚している。

年度	所属チーム	勝利	敗戦	防御率	試合数	先発	セーブ	投球イニング	被安打	失点	自責点	被本塁打	与四球	奪三振	WHIP
2023	ホワイトソックス	5	12	5.43	30	27	0	129.1	115	80	78	29	91	134	1.59
通算成績		15	25	4.33	103	60	0	332.1	274	168	160	57	174	357	1.35

國=速球のスピード　図=決め球　対左=対左打者被打率　対右=対右打者被打率
Ｄ=ドラフトデータ　囲=出身地　囲=年俸

57 様々な役割でチームに尽力
タナー・バンクス *Tanner Banks*

スイングマン

33歳 1991.10.24生 | 185cm | 95kg | 左投右打 | 函150キロ前後（フォーシーム主体）図◎スライダー
図左.205 図右.282 ⑥2014⑱ホワイトソックス 魍ユタ州 倒74万ドル（約1億360万円）+α

球 2
制 3
緩 4
寸慣 3
度 3

一昨年、30歳でメジャーデビューを果たした苦労人の左腕。昨季は何度かマイナーとメジャーを行き来しながら、32試合に登板。ミドルリリーフ、ロングリリーフ、ピンチの火消し役、セットアップ、谷間の先発、モップアップ（敗戦処理）と様々な用途で使われ、地味ながらも低迷するチームを支えた。ピッチングは、フォーシーム、スライダーを軸に、カーブ、シンカー、右打者にはチェンジアップも交える。変化球を効果的に使い、打者のタイミングを外す投球が持ち味だ。ユタ州の出身。昨季、メジャーでプレーした同州出身者は、バンクスを含めて2名しかいない。

年度	所属チーム	勝利	敗戦	防御率	試合数	先発	セーブ	投球イニング	被安打	失点	自責点	被本塁打	与四球	奪三振	WHIP
2023	ホワイトソックス	1	4	4.43	32	3	1	61.0	59	32	30	10	16	51	1.23
通算成績		3	4	3.79	67	3	1	114.0	101	57	48	15	34	100	1.18

47 与四球率5.9は、いくらなんでもひどすぎる
トゥーキ・トゥーサン *Touki Toussaint*

先発
ロングリリーフ

28歳 1996.6.20生 | 190cm | 97kg | 右投右打 | 函150キロ前後（シンカー、フォーシーム）図◎カーブ
図左.208 図右.238 ⑥2014①ダイヤモンドバックス 魍フロリダ州 倒130万ドル（約1億8200万円）

球 2
制 1
緩 4
寸慣 2
度 3

2018年のメジャーデビューから、制球難が改善しない右腕。昨季はガーディアンズで1試合に投げただけで40人枠から外され、6月にホワイトソックス入り。7月末からはローテーションに入って投げた。昨季の被打率2割2分1厘は、チームの投手（10イニング以上）で最も良い数字。それなのに防御率が5点近いのは、四球で自滅するパターンが多いからだ。昨季は16試合に先発したが、球数がかさんで長いイニングを投げられず、QSは2つだけだった。速球の威力には欠けるが、カーブとスプリッターはレベルが高い。父親はハイチ、母親はケニアにルーツがある。

年度	所属チーム	勝利	敗戦	防御率	試合数	先発	セーブ	投球イニング	被安打	失点	自責点	被本塁打	与四球	奪三振	WHIP
2023	ガーディアンズ	0	1	4.91	4	0	0	3.2	3	2	2	0	5	2	2.18
2023	ホワイトソックス	4	6	4.97	19	15	0	83.1	66	46	46	10	52	83	1.42
2023	2チーム計	4	7	4.97	20	16	0	87.0	69	48	48	10	57	85	1.45
通算成績		14	14	5.21	77	39	0	257.1	216	158	149	36	161	266	1.47

54 右打者相手に苦労する左打者キラー
ティム・ヒル *Tim Hill*

ミドルリリーフ

移籍

34歳 1990.2.10生 | 193cm | 90kg | 左投両打 | 函140キロ台中頃（フォーシーム、シンカー）図◎シンカー
図左.275 図右.378 ⑥2014㉘ロイヤルズ 魍カリフォルニア州 倒180万ドル（約2億5200万円）

球 2
制 4
緩 2
寸慣 3
度 3

昨季まではパドレスで投げていた、サイドハンドのリリーフ左腕。オフに、1年180万ドルの契約で加入した。ゴロを打たせてアウトを取るピッチングが持ち味で、フォーシームとシンカーが投球の約9割を占める。これに左打者にはスライダー、右打者にはカッターを交える。左打者に強さを発揮し、メジャー通算の対左打者被打率は2割2分3厘。一方、右打者との相性は年々悪化しており、昨季の対右打者被打率は3割7分8厘（98打数37安打）。2020年からMLBではワンポイントリリーフが廃止となり、ヒルのようなタイプは、生き残るのが難しくなっている。

年度	所属チーム	勝利	敗戦	防御率	試合数	先発	セーブ	投球イニング	被安打	失点	自責点	被本塁打	与四球	奪三振	WHIP
2023	パドレス	1	4	5.48	48	0	0	44.1	59	36	27	7	14	26	1.65
通算成績		16	14	4.16	320	0	4	255.1	249	144	118	28	84	208	1.30

ホワイトソックス

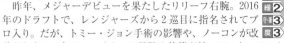

投 手

70 今の制球力では、メジャー定着は困難か

アレックス・スピーズ *Alex Speas*

26歳 1998.3.4生 | 190cm | 101kg | 右投右打 速150キロ前後（カッター主体）決○カッター
対左.000 対右.333 ド2016②レンジャーズ 田ジョージア州 年74万ドル（約1億360万円）+α

ミドル
リリーフ

移籍
ルーキー

球4 制1 緩2 守3 度3

昨年、メジャーデビューを果たしたリリーフ右腕。2016年のドラフトで、レンジャーズから2巡目に指名されてプロ入り。だが、トミー・ジョン手術の影響や、ノーコンが改善されないことで、マイナーで足踏み状態が続いていた。メンタル面でも限界が来ており、22年にはプレーするのが嫌になり、休養。少年野球のコーチをしていた。ただ、それが良いリフレッシュになったのか、昨年、2Aで好投し、メジャー初昇格。デビュー戦の7月19日レイズ戦では、ワンダー・フランコ、ヤンディ・ディアス、ランディ・アロザレーナの強打者3人を、連続三振にしとめた。

年度	所属チーム	勝利	敗戦	防御率	試合数	先発	セーブ	投球イニング	被安打	失点	自責点	被本塁打	与四球	奪三振	WHIP
2023	レンジャーズ	0	2	13.50	3	0	0	2.0	2	3	3	0	5	4	3.50
通算成績		0	2	13.50	3	0	0	2.0	2	3	3	0	5	4	3.50

64 制球難の克服がメジャー定着のカギ

デイヴィー・ガルシア *Deivi Garcia*

25歳 1999.5.19生 | 175cm | 73kg | 右投右打 速150キロ台前半（フォーシーム）決○チェンジアップ
対左.219 対右.100 ド2014⑩ヤンキース 田ドミニカ 年74万ドル（約1億360万円）+α

ミドル
リリーフ

球4 制1 緩4 守3 度3

かつてヤンキースの有望株だった、身長175センチの小柄な右腕。ヤンキースのマイナー時代には、将来、メジャーの先発ローテーションに入って投げる存在として期待され、ペドロ・マルティネスと比べられることもあったほど。しかし、制球難を克服できず、昨季はリリーフ転向となったが、メジャー定着はかなわず、8月に40人枠から外されてしまった。その後、ホワイトソックスに移籍。リリーフで6試合に投げている。ドミニカ出身。16歳のときに、20万ドルでヤンキースと契約。当時は野手だったが、肩が抜群に強かったため、ヤンキースは投手として育てた。

年度	所属チーム	勝利	敗戦	防御率	試合数	先発	セーブ	投球イニング	被安打	失点	自責点	被本塁打	与四球	奪三振	WHIP
2023	ヤンキース	0	1	1.59	2	0	1	5.2	4	1	1	1	3	1.41
2023	ホワイトソックス	0	1	2.89	6	0	0	9.1	5	8	3	1	8	7	1.39
2023	2チーム計	0	1	2.40	8	0	0	15.0	9	9	4	2	12	10	1.40
通算成績		3	5	4.53	16	8	1	57.2	52	36	29	9	22	50	1.28

ー ニック・ナストリーニ *Nick Nastrini*

先発 期待度B ルーキー

24歳 2000.2.18生 | 190cm | 97kg | 右投右打 ◆昨季は2A,3Aでプレー ド2021④ドジャース 田カリフォルニア州

昨年7月末のトレードで、ランス・リン、ジョー・ケリーとの交換で、ドジャースから移籍した選手の1人。今季序盤にメジャーデビューし、ローテーションに入って投げる可能性もある右腕。最速158キロの速球と、切れ味鋭いスライダーが武器。カーブ、チェンジアップも進化している。制球力が課題。

ー プレランダー・ベローア *Prelander Berroa*

リリーフ 期待度B 移籍 ルーキー

24歳 2000.4.18生 | 180cm | 77kg | 右投右打 ◆昨季はメジャーで2試合に出場 ド2016⑩ツインズ 田ドミニカ

今年2月のトレードで、マリナーズから移籍のリリーフ右腕。制球が安定すればメジャーに定着し、セットアッパーとして活躍する可能性がある。昨季は2Aで、強烈にシュートする豪速球とスラーブを武器に、15.46という目を見張る奪三振率を記録。プロ入り時は内野手だったため、守備もうまい。

速=速球のスピード 決=決め球 対左=対左打者被打率 対右=対右打者被打率
156 ド=ドラフトデータ 田=出身地 年=年俸
※メジャー経験がない投手の「先発」「リリーフ」はマイナーでの役割

アメリカン・リーグ3位の38本塁打

センター

88 ルイス・ロバート・ジュニア
Luis Robert Jr.

27歳 1997.8.3生 | 188cm | 99kg | 右投右打

◆対左投手打率／.312(109-34)　◆対右投手打率／.252(437-110)
◆ホーム打率／.244(246-60)　◆アウェー打率／.280(300-84)
◆得点圏打率／.212(118-25)
◆23年のポジション別出場数／センター＝143
◆ドラフトデータ／2017㉟ホワイトソックス
◆出身地／キューバ
◆年俸／1250万ドル（約17億5000万円）
◆ゴールドグラブ賞1回(20年)、シルバースラッガー賞
1回(23年)

ミート **4**
パワー **5**
走塁 **5**
守備 **5**
肩 **3**

ホワイトソックス

　大きな故障がなければ、トップレベルの成績を残せることを証明したキューバ出身の外野手。昨年は4月中旬からプチ・スランプとなり、18試合連続でノーアーチとなったが、5月に入ると復調し、6月には11本塁打をマーク。初めてオールスターにも選ばれた。前日のホームランダービーへの出場は迷っていたが、同じキューバ亡命組の友人で、すでに参加を決めていたランディ・アロザレーナとアドリス・ガルシアからうながされ、出場を決断。結果は2回戦でアロザレーナに敗れたが、この対戦中に放った484フィート（約147.5メートル）の特大弾は、このときのホームランダービーにおける最長飛距離だった。なお、ホームランダービーで右のふくらはぎを痛め、翌日のオールスターゲームには出場できなかった。

　シーズン後半は本塁打のペースが落ち、さらには最後に左ヒザを痛めてしまい、数試合を残してシーズン終了。それでもアメリカン・リーグ3位の38本塁打を記録。シルバースラッガー賞も初受賞した。昨季はセンターの守備でも、数々の好プレーで投手を助けている。俊足で、打球の軌道を読む能力に優れているため、守備範囲が広い。ゴールドグラブ賞の最終候補にもなったが、自身2度目の受賞には至らなかった。

　昨年3月のWBCには、キューバ代表チームに入ってプレー。亡命後にキューバ代表でプレーした、初のメジャーリーガーの1人となった。かつては「野球大国」だったキューバだが、亡命者が続出して大きくレベルダウン。国際大会では亡命した選手の力が必要となり、公（おおやけ）に政府を批判していない選手の中から、代表に誘っていたのだ。ただ、キューバ政府に複雑な思いをいだく選手も多く、メジャーに定着して活躍中と言える選手で代表入りしたのは、ロバート・ジュニアとヨアン・モンカダだけだった。

カモ P・サンドヴァル(エンジェルス).800(5-4)0本　J・ヴァーランダー(アストロズ).667(6-4)1本
苦手 前田健太(タイガース).100(10-1)1本　M・マニング(タイガース).000(6-0)0本

年度	所属チーム	試合数	打数	得点	安打	二塁打	三塁打	本塁打	打点	四球	三振	盗塁	盗塁死	出塁率	OPS	打率
2020	ホワイトソックス	56	202	33	47	8	0	11	31	20	73	9	2	.302	.738	.233
2021	ホワイトソックス	68	275	42	93	22	1	13	43	14	61	6	1	.378	.945	.338
2022	ホワイトソックス	98	380	54	108	18	0	12	56	17	77	11	3	.319	.745	.284
2023	ホワイトソックス	145	546	90	144	36	1	38	80	30	172	20	4	.315	.857	.264
通算成績		367	1403	219	392	84	2	74	210	81	383	46	10	.327	.827	.279

カモ **苦手** は通算成績

大型契約で入団も、期待外れの結果に

レフト

23 アンドルー・ベニンテンディ *Andrew Benintendi*

30歳 1994.7.6生 | 175cm | 81kg | 左投左打

- ◆対左投手打率／.262 ◆対右投手打率／.261
- ◆ホーム打率／.277 ◆アウェー打率／.248 ◆得点圏打率／.333
- ◆23年のポジション別出場数／レフト=147、DH=2
- ◆Ⓓ2015①レッドソックス ◆Ⓗオハイオ州
- ◆Ⓨ1650万ドル（約23億1000万円） ◆ゴールドグラブ賞1回(21年)

ミート **4**
パワー **3**
走塁 **3**
守備 **5**
肩 **3**

大型契約の1年目は、不本意な成績に終わった外野手。昨年1月、球団史上最大規模となる、5年7500万ドルでホワイトソックス入り。大いに期待されたが、打撃面は軒並み自己ワーストレベルの成績に終わった。これは一昨年痛めた左手首の状態が、完全でなかったことが原因。主力選手としての責任感から試合に出続けたものの、結果はついてこなかった。ただ、勝負強い打撃は健在。昨季の得点圏打率3割3分3厘は、アメリカン・リーグ6位。

カモ J・ライアン(ツインズ).455(11-5)1本 **苦手** 前田健太(タイガース).091(11-1)0本

年度	所属チーム	試合数	打数	得点	安打	二塁打	三塁打	本塁打	打点	四球	三振	盗塁	盗塁死	出塁率	OPS	打率
2016	レッドソックス	34	105	16	31	11	1	2	14	10	25	1	0	.359	.835	.295
2017	レッドソックス	151	573	84	155	26	1	20	90	70	112	20	5	.352	.776	.271
2018	レッドソックス	148	579	103	168	41	6	16	87	71	106	21	3	.366	.831	.290
2019	レッドソックス	138	541	72	144	40	5	13	68	59	140	10	3	.343	.774	.266
2020	レッドソックス	14	39	4	4	1	0	0	1	11	17	1	2	.314	.442	.103
2021	ロイヤルズ	134	493	63	136	27	2	17	73	36	97	8	9	.324	.766	.276
2022	ロイヤルズ	93	347	40	111	14	2	3	39	39	52	4	2	.387	.785	.320
2022	ヤンキース	33	114	14	29	9	1	2	12	13	25	4	1	.331	.735	.254
2022	2チーム	126	461	54	140	23	3	5	51	52	77	8	3	.373	.772	.304
2023	ホワイトソックス	151	562	72	147	34	2	5	45	52	89	13	2	.326	.682	.262
通算成績		896	3353	468	925	203	20	78	429	361	663	82	27	.347	.765	.276

WBCでベストナインに選ばれる

サード

10 ヨアン・モンカダ *Yoan Moncada*

29歳 1995.5.27生 | 188cm | 101kg | 右投両打

- ◆対左投手打率／.284 ◆対右投手打率／.255
- ◆ホーム打率／.281 ◆アウェー打率／.237 ◆得点圏打率／.217
- ◆23年のポジション別出場数／サード=90
- ◆Ⓓ2015⑦レッドソックス ◆Ⓗキューバ
- ◆Ⓨ2400万ドル（約33億6000万円）

ミート **3**
パワー **4**
走塁 **2**
守備 **2**
肩 **3**

昨季はWBCで燃え尽きてしまった感がある、キューバ出身の三塁手。昨年3月のWBCには、キューバ代表チームの一員として参加。打率4割3分5厘と打ちまくり、キューバのベスト4入りに貢献した。大会終了後には、三塁手部門のベストナインにも選ばれている。この勢いのままにレギュラーシーズンを迎えたいところだったが、開幕早々、腰周辺を痛めて約1カ月間の離脱。復帰後も万全な状態とは言えず、6月中旬から、また1カ月ほど離脱した。昨季の11本塁打のうち6本は、状態が良くなった9月に記録したもの。

カモ 菊池雄星(ブルージェイズ).571(7-4)0本 **苦手** T・ステファン(ガーディアンズ).000(9-0)0本

年度	所属チーム	試合数	打数	得点	安打	二塁打	三塁打	本塁打	打点	四球	三振	盗塁	盗塁死	出塁率	OPS	打率
2016	レッドソックス	8	19	3	4	1	0	0	1	1	12	0	0	.250	.513	.211
2017	ホワイトソックス	54	199	31	46	8	2	8	22	29	74	3	2	.338	.750	.231
2018	ホワイトソックス	149	578	73	136	32	6	17	61	67	217	12	6	.315	.715	.235
2019	ホワイトソックス	132	511	83	161	34	5	25	79	40	154	10	3	.367	.915	.315
2020	ホワイトソックス	52	200	28	45	8	3	6	24	28	72	0	0	.320	.705	.225
2021	ホワイトソックス	144	520	74	137	33	1	14	61	84	157	3	2	.375	.787	.263
2022	ホワイトソックス	104	349	41	84	18	1	12	51	32	114	2	0	.273	.626	.212
2023	ホワイトソックス	92	334	39	87	20	1	11	40	20	107	1	0	.305	.730	.260
通算成績		735	2758	372	700	154	19	93	339	301	907	31	13	.331	.756	.254

野手

30本塁打を期待できるポテンシャル ファースト

25 アンドルー・ヴォーン *Andrew Vaughn*

26歳 1998.4.3生｜183cm｜97kg｜右投右打

◆対左投手打率／.227 ◆対右投手打率／.267
◆ホーム打率／.256 ◆アウェー打率／.260 ◆得点圏打率／.270
◆23年のポジション別出場数／ファースト=143、DH=9
◆ⓓ2019①ホワイトソックス ◆囲カリフォルニア州
◆囲325万ドル（約4億5500万円）

ミート **3**
パワー **4**
走塁 **2**
守備 **2**
肩 **2**

2019年のドラフトで、ホワイトソックスが1巡目（全体3位）に指名したスラッガー。プロ入り後は外野での出場が多かったが、メジャー3年目の昨季はホセ・アブレイユの退団にともない、学生時代に守り慣れたファーストでプレー。チーム最多の152試合に出場し、自己ベストの21本塁打、80打点をマークした。オフには守備力の向上をテーマに、トレーニングに励んでいる。少年時代に好きだった選手は、小さな大打者ダスティン・ペドロイア。自身も小柄だったため親近感をいだき、打撃フォームを真似して打っていた。

カモ 前田健太（タイガース）.400(10-4)1本 　苦手 T・スクーバル（タイガース）.143(14-2)0本

年度	所属チーム	試合数	打数	得点	安打	二塁打	三塁打	本塁打	打点	四球	三振	盗塁	盗塁死	出塁率	OPS	打率
2021	ホワイトソックス	127	417	56	98	22	0	15	48	41	101		1	.309	.705	.235
2022	ホワイトソックス	134	510	60	138	28	1	17	76	31	96	0		.321	.750	.271
2023	ホワイトソックス	152	566	67	146	30	2	21	80	36	129		1	.314	.743	.258
通算成績		413	1493	183	382	80	3	53	204	108	326	1	1	.315	.735	.256

昨季は全休した、大谷翔平の元女房役 キャッチャー 移籍

33 マックス・スタッシー *Max Stassi*

33歳 1991.3.15生｜178cm｜90kg｜右投右打

◆昨季は全休
◆ⓓ2009④アスレティックス ◆囲カリフォルニア州
◆囲700万ドル（約9億8000万円）

ミート **2**
パワー **3**
走塁 **2**
守備 **4**
肩 **3**

今季はホワイトソックスで正捕手を務めるベテラン。2019年途中からエンジェルスでマスクをかぶり、21、22年は正捕手としてプレー。好リードで、大谷翔平の投手としてのブレイクを支えた。昨季は若いオホッピーとの正捕手争いが注目されたが、股関節の状態が思わしくなく、開幕前に離脱。4月に早産で生まれた赤ちゃんの健康上の理由もあり、シーズンを全休した。オフに入り、12月8日にブレーブスにトレードとなったが、翌日、再トレードでホワイトソックスへ移籍。守備面では、ボールブロックのうまさが光る。

カモ N・コルテス（ヤンキース）.500(6-3)2本 　苦手 L・リン（カーディナルス）.000(9-0)0本

年度	所属チーム	試合数	打数	得点	安打	二塁打	三塁打	本塁打	打点	四球	三振	盗塁	盗塁死	出塁率	OPS	打率
2013	アストロズ	3	7	0	2	0	0	0	1	0	2	0	0	.375	.661	.286
2014	アストロズ	7	20	2	7	2	0	0	4	0	6	0	0	.350	.800	.350
2015	アストロズ	11	15	4	6	0	0	1	2	1	5	0	0	.438	1.038	.400
2016	アストロズ	9	13	1	1	0	0	0	0	0	5	0	0	.077	.154	.077
2017	アストロズ	14	24	5	4	1	0	2	4	6	4	0	0	.323	.781	.167
2018	アストロズ	88	221	28	50	13	0	8	27	23	74	0	0	.316	.710	.226
2019	アストロズ	31	90	4	15	1	0	1	3	7	34	0	0	.235	.446	.167
2019	エンジェルス	20	42	3	3	0	0	0	2	5	15	0	0	.163	.234	.071
2019	2チーム計	51	132	7	18	1	0	1	5	12	49	0	0	.211	.378	.136
2020	エンジェルス	31	90	12	25	2	0	7	20	11	21	0	0	.352	.885	.278
2021	エンジェルス	87	282	45	68	11	1	13	35	28	101	0	0	.326	.752	.241
2022	エンジェルス	102	333	32	60	12	1	9	30	38	112	0	0	.267	.570	.180
通算成績		403	1137	136	241	42	2	41	128	119	379	0	0	.295	.656	.212

ホワイトソックス

159

WBCで、大谷翔平から2安打2打点

7 ドミニック・フレッチャー *Dominic Fletcher*

ライト
センター

移籍
ルーキー

27歳 1997.9.2生 | 168cm | 83kg | 左投左打 | 対左.143 | 対右.369 | ホ.417 | ア.228
得.308 | ド2019②ダイヤモンドバックス | 田カリフォルニア州 | 年74万ドル(約1億360万円)+α

ミ 3
パ 3
走 4
守 5
肩 3

　今年2月のトレードで、ダイヤモンドバックスから移籍の外野手。昨年までエンジェルスに在籍したディヴィッド・フレッチャーの3歳下の弟。昨年はまず、兄と一緒にイタリア代表として、WBCに出場。日本戦では、6回表2死満塁の場面で大谷翔平から2点タイムリーを放つと、次の打席ではダルビッシュ有のカッターを叩いて、左中間の最前列に放り込んだ。その後、開幕を3Aで迎え、5月2日にメジャーデビュー。ヒットを打ちまくって高打率をキープしたが、5月末に降格。6月末に再昇格したが、一週間で戻された。6月のエンジェルス戦では、兄弟対決が実現。

年度	所属チーム	試合数	打数	得点	安打	二塁打	三塁打	本塁打	打点	四球	三振	盗塁	盗塁死	出塁率	OPS	打率
2023	ダイヤモンドバックス	28	93	10	28	5	1	2	14	7	22	0	2	.350	.791	.301
通算成績		28	93	10	28	5	1	2	14	7	22	0	2	.350	.791	.301

トレードでの放出の可能性が高い強打者

74 エロイ・ヒメネス *Eloy Jimenez*

DH

28歳 1996.11.27生 | 193cm | 108kg | 右投右打 | 対左.267 | 対右.273 | ホ.285 | ア.256
得.325 | ド2013⑭カブス | 田ドミニカ | 年1300万ドル(約18億2000万円) | ◆シルバースラッガー賞1回(20年)

ミ 4
パ 4
走 2
守 2
肩 3

　4年ぶりに100試合以上に出場した、ドミニカ出身のスラッガー。2019年にメジャーデビューし、121試合で31本塁打をマーク。コロナ禍で短縮シーズンとなった翌20年も、シルバースラッガー賞を受賞する活躍を見せた。だが、その後の21年、22年は故障続きで稼働率が4割程度。外野守備に不安があるだけでなく、守備の負担が故障につながっているため、昨季はほとんどの試合がDHでの出場だった。おかげで大きな故障はなかったが、5月に3週間ほど虫垂炎の手術で離脱している。チームの守備力を強化したいフロントの意向もあり、トレードの噂が絶えない。

年度	所属チーム	試合数	打数	得点	安打	二塁打	三塁打	本塁打	打点	四球	三振	盗塁	盗塁死	出塁率	OPS	打率
2023	ホワイトソックス	120	456	50	124	23	0	18	64	30	93	0	0	.317	.758	.272
通算成績		436	1642	208	451	77	2	89	275	116	412	0	0	.324	.811	.275

チームのために、どんな役目も喜んでこなす

8 ニッキー・ロペス *Nicky Lopez*

ユーティリティ

KC

移籍

29歳 1995.3.13生 | 180cm | 81kg | 右投左打 | 対左.244 | 対右.228 | ホ.200 | ア.261
得.293 | ド2016⑤ロイヤルズ | 田イリノイ州 | 年430万ドル(約6億200万円)

ミ 3
パ 1
走 4
守 4
肩 3

　オフのトレードで加入した、守備の貢献度が高い内野手。ウリは内野の4つのポジションで、平均以上の守備を期待できること。昨季はロイヤルズとブレーブスでプレーし、両球団で内野4ポジションを守った。打撃面ではパワーに欠け、しばらく本塁打の出ない期間が続いていたが、昨年8月12日の試合で、約2年ぶりの一発が飛び出した。ただこれは、大差のついた場面でマウンドに上がった、本来は野手の「臨時投手」から放ったもの。この試合では自身もマウンドに上がり、1イニングを無失点に抑えたため、「大谷のようだ」と、からかい半分に称賛された。

年度	所属チーム	試合数	打数	得点	安打	二塁打	三塁打	本塁打	打点	四球	三振	盗塁	盗塁死	出塁率	OPS	打率
2023	ロイヤルズ	68	160	19	34	5	3	0	13	21	30	4	2	.323	.604	.213
2023	ブレーブス	26	65	13	18	3	0	1	12	5	10	0	0	.333	.702	.277
2023	2チーム計	94	225	32	52	8	3	1	25	26	40	6	2	.326	.633	.231
通算成績		546	1706	220	425	71	15	6	131	140	269	42	12	.312	.631	.249

　対左=対左投手打率　対右=対右投手打率　ホ=ホーム打率　ア=アウェー打率　得=得点圏打率
ド=ドラフトデータ　田=出身地　年=年俸

3年連続の打率1割台はなんとか回避

ショート / 移籍

11 ポール・デヤング *Paul DeJong*

31歳 1993.8.2生｜183cm｜92kg｜右投右打 (対左).217 (対右).203 (木).176 (ア).232
(得).238 (ド)2015④カーディナルス (出)フロリダ州 (年)175万ドル(約2億4500万円)

ミ① / バ④ / 走③ / 守④ / 肩③

　1年契約で加入した遊撃手。オフに正遊撃手ティム・アンダーソンがFAでチームを出たが、有望株の遊撃手コルソン・モンゴメリーにはまだマイナーで経験を積ませる必要があるため、そのつなぎ役として白羽の矢が立った。低打率のシーズンが続いており、カーディナルスとの6年契約最終年だった昨季も、打撃は低迷したまま。8月1日にブルージェイズへ放出されたが、すぐに戦力外となり、拾われたジャイアンツでも結果を残せなかった。ショートの守備範囲は、依然広いほうだ。

年度	所属チーム	試合数	打数	得点	安打	二塁打	三塁打	本塁打	打点	四球	三振	盗塁	盗塁死	出塁率	OPS	打率
2023	カーディナルス	81	279	38	65	11	0	13	32	21	87	4		.297	.709	.233
2023	ブルージェイズ	13	44	1	3	0	0	0	1	0	18	0		.068	.136	.068
2023	ジャイアンツ	18	49	2	9	2	0	1	5	0	16	0		.180	.466	.184
2023	3チーム計	112	372	41	77	13	0	14	38	21	121	4	4	.258	.613	.207
通算成績		729	2526	341	578	120	4	116	344	213	749	23	13	.299	.716	.229

出塁率がワーストレベル

セカンド / サード

50 レニン・ソーサ *Lenyn Sosa*

24歳 2000.1.25生｜183cm｜81kg｜右投右打 (対左).261 (対右).178 (木).215 (ア).183
(得).107 (ド)2016外ホワイトソックス (出)ベネズエラ (年)74万ドル(約1億360万円)+α

ミ② / バ④ / 走② / 守② / 肩③

　メジャーの壁にぶち当たった、ベネズエラ出身の内野手。昨年は4月11日からメジャーでプレーしたが、右投手の変化球に対応できず、1カ月でマイナー落ち。3Aではまずまずの成績で、8月中旬に再昇格したものの、インパクトを残せずに終わった。打撃面の長所は、パワーがあり、逆方向への打球も伸びること。短所はフリースインガーで、四球もほとんど選べないため、打率も出塁率も低いこと。一昨年6月、将来の正二塁手候補として、3Aをほとんど経験せずに22歳でメジャーデビュー。ただ結果的に、もう少し3Aで経験を積ませるべきだったとの声も多い。

年度	所属チーム	試合数	打数	得点	安打	二塁打	三塁打	本塁打	打点	四球	三振	盗塁	盗塁死	出塁率	OPS	打率
2023	ホワイトソックス	52	164	12	33	6	0	6	14	5	40	0	1	.224	.572	.201
通算成績		63	199	15	37	7	0	7	15	6	52	0	1	.209	.536	.186

かつて福岡ソフトバンクでプレー

ライト

22 オスカー・コラス *Oscar Colas*

26歳 1998.9.17生｜180cm｜94kg｜左投左打 (対左).190 (対右).225 (木).193 (ア).238
(得).224 (ド)2022外ホワイトソックス (出)キューバ (年)74万ドル(約1億360万円)+α

ミ② / バ④ / 走② / 守② / 肩⑤

　日本でのプレー経験もある、キューバ出身の外野手。昨年の開幕戦でメジャーデビューを果たし、ライトのレギュラー候補と見なされた。だが、打率が低空飛行を続けたままで、ウリの長打も出ず、マイナー落ちも経験。3Aでは強打者だが、メジャーでは期待外れの結果に終わった。2017年、キューバ野球連盟が福岡ソフトバンクへ、18歳のコラスを育成選手として派遣。投手としての才能もあり、「キューバの大谷」と話題になった。19年に支配下登録され、初打席初本塁打の1軍デビュー。その年は7試合に出場し、さらなる活躍を期待されたが、翌20年1月、亡命。

年度	所属チーム	試合数	打数	得点	安打	二塁打	三塁打	本塁打	打点	四球	三振	盗塁	盗塁死	出塁率	OPS	打率
2023	ホワイトソックス	75	245	32	53	9	0	5	19	12	71	4	3	.257	.571	.216
通算成績		75	245	32	53	9	0	5	19	12	71	4	3	.257	.571	.216

ホワイトソックス

15 数字には表れない価値がたくさん
マーティン・マルドナード *Martin Maldonado* キャッチャー 移籍

38歳 1986.8.16生 | 183cm | 104kg | 右投右打 ◆盗塁阻止率／.122(98-12) 対左.239 対右.175 困.215
⑦.168 得.156 回2004①エンジェルス 囲プエルトリコ 囲400万ドル(約5億6000万円) ◆ゴールドグラブ賞1回(17年)

ミ 1
バ 3
走 1
守 3
肩 3

昨季まではアストロズで正捕手を務めていた、今年38歳になるベテラン。打撃面では、3年連続で打率が1割台。守備面の衰えも顕著で、フレーミングもワーストレベル。それなのに昨季、レギュラーシーズンで116試合先発マスクをかぶり、ポストシーズンでも全試合先発マスクをかぶったのは、投手の力を十分に引き出す能力や、大舞台でも動じない精神的な強さを、ベイカー監督に信頼されていたからだ。2019年に3カ月間ほど、ロイヤルズに所属していたことがある。このときロイヤルズで捕手コーチを務めていたのが、現ホワイトソックス監督のグリフォルだった。

年度	所属チーム	試合数	打数	得点	安打	二塁打	三塁打	本塁打	打点	四球	三振	盗塁	盗塁死	出塁率	OPS	打率
2023	アストロズ	117	362	33	69	12	0	15	36	30	139	0	0	.258	.606	.191
通算成績		1119	3314	349	685	129	4	111	361	288	999	3	5	.282	.631	.207

26 肩の強さはトップレベル
コリー・リー *Korey Lee* キャッチャー ルーキー

26歳 1998.7.25生 | 188cm | 95kg | 右投右打 ◆盗塁阻止率／.240(25-6) 対左.000 対右.116 困.027
⑦.143 得.083 回2019①アストロズ 囲カリフォルニア州 囲74万ドル(約1億360万円)+α

ミ 2
バ 2
走 3
守 2
肩 5

マイナーでは、盗塁阻止能力をとくに評価されていた捕手。一昨年7月、アストロズでメジャーデビュー。昨年は7月末まで3Aでプレーしたあと、トレードでホワイトソックスに移籍し、8月下旬にメジャー昇格。23試合で先発マスクをかぶった。守備では、強肩がウリ。敏捷性にも富んでおり、ボールブロックの技術はまだ向上すると見る向きも多い。アストロズでは先輩捕手のマルドナードから、J.T.リアルミュートのような捕手になれると、期待を寄せられていた。そのマルドナードとは今季、また同じチームに。アンドルー・ヴォーンは、大学時代のチームメート。

年度	所属チーム	試合数	打数	得点	安打	二塁打	三塁打	本塁打	打点	四球	三振	盗塁	盗塁死	出塁率	OPS	打率
2023	ホワイトソックス	24	65	4	5	1	0	1	3	5	20	0	0	.143	.281	.077
通算成績		36	90	5	9	3	0	1	7	6	29	0	0	.156	.323	.100

55 ホセ・ロドリゲス *Jose Rodriguez* ユーティリティ 期待度 C+ ルーキー

23歳 2001.5.13生 | 180cm | 79kg | 右投右打 ◆昨季はメジャーで1試合に出場 回2018⑨ホワイトソックス 囲ドミニカ

5人目の内野手としてまずはメジャー定着を狙う、ドミニカ出身のユーティリティ。打撃面では非力さは指摘されていたが、年々、パワーがついてきている。ウリはスピードで、塁に出したらうるさい存在。昨年6月、3Aを経験せず、2Aからメジャー初昇格。1試合だけ出場(代走と二塁守備)した。

— コルソン・モンゴメリー *Colson Montgomery* ショート 期待度 A ルーキー

22歳 2002.2.27生 | 190cm | 92kg | 右投右打 ◆昨季はルーキー級、1A+.2Aでプレー 回2021①ホワイトソックス 囲インディアナ州

コリー・シーガーと比較されることも多い、天才的な打撃センスを有した遊撃手。選球眼が良いので出塁率が高く、長打を生み出すパワーも備えている。ショートの守備も悪くはないが、スピードにはやや欠ける。球団は来年の開幕正遊撃手候補と見ており、今季途中のメジャー昇格の可能性が高い。

対左=対左投手打率 対右=対右投手打率 困=ホーム打率 ⑦=アウェー打率 得=得点圏打率
回=ドラフトデータ 囲=出身地 囲=年俸

カンザスシティ・ロイヤルズ

◆創　立：1969年
◆本拠地：ミズーリ州カンザスシティ市
◆ワールドシリーズ制覇：2回／◆リーグ優勝：4回
◆地区優勝：7回／◆ワイルドカード獲得：1回

主要オーナー ▶ ジョン・シャーマン（実業家）

過去5年成績

年度	勝	負	勝率	ゲーム差	地区順位	ポストシーズン成績
2019	59	103	.364	42.0	④	―
2020	26	34	.433	10.0	④	―
2021	74	88	.457	19.0	④	―
2022	65	97	.401	27.0	⑤	―
2023	56	106	.346	31.0	⑤	―

監督 ▶ **33** マット・クアトラロ *Matt Quatraro*

◆年　　齢…………51歳（ニューヨーク州出身）
◆現役時代の経歴 … メジャーでのプレー経験なし
　（キャッチャー，ファースト）
◆監督経歴…………1シーズン　ロイヤルズ（2023〜）
◆通算成績…………56勝106敗（勝率.346）

　一昨年まではレイズでベンチコーチを務めていた、イタリア系アメリカ人監督。就任1年目の昨季は、「全員野球」を掲げて臨んだが、投打の戦力不足はいかんともしがたく、開幕からハイペースで黒星を重ねた。ロイヤルズ伝統の足をからめた攻撃も歯止めにならず、球団ワーストタイの106敗を記録して、シーズンを終えている。ただ昨季は、ある程度若手選手に経験を積ませるシーズンでもあり、クアトラロの能力を非難する声は、あまり聞かれなかった。

注目コーチ ▶ **26** ポール・フーヴァー *Paul Hoover*

　ベンチコーチ。48歳。観察力と分析力の高さに定評がある。クアトラロ監督とはプロ入り時からの長い付き合いで、2022年までは、レイズのコーチをともに務めていた。

編成責任者 ▶ **JJ・ピコッロ** *J. J. Picollo*

　54歳。ブレーブスのスカウトを経て、36歳のときにロイヤルズの組織へ。一昨年9月、編成トップに就任した。ヤンキース傘下のマイナーでプレーした経験がある元捕手。

スタジアム ▶ コーフマン・スタジアム *Kauffman Stadium*

◆開場年…………1973年
◆仕　様…………天然芝
◆収容能力…………37,903人
◆フェンスの高さ…2.7m
◆特　徴…………メジャーでは珍しい、左右対称な形状をした球場。外野が広く、他球場に比べて三塁打が非常に出やすいという特徴がある。「噴水の街」として有名なカンザスシティの球場だけあって、外野席に噴水や人工滝が設置されている。

ニュートラルパーク

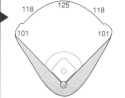

Best Order
[ベストオーダー]

① MJ・メレンデス……レフト
② ボビー・ウィット・ジュニア……ショート
③ サルヴァドール・ペレス……キャッチャー
④ ヴィニー・パスクァンティーノ……ファースト
⑤ ハンター・レンフロー……ライト
⑥ ネルソン・ヴェラスケス……DH
⑦ マイケル・マッシー……セカンド
⑧ カイル・イズベル……センター
⑨ マイケル・ガルシア……サード

Depth Chart
[ポジション別選手層・メンバーリスト]

※2024年2月25日時点の候補選手。
数字は背番号(開幕前に変更する
場合もあり)、右・左等は投・打の順。

センター
28 カイル・イズベル [右・左]
2 ギャレット・ハンプソン [右・右]
6 ドルー・ウォーターズ [右・両]
44 ダイロン・ブランコ [右・左]

レフト
1 MJ・メレンデス [右・左]
26 アダム・フレイジャー [右・左]
12 ニック・ロフティン [右・右]
17 ネルソン・ヴェラスケス [右・右]

ライト
16 ハンター・レンフロー [右・右]
2 ギャレット・ハンプソン [右・右]
6 ドルー・ウォーターズ [右・両]
17 ネルソン・ヴェラスケス [右・右]

ショート
7 ボビー・ウィット・ジュニア [右・右]
2 ギャレット・ハンプソン [右・右]
11 マイケル・ガルシア [右・右]

セカンド
19 マイケル・マッシー [右・左]
2 ギャレット・ハンプソン [右・右]
26 アダム・フレイジャー [右・左]
12 ニック・ロフティン [右・右]

サード
11 マイケル・ガルシア [右・右]
2 ギャレット・ハンプソン [右・右]
12 ニック・ロフティン [右・右]

ローテーション
67 セス・ルーゴ [右・右]
55 コール・レギャンズ [左・左]
52 マイケル・ワカ [右・右]
51 ブレイディ・シンガー [右・右]
24 ジョーダン・ライルズ [右・右]
41 ダニエル・リンチ4世 [左・右]

ファースト
9 ヴィニー・パスクァンティーノ [左・左]
12 ニック・ロフティン [右・右]
14 オースティン・ノーラ [右・右]

キャッチャー
13 サルヴァドール・ペレス [右・右]
34 フレディ・ファーミーン [右・右]
14 オースティン・ノーラ [右・右]

DH
17 ネルソン・ヴェラスケス [右・右]
9 ヴィニー・パスクァンティーノ [左・左]
13 サルヴァドール・ペレス [右・右]

ブルペン
31 ウィル・スミス [左・右] CL
66 ジェイムズ・マッカーサー [右・右]
35 クリス・ストラットン [右・右]
43 カルロス・ヘルナンデス [右・右]
46 ジョン・シュライバー [右・右]
63 ニック・アンダーソン [右・右]
58 ジョン・マクミラン [右・右]
61 アンヘル・セルパ [左・左]
64 スティーヴ・クルーズ [左・右]
65 ジョシュ・テイラー [左・右]
69 アンソニー・ベネチアーノ [左・左]
62 ジョナサン・ボウラン [右・右]

※ CL =クローザー

ロイヤルズ試合日程……＊はアウェーでの開催

3月28・30・31 ツインズ	29・30・5月1 ブルージェイズ＊	31・6月1・2 パドレス
4月1・2・3 オリオールズ＊	3・4・5 レンジャーズ	4・5・6 ガーディアンズ＊
4・5・6・7 ホワイトソックス	6・7・8 ブリュワーズ	7・8・9 マリナーズ
9・10・11 アストロズ	9・10・11・12 エンジェルス＊	10・11・12・13 ヤンキース
12・13・14 メッツ＊	13・14・15 マリナーズ＊	14・15・16 ドジャース＊
15・16・17 ホワイトソックス＊	17・18・19 アスレティックス	18・19・20 アスレティックス＊
19・20・21 オリオールズ	20・21・22 タイガース	21・22・23 レンジャーズ＊
22・23・24・25 ブルージェイズ	24・25・26 レイズ＊	24・25・26 マーリンズ
26・27・28 タイガース＊	27・28・29・30 ツインズ＊	27・28・29・30 ガーディアンズ

球団メモ 過去に2度、ワールドシリーズを制覇している。初制覇は1985年。2度目は2015年で、小技と機動力を駆使したスモールボールを展開し、頂点に立った。

■投手力⬆…★★★★★【昨年度チーム防御率5.17、リーグ14位】

　昨季は先発防御率が5.12でリーグ14位、リリーフ防御率が5.20でリーグ最下位と、投手陣の崩壊が、シーズン106敗の悲劇を招いた。そのためオフには、積極的に投手の補強を行っている。まず投手陣では、昨季パドレスのローテーションに入って投げていた2人（ルーゴとワカ）を獲得。この2人と、昨季途中に加入して活躍したレギャンス、防御率5点台半ばだったシンガー、6点台だったライルズでローテーションを回すことになる。また、リリーフ陣には、スミス、ストラットンらが加わった。ただ、先発、ブルペンともに改善されたとはいえ、他球団と比べて見劣りりする陣容であることは否めない。

■攻撃力➡…★★★★★【昨年度チーム得点676、リーグ10位】

　長打力、出塁能力の高い選手が少なく、ウィット・ジュニアが離脱したら、目も当てられない打線になってしまう。打撃面の補強として、オフにレンフローとハンプソンを獲得しているが、得点力の上昇はあまり期待できない。

■守備力➡…★★★★★【昨年度チーム失策数80、リーグ7位】

　捕手ペレス（ゴールドグラブ賞5度獲得）の守備力が低下しており、フレーミングもワーストレベル。遊撃手ウィット・ジュニアの守備は向上しており、二塁手マッシーとのコンビで、スムーズな連係プレーを見せている。

■機動力⬆…★★★★★【昨年度チーム盗塁数163、リーグ1位】

　機動力野球がチームカラーになっていて、足の速い選手が多い。昨シーズン、ウィット・ジュニアが、リーグ2位の49盗塁をマークしている。

総合評価⬆　★★★★★

　オフに、壊滅状態だった投手陣の整備を行った点は評価できる。これで100敗は回避できるだろう。しかし、8シーズンぶりの勝率5割には、残念ながら届きそうもない。マイナー組織に人材が豊富であれば、未来に希望も持てるのだが、それもない。

ロイヤルズ

IN　主な入団選手	**OUT**　主な退団選手
投手	投手
セス・ルーゴ←パドレス	ザック・グリンキー➡所属先未定
マイケル・ワカ←パドレス	テイラー・ハーン➡広島東洋
ウィル・スミス←レンジャーズ	ジョシュ・ストーモント➡ツインズ
クリス・ストラットン←レンジャーズ	テイラー・クラーク➡ブリュワーズ
野手	野手
ハンター・レンフロー←レッズ	エドワード・オリヴァレス➡パイレーツ
ギャレット・ハンプソン←マーリンズ	

7月2・3・4	レイズ	8月1・2・3・4	タイガース*	2・3・4	ガーディアンズ
5・6・7	ロッキーズ*	5・6・7	レッドソックス	6・7・8	ツインズ
9・10	カーディナルス*	9・10	カーディナルス	9・10・11	ヤンキース*
12・13・14	レッドソックス*	12・13・14	ツインズ*	13・14・15	パイレーツ*
16	オールスターゲーム	16・17・18	レッズ*	16・17・18	タイガース
19・20・21	ホワイトソックス	19・20・21	エンジェルス	20・21・22	ジャイアンツ
22・23・24	ダイヤモンドバックス	23・24・25	フィリーズ	24・25・26	ナショナルズ*
26・27・28	カブス	26・27・28	ガーディアンズ*	27・28・29	ブレーブス*
29・30・31	ホワイトソックス*	29・30・31・9月1	アストロズ*		

球団メモ　昨季は序盤から最下位に沈み、そこから浮上できなかった。レギュラーシーズンの106敗は、球団のワーストタイ記録だ。ただ、9月以降は15勝12敗と勝ち越した。

大谷翔平のバースデー弾を阻止

67 セス・ルーゴ *Seth Lugo* 　先発　移籍

35歳｜1989.11.17生｜193cm｜101kg｜右投右打

◆速球のスピード／150キロ前後（フォーシーム、シンカー）
◆決め球と持ち球／◎カーブ、◎フォーシーム、◎シンカー、○スライダー、
　△チェンジアップ、△スイーパー　◆対左.252　◆対右.245
◆ホ防3.66　◆ア防3.50　◆ド2011㉞メッツ
◆出ルイジアナ州　◆年1500万ドル（約21億円）

球威	3
制球	4
緩急	4
精神・制球	4
度胸	3

　カーブで打者のタイミングを外す投球が持ち味の右腕。オフにロイヤルズが、FA選手との契約では球団史上4番目に高い、3年4500万ドルで迎え入れた。2018年以降、メッツではリリーフで投げていたが、本人は先発に強いこだわりを持っていたため、それを条件に昨年はパドレスでプレー。勝ち運に恵まれず、約1カ月間の負傷離脱もあったが、先発投手としての実力は十分に発揮した。7月5日のエンジェルス戦では、周囲からバースデー本塁打を期待されていた大谷翔平と3度対決。全打席をセカンドゴロに打ち取った。

カモ D・スワンソン（カブス）.125(16-2)0本　苦手 P・ゴールドシュミット（カーディナルス）.636(11-7)2本

年度	所属チーム	勝利	敗戦	防御率	試合数	先発	セーブ	投球イニング	被安打	失点	自責点	被本塁打	与四球	奪三振	WHIP
2016	メッツ	5	2	2.67	17	8	0	64.0	49	19	19	7	21	45	1.09
2017	メッツ	7	5	4.71	19	18	0	101.1	114	57	53	13	25	85	1.37
2018	メッツ	3	4	2.66	54	5	3	101.1	81	36	30	9	28	103	1.08
2019	メッツ	7	4	2.70	61	0	6	80.0	56	28	24	8	16	104	0.90
2020	メッツ	3	4	5.15	16	7	3	36.2	40	22	21	8	10	47	1.36
2021	メッツ	4	3	3.50	46	0	1	46.1	41	18	18	6	19	55	1.29
2022	メッツ	3	2	3.60	62	0	3	65.0	58	26	26	9	18	69	1.17
2023	パドレス	8	7	3.57	26	26	0	146.1	140	62	58	19	36	140	1.20
通算成績		40	31	3.50	301	64	16	641.0	579	268	249	79	173	648	1.17

パドレスで昨季、チーム最多タイの勝ち星

52 マイケル・ワカ *Michael Wacha* 　先発　移籍

33歳｜1991.7.1生｜198cm｜97kg｜右投右打

◆速球のスピード／140キロ台後半（フォーシーム、シンカー）
◆決め球と持ち球／☆チェンジアップ、◎フォーシーム、
　◎シンカー、○カッター、○カーブ　◆対左.233　◆対右.216
◆ホ防2.62　◆ア防4.07　◆ド2012①カーディナルス
◆出アイオワ州　◆年1600万ドル（約22億4000万円）

球威	3
制球	4
緩急	5
精神・制球	4
度胸	4

　昨季パドレスで、2年連続4度目の2ケタ勝利をマークしたベテラン。オフにFAとなり、2年3200万ドルの契約でロイヤルズ入りした。昨年5月の月間防御率は驚異の0.84（5先発）。ナショナル・リーグの月間最優秀投手に選ばれた。同月15日のロイヤルズ戦では、8回表の先頭打者マッシーに安打を許すまで、ノーヒットに抑える快投を見せている。武器は、一級品のチェンジアップ。右肩に不安があり、離脱なくシーズンを過ごすのは厳しいか。

カモ A・ジャッジ（ヤンキース）.056(18-1)0本　苦手 N・アレナード（カーディナルス）.533(15-8)4本

年度	所属チーム	勝利	敗戦	防御率	試合数	先発	セーブ	投球イニング	被安打	失点	自責点	被本塁打	与四球	奪三振	WHIP
2013	カーディナルス	4	1	2.78	15	9	0	64.2	52	20	20	5	19	65	1.10
2014	カーディナルス	5	6	3.20	19	19	0	107.0	95	41	38	6	33	94	1.20
2015	カーディナルス	17	7	3.38	30	30	0	181.1	162	74	68	19	58	153	1.21
2016	カーディナルス	7	7	5.09	27	24	0	138.0	159	86	78	15	45	114	1.48
2017	カーディナルス	12	9	4.13	30	30	0	165.2	170	82	76	17	55	158	1.36
2018	カーディナルス	8	2	3.20	15	15	0	84.1	68	36	30	9	36	71	1.23
2019	カーディナルス	6	7	4.76	29	24	0	126.2	143	71	67	26	55	104	1.56
2020	カーディナルス	1	4	6.62	8	7	0	34.0	46	26	25	9	7	37	1.56
2021	レイズ	3	5	5.05	29	23	0	124.2	132	73	70	23	31	121	1.31
2022	レッドソックス	11	2	3.32	23	23	0	127.1	111	49	47	18	31	104	1.12
2023	パドレス	14	4	3.22	24	24	0	134.1	113	49	48	15	43	124	1.16
通算成績		88	54	3.96	249	228	0	1288.0	1251	607	567	162	413	1145	1.29

対左=対左打者被打率　対右=対右打者被打率　ホ防=ホーム防御率　ア防=アウェー防御率
ド=ドラフトデータ　出=出身地　年=年俸　カモ苦手=通算成績

8月は6試合に先発して防御率1.72 【先発】

55 コール・レギャンズ Cole Ragans

27歳 1997.12.12生｜193cm｜86kg｜左投左打
◆速球のスピード／150キロ台中頃（フォーシーム）
◆決め球と持ち球／◎フォーシーム、◎チェンジアップ、◎カーブ、
　◎スライダー、○カッター　◆対左.253　◆対右.187
◆ホ防3.06　◆ア防3.86　◆ド2016①レンジャーズ
◆囲フロリダ州　G74万ドル（約1億360万円）+α

球威5
制球3
緩急4
守備・牽制3
度胸4

　昨季、レンジャーズでは中継ぎだったが、ロイヤルズでは先発で起用され、ブレイクした左腕。昨年6月末、アロルディス・チャップマンとのトレードで加入。速球の平均球速は155キロあり、これは昨季、速球を500球以上投げた左腕投手では2位の数字。これにスライダーを効果的に混ぜ、好投した。8月は6試合に先発して53奪三振。23人連続凡退、26回連続無失点、37回2/3連続被本塁打0と快記録をいくつも達成し、チーム14年ぶりのリーグ月間最優秀投手に選出された。少年時代からのあこがれはコール・ハメルズ。

[カモ] K・タッカー（アストロズ）.167(12-2)0本　[苦手] ―――

年度	所属チーム	勝利	敗戦	防御率	試合数	先発	セーブ	投球イニング	被安打	失点	自責点	被本塁打	与四球	奪三振	WHIP
2022	レンジャーズ	0	3	4.95	9	9	0	40.0	43	24	22	6	16	27	1.48
2023	レンジャーズ	2	3	5.92	17	0	0	24.1	20	17	16	4	14	24	1.40
2023	ロイヤルズ	5	2	2.64	12	12	0	71.2	50	23	21	3	27	89	1.07
2023	2チーム計	7	5	3.47	29	12	0	96.0	70	40	37	7	41	113	1.16
通算成績		7	8	3.90	38	21	0	136.0	113	64	59	13	57	140	1.25

異なる3球団で、3年連続頂点に 【クローザー セットアップ】【移籍】

31 ウィル・スミス Will Smith

35歳 1989.7.10生｜196cm｜115kg｜左投右打
◆速球のスピード／140キロ台後半（フォーシーム）
◆決め球と持ち球／◎スライダー、○フォーシーム、
　△カーブ、△チェンジアップ　◆対左.177　◆対右.224
◆ホ防4.50　◆ア防4.28　◆ド2008⑦エンジェルス
◆囲ジョージア州　囲500万ドル（約7億円）

球威2
制球3
緩急4
守備・牽制3
度胸4

　11年ぶりにカンザスシティに帰って来た、経験豊富なベテラン・リリーバー。昨季は開幕直前の3月に、レンジャーズと契約。開幕からクローザーを任され、5月24日のパイレーツ戦で通算100セーブを達成した。しかし、シーズン後半は失点が増え、守護神の座から陥落した。2021年にブレーブス、22年にアストロズ、23年にレンジャーズと、異なる球団で3年連続、ワールドチャンピオンに輝いている。もちろんこれは、メジャー史上初の快記録。

[カモ] M・トラウト（エンジェルス）.000(7-0)0本　[苦手] C・イェリッチ（ブリュワーズ）.600(10-6)1本

年度	所属チーム	勝利	敗戦	防御率	試合数	先発	セーブ	投球イニング	被安打	失点	自責点	被本塁打	与四球	奪三振	WHIP
2012	ロイヤルズ	6	9	5.32	16	16	0	89.2	111	54	53	12	33	59	1.61
2013	ロイヤルズ	2	1	3.24	19	1	0	33.1	24	16	12	6	4	30	0.84
2014	ブリュワーズ	1	3	3.70	78	0	1	65.2	62	31	27	6	31	86	1.42
2015	ブリュワーズ	7	2	2.70	76	0	0	63.1	52	23	19	7	24	91	1.20
2016	ブリュワーズ	1	0	3.68	27	0	0	22.0	18	13	9	3	9	22	1.23
2016	ジャイアンツ	1	1	2.95	26	0	0	18.1	13	6	6	0	9	26	1.20
2016	2チーム計	2	1	3.35	53	0	0	40.1	31	19	15	3	18	48	1.21
2018	ジャイアンツ	2	3	2.55	54	0	14	53.0	37	18	15	3	15	71	0.98
2019	ジャイアンツ	6	0	2.76	63	0	34	65.1	46	20	20	10	21	96	1.03
2020	ブレーブス	2	2	4.50	18	0	0	16.0	11	8	8	4	4	18	0.94
2021	ブレーブス	3	7	3.44	71	0	37	68.0	49	27	26	11	28	87	1.13
2022	ブレーブス	0	1	4.38	41	0	5	37.0	35	25	18	7	21	41	1.51
2022	アストロズ	1	2	3.27	24	0	0	22.0	23	10	8	2	4	24	1.23
2022	2チーム計	1	3	3.97	65	0	5	59.0	58	35	26	9	25	65	1.41
2023	レンジャーズ	2	0	4.40	60	0	22	57.1	44	31	28	5	17	55	1.06
通算成績		33	41	3.67	573	17	113	611.0	525	282	249	77	223	719	1.22

ロイヤルズ

51 ブレイディ・シンガー Brady Singer
長男誕生も発奮材料にはならず 先発

28歳 1996.8.4生｜196cm｜97kg｜右投右打
◆速球のスピード／140キロ台後半（シンカー）
◆決め球と持ち球／◎スライダー、○シンカー、△チェンジアップ
◆対左.263 ◆対右.321 ◆ホ防4.45 ◆ア防7.18
◆ド2018①ロイヤルズ ◆田フロリダ州
◆年485万ドル（約6億7900万円）

球威3／制球4／緩急3／守備・敏捷3／度胸4

チーム待望のエース誕生か、との期待を裏切った右腕。昨季はスタートからつまずき、4月は6試合で2度の8失点。5失点以上した試合が昨季は11度もあった。投球の半分以上を占めるシンカーを打ち込まれたのが、最大の要因。9月1日に長男が誕生した際は、夫婦連名で地元テレビ局に「あなたは、私たちがこれまで待ち望んでいた最高の人」とコメント。だが、5日のホワイトソックス戦で6失点するなど、長男誕生後の3試合は白星なし。挙げ句に、腰の張りで19日からIL（故障者リスト）入りして、シーズンを終えた。

カモ J・アルトゥーヴェ（アストロズ）.111（9-1）0本　苦手 B・バクストン（ツインズ）.538（13-7）2本

年度	所属チーム	勝利	敗戦	防御率	試合数	先発	セーブ	投球イニング	被安打	失点	自責点	被本塁打	与四球	奪三振	WHIP
2020	ロイヤルズ	4	5	4.06	12	12	0	64.1	52	29	29	8	23	61	1.17
2021	ロイヤルズ	5	10	4.91	27	27	0	128.1	146	81	70	14	53	131	1.55
2022	ロイヤルズ	10	5	3.23	27	24	0	153.1	140	58	55	18	35	150	1.14
2023	ロイヤルズ	8	11	5.52	29	29	0	159.2	182	102	98	20	49	133	1.45
通算成績		27	31	4.49	95	92	0	505.2	520	270	252	60	160	475	1.34

35 クリス・ストラットン Chris Stratton
投げて、投げて、チームを支える ミドルリリーフ 移籍

34歳 1990.8.22生｜188cm｜92kg｜右投右打
◆速球のスピード／150キロ前後（フォーシーム）
◆決め球と持ち球／○フォーシーム、○カーブ、○スライダー、
　○チェンジアップ ◆対左.191 ◆対右.242
◆ホ防4.21 ◆ア防3.53 ◆ド2012①ジャイアンツ
◆田ミシシッピ州 ◆年350万ドル（約4億9000万円）

球威3／制球3／緩急3／守備・敏捷4／度胸3

ブルペンのまとめ役としても最適な、タフなベテラン・リリーバー。昨季は途中移籍したレンジャーズで、初めてポストシーズンの舞台を経験。だが、4試合中3試合で失点と精彩を欠いた。昨季は2球団で82回2/3を投げたが、これはメジャー全体4位の数字。2020年以降では、リリーフで計253イニングを投げており、こちらはメジャーのリリーフ投手で2番目に多い数字だ。回またぎをいとわず、チームのためならどんな役割でもこなす、頼れる男。

カモ I・ハップ（カブス）.000（8-0）0本　苦手 N・カステヤノス（フィリーズ）.417（12-5）3本

年度	所属チーム	勝利	敗戦	防御率	試合数	先発	セーブ	投球イニング	被安打	失点	自責点	被本塁打	与四球	奪三振	WHIP
2016	ジャイアンツ	1	0	3.60	7	0	0	10.0	11	4	4	1	5	6	1.60
2017	ジャイアンツ	4	4	3.68	13	10	0	58.2	59	25	24	5	28	51	1.48
2018	ジャイアンツ	10	10	5.09	28	26	0	145.0	153	87	82	19	54	112	1.43
2019	エンジェルス	0	2	8.59	7	5	0	29.1	43	34	28	6	18	22	2.08
2019	パイレーツ	1	1	3.66	28	0	0	46.2	50	22	19	7	15	47	1.39
2019	2チーム計	1	3	5.57	35	5	0	76.0	93	56	47	13	33	69	1.66
2020	パイレーツ	2	1	3.90	27	0	0	30.0	26	19	13	3	13	39	1.30
2021	パイレーツ	7	1	3.63	68	0	2	79.1	70	34	32	9	33	86	1.30
2022	パイレーツ	5	4	5.09	40	0	1	40.2	50	26	23	4	13	37	1.55
2022	カーディナルス	5	0	2.78	20	0	0	22.2	22	8	7	0	12	23	1.50
2022	2チーム計	10	4	4.26	60	0	1	63.1	72	34	30	4	25	60	1.53
2023	カーディナルス	1	1	4.19	42	0	0	53.2	45	28	25	4	17	59	1.16
2023	レンジャーズ	1	0	3.41	22	0	0	29.0	24	11	11	4	8	22	1.10
2023	2チーム計	2	1	3.92	64	0	0	82.2	69	39	36	8	25	81	1.14
通算成績		37	24	4.43	302	42	12	545.0	553	292	268	62	216	504	1.41

対左＝対左打者被打率　対右＝対右打者被打率　ホ防＝ホーム防御率　ア防＝アウェー防御率
ド＝ドラフトデータ　田＝出身地　年＝年俸　カモ 苦手 は通算成績

シーズン終盤に無失点登板を続ける

セットアップ / クローザー

66 ジェイムズ・マッカーサー James McArthur

28歳 1996.12.11生 | 201cm | 104kg | 右投右打 速150キロ前後（シンカー）決◎カーブ
対左.257 対右.220 ド2018⑫フィリーズ 田テキサス州 囲74万ドル（約1億360万円）+α

球 3
制 4
緩 4
守 3

昨年6月28日にメジャー初登板を飾った、絶対の武器カーブで急成長中の守護神候補。昨年5月、フィリーズ傘下から移籍し、才能が開花しかけている。9月には16回1/3無失点の快投を見せ、チームの月間最優秀投手に選出された。武器は、投球の約4割を占めるカーブで、被打率は1割台。本塁打も許さなかった。マイナーでは56回2/3を投げ、28四球と凡庸なコントロールが、メジャーでは18回1/3連続無四球もあり、わずか2個しか出さなかった。なお2度の先発は、オープナー戦法で投げたものだ。祖父グレゴリーは、投手として4年間マイナーでプレー。

年度	所属チーム	勝利	敗戦	防御率	試合数	先発	セーブ	投球イニング	被安打	失点	自責点	被本塁打	与四球	奪三振	WHIP
2023	ロイヤルズ	1	0	4.63	18	2	4	23.1	20	12	12	2	2	23	0.94
通算成績		1	0	4.63	18	2	4	23.1	20	12	12	2	2	23	0.94

3シーズン連続で長期離脱

ミドル / リリーフ **移籍**

63 ニック・アンダーソン Nick Anderson

34歳 1990.7.5生 | 193cm | 92kg | 右投右打 速150キロ前後（フォーシーム）決◎カーブ
対左.140 対右.297 ド2012⑳ブリュワーズ 田ミネソタ州 囲158万ドル（約2億2120万円）

球 3
制 4
緩 3
守 4

昨年、ブレーブスで2年ぶりにメジャー復帰したリリーフ右腕。短縮シーズンの2020年に、防御率0.55でレイズの地区優勝に貢献。シーズン終了後には、オールMLBチームの「ファーストチーム」にも選出された。だが、21年3月に右ヒジを痛め、同年は9月に少し登板しただけ。さらに翌10月、その右ヒジを手術し、長期離脱となった。昨季はブレーブスで、開幕時にメジャー契約を勝ち取り、ベンチ入り。まずまずの投球を見せたが、7月に右肩を痛め、シーズンを終えた。ピッチングはフォーシームとカーブのコンビネーションで、昨季は半々の割合で投げていた。

年度	所属チーム	勝利	敗戦	防御率	試合数	先発	セーブ	投球イニング	被安打	失点	自責点	被本塁打	与四球	奪三振	WHIP
2023	ブレーブス	4	0	3.06	35	0	1	35.1	30	14	12	3	9	36	1.10
通算成績		11	6	2.93	128	0	9	122.2	91	43	40	14	32	173	1.00

3年連続30先発以上も、メジャー最多の17敗

先発

24 ジョーダン・ライルズ Jordan Lyles

34歳 1990.10.19生 | 196cm | 104kg | 右投右打 速140キロ台中頃（フォーシーム、シンカー）決◎カーブ
対左.252 対右.259 ド2008①アストロズ 田サウスカロライナ州 囲850万ドル（約11億9000万円）

球 2
制 4
緩 4
度 3

直近3年の合計530回2/3の先発登板は、アメリカン・リーグ4位のタフネス右腕。しかし、昨季の防御率6.28、17敗はともにメジャーワースト。打たれた本塁打39本は、リーグで2番目に多い数字だ。昨季は開幕から15試合で11連敗。その15試合はチームもすべて敗戦で、1920年以降のメジャーで最悪の記録となった。また、8イニング以上投げながら、負け投手となった試合が4つある不運もあった。ライルズ家はすべて「J」で始まる名前で、父はJennings、母はJudy。兄弟がJustin、Josh、Jake、妹がJody。少年時代は、チッパー・ジョーンズのファン。

年度	所属チーム	勝利	敗戦	防御率	試合数	先発	セーブ	投球イニング	被安打	失点	自責点	被本塁打	与四球	奪三振	WHIP
2023	ロイヤルズ	6	17	6.28	31	31	0	177.2	176	130	124	39	45	120	1.24
通算成績		72	107	5.24	352	245	2	1504.0	1624	950	876	237	491	1142	1.41

速＝速球のスピード 決＝決め球

ロイヤルズ

父や祖父に感謝を込めて「Ⅳ」を背負う

41 ダニエル・リンチ4世 *Daniel Lynch IV*

先発

28歳 1996.11.17生 | 198cm | 90kg | 左投左打 | 球150キロ前後（フォーシーム） | 決○チェンジアップ
対左.333 対右.230 ドラ2018①ロイヤルズ 出ヴァージニア州 年74万ドル（約1億360万円）+α

球 3
制 3
緩 4
守 3
度 3

　長身から投げ下ろすチェンジアップが武器の左腕。昨季は回旋筋を痛めてマイナースタート。だが5月末に復帰後は、9試合に登板してすべて5イニング以上を投げる安定したピッチングを見せた。昨季途中に、登録名を「ダニエル・リンチ」から「ダニエル・リンチ4世」に変更。復帰9試合目の7月18日タイガース戦では、登録名のユニフォームの背中の文字が「Lynch Ⅳ」となり、メジャーで初めて「Ⅳ（4世）」を背負った選手となった。しかし、この試合で左肩を痛めて、その後は3Aでリハビリ登板を1度行っただけ。今季は「30試合の先発を目指す」とのこと。

年度	所属チーム	勝利	敗戦	防御率	試合数	先発	セーブ	投球イニング	被安打	失点	自責点	被本塁打	与四球	奪三振	WHIP
2023	ロイヤルズ	3	4	4.64	9	9	0	52.1	50	29	27	9	16	34	1.26
通算成績		11	23	5.18	51	51	0	252.0	285	154	145	39	99	211	1.52

速球の球速はメジャートップレベル

43 カルロス・ヘルナンデス *Carlos Hernandez*

セットアップ
クローザー

27歳 1997.3.11生 | 193cm | 115kg | 右投右打 | 球160キロ前後（フォーシーム） | 決○スライダー
対左.189 対右.273 ドラ2016⑦ロイヤルズ 出ベネズエラ 年101万ドル（約1億4140万円）

球 5
制 2
緩 3
守 3
度 3

　昨年3月のWBCにベネズエラ代表で参加し、アメリカ戦で速球が163キロを記録した豪腕リリーバー。レギュラーシーズンでは昨季、自己最多の67試合に登板。7月30日のツインズ戦では、捕手ファーミーンとのベネズエラ出身バッテリーで、自身初セーブをあげている。年々威力を増すフォーシームの平均球速は159キロもある。ただ、制球がアバウトなのでよく打たれた。持ち球はほかに、スライダー、スプリッター、ナックルカーブ。昨季はホールド数が、一昨年の1から17に大幅アップ。しかし、勝負どころで起用されるケースが増えたこともあり、黒星は倍増した。

年度	所属チーム	勝利	敗戦	防御率	試合数	先発	セーブ	投球イニング	被安打	失点	自責点	被本塁打	与四球	奪三振	WHIP
2023	ロイヤルズ	1	10	5.27	67	4	4	70.0	62	43	41	10	31	77	1.33
通算成績		7	18	5.17	123	25	4	226.1	222	136	130	28	109	199	1.46

58 ジョン・マクミラン *John McMillon*

リリーフ

期待度 B−

ルーキー

26歳 1998.1.27生 | 190cm | 104kg | 右投左打 | ◆昨季はメジャーで4試合に出場 | ドラ2020⑩ロイヤルズ 出テキサス州

　速球とスライダーのコンビネーションで、高い空振り率を誇るリリーフ右腕。昨年8月にメジャーデビューし、160キロ前後の速球を連発。4イニング（4試合）で、8つの三振を奪った。マイナーでは制球力が課題とされていたが、メジャーでは四球が1つもなし。打たれた安打も本塁打1本のみだった。

― メイソン・バーネット *Mason Barnett*

先発

期待度 B−

ルーキー

24歳 2000.11.7生 | 183cm | 98kg | 右投右打 | ◆昨季は1A+.2Aでプレー | ドラ2022③ロイヤルズ 出ジョージア州

　昨シーズン、『ベースボール・アメリカ』誌が選ぶ、ロイヤルズのマイナー最優秀選手に輝いた右腕。1A+、2Aで計23試合に登板し、防御率は3.30。最速158キロの速球に、スライダー、チェンジアップ、カーブを交える。マイナーでは先発で投げているが、メジャーではリリーフで投げる可能性もある。

106敗したチームの希望の光

ショート

7 ボビー・ウィット・ジュニア
Bobby Witt Jr.

24歳 2000.6.14生 | 185cm | 90kg | 右投右打
- ◆対左投手打率／.297(138-41) ◆対右投手打率／.270(503-136)
- ◆ホーム打率／.298(322-96) ◆アウェー打率／.254(319-81)
- ◆得点圏打率／.290(138-40)
- ◆23年のポジション別出場数／ショート=149、DH=10
- ◆ドラフトデータ／2019①ロイヤルズ
- ◆出身地／テキサス州
- ◆年俸／200万ドル（約2億8000万円）+α

ミート **4**
パワー **5**
走塁 **5**
守備 **4**
肩 **4**

ロイヤルズ

　進化が止まらない、ロイヤルズの若きスーパースター。球団は、チームの顔として長くプレーしてもらうため、今年2月、ロイヤルズ史上最高額となる、11年2億8880万ドルの長期契約を提示し、合意に至った。

　一昨年、MLB史上2人目となる、デビューイヤーでの「20本塁打・30盗塁」をクリア。ニューヒーローの誕生に、カンザスシティのファンはわき立った。そのため昨季も大いに期待されたが、シーズン序盤は成績が低迷。5月終了時点の打率は、2割2分8厘だった。これは自分自身に、必要以上のプレッシャーをかけすぎていたのが原因だ。しかし、その後は気持ちをリフレッシュし、夏場の7月、8月は絶好調。この2カ月間だけで15本塁打を放ち、最終的に、球団初の「30本塁打・30盗塁」達成者となった。

　打撃面では、昨年は一昨年に比べて、三振と四球率がともに良化。一昨年に引き続き、勝負強さも光り、満塁ホームランを2本記録。そのうちの1本は、7月28日のツインズ戦で放った、劇的なサヨナラ逆転満塁弾だ。

　また、走塁面では、アメリカン・リーグ2位の49盗塁をマーク。メジャートップクラスの快足を生かし、三塁打11本は両リーグ最多だった。8月14日のマリナーズ戦では、ランニングホームランも記録している。

　ショートの守備は一昨年、大いに苦戦。しかし、この守備面も昨年はレベルアップしており、ヒット性の当たりを何度も好捕していた。守備範囲が広く、内野後方に飛んだ難しいフライを、背走してキャッチするのがうまい。

　同名の父ボビーは、メジャー通算142勝の元投手。息子は19年ドラフトの全体2位、父は1985年ドラフトの全体3位と、ともにプロ入り時から、その将来を期待されていた。ちなみに姉3人は全員、メジャーリーガーと結婚。昨季、次姉の夫ザック・ニール（元西武）、三姉の夫コーディ・トーマス（今季オリックス）が、アスレティックスでプレーしていた。長姉の夫ジェイムズ・ラッセルは、かつてカブスで活躍したリリーフ左腕。

カモ R・オルソン(タイガース).800(5-4)1本　B・オーバー(ツインズ).455(11-5)1本
苦手 J・フォーリー(タイガース).000(9-0)0本　大谷翔平(ドジャース).000(6-0)0本

年度	所属チーム	試合数	打数	得点	安打	二塁打	三塁打	本塁打	打点	四球	三振	盗塁	盗塁死	出塁率	OPS	打率
2022	ロイヤルズ	150	591	82	150	31	6	20	80	30	135	30	7	.294	.722	.254
2023	ロイヤルズ	158	641	97	177	28	11	30	96	40	121	49	15	.319	.814	.276
通算成績		308	1232	179	327	59	17	50	176	70	256	79	22	.307	.770	.265

カモ **苦手** は通算成績

13 現役唯一の通算1万イニング突破の捕手 サルヴァドール・ペレス Salvador Perez

キャッチャー/DH

34歳 1990.5.10生 | 190cm | 115kg | 右投右打 ◆盗塁阻止率／.100(60-6)
◆対左投手打率／.227　◆対右投手打率／.264
◆ホーム打率／.273　◆アウェー打率／.237　◆得点圏打率／.301
◆23年のポジション別出場数／キャッチャー=91、DH=29、ファースト=23
◆Ⓓ2006㊙ロイヤルズ　◆⊞ベネズエラ　◆㊷2000万ドル（約28億円）
◆本塁打王1回(21年)、打点王1回(21年)、ゴールドグラブ賞5回(13～16.18年)、シルバースラッガー賞4回(16.18.20.21年)、カムバック賞1回(20年)

ミート 4
パワー 4
走塁 1
守備 3
肩 4

　7度目のシーズン20本塁打を記録した、強打のキャッチャー。昨季開幕前のWBCでは、ベネズエラ代表チームの一員として参加し、打率4割2分9厘でオールスターチームに選出された。開幕時には、ロイヤルズ史上4人目のキャプテンでシーズンイン。5月に9本塁打を放ってチームの月間最優秀選手に選ばれると、7月24日には捕手出場で史上15人目の200本塁打をマーク。通算246本塁打は、出場試合の75%以上を捕手で出場した選手の中では、歴代4位の数字だ。9月9日には、現役では唯一の捕手出場1万イニングを突破。小児癌研究のためのチャリティ活動を行うなど、社会貢献にも積極的。

[カモ] T・スクーバル(タイガース).444(18-8)3本　[苦手] 前田健太(タイガース).125(8-1)0本

年度	所属チーム	試合数	打数	得点	安打	二塁打	三塁打	本塁打	打点	四球	三振	盗塁	盗塁死	出塁率	OPS	打率
2011	ロイヤルズ	39	148	20	49	8	2	3	21	7	20	0	0	.361	.834	.331
2012	ロイヤルズ	76	289	38	87	16	0	11	39	12	27	0	0	.328	.799	.301
2013	ロイヤルズ	138	496	48	145	25	3	13	79	21	63	0	0	.323	.756	.292
2014	ロイヤルズ	150	578	57	150	28	2	17	70	22	85	1	0	.289	.692	.260
2015	ロイヤルズ	142	531	52	138	25	0	21	70	13	82	1	0	.280	.706	.260
2016	ロイヤルズ	139	514	57	127	28	2	22	64	22	119	0	0	.288	.726	.247
2017	ロイヤルズ	129	471	57	126	24	1	27	80	17	95	1	0	.297	.792	.268
2018	ロイヤルズ	129	510	52	120	23	0	27	80	17	108	1	1	.274	.713	.235
2020	ロイヤルズ	37	150	22	50	12	0	11	32	3	36	1	0	.353	.986	.333
2021	ロイヤルズ	161	620	88	169	24	0	48	121	28	170	1	0	.316	.860	.273
2022	ロイヤルズ	114	445	48	113	23	1	23	76	18	109	0	0	.292	.757	.254
2023	ロイヤルズ	140	538	59	137	21	0	23	80	19	105	0	0	.292	.714	.255
通算成績		1394	5290	598	1411	257	11	246	812	199	1049	6	1	.300	.759	.267

11 ボビー・ウィット・ジュニアと三遊間コンビを結成 マイケル・ガルシア Maikel Garcia

サード

24歳 2000.3.3生 | 183cm | 81kg | 右投右打
◆対左投手打率／.315　◆対右投手打率／.258
◆ホーム打率／.313　◆アウェー打率／.228　◆得点圏打率／.321
◆23年のポジション別出場数／サード=104、ショート=14、DH=5、セカンド=4　◆Ⓓ2016㊙ロイヤルズ
◆⊞ベネズエラ　◆㊷74万ドル（約1億360万円）+α

ミート 4
パワー 2
走塁 4
守備 4
肩 4

　昨季開幕は3Aで迎えたが、5月に昇格後、攻守に良い働きを見せ、1番打者に定着した三塁手。打撃面では、センター方向を中心に強い打球を飛ばし、ロイヤルズの新人記録である18試合連続ヒットも記録。また、犠牲フライ10本は、昨季のアメリカン・リーグ2位タイの数字だ。日本の東京ヤクルトでもプレーした、メジャー1552試合出場のアルシデス・エスコバーがいとこで、彼のアカデミーで練習を重ねていた。エスコバーのほかにも、ブレーブスのロナルド・アクーニャ・ジュニアら、計7人のメジャー選手が近親者にいる。

[カモ] 千賀滉大(メッツ).750(4-3)0本　[苦手] G・ウィリアムズ(ガーディアンズ).000(8-0)0本

年度	所属チーム	試合数	打数	得点	安打	二塁打	三塁打	本塁打	打点	四球	三振	盗塁	盗塁死	出塁率	OPS	打率
2022	ロイヤルズ	9	22	1	7	1	0	0	2	1	5	0	0	.348	.712	.318
2023	ロイヤルズ	123	464	59	126	20	4	4	50	38	115	23	7	.323	.681	.272
通算成績		132	486	60	133	21	4	4	52	39	120	23	7	.324	.682	.274

新天地での打棒復活に期待　ライト　移籍

16 ハンター・レンフロー Hunter Renfroe

32歳 1992.1.28生｜185cm｜104kg｜右投右打
◆対左投手率／.244　◆対右投手率／.229
◆ホーム打率／.244　◆アウェー打率／.223　◆得点圏打率／.171
◆23年のポジション別出場数／ライト＝128、DH＝8、ファースト＝5
◆ド2013①パドレス　◆田ミシシッピ州
◆年550万ドル（約7億7000万円）

ミート	2
パワー	4
走塁	3
守備	3
肩	5

昨季はエンジェルスで、期待を裏切る形になった強打の外野手。以前から、マイク・トラウトと顔や体型がそっくりと評判だったが、昨季はそのトラウトと同じチームでプレーすることに。期待されたのは、トラウトや大谷のあとを打つ中軸を担い、打点マシーンとなることだった。しかし良かったのは開幕直後の4月だけで、その後は失速。とくに、プレーオフへの望みがつながっていた大事な8月に大スランプで、ファンを失望させた。同月末、総年俸の抑制を図る球団の方針により、ウエーバーにかけられ、レッズへ移籍。そこでも打率1割台前半と低迷し、シーズン終了前に戦力外となっている。

ロイヤルズ

カモ J・グレイ（レンジャーズ）.400(15-6)3本　苦手 S・アームストロング（レイズ）.000(10-0)0本

年度	所属チーム	試合数	打数	得点	安打	二塁打	三塁打	本塁打	打点	四球	三振	盗塁	盗塁死	出塁率	OPS	打率
2016	パドレス	11	35	8	13	3	0	4	14	1	5	0	0	.389	1.189	.371
2017	パドレス	122	445	51	103	25	1	26	58	27	140	3	0	.284	.751	.231
2018	パドレス	117	403	53	100	23	1	26	68	30	109	2	1	.302	.806	.248
2019	パドレス	140	440	64	95	19	1	33	64	46	154	5	0	.289	.778	.216
2020	レイズ	42	122	18	19	5	0	8	22	14	37	2	0	.252	.645	.156
2021	レッドソックス	144	521	89	135	33	6	31	96	44	130	1	2	.315	.816	.259
2022	ブリュワーズ	125	474	62	121	23	1	29	72	39	121	1	1	.315	.807	.255
2023	エンジェルス	126	459	56	111	31	0	19	56	39	113	0	1	.304	.738	.242
2023	レッズ	14	39	4	5	0	0	1	4	5	12	0	0	.227	.432	.128
2023	2チーム計	140	498	60	116	31	0	20	60	44	125	0	1	.297	.713	.233
通算成績		841	2938	405	702	162	4	177	454	245	821	14	4	.300	.778	.239

マーリンズで打撃開眼のヒントをつかむ　ユーティリティ　移籍

2 ギャレット・ハンプソン Garrett Hampson

30歳 1994.10.10生｜180cm｜88kg｜右投右打
◆対左投手打率／.264　◆対右投手打率／.282
◆ホーム打率／.289　◆アウェー打率／.267　◆得点圏打率／.241
◆23年のポジション別出場数／ショート＝30、センター＝26、
ライト＝21、セカンド＝13、レフト＝10、サード＝5、DH＝4
◆ド2016③ロッキーズ　◆田ネヴァダ州
◆年200万ドル（約2億8000万円）

ミート	3
パワー	2
走塁	4
守備	3
肩	3

1年契約で加入した、内外野に対応可能なスーパー・ユーティリティ。昨季はマーリンズで、6つのポジションでプレーしている。ロイヤルズ首脳陣は、こうしたハンプソンの器用さが戦略の幅を広げると考えており、また、スピードや出塁能力の高さにも、大きな期待をいだいている。ただ、内野の守備は平均以上だが、外野の守備はイマイチ。本人は、昨年のマイアミでのプレーが自身を大きく成長させたと感じているようで、今季の活躍に自信あり。

カモ K・ゴーズマン（ブルージェイズ）.400(15-6)3本　苦手 Z・ギャレン（ダイヤモンドバックス）.000(12-0)0本

年度	所属チーム	試合数	打数	得点	安打	二塁打	三塁打	本塁打	打点	四球	三振	盗塁	盗塁死	出塁率	OPS	打率
2018	ロッキーズ	24	40	3	11	3	1	0	4	7	12	2	0	.396	.796	.275
2019	ロッキーズ	105	299	40	74	9	4	8	27	24	88	15	3	.302	.687	.247
2020	ロッキーズ	53	167	25	39	4	3	5	11	13	60	6	1	.287	.670	.234
2021	ロッキーズ	147	453	69	106	21	6	11	33	33	118	17	7	.289	.669	.234
2022	ロッキーズ	90	199	29	42	7	3	2	15	21	63	12	2	.287	.594	.211
2023	マーリンズ	98	221	30	61	12	1	3	23	23	67	5	0	.349	.729	.276
通算成績		517	1379	196	333	56	18	29	113	121	408	57	13	.305	.676	.241

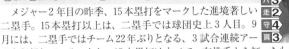

野手

セカンド

19 マイケル・マッシー *Michael Massey*

リーグ最高守備率の堅守のセカンド

26歳 1998.3.22生 | 183cm | 88kg | 右投左打 対左.241 対右.226 ホ.243 ア.217 得.214 ド2019④ロイヤルズ 出イリノイ州 年74万ドル(約1億360万円)+α

ミ	2
パ	3
走	2
守	4
肩	3

　メジャー2年目の昨季、15本塁打をマークした進境著しい二塁手。15本塁打以上は、二塁手では球団史上3人目。9月には、二塁手ではチーム22年ぶりとなる、3試合連続アーチも記録している。なお、15本塁打はすべて、右投手から打ったものだ。イリノイ大学時代に、60試合連続無失策の記録を作ったセカンドの守備は、守備範囲こそ広くはないものの堅実で、昨季の失策はわずか3個。守備率.993はアメリカン・リーグの二塁手でトップだった。5歳頃から、祖父の投げるスポンジボールを打って成長。父もイリノイ大学のOBで、息子と同じ二塁手を務めていた。

年度	所属チーム	試合数	打数	得点	安打	二塁打	三塁打	本塁打	打点	四球	三振	盗塁	盗塁死	出塁率	OPS	打率
2023	ロイヤルズ	129	428	42	98	18	1	15	55	24	99	6	2	.274	.655	.229
通算成績		181	601	58	140	27	2	19	72	33	145	9	2	.284	.663	.233

キャッチャー

34 フレディ・ファーミーン *Freddy Fermin*

シュアな打撃と好守で正捕手の座を狙う

29歳 1995.5.16生 | 175cm | 90kg | 右投右打 ◆盗塁阻止率.222(45-10) 対左.262 対右.288 ホ.271 ア.293 得.262 ド2015外ロイヤルズ 出ベネズエラ 年74万ドル(約1億360万円)+α

ミ	4
パ	3
走	2
守	4
肩	3

　昨季、100打数以上では、チーム最高打率を残した2番手捕手。2022年オフに、ベネズエラのウインターリーグで4割超えの打率をマークして、MVPを受賞。その打撃を昨季、メジャーでも発揮した。守備も上々。9月に左手中指骨折で戦列離脱も54試合に先発マスクをかぶり、盗塁阻止率、DRS(守備で防いだ失点)、捕手防御率など各種守備指標で、正捕手ペレスを上回る数字を残している。昨季はサヨナラ安打も2本記録しているが、そのうちの1本は、5月11日のホワイトソックス戦で決めたバント安打。チームのサヨナラバント安打は、1982年以来のことだった。

年度	所属チーム	試合数	打数	得点	安打	二塁打	三塁打	本塁打	打点	四球	三振	盗塁	盗塁死	出塁率	OPS	打率
2023	ロイヤルズ	70	217	26	61	10	1	9	32	13	50	0	0	.321	.782	.281
通算成績		73	224	27	61	10	1	9	32	13	53	0	0	.311	.757	.272

ファースト DH

9 ヴィニー・パスクァンティーノ *Vinnie Pasquantino*

三振が少なく、追い込まれても巧打発揮

27歳 1997.10.10生 | 193cm | 110kg | 左投左打 対左.233 対右.251 ホ.225 ア.270 得.292 ド2019⑪ロイヤルズ 出ヴァージニア州 年74万ドル(約1億360万円)+α

ミ	3
パ	4
走	2
守	3
肩	2

　昨年3月のWBCにはイタリア代表で出場。主に「5番・ファースト」で出場したが、20打数4安打、打点0。それでも2次ラウンドに進出し、婚約者のライアンさんと東京ドームでツーショットを撮った。開幕後は好調で、4月には21試合連続出塁も記録。メジャー1年目の一昨年を上回る成績を期待されたが、6月に右肩を負傷して手術を受け、以降は全休となった。ウリは、追い込まれても粘り強い打撃ができる点。昨季の8.39打席に1三振は、250打席以上ではメジャーで5番目に良い数字。2ストライク後の長打率4割2分4厘は、アクーニャ、ベッツに次ぐ3位。

年度	所属チーム	試合数	打数	得点	安打	二塁打	三塁打	本塁打	打点	四球	三振	盗塁	盗塁死	出塁率	OPS	打率
2023	ロイヤルズ	61	231	24	57	17	0	9	26	25	31	0	0	.324	.761	.247
通算成績		133	489	49	133	27	0	19	52	60	65	1	0	.355	.799	.272

対左=対左投手打率　対右=対右投手打率　ホ=ホーム打率　ア=アウェー打率　得=得点圏打率　ド=ドラフトデータ　出=出身地　年=年俸

野手

1 後半戦に巻き返して2年目のジンクスを打破
MJ・メレンデス *MJ Melendez*

レフト
ライト

26歳 1998.11.29生｜185cm｜86kg｜右投左打 対左.222 対右.239 ホ.253 ア.215
得.211 ド2017②ロイヤルズ 出フロリダ州 年74万ドル（約1億360万円）+α

ミ3
バ3
走4
守3
肩4

　昨季前半は低迷したが、後半は率2割7分3厘、10本塁打と巻き返し、2年目のジンクスを打破した強肩強打の外野手。捕手でプロ入りしたが、守備が向上しないため外野がメインとなり、昨季、捕手での先発出場は7試合だけだった。打撃では、打球速度がトップレベル。大事な場面でもよく打ち、勝ち越し打18本はチーム最多だ。レッドソックス戦でよく打つ傾向があり、2年間13試合で打率4割2分6厘、7本塁打。父親は大学で選手経験があり、2つの大学でヘッドコーチも務めた人物。少年時代はこの父から指導を受け、ドラフト上位で指名される選手に成長。

年度	所属チーム	試合数	打数	得点	安打	二塁打	三塁打	本塁打	打点	四球	三振	盗塁	盗塁死	出塁率	OPS	打率
2023	ロイヤルズ	148	533	65	125	29	5	16	56	62	170	6	4	.316	.714	.235
通算成績		277	993	122	225	50	8	34	118	128	301	8	7	.314	.710	.227

28 俊足好守で正中堅手の座をつかむ
カイル・イズベル *Kyle Isbel*

センター

27歳 1997.3.3生｜180cm｜86kg｜右投左打 対左.315 対右.223 ホ.245 ア.235
得.279 ド2018③ロイヤルズ 出カリフォルニア州 年74万ドル（約1億360万円）+α

ミ2
バ3
走4
守5
肩3

　守備で存在感を発揮した外野手。昨年は5月から6月にかけ、左太もも裏を痛めて46試合欠場。しかし復帰後、正中堅手の座に座り、ハイレベルな守備を見せた。俊足に加え、ジャンプ力もメジャー屈指。ダイビングキャッチも多く、昨季のDRS（守備で防いだ失点）は13あり、試合に出続けていれば、ゴールドグラブ賞の候補にもなっていただろう。打撃面では、左打者ながら、左投手に対して打率3割1分5厘とよく打っていた。4月にはプリシラ夫人との間に、第一子となる長男レーン君が誕生。オフに入ると自らのインスタグラムに、長男をあやす写真を次々と投稿。

年度	所属チーム	試合数	打数	得点	安打	二塁打	三塁打	本塁打	打点	四球	三振	盗塁	盗塁死	出塁率	OPS	打率
2023	ロイヤルズ	91	292	45	70	22	2	5	34	17	59	7	1	.282	.662	.240
通算成績		225	624	93	145	37	8	11	69	40	157	18	7	.281	.651	.232

17 シーズン終盤にハイペースで本塁打を量産
ネルソン・ヴェラスケス *Nelson Velazquez*

DH
外野手

26歳 1998.12.26生｜183cm｜86kg｜右投右打 対左.184 対右.257 ホ.297 ア.131
得.176 ド2017⑤カブス 出プエルトリコ 年74万ドル（約1億360万円）+α

ミ2
バ4
走3
守2
肩3

　昨年7月末のトレードで、カブスから移籍して花開いたスラッガー。移籍後、8月10日からメジャーでのプレーを開始すると、11日のカーディナルス戦で、チーム史上5人目の移籍初打席アーチを記録。9月には、3試合連続を含む9本塁打をかっ飛ばした。結局、移籍後の40試合で14本のホームランを量産。この期間中の本塁打数は、ヤンキースのアーロン・ジャッジの16本に次ぐ、アメリカン・リーグ2位だった。クアトラロ監督は「彼は試合を変えることができる打者」と絶賛も、自身は「試合前の準備を手伝ってくれた」と、ザムウォルト打撃コーチに感謝。

年度	所属チーム	試合数	打数	得点	安打	二塁打	三塁打	本塁打	打点	四球	三振	盗塁	盗塁死	出塁率	OPS	打率
2023	カブス	13	29	8	7	2	0	3	6	3	8	0	0	.313	.934	.241
2023	ロイヤルズ	40	133	27	31	4	0	14	28	11	43	0	0	.299	.878	.233
2023	2チーム計	53	162	35	38	6	0	17	34	14	51	0	0	.302	.888	.235
通算成績		130	347	55	76	13	3	23	60	33	116	5	2	.294	.767	.219

ロイヤルズ

9月デビューで快足を見せつけた新鋭

12 ニック・ロフティン *Nick Loftin*

ユーティリティ ／ ルーキー

26歳 1998.9.25生｜180cm｜81kg｜右投右打 対左.421 対右.279 ホ.412 ア.214 得.455 ド2020①ロイヤルズ 出テキサス州 年74万ドル（約1億360万円）+α

ミ 3 / バ 2 / 走 4 / 守 4 / 肩 3

　メジャーデビューから4試合連続で、異なる役割で先発した万能選手。デビュー戦は9月1日で、DHで出場。2戦目はセカンド、3戦目はサード、4戦目はファーストで先発し、すべての試合で安打を記録した。7度のマルチ安打も放って、デビュー19試合で20安打。これは2011年のエリック・ホズマー以来のことだった。俊足で、20本中8本は内野安打。14歳頃から、壁に「夢は簡単に現実にはならない。決意と努力が必要だ」などのメッセージペーパーを次々と貼り、自らを鼓舞してプロ入りを目指した。野球を始めたのは、高校で野球をやっていた母親の影響。

年度	所属チーム	試合数	打数	得点	安打	二塁打	三塁打	本塁打	打点	四球	三振	盗塁	盗塁死	出塁率	OPS	打率
2023	ロイヤルズ	19	62	10	20	5	1	0	10	4	12	2	0	.368	.803	.323
通算成績		19	62	10	20	5	1	0	10	4	12	2	0	.368	.803	.323

安打生産能力も守備力も低下中

26 アダム・フレイジャー *Adam Frazier*

セカンド レフト ／ 移籍

33歳 1991.12.14生｜178cm｜81kg｜右投左打 対左.193 対右.248 ホ.222 ア.257 得.294 ド2013⑥パイレーツ 出ジョージア州 年450万ドル（約6億3000万円）

ミ 3 / バ 2 / 走 3 / 守 3 / 肩 2

　1年450万ドルの契約で加入した二塁手。2021年シーズンの前半、パイレーツで高打率をキープして評価を上げ、オールスターにも初出場。しかし、同年後半に移籍したパドレス、22年のマリナーズ、23年のオリオールズでは、安打生産のペースが落ち込んでいる。だた、昨季記録した13本塁打、60打点は、自己ベストの数字だった。セカンドの守備は平均レベルだったが、ここ2シーズンは低下気味。セカンド以外に、レフト、ライトも守り、こちらは平均レベルの守備を期待できる。趣味は、ハンティング、釣り、ゴルフ。野球では左打ちだが、ゴルフでは右打ちだ。

年度	所属チーム	試合数	打数	得点	安打	二塁打	三塁打	本塁打	打点	四球	三振	盗塁	盗塁死	出塁率	OPS	打率
2023	オリオールズ	141	412	59	99	21	2	13	60	32	68	11	4	.300	.696	.240
通算成績		962	3163	433	850	170	27	56	317	260	456	52	32	.331	.724	.269

ー タイラー・ジェントリー *Tyler Gentry*

ライト レフト ／ 期待度 B+ ／ ルーキー

25歳 1999.2.1生｜183cm｜95kg｜右投右打 ◆昨季は3Aでプレー ド2020③ロイヤルズ 出テネシー州

　メジャー昇格が目前に来ている外野手。打撃面では、広角に打てるのが強み。昨季は3Aで129試合に出場し、16本塁打。打率は2割5分3厘ながら、四球を多く選び、出塁率は3割7分0厘をマーク。とくに後半戦好調で、7月以降に限れば、出塁率は4割を超えていた。外野の守備では、強肩が光る。

ー ケイデン・ウォーレス *Cayden Wallace*

サード ／ 期待度 B ／ ルーキー

23歳 2001.8.7生｜178cm｜92kg｜右投右打 ◆昨季は1A+,2Aでプレー ド2022②ロイヤルズ 出アーカンソー州

　2022年のドラフトで、ロイヤルズが2巡目に指名した三塁手。打撃面の特徴は、バットスピードが速いため、強い打球を飛ばせること。三塁の守備は「中の上」レベルで、強肩の持ち主。走塁面も「中の上」レベルだ。2歳上の兄パクストンも、同じロイヤルズのマイナーでプレーしている一塁手兼三塁手。

対左=対左投手打率　対右=対右投手打率　ホ=ホーム打率　ア=アウェー打率　得=得点圏打率　ド=ドラフトデータ　出=出身地　年=年俸

アメリカン・リーグ……西部地区　　*HOUSTON ASTROS*

ヒューストン・アストロズ

◆創　立：1962年
◆本拠地：テキサス州ヒューストン市
◆主要オーナー：ジム・クレイン（投資家）

◆ワールドシリーズ制覇：2回／◆リーグ優勝：5回
◆地区優勝：13回／◆ワイルドカード獲得：4回

過去5年成績

年度	勝	負	勝率	ゲーム差	地区順位	ポストシーズン成績
2019	107	55	.660	(10.0)	①	ワールドシリーズ敗退
2020	29	31	.483	7.0	②	リーグ優勝決定シリーズ敗退
2021	95	67	.586	(5.0)	①	ワールドシリーズ敗退
2022	106	56	.654	(16.0)	①	ワールドシリーズ制覇
2023	**90**	**72**	**.556**	**(0.0)**	**①**	**リーグ優勝決定シリーズ敗退**

監督 ▶ 19 ジョー・エスパーダ *Joe Espada*

新

◆年　　齢……………49歳（プエルトリコ出身）
◆現役時代の経歴…メジャーでのプレー経験なし
　（ショート、セカンド）
◆監督経歴…………メジャーでの監督経験なし

　勇退したダスティ・ベイカーのあとを継ぐ、プエルトリコ出身の新監督。2018年から昨季までの6年間、アストロズのベンチコーチを務めていた。そのため選手との信頼関係はすでに築けている。チームにはスペイン語を話す中南米の選手が多いが、彼らとスムーズにコミュニケーションを取れるのも強みだ。指導者としての能力の高さは広く知られており、この数年間で、数球団の監督候補になっていた。妻の姉の夫は、現オリオールズ監督のブランドン・ハイド。

注目コーチ ▶ 22 オマー・ロペス *Omar Lopez*

　新ベンチコーチ。47歳。アストロズの組織に25年間所属し、2020年から昨季までは、メジャーの一塁ベースコーチ。昨年のWBCでは、ベネズエラ代表の監督を務めた。

編成責任者 ▶ デイナ・ブラウン *Dana Brown*

　57歳。昨年1月にGM就任。一昨年までは、ブレーブスのスカウト部門トップを務め、多大な貢献を果たした。フィリーズのマイナーでプレーした経験がある元外野手。

スタジアム ▶ ミニッツメイド・パーク *Minute Maid Park*

◆開場年…………2000年
◆仕　様…………天然芝、開閉式屋根付き
◆収容能力………41,168人
◆フェンスの高さ…2.1～6.4m
◆特　徴…………ホームからセンターフェンスまでの距離が長いが、左中間・右中間のフェンスはふくらみが小さく、両翼も短いほうだ。また、ライトフェンスに比べ、レフトフェンスの位置が浅くなっているが、その分、フェンスは高くなっている。

ニュートラルパーク

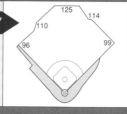

125　114
110
96　　99

177

Best Order [ベストオーダー]

①ホセ・アルトゥーヴェ……セカンド
②アレックス・ブレグマン……サード
③ヨーダン・アルヴァレス……DH
④ホセ・アブレイユ……ファースト
⑤カイル・タッカー……ライト
⑥ジャイナー・ディアス……キャッチャー
⑦チャズ・マコーミック……レフト
⑧ジェレミー・ペーニャ……ショート
⑨ジェイク・マイヤーズ……センター

Depth Chart [ポジション別選手層・メンバーリスト]

※2024年2月25日時点の候補選手。数字は背番号(開幕前に変更する場合もあり)、右・左等は投・打の順。

センター
6 ジェイク・マイヤーズ [左・右]
20 チャズ・マコーミック [左・右]
14 マウリシオ・ドゥボーン [右・右]
9 コーリー・ジュルクス [右・右]

レフト
20 チャズ・マコーミック [左・右]
44 ヨーダン・アルヴァレス [左・左]
14 マウリシオ・ドゥボーン [右・右]
9 コーリー・ジュルクス [右・右]

ライト
30 カイル・タッカー [右・右]
20 チャズ・マコーミック [左・右]
9 コーリー・ジュルクズ [右・右]

ショート
3 ジェレミー・ペーニャ [右・右]
14 マウリシオ・ドゥボーン [右・右]
16 グレイ・ケッシンジャー [右・右]

セカンド
27 ホセ・アルトゥーヴェ [右・右]
14 マウリシオ・ドゥボーン [右・右]
11 デイヴィット・ヘンズリー [右・右]

ローテーション
35 ジャスティン・ヴァーランダー [右・右]
59 フランバー・ヴァルデス [左・右]
53 クリスチャン・ハヴィエア [右・右]
68 J.P.フランス [右・右]
58 ハンター・ブラウン [右・右]
65 ホセ・アーキーディ [右・右]

サード
2 アレックス・ブレグマン [右・右]
14 マウリシオ・ドゥボーン [右・右]
16 グレイ・ケッシンジャー [右・右]

ファースト
79 ホセ・アブレイユ [右・右]
28 ジョン・シングルトン [左・左]
21 ヤイナー・ディアス [右・右]

キャッチャー
21 ジャイナー・ディアス [右・右]
17 ヴィクター・カラティーニ [右・両]

DH
44 ヨーダン・アルヴァレス [右・左]
28 ジョン・シングルトン [左・左]
21 ヤイナー・ディアス [右・右]

ブルペン
71 ジョシュ・ヘイダー [左・左] CL
55 ライアン・プレスリー [右・右]
52 ブライアン・アプレイユ [右・右]
56 ロネル・ブランコ [右・右]
64 ブランドン・ビーラック [右・右]
47 ラファエル・モンテーロ [右・右]
54 ディラン・コールマン [右・右]
62 ベネット・スーザ [左・右]
61 セス・マルティネス [右・右]
67 パーカー・ムシンスキー [左・右]
60 フォレスト・ウィットリー [右・右]
31 ケンドール・グレイヴマン [右・右]
63 オリヴァー・オルテガ [右・右]

※ CL =クローザー

アストロズ試合日程……＊はアウェーでの開催

3月28·29·30·31	ヤンキース	5月30·1·2 ガーディアンズ	31·6月1·2 ツインズ
4月1·2·3	ブルージェイズ	3·4·5 マリナーズ	3·4·5 カーディナルス
5·6·7·8	レンジャーズ＊	7·8·9 ヤンキース＊	7·8·9 エンジェルス＊
9·10·11	ロイヤルズ＊	10·11·12 タイガース＊	10·11·12 ジャイアンツ＊
12·13·14	レンジャーズ	13·14·15·16 アスレティックス	14·15·16 タイガース
15·16·17	ブレーブス	17·18·19 ブリュワーズ	18·19·20 ホワイトソックス＊
19·20·21	ナショナルズ＊	20·21·22 エンジェルス	21·22·23 オリオールズ
23·24·25	カブス＊	24·25·26 アスレティックス＊	25·26 ロッキーズ
27·28	ロッキーズ(メキシコ開催)	27·28·29·30 マリナーズ＊	28·29·30 メッツ＊

球団メモ 2022年シーズンは、投手・大谷に抑え込まれたものの、打者・大谷はよく抑え込んだ。昨季は逆のパターンで、投手・大谷をよく打ち、打者・大谷にはよく打たれた。

■投手力 📈 …★★★★☆【昨年度チーム防御率3.94、リーグ6位】

　ローテーションはヴァーランダー、ヴァルデス、ハヴィエア、ブラウン、アーキーディという顔ぶれで、悪くても3人、うまくいけば全員が勝ち越す可能性がある最強の陣容だ。ただ、この中から故障者が何人か出た場合、6番手、7番手に人材を欠くので、ローテーションのレベルが多少落ちるかもしれない。ルイス・ガルシアが復帰するのは早くても7月1日、マッカラーズは8月1日以降になる。ブルペンは、パドレスから移籍してきたヘイダーが、クローザーを務める。これは大きなプラスになるだろう。

■攻撃力 ➡️ …★★★★☆【昨年度チーム得点827、リーグ3位】

　シルバースラッガー賞経験者が並ぶ打線に大きな入れ替えはないが、昨季後半だけ見れば、アストロズはチーム得点がアメリカン・リーグでダントツだった。そのときのメンバーが今季も打線に名をつらねているので、得点力は依然、最高レベルだ。打線の特徴は、本塁打が多く、三振が少ないこと。

■守備力 📉 …★★★⭐☆【昨年度チーム失策数81、リーグ8位】

　正捕手だったマルドナードがチームを去り、若いジャイナー・ディアスが後釜になる。マルドナードは守備の司令塔としても機能していたので、正捕手の交代は守備の観点で見れば、大きなマイナスになる可能性がある。

■機動力 ➡️ …★★★☆☆【昨年度チーム盗塁数107、リーグ8位】

　アストロズはホームランで、かなりの得点をかせぐ。だが、1点が欲しい、ここぞの場面では盗塁やバントも使うこともある。引き出しの多いチームだ。

総合 評価 ➡️ ★★★★☆	選手をその気にさせるのがうまいベイカー監督が引退し、エスパーダ・ベンチコーチが監督に昇格した。これでチームのタガがゆるむようなことはない。故障者が続出しない限り、今シーズンも90勝近くまで行くだろう。ファンは9月以降も楽しめそう。

IN　主な入団選手	**OUT**　主な退団選手
投手	投手
ジョシュ・ヘイダー ⬅️パドレス	ヘクター・ネリス➡️カブス
	フィル・メイトン➡️レイズ
野手	ライン・スタネック➡️所属先未定
ヴィクター・カラティーニ ⬅️ブリュワーズ	野手
	マーティン・マルドナード➡️ホワイトソックス
	マイケル・ブラントリー➡️引退

7月1・2・3・4	ブルージェイズ*	8月2・3・4	レイズ	2・4・5	レッズ*
5・6・7	ツインズ*	5・6・7	レンジャーズ*	6・7・8	ダイヤモンドバックス
9・10・11	マーリンズ	9・10・11	レッドソックス*	10・11・12	アスレティックス
12・13・14	レンジャーズ	12・13・14	レイズ*	13・14・15	エンジェルス*
16	オールスターゲーム	16・17・18	ホワイトソックス	16・17・19	パドレス*
19・20・21	マリナーズ*	19・20・21	レッドソックス	19・20・21・22	エンジェルス
22・23・24	アスレティックス*	22・23・24・25	オリオールズ*	23・24・25	マリナーズ
26・27・28	ドジャース	26・27・28	フィリーズ*	27・28・29	ガーディアンズ*
29・30・31	パイレーツ	29・30・31・9月1	ロイヤルズ		

ポストシーズンでメルトダウン

先 発

59 フランバー・ヴァルデス
Framber Valdez

31歳 1993.11.19生｜180cm｜108kg｜左投右打

◆速球のスピード／150キロ台前半〜中頃(シンカー主体)
◆決め球と持ち球／☆カーブ、◎シンカー、◎カッター、
　○チェンジアップ
◆対左打者被打率／.220　◆対右打者被打率／.230
◆ホーム防御率／3.35　◆アウェー防御率／3.56
◆ドラフトデータ／2015㊽アストロズ
◆出身地／ドミニカ
◆年俸／1210万ドル(約16億9400万円)

球威	5
制球	3
緩急	5
守備·牽制	2
度胸	4

　2年間酷使され続けた結果、シーズン後半に入って成績が急落したアストロズの左のエース。一昨年(2022年)は、レギュラーシーズンとポストシーズンを併せて226イニングも投げた。そのため、アストロズは故障を避ける目的で、3月のWBCに出場することを禁じた。これが功を奏し、開幕後は好投が続き、シーズン前半の防御率2.51は、アメリカン・リーグのトップだった。WAR(貢献ポイント)もアメリカン・リーグで2位だったので、本人はオールスターゲームで、アメリカン・リーグの先発投手を務めることを希望していた。アメリカン・リーグの監督を務めるのはアストロズのベイカー監督だったので、この希望はかなえられると思われた

　しかし、そうはならなかった。アストロズの先発陣に故障者が続出していたため、ベイカー監督から「こんなエキシビション(顔見世興行)で投げなくてもいいよ。2、3日でも腕を休ませるほうがいい」と言われて、投げさせてもらえなかったのだ。しかし、この程度休んだだけでは、蓄積した疲労による後半戦の成績低下を防ぐことができず、シーズン後半の防御率は4.66というひどい数字になった。ポストシーズンでも立ち直ることができず、3試合に先発して0勝3敗、防御率9.00という悲惨な数字になった。今季はその借りをどう返すか注目だ。

　妻イサメルさんは、同じドミニカ出身でマイナー時代に結婚。その後、3人の男の子が誕生した。ニコラス君、フランミー君、フライカー君である。14歳のときから、教会の日曜日の礼拝に欠かさず参加するようになった敬虔なクリスチャン。故郷の町の教会が老朽化したため、200万ドミニカ・ペソ(約1500万円)を建て替え費用として寄付。教会は、建坪170平米の50人を収容する瀟洒な建物に生まれ変わった。

カモ M・トラウト(エンジェルス).105(19-2)0本　大谷翔平(ドジャース).118(34-4)1本
苦手 T・ウォード(エンジェルス).462(26-12)0本　A・レンドーン(エンジェルス).368(19-7)1本

年度	所属チーム	勝利	敗戦	防御率	試合数	先発	セーブ	投球イニング	被安打	失点	自責点	被本塁打	与四球	奪三振	WHIP
2018	アストロズ	4	1	2.19	8	5	0	37.0	22	10	9	3	24	34	1.24
2019	アストロズ	4	7	5.86	26	8	0	70.2	74	51	46	9	44	68	1.67
2020	アストロズ	5	3	3.57	11	10	0	70.2	63	32	28	5	16	76	1.12
2021	アストロズ	11	6	3.14	22	22	0	134.2	110	52	47	12	58	125	1.25
2022	アストロズ	17	6	2.82	31	31	0	201.1	166	71	63	11	67	194	1.16
2023	アストロズ	12	11	3.45	31	31	0	198.0	166	86	76	19	57	200	1.13
通算成績		53	34	3.40	129	107	0	712.1	601	302	269	59	266	697	1.22

300勝が視野に入った、衰え知らずの豪腕 　先発

35 ジャスティン・ヴァーランダー
Justin Verlander

41歳 1983.2.20生｜196cm｜106kg｜右投右打
◆速球のスピード／150キロ台前半（フォーシーム主体）
◆決め球と持ち球／☆フォーシーム、◎スライダー、◎カーブ、△チェンジアップ
◆対左打者被打率／.214 　◆対右打者被打率／.237
◆ホーム防御率／3.23 　◆アウェー防御率／3.20
◆ドラフトデータ／2004①タイガース 　◆出身地／ヴァージニア州
◆年俸／4333万ドル（約60億6620万円） 　◆MVP1回（11年）、サイ・ヤング賞3回（11,19,22年)、最優秀防御率2回（11,22年)、最多勝4回（09,11,19,22年)、最多奪三振5回（09,11,12,16,18年)、カムバック賞1回（22年)、新人王（06年）

球威 **5**
制球 **4**
緩急 **3**
／対応 **3**
度胸 **5**

アストロズ

　メジャー20年目のシーズンに入る、今年2月に41歳になった大投手。一昨年、アストロズで3度目のサイ・ヤング賞に輝いたあと、メッツに2年8667万ドルの契約で入団。しかし、キャンプ終盤に肩の大円筋を痛めて離脱。5月4日に復帰したが、その後は制球ミスが多く、安定感を欠いた。6月末から好投が続くようになったが、この頃にはメッツは大きく負け越し、ポストシーズン進出の望みがなくなったため、8月1日のトレードでアストロズに放出された。移籍後は全試合、古女房のマルドナードとバッテリーを組んだが、制球に波があり、イマイチの出来。それでもシーズン最終週に2勝して週間MVPになり、帳尻を合わせた。ポストシーズンでは、ツインズとの地区シリーズでは6回無失点の好投を見せたが、レンジャーズとのリーグ優勝決定シリーズでは、良いところがなかった。

　今季は2年契約の2年目だが、契約に「2024年に140イニング投げれば、自動的に年俸3500万ドルで1年契約を延長」という条項が入っているため、来季もアストロズで投げる可能性が高い。得点力だけでなく、守備力も高いアストロズで投げられることは勝ち星をかせぎやすくなるので、300勝達成に向け、大きなプラス材料になるだろう。今季の年俸は4333万ドルだが、トレード時の話し合いでメッツが6割、アストロズが4割負担することになったので、アストロズの負担分は1700万ドル程度だ。

[カモ] M・ベッツ（ドジャース）.053(19-1)0本　A・ブレグマン（アストロズ）.071(14-1)1本
[苦手] J・アルトゥーヴェ（アストロズ）.526(19-10)0本　S・ペレス（ロイヤルズ）.413(63-26)2本

年度	所属チーム	勝利	敗戦	防御率	試合数	先発	セーブ	投球イニング	被安打	失点	自責点	被本塁打	与四球	奪三振	WHIP
2005	タイガース	0	2	7.15	2	2	0	11.1	15	9	9	1	5	7	1.76
2006	タイガース	17	9	3.63	30	30	0	186.0	187	78	75	21	60	124	1.33
2007	タイガース	18	6	3.66	32	32	0	201.2	181	88	82	20	67	183	1.23
2008	タイガース	11	17	4.84	33	33	0	201.0	195	119	108	18	87	163	1.40
2009	タイガース	19	9	3.45	35	35	0	240.0	219	99	92	20	63	269	1.18
2010	タイガース	18	9	3.37	33	33	0	224.1	190	89	84	14	71	219	1.16
2011	タイガース	24	5	2.40	34	34	0	251.0	174	73	67	24	57	250	0.92
2012	タイガース	17	8	2.64	33	33	0	238.1	192	81	70	19	60	239	1.06
2013	タイガース	13	12	3.46	34	34	0	218.1	212	94	84	19	75	217	1.31
2014	タイガース	15	12	4.54	32	32	0	206.0	223	114	104	18	65	159	1.40
2015	タイガース	5	8	3.38	20	20	0	133.1	113	56	50	13	32	113	1.09
2016	タイガース	16	9	3.04	34	34	0	227.2	171	81	77	30	57	254	1.00
2017	タイガース	10	8	3.82	28	28	0	172.0	153	76	73	23	67	176	1.28
2017	アストロズ	5	0	1.06	5	5	0	34.0	17	4	4	4	5	43	0.65
2017	2チーム計	15	8	3.36	33	33	0	206.0	170	80	77	27	72	219	1.17
2018	アストロズ	16	9	2.52	34	34	0	214.0	156	63	60	28	37	290	0.90
2019	アストロズ	21	6	2.58	34	34	0	223.0	137	66	64	36	42	300	0.80
2020	アストロズ	1	0	3.00	1	1	0	6.0	3	2	2	2	1	7	0.67
2022	アストロズ	18	4	1.75	28	28	0	175.0	116	43	34	12	29	185	0.83
2023	メッツ	6	5	3.15	16	16	0	94.1	77	36	33	9	31	81	1.14
2023	アストロズ	7	3	3.31	11	11	0	68.0	62	27	25	5	14	63	1.12
2023	2チーム計	13	8	3.22	27	27	0	162.1	139	63	58	18	45	144	1.13
通算成績		257	141	3.24	509	509	0	3325.1	2793	1298	1197	340	925	3342	1.12

三振奪取能力の高い、頼れる新守護神 クローザー 移籍

71 ジョシュ・ヘイダー *Josh Hader*

30歳 | 1994.4.7生 | 180cm | 81kg | 左投左打
◆速球のスピード／150キロ台中頃（シンカー）
◆決め球と持ち球／☆スライダー、◎シンカー、◎チェンジアップ
◆対左.231 ◆対右.146 ◆ホ防0.31 ◆ア防2.30
◆ド2012⑲オリオールズ ◆出メリーランド州
◆年1900万ドル（約26億6000万円） ◆最多セーブ1回（20年）、
最優秀救援投手賞3回（18,19,21年）

球威	5
制球	2
緩急	4
守備・牽制	3
度胸	5

パドレスをFAとなり、5年9500万ドルの契約で加入した、メジャーを代表するリリーフ左腕。直近5シーズンでは、メジャートップの計153セーブを記録。ナショナル・リーグの最優秀救援投手賞であるトレヴァー・ホフマン賞も、これまで3度受賞している。シンカー（ツーシーム）とスライダーのコンビネーションで三振を奪いまくり、たまに交えるチェンジアップも一級品。奪三振率の低下を心配する声もあるが、それでも昨シーズンの奪三振率13.58は、ナショナル・リーグのリリーフ投手（30イニング以上）で2番目の高さ。

カモ K・シュワーバー（フィリーズ）.000(14-0)0本 　苦手 T・エドマン（カーディナルス）.500(8-4)2本

年度	所属チーム	勝利	敗戦	防御率	試合数	先発	セーブ	投球イニング	被安打	失点	自責点	被本塁打	与四球	奪三振	WHIP
2017	ブリュワーズ	2	3	2.08	35	0	0	47.2	25	11	11	4	22	68	0.99
2018	ブリュワーズ	6	1	2.43	55	0	12	81.1	36	23	22	9	30	143	0.81
2019	ブリュワーズ	3	5	2.62	61	0	37	75.2	41	24	22	15	20	138	0.81
2020	ブリュワーズ	1	2	3.79	21	0	13	19.0	8	8	8	3	10	31	0.95
2021	ブリュワーズ	4	2	1.23	60	0	34	58.2	25	8	8	3	24	102	0.84
2022	ブリュワーズ	1	4	4.24	37	0	29	34.0	26	16	16	5	12	59	1.12
2022	パドレス	1	1	7.31	19	0	7	16.0	17	14	13	1	9	22	1.63
2022	2チーム計	2	5	5.22	56	0	36	50.0	43	30	29	8	21	81	1.28
2023	パドレス	2	3	1.28	61	0	33	56.1	32	11	8	3	30	85	1.10
通算成績		20	21	2.50	349	0	165	388.2	210	115	108	45	157	648	0.94

防御率は2年連続で1点台 セットアップ

52 ブライアン・アブレイユ *Bryan Abreu*

27歳 | 1997.4.22生 | 185cm | 101kg | 右投右打
◆速球のスピード／150キロ台中頃〜後半（フォーシーム主体）
◆決め球と持ち球／☆スライダー、◎フォーシーム
◆対左.185 ◆対右.171 ◆ホ防1.21 ◆ア防2.34
◆ド2013外アストロズ ◆出ドミニカ
◆年1950万ドル（約27億3000万円）

球威	5+
制球	3
緩急	5
守備・牽制	4
度胸	5

鋭く変化するスライダーとキレのいいフォーシームを多投して、三振を量産する豪腕セットアッパー。昨季はまず3月に、ドミニカ代表チームの一員としてWBCで投げたあとチームに合流。開幕後は主に8回担当のセットアッパーとしてフル回転し、プレスリーが乱調のときは何度かクローザーでも使われた。ドミニカ出身で、13歳のとき学校をドロップアウトし、工事現場や自動車修理工場で働いて家計を助けた。スポーツは野球とバスケをやっていたが、14歳のとき母親から「どちらかを選んで、それに打ち込みなさい」と言われ、野球を選択した。英語力はチームメートの通訳もできるレベル。

カモ T・ウォード（エンジェルス）.000(5-0)0本 　苦手 A・ガルシア（アストロズ）.375(8-3)2本

年度	所属チーム	勝利	敗戦	防御率	試合数	先発	セーブ	投球イニング	被安打	失点	自責点	被本塁打	与四球	奪三振	WHIP
2019	アストロズ	0	0	1.04	7	0	0	8.2	4	1	1	0	3	13	0.81
2020	アストロズ	0	0	2.70	4	0	0	3.1	1	2	1	0	7	3	2.40
2021	アストロズ	3	3	5.75	31	0	1	36.0	35	26	23	4	18	36	1.47
2022	アストロズ	4	0	1.94	55	0	2	60.1	45	16	13	2	26	88	1.18
2023	アストロズ	3	2	1.75	72	0	5	72.0	44	17	14	6	31	100	1.04
通算成績		10	5	2.60	169	0	8	180.1	129	62	52	12	85	240	1.19

対左=対左打者被打率 対右=対右打者被打率 ホ防=ホーム防御率 ア防=アウェー防御率
ド=ドラフトデータ 出=出身地 年=年俸 カモ 苦手 は通算成績

55 ライアン・プレスリー *Ryan Pressly*

スライダー依存が強まり、空振り率が低下

セットアップ
クローザー

36歳 1988.12.15生 | 188cm | 93kg | 右投右打 | 球150キロ台前半(フォーシーム主体) | 決☆スライダー
対左.217 対右.222 ド2007⑪レッドソックス 出テキサス州 年1400万ドル(約19億6000万円)

球 **3**
制 **4**
緩 **4**
守・走 **4**
度 **4**

　ヘイダーの加入により、今季はセットアッパーとして投げるリリーフ右腕。クローザー5年目の昨季は、セーブ失敗が6回もあり、首脳陣の信頼を低下させてしまった。失点が多くなったのは、一発を8回も食ったからだ。そのような事態になったのは、配球が単調になり、打者が狙い球をしぼりやすくなったことが最大の要因。抜けたスライダーが甘く入って、叩き込まれたケースも2、3度あった。打者を追い込んでから粘られることも多くなったが、これはスライダーの比率を大幅に増やしたことで、打者が軌道に慣れ、空振り率が著しく低下していることが大きい。

年度	所属チーム	勝利	敗戦	防御率	試合数	先発	セーブ	投球イニング	被安打	失点	自責点	被本塁打	与四球	奪三振	WHIP
2023	アストロズ	4	5	3.58	64	0	31	65.1	54	33	26	8	16	74	1.07
通算成績		33	33	3.25	564	0	108	593.1	507	239	214	56	172	635	1.14

53 クリスチャン・ハヴィエア *Cristian Javier*

フォーシームのスピン量を回復することが急務

先発

27歳 1997.3.26生 | 185cm | 96kg | 右投右打 | 球150キロ前後(フォーシーム主体) | 決◎スライダー
対左.273 対右.189 ド2015⑯アストロズ 出ドミニカ 年700万ドル(約9億8000万円)

球 **2**
制 **3**
緩 **4**
守・走 **2**
度 **3**

　一昨年のポストシーズンでの驚異的な活躍により、昨季はこのまま第2のエースに成長すると見る向きが多かった。実際、6月15日時点で7勝し、防御率も2点台。ところが、6月21日のメッツ戦で、3回途中でKOされてから自信喪失状態になり、頻繁(ひんぱん)に一発を食うようになった。本塁打をよく打たれたのは、相手がフォーシームの球威が落ちていることに気づき、狙い打ちするようになったため。昨季は本塁打を25本打たれたが、21本はフォーシームだった。それでもシーズン終盤にピッチングを立て直し、ポストシーズンでは3試合に登板して2勝をあげ、奮闘した。

年度	所属チーム	勝利	敗戦	防御率	試合数	先発	セーブ	投球イニング	被安打	失点	自責点	被本塁打	与四球	奪三振	WHIP
2023	アストロズ	10	5	4.56	31	31	0	162.0	143	85	82	25	62	159	1.27
通算成績		30	17	3.57	109	75	2	466.1	335	191	185	69	185	537	1.12

68 J.P.フランス *J.P. France*

故障者の穴埋めで昇格し、チャンスをつかむ

先発

29歳 1995.4.4生 | 183cm | 97kg | 右投右打 | 球150キロ前後(フォーシーム主体) | 決☆チェンジアップ
対左.249 対右.276 ド2018⑭アストロズ 出ルイジアナ州 年74万ドル(約1億360万円)+α

球 **2**
制 **5**
緩 **5**
守・走 **3**
度 **4**

　昨年5月、28歳でメジャーデビューした右腕。出世が遅れたのは、大学時代にトミー・ジョン手術を受けたため5年間在籍する羽目になり、通常より2歳上の年齢でドラフト指名されたからだ。メジャーデビュー後、ローテーションに入って先発で投げたが、タイミングを外す技術と、球の出どころが見えにくい投球フォームが強い味方になって好投が続いた。球種が豊富で、フォーシームは、普通に投げてもナチュラルカッターになる。妻ジェシカさんは元シェフで、昨年2月に男の子を出産。夫のデビュー戦を、生後3カ月の我が子を抱きながら、内野席で観戦していた。

年度	所属チーム	勝利	敗戦	防御率	試合数	先発	セーブ	投球イニング	被安打	失点	自責点	被本塁打	与四球	奪三振	WHIP
2023	アストロズ	11	6	3.83	24	23	0	136.1	138	64	58	19	47	101	1.36
通算成績		11	6	3.83	24	23	0	136.1	138	64	58	19	47	101	1.36

アストロズ

65 ホセ・アーキーディ *Jose Urquidy*

メキシコ大統領から賛辞 先発ロングリリーフ

29歳 1995.5.1生 | 183cm | 98kg | 右投右打 | 國150キロ前後(フォーシーム、シンカー) 決◎チェンジアップ
対左.215 対右.292 ド2015外アストロズ 出メキシコ 年375万ドル(約5億2500万円)

球 2
制 4
緩 3
守・릴 2
度 3

打たせて取るタイプの右腕。昨年はメキシコ代表として
WBCで投げてからチームに合流。開幕から先発で使われた
が、4月30日の試合で肩に違和感を覚え、IL(故障者リス
ト)入り。8月6日に復帰し、その後はスイングマンで起用された。ポストシーズ
ンでは地区シリーズ第4戦に先発し、勝ち投手になっている。2021年のワールド
シリーズでは第2戦に先発し、勝ち投手に。これは、メキシコ人ではフェルナン
ド・ヴァレンズエラに次ぐ2人目の快挙。昨年、メキシコ帰国後、大統領府に招
待され、ロペス・オブラドール大統領から称賛の言葉をかけられ、感涙に浸った。

年度	所属チーム	勝利	敗戦	防御率	試合数	先発	セーブ	投球イニング	被安打	失点	自責点	被本塁打	与四球	奪三振	WHIP
2023	アストロズ	3	3	5.29	16	10	1	63.0	65	37	37	11	25	45	1.43
通算成績		27	16	3.98	79	70	1	405.0	366	181	179	67	97	326	1.14

58 ハンター・ブラウン *Hunter Brown*

フルシーズン先発で投げ抜き、11勝 先発

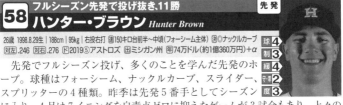

26歳 1998.8.29生 | 188cm | 95kg | 右投右打 | 國150キロ台前半～中頃(フォーシーム主体) 決◎ナックルカーブ
対左.246 対右.276 ド2019⑤アストロズ 出ミシガン州 年74万ドル(約1億360万円)+α

球 4
制 3
緩 4
守・릴 2
度 3

先発でフルシーズン投げ、多くのことを学んだ先発のホ
ープ。球種はフォーシーム、ナックルカーブ、スライダー、
スプリッターの4種類。昨季は先発5番手としてシーズン
に入り、4月は7イニングを自責点ゼロに抑えたゲームが3試合もあり、上々の
滑り出しだった。しかし、5月以降はフォーシームの制球に苦しみ、失点が多く
なった。8月以降は疲労で制球が甘くなり、6失点以上の炎上が4回もあった
ため、最終的に防御率は5点台に。ただWAR(貢献ポイント)は1.8で、1440万ド
ル相当の仕事をしたことになるので、防御率の数字ほど投球内容は悪くなかった。

年度	所属チーム	勝利	敗戦	防御率	試合数	先発	セーブ	投球イニング	被安打	失点	自責点	被本塁打	与四球	奪三振	WHIP
2023	アストロズ	11	13	5.09	31	29	0	155.2	157	94	88	26	55	178	1.36
通算成績		13	13	4.60	38	31	0	176.0	172	96	90	26	62	200	1.33

56 ロネル・ブランコ *Ronel Blanco*

22歳のとき、タダ同然の契約金でプロ入り ミドルリリーフ

31歳 1993.8.31生 | 183cm | 81kg | 右投右打 | 國150キロ台前半(フォーシーム主体) 決☆スライダー
対左.221 対右.275 ド2016アストロズ 出ドミニカ 年74万ドル(約1億360万円)+α

球 3
制 2
緩 4
守・릴 4
度 3

一昨年28歳でメジャーデビュー。昨年は一時期、ローテ
ーションに入って投げた異色のドミニカン。16歳のときから、
外野手としてメジャー球団のテストを受けていた。だが打
撃がお粗末で合格しないため、18歳のとき、投手に転向。その後は、午前中は
ブスコン(有望選手育成業者)のキャンプで野球に打ち込み、午後は洗車の仕
事をして家計を助けていた。22歳になって、プロ入りをあきらめかけていたと
き、フリオ・ロドリゲス(現マリナーズ)の視察に来たアストロズのスカウトが、
ブランコの速球を評価。契約金はたった5000ドルだったが、入団の運びとなった。

年度	所属チーム	勝利	敗戦	防御率	試合数	先発	セーブ	投球イニング	被安打	失点	自責点	被本塁打	与四球	奪三振	WHIP
2023	アストロズ	2	1	4.50	17	7	0	52.0	49	29	26	12	28	52	1.48
通算成績		2	1	4.78	24	7	0	58.1	57	34	31	13	32	59	1.53

國=速球のスピード 決=決め球 対左=対左打者被打率 対右=対右打者被打率
ド=ドラフトデータ 出=出身地 年=年俸

スイングマンで使うと生きるタイプ

64 ブランドン・ビーラック *Brandon Bielak*

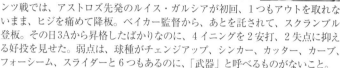

28歳 1996.4.2生 | 188cm | 94kg | 右投右打 球140キロ台後半(シンカー、フォーシーム) 決◎チェンジアップ
対左.302 対右.256 ㊓2017⑪アストロズ 囲ニュージャージー州 囲74万ドル(約1億360万円)+α

球	2
制	2
緩	4
守・走	4
度	4

　昨年、アストロズの先発陣に故障者が続出した時期、代役を任され、良い働きをした右腕。長所は、3イニング以上のロングリリーフを苦にしないこと。5月1日のジャイアンツ戦では、アストロズ先発のルイス・ガルシアが初回、1つもアウトを取れないまま、ヒジを痛めて降板。ベイカー監督から、あとを託されて、スクランブル登板。その日3Aから昇格したばかりなのに、4イニングを2安打、2失点に抑える好投を見せた。弱点は、球種がチェンジアップ、シンカー、カッター、カーブ、フォーシーム、スライダーと6つもあるのに、「武器」と呼べるものがないこと。

年度	所属チーム	勝利	敗戦	防御率	試合数	先発	セーブ	投球イニング	被安打	失点	自責点	被本塁打	与四球	奪三振	WHIP
2023	アストロズ	5	6	3.83	15	13	0	80.0	86	43	34	12	36	62	1.53
通算成績		11	13	4.54	60	21	1	174.1	184	103	88	28	78	146	1.50

トップ・セットアッパーの座から陥落

47 ラファエル・モンテーロ *Rafael Montero*

34歳 1990.10.17生 | 183cm | 86kg | 右投右打 球150キロ台中頃(フォーシーム、シンカー) 決◎フォーシーム
対左.267 対右.291 ㊓2011⑥メッツ 囲ドミニカ 囲1150万ドル(約16億1000万円)

球	5
制	2
緩	4
守・走	3
度	3

　これまで「実力クローザー級のトップ・セットアッパー」「プレスリーに何かあったときの保険」と、高く評価されてきたリリーフ右腕。アストロズの勝利の方程式に不可欠な実力者と見なされ、2022年シーズン終了後のFAになったとき、アストロズは3年3450万ドルという破格の契約で、つなぎ止めた。それほど重要な存在だったモンテーロだが、昨季、別人のように打たれるようになり、セットアッパーとしてほとんど機能せず、6月25日時点の防御率は7.76。ただ、重要度の高い場面での登板は減ったものの、7月からはやや持ち直し、以降の防御率は2.91だった。

年度	所属チーム	勝利	敗戦	防御率	試合数	先発	セーブ	投球イニング	被安打	失点	自責点	被本塁打	与四球	奪三振	WHIP
2023	アストロズ	3	3	5.08	68	0	1	67.1	74	40	38	11	29	79	1.53
通算成績		21	26	4.71	280	30	30	424.0	432	240	222	49	191	436	1.47

― スペンサー・アリゲッティ *Spencer Arrighetti*

先発
リリーフ　期待度 B⁻　ルーキー

24歳 2000.1.2生 | 188cm | 84kg | 右投右打 ◆昨季は2A、3Aでプレー ㊓2021⑥アストロズ 囲ニューメキシコ州

　浮き上がる軌道のフォーシームとスライダーを多投する右腕。スライダーはホームベース付近で鋭く曲がるため、奪三振率が高い。ネックは制球力。四球を連発し、そこから失点するケースが多い。この欠点があるため先発では出世がおぼつかないが、リリーフならメジャーで通用する可能性がある。

― コルトン・ゴードン *Colton Gordon*

先発
リリーフ　期待度 B　ルーキー

26歳 1998.12.20生 | 193cm | 102kg | 左投左打 ◆昨季は2A、3Aでプレー ㊓2021⑧アストロズ 囲フロリダ州

　2021年のドラフトの2カ月前にトミー・ジョン手術を受けたが、制球力を評価していたアストロズが8巡目でギャンブル指名。結果は吉と出て、22年6月から投げ始めると、1年足らずで3Aに到達。弱点は球威がイマイチで、一発を食いやすいこと。これを克服できれば、メジャー昇格が見えてくる。

アストロズ

112打点でアメリカン・リーグの打点王に　ライト

30 カイル・タッカー
Kyle Tucker

27歳　1997.1.17生｜193cm｜90kg｜右投左打

◆対左投手打率／.300(210-63)　◆対右投手打率／.275(364-100)
◆ホーム打率／.251(279-70)　◆アウェー打率／.315(295-93)
◆得点圏打率／.354(147-52)
◆23年のポジション別出場数／ライト＝153、DH＝4
◆ドラフトデータ／2015①アストロズ
◆出身地／フロリダ州
◆年俸／1200万ドル（約16億8000万円）
◆打点王1回(23年)、ゴールドグラブ賞1回(22年)、
　シルバースラッガー賞1回(23年)

ミート **5**
パワー **5**
走塁 **5**
守備 **3**
肩 **3**

　昨年初めて打点王に輝き、併せてシルバースラッガー賞も初受賞したスラッガー。昨年はアメリカ代表としてWBCに出場したあと、チームに合流。開幕後は打線の中軸を担い、チャンスにタイムリーがよく出て、打点製造機の役割を果たした。「テッド」というあだ名があるが、これは打撃スタイルが最後の4割打者テッド・ウィリアムズによく似ているからだ。それもそのはず、タッカーの、バットがやや下から出るスムーズで力強いスイングは、テレビで放映されたテッド・ウィリアムズのドキュメンタリー番組をビデオにとって、繰り返し見ることで身につけたものなのだ。

　昨季は30本塁打と30盗塁の同時達成に意欲を燃やし、シーズンがあと1試合となった時点で、盗塁は30に達し、本塁打は29本だった。この30本目は、アリゾナでのシーズン最終戦の5回に出た。それもランニングホーマーという形で。普段クールなタッカーもこれに大喜びだったが、ぬか喜びに終わる。20分後に公式記録員から、「三塁打＋フィルダースチョイス」に記録を変更するという発表があったのだ。

　バットを素手で握る打者として知られたが、昨年6月中旬にそれをやめ、バッティング・グローブを使うようになった。素手で握っていた頃は、1球ごとに打席を外し、土を両手にこすりつけてから打席に戻る、という動作を繰り返していたが、ピッチクロックの導入でそれを急いでやらないとダメになったので、やめる決断をしたのだ。

　高校時代は、オールAに近い成績だった秀才。2022年12月に、事実婚状態だったサマンサ・スコットさんと正式に婚約。サマンサさんは高校の同級生で、大学卒業後、小学校の先生をしていた女性だ。

カモ K・ゴーズマン(ブルージェイズ).444(9-4)0本　D・ダニング(レンジャーズ).385(13-5)1本
苦手 菊池雄星(ブルージェイズ).000(11-0)0本　J・グレイ(レンジャーズ).067(15-1)0本

年度	所属チーム	試合数	打数	得点	安打	二塁打	三塁打	本塁打	打点	四球	三振	盗塁	盗塁死	出塁率	OPS	打率
2018	アストロズ	28	64	10	9	2	1	0	4	6	13	1	1	.236	.439	.141
2019	アストロズ	22	67	15	18	6	0	4	11	4	20	5	0	.319	.856	.269
2020	アストロズ	58	209	33	56	12	6	9	42	18	46	8	1	.325	.837	.268
2021	アストロズ	140	506	83	149	37	3	30	92	53	90	14	2	.359	.916	.294
2022	アストロズ	150	544	71	140	28	1	30	107	59	95	25	4	.330	.808	.257
2023	アストロズ	157	574	97	163	37	5	29	112	80	92	30	5	.369	.886	.284
通算成績		555	1964	309	535	122	16	102	368	220	356	83	13	.345	.852	.272

野手

レジー・ジャクソン並みの「十月男」に成長

DH レフト

44 ヨーダン・アルヴァレス
Yordan Alvarez

27歳 1997.6.27生 | 196cm | 101kg | 右投左打
◆対左投手打率／.295(146-43) ◆対右投手打率／.292(264-77)
◆ホーム打率／.278(205-57) ◆アウェー打率／.307(205-63)
◆得点圏打率／.365(104-38)
◆23年のポジション別出場数／DH=73、レフト=40
◆ドラフトデータ／2016㊕ドジャース
◆出身地／キューバ
◆年俸／1000万ドル(約14億円)
◆シルバースラッガー賞1回(22年)、新人王(19年)

ミート 3
パワー 5+
走塁 3
守備 2
肩 3

勝負強さに磨きがかかってきた、キューバ亡命組の長距離砲。昨季は序盤好調で、5月末時点の打点48は、アメリカン・リーグでダントツ1位。本塁打、出塁率、OPSもトップスリーに入っていた。そのためMVP争いはジャッジ、大谷翔平、アルヴァレスの3人の争いになる様相を呈していた。しかし、6月8日のブルージェイズ戦で空振りした際、脇腹の筋肉を痛めて、IL入り。復帰までひと月半かかったため、タイトル争いからは脱落した。それでも7月26日に復帰後も打撃は好調だったため、連日得点にからむ働きを見せ、チームのポストシーズン進出に多大な貢献をした。

ポストシーズンでは、ツインズとの地区シリーズ初戦で2本ライト席に叩き込んでチームに勝ちを呼び込むと、第2戦と第3戦でも1本ずつ叩き込んで、並外れたパワーを見せつけた。ポストシーズンの舞台で、3試合の間に4本以上本塁打を放ったのは、「ミスターオクトーバー」の異名をとったレジー・ジャクソンが最初で、アルヴァレスは史上2人目だ。

妻ミニカさんは、女優並みの美貌を持つ白人女性だが、キューバのカマグエイ出身で、子供の頃、一家で米国に移住。両親が、亡命キューバ人が多く住むタンパベイに居を構えたため、そこの学校に通った。アルヴァレスと知り合ったのは、彼が亡命して間もない時期で、程なく交際が始まり、2018年11月に長女ミアちゃんが誕生。21年7月には長男ジョーダン君が生まれた。それを機に、正式に結婚した。

アルヴァレスは、2016年に亡命を1人で決行したので、キューバに両親と弟が残された。メジャーに上がったあと、彼らを米国に連れてくるため、ジム・クレイン(アストロズのオーナー)から紹介された移民専門の弁護士を使って各方面に働きかけ、22年に実現している。

カモ N・イヴォルディ(レンジャーズ).714(7-5)1本 L・カスティーヨ(マリナーズ).444(9-4)2本
苦手 K・ゴーズマン(ブルージェイズ).000(10-0)0本 T・ソーントン(マリナーズ).111(9-1)0本

年度	所属チーム	試合数	打数	得点	安打	二塁打	三塁打	本塁打	打点	四球	三振	盗塁	盗塁死	出塁率	OPS	打率
2019	アストロズ	87	313	58	98	26	0	27	78	52	94	0	0	.412	1.067	.313
2020	アストロズ	2	8	2	2	0	0	1	4	0	1	0	0	.333	.958	.250
2021	アストロズ	144	537	92	149	35	1	33	104	50	145	1	0	.346	.877	.277
2022	アストロズ	135	470	95	144	29	2	37	97	78	106	1	1	.406	1.019	.306
2023	アストロズ	114	410	77	120	24	1	31	97	69	92	0	0	.407	.990	.293
通算成績		482	1738	324	513	114	4	129	380	249	438	2	1	.390	.978	.295

オンリーワンの能力に欠ける野球エリート　サード

2 アレックス・ブレグマン　*Alex Bregman*

30歳 1994.3.30生｜183cm｜86kg｜右投右打
◆対左投手打率／.215　◆対右投手打率／.282
◆ホーム打率／.250　◆アウェー打率／.273　◆得点圏打率／.285
◆23年のポジション別出場数／サード=160、DH=1
◆Ⓓ2015①アストロズ　◆Ⓗニューメキシコ州
◆Ⓨ2850万ドル（約39億9000万円）　◆シルバースラッガー賞1回（19年）

ミート **4**
パワー **4**
走塁 **3**
守備 **4**
肩 **4**

　全盛時の5、6年前に比べると見劣りするものの、オールラウンドに「中の上」レベルの数字を出す力は十分ある三塁手。昨季は主に2番打者として使われたが、シーズンを通して高い出塁率をキープ。チャンスメーカーとしてフルに機能していた。昨年11月には、トレード説が流れ、GMがあわててそれを否定する一幕があった。トレードの噂が流れるのは、年俸総額が上限に近づき、今季契約最終年を迎えるアルトゥーヴェ、ブレグマンのうち、1人とは再契約できても、もう1人とはできない情勢になっているからだ。

カモ 菊池雄星（ブルージェイズ）.389(18-7)2本　苦手 J・ルクラーク（レンジャーズ）.000(9-0)0本

年度	所属チーム	試合数	打数	得点	安打	二塁打	三塁打	本塁打	打点	四球	三振	盗塁	盗塁死	出塁率	OPS	打率
2016	アストロズ	49	201	31	53	13	3	8	34	15	52	2	0	.313	.791	.264
2017	アストロズ	155	556	88	158	39	5	19	71	55	97	17	5	.352	.827	.284
2018	アストロズ	157	594	105	170	51	1	31	103	96	85	10	4	.394	.926	.286
2019	アストロズ	156	554	122	164	37	2	41	112	119	83	5	1	.423	1.015	.296
2020	アストロズ	42	153	19	37	12	1	6	22	24	26	0	0	.350	.801	.242
2021	アストロズ	91	348	54	94	17	0	12	55	44	53	1	0	.355	.777	.270
2022	アストロズ	155	548	93	142	38	0	23	93	87	77	1	2	.366	.820	.259
2023	アストロズ	161	622	103	163	28	4	25	98	92	87	3	1	.363	.804	.262
通算成績		966	3576	615	981	235	16	165	588	532	560	39	13	.373	.860	.274

20本塁打・20盗塁の同時達成に期待　レフト

20 チャズ・マコーミック　*Chas McCormick*

29歳 1995.4.19生｜183cm｜94kg｜左投右打
◆対左投手打率／.325　◆対右投手打率／.250
◆ホーム打率／.285　◆アウェー打率／.262　◆得点圏打率／.274
◆23年のポジション別出場数／レフト=59、センター=55、ライト=24、DH=4　◆Ⓓ2017㉑アストロズ
◆Ⓗペンシルヴァニア州　◆Ⓨ285万ドル（約3億9900万円）

ミート **3**
パワー **5**
走塁 **5**
守備 **4**
肩 **3**

　今季はレフトのレギュラーに固定される、パワーとスピードを兼ね備えた外野手。昨季は4月に腰痛でIL入り、5月にはスランプがあったがすぐに立ち直り、6月以降は長打が途切れることなく出た。とくに後半戦の最初の3連戦は絶好調。11打数7安打、本塁打3で、週間MVPに選ばれている。また7月24日のレンジャーズ戦では、本塁打と二塁打で6打点を叩き出し、10対9の勝利に貢献した。NCAA（全米大学体育協会）2部の弱小校ミラーヴィル大学でプレーしていたため、3年終了時には指名されず、4年終了時にようやくアストロズから21巡目で指名された。契約金は1000ドルだった。俊足で、今季は「20-20（本塁打20と盗塁20の同時達成）」を期待されている。

カモ P・サンドヴァル（エンジェルス）.462(13-6)1本　苦手 G・カービー（マリナーズ）.000(6-0)0本

年度	所属チーム	試合数	打数	得点	安打	二塁打	三塁打	本塁打	打点	四球	三振	盗塁	盗塁死	出塁率	OPS	打率
2021	アストロズ	108	284	47	73	12	0	14	34	20	104	3	2	.319	.766	.257
2022	アストロズ	119	359	47	88	12	2	14	44	46	106	4	3	.332	.739	.245
2023	アストロズ	115	403	59	110	17	2	22	70	40	117	19	6	.353	.842	.273
通算成績		342	1046	153	271	41	4	50	164	111	327	27	11	.336	.785	.259

セカンド

27 アストロズ一筋のフランチャイズ・ヒーロー
ホセ・アルトゥーヴェ Jose Altuve

34歳 1990.5.6生｜168cm｜75kg｜右投右打
◆対左投手打率／.283 ◆対右投手打率／.322
◆ホーム打率／.268 ◆アウェー打率／.349 ◆得点圏打率／.312
◆23年のポジション別出場数／セカンド=87、DH=1
◆Ⓓ2007⑰アストロズ ◆囲ベネズエラ ◆囤2600万ドル（約36億4000万円）
◆MVP1回(17年)、首位打者3回(14,16,17年)、盗塁王2回(14,15年)、ゴールドグラブ賞
1回(15年)、シルバースラッガー賞6回(14〜18,22年)、ハンク・アーロン賞1回(17年)

ミート 5
パワー 5
走塁 4
守備 2
肩 2

今年2月にアストロズと、2029年までの延long契約を結んだ小さな大打者。昨季はベネズエラ代表で出場したWBCの準々決勝アメリカ戦で、右手を骨折したため、5月中旬までIL入りする羽目に。調整不足が懸念されたが、復帰後は連日リードオフマンとして起用され、高い出塁率をキープして優秀なチャンスメーカーになった。特徴は、①ハイボールヒッター、②速球にめっぽう強い、③小さな体に似合わぬパワー、などである。こうした特徴があるため、首の高さに来た速球をフルスイングして、外野席まで運んでしまうことがある。

カモ N・イヴォルディ（レンジャーズ）.345(29-10)5本　苦手 M・シャーザー（レンジャーズ）.100(20-2)0本

年度	所属チーム	試合数	打数	得点	安打	二塁打	三塁打	本塁打	打点	四球	三振	盗塁	盗塁死	出塁率	OPS	打率
2011	アストロズ	57	221	26	61	10	1	2	12	5	29	7	3	.297	.654	.276
2012	アストロズ	147	576	80	167	34	4	7	37	40	74	33	11	.340	.739	.290
2013	アストロズ	152	626	64	177	31	2	5	52	32	85	35	13	.316	.679	.283
2014	アストロズ	158	660	85	225	47	3	7	59	36	53	56	9	.377	.830	.341
2015	アストロズ	154	638	86	200	40	4	15	66	33	67	38	13	.353	.812	.313
2016	アストロズ	161	640	108	216	42	5	24	96	60	70	30	10	.396	.927	.338
2017	アストロズ	153	590	112	204	39	4	24	81	58	84	32	6	.410	.957	.346
2018	アストロズ	137	534	84	169	29	2	13	61	55	79	17	4	.386	.837	.316
2019	アストロズ	124	500	89	149	27	3	31	74	41	82	6	5	.353	.903	.298
2020	アストロズ	48	192	32	42	9	0	5	18	17	39	2	3	.286	.630	.219
2021	アストロズ	146	601	117	167	32	1	31	83	66	91	5	5	.350	.839	.278
2022	アストロズ	141	527	103	158	39	0	28	57	66	87	18	1	.387	.920	.300
2023	アストロズ	90	360	76	112	21	2	17	51	44	71	14	2	.393	.915	.311
通算成績		1668	6665	1062	2047	400	31	209	747	553	911	293	83	.364	.835	.307

キャッチャー

21 長打力と強肩がウリの成長著しい捕手
ジャイナー・ディアス Yainer Diaz

26歳 1998.9.21生｜183cm｜88kg｜右投右打 ◆盗塁阻止率／.271(48-13)
◆対左投手打率／.214 ◆対右投手打率／.307
◆ホーム打率／.328 ◆アウェー打率／.231 ◆得点圏打率／.228
◆23年のポジション別出場数／キャッチャー=60、DH=38、
ファースト=8 ◆Ⓓ2016⑰インディアンズ
◆囲ドミニカ ◆囤74万ドル（約1億360万円）＋α

ミート 4
パワー 5
走塁 2
守備 3
肩 4

マルドナードが去ったため、今季は正捕手としてマスクをかぶる、大きな可能性を秘めたキャッチャー。最大のウリはパワー。昨季はメジャー定着1年目で、いきなり23本塁打をマーク。15.4打数に1本という生産ペースは、アルヴァレスより多少劣るが、タッカーやブレグマンよりずっと良い数字だ。動体視力が良く、当てるのがうまいことも長所だ。その一方で、早打ちのフリースインガーであるため、四球が少ない。捕手としての持ち味は強肩。昨季の盗塁阻止率27.1％（48-13）は、「上」レベルの数字だ。ボールブロックやレシービングもうまいほうだが、悪送球が多く、フレーミングもイマイチ。

カモ ──　苦手 A・ヒーニー（レンジャーズ）.000(5-0)0本

年度	所属チーム	試合数	打数	得点	安打	二塁打	三塁打	本塁打	打点	四球	三振	盗塁	盗塁死	出塁率	OPS	打率
2022	アストロズ	6	8	0	1	1	0	0	1	1	2	0	0	.222	.472	.125
2023	アストロズ	104	355	51	100	22	0	23	60	11	74	0	0	.308	.846	.282
通算成績		110	363	51	101	23	0	23	61	12	76	0	0	.306	.838	.278

アストロズ

2年目のジンクスが終わり、3年目の飛翔へ ショート

3 ジェレミー・ペーニャ *Jeremy Pena*

27歳 1997.9.22生 | 183cm | 91kg | 右投右打

◆対左投手打率／.325　◆対右投手打率／.239
◆ホーム打率／.242　◆アウェー打率／.284　◆得点圏打率／.258
◆23年のポジション別出場数／ショート＝150
◆𝐃2018③アストロズ　◆𝐇ドミニカ
◆𝐒74万ドル（約1億360万円）+α　◆ゴールドグラブ賞1回（22年）

ミート	3
パワー	3
走塁	4
守備	4
肩	5

　昨年は打撃守備の両面で低迷したスター遊撃手。2022年にルーキーながらワールドシリーズのMVPになったため、昨季は大いに期待された。しかしフォーシームにうまく対応できないことが多く、強いライナーの出る比率が減少した。そこで、以前やっていた前の足（左足）を上げてタイミングを取る方式に変えたところ、スイングスピードが増して二塁打がよく出るようになった。ただ、打球が良い角度で上がらなくなったため、シーズン後半は本塁打が1本も出なかった。球種の見極めが良くなったことや、スライダーへの対応力が増したことはプラス材料と言えるので、3年目の今季は飛躍の年になる可能性がある。守備ではDRS（守備で防いだ失点）が16から7に減少したが、ダブルプレー達成数は、アメリカン・リーグのショートで最多だった。

カモ M・シャーザー（レンジャーズ）.600(5-3)0本　**苦手** 大谷翔平（ドジャース）.056(18-1)0本

年度	所属チーム	試合数	打数	得点	安打	二塁打	三塁打	本塁打	打点	四球	三振	盗塁	盗塁死	出塁率	OPS	打率
2022	アストロズ	136	521	72	132	20	2	22	63	22	135	11	2	.289	.715	.253
2023	アストロズ	150	577	81	152	32	3	10	52	43	129	13	9	.324	.705	.263
通算成績		286	1098	153	284	52	5	32	115	65	264	24	11	.307	.710	.259

打撃面の指南役はアルヴァレス ユーティリティ

14 マウリシオ・ドゥボーン *Mauricio Dubon*

30歳 1994.7.19生 | 183cm | 78kg | 右投右打

◆対左投手打率／.327　◆対右投手打率／.263
◆ホーム打率／.263　◆アウェー打率／.291　◆得点圏打率／.298
◆23年のポジション別出場数／セカンド＝79、センター＝29、
　ショート＝9、レフト＝9、ファースト＝2、ライト＝2、サード＝1
◆𝐃2013㉖レッドソックス　◆𝐇ホンジュラス
◆𝐒350万ドル（約4億9000万円）　◆ゴールドグラブ賞1回（23年）

ミート	4
パワー	2
走塁	3
守備	5
肩	4

　昨年ゴールドグラブ賞（ユーティリティ部門）に輝いた、7つのポジションをカバーするスーパーサブ。これはアルトゥーヴェが戦列を離れていた間、セカンドでハイレベルな守備を見せたことが評価されたようだ。昨年見られた変化は、バッティングのレベルが格段にアップしたこと。これは「ドミノ遊び」を通じてアルヴァレスと親しくなり、様々なアドバイスを受けられるようになったことが大きい。本人は「パソコンの画面にかじりついて自分のダメなところを探し回るより、リラックスした雰囲気で大打者と打撃論議をしながらいろんなヒントをもらうほうが、ずっと有益だよ」と語っている。

カモ K・フリーランド（ロッキーズ）.357(14-5)1本　**苦手** 大谷翔平（ドジャース）.111(9-1)0本

年度	所属チーム	試合数	打数	得点	安打	二塁打	三塁打	本塁打	打点	四球	三振	盗塁	盗塁死	出塁率	OPS	打率
2019	ブリュワーズ	2	4	0	0	0	0	0	0	0	1	0	0	.000	.000	.000
2019	ジャイアンツ	28	104	12	29	5	0	4	9	5	19	3	1	.312	.754	.279
2019	2チーム計	30	106	12	29	5	0	4	9	5	20	3	1	.306	.740	.274
2020	ジャイアンツ	54	157	21	43	4	1	4	19	15	36	2	1	.337	.726	.274
2021	ジャイアンツ	74	175	20	42	9	0	5	22	9	41	2	1	.278	.655	.240
2022	ジャイアンツ	21	46	10	11	1	0	2	8	4	6	0	0	.245	.636	.239
2022	アストロズ	83	197	21	41	8	0	6	16	12	26	2	3	.254	.548	.208
2022	2チーム計	104	243	31	52	9	0	8	24	16	32	2	3	.252	.565	.214
2023	アストロズ	132	467	76	130	26	3	10	46	19	70	7	2	.309	.720	.278
通算成績		394	1148	160	296	53	4	28	120	61	197	16	10	.296	.680	.258

ドラフト13巡目指名からはい上がった努力家

センター

6 ジェイク・マイヤーズ *Jake Meyers*

28歳 1996.6.18生 | 183cm | 90kg | 左投右打 [対左].257 [対右].218 [ホ].209 [ア].244
[得].217 [ド]2017⑬アストロズ [出]ネブラスカ州 [年]74万ドル（約1億360万円）+α

ミ **2**
バ **2**
走 **3**
守 **4**
肩 **3**

　今季はセンターのレギュラー格で起用される、守備範囲の広い外野手。フェンスに激突しながらスーパーキャッチを何度もやったため、守備の名手と見なされるようになった。半面、打撃面では課題が多い。最も問題なのは、技術面ではなく、考えすぎる性格。一旦スランプになると、悪いほうに考えがちで、抜け出せなくなる。ただ、昨年打撃コーチに「前足を上げてタイミングを取ったほうが、体重移動がスムーズになる」とアドバイスされ、それに従ったところ、強い打球が出る比率がアップした。カウントを考えた打撃ができれば、レギュラーの座を維持できるだろう。

年度	所属チーム	試合数	打数	得点	安打	二塁打	三塁打	本塁打	打点	四球	三振	盗塁	盗塁死	出塁率	OPS	打率
2023	アストロズ	112	309	42	70	16	1	10	33	26	88	5	2	.296	.678	.227
通算成績		213	605	77	142	30	3	17	76	43	192	10	3	.296	.675	.235

期待されるのは土俵際の踏ん張り

ファースト

79 ホセ・アブレイユ *Jose Abreu*

37歳 1987.1.29生 | 190cm | 106kg | 右投右打 [対左].235 [対右].238 [ホ].227 [ア].246
[得].275 [ド]2013⑪ホワイトソックス [出]キューバ [年]1950万ドル（約27億3000万円）
◆MVP1回（20年）、打点王2回（19,20年）、シルバースラッガー賞3回（14,18,20年）、ハンク・アーロン賞1回（20年）、新人王（14年）

ミ **3**
バ **5**
走 **1**
守 **2**
肩 **2**

　今シーズンは2年契約の最終年だが、選手生活の最終年になる可能性もある崖っぷちスラッガー。ホワイトソックスから移籍して迎えた昨季は、30本級の活躍を期待されたが、4月はゼロで、5月28日になってようやく第1号が出た。以前は変化球にうまく対応する打者だったのに、昨季はタイミングを外されると凡打を引っかけて凡打になるケースが多く、追い込まれると外側のスライダーにバットが出てしまった。ファーストの守備は、エラーはめったにしないが、守備範囲が狭いうえ、敏捷性にも欠ける。ポストシーズンでは4本塁打13打点を叩き出す活躍を見せ、帳尻を合わせた。

年度	所属チーム	試合数	打数	得点	安打	二塁打	三塁打	本塁打	打点	四球	三振	盗塁	盗塁死	出塁率	OPS	打率
2023	アストロズ	141	540	62	128	23	1	18	90	42	130	0	1	.296	.679	.237
通算成績		1411	5494	759	1573	326	17	261	953	428	1218	11	6	.348	.842	.286

ブレグマンの助言を受け、4月は打率3割

外野手

9 コーリー・ジュルクス *Corey Julks*

28歳 1996.2.27生 | 185cm | 83kg | 右投右打 [対左].233 [対右].249 [ホ].221 [ア].265
[得].247 [ド]2017⑧アストロズ [出]テキサス州 [年]74万ドル（約1億360万円）+α

ミ **3**
バ **4**
走 **3**
守 **3**
肩 **3**

　今季はフルシーズン、メジャー定着を目指す、遅咲きの外野手。2022年に、3Aで31本塁打を記録。それに加え、読売巨人軍への移籍が決まったブリンソンが、ベイカー監督に「ジュルクスはメジャーで十分使える」と強く推薦したことで、昨年の開幕時にメジャーデビュー。メジャーのピッチャーがどんな配球をするかブレグマンに尋ねると、詳細に教えてくれたので、それを頭に叩き込んで打席に立ったところ、よくヒットが出て、4月は打率3割をマークした。その後は研究され、少しずつ打率が低下。7月19日から13試合連続で無安打が続き、マイナー落ちした。

年度	所属チーム	試合数	打数	得点	安打	二塁打	三塁打	本塁打	打点	四球	三振	盗塁	盗塁死	出塁率	OPS	打率
2023	アストロズ	93	298	35	73	14	0	6	33	22	75	15	3	.297	.649	.245
通算成績		93	298	35	73	14	0	6	33	22	75	15	3	.297	.649	.245

ダルビッシュの元専属女房役

17 ヴィクター・カラティーニ *Victor Caratini*　キャッチャー　移籍

31歳 1993.8.17生 | 180cm | 101kg | 右投両打 | ◆盗塁阻止率／.064(47-3)　[対左].250 [対右].262 [ホ].248 [ア].270 [得].222 [ド]2013②ブレーブス 国プエルトリコ 国600万ドル(約8億4000万円)

ミ 2
パ 4
走 1
守 3
肩 2

　2年1200万ドルで入団した、日本でもおなじみのベテラン捕手。アストロズでは、バックアップ捕手と若いヤイナー・ディアスの教育係を務める。カブス時代にダルビッシュ有のパーソナル捕手を務め、パドレス移籍の際も、一緒にトレードされて話題になった。打者としての長所は、長打力があり、選球眼もいいこと。捕手としてのウリは、変化球主体の投手を上手にリードすること。昨季ブリュワーズでは、バーンズを好リードで支えたほか、マイリーとも相性が良かった。フレーミングのうまさもトップクラス。ただ、盗塁阻止率が6.4%(47-3)まで低下している。

年度	所属チーム	試合数	打数	得点	安打	二塁打	三塁打	本塁打	打点	四球	三振	盗塁	盗塁死	出塁率	OPS	打率
2023	ブリュワーズ	62	201	23	52	4	0	7	25	19	45	1	1	.327	.710	.259
通算成績		520	1386	150	327	53	0	38	171	142	339	4	2	.318	.674	.236

不死鳥のごとく8年ぶりによみがえり、ヒーローに

28 ジョン・シングルトン *Jon Singleton*　ファースト DH

33歳 1991.9.18生 | 183cm | 115kg | 左投左打 | [対左].273 [対右].130 [ホ].184 [ア].143 [得].250 [ド]2009⑧フィリーズ 国カリフォルニア州 国74万ドル(約1億360万円)+α

ミ 1
パ 5
走 2
守 2
肩 2

　アストロズがまだ最弱球団だった頃、最有望株だった一塁手。2014年、球団は5年1000万ドルの契約を交わしたうえでメジャーデビューさせた。だが、本塁打は時々出る程度なのに、三振が異常に多く、短期間でお払い箱になった。その後は3度マイナーの薬物検査(大麻)で陽性になったこともあり、低迷。浪人した時期もあったが、22年にブリュワーズの3Aで実戦に復帰。昨年6月にアストロズとマイナー契約。8月8日にメジャーに昇格すると、3日後のエンジェルス戦で2本ライト席に叩き込み、地元のファンからスタンディングオベーションで称賛された。

年度	所属チーム	試合数	打数	得点	安打	二塁打	三塁打	本塁打	打点	四球	三振	盗塁	盗塁死	出塁率	OPS	打率
2023	ブリュワーズ	11	29	3	3	1	0	0	2	3	11	0	0	.188	.326	.103
2023	アストロズ	25	62	8	12	2	0	2	10	10	12	0	0	.301	.624	.194
2023	2チーム計	36	91	11	15	3	0	2	12	13	23	0	0	.267	.531	.165
通算成績		150	448	59	76	18	0	16	62	73	174	3	3	.286	.603	.170

― ウィル・ワグナー *Will Wagner*　サード ショート　期待度 B−　ルーキー

26歳 1998.7.29生 | 180cm | 95kg | 右投左打 | ◆昨季はルーキー級,2A,3Aでプレー [ド]2021⑱アストロズ 国テキサス州

　アストロズの通算セーブ記録を持つビリー・ワグナーの長男。もともとは二塁手だが、球団はメジャーで5人目の内野手として使うことを想定し、マイナーでマルチポジション・プレーヤーとして育成中だ。打者としては、高打率を期待できるミートのうまいラインドライブヒッターで、選球眼もいい。

― ジョーイ・ロパーフィド *Joey Loperfido*　外野手 セカンド　期待度 C+　ルーキー

25歳 1999.5.11生 | 190cm | 99kg | 右投左打 | ◆昨季は1A+,2A,3Aでプレー [ド]2021⑦アストロズ 国ペンシルヴァニア州

　優秀なスーパーユーティリティに成長する可能性がある、身体能力の高い選手。一番のウリはパワー。昨年、マイナーでは17.3打数に1本のペースでアーチを生産。俊足で盗塁技術も高いので、1点が欲しいときに大きな戦力になる。ディフェンダーとしては、守備範囲は広いほうだが、肩がイマイチ。

[対左]=対左投手打率　[対右]=対右投手打率　[ホ]=ホーム打率　[ア]=アウェー打率　[得]=得点圏打率　[ド]=ドラフトデータ　国=出身地　国=年俸

アメリカン・リーグ……西部地区　*TEXAS RANGERS*

テキサス・レンジャーズ

◆創　立：1961年
◆本拠地：テキサス州アーリントン市

◆ワールドシリーズ制覇：1回 ／ リーグ優勝：3回
◆地区優勝：7回 ◆ワイルドカード獲得：2回

主要オーナー ▶ レイ・デイヴィス、ボブ・シンプソン（実業家）

過去5年成績

年度	勝	負	勝率	ゲーム差	地区順位	ポストシーズン成績
2019	78	84	.481	29.0	③	―
2020	22	38	.367	14.0	⑤	―
2021	60	102	.370	35.0	⑤	―
2022	68	94	.420	38.0	④	―
2023	**90**	**72**	**.556**	**0.0**	**②(同率)**	**ワールドシリーズ制覇**

監　督 ▶ **15** ブルース・ボウチー *Bruce Bochy*

◆年　　齢…………69歳（フランス出身）
◆現役時代の経歴…9シーズン
　（キャッチャー）　アストロズ（1978～80）、メッツ（1982）、
　　　　　　　　　パドレス（1983～87）
◆現役通算成績……358試合　.239　26本　93打点
◆監督経歴…………26シーズン　パドレス（1995～2006）、
　　　　　　　　　ジャイアンツ（2007～19）、レンジャーズ（2023～）
◆通算成績…………2093勝2101敗（勝率.499）

　監督通算2093勝（MLB歴代10位）の大監督。レンジャーズ監督就任1年目の昨季、レギュラー陣だけでなく、くすぶっていたベテランや、実績の乏しい若手もうまく使いこなし、チームを初のワールドチャンピオンに導いた。ワールドシリーズ制覇は、監督として自身4度目。スパーキー・アンダーソン、トニー・ラルーサに続き、両リーグで世界一に輝いた、史上3人目の監督となった。父親がアメリカ陸軍に所属していた関係で、フランスで生まれている。

注目コーチ ▶ **83** ウィル・ヴェナブル *Will Venable*

　アソシエイトマネージャー。42歳。頭脳明晰なボウチーの補佐役で、次期監督と目されている。昨季終了後、メッツが監督候補として面接を希望してきたが、ことわった。

編成責任者 ▶ クリス・ヤング *Chris Young*

　45歳。身長208センチの元メジャーリーガーで、通算79勝をマーク。2022年オフに監督に指名したボウチーとは、現役のときにパドレスで、選手と監督の間柄だった。

スタジアム ▶ グローブライフ・フィールド *Globe Life Field*

◆開場　年…………2020年
◆仕　　様…………人工芝,開閉式屋根付き
◆収容能力…………40,300人
◆フェンスの高さ…2.4～4.3m
◆特　　徴…………左翼線の長さ329フィートはエイドリアン・ベルトレイの背番号「29」、ホームからセンターまでの距離407フィートはイヴァン・ロドリゲスの背番号「7」にちなむなど、球場サイズが、球団レジェンドの背番号と関連している。

ニュートラルパーク

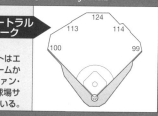

193

Best Order

① マーカス・シミエン……セカンド
② コーリー・シーガー……ショート
③ アドリス・ガルシア……ライト
④ エヴァン・カーター……レフト
⑤ ジョシュ・ヤング……サード
⑥ ナサニエル・ロウ……ファースト
⑦ ジョナ・ハイム……キャッチャー
⑧ エゼキエル・ドゥラン……DH
⑨ リオディ・タヴェラス……センター

Depth Chart

[ポジション別選手層・メンバーリスト]

※2024年2月25日時点の候補選手。数字は背番号（開幕前に変更する場合もあり）、右・左等は投・打の順。

センター
3 リオディ・タヴェラス [右・両]
16 トラヴィス・ジャンコウスキー [右・左]
32 エヴァン・カーター [右・左]

レフト
32 エヴァン・カーター [右・左]
16 トラヴィス・ジャンコウスキー [右・左]
8 ジョシュ・H・スミス [右・左]
20 エゼキエル・ドゥラン [右・右]

ライト
53 アドリス・ガルシア [右・右]
16 トラヴィス・ジャンコウスキー [右・左]

ショート
5 コーリー・シーガー [右・右]
8 ジョシュ・H・スミス [右・左]
36 ジョナサン・オルネラス [右・右]

セカンド
2 マーカス・シミエン [右・右]
36 ジョナサン・オルネラス [右・右]
8 ジョシュ・H・スミス [右・左]

ローテーション
17 ネイサン・イヴォルディ [右・右]
33 デイン・ダニング [右・右]
22 ジョン・グレイ [右・右]
44 アンドルー・ヒーニー [左・左]
61 コーディ・ブラッドフォード [左・左]

サード
6 ジョシュ・ヤング [右・右]
8 ジョシュ・H・スミス [右・左]
20 エゼキエル・ドゥラン [右・右]

ファースト
30 ナサニエル・ロウ [右・左]
20 エゼキエル・ドゥラン [右・右]

キャッチャー
28 ジョナ・ハイム [右・両]
12 アンドルー・キズナー [右・右]

DH
20 エゼキエル・ドゥラン [右・右]

ブルペン
25 ホセ・ルクラーク [右・右] CL
37 デイヴィッド・ロバートソン [右・右] CL
39 カービー・イェーツ [右・右]
66 ジョシュ・スボーズ [右・右]
46 ブロック・バーク [左・左]
72 ジョナサン・ヘルナンデス [右・右]
43 オーウェン・ホワイト [右・右]
61 コーディ・ブラッドフォード [左・左]
57 イェリー・ロドリゲス [右・右]
67 ジェイク・ラッツ [左・右]
65 グラント・アンダーソン [右・右]

※CL＝クローザー

レンジャーズ試合日程……＊はアウェーでの開催、5月8日はダブルヘッダー

3月28・30・31	カブス	30・**5月**1・2 ナショナルズ	31・**6月**1・2 マーリンズ＊
4月1・2・3	レイズ＊	3・4・5 ロイヤルズ＊	3・4・5 タイガース
5・6・7・8	アストロズ	6・7・8 アスレティックス＊	7・8・9 ジャイアンツ
9・10・11	アスレティックス	10・11・12 ロッキーズ＊	11・12・13 ドジャース＊
12・13・14	アストロズ＊	13・14・15 ガーディアンズ	14・15・16 マリナーズ＊
15・16・17・18	タイガース＊	17・18・19 エンジェルス	17・18・19 メッツ
19・20・21	ブレーブス＊	21・22・23 フィリーズ＊	21・22・23 ロイヤルズ
23・24・25	マリナーズ	24・25・26 ツインズ＊	24・25・26 ブリュワーズ＊
26・27・28	レッズ	28・29 ダイヤモンドバックス	27・28・29・30 オリオールズ＊

球団メモ 主要オーナーのレイ・デイヴィスとボブ・シンプソンは、ともに石油や天然ガスなど、エネルギー分野で財を成した人物。金は出すが、球団編成にあまり口は出さない。

■投手力🔽…★★★☆☆【昨年度チーム防御率4.28、リーグ10】

　ローテーションはイヴォルディ、グレイ、ヒーニー、ダニング、ブラッドフォードという顔ぶれになりそうだ。実力は「中の上」レベル。シャーザーは昨年11月に椎間板ヘルニアの手術を受けたため、登板が可能になるのは6月1日以降だ。さらに、昨年4月にトミー・ジョン手術を受けたデグロームの復帰は、8月1日以降になる。ブルペンにクローザー経験者のロバートソンとイェーツを加えたが、どちらもピークを過ぎているので、過大評価は禁物。リリーフ陣のレベルは依然、「中の下」レベルに見える。

■攻撃力➡…★★★★🔽【昨年度チーム得点881、リーグ1位】

　昨シーズンは、チーム得点がアメリカン・リーグトップの881点。これは、グローブライフ・フィールドが、ホームランの出にくい広い球場であることを考えれば、賞賛に値することだ。補強はしていないが、昨シーズン終盤にメジャーに上がって長打を放ちまくったカーターを、今シーズンは1年を通して使えるので、チーム得点は多少減る程度だろう。

■守備力➡…★★★★🔽【昨年度チーム失策数57、リーグ1位】

　昨季は、捕手のハイム、ファーストのロウ、ライトのガルシアがゴールドグラブ賞を受賞。チーム全体のエラー数57は、アメリカン・リーグで最少。DRS（守備で防いだ失点）35は、リーグで2番目に多い数字だ。

■機動力🔽…★★☆☆☆【昨年度チーム盗塁数79、リーグ14位】

　チーム盗塁数79はリーグで2番目に少ない数字だが、成功率は高い。

総合評価 ➡ ★★★★☆	このチームの最大の強みは、打者の育成力。イキのいい若手が打ちまくる攻撃野球は、オールドスクール（古典的）の名将、ボウチー監督のシンプルな采配とフィットし、昨年、巨大な力になった。今年もそれが続いて、90勝前後する可能性が高い。

IN 主な入団選手	**OUT** 主な退団選手
投手	投手
カービー・イェーツ←ブレーブス	ジョーダン・モンゴメリー➡所属先未定
デイヴィッド・ロバートソン←マーリンズ	マーティン・ペレス➡パイレーツ
	アロルディス・チャップマン➡パイレーツ
野手	ウィル・スミス➡ロイヤルズ
アンドルー・キズナー←カーディナルス	野手
	オースティン・ヘッジス➡ガーディアンズ
	ミッチ・ガーヴァー➡マリナーズ

7月2·3·4	パドレス	**8月**2·3·4	レッドソックス	2·3·4	ヤンキース
5·6·7	レイズ	5·6·7	アストロズ	5·6·7·8	エンジェルス
8·9·10	エンジェルス*	9·10·11	ヤンキース*	10·11	ダイヤモンドバックス*
12·13·14	アストロズ*	12·13·14	レッドソックス*	12·13·14·15	マリナーズ*
16	オールスターゲーム	15·16·17·18	ツインズ	17·18·19	ブルージェイズ
19·20·21	オリオールズ	19·20·21	パイレーツ	20·21·22	マリナーズ
22·23·24·25	ホワイトソックス	23·24·25	ガーディアンズ*	24·25·26	アスレティックス*
26·27·28	ブルージェイズ*	27·28·29	ホワイトソックス*	27·28·29	エンジェルス*
29·30·31	カーディナルス*	30·31·**9月**1	アスレティックス		

球団メモ ベース拡大と牽制球制限で、昨季はほとんどの球団の盗塁数が、2022年から増加。そんな中、レンジャーズは128（リーグ1位）から79（同14位）と大幅ダウン。

レンジャーズ

負けられない試合ほど好投するテキサス男　先 発

17 ネイサン・イヴォルディ
Nathan Eovaldi

34歳｜1990.2.13生｜188cm｜98kg｜右投右打

◆速球のスピード／150キロ台前半（フォーシーム主体）
◆決め球と持ち球／☆スプリッター、◎フォーシーム、
　◎カッター、○カーブ、△スライダー

◆対左打者被打率／.201　◆対右打者被打率／.245
◆ホーム防御率／3.70　◆アウェー防御率／3.56
◆ドラフトデータ／2008⑪ドジャース
◆出身地／テキサス州
◆年俸／1600万ドル（約22億4000万円）

球威	5
制球	3
緩急	4
守備・牽制	4
度胸	4

　昨年、高校の大先輩ノーラン・ライアンのようなパワーピッチングを見せ、チームのワールドシリーズ制覇に貢献した長身の右腕。FAでレンジャーズに来て迎えた昨季は、出だし制球が不安定で失点が多く、5試合目を終えた時点の防御率が5.20だった。しかし、4月28日にデグロームがヒジを壊して自分にエースの座が回ってくると、フォーシーム、カッター、スプリッターを効果的に組み合わせて相手に付け入る隙を与えないピッチングを見せるようになる。4月29日のヤンキース戦で完封勝利を飾ってから、6月4日のマリナーズ戦までの7試合は、52回2/3を投げて自責点が4しかなく、6勝0敗、防御率0.68という目を見張る内容だった。打線も好調を維持していたため、この間の32試合、レンジャーズは23勝して、6月6日には40勝に到達。負けは20しかなかった。

　その後、レンジャーズは得点力が落ち、勝ったり負けたりの展開になる。終盤にはアストロズとマリナーズに追いつかれるが、何とか90勝してポストシーズン進出を果たす。イヴォルディは7月中旬に「前腕の張り」でIL（故障者リスト）入り。9月上旬に復帰したが、20イニングで失点が21あり、最悪の状態だった。それでもボウチー監督の信頼は揺るがず、ポストシーズンでは先発で起用。この賭けは見事に当たり、感激したイヴォルディは6試合に先発して5勝し、世界一の立役者になった。

カモ J・ロドリゲス（マリナーズ）.091（11-1）0本　大谷翔平（ドジャース）.118（17-2）0本

苦手 T・フランス（マリナーズ）.500（14-7）1本　Y・アルバレス（アストロズ）.714（7-5）1本

年度	所属チーム	勝利	敗戦	防御率	試合数	先発	セーブ	投球イニング	被安打	失点	自責点	被本塁打	与四球	奪三振	WHIP
2011	ドジャース	1	2	3.63	10	6	0	34.2	28	14	14	2	20	23	1.38
2012	ドジャース	1	6	4.15	10	10	0	56.1	63	27	26	5	20	34	1.47
2012	マーリンズ	3	7	4.43	12	12	0	63.0	70	32	31	5	27	44	1.54
2012	2チーム計	4	13	4.30	22	22	0	119.1	133	59	57	10	47	78	1.51
2013	マーリンズ	4	6	3.39	18	18	0	106.1	100	44	40	7	40	78	1.32
2014	マーリンズ	6	14	4.37	33	33	0	199.2	223	107	97	14	43	142	1.33
2015	ヤンキース	14	3	4.20	27	27	0	154.1	175	72	72	10	49	121	1.45
2016	ヤンキース	9	8	4.76	24	21	0	124.2	123	66	66	23	40	97	1.31
2018	レイズ	3	4	4.26	10	10	0	57.0	48	27	27	11	8	53	0.98
2018	レッドソックス	3	3	3.33	12	11	0	54.0	57	28	20	3	12	48	1.28
2018	2チーム計	6	7	3.81	22	21	0	111.0	105	55	47	14	20	101	1.13
2019	レッドソックス	2	1	5.99	23	12	0	67.2	72	46	45	16	35	70	1.58
2020	レッドソックス	4	2	3.72	9	9	0	48.1	51	20	20	8	7	52	1.20
2021	レッドソックス	11	9	3.75	32	32	0	182.1	182	81	76	15	35	195	1.19
2022	レッドソックス	6	3	3.87	20	20	0	109.1	115	55	47	21	20	103	1.23
2023	レンジャーズ	12	5	3.63	25	25	0	144.0	117	59	58	15	47	132	1.14
通算成績		79	73	4.10	265	246	0	1401.2	1424	678	639	155	403	1192	1.30

今季年俸の6割は前所属のメッツが負担 　先 発

31 マックス・シャーザー
Max Scherzer

40歳｜1984.7.27生｜190cm｜94kg｜右投右打
- ◆速球のスピード／150キロ前後（フォーシーム主体）
- ◆決め球と持ち球／◎フォーシーム、◎カッター、○スライダー、○チェンジアップ、○カーブ
- ◆対左打者被打率／.222　◆対右打者被打率／.220
- ◆ホーム防御率／3.09　◆アウェー防御率／4.31
- ◆ドラフトデータ／2006①ダイヤモンドバックス
- ◆出身地／ミズーリ州　◆年俸／4333万ドル（約60億6620万円）
- ◆サイ・ヤング賞3回（13.16.17年）、最多勝4回（13.14.16.18年）、最多奪三振3回（16〜18年）

球威	5
制球	4
緩急	4
守備・牽制	4
度胸	4

　3年契約の最終年に入る、サイ・ヤング賞3回の大投手。昨年12月にヘルニアの手術を受けたため、今季はシーズン半ばから投げることになる。

　昨季はメッツで19試合に先発したあと、8月1日のトレードでレンジャーズに移籍し、8試合に登板した。移籍後は一発病が治って好投するケースが多くなったが、9月中旬に肩の炎症筋を痛めてIL入り。ポストシーズン開幕まで日がなかったため、登板は絶望的と見られた。しかし前年（2022年）のワイルドカードシリーズ初戦で先発して、ブーイングを浴びた屈辱を晴らしたい気持ちが強く、投げられる状態になっていることを監督やコーチにアピール。ライブ打撃練習で速球、変化球を取り交ぜて計68球、全力で投げたところ合格が出た。しかし、実際は完治していない状態で復帰したのだから、いい結果が出るはずもなく、最初の登板となったリーグ優勝決定シリーズ第3戦では4.0回を投げ、5失点。次の第7戦では、3回途中まで2失点。ダイヤモンドバックスとのワールドシリーズ第3戦では3回を無失点に抑えたが、全体で見ればイマイチの出来だった。

　一昨年まではスライダーが一番の武器で、メジャーでナンバーワンの折り紙が付いたこともある。しかし、昨シーズンはスライダーの制球に苦しみ、抜けたところを外野席に運ばれるケースが頻発した。

カモ　J・アルトゥーヴェ（アストロズ）.100(20-2)0本　M・トラウト（エンジェルス）.188(16-3)1本
苦手　V・カラティーニ（アストロズ）.455(22-10)2本　B・ストット（フィリーズ）.615(13-8)0本

年度	所属チーム	勝利	敗戦	防御率	試合数	先発	セーブ	投球イニング	被安打	失点	自責点	被本塁打	与四球	奪三振	WHIP
2008	ダイヤモンドバックス	0	4	3.05	16	7	0	56.0	48	24	19	5	21	66	1.23
2009	ダイヤモンドバックス	9	11	4.12	30	30	0	170.1	166	94	78	20	63	174	1.34
2010	タイガース	12	11	3.50	31	31	0	195.2	174	84	76	20	70	184	1.25
2011	タイガース	15	9	4.43	33	33	0	195.0	207	101	96	29	56	174	1.35
2012	タイガース	16	7	3.74	32	32	0	187.2	179	82	78	23	60	231	1.27
2013	タイガース	21	3	2.90	32	32	0	214.1	152	73	69	18	56	240	0.97
2014	タイガース	18	5	3.15	33	33	0	220.1	196	80	77	18	63	252	1.18
2015	ナショナルズ	14	12	2.79	33	33	0	228.2	176	74	71	27	34	276	0.92
2016	ナショナルズ	20	7	2.96	34	34	0	228.1	165	77	75	31	56	284	0.97
2017	ナショナルズ	16	6	2.51	31	31	0	200.2	126	62	56	22	55	268	0.90
2018	ナショナルズ	18	7	2.53	33	33	0	220.2	150	66	62	23	51	300	0.91
2019	ナショナルズ	11	7	2.92	27	27	0	172.1	144	59	56	18	33	243	1.03
2020	ナショナルズ	5	4	3.74	12	12	0	67.1	70	30	28	10	23	92	1.38
2021	ナショナルズ	8	4	2.76	19	19	0	111.0	71	36	34	18	28	147	0.89
2021	ドジャース	7	0	1.98	11	11	0	68.1	48	17	15	5	8	89	0.82
2021	2チーム計	15	4	2.46	30	30	0	179.1	119	53	49	23	36	236	0.86
2022	メッツ	11	5	2.29	23	23	0	145.1	108	39	37	13	24	173	0.91
2023	メッツ	9	4	4.01	19	19	0	107.2	98	49	48	23	30	121	1.19
2023	レンジャーズ	4	2	3.20	8	8	0	45.0	28	16	16	5	15	53	0.96
2023	2チーム計	13	6	3.77	27	27	0	152.2	126	65	64	28	45	174	1.12
通算成績		214	108	3.15	457	448	0	2834.2	2306	1063	991	328	746	3367	1.08

33 デイン・ダニング *Dane Dunning*
韓国系の血を引く、技巧派投手の逸材　先発

30歳 1994.12.20生 | 193cm | 101kg | 右投右打

◆速球のスピード／140キロ台後半（シンカー主体）
◆決め球と持ち球／☆シンカー、◎スライダー、◎カッター、△チェンジアップ、△カーブ　◆対左.270　◆対右.233
◆ホ防4.44　◆ア防3.10　◆ド2016①ナショナルズ
◆田フロリダ州　◆年333万ドル（約4億6620万円）

球威 3
制球 4
緩急 3
守備・牽制 3
度胸 3

　打たせて取るピッチングに磨きがかかってきた頭脳派の右腕。昨シーズンはデグロームとイヴォルディの加入でローテーションから弾き出され、開幕からロングリリーフとして登板した。だが、デグロームがヒジを壊してトミー・ジョン手術を受けたため、先発に復帰。その後は三振より、効率良くアウトを取ることに徹し、勝ち星を積み重ねた。妻レイチェルさんは、全米多発性硬化症協会で専門家の育成にあたっているインテリ女性。昨年5月25日、待望の第一子が誕生。男の子なので、マック・アンソニー君と命名した。6歳上の兄ジェイクもメジャーリーガーで、ジャイアンツに2シーズン在籍。

カモ A・ブレグマン（アストロズ）.143(14-2)0本　苦手 T・ウォード（エンジェルス）.625(8-5)2本

年度	所属チーム	勝利	敗戦	防御率	試合数	先発	セーブ	投球イニング	被安打	失点	自責点	被本塁打	与四球	奪三振	WHIP
2020	ホワイトソックス	2	0	3.97	7	7	0	34.0	25	17	15	4	13	35	1.12
2021	レンジャーズ	5	10	4.51	27	25	0	117.2	126	61	59	13	43	114	1.44
2022	レンジャーズ	4	8	4.46	29	29	0	153.1	158	80	76	20	62	137	1.43
2023	レンジャーズ	12	7	3.70	35	26	0	172.2	163	73	71	20	55	140	1.26
通算成績		23	25	4.16	98	87	0	477.2	472	231	221	57	173	426	1.35

22 ジョン・グレイ *Jon Gray*
6試合連続で1失点以内の好投　先発

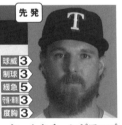

33歳 1991.11.5生 | 193cm | 101kg | 右投右打

◆速球のスピード／150キロ台前半（フォーシーム主体）
◆決め球と持ち球／☆高速スライダー、◎チェンジアップ、◎カーブ、△フォーシーム　◆対左.250　◆対右.262
◆ホ防4.78　◆ア防3.45　◆ド2013①ロッキーズ
◆田オクラホマ州　◆年1300万ドル（約18億2000万円）

球威 3
制球 3
緩急 5
守備・牽制 3
度胸 3

　チェロキー先住民の血を引く右腕。昨季はフォーシームやチェンジアップを見せ球にして、高速スライダーを決め球に使うピッチングが冴えを見せ、5月9日のマリナーズ戦から6月8日のカーディナルス戦まで、6試合連続で1失点以内に抑えた。シーズン終盤、前腕の張りでIL入りしたが、ポストシーズンで復帰し、リリーフで3試合に登板。10月30日のワールドシリーズ第3戦では早々に降板したシャーザーのあとを受け、3イニングを1安打無失点に抑え、勝ち投手になった。妻ジャクリンさんは中学時代の初恋の人。

カモ J・ロハス（マリナーズ）.118(17-2)0本　苦手 大谷翔平（ドジャース）.400(10-4)2本

年度	所属チーム	勝利	敗戦	防御率	試合数	先発	セーブ	投球イニング	被安打	失点	自責点	被本塁打	与四球	奪三振	WHIP
0.035	ロッキーズ	0	2	5.53	9	9	0	40.2	52	26	25	4	14	40	1.62
2016	ロッキーズ	10	10	4.61	29	29	0	168.0	153	92	86	18	59	185	1.26
2017	ロッキーズ	10	4	3.67	20	20	0	110.1	113	47	45	10	30	112	1.30
2018	ロッキーズ	12	9	5.12	31	31	0	172.1	180	102	98	27	52	183	1.35
2019	ロッキーズ	11	8	3.84	26	25	0	150.0	147	70	64	19	56	150	1.35
2020	ロッキーズ	2	4	6.69	8	8	0	39.0	45	31	29	6	11	22	1.44
2021	ロッキーズ	8	12	4.59	29	29	0	149.0	140	83	76	21	58	157	1.33
2022	レンジャーズ	7	7	3.96	24	24	0	127.1	105	61	56	17	39	134	1.13
2023	レンジャーズ	9	8	4.12	29	29	0	157.1	149	75	72	22	54	142	1.29
通算成績		69	64	4.45	205	204	0	1114.0	1084	587	551	144	373	1125	1.31

対左=対左打者被打率　対右=対右打者被打率　ホ防=ホーム防御率　ア防=アウェー防御率
ド=ドラフトデータ　田=出身地　年=年俸　カモ 苦手 は通算成績

メジャー10年目で待望の2ケタ勝利　先発

44 アンドルー・ヒーニー *Andrew Heaney*

33歳 1991.6.5生｜188cm｜90kg｜左投左打　園150キロ前後（フォーシーム主体）　駆◎フォーシーム
対左.276　対右.246　Ⓓ2012①マーリンズ　囲オクラホマ州　囲1300万ドル（約18億2000万円）

球 **4**
制 **2**
緩 **3**
守走 **3**
度 **3**

　エンジェルスで伸び悩んだあと、ドジャース再生工場で生まれ変わり、その後レンジャーズに来て高額年俸投手になったサウスポー。昨季は初登板のオリオールズ戦で自責点7の炎上があったが、4月10日のロイヤルズ戦は別人のように制球が安定し、9者連続奪三振をやってのけた。これはメジャータイ記録で、かつレンジャーズ新記録。投手としての特徴は、制球の波が大きいため、いい日と悪い日の差が極端に出てしまうこと。昨季は自責点0ないし1に抑えたゲームが11試合あったのに対し、自責点6以上の乱調も5回あり、それが防御率を冴えない数字にしていた。

年度	所属チーム	勝利	敗戦	防御率	試合数	先発	セーブ	投球イニング	被安打	失点	自責点	被本塁打	与四球	奪三振	WHIP
2023	レンジャーズ	10	6	4.15	34	28	0	147.1	143	74	68	23	60	151	1.38
通算成績		46	48	4.49	171	154	0	854.1	825	453	426	151	258	911	1.27

レンジャーズ

シーズン中に平均球速が3.9キロアップ　クローザー／ミドルリリーフ

25 ホセ・ルクラーク *Jose Leclerc*

31歳 1993.12.19生｜183cm｜88kg｜右投右打　園150キロ台中盤（フォーシーム主体）　駆◎スライダー
対左.262　対右.149　Ⓓ2010㉕レンジャーズ　囲ドミニカ　囲625万ドル（約8億7500万円）

球 **5**
制 **2**
緩 **3**
守走 **4**
度 **3**

　レンジャーズのブルペンの住人になって7年が経過した、生え抜きのリリーバー。通算40セーブ、44ホールドが示すように、クローザーやセットアッパーで使われていた時期もあったが、それが継続しなかったのは、重要度の高い場面で使うとプレッシャーに負けて急に被打率が高くなるため。それでも昨年のポストシーズンでクローザーとして起用されたのは、シーズン中にフォーシームの平均球速が3.9キロアップし、簡単には打てないレベルになっていたからだ。一昨年から投げ始めたスライダーが強力な武器になり、防御率2点台のリリーバーに生まれ変わった。

年度	所属チーム	勝利	敗戦	防御率	試合数	先発	セーブ	投球イニング	被安打	失点	自責点	被本塁打	与四球	奪三振	WHIP
2023	レンジャーズ	0	2	2.68	57	0	4	57.0	37	19	17	5	28	67	1.14
通算成績		6	15	3.03	286	6	40	293.2	182	112	99	22	168	384	1.19

スプリッターで三振の山を築く豪腕投手　セットアップ　移籍

39 カービー・イェーツ *Kirby Yates*

37歳 1987.3.25生｜178cm｜92kg｜右投右打　園150キロ前後（フォーシーム）　駆◎スプリッター
対左.124　対右.204　Ⓓ2005㉖レッドソックス　囲ハワイ州　囲450万ドル（約6億3000万円）

球 **3**
制 **2**
緩 **4**
守走 **3**
度 **3**

　レンジャーズがセットアッパーで使う目的で獲得した右腕。パドレス時代の2018年に、キャンプでスプリッターを覚え、ブレイク。19年には、アメリカン・リーグ最多の41セーブをマークした。しかしその後は、2度目となるトミー・ジョン手術などで投げられない状態が続いた。球種はフォーシームとスプリッターの2つで、ほかの球種を交えることはほとんどない。ウリはピンチを招いても、スプリッターがあるため三振で切り抜けられること。短所はコントロールがアバウトで与四球が多いことと、打球がフライになりやすく、夏場は一発リスクが高くなること。

年度	所属チーム	勝利	敗戦	防御率	試合数	先発	セーブ	投球イニング	被安打	失点	自責点	被本塁打	与四球	奪三振	WHIP
2023	ブレーブス	7	2	3.28	61	0	5	60.1	35	22	22	9	37	80	1.19
通算成績		19	19	3.53	361	0	62	349.2	271	147	137	51	136	486	1.16

園=速球のスピード　駆=決め球

66 走者を背負うと制球が甘くなるタイプ
ジョシュ・スボーズ Josh Sborz

セットアップ

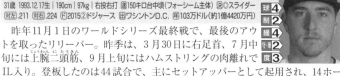

31歳 1993.12.17生｜190cm｜97kg｜右投右打 速150キロ台中盤（フォーシーム主体）決◎スライダー
対左.211 対右.224 ド2015②ドジャース 出ワシントンD.C. 年103万ドル（約1億4420万円）

球4
制2
緩4
守2
度3

　昨年11月1日のワールドシリーズ最終戦で、最後のアウトを取ったリリーバー。昨季は、3月30日に右足首、7月中旬には上腕二頭筋、9月上旬にはハムストリングの肉離れでIL入り。登板したのは44試合で、主にセットアッパーとして起用され、14ホールドをマークした。ただ、レギュラーシーズンの防御率が5.50になったのは、最後の8度の登板で自責点が急増したためだ。ポストシーズンでは一転絶好調になり、初めの6度の登板はすべて無安打に抑えた。自責点は10試合に登板して1つしかなく、防御率は0.75。セーブを1つ、ホールドを5つ記録している。

年度	所属チーム	勝利	敗戦	防御率	試合数	先発	セーブ	投球イニング	被安打	失点	自責点	被本塁打	与四球	奪三振	WHIP
2023	レンジャーズ	6	5	5.50	44	0	1	52.1	43	33	32	8	17	66	1.15
通算成績		11	11	5.08	137	1	1	147.0	132	87	83	22	65	176	1.34

46 信頼の回復を期待される、左の豪腕リリーバー
ブロック・バーク Brock Burke

ミドルリリーフ

28歳 1996.8.4生｜193cm｜95kg｜左投左打 速150キロ台前半（フォーシーム）決☆フォーシーム
対左.291 対右.261 ド2014③レイズ 出イリノイ州 年104万ドル（約1億4560万円）

球4
制3
緩3
守3
度3

　トミー・ジョン手術を受けたのを機にリリーフに転向したところ、大幅に球速が増し、瞬く間に頭角を現したサウスポー。2022年には先輩のマット・ムーアから有益な助言をたくさんもらったこともプラスに作用して、勝利の方程式を構成するリリーバーの1人となった。昨季もセットアッパーやピンチの火消し屋で使われ、8月まではまずまずのピッチングを見せていたが、9月に入って本塁打を5本打たれ、自責点が10あったため首脳陣の信頼を失い、ポストシーズンではリーグ優勝決定シリーズのメンバーから外された。今季復活するには、被本塁打を半減させる必要がある。

年度	所属チーム	勝利	敗戦	防御率	試合数	先発	セーブ	投球イニング	被安打	失点	自責点	被本塁打	与四球	奪三振	WHIP
2023	レンジャーズ	5	3	4.37	53	0	0	59.2	64	32	29	13	9	52	1.22
通算成績		12	10	3.68	111	6	0	168.2	157	79	69	28	44	156	1.19

37 通算登板数は、現役投手では2位
デイヴィッド・ロバートソン David Robertson

セットアップクローザー　移籍

39歳 1985.4.9生｜180cm｜88kg｜右投右打 速150キロ前後（カッター）決◎カーブ
対左.226 対右.216 ド2006⑰ヤンキース 出アラバマ州 年1150万ドル（約16億1000万円）

球5
制4
緩4
守3
度4

　今季開幕直後、39歳になるベテラン・リリーバー。メッツに加入した昨季は序盤から好調で、最後の締めを任されることも多く、7月25日までにチーム最多の14セーブをマークした。だがその後、移籍したマーリンズでは失点が目立ち、クローザー失格となった。通算793試合登板は、現役投手ではケンリー・ジャンセンの817に次ぐ数字。ヤンキースで投げていた期間が長いため、ポストシーズン経験も豊富で、これまで42試合（同3位）に登板している。2019年8月にトミー・ジョン手術を受け、選手生命が危ぶまれたが、2年後の21年9月にレイズでメジャー復帰。

年度	所属チーム	勝利	敗戦	防御率	試合数	先発	セーブ	投球イニング	被安打	失点	自責点	被本塁打	与四球	奪三振	WHIP
2023	メッツ	4	2	2.05	40	0	14	44.0	31	13	10	5	13	48	1.00
2023	マーリンズ	2	4	5.06	22	0	4	21.1	22	15	12	2	12	30	1.59
2023	2チーム計	6	6	3.03	62	0	18	65.1	53	28	22	7	25	78	1.19
通算成績		63	42	2.90	793	1	175	804.2	603	281	259	72	330	1055	1.16

速=速球のスピード　決=決め球　対左=対左打者被打率　対右=対右打者被打率
ド=ドラフトデータ　出=出身地　年=年俸

オールスター明けに復帰する、ガラスのエース 先発

48 ジェイコブ・デグローム *Jacob deGrom*

36歳 1988.6.9生 | 193cm | 81kg | 右投右打 **國**150キロ台後半（フォーシーム主体）**國**☆フォーシーム **対右**.155 **対左**.189 **囯**2010⑨メッツ **囲**フロリダ州（約4000万ドル（約56億円） ◆サイ・ヤング賞2回（18,19年）、最優秀防御率1回（18年）、最多奪三振2回（19,20年）、新人王（14年）

球 **5**
制 **5**
緩 **4**
守・援 **3**
度 **5**

　6試合に投げただけでヒジを壊し、トミー・ジョン手術を受けたサイ・ヤング賞2回の大投手。2022年のシーズン終了後、メッツを退団し、レンジャーズに5年1億8500万ドルの契約で入団。キャンプで160キロ近い快速球を連続して投げていたため、期待が高まった。しかし、6度目の先発となった4月28日のヤンキース戦で、4回2死から安打を許したところで、前腕の張りを訴えて降板。検査でヒジの側副靭帯の断裂が判明し、自身2度目となるトミー・ジョン手術を受けた。今シーズンは6月にマイナーで投げ始めて、7月のオールスター明けに復帰する可能性が高い。

年度	所属チーム	勝利	敗戦	防御率	試合数	先発	セーブ	投球イニング	被安打	失点	自責点	被本塁打	与四球	奪三振	WHIP
2023	レンジャーズ	2	0	2.67	6	6	0	30.1	19	11	9	2	4	45	0.76
通算成績		84	57	2.53	215	215	0	1356.1	1040	418	381	119	307	1652	0.99

制球力が生命線の頭脳派投手 スイングマン

61 コーディ・ブラッドフォード *Cody Bradford*

26歳 1998.2.22生 | 193cm | 89kg | 左投左打 **國**140キロ台中頃（フォーシーム主体）**國**◎チェンジアップ **対左**.286 **対右**.250 **囯**2019⑥レンジャーズ **囲**テキサス州 **囲**74万ドル（約1億360万円）＋α

球 **2**
制 **4**
緩 **4**
守・援 **3**
度 **4**

　球速145キロの遅いフォーシームを、高めにどんどん投げ込んでくるスリリングなピッチングが持ち味の左腕。遅いフォーシームが打たれないのは、スピンの効いたライジングボールで、かつリリースポイントが前にあるからだ。通常はこの遅い速球に、チェンジアップとスライダーを交えて投げている。気の毒なのは、昨年先発でハイレベルな活躍を見せたのに、レンジャーズのローテーションに空きがないため、先発5番手に固定して使ってもらえないこと。今季はスポット先発とロングリリーフを兼務するスイングマンを務めながら、さらにレベルアップを図ることになる。

年度	所属チーム	勝利	敗戦	防御率	試合数	先発	セーブ	投球イニング	被安打	失点	自責点	被本塁打	与四球	奪三振	WHIP
2023	レンジャーズ	4	3	5.30	20	8	0	56.0	56	33	33	11	12	51	1.21
通算成績		4	3	5.30	20	8	0	56.0	56	33	33	11	12	51	1.21

— ジャック・ライター *Jack Leiter*　先発　期待度 B　ルーキー

24歳 2000.4.21生 | 185cm | 92kg | 右投右打 ◆昨季は2A、3Aでプレー **囯**2021①レンジャーズ **囲**フロリダ州

　メッツのエースだったアル・ライターの長男。浮き上がる軌道のフォーシームとスピンの効いたスライダーを主体に投げるパワーピッチャーで、ウリは奪三振率が際立って高いこと。その一方で制球が不安定で、不調時は四球がらみで失点し、KOされることが多い。一発を食いやすいことも改善すべき点。

43 オーウェン・ホワイト *Owen White*　リリーフ・先発　期待度 B　ルーキー

25歳 1999.8.9生 | 190cm | 90kg | 右投右打 ◆昨季はメジャーで2試合に出場 **囯**2018②レンジャーズ **囲**ノースカロライナ州

　プロ入り2年目の2019年にトミー・ジョン手術、4年目の21年には右手を骨折して投げられない時期が長かった投手。ウリは、4つの球種（フォーシーム、スライダー、カーブ、チェンジアップ）がどれも平均以上のレベルであること。効果的な使い方を習得すれば、メジャーでも十分活躍できる。

レンジャーズ

初球から積極的に打ちにいって大ブレイク ショート

5 コーリー・シーガー
Corey Seager

30歳 1994.4.27生 | 193cm | 97kg | 右投左打
◆対左投手打率／.314(156-49) ◆対右投手打率／.333(321-107)
◆ホーム打率／.337(249-84) ◆アウェー打率／.316(228-72)
◆得点圏打率／.385(96-37)
◆23年のポジション別出場数／ショート＝112、DH＝7
◆ドラフトデータ／2012①ドジャース
◆出身地／ノースカロライナ州
◆年俸／3450万ドル（約48億3000万円）
◆シルバースラッガー賞3回(16,17,23年)、新人王(16年)

ミート **5**
パワー **5**
走塁 **3**
守備 **4**
肩 **4**

　レギュラーシーズンのMVP投票では次点だったが、ワールドシリーズでは自身2度目のMVPに輝いた強打の遊撃手。昨季は4月12日から34日間ハムストリングの肉離れで、7月22日から11日間右手親指の捻挫でIL入りしたが、シーズンを通して3割3分台から5分台の高打率をキープ。勝負強さも群を抜いていて、得点圏打率は3割8分5厘という目を見張る数字だった。ポストシーズンでは勝負強さに磨きがかかり、ワールドシリーズ初戦で、9回裏に同点ツーランをグローブライフ・フィールドの外野席に叩き込んだのをはじめ、値千金の本塁打や二塁打を度々放ってヒーローになった。打撃面で昨年見られた大きな変化は、初球から積極的に打ちにいくようになったことだ。『ジ・アスレティック』に出ていた数字によると、昨年、シーガーが初球をスイングした割合は53％で、これはメジャーで2番目に高い数字だった。

　幸運を呼び込む「神スポット」は、現在も使用しているグローブライフ・フィールドのロッカー。2020年はコロナ禍のため、ナショナル・リーグのリーグ優勝決定シリーズ（ドジャース対ブレーブス）とワールドシリーズ（ドジャース対レイズ）は、中立地のグローブライフ・フィールドで開催された。このときドジャースに所属していたシーガーは、リーグ優勝決定シリーズとワールドシリーズで打ちまくって、どちらのシリーズでもMVPに輝いた。シーガーはそのとき使ったロッカーに特別な愛着を感じていたため、翌年12月、レンジャーズと10年3億2500万ドルの契約を交わした際、あのロッカーを使わせて欲しいと申し入れ、了承された。

カモ K・ゴーズマン（ブルージェイズ）.556(18-10)1本　T・アンダーソン（エンジェルス）.391(23-9)1本
苦手 G・カービー（マリナーズ）.000(10-0)0本　ダルビッシュ有（パドレス）.083(12-1)0本

年度	所属チーム	試合数	打数	得点	安打	二塁打	三塁打	本塁打	打点	四球	三振	盗塁	盗塁死	出塁率	OPS	打率
2015	ドジャース	27	98	17	33	8	1	4	17	14	19	2	0	.425	.986	.337
2016	ドジャース	157	627	105	193	40	5	26	72	54	133	3	3	.365	.877	.308
2017	ドジャース	145	539	85	159	33	0	22	77	67	131	4	2	.375	.854	.295
2018	ドジャース	26	101	13	27	5	1	2	13	11	17	0	0	.348	.744	.267
2019	ドジャース	134	489	82	133	44	1	19	87	44	98	1	0	.335	.818	.272
2020	ドジャース	52	212	38	65	12	1	15	41	17	37	1	0	.358	.943	.307
2021	ドジャース	95	353	54	108	22	3	16	57	48	66	1	1	.394	.915	.306
2022	レンジャーズ	151	593	91	145	24	1	33	83	58	103	3	0	.317	.772	.245
2023	レンジャーズ	119	477	88	156	42	0	33	96	49	88	2	1	.390	1.013	.327
通算成績		906	3489	573	1019	230	13	170	543	362	692	17	7	.361	.873	.292

フリースインガーを卒業してから大化け ライト

53 アドリス・ガルシア
Adolis Garcia

31歳 1993.3.2生｜185cm｜92kg｜右投右打

- ◆対左投手打率／.244(127-31)　◆対右投手打率／.245(428-105)
- ◆ホーム打率／.271(273-74)　◆アウェー打率／.220(282-62)
- ◆得点圏打率／.270(159-43)
- ◆23年のポジション別出場数／ライト=135、センター=8、DH=7
- ◆ドラフトデータ／2017㊿カーディナルス
- ◆出身地／キューバ
- ◆年俸／475万ドル（約6億6500万円）
- ◆ゴールドグラブ賞1回(23年)

ミート **2**
パワー **5**
走塁 **5**
守備 **5**
肩 **5**

レンジャーズ

　キューバ出身の遅咲きのスラッガー。昨年、打者としてさらに進化し、本塁打(39)、得点(108)、打点(107)は、いずれもアメリカン・リーグで2位だった。とくにポストシーズンでは圧巻の働きを見せ、15試合の出場で8本塁打、22打点を叩き出している。8本塁打の中には、ダイヤモンドバックスとのワールドシリーズ初戦で延長11回裏に放ったサヨナラホームランのような、値千金の一発もあった。その一方で昨季はライトの守備でも冴えを見せ、初めてゴールドグラブ賞を受賞している。

　2016年、日本への野球選手輸出ビジネスに注力していたキューバ政府が、同国きっての有望株だとして読売巨人軍へ売り込み、移籍が実現。しかし、パワー、スピード、肩はどれも最高レベルだが、フリースインガーで、選球眼もお粗末なため、緻密なNPBの野球で活躍できるはずもなく、1軍では7打数無安打、2軍でも変化球に翻弄され、打率は2割3分4厘だった。それに加え、日本のステーキに拒絶反応を示すなど、ほかのキューバ選手に見られない行動も多く、巨人軍が4カ月で解雇。フランス経由で、キューバに帰国することになった。

　ところが、「キューバ野球選手密輸ビジネス」を手掛ける連中に取り込まれていたようで、パリの空港でのトランジットの際、キューバ行きではなく、ドミニカ行きの便に搭乗して、亡命を成功させた。翌17年2月、カーディナルスに契約金250万ドルのマイナー契約で入団し、米国での成功を目指した。しかし、すぐにフリースインガーを卒業することはできず、20年まではほとんどマイナーで過ごした。その間にカーディナルスから見切りをつけられ、レンジャーズに移籍したが、20年にマイナーのコーチ陣の助言を受けながら打撃改造を行ったことが功を奏し、翌21年にブレイクした。

カモ P・ブラックバーン(アスレティックス).1.000(4-4)1本　K・ウォルディチャク(アスレティックス).600(5-3)1本
苦手 C・ハヴィエア(アストロズ).118(17-2)0本　C・バシット(ブルージェイズ).077(13-1)0本

年度	所属チーム	試合数	打数	得点	安打	二塁打	三塁打	本塁打	打点	四球	三振	盗塁	盗塁死	出塁率	OPS	打率
2018	カーディナルス	21	17	3	2	1	0	0	1	0	7	0	0	.118	.294	.118
2020	レンジャーズ	3	6	0	0	0	0	0	0	1	4	0	0	.143	.143	.000
2021	レンジャーズ	149	581	77	141	26	2	31	90	32	194	16	5	.286	.740	.243
2022	レンジャーズ	156	605	88	151	34	5	27	101	40	183	25	6	.300	.756	.250
2023	レンジャーズ	148	554	108	136	29	0	39	107	65	175	9	1	.328	.836	.245
通算成績		477	1764	276	430	90	7	97	299	138	563	50	12	.302	.770	.244

チームリーダーとしても重要なリードオフマン セカンド

2 マーカス・シミエン
Marcus Semien

34歳 1990.9.17生 183cm 88kg 右投右打
◆対左投手打率／.283(187-53) ◆対右投手打率／.273(483-132)
◆ホーム打率／.292(329-96) ◆アウェー打率／.261(341-89)
◆得点圏打率／.322(143-46)
◆23年のポジション別出場数／セカンド=162
◆ドラフトデータ／2011⑥ホワイトソックス
◆出身地／カリフォルニア州
◆年俸／2600万ドル（約36億4000万円）
◆ゴールドグラブ賞1回(21年)、シルバースラッガー賞2回(21、23年)

ミート **4**
パワー **5**
走塁 **4**
守備 **5**
肩 **4**

　初めてMVPの最終候補になったが、受賞はならなかった鉄人二塁手。昨季は連日リードオフマンとして起用され、メジャーリーグ最多の185安打を記録し、チャンスメーカーとしてフルに機能した。その一方で長打も途切れることなく出て、打点も最終的に3ケタの数字になった。セカンドの守備は、守備範囲が少し広くなったためDRS（守備で防いだ失点）が16もあり、ゴールドグラブ賞の最終候補になったが、DRSが23あるアンドレス・ヒメネス（ガーディアンズ）に持っていかれた。

　最近はチームリーダーとしても重要な存在。レンジャーズは優秀な若手が次々に台頭しているが、天性のリーダーの資質を備え、面倒見もいいシミエンは積極的に彼らに話しかけて、相談に乗っている。ジョシュ・ヤングをかわいがっていて、ベンチでよく話し込んでいる。ゲームでは斬り込み隊長のような存在でもあるため、死球のぶつけ合いになったときは真っ先に狙われる。昨年7月27日のアストロズ戦では、フランバー・ヴァルデスの豪速球が肩を直撃し、痛い思いをしたので、打席に入った際、相手捕手マルドナードに「このゲーム、こっちの勝ちだ」と挑発したところ、トゲのある言葉の応酬になり、両軍入り乱れての乱闘に発展した。

　妻タラーさんとは、高校と大学が一緒。大学時代はシミエンが野球で、彼女はバレーボールで活躍。大学卒業後は、海外のプロバレーボール・リーグで活躍したこともある。子供は男ばかり3人だったが、プレーオフ期間中の昨年10月に、待望の女の赤ちゃんが誕生した。

カモ H・ブラウン(アストロズ).556(9-5)0本　J・アーキーディー(アストロズ).389(18-7)2本
苦手 L・ギルバート(マリナーズ).087(23-2)0本　大谷翔平(ドジャース).200(20-4)0本

年度	所属チーム	試合数	打数	得点	安打	二塁打	三塁打	本塁打	打点	四球	三振	盗塁	盗塁死	出塁率	OPS	打率
2013	ホワイトソックス	21	69	7	18	4	0	2	7	1	22	2	2	.268	.674	.261
2014	ホワイトソックス	64	231	30	54	10	2	6	28	21	70	3	0	.300	.672	.234
2015	アスレティックス	155	556	65	143	23	7	15	45	42	132	11	5	.310	.715	.257
2016	アスレティックス	159	568	72	135	27	2	27	75	51	139	10	2	.300	.735	.238
2017	アスレティックス	85	342	53	85	19	1	10	40	38	85	12	1	.325	.723	.249
2018	アスレティックス	159	632	89	161	35	2	15	70	61	131	14	6	.318	.706	.255
2019	アスレティックス	162	657	123	187	43	7	33	92	87	102	10	8	.369	.891	.285
2020	アスレティックス	53	211	28	47	9	1	7	23	25	50	4	0	.305	.679	.223
2021	ブルージェイズ	162	652	115	173	39	2	45	102	66	146	15	1	.334	.872	.265
2022	レンジャーズ	161	657	101	163	31	5	26	83	54	120	25	8	.304	.733	.248
2023	レンジャーズ	162	670	122	185	40	4	29	100	72	110	14	3	.348	.826	.276
通算成績		1343	5245	805	1351	280	33	215	665	517	1107	120	36	.325	.772	.258

野 手

ゴールドグラブ賞は大きな勲章　キャッチャー

28 ジョナ・ハイム Jonah Heim

29歳 1995.6.27生｜193cm｜99kg｜右投両打 ◆盗塁阻止率／.275(80-22)

◆対左投手打率／.325 ◆対右投手打率／.243　ミート **4**

◆ホーム打率／.261 ◆アウェー打率／.255 ◆得点圏打率／.375　パワー **5**

◆23年のポジション別出場数／キャッチャー＝124、DH＝8　走塁 **2**

◆Ⓓ2013④オリオールズ ◆Ⓔ ニューヨーク州　守備 **5**

◆Ⓨ305万ドル（約4億2700万円） ◆ゴールドグラブ賞1回（23年）　肩 **5**

　キャッチャー出身のボウチー監督が全幅の信頼を置く、メジャー屈指の捕手に成長した逸材。打撃面のウリは、パワーと勝負強さを併せ持つこと。昨季は得点圏打率3割7分5厘が示すようによくタイムリーが出て、95打点をマーク。これはメジャーの捕手ではトップの数字だ。大谷翔平から満塁本塁打を打った唯一の打者として知られるが、昨年も満塁の場面にめっぽう強く、打率4割4分4厘（18-8）で満塁弾を2本記録。守備では初めてゴールドグラブ賞に輝いた。盗塁阻止率27.5%（80-22）は、アメリカン・リーグのレギュラー級捕手ではトップの数字。フレーミングの能力を得点換算した「捕手フレーミング・ランズ」の数値も、メジャーリーグ全体で3番目に良かった。

カモ 大谷翔平（ドジャース）.412(17-7)1本　苦手 Z・ギャレン（ダイヤモンドバックス）.000(8-0)0本

年度	所属チーム	試合数	打数	得点	安打	二塁打	三塁打	本塁打	打点	四球	三振	盗塁	盗塁死	出塁率	OPS	打率
2020	アスレティックス	13	38	5	8	0	0	0	5	3	3	0	0	.268	.479	.211
2021	レンジャーズ	82	265	22	52	13	0	10	32	15	58	3	1	.239	.597	.196
2022	レンジャーズ	127	406	51	92	20	1	16	48	41	87	2	0	.298	.697	.227
2023	レンジャーズ	131	457	61	118	28	0	18	95	40	96	2	1	.317	.755	.258
通算成績		353	1166	139	270	61	1	44	180	99	244	7	1	.292	.691	.232

変化球への対応力がつけば、主砲に成長可能　サード

6 ジョシュ・ヤング Josh Jung

26歳 1998.2.12生｜188cm｜96kg｜右投右打

◆対左投手打率／.327 ◆対右投手打率／.247　ミート **4**

◆ホーム打率／.271 ◆アウェー打率／.260 ◆得点圏打率／.252　パワー **5**

◆23年のポジション別出場数／サード＝121　走塁 **2**

◆Ⓓ2019①レンジャーズ ◆Ⓔ テキサス州　守備 **4**

◆Ⓨ74万ドル（約1億360万円）＋α　肩 **4**

　早くも毎年25～30本塁打を期待できる打者に成長した、パワーと天性の打撃センスを併せ持つ三塁手。昨季は左手親指の骨折で42日間IL入りし、122試合の出場にとどまったが、それがなければ27～30本塁打、80～90打点くらいの数字を出していた可能性が高い。打撃面の長所はたくさんあるが、煎じ詰めれば、以下の5点になる。①広角に飛距離が出る、②スイングスピードが速い、③動体視力がいい、④速球にめっぽう強い、⑤大きな故障歴がない、など。その一方で、①変化球への対応力が低い、②スピードに欠ける、といった弱点もある。サードの守備面の長所は、①球際に強い、②グラブさばきがうまい。③強肩で送球も正確、④ベアハンドキャッチがうまく、崩れた体勢から送球できる、といった点だ。その一方で、守備範囲の広さはイマイチ。

カモ R・ブランコ（アストロズ）1.000(3-3)1本　苦手 R・デトマーズ（エンジェルス）.000(10-0)0本

年度	所属チーム	試合数	打数	得点	安打	二塁打	三塁打	本塁打	打点	四球	三振	盗塁	盗塁死	出塁率	OPS	打率
2022	レンジャーズ	26	98	9	20	4	1	5	14	4	39	2	0	.235	.653	.204
2023	レンジャーズ	122	478	75	127	25	1	23	70	30	151	1	3	.315	.782	.266
通算成績		148	576	84	147	29	2	28	84	34	190	3	3	.301	.759	.255

Ⓓ＝ドラフトデータ　Ⓔ＝出身地　Ⓨ＝年俸

レンジャーズ

30 母ウェンディさんの病状を気にしつつプレー

ナサニエル・ロウ *Nathaniel Lowe* ファースト

29歳 1995.7.7生｜193cm｜99kg｜右投左打 対左.223 対右.279 ⑦.270 ⑦.253
得.264 ⑪2016③レイズ 出ヴァージニア州 年750万ドル(約10億5000万円)
◆ゴールドグラブ賞1回(23年),シルバースラッガー賞1回(22年)

ミ 4
パ 5
走 2
守 4
肩 3

　ゴールドグラブ賞を初受賞した一塁手。昨季はチャンスに結果を出せず、フラストレーションがたまっていたが、6月に弟ジョシュがいるレイズとの対戦があり、遠路観戦に来た両親の前で、兄弟対決を見せることができた。両親は、今度はポストシーズンで対戦したら見に来ると言っていたが、10月のワイルドカードシリーズでレンジャーズがレイズと対戦した際、客席に両親の姿はなかった。実は母ウェンディさんに脳腫瘍が見つかり、つらい抗癌剤治療に入っていたのだ。母の状態が気になるロウは、ポストシーズン中、付き添いをしている父に頻繁に電話を入れ、容態を確認していた。

年度	所属チーム	試合数	打数	得点	安打	二塁打	三塁打	本塁打	打点	四球	三振	盗塁	盗塁死	出塁率	OPS	打率
2023	レンジャーズ	161	623	89	163	38	3	17	82	93	165	1	0	.360	.774	.262
通算成績		546	1992	272	544	98	9	73	260	243	552	12	2	.355	.796	.273

32 オールスター級に成長するのは確実な逸材

エヴァン・カーター *Evan Carter* レフト センター ルーキー

22歳 2002.8.29生｜188cm｜86kg｜右投左打 対左.000 対右.365 ⑪.333 ⑦.289
得.300 ⑪2020②レンジャーズ 出テネシー州 年74万ドル(約1億360万円)+α

ミ 5
パ 4
走 5
守 4
肩 3

　新人王の有力候補と目されている才能の宝庫のような外野手。昨年9月8日にメジャーデビュー。23試合で3割超えの打率と5本塁打を記録。ポストシーズンにも全17試合に先発出場し、打率3割と二塁打9本を記録した。ウリは、選球眼の良さ。タイミングを外すことを狙った変化球にも強く、うまく合わせて広角に弾き返す。今後、筋トレでパワーアップすれば、毎年20本以上期待できる打者になるだろう。弱点は、インサイドに来た快速球にうまく対応できないこと。外野守備は、フライ打球の軌道を的確に読み、守備範囲も広いため、センターで使うと生きるタイプ。

年度	所属チーム	試合数	打数	得点	安打	二塁打	三塁打	本塁打	打点	四球	三振	盗塁	盗塁死	出塁率	OPS	打率
2023	レンジャーズ	23	62	15	19	4	1	5	12	12	24	3	0	.413	1.058	.306
通算成績		23	62	15	19	4	1	5	12	12	24	3	0	.413	1.058	.306

20 昨季は内野4ポジションと外野両翼で出場

エゼキエル・ドゥラン *Ezequiel Duran* ユーティリティ

25歳 1999.5.22生｜180cm｜83kg｜右投右打 対左.273 対右.277 ⑪.301 ⑦.252
得.192 ⑪2017⑦ヤンキース 出ドミニカ 年74万ドル(約1億360万円)+α

ミ 3
パ 5
走 5
守 2
肩 5

　バットで貢献するタイプのスーパー・ユーティリティ。ヤンキースがドミニカで発掘し、タダ同然(1万ドル)の契約金で入団させた掘り出し物。その後、ヤンキースのマイナーでパワーヒッターに成長し、2021年7月のトレードでレンジャーズに移籍。本来のポジションはショートだが、シーガーの加入により、22年6月のメジャーデビュー後は、長打力を生かすためにも、ポジション日替わりで打線に名をつらねている。打者としての長所は、スイングスピードの速さと、変化球への対応力の高さ。守備は、グラブさばきはうまいが、守備範囲がイマイチで、悪送球も多い。

年度	所属チーム	試合数	打数	得点	安打	二塁打	三塁打	本塁打	打点	四球	三振	盗塁	盗塁死	出塁率	OPS	打率
2023	レンジャーズ	122	406	55	112	22	2	14	46	23	120	8	4	.324	.767	.276
通算成績		180	614	80	161	32	3	19	71	35	174	12	5	.309	.726	.262

対左=対左投手打率　対右=対右投手打率　⑪=ホーム打率　⑦=アウェー打率　得=得点圏打率
⑪=ドラフトデータ　出=出身地　年=年俸

ライト級からミドル級の打者に成長

3 リオディ・タヴェラス *Leody Taveras* センター

26歳 1998.9.8生 | 188cm | 88kg | 右投両打 対左.241 対右.275 困.285 ⑦.250 圏.237 ⑤2015外レンジャーズ 田ドミニカ 甲225万ドル（約3億5700万円）

ミ3
バ3
走5
守4
肩4

「貧打の９番打者」というイメージは過去のものになった快足外野手。筋トレに励んだ成果が出て、昨季は格段にパワーアップ。投手がなめてかかると、手痛いしっぺ返しを食うことが多くなった。それを象徴するのが昨年のリーグ優勝決定シリーズ第1戦で、ヴァーランダーのスライダーをライト席に運んだ一発だった。守備ではセンターに固定され、守備範囲の広さ、フライの軌道を読む能力は「中の上」レベル。外野の守備の要としても重要になっており、レフトとライトにボディランゲージで指示を送りながら、見事に統率している。盗塁のエキスパートでもある。

年度	所属チーム	試合数	打数	得点	安打	二塁打	三塁打	本塁打	打点	四球	三振	盗塁	盗塁死	出塁率	OPS	打率
2023	レンジャーズ	143	511	67	136	31	3	14	67	35	117	14	4	.312	.733	.266
通算成績		324	1118	140	273	57	8	26	116	79	308	43	10	.295	.674	.244

発案したパフォーマンスが日本でも人気に

12 アンドルー・キズナー *Andrew Knizner* キャッチャー 移籍

29歳 1995.2.3生 | 185cm | 101kg | 右投右打 ◆盗塁阻止率／.103(58-6) 対左.197 対右.264 困.261 ⑦.220 圏.196 ⑤2016⑦カーディナルス 田ヴァージニア州 甲183万ドル（約2億5620万円）

ミ2
バ2
走2
守3
肩3

カーディナルスをFAになり、１年契約で加入したバックアップ捕手。2022年まではレジェンド捕手ヤディアー・モリナの、昨季はウィルソン・コントレラスのバックアップを務めた。守備面は、ボールブロックは平均レベルだが、フレーミングはイマイチ。打撃面では昨季、自身初の２ケタ本塁打をマークした。昨季は、第２捕手では多めの63試合で先発マスクをかぶっているが、これはコントレラスが、捕手としての能力を疑問視されたため。カーディナルスのラーズ・ヌートバーが侍ジャパンに持ち込み、日本でも有名になったペッパーミル・パフォーマンスの発案者。

年度	所属チーム	試合数	打数	得点	安打	二塁打	三塁打	本塁打	打点	四球	三振	盗塁	盗塁死	出塁率	OPS	打率
2023	カーディナルス	70	224	30	54	11	0	10	31	12	62	2		.288	.712	.241
通算成績		256	714	84	154	31	0	17	76	62	182	4	1	.290	.621	.216

クセモノ・タイプの名脇役に成長する可能性

8 ジョシュ・H・スミス *Josh H. Smith* サード ショート レフト

27歳 1997.8.7生 | 178cm | 77kg | 右投左打 対左.120 対右.194 困.141 ⑦.218 圏.164 ⑤2019②ヤンキース 田ルイジアナ州 甲74万ドル（約1億360万円）+α

ミ3
バ2
走4
守4
肩3

メジャー３年目を迎える、内野外野兼用のユーティリティ。ベンチスタートになったときは試合の流れをしっかり観察しているので、代打で起用されると、自分に課された役目を手際よくこなし、中途半端にアウトになることがない。ウッドワード前監督は「一歩先んじることが重要な場面で役に立つタイプ」と評している。打者としてはボール球に手を出すことは稀で、完成度が高い。マイナー時代に結婚した妻クレアさんは、文才に恵まれたブロンド美人。夫がその時々で直面する問題を率直に書きつづってインスタグラムに投稿するので、レンジャーズファンに人気。

年度	所属チーム	試合数	打数	得点	安打	二塁打	三塁打	本塁打	打点	四球	三振	盗塁	盗塁死	出塁率	OPS	打率
2023	レンジャーズ	90	195	29	36	8	1	6	15	25	55	1	0	.304	.632	.185
通算成績		163	408	52	78	13	1	8	31	53	105	5	3	.306	.593	.191

レンジャーズ

昨年のチーム盗塁王。成功率は95％！

16 トラヴィス・ジャンコウスキー *Travis Jankowski* 外野手

33歳 1991.6.15生｜188cm／86kg｜右投左打 対左.214 対右.269 ホ.260 ア.267
得.300 ⑫2012①パドレス 田ペンシルヴァニア州 年170万ドル（約2億3800万円）

ミ 3
バ 2
走 5
守 4
肩 3

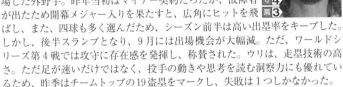

昨季レンジャーズで、自身5年ぶりに、100試合以上に出場した外野手。昨年当初はマイナー契約だったが、故障者が出たため開幕メジャー入りを果たすと、広角にヒットを飛ばし、また、四球も多く選んだため、シーズン前半は高い出塁率をキープした。しかし、後半スランプとなり、9月には出場機会が大幅減。ただ、ワールドシリーズ第4戦では攻守に存在感を発揮し、称賛された。ウリは、走塁技術の高さ。ただ足が速いだけではなく、投手の動きや思考を読む洞察力にも優れているため、昨季はチームトップの19盗塁をマークし、失敗は1つしかなかった。

年度	所属チーム	試合数	打数	得点	安打	二塁打	三塁打	本塁打	打点	四球	三振	盗塁	盗塁死	出塁率	OPS	打率
2023	レンジャーズ	107	247	34	65	12	1	1	30	35	42	19	1	.357	.689	.263
通算成績		577	1317	193	317	47	10	10	84	161	317	91	24	.327	.641	.241

スーパーサブ向きの試合巧者

36 ジョナサン・オルネラス *Jonathan Ornelas* ユーティリティ ルーキー

24歳 2000.5.26生｜183cm／88kg｜右投右打 対左.000 対右.500 ホ.000 ア.167
得.000 ⑫2018③レンジャーズ 田アリゾナ州 年74万ドル（約1億360万円）＋α

ミ 2
バ 2
走 3
守 4
肩 4

グラブで貢献するタイプの内野のユーティリティ。守備では、ショートを守ってもセカンドを守ってもファーストステップが速く、グラブさばきもうまい。肩の強さもトップクラスなので、ショートで使うと一番生きるタイプだ。クラッチ・ディフェンダーで、ショートの守備ではチームのピンチを救うスーパープレーをしばしば見せる。ダブルプレーを完成させる能力も高い。打撃は、早打ちをしないため出塁率は高いが、パワーはイマイチ。セカンドにシミエン、ショートにシーガーがいるので、球団は内野と外野のすべてをカバーするユーティリティとして育成する方針。

年度	所属チーム	試合数	打数	得点	安打	二塁打	三塁打	本塁打	打点	四球	三振	盗塁	盗塁死	出塁率	OPS	打率
2023	レンジャーズ	8	7	2	1	0	0	0	0	0	4	0	0	.250	.393	.143
通算成績		8	7	2	1	0	0	0	0	0	4	0	0	.250	.393	.143

56 ジャスティン・フォスキュー *Justin Foscue* セカンド／サード 期待度 B ルーキー

25歳 1999.3.2生｜180cm／92kg｜右投右打 ◆昨季は3Aでプレー ⑫2020①レンジャーズ 田アラバマ州

メジャーでフル出場すれば、20本塁打を期待できる内野手。選球眼が良く、当てるのもうまいので、三振が少なく、出塁率が高い。変化球への対応力も上々だ。守備は、肩の強さがイマイチなため、セカンド向き。レンジャーズは内野に人材がひしめいており、メジャーではレフトで使われる可能性も。

67 ダスティン・ハリス *Dustin Harris* レフト／ファースト 期待度 B ルーキー

25歳 1999.7.8生｜190cm／83kg｜右投左打 ◆昨季は2A、3Aでプレー ⑫2019⑪アスレティックス 田フロリダ州

バットと足で貢献するタイプのユーティリティとして、メジャー入りを目指す成長株。ウリは、選球眼の良さ。四球をたくさん選べるため、高い出塁率を期待できる。昨季は2Aと3Aで併せて41盗塁を記録しており、塁に出ると、足で相手にプレッシャーをかけられる。守備力と肩は「中の下」レベル。

対左＝対左投手打率　対右＝対右投手打率　ホ＝ホーム打率　ア＝アウェー打率　得＝得点圏打率
⑫＝ドラフトデータ　田＝出身地　年＝年俸

シアトル・マリナーズ

◆創　立：1977年
◆本拠地：ワシントン州シアトル市

◆ワールドシリーズ制覇：0回／◆リーグ優勝：0回
◆地区優勝：3回／◆ワイルドカード獲得：2回

主要オーナー ジョン・スタントン（実業家）

過去5年成績

年度	勝	負	勝率	ゲーム差	地区順位	ポストシーズン成績
2019	68	94	.420	39.0	⑤	―
2020	27	33	.450	9.0	③	―
2021	90	72	.556	5.0	②	―
2022	90	72	.556	16.0	②	地区シリーズ敗退
2023	**88**	**74**	**.543**	**2.0**	**③**	―

監　督 **9 スコット・サーヴィス** *Scott Servais*

◆年　　齢 …………57歳（ウィスコンシン州出身）
◆現役時代の経歴 … 11シーズン
（キャッチャー）　アストロズ（1991〜95）、カブス（1995〜98）、
　　　　　　　　　ジャイアンツ（1999〜2000）、
　　　　　　　　　ロッキーズ（2000）、アストロズ（2001）
◆現役通算成績 …… 820試合　.245　63本　319打点
◆監督経歴 ………… 8シーズン　マリナーズ（2016〜）
◆通算成績 ………… 616勝578敗（勝率.516）

　監督9年目のシーズンを迎える、捕手出身の監督。監督通算616勝は、マリナーズの歴代監督の中で2番目に多い数字だ。昨季は2年連続のポストシーズン進出を期待されたが、あと一歩、及ばなかった。メジャーの試合では昨季より、投球間に制限時間を設ける「ピッチクロック」が導入されたが、シーズン前からこの新ルールに歓迎の意を表していた。「ピッチクロック」への注意を徹底させたのか、マリナーズ投手陣のピッチクロック違反は30球団最少だった。

注目コーチ ━ **ブラント・ブラウン** *Brant Brown*

　新ベンチコーチ。53歳。ドジャースの打撃コーチを経て、昨季はマーリンズで打撃コーチを務めた。サーヴィス監督とは、現役時代にチームメートだったことがある。

編成責任者 **ジェリー・ディポート** *Jerry Dipoto*

　56歳。エンジェルスの編成トップを務めていた2015年、監督やオーナーたちと対立してチームを去ると、その直後、マリナーズに雇われた。元メジャーのリリーフ投手。

スタジアム **T-モバイル・パーク** *T-Mobile Park*

◆開場年…………1999年
◆仕　様…………天然芝,開閉式屋根付き
◆収容能力…………47,929人
◆フェンスの高さ…2.4m
◆特　徴…………投手に有利な球場。球場に流れ込む湿った空気の影響でボールが飛びにくい。昨季のマリナーズのチーム防御率は、ホームが3.42、アウェーが4.07だった。命名権を持つ「T-モバイルUS社」は、アメリカの三大携帯電話会社の1つ。

ピッチャーズパーク

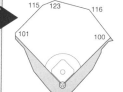

115　123　116
101　　　　100

209

Best Order [ベストオーダー]

① **J.P.クロフォード**……ショート
② **フリオ・ロドリゲス**……センター
③ **ホルヘ・ポランコ**……セカンド
④ **ミッチ・ガーヴァー**……DH
⑤ **キャル・ローリー**……キャッチャー
⑥ **タイ・フランス**……ファースト
⑦ **ルーク・レイリー**……ライト
⑧ **ミッチ・ハニガー**……レフト
⑨ **ジョシュ・ロハス**……サード

Depth Chart [ポジション別選手層・メンバーリスト]

※2024年2月25日時点の候補選手。数字は背番号（開幕前に変更する場合もあり）、右・左等は投・打の順。

センター
44 **フリオ・ロドリゲス [右・右]**
25 ディラン・ムーア [右・右]
0 サム・ハガティ [右・両]
2 ケイド・マーロウ [右・左]

レフト
17 **ミッチ・ハニガー [右・右]**
2 ケイド・マーロウ [右・左]
0 サム・ハガティ [右・両]
8 ドミニック・キャンゾーン [右・左]

ライト
20 **ルーク・レイリー [右・左]**
17 ミッチ・ハニガー [右・右]
0 サム・ハガティ [右・両]
8 ドミニック・キャンゾーン [右・左]

ショート
3 **J.P.クロフォード [右・左]**
25 ディラン・ムーア [右・右]
16 ルイス・ウリーアス [右・右]

セカンド
7 **ホルヘ・ポランコ [右・両]**
4 ジョシュ・ロハス [右・左]
0 サム・ハガティ [右・両]
25 ディラン・ムーア [右・右]

ローテーション
58 ルイス・カスティーヨ [右・右]
68 ジョージ・カービー [右・右]
36 ローガン・ギルバート [右・右]
50 ブライス・ミラー [右・右]
22 ブライアン・ウー [右・右]
62 エマーソン・ハンコック [右・右]

サード
4 **ジョシュ・ロハス [右・左]**
25 ディラン・ムーア [右・右]
16 ルイス・ウリーアス [右・右]

ファースト
23 **タイ・フランス [右・右]**
20 ルーク・レイリー [右・左]

キャッチャー
29 **キャル・ローリー [右・両]**
18 ミッチ・ガーヴァー [右・右]

DH
18 **ミッチ・ガーヴァー [右・右]**
17 ミッチ・ハニガー [右・右]
7 ホルヘ・ポランコ [右・両]

ブルペン
75 アンドレス・ムニョス [右・右] CL
47 マット・ブラッシュ [右・右]
55 ゲイブ・スパイアー [左・左]
60 テイラー・サウセード [左・右]
70 タイ・アドコック [右・右]
37 ジャクソン・コーワー [右・右]
46 トレント・ソーントン [右・右]
48 グレゴリー・サントス [右・右]
30 オースティン・ヴォース [右・右]
52 コリン・スナイダー [右・右]

※CL＝クローザー

マリナーズ試合日程……＊はアウェーでの開催

3月28・29・30・31	レッドソックス	29・30・**5月**1	ブレーブス	31・**6月**1・2	エンジェルス
4月1・2・3	ガーディアンズ	3・4・5	アストロズ＊	4・5・6	アスレティックス＊
5・6・7	ブリュワーズ＊	6・7・8・9	ツインズ＊	7・8・9	ロイヤルズ＊
8・9・10	ブルージェイズ＊	10・11・12	アスレティックス	10・11・12・13	ホワイトソックス
12・13・14	カブス	13・14・15	ロイヤルズ	14・15・16	レンジャーズ
15・16・17	レッズ	17・18・19	オリオールズ＊	18・19・20	ガーディアンズ＊
19・20・21	ロッキーズ＊	20・21・22・23	ヤンキース＊	21・22・23	マーリンズ＊
23・24・25	レンジャーズ＊	24・25・26	ナショナルズ＊	24・25・26	レイズ＊
26・27・28	ダイヤモンドバックス	27・28・29・30	アストロズ	28・29・30	ツインズ

球団メモ 昨季は、シーズン半ばまで勝率5割前後をうろうろしていたが、8月に月間勝利数の球団記録21勝をマーク。9月に失速するも、ポストシーズン進出を果たした。

■投手力➡️…★★★★🔽 【昨年度チーム防御率3.74、リーグ1位】

　今シーズンのローテーションは、カスティーヨ、カービー、ギルバート、ミラー、ウーの5人。ミラーとウーは急成長しているので、平均レベルの得点援護があれば、全員が勝ち越す可能性はある。ブルペンは2、3年前のようにリリーフ王国と呼べるものではなくなったが、8回ブラッシュ、9回ムニョスの逃げ切りリレーは、トップレベルの実力を持つと言える。

■攻撃力🔼…★★★🔽🔽 【昨年度チーム得点758、リーグ7位】

　打線は大幅な入れ替えがあり、今シーズンはテオスカー・ヘルナンデス、スアレス、ケルニック、トム・マーフィーが抜けて、ポランコ、ガーヴァー、ハニガー、レイリーが入った。これによって、ホームランが20〜30本増え、昨シーズンは異様に多かった三振が大幅に減ることも期待される。

■守備力🔽…★★★★🔽 【昨年度チーム失策数73、リーグ5位】

　守備におけるマリナーズの最大の弱点はセカンドだった。アダム・フレージャーを試し、コルテン・ウォンも使ったが、ダメだった。それだけに、ポランコ獲得で、この問題に一気にけりをつけられたことは、大きな意味を持つ。ハニガーが2年ぶりに復帰してレフトに入ることも、プラス要素だ。

■機動力🔽…★★🔽🔽🔽 【昨年度チーム盗塁数118、リーグ5位】

　昨季のチーム盗塁王は、ロドリゲスで37盗塁。2番目に多かったカバイェロ、3番目に多かったケルニックは、オフにチームを去っている。サーヴィス監督は、盗塁には積極的だが、送りバントのサインはほとんど出さない。

マリナーズ

総合 評価 🔼	ディポートGMが、粘り強く立ち回って、欲しい選手を手に入れた。昨年も戦力では、アストロズ、レンジャーズと差がなかったが、オフの補強で優位に立ったように見える。スロースターターを解消することができれば、大勝ちする可能性がある。
★★★★☆	

IN 主な入団選手
投手
グレゴリー・サントス ⬅ホワイトソックス
野手
ホルヘ・ポランコ ⬅ツインズ
ルーク・レイリー ⬅レイズ
ミッチ・ハニガー ⬅ジャイアンツ
ミッチ・ガーヴァー ⬅レンジャーズ
ルイス・ウリーアス ⬅レッドソックス

OUT 主な退団選手
投手
マルコ・ゴンザレス ➡パイレーツ
ジャスティン・トーパ ➡ツインズ
野手
テオスカー・ヘルナンデス ➡ドジャース
エウヘイニオ・スアレス ➡ダイヤモンドバックス
ホセ・カバイェロ ➡レイズ
ジャレッド・ケルニック ➡ブレーブス

7月2·3·4	オリオールズ	**8**月2·3·4	フィリーズ	2·3·4·5	アスレティックス*
5·6·7	ブルージェイズ	6·7·8	タイガース	6·7·8	カーディナルス*
9·10	パドレス*	9·10·11	メッツ	10·11	パドレス
11·12·13·14	エンジェルス*	13·14·15	タイガース*	12·13·14·15	レンジャーズ
16	オールスターゲーム	16·17·18	パイレーツ*	17·18·19	ヤンキース
19·20·21	アストロズ	19·20·21	ドジャース	20·21·22	レンジャーズ*
22·23·24	エンジェルス	23·24·25	ジャイアンツ	23·24·25	アストロズ*
26·27·28	ホワイトソックス*	26·27·28	レイズ	27·28·29	アスレティックス
29·30·31	レッドソックス*	30·31·**9**月1	エンジェルス*		

球団 メモ	一昨年、昨年と、打者が受けた死球数は2年連続でリーグトップ。昨年の死球数111はメジャー全体でもトップだった。なお、昨年の最少は、オリオールズの45。	211

サイ・ヤング賞投票で5位になったエース　先 発

58 ルイス・カスティーヨ
Luis Castillo

32歳｜1992.12.12生｜188cm｜90kg｜右投右打

◆速球のスピード／150キロ台中頃（フォーシーム、ツーシーム）
◆決め球と持ち球／☆フォーシーム、◎スライダー、
　◎シンカー、○チェンジアップ
◆対左打者被打率／.229　◆対右打者被打率／.205
◆ホーム防御率／3.09　◆アウェー防御率／3.62
◆ドラフトデータ／2011⑦ジャイアンツ
◆出身地／ドミニカ
◆年俸／2275万ドル（約31億8500万円）

球威	5
制球	4
緩急	4
守備・制	3
度胸	3

　昨年、防御率、奪三振数、イニング数、勝ち星のすべてでアメリカン・リーグの5位以内に入った先発右腕。開幕投手としてスタートした昨季は出だし好調で、最初の2試合は無失点。その後は波のある展開になったが、1度も故障せずにフルシーズン、ローテーションの柱として機能した。

　最も気合が入ったのが、大谷翔平と投げ合った6月10日のエンジェルス戦。その前の3試合は19イニングで失点がわずか1と絶好調で、この日も初回からフォーシームがよく走り、序盤から危なげないピッチングを見せていた。しかし、3回裏2死からウォードがショートのエラーで出塁。次打者大谷が打席に入ったため、ひと呼吸置いて投球動作に移ると、ピッチクロック違反でワンボール。これで動揺したのか、次に投じたサークルチェンジが浮いて、大谷に飛距離134メートルの特大アーチをセンターに叩き込まれた。次の打席でも2死一塁の場面で大谷に二塁打を打たれ2死二、三塁となったが、次打者トラウトを三振に切って取り、ピンチを切り抜けた。トラウトをスライダーでしとめたあと、なぜか二塁走者の大谷に向かって、拳を突き上げるようにして笑顔でガッツポーズをしたため、そのシーンは「カスティーヨ、大谷に呪いをかける」というタイトル付きで、「YouTube」で拡散され、膨大な数の人間がそれを見た。

　以前はチェンジアップの空振り率が毎年40％を超え、チェンジアップの使い手の代表格と見なされていた。だが、昨年は落ちが悪くなったため多投しなくなり、代わりにスライダーをメインの変化球にするようになった。

　妻エラニーさんと正式に結婚したのは2019年だが、マイナーにいた15年頃から事実婚状態で、今年6歳と4歳になる娘がいる。

カモ M・トラウト（エンジェルス）.000（10-0）0本　A・ブレグマン（アストロズ）.091（11-1）0本
苦手 A・レンドーン（エンジェルス）.444（9-4）2本　大谷翔平（ドジャース）.364（11-4）1本

年度	所属チーム	勝利	敗戦	防御率	試合数	先発	セーブ	投球イニング	被安打	失点	自責点	被本塁打	与四球	奪三振	WHIP
2017	レッズ	3	7	3.12	15	15	0	89.1	64	32	31	15	32	98	1.07
2018	レッズ	10	12	4.30	31	31	0	169.2	158	89	81	28	49	165	1.22
2019	レッズ	15	8	3.40	32	32	0	190.2	139	76	72	22	79	226	1.14
2020	レッズ	4	6	3.21	12	12	0	70.0	62	31	25	5	24	89	1.23
2021	レッズ	8	16	3.98	33	33	0	187.2	181	94	83	19	75	192	1.36
2022	レッズ	4	4	2.86	14	14	0	85.0	63	30	27	7	28	90	1.07
2022	マリナーズ	4	2	3.17	11	11	0	65.1	55	26	23	6	17	77	1.10
2022	2チーム計	8	6	2.99	25	25	0	150.1	118	56	50	13	45	167	1.08
2023	マリナーズ	14	9	3.34	33	33	0	197.0	160	81	73	28	56	219	1.10
通算成績		62	64	3.54	181	181	0	1054.2	882	459	415	126	360	1156	1.18

ピンポイントの制球で、与四球がわずか19 先 発

68 ジョージ・カービー
George Kirby

26歳 1998.2.4生｜193cm｜97kg｜右投右打

◆速球のスピード／150キロ台中頃（フォーシーム、シンカー）
◆決め球と持ち球／☆フォーシーム、◎スライダー、
　◎シンカー、◎スプリットチェンジ、○カーブ
◆対左打者被打率／.246　◆対右打者被打率／.247
◆ホーム防御率／2.70　◆アウェー防御率／3.98
◆ドラフトデータ／2019①マリナーズ
◆出身地／ニューヨーク州
◆年俸／74万ドル（約1億360万円）+α

球威 **4**
制球 **5+**
緩急 **4**
守備・牽制 **4**
度胸 **4**

マリナーズ

　2年目で早くも、「メジャーリーグでナンバーワンのコントロール」と称賛されるようになった右腕。昨季は初戦のエンジェルス戦で、大谷翔平に特大アーチを打たれてKOされたが、2度目の登板からは8試合連続でQSのつく好投をして波に乗った。最大のウリは、ピンポイントの制球力。5つの球種すべてを、どんなカウントからでもコーナーに決めることができる。とくにフォーシームの制球に自信を持っていて、ストライクゾーンの高めいっぱいにきっちり決めることができる。昨季はシーズンで与四球が19しかなく、これは規定投球回に達した44投手の中で最少の数字だ。

　ボール球を振らせる技術やタイミングを外す技術も高いため、変化球主体の技巧派と思われがちだが、アウトピッチ（決め球）はフォーシーム。スピン量が多いうえ、昨年平均球速が1.5キロアップし、さらに威力が増した。

　抜群の制球力の土台になっているのは、強靭な下半身。中学高校時代、春夏の野球シーズン以外は、バスケットボール、アメリカンフットボール、サッカーのチームで、エース選手として活躍したことが、この強靭な下半身を作るうえで、大きなプラスになったようだ。野球選手としてぬきんでた存在に成長したのは、父親の影響が大きい。父ジョージ・シニアさんは、大学野球の強豪フロリダ国際大学で活躍した元選手で、その父から基礎をしっかり教えてもらうことができたからだ。

　ニューヨーク郊外で生まれ育った都会っ子で、少年時代はヤンキースファン。レッドソックスは嫌いだったが、ナックルボーラーのウェイクフィールドだけは大好きだった。そのウェイクフィールドが昨年9月末に死去したため、そのはなむけとして、シーズン最終戦で打者シーガーに、1球だけナックルボールを投げて話題になった。球速117キロのナックルは揺れながらストンと落ち、メジャーを代表する強打者から空振りを奪った。

カモ	C・シーガー（レンジャーズ）.000(10-0)0本　M・シミエン（レンジャーズ）.125(16-2)1本
苦手	M・トラウト（エンジェルス）.500(6-3)1本　大谷翔平（ドジャース）.353(17-6)1本

年度	所属チーム	勝利	敗戦	防御率	試合数	先発	セーブ	投球イニング	被安打	失点	自責点	被本塁打	与四球	奪三振	WHIP
2022	マリナーズ	8	5	3.39	25	25	0	130.0	135	54	49	13	22	133	1.21
2023	マリナーズ	13	10	3.35	31	31	0	190.2	179	74	71	22	19	172	1.04
通算成績		21	15	3.37	56	56	0	320.2	314	128	120	35	41	305	1.11

投 手

36 エース級トリオの一角をなす秀才投手　**先発**

ローガン・ギルバート *Logan Gilbert*

27歳　1997.5.5生　198cm｜97kg｜右投右打

- ◆速球のスピード／150キロ台前半～中頃（フォーシーム主体）
- ◆決め球と持ち球／☆スライダー、◎フォーシーム、
  ○スプリッター、○カーブ　対左.233　◆対右.234
- ◆ホ防4.10　◆ア防3.40　◆ド2018①マリナーズ
- ◆出フロリダ州　◆年405万ドル（約5億6700万円）

球威 **3**
制球 **5**
緩急 **5**
守備・牽制 **3**
度胸 **4**

　2年連続で32試合に先発したワークホース（馬車馬＝働き者）。以前はフォーシームが一番の武器だったが、昨年はストレートな軌道になって痛打されることが増えた。そのマイナスを埋めたのが、スライダーとスプリッター。スライダーはロビー・レイの助言を受けながら改良したタテに変化するタイプで、ゴロを量産する道具となった。スプリッターは、制球しにくいサークルチェンジの代わりに昨年から使い出したもので、空振りを奪う格好の道具に。一方で投げミスが多く、7本も一発を食った。高校時代、通信簿がずっとオール4（フロリダ州は4が最高評価なので、日本式に言うとオール5）だった秀才。大学は「サイ・ヤング賞生産工場」の異名をとるステットソン大学に進み、クルーバーやデグロームが受けたのと同じ育成法で、大学野球屈指の投手に成長。

カモ　J・ペーニャ（アストロズ）.000(13-0)0本　苦手　J・アルトゥーヴェ（アストロズ）.455(22-10)1本

年度	所属チーム	勝利	敗戦	防御率	試合数	先発	セーブ	投球イニング	被安打	失点	自責点	被本塁打	与四球	奪三振	WHIP
2021	マリナーズ	6	5	4.68	24	24	0	119.1	112	63	62	17	28	128	1.17
2022	マリナーズ	13	6	3.20	32	32	0	185.2	170	71	66	19	49	174	1.18
2023	マリナーズ	13	7	3.73	32	32	0	190.2	169	82	79	29	36	189	1.08
通算成績		32	18	3.76	88	88	0	495.2	451	216	207	65	113	491	1.14

47 急成長し、クローザーでも十分使えるレベルに　**セットアップ**

マット・ブラッシュ *Matt Brash*

26歳　1998.5.12生　185cm｜78kg｜右投右打

- ◆速球のスピード／150キロ台後半（フォーシーム主体）
- ◆決め球と持ち球／☆スライダー、○フォーシーム、○カーブ
- ◆対左.281　◆対右.209　◆ホ防3.72　◆ア防2.36
- ◆ド2019④パドレス　◆出カナダ
- ◆年74万ドル（約1億360万円）＋α

球威 **5**
制球 **4**
緩急 **5**
守備・牽制 **5**
度胸 **4**

　メジャー屈指のリリーバーにのし上がった豪腕投手。その原動力になったのが、漫画のようによく曲がるスライダーだ。昨年はこのスライダーの比率を38％から51％に増やし、平均球速158キロのフォーシームを見せ球に使って奪三振ショーを繰り広げた。昨年の107奪三振は、アメリカン・リーグのリリーバーで2位。貢献ポイントであるWAR（2.1）も2番目に高い数字だ。耐久性もあるため昨季はメジャー最多の78試合に登板したが、この酷使が今季の投球に悪影響を及ぼさないか懸念される。強心臓でプレッシャーがかかるシチュエーションに強く、今季もムニョスが安定感に欠ける場合、途中からクローザーに回る可能性もある。ピンチになるとすぐに駆けつけて延焼を食い止めるため、あだ名は「The Fire Chief」。消防署長という意味だ。

カモ　J・ラミレス（ガーディアンズ）.000(4-0)0本　苦手　C・シーガー（レンジャーズ）.833(6-5)0本

年度	所属チーム	勝利	敗戦	防御率	試合数	先発	セーブ	投球イニング	被安打	失点	自責点	被本塁打	与四球	奪三振	WHIP
2022	マリナーズ	4	4	4.44	39	5	0	50.2	46	25	25	3	33	62	1.56
2023	マリナーズ	9	4	3.06	78	0	4	70.2	65	26	24	3	29	107	1.33
通算成績		13	8	3.63	117	5	4	121.1	111	51	49	6	62	169	1.43

214　対左＝対左打者被打率　対右＝対右打者被打率　ホ防＝ホーム防御率　ア防＝アウェー防御率
ド＝ドラフトデータ　出＝出身地　年＝年俸　カモ　苦手　は通算成績

投手

8月から抑えに回ったが、出来はイマイチ クローザー

75 アンドレス・ムニョス *Andres Munoz*

25歳 1999.1.16生｜188cm｜100kg｜右投右打
◆速球のスピード／160キロ前後（ツーシーム、フォーシーム）
◆決め球と持ち球／☆シンカー（ツーシーム）、◎スライダー、
　◎ツーシーム ◆対左.242 ◆対右.194
◆床防2.77 ◆ア防3.13 ◆ド2015外パドレス
◆田メキシコ ◆囲200万ドル（約2億8000万円）

球威	5
制球	3
緩急	3
守備・敏捷	2
度胸	3

　一昨年はスライダーを多投して目を見張る活躍をしたため、昨季はその再現を期待された。しかし、4試合に登板しただけで、肩の三角筋を痛めてIL（故障者リスト）入りし、復帰まで2カ月かかった。6月6日に復帰後はまずまずの働きをしていたが、クローザーになってからはピッチクロックを気にしてリズムを乱し、失点が増加。セーブ失敗が2回あっただけでなく、同点の場面で登板して失点し、負け投手になったケースが3回あった。また、ピッチクロックを気にしてボークを取られ、そこからピンチを招いたこともある。昨季はスライダーの失投が多くなり、シンカーを多投するようになったが、これはヨコの曲がりが大きい160キロ近いカミソリシュートで、威力満点。

カモ C・シーガー（レンジャーズ）.000(6-0)0本　苦手 ―

年度	所属チーム	勝利	敗戦	防御率	試合数	先発	セーブ	投球イニング	被安打	失点	自責点	被本塁打	与四球	奪三振	WHIP
2019	パドレス	1	1	3.91	22	0	1	23.0	16	10	10	2	11	30	1.17
2021	マリナーズ	0	0	0.00	1	0	0	0.2	0	0	0	0	1	3	3.00
2022	マリナーズ	2	5	2.49	64	0	4	65.0	43	20	18	5	15	96	0.89
2023	マリナーズ	4	7	2.94	52	0	13	49.0	40	20	16	2	22	67	1.27
通算成績		7	13	2.88	139	0	18	137.2	99	50	44	9	50	194	1.08

フォーシームの威力はメジャー屈指のレベル 先発

50 ブライス・ミラー *Bryce Miller*

26歳 1998.8.23生｜188cm｜90kg｜右投右打
◆速球のスピード／150キロ台中頃（フォーシーム、シンカー）
◆決め球と持ち球／☆フォーシーム、◎スライダー、○シンカー、
　○チェンジアップ、△スイーパー、△カーブ ◆対左.303 ◆対右.200
◆床防3.65 ◆ア防5.18 ◆ド2021④マリナーズ
◆田テキサス州 ◆囲74万ドル（約1億360万円）+α

球威	5
制球	4
緩急	3
守備・敏捷	3
度胸	5

　2年目の今季は、エース級に成長することを期待される右腕。昨季は2Aで開幕を迎え、5月2日にメジャー昇格。初めから先発で起用され、初戦のアスレティックス戦でいきなり5回までパーフェクトに抑えた。6回にヒットを2本打たれて1失点したが、上々のデビューとなった。さらに次のアストロズ戦では、強力打線を6回まで無失点に抑え、初勝利。その次のタイガース戦でも7回を3安打無失点に抑える好投を見せ、マリナーズファンを熱狂させた。デビュー後の3試合で、15イニング以上投げて走者を8人しか出さなかったのは、1901年以降では初のケースだ。一番の武器はフォーシーム。トップレベルのスピンがかかった浮き上がる軌道のボールで、デビュー後ひと月くらいは、ど真ん中にいってもほとんど打たれなかった。7月以降は失点が多くなったが、大崩れはせず、シーズン終了までローテーションをキープ。

カモ A・ブレグマン（アストロズ）.000(7-0)0本　苦手 C・シーガー（レンジャーズ）.750(4-3)2本

年度	所属チーム	勝利	敗戦	防御率	試合数	先発	セーブ	投球イニング	被安打	失点	自責点	被本塁打	与四球	奪三振	WHIP
2023	マリナーズ	8	7	4.32	25	25	0	131.1	124	64	63	18	26	119	1.14
通算成績		8	7	4.32	25	25	0	131.1	124	64	63	18	26	119	1.14

マリナーズ

まだまだ進化が続きそうな将来のエース候補　先発

22　ブライアン・ウー　*Bryan Woo*

24歳 2000.1.30生 | 188cm | 92kg 右投右打 速150キロ台前半～中186(フォーシーム,ツーシーム) 決◎フォーシーム
対左.283 対右.179 ド2021⑥マリナーズ 田カリフォルニア州 年74万ドル(約1億360万円)+α

球 4
制 3
緩 2
導 3
度 4

　昨年6月にメジャーデビューし、1度もマイナー落ちせず
メジャーに定着した先発右腕。大学3年だった2021年の春
に、トミー・ジョン手術を受けたにもかかわらず、素質に惚
れ込んでいたマリナーズがその年のドラフトで6巡目に指名。術後は順調に回
復し、一昨年の6月からマイナーで実戦のマウンドに立った。昨季は2Aで開幕
から好投を続け、6月3日にメジャーデビュー。初戦のレンジャーズ戦では2回
6失点でKOされたが、2戦目からは制球が安定し、6試合連続で2失点以内に
抑えてローテーションに定着した。父親は純粋なアジア系で、母親は米国白人。

年度	所属チーム	勝利	敗戦	防御率	試合数	先発	セーブ	投球イニング	被安打	失点	自責点	被本塁打	与四球	奪三振	WHIP
2023	マリナーズ	4	5	4.21	18	18	0	87.2	75	44	41	13	31	93	1.21
通算成績		4	5	4.21	18	18	0	87.2	75	44	41	13	31	93	1.21

弱点は、走者を背負うと制球が甘くなること　ミドルリリーフ

60　テイラー・サウセード　*Tayler Saucedo*

31歳 1993.6.18生 | 193cm | 92kg 左投左打 速150キロ前後(シンカー) 決☆シンカー
対左.210 対右.248 ド2015㉑ブルージェイズ 田ハワイ州 年74万ドル(約1億360万円)+α

球 3
制 2
緩 4
導 2
度 3

　右打者にも通用する投手に成長して、メジャー定着がか
なった遅咲きのリリーフ左腕。かつてメジャーリーグに多数
生息していた、シチュエーショナル・レフティの系譜につらな
る変則タイプ。プレート板の左端に軸足を置いて真横から投げてくるため、左打
者にはめっぽう強いが右打者にはよく打たれていた。この状況を打破するため、
昨季は右打者にチェンジアップを多投したところ、右打者に対する被打率が3
割超えから2割4分8厘に改善された。それに加え、シンカーの制球が見違え
るように良くなり、ゴロを量産できるようになったことも、メジャー定着に寄与した。

年度	所属チーム	勝利	敗戦	防御率	試合数	先発	セーブ	投球イニング	被安打	失点	自責点	被本塁打	与四球	奪三振	WHIP
2023	マリナーズ	3	2	3.59	52	0	1	47.2	41	20	19	2	23	43	1.34
通算成績		3	2	4.26	85	0	1	76.0	69	38	36	6	34	62	1.36

マインドセットが上手になり、メジャー定着　セットアップ

55　ゲイブ・スパイアー　*Gabe Speier*

29歳 1995.4.12生 | 180cm | 90kg 左投左打 速150キロ台前半(シンカー,フォーシーム) 決◎スライダー
対左.218 対右.253 ド2013⑲レッドソックス 田カリフォルニア州 年74万ドル(約1億360万円)+α

球 4
制 4
緩 3
導 3
度 3

　マリナーズが2022年11月にウエーバー経由で獲得した掘
り出し物。ロイヤルズで4年間メジャーに定着できなかった
のに、マリナーズに来て好投が続いた理由を、スパイアー自
身は「俺のボールはメジャーリーグ級なんだから、コーナーを狙ったりせず、ス
トライクゾーンに入っていれば打たれないと思って投げることにしたんだ」と語っ
ているが、シーズンが始まるとそれを実践。ストライクゾーンに威力のあるボール
をどんどん投げていって打者を追い込み、開幕から15試合連続無失点を続
けた。叔父のクリス・スパイアーは、メジャーで19シーズンプレーした名遊撃手。

年度	所属チーム	勝利	敗戦	防御率	試合数	先発	セーブ	投球イニング	被安打	失点	自責点	被本塁打	与四球	奪三振	WHIP
2023	マリナーズ	2	2	3.79	69	0	1	54.2	47	24	23	7	11	64	1.06
通算成績		2	4	3.80	110	1	1	94.2	87	43	40	12	26	99	1.19

速=速球のスピード 決=決め球 対左=対左打者被打率 対右=対右打者被打率
ド=ドラフトデータ 田=出身地 年=年俸

自家製のスライダーで右打者殺しに
ミドル
リリーフ

46 トレント・ソーントン *Trent Thornton*

31歳 1993.9.30生｜183cm｜86kg｜右投右打 ②150キロ前後（フォーシーム・シンカー）ᴅ◎スライダー
対左.308 対右.209 Ⓓ2015⑤アストロズ Ⓗノースカロライナ州 Ⓢ120万ドル（約1億6800万円）

球	3
制	4
緩	4
守備	3
度	3

　昨年8月1日にブルージェイズから移籍し、スライダーを武器に好投を続けたリリーフ右腕。このスライダーは自分で試行錯誤の末に創出したもので、ツーシームのように、ボールの縫い目に人差し指と中指を置いて握るのが特徴。軌道は、ホームベースを斜めに横切るように曲がるスイーパータイプだ。ホームベースに近づいてから大きく変化するため、右打者は追いかけ振りになることが多い。左足を高く蹴り上げるハイキック投法で投げているため、以前は制球に難があったが、昨年、それを克服。ハーモニカの名手で、ロックやフォークの名曲をリズミカルに演奏する。

年度	所属チーム	勝利	敗戦	防御率	試合数	先発	セーブ	投イニング	被安打	失点	自責点	被本塁打	与四球	奪三振	WHIP
2023	ブルージェイズ	0	0	1.69	4	0	0	5.1	7	1	1	0	1	5	1.50
2023	マリナーズ	1	2	2.08	23	1	0	26.0	23	11	6	5	5	21	1.08
2023	2チーム計	1	2	2.01	27	1	0	31.1	30	12	7	5	6	26	1.15
通算成績		8	16	4.53	131	36	0	286.1	295	160	144	48	103	270	1.39

無名投手が守護神に成り上がり
ミドル
リリーフ　移籍

48 グレゴリー・サントス *Gregory Santos*

25歳 1999.8.28生｜188cm｜86kg｜右投右打 ②160キロ前後（シンカー）ᴅ◎スライダー
対左.246 対右.268 Ⓓ2015外レッドソックス Ⓗドミニカ Ⓢ74万ドル（約1億360万円）+α

球	5
制	2
緩	2
守備	2
度	3

　オフのトレードで加入した豪腕。昨季、ジャイアンツから移籍したホワイトソックスで大きく飛躍。リリーフで好投を続け、8月以降は抑え役も任された。シンカーとスライダーのツーピッチ・ピッチャーで、打者は詰まらされることが多く、打球はゴロになりやすい。昨季は本塁打を2本しか浴びなかった。昨年9月5日のロイヤルズ戦、同点の9回裏2死満塁の場面で慎重になっていたところ、投球制限時間がせまっていることに気づき、あわてて投球。ボークを取られ、痛恨のサヨナラ負けとなった。9月末に右ヒジを手術したが、今季開幕には間に合う見込み。

年度	所属チーム	勝利	敗戦	防御率	試合数	先発	セーブ	投イニング	被安打	失点	自責点	被本塁打	与四球	奪三振	WHIP
2023	ホワイトソックス	2	2	3.39	60	0	5	66.1	69	29	25	2	17	66	1.30
通算成績		2	4	4.00	65	0	5	72.0	77	37	32	5	22	71	1.38

62 エマーソン・ハンコック *Emerson Hancock*
先発　期待度 B+　ルーキー

25歳 1999.5.31生｜193cm｜96kg｜右投右打 ◆昨季はメジャーで3試合に出場 Ⓓ2020①マリナーズ Ⓗジョージア州

　ローテーション定着を期待される、昨年8月にメジャーデビューした新星。投球フォームに特徴があり、ロー・スリークォーターのアングルから、腕を畳むようにして、ショートアームで投げ込んでくる。ウリは150キロ前後の速球を、浮き上がる軌道にも、沈む軌道にもできること。観察眼が鋭い頭脳派。

70 タイ・アドコック *Ty Adcock*
リリーフ　期待度 B　ルーキー

27歳 1997.2.7生｜183cm｜96kg｜右投右打 ◆昨季はメジャーで12試合に出場 Ⓓ2019⑧マリナーズ Ⓗノースカロライナ州

　スライダー6割、フォーシーム4割くらいの比率で投げるリリーフ右腕。2020年はコロナ禍でマイナーリーグが中止になり、翌21年は春のキャンプ中にヒジを壊し、トミー・ジョン手術を受けた。そのため、2年半以上も実戦のマウンドに立てなかったが、強靭なメンタルで復活をとげた苦労人。

マリナーズ

野手

ホームランダービーでよみがえり、8月に大爆発 センター/レフト

44 フリオ・ロドリゲス
Julio Rodriguez

24歳 2000.12.29生 190cm 103kg 右投右打

- ◆対左投手打率／.301(156-47) ◆対右投手打率／.267(498-133)
- ◆ホーム打率／.266(319-85) ◆アウェー打率／.284(335-95)
- ◆得点圏打率／.299(167-50)
- ◆23年のポジション別出場数／センター＝152、DH＝3
- ◆ドラフトデータ／2017㉔マリナーズ
- ◆出身地／ドミニカ
- ◆年俸／1000万ドル（約14億円）
- ◆シルバースラッガー賞2回(22.23年)、新人王(22年)

ミート	4
パワー	5
走塁	5
守備	4
肩	5

　2年目で早くも得点と打点がどちらも3ケタになった、スター街道驀進（ばくしん）中の外野手。昨年はシーズン半ばまで不調で、前半終了時点では強打者度を示すOPSは.712と、メジャー平均（.734）を下回っていた。

　救いの神になったのは、地元シアトルで開催されたオールスターゲームだ。当初はメンバーに入っていなかったが、開催地球団の看板選手ということで、故障したアルヴァレスの代替メンバーとして出場が決まった。オールスター前日のホームランダービーに出場した彼は、第1ラウンドの4分間で41本、T-モバイル・パークの外野席に叩き込んで、アロンゾに圧勝。41本は1つのラウンドの本数としては、ホームランダービー史上最多記録だった。これでバテてしまい、準決勝ではゲレーロ・ジュニアに惜敗したが、詰めかけた地元のファンはスタンディング・オベーションでたたえた。これが大きな自信になり、8月は打率4割2分9厘、本塁打7、打点30と大暴れ。牽引（けんいん）される形で、マリナーズも8月は18勝5敗と大きく勝ち越し、地区優勝争いに食い込んだ。

　中堅手としては、守備範囲の広さは平均レベルだが、エラーが少ないことや、しばしばフェンス際でスーパーキャッチを見せることが評価され、ゴールドグラブ賞の最終候補になったものの、受賞は逸した。

　ドミニカ出身だが、英語を流暢（りゅうちょう）に話す。オールスターゲームでは、レフトの守備につきながらユニフォームに取りつけられた極小マイクを通じて、実況アナのインゲーム・インタビューに応じ、イニングの間中ずっと英語で質問に答えていた。カナダ人の女子プロサッカー選手ジョーディン・ハイテマと親密な関係で、時々ツーショットをインスタグラムに投稿している。ハイテマは実力と美貌を兼ね備えた人気選手で、カナダ代表が2021年東京五輪の女子サッカーで金メダルに輝いたときの中心メンバー。

カモ J・アーキーディ(アストロズ).455(11-5)0本　C・クワントリル(ロッキーズ).625(8-5)2本
苦手 大谷翔平(ドジャース).000(12-0)0本　D・ダニング(レンジャーズ).176(17-3)1本

年度	所属チーム	試合数	打数	得点	安打	二塁打	三塁打	本塁打	打点	四球	三振	盗塁	盗塁死	出塁率	OPS	打率
2022	マリナーズ	132	511	84	145	25	3	28	75	40	145	25	7	.345	.854	.284
2023	マリナーズ	155	654	102	180	37	2	32	103	47	175	37	10	.333	.818	.275
通算成績		287	1165	186	325	62	5	60	178	87	320	62	17	.338	.833	.279

野手

最先端のトレーニングで格段にパワーアップ ショート

3 J.P.クロフォード *J.P. Crawford*

29歳 1995.1.11生｜188cm｜91kg｜右投左打
◆対左投手打率／.267 ◆対右投手打率／.266
◆ホーム打率／.280 ◆アウェー打率／.251 ◆得点圏打率／.263
◆23年のポジション別出場数／ショート＝144
◆Ⓓ2013①フィリーズ ◆Ⓑカリフォルニア州
◆Ⓨ1000万ドル（約14億円） ◆ゴールドグラブ賞1回（20年）

ミート	4
パワー	5
走塁	3
守備	2
肩	4

昨年打者としてブレイクし、「守備の人」というイメージは過去のものになった遊撃手。打撃面で大変身をとげたのは、オフの間、シアトルにある野球訓練施設「ドライブライン・ベースボール」に通い詰め、最先端の理論に裏打ちされたトレーニングに励んだからだ。さらに選球眼も格段にレベルアップしたため、トップクラスの出塁率をマークし、リードオフマンとしてフルに機能した。その一方で、打撃に意識が行きすぎたせいか守りで精彩を欠き、守備範囲の広さが平均以下に落ちたほか、敏捷性もやや低下して、ダブルプレーを以前ほど取れなくなった。球団と5年契約を交わしており、今季は3年目。

カモ S・ビーバー（ガーディアンズ）.667(9-6)0本　苦手 J・グレイ（レンジャーズ）.167(12-2)0本

年度	所属チーム	試合数	打数	得点	安打	二塁打	三塁打	本塁打	打点	四球	三振	盗塁	盗塁死	出塁率	OPS	打率
2017	フィリーズ	23	70	8	15	4	1	0	6	16	22	1	0	.356	.656	.214
2018	フィリーズ	49	117	17	25	6	3	3	12	13	37	2	0	.319	.712	.214
2019	マリナーズ	93	345	43	78	21	4	7	46	43	83	5	3	.313	.684	.226
2020	マリナーズ	53	204	33	52	7	2	2	24	23	39	6	3	.336	.674	.255
2021	マリナーズ	160	619	89	169	37	0	9	54	58	114	3	6	.338	.714	.273
2022	マリナーズ	145	518	57	126	24	3	6	42	68	80	3	1	.339	.675	.243
2023	マリナーズ	145	534	94	142	35	0	19	65	94	125	2	0	.380	.818	.266
通算成績		668	2407	341	607	134	13	46	249	315	500	22	14	.344	.720	.252

過小評価されているオールラウンド捕手 キャッチャー

29 キャル・ローリー *Cal Raleigh*

28歳 1996.11.26生｜190cm｜106kg｜右投両打 ◆盗塁阻止率／.235(102-24)
◆対左投手打率／.218 ◆対右投手打率／.235
◆ホーム打率／.234 ◆アウェー打率／.230 ◆得点圏打率／.186
◆23年のポジション別出場数／キャッチャー＝128、DH＝15
◆Ⓓ2018③マリナーズ ◆Ⓑノースカロライナ州
◆Ⓨ74万ドル（約1億360万円）＋α

ミート	3
パワー	5
走塁	2
守備	4
肩	5

一昨年27本、昨年は30本外野席に叩き込み、バッティングの良いキャッチャーの代表格と見なされるようになった選手。30本塁打は、捕手ではメジャー全体でダントツの数字だ。スイッチヒッターだが、パワーがあるのは左打席のほうで、昨季の30本中26本は左打席で生まれたものだ。左打席では低めにめっぽう強いローボール・ヒッターで、距離が出る。守備ではアメリカン・リーグの捕手で最多となる1038イニングにマスクをかぶり、守りの司令塔としてフルに機能。昨季は悪送球の多さが目立ったものの、フレーミング、盗塁阻止、ボールブロックなどの能力は「上」レベル。巨漢ながら敏捷で、バントやファウルフライに瞬時に反応して処理する。リード面ではカスティーヨと相性が良い。また、ミラーのメジャー定着を、好リードでバックアップした。

カモ C・ハヴィエア（アストロズ）.500(6-3)1本　苦手 J・ヴァーランダー（アストロズ）.059(17-1)0本

年度	所属チーム	試合数	打数	得点	安打	二塁打	三塁打	本塁打	打点	四球	三振	盗塁	盗塁死	出塁率	OPS	打率
2021	マリナーズ	47	139	6	25	12	0	2	13	7	52	0	0	.223	.532	.180
2022	マリナーズ	119	370	46	78	20	1	27	63	38	122	1	0	.284	.773	.211
2023	マリナーズ	145	513	78	119	23	1	30	75	54	158	0	0	.306	.762	.232
通算成績		311	1022	130	222	55	2	59	151	99	332	1	0	.287	.735	.217

Ⓓ＝ドラフトデータ Ⓑ＝出身地 Ⓨ＝年俸

マリナーズ

219

野 手

新婚旅行中にトレード通告
20 ルーク・レイリー Luke Raley

ライト / ファースト　移籍

30歳　1994.9.19生　193cm／106kg　右投左打
◆対左投手打率／.268　◆対右投手打率／.247
◆ホーム打率／.222　◆アウェー打率／.272　◆得点圏打率／.209
◆23年のポジション別出場数／ライト=36、ファースト=35、
　レフト=18、DH=18、センター=11、ピッチャー=2
◆㊒2016⑦ドジャース　◆㊝オハイオ州
◆㊐74万ドル（約1億360万円）+α

ミート	2
パワー	4
走塁	4
守備	3
肩	4

　昨季は前半好調だった、レイズから移籍の外野手。がっちりとした見かけによらず、足は速いほうで、昨年8月16日のジャイアンツ戦ではランニングホームランを記録している。マリナーズも、ベースランニング、パワー、堅実な守備を、高評価ポイントとして挙げていた。打席数のわりに死球が多いのも特徴で、昨季の死球18はアメリカン・リーグ4位タイ。規定打席未満の選手では、メジャーで最も多かった。学生時代から死球は多かったそうで、なんとしても塁に出ようという意識が、死球につながっているようだ。今年1月5日、新婚旅行先のセントルシア滞在中に、トレードの通告を受けた。

カモ　ダルビッシュ有（パドレス）.500(8-4)0本　　苦手　P・ロペス（ツインズ）.000(5-0)0本

年度	所属チーム	試合数	打数	得点	安打	二塁打	三塁打	本塁打	打点	四球	三振	盗塁	盗塁死	出塁率	OPS	打率
2021	ドジャース	33	66	5	12	1	0	2	4	2	25	0	0	.250	.538	.182
2022	レイズ	22	61	7	12	2	0	1	4	7	24	0	0	.306	.585	.197
2023	レイズ	118	357	56	89	23	3	19	49	28	128	14	3	.333	.823	.249
通算成績		173	484	68	113	26	3	22	57	37	177	14	3	.319	.755	.233

メジャー11年目を前に初めての移籍
7 ホルヘ・ポランコ Jorge Polanco

セカンド / サード　移籍

31歳　1993.7.5生　180cm／94kg　右投両打
◆対左投手打率／.310　◆対右投手打率／.233
◆ホーム打率／.271　◆アウェー打率／.238　◆得点圏打率／.272
◆23年のポジション別出場数／セカンド=58、サード=15、DH=5
◆㊒2009㉚ツインズ　◆㊝ドミニカ
◆㊐1050万ドル（約14億7000万円）

ミート	3
パワー	4
走塁	3
守備	3
肩	2

　今年1月末のトレードで、ツインズから獲得した内野手。強打がウリで、3年前の2021年には、33本塁打をマーク。同年のオールスターにも出場している。ただ、タフさもウリの1つだったが、ここ2年は故障がちで、欠場が増えている。ドミニカ出身。2009年、16歳のときにツインズと契約し、プロ入り。以来15年間、ツインズの組織一筋でプレーしていた。昨年9月30日のロッキーズ戦では、バルデッリ監督からカイル・ファーマーとともに、非公式の共同監督に任命され、指揮官の気分を味わった。試合は大勝している。

カモ　S・バーロウ（ガーディアンズ）.500(10-5)0本　　苦手　T・マッケンジー（ガーディアンズ）.077(13-1)0本

年度	所属チーム	試合数	打数	得点	安打	二塁打	三塁打	本塁打	打点	四球	三振	盗塁	盗塁死	出塁率	OPS	打率
2014	ツインズ	5	6	2	2	1	1	0	3	2	2	0	0	.500	1.333	.333
2015	ツインズ	4	10	1	3	0	0	0	1	2	1	1	0	.417	.717	.300
2016	ツインズ	69	245	24	69	15	4	4	27	17	46	4	3	.332	.756	.282
2017	ツインズ	133	488	60	125	30	3	13	74	41	78	13	5	.313	.723	.256
2018	ツインズ	77	302	38	87	18	3	6	42	25	62	7	7	.345	.772	.288
2019	ツインズ	153	631	107	186	40	7	22	79	60	116	4	3	.356	.841	.295
2020	ツインズ	55	209	22	54	8	0	4	19	13	35	4	2	.304	.658	.258
2021	ツインズ	152	588	97	158	35	2	33	98	45	118	11	6	.323	.826	.269
2022	ツインズ	104	375	54	88	16	0	16	56	64	95	3	3	.346	.751	.235
2023	ツインズ	80	302	38	77	18	0	14	48	36	88	4	0	.335	.789	.255
通算成績		832	3156	443	849	181	20	112	447	305	641	51	29	.334	.780	.269

「ドライブライン」に通い詰め、スイングを再構築　ファースト

23　タイ・フランス　*Ty France*

30歳　1994.7.13生｜180cm｜97kg｜右投右打

- ◆対左投手打率／.280　◆対右投手打率／.240
- ◆ホーム打率／.260　◆アウェー打率／.242　◆得点圏打率／.255
- ◆23年のポジション別出場数／ファースト＝158
- ◆[ド]2015㉞パドレス　◆[出]カリフォルニア州
- ◆[年]678万ドル（約9億4920万円）

ミート	3
パワー	4
走塁	2
守備	2
肩	3

キャリアで初めて打撃成績が大幅に落ち込み、トレード説が出るようになった強打の一塁手。本人は危機感をつのらせ、シアトルに家を購入してオフの間、最先端のトレーニング施設の「ドライブライン・ベースボール」に通い詰めた。これは同僚のクロフォードが、オフに「ドライブライン」に頻繁に足を運んで昨年ブレイクしたことが刺激になったようだ。特技は死球による出塁。昨季はヒットが思うように出ないため、インサイドのボール球をほとんどよけず、死球で34回も出塁。これは昨年メジャーでダントツの数字。2021年にもメジャー最多タイの27死球を記録しているので、「死球王」はこれで2度目だ。守備ではエラーが1つしかないが、守備範囲がイマイチ。

[カモ] J・アーキーディ（アストロズ）.417(24-10)3本　[苦手] J・シアーズ（アスレティックス）.071(14-1)0本

年度	所属チーム	試合数	打数	得点	安打	二塁打	三塁打	本塁打	打点	四球	三振	盗塁	盗塁死	出塁率	OPS	打率
2019	パドレス	69	184	20	43	8	1	7	24	9	49	0	0	.294	.696	.234
2020	パドレス	20	55	9	17	4	0	2	10	5	15	0	0	.377	.868	.309
2020	マリナーズ	23	86	10	26	5	1	2	13	6	22	0	0	.362	.815	.302
2020	2チーム計	43	141	19	43	9	1	4	23	11	37	0	0	.368	.836	.305
2021	マリナーズ	152	571	85	166	32	1	18	73	46	106	0	0	.368	.813	.291
2022	マリナーズ	140	551	65	151	27	1	20	83	35	94	0	0	.338	.774	.274
2023	マリナーズ	158	587	79	147	32	0	12	58	43	117	1	0	.337	.703	.250
通算成績		562	2034	268	550	108	4	61	261	144	403	1	2	.344	.761	.270

崩壊状態だったセカンドを見事に再建　サード／セカンド

4　ジョシュ・ロハス　*Josh Rojas*

30歳　1994.6.30生｜185cm｜93kg｜右投左打

- ◆対左投手打率／.224　◆対右投手打率／.249
- ◆ホーム打率／.238　◆アウェー打率／.254　◆得点圏打率／.289
- ◆23年のポジション別出場数／セカンド＝49、サード＝48、DH＝5、レフト＝2、ピッチャー＝2
- ◆[ド]2017㉖アストロズ　◆[出]アリゾナ州
- ◆[年]310万ドル（約4億3400万円）

ミート	3
パワー	2
走塁	4
守備	4
肩	3

昨年7月末のトレードでダイヤモンドバックスから移籍し、貴重な戦力になった内野手。コルテン・ウォンのメルトダウンでチーム最大の弱点になったセカンドに固定され、完璧に立て直したことが、とくに救世主的な評価をされた。7月末の移籍まで貧打にあえいでいたが、移籍後、マリナーズで別人のように強い打球を弾き返せるようになり、得点にからむ活躍をできるようになった。称賛されたのは、タイムリーや長打を打てないときでも、チームバッティングに徹し、犠牲フライや逆方向へのゴロをきっちり打っていたことだ。

[カモ] A・ゴンバー（ロッキーズ）.667(9-6)0本　[苦手] ダルビッシュ有（パドレス）.130(23-3)0本

年度	所属チーム	試合数	打数	得点	安打	二塁打	三塁打	本塁打	打点	四球	三振	盗塁	盗塁死	出塁率	OPS	打率
2019	ダイヤモンドバックス	41	138	17	30	7	0	2	11	0	41	4	2	.312	.624	.217
2020	ダイヤモンドバックス	17	61	9	11	0	0	2	7	16	1	1	.257	.437	.180
2021	ダイヤモンドバックス	139	484	69	128	32	3	11	44	58	137	9	4	.341	.752	.264
2022	ダイヤモンドバックス	125	443	66	119	25	1	9	56	55	98	23	3	.349	.740	.269
2023	ダイヤモンドバックス	59	189	23	43	13	0	4	36	18	51	6	0	.292	.588	.228
2023	マリナーズ	46	125	24	34	4	0	4	14	9	30	6	0	.321	.721	.272
2023	2チーム計	105	314	47	77	17	0	4	40	27	81	12	0	.303	.641	.245
通算成績		427	1440	208	365	81	4	26	158	165	373	49	10	.329	.698	.253

17 オフのトレードで、マリナーズが呼び戻す　レフト／ライト　移籍

ミッチ・ハニガー _Mitch Haniger_

34歳 1990.12.23生｜188cm｜96kg｜右投右打
◆対左投手打率／.254　◆対右投手打率／.189
◆ホーム打率／.228　◆アウェー打率／.191　◆得点圏打率／.216
◆23年のポジション別出場数／レフト=46、ライト=14、DH=3
◆Ⓓ2012①ブリュワーズ　◆⊞カリフォルニア州
◆⊞1700万ドル（約23億8000万円）

ミート **2**
パワー **5**
走塁 **3**
守備 **3**
肩 **4**

　サンフランシスコでフラストレーションのたまる1年を過ごしたあと、トレードで2年ぶりにシアトルに戻ってきた外野手。2021年に、マリナーズで39本塁打、100打点をマークした強打者で、FAになった22年オフ、3年4350万ドルの契約でジャイアンツ入り。活躍を期待された昨季だったが、腹斜筋を痛めたり、死球で右手を骨折したりと、故障やケガにたたられ、61試合の出場にとどまった。打撃成績も低レベルな数字に終わっている。これまでも、顔面への死球や、自打球による睾丸破裂など、不運なケガが少なくない選手。

カモ A・ヒーニー（レンジャーズ）.364(22-8)3本　苦手 L・リン（カーディナルス）.000(14-0)0本

年度	所属チーム	試合数	打数	得点	安打	二塁打	三塁打	本塁打	打点	四球	三振	盗塁	盗塁死	出塁率	OPS	打率
2016	ダイヤモンドバックス	34	109	9	25	2	1	5	17	12	27	0	0	.309	.713	.229
2017	マリナーズ	96	369	58	104	25	2	16	47	31	93	5	4	.352	.843	.282
2018	マリナーズ	157	596	90	170	38	4	26	93	70	148	8	2	.366	.859	.285
2019	マリナーズ	63	246	46	54	13	1	15	32	30	81	4	0	.314	.777	.220
2021	マリナーズ	157	620	110	157	23	2	39	100	54	169	1	0	.318	.803	.253
2022	マリナーズ	57	224	31	55	8	0	11	34	20	65	0	0	.308	.737	.246
2023	ジャイアンツ	61	211	27	44	13	1	6	28	15	65	1	0	.266	.631	.209
通算成績		625	2375	371	609	122	11	118	351	232	648	19	6	.329	.795	.256

18 シーズン後半の頑張りで、市場価値アップ　DH／キャッチャー　移籍

ミッチ・ガーヴァー _Mitch Garver_

33歳 1991.1.15生｜185cm｜99kg｜右投右打　◆盗塁阻止率／.222(18-4)
◆対左投手打率／.344　◆対右投手打率／.250
◆ホーム打率／.291　◆アウェー打率／.248　◆得点圏打率／.306
◆23年のポジション別出場数／DH=57、キャッチャー=28、ファースト=1
◆Ⓓ2013⑨ツインズ　◆⊞ニューメキシコ州
◆⊞1200万ドル（約16億8000万円）　◆シルバースラッガー賞1回(19年)

ミート **3**
パワー **4**
走塁 **1**
守備 **2**
肩 **3**

　ツインズ時代の2019年に、シルバースラッガー賞（捕手部門）を受賞しているスラッガー。故障が多い選手で、昨季も左ヒザを痛めて、4〜5月はほぼ試合に出られなかった。シーズン終了後にFA権を得る昨季は、8月になってバットが火を噴き始め、ポストシーズンでも14試合で3本塁打、14打点。自身の価値を高めてFA市場に参戦し、2年2400万ドルの契約でマリナーズと交わしている。ここ数年、捕手での出場は少なく、マリナーズでもDHでの出場がメインとなる予定。妻サラさんと、動物愛護活動に取り組んでいる。

カモ R・ロペス（ブレーブス）.625(8-5)1本　苦手 J・ヴァーランダー（アストロズ）.091(11-1)0本

年度	所属チーム	試合数	打数	得点	安打	二塁打	三塁打	本塁打	打点	四球	三振	盗塁	盗塁死	出塁率	OPS	打率
2017	ツインズ	23	46	5	9	1	3	0	3	6	15	0	0	.288	.636	.196
2018	ツインズ	103	302	38	81	19	2	7	45	29	72	0	0	.335	.749	.268
2019	ツインズ	93	311	70	85	16	1	31	67	41	87	0	0	.365	.995	.273
2020	ツインズ	23	72	8	12	1	0	2	5	7	37	0	0	.247	.511	.167
2021	ツインズ	68	207	29	53	15	0	13	34	31	71	1	1	.358	.875	.256
2022	レンジャーズ	54	188	23	39	7	0	10	24	23	53	1	1	.298	.702	.207
2023	レンジャーズ	87	296	45	80	11	0	19	50	44	82	0	0	.370	.870	.270
通算成績		451	1422	218	359	70	6	82	228	181	417	2	2	.342	.825	.252

婚約者とアパレルブランドを立ち上げ

外野手
セカンド

0 サム・ハガティ *Sam Haggerty*

30歳 1994.5.26生｜180cm｜79kg｜右投両打 [対左].238 [対右].286 [ホ].209 [ア].292
[得].250 [ド]2015㉔インディアンズ [出]アリゾナ州 [年]90万ドル(約1億2600万円)

ミ	3
バ	5
走	5
守	4
肩	3

選球眼が向上して出塁率がアップする一方で、当てることがうまくなり、三振が大幅に減少している優秀なサブ。ウリは、①相手の意表を突くすばしっこい走塁ができる、②選球眼が良く、四球をたくさん選べる、③当てるのがうまく、なかなか三振しない、④守備力が全般に高い、といった点だ。成長しているのに出場機会が減っているのは、ディポートGMが自分好みの優秀なユーティリティを次々に入団させるのが原因。2022年にウェブ・デザイナーをしているシャニア・リンさんと婚約。2人で「EPIC SOUL」というアパレルブランドを立ち上げ、ネットで販売している。

年度	所属チーム	試合数	打数	得点	安打	二塁打	三塁打	本塁打	打点	四球	三振	盗塁	盗塁死	出塁率	OPS	打率
2023	マリナーズ	52	91	13	23	3	1	1	5	15	17	10	1	.364	.705	.253
通算成績		194	407	66	97	19	2	9	39	43	117	32	3	.319	.680	.238

原石状態を脱却できれば、大化けの可能性も

レフト
ライト

8 ドミニック・キャンゾーン *Dominic Canzone*

27歳 1997.8.16生｜180cm｜86kg｜右投左打 [対左].208 [対右].221 [ホ].213 [ア].226
[得].227 [ド]2019⑧ダイヤモンドバックス [出]オハイオ州 [年]74万ドル(約1億360万円)+α

ミ	2
バ	5
走	3
守	2
肩	2

昨年7月末のトレードでダイヤモンドバックスから移籍した、埋蔵資源が豊富な未完の大器。ケルニックがIL入りしていたため、移籍後はプラトーンでライトないしはレフトに起用されたが、打席ではメジャーの投手の質の高い変化球に翻弄され続け、三振を恐れて早打ちするケースが目立った。しかし、その一方で9回裏2死から起死回生の特大アーチを打ったり、相手投手のノーヒッターを阻止する値千金のヒットを放ったりして、一躍人気者になったのも事実だ。守備範囲は平均以下で肩も強くないが、フェンスを恐れないため、塀際でスーパーキャッチを時々見せる。

年度	所属チーム	試合数	打数	得点	安打	二塁打	三塁打	本塁打	打点	四球	三振	盗塁	盗塁死	出塁率	OPS	打率
2023 ダイヤモンドバックス		15	38	4	9	2	0	1	8	2	8	0	0	.293	.661	.237
2023 マリナーズ		44	135	19	29	11	0	5	13	6	24	1	0	.248	.655	.215
2023 2チーム計		59	173	23	38	13	0	6	21	8	32	1	0	.258	.657	.220
通算成績		59	173	23	38	13	0	6	21	8	32	1	0	.258	.657	.220

偶数年は好調になるため、今季は活躍の予感

ユーティリティ

25 ディラン・ムーア *Dylan Moore*

32歳 1992.8.2生｜183cm｜92kg｜右投右打 [対左].222 [対右].188 [ホ].179 [ア].231
[得].209 [ド]2015⑦レンジャーズ [出]カリフォルニア州 [年]305万ドル(約4億2700万円)

ミ	2
バ	3
走	5
守	4

内野と外野の全ポジションをカバーするうえ、代打や代走でも良い働きをするコンビニ・プレーヤー。一昨年は名脇役となって、地味ながら貢献度の高いプレーを見せ、昨年2月に球団から3年契約(総額875万ドル)をプレゼントされた。これに気を良くしてノリノリでシーズン入りの予定が、キャンプ終盤に側胸部の筋肉を痛めてIL入り。4月中旬からマイナーでリハビリ出場を開始したが、打率が低空飛行を続け、6月上旬までマイナーに留め置かれた。復帰後もしばらく不調だったが、シーズン後半に入って一発やタイムリーがよく出るようになり、帳尻を合わせた。

年度	所属チーム	試合数	打数	得点	安打	二塁打	三塁打	本塁打	打点	四球	三振	盗塁	盗塁死	出塁率	OPS	打率
2023	マリナーズ	67	145	18	30	9	1	7	19	16	56	11	3	.303	.731	.207
通算成績		448	1066	158	222	54	7	42	131	129	378	72	30	.315	.705	.208

マリナーズ

16 ルイス・ウリーアス *Luis Urias*

昨年のWBCで佐々木朗希からスリーラン ユーティリティ 移籍

27歳 1997.6.3生 | 178cm | 91kg | 右投右打 [対左].229 [対右].183 [ホ].203 [ア].185 [得].310 [ド]2013外]パドレス [出]メキシコ [年]500万ドル（約7億円）

ミ 3
パ 4
走 3
守 3
肩 3

　オフのトレードで加入した、ケガとスランプで選手生命の危機に瀕する内野手。2021年にブリュワーズでブレイク。23本塁打、75打点を叩き出して、サードのレギュラー格に。翌22年は、5月から出場して16本塁打を記録。昨季は春先、メキシコ代表としてWBCに出場。準決勝のプエルトリコ戦で勝ち越しタイムリーを放ち、さらに準決勝の日本戦では4回に佐々木朗希からスリーランを放って、ヒーローに。しかし、張り切りすぎたのがアダとなり、開幕直後にハムストリングの肉離れでIL入り。6月上旬に復帰したが、絶不調でマイナー落ちしたあげく、レッドソックスにトレード。

年度	所属チーム	試合数	打数	得点	安打	二塁打	三塁打	本塁打	打点	四球	三振	盗塁	盗塁死	出塁率	OPS	打率
2023	ブリュワーズ	20	55	5	8	2	0	1	5	7	15	0	0	.299	.535	.145
2023	レッドソックス	32	89	13	20	4	0	2	13	14	26	0	0	.361	.698	.225
2023	2チーム計	52	144	18	28	6	0	3	18	21	41	0	0	.337	.636	.194
通算成績		445	1412	192	331	61	4	48	180	172	354	9	6	.333	.718	.234

2 ケイド・マーロウ *Cade Marlowe*

大谷が先発したゲームで、9回に逆転満塁アーチ 外野手 ルーキー

27歳 1997.6.24生 | 185cm | 95kg | 右投左打 [対左].280 [対右].222 [ホ].313 [ア].196 [得].182 [ド]2019⑳マリナーズ [出]ジョージア州 [年]74万ドル（約1億360万円）+α

ミ 3
パ 3
走 5
守 3
肩 3

　メジャー定着を目指す、4人目の外野手にうってつけの快足外野手。昨年7月20日にメジャーデビューしたあと、8月3日のエンジェルス戦、2点ビハインドの9回表1死満塁の場面で、エステヴェスから劇的な逆転満塁アーチをライトスタンドに叩き込んで、ヒーローになった。変化球にはうまく対応できないが、速球には強いタイプ。満塁アーチも、球速159キロのフォーシームを叩いたものだった。武器は、盗塁の名手であること。昨季3Aでは、33回トライして29回成功させている。ベースランニングもうまく、三塁打が多いのもウリだ。欠点は、好不調の波が大きいこと。

年度	所属チーム	試合数	打数	得点	安打	二塁打	三塁打	本塁打	打点	四球	三振	盗塁	盗塁死	出塁率	OPS	打率
2023	マリナーズ	34	88	14	21	3	2	3	11	12	33	4	2	.330	.750	.239
通算成績		34	88	14	21	3	2	3	11	12	33	4	2	.330	.750	.239

— タイラー・ロックリア *Tyler Locklear*

ファースト 期待度 B+ ルーキー

25歳 1999.11.24生 | 185cm | 95kg | 右投右打 ◆昨季はルーキー級,1A+2Aでプレー [ド]2022②マリナーズ [出]メリーランド州

　マリナーズ傘下のマイナーでは、随一のパワーと評価される内野手。ウリは、逆方向に特大アーチを叩き込めること。追い込まれても、右投手のスライダーに手を出さない選球眼もある。その一方で、上手に緩急をつけられると対応できないことが多い。本来は三塁手だが、球団は一塁手として育成する方針。

— ライアン・ブリス *Ryan Bliss*

ショート セカンド 期待度 A+ ルーキー

25歳 1999.12.13生 | 168cm | 74kg | 右投右打 ◆昨季は2A,3Aでプレー [ド]2021②ダイヤモンドバックス [出]カリフォルニア州

　シアトル版のアルトゥーヴェになることを期待されるようになった異能派内野手。ウリは身長が168センチしかないのに、本塁打を量産できること。昨季は2Aと3Aで合わせて23本外野席に叩き込み、注目された。俊足で、投手のモーションを盗む技術もあるため、昨季はマイナーで55盗塁を記録。

[対左]=対左投手打率　[対右]=対右投手打率　[ホ]=ホーム打率　[ア]=アウェー打率　[得]=得点圏打率　[ド]=ドラフトデータ　[出]=出身地　[年]=年俸

ロサンジェルス・エンジェルス

◆創　立：1961年　　　　　◆ワールドシリーズ制覇：1回　◆リーグ優勝：1回
◆本拠地：カリフォルニア州アナハイム市　◆地区優勝：9回　◆ワイルドカード獲得：1回
主要オーナー▶ アーティ・モレーノ（実業家）

過去5年成績

年度	勝	負	勝率	ゲーム差	地区順位	ポストシーズン成績
2019	72	90	.444	35.0	④	—
2020	26	34	.433	10.0	④	—
2021	77	85	.475	18.0	④	—
2022	73	89	.451	33.0	③	—
2023	73	89	.451	17.0	④	—

監督　37 ロン・ワシントン *Ron Washington*

新

◆年　　齢…………72歳（ルイジアナ州出身）
◆現役時代の経歴…10シーズン　ドジャース（1977）、
（ショート）　　　　ツインズ（1981〜86）、オリオールズ（1987）、イ
　　　　　　　　　　ンディアンズ（1988）、アストロズ（1989）
◆現役通算成績……564試合　.261　20本　146打点
◆監督経歴…………8シーズン　レンジャーズ（2007〜14）
◆通算成績…………664勝611敗（勝率.521）

　メジャーでのコーチ・監督歴が長い、指導経験豊富な新監督。昨季までは常勝軍団ブレーブスで、三塁ベースコーチを務めていた。同地区レンジャーズでの監督経験もあり、2010年と11年には、リーグ優勝を果たし、ワールドシリーズに進出している。ユーモアがあって、弁舌も巧み。やる気を引き出すのが非常にうまく、これまで多くの選手から尊敬と信頼を集めてきた。メジャーの現役監督では最年長。今年4月で72歳になるが、勝利への情熱は一向に衰えていない。

注目コーチ▶ 84 バリー・エンライト *Barry Enright*

　新投手コーチ。38歳。2022〜23年は、ダイヤモンドバックスで投手コーチ補佐を務めた。昨季、散々な結果に終わったエンジェルス投手陣の立て直しを期待されている。

編成責任者▶ ペリー・ミナシアン *Perry Minasian*

　44歳。ポストシーズン進出のため、昨年夏には有望株を放出して大型補強を敢行したが、大失敗。大谷が去り、マイナー組織も焼け野原状態で、チームの見通しは暗い。

スタジアム▶ エンジェル・スタジアム *Angel Stadium*

◆開場年…………1966年
◆仕　様…………天然芝
◆収容能力………45,517人
◆フェンスの高さ…1.5〜2.4m
◆特　徴…………アメリカン・リーグでは2番目に古い球場。センター奥の外野スタンドにある、巨大な岩山のオブジェがシンボルだ。昨季まで在籍していた大谷翔平は、この本拠地球場で好投することがとくに多かった（通算ホーム防御率2.22）。

ニュートラルパーク

119　121　113
107
101　　101

225

Best Order
[ベストオーダー]

①**ルイス・レンヒーフォ**……セカンド
②**マイク・トラウト**……センター
③**ミッキー・モニアック**……ライト
④**ブランドン・ドルーリー**……DH
⑤**ローガン・オホッピー**……キャッチャー
⑥**テイラー・ウォード**……レフト
⑦**アンソニー・レンドーン**……サード
⑧**ノーラン・シャニュエル**……ファースト
⑨**ザック・ネト**……ショート

Depth Chart
[ポジション別選手層・メンバーリスト]

※2024年2月25日時点の候補選手。
数字は背番号（開幕前に変更する
場合もあり）、右・左等は投・打の順。

センター
27 **マイク・トラウト [右・右]**
16 ミッキー・モニアック [右・左]
12 アーロン・ヒックス [右・両]

レフト
3 **テイラー・ウォード [右・右]**
7 ジョー・アデル [右・右]
12 アーロン・ヒックス [右・両]

ライト
16 **ミッキー・モニアック [右・左]**
7 ジョー・アデル [右・右]
12 アーロン・ヒックス [右・両]

ショート
9 **ザック・ネト [右・右]**
2 ルイス・レンヒーフォ [右・両]
19 カイレン・パリス [右・右]

セカンド
2 **ルイス・レンヒーフォ [右・両]**
23 ブランドン・ドルーリー [右・右]
19 カイレン・パリス [右・右]

ローテーション
48 リード・デトマーズ [左・左]
47 グリフィン・キャニング [右・右]
43 パトリック・サンドヴァル [左・左]
63 チェイス・シルセス [右・右]
31 タイラー・アンダーソン [左・右]
58 デイヴィス・ダニエル [右・右]
34 ザック・プリーサック [右・右]

サード
6 **アンソニー・レンドーン [右・右]**
2 ルイス・レンヒーフォ [右・両]

ファースト
18 **ノーラン・シャニュエル [右・左]**
23 ブランドン・ドルーリー [右・右]

キャッチャー
14 **ローガン・オホッピー [右・右]**
21 マット・タイス [右・左]

DH
23 **ブランドン・ドルーリー [右・右]**
6 アンソニー・レンドーン [右・右]
7 ジョー・アデル [右・右]

ブルペン
24 ロバート・スティーヴンソン [右・右] **CL**
53 カルロス・エステヴェス [右・右]
55 マット・ムーア [左・左]
59 ホセ・ソリアーノ [右・右]
66 ルイス・ガルシア [右・右]
63 チェイス・シルセス [右・右]
40 サム・バックマン [右・右]
90 アダム・シンバー [右・右]
44 ベン・ジョイス [右・右]
62 ヴィクター・メデロス [右・右]
46 ジミー・ハーゲット [右・右]
60 アンドルー・ワンツ [右・右]
54 ホセ・スアレス [右・右]
67 ホセ・シスネロ [右・右]

※**CL**＝クローザー

エンジェルス試合日程……＊はアウェーでの開催

3月28・30・31 オリオールズ＊	29・30・**5月**1 フィリーズ	31・**6月**1・2 マリナーズ＊
4月1・2・3 マーリンズ＊	3・4・5 ガーディアンズ＊	3・4・5 パドレス
5・6・7 レッドソックス	6・7・8 パイレーツ＊	7・8・9 アストロズ
8・9・10 レイズ	9・10・11・12 ロイヤルズ	11・12・13 ダイヤモンドバックス＊
12・13・14 レッドソックス＊	13・14・15 カーディナルス	14・15・16 ジャイアンツ
15・16・17・18 レイズ＊	17・18・19 レンジャーズ＊	17・18・19 ブリュワーズ
19・20・21 レッズ＊	20・21・22 アストロズ＊	21・22 ドジャース＊
22・23・24 オリオールズ	24・25・26 ガーディアンズ	24・25・26 アスレティックス
26・27・28 ツインズ	28・29・30 ヤンキース	27・28・29・30 タイガース

球団メモ 昨季のトレード期限（８月１日）前には、ポストシーズン進出を狙い、有望株を放出して補強を敢行。だが、８月は勝率がリーグ最低を記録。賭けは失敗に終わった。

■投手力🔽…★★◗★★ 【昨年度チーム防御率4.64、リーグ12位】

　大谷翔平がドジャースに去ったため、今シーズンは5人ローテーションに戻り、デトマーズ、キャニング、サンドヴァル、T・アンダーソン、シルセスの5人でスタートすることになるだろう。全員が負け越す可能性がある貧弱な陣容だ。ただ、大谷が去ったことに危機感を覚え、急成長する投手が出現する可能性もあり、どのような展開になるか予測がつかない。ブルペンは、クローザーに新加入のスティーヴンソンをあてるようだ。セットアッパー陣は、呼び戻されたムーア、前クローザーのエステヴェス、昨年急成長したソリアーノという陣容になる。中程度には、機能しそうな顔ぶれだ。

■攻撃力🔽…★★◗★★ 【昨年度チーム得点739、リーグ9位】

　昨シーズンはチーム得点がアメリカン・リーグ9位。さらに、シーズン終了後には、ホームラン王の大谷翔平が抜けた。その一方で、エンジェルスでは長打力のある若手が次々に台頭してきていて、打点をかせぐようになった。打線は「中の下」くらいの得点力をキープしているように見える。

■守備力➡️…★★◗★★ 【昨年度チーム失策数95、リーグ10位タイ】

　チーム全体の守備力は平均レベルだが、エラーがやや多い。身体能力が高い遊撃手ネトの出現で、昨季は内野の守備力がアップ。今季も期待できる。

■機動力➡️…★◗★★★ 【昨年度チーム盗塁数72、リーグ15位】

　ネヴィン前監督は機動力を使って得点するという発想をしない人だった。そのためエンジェルスは、盗塁数がリーグ最少。成功率も低かった。

総合評価🔽

★★★★★

　大谷が去ったのに、GMは大きな補強を行わなかった。チームに楽しみな若手が台頭しているので、成長待ちに徹したほうが賢明と考えたのだ。その判断は正しいが、一時的に戦力は落ちる。110敗までは行かなくても、100敗は避けられないだろう。

エンジェルス

IN 主な入団選手
投手
ロバート・スティーヴンソン ← レイズ
ルイス・ガルシア ← パドレス
マット・ムーア ← マーリンズ
アダム・シンバー ← ブルージェイズ
ザック・プリーサック ← ガーディアンズ
野手
アーロン・ヒックス ← オリオールズ

OUT 主な退団選手
投手
大谷翔平 → ドジャース
アーロン・ループ → 所属先未定
野手
大谷翔平 → ドジャース
ランドール・グリチック → ダイヤモンドバックス
ジオ・アーシェラ → タイガース
デイヴィッド・フレッチャー → ブレーブス

7月2・3・4	アスレティックス*	2・3・4	メッツ	3・4	ドジャース
5・6・7	カブス*	6・7・8	ヤンキース*	5・6・7・8	レンジャーズ*
8・9・10	レンジャーズ	9・10・11	ナショナルズ*	9・10・11	ツインズ*
11・12・13・14	マリナーズ	12・13・14	ブルージェイズ	13・14・15	アストロズ
16	オールスターゲーム	16・17・18	ブレーブス	16・17・18	ホワイトソックス
19・20・21	アスレティックス*	19・20・21	ロイヤルズ*	19・20・21・22	アストロズ*
22・23・24	マリナーズ*	22・23・24・25	ブルージェイズ*	24・25・26	ホワイトソックス*
25・26・27・28	アスレティックス	27・28・29	タイガース*	27・28・29	レンジャーズ
30・31・8月1	ロッキーズ	30・31・9月1	マリナーズ		

48 リード・デトマーズ Reid Detmers

昨年6月にカーショウと互角の投手戦 　**先発**

25歳 1999.7.8生 | 188cm | 95kg | 左投左打
◆速球のスピード／150キロ台前半（フォーシーム、シンカー）
◆決め球と持ち球／☆スライダー、○フォーシーム、○シンカー、
　○カーブ、△チェンジアップ　◆対左.294　◆対右.236
◆ホ防4.04　◆ア防5.06　◆ド2020①エンジェルス
◆田イリノイ州　◆年74万ドル（約1億360万円）+α

球威	4
制球	2
緩急	4
精神・精神	3
度胸	3

　大谷翔平がチームを去ったため、今季は5人ローテーションのエース格で
シーズンに入るサウスポー。昨季は期待されたが、制球が不安定で、10度
目の登板を終えた6月1日時点では、0勝5敗、防御率5.15というひどい数
字だった。しかし、次のカブス戦で初勝利をゲットすると調子が出てきて、
6月20日のドジャース戦では相手の大エース、カーショウと息詰まる投手戦
を展開。ドジャースの強力打線を7回まで2安打無失点に抑えて、注目され
た。デトマーズはこれまでずっと6人ローテーションで投げてきたので、5
人ローテーションにすんなりアジャストできるか懸念する向きもある。メジャ
ー入りして11度目の先発で、ノーヒットノーランを達成したことで知られる。

カモ J・ヤング（レンジャーズ）.000(10-0)0本　苦手 J・ロドリゲス（マリナーズ）.500(6-3)1本

年度	所属チーム	勝利	敗戦	防御率	試合数	先発	セーブ	投球イニング	被安打	失点	自責点	被本塁打	与四球	奪三振	WHIP
2021	エンジェルス	1	3	7.40	5	5	0	20.2	26	17	17	5	11	19	1.79
2022	エンジェルス	7	6	3.77	25	25	0	129.0	110	56	54	13	46	122	1.21
2023	エンジェルス	4	10	4.48	28	28	0	148.2	141	81	74	19	60	168	1.35
通算成績		12	19	4.37	58	58	0	298.1	277	154	145	37	117	309	1.32

53 カルロス・エステヴェス Carlos Estevez

ハラハラドキドキの「エステヴェス劇場」　**セットアップ クローザー**

32歳 1992.12.28生 | 198cm | 125kg | 右投右打
◆速球のスピード／150キロ台後半（フォーシーム主体）
◆決め球と持ち球／◎フォーシーム、○スライダー、
　○チェンジアップ　◆対左.268　◆対右.242
◆ホ防5.35　◆ア防2.00　◆ド2011外ロッキーズ
◆田ドミニカ　◆年675万ドル（約9億4500万円）

球威	4
制球	2
緩急	4
精神・精神	3
度胸	4

　昨季、アメリカン・リーグ4位タイの31セーブをマークした豪腕リリーバ
ー。とくにシーズン前半の働きは見事で、20回のセーブ機会をすべて成功
させた。クローザーとしての特徴は、四球や安打でピンチを招いてハラハラ
ドキドキの場面を作り出したうえで、土俵際の力を発揮して三振や凡フライ
にしとめ、ピンチを切り抜けること。しかも三振を取るときはストライクゾ
ーンの高めいっぱいにフォーシームを叩き込む。そこは一歩違えばホームラ
ンになるゾーンなのでスリル満点だ。親分肌でリーダーの資質を備えており、
ヒスパニック系の若いリリーバーたちの面倒をよく見るため、人望がある。

カモ M・マチャード（パドレス）.083(12-1)0本　苦手 W・スミス（ドジャース）.625(8-5)2本

年度	所属チーム	勝利	敗戦	防御率	試合数	先発	セーブ	投球イニング	被安打	失点	自責点	被本塁打	与四球	奪三振	WHIP
2016	ロッキーズ	3	7	5.24	63	0	11	55.0	50	32	32	6	28	59	1.42
2017	ロッキーズ	5	0	5.57	35	0	0	32.1	39	21	20	3	14	31	1.64
2019	ロッキーズ	2	2	3.75	71	0	0	72.0	70	34	30	12	23	81	1.29
2020	ロッキーズ	1	3	7.50	26	0	1	24.0	33	21	20	6	9	27	1.75
2021	ロッキーズ	3	5	4.38	64	0	11	61.2	71	32	30	8	21	60	1.49
2022	ロッキーズ	4	4	3.47	62	0	2	57.0	44	27	22	7	23	54	1.18
2023	エンジェルス	5	5	3.90	63	0	31	62.1	62	34	27	7	31	78	1.49
通算成績		23	26	4.47	384	0	56	364.1	369	201	181	49	149	390	1.42

対左＝対左打者被打率　対右＝対右打者被打率　ホ防＝ホーム防御率　ア防＝アウェー防御率
ド＝ドラフトデータ　田＝出身地　年＝年俸　カモ 苦手＝通算成績

47 グリフィン・キャニング *Griffin Canning*
タイミングを外す技術は名人級　**先発**

28歳 1996.5.11生 | 188cm | 81kg | 右投右打

◆速球のスピード／150キロ台前半（フォーシーム主体）
◆決め球と持ち球／☆チェンジアップ、○カーブ、
○スライダー、△フォーシーム　◆対左.217　◆対右.271
◆木防4.66　◆ア防4.04　◆匝2017②エンジェルス
◆田カリフォルニア州　◆囲260万ドル（約3億6400万円）

球威	4
制球	2
緩急	4
守備・走塁	5
度胸	4

腰の疲労骨折とその後遺症で2022年は全休したが、昨年見事によみがえった右腕。昨季も初めから体調が万全だったわけではなく、3月29日に左鼠径部を痛めてIL（故障者リスト）入りしたが、4月12日に復帰。その後は6人ローテーションに入って先発で投げた。ファンを喜ばせたのは、長い間、実戦から遠ざかっていたにもかかわらず、フォーシームの球速が増していたことだ。20年に比べると平均3キロもアップしていたため、チェンジアップやカーブの効果が増した。長所は、打者の狙い球を察知する能力が高いことと、チェンジアップを速球と同じ腕の振りで投げられること。課題は、立ち上がりが不安定なことと、フルカウントになるケースが多すぎることだ。

[カモ] A・ヴァードゥーゴ（ヤンキース）.000(8-0)0本　[苦手] A・ブレグマン（アストロズ）.600(10-6)1本

年度	所属チーム	勝利	敗戦	防御率	試合数	先発	セーブ	投球イニング	被安打	失点	自責点	被本塁打	与四球	奪三振	WHIP
2019	エンジェルス	5	6	4.58	18	17	0	90.1	80	46	46	14	30	96	1.22
2020	エンジェルス	2	3	3.99	11	11	0	56.1	54	29	25	8	23	56	1.37
2021	エンジェルス	5	4	5.60	14	13	0	62.2	65	41	39	14	28	62	1.48
2023	エンジェルス	7	8	4.32	24	22	0	127.0	121	62	61	22	36	139	1.25
通算成績		19	21	4.58	67	63	0	336.1	320	178	171	58	117	353	1.30

43 パトリック・サンドヴァル *Patrick Sandoval*
正念場のシーズンに入る進化できない左腕　**先発**

28歳 1996.10.18生 | 190cm | 86kg | 左投左打

◆速球のスピード／150キロ前後（フォーシーム、シンカー）
◆決め球と持ち球／◎チェンジアップ、◎スライダー、
○シンカー、○カーブ、△フォーシーム　◆対左.228　◆対右.262
◆木防4.46　◆ア防3.81　◆匝2015⑪アストロズ
◆田カリフォルニア州　◆囲503万ドル（約7億420万円）

球威	3
制球	2
緩急	4
守備・走塁	3
度胸	3

WBCで目を見張る活躍をした、メキシコ系米国人のサウスポー。昨季はまず、メキシコ代表としてWBCに出場。予選ラウンドの対アメリカ戦で3イニングを1失点に抑え、さらに準決勝の日本戦では4回1/3を無失点に封じる好投を見せた。WBC閉幕後はチームに合流して開幕を迎えたが、WBCでの見事な活躍を見た人たちから、サンドヴァルのブレイクを予想する声が上がった。しかし、いざシーズンが始まると、WBCで披露したような派手な活躍はまったく見られず、ノーコン病におちいって黒星が大きく先行する展開になった。それだけに、今シーズンは何が何でも結果を出す必要がある。今年も大きく負け越した場合、戦力外の烙印を押されてしまう恐れがあるからだ。

[カモ] M・オルソン（ブレーブス）.000(11-0)0本　[苦手] C・マコーミック（アストロズ）.462(13-6)1本

年度	所属チーム	勝利	敗戦	防御率	試合数	先発	セーブ	投球イニング	被安打	失点	自責点	被本塁打	与四球	奪三振	WHIP
2019	エンジェルス	0	4	5.03	10	9	0	39.1	35	22	22	6	19	42	1.37
2020	エンジェルス	1	5	5.65	9	6	0	36.2	37	26	23	10	12	33	1.34
2021	エンジェルス	3	6	3.62	17	14	0	87.0	69	38	35	11	36	94	1.21
2022	エンジェルス	6	9	2.91	27	27	0	148.2	139	56	48	8	60	151	1.34
2023	エンジェルス	7	13	4.11	28	28	0	144.2	145	89	66	12	74	128	1.51
通算成績		17	37	3.83	91	84	1	456.1	425	231	194	47	201	448	1.37

エンジェルス

レイズでワンランク上の投手に成長

クローザー セットアップ **移籍**

24 ロバート・スティーヴンソン Robert Stephenson

31歳 1993.2.24生｜190cm｜92kg｜右投右打 圏150キロ台中頃(フォーシーム) 図◎カッター
対左.206 対右.143 D2011①レッズ 囲カリフォルニア州 囲1100万ドル(約15億4000万円)

球	4
制	4
緩	3
守	3
度	4

　3年3300万ドルの契約で加入したリリーフ右腕。30歳を過ぎた通算防御率4点台後半の投手を、エンジェルスが好待遇で迎えたのは、昨季途中の大変身が、一過性のものでないと判断したからだ。昨年6月、パイレーツからレイズに移籍後、スナイダー投手コーチの助言でスライダーの投げ方に調整を加えたところ、平均球速が6キロもアップ(137→143キロ)した曲がりの小さなスライダーが完成。カッターに分類されるこのボールを武器に、移籍後の奪三振率は14.1、WHIPは0.68という素晴らしい数字になった。フィリピン系アメリカ人で、母親が同国の出身。

年度	所属チーム	勝利	敗戦	防御率	試合数	先発	セーブ	投球イニング	被安打	失点	自責点	被本塁打	与四球	奪三振	WHIP
2023	パイレーツ	0	3	5.14	18	0	0	14.0	12	9	8	3	17	17	1.43
2023	レイズ	3	1	2.35	42	0	1	38.1	18	11	10	5	8	60	0.68
2023	2チーム計	3	4	3.10	60	0	1	52.1	30	20	18	8	16	77	0.88
通算成績		17	20	4.64	271	22	3	364.1	328	210	188	63	159	406	1.34

昨季序盤の活躍再現に期待

セット アップ **移籍**

55 マット・ムーア Matt Moore

35歳 1989.6.18生｜190cm｜95kg｜左投左打 圏150キロ前後(フォーシーム) 図◎チェンジアップ
対左.268 対右.218 D2007①デビルレイズ 囲フロリダ州 囲900万ドル(約12億6000万円)

球	3
制	4
緩	4
守	3
度	4

　今年1月末にエンジェルスと1年契約を結び、5カ月前までいたチームに戻ってきたリリーフ左腕。昨季も1年契約でエンジェルスに加入し、シーズン序盤はセットアッパーとして活躍。しかし、5月下旬に脇腹を痛めて離脱し、7月に復帰後はイマイチの出来。エンジェルスにポストシーズン進出の目がなくなった8月末、総年俸抑制のためウエーバーにかけられ、チームを去っていた。2020年、福岡ソフトバンクで先発投手としてプレー。日本シリーズで好投し、優秀選手賞を受賞している。

年度	所属チーム	勝利	敗戦	防御率	試合数	先発	セーブ	投球イニング	被安打	失点	自責点	被本塁打	与四球	奪三振	WHIP
2023	エンジェルス	4	1	2.66	41	0	0	44.0	33	14	13	6	12	49	1.02
2023	インディアンズ	0	0	3.86	5	0	0	4.2	9	2	2	1	2	8	2.36
2023	マーリンズ	1	0	0.00	4	0	0	4.0	4	0	0	0	1	3	1.25
2023	3チーム計	5	1	2.56	50	0	0	52.2	46	16	15	7	15	60	1.16
通算成績		66	63	4.36	318	164	5	1094.1	1058	570	530	139	460	1012	1.39

奪三振率の高いセットアッパー向きの右腕

セット アップ

59 ホセ・ソリアーノ Jose Soriano

26歳 1998.10.20生｜190cm｜99kg｜右投右打 圏150キロ台後半(シンカー、フォーシーム) 図◎カーブ
対左.147 対右.267 D2016⑨エンジェルス 囲ドミニカ 囲74万ドル(約1億360万円)+α

球	5
制	2
緩	2
守	2
度	3

　2度のトミー・ジョン手術を乗り越え、昨年6月にメジャーデビュー。160キロ近い快速球とカーブを武器に、6試合連続無失点に抑え注目された。ドミニカ出身で17歳のとき、エンジェルス入団。2020年2月に1回目のトミー・ジョン手術。20年12月のルール5でパイレーツが指名し、移籍。21年5月に1A+級で復帰したが、すぐヒジを痛め、2度目のトミー・ジョン手術。同年11月にエンジェルスに送り返されたあとはリハビリに励み、22年7月末にルーキー級で実戦復帰。本格的に投げられるようになったのは23年開幕からで、2Aで2カ月ほど投げてからメジャーに。

年度	所属チーム	勝利	敗戦	防御率	試合数	先発	セーブ	投球イニング	被安打	失点	自責点	被本塁打	与四球	奪三振	WHIP
2023	エンジェルス	1	3	3.64	38	0	0	42.0	33	22	17	4	23	56	1.33
通算成績		1	3	3.64	38	0	0	42.0	33	22	17	4	23	56	1.33

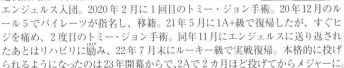

圏=速球のスピード 図=決め球 対左=対左打者被打率 対右=対右打者被打率
D=ドラフトデータ 囲=出身地 囲=年俸

投手

66 ルイス・ガルシア Luis Garcia

一度は野球の世界から離れた苦労人

ミドルリリーフ／移籍

37歳 1987.1.30生 | 188cm | 108kg | 右投右打 | 球150キロ台中頃(シンカー、フォーシーム) | 決○スライダー
対左.309 対右.214 F2004外ドジャース 田ドミニカ 年425万ドル(約5億9500万円)

球4 制3 緩5 守・走2 度3

　1年425万ドルの契約で入団したリリーフ右腕。球種はシンカー、スライダー、フォーシーム、スプリッターの4つで、一番の武器はスライダー。ヨコの曲がりが大きく、右打者を封じる強力な武器になっている。17歳のときプロ入りしたが、23歳のとき解雇されたため、引越し屋や理髪店で働いて食いつないだ苦労人。すると、また野球をやりたくなったので、独立リーグのチームに入る。そこでプレーしていたとき、フィリーズのスカウトと知り合い、マイナー契約で入団。2013年の開幕から1Aでプレーを再開。スピード出世を果たし、その年の7月にメジャーデビュー。

年度	所属チーム	勝利	敗戦	防御率	試合数	先発	セーブ	投球イニング	被安打	失点	自責点	被本塁打	与四球	奪三振	WHIP
2023	パドレス	2	3	4.07	61	0	0	59.2	59	30	27	6	24	53	1.39
通算成績		21	27	4.05	486	4	11	469.0	456	233	211	43	216	446	1.43

63 チェイス・シルセス Chase Silseth

今季の目標はQSを10個以上ゲット

先発／ロングリリーフ

24歳 2000.5.18生 | 183cm | 99kg | 右投右打 | 球150キロ台前半(フォーシーム、シンカー) | 決○スプリッター
対左.191 対右.231 F2021①エンジェルス 田ニューメキシコ州 年74万ドル(約1億360万円)+α

球4 制2 緩4 守・走2 度3

　ドラフトでは11巡目指名という低い評価だったが、メジャー昇格は誰よりも早かった投手。スピード出世を可能にしたのは、ピッチデザインを根本から見直し、自分に最適な投球スタイルを見つけたことが大きい。それによってフォーシームは球速が増しただけでなくスピン量が大幅に増え、浮き上がる軌道になった。課題はスタミナ。6回まで投げ切れないことが多いので、ロングリリーフ向きという意見もあるが、昨年は先発のときのほうが防御率が良かった。耐久性が増すトレーニングを続け、6回終了まで投げ切れるゲームを少しずつ増やしていくしかないだろう。

年度	所属チーム	勝利	敗戦	防御率	試合数	先発	セーブ	投球イニング	被安打	失点	自責点	被本塁打	与四球	奪三振	WHIP
2023	エンジェルス	4	1	3.96	16	8	0	52.1	41	26	23	9	26	56	1.28
通算成績		5	4	4.89	23	15	0	81.0	74	47	44	16	38	80	1.38

31 タイラー・アンダーソン Tyler Anderson

救世主になるはずが疫病神に

先発

35歳 1989.12.30生 | 188cm | 99kg | 左投左打 | 球140キロ台中頃(フォーシーム、シンカー) | 決○カッター
対左.265 対右.266 F2011①ロッキーズ 田ネヴァダ州 年1300万ドル(約18億2000万円)

球1 制3 緩4 守・走5 度3

　エンジェルス1年目は期待を裏切ったため、今季巻き返しを図るベテラン左腕。ドジャース再生工場で別人のように良くなった投手の1人で、2022年に在籍し、新しいチェンジアップを武器に15勝5敗、防御率2.57をマークしたあと、3年3900万ドルの契約でエンジェルスに迎えられた。エンジェルスで期待されたのは、効率良くアウトを取れない若い投手たちのお手本になることだった。そうなるためには、ピンポイントとまではいかなくても、ゾーンに決める制球力が必要だが、昨季はこれがなく、与四球が倍増。被本塁打も増え、お手本どころか「悪い見本」に。

年度	所属チーム	勝利	敗戦	防御率	試合数	先発	セーブ	投球イニング	被安打	失点	自責点	被本塁打	与四球	奪三振	WHIP
2023	エンジェルス	6	6	5.43	27	25	0	141.0	146	90	85	20	64	119	1.49
通算成績		50	49	4.35	174	166	0	943.1	924	485	456	132	285	799	1.28

エンジェルス

40 サム・バックマン Sam Bachman

肩の故障は全快。今季は開幕から登板可能

25歳 1999.9.30生 | 185cm | 106kg | 右投右打 | 速150キロ台中盤(シンカー主体) | 決◎スライダー
対左.333 対右.234 ド2021①エンジェルス 出インディアナ州 年74万ドル(約1億360万円)+α

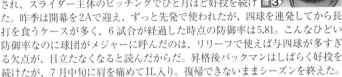

球 4
制 2
緩 3
守 4
度 3

　昨年5月28日にメジャーデビューした、2021年のドラフ
ト1巡目指名投手。メジャーでは主にロングリリーフで起用
され、スライダー主体のピッチングでひと月ほど好投を続け
た。昨季は開幕を2Aで迎え、ずっと先発で使われたが、四球を連発してから長
打を食うケースが多く、6試合が経過した時点の防御率は5.81。こんなひどい
防御率なのに球団がメジャーに呼んだのは、リリーフで使えると与四球が多すぎ
る欠点が、目立たなくなると読んだからだ。昇格後バックマンはしばらく好投を
続けたが、7月中旬に肩を痛めてIL入り。復帰できないままシーズンを終えた。

年度	所属チーム	勝利	敗戦	防御率	試合数	先発	セーブ	投球イニング	被安打	失点	自責点	被本塁打	与四球	奪三振	WHIP
2023	エンジェルス	1	2	3.18	11	0	1	17.0	17	7	6	0	11	14	1.65
通算成績		1	2	3.18	11	0	1	17.0	17	7	6	0	11	14	1.65

58 デイヴィス・ダニエル Davis Daniel

秋のアリゾナリーグで高評価

27歳 1997.6.11生 | 185cm | 86kg | 右投右打 | 速150キロ前後(フォーシーム主体) | 決◎フォーシーム
対左.227 対右.100 ド2019⑦エンジェルス 出ジョージア州 年74万ドル(約1億360万円)+α

球 4
制 2
緩 4
守 4
度 3

　昨年9月29日のアスレティックス戦で初勝利をあげた、
数々の故障を乗り越えてきた右腕。2019年のドラフトが行わ
れる2カ月前にヒジを壊してトミー・ジョン手術を受けたが、
格安で入手できると見たエンジェルスが7巡目で指名。実戦のマウンドに立っ
たのは21年の開幕からで、その年のうちに3Aまで上がったが、その後伸び悩ん
だ。昨季は、肩痛で2月からIL入り。8月1日に復帰後、マイナーのゲームで
好投を続け、メジャーに呼ばれた。フォーシームは150キロ前後だが、浮き上が
る軌道になるため、打ちにくいボール。スライダーとカーブも平均以上のレベル。

年度	所属チーム	勝利	敗戦	防御率	試合数	先発	セーブ	投球イニング	被安打	失点	自責点	被本塁打	与四球	奪三振	WHIP
2023	エンジェルス	1	1	2.19	3	0	0	12.1	7	3	3	1	9	9	1.30
通算成績		1	1	2.19	3	0	0	12.1	7	3	3	1	9	9	1.30

64 ジャック・コチャノヴィッチ Jack Kochanowicz

24歳 2000.12.22生 | 201cm | 103kg | 右投左打 | ◆昨季は1A+.2Aでプレー | ド2019③エンジェルス 出ペンシルヴァニア州

　シンカー、チェンジアップ、スイーパーを効果的に組み合わせて、ゴ
ロを量産する長身の右腕。特徴は、ストライクゾーンにどんどん投げ
込んでくること。ただし、緩急をつけず一本調子になりがちで、連打を食いやすい。
昨シーズンは、左打者に対する被打率が3割。左打者を抑える強力な武器が必要だ。

62 ヴィクター・メデロス Victor Mederos

23歳 2001.6.8生 | 188cm | 102kg | 右投右打 | ◆昨季はメジャーで3試合に出場 | ド2022⑨エンジェルス 出キューバ

　昨年、制球力が「下」レベルから「中の下」レベルに向上。それ
でも防御率が5点台に高止まりしているのは一発を食いすぎるからだ。
球種はフォーシーム、シンカー、チェンジアップ、カーブのほか、決め球のスライ
ダー。これを効果的に使えるようになれば、ワンランク上の投手に脱皮できるのだが。

大谷が去り、四球のメジャーリーグ記録樹立か センター

27 マイク・トラウト
Mike Trout

33歳 1991.8.7生｜188cm｜106kg｜右投右打
- ◆対左投手打率／.279(86-24) ◆対右投手打率／.257(222-57)
- ◆ホーム打率／.241(158-38) ◆アウェー打率／.287(150-43)
- ◆得点圏打率／.214(70-15)
- ◆23年のポジション別出場数／センター=79、DH=2
- ◆ドラフトデータ／2009①エンジェルス
- ◆出身地／ニュージャージー州
- ◆年俸／3545万ドル(約49億6300万円) ◆MVP3回
  (14,16,19年)、打点王1回(14年)、盗塁王1回(12年)、
  シルバースラッガー賞8回(12～16,18～20年)、ハン
  ク・アーロン賞2回(14,19年)、新人王(12年)

ミート	5
パワー	5
走塁	3
守備	3
肩	3

大谷翔平が去り、チームに一縷の光も見えない中で新シーズンに臨む、MVP3回のスター外野手。2021年からケガで欠場することが多くなっているが、昨季は7月4日のパドレス戦でフルスイングした際、手首の有鈎骨を骨折し、IL入り。チームにまだポストシーズン進出のチャンスが残っていた時期だったので、本人は少しでも早く復帰したいという思いが強く、8月22日のレッズ戦で復帰したが、痛みがぶり返したため、1日出ただけで再度IL入りし、そのままシーズンを終えた。

今季は12年契約の6年目で、契約はあと7年2億4800万ドル残っている。大谷が移籍してDHのレギュラーがいなくなったので、今後はケガのリスクを減らすため、センターとDHで併用される可能性が高い。

大谷のドジャース入りが決まったあとは、球界の至宝であるトラウトに新たな活躍の場を与えたいという声が広がり、ブルージェイズのバシットは「フィリーズにトレードすべきだ」と強く主張していた。しかし、今年8月に33歳になるので、打撃成績が年を経るごとに低下することは避けられない。となると、エンジェルスは残存年俸の5割～6割を負担する形で放出することになるが、レンドーンの年俸3700万ドルがまるまる死に金になり、それにトラウトのトレードによる負担分（1800万～2100万ドル）まで同様の事態に至れば、エンジェルスのオーナーは嘲笑の対象になる。プライドの高いオーナーはそれを一番避けたいので、トラウトは12年契約が終わるまでエンジェルスで塩漬けになる可能性が高い。

| カモ | 菊池雄星（ブルージェイズ）.471(17-8)2本　D・ダニング（レンジャーズ）.412(17-7)2本 |
| 苦手 | J・ヴァーランダー（アストロズ）.116(43-5)2本　C・ハヴィエア（アストロズ）.000(12-0)0本 |

年度	所属チーム	試合数	打数	得点	安打	二塁打	三塁打	本塁打	打点	四球	三振	盗塁	盗塁死	出塁率	OPS	打率
2011	エンジェルス	40	123	20	27	6	0	5	16	9	30	4	0	.281	.671	.220
2012	エンジェルス	139	559	129	182	27	8	30	83	67	139	49	5	.399	.963	.326
2013	エンジェルス	157	589	109	190	39	9	27	97	110	136	33	7	.432	.989	.323
2014	エンジェルス	157	602	115	173	39	9	36	111	83	184	16	2	.377	.938	.287
2015	エンジェルス	159	575	104	172	32	6	41	90	92	158	11	7	.402	.992	.299
2016	エンジェルス	159	549	123	173	32	5	29	100	116	137	30	7	.441	.991	.315
2017	エンジェルス	114	402	92	123	25	3	33	72	94	90	22	4	.442	1.071	.306
2018	エンジェルス	140	471	101	147	24	4	39	79	122	124	24	2	.460	1.088	.312
2019	エンジェルス	134	470	110	137	27	2	45	104	110	120	11	2	.438	1.083	.291
2020	エンジェルス	53	199	41	56	9	2	17	46	35	56	1	1	.390	.993	.281
2021	エンジェルス	36	117	23	39	8	1	8	18	27	41	2	0	.466	1.090	.333
2022	エンジェルス	119	438	85	124	28	2	40	80	54	139	1	0	.369	.999	.283
2023	エンジェルス	82	308	54	81	14	1	18	44	44	104	2	0	.367	.857	.263
通算成績		1489	5402	1106	1624	310	52	368	940	964	1458	206	37	.412	.994	.301

カモ 苦手 は通算成績

「史上最悪の契約」の第1位が指定席に　サード

6 アンソニー・レンドーン
Anthony Rendon

34歳　1990.6.6生｜185cm｜90kg｜右投右打
- ◆対左投手打率／.245(53-13)　◆対右投手打率／.232(95-22)
- ◆ホーム打率／.243(74-18)　◆アウェー打率／.230(74-17)
- ◆得点圏打率／.263(38-10)
- ◆23年のポジション別出場数／サード＝43
- ◆ドラフトデータ／2011①ナショナルズ
- ◆出身地／テキサス州
- ◆年俸／3800万ドル（約53億2000万円）
- ◆打点王1回(19年)、シルバースラッガー賞2回(14、19年)

ミート **3**
パワー **2**
走塁 **2**
守備 **2**
肩 **3**

　1億ドル以上のカネが無駄になってもいいから早くクビにしろ、という声が出始めている中で、7年契約の5年目に入る三塁手。2021年から故障続きで、21年は鼠径部痛、左ヒザ痛、左ハムストリングの肉離れ、右臀部の神経障害でIL入りし、出場できたのは58試合。22年は右手首の炎症および手術で6月15日以降全休し、出場は47試合だった。

　昨年は、アスレティックスとの開幕戦終了後、クラブハウスに引き上げる通路で、スタンドから身を乗り出してヤジったファンの胸ぐらをつかんで、罵声を浴びせ、段ろうとした。それにより、4試合出場停止の処分を受けている。その後、5月中旬に左鼠径部痛、6月には左手首痛、7月には自打球をスネに当ててIL入りし、結局、シーズン終了まで復帰できなかった。そのため、43試合の出場にとどまっている。

　メディアに対する態度の悪さも、ひんしゅくを買った。記者たちが取材しようとすると、スペイン語で「ノ　アブロ　イングレス（英語話せない）」と英語をできないふりをして拒絶したかと思えば、「スネの具合はどうですか？」と尋ねてきた記者に対しては「俺はここにいないことになっているんだ」と言って、はぐらかした。9月中旬に、ようやく「3分間だけ」と条件を付けて『ジ・アスレティック』のブラム記者の取材に応じたが、まともに答えないため「より多くの疑問を呼ぶことになった」と書かれる始末だ。米国のスポーツメディアでは、「史上最悪の超大型契約はどれだ？」という類の特集がよく組まれるが、1位が指定席になりつつある。

カモ	N.ピヴェッタ(レッドソックス).500(26-13)4本　K.ゴーズマン(ブルージェイズ).423(26-11)1本
苦手	J.デグロム(レンジャーズ).171(35-6)1本　A.デスクラファーニ(ツインズ).000(12-0)0本

年度	所属チーム	試合数	打数	得点	安打	二塁打	三塁打	本塁打	打点	四球	三振	盗塁	盗塁死	出塁率	OPS	打率
2013	ナショナルズ	98	351	40	93	23	1	7	35	31	69	1	1	.329	.725	.265
2014	ナショナルズ	153	613	111	176	39	6	21	83	58	104	17	3	.351	.824	.287
2015	ナショナルズ	80	311	43	82	16	0	5	25	36	70	1	2	.344	.707	.264
2016	ナショナルズ	156	567	91	153	38	2	20	85	65	117	12	6	.348	.798	.270
2017	ナショナルズ	147	508	81	153	41	1	25	100	84	82	7	2	.403	.936	.301
2018	ナショナルズ	136	529	88	163	44	2	24	92	55	82	2	1	.374	.909	.308
2019	ナショナルズ	146	545	117	174	44	3	34	126	80	86	5	1	.412	1.010	.319
2020	エンゼルス	52	189	29	54	11	1	9	31	38	31	0	0	.418	.915	.286
2021	エンゼルス	58	217	24	52	13	0	6	34	29	41	0	0	.329	.711	.240
2022	エンゼルス	47	166	15	38	10	0	5	24	23	35	2	0	.326	.706	.229
2023	エンゼルス	43	148	23	35	6	0	2	22	25	27	2	0	.361	.679	.236
通算成績		1116	4144	662	1173	285	16	158	657	524	744	49	16	.367	.841	.283

甘いマスクと高い身体能力が魅力　ショート

9　ザック・ネト　Zach Neto

23歳　2001.1.31生｜183cm｜83kg｜右投右打

◆対左投手打率／.237　◆対右投手打率／.222
◆ホーム打率／.238　◆アウェー打率／.212　◆得点圏打率／.215
◆23年のポジション別出場数／ショート＝84
◆Ⓓ2022①エンジェルス　◆⊞フロリダ州
◆匍74万ドル（約1億360万円）＋α

ミート **3**
パワー **3**
走塁 **4**
守備 **4**
肩 **5**

メジャー2年目の今季は、ゴールドグラブ賞を期待されている、ハツラツとしたプレーで人気の遊撃手。昨年4月15日、ドラフト指名からわずか9カ月でメジャーデビュー。ショートのレギュラーに抜擢され、連日スタメン出場するようになった。打撃面の特徴は、前の足（左足）を大きく上げてタイミングを取ること。パワーは平均レベルだが、バックスピンのかかった打球を飛ばすことに長けているので、15〜20本塁打は可能。緩急を巧みにつけられるとうまく対応できないので高打率は望めないが、選球眼に優れ、四球でよく出塁するので、平均以上の出塁率を期待できる。守備は球際に強く、強肩。グラブさばきもうまく、リリースもスピーディだ。守備範囲の広さは平均レベル。クラッチディフェンダーで、昨季は度々ピンチに好守を見せた。マイアミ出身で、父ホアキンさんは郵便配達員。母マギーさんはAT&Tの職員。

|カモ| J・ライアン(ツインズ).600(5-3)0本　|苦手| C・ハヴィエア(アストロズ).000(5-0)0本

年度	所属チーム	試合数	打数	得点	安打	二塁打	三塁打	本塁打	打点	四球	三振	盗塁	盗塁死	出塁率	OPS	打率
2023	エンジェルス	84	289	38	65	17	0	9	34	20	77	5	1	.308	.685	.225
通算成績		84	289	38	65	17	0	9	34	20	77	5	1	.308	.685	.225

オープンスタンスにして大化けした外野手　ライトセンター

16　ミッキー・モニアック　Mickey Moniak

26歳　1998.5.13生｜188cm｜88kg｜右投左打

◆対左投手打率／.222　◆対右投手打率／.294
◆ホーム打率／.272　◆アウェー打率／.288　◆得点圏打率／.303
◆23年のポジション別出場数／センター＝54、ライト＝16、レフト＝12
◆Ⓓ2016①フィリーズ　◆⊞カリフォルニア州
◆匍74万ドル（約1億360万円）＋α

ミート **4**
パワー **4**
走塁 **4**
守備 **4**
肩 **3**

2016年のドラフトで、フィリーズに1巡目指名された期待の星だったが、伸び悩んだため見切りをつけられ、2022年8月2日のトレードでエンジェルスに放出された。移籍後も冴えない成績で、昨季もほとんど期待されていなかったが、オフにプランティア打撃コーチ補佐の助言を受けながら、打撃改造に取り組んだところ、大化け。このオープンスタンスに構える新打法に変えたことで、ボールが見やすくなり、強い打球の出る比率が大幅にアップした。欠点は早打ちのため、出塁率が低いこと。守備では、トラウトが故障中にセンターに入り、ホームランキャッチやスーパープレーを度々見せた。

|カモ| J・フランス(アストロズ).500(6-3)0本　|苦手| M・コペック(ホワイトソックス).000(6-0)0本

年度	所属チーム	試合数	打数	得点	安打	二塁打	三塁打	本塁打	打点	四球	三振	盗塁	盗塁死	出塁率	OPS	打率
2020	フィリーズ	8	14	3	3	0	0	0	0	0	4	6	0	.389	.603	.214
2021	フィリーズ	21	33	3	3	0	0	1	3	3	16	0	0	.167	.349	.091
2022	フィリーズ	18	46	4	6	1	0	0	2	3	19	0	0	.184	.336	.130
2022	エンジェルス	19	60	9	12	2	1	3	6	1	25	1	0	.226	.643	.200
2022	2チーム計	37	106	13	18	3	1	3	8	4	44	1	0	.207	.509	.170
2023	エンジェルス	85	311	35	87	21	2	14	45	9	113	6	3	.307	.802	.280
通算成績		151	464	54	111	24	3	18	56	20	179	7	3	.277	.697	.239

エンジェルス

Ⓓ＝ドラフトデータ　⊞＝出身地　匍＝年俸

長打力はマイク・ピアッツァ級
14 ローガン・オホッピー Logan O'Hoppe

キャッチャー

24歳 2000.2.9生｜188cm｜83kg｜右投右打 ◆盗塁阻止率／.061(33-2)

- ◆対左投手打率／.293　◆対右投手打率／.220
- ◆ホーム打率／.244　◆アウェー打率／.229　◆得点圏打率／.171
- ◆23年のポジション別出場数／キャッチャー＝49、DH＝1
- ◆Ⓓ2018㉓フィリーズ　◆Ⓗニューヨーク州
- ◆Ⓨ74万ドル（約1億360万円）＋α

ミート	3
パワー	5
走塁	2
守備	2
肩	3

　正捕手1年目はケガに泣いた。バットで貢献するタイプのキャッチャー。昨季は開幕から正捕手としてマスクをかぶり、10試合目までに4本塁打、11打点を記録し、注目された。しかし、4月20日のヤンキース戦でスイングした際、肩に激痛が走って、その場にヒザをついて苦しみ出した。検査の結果、左肩の関節唇断裂と判明し、球団から復帰まで4〜6カ月という発表があった。だが、チームにポストシーズン進出の可能性が残されていたため復帰を急ぎ、8月18日から先発出場。9月は10.2打数に1本という驚異的なペースで本塁打を生産。並のパワーではないことを再認識させた。捕手としての守備は、すべての面で発展途上。肩は強いのに、盗塁阻止率は6.1％（33-2）でワーストレベル。フレーミングとボールブロックに関しても、改善の余地がある。

カモ　L・ギルバート（マリナーズ）.667(3-2)2本　苦手　Z・エフリン（レイズ）.000(6-0)0本

年度	所属チーム	試合数	打数	得点	安打	二塁打	三塁打	本塁打	打点	四球	三振	盗塁	盗塁死	出塁率	OPS	打率
2022	エンジェルス	5	14	1	4	0	0	2	2	3	0	0	.375	.661	.286
2023	エンジェルス	51	182	23	43	6	0	14	29	14	48	0	1	.296	.796	.236
通算成績		56	196	24	47	6	0	14	31	16	51	0	1	.302	.787	.240

トレードの引き合いが最も多い選手
2 ルイス・レンヒーフォ Luis Rengifo

ユーティリティ

27歳 1997.2.26生｜178cm｜88kg｜右投両打
- ◆対左投手打率／.324　◆対右投手打率／.240
- ◆ホーム打率／.242　◆アウェー打率／.284　◆得点圏打率／.258
- ◆23年のポジション別出場数／セカンド＝65、ショート＝37、サード＝23、ライト＝11、レフト＝6、センター＝4
- ◆Ⓓ2013㊿マリナーズ　◆Ⓗベネズエラ
- ◆Ⓨ440万ドル（約6億1600万円）

ミート	3
パワー	4
走塁	4
守備	3
肩	3

　明確な特徴が2つあるスーパーサブ。特徴1はセカンド、サード、ショート、レフトの4つのポジションに対応し、セカンドとサードでは平均レベルの守備を期待できること。もう1つは極端なスロースターターで、シーズン中盤にならないとエンジンがかからないこと。昨季は前半戦、打率2割1分9厘だったが、後半戦は3割1分8厘だった。長所は俊足で、スモールボールのスキルが高いため、1点が欲しいときのキーマンになること。欠点は時々、集中力が切れること。昨年7月の大谷が先発したゲームで、簡単にゲッツーを取れるゴロを捕り損ない、さらに後方に転がったボールを全力で追わずに相手に追加点を献上した。このプレーを監督に叱責され、涙ながらに謝罪。

カモ　J・ベリオス（ブルージェイズ）.714(7-5)1本　苦手　L・ギルバート（マリナーズ）.083(12-1)0本

年度	所属チーム	試合数	打数	得点	安打	二塁打	三塁打	本塁打	打点	四球	三振	盗塁	盗塁死	出塁率	OPS	打率
2019	エンジェルス	108	357	44	85	18	3	7	33	40	93	2	5	.321	.685	.238
2020	エンジェルス	33	90	12	14	1	0	1	3	14	26	3	1	.269	.469	.156
2021	エンジェルス	54	174	22	35	1	0	6	18	9	38	1	0	.246	.556	.201
2022	エンジェルス	127	489	45	129	22	4	17	52	17	79	6	2	.294	.723	.264
2023	エンジェルス	126	394	55	104	15	4	16	51	41	82	6	4	.339	.783	.264
通算成績		448	1504	178	367	57	11	47	157	121	318	18	12	.306	.696	.244

今季は打線の中軸を務める好打者

3 **テイラー・ウォード** *Taylor Ward* レフト

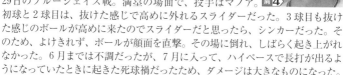

31歳 1993.12.14生｜185cm｜90kg｜右投右打 対左.303 対右.233 ホ.201 ア.294 得.211 ド2015①エンジェルス 出オハイオ州 年480万ドル（約6億7200万円）

ミ3 バ4 走2 守3 肩4

　昨季は死球禍で、8月以降IL入りしたままシーズンを終えた、ツキのない外野手。アクシデントが起きたのは、7月29日のブルージェイズ戦。満塁の場面で、投手はマノア。初球と2球目は、抜けた感じで高めに外れるスライダーだった。3球目も抜けた感じのボールが高めに来たのでスライダーだと思ったら、シンカーだった。そのため、よけきれず、ボールが顔面を直撃。その場に倒れ、しばらく起き上がれなかった。6月までは不調だったが、7月に入って、ハイペースで長打が出るようになっていたときに起きた死球禍だったため、ダメージは大きなものになった。

年度	所属チーム	試合数	打数	得点	安打	二塁打	三塁打	本塁打	打点	四球	三振	盗塁	盗塁死	出塁率	OPS	打率
2023	エンジェルス	97	356	60	90	18	0	14	47	39	80	14	2	.335	.756	.253
通算成績		391	1330	200	339	67	4	52	167	142	351	14	6	.334	.763	.255

勝負強いバッティングを見せる打撃職人

23 **ブランドン・ドルーリー** *Brandon Drury* セカンド ファースト DH

32歳 1992.8.21生｜188cm｜104kg｜右投右打 対左.264 対右.261 ホ.267 ア.256 得.281 ド2010⑬ブレーブス 出オレゴン州 年850万ドル（約11億9000万円）◆シルバースラッガー賞1回（22年）

ミ3 バ4 走3 守2 肩3

　2013年にブレーブスの13巡目指名という低い評価でプロ入り。その後8つの球団を渡り歩いているが、レギュラーでシーズンに入るのは昨年が初めてだった。出だしは不調だったが、4月下旬からよく一発が出るようになり、その中には値千金の一打がいくつもあったため、6月にはネヴィン監督から「ドルーリーの働きはオールスター出場に値する」という発言が聞かれた。惜しまれるのは、7月初旬に左肩痛で約1カ月間IL入りしたことだ。ポストシーズン進出の望みがまだあるときに、一番勝負強い打者を欠いたことは、エンジェルスにとって大きな痛手となった。

年度	所属チーム	試合数	打数	得点	安打	二塁打	三塁打	本塁打	打点	四球	三振	盗塁	盗塁死	出塁率	OPS	打率
2023	エンジェルス	125	485	61	127	30	3	26	83	25	136	0	2	.306	.803	.262
通算成績		770	2590	309	658	163	9	105	360	161	637	4	8	.303	.749	.254

失投を見逃さないクラッチヒッター

21 **マット・タイス** *Matt Thaiss* キャッチャー

29歳 1995.5.6生｜183cm｜97kg｜右投左打 ◆盗塁阻止率／.105(38-4) 対左.206 対右.215 ホ.221 ア.206 得.246 ド2016①エンジェルス 出ニュージャージー州 年74万ドル（約1億360万円）+α

ミ3 バ3 走2 守2 肩2

　今季はバックアップ捕手でシーズンに入る、打者として優秀なキャッチャー。昨季はエンジェルスの捕手では最多の584イニングにマスクをかぶり、サンドヴァルとキャニングが先発するゲームではメインで起用された。大谷翔平とバッテリーを組んだのは3試合しかなかったが、これはキャッチャーとしてのプレー経験が浅いため、レシービングやボールブロックに難があり、ワンバウンドする変化球が多い大谷には不向きと判断されたからだ。守備力はイマイチだが、知識の吸収に熱心で、徐々に向上している。打者としては選球眼が良く、早打ちしないため、出塁率が高い。

年度	所属チーム	試合数	打数	得点	安打	二塁打	三塁打	本塁打	打点	四球	三振	盗塁	盗塁死	出塁率	OPS	打率
2023	エンジェルス	95	262	32	56	6	0	9	31	36	83	2	0	.319	.659	.214
通算成績		188	506	62	106	14	0	20	63	69	168	3	0	.309	.665	.209

対左=対左投手打率　対右=対右投手打率　ホ=ホーム打率　ア=アウェー打率　得=得点圏打率　

エンジェルス

18 ノーラン・シャニュエル Nolan Schanuel

今季の期待値は25本塁打、80打点 ファースト ルーキー

22歳 2002.2.14生 | 193cm | 99kg | 右投左打 対左.217 対右.291 ㋭.316 ㋐.231 ㋓.250 Ⓓ2023①エンジェルス ⊞フロリダ州 ㊳74万ドル（約1億360万円）+α

ミ 5
バ 4
走 3
守 3
肩 3

昨年7月のドラフトで1巡目（全体11位）に指名されたあと、マイナーで22試合出場しただけで、8月18日にメジャーデビューした一塁手。ドラフトされた年にメジャーデビューしたのは、2008年のコナー・ギレスピー以来15年ぶり。フロリダ・アトランティック大学の3年生になった昨シーズンは、7月にドラフト指名が行われるため、2月に開幕したシーズンで59試合に出場。打率4割4分7厘、OPS1.483という驚異的な数字をマークし、エンジェルスから1巡目で指名された。メジャーでは早打ちを控え、長打より出塁を最優先にして、出塁率4割0分2厘をマーク。

年度	所属チーム	試合数	打数	得点	安打	二塁打	三塁打	本塁打	打点	四球	三振	盗塁	盗塁死	出塁率	OPS	打率
2023	エンジェルス	29	109	19	30	3	0	1	6	20	19	0	0	.402	.732	.275
通算成績		29	109	19	30	3	0	1	6	20	19	0	0	.402	.732	.275

7 ジョー・アデル Jo Adell

期待が失望にかわりつつある、3Aの主砲 レフト DH

25歳 1999.4.8生 | 190cm | 97kg | 右投右打 対左.211 対右.205 ㋭.192 ㋐.219 ㋓.444 Ⓓ2017①エンジェルス ⊞ノースカロライナ州 ㊳74万ドル（約1億360万円）+α

ミ 1
バ 5
走 4
守 3
肩 3

万年プロスペクト状態から脱皮できるか注目される、とてつもないパワーを秘めた外野手。一昨年、レギュラーに定着することを期待されて88試合の出場機会を与えられたが、メジャーの高度な投球術に翻弄（ほんろう）され、結果を残せなかった。昨季は長距離砲のレンフローが加入したため居場所がなくなり、開幕から3Aでプレー。ここでは相変わらずよく一発が出るため、3度メジャーに呼ばれ、17試合に出場。復帰初戦でレフトへ弾丸ライナーの一発を放ち、一瞬期待がふくらんだが、終わってみると、58打数で本塁打は3本のみ。三振が25もあり、それ以外の指標も軒並み低下した。

年度	所属チーム	試合数	打数	得点	安打	二塁打	三塁打	本塁打	打点	四球	三振	盗塁	盗塁死	出塁率	OPS	打率
2023	エンジェルス	17	58	7	12	3	1	3	6	4	25	1	0	.258	.706	.207
通算成績		178	580	55	124	24	5	18	66	30	219	7	4	.259	.625	.214

19 カイレン・パリス Kyren Paris

セカンド ショート 期待度 C ルーキー

23歳 2001.11.11生 | 183cm | 81kg | 右投右打 ◆昨季はメジャーで15試合に出場 Ⓓ2019②エンジェルス ⊞カリフォルニア州

エンジェルスはマイナーの育成力が低いため、GMが2Aで見どころのある選手がいれば直接メジャーに引き上げて試すようになった。昨年9月にメジャーに呼ばれたパリスもその1人。だが、2Aで打率2割5分4厘の貧打者がメジャーで通用するはずはなく、40打数で17三振、打率1割は当然の結果。

― ワーナー・ブレイクリー Werner Blakely

サード 期待度 C⁻ ルーキー

22歳 2002.2.21生 | 190cm | 83kg | 右投左打 ◆昨季は1A+.2Aでプレー Ⓓ2020④エンジェルス ⊞ミシガン州

エンジェルスのマイナーにはクラスが1つ上がっただけで、成績が急落する者が多い。その代表例がこのブレイクリー。昨年は1A級から1A+級に上がっただけで三振の山を築き、打率が8分6厘も落ちた。球団は試合に出し続ける方針で、きっかけをつかめばスピード出世する可能性も残されている。

対左=対左投手打率 対右=対右投手打率 ㋭=ホーム打率 ㋐=アウェー打率 ㋓=得点圏打率 Ⓓ=ドラフトデータ ⊞=出身地 ㊳=年俸

オークランド・アスレティックス

◆創　立：1901年　　◆ワールドシリーズ制覇：9回／リーグ優勝：15回
◆本拠地：カリフォルニア州オークランド市　　◆地区優勝：17回／ワイルドカード獲得：4回

主要オーナー ジョン・フィッシャー（MLSサンノゼ・アースクエイクス オーナー）

過去5年成績

年度	勝	負	勝率	ゲーム差	地区順位	ポストシーズン成績
2019	97	65	.599	10.0	②	ワイルドカードゲーム敗退
2020	36	24	.600	(7.0)	①	地区シリーズ敗退
2021	86	76	.531	9.0	③	―
2022	60	102	.370	46.0	⑤	―
2023	50	112	.309	40.0	⑤	―

監督　▶ 7 マーク・コッツェイ *Mark Kotsay*

◆年　　　齢 ……………49歳（カリフォルニア州出身）
◆現役時代の経歴 … 17シーズン　マーリンズ（1997〜2000）、パドレス（2001
〜03）、アスレティックス（2004〜07）、ブレーブス（2008）、
レッドソックス（2008〜09）、ホワイトソックス（2009〜10）、
ブリュワーズ（2011）、パドレス（2012〜13）
◆現役通算成績 …… 1914試合 .276 127本 720打点
◆監督経歴 ……………2シーズン　アスレティックス（2022〜）
◆通算成績 ……………110勝214敗（勝率.340）

「先が見えない再建期」で、悪戦苦闘する指揮官。就任1年目は102敗、2年
目の昨季は球団ワースト2位の112敗。昨季はシーズン序盤がとくにひどく、
1916年の117敗に到達すると思わせるほどの負けっぷりだった。この惨状の原因
は、投打ともに壊滅的な戦力にある。だが、ラスベガス移転を望むオーナーは、
それをスムーズに進めるためにも、球場に客が入らなくてもいいと考えているよ
うだ。今季も大幅な戦力アップは期待できず、苦しいシーズンになるだろう。

注目コーチ 41 クリス・クローン *Chris Cron*

打撃コーチ補佐。60歳。2022年シーズンより、現職。それまでは長く、マイナーで
若手を指導していた。昨季終盤にエンジェルスでプレーしていたC.J.クローンは息子。

編成責任者 デイヴィッド・フォースト *David Forst*

48歳。ハーバード大学時代は、ショートでキャプテン。卒業後は、独立リーグでプ
レー。24歳のとき、アスレティックスにスカウトとして採用され、実績を積んでいった。

スタジアム オークランド・コロシアム *Oakland Coliseum*

◆開場年 ……………1966年
◆仕　様 ……………天然芝
◆収容能力 …………46,847人
◆フェンスの高さ …2.4m
◆特　徴 ……………海風の影響でホームランが出に
くく、また、ファウルテリトリーが広いので、フ
ァウルフライが多い。アスレティックスは本拠地
移転の計画を進めており、この球場をホームとし
て戦うのは、今シーズンが最後になる見込みだ。

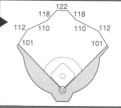

Best Order [ベストオーダー]

① ライアン・ノダ……ファースト
② ザック・ゲロフ……セカンド
③ ブレント・ルッカー……DH
④ セス・ブラウン……ライト
⑤ シェイ・ランゲリアーズ……キャッチャー
⑥ JJ・ブレデイ……レフト
⑦ エステウリー・ルイーズ……センター
⑧ エイブラハム・トロ……サード
⑨ ニック・アレン……ショート

Depth Chart [ポジション別選手層・メンバーリスト]

※2024年2月25日時点の候補選手。
数字は背番号(開幕前に変更する
場合もあり)、右・左等は投・打の順。

センター
1 エステウリー・ルイーズ [右・右]
33 JJ・ブレデイ [左・左]
22 ローレンス・バトラー [右・左]

レフト
33 JJ・ブレデイ [左・左]
15 セス・ブラウン [左・左]
25 ブレント・ルッカー [右・右]
49 ライアン・ノダ [左・左]

ライト
15 セス・ブラウン [左・左]
49 ライアン・ノダ [左・左]
33 JJ・ブレデイ [左・左]
22 ローレンス・バトラー [右・左]

ショート
2 ニック・アレン [右・右]
6 アレドミス・ディアス [右・右]

セカンド
20 ザック・ゲロフ [右・右]
31 エイブラハム・トロ [右・両]
13 ジョーダン・ディアス [右・右]

ローテーション
58 ポール・ブラックバーン [右・右]
38 JP・シアーズ [左・左]
57 アレックス・ウッド [左・左]
36 ロス・ストリップリング [右・右]
64 ケン・ウォルディチャック [左・左]
46 ルイス・メディーナ [右・右]
35 ジョー・ボイル [右・右]
68 ジョーイ・エステス [右・右]
69 ミッチ・スペンス [右・右]

サード
31 エイブラハム・トロ [右・両]
13 ジョーダン・ディアス [右・右]
6 アレドミス・ディアス [右・右]

ファースト
49 ライアン・ノダ [左・左]
37 タイラー・ソーダーストロム [右・左]
22 ローレンス・バトラー [右・左]
15 セス・ブラウン [左・左]

キャッチャー
23 シェイ・ランゲリアーズ [右・右]
37 タイラー・ソーダーストロム [右・左]
52 カイル・マッキャン [左・左]

DH
25 ブレント・ルッカー [右・右]
23 シェイ・ランゲリアーズ [右・右]
37 タイラー・ソーダーストロム [右・左]

ブルペン
19 メイソン・ミラー [右・右] CL
70 ルーカス・アーセグ [左・左] CL
56 ダニー・ヒメネス [右・右]
17 トレヴァー・ゴット [右・右]
54 スコット・アレグザンダー [左・左]
61 ザック・ジャクソン [右・右]
60 カイル・ムラー [左・左]
53 アンヘル・フェリーペ [右・右]
55 エイドリアン・マルティネス [右・右]
ホーガン・ハリス [右・右]
35 ジョー・ボイル [右・右]
68 ジョーイ・エステス [右・右]

※ CL=クローザー

アスレティックス試合日程……＊はアウェーでの開催、5月8日はダブルヘッダー

3月28・29・30・31 ガーディアンズ	29・30・5月1 パイレーツ	31・6月1・2 ブレーブス＊
4月1・2・3 レッドソックス	3・4・5 マーリンズ	4・5・6 マリナーズ
5・6・7 タイガース＊	6・7・8 レンジャーズ	7・8・9 ブルージェイズ
9・10・11 レンジャーズ＊	10・11・12 マリナーズ＊	10・11・12 パドレス＊
12・13・14 ナショナルズ	13・14・15・16 アストロズ＊	13・14・15・16 ツインズ＊
15・16・17 カーディナルス	17・18・19 ロイヤルズ	18・19・20 ロイヤルズ
19・20・21 ガーディアンズ＊	21・22・23 ロッキーズ	21・22・23 ツインズ
22・23・24・25 ヤンキース＊	24・25・26 アストロズ	24・25・26 エンジェルス＊
26・27・28 オリオールズ＊	28・29・30 レイズ＊	28・29・30 ダイヤモンドバックス＊

240 **球団メモ** 昨年11月16日のオーナー会議で、ラスベガスへの移転が認められた。移転予定は2028年。現在の本拠地球場との契約は今季までで、25〜27年のホーム球場は未定。

■**投手力**➡…★★★★★ 【昨年度チーム防御率5.48、リーグ15位】

昨季の先発防御率は5.74で、ぶっちぎられてのリーグ最下位。オフに、ジャイアンツで投げていたベテラン左腕ウッドを加えたが、先発防御率が昨季6点台だった投手で、頭数をそろえたに過ぎない。昨季のリリーフ防御率は5.20で、リーグ14位。昨季終了後、クローザーとして奮闘していたメイが動画を配信し、オーナーへの怒りとともに、突然の引退表明。今季の守護神は、昨年メジャーデビューしたミラーが務めるが、右ヒジの状態に不安が残る。新加入のゴットは、若い投手たちのまとめ役になってくれるだろう。

■**攻撃力**➡…★✦★★★ 【昨年度チーム得点585、リーグ15位】

三振が多く、打線のつながりが悪いため、昨季のチーム得点はリーグ最下位だった。良かった点を挙げるとすれば、ルッカーが30本塁打とブレイクし、ノダがトップレベルの出塁率を残したくらいだ。昨年7月にメジャーデビューしたゲロフも才能を発揮しており、今季のさらなる成長が楽しみ。

■**守備力**➡…★★✦★★ 【昨年度チーム失策数102、リーグ14位タイ】

ゲロフとアレンの二遊間は「中の上」レベルだが、それ以外は不安が多い。

■**機動力**↓…★★★★★ 【昨年度チーム盗塁数149、リーグ4位】

昨季の盗塁数はリーグ4位の149だが、そのうちの45％（67盗塁）は、盗塁王になったルイーズがかせいだもの。スモールボールのスキルが高かったケンプがオフに退団しているので、2ケタ盗塁を期待できる選手が、ルイーズのほかにはゲロフだけになった。昨季、送りバントの数はリーグ最多。

総合評価➡ ★✦★★★	投打ともに、チームは壊滅的な状態。しかし、オーナーに改善する気はまるでない。マイナー組織にも人材は乏しい。ここ数年、主力を放出して、他球団から有望株をかき集めていたが、そのほとんどが失敗に終わりそうな気配がただよっている。

右側縦書き：**アスレティックス**

IN 主な入団選手	**OUT** 主な退団選手
投手	投手
アレックス・ウッド◀ジャイアンツ	トレヴァー・メイ➡引退
トレヴァー・ゴット◀メッツ	
ロス・ストリップリング◀ジャイアンツ	野手
ミッチ・スペンス◀ヤンキース	トニー・ケンプ➡レッズ
スコット・アレグザンダー◀ジャイアンツ	
野手	
エイブラハム・トロ◀ブリュワーズ	

7月2·3·4	エンジェルス	8月2·3·4	ドジャース	2·3·4·5	マリナーズ
5·6·7	オリオールズ	5·6·7	ホワイトソックス	6·7·8	タイガース
9·10·11	レッドソックス*	9·10·11	ブルージェイズ*	10·11·12	アストロズ*
12·13·14	フィリーズ*	13·14·15	メッツ*	13·14·15	ホワイトソックス*
16	オールスターゲーム	17·18	ジャイアンツ	16·17·18	カブス*
19·20·21	エンジェルス	19·20·21·22	レイズ	20·21·22	ヤンキース
22·23·24	アストロズ	23·24·25	ブリュワーズ	24·25·26	レンジャーズ
25·26·27·28	エンジェルス*	27·28·29	レッズ*	27·28·29	マリナーズ*
30·31	ジャイアンツ*	30·31·9月1	レンジャーズ*		

球団メモ 昨季開幕時の総年俸はメジャー最低。開幕直後からチームは低迷し、開幕から32試合連続で、先発投手に白星がつかなかった。この期間は、MLB史上最長記録。

「エース」の役目は荷が重すぎる　先発

58 ポール・ブラックバーン　*Paul Blackburn*

31歳　1993.12.4生　185cm　88kg　右投右打

◆速球のスピード／140キロ台後半（シンカー、フォーシーム）
◆決め球と持ち球／◎スライダー、◎カーブ、◎チェンジアップ、○シンカー、
△フォーシーム、△カッター　◆対左.289　◆対右.283
◆ホ防3.57　◆ア防5.33　◆ド2012①カブス
◆田カリフォルニア州　◆年345万ドル（約4億8300万円）

球威	2
制球	3
緩急	4
守備・敏捷	3
度胸	3

　力のある投手が次々とチームを去り、消去法でエース格になってしまった先発右腕。開幕投手候補だった昨季は、右手中指の状態が悪く、初登板は5月29日。その後はローテーション通りに投げ、8月は5試合中4試合でQSを記録した。9月2日のエンジェルス戦では、5回表1死二塁の場面で大谷翔平を申告敬遠。本拠地で投げているにもかかわらずブーイングを浴びたが、次打者のドルーリーから併殺打を奪い、勝ち投手にもなった。一昨年、大谷と対戦した際、「すべての能力が最高値のゲームキャラ」と表現している。

[カモ] K・タッカー（アストロズ）.091(11-1)0本　[苦手] 大谷翔平（ドジャース）.444(9-4)1本

年度	所属チーム	勝利	敗戦	防御率	試合数	先発	セーブ	投球イニング	被安打	失点	自責点	被本塁打	与四球	奪三振	WHIP
2017	アスレティックス	3	1	3.22	10	10	0	58.2	58	22	21	5	16	22	1.26
2018	アスレティックス	6	6	7.16	6	6	0	27.2	33	23	22	2	6	19	1.41
2019	アスレティックス	0	2	10.64	4	1	0	11.0	19	14	13	3	4	8	2.09
2020	アスレティックス	0	1	27.00	1	1	0	2.1	5	7	7	0	2	2	3.00
2021	アスレティックス	1	4	5.87	9	9	0	38.1	52	26	25	8	10	26	1.62
2022	アスレティックス	7	6	4.28	21	21	0	111.1	110	53	53	15	30	89	1.26
2023	アスレティックス	4	7	4.43	21	20	0	103.2	117	54	51	11	43	104	1.54
通算成績		17	24	4.90	72	68	0	353.0	394	199	192	44	111	270	1.43

8月末まで2勝の投手がチーム最多勝に　先発

38 JP・シアーズ　*JP Sears*

28歳　1996.2.19生　180cm　81kg　左投右打

◆速球のスピード／150キロ前後（フォーシーム）
◆決め球と持ち球／◎スイーパー、◎スライダー、
○フォーシーム、○チェンジアップ　◆対左.323　◆対右.232
◆ホ防4.80　◆ア防4.32　◆ド2017⑪マリナーズ
◆田サウスカロライナ州　◆年74万ドル（約1億360万円）+α

球威	3
制球	3
緩急	3
守備・敏捷	4
度胸	4

　昨季、チーム最多の勝ち星をマークした先発左腕。とは言え、わずか5勝というところにチームの惨状が表れている。14敗はしたが、防御率4.54はメジャーの先発平均4.55とほぼ同じで、打線の援護があれば、もう少し勝ち星も伸びていただろう。インコースを果敢に突く強気のピッチングが持ち味だが、与死球16は昨季のメジャー最多で、被本塁打も多かった。昨季は偶数月が不調、奇数月が好調とハッキリ分かれていて、偶数月は防御率6.28、奇数月は防御率2.98。8月末時点ではわずか2勝だったが、9月に3勝を上積みしている。ちなみに、昨季のチーム最多勝はもう1人いる。藤浪晋太郎で、7月19日にオリオールズへ移籍するまで、リリーフで5勝をあげた。

[カモ] A・ガルシア（アストロズ）.154(13-2)0本　[苦手] 大谷翔平（ドジャース）.500(8-4)0本

年度	所属チーム	勝利	敗戦	防御率	試合数	先発	セーブ	投球イニング	被安打	失点	自責点	被本塁打	与四球	奪三振	WHIP
2022	ヤンキース	3	0	2.05	7	2	0	22.0	14	5	5	1	5	15	0.86
2022	アスレティックス	3	3	4.69	10	9	0	48.0	53	26	25	7	18	36	1.48
2022	2チーム計	6	3	3.86	17	11	0	70.0	67	31	30	8	23	51	1.29
2023	アスレティックス	5	14	4.54	32	32	0	172.1	165	90	87	34	53	161	1.26
通算成績		11	17	4.35	49	43	0	242.1	232	121	117	42	76	212	1.27

[対左]=対左打者被打率　[対右]=対右打者被打率　[ホ防]=ホーム防御率　[ア防]=アウェー防御率
[ド]=ドラフトデータ　[田]=出身地　[年]=年俸　[カモ][苦手]は通算成績

投　手

右ヒジの故障は豪腕投手の宿命か!?

クローザー／セットアップ

19 メイソン・ミラー _Mason Miller_

26歳 1998.8.24生 ｜ 196cm ／ 90kg ｜ 右投右打

- ◆速球のスピード／150キロ台後半（フォーシーム）
- ◆決め球と持ち球／◎フォーシーム、◎スライダー、△カッター、△チェンジアップ ◆対左.167 ◆対右.229
- ◆床防2.76 ◆ア防4.76 ◆ド2021③アスレティックス
- ◆囲ペンシルヴァニア州 ◆甲74万ドル（約1億360万円）+α

球威	5
制球	2
緩急	3
守備·牽制	4
度胸	4

　最速165キロの速球を武器にするクローザー候補。2021年にプロ入り後、肩甲骨を痛めて投げられない期間もあったが、並外れた豪速球を球団は高く評価。マイナーでほとんど投げていないにもかかわらず、昨年4月19日にメジャーへ引き上げられた。デビューのカブス戦では、先発して100マイル（約161キロ）超えのフォーシームを連発。注目を浴びると、3戦目のマリナーズ戦では、7イニングを無安打無失点に抑える快投を見せた。ただ、この試合では味方が1点しか取ってくれず、リリーフ投手も打たれたため、メジャー初勝利をのがしている。デビュー4戦目のあとは右ヒジを痛め、9月までメジャー復帰できなかった。球団は、ミラーの右ヒジへの負担を考慮し、将来的な先発再転向を視野に入れながら、今季はリリーフで起用する方針だ。

カモ B・ウィット・ジュニア（ロイヤルズ）.000(3-0)0本　苦手 S・ペレス（ロイヤルズ）.667(3-2)1本

年度	所属チーム	勝利	敗戦	防御率	試合数	先発	セーブ	投球イニング	被安打	失点	自責点	被本塁打	与四球	奪三振	WHIP
2023	アスレティックス	0	3	3.78	10	6	0	33.1	24	15	14	2	16	38	1.20
通算成績		0	3	3.78	10	6	0	33.1	24	15	14	2	16	38	1.20

メジャー9年目は、自身7つ目の球団でプレー

ミドルリリーフ　移籍

17 トレヴァー・ゴット _Trevor Gott_

32歳 1992.8.26生 ｜ 180cm ／ 83kg ｜ 右投右打

- ◆速球のスピード／150キロ前後（シンカー、フォーシーム）
- ◆決め球と持ち球／◎カッター、◎フォーシーム、◎シンカー、△カーブ、△チェンジアップ ◆対左.337 ◆対右.222
- ◆床防2.91 ◆ア防6.00 ◆ド2013⑥パドレス
- ◆囲ケンタッキー州 ◆甲150万ドル（約2億1000万円）

球威	3
制球	3
緩急	2
守備·牽制	3
度胸	3

　1年契約で加入した経験豊富なリリーバー。昨季は開幕からマリナーズで好投を続けていたが、腰を痛めてから成績が悪化。7月のメッツ移籍後も、しばらくは調子が悪かったが、状態が良くなった9月は好投した。データ上では、昨季は不運なヒットが多かったとの結果が出ている。アスレティックスのブルペンは、メジャー経験がほとんどない若い選手ばかり。ゴットのこれまでの経験や知識が、彼らに好影響を与えるものと、球団は期待している。

カモ C・ウォーカー（ダイヤモンドバックス）.125(8-1)0本　苦手 M・キャナ（タイガース）.800(5-4)1本

年度	所属チーム	勝利	敗戦	防御率	試合数	先発	セーブ	投球イニング	被安打	失点	自責点	被本塁打	与四球	奪三振	WHIP
2015	エンジェルス	4	2	3.02	48	0	0	47.2	43	18	16	7	19	27	1.24
2016	ナショナルズ	0	0	1.50	9	0	0	6.0	6	1	1	0	3	6	1.50
2017	ナショナルズ	1	0	30.00	4	0	0	3.0	11	10	10	1	3	3	4.67
2018	ナショナルズ	0	2	5.68	20	0	0	19.0	19	13	12	4	10	15	1.53
2019	ジャイアンツ	7	4	4.44	50	0	1	52.2	41	26	26	4	17	57	1.10
2020	ジャイアンツ	2	1	10.03	15	0	4	11.2	13	13	13	7	8	8	1.80
2022	ブリュワーズ	3	4	4.14	45	0	0	45.2	35	25	21	8	12	44	1.03
2023	マリナーズ	0	3	4.03	30	0	1	29.0	33	19	13	2	8	32	1.41
2023	メッツ	0	2	4.34	34	0	1	29.0	30	15	14	2	11	30	1.41
2023	2チーム計	0	5	4.19	64	0	1	58.0	63	34	27	4	19	62	1.41
通算成績		16	15	4.65	255	0	6	243.2	231	140	126	30	88	222	1.31

アスレティックス

243

57 アレックス・ウッド Alex Wood

衰えが目立ってきたベテラン左腕

先発　移籍

33歳 1991.1.12生 | 193cm | 97kg | 左投右打 速140キロ台後半(シンカー) 決◎チェンジアップ
対左.243 対右.270 ド2012②ブレーブス 出ノースカロライナ州 年850万ドル(約11億9000万円)

球2 制3 緩4 守3 度3

　メジャー12年目のシーズンを迎える、オールスター出場歴もあるサウスポー。ジャイアンツ2年目の一昨年は、先発で5点台の防御率。昨季も先発では6点台の防御率で、シーズン後半にはリリーフに回されていた。カクカクした、ぎこちないモーションの変則投手で、ロー・スリークォーターから、シンカー、チェンジアップ、スライダーを交えて投げる。ジンクスを気にするタイプで、マウンドやベンチに向かう際、ファウルラインを踏まないようにしている。少年時代はブレーブスのファン。2012年のドラフトで、そのブレーブスから2巡目に指名されてプロ入り。

年度	所属チーム	勝利	敗戦	防御率	試合数	先発	セーブ	投球イニング	被安打	失点	自責点	被本塁打	与四球	奪三振	WHIP
2023	ジャイアンツ	5	5	4.33	29	12	0	97.2	98	52	47	9	42	74	1.43
通算成績		76	65	3.74	269	202	0	1218.2	1160	552	506	121	355	1140	1.24

70 ルーカス・アーセグ Lucas Erceg

ピッチャー専任になって、まだ3年

セットアップ
クローザー

29歳 1995.5.1生 | 188cm | 96kg | 右投左打 速150キロ台後半(シンカー、フォーシーム) 決◎フォーシーム
対左.230 対右.254 ド2016②ブリュワーズ 出カリフォルニア州 年74万ドル(約1億360万円)+α

球5 制2 緩3 守3 度4

　三塁手としてプロ入りしている、異色のリリーフ右腕。昨季開幕時はブリュワーズの3Aで投げていたが、5月に金銭トレードでアスレティックスへ移籍。同月、メジャーデビューを果たすと、その後はシーズンを通してメジャーで投げた。夏場は打たれることも多かったが、シーズン最後の15試合は、17回2/3を投げて自責点1と好投している。最大の欠点は、試合によって、まったくストライクが入らないことがある点。プロ入り後、打者として結果を残せなかったため、2021年から、大学時代に経験のある投手としてプレーを開始したところ、メジャーへの道が開けた。

年度	所属チーム	勝利	敗戦	防御率	試合数	先発	セーブ	投球イニング	被安打	失点	自責点	被本塁打	与四球	奪三振	WHIP
2023	アスレティックス	4	4	4.75	50	0	0	55.0	51	33	29	1	36	68	1.58
通算成績		4	4	4.75	50	0	0	55.0	51	33	29	1	36	68	1.58

46 ルイス・メディーナ Luis Medina

デビュー戦で大谷翔平から空振り三振

先発

25歳 1999.5.3生 | 185cm | 79kg | 右投右打 速150キロ台中頃(フォーシーム、シンカー) 決◎スライダー
対左.266 対右.247 ド2015外ヤンキース 出ドミニカ 年74万ドル(約1億360万円)+α

球3 制2 緩3 守4 度3

　ドミニカ出身の先発右腕。フォーシーム、シンカー、スライダー、カーブを組み合わせて投げ、左打者にはチェンジアップも多投する。そのチェンジアップは、左打者から三振を奪う決め球にもなっていて、メジャーデビューとなった昨年4月26日のエンジェルス戦で、大谷から空振り三振を奪ったボールも、このチェンジアップだった。8月12日のナショナルズ戦、イルデマーロ・ヴァルガスの放ったゴロを好捕した際、自ら一塁ベースを踏みに向かったが、あまりにのんびりしていたため、野球巧者のヴァルガスがそれを見逃すはずもなく、セーフにされてしまった。

年度	所属チーム	勝利	敗戦	防御率	試合数	先発	セーブ	投球イニング	被安打	失点	自責点	被本塁打	与四球	奪三振	WHIP
2023	アスレティックス	3	10	5.42	23	17	0	109.2	109	73	66	14	57	106	1.51
通算成績		3	10	5.42	23	17	0	109.2	109	73	66	14	57	106	1.51

　速=速球のスピード　決=決め球　対左=対左打者被打率　対右=対右打者被打率
　ド=ドラフトデータ　出=出身地　年=年俸

最大のネックは故障の多さ

56 ダニー・ヒメネス *Dany Jimenez*

セットアップ

31歳 1993.12.23生｜185cm｜82kg｜右投右打 球150キロ前後（フォーシーム） 決○スライダー 対左.129 対右.152 ド2015外ブルージェイズ 囲ドミニカ 年74万ドル（約1億360万円）+α

球 3
制 2
経 4
守牽 3
度 4

　2022年シーズンには一時期、クローザーを務めていたドミニカ出身のリリーフ右腕。22年に続いて昨季も右肩を痛めてしまい、4月半ばに戦線離脱。本格的なメジャー復帰は8月下旬になってからで、稼働期間はシーズンの3割程度だった。故障さえなければ優秀なリリーフ投手で、昨年9月はセットアッパーとして好投。ピッチングは、スライダー6割、フォーシーム4割くらいの比率で投げている。ドミニカの野球好き家庭の中で育ち、お父さんからは「お前は投手をやるんだ！」と言われ続けて、少年時代からピッチャー以外のポジションは経験してこなかったそうだ。

年度	所属チーム	勝利	敗戦	防御率	試合数	先発	セーブ	投球イニング	被安打	失点	自責点	被本塁打	与四球	奪三振	WHIP
2023	アスレティックス	0	2	3.47	25	1	1	23.1	11	9	9	3	14	21	1.07
通算成績		3	6	3.51	61	1	12	59.0	35	26	23	5	35	56	1.19

引退後は株関連の業種に進出予定

36 ロス・ストリップリング *Ross Stripling*

先発　移籍

35歳 1989.11.23生｜185cm｜97kg｜右投右打 球140キロ台後半（フォーシーム、シンカー） 決○カーブ 対左.289 対右.286 ド2012ドジャース 囲ペンシルヴァニア州 年1250万ドル（約17億5000万円）

球 3
制 4
経 3
守牽 2
度 3

　昨季、ジャイアンツでは、背中の筋肉痛で1勝もできなかったため、34歳で迎える今季は投手生命をかけてマウンドに立つベテラン右腕。復活の秘密兵器として、本人が「デスボール」と呼ぶ新球種も用意している。これはタテに変化するスライダーで、高いリリースポイントから投げると、変化が大きくなる。父方にも母方にも株の仲買人をしていた祖父がいて、その影響でメジャーリーグきっての「株マニア」に成長。株の仲買人、および投資アドバイザーの公的な資格を持っている。2018年には、ウォールストリートのニューヨーク証券取引所を訪問し、大歓迎を受けた。

年度	所属チーム	勝利	敗戦	防御率	試合数	先発	セーブ	投球イニング	被安打	失点	自責点	被本塁打	与四球	奪三振	WHIP
2023	ジャイアンツ	0	5	5.36	22	11	0	89.0	104	54	53	20	16	70	1.35
通算成績		38	43	3.96	226	115	4	761.0	748	354	335	117	175	692	1.21

68 ジョーイ・エステス *Joey Estes*

先発　期待度 B

23歳 2001.10.8生｜188cm｜86kg｜右投右打 ◆昨季はメジャーで2試合に出場 ド2019⑯ブレーブス 囲カリフォルニア州

　2022年3月、マット・オルソンをブレーブスに放出した際、見返りに獲得した若手選手の1人。球種は、フォーシーム、チェンジアップ、スライダー、スイーパー、カッター。この中では、スライダーの評価が高い。昨年9月20日のマリナーズ戦では3本塁打を浴び、ほろ苦いメジャーデビューとなった。

69 ミッチ・スペンス *Mitch Spence*

先発　期待度 B−　移籍　ルーキー

26歳 1998.5.6生｜185cm｜83kg｜右投右打 ◆昨季は3Aでプレー ド2019⑩ヤンキース 囲ワシントン州

　ヤンキースでメジャー昇格手前までいきながら、ついに果たせなかった右腕。昨年12月のルール5ドラフトでアスレティックスが獲得。球種は、スライダー、カッター、カーブ、シンカー。制球はまずまず、故障も少ないが、突出したウリがないのが難点。昨季は3Aで29試合に先発し、防御率4.47。

アスレティックス

昨年ブレイクした、大谷翔平を敬愛する男

DH ライト

25 ブレント・ルッカー Brent Rooker

30歳 1994.11.1生 193cm 101kg 右投右打
- ◆対左投手打率／.279 ◆対右投手打率／.230
- ◆ホーム打率／.236 ◆アウェー打率／.255 ◆得点圏打率／.167
- ◆23年のポジション別出場数／DH=76、ライト=31、レフト=29
- ◆Ⓓ2017①ツインズ ◆囲テネシー州
- ◆囲74万ドル（約1億360万円）+α

ミート2 パワー5 走塁3 守備2 肩3

　昨季、チーム最多の30本塁打をマークしたスラッガー。一昨年までは、3Aでは強打者だが、メジャーでは通用しない打者のレッテルを貼られていた選手で、日本のオリックス入りも噂されていた。だが昨季、アスレティックスで開幕メジャー入りを果たすと、4月は月間打率3割5分8厘、9本塁打と絶好調。5月以降、バットは湿りがちになったが、9月にまた長打が増え、最終戦で区切りの30本塁打を放ち、気持ち良くシーズンを終えた。大の大谷翔平ファンとして有名。昨年、初めてオールスターに選ばれたが、その喜びとともに、大谷と一緒にプレーできることに対しても、いたく感動していた。

カモ K・ギブソン（カーディナルス）1.000(3-3)0本　**苦手** L・カスティーヨ（マリナーズ）.000(6-0)0本

年度	所属チーム	試合数	打数	得点	安打	二塁打	三塁打	本塁打	打点	四球	三振	盗塁	盗塁死	出塁率	OPS	打率
2020	ツインズ	7	19	4	6	2	0	1	5	0	5	0	0	.381	.960	.316
2021	ツインズ	58	189	25	38	10	0	9	16	15	70	0	0	.291	.688	.201
2022	パドレス	2	7	0	0	0	0	0	0	0	4	0	0	.000	.000	.000
2022	ロイヤルズ	14	25	1	4	1	0	2	3	7	0	0	.276	.476	.160
2022	2チーム計	16	32	1	4	1	0	2	3	11	0	0	.222	.378	.125
2023	アスレティックス	137	463	61	114	20	1	30	69	49	172	4	0	.329	.817	.246
通算成績		218	703	91	162	33	1	40	92	67	258	4	0	.315	.766	.230

離脱がありながら、独走で盗塁王に

レフト センター

1 エステウリー・ルイーズ Esteury Ruiz

25歳 1999.2.15生 183cm 76kg 右投右打
- ◆対左投手打率／.274 ◆対右投手打率／.245
- ◆ホーム打率／.267 ◆アウェー打率／.241 ◆得点圏打率／.365
- ◆23年のポジション別出場数／センター=110、レフト=15、ライト=11、DH=3 ◆Ⓓ2015㊲ロイヤルズ ◆囲ドミニカ
- ◆囲74万ドル（約1億360万円）+α ◆盗塁王1回（23年）

ミート3 パワー2 走塁5 守備2 肩2

　昨年、アメリカン・リーグ最多の67盗塁をマークした外野手。一昨年12月の三角トレードで、ブリュワーズから移籍すると、昨季は選手層の薄いアスレティックスで、開幕からレギュラー中堅手として起用された。並外れた俊足の持ち主で、積極的に盗塁を敢行。4月26日のエンジェルス戦では、1試合で4盗塁を記録している。7月5日の試合で、一塁に帰塁して滑り込んだ際、右肩を負傷。約1カ月間、離脱することになったが、それがなければ盗塁数は80近くまで増えていたはずだ。死球での出塁も得意で、昨季の16個はリーグ7位タイ。ただ、四球が少ないので、出塁率は伸びず。外野守備でも、打球判断が悪いため、せっかくのスピードを生かしきれていない。

カモ E・ロドリゲス（ダイヤモンドバックス）.600(5-3)0本　**苦手** J・グレイ（レンジャーズ）.000(6-0)0本

年度	所属チーム	試合数	打数	得点	安打	二塁打	三塁打	本塁打	打点	四球	三振	盗塁	盗塁死	出塁率	OPS	打率
2022	パドレス	14	27	1	6	1	1	0	2	0	5	1	2	.222	.555	.222
2022	ブリュワーズ	3	8	2	0	0	0	0	0	0	1	0	0	.111	.111	.000
2022	2チーム計	17	35	3	6	1	1	0	2	1	7	1	2	.194	.451	.171
2023	アスレティックス	132	449	47	114	24	1	5	47	20	99	67	13	.309	.654	.254
通算成績		149	484	50	120	25	2	5	49	21	106	68	15	.301	.640	.248

出塁率の高さはトップレベル

49 ライアン・ノダ *Ryan Noda*

ファースト
レフト

28歳 1996.3.30生 | 190cm | 98kg | 左投左打

◆対左投手打率／.200　◆対右投手打率／.236
◆ホーム打率／.199　◆アウェー打率／.257　◆得点圏打率／.189
◆23年のポジション別出場数／ファースト＝119、ライト＝7、
DH＝7、レフト＝2　◆ⓓ2017⑮ブルージェイズ
◆ⓗイリノイ州　◆ⓨ74万ドル（約1億360万円）＋α

ミート	2
パワー	4
走塁	3
守備	2
肩	3

　一昨年12月のルール5ドラフトで、ドジャースから獲得した掘り出し物の一塁手。昨年の開幕戦でメジャーデビューを果たすと、出塁マシーンとして機能し、そのままレギュラーに定着した。最大のウリは選球眼。一昨年、3Aで多くの四球を選び、出塁率3割9分6厘をマークしたが、メジャーでもハイペースで四球をゲット。昨季の77四球は、メジャーのルーキーでトップの数字だ。残念だったのは、7月19日の試合前の練習で、打球が当たり、あごを骨折したこと。そのため1カ月以上、試合を欠場する羽目になり、規定打席に惜しくも数打席、届かなかった。昨季の出塁率3割6分4厘は、規定打席に到達していれば、アメリカン・リーグ8位に相当する数字。今季は有望株ソーダーストロムの出場機会も考慮され、外野手での出場も増えそうだ。

カモ —— 苦手 N・ピヴェッタ（レッドソックス）.000(4-0)0本

年度	所属チーム	試合数	打数	得点	安打	二塁打	三塁打	本塁打	打点	四球	三振	盗塁	盗塁死	出塁率	OPS	打率
2023	アスレティックス	128	406	63	93	22	1	16	54	77	170	3	1	.364	.770	.229
通算成績		128	406	63	93	22	1	16	54	77	170	3	1	.364	.770	.229

非の打ちどころがないプロフィール

20 ザック・ゲロフ *Zack Gelof*

セカンド

25歳 1999.10.19生 | 188cm | 92kg | 右投右打

◆対左投手打率／.167　◆対右投手打率／.303
◆ホーム打率／.296　◆アウェー打率／.237　◆得点圏打率／.263
◆23年のポジション別出場数／セカンド＝69
◆ⓓ2021②アスレティックス　◆ⓗデラウェア州
◆ⓨ74万ドル（約1億360万円）＋α

ミート	4
パワー	4
走塁	4
守備	4
肩	3

　昨年7月14日にメジャーデビューし、すぐに存在感を放ち出した二塁手。デビュー戦で、ツインズの前田健太からメジャー初ヒット。8月24日のホワイトソックス戦では、球団史上最速となる、デビュー35戦目での10号本塁打を放っている。8月は月間打率2割8分6厘、7本塁打で、アメリカン・リーグの月間最優秀新人賞を受賞。打撃面の特長は、広角にヒットを打てること。俊足で、守備力も高い。リーダーの資質も備えており、早くもチームの中心になりつつある。学生時代は学業も優秀で、その頃からクラスのリーダー的存在。高校時代はサッカーでも大活躍し、デラウェア州の代表メンバーに選ばれるほどだった。ユダヤ系アメリカ人で、昨年3月のWBCには、イスラエル代表チームの一員として参加。両親は、ともに弁護士。弟ジェイクは、昨年のドラフトで、ドジャースから2巡目に指名されてプロ入りした三塁手だ。

カモ T・ウィリアムズ（ナショナルズ）1.000(3-3)2本　苦手 H・ブラウン（アストロズ）.000(5-0)0本

年度	所属チーム	試合数	打数	得点	安打	二塁打	三塁打	本塁打	打点	四球	三振	盗塁	盗塁死	出塁率	OPS	打率
2023	アスレティックス	69	270	40	72	20	1	14	32	26	82	14	2	.337	.841	.267
通算成績		69	270	40	72	20	1	14	32	26	82	14	2	.337	.841	.267

アスレティックス

投手陣を助けるライフルアーム キャッチャー

23 シェイ・ランゲリアーズ *Shea Langeliers*

27歳 1997.11.18生 | 183cm | 92kg | 右投右打 ◆盗塁阻止率/.215(107-23) 対左.179 対右.217 困.194 ⑦.216 得.235 №2019①ブレーブス 囲オレゴン州 囲74万ドル（約1億360万円）+α

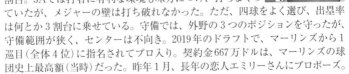

ミ 2
パ 4
走 3
守 3
肩 5

　正捕手1年目は、良い面と悪い面が、ハッキリ出たシーズンとなった。打撃面のウリはパワーで、昨季は22本塁打をマーク。これは、メジャーの捕手では5番目に多い数字だった。ただ、確実性に欠けるため、シーズンを通して低打率にあえぎ、三振がやたらと多かった。守備面のウリはライフルアーム（強肩）で、盗塁阻止能力が高いこと。一方、マイナーで評判の高かったボールブロッキング能力に関しては、不安が残る結果に終わっている。加えて、フレーミングの技術もイマイチだ。2022年3月に、マット・オルソンとのトレードで、ブレーブスからやって来た若手4選手の1人。

年度	所属チーム	試合数	打数	得点	安打	二塁打	三塁打	本塁打	打点	四球	三振	盗塁	盗塁死	出塁率	OPS	打率
2023	アスレティックス	135	448	52	92	19	4	22	63	34	143	3	2	.268	.681	.205
通算成績		175	590	66	123	29	5	28	85	43	196	3	2	.266	.683	.208

スタートからつまずき、上昇できず ファースト/ライト

15 セス・ブラウン *Seth Brown*

32歳 1992.7.13生 | 185cm | 100kg | 左投左打 対左.158 対右.234 困.209 ⑦.236 得.261 №2015⑲アスレティックス 囲オレゴン州 囲260万ドル（約3億6400万円）

ミ 2
パ 4
走 3
守 2
肩 3

　昨季は4番打者の役割を果たせなかった外野手兼一塁手。一昨年は本塁打（25）と打点（73）でチームトップの成績を残したが、昨季は開幕早々、脇腹の筋肉を痛めて、約1カ月半の戦線離脱。復帰後も打率は低空飛行を続け、一時は2割を切ることもあった。自慢のパワーも最後まで爆発せず、消化不良のままシーズンを終えている。少年時代からアウトドア大好き人間で、趣味はハンティングと釣り。7人きょうだいで、弟の1人ミカが、以前、マーリンズのマイナーでプレーしていた。妻のブリタニーさんは、大学時代にバスケットボールで活躍したスポーツウーマン。

年度	所属チーム	試合数	打数	得点	安打	二塁打	三塁打	本塁打	打点	四球	三振	盗塁	盗塁死	出塁率	OPS	打率
2023	アスレティックス	112	343	33	76	19	1	14	52	30	101	3	1	.286	.691	.222
通算成績		406	1204	142	273	66	7	59	186	111	361	19	4	.295	.735	.227

出塁マシーンへの大化けを期待されたが… 外野手

33 JJ・ブレデイ *JJ Bleday*

27歳 1997.11.10生 | 188cm | 92kg | 左投左打 対左.154 対右.209 困.187 ⑦.201 得.179 №2019①マーリンズ 囲ペンシルヴァニア州 囲74万ドル（約1億360万円）+α

ミ 1
パ 3
走 3
守 2
肩 4

　昨年2月、A.J.パクとの交換でマーリンズからやって来た外野手。メジャー2年目の昨季もさっぱり打てず、打率は1割台。3Aでは打者に有利な環境も味方につけ、打ちまくっていたが、メジャーの壁は打ち破れなかった。ただ、四球をよく選び、出塁率は何とか3割台に乗せている。守備では、外野の3つのポジションを守ったが、守備範囲が狭く、センターは不向き。2019年のドラフトで、マーリンズから1巡目（全体4位）に指名されてプロ入り。契約金667万ドルは、マーリンズの球団史上最高額（当時）だった。昨年1月、長年の恋人エミリーさんにプロポーズ。

年度	所属チーム	試合数	打数	得点	安打	二塁打	三塁打	本塁打	打点	四球	三振	盗塁	盗塁死	出塁率	OPS	打率
2023	アスレティックス	82	256	35	50	11	0	10	27	42	72	5	1	.310	.665	.195
通算成績		147	460	56	84	21	2	15	43	72	139	9	2	.296	.631	.183

対左=対左投手打率 対右=対右投手打率 困=ホーム打率 ⑦=アウェー打率 得=得点圏打率 №=ドラフトデータ 囲=出身地 囲=年俸

義理の叔父はヤンキース監督のアーロン・ブーン

2 ニック・アレン *Nick Allen*

ショート

26歳 1998.10.8生 | 173cm | 75kg | 右投右打 対左.270 対右.201 困.228 ⑦.214
優.268 ⑫2017③アスレティックス ⑪カリフォルニア州 囲74万ドル（約1億360万円）+α

ミ**2**
バ**3**
走**3**
守**4**
肩**3**

ショートのレギュラー完全定着を目指す、身長173センチの小兵内野手。守備では球際に強く、小柄な身体を目一杯伸ばして、外野へ抜けそうな当たりをキャッチする。一方、打撃面は昨シーズンも苦しみ、出塁率が低かった。早打ち傾向が強いため、四球での出塁が少ない。ただ、相手の隙を突くのがうまく、度々セーフティーバントを試みて、成功させた。シーズン終了後、ブレット・ブーンの娘サバンナさんと挙式し、有名ベースボール・ファミリーに仲間入り。メジャーデビュー前年の2021年夏に、アメリカ代表で東京オリンピックに出場し、最優秀守備賞を受賞。

年度	所属チーム	試合数	打数	得点	安打	二塁打	三塁打	本塁打	打点	四球	三振	盗塁	盗塁死	出塁率	OPS	打率
2023	アスレティックス	106	303	29	67	4	2	4	20	17	52	5	1	.263	.550	.221
通算成績		206	602	60	129	17	2	8	39	36	116	8	1	.260	.549	.214

マイナーの安打製造機は、メジャーで生産停止

13 ジョーダン・ディアス *Jordan Diaz*

サード
セカンド

24歳 2000.8.13生 | 178cm | 79kg | 右投右打 対左.216 対右.224 困.215 ⑦.225
優.211 ⑫2016㉚アスレティックス ⑪コロンビア 囲74万ドル（約1億360万円）+α

ミ**3**
バ**3**
走**2**
守**2**
肩**3**

一昨年9月にメジャーデビューし、昨年3月にはWBCにも出場したコロンビア出身の内野手。昨季は4月19日にメジャーでのプレーを開始し、その後は主に二塁手としてプレー。5月9日のヤンキース戦では、1試合3本塁打とバットが火を噴いた。だが、それ以外では攻守に精彩を欠き、マイナー降格も経験。シーズン後半はゲロフの台頭で三塁に回った。今季もサードのポジションを、新加入のエイブラハム・トロ、ベテランのアレドミス・ディアスらと争うことになる。マイナー時代は、三振が少ないコンタクトヒッターで、高打率を期待できる打者と、評判だった。

年度	所属チーム	試合数	打数	得点	安打	二塁打	三塁打	本塁打	打点	四球	三振	盗塁	盗塁死	出塁率	OPS	打率
2023	アスレティックス	90	272	20	60	9	0	10	27	17	69	0	1	.273	.637	.221
通算成績		105	321	23	73	12	0	10	28	19	76	0	1	.276	.634	.227

レギュラー不在のサードに照準

31 エイブラハム・トロ *Abraham Toro*

サード
セカンド

移籍

28歳 1996.12.20生 | 183cm | 100kg | 右投両打 対左1.000 対右.412 困.429 ⑦.455
優.667 ⑫2016⑤アストロズ ⑪カナダ 囲128万ドル（約1億7920万円）

ミ**2**
バ**3**
走**3**
守**3**
肩**3**

オフのトレードで加入した、勝負強い打撃がウリの内野手。ブリュワーズでプレーした昨季は、メジャーでのプレー機会にほとんど恵まれず、ほぼ3A暮らし。ただ、2021年途中から22年まで所属したマリナーズでは、スーパーサブとして試合によく出ていた。アストロズに在籍していた21年7月27日、試合前の練習中に、その日の対戦相手だったマリナーズへのトレードが決まったため、新しいユニフォームに急いで着替えて試合スタート。その試合で、数時間前までのチームメート相手に、代打ホームランを放ってみせた。カナダ出身だが、両親はベネズエラ生まれ。

年度	所属チーム	試合数	打数	得点	安打	二塁打	三塁打	本塁打	打点	四球	三振	盗塁	盗塁死	出塁率	OPS	打率
2023	ブリュワーズ	9	18	4	8	0	0	2	9	2	5	0	0	.524	1.302	.444
通算成績		271	842	111	178	30	3	28	108	67	166	10	5	.282	.636	.211

アスレティックス

自身の実力と成功を信じる野球エリート

キャッチャー・ファースト D H

37 タイラー・ソーダーストロム *Tyler Soderstrom*

23歳 2001.11.24生 | 185cm | 90kg | 右投左打 ◆盗塁阻止率=.231(13-3) 対左.167 対右.159 困.118 ⑦.211 得.136 D2020①アスレティックス 囲カリフォルニア州 囲74万ドル（約1億360万円）+α

ミ	3
パ	3
走	2
守	2
肩	3

野球人生で、初めて壁にぶち当たった捕手兼一塁手。高校時代はU-18アメリカ代表にも選ばれたエリート選手で、2020年のドラフト1巡目にアスレティックスから指名され、プロ入り。マイナーでハイレベルな打撃センスを示し、昨年7月14日、21歳の若さでメジャー初昇格。だが、ツインズとのデビュー戦では前田健太のスプリッターに手も足も出ず、その後も、メジャーの投手の質の高い変化球にうまく対応できなかった。ただ、素材はピカイチなので、経験を積めば大選手に成長すると、球団は期待している。父スティーヴは、メジャーで3試合投げている元投手。

年度	所属チーム	試合数	打数	得点	安打	二塁打	三塁打	本塁打	打点	四球	三振	盗塁	盗塁死	出塁率	OPS	打率
2023	アスレティックス	45	125	9	20	1	0	3	7	11	43	0	0	.232	.472	.160
通算成績		45	125	9	20	1	0	3	7	11	43	0	0	.232	.472	.160

昨年、とんとん拍子にメジャー到達

外野手・ファースト ルーキー

22 ローレンス・バトラー *Lawrence Butler*

24歳 2000.7.10生 | 190cm | 95kg | 右投左打 対左.190 対右.216 困.235 ⑦.194 得.138 D2018⑥アスレティックス 囲ニュージャージー州 囲74万ドル（約1億360万円）+α

ミ	2
パ	3
走	4
守	2
肩	3

新生アスレティックスの中心メンバーになる意欲を、強く持っている外野手兼一塁手。一昨年はマイナーの下のほうでプレーしていたが、昨年のオープン戦で5割近い打率を残し、首脳陣に強烈なインパクトを残した。開幕後も好調は続き、初めてプレーした2Aで好成績を残すと、7月に3A昇格。そこで長打の出るペースがさらに上がり、8月11日にメジャーデビュー。ツボにハマったときのパワーが魅力で、昨季メジャーで放った4本塁打は、すべて打った瞬間にそれとわかる大きな当たりだった。以前から三振の多さを指摘されていたが、マイナーで昨年、大幅に改善。

年度	所属チーム	試合数	打数	得点	安打	二塁打	三塁打	本塁打	打点	四球	三振	盗塁	盗塁死	出塁率	OPS	打率
2023	アスレティックス	42	123	10	26	4	0	4	10	4	35	0	0	.240	.581	.211
通算成績		42	123	10	26	4	0	4	10	4	35	0	0	.240	.581	.211

48 ダレル・ハーネイズ *Darell Hernaiz*

ショート 期待度 B ルーキー

23歳 2001.8.3生 | 180cm | 86kg | 右投右打 ◆昨季は2A、3Aでプレー D2019⑤オリオールズ 囲プエルトリコ

今季途中にメジャーへ上げられ、チャンスを与えられることになりそうな遊撃手。打撃と走塁はまずまずだが、守備にやや不安がある。昨季、『ベースボール・アメリカ』誌により、アスレティックスのマイナー年間最優秀選手に選出された。父ホアンは、マイナーでのプレー経験のある元外野手だ。

— ブレット・ハリス *Brett Harris*

サード 期待度 B- ルーキー

26歳 1998.6.24生 | 185cm | 95kg | 右投右打 ◆昨季は2A、3Aでプレー D2021⑦アスレティックス 囲イリノイ州

高い守備力と、三振が少ない堅実なバッティングがウリの三塁手。野球IQが高く、守備や走塁において、状況に応じたプレーをできるのも強みだ。ただ、サードのレギュラーで起用するには、パワーが物足りない。昨季途中、2Aから3Aに昇格。3Aでは36試合に出場し、打率2割7分1厘、4本塁打。

対左=対左投手打率　対右=対右投手打率　困=ホーム打率　⑦=アウェー打率　得=得点圏打率　D=ドラフトデータ　囲=出身地　囲=年俸

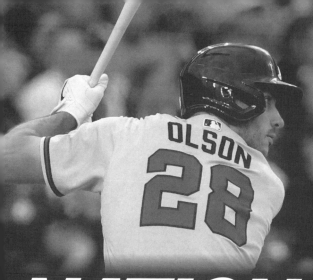

NATIONAL
LEAGUE
ナショナル・リーグ

東部地区	アトランタ・ブレーブス フィラデルフィア・フィリーズ マイアミ・マーリンズ ニューヨーク・メッツ ワシントン・ナショナルズ
中部地区	ミルウォーキー・ブリュワーズ シカゴ・カブス シンシナティ・レッズ ピッツバーグ・パイレーツ セントルイス・カーディナルス
西部地区	ロサンジェルス・ドジャース アリゾナ・ダイヤモンドバックス サンディエゴ・パドレス サンフランシスコ・ジャイアンツ コロラド・ロッキーズ

NATIONAL LEAGUE

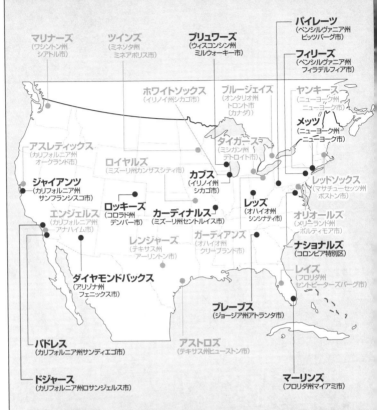

マリナーズ
（ワシントン州シアトル市）

ツインズ
（ミネソタ州ミネアポリス市）

ブリュワーズ
（ウィスコンシン州ミルウォーキー市）

パイレーツ
（ペンシルヴァニア州ピッツバーグ市）

フィリーズ
（ペンシルヴァニア州フィラデルフィア市）

ホワイトソックス
（イリノイ州シカゴ市）

ブルージェイズ
（オンタリオ州トロント市（カナダ））

ヤンキース
（ニューヨーク州ニューヨーク市）

メッツ
（ニューヨーク州ニューヨーク市）

アスレティックス
（カリフォルニア州オークランド市）

タイガース
（ミシガン州デトロイト市）

ジャイアンツ
（カリフォルニア州サンフランシスコ市）

ロイヤルズ
（ミズーリ州カンザスシティ市）

カブス
（イリノイ州シカゴ市）

レッズ
（オハイオ州シンシナティ市）

レッドソックス
（マサチューセッツ州ボストン市）

ロッキーズ
（コロラド州デンバー市）

カーディナルス
（ミズーリ州セントルイス市）

オリオールズ
（メリーランド州ボルティモア市）

エンジェルス
（カリフォルニア州アナハイム市）

レンジャーズ
（テキサス州アーリントン市）

ガーディアンズ
（オハイオ州クリーブランド市）

ナショナルズ
（コロンビア特別区）

ダイヤモンドバックス
（アリゾナ州フェニックス市）

レイズ
（フロリダ州セントピーターズバーグ市）

ブレーブス
（ジョージア州アトランタ市）

パドレス
（カリフォルニア州サンディエゴ市）

アストロズ
（テキサス州ヒューストン市）

ドジャース
（カリフォルニア州ロサンジェルス市）

マーリンズ
（フロリダ州マイアミ市）

		略記	
EAST	ATLANTA BRAVES	**ATL**	ブレーブス
	PHILADELPHIA PHILLIES	**PHI**	フィリーズ
	MIAMI MARLINS	**MIA**	マーリンズ
	NEW YORK METS	**NYM**	メッツ
	WASHINGTON NATIONALS	**WSH**	ナショナルズ
CENTRAL	MILWAUKEE BREWERS	**MIL**	ブリュワーズ
	CHICAGO CUBS	**CHC**	カブス
	CINCINNATI REDS	**CIN**	レッズ
	PITTSBURGH PIRATES	**PIT**	パイレーツ
	ST. LOUIS CARDINALS	**STL**	カーディナルス
WEST	LOS ANGELES DODGERS	**LAD**	ドジャース
	ARIZONA DIAMONDBACKS	**ARI**	ダイヤモンドバックス
	SAN DIEGO PADRES	**SD**	パドレス
	SAN FRANCISCO GIANTS	**SF**	ジャイアンツ
	COLORADO ROCKIES	**COL**	ロッキーズ

アトランタ・ブレーブス

◆創　立：1871年
◆本拠地：ジョージア州アトランタ市
◆ワールドシリーズ制覇：4回／◆リーグ優勝：18回
◆地区優勝：23回／◆ワイルドカード獲得：2回

主要オーナー　アトランタ・ブレーブス・ホールディングス

過去5年成績	年度	勝	負	勝率	ゲーム差	地区順位	ポストシーズン成績
	2019	97	65	.599	(4.0)	①	地区シリーズ敗退
	2020	35	25	.583	(4.0)	①	リーグ優勝決定シリーズ敗退
	2021	88	73	.547	(6.5)	①	ワールドシリーズ制覇
	2022	101	61	.623	(0.0)	①	地区シリーズ敗退
	2023	104	58	.642	(14.0)	①	地区シリーズ敗退

監督　43 ブライアン・スニッカー　*Brian Snitker*

◆年　　齢…………69歳（イリノイ州出身）
◆現役時代の経歴…メジャーでのプレー経験なし
　（キャッチャー）
◆監督経歴…………8シーズン　ブレーブス（2016～）
◆通算成績…………646勝509敗（勝率.559）
　　　　　　　　　　最優秀監督賞1回（18年）

　破壊力抜群の打線を率い、圧倒的な強さで地区6連覇を達成した名将。昨季はレギュラーをほぼ固定しての戦いだったが、控えや若手への気配りも相変わらず手厚く、選手たちからの信頼をさらに高めた。ただ、ポストシーズンでは大本命と目されながら、2年連続で地区シリーズで敗退している。1977年にブレーブスのマイナーでプレーを開始し、24歳で現役を引退。その後も球団に残り、指導者の道へ。ブレーブスの組織に所属している期間は、実に47年間！

注目コーチ　39 リック・クラニッツ　*Rick Kranitz*

　投手コーチ。66歳。ブレーブスを含め、これまで6球団で投手コーチやブルペンコーチを務めてきた。オリオールズ時代、上原浩治のリリーフ転向を成功させている。

編成責任者　アレックス・アンソポウロス　*Alex Anthopoulos*

　47歳。元ブルージェイズGM。ドジャースでも要職を務め、2017年11月から現職。優秀な若手を、長期契約で早めに囲い込む作戦が成功している。ギリシャ系カナダ人。

スタジアム　トゥルーイスト・パーク　*Truist Park*

◆開場年…………2017年
◆仕　様…………天然芝
◆収容能力………41,084人
◆フェンスの高さ…2.1～4.9m
◆特　徴…………ナショナル・リーグで最も新しい球場。客席とフィールドの距離が、近めに設計されているため、ファウルテリトリーは他球場に比べて狭い。左中間が右中間よりもやや深くなっているが、その分、レフトフェンスの高さは低い。

ニュートラルパーク

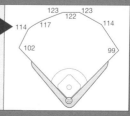

253

Best Order [ベストオーダー]

①ロナルド・アクーニャ・ジュニア……ライト
②オジー・オルビーズ……セカンド
③オースティン・ライリー……サード
④マット・オルソン……ファースト
⑤マーセル・オズーナ……DH
⑥マイケル・ハリス2世……センター
⑦ショーン・マーフィー……キャッチャー
⑧ジャレッド・ケルニック……レフト
⑨オルランド・アルシア……ショート

Depth Chart [ポジション別選手層・メンバーリスト]

※2024年2月25日時点の候補選手。数字は背番号（開幕前に変更する場合もあり）、右・左等は投・打の順。

センター
23 マイケル・ハリス2世 [左・左]
73 フォレスト・ウォール [右・左]
81 J.P.マルティネス [左・左]

レフト
24 ジャレッド・ケルニック [左・左]
73 フォレスト・ウォール [右・左]
81 J.P.マルティネス [左・左]

ライト
13 ロナルド・アクーニャ・ジュニア [右・右]
24 ジャレッド・ケルニック [左・左]

ショート
11 オルランド・アルシア [右・右]
15 ルイス・ギヨーメ [右・左]

セカンド
1 オジー・オルビーズ [右・両]
15 ルイス・ギヨーメ [右・左]

ローテーション
99 スペンサー・ストライダー [右・右]
54 マックス・フリード [左・左]
51 クリス・セイル [左・左]
50 チャーリー・モートン [右・右]
55 ブライス・エルダー [右・右]
32 AJ.スミス=ショウヴァー [右・右]

サード
27 オースティン・ライリー [右・右]
15 ルイス・ギヨーメ [右・左]

ファースト
28 マット・オルソン [右・左]

キャッチャー
12 ショーン・マーフィー [右・右]
16 トラヴィス・ダーノウ [右・右]

DH
20 マーセル・オズーナ [右・右]

ブルペン
26 ライセル・イグレシアス [右・右] CL
40 レイナルド・ロペス [右・右]
77 ジョー・ヒメネス [右・右]
33 A.J.ミンター [左・左]
38 ピアース・ジョンソン [右・右]
49 アーロン・バマー [左・左]
62 ディズベル・ヘルナンデス [右・右]
58 レイ・カー [左・左]
68 タイラー・マツェック [左・左]
19 ウスカル・イノア [右・右]
52 ディラン・リー [左・左]
67 アンヘル・ペルドモ [左・左]
64 デリアス・ヴァインズ [右・右]

※ CL =クローザー

ブレーブス試合日程……*はアウェーでの開催

3月28・30・31 フィリーズ*	29・30・**5月**1 マリナーズ*	31・**6月**1・2 アスレティックス*
4月1・2・3 ホワイトソックス*	3・4・5 ドジャース*	4・5 レッドソックス*
5・6・7 ダイヤモンドバックス	7・8 レッドソックス*	6・7・8・9 ナショナルズ*
8・9・10・11 メッツ	10・11・12 メッツ*	11・12・13 オリオールズ*
12・13・14 マーリンズ*	13・14・15 カブス	14・15・16 レイズ
15・16・17 アストロズ*	17・18・19・20 パドレス	17・18・19 タイガース
19・20・21 レンジャーズ	21・22・23 カブス*	21・22・23 ヤンキース*
22・23・24 マーリンズ	24・25・26 パイレーツ*	24・25・26 カーディナルス*
26・27・28 ガーディアンズ	27・28・29・30 ナショナルズ	28・29・30 パイレーツ

球団メモ　昨季は圧倒的な強さを見せ、チーム歴代2位のシーズン104勝をマーク。6年連続となるポストシーズン進出を果たしたが、地区シリーズでフィリーズに敗れた。

ブレーブス

■投手力 ➡ …★★★★★ 【昨年度チーム防御率4.14、リーグ7位】

ローテーションはストライダー、フリード、モートン、セイル、エルダーという顔ぶれでスタートするだろう。レベルの高さは、メジャーで1、2を争うが、故障リスクの高さもトップクラスに見える。ブレーブスの強みは、ローテーションに故障者が2人出ても、6番手、7番手に優秀な若手が控えているため、大きくレベルダウンしないことだ。リリーフ陣は、レイナルド・ロペス、ピアース・ジョンソンらが加わり、戦力がアップしている。

■攻撃力 ➡ …★★★★⯪ 【昨年度チーム得点947、リーグ1位】

昨シーズンはチーム内に、本塁打50本台が1人、40本台が2人、30本台が2人出たため、トータルのチーム本塁打が300本を突破。これが大量の打点を生み出し、チーム得点が947という滅多に見られない大きな数字になった。その中核を成した打者は、今年も打線に名をつらねており、トップクラスの攻撃力はキープ。1人、2人、故障者が出ても、800得点前後は行くだろう。

■守備力 ➡ …★★★⯪☆ 【昨年度チーム失策数82、リーグ7位】

打撃優先のため、守備力が低下している選手が多いようだ。それでも全体で見れば、今シーズンも平均レベルを維持していると言えよう。

■機動力 ➡ …★★★☆☆ 【昨年度チーム盗塁数132、リーグ6位】

ビッグイニング志向のスニッカー監督は、送りバントのサインをほとんど出さない。昨シーズンの送りバント成功数は2で、ナショナル・リーグの中で最少だった。盗塁数は平均よりやや多い程度だが、成功率が高い。

総合評価 ➡
★★★★⯪

オールドスクール（古典的）のスニッカー監督は、ビッグボール（攻撃野球）の信奉者だ。ビッグイニング（大量得点するイニング）とスリーランホーマーを最重要と見なす価値観に、ブレはない。今年もイケイケ野球で、勝ち星を積み重ねていくだろう。

IN　主な入団選手	OUT　主な退団選手
投手	投手
レイナルド・ロペス ⬅ ガーディアンズ	カービー・イェーツ ➡ レンジャーズ
クリス・セイル ⬅ レッドソックス	マイケル・ソロカ ➡ ホワイトソックス
アーロン・バマー ⬅ ホワイトソックス	ニック・アンダーソン ➡ ロイヤルズ
野手	野手
ジャレッド・ケルニック ⬅ マリナーズ	エディ・ロザリオ ➡ 所属先未定
ルイス・ギヨーメ ⬅ メッツ	ニッキー・ロペス ➡ ホワイトソックス
デイヴィッド・フレッチャー ⬅ エンジェルス	ヴォーン・グリッソム ➡ レッドソックス

7月2·3·4	ジャイアンツ	**8月**1·2·3·4	マーリンズ	3·4·5	ロッキーズ
5·6·7	フィリーズ	6·7·8	ブリュワーズ	6·7·8	ブルージェイズ
8·9·10·11	ダイヤモンドバックス*	9·10·11	ロッキーズ*	10·11	ナショナルズ*
12·13·14	パドレス*	12·13·14·15	ジャイアンツ	13·14·15·16	ドジャース
16	オールスターゲーム	16·17·18	エンジェルス*	17·18·19	レッズ*
19·20·21	カーディナルス	20·21·22	フィリーズ	20·21·22	マーリンズ
22·23·24	レッズ	23·24·25	ナショナルズ	24·25	メッツ
25·26·27·28	メッツ*	26·27·28	ツインズ*	27·28·29	ロイヤルズ
29·30·31	ブリュワーズ*	29·30·31·**9月**1	フィリーズ*		

球団メモ 昨季のシーズン307本塁打は、メジャー歴代最多タイの記録。30本塁打以上を記録した選手が5人もいた。また、チーム長打率.501はメジャー歴代トップの数字だ。

20勝投手にもなったメジャーの新・奪三振王 先 発

99 スペンサー・ストライダー
Spencer Strider

26歳 1998.10.28生 | 183cm | 88kg | 右投右打
◆速球のスピード／150キロ台後半(フォーシーム主体)
◆決め球と持ち球／☆フォーシーム、☆スライダー、
　○チェンジアップ
◆対左打者被打率／.211 ◆対右打者被打率／.208
◆ホーム防御率／4.35 ◆アウェー防御率／3.36
◆ドラフトデータ／2020④ブレーブス
◆出身地／オハイオ州
◆年俸／100万ドル(約1億4000万円)
◆最多勝1回(23年)、最多奪三振1回(23年)

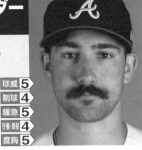

球威 **5**
制球 **4**
緩急 **5**
守備・走塁 **4**
度胸 **5**

　昨年、メジャーでダントツの281奪三振をマークし、投手王国ブレーブスのエースにのし上がった右腕。シーズン281奪三振は、ジョン・スモルツの276三振(1996年)を抜き、球団史上最多の数字だ。勝ち運にも恵まれ、メジャー最多の20勝をマーク。サイ・ヤング賞候補を選ぶ際に重視される『ファングラフス』版のWARも、メジャー全体の2位の5.5で、当然、ナショナル・リーグのサイ・ヤング賞候補3人の中に入ると思われた。だが、防御率が平均レベルであることがネックとなり、入ることができなかった。そのため、選考方法を疑問視する声が各方面から上がった。

　球種はフォーシーム、スライダー、チェンジアップの3つ。フォーシームは、平均球速156.6キロの浮き上がる軌道のボール。リリースポイントが前にあるので、打者はそれ以上のスピードに感じる。スライダーは、途中まで真っ直ぐな軌道で来て、大きく斜めに変化する魔球レベルのボール。これを右打者の外角だけでなく、左打者の内角にも食い込ませてくる。右打者に対する空振り率は61.2%という高率で、右打者は追い込まれると追いかけ振りをして三振というパターンになる。昨年281個も三振をゲットできたのは、これが空振りを誘う決め球としてフルに機能したからだ。

　ドラフトでは4巡目指名という低い評価だったが、これは大学時代、故障が多かったことに加え、ドラフトの直前に新型コロナに感染し、隔離されたことが響いた。生まれはオハイオ州だが、育ったのはテネシー州ノックスヴィル。すでに結婚しており、2022年11月、24歳の若さでマギー・ホワイトナーさんと挙式している。マギーさんはクリスチャン・アカデミー高校の同級生で、テネシーで生まれ育ったサザンベル(南部美人)。

　ニックネームは「ザ・マスターシュ」。鼻の下に、黒い大きな口ヒゲを蓄えていることから付いたあだ名だ。

[カモ] T・ターナー(フィリーズ).000(14-0)0本　B・ハーパー(フィリーズ).200(15-3)1本
[苦手] B・ニモ(メッツ).500(16-8)2本　L・ガルシア(ナショナルズ).385(13-5)2本

年度	所属チーム	勝利	敗戦	防御率	試合数	先発	セーブ	投球イニング	被安打	失点	自責点	被本塁打	与四球	奪三振	WHIP
2021	ブレーブス	1	0	3.86	2	0	0	2.1	2	1	1	1	1	0	1.29
2022	ブレーブス	11	5	2.67	31	20	0	131.2	86	42	39	7	45	202	0.99
2023	ブレーブス	20	5	3.86	32	32	0	186.2	146	85	80	22	58	281	1.09
通算成績		32	10	3.37	65	52	0	320.2	234	128	120	30	104	483	1.05

ブレーブス

今季終了後、FAになる左のエース

先発

54 マックス・フリード *Max Fried*

30歳 1994.1.18生 | 193cm | 86kg | 左投左打
◆速球のスピード/150キロ前後(フォーシーム主体)
◆決め球と持ち球/☆カーブ、◎フォーシーム、◎チェンジアップ、
　○スライダー、△シンカー　◆[対左].205　◆[対右].249
◆[ホ防]3.86　◆[ア防]1.71　◆[ド]2012①パドレス　◆[囲]カリフォルニア州
◆[年]1500万ドル(約21億円)　◆ゴールドグラブ賞3回(20,21,
　22年)、シルバースラッガー賞1回(21年)

球威	4
制球	5
緩急	5
守備・牽制	3
度胸	4

　一昨年はサイ・ヤング賞投票で2位になったが、昨季は3度も故障し、稼働率が5割以下になった不運なサウスポー。昨季は開幕投手を任されたものの、冬の寒さの中で行われたため、ハムストリングを痛め、15日間IL(故障者リスト)入り。2度目は「前腕の張り」によるIL入りで、トミー・ジョン手術につながりかねない部位のため、5月9日から3カ月近く戦列を離れた。さらにシーズン終盤には、「左人差し指のマメ」で15日間IL入りしたため、昨季は14試合しか登板がなかった。それでもタイミングを合わせず、芯を外す技術は健在で、「メジャーを代表する頭脳派」という評価は揺らいでいない。

[カモ] M・ベッツ(ドジャース).083(12-1)0本　　[苦手] J・サンチェス(マーリンズ).571(7-4)1本

年度	所属チーム	勝利	敗戦	防御率	試合数	先発	セーブ	投球イニング	被安打	失点	自責点	被本塁打	与四球	奪三振	WHIP
2017	ブレーブス	1	1	3.81	9	4	0	26.0	30	15	11	3	12	22	1.62
2018	ブレーブス	1	4	2.94	14	5	0	33.2	26	12	11	3	20	44	1.37
2019	ブレーブス	17	6	4.02	33	30	0	165.2	174	80	74	21	47	173	1.33
2020	ブレーブス	7	0	2.25	11	11	0	56.0	42	14	14	2	19	50	1.09
2021	ブレーブス	14	7	3.04	28	28	0	165.2	139	61	56	15	41	158	1.09
2022	ブレーブス	14	7	2.48	30	30	0	185.1	156	55	51	12	32	170	1.01
2023	ブレーブス	8	1	2.55	14	14	0	77.2	70	24	22	7	18	80	1.13
通算成績		62	26	3.03	139	122	0	710.0	637	261	239	63	189	697	1.16

通算セーブ数190は現役6位

クローザー

26 ライセル・イグレシアス *Raisel Iglesias*

34歳 1990.1.4生 | 188cm | 86kg | 右投右打
◆速球のスピード/150キロ台前半(フォーシーム主体)
◆決め球と持ち球/◎フォーシーム、◎チェンジアップ、
　◎スライダー、△シンカー　◆[対左].255　◆[対右].221
◆[ホ防]1.93　◆[ア防]3.58　◆[ド]2014⑥レッズ
◆[囲]キューバ　◆[年]1600万ドル(約22億4000万円)

球威	4
制球	4
緩急	4
守備・牽制	4
度胸	4

　エンジェルスでメルトダウンしたあと、ブレーブスでよみがえったキューバ亡命組のリリーフ右腕。一昨年は移籍後セットアッパーで使われたが、ジャンセンが去ったため、昨季はクローザーを任された。キャンプ中に肩痛でIL入りし、5月上旬に復帰したが、その後はフォーシームが甘く入って度々失点。そのため6月下旬には防御率が4.79まで悪化し、信頼を失いかけた。しかし、一昨年と違い、昨年はオールスター明けから投げミスが激減。7月20日から、17試合連続で無失点登板を続け、地位を揺るぎないものにした。

[カモ] W・コントレラス(カーディナルス).000(10-0)0本　　[苦手] B・ハーパー(フィリーズ).667(9-6)4本

年度	所属チーム	勝利	敗戦	防御率	試合数	先発	セーブ	投球イニング	被安打	失点	自責点	被本塁打	与四球	奪三振	WHIP
2015	レッズ	3	7	4.15	18	16	0	95.1	81	45	44	11	28	104	1.14
2016	レッズ	3	2	2.53	37	5	6	78.1	63	22	22	7	26	83	1.14
2017	レッズ	3	3	2.49	63	0	28	76.0	57	22	21	5	27	92	1.11
2018	レッズ	2	5	2.38	66	0	30	72.0	52	22	19	12	25	80	1.07
2019	レッズ	3	12	4.16	68	0	34	67.0	62	31	31	12	21	89	1.22
2020	レッズ	4	3	2.74	22	0	8	23.0	16	11	7	1	5	31	0.91
2021	エンジェルス	7	5	2.57	65	0	34	70.0	53	25	20	11	12	103	0.93
2022	エンジェルス	2	6	4.04	39	0	16	35.2	29	18	16	5	9	48	1.07
2022	ブレーブス	0	0	0.34	28	0	1	26.1	17	2	1	0	5	30	0.84
2022	2チーム計	2	6	2.47	67	0	17	62.0	46	20	17	5	14	78	0.97
2023	ブレーブス	5	4	2.75	58	0	33	55.2	51	23	17	7	15	68	1.19
通算成績		32	47	2.97	464	21	190	599.1	480	221	198	71	173	728	1.09

[対左]=対左打者被打率　[対右]=対右打者被打率　[ホ防]=ホーム防御率　[ア防]=アウェー防御率
[ド]=ドラフトデータ　[囲]=出身地　[年]=年俸

40 レイナルド・ロペス Reynaldo Lopez
3年3000万ドルで入団した豪速リリーバー セットアップ 移籍

30歳 1994.1.4生 | 185cm | 101kg | 右投右打

◆速球のスピード／150キロ台後半（フォーシーム主体）
◆決め球と持ち球／☆フォーシーム、○スライダー、○チェンジアップ、△カーブ ◆対左.180 ◆対右.227
◆ホ防2.53 ◆ア防3.97 ◆ド2012外ナショナルズ
◆田ドミニカ ◆年400万ドル（約5億6000万円）

球威5 制球2 緩急4 守備・牽制2 度胸2

　セットアッパーとして入団の豪腕リリーバー。昨季はホワイトソックスで初めてクローザーとしてシーズンに入ったが、4月末に防御率が8点台に跳ね上がったところでセットアッパーに回った。重圧から解放され、その後は投球が安定。それでも7月27日にエンジェルスにトレードされた時点の防御率は4.27だった。これだとオフのFA市場で1年600万ドル程度の契約しか取れないため、8月はエンジェルスで、9月はガーディアンズで気迫のピッチングを繰り広げ、自らの商品価値を「3年契約圏内」まで上昇させた。

カモ F・リンドーア（メッツ）.111(18-2)1本　苦手 M・トラウト（エンジェルス）.556(9-5)1本

年度	所属チーム	勝利	敗戦	防御率	試合数	先発	セーブ	投球イニング	被安打	失点	自責点	被本塁打	与四球	奪三振	WHIP
2016	ナショナルズ	5	3	4.91	11	6	0	44.0	47	27	24	4	22	42	1.57
2017	ホワイトソックス	3	3	4.72	8	8	0	47.2	49	29	25	7	14	30	1.32
2018	ホワイトソックス	7	10	3.91	32	32	0	188.2	165	88	82	25	75	151	1.27
2019	ホワイトソックス	10	15	5.38	33	33	0	184.0	203	119	110	35	65	169	1.46
2020	ホワイトソックス	1	3	6.49	8	8	0	26.1	28	21	19	9	15	24	1.63
2021	ホワイトソックス	4	3	3.43	20	9	0	57.2	42	27	22	10	13	55	0.95
2022	ホワイトソックス	6	4	2.76	61	1	0	65.1	51	24	20	1	11	63	0.95
2023	ホワイトソックス	2	5	4.29	43	0	4	42.0	33	21	20	7	22	52	1.31
2023	エンジェルス	0	2	2.77	13	0	0	13.0	12	4	4	1	8	19	1.54
2023	ガーディアンズ	1	0	0.00	12	0	0	11.0	5	0	0	0	4	12	0.82
2023	3チーム計	3	7	3.27	68	0	4	66.0	50	25	24	8	34	83	1.27
通算成績		39	49	4.32	241	97	6	679.2	635	360	326	99	249	617	1.30

77 ジョー・ヒメネス Joe Jimenez
3年2600万ドルの契約でブレーブス残留 セットアップ

29歳 1995.1.17生 | 190cm | 125kg | 右投右打

◆速球のスピード／150キロ台前半（フォーシーム主体）
◆決め球と持ち球／○フォーシーム、○スライダー、△カーブ
◆対左.239 ◆対右.229 ◆ホ防3.46 ◆ア防2.67
◆ド2013外タイガース ◆田プエルトリコ
◆年800万ドル（約11億2000万円）

球威5 制球3 緩急4 守備・牽制3 度胸3

　奪三振率の高いリリーフ右腕。昨季はシーズン終了後にFA権を取得するため、気合を入れてシーズン入り。序盤は抜けたスライダーをよく打たれたが、6月に入ってフォーシーム、スライダーとも制球が安定し、効率良くアウトを取れるようになった。終盤はフォーシームのキレが落ちて一発を食いやすくなるが、最後の6試合をすべて無失点に抑え、複数年契約をゲットできるレベルの数字を残すことができた。妻ロレーナさんもプエルトリコ出身で、学生時代にはバレーボールで活躍。昨年4月、第一子（女の子）が誕生。

カモ S・ペレス（ロイヤルズ）.111(9-1)0本　苦手 J・アルトゥーヴェ（アストロズ）.636(11-7)1本

年度	所属チーム	勝利	敗戦	防御率	試合数	先発	セーブ	投球イニング	被安打	失点	自責点	被本塁打	与四球	奪三振	WHIP
2017	タイガース	0	2	12.32	24	0	0	19.0	31	28	26	4	9	17	2.11
2018	タイガース	5	4	4.31	68	0	3	62.2	53	34	30	5	22	78	1.20
2019	タイガース	4	4	4.37	66	0	9	59.2	56	33	29	13	23	82	1.32
2020	タイガース	1	3	7.15	25	0	5	22.2	25	19	18	7	6	22	1.37
2021	タイガース	6	1	5.96	52	0	1	45.1	34	33	30	6	35	57	1.52
2022	タイガース	3	2	3.49	62	0	2	56.2	49	24	22	4	13	77	1.09
2023	ブレーブス	0	3	3.04	59	0	0	56.1	51	22	19	9	14	73	1.15
通算成績		19	22	4.86	356	0	20	322.1	299	193	174	48	122	406	1.31

対左=対左打者被打率　対右=対右打者被打率　ホ防=ホーム防御率　ア防=アウェー防御率
ド=ドラフトデータ　田=出身地　年=年俸　カモ 苦手 は通算成績

51 クリス・セイル Chris Sale

先発投手なのに、通算奪三振率は驚異の11.6

`先発` `移籍`

35歳 1989.3.30生 | 198cm | 81kg | 左投右打 | 球150キロ前後(フォーシーム主体) | 決☆スライダー | 対左.245
対右.224 | D2010①ホワイトソックス | 田フロリダ州 | 囲1600万ドル(約22億4000万円) | ◆最多奪三振2回(15.17年)

球4 制4 緩4 守握3 度4

　2010年代は、ホワイトソックスとレッドソックスでエースとして活躍し、毎年のようにサイ・ヤング賞争いに加わっていた左腕。2019年以降は故障に悩まされ、トミー・ジョン手術も経験。昨季も左肩を痛め、20試合の登板にとどまり、防御率も平凡なものだった。にもかかわらずブレーブスがトレードで獲得したのは、昨季も奪三振率が11.0と相変わらず高く、故障さえなければまだハイレベルな活躍を期待できると踏んだからだ。移籍後、2年3800万ドルで契約を更新したが、レッドソックスの1700万ドルの負担金はそのままなので、ブレーブスの負担は55%ほど。

年度	所属チーム	勝利	敗戦	防御率	試合数	先発	セーブ	投球イニング	被安打	失点	自責点	被本塁打	与四球	奪三振	WHIP
2023	レッドソックス	6	5	4.30	20	20	0	102.2	87	52	49	15	29	125	1.13
通算成績		120	80	3.10	343	263	12	1600.2	1449	664	614	193	416	2189	1.05

55 ブライス・エルダー Bryce Elder

前半戦大活躍でオールスターにも選出

`先発`

25歳 1999.5.19生 | 188cm | 99kg | 右投右打 | 球140キロ台前半〜中頃(シンカー、フォーシーム) | 決☆スライダー | 対左.241 対右.248 | D2020⑤ブレーブス | 田テキサス州 | 囲74万ドル(約1億360万円)+α

球2 制4 緩5 守握4 度4

　昨季前半、目を見張る活躍をしてチームの救世主となった、過小評価されてきた右腕。昨季は3Aのエースとしてシーズンに入ったが、開幕戦に先発後、フリードのIL入りにともない、メジャーに呼ばれた。その後は抜群の制球力で、シンカーとスライダーを両サイドに投げ分け、効率良くアウトを取り、5月末時点の防御率はナショナル・リーグでベストの1.92。その後は抜けたスライダーを叩かれてしばしば一発を食ったが、それでもシーズン前半は7勝2敗で、フリードが不在の穴を見事に埋めた。ただ後半戦は、疲労で投球が浮くようになり、失点が多くなった。

年度	所属チーム	勝利	敗戦	防御率	試合数	先発	セーブ	投球イニング	被安打	失点	自責点	被本塁打	与四球	奪三振	WHIP
2023	ブレーブス	12	4	3.81	31	31	0	174.2	160	79	74	19	63	128	1.28
通算成績		14	8	3.66	41	40	0	228.2	204	98	93	23	86	175	1.27

33 A.J.ミンター A.J. Minter

セットアッパーとしてはメジャー屈指の実力

`セットアップ` `クローザー`

31歳 1993.9.2生 | 183cm | 97kg | 左投左打 | 球150キロ台中頃(フォーシーム主体) | 決◎カッター | 対左.288 対右.210 | D2015②ブレーブス | 田テキサス州 | 囲622万ドル(約8億7080万円)

球5 制3 緩3 守握2 度4

　大きな特徴が2つあるリリーフ左腕。1つ目は、セットアッパーでは良い働きをするのに、クローザーでは結果を出せないこと。昨季もイグレシアスの故障にともない、開幕からひと月ほどクローザーを任されたが、連打を浴びて2失点以上したゲームが4回あり、4月の防御率は8.53だった。もう1つの特徴は、サウスポーなのに、左打者によく打たれる半面、右打者に強いこと。これはカッターが右打者への強力な武器になる一方で、左打者を封じるための武器がないからだ。シーズン終了後にFA権を取得するので、今季は序盤から、エンジン全開の投球が見られそうだ。

年度	所属チーム	勝利	敗戦	防御率	試合数	先発	セーブ	投球イニング	被安打	失点	自責点	被本塁打	与四球	奪三振	WHIP
2023	ブレーブス	3	6	3.76	70	0	10	64.2	56	28	27	6	21	82	1.19
通算成績		19	25	3.35	345	0	35	314.1	270	130	117	21	112	387	1.22

球=速球のスピード　決=決め球

若手に好影響を及ぼす賢人投手 先発

50 チャーリー・モートン Charlie Morton

41歳 1983.11.12生｜196cm｜97kg｜右投右打 球150キロ台前半（フォーシーム、シンカー）決☆☆カーブ
対左.234 対右.253 ド2002③ブレーブス 出ニュージャージー州 年2000万ドル（約28億円）

球	3
制	3
緩	5
予球	4
度	4

　球団が年俸2000万ドルで契約を1年更新したため、40歳になる今季もブレーブスのローテーションで投げる大ベテラン。39歳で迎えた昨季は、フォーシームのキレがイマイチで痛打されるケースが多いため、割合を大幅に減らし、カーブの比率を一番多くして投げたところ失点が減少。大半の試合で先発の責任を果たせるようになった。球団が2000万ドルの高額年俸で残留させたのは、目立った衰えが見られないことに加え、若手のお手本になる部分がたくさんあり、好影響を与えると評価したからだ。アストロズやレイスに在籍したときも面倒見が良く、人望がある。

年度	所属チーム	勝利	敗戦	防御率	試合数	先発	セーブ	投球イニング	被安打	失点	自責点	本塁打	与四球	奪三振	WHIP
2023	ブレーブス	14	12	3.64	30	30	0	163.1	150	70	66	14	83	183	1.43
通算成績		130	113	4.00	353	352	0	1960.1	1837	960	871	180	722	1880	1.31

伸びしろが誰よりも大きい、ホープ中のホープ 先発 ルーキー

32 AJ・スミス=ショウヴァー AJ Smith-Shawver

22歳 2002.11.20生｜190cm｜92kg｜右投右打 球150キロ台前半（フォーシーム）決☆スプリッター
対左.240 対右.116 ド2021⑦ブレーブス 出テキサス州 年74万ドル（約1億360万円）+α

球	4
制	2
緩	4
予球	3
度	-

　ローテーション定着を期待される将来のエース候補。2021年ドラフトの7巡目指名で、テキサスの高校から入団。昨季はマイナーの3つのレベルで好投を続け、6月4日にメジャーデビュー。先発で5試合、リリーフで1試合に登板し、大器の片鱗をうかがわせるピッチングを見せた。ポストシーズンでも、ロングリリーフで1度登板している。身体能力が際立って高く、高校時代はアメフトチームの花形であるクォーターバックとしても活躍。ピッチャーとして投げ始めたのは16歳になってからで、プロ入りしてからピッチャーとしての成長が始まり、現在もまだその途上だ。

年度	所属チーム	勝利	敗戦	防御率	試合数	先発	セーブ	投球イニング	被安打	失点	自責点	本塁打	与四球	奪三振	WHIP
2023	ブレーブス	1	0	4.26	6	5	0	25.1	17	14	12	7	11	20	1.11
通算成績		1	0	4.26	6	5	0	25.1	17	14	12	7	11	20	1.11

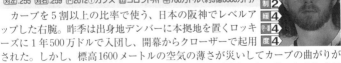

2年1425万ドルでブレーブス残留 セットアップ

38 ピアース・ジョンソン Pierce Johnson

33歳 1991.5.10生｜188cm｜91kg｜右投右打 球150キロ台中頃（フォーシーム主体）決☆カーブ
対左.255 対右.259 ド2012①カブス 出コロラド州 年700万ドル（約9億8000万円）

球	4
制	2
緩	4
予球	4
度	4

　カーブを5割以上の比率で使う、日本の阪神でレベルアップした右腕。昨季は出身地デンバーに本拠地を置くロッキーズに1年500万ドルで入団し、開幕からクローザーで起用された。しかし、標高1600メートルの空気の薄さが災いしてカーブの曲がりがフラットになり、フォーシームもスピンのかかりが悪くなった。そのため失点が多い展開になり、防御率が6点台になった5月末にクローザーを外された。この成績不振を「高地要因」と見たブレーブスが7月下旬に獲得し、早速使ってみると、ほとんど失点しないままシーズン終了まで好投。移籍後の防御率は0.76。

年度	所属チーム	勝利	敗戦	防御率	試合数	先発	セーブ	投球イニング	被安打	失点	自責点	本塁打	与四球	奪三振	WHIP
2023	ロッキーズ	1	5	6.00	43	0	13	39	47	28	26	7	25	58	1.85
2023	ブレーブス	1	1	0.76	24	0	0	23.2	16	6	2	5	5	32	0.89
2023	2チーム計	2	6	4.02	67	0	13	62.2	63	34	28	10	30	90	1.48
通算成績		12	15	4.04	207	2	13	200.1	179	99	90	24	97	253	1.38

球=速球のスピード 決=決め球 対左=対左打者被打率 対右=対右打者被打率
ド=ドラフトデータ 出=出身地 年=年俸

投 手

ブレーブス

交換要員は元エースのソロカを含む5選手

49 アーロン・バマー *Aaron Bummer*

ミドル
リリーフ　移籍

31歳 1993.9.21生 | 190cm | 97kg | 左投右打 | 國150キロ前後(シンカー主体) | 國○スライダー
[対左].231 [対右].238 [下]2014⑲ホワイトソックス | 国カリフォルニア州 | 軍550万ドル(約7億7000万円)

球 **3**
制 **2**
緩 **4**
守 **2**
度 **3**

オフのトレードでホワイトソックスから移籍のリリーフ左腕。ゴロを打たせることに長けた技巧派で、2019年からの3年間はシンカーとスライダーを駆使してゴロの山を築く。21年には全打球に占めるゴロの割合が76%で、メジャーの投手(20イニング以上)で一番高かった。昨年、与四球率が悪化して防御率が6点台になったのは、前年(22年)に広背筋を痛めたことが大きいが、ホワイトソックスの士気がゆるみきり、マインドセットをうまくできなかったことも原因。変則的な投球フォームで、低いアングルから投げ込んでくるため、打者は球の出どころが見えにくい。

年度	所属チーム	勝利	敗戦	防御率	試合数	先発	セーブ	投球イニング	被安打	失点	自責点	被本塁打	与四球	奪三振	WHIP
2023	ホワイトソックス	5	5	6.79	61	0	0	58.1	53	45	44	4	36	78	1.53
通算成績		14	15	3.84	289	0	5	272.0	226	132	116	18	129	309	1.31

ポストシーズンのメンバーにまさかの選出

62 デイズベル・ヘルナンデス *Daysbel Hernandez*

ミドル
リリーフ　ルーキー

28歳 1996.9.15生 | 178cm | 99kg | 右投右打 | 國150キロ台中頃(フォーシーム主体) | 國○フォーシーム
[対左].100 [対右].714 [下]2017⑳ブレーブス | 国キューバ | 軍74万ドル(約1億360万円)+α

球 **5**
制 **1**
緩 **3**
守 **3**
度 **2**

昨年7月23日にメジャーデビューし、デビュー戦で勝ち投手になったキューバ亡命組のリリーフ右腕。球威はあるが制球が定まらないタイプで、2度目の登板からは制球難を露呈し、失点が多くなった。そして、4試合に登板したあと、前腕の炎症でIL入り。9月中旬に3Aで実戦に復帰し、3試合に登板してシーズンを終えた。その後、奪三振率が高いことを買われてポストシーズンのメンバーに抜擢され、1度だけ出番があった。球種は、150キロ台中頃の速球と140キロ台前半のスライダーの2つで、昨季のメジャーでは速球48%、スライダー52%の比率で投げていた。

年度	所属チーム	勝利	敗戦	防御率	試合数	先発	セーブ	投球イニング	被安打	失点	自責点	被本塁打	与四球	奪三振	WHIP
2023	ブレーブス	1	0	7.36	4	0	0	3.2	6	3	3	1	3	6	2.45
通算成績		1	0	7.36	4	0	0	3.2	6	3	3	1	3	6	2.45

64 デリアス・ヴァインズ *Darius Vines*

リリーフ
先発　期待度 **B+**　ルーキー

26歳 1998.4.30生 | 185cm | 86kg | 右投右打 | ◆昨季はメジャーで5試合に出場 | [下]2019⑦ブレーブス | 国カリフォルニア州

タイミングを外すことに長けたチェンジアップを武器にする右腕。昨年メジャーに3度呼ばれ、5試合(先発2)に登板。ギリギリ合格点をもらえるレベルの投球を見せた。守備力が際立って高く、ダイビングキャッチや振り向きざまのジャンピングスローを見せる。スイングマンで使うと生きるタイプ。

— ハーストン・ウォルドレップ *Hurston Waldrep*

先発　期待度 **A**　ルーキー

22歳 2002.3.1生 | 188cm | 95kg | 右投右打 | ◆昨季は1A、1A+、2A、3Aでプレー | [下]2023①ブレーブス | 国ジョージア州

昨年ドラフト1巡目指名で入団後、わずか2カ月で3Aに到達。ウリは、3つの球種がすべて、メジャーで通用するレベルであること。フォーシームは球速153～159キロでキレがあり、スプリッターは空振り率が際立って高い。球団は2026年からメジャーで使う計画だが、早ければ今季中の昇格もある。

野手

MLB史上初の「40本塁打＆70盗塁」を達成　ライト

13 ロナルド・アクーニャ・ジュニア
Ronald Acuna Jr.

27歳 1997.12.18生 ｜ 183cm ｜ 92kg ｜ 右投右打
◆対左投手打率／.315(127-40)　◆対右投手打率／.343(516-177)
◆ホーム打率／.342(310-106)　◆アウェー打率／.333(333-111)
◆得点圏打率／.315(124-39)
◆23年のポジション別出場数／ライト＝156、DH＝2
◆ドラフトデータ／2014㉔ブレーブス
◆出身地／ベネズエラ
◆年俸／1700万ドル（約23億8000万円）
◆MVP1回(23年)、盗塁王2回(19、23年)、シルバースラッガー賞
　3回(19、20、23年)、ハンク・アーロン賞1回(23年)、新人王(18年)

ミート **4**
パワー **5**
走塁 **5**
守備 **3**
肩 **5**

　2023年度のナショナル・リーグMVP。昨季はチーム記録となる73盗塁をマークしたほか、出塁率、得点、安打数でもメジャー最多を記録。とりわけ40超の本塁打と70超の盗塁を同時達成したことは、稀に見る快挙と絶賛された。昨年は1月から忙しい年になり、まず球団の許可を得て、1月下旬に故国ベネズエラのウインターリーグに顔見世出場。さらに3月には、ベネズエラ代表としてWBCにも出場したあと、チームに合流した。

　開幕後はハイペースで盗塁を決める一方で、本塁打もよく出たため、7月4日には「20本塁打、40盗塁」を達成。その後も快調に数を積み上げていった。守備ではライトに固定され、強肩にものを言わせてアシスト（補殺）10を記録。フェンス際でジャンプ一番ホームランキャッチを決めるシーンも、何度か見られた。ただ筋トレで体重が増えているため、以前はトップレベルだった守備範囲の広さが、平均以下に落ちている。

　ベネズエラのベースボールファミリー出身。祖父（ロムアルド）はアストロズのマイナーに6年間在籍した元投手。父（ロナルド・シニア）はメッツなどのマイナーで8年間プレーした外野手。ベネズエラではアクーニャ・ファミリーの成功に対するやっかみがすごいようで、アクーニャが出場した1月25日の試合では7回に、スタンドで応援していたアクーニャ・ファミリーの人たちが、周囲の観客から襲撃されて負傷する事件があった。アクーニャはこれに激怒。「今後、ベネズエラでのゲームには絶対出ない」と宣言し、ニュースになった。2019年の年末、交際相手のマリア・ラボルデさんから妊娠を告げられると、すぐに婚約。その年の9月に長男ロナルド・ダニエル君が生まれ、その後、次男ジャマール君も授かった。

カモ A・ハウザー（ブリュワーズ）.583(12-7)0本　T・ウィリアムズ（ナショナルズ）.471(17-8)2本
苦手 K・フィネガン（ナショナルズ）.000(8-0)0本　J・グレイ（ナショナルズ）.111(9-1)1本

年度	所属チーム	試合数	打数	得点	安打	二塁打	三塁打	本塁打	打点	四球	三振	盗塁	盗塁死	出塁率	OPS	打率
2018	ブレーブス	111	433	78	127	26	4	26	64	45	123	16	5	.366	.918	.293
2019	ブレーブス	156	626	127	175	22	2	41	101	76	188	37	9	.365	.883	.280
2020	ブレーブス	46	160	46	40	11	0	14	29	38	60	8	1	.406	.987	.250
2021	ブレーブス	82	297	72	84	19	1	24	52	49	85	17	6	.394	.990	.283
2022	ブレーブス	119	467	71	124	24	0	15	50	53	126	29	11	.351	.764	.266
2023	ブレーブス	159	643	149	217	35	4	41	106	80	84	73	14	.416	1.012	.337
通算成績		673	2626	543	767	137	11	161	402	341	666	180	46	.381	.918	.292

探究心が強い、バッティングの求道者 ファースト

ブレーブス

28 マット・オルソン
Matt Olson

30歳 1994.3.29生 | 196cm | 101kg | 右投左打
◆対左投手打率／.252(163-41) ◆対右投手打率／.294(445-131)
◆ホーム打率／.301(292-88) ◆アウェー打率／.266(316-84)
◆得点圏打率／.322(149-48)
◆23年のポジション別出場数／ファースト＝162
◆ドラフトデータ／2012①アスレティックス
◆出身地／ジョージア州
◆年俸／2200万ドル（約30億6800万円）
◆本塁打王1回(23年)、打点王1回(23年)、ゴールドグラ
ブ賞2回(18、19年)、シルバースラッガー賞1回(23年)

ミート **4**
パワー **5**
走塁 **3**
守備 **4**
肩 **4**

　昨年、メジャーリーグでダントツ１位の54本塁打と139打点をマークした地元アトランタ出身のスラッガー。ほかの年ならMVPに選出されていただろうが、昨年のナショナル・リーグではアクーニャ、ベッツ、フリーマンも傑出した数字を出したため、MVPの最終候補３人の中にも入れず、同情された。54本塁打は、長い歴史を持つブレーブスの球団記録だ。

　ローボール・ヒッターで、内角低めに来た投球は、ストライクゾーンから外れたボール球でも芯でとらえてライト席に運んでしまう。そんなインローのボール球を本塁打にしたケースが、昨季は７回もあった。アスレティックス時代の2020年までは引っ張り専門のプルヒッターだったが、シフトの餌食になることが多く、空振りも多かったので、21年にオープンスタンスにしてグリップを高く構える打法に変えた。すると広角に強い打球が飛ぶようになり、空振りも減少。ワンランク上の打者に成長した。昨季は「シフト」が禁止されたため、打席ではオープンスタンスをやめてスクエアスタンスに戻し、バットがやや遅れて出てくるスイングにしたところ、以前にも増して飛距離が出るようになった。

　高校時代からスイングを称賛されており、2012年のドラフトでアスレティックスから１巡目指名され、パークビュー高校からプロ入り。野球の基礎を叩き込んだのは、父スコットさん。強豪ウェイクフォレスト大学でピッチャーをしていた人で、オルソンが９歳のときから、毎日、バッティングケージに連れていって、マシンのボールを打たせながら、熱心に指導した。オルソンはそれが嫌で、家に閉じこもってテレビゲームをしていた時期もあったようだが、その後は練習に励み、打者としての基礎ができあがった。

カモ K・ギブソン(カーディナルス).417(24-10)4本　M・マイコラス(カーディナルス).444(9-4)2本
苦手 G・コール(ヤンキース).000(21-0)0本　B・ギャレット(マーリンズ).000(10-0)0本

年度	所属チーム	試合数	打数	得点	安打	二塁打	三塁打	本塁打	打点	四球	三振	盗塁	盗塁死	出塁率	OPS	打率
2016	アスレティックス	11	21	3	2	1	0	0	0	0	7	4	0	0	.321	.464	.095
2017	アスレティックス	59	189	33	49	2	0	24	45	22	60	0	0	.352	1.003	.259
2018	アスレティックス	162	580	85	143	33	0	29	84	70	163	2	1	.335	.788	.247
2019	アスレティックス	127	483	73	129	26	0	36	91	51	138	0	0	.351	.896	.267
2020	アスレティックス	60	210	28	41	4	1	14	42	34	77	1	0	.310	.734	.195
2021	アスレティックス	156	565	101	153	35	0	39	111	88	113	4	1	.371	.911	.271
2022	ブレーブス	162	616	86	148	44	0	34	103	75	170	0	0	.325	.802	.240
2023	ブレーブス	162	608	127	172	27	3	54	139	104	167	1	0	.389	.993	.283
通算成績		899	3272	536	837	172	4	230	615	451	892	8	2	.351	.873	.256

野手

3年連続で30本塁打以上をマーク

サード

27 オースティン・ライリー
Austin Riley

27歳 1997.4.2生｜190cm｜108kg｜右投右打

◆対左投手率／.289(128-37)　◆対右投手率／.280(508-142)
◆ホーム打率／.295(308-91)　◆アウェー打率／.268(328-88)
◆得点圏打率／.199(156-31)
◆23年のポジション別出場数／サード＝159
◆ドラフトデータ／2015①ブレーブス
◆出身地／テネシー州
◆年俸／2100万ドル(約29億4000万円)
◆シルバースラッガー賞2回(21、23年)

ミート	4
パワー	5
走塁	3
守備	4
肩	3

　球団と総額2億1200万ドルの10年契約を交わしており、2032年まで中心打者の地位を保証されている強打の三塁手。打者としての一番の長所は、どんな球種でも、うまく間合いをとって、ドンピシャのタイミングで叩けること。予想していなかったチェンジアップやカーブが来て肩が開き気味になっても、グリップはちゃんと残っていて、芯でとらえることができる。もう1つの長所は、速球のスピン量に応じたスイングができること。追い込まれてから、スピン量の多いフォーシームを高めに投げ込まれても、浮き上がる度合いを的確に読んでスイングするため、空振りになるケースが少なく、高い軌道の一発になることがよくある。ドジャースのロバーツ監督は「ライリーが技術的に成熟していることに注意を向ける必要がある。彼はすばらしい打者になった。自信を持って打席に立っている」と語っている。調子の波の少ない計算できる打者、という評価も定まっており、MVP投票では3年連続で6位か7位に入っているので、MVPにのし上がる土台は、すでにできあがっているように見える。

　守備のほうは、サードのレギュラーになった頃は、打撃一流守備三流だったチッパー・ジョーンズと同タイプと見なされていた。しかし、守備範囲の広さやフットワークを向上させるトレーニングに励んで、守備力を強化させた結果、昨年はゴールドグラブ賞の最終候補になった。素手でボールをつかみ、送球するベアハンドキャッチは、名人級だ。

　家族の絆や教会を大事にする典型的な南部人で、20歳の若さで、高校時代から交際していたアンナさんと結婚。2022年4月に第一子となる男の子(イーソン君)が誕生した。父マイクさんと母エリザさんは、現在も精神的支柱で、毎日2回電話で話すのが習慣になっている。

カモ A・ノーラ(フィリーズ).412(51-21)5本　T・ウォーカー(フィリーズ).417(12-5)1本
苦手 ダルビッシュ有(パドレス).000(7-0)0本　B・ギャレット(マーリンズ).000(8-0)0本

年度	所属チーム	試合数	打数	得点	安打	二塁打	三塁打	本塁打	打点	四球	三振	盗塁	盗塁死	出塁率	OPS	打率
2019	ブレーブス	80	274	41	62	11	1	18	49	16	108	0	2	.279	.750	.226
2020	ブレーブス	51	188	24	45	7	1	8	27	16	49	0	0	.301	.716	.239
2021	ブレーブス	160	590	91	179	33	1	33	107	52	168	0	1	.367	.898	.303
2022	ブレーブス	159	615	90	168	39	2	38	93	57	168	0	0	.349	.877	.273
2023	ブレーブス	159	636	117	179	32	3	37	97	59	172	3	1	.345	.861	.281
通算成績		609	2303	363	633	122	8	134	373	200	665	5	4	.341	.850	.275

野手

家庭内暴力事件は妻が加害者だったと判明 `DH`

20 マーセル・オズーナ
Marcell Ozuna

ブレーブス

34歳 1990.11.12生 ｜ 185cm ｜ 101kg ｜ 右投右打

◆対左投手打率／.278(126-35) ◆対右投手打率／.272(404-110)
◆ホーム打率／.301(272-82) ◆アウェー打率／.244(258-63)
◆得点圏打率／.241(133-32)
◆23年のポジション別出場数／DH=142、レフト=2
◆ドラフトデータ／2008⑭マーリンズ
◆出身地／ドミニカ
◆年俸／1800万ドル（約25億2000万円）
◆本塁打王1回(20年)、打点王1回(20年)、ゴールドグラブ賞1回(17年)、シルバースラッガー賞2回(17、20年)

ミート 3
パワー 5
走塁 2
守備 1
肩 2

昨年5月以降、一発とタイムリーが途切れることなく出て、初めて40本塁打と100打点を同時達成したスラッガー。2021年と22年はDVと飲酒運転で2度逮捕されたこともあり、プレーに集中できず、打撃成績が低迷した。3年連続で低調な成績は許されないため、オフの間はドミニカに帰ってロビンソン・カノーが所有するトレーニング施設に通い詰め、ハードな練習に励んだ。しかし、その成果はすぐには出なかった。気負いが先に立って微妙にタイミングが合わず、4月は打率0割8分5厘、2本塁打、2打点という散々の成績だった。これを見たメディアやファンの一部から、「この男はチームの面汚しだ。早くクビにして欲しい」「2年分の年俸が無駄になってもいいから、すぐに追放しろ！」といった要求が出た。その後、5月初旬のレッズ戦で満塁アーチを放ったのが契機となって復調。最後の最後でスパートして、40本に到達した。

2021年5月に起きたDV事件は、オズーナが一方的な加害者で、妻ヘネシスさんは夫の暴力に苦しむ被害者、という図式で語られてきた。だが、捜査が進むにつれて、事件の発端は、妻が石鹸を置く皿を手に持って、夫の顔面に叩きつけたことにあると判明。ヘネシスさんは傷害罪の容疑者として逮捕され、警察に連行された。ただ夫婦仲が円満に戻っていることを考慮され、ヘネシスさんも起訴猶予となり、裁判所から出されたのは「外出禁止命令」だけだった。MLBがオズーナに下した処分も、20試合出場停止という、DVのペナルティにしては軽いものとなった。

カモ J・キンターナ(メッツ).455(22-10)1本　K・ヘンドリックス(カブス).385(39-15)4本
苦手 Z・ウィーラー(フィリーズ).200(45-9)1本　C・ロドーン(ヤンキース).100(10-1)0本

年度	所属チーム	試合数	打数	得点	安打	二塁打	三塁打	本塁打	打点	四球	三振	盗塁	盗塁死	出塁率	OPS	打率
2013	マーリンズ	70	275	31	73	17	4	3	32	13	57	5	1	.303	.692	.265
2014	マーリンズ	153	565	72	152	26	5	23	85	41	164	3	1	.317	.772	.269
2015	マーリンズ	123	459	47	119	27	0	10	44	30	110	2	0	.308	.691	.259
2016	マーリンズ	148	557	75	148	23	6	23	76	43	115	0	3	.321	.773	.266
2017	マーリンズ	159	613	93	191	30	2	37	124	64	144	1	3	.376	.924	.312
2018	カーディナルス	148	582	69	163	16	2	23	88	38	110	3	0	.325	.758	.280
2019	カーディナルス	130	485	80	117	23	1	29	89	62	114	12	2	.328	.800	.241
2020	ブレーブス	60	228	38	77	14	0	18	56	38	60	0	0	.431	1.067	.338
2021	ブレーブス	48	188	21	40	6	0	7	26	19	46	0	0	.288	.644	.213
2022	ブレーブス	124	470	56	106	19	0	23	56	31	122	2	1	.274	.687	.226
2023	ブレーブス	144	530	84	145	29	1	40	100	57	134	0	0	.346	.904	.274
通算成績		1307	4952	666	1331	230	21	236	776	436	1176	28	14	.329	.796	.269

課題はシーズン後半のスタミナ

12 **ショーン・マーフィー** *Sean Murphy* キャッチャー

30歳 1994.10.4生｜190cm｜103kg｜右投右打 ◆盗塁阻止率／.179(84-15) 対左.274 対右.245 ホ.253 ア.250 得.306 ㊅2016①アスレティックス ㊱ニューヨーク州 ㊭900万ドル（約12億6000万円）◆ゴールドグラブ賞1回（21年）

ミ4 バ5 走2 守5 肩4

　アスレティックスから移籍して迎えた昨季は、守備打撃の両面で大活躍した野球IQの高い捕手。昨季は正捕手として98試合に先発出場、シーズン前半は打率3割0分6厘、17本塁打と打ちまくり、オールスターにファン投票で選出され、先発出場した。ただ後半は、ハムストリング痛に悩まされたこともあって1割5分9厘、4本塁打という別人のような数字になった。守備では、DRS（守備で防いだ失点）が+7、守備による貢献を得点換算したFRVが+12あり、フレーミングの技術もトップクラス。ただ、盗塁阻止率は平均レベルの17.9％（84-15）にとどまった。

年度	所属チーム	試合数	打数	得点	安打	二塁打	三塁打	本塁打	打点	四球	三振	盗塁	盗塁死	出塁率	OPS	打率
2023	ブレーブス	108	370	65	93	21	0	21	68	49	98	1	0	.365	.843	.251
通算成績		438	1469	214	352	91	2	67	215	175	389	1	0	.336	.777	.240

早くもホームランキャッチャーの代名詞に

23 **マイケル・ハリス2世** *Michael Harris II* センター

23歳 2001.3.7生｜183cm｜88kg｜左投左打 対左.301 対右.290 ホ.303 ア.285 得.228 ㊅2019③ブレーブス ㊱ジョージア州 ㊭500万ドル（約7億円）◆新人王（22年）

ミ5 バ4 走4 守5 肩5

　昨年、日本のファンを最も落胆させた外野手。なぜなら7月末のエンジェルス戦で、第40号になるはずだった大谷の大飛球をジャンプ一番グラブに収め、さらに9月5日のカーディナルス戦ではヌートバーの同様の一打を、アクロバットキャッチでアウトにしたからだ。前年（2022年）の新人王で打撃も期待されたが、こちらは開幕早々、腰を痛めてIL入り。4月末に復帰も、5月末には打率が1割7分4厘まで落ち、気の早いファンからは2年目のジンクスという言葉が聞かれた。しかし、6月に入ってヒットラッシュ。終わってみると打率は22年と、同レベルになっていた。

年度	所属チーム	試合数	打数	得点	安打	二塁打	三塁打	本塁打	打点	四球	三振	盗塁	盗塁死	出塁率	OPS	打率
2023	ブレーブス	138	505	76	148	33	3	18	57	25	101	20	4	.331	.808	.293
通算成績		252	919	151	271	60	6	37	121	46	208	40	6	.334	.828	.295

身長175センチ以下では、最高のパワー

1 **オジー・オルビーズ** *Ozzie Albies* セカンド

27歳 1997.1.7生｜173cm｜74kg｜右投両打 対左.391 対右.250 ホ.261 ア.298 得.297 ㊅2013㊿ブレーブス ㊱オランダ領キュラソー島 ㊭700万ドル（約9億8000万円）◆シルバースラッガー賞2回（19.21年）

ミ4 バ5 走4 守3 肩3

　一昨年はケガが続いて、みじめな成績に終わったが、昨年、その借りを倍返しにする活躍を見せた両打ちの二塁手。33本塁打を記録したのに、昨季はチームに30本塁打以上の打者が5人もいたので、あまり注目されなかった。しかし、本人は開幕前から一発をたくさん打つことで、パワー復活をアピールしたいという気持ちが強く、序盤からハイペースで叩き込んだため、シーズン前半だけで22本を記録した。注目されたのは、33本塁打中28本が左打席で打ったものであること。これだけ片寄るケースは稀なので、その原因をめぐり、マニアックなファンの間で議論になった。

年度	所属チーム	試合数	打数	得点	安打	二塁打	三塁打	本塁打	打点	四球	三振	盗塁	盗塁死	出塁率	OPS	打率
2023	ブレーブス	148	596	96	167	30	5	33	109	46	107	13	1	.336	.849	.280
通算成績		772	3086	497	841	183	30	131	455	225	576	76	19	.325	.804	.273

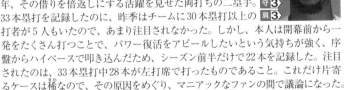

対左=対左投手打率 対右=対右投手打率 ホ=ホーム打率 ア=アウェー打率 得=得点圏打率 ㊅=ドラフトデータ ㊱=出身地 ㊭=年俸

ブレーブスの高度な思考力が生んだ傑作　ショート

11 オルランド・アルシア Orlando Arcia

30歳 1994.8.4生 | 183cm | 84kg | 右投右打 | 対左.302 対右.255 困.255 ⑦.273 圏.294 ㊅2010外ブリュワーズ 囲ベネズエラ 囲200万ドル(約2億8000万円)

ミ3
パ4
走2
守2
肩3

　ブリュワーズの「レギュラー落第生」から、ブレーブスに来て「オールスター遊撃手」に変身したシンデレラボーイ。ブレーブスは2021年からスワンソンのFA流出を想定し、後釜探しに乗り出した。ブリュワーズから放り出されたアルシアを獲得したのは、マイナーに送ってしばらくハードな筋トレに専念させ、そのうえで後釜に据えれば、スワンソン並みの長打を期待できる、という読みがあったからだ。その狙いは見事に当たり、後釜に起用されたアルシアはよく長打が出ただけでなく、6月末まで打率3割をキープ。ファン投票でオールスターに選出され、初出場を果たした。

年度	所属チーム	試合数	打数	得点	安打	二塁打	三塁打	本塁打	打点	四球	三振	盗塁	盗塁死	出塁率	OPS	打率
2023	ブレーブス	139	488	66	129	25	0	17	65	39	102	1	0	.321	.741	.264
通算成績		781	2500	282	617	106	7	70	288	190	547	41	16	.300	.679	.247

若手からリスペクトされる、チームリーダーの1人　キャッチャー

16 トラヴィス・ダーノウ Travis d'Arnaud

35歳 1989.2.10生 | 188cm | 95kg | 右投右打 ◆盗塁阻止率=.098(61-6) 対左.263 対右.214 困.204 ⑦.240 圏.171 ㊅2007①フィリーズ 囲カリフォルニア州 囲800万ドル(約11億2000万円) ◆シルバースラッガー賞1回(20年)

ミ3
パ4
走2
守4
肩3

　勝負強い打撃と手堅い守備で貢献する捕手。昨季は4月9日から脳震盪で1カ月間戦列を離れ、復帰後もしばらく不調だった。しかし、6月16日のゲームで特大アーチを2本叩き込んだのを機に、本来の勝負強い打撃が見られるようになった。守備では、相変わらず盗塁阻止率が低いものの(昨年の阻止率は9.8%)、フレーミングでは冴えを見せ、リード面ではルーキー投手の力の引き出し役として機能した。地味だが貢献度の高い働きをしているため、球団はシーズン中の昨年8月、ダーノウとの契約を1年更新したことを発表。高く評価していることを形で示した。

年度	所属チーム	試合数	打数	得点	安打	二塁打	三塁打	本塁打	打点	四球	三振	盗塁	盗塁死	出塁率	OPS	打率
2023	ブレーブス	74	267	31	60	13	0	11	39	21	67	0	0	.288	.685	.225
通算成績		785	2725	334	680	141	6	108	390	215	593	2	1	.310	.735	.250

新天地でどのように変わるか注目　レフト　移籍

24 ジャレッド・ケルニック Jarred Kelenic

25歳 1999.7.16生 | 185cm | 93kg | 左投左打 対左.259 対右.251 困.250 ⑦.256 圏.265 ㊅2018①メッツ 囲ウィスコンシン州 囲74万ドル(約1億360万円)+α

ミ3
パ5
走3
守4
肩4

　オフのトレードで、マリナーズからやって来た外野手。今季はアトランタで、エディ・ロザリオの抜けたレフトのレギュラーを狙うことになった。2018年のドラフトで、メッツから1巡目(全体6位)に指名されてプロ入り。21年に大きな期待を背負って、マリナーズでメジャーデビューを果たした。だが、21年、22年と打率が1割台と低迷。そのため22年オフに、アリゾナで外部の打撃コーチのアドバイスを受けながら、スイングの矯正に取り組んだ。この努力が報われ、昨季は4月に7本塁打。しかし、その後は強い打球の出る比率が下がり、6月中旬以降は本塁打が0本。

年度	所属チーム	試合数	打数	得点	安打	二塁打	三塁打	本塁打	打点	四球	三振	盗塁	盗塁死	出塁率	OPS	打率
2023	マリナーズ	105	372	44	94	25	2	11	49	41	132	13	5	.327	.746	.253
通算成績		252	872	105	178	43	4	32	109	93	299	24	11	.283	.656	.204

元本塁打王のダンテ・ビシェットの指導で成長 レフト／センター ルーキー

73 フォレスト・ウォール *Forrest Wall*

29歳 1995.11.20生｜183cm｜88kg｜右投左打 対左.750 対右.333 困.600 ⑦.375 得.000 ㊅2014①ロッキーズ 囲フロリダ州 囲74万ドル（約1億360万円）+α

ミ	3
パ	2
走	5
守	3
肩	3

メジャー定着を目指す、昨年7月22日に27歳でメジャーデビューした遅咲きの外野手。初昇格のときは4試合に出ただけで3Aに戻されたが、9月の再昇格後は、限られた出場機会ながらヒットがよく出たため、シーズンの打率は4割6分2厘という目を見張る数字になった。これが評価されてポストシーズンのメンバーに抜擢され、代打と代走で起用された。小さい頃は、ブルージェイズのボー・ビシェットの遊び仲間で、中学時代はボーの父であるダンテ・ビシェット（1995年のナショナル・リーグ本塁打王）からマンツーマンで打撃の指導を受け、レベルアップ。

年度	所属チーム	試合数	打数	得点	安打	二塁打	三塁打	本塁打	打点	四球	三振	盗塁	盗塁死	出塁率	OPS	打率
2023	ブレーブス	15	13	6	6	2	0	1	2	2	4	5	1	.533	1.379	.462
通算成績		15	13	6	6	2	0	1	2	2	4	5	1	.533	1.379	.462

お手頃価格で入団した、内野のバックアップ ユーティリティ 移籍

15 ルイス・ギヨーメ *Luis Guillorme*

30歳 1994.9.27生｜178cm｜86kg｜右投左打 対左.250 対右.218 困.195 ⑦.242 得.235 ㊅2013⑩メッツ 囲ベネズエラ 囲110万ドル（約1億5400万円）

ミ	3
パ	2
走	2
守	4
肩	3

1年110万ドルの契約で加入した、ベネズエラ出身の内野手。昨季まではメッツでプレー。守備での貢献度が高いユーティリティで、セカンド、サード、ショートで平均以上の守備を期待できる。打球に対する反応が良く、ボテボテのゴロを素手でつかみ、一塁へ送球するベアハンドキャッチが得意技。肩の強さは並だが、捕球から送球までのスピードが速い。昨季打撃面では、7月16日のドジャース戦でサヨナラ打を放ち、ヒーローに。明るい性格で、メッツではチームメートたちから人気があった。メディアへの対応も良いので、記者たちからの評判も上々だったようだ。

年度	所属チーム	試合数	打数	得点	安打	二塁打	三塁打	本塁打	打点	四球	三振	盗塁	盗塁死	出塁率	OPS	打率
2023	メッツ	54	107	12	24	6	1	1	9	10	28	0	0	.288	.615	.224
通算成績		335	721	76	188	33	2	5	48	91	131	4	2	.344	.677	.261

— イグナシオ・アルヴァレス *Ignacio Alvarez* サード／ショート 期待度 C+ ルーキー

21歳 2003.4.11生｜180cm｜86kg｜右投右打 ◆昨季は1A+でプレー ㊅2022⑤ブレーブス 囲カリフォルニア州

動体視力が良く、ミートもうまいため、高打率を期待できる三塁手兼遊撃手。そのうえ選球眼も良いので、マイナーでの通算出塁率は4割を超える。球団は今季、2Aに置いて守備力の向上とパワーアップを図る方針だが、今季も出塁率が際立って高い場合は、前倒しでメジャーに呼ばれる可能性もある。

— ジェシー・フランクリン *Jesse Franklin* 外野手 期待度 C ルーキー

26歳 1998.12.1生｜185cm｜97kg｜左投左打 ◆昨季は2Aでプレー ㊅2020③ブレーブス 囲ワシントン州

野手に人材が乏しいブレーブスのマイナーでは、ナンバーワンのパワーと評価される外野手。一昨年の4月にヒジを痛めてトミー・ジョン手術を受けたため、長いリハビリ生活を強いられたが、昨年5月に復帰。その後は三振が異常に多かったが、この問題を解消できれば、メジャーが見えてくるかも。

対左=対左投手打率 対右=対右投手打率 困=ホーム打率 ⑦=アウェー打率 得=得点圏打率 ㊅=ドラフトデータ 囲=出身地 囲=年俸

フィラデルフィア・フィリーズ

- ◆創　立：1883年
- ◆本拠地：ペンシルヴァニア州フィラデルフィア市
- ◆ワールドシリーズ制覇：2回／リーグ優勝：8回
- ◆地区優勝：11回／ワイルドカード獲得：2回

主要オーナー　ジョン・S・ミドルトン（実業家）

過去5年成績

年度	勝	負	勝率	ゲーム差	地区順位	ポストシーズン成績
2019	81	81	.500	16.0	④	―
2020	28	32	.467	7.0	③	―
2021	82	80	.506	6.5	②	―
2022	87	75	.537	14.0	③	ワールドシリーズ敗退
2023	90	72	.556	14.0	②	リーグ優勝決定シリーズ敗退

監督　59 ロブ・トムソン　*Rob Thomson*

- ◆年　齢…………61歳（カナダ出身）
- ◆現役時代の経歴 … メジャーでのプレー経験なし（キャッチャー、サード）
- ◆監督経歴…………2シーズン　フィリーズ（2022〜）
- ◆通算成績…………155勝118敗（勝率.568）

　今季、就任3年目となるカナダ出身の指揮官。昨季も個性豊かな面々をしっかりとまとめ上げ、2年連続のポストシーズン進出を果たした。2018年に、ベンチコーチとしてフィリーズに加入するまでは、約30年間、ヤンキースの組織に属していた人物。ヤンキースのオーナーだった故ジョージ・スタインブレナーは短気な人物として知られ、多くの関係者と衝突したが、そのスタインブレナーすらも、トムソンの職務に忠実な姿勢には終生、尊敬の念をいだいていた。

注目コーチ　53 ケヴィン・ロング　*Kevin Long*

　打撃コーチ。58歳。名打撃コーチとして、よく知られた人物。ヤンキース、メッツ、ナショナルズでも打撃コーチを務め、多くの選手の飛躍や復活に手を貸してきた。

編成責任者　デイヴ・ドンブロウスキー　*Dave Dombrowski*

　68歳。編成責任者としては、フィリーズが5球団目。マーリンズとレッドソックスで、ワールドシリーズを制覇している。将来的な計画より、目先の勝利を優先するタイプ。

スタジアム　シチズンズ・バンク・パーク　*Citizens Bank Park*

- ◆開場年…………2004年
- ◆仕　様…………天然芝
- ◆収容能力………42,792人
- ◆フェンスの高さ…1.8〜4.0m
- ◆特　徴…………打者に有利な球場の1つ。外野フェンスのふくらみが小さいため、ホームランが出やすい。レフトスタンド後方にある、昨年設置された電光掲示板は、メジャーで2番目の大きさ。幅が約46メートル、高さが約26メートルもある。

ヒッターズパーク

269

Best Order [ベストオーダー]

① カイル・シュワーバー……DH
② トレイ・ターナー……ショート
③ ブライス・ハーパー……ファースト
④ ニック・カステヤノス……ライト
⑤ J.T.リアルミュート……キャッチャー
⑥ ブライソン・ストット……セカンド
⑦ アレック・ボーム……サード
⑧ ブランドン・マーシュ……レフト
⑨ ヨハン・ロハス……センター

Depth Chart [ポジション別選手層・メンバーリスト]

※2024年2月25日時点の候補選手。数字は背番号（開幕前に変更する場合もあり）、右・左等は投・打の順。

センター
18 ヨハン・ロハス [右・右]
19 クリスチャン・パチェイ [右・右]
16 ブランドン・マーシュ

レフト
16 ブランドン・マーシュ [右・左]
12 カイル・シュワーバー [右・左]
44 ジェイク・ケイヴ [左・左]
9 ウィット・メリフィールド [右・右]

ライト
8 ニック・カステヤノス [右・右]
19 クリスチャン・パチェイ [右・右]
44 ジェイク・ケイヴ [左・左]

ショート
7 トレイ・ターナー [右・右]
33 エドムンド・ソーサ [右・右]

セカンド
5 ブライソン・ストット [右・左]
33 エドムンド・ソーサ [右・右]
9 ウィット・メリフィールド [右・右]

サード
28 アレック・ボーム [右・右]
33 エドムンド・ソーサ [右・右]

ローテーション
45 ザック・ウィーラー [右・右]
27 アーロン・ノーラ [右・右]
99 タイワン・ウォーカー [右・右]
55 レンジャー・スアレス [左・左]
61 クリストファー・サンチェス [左・右]
25 マット・ストローム [左・右]
22 スペンサー・ターンブル [右・右]

ファースト
3 ブライス・ハーパー [右・左]
2 コーディ・クレメンス [右・左]
28 アレック・ボーム [右・右]
44 ジェイク・ケイヴ [左・左]

キャッチャー
10 J.T.リアルミュート [右・右]
21 ギャレット・スタッブス [左・左]

DH
12 カイル・シュワーバー [右・左]
3 ブライス・ハーパー [右・右]

ブルペン

46 ホセ・アルヴァラード [左・右] CL
23 ジェフ・ホフマン [右・右]
30 グレゴリー・ソト [左・左]
50 オライオン・カーカリング [右・右]
58 セランソニー・ドミンゲス [右・右]
25 マット・ストローム [左・右]
68 マックス・カスティーヨ [右・右]
54 ディラン・コヴィー [右・右]
43 ジュニアー・マーテイ [右・右]
49 コルビー・アラード [左・右]
75 コナー・ブログドン [右・右]
57 ニック・ネルソン [右・右]
56 ルイス・F・オーティズ [右・右]
39 マイケル・ラッカー [右・右]

※CL=クローザー

フィリーズ試合日程……＊はアウェーでの開催

3月28・30・31 ブレーブス	29・30・**5月**1 エンジェルス＊	27・28・29 ジャイアンツ＊
4月1・2・3 レッズ	3・4・5・6 ジャイアンツ	31・**6月**1・2 カーディナルス
5・6・7 ナショナルズ＊	7・8 ブルージェイズ	3・4・5 ブリュワーズ
8・9・10 カーディナルス＊	10・11・12 マーリンズ＊	8・9 メッツ（イギリス開催）
11・12・13・14 パイレーツ	13・14 メッツ＊	11・12・13 レッドソックス＊
15・16・17 ロッキーズ	15・16 メッツ	14・15・16 オリオールズ＊
19・20・21 ホワイトソックス	17・18・19 ナショナルズ	17・18・19 パドレス
22・23・24・25 レッズ＊	21・22・23 レンジャーズ＊	21・22・23 ダイヤモンドバックス
26・27・28 パドレス＊	24・25・26 ロッキーズ＊	24・25・26 タイガース＊

球団メモ 昨季はブレーブスに大差をつけられての2位。だが、ポストシーズンの地区シリーズでは、そのブレーブスを3勝1敗で下し、リーグ優勝決定シリーズに進出した。

フィリーズ

■投手力➡…★★★★☆ 【昨年度チーム防御率4.03、リーグ4位】

昨季終了後FAになったノーラが、フィリーズと契約したため、ローテーションはウィーラー、ノーラ、スアレス、ウォーカー、サンチェスという昨季後半と同じ顔ぶれになった。この5人でずっと回すことができれば、大きな戦力になるが、故障リスクがあり、離脱者が1度に2人出た場合は、6番手、7番手に人材を欠くため、急に失点が多くなりそうだ。ブルペンは、クローザーのキンブルが抜けたが、その後釜は強面の豪腕サウスポーであるアルヴァラードになる見込み。これはプラスに作用するだろう。

■攻撃力➡…★★★★☆ 【昨年度チーム得点796、リーグ4位】

昨季はハーパーがトミー・ジョン手術の影響でシーズン前半、ほとんど一発が出なかった。ターナーもスランプで、5月まではわずかしか出なかったので、チーム本塁打数は220にとどまった。だが、今季はこの2人が例年並みに一発を生産する可能性が高い。シュワーバー、リアルミュートなどがいる打線の顔ぶれを見れば、250本くらいまで増える可能性がある。

■守備力➡…★★☆☆☆ 【昨年度チーム失策数91、リーグ10位タイ】

エラー数はそう多いわけではないが、細かいプレーに熟練した内野手がいない。そのため、昨季のダブルプレー達成数は、ナショナル・リーグで最も少ない。DRS（守備で防いだ失点）も、ワースト2位だった。今年も状態は、あまり変わらない。

■機動力➡…★★★★☆ 【昨年度チーム盗塁数141、リーグ3位】

昨季のチーム盗塁数141は、リーグ3位。成功率も高く、今季も期待できる。

総合評価➡
★★★☆☆

トムソン監督には、ポストシーズンに強い指揮官という評判があるようだが、今シーズンは、85勝はできても、90勝には届かない戦力に見える。昨シーズンのように、ポストシーズン進出ラインが84勝まで下がると、問題はないのだが……。

IN 主な入団選手
投手
コルビー・アラード←ブレーブス
スペンサー・ターンブル←タイガース
野手
ウィット・メリフィールド←ブルージェイズ

OUT 主な退団選手
投手
クレイグ・キンブル➡オリオールズ
野手
リース・ホスキンス➡ブリュワーズ

27・28・29・30	マーリンズ	29・30・31	ヤンキース	29・30・31・9月1	ブレーブス
7月2・3・4	カブス*	**8月**2・3・4	マリナーズ*	3・4	ブルージェイズ*
5・6・7	ブレーブス*	5・6・7	ドジャース*	5・6・7・8	マーリンズ*
9・10・11	ドジャース	8・9・10・11	ダイヤモンドバックス*	9・10・11	レイズ
12・13・14	アスレティックス	13・14	マーリンズ	13・14・15	メッツ
16	オールスターゲーム	15・16・17・18	ナショナルズ	16・17・18	ブリュワーズ
19・20・21	パイレーツ*	20・21・22	ブレーブス*	19・20・21・22	メッツ*
22・23・24	ツインズ*	23・24・25	ロイヤルズ*	23・24・25	カブス
26・27・28	ガーディアンズ	26・27・28	アストロズ	27・28・29	ナショナルズ*

球団メモ 1890年から使われている「フィリーズ」の名称は、メジャーで最も長く使われている球団名。「フィリー」は、「フィラデルフィア」「フィラデルフィア市民」の意。

ピッチャー版の「ミスター・オクトーバー」 先 発

45 ザック・ウィーラー
Zack Wheeler

34歳 | 1990.5.30生 | 193cm | 88kg | 右投左打

◆速球のスピード/150キロ台中頃（フォーシーム、シンカー）
◆決め球と持ち球/☆フォーシーム、◎シンカー、
　○スイーパー、○カッター、○カーブ
◆対左打者被打率/.261　◆対右打者被打率/.194
◆ホーム防御率/4.13　◆アウェー防御率/3.16
◆ドラフトデータ/2009①ジャイアンツ
◆出身地/ジョージア州　◆年俸/2350万ドル（約32億9000万円）
◆最多奪三振1回（21年）、ゴールドグラブ賞1回（23年）

球威	5+
制球	5
緩急	4
守備力·敏捷	5
度胸	5

　球威と制球力を併せ持つ、フィリーズの大エース。昨シーズン前半は、走者を出すと制球が甘くなる傾向が見られ、前半終了時の防御率が4.05とイマイチ。しかし、後半に入ると制球が安定し、14試合に先発したうち11試合がQSだった。圧巻だったのはポストシーズンでのピッチング。先発した4試合はすべて6.0イニング以上を投げ、自責点1か2に抑えた。とくにダイヤモンドバックスと対戦したリーグ優勝決定シリーズでは、初戦と第5戦で好投して勝ち投手になったあと、第7戦では2点リードされた7回表2死二塁の場面で、リリーフで登板。9回1死の場面で降板するまで、ヒットを1本も許さなかった。前年（2022年）のリーグ優勝決定シリーズではパドレスを2試合完璧に抑えてヒーローになったが、昨年のポストシーズンでの活躍はそれをはるかにしのぐもので、一部のメディアはポストシーズン男だったレジー・ジャクソンやデレク・ジーターに使われた「ミスター・オクトーバー」の称号を、ウィーラーにも使うようになった。

　武器はフォーシーム。平均球速が154.5キロあるうえ、リリースポイントが前にあるので、打者の体感スピードは160キロ近くになる。

　家で主導権を握っているのは妻ドミニックさん。結婚前は水着のモデル、メーキャップアーティスト、ネットのインフルエンサーなどをしていた才女で、ウィーラーがメッツを出たあとフィリーズと5年契約をしたのは、自身の実家がフィラデルフィア近郊にある奥さんが、強く希望したからだ。子供は今年4歳になるウェズリー君と、2歳になる長女バンビちゃん。

カモ O・オルビーズ（ブレーブス）.159(44-7)2本　P・ゴールドシュミット（カーディナルス）.192(26-5)0本
苦手 F・フリーマン（ドジャース）.412(51-21)2本　T・ターノウ（ブレーブス）.389(18-7)1本

年度	所属チーム	勝利	敗戦	防御率	試合数	先発	セーブ	投球イニング	被安打	失点	自責点	被本塁打	与四球	奪三振	WHIP
2013	メッツ	7	5	3.42	17	17	0	100.0	90	42	38	10	46	84	1.36
2014	メッツ	11	11	3.54	32	32	0	185.1	167	84	73	14	79	187	1.33
2017	メッツ	3	7	5.21	17	17	0	86.1	97	53	50	15	40	81	1.59
2018	メッツ	12	7	3.31	29	29	0	182.1	150	69	67	14	55	179	1.12
2019	メッツ	11	8	3.96	31	31	0	195.1	196	93	86	22	50	195	1.26
2020	フィリーズ	4	2	2.92	11	11	0	71.0	67	26	23	3	16	53	1.17
2021	フィリーズ	14	10	2.78	32	32	0	213.1	169	72	66	16	46	247	1.01
2022	フィリーズ	12	7	2.82	26	26	0	153.0	125	52	48	13	34	163	1.04
2023	フィリーズ	13	6	3.61	32	32	0	192.0	168	82	77	20	39	212	1.08
通算成績		87	63	3.45	227	227	0	1378.2	1229	573	528	127	405	1401	1.19

2030年までの超大型契約にサイン

先発

フィリーズ

27 アーロン・ノーラ
Aaron Nola

31歳 1993.6.4生｜188cm｜90kg｜右投右打

◆速球のスピード／150キロ前後(フォーシーム、カーブ)
◆決め球と持ち球／◎カーブ、◎シンカー、○フォーシーム、○カッター、△チェンジアップ
◆対左打者被打率／.240　◆対右打者被打率／.241
◆ホーム防御率／3.29　◆アウェー防御率／5.43
◆ドラフトデータ／2014①フィリーズ
◆出身地／ルイジアナ州
◆年俸／2457万ドル(約34億3980万円)

球威	3
制球	3
緩急	4
守備・牽制	2
度胸	3

　昨季終了後FAになったあと、新たにフィリーズと7年1億7200万ドルの契約を交わした、チーム生え抜きの右腕。昨季はフォーシームとシンカーを痛打されるケースが多くなり、そのマイナスをナックルカーブの多投でしのごうとしたが、ナックルカーブも浮いて度々一発を食ったため、シーズンを通して防御率が4点台半ばで推移した。4.46という防御率は、昨年のメジャーにおける先発投手の平均値(4.45)と、ほぼ同じ数字。被本塁打32は、メジャー全体で7番目に多い数字だ。ただ、ポストシーズンは好調で、4試合の登板のうち、6回以上を無失点に抑えたゲームが2度あり、フィラデルフィアのファンを熱狂させた。

　残留交渉はノーラの代理人と球団の間で、2022年2月から始まったが、球団側が6年を超す契約に難色を示したのに対し、ノーラ側は8年2億ドルに固執。隔たりが埋まらないままタイムリミットを迎え、ノーラはFAになった。しかし、フィリーズでのプレーを最優先に考えていることが球団に伝えられていたため、再度交渉の席が持たれ、中間で妥協が図られた。

　7年契約を交わすにあたって、フィリーズが最も評価したのは、酷使しても壊れない耐久性だ。2018年以降、ノーラは1度も故障せず、ローテーション通りに登板し続けており、この6年間の先発登板数はメジャー全体でダントツだ。防御率に関しても、球団側は本拠地球場が狭くて本塁打が出やすいことや、フィリーズの守備力がここしばらくの間、ずっとワーストレベルだった実態を考慮に入れていることがうかがえる。ノーラの実際の実力は、防御率の数字よりずっと高い、と考えているようだ。

カモ　O・アルシア(ブレーブス).056(18-1)0本　M・マンシー(ドジャース).048(21-1)0本
苦手　A・ライリー(ブレーブス).412(51-21)5本　P・アロンゾ(メッツ).348(46-16)5本

年度	所属チーム	勝利	敗戦	防御率	試合数	先発	セーブ	投球イニング	被安打	失点	自責点	被本塁打	与四球	奪三振	WHIP
2015	フィリーズ	6	2	3.59	13	13	0	77.2	74	31	31	11	19	68	1.20
2016	フィリーズ	6	9	4.78	20	20	0	111.0	116	68	59	10	29	121	1.31
2017	フィリーズ	12	11	3.54	27	27	0	168.0	154	67	66	18	49	184	1.21
2018	フィリーズ	17	6	2.37	33	33	0	212.1	149	57	56	17	58	224	0.97
2019	フィリーズ	12	7	3.87	34	34	0	202.1	176	91	87	27	80	229	1.27
2020	フィリーズ	5	5	3.28	12	12	0	71.1	54	31	26	9	23	96	1.08
2021	フィリーズ	9	9	4.63	32	32	0	180.2	165	95	93	26	39	223	1.13
2022	フィリーズ	11	13	3.25	32	32	0	205.0	168	75	74	19	29	235	0.96
2023	フィリーズ	12	9	4.46	32	32	0	193.2	178	105	96	32	45	202	1.15
通算成績		90	71	3.72	235	235	0	1422.0	1234	620	588	169	371	1582	1.13

投 手

99 トムソン監督の起用法に不満爆発　先発
タイワン・ウォーカー Taijuan Walker

32歳　1992.8.13生　193cm／106kg　右投右打
◆速球のスピード／150キロ前後（シンカー、フォーシーム）
◆決め球と持ち球／◎スプリッター、◎シンカー、○カーブ、△スライダー、
△フォーシーム、△カッター　◆対左.226　◆対右.252
◆ホ防3.55　◆ア防5.25　◆ド2010①マリナーズ
◆田ルイジアナ州　◆年1800万ドル（約26億2000万円）

球威	3
制球	3
緩急	4
守備・牽制	4
度胸	2

カルロス・カラスコに伝授されたスプリッターを武器にして、ワンランク上の投手に変身した先発右腕。フィリーズ1年目の昨季はチーム最多の15勝をマーク。ただ、ポストシーズンでは1度も使われずに終わった。これはチーム内のシミュレーションゲームで、精彩を欠いたのが原因。本人はチームの最多勝なのに、ひどい扱いを受けたと激怒。トムソン監督を批判し、両者の間にしこりが生じた。今季開幕までにこれが解消されるか懸念されている。

カモ F・リンドーア（メッツ）.133(15-2)0本　苦手 B・デラクルーズ（マーリンズ）.400(20-8)1本

年度	所属チーム	勝利	敗戦	防御率	試合数	先発	セーブ	投球イニング	被安打	失点	自責点	被本塁打	与四球	奪三振	WHIP
2013	マリナーズ	1	0	3.60	3	3	0	15.0	11	7	6	0	4	12	1.00
2014	マリナーズ	2	3	2.61	8	5	0	38.0	31	12	11	2	18	34	1.29
2015	マリナーズ	11	8	4.56	29	29	0	169.2	163	92	86	25	40	157	1.20
2016	マリナーズ	8	11	4.22	25	25	0	134.1	129	75	63	27	37	119	1.24
2017	ダイヤモンドバックス	9	9	3.49	28	28	0	157.1	148	76	61	17	61	146	1.33
2018	ダイヤモンドバックス	0	0	3.46	3	3	0	13.0	15	5	5	1	5	9	1.54
2019	ダイヤモンドバックス	0	0	0.00	1	1	0	1.0	1	0	0	0	1	1	1.00
2020	マリナーズ	2	2	4.00	5	5	0	27.0	21	13	12	5	8	25	1.07
2020	ブルージェイズ	2	1	1.37	6	6	0	26.1	22	10	4	3	11	25	1.25
2020	2チーム計	4	3	2.70	11	11	0	53.1	43	23	16	8	19	50	1.16
2021	メッツ	7	11	4.47	30	29	0	159.0	133	84	79	26	55	146	1.18
2022	メッツ	12	5	3.49	29	29	0	157.1	143	63	61	15	45	132	1.19
2023	フィリーズ	15	6	4.38	31	31	0	172.2	155	87	84	20	71	138	1.31
通算成績		69	56	3.97	198	194	0	1070.2	972	524	472	141	355	944	1.24

55 気持ちの切り替えがうまい先発サウスポー　先発
レンジャー・スアレス Ranger Suarez

29歳　1995.8.26生　185cm／98kg　左投左打
◆速球のスピード／150キロ前後（シンカー、フォーシーム）
◆決め球と持ち球／☆カーブ、○シンカー、○フォーシーム、
△カッター、△チェンジアップ　◆対左.218　◆対右.278
◆ホ防5.45　◆ア防2.75　◆ド2012フィリーズ
◆田ベネズエラ　◆年505万ドル（約7億700万円）

球威	3
制球	3
緩急	5
守備・牽制	5
度胸	4

「常に打者にアタックしていくピッチングがオレの身上」と言い切る、闘争心とハングリー精神が旺盛な快男児。昨年のポストシーズンでは4試合に先発。最初の3試合は無失点ないし1失点に抑えたが、リーグ優勝決定シリーズ第7戦で3失点し、敗戦投手になった。ベネズエラの農家に生まれたカントリーボーイ。少年時代は外野手で、投手になったのは15歳のときだが、翌年フィリーズのスカウトが身体能力の高さと地肩の強さに目をつけ、2万5000ドルという格安の契約金で獲得。2018年にメジャー昇格後、リリーフに転向。その後21年途中から先発に戻され、驚異的な活躍をして注目された。

カモ P・アロンゾ（メッツ）.000(12-0)0本　苦手 I・ヴァルガス（ナショナルズ）.500(16-8)2本

年度	所属チーム	勝利	敗戦	防御率	試合数	先発	セーブ	投球イニング	被安打	失点	自責点	被本塁打	与四球	奪三振	WHIP
2018	フィリーズ	1	1	5.40	4	3	0	15.0	21	14	9	3	6	11	1.80
2019	フィリーズ	6	1	3.14	37	4	0	48.2	52	18	17	6	12	42	1.32
2020	フィリーズ	0	1	20.25	3	0	0	4.0	10	9	9	1	4	1	3.50
2021	フィリーズ	8	5	1.36	39	12	4	106.0	73	20	16	4	33	107	1.00
2022	フィリーズ	10	7	3.65	29	29	0	155.1	149	74	63	15	58	129	1.33
2023	フィリーズ	4	6	4.18	22	22	0	125.0	129	59	58	13	48	119	1.42
通算成績		29	21	3.41	134	66	4	454.0	434	194	172	42	161	409	1.31

対左＝対左打者被打率　対右＝対右打者被打率　ホ防＝ホーム防御率　ア防＝アウェー防御率
274　ド＝ドラフトデータ　田＝出身地　年＝年俸　カモ 苦手＝通算成績

投手

フィリーズ

25 マット・ストラーム *Matt Strahm*

昨季は先発を含む1人7役。今季は？ | スイングマン

33歳 1991.11.12生 | 188cm | 86kg | 左投右打
◆速球のスピード／150キロ前後（フォーシーム、シンカー）
◆決め球と持ち球／☆スライダー、◎フォーシーム、
○シンカー、△カッター ◆対左.209 ◆対右.214
◆木防2.89 ◆ア防3.68 ◆ド2012㉑ロイヤルズ
◆囲ノースダコタ州 ◆囝750万ドル（約10億5000万円）

球威	4
制球	4
緩急	4
守備・牽制	4
度胸	5

　昨季、「人間スイス・アーミー・ナイフ」となって7つの役目をこなし、救世主になった左腕。最初は先発投手。開幕早々IL（故障者リスト）入りしたスアレスの代役で6試合に登板し、3試合で無失点。その後は主にロングリリーフとオープナー戦法のショート先発で使われたが、6月にはピンチの火消し屋でも登板した。8月からは主にセットアッパーで起用され、クローザーや延長戦のリリーフで登板したゲームもいくつかあった。これは多目的に使われることを想定し、キャンプ中から準備していたからできたことだった。

カモ P・アロンゾ（メッツ）.000(6-0)0本　苦手 F・フリーマン（ドジャース）.444(9-4)2本

年度	所属チーム	勝利	敗戦	防御率	試合数	先発	セーブ	投球イニング	被安打	失点	自責点	被本塁打	与四球	奪三振	WHIP
2016	ロイヤルズ	2	2	1.23	21	0	0	22.0	13	4	3	0	11	30	1.09
2017	ロイヤルズ	2	5	5.45	24	3	0	34.2	30	22	21	6	22	37	1.50
2018	パドレス	3	4	2.05	41	5	0	61.1	39	16	14	6	21	69	0.98
2019	パドレス	6	11	4.71	46	16	0	114.2	121	61	60	22	22	118	1.25
2020	パドレス	0	1	2.61	19	0	0	20.2	14	6	6	3	4	15	0.87
2021	パドレス	0	1	8.10	6	1	0	6.2	15	6	6	0	1	4	2.40
2022	レッドソックス	4	4	3.83	50	0	4	44.2	38	24	19	5	17	52	1.23
2023	フィリーズ	9	5	3.29	56	10	2	87.2	68	34	32	11	21	108	1.02
通算成績		26	33	3.69	263	35	6	392.1	338	173	161	53	119	433	1.16

46 ホセ・アルヴァラード *Jose Alvarado*

クローザーでも使える強心臓のリリーフ左腕 | セットアップ／クローザー

29歳 1995.5.21生 | 188cm | 110kg | 左投左打
◆速球のスピード／160キロ前後（シンカー主体）
◆決め球と持ち球／☆シンカー、◎カッター
◆対左.217 ◆対左.187 ◆木防1.93 ◆ア防1.50
◆ド2012㋫レイズ ◆囲ベネズエラ
◆囝900万ドル（約12億6000万円）

球威	5
制球	2
緩急	3
守備・牽制	3
度胸	5

　平均球速159.0キロのシンカーと同150.0キロのカッターで、打者にアタックしていく、野性味あふれる左腕のセットアッパー。昨季はヒジの炎症で2度IL入りしたため、42試合の登板にとどまったが、セットアッパーだけでなく、クローザーでも度々起用され、セーブを10、ホールドを11マークした。ベネズエラ出身で家が貧しく、14歳のときに学校をドロップアウトし、農家の手伝いをして家計を助けていた。仕事が終わるとメジャーリーガーを夢見て野球のトレーニングに時間を費やし、17歳のとき、レイズのスカウトの目に留まってプロ入り。1度も結婚していないが、子供が男女1人ずついる。

カモ D・スワンソン（カブス）.000(7-0)0本　苦手 F・リンドーア（メッツ）.417(12-5)0本

年度	所属チーム	勝利	敗戦	防御率	試合数	先発	セーブ	投球イニング	被安打	失点	自責点	被本塁打	与四球	奪三振	WHIP
2017	レイズ	0	3	3.64	35	0	0	29.2	24	12	12	1	9	29	1.11
2018	レイズ	1	6	2.39	70	0	8	64.0	42	21	17	1	29	80	1.11
2019	レイズ	1	6	4.80	35	1	0	30.0	29	18	16	2	27	39	1.87
2020	レイズ	0	0	6.00	9	0	0	9.0	9	7	6	2	6	13	1.67
2021	フィリーズ	7	1	4.20	64	0	5	55.2	42	30	26	5	47	68	1.60
2022	フィリーズ	4	2	3.18	59	0	2	51.0	38	21	18	2	24	81	1.22
2023	フィリーズ	0	2	1.74	42	0	10	41.1	30	15	8	3	18	64	1.16
通算成績		13	20	3.30	314	1	32	280.2	214	124	103	16	160	374	1.33

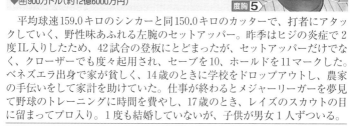

投手

先発5番手にうってつけの計算できる左腕 先発

61 クリストファー・サンチェス Cristopher Sanchez

28歳 1996.12.12生 | 185cm / 74kg | 左投左打 | 速150キロ前後（シンカー主体）| 決◎チェンジアップ
対左.133 対右.260 ド2013外レイズ 出ドミニカ 年74万ドル（約1億360万円）+α

球3
制5
緩4
守備3
度3

　ゴロを打たせることと、タイミングを外すことに長けた、チェンジアップを武器にするサウスポー。昨年の春季キャンプでは、体調不良で体重が10キロ近く減っていたため、調整不十分のまま3Aでシーズンに入った。4月下旬に1度、スポット先発でメジャーに呼ばれたときは、まだ体重減が続いており、イマイチの出来。しかしその後、3Aで投手コーチと体重を増やすトレーニングに取り組んだ結果、元のレベルに戻り、チェンジアップの制球が見違えるように安定。6月中旬、2度目のメジャー昇格を果たして以降は好投が続き、念願のローテーション定着を実現した。

年度	所属チーム	勝利	敗戦	防御率	試合数	先発	セーブ	投球イニング	被安打	失点	自責点	被本塁打	与四球	奪三振	WHIP
2023	フィリーズ	3	5	3.44	19	18	0	99.1	88	44	38	16	16	96	1.05
通算成績		4	7	4.14	41	22	1	152.0	142	77	70	22	40	144	1.20

日本ハムと契約する直前にメジャー昇格 セットアップ

23 ジェフ・ホフマン Jeff Hoffman

31歳 1993.1.8生 | 196cm / 106kg | 右投右打 | 速150キロ中頃（フォーシーム主体）| 決☆スライダー
対左.221 対右.122 ド2014①ブルージェイズ 出ニューヨーク州 年220万ドル（約3億800万円）

球5
制3
緩4
守備3
度4

　昨年5月上旬に3Aから昇格後、高速スライダーを武器に好投を続けたリリーフ右腕。昨季は3月末にフィリーズとマイナー契約し、3Aでシーズンに入った。その後、4月下旬に北海道日本ハムから残るシーズンを100万ドルでプレーしないかと誘いが来たので、それに乗るつもりだった。契約に「5月1日までにメジャーに上がれなければ退団し、他球団と契約できる」という条項があったので、それは可能だったのだ。そこで、念のため球団に5月1日までに昇格させる意思があるかを確認したところ、予想外の「ある」という回答を得たため、日本行きは消滅した。

年度	所属チーム	勝利	敗戦	防御率	試合数	先発	セーブ	投球イニング	被安打	失点	自責点	被本塁打	与四球	奪三振	WHIP
2023	フィリーズ	5	2	2.41	54	0	1	52.1	29	16	14	3	19	69	0.92
通算成績		20	23	5.26	188	50	2	400.2	406	257	234	66	194	390	1.50

大きな可能性を秘めたクローザー候補生 ミドルリリーフ ルーキー

50 オライオン・カーカリング Orion Kerkering

23歳 2001.4.4生 | 188cm / 92kg | 右投右打 | 速150キロ後半（フォーシーム主体）| 決☆スイーパー
対左.143 対右.400 ド2022⑤フィリーズ 出カリフォルニア州 年74万ドル（約1億360万円）+α

球5
制3
緩2
守備3
度4

　昨シーズンの終了間際にメジャーデビューし、ポストシーズンで活躍した注目の豪腕リリーバー。一昨年のドラフトで、5巡目に指名され、入団。昨季は開幕をマイナーの1A級で迎えたあと、1A+級、2A級、3A級で好成績を出し、9月24日にメジャーデビュー。ここでも3イニングで三振6個を奪ったため、ポストシーズンのメンバーに抜擢され、大舞台で7試合に登板した。球種はフォーシームとスイーパーの2つ。最大の特徴は、スイーパーが全投球の85%を占めること。フォーシームは最高160キロまで出るが、よく打たれるため多用せず、見せ球で使うことが多い。

年度	所属チーム	勝利	敗戦	防御率	試合数	先発	セーブ	投球イニング	被安打	失点	自責点	被本塁打	与四球	奪三振	WHIP
2023	フィリーズ	1	0	3.00	3	0	0	3.0	3	1	1	0	2	6	1.67
通算成績		1	0	3.00	3	0	0	3.0	3	1	1	0	2	6	1.67

276　速=速球のスピード 決=決め球 対左=対左打者被打率 対右=対右打者被打率
ド=ドラフトデータ 出=出身地 年=年俸

昨年の借りを今季どのように返すか注目！

58 セランソニー・ドミンゲス *Seranthony Dominguez*

ミドルリリーフ

30歳 1994.11.25生｜185cm｜101kg｜右投右打｜球150キロ台後半（フォーシーム、ツーシーム）｜決◎スライダー
対左.299 対右.219 ド2011外フィリーズ 田ドミニカ 囲425万ドル（約5億9500万円）

球	4
制	2
緩	3
守・援	2
度	3

打者を追い込んでから、思うように空振りを取れなくなったリリーフ右腕。前年（2022年）に見事な働きをしたため、昨年のキャンプ開始時に球団から2年675万ドルの契約をプレゼントされ、張り切ってシーズンに入った。しかし、最初の登板で6失点。その後も度々失点して首脳陣の信頼を失い、5月からはビハインドの場面で使われることが多くなった。ただ、逆風には強い。2019年7月から2年半の間は、トミー・ジョン手術と肩痛（三頭筋）でほとんど投げられなかったが、そこからはい上がり、セットアッパーに出世した。今季どのような巻き返しを見せるか、注目だ。

年度	所属チーム	勝利	敗戦	防御率	試合数	先発	セーブ	投球イニング	被安打	失点	自責点	被本塁打	与四球	奪三振	WHIP
2023	フィリーズ	5	5	3.78	57	0	2	50.0	48	25	21	7	22	48	1.40
通算成績		16	15	3.31	192	0	27	184.2	140	75	68	18	78	213	1.18

クローザー争いにまさかの不戦敗

30 グレゴリー・ソト *Gregory Soto*

セットアップ

29歳 1995.2.11生｜185cm｜105kg｜左投左打｜球150キロ台後半（シンカー、フォーシーム）｜決☆シンカー
対左.127 対右.255 ド2012外タイガース 田ドミニカ 囲500万ドル（約7億円）

球	5
制	2
緩	3
守・援	2
度	2

左のセットアッパーの2番手として使われている、オールスター出場経験が2度あるリリーバー。昨年1月のトレードで、タイガースから移籍。タイガースでは2年間クローザーで起用され、48セーブをあげた実績があるため、キャンプ前の段階ではクローザー候補の2番手と目されていた。だが、ドミニカでビザの取得に手間取り、キャンプインが遅れてしまった。そのためクローザー争いは不戦敗となり、セットアッパーに回った。弱点は、走者を背負うと制球が甘くなること。そのため、しばしば大量失点する。昨年、防御率が4点台後半になったのは、それが原因だ。

年度	所属チーム	勝利	敗戦	防御率	試合数	先発	セーブ	投球イニング	被安打	失点	自責点	被本塁打	与四球	奪三振	WHIP
2023	フィリーズ	3	4	4.62	69	0	3	60.1	47	34	31	6	22	65	1.14
通算成績		11	24	4.25	255	7	53	265.0	232	146	125	26	142	275	1.41

― ミック・エイベル *Mick Abel*

先発　期待度 B+　ルーキー

23歳 2001.8.18生｜196cm｜86kg｜右投右打｜◆昨季は2A、3Aでプレー｜ド2020①フィリーズ｜田オレゴン州

典型的なパワーピッチャーで、150キロ台中盤のフォーシームは威力満点。好調時にはこれにスライダー、カーブ、チェンジアップを組み合わせて、ハイペースで三振と凡フライの山を築く。速球、スライダーはメジャー級なのに、昨年2Aで防御率が4.14だったのは、四球がらみの失点が多いからだ。

― グリフ・マクゲリー *Griff McGarry*

先発　期待度 C　ルーキー

25歳 1999.6.8生｜188cm｜86kg｜右投右打｜◆昨季は1A、2A、3Aでプレー｜ド2021⑤フィリーズ｜田カリフォルニア州

マイナーリーグ全体で見ても、最も三振を奪う能力の高い投手の1人。その一方で最もコントロールの悪い投手でもあり、昨シーズンは3Aで4回1/3を投げただけなのに、14個も四球を出している。マイナーではずっと先発で使われてきたが、リリーフに回れば、メジャーで活躍できる可能性も出てくる。

インドアケージで行った深夜の特打ちで復活　ショート

7 トレイ・ターナー
Trea Turner

31歳 1993.6.30生｜188cm｜83kg｜右投右打
◆対左投手打率／.229(188-43)　◆対右投手打率／.282(451-127)
◆ホーム打率／.291(313-91)　◆アウェー打率／.242(326-79)
◆得点圏打率／.241(145-35)
◆23年のポジション別出場数／ショート＝153、DH＝2
◆ドラフトデータ／2014①パドレス
◆出身地／フロリダ州　◆年俸／2727万ドル（約38億1780万円）
◆首位打者1回(21年)、盗塁王2回(18、21年)、
　シルバースラッガー賞1回(22年)

ミート **5**
パワー **5**
走塁 **5**
守備 **4**
肩 **3**

「WBC燃え尽き症候群」による長いスランプのあと、8月から華々しい活躍を見せたスター遊撃手。10年3億ドルの契約で入団した昨季は、まずアメリカ代表チームに入ってWBCに参加。決勝ラウンドに入ってからパワー全開になり、準々決勝のベネズエラ戦と準決勝のキューバ戦で2本ずつレフトスタンドに叩き込むと、決勝の日本戦でも今永昇太から2回に先制アーチを放ってアメリカ代表を引っ張った。その後、チームに合流してシーズンに入ったが、4月下旬からスランプにおちいり、凡ゴロに倒れるケースが多くなった。とくにチャンスに結果を出せず、5月25日時点で打点は9しかなかった。期待が大きかったためフィラデルフィアのファンはフラストレーションをつのらせ、ブーイングが聞かれるようになった。

　その後、6月に入って多少持ち直したが、7月にはまたスランプに。立ち直りのきっかけになったのは、8月2日の試合後に行った「特打ち」だった。この日敵地で行われたマーリンズ戦は、ターナーが2度チャンスに凡退したため延長戦になり、12回までもつれた末、フィリーズが敗れた。自責の念に駆られたターナーは22時47分に試合が終わったあと、球場内のインドアケージにこもって、ロング打撃コーチがトスしたボールを2時間以上打ち続けた。これを機に復調したターナーは、タイムリーと長打が途切れることなく出て、シーズン終了までの約2カ月間、16本塁打、42打点を叩き出してシーズンを終えた。好調はポストシーズンでも続き、13試合に出場して打率3割4分7厘、二塁打5、本塁打3を記録。

| カモ | J・グレイ(ナショナルズ).500(14-7)1本　M・ゴア(ナショナルズ).556(9-5)0本 |
| 苦手 | S・ストライダー(ブレーブス).000(14-0)0本　千賀滉大(メッツ).000(5-0)0本 |

年度	所属チーム	試合数	打数	得点	安打	二塁打	三塁打	本塁打	打点	四球	三振	盗塁	盗塁死	出塁率	OPS	打率
2015	ナショナルズ	27	40	5	9	1	0	1	4	4	12	2	2	.295	.620	.225
2016	ナショナルズ	73	307	53	105	14	8	13	40	14	59	33	6	.370	.937	.342
2017	ナショナルズ	98	412	75	117	24	6	11	45	30	80	46	8	.338	.789	.284
2018	ナショナルズ	162	664	103	180	27	6	19	73	69	132	43	9	.344	.760	.271
2019	ナショナルズ	122	521	96	155	37	5	19	57	43	113	35	5	.353	.850	.298
2020	ナショナルズ	59	233	46	78	15	4	12	41	22	36	12	4	.394	.982	.335
2021	ナショナルズ	96	388	66	125	17	3	18	49	26	77	21	3	.369	.890	.322
2021	ドジャース	52	207	41	70	17	0	10	28	15	33	11	2	.385	.950	.338
2021	2チーム計	148	595	107	195	34	3	28	77	41	110	32	5	.375	.911	.328
2022	ドジャース	160	652	101	194	39	4	21	100	45	131	27	3	.343	.809	.298
2023	フィリーズ	155	639	102	170	35	5	26	76	45	150	30	0	.320	.779	.266
通算成績		1004	4063	688	1203	226	41	150	510	313	823	260	42	.349	.832	.296

セカンド

5 ブライソン・ストット Bryson Stott
コーチのアドバイスで打力向上

27歳 1997.10.6生｜190cm｜90kg｜右投左打
◆対左投手打率／.282 ◆対右投手打率／.280
◆ホーム打率／.275 ◆アウェー打率／.285 ◆得点圏打率／.277
◆23年のポジション別出場数／セカンド=149、DH=1
◆Ⓓ2019①フィリーズ ◆Ⓗネヴァダ州
◆Ⓨ74万ドル（約1億360万円）+α

ミート 4
パワー 3
走塁 5
守備 5
肩 3

フィリーズ

スター選手の多いフィリーズでは地味な存在だが、貢献度の高さはトップクラスである巧打の二塁手。打撃面ではロング打撃コーチのアドバイスで、左腕のパワーをアップするトレーニングに励んだ結果、長打がよく出るようになった。それを象徴するのが、ポストシーズンの第2戦に飛び出した満塁アーチ。苦手にしていた内角高めの速球を振り抜いた、飛距離のある一発だった。ただ、このときの速球のスピードは151キロであったため振り抜けたが、150キロ台後半の豪速球には、まだ力負けする。オフにはそれを克服するためのトレーニングに励んでいた。昨季はターナーの加入で、ポジションがショートからセカンドに変わったが、終始軽快な動きを見せ、ゴールドグラブ賞の最終候補になった。グラブさばきのうまさと、送球の正確さが光る。

カモ M・シャーザー（レンジャーズ）.615(13-8)0本　苦手 S・ストライダー（ブレーブス）.105(19-2)0本

年度	所属チーム	試合数	打数	得点	安打	二塁打	三塁打	本塁打	打点	四球	三振	盗塁	盗塁死	出塁率	OPS	打率
2022	フィリーズ	127	427	58	100	19	2	10	49	36	89	12	4	.295	.653	.234
2023	フィリーズ	151	585	78	164	32	2	15	62	39	100	31	3	.329	.748	.280
通算成績		278	1012	136	264	51	4	25	111	75	189	43	7	.314	.707	.261

レフト
センター

16 ブランドン・マーシュ Brandon Marsh
エンジェルスを出てフィリーズでブレイク

27歳 1997.12.18生｜193cm｜97kg｜右投左打
◆対左投手打率／.229 ◆対右投手打率／.292
◆ホーム打率／.306 ◆アウェー打率／.252 ◆得点圏打率／.310
◆23年のポジション別出場数／センター=108、レフト=29
◆Ⓓ2016②エンジェルス ◆Ⓗジョージア州
◆Ⓨ74万ドル（約1億360万円）+α

ミート 4
パワー 3
走塁 5
守備 4
肩 3

「下位打線の主砲」として機能するようになった外野手。一昨年8月2日のトレードでエンジェルスから来て、守備力とスピードを高く評価された。その後、オフに打力の向上に励んだ結果、強い打球の出る確率がアップし、豪速球にも力負けしなくなった。昨季は4月に、父ジェイクさんが癌で死去。忌引きを取って故郷ジョージア州ビュフォードに帰り、葬儀に出席した。葬儀後、母ソーニャさんは亡き夫に息子の試合を見せるため、遺灰を衣服に忍ばせ、スタンドで涙を流しながら息子のプレーを観戦。マーシュは打席に入るときそれに気づいたが、気持ちを入れ替え、ヒットを打つことに集中した。

カモ C・ハヴィエア（アストロズ）.500(10-5)0本　苦手 A・マノア（ブルージェイズ）.000(7-0)0本

年度	所属チーム	試合数	打数	得点	安打	二塁打	三塁打	本塁打	打点	四球	三振	盗塁	盗塁死	出塁率	OPS	打率
2021	エンジェルス	70	236	27	60	12	3	2	19	20	91	6	1	.317	.673	.254
2022	エンジェルス	93	292	34	66	9	2	3	37	22	117	4	2	.284	.637	.226
2022	フィリーズ	41	132	15	38	9	2	3	15	6	41	2	2	.319	.774	.288
2022	2チーム計	134	424	49	104	18	4	11	52	28	158	10	4	.295	.679	.245
2023	フィリーズ	133	404	58	112	25	6	12	60	59	144	10	3	.372	.830	.277
通算成績		337	1064	134	276	55	13	25	131	107	393	26	7	.330	.736	.259

野手

守備力の衰えが見え出した鉄人キャッチャー　キャッチャー
10　J.T.リアルミュート　*J.T. Realmuto*

33歳 1991.3.18生｜185cm｜95kg｜右投右打｜盗塁阻止率／.173(98-17)
◆対左投手率／.255　◆対右投手率／.250
◆ホーム打率／.198　◆アウェー打率／.306　◆得点圏打率／.205
◆23年のポジション別出場数／キャッチャー＝133
◆ドラ2010③マーリンズ　◆出オクラホマ州
◆年2388万ドル(約33億4320万円)　◆ゴールドグラブ賞2回
(19、22年)、シルバースラッガー賞3回(18、19、22年)

ミート4　パワー5　走塁4　守備4　肩4

　昨季、メジャー最多の133試合でマスクをかぶったフィリーズの司令塔。これだけでも出場過多なのに、昨年は3月に米国代表の正捕手でWBCに参加。10月のポストシーズンでも13試合に出場したため、150戦の真剣勝負に出場したことになる。昨年はトップレベルだった盗塁阻止率が平均レベルに低下したほか、守備で精彩を欠く場面も時々あった。打撃面では本塁打や二塁打の数はほぼ例年並みだが、得意にしていたスピードのある速球に差し込まれることが多くなった。これらは異常に多い出場数と無関係ではあるまい。

カモ G・コール(ヤンキース).550(20-11)1本　苦手 J・ルザード(マーリンズ).077(13-1)0本

年度	所属チーム	試合数	打数	得点	安打	二塁打	三塁打	本塁打	打点	四球	三振	盗塁	盗塁死	出塁率	OPS	打率
2014	マーリンズ	11	29	4	7	1	0	0	9	1	9	0	0	.267	.612	.241
2015	マーリンズ	126	441	49	114	21	7	10	47	19	70	8	1	.290	.696	.259
2016	マーリンズ	137	509	60	154	31	0	11	48	28	100	12	4	.343	.771	.303
2017	マーリンズ	141	532	68	148	31	5	17	65	36	106	8	2	.332	.783	.278
2018	マーリンズ	125	477	74	132	30	3	21	74	38	104	3	2	.340	.824	.277
2019	フィリーズ	145	538	92	148	36	3	25	83	41	123	9	1	.328	.821	.275
2020	フィリーズ	47	173	33	46	6	0	11	32	16	48	4	1	.349	.840	.266
2021	フィリーズ	134	476	64	125	25	4	17	73	48	129	13	3	.343	.782	.263
2022	フィリーズ	139	504	75	139	26	5	22	84	41	119	21	1	.342	.820	.276
2023	フィリーズ	135	489	70	123	28	5	20	63	35	138	16	5	.310	.762	.252
通算成績		1140	4168	589	1136	235	33	154	578	303	945	94	23	.330	.786	.273

術後160日で復帰は史上最短記録　ファースト DH
3　ブライス・ハーパー　*Bryce Harper*

32歳 1992.10.16生｜190cm｜95kg｜右投左打
◆対左投手率／.289　◆対右投手率／.295
◆ホーム打率／.352　◆アウェー打率／.233　◆得点圏打率／.272
◆23年のポジション別出場数／DH＝89、ファースト＝36
◆ドラ2010①ナショナルズ　◆出ネヴァダ州　◆年2600万ドル(約36億4000万円)
◆MVP2回(15、21年)、本塁打王1回(15年)、シルバースラッガー賞3回(15、21、23年)、ハンク・アーロン賞2回(15、21年)、新人王(12年)

ミート5　パワー5　走塁4　守備4　肩2

　MVPに2度輝いた実績があるスラッガー。一昨年の11月20日にトミー・ジョン手術を受けたため、昨季は7月のオールスター明けに復帰する予定だった。しかし、回復が早かったため5月2日に復帰し、ニュースになった。術後160日での復帰は史上最短記録。復帰後は、手術した部位への負担を考えてしばらくライナーを弾き返すバッティングに徹していたが、8月から全開モードになり、ポストシーズンでは5本叩き込み、完全復活をアピールした。

カモ R・イグレシアス(ブレーブス).667(9-6)4本　苦手 S・ストライダー(ブレーブス).200(15-3)1本

年度	所属チーム	試合数	打数	得点	安打	二塁打	三塁打	本塁打	打点	四球	三振	盗塁	盗塁死	出塁率	OPS	打率
2012	ナショナルズ	139	533	98	144	26	9	22	59	56	120	18	6	.340	.817	.270
2013	ナショナルズ	118	424	71	116	24	3	20	58	61	94	11	4	.368	.854	.274
2014	ナショナルズ	100	352	41	96	10	2	13	32	38	104	2	2	.344	.767	.273
2015	ナショナルズ	153	521	118	172	38	1	42	99	124	131	6	4	.460	1.109	.330
2016	ナショナルズ	147	506	84	123	24	2	24	86	108	117	21	10	.373	.814	.243
2017	ナショナルズ	111	420	95	134	27	1	29	87	68	99	4	2	.413	1.008	.319
2018	ナショナルズ	159	550	103	137	34	0	34	100	130	169	13	3	.393	.889	.249
2019	フィリーズ	157	573	98	149	36	1	35	114	99	178	15	3	.372	.882	.260
2020	フィリーズ	58	190	41	58	9	2	13	33	49	43	8	2	.420	.962	.268
2021	フィリーズ	141	488	101	151	42	1	35	84	100	134	13	3	.429	1.044	.309
2022	フィリーズ	99	370	63	106	28	1	18	65	46	87	11	4	.364	.878	.286
2023	フィリーズ	126	457	84	134	21	1	21	72	80	119	11	3	.401	.900	.293
通算成績		1508	5384	997	1513	327	24	306	889	959	1395	133	46	.391	.912	.281

野手

ハッキリした長所と短所がいくつもある選手 **ライト**

8 ニック・カステヤノス Nick Castellanos

32歳 1992.3.4生 193cm 91kg 右投右打

◆対左投手打率／.324 ◆対右投手打率／.252
◆ホーム打率／.304 ◆アウェー打率／.240 ◆得点圏打率／.281
◆23年のポジション別出場数／ライト＝148、DH＝8
◆Ⓓ2010①タイガース ◆Ⓗフロリダ州
◆Ⓢ2000万ドル（約28億円） ◆Ⓩシルバースラッガー賞1回(21年)

ミート	4
パワー	5
走塁	2
守備	2
肩	4

フィリーズ

　打撃面の長所は、パワーと勝負強さ。短所は、選球眼がイマイチで出塁率が低いことと、スランプになるとなかなか抜け出せないこと。右翼手としての長所は、肩の強さが平均以上で送球も正確なので、アシスト（補殺）が多いこと。近くに来た打球は確実に処理するので、エラーが少ないことも長所だ。メジャーのレギュラー級の右翼手で2年間エラーが1つもないのは、カステヤノスだけ。守備面の短所は、守備範囲の広さがワーストレベルなこと。

カモ K・ゴーズマン(ブルージェイズ).346(26-9)2本　苦手 菊池雄星(ブルージェイズ).000(5-0)0本

年度	所属チーム	試合数	打数	得点	安打	二塁打	三塁打	本塁打	打点	四球	三振	盗塁	盗塁死	出塁率	OPS	打率
2013	タイガース	11	18	1	5	0	0	0	0	0	4	0	0	.278	.556	.278
2014	タイガース	148	533	50	138	31	4	11	66	36	140	2	0	.306	.722	.259
2015	タイガース	154	549	42	140	33	6	15	73	39	152	0	3	.303	.722	.255
2016	タイガース	110	411	54	117	25	4	18	58	28	111	1	1	.331	.827	.285
2017	タイガース	157	614	73	167	36	10	26	101	41	142	4	5	.320	.810	.272
2018	タイガース	157	620	88	185	46	5	23	89	49	151	2	1	.354	.854	.298
2019	タイガース	100	403	57	110	37	3	11	37	31	96	2	1	.328	.790	.273
2019	カブス	51	212	43	68	21	0	16	36	10	47	0	1	.356	1.002	.321
2019	2チーム計	151	615	100	178	58	3	27	73	41	143	2	2	.337	.862	.289
2020	レッズ	60	218	37	49	11	2	14	34	19	69	0	2	.298	.784	.225
2021	レッズ	138	531	95	164	38	1	34	100	41	121	3	1	.362	.938	.309
2022	フィリーズ	106	524	56	138	27	0	13	62	29	130	7	1	.305	.694	.263
2023	フィリーズ	157	626	79	170	37	2	29	106	36	185	11	2	.311	.787	.272
通算成績		1379	5259	675	1451	342	37	210	762	359	1345	32	20	.324	.799	.276

「すぐにブチ切れる悪ガキ」は過去の話 **サード**

28 アレック・ボーム Alec Bohm

28歳 1996.8.3生 196cm 98kg 右投右打

◆対左投手打率／.303 ◆対右投手打率／.263
◆ホーム打率／.264 ◆アウェー打率／.285 ◆得点圏打率／.344
◆23年のポジション別出場数／サード＝90、ファースト＝80、DH＝3
◆Ⓓ2018①フィリーズ ◆Ⓗネブラスカ州
◆Ⓢ400万ドル（約5億6000万円）

ミート	3
パワー	4
走塁	2
守備	2
肩	3

　昨年は、打撃面では早打ちをせず、狙い球をじっくり待てるようになったため、本塁打と二塁打が大幅に増加。勝負強さも格段に増し、打点がもう少しで3ケタになるところだった。サードの守備は依然として平均以下だが、致命的なエラーをしなくなり、守備範囲も広がったため、ワーストレベルから「中の下」にレベルアップ。一昨年、サードのレギュラーに抜擢された頃は精神的にも未熟で、1試合に3つエラーをやらかし、「こんなところでやってられねえよ」とふて腐れて、ひんしゅくを買った。だが、そんな悪ガキぶりも影をひそめ、ファンが急増中。シーズン中は、同じ大学出身のジャクリーン・ダービーさんという短距離走で鳴らした女性と、行動をともにしている。

カモ C・モートン(ブレーブス).444(27-12)0本　苦手 J・ルザード(マーリンズ).091(11-1)0本

年度	所属チーム	試合数	打数	得点	安打	二塁打	三塁打	本塁打	打点	四球	三振	盗塁	盗塁死	出塁率	OPS	打率
2020	フィリーズ	44	160	24	54	11	0	4	23	16	36	1	1	.400	.881	.338
2021	フィリーズ	115	380	46	94	15	0	7	47	31	111	4	0	.305	.647	.247
2022	フィリーズ	152	586	79	164	24	3	13	72	31	110	2	3	.315	.713	.280
2023	フィリーズ	145	558	74	153	31	0	20	97	42	94	4	1	.327	.764	.274
通算成績		456	1684	223	465	81	3	44	239	120	351	11	5	.325	.731	.276

281

野手

大量の本塁打と四球で打線を引っ張る

12 カイル・シュワーバー Kyle Schwarber

DH レフト

31歳 1993.3.5生 | 183cm | 103kg | 右投左打

- ◆対左投手打率／.188　◆対右投手打率／.201
- ◆ホーム打率／.204　◆アウェー打率／.190　◆得点圏打率／.216
- ◆23年のポジション別出場数／レフト=103、DH=57
- ◆⑤2014①カブス　◆⑪オハイオ州　◆㋞2000万ドル（約28億円）
- ◆本塁打王1回（22年）、シルバースラッガー賞1回（22年）

ミート	2
パワー	5
走塁	2
守備	2
肩	2

追い込まれても三振を恐れずフルスイングする、オール・オア・ナッシングの打撃が魅力の重戦車。昨季も本塁打を打つことに特化したバッティングを貫いた結果、本塁打王になった一昨年より1本多い47本塁打を記録。以前にも増して失投をじっくり待つようになったため、四球も大幅に増加、昨年の126四球は、メジャーでダントツの数字だ。特技は、本塁打の固め打ち。ポストシーズンでは地区シリーズまで1本も打てなかったが、リーグ優勝決定シリーズではスイッチがオンになり、7試合で5本外野席に叩き込んだ。

カモ 前田健太（タイガース）.667(6-4)0本　苦手 千賀滉大（メッツ）.000(6-0)0本

年度	所属チーム	試合数	打数	得点	安打	二塁打	三塁打	本塁打	打点	四球	三振	盗塁	盗塁死	出塁率	OPS	打率
2015	カブス	69	232	52	57	6	1	16	43	36	77	3	3	.355	.842	.246
2016	カブス	2	4	0	0	0	0	0	0	0	1	2	0	.200	.200	.000
2017	カブス	129	422	67	89	16	1	30	59	59	150	1	1	.315	.782	.211
2018	カブス	137	428	64	102	14	3	26	61	78	140	4	3	.356	.823	.238
2019	カブス	155	529	82	132	29	3	38	92	70	156	2	3	.339	.870	.250
2020	カブス	59	191	30	36	6	0	11	24	30	66	1	0	.308	.701	.188
2021	ナショナルズ	72	265	42	67	9	0	25	53	31	88	1	1	.340	.910	.253
2021	レッドソックス	41	134	34	39	10	0	7	18	33	39	0	0	.435	.957	.291
2021	2チーム計	113	399	76	106	19	0	32	71	64	127	1	1	.374	.928	.266
2022	フィリーズ	155	577	100	126	21	3	46	94	86	200	10	4	.323	.827	.218
2023	フィリーズ	160	585	108	115	19	1	47	104	126	215	0	2	.343	.817	.197
通算成績		979	3367	579	763	130	12	246	548	550	1133	22	14	.340	.832	.227

センターのゴールドグラブ賞の有力候補

18 ヨハン・ロハス Johan Rojas

センター

24歳 2000.8.14生 | 180cm | 74kg | 右投右打

- ◆対左投手打率／.333　◆対右投手打率／.281
- ◆ホーム打率／.298　◆アウェー打率／.309　◆得点圏打率／.357
- ◆23年のポジション別出場数／センター=57、DH=1
- ◆⑤2018㉚フィリーズ　◆⑪ドミニカ
- ◆㋞74万ドル（約1億360万円）+α

ミート	4
パワー	2
走塁	5
守備	5
肩	3

昨年7月にメジャーデビューしたディフェンスの魔術師。昇格後、早速パドレス戦のスタメンでセンターに起用され、最初のプレーでセンター後方への大飛球を、フェンスに衝突しながら好捕。一塁走者が二塁を回りかけているのを見て一塁に送球し、ダブルプレーを成立させた。その後も高い身体能力と守備範囲の広さで、スーパーキャッチを連発。最終的にDRS（守備で防いだ失点）が15もあった。打者としては、ライナーや強いゴロを弾き返すタイプ。状況に応じて、バントヒットを試みることもある。勝負強さもあり、9月26日のパイレーツ戦では、ポストシーズン進出を決めるサヨナラ打を放った。短所は早打ちで四球が少ないため、リードオフマンには向かないこと。

カモ J・キンターナ（メッツ）.600(5-3)0本　苦手 ——

年度	所属チーム	試合数	打数	得点	安打	二塁打	三塁打	本塁打	打点	四球	三振	盗塁	盗塁死	出塁率	OPS	打率
2023	フィリーズ	59	149	24	45	9	2	2	23	5	42	14	1	.342	.772	.302
通算成績		59	149	24	45	9	2	2	23	5	42	14	1	.342	.772	.302

33 1カ月は活躍できても、それ以上は無理なタイプ
ユーティリティ
エドムンド・ソーサ Edmundo Sosa

28歳 1996.3.6生｜183cm｜95kg｜右投右打 対左.267 対右.239 ホ.264 ア.237
得.216 ド2012外カーディナルス 田パナマ 年170万ドル（約2億3800万円）

ミ 3
バ 3
走 3
守 2
肩 3

　内野の4つのポジションと外野の3つのポジションに対応するスーパーサブ。昨季はキャンプ中に、正一塁手のホスキンスがヒザの前十字靱帯断裂でIL入り。4月に入ってハーパーの代役で使われていたデリック・ホールも故障したため、ソーサがサードのスタメンで使われることに。選球眼のお粗末なフリースインガーだが、昨季はあまり悪球に手を出さず、ヒットもよく放ったので、そのままレギュラー格で使われるのではないかという観測が流れた。しかし5月中旬から馬脚を現し、早打ち傾向が強まったため、打率が急降下。レギュラー獲りはひと時の夢に終わった。

年度	所属チーム	試合数	打数	得点	安打	二塁打	三塁打	本塁打	打点	四球	三振	盗塁	盗塁死	出塁率	OPS	打率
2023	フィリーズ	104	279	34	70	15	2	10	30	8	74	4	2	.293	.720	.251
通算成績		306	753	102	190	34	10	18	78	32	190	15	7	.311	.707	.252

21 バントの名手でもある俊足のキャッチャー
キャッチャー
ギャレット・スタッブス Garrett Stubbs

31歳 1993.5.26生｜178cm｜77kg｜右投左打 ◆盗塁阻止率.148(27-4) 対左.241 対右.190 ホ.214 ア.193
得.316 ド2015⑧アストロズ 田カリフォルニア州 年85万ドル（約1億1900万円）

ミ 2
バ 2
走 2
守 3
肩 3

　チームのムードメーカーである、右投げ左打ちのバックアップ捕手。ウリはキャッチャーらしからぬ俊足で、バントの名人であること。昨年は10回バントを試みて7回がバントヒットに、1回が犠打になった。バントヒット7は、昨年メジャー全体で3位の数字。守備は盗塁阻止率が14.8%（27-4）で、昨年のメジャー平均（15.9%）と同レベルだが、悪送球が多い。ワイルドピッチを出す頻度は平均レベル。スター捕手のサブという損な役回りであるため、昨季は先発出場が32試合しかなかった。だが、リアルミュートの守備力に陰りが見えるため、今季は出番が増えるかも。

年度	所属チーム	試合数	打数	得点	安打	二塁打	三塁打	本塁打	打点	四球	三振	盗塁	盗塁死	出塁率	OPS	打率
2023	フィリーズ	41	113	15	23	4	1	1	12	9	29	2	0	.274	.557	.204
通算成績		142	296	45	65	13	2	6	34	29	73	5	1	.293	.631	.220

19 お守りは「ダビデの星」のネックレス
外野手
クリスチャン・パチェイ Cristian Pache

26歳 1998.11.19生｜188cm｜97kg｜右投右打 対左.314 対右.121 ホ.265 ア.220
得.231 ド2015外ブレーブス 田ドミニカ 年74万ドル（約1億360万円）+α

ミ 3
バ 3
走 4
守 5
肩 4

　昨年3月末に、レフトとライトの守備固め要員として獲得した外野のサブ。スイングスピードが速いので、フィリーズはスイングを変えれば打者としても使えると判断。ロング打撃コーチの指導で改造に取り組んだ。その結果、強い打球が出るようになり、打者としても価値を持つようになった。ただ昨季は、ヒザの半月板損傷とヒジの神経障害で計3カ月近くIL入りしため、進化した打撃を披露する機会がわずかしかなかった。ドミニカ出身で宗教はカトリックだが、お母さんがユダヤ系なので、それを意識して金色のダビデの星がついたネックレスをいつも着けている。

年度	所属チーム	試合数	打数	得点	安打	二塁打	三塁打	本塁打	打点	四球	三振	盗塁	盗塁死	出塁率	OPS	打率
2023	フィリーズ	48	84	12	20	7	1	2	11	10	27	3	3	.319	.736	.238
通算成績		163	392	36	68	15	3	6	33	27	124	4	5	.230	.503	.173

ファースト
2 コーディ・クレメンス Kody Clemens
3Aでは驚異的なペースでアーチを生産

28歳 1996.5.15生 | 185cm／90kg｜右投左打 対左.158 対右.242 ホ.233 ア.228
得.120 ド2018③タイガース 出テキサス州 年74万ドル（約1億360万円）+α

ミ2 バ4 走2 守3 肩3

今季こそメジャー定着を目指す、ロジャー・クレメンスの四男坊。昨年1月のトレードで、タイガースから移籍。4月7日にメジャーに呼ばれたあと、スイングを改良し、長打がコンスタントに出るようになった。7月2日に3Aに降格したが、本塁打を13打数に1本というハイペースで打っているので、今季もメジャーで出場機会を与えられる可能性が高い。2022年9月、大差がついた場面で投手として起用され、大谷翔平から三振を奪い、話題になった。シーズン中は、ジェシカ・バターフィールドさんというブロンド美人と行動をともにしていたが、昨年11月に正式に結婚。

年度	所属チーム	試合数	打数	得点	安打	二塁打	三塁打	本塁打	打点	四球	三振	盗塁	盗塁死	出塁率	OPS	打率
2023	フィリーズ	49	139	15	32	7	0	4	13	8	40	0	0	.277	.644	.230
通算成績		106	256	28	49	11	0	9	30	16	73	1	0	.240	.580	.191

レフト／ファースト／ライト
44 ジェイク・ケイヴ Jake Cave
リーグ優勝決定シリーズの初打席で二塁打

32歳 1992.12.4生 | 183cm／90kg｜左投左打 対左.138 対右.226 ホ.188 ア.231
得.250 ド2011⑥ヤンキース 出ヴァージニア州 年100万ドル（約1億4000万円）

ミ2 バ4 走4 守2 肩3

メジャーリーガーとして生き残るため、ハッスルプレーを連発する崖っぷちの外野手。フィリーズが2022年12月にウェーバー経由で獲得。キャンプで打球の初速を評価され、開幕メンバーに抜擢された。その後はまとまった出場機会を与えられたが、59打数で本塁打を1本しか打てなかったため、4月末にマイナー落ち。しかし、3Aで打ちまくって、7月下旬に再昇格。8月によく一発が出たので、シーズン終了までメジャーでプレーした。その後、長打力を買われて、リーグ優勝決定シリーズからポストシーズンのメンバーに加えられ、代打で起用された初打席で二塁打。

年度	所属チーム	試合数	打数	得点	安打	二塁打	三塁打	本塁打	打点	四球	三振	盗塁	盗塁死	出塁率	OPS	打率
2023	フィリーズ	65	184	18	39	8	1	5	21	15	55	3	0	.272	.620	.212
通算成績		400	1106	148	256	51	11	38	139	80	383	8	4	.293	.694	.231

— カルロス・デラクルーズ Carlos De La Cruz
外野手 期待度C+ ルーキー

25歳 1999.10.6生 | 203cm／95kg｜右投右打 ◆昨季は2Aでプレー ド2017㉚フィリーズ 出ニューヨーク州

エンジェルスのジョー・アデルとよく似た、穴の多い巨漢のパワーヒッター。特徴は、本塁打を量産するが、それ以上に三振が多いこと。追い込まれると、外側のスライダーにバットが出てしまうことが多い。カウントを考えたアプローチができるようになると、メジャーデビューが見えてくるだろう。

— イーサン・ウィルソン Ethan Wilson
ライト／レフト 期待度C ルーキー

25歳 1999.11.7生 | 183cm／95kg｜左投左打 ◆昨季は2Aでプレー ド2021②フィリーズ 出アラバマ州

パワーとスピードを兼ね備えた二塁打が多いタイプのスラッガー。欠点は早打ちで、狙い球をじっくり待てないこと。そのため凡ゴロを引っかけてしまうことが多く、四球が少ない。そうした傾向は数字に反映され、昨季は2Aで打率2割5分0厘、出塁率3割0分7厘という冴えない数字に終わった。

対左=対左投手打率　対右=対右投手打率　ホ=ホーム打率　ア=アウェー打率　得=得点圏打率
ド=ドラフトデータ　出=出身地　年=年俸

マイアミ・マーリンズ

◆創　立：1993年
◆本拠地：フロリダ州マイアミ市
◆ワールドシリーズ制覇：2回／◆リーグ優勝：2回
◆地区優勝：0回／◆ワイルドカード獲得：4回

主要オーナー ▶ ブルース・シャーマン（実業家）

過去5年成績

年度	勝	負	勝率	ゲーム差	地区順位	ポストシーズン成績
2019	57	105	.352	40.0	⑤	―
2020	31	29	.517	4.0	②	地区シリーズ敗退
2021	67	95	.414	21.5	④	―
2022	69	93	.426	32.0	④	―
2023	84	78	.519	20.0	③	ワイルドカードシリーズ敗退

監督 ▶ **55 スキップ・シューマーカー** *Skip Schumaker*

◆年　　齢……………44歳（カリフォルニア州出身）
◆現役時代の経歴 …11シーズン
　（外野手、セカンド）カーディナルス（2005〜12）、ドジャース（2013）、
　　　　　　　　　　レッズ（2014〜15）
◆現役通算成績……1149試合　.278　28本　284打点
◆監督経歴…………1シーズン　マーリンズ（2023〜）
◆通算成績…………84勝78敗（勝率.519）
　　　　　　　　　　最優秀監督賞1回（23年）

　就任1年目から、卓越したリーダーシップで選手の心をわしづかみにした監督。選手にあきらめない気持ちを植えつけ、昨季の84勝のうちおよそ半分の40勝は、逆転勝利だった。また、そうした勝利への執念は接戦において、より表面に現れ、1点差ゲームにおける勝率.702（38勝14敗）は、メジャートップ。得失点差は−57ながら勝ち越して、ポストシーズンにも進出した。チャレンジ成功率、代打成功率の高さも光り、ナショナル・リーグ最優秀監督賞を受賞。

注目コーチ ▶ 40 ルイス・ウルエータ *Luis Urueta*

　ベンチコーチ。43歳。コロンビア出身で、2017年WBCでは同国代表チームの監督を務めた。10代前半の頃はサッカーに夢中となり、ポジションはゴールキーパーだった。

編成責任者 ▶ ピーター・ベンディックス *Peter Bendix*

　39歳。昨年11月に就任。大学卒業後、レイズの組織で、選手の育成や獲得、データ分析など様々な業務に関わり、出世。編成トップであるニアンダーの右腕となった。

スタジアム ▶ ローンデポ・パーク *LoanDepot Park*

◆開場年…………2012年
◆仕　　様…………人工芝、開閉式屋根付き
◆収容能力………37,446人
◆フェンスの高さ…2.7〜3.7m
◆特　　徴…………投手に有利な球場の1つ。球場サイズが大きいため、ホームランが出にくい。昨年3月22日のWBC決勝では、この球場で大谷翔平がアメリカ代表チームのマイク・トラウトから最後に三振を奪い、日本代表が優勝を果たしている。

ピッチャーズ
パーク

Best Order [ベストオーダー]

① ティム・アンダーソン……ショート
② ルイス・アラエズ……セカンド
③ ジョシュ・ベル……ファースト
④ ジャズ・チゾム・ジュニア……センター
⑤ ジェイク・バーガー……サード
⑥ ブライアン・デラクルーズ……レフト
⑦ ヘスース・サンチェス……ライト
⑧ アヴィサイル・ガルシア……DH
⑨ クリスチャン・ベタンコート……キャッチャー

Depth Chart [ポジション別選手層・メンバーリスト]

※2024年2月25日時点の候補選手。数字は背番号(開幕前に変更する場合もあり)、右・左等は投・打の順。

センター
② ジャズ・チゾム・ジュニア [右・左]
63 ハヴィエア・エドワーズ [右・両]
17 ヴィダル・ブルハーン [右・両]
54 デイン・マイヤーズ [右・右]

レフト
14 ブライアン・デラクルーズ [右・右]
24 アヴィサイル・ガルシア [右・右]
17 ヴィダル・ブルハーン [右・両]

ライト
12 ヘスース・サンチェス [右・左]
24 アヴィサイル・ガルシア [右・右]
17 ヴィダル・ブルハーン [右・両]

ショート
7 ティム・アンダーソン [右・右]
5 ジョン・バーティ [右・右]
17 ヴィダル・ブルハーン [右・両]
67 ジェイコブ・アマヤ [右・右]

セカンド
3 ルイス・アラエズ [左・左]
63 ハヴィエア・エドワーズ [右・両]
17 ヴィダル・ブルハーン [右・両]

サード
36 ジェイク・バーガー [右・右]
17 ヴィダル・ブルハーン [右・両]
5 ジョン・バーティ [右・右]

ローテーション
44 ヘスース・ルザード [左・右]
29 ブラクストン・ギャレット [左・右]
39 ユーリ・ペレス [右・右]
27 エドワード・カブレラ [右・右]
28 トレヴァー・ロジャーズ [左・左]
60 ライアン・ウェザーズ [左・左]
23 マックス・マイヤー [右・右]

ファースト
9 ジョシュ・ベル [右・両]
3 ルイス・アラエズ [左・左]
25 クリスチャン・ベタンコート [右・右]

キャッチャー
25 クリスチャン・ベタンコート [右・右]
4 ニック・フォーテス [右・右]

DH
24 アヴィサイル・ガルシア [右・右]
9 ジョシュ・ベル [右・両]
36 ジェイク・バーガー [右・右]

ブルペン
66 タナー・スコット [左・右] **CL**
35 A.J.パク [左・左]
43 アンドルー・ナーディ [左・右]
84 JT・シャゴワー [右・両]
31 ワスカル・ブラジバン [右・右]
52 アンソニー・マルドナード [右・右]
62 ジョージ・ソリアーノ [右・右]
37 アンソニー・ベンダー [右・右]
78 ブライアン・ホーイング [右・右]
53 カルヴィン・ファウチャー [右・右]
51 デクラン・クローニン [右・右]

※**CL**=クローザー

マーリンズ試合日程……＊はアウェーでの開催

3月28・29・30・31 パイレーツ	30・5月1・2 ロッキーズ	31・6月1・2 レンジャーズ	
4月1・2・3 エンジェルス	3・4・5 アスレティックス＊	4・5 レイズ	
4・6・7 カーディナルス＊	6・7・8 ドジャース＊	7・8・9 ガーディアンズ	
8・9・10 ヤンキース＊	10・11・12 フィリーズ	11・12・13 メッツ＊	
12・13・14 ブレーブス	13・14・15 タイガース＊	14・15・16 ナショナルズ＊	
15・16・17 ジャイアンツ	17・18・19 メッツ	17・18・19 カーディナルス	
18・19・20・21 カブス＊	20・21・22 ブリュワーズ	21・22・23 マリナーズ	
22・23・24 ブレーブス＊	24・25・26 ダイヤモンドバックス＊	24・25・26 ロイヤルズ＊	
26・27・28・29 ナショナルズ	27・28・29 パドレス＊	27・28・29・30 フィリーズ	

球団メモ 昨季終了後、「メジャー初の女性編成トップ」として知られたキム・アングGMが退団。「編成ナンバー2」への降格を球団から打診されことが、退団の理由とされる。

Analysis 矢印⇧⇗⇨⇘⇩は、昨季終了時との比較 【戦力分析】

■投手力⇘…★★★☆☆ 【昨年度チーム防御率4.21、リーグ8位】

昨季の先発防御率は4.09で、リーグ3位。エースのアルカンタラはイマイチだったが、若い投手たちが期待に応えた。今季のローテーションは、ルザード、ギャレット、ペレス、カブレラは変わらないが、アルカンタラがトミー・ジョン手術の影響で全休するため、ロジャーズ、ウェザーズ、マイヤーあたりでおぎなうことになる。ローテの中では21歳のペレスに、大ブレイクの予感がただよっている。一方、ブルペンは「中の下」レベルの陣容だ。

■攻撃力⇘…★★☆☆☆ 【昨年度チーム得点666、リーグ15位】

昨季は安打製造機のアラエズが、首位打者を獲得。ソレーアが見事な復活を果たし、36本塁打をマークした。しかし、ほかの打者が続かず、チーム得点はリーグ最下位。チーム打率2割5分9厘はリーグ2位だったが、出塁率3割1分6厘はリーグ10位だった。オフにソレーアが抜け、長打力が大きくダウン。得点力の強化につながる補強も、行われていない。

■守備力⇘…★★☆☆☆ 【昨年度チーム失策数98、リーグ14位】

アラエズはセカンドの守備でも、チームを牽引(けんいん)している。ショートのウェンドルの退団はマイナス要素。内外野ともに、守備の苦手な選手が多い。

■機動力⇨…★★★☆☆ 【昨年度チーム盗塁数86、リーグ13位】

ベースの拡大、ピッチクロック、牽制制限などのルール変更により、他球団が軒並み盗塁数を増やす中、マーリンズは昨季、一昨年から盗塁数がダウンした。バーティ、チゾム・ジュニアら俊足の選手がいないわけではない。

総合評価⇘ ★★½☆☆

昨季、チームは予想外に躍進したが、オフの動きを見る限り、今季は、がむしゃらに勝ちにいくというわけではなさそうだ。レイズのように、限られた予算で勝てる戦力を作るため、球団はレイズの要職にあったベンディックスを編成トップに招いた。

IN 主な入団選手

投手
とくになし

野手
ティム・アンダーソン←ホワイトソックス
ヴィダル・ブルハーン←レイズ
クリスチャン・ベタンコート←レイズ
ニック・ゴードン←ツインズ

OUT 主な退団選手

投手
マット・ムーア➡エンジェルス
デイヴィッド・ロバートソン➡レンジャーズ

野手
ホルヘ・ソレーア➡ジャイアンツ
ジェイコブ・スターリングス➡ロッキーズ
ギャレト・ハンプソン➡ロイヤルズ
ジョーイ・ウェンドル➡メッツ

7月2・3・4	レッドソックス	8月1・2・3・4	ブレーブス*	3・4	ナショナルズ
5・6・7	ホワイトソックス	5・6・7・8	レッズ	5・6・7・8	フィリーズ
9・10・11	アストロズ*	9・10・11	パドレス	9・10・11	パイレーツ*
12・13・14	レッズ*	13・14	フィリーズ*	12・13・14・15	ナショナルズ*
16	オールスターゲーム	16・17・18	メッツ*	17・18・19	ドジャース
19・20・21・22	メッツ	19・20・21	ダイヤモンドバックス	20・21・22	ブレーブス
23・24・25	オリオールズ	23・24・25	カブス	24・25・26	ツインズ*
26・27・28	ブリュワーズ*	26・27・28・29	ロッキーズ*	27・28・29	ブルージェイズ*
30・31	レイズ*	30・31・9月1	ジャイアンツ*		

球団メモ 一昨年、サイ・ヤング賞に輝いたサンディ・アルカンタラだが、昨年10月にトミー・ジョン手術を受け、今季は全休濃厚。昨季は、28試合7勝12敗、防御率4.14。

年俸調停に勝利し、2ケタ勝ち星マーク　先発

44 ヘスース・ルザード　*Jesus Luzardo*

27歳 1997.9.30生｜183cm｜98kg｜左投左打

◆速球のスピード／150キロ台中頃(フォーシーム主体)
◆決め球と持ち球／◎フォーシーム、◎スライダー、◎チェンジアップ、△シンカー ◆対左.215 ◆対右.246
◆ホ防2.99 ◆ア防4.48 ◆ド2016③ナショナルズ
◆田ペルー ◆年550万ドル(約7億7000万円)

球威	4
制球	4
緩急	3
守備・牽制	5
度胸	4

　昨季は32試合に先発し、初の2ケタ勝利をマークした。力強い速球、切れ味鋭いスライダー、右打者の内角低めを突くチェンジアップを武器とするサウスポー。昨年2月に行われた年俸調停では、自らが希望した245万ドルが認められる形となったが、好投を重ねることで、その裁定が正しかったことを見事に証明した。ベネズエラ系ペルー人として、首都リマで生まれる。一家はヘスースが1歳のとき、フロリダ州マイアミへ移住。本人はベネズエラをルーツと認識していて、昨年3月のWBCには、同国代表で参加している。

カモ T・ターナー(フィリーズ).000(8-0)0本　苦手 L・トーマス(ナショナルズ).438(16-7)3本

年度	所属チーム	勝利	敗戦	防御率	試合数	先発	セーブ	投球イニング	被安打	失点	自責点	被本塁打	与四球	奪三振	WHIP
2019	アスレティックス	0	0	1.50	6	0	2	12.0	5	2	2	1	3	16	0.67
2020	アスレティックス	3	2	4.12	12	9	0	59.0	58	27	27	9	17	59	1.27
2021	アスレティックス	2	4	6.87	13	6	0	38.0	46	32	29	11	16	40	1.63
2021	マーリンズ	4	5	6.44	12	12	0	57.1	60	41	41	9	32	58	1.60
2021	2チーム計	6	9	6.61	25	18	0	95.1	106	73	70	20	48	98	1.62
2022	マーリンズ	4	7	3.32	18	18	0	100.1	69	40	37	10	35	120	1.04
2023	マーリンズ	10	10	3.58	32	32	0	178.2	162	79	71	22	55	208	1.21
通算成績		23	28	4.18	93	77	2	445.1	400	221	207	62	158	501	1.25

ローテーションに定着したドラフト1位左腕　先発

29 ブラクストン・ギャレット　*Braxton Garrett*

27歳 1997.8.5生｜188cm｜91kg｜左投右打

◆速球のスピード／140キロ台中頃(シンカー主体)
◆決め球と持ち球／◎スライダー、◎シンカー、◎カッター、◎チェンジアップ、△フォーシーム、△カーブ ◆対左.211 ◆対右.261
◆ホ防4.46 ◆ア防2.85 ◆ド2016①マーリンズ
◆田アラバマ州 ◆年74万ドル(約1億360万円)+α

球威	3
制球	4
緩急	3
守備・牽制	3
度胸	4

　2016年ドラフト1巡目指名を受け、予定されていたヴァンダービルト大学への進学を取りやめ、プロ契約を結んだ技巧派左腕。メジャー4年目の昨季は、ともに自己最多となる30試合に先発し、9勝をマーク。フィリーズとのワイルドカードシリーズ第2戦で先発を務めるなど、ローテーションの一角として確固たる地位を築いた。ピッチングは、低めギリギリにコントロールされるシンカーに、豊富な変化球を交えて組み立てる。スライダーは空振りを奪う有効な武器になっていて、昨季は奪三振率8.79という高い数字をマーク。自身のインスタグラムは、ユニフォーム姿でプレーしている写真が中心だが、およそ4枚に1枚の割合で、恋人とのツーショットも掲載されている。

カモ M・オルソン(ブレーブス).000(10-0)0本　苦手 M・オズナ(ブレーブス)1.000(5-5)2本

年度	所属チーム	勝利	敗戦	防御率	試合数	先発	セーブ	投球イニング	被安打	失点	自責点	被本塁打	与四球	奪三振	WHIP
2020	マーリンズ	1	1	5.87	2	2	0	7.2	8	6	5	3	5	8	1.70
2021	マーリンズ	1	2	5.03	8	7	0	34.0	42	20	19	3	20	32	1.82
2022	マーリンズ	3	7	3.58	17	17	0	88.0	86	38	35	9	24	90	1.25
2023	マーリンズ	9	7	3.66	31	30	0	159.2	154	68	65	20	29	156	1.15
通算成績		14	17	3.86	58	56	0	289.1	290	132	124	35	78	286	1.27

対左=対左打者被打率　対右=対右打者被打率　ホ防=ホーム防御率　ア防=アウェー防御率
ド=ドラフトデータ　田=出身地　年=年俸　カモ 苦手 は通算成績

39 ユーリ・ペレス *Eury Perez*
21歳の今季に大ブレイクを期す 先発

マーリンズ

21歳 2003.4.15生 | 203cm | 99kg | 右投右打
◆速球のスピード／150キロ台後半（フォーシーム）
◆決め球と持ち球／☆スライダー、◎フォーシーム、
◎チェンジアップ、◎カーブ ◆対左.189 ◆対右.236
◆床防1.97 ◆ア防4.34 ◆ド2019⑤マーリンズ
◆田ドミニカ ◆年74万ドル（約1億360万円）+α

球威	5
制球	3
緩急	4
守備・牽制	3
度胸	3

　昨年5月12日にメジャーデビューを果たした、身長2メートル超えの大型右腕。デビュー時の年齢は「20歳と27日」、これは24歳の若さで事故死した、かつてのエースであるホセ・フェルナンデスの「20歳と250日」を上回る、球団史上最年少の初登板となった。最速160キロのフォーシーム、曲がりの鋭いスライダー、微妙に打者のタイミングを狂わすチェンジアップ、25キロの球速差が生じるカーブといった持ち球は、どれも一級品。安定感やスタミナ面に課題は残すものの、一気にMLBトップクラスにまで駆け上がる可能性も十分だ。サッカーが好きなようで、2022年のサッカーワールドカップ・カタール大会決勝戦後、自身のツイッターに、メッシとマラドーナが向かい合うコラージュを投稿。アルゼンチン3度目の世界制覇に祝意を表した。

カモ C・キーブーム（ナショナルズ）.000(4-0)0本　苦手 ——

年度	所属チーム	勝利	敗戦	防御率	試合数	先発	セーブ	投球イニング	被安打	失点	自責点	被本塁打	与四球	奪三振	WHIP
2023	マーリンズ	5	6	3.15	19	19	0	91.1	72	35	32	15	31	108	1.13
通算成績		5	6	3.15	19	19	0	91.1	72	35	32	15	31	108	1.13

66 タナー・スコット *Tanner Scott*
抑えに定着し、ポストシーズン進出に貢献 クローザー

30歳 1994.7.22生 | 183cm | 106kg | 左投右打
◆速球のスピード／150キロ台中頃（フォーシーム）
◆決め球と持ち球／◎スライダー、◎フォーシーム
◆対左.193 ◆対右.190 ◆床防2.85 ◆ア防1.70
◆ド2014⑥オリオールズ ◆田オハイオ州
◆年570万ドル（約7億9800万円）

球威	5
制球	3
緩急	2
守備・牽制	3
度胸	4

　昨季後半にクローザーに定着し、すばらしいピッチングを続けたリリーフ左腕。ハイライトは、9月16日のブレーブス戦。同点の8回表2死満塁の場面で登板し、見事にピンチを切り抜けると、その裏に打線が大爆発して、勝ち越し。続く9回表も無失点で抑えゲームを締め、ポストシーズン進出にもつながる価値ある仕事を完遂した。フォーシームとスライダーの2球種だけで勝負する、潔いピッチングスタイルだが、どちらも三振が奪える、超一級品のパワーと切れ味を誇っている。長年の課題だった四球の多さが改善されたことが、メジャー7年目となる昨シーズンの躍進を支える原動力となった。

カモ 大谷翔平（ドジャース）.000(7-0)0本　苦手 O・オルビーズ（ブレーブス）.444(9-4)1本

年度	所属チーム	勝利	敗戦	防御率	試合数	先発	セーブ	投球イニング	被安打	失点	自責点	被本塁打	与四球	奪三振	WHIP
2017	オリオールズ	0	0	10.80	2	0	0	1.2	2	2	2	0	2	2	2.40
2018	オリオールズ	3	3	5.40	53	0	0	53.1	55	33	32	6	35	77	1.56
2019	オリオールズ	1	1	4.78	28	0	0	26.1	28	17	14	4	19	36	1.78
2020	オリオールズ	0	0	1.31	25	0	1	20.2	12	5	3	1	10	23	1.06
2021	オリオールズ	5	5	5.17	62	0	0	54.0	48	34	31	6	37	70	1.57
2022	マーリンズ	4	5	4.31	67	0	20	62.2	55	34	30	5	46	90	1.61
2023	マーリンズ	9	5	2.31	74	0	12	78.0	53	22	20	3	24	104	0.99
通算成績		22	18	4.00	311	0	33	296.2	253	147	132	25	166	402	1.41

27 エドワード・カブレラ *Edward Cabrera*

150キロの超高速チェンジアップが武器 先発

26歳 1998.4.13生｜196cm｜98kg｜右投右打 速150キロ台中頃（フォーシーム、シンカー） 決☆チェンジアップ
対左.173 対右.263 ド2015外マーリンズ 出ドミニカ 年74万ドル（約1億360万円）+α

球5
制2
縁3
守備3
度4

メジャー3年目となる昨季は、自己最多となる20試合に先発登板した、ドミニカ出身の長身右腕。10.66という数値をマークしている奪三振率の高さが魅力だが、なかでも速球と6キロほどしか球速差のない、150キロ超えのチェンジアップは、恐ろしいほどの勢いで打者のヒザ元に沈み込んでいく、「魔球」という表現がピッタリ。超個性的な決め球となっている。制球力向上、スタミナ強化など、まだまだ克服すべき課題も残されているが、カーブ、スライダーといった変化球の質も高いだけに、今後、メジャーリーグを代表する投手へと成長する可能性も十分ある。

年度	所属チーム	勝利	敗戦	防御率	試合数	先発	セーブ	投球イニング	被安打	失点	自責点	被本塁打	与四球	奪三振	WHIP
2023	マーリンズ	7	7	4.24	22	20	0	99.2	78	48	47	11	66	118	1.44
通算成績		13	14	4.01	43	41	0	197.2	146	92	88	27	118	221	1.34

35 A.J.パク *A.J. Puk*

ブルペン陣を支える大型サウスポー セットアップ

29歳 1995.4.25生｜201cm｜112kg｜左投左打 速150キロ台中頃（フォーシーム主体） 決◎スイーパー
対左.197 対右.261 ド2016①アスレティックス 出ミネソタ州 年180万ドル（約2億5200万円）

球5
制3
縁3
守備3
度4

春季キャンプ前の昨年2月、J.J.フレディ外野手とのトレードで、アスレティックスからやって来た、身長2メートル超えの大型左腕。ちなみに、このトレードは、両チームドラフト1巡目指名同士の移籍となった。左ヒジの神経炎でIL（故障者リスト）入りした時期もあったが、イニング途中での登板や、回またぎもいとわずに計58試合に出場。ブルペン陣を支える存在として、チームのポストシーズン進出に貢献した。真っ向勝負が得意なパワータイプ。奪三振率の高さがウリで、マウンドで打者に対しているときは「どうやって三振を奪うか」を常に考えている。

年度	所属チーム	勝利	敗戦	防御率	試合数	先発	セーブ	投球イニング	被安打	失点	自責点	被本塁打	与四球	奪三振	WHIP
2023	マーリンズ	7	5	3.97	58	0	15	56.2	54	29	25	10	13	78	1.18
通算成績		13	11	3.72	142	0	19	147.2	135	69	61	19	47	183	1.23

43 アンドルー・ナーディ *Andrew Nardi*

3度目のドラフト指名でプロ入り セットアップ

26歳 1998.8.18生｜190cm｜97kg｜左投左打 速150キロ台前半（フォーシーム） 決◎スライダー
対左.158 対右.244 ド2019⑯マーリンズ 出カリフォルニア州 年74万ドル（約1億360万円）+α

球4
制3
縁3
守備4
度4

昨季後半にセットアップの役割を担った、顔の下半分がヒゲで覆われているリリーフ左腕。勝ち運に恵まれるタイプで、8回表を抑えた直後にチームが3点を勝ち越した9月5日のドジャース戦、同じパターンで1点差ゲームを制した9月23日のブリュワーズ戦を含め、計8勝をマークした。ベンチュラ短期大学在校時の2017年にはヤンキースから39巡目、ムーアパーク短期大学に転校した18年はナショナルズから39巡目に指名を受けたが、いずれも入団には至らず。アリゾナ州立大学で投げていた19年ドラフトでマーリンズから16巡目に指名され、プロ入り。

年度	所属チーム	勝利	敗戦	防御率	試合数	先発	セーブ	投球イニング	被安打	失点	自責点	被本塁打	与四球	奪三振	WHIP
2023	マーリンズ	8	1	2.67	63	0	3	57.1	45	18	17	7	21	73	1.15
通算成績		9	2	4.13	76	0	3	72.0	70	35	33	12	35	97	1.46

速=速球のスピード　決=決め球　対左=対左打者被打率　対右=対右打者被打率
ド=ドラフトデータ　出=出身地　年=年俸

マーリンズ

28 トレヴァー・ロジャーズ Trevor Rogers

復活を期す、2022年新人王投票2位左腕　先発

27歳 1997.11.13生 | 196cm | 98kg | 左投左打 球150キロ前後（フォーシーム、シンカー）決◎スライダー
対左.200 対右.236 ド2017①マーリンズ 田ニューメキシコ州 年153万ドル（約2億1420万円）

球 2
制 4
緩 3
守 4
度 3

　左上腕二頭筋を痛め、昨季は4月に4試合投げただけで
シーズンを終えてしまった先発サウスポー。2021年には、
4、5月と連続して月間最優秀新人賞に選出され、シーズン
終了後のナショナル・リーグ新人王投票でも、レッズのジョナサン・インディアに
次ぐ2位にランクされる、華々しいスタートを切った。しかし、不本意な成績
に終始した22年、そして、ほとんど戦力にならなかった昨季を経て、今季は、
ある意味、「ゼロからの再出発」と言えるのかもしれない。17歳年上のいとこコ
ーディ・ロスは、マーリンズに在籍した09年に、グッドガイ賞を受賞している。

年度	所属チーム	勝利	敗戦	防御率	試合数	先発	セーブ	投球イニング	被安打	失点	自責点	被本塁打	与四球	奪三振	WHIP
2023	マーリンズ	1	2	4.00	4	4	0	18.0	16	9	8	2	6	19	1.22
通算成績		13	23	4.12	59	59	0	286.0	271	144	131	28	110	321	1.33

84 JT・シャゴワー JT Chargois

楽天でのプレー経験も持つリリーフ右腕　ミドルリリーフ

34歳 1990.12.3生 | 190cm | 90kg | 右投両打 球150キロ台中頃（シンカー主体）決◎スライダー
対左.250 対右.221 ド2012②ツインズ 田ルイジアナ州 年129万ドル（約1億8060万円）

球 4
制 3
緩 2
守 4
度 4

　2022年11月、マイナー2投手とのトレードで、ハヴィエ
ア・エドワーズとともにレイズから移籍してきたリリーフ右腕。
「シャギワ」の登録名で、日本の東北楽天でプレーした20
年は、リリーフで31試合に登板し、0勝3敗6ホールド1セーブ、防御率5.81
という冴えない成績に終わった。だが、自己最多の46試合に登板した昨季を含
めたMLB復帰後の3シーズンは、容易には崩れない粘りのピッチングができて
いる。寿司、焼き肉、ラーメンといった日本の食べ物に深い愛情をいだいてい
るが、なかでも白米が大のお気に入り。自らを「ライスボーイ」と称したこともある。

年度	所属チーム	勝利	敗戦	防御率	試合数	先発	セーブ	投球イニング	被安打	失点	自責点	被本塁打	与四球	奪三振	WHIP
2023	マーリンズ	1	0	3.61	46	5	1	42.1	35	17	17	3	18	35	1.25
通算成績		8	6	3.55	208	8	1	195.0	161	81	77	19	75	190	1.21

78 ブライアン・ホーイング Bryan Hoeing

高校時代はバスケットボールでも大活躍　スイングマン

28歳 1996.10.19生 | 198cm | 95kg | 右投右打 球150キロ台前半（シンカー主体）決◎スライダー
対左.292 対右.238 ド2019⑦マーリンズ 田インディアナ州 年74万ドル（約1億360万円）+α

球 2
制 3
緩 3
守 4
度 3

　メジャー2年目の昨季は様々な役割で起用された、2メー
トル近い長身の右腕。ピッチングの基本はシンカーとスライ
ダーのコンビネーションで、ゴロを打たせることに主眼を置
いた投球を見せる。昨季はこの2球種が投球の8割以上を占め、これにフォー
シーム、チェンジアップを交えて投げていた。高校時代はバスケットボールでも
活躍したが、母ダナさんも学生時代、バスケのスター選手だったそうだ。いと
このアレックス・マイヤーも、元メジャーの投手。ドラフト1巡目指名でプロ入り
した有望株だったが、肩の故障に悩まされ、メジャー生活は3年で終わった。

年度	所属チーム	勝利	敗戦	防御率	試合数	先発	セーブ	投球イニング	被安打	失点	自責点	被本塁打	与四球	奪三振	WHIP
2023	マーリンズ	2	3	5.48	33	7	0	70.2	71	45	43	13	25	53	1.36
通算成績		3	4	6.48	41	8	0	83.1	90	62	60	18	30	59	1.44

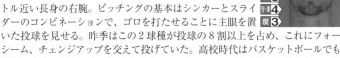

ミドル リリーフ

31 ワスカル・ブラゾバン *Huascar Brazoban*

一昨年、32歳でメジャーデビューの苦労人

35歳 1989.10.15生 | 190cm | 70kg | 右投右打 圏150キロ台中頃(シンカー、フォーシーム) 逸◎チェンジアップ
対左.298 対右.209 ⑤2011外ロッキーズ 凷ドミニカ 囲74万ドル(約1億360万円)+α

球 制 緩 守備 度

| 3 |
| 2 |
| 4 |
| 2 |
| 3 |

　今年35歳という年齢だけ見れば大ベテランだが、メジャー経験はまだ1年半しかない、遅咲きのリリーフ右腕。ピッチングは、速球系(カッター、シンカー、フォーシーム)とチェンジアップのコンビネーション。課題は、走者を背負った際のピッチング。ドミニカ出身。同国出身の有望選手は、早ければ16歳でプロ契約するが、ブラゾバンは2011年に、21歳でようやくプロ契約。ロッキーズ傘下で投げ始めたが、18年以降は独立リーグでプレーしていた。しかし、そこでマーリンズのスカウトの目に留まり、22年1月にマイナー契約。同年7月、32歳でメジャーデビュー。

年度	所属チーム	勝利	敗戦	防御率	試合数	先発	セーブ	投球イニング	被安打	失点	自責点	被本塁打	与四球	奪三振	WHIP
2023	マーリンズ	5	2	4.14	50	0	0	58.2	53	28	27	5	31	65	1.43
通算成績		6	3	3.77	77	0	0	90.2	79	41	38	8	52	105	1.44

先発

60 ライアン・ウェザーズ *Ryan Weathers*

ブレイクが待たれるドラフト1位サウスポー

25歳 1999.12.17生 | 185cm | 104kg | 左投右打 圏150キロ台前半(フォーシーム) 逸◎スイーパー
対左.286 対右.311 ⑤2018①パドレス 凷テネシー州 囲74万ドル(約1億360万円)+α

球 制 緩 守備 度

| 4 |
| 2 |
| 4 |
| 3 |
| 3 |

　昨年8月、オールスター出場経験もあるギャレット・クーパーらとのトレードで、パドレスからやって来た2018年ドラフト1巡目指名投手。移籍後は2試合で先発登板したが、8月21日の古巣パドレス戦で3回1/3を投げ、早々にノックアウトされるなど、ほとんど見せ場を作れないままシーズンを終えた。ピッチングは、150キロ台前半のフォーシームに、140キロ前後のチェンジアップ、決め球として使うことが多い130キロ前後のスイーパーを組み合わせて投げ、それぞれに質の高さを備えている。打者との駆け引きが上達してくれば、ブレイクする可能性はある。

年度	所属チーム	勝利	敗戦	防御率	試合数	先発	セーブ	投球イニング	被安打	失点	自責点	被本塁打	与四球	奪三振	WHIP
2023	パドレス	1	6	6.25	12	10	0	44.2	55	33	31	9	17	29	1.61
2023	マーリンズ	0	2	7.62	3	2	0	13.0	13	11	11	3	12	14	1.92
2023	2チーム計	1	8	6.55	15	12	0	57.2	68	44	42	12	29	43	1.68
通算成績		5	15	5.88	46	31	0	156.0	175	105	102	32	63	118	1.53

先発　期待度 B+　ルーキー

23 マックス・マイヤー *Max Meyer*

25歳 1999.3.12生 | 183cm | 88kg | 右投左打 ◆昨季は全休 ⑤2020①マーリンズ 凷ミネソタ州

　2020年マーリンズのドラフト1巡目(全体3位)指名投手。大きな期待を背に、22年7月にメジャーデビュー。しかし、2戦目に右ヒジを痛め、トミー・ジョン手術を受けたため、昨季は全休した。球種は一級品のスライダーに、150キロ台前半のフォーシーム、チェンジアップ。シンカーも習得中だ。

リリーフ　期待度 B　ルーキー

52 アンソニー・マルドナード *Anthony Maldonado*

26歳 1998.2.6生 | 193cm | 99kg | 右投右打 ◆昨季は1A、3Aでプレー ⑤2019⑪マーリンズ 凷フロリダ州

　昨季、3Aで防御率1.76をマークしたリリーフ右腕。この数字は、40イニング以上を投げた3Aの投手でナンバーワン。武器は、投球の大半を占めるスライダー。曲がりの大きなものや、速くて小さく曲がるものなど、いくつかのタイプを使い分ける。150キロ前後のシンカーは、ゴロを打たせるのに最適。

野手

リーグをまたぎ、2年連続で首位打者に輝く　セカンド

3　ルイス・アラエズ
Luis Arraez

マーリンズ

27歳 1997.4.9生 | 178cm | 79kg | 右投左打

◆対左投手打率/.326(132-43)　◆対右投手打率/.362(442-160)
◆ホーム打率/.376(298-112)　◆アウェー打率/.330(276-91)
◆得点圏打率/.434(106-46)
◆23年のポジション別出場/セカンド=134、ファースト=12、DH=1
◆ドラフトデータ/2013㉞ツインズ
◆出身地/ベネズエラ
◆首位打者2回(22.23年)、シルバースラッガー賞2回(22.23年)
◆年俸/1060万ドル(約14億8400万円)

ミート **5**
パワー **3**
走塁 **3**
守備 **4**
肩 **3**

　昨年1月、パブロ・ロペスら3人とのトレードでツインズからやって来た、現在のMLBを代表する「安打製造機」。ちなみにロペスとは、開幕前の3月に開催されたWBCベネズエラ代表のチームメートとして、ともに母国のためにプレーしている。シーズン開幕後の4月11日フィリーズ戦では、初回の第1打席でライトへの二塁打を放つと、第3打席で右中間の三塁打、第4打席でレフトへのソロ本塁打、8回表の第5打席でレフト前単打と、サイクルヒットを達成。MLB全30球団中、サイクルヒットを記録した打者が出ていなかったのはマーリンズだけだったが、その歴史に終止符を打つ快挙にもなった。その後も好調を維持し、5月9日のダイヤモンドバックス戦まで打率4割台をキープ。翌日から、しばらく3割台後半の数字が続いていたが、6月に入ると再びペースアップし、6月24日のパイレーツ戦終了時点で、4割0分1厘という驚異的な打率を残していた。

　最終的には、MVPを獲得したロナルド・アクーニャ・ジュニアの3割3分7厘を上回る打率3割5分4厘をマークし、ナショナル・リーグ首位打者を獲得。ツインズに在籍していた2022年も、打率3割1分6厘でアーロン・ジャッジの3冠王を阻止するリーディングヒッターに輝いたが、異なるリーグで2年連続の首位打者獲得は、MLB史上初の大記録となった。

　22年はユーティリティ部門で選出されたシルバー・スラッガー賞を、昨季は二塁手部門で受賞。リーグ最高の守備率.993、最多となる93併殺を記録するなど、従来から評価が高かったセカンドの守備にも、一層の磨きがかかった印象もある。FA権を得るのは、2025年シーズン終了後。本人は、チームの雰囲気、温暖なマイアミの気候が気に入っているようで、母国メディアに対して、契約延長に前向きである意向を表明している。

[カモ] K・ゴーズマン(ブルージェイズ).778(9-7)0本　千賀滉大(メッツ).600(5-3)0本
[苦手] G・ソト(フィリーズ).000(8-0)0本　A・バマー(ブレーブス).111(9-1)0本

年度	所属チーム	試合数	打数	得点	安打	二塁打	三塁打	本塁打	打点	四球	三振	盗塁	盗塁死	出塁率	OPS	打率
2019	ツインズ	92	326	54	109	20	1	4	28	36	29	2	2	.399	.838	.334
2020	ツインズ	32	112	16	36	9	0	0	13	8	11	0	0	.364	.766	.321
2021	ツインズ	121	428	58	126	17	6	2	42	43	48	2	2	.357	.733	.294
2022	ツインズ	144	547	88	173	31	1	8	49	50	43	4	4	.375	.795	.316
2023	マーリンズ	147	574	71	203	30	3	10	69	35	34	3	2	.393	.862	.354
通算成績		536	1987	287	647	107	11	24	201	172	165	11	10	.379	.806	.326

[カモ] [苦手] は通算成績

才能豊かなバハマ出身の万能野手

2 **ジャズ・チゾム・ジュニア** *Jazz Chisholm Jr.*

センター

26歳　1998.2.1生　180cm　83kg　右投左打
◆対左投手打率／.172　◆対右投手打率／.275
◆ホーム打率／.256　◆アウェー打率／.245　◆得点圏打率／.256
◆23年のポジション別出場数／センター＝95、DH＝1
◆Ⓓ2015㊉ダイヤモンドバックス　◆⊞バハマ
◆㊷263万ドル（約3億6820万円）

ミート	3
パワー	4
走塁	5
守備	4
肩	4

　ルイス・アラエスの加入により、昨季、セカンドからセンターへとコンバートされた、走攻守で高いレベルの能力を有するバハマ出身のスタープレーヤー。5月13日のレッズ戦で後方の飛球を追った際に、フェンスに激突、右足裏を痛めてIL入りするアクシデントなどがあり、計97試合の出場にとどまったが、9月15、16日のブレーブス戦では、2試合連続グランドスラムを放つ、離れ業も披露している。最終的には19本塁打、22盗塁を記録し、パワーとスピードを兼備しているところを改めて見せつけた。少年時代の野球の師である、バハマ代表ソフトボールチームのショートを守った祖母パトリシアさんから最初にバッティングを習ったのは、彼がまだ2歳のときだった。

|カモ| T・ウォーカー（フィリーズ）.417（12-5）0本　|苦手| M・フリード（ブレーブス）.100（10-1）1本

年度	所属チーム	試合数	打数	得点	安打	二塁打	三塁打	本塁打	打点	四球	三振	盗塁	盗塁死	出塁率	OPS	打率
2020	マーリンズ	21	56	8	9	1	1	2	6	5	19	2	2	.242	.563	.161
2021	マーリンズ	124	464	70	115	20	4	18	53	34	145	23	8	.303	.728	.248
2022	マーリンズ	60	213	39	54	10	4	14	45	21	66	12	5	.325	.860	.254
2023	マーリンズ	97	352	50	88	12	2	19	51	26	118	22	3	.304	.761	.250
通算成績		302	1085	167	266	43	11	53	155	86	348	59	18	.304	.756	.245

昨季ブレイクした長距離砲

36 **ジェイク・バーガー** *Jake Burger*

サード

28歳　1996.4.10生　188cm　104kg　右投右打
◆対左投手打率／.260　◆対右投手打率／.247
◆ホーム打率／.305　◆アウェー打率／.198　◆得点圏打率／.237
◆23年のポジション別出場数／サード＝102、DH＝29、
　ファースト＝5、セカンド＝5　◆Ⓓ2017①ホワイトソックス
◆⊞ミズーリ州　◆㊷74万ドル（約1億360万円）＋α

ミート	3
パワー	5
走塁	2
守備	2
肩	3

　マイナー投手ジェイク・イーダーとのトレードで、ファイアーセールに打って出たホワイトソックスから、昨年8月1日に移籍して来た伸び盛りのスラッガー。レギュラーポジションを確保したのは、昨季から。FA権利を得るのは、2028年オフとなるだけに、トレードされた時点で25本塁打を放っていた新鋭を、なぜホワイトソックスが放出したかは謎だが、マーリンズにとって、すばらしいディール（取引）になったことは間違いない。三振の多さ、四球の少なさ、守備のまずさなど弱点も多いものの、欠点を補って余りある打撃が魅力。今季28歳となるが、ヒゲ面の見た目には、すでにベテランの風格あり。

|カモ| T・ゴンソリン（ドジャース）.600（5-3）2本　|苦手| F・ヴァルデス（アストロズ）.125（8-1）0本

年度	所属チーム	試合数	打数	得点	安打	二塁打	三塁打	本塁打	打点	四球	三振	盗塁	盗塁死	出塁率	OPS	打率
2021	ホワイトソックス	15	38	5	10	3	1	1	3	4	15	0	0	.333	.807	.263
2022	ホワイトソックス	51	168	20	42	9	1	8	26	10	56	0	0	.302	.760	.250
2023	ホワイトソックス	88	294	44	63	15	1	25	52	22	102	1	1	.279	.806	.214
2023	マーリンズ	53	198	27	60	13	0	9	28	10	47	0	0	.355	.860	.303
2023	2チーム計	141	492	71	123	28	1	34	80	32	149	1	1	.309	.827	.250
通算成績		207	698	96	175	40	3	43	109	46	220	1	1	.309	.810	.251

　Ⓓ＝ドラフトデータ　⊞＝出身地　㊷＝年俸　|カモ| |苦手| は通算成績

レギュラーの地位を固めたドミニカン外野手 [レフト]

14 ブライアン・デラクルーズ *Bryan De La Cruz*

28歳 1996.12.16生｜188cm｜79kg｜右投右打

◆対左投手打率／.277 ◆対右投手打率／.251
◆ホーム打率／.293 ◆アウェー打率／.224 ◆得点圏打率／.242
◆23年のポジション別出場数／レフト＝142、ライト＝15、
センター＝7、DH＝1 ◆Ⓓ2013㊵アストロズ
◆⑪ドミニカ ◆㊣74万ドル（約1億360万円）+α

ミート **3**
パワー **4**
走塁 **3**
守備 **2**
肩 **4**

マーリンズ

昨季は主にレフトの守備につき、自己最多となる153試合に出場したドミニカ出身の外野手。打撃面ではまずまずの成績を残し、78打点はチームトップの数字だ。一方、守備では打球判断を誤ることが多く、危なっかしい場面が度々見られた。16歳だった2013年9月に、150万ドルの契約金を受け取って、アストロズに入団。21年春まで長いマイナー生活が続いたが、転機となったのは、同年7月にトレードで、マーリンズにやって来てから。すぐにメジャーデビューを果たし、3シーズン目のレギュラー定着につなげた。

カモ K・フィネガン（ナショナルズ）.714(7-5)0本　苦手 千賀滉大（メッツ）.143(7-1)0本

年度	所属チーム	試合数	打数	得点	安打	二塁打	三塁打	本塁打	打点	四球	三振	盗塁	盗塁死	出塁率	OPS	打率
2021	マーリンズ	58	199	17	59	7	2	5	19	18	53	1	1	.356	.783	.296
2022	マーリンズ	115	329	38	83	20	0	13	43	19	90	4	0	.294	.726	.252
2023	マーリンズ	153	579	60	149	32	0	19	78	40	142	4	1	.304	.715	.257
通算成績		326	1107	115	291	59	2	37	140	77	285	9	2	.311	.731	.263

マーリンズに来てから打棒好調 [ファースト DH]

9 ジョシュ・ベル *Josh Bell*

32歳 1992.8.14生｜193cm｜117kg｜右投両打

◆対左投手打率／.265 ◆対右投手打率／.239
◆ホーム打率／.257 ◆アウェー打率／.237 ◆得点圏打率／.224
◆23年のポジション別出場数／DH＝89、ファースト＝60
◆Ⓓ2011②パイレーツ ◆⑪テキサス州
◆㊣1650万ドル（約23億1000万円）◆シルバースラッガー賞1回（22年）

ミート **3**
パワー **5**
走塁 **2**
守備 **2**
肩 **3**

昨年8月1日のトレードで、ガーディアンズからやって来た一塁手。パイレーツ在籍時の2019年に、37本塁打を放っている両打ちの長距離砲だ。2022年にガーディアンズと結んだ1650万ドルの選手オプションを行使し、今季も引き続き、マーリンズでプレーすることになった。昨季、ガーディアンズで97試合に出場して11本塁打、マーリンズでは53試合で同数の11本塁打と、マイアミの水がよく合っていたようだ。8月9日のレッズ戦では、左右両打席で本塁打を放っている。9月20日のメッツ戦では、千賀から特大の一発。

カモ M・フリード（ブレーブス）.412(17-7)0本　苦手 A・ノーラ（フィリーズ）.160(25-4)1本

年度	所属チーム	試合数	打数	得点	安打	二塁打	三塁打	本塁打	打点	四球	三振	盗塁	盗塁死	出塁率	OPS	打率
2016	パイレーツ	45	128	18	35	8	0	3	19	21	19	0	1	.368	.774	.273
2017	パイレーツ	159	549	75	140	26	6	26	90	66	117	2	4	.334	.800	.255
2018	パイレーツ	148	501	74	131	31	4	12	62	77	104	2	5	.357	.768	.261
2019	パイレーツ	143	527	94	146	37	3	37	116	74	118	0	1	.367	.936	.277
2020	パイレーツ	57	195	22	44	3	0	8	22	22	59	0	0	.305	.669	.226
2021	ナショナルズ	144	498	75	130	24	1	27	88	65	101	0	0	.347	.823	.261
2022	ナショナルズ	103	375	52	113	24	3	14	57	49	61	0	1	.384	.877	.301
2022	パドレス	53	177	26	34	5	0	3	14	32	41	0	0	.316	.587	.192
2022	2チーム計	156	552	78	147	29	3	17	71	81	102	0	1	.362	.784	.266
2023	ガーディアンズ	97	347	26	81	19	0	11	48	43	81	0	1	.318	.701	.233
2023	マーリンズ	53	200	26	54	9	0	11	26	20	53	0	0	.338	.818	.270
2023	2チーム計	150	547	52	135	28	0	22	74	63	134	0	1	.325	.744	.247
通算成績		1002	3497	488	908	186	17	152	542	469	754	4	13	.347	.800	.260

打率アップも、盗塁数は激減

5 ジョン・バーテイ *Jon Berti*

ユーティリティ

34歳 1990.1.22生 | 178cm | 86kg | 右投右打

◆対左投手打率／.325 ◆対右投手打率／.280
◆ホーム打率／.283 ◆アウェー打率／.304 ◆得点圏打率／.213
◆23年のポジション別出場数／ショート=64、サード=41、レフト=18、
セカンド=15、ライト=1、DH=1 ◆Ｄ2011⑱ブルージェイズ
◆囲ミシガン州 ◆囲350万ドル（約4億9000万円）◆盗塁王1回（22年）

ミート	3
パワー	2
走塁	5
守備	4
肩	3

　規定打席に達しなかった2022年に、ナショナル・リーグトップの41盗塁を
マークした、俊足自慢のユーティリティ。昨シーズンも規定数には到達しな
かったが、打席数、出場試合数ともに自己最多を記録。3割近い打率も残し
た。しかし、ベース拡大、牽制球の回数制限、ピッチクロックといった、ラ
ンナーに有利な新システムが導入されたにもかかわらず、盗塁は16にとどま
っている。守備では主にショート、サードを守り、好プレーで投手を盛り立
てた。父トーマスも、元プロ野球選手。22、23歳のときに2シーズン、タイ
ガース傘下の1Aで内野手としてプレーし、1本だけホームランを放っている。

| カモ | T・ウォーカー（フィリーズ）.368（19-7）0本 | 苦手 | Z・ウィーラー（フィリーズ）.188（16-3）0本 |

年度	所属チーム	試合数	打数	得点	安打	二塁打	三塁打	本塁打	打点	四球	三振	盗塁	盗塁死	出塁率	OPS	打率
2018	ブルージェイズ	4	15	2	4	1	1	0	2	0	4	1	0	.267	.734	.267
2019	マーリンズ	73	256	52	70	14	1	6	24	24	73	17	3	.348	.754	.273
2020	マーリンズ	39	120	21	31	5	0	2	14	23	37	9	2	.388	.738	.258
2021	マーリンズ	85	233	35	49	10	1	4	19	32	61	8	4	.311	.624	.210
2022	マーリンズ	102	358	47	86	17	3	4	28	42	89	41	5	.324	.662	.240
2023	マーリンズ	133	388	53	114	16	3	7	33	29	77	16	6	.344	.749	.294
通算成績		436	1370	210	354	63	9	23	120	150	341	92	20	.337	.705	.258

二刀流挑戦、韓国でのプレーも経験

25 クリスチャン・ベタンコート *Christian Bethancourt*

キャッチャー
ファースト

移籍

33歳 1991.9.2生 | 190cm | 92kg | 右投右打 ◆盗塁阻止率／.228（57-13）

◆対左投手打率／.188 ◆対右投手打率／.236
◆ホーム打率／.223 ◆アウェー打率／.228 ◆得点圏打率／.242
◆23年のポジション別出場数／キャッチャー=102、
ピッチャー=1、DH=1 ◆Ｄ2008①ブレーブス
◆囲パナマ ◆囲205万ドル（約2億8700万円）

ミート	2
パワー	3
走塁	3
守備	3
肩	5

　新編成トップのベンディックス（昨季はレイズGM）が、獲得をこだわった
捕手。昨年11月にレイズからウエーバーにかけられ、ガーディアンズが獲
得。その後、金銭トレードでマーリンズに加入した。昨季は自己最多の104
試合に出場し、最多タイの11本塁打を記録。自慢の強肩にも衰えはない。
パドレス時代の2017年に、投手と打者の二刀流に挑戦したが、結果を残せ
ず。以降、マイナーや韓国でのプレーを経て、22年にメジャー復帰を果たし
た苦労人。パナマ出身で、昨年3月のWBCでは、母国代表チームでプレー。

| カモ | M・ゴンザレス（パイレーツ）.444（9-4）0本 | 苦手 | P・サンドヴァル（エンジェルス）.000（11-0）0本 |

年度	所属チーム	試合数	打数	得点	安打	二塁打	三塁打	本塁打	打点	四球	三振	盗塁	盗塁死	出塁率	OPS	打率
2013	ブレーブス	1	1	0	0	0	0	0	0	0	0	0	0	.000	.000	.000
2014	ブレーブス	31	113	7	28	3	0	0	9	3	26	1	1	.274	.548	.248
2015	ブレーブス	48	155	16	31	8	0	2	12	5	33	1	1	.225	.515	.200
2016	パドレス	73	193	20	44	9	0	6	25	10	56	1	2	.265	.633	.228
2017	パドレス	8	7	0	1	0	0	0	0	0	3	0	0	.143	.286	.143
2022	アスレティックス	56	169	23	42	11	0	4	19	10	41	4	1	.298	.683	.249
2022	レイズ	45	149	16	38	6	0	7	15	2	39	1	0	.265	.701	.255
2022	2チーム計	101	318	39	80	17	0	11	34	12	80	5	1	.283	.692	.252
2023	レイズ	104	315	49	71	16	0	11	33	13	91	1	0	.254	.635	.225
通算成績		366	1102	131	255	53	0	30	113	43	290	9	5	.261	.622	.231

対左=対左投手打率 対右=対右投手打率 囲=ホーム打率 ⑦=アウェー打率 囲=得点圏打率
Ｄ=ドラフトデータ 囲=出生地 囲=年俸

マーリンズ

抜群の使い勝手の良さを誇る何でも屋　ユーティリティ　移籍

17 ヴィダル・ブルハーン　*Vidal Brujan*

26歳 1998.2.9生 | 178cm | 81kg | 右投両打 [対左].100 [対右].196 [得].250 [ア].114
[優].238 [ド]2014⑮レイズ [出]ドミニカ [年]74万ドル（約1億360万円）＋α

ミ **2**
パ **2**
走 **4**
守 **4**
肩 **3**

　マーリンズ新編成トップのベンディックスが、昨年11月に就任後、最初に行ったトレードで、レイズから獲得したユーティリティ。レイズでは出番こそ少なかったが、セカンド、サード、ショート、外野の3ポジションで試合に出場。俊足もウリで、マイナーで55個の盗塁を成功させたシーズンもある。ベンディックスは昨年まで、レイズのフロントにいた人物。ブルハーンの能力を間近で感じており、今回の獲得に動いた。課題の打撃が向上すれば、リードオフマンとして、花開く可能性はある。ドミニカ国内でも野球熱が高い、サンペドロ・デ・マコリスの出身。

年度	所属チーム	試合数	打数	得点	安打	二塁打	三塁打	本塁打	打点	四球	三振	盗塁	盗塁死	出塁率	OPS	打率
2023	レイズ	37	74	14	13	1	0	0	6	5	21	3	2	.241	.438	.171
通算成績		99	249	30	39	7	0	3	24	17	66	9	7	.218	.439	.157

強烈なゴロで、三塁ベースコーチが骨折　ライト

12 ヘスース・サンチェス　*Jesus Sanchez*

27歳 1997.10.7生 | 190cm | 100kg | 右投左打 [対左].213 [対右].259 [得].262 [ア].242
[優].258 [ド]2014⑮レイズ [出]ドミニカ [年]210万ドル（約2億9400万円）

ミ **3**
パ **4**
走 **3**
守 **2**
肩 **3**

　メジャー4年目となる昨季、自己最多となる125試合に出場した、ドミニカ出身の外野手。投手に恐怖感を与える豪快なスイングが特徴。打った瞬間にそれとわかる大ホームランも珍しくなく、粗さはあるものの、ボールを遠くまで飛ばす能力の高さが、強力な武器となっている。昨年7月19日のカーディナルス戦では、3回表2死一、二塁というチャンスの場面で打席に立ち、三塁側ファウルゾーンに打球速度96.6マイル（約156キロ）の強烈なゴロを放った。これが、リード三塁ベースコーチの右足すねを直撃。骨折した同コーチは、試合途中での交代を余儀なくされた。

年度	所属チーム	試合数	打数	得点	安打	二塁打	三塁打	本塁打	打点	四球	三振	盗塁	盗塁死	出塁率	OPS	打率
2023	マーリンズ	125	360	43	91	23	3	14	52	38	107	3	1	.327	.777	.253
通算成績		297	925	109	216	46	8	41	126	88	288	4	2	.305	.739	.234

ベタンコートの加入で、今季は出場減か　キャッチャー

4 ニック・フォーテス　*Nick Fortes*

28歳 1996.11.11生 | 180cm | 89kg | 右投右打 ◆盗塁阻止率/.111(81-9) [対左].316 [対右].165 [得].231
[ア].177 [優].241 [ド]2018④マーリンズ [出]フロリダ州 [年]74万ドル（約1億360万円）＋α

ミ **2**
パ **2**
走 **3**
守 **3**
肩 **3**

　メジャー3年目の昨季、自己最多の104試合でマスクをかぶった、マーリンズの生え抜き捕手。ただ、ベタンコートの加入で、今季はバックアップに回ることになりそうだ。守備では、ボールブロッキングとフレーミングの技術はまずまず。一方、昨季は盗塁阻止率が、一昨年から大きくダウン。悪送球も多かった。打撃では多くを期待できないが、昨年5月31日のパドレス戦では、絶対的守護神ヘイダーからサヨナラヒットを放って、ヒーローになった。フロリダ州大西洋岸の町デランド出身で、地元のプロアイスホッケーチームのパンサーズを熱心に応援している。

年度	所属チーム	試合数	打数	得点	安打	二塁打	三塁打	本塁打	打点	四球	三振	盗塁	盗塁死	出塁率	OPS	打率
2023	マーリンズ	108	294	33	60	10	0	6	26	17	59	4	2	.263	.562	.204
通算成績		194	542	80	119	16	1	19	57	38	112	10	5	.285	.643	.220

⑦ ショート 移籍

ホセ・ラミレスの右フックでKO

ティム・アンダーソン *Tim Anderson*

31歳 1993.6.23生｜185cm｜83kg｜右投右打 | 対左.304 | 対右.226 | ホ.249 | ア.242 | 得.289
ド2013①ホワイトソックス 囲アラバマ州 囲500万ドル(約7億円) ◆首位打者1回(19年)、シルバースラッガー賞1回(20年)

ミ 5
バ 3
走 4
守 2
肩 3

昨季までホワイトソックスでプレーしていた内野手。昨年3月のWBCでは、アメリカ代表チームに加わり、準優勝に貢献。しかし、レギュラーシーズンでは開幕直後に左ヒザを痛め、約3週間離脱。復帰後は最後まで調子が戻らず、1番打者の役割を果たせなかった。2019年から22年まで、4年連続で3割を超える打率を残し、19年には首位打者に輝いた実績がある。メジャーリーグ界きってのトラブルメーカーとして知られ、昨年8月のガーディアンズ戦では、度重なる挑発行為をホセ・ラミレスにとがめられ、逆ギレ。ラミレスに殴りかかったが、返り討ちにされた。

年度	所属チーム	試合数	打数	得点	安打	二塁打	三塁打	本塁打	打点	四球	三振	盗塁	盗塁死	出塁率	OPS	打率
2023	ホワイトソックス	8	22	3	5	1	0	0	2	1	3	1	0	.261	.534	.227
通算成績		140	362	55	111	25	4	4	41	7	66	7	6	.321	.752	.307

24 DH ライト

衰えが激しい高年俸選手

アヴィサイル・ガルシア *Avisail Garcia*

33歳 1991.6.12生｜193cm｜113kg｜右投右打 | 対左.189 | 対右.183 | ホ.222 | ア.148
得.259 ド2007⑰タイガース 囲ベネズエラ 囲1200万ドル(約16億8000万円)

ミ 2
バ 4
走 2
守 3
肩 4

オールスター出場経験のあるベネズエラ出身の外野手。ブリュワーズに在籍していた2021年に、29本塁打、86打点の好成績を残し、同年オフに4年5300万ドルの契約でマーリンズに加入。だが、最初の2年間は低調な成績に終始。昨季は故障もあり、37試合の出場で本塁打は3本だけだった。そのうちの1本は、4月4日のツインズ戦での一発。トミー・ジョン手術を乗り越え、591日ぶりにマウンドに上がった前田健太から、特大弾を放った。今年6月12日で33歳となるが、以前から実年齢より老けて見えるタイプで、ニックネームは「Uncle Avi（アヴィおじさん）」。

年度	所属チーム	試合数	打数	得点	安打	二塁打	三塁打	本塁打	打点	四球	三振	盗塁	盗塁死	出塁率	OPS	打率
2023	マーリンズ	37	108	8	20	3	1	3	12	6	39	2	0	.241	.556	.185
通算成績		1086	3899	492	1026	153	17	138	522	261	1025	51	32	.317	.734	.263

67 ショート 期待度 B ルーキー

ジェイコブ・アマヤ *Jacob Amaya*

26歳 1998.9.3生｜183cm｜81kg｜右投右打 ◆昨季はメジャーで4試合に出場 ド2017⑪ドジャース 囲カリフォルニア州

昨年1月のトレードで、ドジャースからやって来た遊撃手。6月にメジャーデビューし、4試合に出場した。ウリは、守備力と野球IQの高さで、状況に応じたプレーができる。今は亡き祖父フランクも、マイナーでのプレー経験がある元遊撃手。孫同様、プロとしてのスタートはドジャースだった。

― キャッチャー 期待度 C+ ルーキー

ウィル・バンフィールド *Will Banfield*

25歳 1999.11.18生｜183cm｜97kg｜右投右打 ◆昨季は2Aでプレー ド2018②マーリンズ 囲ジョージア州

トップレベルの強肩と、ボールブロッキング能力の高さがウリの守備型捕手。英語とスペイン語を話すので、中南米の投手とのコミュニケーションも問題がない。また、リーダーシップも高く評価されている。課題だった打撃も成長中で、昨季は2Aで115試合に出場し、打率2割5分8厘、23本塁打。

対左=対左投手打率　対右=対右投手打率　ホ=ホーム打率　ア=アウェー打率　得=得点圏打率
ド=ドラフトデータ　囲=出身地　囲=年俸

ニューヨーク・メッツ

◆創　立：1962年
◆本拠地：ニューヨーク州ニューヨーク市
◆ワールドシリーズ制覇：2回／◆リーグ優勝：5回
◆地区優勝：6回／◆ワイルドカード獲得：4回

主要オーナー　スティーヴ・コーヘン（投資家）

過去5年成績	年度	勝	負	勝率	ゲーム差	地区順位	ポストシーズン成績
	2019	86	76	.531	11.0	③	―
	2020	26	34	.433	9.0	④(同率)	―
	2021	77	85	.475	11.5	③	―
	2022	101	61	.623	0.0	②	ワイルドカードシリーズ敗退
	2023	75	87	.463	29.0	④	―

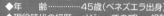

監　督　**28 カルロス・メンドーサ** *Carlos Mendoza*

新

◆年　　齢……………45歳（ベネズエラ出身）
◆現役時代の経歴 …メジャーでのプレー経験なし
　（ユーティリティ）
◆監督経歴……………メジャーでの監督経験なし

　ベネズエラ出身の新指揮官。昨季までは、同じニューヨークのヤンキースで、ベンチコーチを務めていた。ヤンキースのキャッシュマンGMが、「野球をよく知っている」と評する人物。規律を重んじるタイプで、リーダーシップも、高く評価されている。適切なタイミングで助言を与えるので、選手たちからの信頼も厚かった。ベネズエラ出身の監督誕生は、2004年にホワイトソックスの監督に就任したオジー・ギーエン以来となり、MLB史上2例目（暫定監督除く）。

注目コーチ　**68 ジョン・ギボンズ** *John Gibbons*

　新ベンチコーチ。62歳。2004〜08年と、13〜18年に、ブルージェイズで監督を務めていた。情熱的な指導者で、喜びの感情も、怒りの感情も、表に出やすいタイプだ。

編成責任者　**デイヴィッド・スターンズ** *David Stearns*

　39歳。昨年10月に就任。2022年のシーズン終了までブリュワーズの編成トップを務め、成功を収めた人物だ。ハーバード大学出身。少年時代は、メッツのファンだった。

スタジアム　**シティ・フィールド** *Citi Field*

◆開場年…………2009年
◆仕　様…………天然芝
◆収容能力………41,922人
◆フェンスの高さ…2.4m
◆特　徴…………以前はホームランが出にくく、投手に有利な球場だったが、度々フェンスの位置や高さを調整した結果、投手に「やや有利」程度の球場になっている。昨年、外野スタンドに新設したスコアボードのサイズは、メジャー最大級。

ピッチャーズパーク

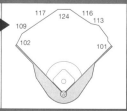

Best Order

① ブランドン・ニモ……レフト
② ジェフ・マクニール……セカンド
③ フランシスコ・リンドーア……ショート
④ ピート・アロンゾ……ファースト
⑤ DJ・ステュワート……DH
⑥ タイロン・テイラー……センター
⑦ フランシスコ・アルヴァレス……キャッチャー
⑧ スターリング・マーティ……ライト
⑨ ブレット・ベイティ……サード

Depth Chart

[ポジション別選手層・メンバーリスト]

※2024年2月25日時点の候補選手。
数字は背番号(開幕前に変更する場合もあり)、右・左等は投・打の順。

センター
15 タイロン・テイラー [右・右]
44 ハリソン・ベイダー [右・右]
9 ブランドン・ニモ [右・右]

レフト
9 ブランドン・ニモ [右・右]
29 DJ・ステュワート [右・左]
1 ジェフ・マクニール [右・左]
15 タイロン・テイラー [右・右]

ライト
6 スターリング・マーティ [右・右]
29 DJ・ステュワート [右・左]
1 ジェフ・マクニール [右・左]
15 タイロン・テイラー [右・右]

ショート
12 フランシスコ・リンドーア [右・両]
13 ジョーイ・ウェンドル [右・右]
10 ロニー・マウリシオ [右・両]

セカンド
1 ジェフ・マクニール [右・左]
13 ジョーイ・ウェンドル [右・右]
10 ロニー・マウリシオ [右・両]

ローテーション
34 千賀滉大 [右・右]
35 エイドリアン・ハウザー [右・右]
59 ショーン・マナエア [左・右]
62 ホセ・キンターナ [左・右]
40 ルイス・セヴェリーノ [右・右]
70 ホセ・ブット [右・右]
38 タイラー・メギル [右・右]
47 ジョーイ・ルケーシ [左・右]

サード
22 ブレット・ベイティ [右・左]
13 ジョーイ・ウェンドル [右・右]
27 マーク・ヴィエントス [右・右]

ファースト
20 ピート・アロンゾ [右・右]
27 マーク・ヴィエントス [右・右]

キャッチャー
4 フランシスコ・アルヴァレス [右・右]
2 オマー・ナルヴァエス [右・左]

DH
29 DJ・ステュワート [右・左]
27 マーク・ヴィエントス [右・右]

ブルペン
39 エドウィン・ディアス [右・右] CL
25 ブルックス・レイリー [左・左]
33 ドルー・スミス [右・右]
0 アダム・オタヴィーノ [右・両]
19 藤浪晋太郎 [右・右]
52 ホルヘ・ロペス [右・右]
51 マイケル・トンキン [右・右]
46 ヨハン・ラミレス [右・右]
30 ジェイク・ディークマン [左・右]
71 ショーン・リード=フォーリー [右・右]
50 フィル・ビックフォード [右・右]
56 グラント・ハートウィグ [右・右]
91 ジョシュ・ウォーカー [左・右]
— オースティン・アダムズ [右・右]

※CL=クローザー

メッツ試合日程……*はアウェーでの開催

3月28・30・31	ブリュワーズ	29・30・**5月**1・2	カブス	27・28・29	ドジャース
4月1・2・3	タイガース	3・4・5	レイズ*	30・31・**6月**1・2	ダイヤモンドバックス
5・6・7	レッズ*	6・7・8	カーディナルス*	3・4・5	ナショナルズ*
8・9・10・11	ブレーブス*	10・11・12	ブレーブス	8・9	フィリーズ(イギリス開催)
12・13・14	ロイヤルズ	13・14	フィリーズ	11・12・13	マーリンズ
15・16・17	パイレーツ	15・16	フィリーズ*	14・15・16	パドレス
19・20・21	ドジャース*	17・18・19	マーリンズ*	17・18・19	レンジャーズ*
22・23・24	ジャイアンツ*	20・21・22	ガーディアンズ*	21・22・23	カブス*
26・27・28	カーディナルス	24・25・26	ジャイアンツ	25・26	ヤンキース

球団メモ　昨季開幕時の総年俸は、メジャートップ。しかしチームの勝ち星は伸びず、シーズン終了後にショーウォルター監督が解任された。直後に、エプラーGMも引責辞任。

■投手力 ↗ …★★★♩☆ 【昨年度チーム防御率4.30、リーグ9位】

　ローテーションは千賀滉大、キンターナ、セヴェリーノ、マナエア、ハウザーという顔ぶれだ。故障リスクの高い投手が多いので、いつも1人か2人、IL（故障者リスト）入りしている稼働率の低いローテーションになりそうだ。6〜8番手はメギル、ブット、ルケーシなので、チーム防御率3点台は難しいだろう。リリーフ陣は昨季全休だった最強の守護神エドウィン・ディアスが、今季はフル稼働できるので、大幅にレベルアップ。メッツの最大の弱点は、投手育成力がまったくないことだ。自前で育てた人材がローテーションにゼロ。ブルペンもゼロ。これではオーナーがいくら大富豪でも、最強の投手陣は作れない。

■攻撃力 ↗ …★★★☆☆ 【昨年度チーム得点717、リーグ11位】

　カネのかかっている打線なのに、昨シーズンはチーム得点がナショナル・リーグの11位。悪くても「中」レベルと思われていた打線がそこまで落ち込んでしまったのは、マーテイ、エスコバーなど、FA移籍組がまったく機能しなかったからだ。センターに貧打のベイダーではなく、タイロン・テイラーを使えば、チーム得点を20〜30増やす効果があるだろう。

■守備力 …★★★☆☆ 【昨年度チーム失策数88、リーグ8位】

　チーム全体のレベルは「中の下」レベル。外野の守備力は、ゴールドグラブ賞の受賞歴がある名手ベイダーが加入したので、多少向上するだろう。

■機動力 …★★★♩☆ 【昨年度チーム盗塁数118、リーグ9位】

　盗塁スキルの高い選手が多い。昨季は盗塁失敗数が15で、リーグ最少。

総合評価 ↗
★★★♩☆

コーヘン・オーナーは、莫大（ばくだい）な金を使ってスター選手をそろえても勝てないことを思い知らされたようで、オフは大きな補強をしなかった。それでも質の高い中堅やベテランが多いので、正常に機能すれば、地区優勝を狙える戦力を有している。

IN 主な入団選手	**OUT** 主な退団選手
投手	**投手**
エイドリアン・ハウザー ← ブリュワーズ	トレヴァー・ゴット ➡ アスレティックス
ショーン・マナエア ← ジャイアンツ	
ルイス・セヴェリーノ ← ヤンキース	**野手**
藤浪晋太郎 ← オリオールズ	ルイス・ギヨーメ ➡ ブレーブス
野手	
タイロン・テイラー ← ブリュワーズ	
ハリソン・ベイダー ← レッズ	

28·29·30	アストロズ	29·30·31	ツインズ	30·31·**9月**1	ホワイトソックス*
7月1·2·3·4	ナショナルズ*	**8月**2·3·4	エンジェルス*	2·3·4	レッドソックス
5·6·7·8	パイレーツ*	6·7·8	ロッキーズ*	6·7·8	レッズ
9·10·11	ナショナルズ	9·10·11	マリナーズ*	9·10·11	ブルージェイズ
12·13·14	ロッキーズ	13·14·15	アスレティックス	13·14·15	フィリーズ*
16	オールスターゲーム	16·17·18	マーリンズ	16·17·18	ナショナルズ
19·20·21·22	マーリンズ*	19·20·21	オリオールズ	19·20·21·22	フィリーズ
23·24	ヤンキース*	22·23·24·25	パドレス*	24·25	ブレーブス*
25·26·27·28	ブレーブス	27·28·29	ダイヤモンドバックス*	27·28·29	ブリュワーズ

球団メモ 昨年8月、メッツのレジェンドプレイヤーであるダリル・ストロベリーとドワイト・グッデンの背番号「18」と「16」が、チームの永久欠番に新たに指定された。

301

投 手

エースとして2年目を迎えるフォークの魔術師 先 発

34 千賀滉大
Kodai Senga

31歳 1993.1.30生 | 185cm | 91kg | 右投左打

◆速球のスピード／150キロ台中頃（フォーシーム主体）
◆決め球と持ち球／☆フォークボール、◎フォーシーム、
　◎カッター、○カーブ、○スライダー、△スイーパー
◆対左打者被打率／.190　◆対右打者被打率／.224
◆ホーム防御率／2.42　◆アウェー防御率／3.68
◆ドラフトデータ／2010育成④福岡ソフトバンク、
　2022㉚メッツ　◆出身地／愛知県
◆年俸／1400万ドル（約19億6000万円）

球威	5
制球	3
緩急	5
守備・制球	5
度胸	5

　メジャー1年目にいきなり2点台の防御率を出し、称賛された福岡ソフトバンクの元エース。昨季の防御率2.98は、ブレイク・スネルの2.25に次ぐ、ナショナル・リーグ2位の数字。新人王争いでも最終候補になったが、こちらも次点だった。

　昨季は先発の3番手としてシーズンに入ったが、チームが予想外の不振。ポストシーズン進出が難しくなった結果、ヴァーランダーとシャーザーが8月1日のトレードでチームを去ったため、エースに繰り上がり、シーズン終了までそれにふさわしいハイレベルなピッチングを見せた。

　一番の武器は「ゴースト・フォーク」。使用比率は23.8%だが、202奪三振のうち110三振は、このフォークで奪ったものだ。被打率も1割1分0厘という低さで、空振り率は59.5%という圧巻の数字だった。メジャーリーグでスプリッター（フォークボール）を投げる右投手は、左打者から三振を奪う道具として使っているケースが多く、右打者には多投しない。しかし千賀は、右打者にも左打者にも同じくらいの比率で使っており、空振り率は対右打者のほうが高い（65.2%）。

　メッツファンの間では、千賀が高校時代無名の存在でタダ同然の契約金で育成選手としてプロ入りしたこと、育成選手時代には3ケタの背番号を付けていたこと、育成選手出身の初のメジャーリーガーであること、などは知れ渡っている。テレビの実況中継で、千賀が「野球立志伝中の人物」であることが紹介され、地元紙もそのことを好んで報じたからだ。

　昨シーズンの序盤は、急激に守備力が低下した捕手トマス・ニドに足を引っ張られる場面が何度かあったが、その後ルーキーのフランシスコ・アルヴァレスが正捕手に抜擢され、捕手と呼吸が合わないと感じさせるケースはほとんどなくなった。このアルヴァレスが、ソフトバンク時代の盟友・甲斐拓也のような存在になりつつあることは、大きなプラス材料だ。

カモ K・シュワーバー（フィリーズ）.000（6-0）0本　T・ターナー（フィリーズ）.000（5-0）0本
苦手 L・アラエズ（マーリンズ）.600（5-3）0本　M・トークマン（カブス）.500（6-3）0本

年度	所属チーム	勝利	敗戦	防御率	試合数	先発	セーブ	投球イニング	被安打	失点	自責点	被本塁打	与四球	奪三振	WHIP
2023	メッツ	12	7	2.98	29	29	0	166.1	126	60	55	17	77	202	1.22
通算成績		12	7	2.98	29	29	0	166.1	126	60	55	17	77	202	1.22

三振の山を築く不安定が武器の異能派

ミドルリリーフ　　移籍

19 藤浪晋太郎
Shintaro Fujinami

メッツ

30歳　1994.4.12生｜198cm｜81kg｜右投右打

◆速球のスピード／150キロ台後半（フォーシーム主体）
◆決め球と持ち球／◎カッター、◎スプリッター、
　○フォーシーム、○スイーパー、△スライダー
◆対左打者被打率／.211　◆対右打者被打率／.263
◆ホーム防御率／5.93　◆アウェー防御率／8.53
◆ドラフトデータ／2012①阪神、2023㉈アスレティックス
◆出身地／大阪府
◆年俸／335万ドル（約4億6900万円）

球威 **5**
制球 **1**
緩急 **3**
守備・牽制 **3**
度胸 **2**

　キャンプ直前に、1年335万ドルの契約で入団した豪腕リリーバー。2022年オフ、阪神からポスティングシステムを利用して、アスレティックスに入団。メジャー1年目の昨季は、当初は先発で起用された。しかし、一発と四球がらみで、度々失点。防御率が14.26まで上昇し、リリーフに回った。その後も安定感を欠いたが、7月になって与四球が減り、目を見張るペースで三振を奪うようになったため、ブルペンに故障者が続出していたオリオールズが目をつけ、7月19日にトレードで移籍。その後、ハイペースで奪三振をマークし、再生したかに見えた。しかし、9月中旬以降、また制球が不安定になり、最後の5試合で5失点。ポストシーズンのメンバーから外され、悔しい思いをした。

　球種はフォーシームが主体で、全投球の6割弱を占め、これにスプリッター、カッター、スイーパーを組み合わせて投げている。リリーフで投げると、フォーシームは160キロ台が頻繁に出るので、日本のファンは喜んでしまうが、甘く入ると長打を食うことになる。藤浪のフォーシームは、スピン量が多くないので浮き上がる軌道にならず、ストレートボール（棒球）に近い軌道になってしまうからだ。

　今季、藤浪がメッツで担う役回りはミドルリリーフで、ゲーム中盤のリードされている場面や延長戦で使われることになる。定員8人のリリーフ陣の中での序列は、6番目か7番目なので、防御率が5点台になれば、マイナー落ちを覚悟しないといけない。メッツは3Aに実績のあるリリーバーを2、3人置いているので、代わりを務める人員には事欠かないのだ。

　大きなプラス要因になるのは、同じチームに千賀がいることだ。藤浪は投球フォームに微妙な不具合が生じ、それが乱調の原因になることが多い。だが、それをすぐ指摘してくれる兄貴分がいることは、ピッチングコーチが常時、隣にいるようなものなので、何度も助けられるのではないだろうか。

カモ Y・ディアス（レイズ）.000(5-0)0本　T・ヘルナンデス（ドジャース）.000(3-0)0本
苦手 大谷翔平（ドジャース）.667(3-2)0本　A・ヴォルピー（ヤンキース）.667(3-2)0本

年度	所属チーム	勝利	敗戦	防御率	試合数	先発	セーブ	投球イニング	被安打	失点	自責点	被本塁打	与四球	奪三振	WHIP
2023	アスレティックス	5	8	8.57	34	7	0	49.1	52	48	47	6	30	51	1.66
2023	オリオールズ	2	0	4.85	30	0	2	29.2	21	17	16	3	15	32	1.21
2023	2チーム計	7	8	7.18	64	7	2	79.0	73	65	63	9	45	83	1.49
通算成績		7	8	7.18	64	7	2	79.0	73	65	63	9	45	83	1.49

35 ゲームをしっかり作ってくれる仕事人　先発　移籍

エイドリアン・ハウザー *Adrian Houser*

31歳　1993.2.2生｜190cm｜109kg｜右投右打

◆速球のスピード／150キロ前後（シンカー、フォーシーム）
◆決め球と持ち球／◎シンカー、○フォーシーム、△スライダー、
　△カーブ、△スプリッター　◆対左.268　◆対右.277
◆ホ防4.15　◆ア防4.09　◆ド2011②アストロズ
◆出オクラホマ州　◆年505万ドル（約7億700万円）

球威	2
制球	3
緩急	4
守備・走塁	4
度胸	3

　昨年10月にメッツの編成責任者に就任したデイヴィッド・スターンズが、最初のトレードで古巣ブリュワーズから獲得した投手。獲得した動機は、先発の4、5番手として使えば優秀なイニングイーターになると評価したからだ。シンカーを多投する典型的な打たせて取るタイプ。芯を外すことに長けていて、失点を2、3点に抑えて5、6回まで持ちこたえる粘りのピッチングが持ち味だ。期待されるのは、10勝10敗と4点台前半の防御率。5番手が勝ち負け同数なら、メッツは大きく勝ち越すことができる。課題は、シンカーが沈まなくなるケースと、スライダーが抜けるケースが多くなったことだ。

カモ　A・ボーム（フィリーズ）.000(8-0)0本　　苦手　A・カーク（ブルージェイズ）1.000(6-6)0本

年度	所属チーム	勝利	敗戦	防御率	試合数	先発	セーブ	投球イニング	被安打	失点	自責点	被本塁打	与四球	奪三振	WHIP
2015	ブリュワーズ	0	0	0.00	2	0	0	2.0	1	0	0	0	2	0	1.50
2018	ブリュワーズ	0	0	3.29	7	0	0	13.2	13	5	5	0	7	8	1.46
2019	ブリュワーズ	6	7	3.72	35	18	0	111.1	101	49	46	14	37	117	1.24
2020	ブリュワーズ	1	6	5.30	12	11	0	56.0	63	41	33	8	21	44	1.50
2021	ブリュワーズ	10	6	3.22	28	26	0	142.1	118	61	51	12	64	105	1.28
2022	ブリュワーズ	6	10	4.73	23	21	0	102.2	103	66	54	8	47	69	1.46
2023	ブリュワーズ	8	5	4.12	23	21	0	111.1	121	56	51	13	34	96	1.39
通算成績		31	34	4.00	129	97	0	539.1	520	278	240	55	212	439	1.36

59 南極旅行の経験もある冒険好き　先発　移籍

ショーン・マナエア *Sean Manaea*

32歳　1992.2.1生｜196cm｜110kg｜左投右打

◆速球のスピード／150キロ前後（フォーシーム主体）
◆決め球と持ち球／☆フォーシーム、◎チェンジアップ、△スライダー
◆対左.200　◆対右.253　◆ホ防3.45　◆ア防5.37
◆ド2013①ロイヤルズ　◆出インディアナ州
◆年1450万ドル（約20億3000万円）

球威	4
制球	3
緩急	3
守備・走塁	2
度胸	3

　2年2800万ドルで入団した、長いカーリーヘアがトレードマークの左腕。昨年はジャイアンツに2年2500万ドルの契約で入団したが、早い回に連続してKOされたため先発を外され、5月11日から9月6日までロングリリーフで起用された。2年契約で入団したのに1年でジャイアンツを出たのは、1年目終了後にオプトアウトできる契約になっていたからで、メッツを選択したのは、先発の座を保証してくれたからだ。冒険心に富んでいて、2022年のオフには、パドレスで一緒だったマズグローヴと南極に旅行したことがある。

カモ　D・スワンソン（カブス）.000(10-0)0本　　苦手　N・カステヤノス（フィリーズ）.571(7-4)2本

年度	所属チーム	勝利	敗戦	防御率	試合数	先発	セーブ	投球イニング	被安打	失点	自責点	被本塁打	与四球	奪三振	WHIP
2016	アスレティックス	7	9	3.86	25	24	0	144.2	135	65	62	20	37	124	1.19
2017	アスレティックス	12	10	4.37	29	29	0	158.2	167	88	77	18	55	140	1.40
2018	アスレティックス	12	9	3.59	27	27	0	160.2	141	67	64	21	32	108	1.08
2019	アスレティックス	4	0	1.21	5	5	0	29.2	16	4	4	3	7	30	0.78
2020	アスレティックス	4	3	4.50	11	11	0	54.0	57	32	27	7	8	45	1.20
2021	アスレティックス	11	10	3.91	32	32	0	179.1	179	79	78	25	41	194	1.23
2022	パドレス	8	9	4.96	30	28	0	158.0	155	95	87	29	50	156	1.30
2023	ジャイアンツ	7	6	4.44	37	10	1	117.2	104	68	58	14	42	128	1.24
通算成績		65	56	4.10	196	166	1	1002.2	954	498	457	137	272	925	1.22

　対左＝対左打者被打率　対右＝対右打者被打率　ホ防＝ホーム防御率　ア防＝アウェー防御率
ド＝ドラフトデータ　出＝出身地　年＝年俸　カモ　苦手＝通算成績

WBCでハムストリングを痛め、無念の離脱 セットアップ

25 ブルックス・レイリー *Brooks Raley*

36歳 1988.6.29生｜190cm｜90kg｜左投左打

◆速球のスピード／140キロ台中頃（シンカー、フォーシーム）
◆決め球と持ち球／☆スライダー、◎チェンジアップ、○フォーシーム、
○カッター、△シンカー ◆対左.250 ◆対右.189
◆ホ防2.20 ◆ア防3.68 ◆ド2009⑥カブス
◆囲テキサス州 ◆囲650万ドル（約9億1000万円）

球威	2
制球	3
緩急	5
守championship	4
度胸	4

メッツ

　球団がオプションを行使したため、もう1年メッツで投げることになった左のセットアッパー。昨季は韓国リーグで5年間プレーした実績を買われ、WBCのアメリカ代表メンバーに選出されたが、ハムストリングの肉離れで3月11日に無念の離脱となった。シーズンに入ると主にセットアッパーとして起用され、25ホールドをマーク。韓国リーグで5シーズン投げたことを肯定的に思っており、「チェンジアップもカッターもなかった自分が効率良くアウトを取れる投手になったのは、韓国でいろいろ学んだからだ」と語っている。

カモ C・マリンズ（オリオールズ）.000(8-0)0本　苦手 M・オルソン（ブレーブス）.600(5-3)1本

年度	所属チーム	勝利	敗戦	防御率	試合数	先発	セーブ	投球イニング	被安打	失点	自責点	被本塁打	与四球	奪三振	WHIP
2012	カブス	0	1	8.14	5	5	0	24.1	33	23	22	7	11	16	1.81
2013	カブス	0	0	5.14	9	0	0	14.0	11	9	8	2	8	14	1.36
2020	レッズ	0	0	9.00	4	0	0	4.0	5	4	4	0	2	6	1.75
2020	アストロズ	0	1	3.94	17	0	1	16.0	8	8	7	3	4	21	0.75
2020	2チーム計	0	1	4.95	21	0	1	20.0	13	12	11	3	6	27	0.95
2021	アストロズ	2	3	4.78	58	0	1	49.0	43	30	26	6	16	65	1.20
2022	レイズ	1	2	2.68	60	0	6	53.2	37	19	16	3	15	61	0.97
2023	メッツ	1	2	2.80	66	0	5	54.2	44	19	17	4	25	61	1.26
通算成績		5	10	4.17	219	5	12	215.2	181	112	100	25	81	244	1.21

粘着物を上手に使えず、10試合出場停止 セットアップ

33 ドルー・スミス *Drew Smith*

31歳 1993.9.24生｜188cm｜86kg｜右投右打

◆速球のスピード／150キロ台前半（フォーシーム主体）
◆決め球と持ち球／◎フォーシーム、△カーブ、
△チェンジアップ、△スライダー ◆対左.247 ◆対右.236
◆ホ防4.23 ◆ア防4.08 ◆ド2015②タイガース
◆囲テキサス州 ◆囲223万ドル（約3億1220万円）

球威	5
制球	2
緩急	3
守championship	4
度胸	5

　昨季はセットアッパー、クローザー、ピンチの火消し役、ミドルリリーフなどで多目的に使われた右腕。一番の武器は、強烈なバックスピンがかかったフォーシーム。その一方で、3つある変化球がどれも平均以下のレベルなので、フォーシームに頼った一本調子のピッチングになりがちだ。昨季は6月14日から10試合出場停止になっているが、これは審判による検査で、手に粘着物を塗っていることがバレたのが原因。10日間戦列を離れている間にチームの負け越しが拡大し、ポストシーズン進出の望みがほとんどなくなったので、二重にショックだった。課題は、初球ストライク率の低さ。そのため、投手有利のカウントになかなか持っていけず、苦しいピッチングになる。

カモ O・オルビーズ（ブレーブス）.000(8-0)0本　苦手

年度	所属チーム	勝利	敗戦	防御率	試合数	先発	セーブ	投球イニング	被安打	失点	自責点	被本塁打	与四球	奪三振	WHIP
2018	メッツ	1	1	3.54	27	0	0	28.0	34	11	11	4	6	18	1.43
2020	メッツ	0	1	6.43	8	0	0	7.0	6	6	5	2	2	7	1.14
2021	メッツ	3	1	2.40	31	1	0	41.1	28	13	11	7	16	41	1.06
2022	メッツ	3	3	3.33	44	0	0	46.0	38	17	17	9	15	53	1.15
2023	メッツ	4	6	4.15	62	0	3	56.1	50	31	26	7	29	60	1.40
通算成績		11	12	3.53	172	1	3	178.2	156	78	70	27	68	179	1.25

51 マイケル・トンキン *Michael Tonkin*

6年間風雪に耐えて、昨年奇跡の復活

ミドル
リリーフ

移籍

35歳 1989.11.19生｜201cm｜99kg｜右投右打
- ◆速球のスピード／150キロ前後（シンカー主体）
- ◆決め球と持ち球／☆シンカー、◎スライダー
- ◆対左.248 ◆対右.190 ◆ホ防4.50 ◆ア防4.00
- ◆ド2008㉚ツインズ ◆出カリフォルニア州
- ◆年100万ドル（約1億4000万円）

球威	4
制球	4
緩急	3
守備・走塁	2
度胸	4

　昨年、6年ぶりにブレーブスでメジャー復帰後、メッツに来た苦労人のリリーフ右腕。2013年にツインズでメジャーデビューし、17年まで在籍。18年は日本に来て、北海道日本ハムで投げた。翌19年はレンジャーズとマイナー契約し、メジャー復帰を目指すも、開幕直前に解雇された。すぐにブリュワーズとマイナー契約したが、ここも6月に解雇。20年はダイヤモンドバックスとマイナー契約したが、コロナ禍でマイナーの試合が中止になったため、6月に解雇。21年はメキシカンリーグでプレー。22年はブレーブスとマイナー契約。3Aで好成績を出して、昨年の開幕時にメジャー復帰を果たした。

カモ J・マッキャン（オリオールズ）.000(9-0)0本　苦手 F・リンドーア（メッツ）.625(8-5)1本

年度	所属チーム	勝利	敗戦	防御率	試合数	先発	セーブ	投球イニング	被安打	失点	自責点	被本塁打	与四球	奪三振	WHIP
2013	ツインズ	0	0	0.79	9	0	0	11.1	9	6	1	0	3	10	1.06
2014	ツインズ	0	0	4.74	25	0	0	19.0	23	13	10	2	6	16	1.53
2015	ツインズ	0	0	3.47	26	0	0	23.1	21	9	9	4	9	19	1.29
2016	ツインズ	3	2	5.02	65	0	0	71.2	80	46	40	13	24	80	1.45
2017	ツインズ	0	1	5.14	16	0	0	21.0	22	15	12	6	12	24	1.62
2023	ブレーブス	7	3	4.28	45	0	0	80.0	64	41	38	13	23	75	1.09
通算成績		10	6	4.37	186	0	1	226.1	219	130	110	38	77	224	1.31

39 エドウィン・ディアス *Edwin Diaz*

昨年全休し、巻き返しを図るクローザー

クローザー

30歳 1994.3.22生｜190cm｜74kg｜右投右打
- ◆速球のスピード／160キロ前後（フォーシーム主体）
- ◆決め球と持ち球／☆スライダー、◎フォーシーム
- ◆昨季は全休 ◆ド2012③マリナーズ ◆出プエルトリコ
- ◆年1725万ドル（約24億1500万円）
- ◆最多セーブ1回(18年)、最優秀救援投手賞2回(18、22年)

球威	5
制球	4
緩急	5
守備・走塁	4
度胸	5

　昨季はバカバカしいケガで、1度もマウンドに立つことができなかったメッツの守護神。一昨年の11月、リリーフ投手としてはMLB史上最高額となる5年1億200万ドルの契約にサイン。名実ともに、ナンバーワンのクローザーと見なされるようになった。しかし、昨年3月のWBCで、プエルトリコ代表チームの一員として出場し、ドミニカ戦に勝利して飛び跳ねながら祝っていたとき、右ヒザに激痛が……。検査を受けたところ、膝蓋腱が断裂していることが判明。ただちに修復手術を受けたため、シーズンを棒に振る羽目になった。回復は順調で、今シーズンは開幕からフル回転で行ける模様だ。

カモ O・オルビーズ（ブレーブス）.000(8-0)0本　苦手 J・リアルミュート（フィリーズ）.417(12-5)1本

年度	所属チーム	勝利	敗戦	防御率	試合数	先発	セーブ	投球イニング	被安打	失点	自責点	被本塁打	与四球	奪三振	WHIP
2016	マリナーズ	0	4	2.79	49	0	18	51.2	45	16	16	5	15	88	1.16
2017	マリナーズ	4	6	3.27	66	0	34	66.0	44	28	24	10	32	89	1.15
2018	マリナーズ	0	4	1.96	73	0	57	73.1	41	17	16	5	17	124	0.79
2019	メッツ	2	7	5.59	66	0	26	58.0	58	36	36	15	22	99	1.38
2020	メッツ	2	1	1.75	26	0	6	25.2	18	6	5	2	14	50	1.25
2021	メッツ	5	6	3.45	63	0	32	62.2	43	27	24	3	23	89	1.05
2022	メッツ	3	1	1.31	61	0	32	62.0	34	9	9	3	18	118	0.84
通算成績		16	29	2.93	404	0	205	399.1	283	139	130	43	141	657	1.06

対左＝対左打者被打率　対右＝対右打者被打率　ホ防＝ホーム防御率　ア防＝アウェー防御率
ド＝ドラフトデータ　出＝出身地　年＝年俸　カモ 苦手 は通算成績

投手

メジャー通算100勝まであと8勝 　先発

62 ホセ・キンターナ *Jose Quintana*

35歳 1989.1.24生 | 185cm | 99kg | 左投右打 | 國140キロ台中頃（シンカー、フォーシーム） | 國☆シンカー | 球**3**
対左.222 対右.268 图2006例メッツ 囲コロンビア 囲1300万ドル（約18億2000万円） | 制**4** 緩**4** 守**4** 度**4**

　2年契約の最終年を迎える、今季35歳のベテラン先発左腕。2021年はエンジェルスで投げたが、制球に苦しみ、投手生命が終わりかけた。しかし翌22年、パイレーツでよみがえり、その年の8月にはカーディナルスに移籍して目を見張る活躍を見せ、プレーオフでは初戦の先発を務めた。昨年は2年契約でメッツに来て、前年（22年）のような活躍を期待されたが、キャンプ中に肋骨を骨折。それによって、シーズン前半は全休となった。今季は年齢を考えると、長期欠場をともなうケガや故障は許されない。それがなければ、先発で3点台の防御率を記録する力は十分ある。

年度	所属チーム	勝利	敗戦	防御率	試合数	先発	セーブ	投球イニング	被安打	失点	自責点	被本塁打	与四球	奪三振	WHIP
2023	メッツ	3	6	3.57	13	13	0	75.2	75	33	30	5	24	60	1.31
通算成績		92	93	3.74	328	302	0	1799.1	1773	811	748	179	528	1592	1.28

再生できれば、強力な戦力になるが… 　先発　移籍

40 ルイス・セヴェリーノ *Luis Severino*

30歳 1994.2.20生 | 188cm | 98kg | 右投右打 | 國150キロ台中頃（フォーシーム主体） | 國○スライダー | 球**4**
対左.333 対右.271 图2011例ヤンキース 囲ドミニカ 囲1300万ドル（約18億2000万円） | 制**2** 緩**3** 守**4** 度**3**

　ヤンキースでついに不用品の烙印を押されたため、ニューヨークのもう1つのチームであるメッツに来て、再起を図ることになった先発右腕。2018年と19年はヤンキースでエースとして投げていたが、20年2月にヒジを壊してトミー・ジョン手術。翌21年にはリハビリ登板で股関節を痛め、その年の9月にようやく復帰した。22年は復調したが、昨季はキャンプ終盤に広背筋を痛め、出遅れた。5月に復帰したが、その後は制球が定まらず、一発や四球がらみで度々大量失点し、再起不能と見なされた。オフにヤンキースを出て、1年1300万ドルの契約でメッツに入団。

年度	所属チーム	勝利	敗戦	防御率	試合数	先発	セーブ	投球イニング	被安打	失点	自責点	被本塁打	与四球	奪三振	WHIP
2023	ヤンキース	4	8	6.65	19	18	0	89.1	113	73	66	23	34	79	1.65
通算成績		54	37	3.79	141	125	0	727.1	647	330	306	97	215	788	1.19

金額だけを見れば、オプトアウトが裏目に 　セットアップ

0 アダム・オタヴィーノ *Adam Ottavino*

39歳 1985.11.22生 | 196cm | 111kg | 右投両打 | 國150キロ前後（シンカー主体） | 國○スイーパー | 球**3**
対左.217 対右.203 图2006图カーディナルス 囲ニューヨーク州 囲450万ドル（約6億3000万円） | 制**2** 緩**4** 守**2** 度**4**

　メジャー14年目を迎える、ニューヨーク生まれのリリーフ右腕。今年39歳になるが、故障知らずのタフさがウリの1つ。2018年から昨季までは、ロッキーズ、ヤンキース、レッドソックス、メッツで投げているが、この6年間すべてで、チームで最も多い試合数を投げている。昨季終了後、契約（1年675万ドル）が残っているにもかかわらず、オプトアウト（契約破棄）の権利を行使して、FA市場に出た。ワールドシリーズ制覇の可能性が高い球団でのプレーを、熱望していたからだ。だが、該当球団との交渉はまとまらず、結局、1年450万ドルでメッツと再契約。

年度	所属チーム	勝利	敗戦	防御率	試合数	先発	セーブ	投球イニング	被安打	失点	自責点	被本塁打	与四球	奪三振	WHIP
2023	メッツ	1	7	3.21	66	0	12	61.2	46	24	22	7	29	62	1.22
通算成績		39	41	3.42	664	3	45	687.0	579	279	261	66	303	789	1.28

國＝速球のスピード　國＝決め球

メッツ

難病を克服したド根性男

ミドルリリーフ　移籍

30 ジェイク・ディークマン Jake Diekman

37歳 1987.1.21生｜193cm｜88kg｜左投右打｜匿150キロ台前半（フォーシーム主体）｜戌◎フォーシーム
対右.229 対左.151 ⑥2007③フィリーズ 囲ネブラスカ州 囲400万ドル（約5億6000万円）

球 4
制 2
緩 3
守・走 2
度 4

　1年400万ドルの契約で入団した、メジャー12年目のリリーフ左腕。酷使しても壊れない変則サウスポーで、特徴はサウスポーなのに左打者が苦手で、右打者に強いこと。2017年に潰瘍性大腸炎で長期IL入りし、体がやせ細って再起が危ぶまれたが、根気よくリハビリとトレーニングを続けてメジャーのマウンドに返り咲いた。そのときのつらい記憶があるので、潰瘍性大腸炎の患者を支援する「GUT IT OUT」を設立し、様々な活動を行っている。潰瘍性大腸炎は、汚染の少ない環境で暮らすことが望ましいので、ネブラスカ州に家を購入し、オフはそこで暮らしている。

年度	所属チーム	勝利	敗戦	防御率	試合数	先発	セーブ	投球イニング	被安打	失点	自責点	被本塁打	与四球	奪三振	WHIP
2023	ホワイトソックス	0	1	7.94	13	0	0	11.1	11	14	10	1	13	11	2.12
2023	レイズ	1	2	2.18	50	0	15	45.1	26	15	11	0	25	53	1.13
2023	2チーム計	1	3	3.34	63	0	15	56.2	37	29	21	1	38	64	1.32
通算成績		25	31	3.82	662	0	15	570.1	460	288	242	46	334	724	1.39

復帰戦で7回4安打無失点の快投

先発

47 ジョーイ・ルケーシ Joey Lucchesi

31歳 1993.6.6生｜196cm｜101kg｜左投左打｜匿140キロ台中頃（シンカー主体）｜戌◎カーブ
対左.190 対右.260 ⑥2016④パドレス 囲カリフォルニア州 囲165万ドル（約2億3100万円）

球 2
制 3
緩 4
守・走 3
度 3

　トミー・ジョン手術を経て、昨年4月21日、1年10カ月ぶりにメジャーのマウンドに立った技巧派左腕。復帰戦となったジャイアンツ戦では、7回無失点の見事な投球を見せ、久々の勝ち投手となった。だが、その後は早い回に失点する試合が増え、マイナー降格。ヒザの故障もあり、メジャーで投げる機会はあまりなかった。先発陣に実力者がそろっているため、今季もローテーション入りとはならないが、故障リスクの高い投手が多いので、チャンスが来るかもしれない。武器は「チャーブ」。チェンジアップの握りで投げる、カーブのような変化を見せるボールだ。

年度	所属チーム	勝利	敗戦	防御率	試合数	先発	セーブ	投球イニング	被安打	失点	自責点	被本塁打	与四球	奪三振	WHIP
2023	メッツ	4	0	2.89	9	9	0	46.2	44	17	15	4	17	32	1.31
通算成績		23	24	4.07	79	75	0	384.1	360	183	174	54	129	381	1.27

学習能力が高くならない発展途上の投手

先発ロングリリーフ　ルーキー

70 ホセ・ブット Jose Butto

26歳 1998.3.19生｜185cm｜91kg｜右投右打｜匿150キロ台前半（フォーシーム、シンカー）｜戌◎フォーシーム
対左.185 対右.240 ⑥2017⑭メッツ 囲ベネズエラ 囲74万ドル（約1億360万円）＋α

球 4
制 2
緩 3
守・走 2
度 2

　今季こそメジャー定着を目指す、波の大きい右腕。昨季は持ち球にカッターを加えてオープン戦に臨んだが、早々にマイナー落ち。開幕を3Aで迎えた。その後はメジャーに3度呼ばれ、計9試合に登板。与四球は多いものの、一発を最小限に抑え、防御率は3.64という良好な数字になった。しかし、3Aに戻ると、気がゆるんで四球を連発。失投も多くなって一発を何度も食ったため、評価は上がっておらず、今季も3Aでスタートする可能性が高い。新たに加入した投手は故障リスクの高い者が多いので、先発で投げる機会はすぐに来るだろう。何が何でも結果を出す必要がある。

年度	所属チーム	勝利	敗戦	防御率	試合数	先発	セーブ	投球イニング	被安打	失点	自責点	被本塁打	与四球	奪三振	WHIP
2023	メッツ	1	4	3.64	9	7	0	42.0	33	17	17	3	23	38	1.33
通算成績		1	4	4.70	10	8	0	46.0	42	24	24	5	25	43	1.46

匿＝速球のスピード　戌＝決め球　対左＝対左打者被打率　対右＝対右打者被打率
⑥＝ドラフトデータ　囲＝出身地　囲＝年俸

38 タイラー・メギル *Tylor Megill*

新球種スポークの落ち幅は、千賀のフォーク並み

29歳 1995.7.28生 | 201cm | 104kg | 右投右打 球150キロ台前半（フォーシーム主体）決○スライダー
対左.287 対右.277 ド2018⑧メッツ 田カリフォルニア州 甲74万ドル（約1億360万円）+α

球	3
制	2
緩	3
守備	3
度	3

昨年、メッツでは千賀に次いで多い25試合に先発した右腕。制球に難があるためフルシーズン、メジャーで投げることはできないが、3カ月ならメジャーのローテーションで十分使えるレベルに成長している。昨季終盤には千賀のお化けフォークに触発され、「スポーク」という新球種を投げ始めた。スプリッターとフォークを足して2で割ったようなボールで、スピン量は千賀のフォークの半分程度で、落ち幅は千賀のフォークが96センチであるのに対し、メギルのスポークは89センチ。ブリュワーズのトレヴァー・メギルは兄。2人とも身長が2メートル以上ある。

年度	所属チーム	勝利	敗戦	防御率	試合数	先発	セーブ	投球イニング	被安打	失点	自責点	被本塁打	与四球	奪三振	WHIP
2023	メッツ	9	8	4.70	25	25	0	126.1	141	76	66	18	58	105	1.58
通算成績		17	16	4.72	58	52	0	263.1	275	149	138	44	98	255	1.42

― オースティン・アダムズ *Austin Adams*

ワンピッチ・ピッチャーに近づきつつある異能派

33歳 1991.5.5生 | 190cm | 99kg | 右投右打 球150キロ前後（フォーシーム主体）決○スライダー
対左.174 対右.267 ド2012⑧エンジェルス 田フロリダ州 甲80万ドル（約1億1200万円）

球	2
制	4
緩	3
守備	3
度	2

全投球の9割がスライダーという、メジャーで最もスライダー依存度が高いリリーフ右腕。メジャーの右投手は、スライダーを右打者を打ち取る道具として使うので、右打者に対する被打率が良い。それとは逆にこのアダムズは、右打者より左打者に強い。昨季の対右打者の被打率は2割6分7厘だが、左打者に対する被打率は1割7分4厘である。これはスライダーの軌道を、ニーズに応じて変えられるからだ。左打者には、インサイドのヒザ元に突き刺さる軌道で投げ込むこともあれば、バックドアで外側のエッジに食い込ませ、見逃しの三振にしとめることもある。

年度	所属チーム	勝利	敗戦	防御率	試合数	先発	セーブ	投球イニング	被安打	失点	自責点	被本塁打	与四球	奪三振	WHIP
2023	ダイヤモンドバックス	0	1	5.71	24	0	0	17.1	16	12	11	4	8	22	1.38
通算成績		6	5	4.17	132	2	0	114.1	72	60	53	7	75	170	1.29

― マイク・ヴァスル *Mike Vasil*

24歳 2000.3.19生 | 196cm | 110kg | 右投左打 ◆昨季は2A,3Aでプレー ド2021⑧メッツ 田マサチューセッツ州

メッツのマイナーの投手では最も評価が高い右腕。フォーシームは、スピードは平均よりやや速い程度だが、強いバックスピンのかかった威力あるボール。アウトピッチはカーブ。ブレーキが利いているため、来るようで来ないボール。追い込んでからこれを使うと、打者は早くバットが出てしまう。

― ジャスティン・ジャーヴィス *Justin Jarvis*

24歳 2000.2.20生 | 188cm | 83kg | 右投右打 ◆昨季は2A,3Aでプレー ド2018⑤ブリュワーズ 田ノースカロライナ州

ホップするフォーシームを高めに、スライダー、スプリッターを低めに投げ分けて、ハイペースで三振を奪う投手。短所は制球が不安定で、四球を連発すること。フォーシームもスピン量が落ちると簡単に外野席に運べるため、一発病も深刻だ。昨年7月末のトレードで、ブリュワーズ傘下から移籍。

ワンランク上の守備ができる野球巧者 ショート

12 フランシスコ・リンドーア
Francisco Lindor

31歳 1993.11.14生｜180cm｜86kg｜右投両打

- ◆対左投手打率／.281(185-52) ◆対右投手打率／.242(417-101)
- ◆ホーム打率／.225(285-64) ◆アウェー打率／.281(317-89)
- ◆得点圏打率／.250(136-34)
- ◆23年のポジション別出場数／ショート＝158、DH＝1
- ◆ドラフトデータ／2011①インディアンズ
- ◆出身地／プエルトリコ
- ◆年俸／3200万ドル（約44億8000万円）
- ◆ゴールドグラブ賞2回(16,19年)、シルバースラッガー賞3回(17,18,23年)

ミート	4
パワー	5
走塁	5
守備	5
肩	5

　昨年、アシスト数（396＝ゴロを捕球して送球でアウトにした回数）が、メジャーのショートで最多だった強打の遊撃手。

　ダブルプレー達成数（94）も最多タイだったが、これは守備の裏技をたくさん持っていることと無関係ではない。彼が得意にしているプレーは「リバース・ジャンピングスロー」（三遊間のゴロを捕球と同時にジャンプしながら一塁のほうを向いて送球するプレー）、「スピニングスロー」（二遊間のゴロを270度回転しながら一塁に送球するプレー）、「ベアハンドキャッチ＆スロー」（素手でゴロを捕り、そのまま一塁に送球するプレー）、「グラブトス」（グラブに入れたままトス）、「バックフリップ」（背後にいる野手に背を向けたままトス）などである。こうしたプレーは、今ではメジャーで普通に行われている。しかし、「リバース・ジャンピングスロー」を例にとると、並の遊撃手がやると体の軸がぶれて一塁への送球が乱れてしまうが、リンドーアはきっちりワンバウンドでファーストに投げられるので、苦もなくアウトを取れる。グラブトスも、並の遊撃手はトスの高さがバラバラで、二塁手はベアハンドでつかんでそのまま一塁に送球できない。しかし、リンドーアのグラブトスは、二塁手がつかみ投げをしやすい高さに行くので、2つアウトを取れる。このような違いが、メジャー最多のアシスト数や、併殺数を生む原動力になっているのだ。

　昨季、打撃面は本塁打が4年ぶりに30の大台に乗ったが、チームのメルトダウンを食い止める力にはなり得なかった。今季は、スロースターターを返上し、開幕からエンジン全開で行ってほしいものだ。

[カモ] C・セイル（ブレーブス）.419(31-13)1本　S・ストライダー（ブレーブス）.375(16-6)0本
[苦手] M・フリード（ブレーブス）.120(25-3)1本　C・モートン（ブレーブス）.146(41-6)1本

年度	所属チーム	試合数	打数	得点	安打	二塁打	三塁打	本塁打	打点	四球	三振	盗塁	盗塁死	出塁率	OPS	打率
2015	インディアンズ	99	390	50	122	22	4	12	51	27	69	12	2	.353	.835	.313
2016	インディアンズ	158	604	99	182	30	3	15	78	57	88	19	5	.358	.793	.301
2017	インディアンズ	159	651	99	178	44	4	33	89	60	93	15	3	.337	.842	.273
2018	インディアンズ	158	661	129	183	42	2	38	92	70	107	25	10	.352	.871	.277
2019	インディアンズ	143	598	101	170	40	2	32	74	46	98	22	5	.335	.853	.284
2020	インディアンズ	60	236	30	61	13	0	8	27	24	41	6	4	.335	.750	.258
2021	メッツ	125	452	73	104	16	3	20	63	58	96	10	4	.322	.734	.230
2022	メッツ	161	630	98	170	25	5	26	107	59	133	16	6	.339	.788	.270
2023	メッツ	160	602	108	153	33	2	31	98	66	137	31	4	.336	.806	.254
通算成績		1223	4824	787	1323	265	25	215	679	467	862	156	41	.341	.814	.274

FA権取得前のホームラン量産があるかも　ファースト

20 ピート・アロンゾ
Pete Alonso

30歳　1994.12.7生　190cm　110kg　右投右打
◆対左投手打率／.224(156-35)　◆対右投手打率／.214(412-88)
◆ホーム打率／.203(281-57)　◆アウェー打率／.230(287-66)
◆得点圏打率／.257(148-38)
◆23年のポジション別出場数／ファースト=144、DH=9
◆ドラフトデータ／2016②メッツ
◆出身地／フロリダ州
◆年俸／2050万ドル（約28億7000万円）
◆本塁打王1回(19年)、打点王1回(22年)、新人王(19年)

ミート	2
パワー	5
走塁	2
守備	2
肩	3

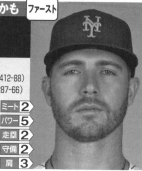

メッツ

今季終了後にFA権を取得するため、去就が注目されるメッツの主砲。昨季は序盤好調、5月末時点で20本塁打、46打点を記録。MVPレースの先頭を走っている感があった。しかし、6月7日のブレーブス戦で、チャーリー・モートンのシンカーが手首を直撃。検査で骨折はしていなかったが、当たった個所が腫れあがり、強い痛みをともなったためIL入り。球団から復帰まで3〜4週間かかるという発表があった。

これにメッツファンは落胆した。6月に入って7連敗し、勝率が5割を割り込んでいたところに、打点製造機であるアロンゾが離脱すれば、ポストシーズン進出の望みがなくなるからだ。ここでアロンゾは、驚くべき行動に出た。11日間IL入りしただけで復帰したのだ。チームの負け越しがふくらんでいたので、何としてでもそれにストップをかけたいという焦りから出た行動だった。結局、これがアダとなって、6月18日に復帰後はしばらく打撃が低迷。MVP争いから脱落した。

称賛されたのは、このスランプを早く終わらせたことだ。7月に入ると、また一発とタイムリーが切れ目なく出るようになり、最終的に本塁打を46、打点を118まで伸ばしてシーズンを終えた。これで商品価値はさらに高くなった。しかもアロンゾの代理人は、辣腕で鳴るスコット・ボラス事務所である。一方、メッツのオーナーは、全米のトップ100に入る大富豪のスティーヴ・コーヘン。ボラス事務所は大谷超えとまでは行かなくても、常識的な線の5割増しくらいの金額を希望する可能性が高い（9年4億ドルくらい）。それに対し、コーヘン・オーナーはヴァーランダーやシャーザーとバカげた大型契約を交わした反省から、超大型契約に慎重になっていると伝えられる。交渉はなかなか決着がつかないだろう。

カモ A・ノーラ(フィリーズ).348(46-16)5本　　C・バーンズ(ブリュワーズ).400(15-6)3本
苦手 J・ルザード(マーリンズ).125(16-2)1本　　ダルビッシュ有(パドレス).143(14-2)1本

年度	所属チーム	試合数	打数	得点	安打	二塁打	三塁打	本塁打	打点	四球	三振	盗塁	盗塁死	出塁率	OPS	打率
2019	メッツ	161	597	103	155	30	2	53	120	72	183	1	0	.358	.941	.260
2020	メッツ	57	208	31	48	6	0	16	35	24	61	1	0	.326	.816	.231
2021	メッツ	152	561	81	147	27	3	37	94	60	127	3	0	.344	.863	.262
2022	メッツ	160	597	95	162	27	0	40	131	67	128	5	1	.352	.870	.271
2023	メッツ	154	568	92	123	21	2	46	118	65	151	4	1	.318	.822	.217
通算成績		684	2531	402	635	111	7	192	498	288	650	14	2	.342	.870	.251

アロンゾ級のアーチ生産力がある怪物捕手 〔キャッチャー〕

4 **フランシスコ・アルヴァレス**
Francisco Alvarez

23歳 2001.11.19生 | 178cm | 105kg | 右投右打 ◆盗塁阻止率／.100(110-11)
◆対左投手打率／.171(129-22) ◆対右投手打率／.229(253-58)
◆ホーム打率／.201(184-37) ◆アウェー打率／.217(198-43)
◆得点圏打率／.245(98-24)
◆23年のポジション別出場数／キャッチャー＝108、
　DH＝7
◆ドラフトデータ／2018⑩メッツ
◆出身地／ベネズエラ
◆年俸／74万ドル（約1億360万円）＋α

ミート	3
パワー	5
走塁	2
守備	3
肩	4

　昨年、群を抜く長打力を買われて正捕手に抜擢され、攻守の両面で良い働きを見せたキャッチャー。ベネズエラ出身。14歳の頃には、パワーと強肩がメジャー球団のスカウトたちの目を引きつけていた天才キャッチャーだ。16歳のとき、契約金270万ドルでメッツに入団。その後、順調に育って20歳の若さで、2022年9月30日にメジャーデビュー。昨季はもう少しマイナーで経験を積ませる必要があるということで3Aに送られ、メッツは正捕手ナルヴァエス、バックアップ捕手ニドの体制でシーズンに入った。ところが、ナルヴァエスが、開幕直後に左すねの肉離れでIL入り。穴埋めに、3Aからアルヴァレスが呼ばれた。

　ニドがドライアイ症候群で守備力が落ちていたこともあり、ショーウォルター監督はアルヴァレスを正捕手格で使うことに決め、その後はバッティングのほうで目を見張る活躍をしたため、ナルヴァエスが復帰したあとも、正捕手としてマスクをかぶり続けた。打者としての長所は、①早打ちをせず、失投をじっくり待てること、②打球にバックスピンをかけて遠くに飛ばせること、③スイングスピードが速く、高い確率で強い打球が出ること、などである。引っ張ると飛距離が出るタイプで、本塁打の7割はレフトから左中間方向に行ったものだ。打撃面の短所は、空振りが多いことと、質の高いチェンジアップにうまく対応できないことなどだ。

　守備面ではまだボールブロックに難があるため、ワイルドピッチを出しやすく、悪送球の多さはワーストレベル。110回走られて11回しか刺せなかったので、盗塁阻止率は10.0％だった。しかし、これはクイック投法ができない投手が多いためで、捕手牽制刺が4つあるのを見てもわかるように、地肩は強い。フレーミングの技術はトップレベル。マウンドに行って投手を笑わせ、リラックスさせることにも長けている。

| カモ | M・ストローマン（ヤンキース）.667(3-2)1本 |
| 苦手 | R・イグレシアス（ブレーブス）.000(5-0)0本　R・スアレス（フィリーズ）.000(5-0)0本 |

年度	所属チーム	試合数	打数	得点	安打	二塁打	三塁打	本塁打	打点	四球	三振	盗塁	盗塁死	出塁率	OPS	打率
2022	メッツ	5	12	3	2	1	0	1	1	2	4	0	0	.286	.786	.167
2023	メッツ	123	382	51	80	12	0	25	63	34	110	2	0	.284	.721	.209
通算成績		128	394	54	82	13	0	26	64	36	114	2	0	.284	.723	.208

　カモ　苦手 は通算成績

野手

8年契約の2年目に入るチャンスメーカー　レフト

9 ブランドン・ニモ *Brandon Nimmo*

31歳 1993.3.27生｜190cm｜93kg｜右投左打

◆対左投手率／.286　◆対右投手率／.266
◆ホーム打率／.253　◆アウェー打率／.294　◆得点圏打率／.245
◆23年のポジション別出場数／センター＝136、レフト＝10、
　DH＝5　◆Ⓓ2011①メッツ
◆⊞ワイオミング州　◆㉕2025万ドル（約28億3500万円）

ミート 4
パワー 4
走塁 3
守備 3
肩 3

メッツ

　ハリソン・ベイダーの加入で、ポジションがセンターからレフトに代わる強打の外野手。球団と8年1億6200万ドルの契約を交わして臨んだ昨季は、リードオフマンに固定されたが、打線のつながりが悪く、出塁してもなかなか得点に結びつかないため、途中から一発志向を強め、キャリアハイの24本塁打を記録。とくに6月8日のブレーブス戦で、ストライダーから放ったグランドスラムは、連敗が続いてフラストレーションをためていたメッツファンを狂喜させた。ハッスルプレーを連発するため、多くのファンを持つ。

[カモ] S・ストライダー（ブレーブス）.500(16-8)2本　[苦手] ダルビッシュ有（パドレス）.091(11-1)0本

年度	所属チーム	試合数	打数	得点	安打	二塁打	三塁打	本塁打	打点	四球	三振	盗塁	盗塁死	出塁率	OPS	打率
2016	メッツ	32	73	12	20	1	0	1	6	6	20	0	0	.338	.667	.274
2017	メッツ	69	177	26	46	11	1	5	21	33	60	2	0	.379	.797	.260
2018	メッツ	140	433	77	114	28	8	17	47	80	140	9	6	.404	.887	.263
2019	メッツ	69	199	34	44	11	4	8	29	46	71	3	0	.375	.782	.221
2020	メッツ	55	186	33	52	8	3	8	18	33	43	1	2	.404	.888	.280
2021	メッツ	92	325	51	95	17	3	8	28	54	79	5	4	.401	.838	.292
2022	メッツ	151	580	102	159	30	7	16	64	71	116	3	2	.367	.800	.274
2023	メッツ	152	592	89	162	30	6	24	68	74	146	3	3	.363	.829	.274
通算成績		700	2565	424	692	136	29	87	281	397	675	26	17	.380	.827	.270

29歳で打球を上げるコツを会得　DH／ライト

29 DJ・ステュワート *DJ Stewart*

31歳 1993.11.30生｜183cm｜95kg｜右投左打

◆対左投手率／.154　◆対右投手率／.273
◆ホーム打率／.223　◆アウェー打率／.273　◆得点圏打率／.200
◆23年のポジション別出場数／ライト＝4、DH＝7、レフト＝4
◆Ⓓ2015①オリオールズ　◆⊞フロリダ州
◆㉕138万ドル（約1億9320万円）

ミート 2
パワー 5
走塁 2
守備 2
肩 3

　昨年7月に3Aから昇格して本塁打を量産したため、今季は開幕からDHのレギュラー格で起用される遅咲きのスラッガー。ウリは、パワーと勝負強さを兼ね備えていること。その一方で、メジャーでは左投手の変化球を苦手にしているため、プラトーンで使いたいタイプだ。ドラフト1巡目指名選手で、オリオールズには期待され、2018年にメジャーデビューを果たす。しかし、メジャーの投手の高等な投球術に太刀打ちもできず、その後は昇格と降格を繰り返す生活が続いた。そのあげく、22年のシーズン終了後に解雇され、昨季はマイナー契約でメッツに来て、3Aでプレーしながらチャンスを待った。

[カモ] M・マニング（タイガース）.400(5-2)2本　[苦手] T・ウォーカー（フィリーズ）.000(7-0)0本

年度	所属チーム	試合数	打数	得点	安打	二塁打	三塁打	本塁打	打点	四球	三振	盗塁	盗塁死	出塁率	OPS	打率
2018	オリオールズ	17	40	8	10	3	0	3	10	4	12	2	1	.340	.890	.250
2019	オリオールズ	44	126	15	30	6	0	4	15	14	26	1	2	.317	.698	.238
2020	オリオールズ	31	88	13	17	2	0	7	15	20	38	0	0	.355	.810	.193
2021	オリオールズ	100	270	39	55	10	0	12	33	44	89	1	0	.324	.698	.204
2022	オリオールズ	3	3	0	0	0	0	0	0	0	2	0	0	.000	.000	.000
2023	メッツ	58	160	21	39	9	0	11	26	15	56	0	1	.333	.839	.244
通算成績		253	687	96	151	30	0	37	99	97	223	4	4	.329	.754	.220

Ⓓ＝ドラフトデータ　⊞＝出身地　㉕＝年俸

若い正捕手の教育係も務めるベテラン

キャッチャー

2 オマー・ナルヴァエス Omar Narvaez

32歳 1992.2.10生 | 180cm | 99kg | 右投左打 ◆盗塁阻止率／.098(51-5)

◆対左投手打率／.250 ◆対右投手打率／.204

◆ホーム打率／.194 ◆アウェー打率／.227 ◆得点圏打率／.091

◆23年のポジション別出場数／キャッチャー＝47

◆Ⓓ2008⑰レイズ ◆Ⓗベネズエラ

◆Ⓨ700万ドル（約9億8000万円）

ミート	2
パワー	4
走塁	2
守備	3
肩	3

昨季は正捕手格でメッツに来たのに、故障中に大物新人アルヴァレスの台頭があり、バックアップに回った、ツキのない捕手。左ふくらはぎの肉離れでIL入りしたのは4月6日のことで、復帰まで2カ月かかり、その間にアルヴァレスが本塁打を打ちまくったため、正捕手に返り咲くチャンスはなくなっていた。今季はバックアップ捕手として60～70試合に先発出場するほか、若いアルヴァレスの教育係という役目も担う。打者としての長所は、早打ちをせず、狙い球をじっくり待てること。守備面では、フレーミングがうまい。

カモ C・バシット（ブルージェイズ）.600(10-6)0本　苦手 M・ストローマン（ヤンキース）.063(16-1)0本

年度	所属チーム	試合数	打数	得点	安打	二塁打	三塁打	本塁打	打点	四球	三振	盗塁	盗塁死	出塁率	OPS	打率
2016	ホワイトソックス	34	101	13	27	4	0	1	10	14	14	0	0	.350	.687	.267
2017	ホワイトソックス	90	253	23	70	10	0	2	14	38	45	0	0	.373	.713	.277
2018	ホワイトソックス	97	280	30	77	14	1	9	30	38	65	0	2	.366	.795	.275
2019	マリナーズ	132	428	63	119	12	0	22	55	47	92	0	0	.353	.813	.278
2020	ブリュワーズ	40	108	8	19	4	0	2	10	16	39	0	0	.294	.563	.176
2021	ブリュワーズ	123	391	54	104	20	0	11	49	41	84	0	0	.342	.744	.266
2022	ブリュワーズ	84	262	21	54	12	1	4	23	29	57	0	0	.292	.597	.206
2023	メッツ	49	128	12	27	5	0	2	7	14	27	0	0	.283	.580	.211
通算成績		649	1951	224	497	81	2	53	198	237	423	0	2	.339	.719	.255

スイッチが入ると120%の力が出るタイプ

セカンド レフト

1 ジェフ・マクニール Jeff McNeil

32歳 1992.4.8生 | 185cm | 88kg | 右投左打

◆対左投手打率／.294 ◆対右投手打率／.260

◆ホーム打率／.281 ◆アウェー打率／.260 ◆得点圏打率／.318

◆23年のポジション別出場数／セカンド＝107、ライト＝41、レフト＝32、センター＝3、ファースト＝1、ショート＝1 ◆Ⓓ2013⑫メッツ

◆Ⓗカリフォルニア州 ◆Ⓨ1025万ドル（約14億3500万円）

◆首位打者1回(22年)、シルバースラッガー賞1回(22年)

ミート	5
パワー	3
走塁	3
守備	4
肩	3

偶数年に大活躍する傾向があるため、今季は何かやってくれそうな予感がただよう異能派プレーヤー。打撃面の特徴は、グリップエンドがほとんどない、まるで蕎麦打ち棒のようなバットを使っていること。これは4000安打のタイ・カッブやピート・ローズが、ヒットを量産する目的で使っていたのと近いタイプ。このバットを使い続けたことで手にした大きな勲章が、2022年の「首位打者」のタイトルだ。もともとはパワーに欠けるユーティリティだったので、これは快挙以外の何物でもないが、昨年はその反動でモチベーションが上がらず、打率が低空飛行を続け、チームが不振を極める一因にもなってしまった。

カモ M・ゴア（ナショナルズ）.857(7-6)0本　苦手 ダルビッシュ有（パドレス）.118(17-2)1本

年度	所属チーム	試合数	打数	得点	安打	二塁打	三塁打	本塁打	打点	四球	三振	盗塁	盗塁死	出塁率	OPS	打率
2018	メッツ	63	225	35	74	11	6	3	19	14	24	7	1	.381	.852	.329
2019	メッツ	133	510	83	162	38	1	23	75	35	75	5	6	.384	.915	.318
2020	メッツ	52	183	19	57	14	0	4	23	20	24	0	2	.383	.837	.311
2021	メッツ	120	386	48	97	19	1	7	35	29	58	3	0	.319	.679	.251
2022	メッツ	148	533	73	174	39	1	9	62	40	61	4	0	.382	.836	.326
2023	メッツ	156	585	75	158	25	4	10	55	39	65	10	0	.333	.711	.270
通算成績		672	2422	333	722	146	13	56	269	177	307	29	9	.361	.799	.298

メッツ

トレードのおかげでレギュラーの可能性も
15 タイロン・テイラー *Tyrone Taylor* 外野手 移籍

30歳 1994.1.22生｜185cm｜98kg｜右投右打 [対左].241 [対右].230 [ホ].270 [ア].200
[得].269 [ド]2012②ブリュワーズ [出]カリフォルニア州 [年]203万ドル(約2億8420万円)

ミ3 バ4 走4 守4 肩3

昨年12月のトレードでブリュワーズから移籍した掘り出し物の外野手。ブリュワーズでは優秀な外野手がマイナーから次々に台頭しており、居場所が狭まってきたので、トレードされることになった。平均以上のパワーと守備力があるのに、三振の多さと出塁率の低さばかり問題にされ、過小評価されてきたが、メッツではセンターのベイダーとライトのマーティがどの程度働くか予測がつかないため、レギュラーにのし上がる可能性がある。そこまでいかなくても、センターのベイダーはパワーに欠ける左打者なので、センターにプラトーンで起用される可能性もある。

年度	所属チーム	試合数	打数	得点	安打	二塁打	三塁打	本塁打	打点	四球	三振	盗塁	盗塁死	出塁率	OPS	打率
2023	ブリュワーズ	81	231	36	54	17	1	10	35	8	55	9	0	.267	.713	.234
通算成績		331	895	125	214	53	7	41	136	53	225	18	3	.294	.745	.239

ヤンキースでしくじったので、メッツで再トライ
44 ハリソン・ベイダー *Harrison Bader* センター 移籍

30歳 1994.6.3生｜183cm｜95kg｜右投右打 [対左].299 [対右].207 [ホ].234 [ア].230
[得].250 [ド]2015③カーディナルス [出]ニューヨーク州 [年]1050万ドル(約14億7000万円) ◆ゴールドグラブ賞1回(21年)

ミ5 バ3 走3 守4 肩3

1年1050万ドルの契約で入団した、守備の名手として知られる外野手。ベイダーが1年契約で入団したのは、昨年在籍したヤンキースでは故障が続いて不本意な成績に終わったため、今シーズンを自分の実力を知らしめる年と位置づけ、好成績を出して再度FA市場に出ようと考えているのだ。守備の名手なので、打撃のほうは15本塁打、OPS.780くらいの数字を出せば、3年契約をゲットできるかもしれない。昨年ヤンキースで一緒だった先発投手のセヴェリーノも、1年契約でメッツに入団したが、考えていることは同じだ。2人がこのギャンブルに勝つことを願ってやまない。

年度	所属チーム	試合数	打数	得点	安打	二塁打	三塁打	本塁打	打点	四球	三振	盗塁	盗塁死	出塁率	OPS	打率
2023	ヤンキース	84	288	40	69	11	2	7	37	14	56	17	2	.278	.643	.240
2023	レッズ	14	31	4	5	1	0	0	3	3	3	1	1	.235	.429	.161
2023	2チーム計	98	319	44	74	12	2	7	40	17	59	20	2	.274	.622	.232
通算成績		635	1895	273	460	87	13	59	217	154	512	77	18	.310	.706	.243

オフの間はトゥロウィツキーが指導係
22 ブレット・ベイティ *Brett Baty* サード

25歳 1999.11.13生｜190cm｜95kg｜右投左打 [対左].176 [対右].225 [ホ].244 [ア].184
[得].220 [ド]2019①メッツ [出]テキサス州 [年]74万ドル(約1億360万円)+α

ミ2 バ2 走4 守4 肩5

昨年、サードのレギュラーに抜擢された内野のホープ。大いに期待され108試合に出場したが、メジャーの投手の質の高い変化球に翻弄され、自信を喪失。投手コーチが付きっきりで指導したり、マイナーに落としてショック療法を試みたりしたが、効果はなく、何の光明も見えないままシーズンを終えた。メッツはオフの間、ゴールドグラブ賞2回のトロイ・トゥロウィツキーに特別レッスンを依頼して立て直しを図ったが、どの程度効果があったかは不明だ。メッツのマイナーでは、三塁手のルイスアンヘル・アクーニャが台頭しており、メジャーの一駅手前まで来ている。

年度	所属チーム	試合数	打数	得点	安打	二塁打	三塁打	本塁打	打点	四球	三振	盗塁	盗塁死	出塁率	OPS	打率
2023	メッツ	108	353	41	75	12	0	9	34	29	109	2	0	.275	.598	.212
通算成績		119	391	45	82	12	0	11	39	31	117	2	0	.272	.597	.210

[対左]=対左投手打率 [対右]=対右投手打率 [ホ]=ホーム打率 [ア]=アウェー打率 [得]=得点圏打率 315

ライト

6 スターリング・マーテイ Starling Marte
どの程度稼働するか読めないベテラン外野手

36歳 1988.10.9生 | 185cm | 88kg | 右投右打 | 対左.273 | 対右.238 | ホ.217 | ア.269 | 得.225
ド2007外パイレーツ 田ドミニカ 年1950万ドル（約27億3000万円）◆ゴールドグラブ賞2回(15,16年)

ミ 3
パ 4
走 4
守 4
肩 5

昨年は故障のオンパレードだった外野手。オフに鼠径部ヘルニアの手術を受け、昨季はオープン戦の出場が中盤からになったが、2戦目に頭に死球を受け、しばらく頭痛に悩まされた。シーズン中は三盗を試みた際に首を痛めたのをはじめ、細かいケガが続き、86試合の出場にとどまった。球団は故障の多さに懸念を示し、オフに入る前に本人と話し合いの席を持ち、希望を聞いてトレーニングメニューを作成。さらに故障が起きないようにするため、セルフチェックのやり方も懇切丁寧にレクチャーした。好材料は、ドミニカのウインターリーグで好調だったことだ。

年度	所属チーム	試合数	打数	得点	安打	二塁打	三塁打	本塁打	打点	四球	三振	盗塁	盗塁死	出塁率	OPS	打率
2023	メッツ	86	315	38	78	7	1	5	28	16	69	24	4	.301	.625	.248
通算成績		1338	5123	794	1470	264	52	147	593	293	1118	338	97	.343	.788	.287

ユーティリティ　移籍

13 ジョーイ・ウェンドル Joey Wendle
「レギュラーより役に立つサブ」の代表格

34歳 1990.4.26生 | 185cm | 88kg | 右投左打 | 対左.258 | 対右.207 | ホ.210 | ア.214
得.178 ド2012⑥インディアンズ 田デラウェア州 年200万ドル（約2億8000万円）

ミ 3
パ 2
走 4
守 4
肩 3

ユーティリティなのにオールスターに出場したことがあるマルチポジション・プレーヤー。レイズ時代は、最低年俸で1人何役もこなすため、メジャーで最もコストパフォーマンスに優れた男と称賛された。昨季はマーリンズに在籍。シーズン後半、ひどいスランプになったが、メッツはそれを今季も引きずる可能性は低いと見て獲得。目的はセカンド、サード、ショートのサブとして使うためだが、サードのベイティが機能しない場合の保険という意味合いもあるのかもしれない。打者としてはパワーには欠けるが、動体視力が良く、広角にライナーや強いゴロを弾き返す。

年度	所属チーム	試合数	打数	得点	安打	二塁打	三塁打	本塁打	打点	四球	三振	盗塁	盗塁死	出塁率	OPS	打率
2023	マーリンズ	112	297	33	63	16	3	2	20	13	67	7	1	.248	.554	.212
通算成績		649	2106	265	553	128	18	32	219	124	427	61	19	.312	.698	.263

ショート・サード　期待度 A　ルーキー

ー ルイスアンヘル・アクーニャ Luisangel Acuna

22歳 2002.3.12生 | 173cm | 81kg | 右投右打 ◆昨季は2Aでプレー ド2018外レンジャーズ 田ベネズエラ

ロナルド・アクーニャ・ジュニアの弟。兄同様、オールラウンドに能力が高い。とくに評価されているのは、スピード。投手のモーションを盗むコツも心得ていて、昨季は2Aで57盗塁。打者としては、早打ちのフリースインガーで、変化球への対応力が低い。それでも高打率を出せるのはDNAのなせる業だ。

外野手　期待度 A−　ルーキー

ー ドルー・ギルバート Drew Gilbert

24歳 2000.9.27生 | 175cm | 88kg | 左投左打 ◆昨季は1A+,2Aでプレー ド2022①アストロズ 田ミネソタ州

打撃と守備の両面でハッスルプレーを連発する、エネルギーの塊のようなプレーヤー。打撃面のウリは、動体視力の良さと、スイングスピードの速さ。カウントを考えたバッティングもできるので、高打率と高出塁率を期待できる。外野手としては強肩でジャンプ力があり、守備範囲の広さも平均以上。

対左=対左投手打率 対右=対右投手打率 ホ=ホーム打率 ア=アウェー打率 得=得点圏打率
ド=ドラフトデータ 田=出身地 年=年俸

ワシントン・ナショナルズ

◆創　立：1969年　　　　　◆ワールドシリーズ制覇：1回／リーグ優勝：1回
◆本拠地：コロンビア特別区ワシントンD.C.　◆地区優勝：5回／ワイルドカード獲得：1回

主要オーナー　マーク・ラーナー（不動産開発会社ラーナー・エンタープライズ代表）

過去5年成績	年度	勝	負	勝率	ゲーム差	地区順位	ポストシーズン成績
	2019	93	69	.574	4.0	②	ワールドシリーズ制覇
	2020	26	34	.433	9.0	④(同率)	－
	2021	65	97	.401	23.5	⑤	－
	2022	55	107	.340	46.0	⑤	－
	2023	71	91	.438	33.0	⑤	－

監督 ▶ **4 デイヴ・マルティネス** *Dave Martinez*

◆年　　齢…………60歳（ニューヨーク州出身）
◆現役時代の経歴 …16シーズン　カブス（1986〜88）、エクスポズ（1988〜91）、
　（外野手）　　　レッズ（1992）、ジャイアンツ（1993〜94）、ホワイトソックス
　　　　　　　　（1995〜97）、デビルレイズ（1998〜2000）、カブス（2000）、
　　　　　　　　レンジャーズ（2000）、ブルージェイズ（2000）、ブレーブス（2001）
◆現役通算成績 ……1918試合 .276 91本 580打点
◆監督経歴…………6シーズン　ナショナルズ（2018〜）
◆通算成績…………392勝478敗（勝率.451）

感情を前面に押し出し、チームを鼓舞する熱血漢。スター選手であっても、規律を乱せば、毅然とした対応を見せる。審判への猛抗議もおなじみで、一塁ベースを引っこ抜いて、怒りをあらわにしたこともある。昨年6月14日のアストロズ戦では、本来なら相手の守備妨害となる場面だったが、認められずにサヨナラ負け。試合後の会見でも怒りは収まらず、誤審の証拠を示す写真を片手に、わめきまくった。監督就任2年目の2019年に、ワールドシリーズを制覇。

注目コーチ ▶ **88 ヘラルド・パーラ** *Gerardo Parra*

新一塁ベースコーチ。37歳。現役時代は好守の外野手として活躍。2019年には、ナショナルズのワールドシリーズ制覇に貢献した。翌20年は、日本の読売巨人軍でプレー。

編成責任者 ▶ **マイク・リゾ** *Mike Rizzo*

64歳。観客席から審判にヤジを飛ばし、球場を追い出されたこともある武闘派GM。元マイナーリーガーで、引退後、スカウトとして成功。祖父、父も、元スカウトだ。

スタジアム ▶ **ナショナルズ・パーク** *Nationals Park*

◆開場年…………2008年
◆仕　様…………天然芝
◆収容能力………41,339人
◆フェンスの高さ…2.4〜3.7m
◆特　徴…………他球場に比べて、ホームランがやや出やすいというデータが残っている。首都ワシントンD.C.にある球場。ワシントンやリンカーンなど、歴代大統領たちの着ぐるみが競走する「プレジデンツ・レース」が人気アトラクションだ。

ヒッターズパーク

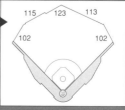

317

Best Order

① C.J.エイブラムズ……ショート
② レイン・トーマス……ライト
③ キーバート・ルイーズ……キャッチャー
④ ジョーイ・メネセス……ファースト
⑤ ジョーイ・ギャロ……レフト
⑥ ストーン・ギャレット……DH
⑦ ルイス・ガルシア……セカンド
⑧ イルデマーロ・ヴァルガス……サード
⑨ ヴィクター・ロブレス……センター

Depth Chart

［ポジション別選手層・メンバーリスト］

※2024年2月25日時点の候補選手。
数字は背番号（開幕前に変更する
場合もあり）、右・左等は投・打の順。

センター
16 ヴィクター・ロブレス [右・右]
30 ジェイコブ・ヤング [右・右]
17 アレックス・コール [右・右]

レフト
24 ジョーイ・ギャロ [右・左]
36 ストーン・ギャレット [右・右]
39 ジェイク・アルー [右・右]
17 アレックス・コール [右・右]

ライト
28 レイン・トーマス [右・右]
24 ジョーイ・ギャロ [右・左]
36 ストーン・ギャレット [右・右]

ショート
5 C.J.エイブラムズ [右・左]
14 イルデマーロ・ヴァルガス [右・両]

セカンド
2 ルイス・ガルシア [右・左]
14 イルデマーロ・ヴァルガス [右・両]
39 ジェイク・アルー [右・右]

サード
14 イルデマーロ・ヴァルガス [右・両]
13 ニック・センゼル [右・右]
8 カーター・キーブーム [右・右]
39 ジェイク・アルー [右・右]

ローテーション
1 マッケンジー・ゴア [左・左]
40 ジョサイア・グレイ [右・右]
46 パトリック・コービン [左・左]
27 ジェイク・アーヴィン [右・右]
79 ジャクソン・ラトリッジ [右・右]
32 トレヴァー・ウィリアムズ [右・右]
60 ヨアン・アドン [右・右]

ファースト
45 ジョーイ・メネセス [右・右]
24 ジョーイ・ギャロ [右・左]

キャッチャー
20 キーバート・ルイーズ [右・両]
15 ライリー・アダムズ [右・右]
81 ドルー・ミラス [右・両]

DH
36 ストーン・ギャレット [右・右]
45 ジョーイ・メネセス [右・右]

ブルペン
67 カイル・フィネガン [右・右] CL
73 ハンター・ハーヴィー [右・右]
21 タナー・レイニー [右・右]
44 ディラン・フローロ [右・右]
51 ジョーダン・ウィームズ [右・左]
71 メイソン・トンプソン [右・右]
47 ホセ・A・フェラー [左・右]
61 ロバート・ガルシア [左・右]
68 タデウス・ウォード [右・右]
54 アモス・ウィリンガム [右・右]
32 トレヴァー・ウィリアムズ [右・右]

※ CL=クローザー

ナショナルズ試合日程……＊はアウェーでの開催

3月28・30・31	レッズ＊	30・5月1・2	レンジャーズ＊	31・6月1・2	ガーディアンズ＊
4月1・3・4	パイレーツ	3・4・5	ブルージェイズ	3・4・5	メッツ
5・6・7	フィリーズ	7・8	ブルージェイズ	6・7・8・9	ブレーブス
8・9・10	ジャイアンツ＊	10・11・12	レッドソックス＊	11・12・13	タイガース＊
12・13・14	アスレティックス＊	13・14・15	ホワイトソックス＊	14・15・16	マーリンズ
15・16・17	ドジャース＊	17・18・19	フィリーズ＊	18・19・20	ダイヤモンドバックス
19・20・21	アストロズ	20・21・22	ツインズ	21・22・23	ロッキーズ＊
23・24・25	ドジャース	24・25・26	マリナーズ	24・25・26	パドレス＊
26・27・28・29	マーリンズ＊	27・28・29・30	ブレーブス＊	28・29・30	レイズ＊

球団メモ 2004年までの球団名は、「モントリオール・エクスポズ」。当時はカナダのモントリオールに本拠地があった。05年に、ワシントンD.C.へ移転。現在の名称になった。

■投手力➡️…★★☆☆☆【昨年度チーム防御率5.02、リーグ14位】

昨季、右のエース候補グレイと左のエース候補ゴアが、ともにプチ・ブレイク。先発防御率はリーグ12位の5.02で、これだけ見れば物足りないが、一昨年の先発防御率が、リーグ最下位の5.97だったことを考えると、ローテーションの質は大きく向上したと言っていい。一方、再整備が必要なブルペンには、ベテランのフローロが加入。故障明けのレイニーも本格復帰となる。

■攻撃力➡️…★★☆☆☆【昨年度チーム得点700、リーグ12位】

昨季の三振数はリーグ最少。これは当てるのがうまい打者がそろっているわけではなく、単に早いカウントから打っていく選手が多いだけ。そのためチーム全体の出塁率は低い。また、パワー不足も深刻で、昨季のチーム本塁打数151はリーグ最少。20本塁打以上を記録したのは、トーマスだけだった。オフにギャロが加入したが、得点力の大幅アップにはつながりそうもない。

■守備力➡️…★★★☆☆【昨年度チーム失策数90、リーグ9位】

正捕手ルイーズ、バックアップ捕手アダムズは、ともに打撃型で、守備面では不安が多い。外野の守備は「中の上」レベル。ただ、センターのロブレスは昨季、故障の影響もあって、自慢の守備で精彩を欠いていた。

■機動力…★★⭐☆☆【昨年度チーム盗塁数127、リーグ8位】

マルティネス監督はスモールボール志向が強いが、それに対応できる選手が少ない。昨季はエイブラムズ（47盗塁）とトーマス（20盗塁）の2人で、チームの半分以上の盗塁をかせいだ。ルーキーのヤングも俊足だ。

ナショナルズ

総合評価　➡️
★★☆☆☆

投手ではゴアとグレイ、野手ではエイブラムズが成長中。マイナーにも、外野手を中心に楽しみな若手が多い。ゆっくりとではあるが、確実にチームは良い方向へ進んでいる。問題はどの時点で勝負をかけるかだが、今季はまだそのときではない。

IN 主な入団選手	**OUT** 主な退団選手
投手	**投手**
ディラン・フローロ←ツインズ	とくになし
野手	**野手**
ジョーイ・ギャロ←ツインズ	とくになし
ニック・センゼル←レッズ	

7月1・2・3・4	メッツ	**8月**2・3・4	ブリュワーズ	3・4	マーリンズ＊
5・6・7・8	カーディナルス	5・6・7・8	ジャイアンツ	5・6・7・8	パイレーツ＊
9・10・11	メッツ＊	9・10・11	エンジェルス	10・11	ブレーブス
12・13・14	ブリュワーズ＊	13・14	オリオールズ＊	12・13・14・15	マーリンズ
16	オールスターゲーム	15・16・17・18	フィリーズ＊	16・17・18	メッツ＊
19・20・21	レッズ	20・21・22	ロッキーズ	19・20・21・22	カブス＊
23・24・25	パドレス	23・24・25	ブレーブス＊	24・25・26	ロイヤルズ
26・27・28	カーディナルス＊	26・27・28	ヤンキース	27・28・29	フィリーズ
29・30・31	ダイヤモンドバックス＊	30・31・**9月**1	カブス		

球団メモ 元エースのスティーヴン・ストラスバーグ（2019年ワールドシリーズMVP）が、引退を決断。だが、残りのサラリーの支払いをめぐり、球団ともめているようだ。

319

投｜手｜

40 ダルビッシュ有を研究して進化 　先発

ジョサイア・グレイ Josiah Gray

27歳 1997.12.21生／185cm／95kg／右投右打

- ◆速球のスピード／150キロ前後（シンカー、フォーシーム）
- ◆決め球と持ち球／◎スライダー、◎カッター、○カーブ、○シンカー、○フォーシーム、○スイーパー、△チェンジアップ ◆対左.242 ◆対右.261
- ◆ホ防5.49 ◆ア防2.97 ◆ド2018②レッズ
- ◆出ニューヨーク州 ◆年74万ドル（約1億360万円）+α

球威	3
制球	2
緩急	4
守備・牽制	2
度胸	4

　昨季、オールスターに選ばれたエース候補。初めて開幕からローテーションに入って投げた一昨年は、チーム最多の7勝をマークしたものの、防御率は5.02。フォーシームを打たれまくり、規定投球回未満なのに、被本塁打数はメジャーワーストだった。そこでオフに投球内容の見直しを行い、2023年シーズンはフォーシームに頼らず、いろいろな球種を組み合わせて投げることにした。参考にしたのは、ダルビッシュ有やクリス・バシットなど、多彩な変化球を駆使する名投手たちだ。このモデルチェンジが成功し、昨季は被本塁打が激減。防御率も大きく良化した。ただ、与四球の多さは以前のまま。

[カモ] F・リンドーア（メッツ）.000(11-0)0本　[苦手] T・ターナー（フィリーズ）.500(14-7)1本

年度	所属チーム	勝利	敗戦	防御率	試合数	先発	セーブ	投球イニング	被安打	失点	自責点	被本塁打	与四球	奪三振	WHIP
2021	ドジャース	0	0	6.75	2	1	0	8	7	6	6	4	5	13	1.50
2021	ナショナルズ	2	2	5.31	12	12	0	62.2	56	38	37	15	28	63	1.34
2021	2チーム計	2	2	5.48	14	13	0	70.2	63	44	43	19	33	76	1.36
2022	ナショナルズ	7	10	5.02	28	28	0	148.2	136	84	83	38	66	154	1.36
2023	ナショナルズ	8	13	3.91	30	30	0	159.0	152	72	69	22	80	143	1.46
通算成績		17	25	4.64	72	71	0	378.1	351	200	195	79	179	373	1.40

1 ハイレベルな速球とカーブで高い奪三振率 　先発

マッケンジー・ゴア MacKenzie Gore

25歳 1999.2.24生／188cm／86kg／左投左打

- ◆速球のスピード／150キロ台前半（フォーシーム）
- ◆決め球と持ち球／◎カーブ、◎フォーシーム、◎スライダー、○チェンジアップ、△スイーパー ◆対左.319 ◆対右.241
- ◆ホ防3.84 ◆ア防4.87 ◆ド2017①パドレス
- ◆出ノースカロライナ州 ◆年74万ドル（約1億360万円）+α

球威	4
制球	2
緩急	4
守備・牽制	4
度胸	4

　才能あふれる左のエース候補。最速158キロの速球に変化球を交え、緩急を生かしたピッチングを見せる。若手らしからぬ、落ち着いたマウンドさばきも魅力だ。課題は制球力。昨季は真ん中に投球が集まり、痛打される場面が目立った。高校時代から大きな注目を浴びていた投手で、高校最後の2シーズンは、防御率がそれぞれ0.08、0.19。2017年のドラフトでパドレスから1巡目に指名（全体3位）され、契約金670万ドル（約9億4000万円）でプロ入りした。22年8月、ホアン・ソトとのトレードで、C.J.エイブラムズやジェイムズ・ウッドらとともに、ナショナルズへ移籍。投手の背番号「1」は、最近ではルイス・パティーニョ（2022〜23年／レイズ）、山口俊（2020年／ブルージェイズ）がいるが、メジャーの歴史では珍しく、ゴアで6例目。

[カモ] F・リンドーア（メッツ）.000(8-0)0本　[苦手] J・マクニール（メッツ）.857(7-6)0本

年度	所属チーム	勝利	敗戦	防御率	試合数	先発	セーブ	投球イニング	被安打	失点	自責点	被本塁打	与四球	奪三振	WHIP
2022	パドレス	4	4	4.50	16	13	0	70.0	66	35	35	7	37	72	1.47
2023	ナショナルズ	7	10	4.42	27	27	0	136.1	134	71	67	27	57	151	1.40
通算成績		11	14	4.45	43	40	0	206.1	200	106	102	34	94	223	1.42

対左＝対左打者被打率　対右＝対右打者被打率　ホ防＝ホーム防御率　ア防＝アウェー防御率
ド＝ドラフトデータ　出＝出身地　年＝年俸　カモ 苦手 は通算成績

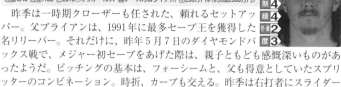

セット
アップ

73 親子でセーブを記録は、メジャー9組目
ハンター・ハーヴィー Hunter Harvey

30歳 1994.12.9生｜190cm｜108kg｜右投右打｜速150キロ台後半（フォーシーム）｜決◎スプリッター
対左.245 対右.168 ド2013①オリオールズ 田ノースカロライナ州 年235万ドル（約3億2900万円）

球 5
制 4
緩 4
守備 2
度 2

昨季は一時期クローザーも任された、頼れるセットアッパー。父ブライアンは、1991年に最多セーブ王を獲得した名リリーバー。それだけに、昨年5月7日のダイヤモンドバックス戦で、メジャー初セーブをあげた際は、親子ともども感慨深いものがあったようだ。ピッチングの基本は、フォーシームと、父も得意としていたスプリッターのコンビネーション。時折、カーブも交える。昨季は右打者にスライダーも多投し、絶大な効果をあげていた。昨年4月10日のエンジェルス戦では、父の主戦場だったエンジェル・スタジアムで、大谷翔平を三球三振にしとめている。

年度	所属チーム	勝利	敗戦	防御率	試合数	先発	セーブ	投球イニング	被安打	失点	自責点	被本塁打	与四球	奪三振	WHIP
2023	ナショナルズ	4	4	2.82	57	0	10	60.2	44	21	19	7	13	67	0.94
通算成績		7	7	2.84	121	0	10	123.2	96	44	39	12	34	135	1.05

クローザー

67 スプリッターの投球割合が大幅アップ
カイル・フィネガン Kyle Finnegan

33歳 1991.9.4生｜188cm｜90kg｜右投右打｜速150キロ台中頃（フォーシーム）｜決◎スプリッター
対左.232 対右.270 ド2013⑥アスレティックス 田ミシガン州 年510万ドル（約7億1400万円）

球 4
制 3
緩 3
守備 2
度 3

守護神としては、やや物足りないリリーフ右腕。昨季は開幕から抑えを任されたが、好不調の波が激しく、6月に守護神失格となった。しかし、セットアッパーとしては好投を続けたため、1カ月後にクローザー復帰。2点台の防御率を保っていたが、9月にまた調子を崩し、3点台後半の防御率でシーズンを終えている。以前は、フォーシームとスライダーのコンビネーションがピッチングの基本だったが、昨季はフォーシームとスプリッターの組み合わせを基本に、投球を組み立てていた。妻レイチェルさんとの間に、11歳の女の子と2歳の双子（男の子と女の子）がいる。

年度	所属チーム	勝利	敗戦	防御率	試合数	先発	セーブ	投球イニング	被安打	失点	自責点	被本塁打	与四球	奪三振	WHIP
2023	ナショナルズ	7	5	3.76	67	0	28	69.1	66	33	29	11	24	63	1.30
通算成績		19	18	3.53	226	0	50	226.2	205	110	89	31	93	228	1.31

セット
アップ

21 昨季の登板は1イニングのみ
タナー・レイニー Tanner Rainey

32歳 1992.12.25生｜188cm｜113kg｜右投右打｜速150キロ台中頃（フォーシーム）｜決◎スライダー
対左.500 対右.000 ド2015②レッズ 田ルイジアナ州 年150万ドル（約2億1000万円）

球 4
制 2
緩 4
守備 3
度 4

2022年8月にトミー・ジョン手術を受けたため、今季が本格的なカムバックイヤーとなるリリーフ右腕。19年に、ナショナルズがワールドシリーズを制覇したときの主要メンバーの1人で、22年には一時期、抑え役を任されていた。だが、同年7月に右ヒジを故障して手術となり、長期離脱。昨季メジャーでは、9月30日のゲームで1イニングを投げただけだった。フォーシームとスライダーのツーピッチ・ピッチャーで、スライダーが空振りを奪う強力な武器になっている。実力はあるが、故障の多さが難点。昨年1月に女の子が誕生。これで一男一女のパパになった。

年度	所属チーム	勝利	敗戦	防御率	試合数	先発	セーブ	投球イニング	被安打	失点	自責点	被本塁打	与四球	奪三振	WHIP
2023	ナショナルズ	0	0	0.00	1	0	0	1.0	1	0	0	0	1	1	2.00
通算成績		5	10	5.40	148	0	15	138.1	109	90	83	25	96	192	1.48

ナショナルズ

速＝速球のスピード　決＝決め球

46 パトリック・コービン *Patrick Corbin*

契約最終年を迎える、かつての左のエース　**先発**

35歳 1989.7.19生 | 193cm | 102kg | 左投左打 | 國140キロ台後半(シンカー主体) | 圆○スライダー
対左.254 対右.301 Ⓓ2009②エンジェルス 囲ニューヨーク州 囲3500万ドル(約49億円)

球 **2**
制 **3**
緩 **3**
守備 **3**
度 **3**

　耐久性は相変わらず高いが、生産性は低下したままのベテラン左腕。2019年に、スティーヴン・ストラスバーグ、マックス・シャーザーらとローテーションを形成し、14勝をマーク。ワールドシリーズ制覇に貢献したが、その後は投球内容が悪化している。昨季は19年以来となる、自身5度目の2ケタ勝利を記録したものの、15敗はナショナル・リーグのワースト。これで負け数は、3年連続でリーグ最多となった。今季年俸はチーム最高額の3500万ドル(約49億円)。6年契約の最終シーズンになるため、今年が現役最後の可能性も。通算100勝まであと3勝に迫っている。

年度	所属チーム	勝利	敗戦	防御率	試合数	先発	セーブ	投球イニング	被安打	失点	自責点	被本塁打	与四球	奪三振	WHIP
2023	ナショナルズ	10	15	5.20	32	32	0	180.0	210	113	104	33	57	124	1.48
通算成績		97	118	4.40	310	292	2	1717.2	1810	909	840	238	525	1590	1.36

32 トレヴァー・ウィリアムズ *Trevor Williams*

2018年に14勝した投手だが…　**スイングマン**

32歳 1992.4.25生 | 190cm | 104kg | 右投右打 | 國140キロ台中盤(フォーシーム、シンカー) | 圆○スライダー
対左.301 対右.300 Ⓓ2013⑬マーリンズ 囲カリフォルニア州 囲700万ドル(約9億8000万円)

球 **2**
制 **2**
緩 **2**
守備 **3**
度 **3**

　先発ローテーションの座から滑り落ちそうなベテラン右腕。2年契約でナショナルズに加入した昨季は、長期離脱なくローテーションに入って投げ、30試合に先発した。しかし、シーズン後半の防御率は12試合で7.43。早い回に炎上し、試合を壊してしまうことが多かった。球種は豊富だが、まんべんなく打たれまくっている。敬虔なカトリック教徒として知られる。昨年6月、ドジャースが性的少数者を支持するイベントを球場で行ったが、その際、カトリックを嘲笑するパフォーマンスで有名な団体を招き、表彰したことに反発。ドジャースに対して、批判の声を上げた。

年度	所属チーム	勝利	敗戦	防御率	試合数	先発	セーブ	投球イニング	被安打	失点	自責点	被本塁打	与四球	奪三振	WHIP
2023	ナショナルズ	6	10	5.55	30	30	0	144.1	178	97	89	34	53	111	1.60
通算成績		44	54	4.48	189	148	1	859.2	908	467	428	132	284	701	1.39

44 ディラン・フローロ *Dylan Floro*

2020年、21年は、2点台の防御率　**ミドルリリーフ**　移籍

34歳 1990.12.27生 | 188cm | 92kg | 右投左打 | 國150キロ前後(シンカー、フォーシーム) | 圆○スライダー
対左.374 対右.258 Ⓓ2012⑬レイズ 囲カリフォルニア州 囲225万ドル(約3億1500万円)

球 **2**
制 **4**
緩 **3**
守備 **2**
度 **3**

　昨季はマーリンズとツインズで、計62試合に登板したリリーフ右腕。2球団合計の防御率は4.76で、前年(2022年)の3.02から大きく悪化したが、不運なヒットが多かったとのデータも出ている。ナショナルズがフローロを獲得したのは、連投やイニングまたぎなど、酷使に耐え、どんな役割でもこなしてくれるベテランのリリーフ投手を必要としていたからだ。フローロ自身も、若いチームのために、骨身を惜しまずプレーする構えだ。生命線はシンカーの制球で、ゴロを打たせてアウトを取るピッチングが持ち味。チェンジアップが有効に働かず、左打者に相性が悪い。

年度	所属チーム	勝利	敗戦	防御率	試合数	先発	セーブ	投球イニング	被安打	失点	自責点	被本塁打	与四球	奪三振	WHIP
2023	マーリンズ	3	5	4.54	43	0	7	39.2	48	24	20	2	11	41	1.49
2023	ツインズ	2	1	5.29	19	0	0	17.0	22	10	10	1	6	17	1.65
2023	2チーム計	5	6	4.76	62	0	7	56.2	70	34	30	3	17	58	1.54
通算成績		26	22	3.42	330	0	32	334.0	335	146	127	19	105	307	1.32

國=速球のスピード 圆=決め球 対左=対左打者被打率 対右=対右打者被打率
Ⓓ=ドラフトデータ 囲=出身地 囲=年俸

27 ジェイク・アーヴィン *Jake Irvin*

先発

めぐってきたチャンスを、のがさずつかむ

27歳 1997.2.18生 | 198cm | 102kg | 右投右打 | 🔴150キロ台前半(フォーシーム、シンカー) | 🔴◎カーブ

[対左].274 [対右].233 [D]2018④ナショナルズ | 🔵ミネソタ州 | 🟡74万ドル(約1億360万円)+α

球	3
制	2
緩	4
守備	2
度	3

　昨年、ナショナルズにおける最大のサプライズだった右腕。5月にローテーションに空きができたため、3Aから引き上げられ、メジャーデビュー。とりあえずの代役だったが、先発で2試合続けて好投し、そのままローテーションに入って投げることになった。その後は数試合、苦しいピッチングが続いたが、シーズン後半になると好投する試合がまた増え、先発5番手としては十分な成績を残している。武器は、球速130キロ前後のカーブ。2020年にトミー・ジョン手術を経験。同じ手術を昨年受けた、次代のエース候補ケイド・カヴァーリは、大学時代のチームメートだ。

年度	所属チーム	勝利	敗戦	防御率	試合数	先発	セーブ	投球イニング	被安打	失点	自責点	被本塁打	与四球	奪三振	WHIP
2023	ナショナルズ	3	7	4.61	24	24	0	121.0	118	66	62	20	54	99	1.42
通算成績		3	7	4.61	24	24	0	121.0	118	66	62	20	54	99	1.42

51 ジョーダン・ウィームズ *Jordan Weems*

ミドルリリーフ

プロ入り時は捕手だった変わり種

32歳 1992.11.7生 | 193cm | 95kg | 右投右打 | 🔴150キロ台中頃(フォーシーム) | 🔴◎スライダー

[対左].227 [対右].174 [D]2011③レッドソックス | 🔵ジョージア州 | 🟡74万ドル(約1億360万円)+α

球	4
制	2
緩	3
守備	3
度	3

　肩まで伸びた金髪をなびかせ投げるリリーフ右腕。昨季は6月以降、メジャーに定着し、自己最多の51試合に登板。ピッチングはフォーシーム、スライダーに、左打者にはチェンジアップも交える。課題は制球力。フォーシームの威力はあるが、甘く入ることが多々あり、一発を浴びることも多い。2011年のドラフトで、レッドソックスに指名されてプロ入り。当時は捕手だったが5年たっても打撃面の向上が見られず、マイナーの下のほうでくすぶったままだった。だが、力強い球を投げることに着目したレッドソックスが投手へ転向させたことで、メジャーへの道が開けた。

年度	所属チーム	勝利	敗戦	防御率	試合数	先発	セーブ	投球イニング	被安打	失点	自責点	被本塁打	与四球	奪三振	WHIP
2023	ナショナルズ	5	1	3.62	51	0	0	54.2	38	25	22	9	28	60	1.21
通算成績		5	3	4.74	99	0	0	114.0	89	64	60	19	53	126	1.25

79 ジャクソン・ラトリッジ *Jackson Rutledge*

先発 | 期待度 B | ルーキー

25歳 1999.4.1生 | 203cm | 113kg | 右投右打 | ◆昨季はメジャーで4試合に出場 | [D]2019①ナショナルズ | 🔵ミズーリ州

　昨年メジャーデビューした、身長203センチの長身右腕。9月13日のメジャーデビュー戦では、盗塁した走者を刺すため捕手が二塁に投げた球が、しゃがんでいたラトリッジの後頭部に当たるアクシデントがあった。150キロ台前半の速球に、スライダー、チェンジアップ、カーブを交えて投げる。

54 ケイド・カヴァーリ *Cade Cavalli*

先発 | 期待度 A− | ルーキー

26歳 1998.8.14生 | 193cm | 104kg | 右投右打 | ◆昨季は全休 | [D]2020①ナショナルズ | 🔵オクラホマ州

　150キロ台中盤の速球と、落差の大きなカーブを武器にする期待の右腕。一昨年メジャーデビューし、1試合に登板。昨季は開幕からローテーションに入って投げる予定だったが、開幕前に右ヒジを痛め、トミー・ジョン手術を受けたため、一度もマウンドに立たずに終わった。今年の夏に復帰予定。

他球団からのトレード要請が、あとを絶たず　ライト

28 レイン・トーマス Lane Thomas

29歳 1995.8.23生｜183cm｜89kg｜右投右打
◆対左投手打率／.331　◆対右投手打率／.242
◆ホーム打率／.312　◆アウェー打率／.227　◆得点圏打率／.248
◆23年のポジション別出場数／ライト=151、センター=11、DH=1、
ピッチャー=1　◆⑤2014⑤ブルージェイズ　◆⑪テネシー州
◆⑯545万ドル（約7億6300万円）

	ミート	4
	パワー	4
	走塁	5
	守備	3
	肩	5

　メジャー5年目の昨季、攻守両面でチームを牽引した右翼手。攻撃面では、本塁打（28）、打点（86）、盗塁（20）が、いずれも自己ベストの数字だった。「20本塁打・20盗塁」の達成は、アルフォンソ・ソリアーノ、イアン・デズモンド、ブライス・ハーパーに続き、球史上4人目。守備面では、ライトで16アシスト（補殺）を記録。これはメジャーの右翼手でトップの数字だ。強打、俊足、鉄砲肩、故障しない頑丈さなど、長所がいくつもあり、多くの球団がトレードでの獲得を狙っている。ただ、再建期間とはいえ、球団に安売りする気はない。スロースターターで、一昨年も昨年も4月は本塁打が0。

カモ　J・ルザード（マーリンズ）.438(16-7)3本　苦手　M・フリード（ブレーブス）.063(16-1)0本

年度	所属チーム	試合数	打数	得点	安打	二塁打	三塁打	本塁打	打点	四球	三振	盗塁	盗塁死	出塁率	OPS	打率
2019	カーディナルス	34	38	6	12	0	1	4	12	4	8	1		.409	1.093	.316
2020	カーディナルス	18	36	5	4	2	0	1	2	4	13	0		.200	.450	.111
2021	カーディナルス	32	48	2	5	1	0	0	1	10	17	2	1	.259	.384	.104
2021	ナショナルズ	45	178	33	48	14	2	7	27	27	46	4	2	.364	.853	.270
2021	2チーム計	77	226	35	53	15	2	7	28	37	63	6	3	.341	.753	.235
2022	ナショナルズ	146	498	62	120	26	2	17	52	41	132	8	4	.301	.705	.241
2023	ナショナルズ	157	628	101	168	36	3	28	86	36	176	20	5	.315	.783	.268
通算成績		432	1426	209	357	79	8	57	180	122	392	35	13	.314	.751	.250

元パドレスの有望株ランキング1位　ショート

5 CJ・エイブラムズ CJ Abrams

24歳 2000.10.3生｜188cm｜86kg｜右投左打
◆対左投手打率／.166　◆対右投手打率／.274
◆ホーム打率／.258　◆アウェー打率／.233　◆得点圏打率／.194
◆23年のポジション別出場数／ショート=151
◆⑤2019①パドレス　◆⑪ジョージア州
◆⑯74万ドル（約1億360万円）＋α

	ミート	3
	パワー	3
	走塁	5
	守備	3
	肩	3

　シーズン中に走攻守すべてがレベルアップした、身体能力の高い遊撃手。昨季序盤は下位打線を打っていたが、打撃向上の兆しが見られたため、7月に入り、マルティネス監督はトップバッターへの抜擢を決断。すると、予想通り打撃成績が上向いただけでなく、守備面や走塁面でも大幅な進歩が見られるようになった。研究熱心で、走攻守ともそれぞれの担当コーチと技量の向上に努めていて、それが実を結んだ形だ。最終戦では盗塁を2つ決め、シーズン47盗塁をマーク。球団記録（2017年／トレイ・ターナーの46盗塁）を更新して、気持ち良くシーズンを終えている。22年途中のトレードで、ホアン・ソトを放出した見返りに、パドレスから獲得した若き有望株の1人だ。

カモ　M・マイコラス（カーディナルス）.750(4-3)1本　苦手　K・ブラディッシュ（オリオールズ）.000(6-0)0本

年度	所属チーム	試合数	打数	得点	安打	二塁打	三塁打	本塁打	打点	四球	三振	盗塁	盗塁死	出塁率	OPS	打率
2022	パドレス	46	125	16	29	5	0	2	11	4	27	1	2	.285	.605	.232
2022	ナショナルズ	44	159	17	41	7	2	0	10	1	23	6	2	.276	.603	.258
2022	2チーム計	90	284	33	70	12	2	2	21	5	50	7	4	.280	.604	.246
2023	ナショナルズ	151	563	83	138	28	6	18	64	32	118	47	4	.300	.712	.245
通算成績		241	847	116	208	40	8	20	85	37	168	54	8	.293	.676	.246

野手

今季はファーストでの出場が増加の見込み　ファースト DH

45 ジョーイ・メネセス *Joey Meneses*

32歳 1992.5.6生｜190cm｜108kg｜右投右打
◆対左投手打率／.291　◆対右投手打率／.268
◆ホーム打率／.280　◆アウェー打率／.270　◆得点圏打率／.363
◆23年のポジション別出場数／DH＝131、ファースト＝19、ライト＝1
◆⑤2011⑳ブレーブス　◆⑪メキシコ
◆⑭74万ドル（約1億360万円）＋α

ミート 4
パワー 4
走塁 2
守備 2
肩 3

日本でのプレー経験もある、遅咲きの強打者。一昨年8月、30歳でメジャーデビュー。チーム本塁打数がメジャーワーストだったチームにあって、2カ月間で13本塁打を放ち、注目された。そのため昨季は大いに期待されたが、開幕からヒットは出ても一発は出ず、3カ月間で本塁打はわずか2本。7月以降、ようやくホームランが出始めたが、結局、一昨年と同じ13本塁打でシーズンを終えている。ただ、チャンスによく打ち、チームトップの89打点をマークした。現在のメジャーでは、DHは複数の選手を交代で使うのが主流になっている。だが、昨季のメネセスは、ほぼDH専任。昨季、DHで130試合以上出場したのは、マーセル・オズーナ、大谷翔平と、このメネセスだけだった。2019年にオリックスに入団したが、禁止薬物の使用で、すぐ解雇されている。

カモ C・バーンズ（ブリュワーズ）.667(6-4)1本　　苦手 B・ギャレット（マーリンズ）.091(11-1)0本

年度	所属チーム	試合数	打数	得点	安打	二塁打	三塁打	本塁打	打点	四球	三振	盗塁	盗塁死	出塁率	OPS	打率
2022	ナショナルズ	56	222	33	72	14	0	13	34	15	52	1	0	.367	.930	.324
2023	ナショナルズ	154	611	71	168	36	1	13	89	38	130	0	0	.321	.722	.275
通算成績		210	833	104	240	50	1	26	123	53	182	1	0	.333	.777	.288

長期契約を交わした若き正捕手　キャッチャー

20 キーバート・ルイーズ *Keibert Ruiz*

26歳 1998.7.20生｜183cm｜102kg｜右投両打　◆盗塁阻止率／.078(129-10)
◆対左投手打率／.289　◆対右投手打率／.249
◆ホーム打率／.248　◆アウェー打率／.271　◆得点圏打率／.365
◆23年のポジション別出場数／キャッチャー＝117、DH＝16
◆⑤2014⑳ドジャース　◆⑪ベネズエラ
◆⑭600万ドル（約8億4000万円）

ミート 4
パワー 3
走塁 2
守備 2
肩 3

ミットより、バットで貢献するタイプの捕手。球団の期待は大きく、昨季開幕前に8年5000万ドル（約70億円）で契約を延長している。昨季は長打の出る頻度が高まり、シーズン後半には中軸を任されることも多くなった。スイッチヒッターだが、本塁打が出るのはもっぱら左打席。メジャー通算29本打のうち、左打席が28本、右打席が1本。昨年5月30日のドジャース戦で、左腕アレックス・ヴェシアから放った一発が、メジャーで初めて右打席で打ったホームランだった。ディフェンス面は不安だらけ。ボールブロッキング、盗塁阻止能力に難があり、フレーミング技術もワーストレベルだ。

カモ T・ヘンリー（ダイヤモンドバックス）.500(8-4)0本　　苦手 ダルビッシュ有（パドレス）.000(9-0)0本

年度	所属チーム	試合数	打数	得点	安打	二塁打	三塁打	本塁打	打点	四球	三振	盗塁	盗塁死	出塁率	OPS	打率
2020	ドジャース	2	8	1	2	0	0	1	1	0	3	0	0	.250	.875	.250
2021	ドジャース	6	7	1	1	0	0	1	1	0	5	0	0	.143	.714	.143
2021	ナショナルズ	23	81	9	23	3	0	2	14	6	4	0	0	.348	.743	.284
2021	2チーム計	29	88	10	24	3	0	3	15	6	9	0	0	.333	.742	.273
2022	ナショナルズ	112	394	33	99	22	0	7	36	30	50	6	1	.313	.673	.251
2023	ナショナルズ	136	523	55	136	24	0	18	67	31	58	1	1	.308	.717	.260
通算成績		279	1013	99	261	49	0	29	119	67	120	7	2	.311	.703	.258

ナショナルズ

14 イルデマーロ・ヴァルガス *Ildemaro Vargas*

試合中に、相手二塁手へガムをプレゼント

ユーティリティ

33歳 1991.7.16生 | 183cm | 88kg | 右投両打 [対左].291 [対右].226
[ホ].248 [ア].255 [得].268 [ド]2008[外]カーディナルス [出]ベネズエラ

ミ 3 / バ 2 / 走 3 / 守 4 / 肩 3

　2020年から22年まで、3年連続でシーズン中にチームが変わっていたユーティリティ。昨季は1年間、ナショナルズでプレー。例年通り、複数のポジションをこなす便利屋的な役回りを演じ、キャンデラリオが移籍した8月以降は主にサードを守った。2度、マウンドにも立っている。球団は、チームリーダーとしての役割も高く評価。昨年8月27日のマーリンズ戦では、二塁の守備からベンチに戻る際、内野の土にハートマークを描き、その中にガムを数個置いていった。以前の同僚である、相手チームの二塁手アラエズへの、ユーモアあふれるプレゼントだった。

年度	所属チーム	試合数	打数	得点	安打	二塁打	三塁打	本塁打	打点	四球	三振	盗塁	盗塁死	出塁率	OPS	打率
2023	ナショナルズ	86	262	32	66	13	2	4	31	19	20	1	1	.304	.667	.252
通算成績		325	832	95	205	40	6	16	96	45	101	7	2	.287	.654	.246

2 ルイス・ガルシア *Luis Garcia*

アメリカ生まれ、ドミニカ育ちの二塁手

セカンド

24歳 2000.5.16生 | 188cm | 99kg | 右投左打 [対左].261 [対右].268 [ホ].259 [ア].274
[得].253 [ド]2016[外]ナショナルズ [出]ニューヨーク州 [年]195万ドル(約2億7300万円)

ミ 3 / バ 3 / 走 3 / 守 3 / 肩 3

　2000年に、20歳でメジャーデビューした元プロスペクト(有望株)。メジャー4年目の昨季は、自己最多の122試合に出場した。ただ、不振で3A落ちも経験するなど、デビュー時に球団がいだいていたほどのブレイクは、まだ果たせていない。生まれはアメリカだが、3歳のとき、父の出身地ドミニカに移住。16歳になったとき、130万ドルという高額な契約金でナショナルズに入団した。同名の父ルイス・ガルシアも元内野手で、8試合、メジャーの試合でプレーした経験がある。ちなみに現役メジャーリーガーに「ルイス・ガルシア」は3人いるが、ほかの2人は投手だ。

年度	所属チーム	試合数	打数	得点	安打	二塁打	三塁打	本塁打	打点	四球	三振	盗塁	盗塁死	出塁率	OPS	打率
2023	ナショナルズ	122	447	61	119	18	4	9	50	27	60	9	4	.304	.689	.266
通算成績		325	1177	137	312	65	8	24	133	54	216	13	11	.295	.690	.265

24 ジョーイ・ギャロ *Joey Gallo*

メジャー9年間の通算打率は1割9分7厘

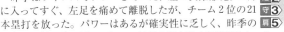

レフト ライト ファースト / 移籍

31歳 1993.11.19生 | 196cm | 113kg | 右投左打 [対左].180 [対右].177 [ホ].153 [ア].200
[得].161 [ド]2012①レンジャーズ [出]ネヴァダ州 [年]500万ドル(約7億円) ◆ゴールドグラブ賞2回(20.21年)

ミ 1 / バ 5 / 走 2 / 守 3 / 肩 5

　昨季はツインズでプレーしていた、左の長距離砲。9月に入ってすぐ、左足を痛めて離脱したが、チーム2位の21本塁打を放った。パワーはあるが確実性に乏しく、昨季の打率は1割7分7厘。これで、打率1割台は4年連続となった。38本塁打をマークした21年は、アメリカン・リーグ最多の四球と三振を記録。ただ、ここ2年は相変わらず三振は多いものの、四球を選ぶペースが落ちている。外野の両翼とファーストの守備は堅実で、強肩がウリ。ライトで、2度のゴールドグラブ受賞歴がある。リトルリーグ時代、ブライス・ハーパーと同じチームでプレーしていた。

年度	所属チーム	試合数	打数	得点	安打	二塁打	三塁打	本塁打	打点	四球	三振	盗塁	盗塁死	出塁率	OPS	打率
2023	ツインズ	111	282	39	50	9	1	21	40	48	142	1	1	.301	.741	.177
通算成績		863	2646	439	521	98	10	198	426	465	1190	30	9	.323	.789	.197

[対左]=対左投手打率 [対右]=対右投手打率 [ホ]=ホーム打率 [ア]=アウェー打率 [得]=得点圏打率 [ド]=ドラフトデータ [出]=出身地 [年]=年俸

課題の打撃に光明が見えたが…

センター

16 ヴィクター・ロブレス Victor Robles

27歳 1997.5.19生｜183cm｜87kg｜右投右打 [対左].364 [対右].270 [木].317 [ア].273
[得].214 [ド]2013③ナショナルズ [出]ドミニカ [年]265万ドル（約3億7100万円）

ミ **2**
バ **2**
走 **4**
守 **4**
肩 **5**

昨季は故障に泣いた、好守の中堅手。守備は一流だが、打撃は2割2分前後と、これまでバッティングが課題だった。そこで昨季は、春季キャンプでフォームの修正を行い、開幕に臨んだ。するとその効果はすぐに現れ、5月初旬で3割前後の打率を保ち、四球率も大幅アップ。ナショナルズの数少ない明るいニュースとなった。しかし、5月6日の試合で、二塁にスライディングをした際、腰を負傷して離脱。約1カ月後に復帰したが、万全ではなく、自慢の守備でもありえないミスを連発した。そのため再度戦線離脱となり、今度は復帰できないままシーズンを終えた。

年度	所属チーム	試合数	打数	得点	安打	二塁打	三塁打	本塁打	打点	四球	三振	盗塁	盗塁死	出塁率	OPS	打率
2023	ナショナルズ	36	107	15	32	5	1	0	8	11	18	8	1	.385	.749	.299
通算成績		516	1585	210	377	78	11	31	154	109	418	66	24	.312	.672	.238

自身初の満塁ホームランは親友から

レフト ライト DH

36 ストーン・ギャレット Stone Garrett

29歳 1995.11.22生｜188cm｜101kg｜右投右打 [対左].262 [対右].277 [木].250 [ア].292
[得].338 [ド]2014⑧マーリンズ [出]テキサス州 [年]74万ドル（約1億360万円）+α

ミ **3**
バ **3**
走 **3**
守 **4**
肩 **4**

ワシントンに来て輝き始めた外野手。一昨年、ダイヤモンドバックスでメジャーデビュー。同年オフ、放出の憂き目にあいながら、その打力に目をつけていたナショナルズが獲得した。昨季は開幕こそ3Aだったが、故障者が出たため、すぐにメジャー昇格。チャンスをモノにして、レフトのレギュラー格で使われるようになった。しかし、8月23日の試合で左足を骨折。今季、万全の状態で開幕を迎えられるかは、微妙な状況だ。昨季、打撃では勝負強さが光り、満塁弾を2本記録。そのうちの1本は、古巣ダイヤモンドバックス戦で、大親友トミー・ヘンリーから放ったもの。

年度	所属チーム	試合数	打数	得点	安打	二塁打	三塁打	本塁打	打点	四球	三振	盗塁	盗塁死	出塁率	OPS	打率
2023	ナショナルズ	89	234	40	63	17	0	9	40	26	82	3	1	.343	.800	.269
通算成績		116	310	53	84	25	0	13	50	29	109	6	2	.335	.812	.271

野球人生の原点は空手

キャッチャー

15 ライリー・アダムズ Riley Adams

28歳 1996.6.26生｜193cm｜117kg｜右投右打 ◆盗塁阻止率／.086(35-3) [対左].333 [対右].216 [木].358
[ア].161 [得].323 [ド]2017③ブルージェイズ [出]カリフォルニア州 [年]74万ドル（約1億360万円）+α

ミ **3**
バ **3**
走 **2**
守 **2**
肩 **3**

打撃面の評価が高いバックアップ捕手。昨季はとくに、左投手を打率3割3分3厘（69打数23安打）と、よく打った。また、チャンスの場面で勝負強いところも見せている。一方、正捕手ルイーズ同様、守備面の評価は低い。捕手防御率も、昨季はルイーズより悪かった。昨年は9月6日の試合で左手の有鉤骨を骨折し、シーズンを終えており、今季はその影響が心配される。子供の頃は、空手に熱中。空手は3歳から10年間習い、指導者の言葉に耳を傾ける姿勢や、他者の規範となるような振る舞いなど、道場で学んだものは、その後の野球人生で大いに役立ったという。

年度	所属チーム	試合数	打数	得点	安打	二塁打	三塁打	本塁打	打点	四球	三振	盗塁	盗塁死	出塁率	OPS	打率
2023	ナショナルズ	44	143	8	39	13	2	4	21	11	45	0	0	.331	.807	.273
通算成績		139	384	35	86	25	3	11	41	38	131	0	1	.308	.699	.224

ナショナルズ

スピード昇格したスピード自慢

30 ジェイコブ・ヤング *Jacob Young* 外野手 ルーキー

25歳 1999.7.27生｜180cm｜81kg｜右投右打 対左.200 対右.268 匝.345 ⑦.154 得.379 ⑤2021⑦ナショナルズ 囲フロリダ州 囲74万ドル（約1億360万円）+α

ミ 2
パ 2
走 5
守 3
肩 3

　2021年のドラフトでプロ入りし、急成長している外野手。昨季は1A+からスタートしたが、マイナーの各段階で存在感を示し、8月下旬にメジャー初昇格。その後は主に「9番・センター」で試合に出場し続けた。最大のウリはスピードで、内野安打での出塁が多い。塁に出ると相手投手にプレッシャーをかけ、昨季メジャーでは、約1カ月間で13盗塁をマーク。盗塁成功率は100%だった。今季は4人目の外野手として、まずはメジャー定着を目指す。マイナーには、外野手の有望株が何人もいるため、彼らが上がってくる前に、強烈なインパクトを首脳陣に残したいところだ。

年度	所属チーム	試合数	打数	得点	安打	二塁打	三塁打	本塁打	打点	四球	三振	盗塁	盗塁死	出塁率	OPS	打率
2023	ナショナルズ	33	107	9	27	7	1	0	12	10	22	13	0	.322	.658	.252
通算成績		33	107	9	27	7	1	0	12	10	22	13	0	.322	.658	.252

低迷が続く、2016年ドラフトの全体2位

13 ニック・センゼル *Nick Senzel* サード 外野手 移籍

29歳 1995.6.29生｜185cm｜98kg｜右投右打 対左.347 対右.164 匝.224 ⑦.248 得.282 ⑤2016①レッズ 囲ジョージア州 囲200万ドル（約2億8000万円）

ミ 2
パ 3
走 3
守 2
肩 3

　1年契約で加入した、元レッズのトップ・プロスペクト（最有望株）。2016年のドラフトで、レッズから全体2位で指名されてプロ入り。19年に満を持してメジャーデビューし、センターのレギュラーとして、チームを引っ張っていく存在になると期待された。しかし、故障が多いため、万全の状態でプレーできず、成績が低迷。昨季は自己ベストの13本塁打を放ったものの、若手が台頭するチームに居場所がなくなり、オフにレッズを戦力外となった。メジャー昇格後は、外野をメインに守っていたが、昨季はプロ入り時のポジションだったサードで、最も多く出場している。

年度	所属チーム	試合数	打数	得点	安打	二塁打	三塁打	本塁打	打点	四球	三振	盗塁	盗塁死	出塁率	OPS	打率
2023	レッズ	104	301	49	71	10	0	13	42	26	74	6	2	.297	.696	.236
通算成績		377	1230	175	294	53	4	33	125	104	282	32	18	.302	.671	.239

─ ブレディ・ハウス *Brady House* サード 期待度A+ ルーキー

21歳 2003.6.4生｜193cm｜97kg｜右投右打 ◆昨季は1A、1A+、2Aでプレー ⑤2021①ナショナルズ 囲ジョージア州

　今季中のメジャーデビューが濃厚な、長打と高打率を期待できる近未来の正三塁手候補。守備では強肩が自慢で、150キロ超えのボールを投げられる。高校時代は「超大型遊撃手」として注目を集め、ドラフト全体1位候補として名が挙がったこともある（結局、ナショナルズが全体11位で指名）。

─ ジェイムズ・ウッド *James Wood* 外野手 期待度A+ ルーキー

22歳 2002.9.17生｜198cm｜108kg｜右投右打 ◆昨季は1A+、2Aでプレー ⑤2021②パドレス 囲メリーランド州

　2022年のトレードで、パドレスからやって来た5ツールプレーヤー。とくに、長打を期待できるパワーが魅力的。球団はディラン・クルーズ（2023年ドラフト全体2位）と、このウッドが、ナショナルズ黄金期を作る外野手になると期待している。バスケットボール一家で育ったが、本人は野球を選択。

対左＝対左投手打率　対右＝対右投手打率　匝＝ホーム打率　⑦＝アウェー打率　得＝得点圏打率　⑤＝ドラフトデータ　囲＝出身地　囲＝年俸

ミルウォーキー・ブリュワーズ

◆創　立：1969年
◆本拠地：ウィスコンシン州ミルウォーキー市
◆ワールドシリーズ制覇：0回　◆リーグ優勝：1回
◆地区優勝：6回　◆ワイルドカード獲得：3回

主要オーナー▶ マーク・アタナシオ（実業家）

過去5年成績

年度	勝	負	勝率	ゲーム差	地区順位	ポストシーズン成績
2019	89	73	.549	2.0	②	ワイルドカードゲーム敗退
2020	29	31	.483	5.0	④	ワイルドカードシリーズ敗退
2021	95	67	.586	(5.0)	①	地区シリーズ敗退
2022	86	76	.531	7.0	②	―
2023	**92**	**70**	**.568**	**(9.0)**	**①**	**ワイルドカードシリーズ敗退**

監　督　**21 パット・マーフィー** *Pat Murphy*

新

◆年　齢……………66歳（ニューヨーク州出身）
◆現役時代の経歴 … メジャーでのプレー経験なし
　（ピッチャー）
◆監督経歴……………1シーズン　パドレス（2015）
◆通算成績……………42勝54敗（勝率.438）

　長くチームを率いたクレイグ・カウンセルが同地区のカブスへ去ったため、コーチから内部昇格した新指揮官。現役引退後、大学球界で指導者として名を馳せ、パドレスの組織に加入。2015年には暫定監督として約3カ月半、指揮を執った。その後、大学時代の教え子であるカウンセルに請われ、ブリュワーズ入り。昨季まで8シーズン、ベンチコーチを務め、カウンセルを支えた。義理の息子（娘の夫）は、13年にパイレーツで本塁打王に輝いたペドロ・アルヴァレス。

注目コーチ▶ **23 リッキー・ウィークス・ジュニア** *Rickie Weeks Jr.*

　42歳。昨季はGM特別補佐。元ブリュワーズの人気選手に敬意を表し、球団は「ベンチコーチ」ではなく、新設の「アソシエイトマネージャー」の肩書を与えている。

編成責任者▶ **マット・アーノルド** *Matt Arnold*

　45歳。2015年オフ、ブリュワーズのフロントに入り、編成トップのスターンズ（現メッツ編成トップ）の右腕として活躍。スターンズが退任した22年オフ、その後任に。

スタジアム▶ **アメリカン・ファミリー・フィールド** *American Family Field*

◆開場　年…………2001年
◆仕　様…………天然芝、開閉式屋根付き
◆収容能力…………41,900人
◆フェンスの高さ…2.4m
◆特　徴…………ホームランの出やすい球場で、とくに夏場はボールがよく飛ぶ。ブリュワーズの選手がホームランを放つと、レフトスタンド上部に設置された巨大なすべり台から、球団マスコットのバーニー・ブリュワーがすべり降りてくる。

ヒッターズパーク

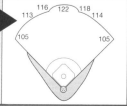

116　122　118
113　　　　　　114
105　　　　　　105

Best Order [ベストオーダー]

①クリスチャン・イェリッチ……DH
②ウィリアム・コントレラス……キャッチャー
③リース・ホスキンス……ファースト
④サル・フリーリック……ライト
⑤ウィリー・アダメス……ショート
⑥ギャレット・ミッチェル……レフト
⑦ジャクソン・チョーリオ……センター
⑧ブライス・トゥラン……セカンド
⑨アンドルー・モナステリオ……サード

Depth Chart [ポジション別選手層・メンバーリスト]

※2024年2月25日時点の候補選手。
数字は背番号(開幕前に変更する
場合もあり)、右・左等は投・打の順。

センター
11 ジャクソン・チョーリオ [右・右]
10 サル・フリーリック [右・左]
5 ギャレット・ミッチェル [右・左]
28 ジョーイ・ウィーマー [右・右]

レフト
5 ギャレット・ミッチェル [右・左]
22 クリスチャン・イェリッチ [右・右]
13 エリック・ハース [右・右]
9 ジェイク・バウアーズ [左・左]

ライト
10 サル・フリーリック [右・左]
11 ジャクソン・チョーリオ [右・右]
28 ジョーイ・ウィーマー [右・右]
16 ブレイク・パーキンス [右・両]

ショート
27 ウィリー・アダメス [右・右]
2 ブライス・トゥラン [右・左]
14 アンドルー・モナステリオ [右・右]
64 ヴィニー・キャプラ [右・右]

セカンド
2 ブライス・トゥラン [右・左]
14 アンドルー・モナステリオ [右・右]
6 オーウェン・ミラー [右・右]
64 ヴィニー・キャプラ [右・右]

ローテーション
51 フレディ・ペラルタ [右・右]
20 ウェイド・マイリー [左・左]
37 DL・ホール [左・左]
48 コリン・レイ [右・右]
41 ジョー・ロス [右・右]
35 ジェイコブ・ジュニス [右・右]

サード
14 アンドルー・モナステリオ [右・右]
3 ジョーイ・オーティズ [右・右]
6 オーウェン・ミラー [右・右]
64 ヴィニー・キャプラ [右・右]

ファースト
12 リース・ホスキンス [右・右]
9 ジェイク・バウアーズ [左・左]
6 オーウェン・ミラー [右・右]

キャッチャー
24 ウィリアム・コントレラス [右・右]
13 エリック・ハース [右・右]
99 ゲーリー・サンチェス [右・右]

DH
22 クリスチャン・イェリッチ [右・左]
9 ジェイク・バウアーズ [左・左]
13 エリック・ハース [右・右]

ブルペン
38 デヴィン・ウィリアムズ [右・右] CL
31 ヨエル・パヤンプス [右・右]
59 エルヴィス・ペゲーロ [右・右]
45 アブナー・ウリーベ [右・右]
55 ホービー・ミルナー [左・右]
29 トレヴァー・メギル [右・右]
46 ブライス・ウィルソン [右・右]
32 テイラー・クラーク [右・右]
49 チアゴ・ヴィエイラ [右・右]
50 J.B.ブカウスカス [右・右]
56 ジャンソン・ジャンク [右・右]
78 ブライアン・ハドソン [左・左]

※CL=クローザー

ブリュワーズ試合日程……＊はアウェーでの開催

3月28・30・31	メッツ＊	29・30・**5月**1	レイズ	31・**6月**1・2	ホワイトソックス
4月2・3	ツインズ	3・4・5	カブス＊	3・4・5	フィリーズ＊
5・6・7	マリナーズ	6・7・8	ロイヤルズ＊	7・8・9	タイガース＊
8・9・10・11	レッズ＊	9・10・11・12	カーディナルス	10・11・12	ブルージェイズ
12・13・14	オリオールズ＊	13・14・15	パイレーツ	14・15・16	レッズ
15・16・17	パドレス	17・18・19	アストロズ＊	17・18・19	エンジェルス＊
19・20・21	カーディナルス＊	20・21・22	マーリンズ＊	20・21・22・23	パドレス＊
22・23・24・25	パイレーツ＊	24・25・26	レッドソックス＊	24・25・26	レンジャーズ
26・27・28	ヤンキース	27・28・29・30	カブス	28・29・30	カブス

330 **球団メモ** ホームタウンのミルウォーキーは、ビール産業や酪農業が盛んな都市。球団名に用いられている「ブリュワー (brewer)」には、「ビール醸造者」という意味がある。

ブリュワーズ

■投手力 ⬇…★★★☆☆【昨年度チーム防御率3.71、リーグ1位】

キャンプ直前にエースだったバーンズがトレードされ、もう1人のエースだったウッドラフは右肩を手術し、今季全休の可能性もある。さらにハウザーもトレードされたので、ローテーションはペラルタがエース格で、2、3番手はマイリー、レイ、4番手にはバーンズの交換要員として来たホール、5番手には2年間全休だったロスが入ると思われる。ホールは昨季、オリオールズのマイナーで先発で試されていたが、不合格になった投手だ。ローテーションのレベルは、ひいき目に見ても「中の下」レベルだ。一方、ブルペンのほうは依然最強レベル。昨季のリリーフ防御率3.40は、ナショナル・リーグでトップだったが、今年もほぼ同じメンバーでシーズンに入る。

■攻撃力 ➡…★★★☆☆【昨年度チーム得点728、リーグ8位】

中軸にホスキンスが入るが、ピークを過ぎているので、大きなプラスにはならないだろう。ブリュワーズの強みは、育成力にある。今シーズンは打線に4、5人のルーキーが加わることになるが、2人ブレイクすれば、チーム得点は「中の上」レベルまでアップするかもしれない。

■守備力 ➡…★★★★☆【昨年度チーム失策数77、リーグ5位】

昨季はDRS（守備で防いだ失点）が68もあった。これは、ナショナル・リーグで最多の数字。トゥラン、モナステリオ、フリーリックの貢献が大きい。

■機動力 …★★★★☆【昨年度チーム盗塁数129、リーグ7位】

盗塁数も成功率も平均レベル。昨年は、ほとんど送りバントをしなかった。

総合評価　★★★☆☆

様々な戦術を繰り出し、常勝チームを作り上げたカウンセル監督を、ライバルチームのカブスに持っていかれた。ただ、マーフィー新監督はその参謀長（ベンチコーチ）だった人なので、ダメージを最小限に食い止めることができるかもしれない。

IN	主な入団選手
投手	
DL・ホール ← オリオールズ	
ジョー・ロス ← ジャイアンツ	
野手	
リース・ホスキンス ← フィリーズ	
エリック・ハース ← ガーディアンズ	
ジェイク・バウアーズ ← ヤンキース	
ジョーイ・オーティズ ← オリオールズ	

OUT	主な退団選手
投手	
コービン・バーンズ → オリオールズ	
エイドリアン・ハウザー → メッツ	
野手	
マーク・キャナ → タイガース	
ヴィクター・カラティーニ → アストロズ	
ロウディ・テレーズ → パイレーツ	
カルロス・サンタナ → ツインズ	

7月1·2·3·4	ロッキーズ*	8月2·3·4	ナショナルズ*	2·3·4	カーディナルス
5·6·7	ドジャース*	6·7·8	ブレーブス*	6·7·8	ロッキーズ
9·10·11	パイレーツ	9·10·11	レッズ	10·11·12	ジャイアンツ*
12·13·14	ナショナルズ	12·13·14·15	ドジャース	13·14·15	ダイヤモンドバックス*
16	オールスターゲーム	16·17·18	ガーディアンズ	16·17·18	フィリーズ
20·21	ツインズ	20·21·22	カーディナルス*	19·20·21·22	ダイヤモンドバックス
22·23·24	カブス*	23·24·25	アスレティックス*	24·25·26	パイレーツ
26·27·28	マーリンズ	27·28·29	ジャイアンツ	27·28·29	メッツ
29·30·31	ブレーブス	30·31·9月1	レッズ*		

球団メモ　昨季、ホームランを打った選手がベンチに戻ってきた際には、長三角形の巨大なチーズのかぶり物を頭に乗せる「ダッグアウトセレブレーション」が行われていた。

331

チェンジアップの被打率は0割9分7厘 クローザー

38 デヴィン・ウィリアムズ
Devin Williams

30歳｜1994.9.21生｜188cm｜86kg｜右投右打

◆速球のスピード／150キロ台前半（フォーシーム主体）

◆決め球と持ち球／☆チェンジアップ、◎フォーシーム、△カッター

◆対左打者被打率／.152　◆対右打者被打率／.107

◆ホーム防御率／1.07　◆アウェー防御率／2.16

◆ドラフトデータ／2013②ブリュワーズ

◆出身地／ミズーリ州　◆年俸／725万ドル（約10億1500万円）

◆最優秀救援投手賞2回（20、23年）、新人王（20年）

球威	5
制球	4
緩急	5
守備・制	5
度胸	5

　昨年、ナショナル・リーグの最優秀救援投手に贈られる「トレヴァー・ホフマン賞」に輝いたミルウォーキーの守護神。セットアッパーだった2020年にも選出されているので、2度目の受賞となる。一番の武器はチェンジアップ。メジャーを代表する魔球の1つと見なされるようになったボールで、昨季のチェンジアップの被打率は0割9分7厘だった。このチェンジアップは、通常のサークルチェンジのグリップで握り、リリースするとき、人差し指でボールの側面を強くこする。それによりボールに強い横回転がかかり、シュート軌道を描きながら落ちる。通常はこれとフォーシームを組み合わせて投げているが、昨年はチェンジアップの制球が安定していたため、チェンジアップの比率が増し、6：4くらいの割合になっていた。長所は、チェンジアップとフォーシームをまったく同じ腕の振りで投げるため、打者は見分けがつきにくいこと。もう1つの長所は、チェンジアップの球速と軌道を一球一球変えて投げているため、ドンピシャのタイミングで、芯でとらえられることが滅多にないことだ。

　このチェンジアップは、「エアベンダー」という名で呼ばれるようになった。元ネタの『エアベンダー』は、米国で人気を博したファンタジーアドベンチャーの3Dアニメだが、2020年にウィリアムズがチェンジアップを使い出したとき、何球投げても打たれないファンタジーレベルのボールということで、その名が付いたようだ。

　昨年春のWBCに、奪三振率の高さを買われてアメリカ代表の一員として参加。4試合にリリーフ登板して被安打1、無失点、奪三振6という、ほぼ完ぺきなピッチングを見せた。身体能力が高いため、高校時代は万能選手で、秋はサッカー、冬はバスケットボール、春は野球で活躍。

カモ N・カステヤノス（フィリーズ）.000（9-0）0本　W・コントレラス（カーディナルス）.111（9-1）0本
苦手 B・レイノルズ（パイレーツ）.364（11-4）1本　I・ハップ（カブス）.375（8-3）1本

年度	所属チーム	勝利	敗戦	防御率	試合数	先発	セーブ	投球イニング	被安打	失点	自責点	被本塁打	与四球	奪三振	WHIP
2019	ブリュワーズ	0	0	3.95	13	0	0	13.2	18	9	6	2	6	14	1.76
2020	ブリュワーズ	4	1	0.33	22	0	0	27.0	8	4	1	1	9	53	0.63
2021	ブリュワーズ	8	2	2.50	58	0	3	54.0	36	17	15	5	28	87	1.19
2022	ブリュワーズ	6	4	1.93	65	0	15	60.2	31	17	13	2	30	96	1.01
2023	ブリュワーズ	8	3	1.53	61	0	36	58.2	26	13	10	4	28	87	0.92
通算成績		26	10	1.89	219	0	54	214.0	119	60	45	14	101	337	1.03

制球が安定すれば、セットアッパーで使える逸材

ミドルリリーフ

45 アブナー・ウリーベ *Abner Uribe*

24歳 2000.6.20生｜190cm｜101kg｜右投右打

◆速球のスピード／160キロ前後（シンカー主体）
◆決め球と持ち球／☆スライダー、◎シンカー、◎フォーシーム
◆対左.175 ◆対右.141 ◆木防3.00 ◆ア防0.57
◆ド2018例ブリュワーズ ◆囲ドミニカ
◆囲74万ドル（約1億360万円）+α

球威	5
制球	2
緩急	4
守備・走塁	4
度胸	3

ブリュワーズ

昨年、速球の平均スピードがメジャー全体で2番目に速い162.3キロだった豪腕リリーバー。ちなみに一番速かったのは、ツインズでクローザーを務めるデュランの163.8キロだった。ドミニカ出身。2018年、18歳でブリュワーズに契約金8万5000ドルで入団。速球は140キロ台後半だったが、1年後の19年には153キロ前後に上昇。20年末には162.5キロが出た。昨季は2Aと3Aで好成績をあげて7月8日にメジャーデビュー。その後はシンカー6割、スライダー3割、フォーシーム1割くらいの比率で投げて結果を残し、シーズン終了まで1点台の防御率をキープした。速球のスピードばかりが話題になるが、アウトピッチ（決め球）はスライダーで、昨年の被打率は0割8分0厘。空振り率は、58.1%という驚異的な高さだ。シンカーの被打率は1割7分9厘。

カモ N・カステヤノス（フィリーズ）.000(3-0)0本　苦手 ―

年度	所属チーム	勝利	敗戦	防御率	試合数	先発	セーブ	投球イニング	被安打	失点	自責点	被本塁打	与四球	奪三振	WHIP
2023	ブリュワーズ	1	0	1.76	32	0	1	30.2	16	8	6	0	20	39	1.17
通算成績		1	0	1.76	32	0	1	30.2	16	8	6	0	20	39	1.17

被本塁打26を半減できれば、さらなる飛躍も

先発

51 フレディ・ペラルタ *Freddy Peralta*

28歳 1996.6.4生｜183cm｜88kg｜右投右打

◆速球のスピード／150キロ台半ば（フォーシーム主体）
◆決め球と持ち球／☆フォーシーム、◎スライダー、
　○カーブ、○チェンジアップ　◆対左.215 ◆対右.209
◆木防3.44 ◆ア防4.34 ◆ド2013例マリナーズ
◆囲ドミニカ ◆囲550万ドル（約7億7000万円）

球威	5
制球	3
緩急	4
守備・走塁	3
度胸	3

2シーズン肩の故障に苦しんだが、それが癒えた昨季はフォーシームの平均球速が2.9キロも上昇。スピン量も大幅に増え、以前のような浮き上がる軌道になった。それによって、打者を追い込んでから、高めいっぱいにフォーシームを叩き込んで豪快に空振りの三振を奪うシーンが、度々見られるようになった。スライダーの平均スピン量も200以上もアップ。曲がりがシャープになり、空振り率が46%という変化球に進化した。とくに、右打者を追い込んでから決め球に使うスライダーは、ホームベースの手前で大きくヨコに変化するため、打者は追いかけ振りをして、みっともない三振になってしまうのだ。

カモ D・スワンソン（カブス）.000(7-0)0本　苦手 A・マカッチェン（パイレーツ）.556(9-5)1本

年度	所属チーム	勝利	敗戦	防御率	試合数	先発	セーブ	投球イニング	被安打	失点	自責点	被本塁打	与四球	奪三振	WHIP
2018	ブリュワーズ	6	4	4.25	16	14	0	78.1	49	37	37	8	40	96	1.14
2019	ブリュワーズ	7	3	5.29	39	8	1	85.0	87	58	50	15	37	115	1.46
2020	ブリュワーズ	3	1	3.99	15	1	0	29.1	22	14	13	2	12	47	1.16
2021	ブリュワーズ	10	5	2.81	28	27	0	144.1	84	47	45	14	56	195	0.97
2022	ブリュワーズ	4	4	3.58	18	17	0	78.0	54	31	31	6	27	86	1.04
2023	ブリュワーズ	12	10	3.86	30	30	0	165.2	131	77	71	26	54	210	1.12
通算成績		42	27	3.83	146	97	1	580.2	427	264	247	71	226	749	1.12

対左＝対左打者被打率　対右＝対右打者被打率　木防＝ホーム防御率　ア防＝アウェー防御率
ド＝ドラフトデータ　囲＝出身地　囲＝年俸

打たせて取るタイプのピッチング職人

20 ウェイド・マイリー *Wade Miley*

先発

38歳 1986.11.13生｜185cm｜99kg｜左投左打　速140キロ台中盤(フォーシーム、シンカー)　決☆カッター
対左.212　対右.227　ド2008①ダイヤモンドバックス　出ルイジアナ州　年700万ドル(約9億8000万円)

球速 2
制球 4
緩急 5
守備 5
度 4

　ブリュワーズと新たに1年700万ドルの契約を交わした技巧派左腕。効率良くアウトを取ることと、芯を外すことに徹する。昨季は5月に肩の裏側の筋肉の炎症、7月にはヒジの違和感で、トータル1カ月半のIL(故障者リスト)入り。23試合の先発にとどまったが、走者を出しても、粘りの投球で生還は最小限に抑えたため、防御率は3.14という見事な数字だった。球種は、カッター、チェンジアップ、フォーシーム、シンカー、スライダー、カーブ。ルイジアナ生まれの南部人で、趣味はハンティング。オフの間は、妻子とテキサスの牧場内に建てた家で暮らしている。

年度	所属チーム	勝利	敗戦	防御率	試合数	先発	セーブ	投球イニング	被安打	失点	自責点	被本塁打	与四球	奪三振	WHIP
2023	ブリュワーズ	9	4	3.14	23	23	0	120.1	99	44	42	16	38	79	1.14
通算成績		108	98	4.06	315	308	0	1738.1	1762	841	784	194	601	1359	1.36

オリオールズでは先発落第

ー DL・ホール *DL Hall*

先発
移籍
ルーキー

26歳 1998.9.19生｜188cm｜95kg｜左投左打　速150キロ台中頃(フォーシーム)　決☆フォーシーム
対左.242　対右.233　ド2017①オリオールズ　出ジョージア州　年74万ドル(約1億1100万円)+α

球速 5
制球 2
緩急 4
守備 3
度 4

　今年2月1日のトレードで、コービン・バーンズを放出した見返りに、オリオールズから獲得した1人。昨季は腰痛のため、オープン戦でほとんど投げられず、3Aに降格してシーズンを迎えた。その後は、先発として投げていたが、冴えない投球が続き、6月中旬、球団は先発としての育成を断念。この判断は正しかったようで、2カ月ほど調整したあとメジャーに復帰すると、春先は150キロ程度だった速球のスピードが、157キロまで上昇していた。これで三振をハイペースで奪えるようになり、シーズン終盤からポストシーズンにかけて、リリーフで好投した。

年度	所属チーム	勝利	敗戦	防御率	試合数	先発	セーブ	投球イニング	被安打	失点	自責点	被本塁打	与四球	奪三振	WHIP
2023	オリオールズ	3	0	3.26	18	0	0	19.1	18	8	7	2	5	23	1.19
通算成績		4	1	4.36	29	1	0	33.0	35	17	16	2	11	42	1.39

ゴロを打たせることに長けたイニングイーター

48 コリン・レイ *Colin Rea*

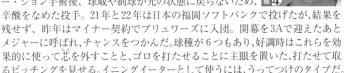

先発

34歳 1990.7.1生｜196cm｜98kg｜右投右打　速150キロ前後(シンカー、フォーシーム)　決◎フォーシーム
対左.251　対右.220　ド2011⑫パドレス　出アイオワ州　年350万ドル(約4億9000万円)

球速 2
制球 4
緩急 3
守備 2
度 4

　昨年4月中旬、ウッドラフがIL入りした際、メジャーに呼ばれて救いの神となった長身の右腕。2016年11月のトミー・ジョン手術後、球威や制球が元の状態に戻らないため、辛酸をなめた投手。21年と22年は日本の福岡ソフトバンクで投げたが、結果を残せず、昨年はマイナー契約でブリュワーズに入団。開幕を3Aで迎えたあとメジャーに呼ばれ、チャンスをつかんだ。球種が6つもあり、好調時はこれらを効果的に使って芯を外すことと、ゴロを打たせることに主眼を置いた、打たせて取るピッチングを見せる。イニングイーターとして使うには、うってつけのタイプだ。

年度	所属チーム	勝利	敗戦	防御率	試合数	先発	セーブ	投球イニング	被安打	失点	自責点	被本塁打	与四球	奪三振	WHIP
2023	ブリュワーズ	6	6	4.55	26	22	0	124.2	110	65	63	23	38	110	1.19
通算成績		14	14	4.74	62	49	0	279.0	263	158	147	42	95	231	1.28

　速=速球のスピード　決=決め球　対左=対左打者被打率　対右=対右打者被打率
ド=ドラフトデータ　出=出身地　年=年俸

最初の給料で、母に家をプレゼントした孝行息子

31 ヨエル・パヤンプス *Joel Payamps*

セット
アップ

30歳 1994.4.7生 | 188cm | 98kg | 右投右打 國150キロ台前半～中頃(シンカー,フォーシーム) 國◎フォーシーム
[対左].226 [対右].214 ℗2010例ロッキーズ 囲ドミニカ 囲165万ドル(約2億3100万円)

球5
制3
緩3
守・走2
度4

５月からセットアッパーとして起用され、良い働きをした
ドミニカ産の豪腕リリーバー。ウリはメインの球種であるス
ライダー、シンカー、フォーシームのスピン量がすごいこと。
とくにフォーシームは強烈なバックスピンがかかっているため浮き上がる軌道
になり、空振り率がフォーシームでは稀な38％という高さだ。母マリアさんに、
物心両面で支えられてプロ野球選手になれたという思いが強く、メジャーリー
ガーになって最初に受け取った給料を「これで新しい家を建てて欲しい」と言
って、まるごとプレゼント。お母さんは感涙にむせんで、言葉にならなかった。

年度	所属チーム	勝利	敗戦	防御率	試合数	先発	セーブ	投球イニング	被安打	失点	自責点	被本塁打	与四球	奪三振	WHIP
2023	ブリュワーズ	7	5	2.55	69	0	3	70.2	57	24	20	8	17	77	1.05
通算成績		11	14	3.04	151	1	3	183.2	167	74	62	21	53	161	1.20

エンジェルスから移籍後、活躍

59 エルヴィス・ペゲーロ *Elvis Peguero*

セット
アップ

27歳 1997.3.20生 | 196cm | 107kg | 右投右打 國150キロ台前半～中頃(シンカー主体) 國◎シンカー
[対左].198 [対右].240 ℗2015例ヤンキース 囲ドミニカ 囲74万ドル(約1億360万円)+α

球4
制2
緩2
守・走3

エンジェルスから他球団に移籍したとたん、目を見張る活
躍をしたプレーヤーの１人。一昨年11月、ブリュワーズがレ
ンフローをエンジェルスに放出した際、見返りに獲得。昨季
はオープン戦不調で開幕を3Aで迎えたが、４月下旬にメジャーに呼ばれた。初
めは重要度の低い場面で使われていたが、２点台の防御率をキープしていると、
６月以降はセットアッパーで使われるケースが多くなった。球種はスリークォー
ターから投げ込むシンカーとスライダー。シンカーはかなり軌道が動くのが特徴
だ。通常はこの２つを使って、ゴロを打たせることに主眼を置いた投球を見せる。

年度	所属チーム	勝利	敗戦	防御率	試合数	先発	セーブ	投球イニング	被安打	失点	自責点	被本塁打	与四球	奪三振	WHIP
2023	ブリュワーズ	4	5	3.38	59	0	1	61.1	49	25	23	4	26	54	1.22
通算成績		4	6	4.78	75	0	1	81.0	79	48	43	8	34	66	1.40

30歳を過ぎてから進化が始まった遅咲き

55 ホービー・ミルナー *Hoby Milner*

ミドル
リリーフ

33歳 1991.1.13生 | 190cm | 83kg | 左投左(やや左打) 國140キロ台前半(ツーシーム,フォーシーム) 國◎カーブ
[対左].155 [対右].256 ℗2012⑦フィリーズ 囲テキサス州 囲205万ドル(約2億8700万円)

球1
制4
緩4
守・走3
度4

サイドハンドの変則モーションからフォーシーム、シンカ
ー、カーブ、チェンジアップを投げ込むリリーフ左腕。昨季
は失点が大幅に減り、キャリアで初めて１点台の防御率を
マーク。これはカーブとフォーシームが、左打者封じの強力な武器になっていた
からだ。カーブは球速130キロ弱で真横に変化するユニークなボール。泣きどこ
ろはフォーシーム、シンカーとも球速が142キロほどしかなく、スピン量も少な
いため、棒球になりがちなこと。今シーズン開幕時の年齢は33歳だが、高校生
のようなボーイッシュフェイスをしているため、実年齢より10歳くらい若く見える。

年度	所属チーム	勝利	敗戦	防御率	試合数	先発	セーブ	投球イニング	被安打	失点	自責点	被本塁打	与四球	奪三振	WHIP
2023	ブリュワーズ	2	1	1.82	73	0	0	64.1	49	16	13	5	13	59	0.96
通算成績		5	4	3.53	233	0	0	206.1	196	90	81	28	59	199	1.24

ブリュワーズ

ナックルカーブは魔球レベルの逸品

29 **トレヴァー・メギル** *Trevor Megill*

ミドル
リリーフ

31歳｜1993.12.5生｜203cm｜113kg｜右投左打 ⏱160キロ前後（フォーシーム主体）🎯◎フォーシーム
対左.277｜対右.254｜🔰2015⑦パドレス 🏠カリフォルニア州 💰74万ドル（約1億360万円）+α

球	5
制	2
緩	4
守	2
度	3

メジャーとマイナーを往復する状態に終止符を打とうと
努める豪腕リリーバー。ウリはフォーシームの威力。昨年の
平均は159.5キロで、160キロ台が普通に出る。フォーシー
ムはスピン量も多いため浮き上がる軌道になり、高めに来ると空振りすることが
多い。通常はこれとナックルカーブを組み合わせて投げる。ナックルカーブは
ブレーキが利いた一級品で、空振り率は52.9%に達する。2015年、パドレスに
7巡目で指名され、21年にカブスでメジャーデビュー。22年はツインズで過ご
し、昨年4月末のトレードでブリュワーズへ。メッツのタイラー・メギルは2歳下の弟。

年度	所属チーム	勝利	敗戦	防御率	試合数	先発	セーブ	投球イニング	被安打	失点	自責点	被本塁打	与四球	奪三振	WHIP
2023	ブリュワーズ	1	0	3.63	31	2	0	34.2	35	14	14	2	12	52	1.36
通算成績		6	5	5.23	98	2	0	103.1	121	67	60	13	37	131	1.53

最先端の機器を使った検査をパスして入団

41 **ジョー・ロス** *Joe Ross*

先発

移籍

31歳｜1993.5.21生｜193cm｜105kg｜右投右打 ⏱150キロ前後（シンカー、フォーシーム）🎯◎シンカー
◆昨季はメジャー出場なし 🔰2011①パドレス 🏠カリフォルニア州 💰175万ドル（約2億4500万円）

球	2
制	4
緩	3
守	4
度	3

ナショナルズに在籍していた2022年6月に、2度目のト
ミー・ジョン手術を受けたため、今季、ブリュワーズで再起
を図る右腕。昨季はシーズン前半をリハビリに費やし、8
月下旬にジャイアンツのマイナーで、実戦のマウンドに復帰。9月19日の3Aの
ゲームでは、3回を無失点に抑える好投を見せた。シーズン終了後にFAになっ
たため、ブリュワーズが先発5番手候補として獲得に動き、各種の検査を実
施してヒジと肩に異常がないことを確認したうえで、1年175万ドルで契約。オー
ル・オア・ナッシングのギャンブル契約だが、吉と出れば得るものは大きい。

年度	所属チーム	勝利	敗戦	防御率	試合数	先発	セーブ	投球イニング	被安打	失点	自責点	被本塁打	与四球	奪三振	WHIP
2021	ナショナルズ	5	9	4.17	20	19	0	108.0	98	57	50	17	34	109	1.22
通算成績		26	28	4.26	98	76	0	443.1	449	228	210	59	141	403	1.33

— **ジェイコブ・ミジオロウスキー** *Jacob Misiorowski*

先発

期待度 **B+**

ルーキー

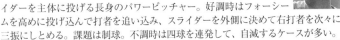

22歳｜2002.4.3生｜201cm｜86kg｜右投右打 ◆昨季は1A、1A+、2Aでプレー 🔰2022②ブリュワーズ 🏠ミズーリ州

150キロ台後半の豪速球と、ホームプレート付近で鋭く変化するスライ
ダーを主体に投げる長身のパワーピッチャー。好調時はフォーシー
ムを高めに投げ込んで打者を追い込み、スライダーを外側に決めて右打者を次々に
三振にしとめる。課題は制球。不調時は四球を連発して、自滅するケースが多い。

— **カルロス・F・ロドリゲス** *Carlos F. Rodriguez*

先発

期待度 **A−**

ルーキー

23歳｜2001.11.27生｜183cm｜93kg｜右投右打 ◆昨季は2A、3Aでプレー 🔰2021⑥ブリュワーズ 🏠ニカラグア

打者をねじ伏せる豪速球や必殺の変化球はないが、スイングを見て
打者の打ち気や狙い球を推し量ることに長けていて、フォーシームと
チェンジアップ、スライダーを組み合わせ、巧みにタイミングを外す頭脳的な投球
を見せる。チェンジアップは最大43センチも変化する、左打者泣かせのボールだ。

⏱=速球のスピード 🎯=決め球 対左=対左打者被打率 対右=対右打者被打率
🔰=ドラフトデータ 🏠=出身地 💰=年俸

※メジャー経験がない投手の「先発」「リリーフ」はマイナーでの役割

ミルウォーキー版のアクーニャ・ジュニア センターライト ルーキー

11 ジャクソン・チョーリオ
Jackson Chourio

20歳 2004.3.11生 | 180cm | 74kg | 右投右打

- ◆メジャーでのプレー経験なし
- ◆ドラフトデータ／2021㊙ブリュワーズ
- ◆出身地／ベネズエラ
- ◆年俸／200万ドル（約2億8000万円）

ミート	3
パワー	5
走塁	5
守備	4
肩	3

ブリュワーズ

　昨年12月、メジャー未経験であるにもかかわらず、球団と8年8200万ドルの契約を交わした、走攻守すべてにハイレベルな外野手。今季開幕時は20歳になったばかりという若武者で、昨年ナショナル・リーグのMVPに輝いた、ロナルド・アクーニャ・ジュニアと比較されることもある超有望株だ。メジャーどころか、3Aでもわずか6試合しか出場していない選手に対し、ブリュワーズが無謀に見える長期契約にあえて踏み切ったのは、10年に1人の逸材で、確実に中心選手に成長すると見ているからだ。MLBの2024年シーズンに向けた「有望新人トップ100ランキング」では、オリオールズの遊撃手ジャクソン・ホリデーに次いで2位にランクされており、アナリストにはこの8年契約を、ポジティブに評価する向きが多い。

　打撃面の一番のウリは、30本塁打級のパワーと30盗塁級のスピードを兼ね備えていること。スイングスピードが速く、逆方向にも痛烈なライナーを弾き返せることや、右打者ながら打球を打ったあと、ファーストまで4.1秒で到達できることも大きな強みだ。その一方で、外側のスライダーにバットが出てしまうことが多い。

　センターの守備は「中の上」レベル。ウリは、フライ打球の軌道を的確に読んで、最短の軌道で落下点に入れること。守備範囲も広く、とくに後方を襲う打球に強い。その一方で、ヒジの故障歴があるため、サードやホームにダイレクトに投げて走者を刺そうとすることはあまりなく、カットオフマンへの送球にとどめることが多い。

　ベネズエラのマラカイボ出身。2021年1月、16歳で遊撃手として契約金180万ドルでブリュワーズに入団。その後、ヒジの故障が悪化するのを避けるため、センターにコンバートされた。19歳になって迎えた昨シーズンは2Aで122試合に出場し、打率2割8分0厘、出塁率3割3分6厘、22本塁打、89打点をマークし、9月18日に3Aに昇格。

　今季ブリュワーズは、開幕から20試合ほど3Aに置いてFA取得年限を1年遅らせる措置はとらず、開幕と同時にメジャーデビューさせて、センターのレギュラーとして起用する方針だ。

兄ウィルソンをしのぐ優秀な捕手に成長　キャッチャー

24 ウィリアム・コントレラス
William Contreras

27歳 1997.12.24生 | 180cm | 97kg | 右投右打　◆盗塁阻止率／.125(88-11)

◆対左投手打率／.357(154-55)　◆対右投手打率／.262(386-101)
◆ホーム打率／.300(257-77)　◆アウェー打率／.279(283-79)
◆得点圏打率／.328(128-42)
◆23年のポジション別出場数／キャッチャー=108、DH=33
◆ドラフトデータ／2015㉚ブレーブス
◆出身地／ベネズエラ
◆年俸／74万ドル(約1億360万円)＋α
◆シルバースラッガー賞1回(23年)

ミート **5**
パワー **4**
走塁 **4**
守備 **4**
肩 **4**

　打撃と守備の両面でハイレベルなキャッチャーになりつつある、ブリュワーズの至宝。打撃の良い捕手の代表格ウィルソン・コントレラスの5歳下の弟で、昨季は兄がカブスからカーディナルスに、弟がブレーブスからブリュワーズに移籍して新シーズンを迎えた。移籍が2人にとってプラスになるか注目されたが、結果は、兄が強い逆風にさらされたのに対し、弟は正捕手だけでなく「主砲」の地位も確立する活躍を見せた。

　打撃面では主に2番打者として起用されたこともあって、本塁打より出塁することを優先。本塁打の出る頻度は落ちたが、チャンスメーカーとしてフルに機能し、チームで2番目に多い得点86をマーク。打率(2割8分9厘)、WAR(5.4)、OPS(.824)は、チームで1位だった。捕手ながら俊足で、盗塁も7回試みて6回成功させている。

　守備面では正捕手として108試合に先発出場。盗塁阻止率が平均をやや下回る12.5%(88-11)で、エラー(11)もやや多かったが、フレーミングのうまさはトップレベル。敏捷で左右に素早く動けるので、ボールブロックがうまく、ワイルドピッチを出す頻度は平均より低い。リード面ではペラルタ、ウッドラフから度々好投を引き出し、前年(2022年)に日本の福岡ソフトバンクで投げていたレイの奇跡の復活をアシストした。

　カリブ海に面したベネズエラの港町プエルト・カベージョ出身。父ウィリアムさんは運転手、母オルガさんは学校の清掃員として働いていて、家は貧しかったが、長兄のウィルマー、次兄のウィルソンが優秀な野球選手だったため、恵まれた野球環境で育った。コロナ禍で開幕が遅れた20年に、兄ウィルソンのアドバイスを受けながら、一緒にハードな練習に励んで急成長。22年には兄弟で、オールスター出場を果たしている。

カモ G・アシュクラフト(レッズ).625(8-5)1本　A・アボット(レッズ).455(11-5)1本
苦手 K・ギブソン(カーディナルス).000(11-0)0本　T・ウォーカー(フィリーズ).000(7-0)0本

年度	所属チーム	試合数	打数	得点	安打	二塁打	三塁打	本塁打	打点	四球	三振	盗塁	盗塁死	出塁率	OPS	打率
2020	ブレーブス	4	10	0	4				0	1	4	0	0	.400	.900	.400
2021	ブレーブス	52	163	19	35	4	1	8	23	19	54	0	0	.303	.702	.215
2022	ブレーブス	97	334	51	93	14	1	20	45	39	104	2	0	.354	.860	.278
2023	ブリュワーズ	141	540	86	156	38	1	17	78	63	126	6	1	.367	.824	.289
通算成績		294	1047	156	288	57	3	45	147	121	288	8	1	.353	.817	.275

チャンスメーカーとして見事に復活

DH レフト

22 クリスチャン・イェリッチ *Christian Yelich*

33歳 1991.12.5生｜190cm｜93kg｜右投左打
◆対左投手打率／.234 ◆対右投手打率／.294
◆ホーム打率／.280 ◆アウェー打率／.277 ◆得点圏打率／.313
◆23年のポジション別出場数／レフト=122、DH=20
◆Ⓓ2010①マーリンズ ◆田カリフォルニア州
◆囲2600万ドル（約36億4000万円）◆MVP1回（18年）、首位打者2回（18.19年）、ゴールドグ
ラブ賞1回（14年）、シルバースラッガー賞3回（16.18.19年）、ハンク・アーロン賞2回（18.19年）

ミート	5
パワー	4
走塁	4
守備	3
肩	3

2020年3月にブリュワーズと9年2億1500万ドルの契約を交わしたあと、スランプが続いていた18年のMVP。とくにフォーシームに差し込まれることが多くなり、衰えが始まったような印象を受けた。昨季は前の足（右足）の上げ幅を小さくしたことで、フォーシームをタイミング良く叩けるようになり、強いライナーのヒットが急増。トップバッターに固定されたため、チャンスメーカーとして目を見張る働きを見せた。9年契約の4年目に新しい形で復活したことは、変革期に入ったブリュワーズにとっても大きな意味を持つ。

カモ 前田健太（タイガース）.389(18-7)0本　苦手 G・ガイエゴス（カーディナルス）.000(7-0)0本

年度	所属チーム	試合数	打数	得点	安打	二塁打	三塁打	本塁打	打点	四球	三振	盗塁	盗塁死	出塁率	OPS	打率
2013	マーリンズ	62	240	34	69	12	1	4	16	31	66	10	0	.370	.766	.288
2014	マーリンズ	144	582	94	165	30	6	9	54	70	137	21	7	.362	.764	.284
2015	マーリンズ	126	476	63	143	30	2	7	44	47	101	16	5	.366	.782	.300
2016	マーリンズ	155	578	78	172	38	3	21	98	72	138	9	4	.376	.859	.298
2017	マーリンズ	156	602	100	170	36	2	18	81	80	137	16	2	.369	.808	.282
2018	ブリュワーズ	147	574	118	187	34	7	36	110	68	135	22	4	.402	1.000	.326
2019	ブリュワーズ	130	489	100	161	29	3	44	97	80	118	30	2	.429	1.100	.329
2020	ブリュワーズ	58	200	39	41	7	1	12	22	46	76	4	2	.356	.786	.205
2021	ブリュワーズ	117	399	70	99	19	2	9	51	70	113	9	3	.362	.735	.248
2022	ブリュワーズ	154	575	99	145	25	4	14	57	88	162	19	3	.355	.738	.252
2023	ブリュワーズ	144	560	106	153	34	1	19	76	78	140	28	3	.370	.817	.278
通算成績		1393	5265	901	1505	294	32	193	706	730	1323	184	35	.376	.840	.286

球団はトレードより残留を優先させる方針

ショート

27 ウィリー・アダメス *Willy Adames*

29歳 1995.9.2生｜185cm｜96kg｜右投右打
◆対左投手打率／.231 ◆対右投手打率／.212
◆ホーム打率／.230 ◆アウェー打率／.205 ◆得点圏打率／.246
◆23年のポジション別出場数／ショート=147、DH=2
◆Ⓓ2012⑰タイガース ◆田ドミニカ
◆囲1225万ドル（約17億1500万円）

ミート	3
パワー	5
走塁	3
守備	4
肩	4

攻守でチームに不可欠な存在の遊撃手。昨年も大いに活躍を期待されたが、5月に入ってスランプになり、さらに5月26日のジャイアンツ戦でベンチにいた際、自軍の打者が打ったファウルボールが頭を直撃、脳震盪でIL入りするアクシデントがあった。このときは2週間ほどで復帰したが、打撃面で波に乗れない状態が続き、低調な成績に終わった。今季終了後にFA権を取得するが、球団は長期契約を交わして残留させる方針。ただチームが不振で序盤から負けが先行する展開になれば、トレードに転じる可能性もある。

カモ A・ヒーニー（レンジャーズ）.467(15-7)2本　苦手 P・ロペス（ツインズ）.000(14-0)0本

年度	所属チーム	試合数	打数	得点	安打	二塁打	三塁打	本塁打	打点	四球	三振	盗塁	盗塁死	出塁率	OPS	打率
2018	レイズ	85	288	43	80	7	0	10	34	31	95	6	5	.348	.754	.278
2019	レイズ	152	531	69	135	25	1	20	52	46	153	4	2	.317	.735	.254
2020	レイズ	54	185	29	48	15	1	8	23	20	74	2	1	.332	.813	.259
2021	レイズ	41	132	16	26	6	1	5	15	10	51	1	1	.254	.625	.197
2021	ブリュワーズ	99	365	61	104	26	0	20	58	47	105	4	2	.366	.887	.285
2021	2チーム計	140	497	77	130	32	1	25	73	57	156	5	4	.337	.818	.262
2022	ブリュワーズ	139	563	83	134	31	0	31	98	49	166	8	3	.298	.756	.238
2023	ブリュワーズ	149	553	73	120	29	2	24	80	71	165	5	3	.310	.717	.217
通算成績		719	2617	374	647	139	5	118	360	274	809	30	18	.320	.759	.247

ブリュワーズ

球場をわかせるプレーを連発する千両役者

10 サル・フリーリック *Sal Frelick*

ライト
センター

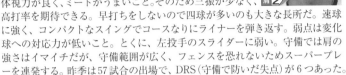

24歳 2000.4.19生 | 178cm | 82kg | 右投左打 [対左].184 [対右].261 [ホ].247 [ア].245
[得].232 [ド]2021①ブリュワーズ [出]マサチューセッツ州 [年]74万ドル(約1億360万円)+α

ミ4
パ3
走5
守5
肩2

　今季はライトのレギュラーに固定される、昨年7月22日にメジャーデビューした外野のホープ。打撃面のウリは動体視力が良く、ミートがうまいこと。そのため三振が少なく、高打率を期待できる。早打ちをしないので四球が多いのも大きな長所だ。速球に強く、コンパクトなスイングでコースなりにライナーを弾き返す。弱点は変化球への対応力が低いこと。とくに、左投手のスライダーに弱い。守備では肩の強さはイマイチだが、守備範囲が広く、フェンスを恐れないためスーパープレーを連発する。昨季は57試合の出場で、DRS(守備で防いだ失点)が6つあった。

年度	所属チーム	試合数	打数	得点	安打	二塁打	三塁打	本塁打	打点	四球	三振	盗塁	盗塁死	出塁率	OPS	打率
2023	ブリュワーズ	57	191	29	47	9	1	3	24	28	37	7	0	.341	.692	.246
通算成績		57	191	29	47	9	1	3	24	28	37	7	0	.341	.692	.246

幸運が重なって、サードのレギュラー格に

14 アンドルー・モナステリオ *Andruw Monasterio*

サード
セカンド

27歳 1997.5.30生 | 180cm | 84kg | 右投右打 [対左].291 [対右].246 [ホ].258 [ア].260
[得].279 [ド]2014外カブス [出]ベネズエラ [年]74万ドル(約1億360万円)+α

ミ4
パ2
走3
守5
肩4

　プロ入り10年目の昨年5月、メジャーデビューを果たした内野手。メジャーに呼ばれたのはアダメスが脳震盪でIL入りしたためで、10日間くらいメジャーリーガー気分を味わっただけで、3Aに戻されるはずだった。しかし、内野陣に故障者が続出していたため、その後も留め置かれた。しかもよくヒットが出たので、シーズン後半に入ると、サードのレギュラー格で使われるようになった。守備では、グラブさばきがうまく、守備範囲も広いため、DRS(守備で防いだ失点)がサードで6つ、セカンドで2つあった。打撃面の長所は早打ちをしないため、出塁率が高いこと。

年度	所属チーム	試合数	打数	得点	安打	二塁打	三塁打	本塁打	打点	四球	三振	盗塁	盗塁死	出塁率	OPS	打率
2023	ブリュワーズ	92	282	38	73	14	1	3	27	28	66	7	2	.330	.678	.259
通算成績		92	282	38	73	14	1	3	27	28	66	7	2	.330	.678	.259

今季はゴールドグラブ賞の有力候補

2 ブライス・トゥラン *Brice Turang*

セカンド
ショート

25歳 1999.11.21生 | 183cm | 79kg | 右投左打 [対左].188 [対右].224 [ホ].206 [ア].229
[得].222 [ド]2018①ブリュワーズ [出]カリフォルニア州 [年]74万ドル(約1億360万円)+α

ミ3
パ3
走5
守5
肩4

　昨年の開幕戦でメジャーデビューし、セカンドのレギュラーとしてフルシーズン、プレーした内野手。最大のウリは守備力の高さ。敏捷で守備範囲が広く、グラブさばきもうまいため、昨季はセカンドの守備でDRS(守備で防いだ失点)が12あった。これはナショナル・リーグの二塁手では、ゴールドグラブ賞に輝いたニコ・ホーナーに並ぶ最多タイの数字だ。打者としては、スイングスピードがイマイチで、快速球に差し込まれることが多いが、変化球にはうまく対応する。今後、筋トレでパワーアップすれば、毎年15本塁打前後を期待できる打者に成長する可能性がある。

年度	所属チーム	試合数	打数	得点	安打	二塁打	三塁打	本塁打	打点	四球	三振	盗塁	盗塁死	出塁率	OPS	打率
2023	ブリュワーズ	137	404	46	88	9	3	6	34	38	94	26	4	.285	.585	.218
通算成績		137	404	46	88	9	3	6	34	38	94	26	4	.285	.585	.218

[対左]=対左投手打率　[対右]=対右投手打率　[ホ]=ホーム打率　[ア]=アウェー打率　[得]=得点圏打率
[ド]=ドラフトデータ　[出]=出身地　[年]=年俸

野手

5 昨季はツキがなかった俊足外野手
ギャレット・ミッチェル Garrett Mitchell

レフト／センター

26歳 1998.9.4生 | 190cm | 101kg | 右投左打 [対左].200 [対右].250 [因].280 [ア].225 [得].176 [ド]2020①ブリュワーズ [出]カリフォルニア州 [年]74万ドル（約1億360万円）＋α

ミ3 パ2 走5 守4 肩4

　昨季は期待されたのに、ケガで19試合しか出場できなかった外野手。昨年4月18日の試合でサードに滑り込んだ際、左肩を痛め、診察を受けたところ、肩の亜脱臼で、関節唇が断裂していることが判明。5月初旬に関節唇の修復手術を受けた。当初はシーズン中の復帰は無理と見られていたが、回復が思いのほか早く、9月15日にマイナーのゲームで実戦に復帰。28日にはメジャー復帰がかない、3試合に出場した。9歳のとき、1型糖尿病と診断されたが、インスリン注射を打ちながらスポーツに打ち込み、メジャーリーガーに。妻ヘイリーさんは、ソフトボールの米国代表。

年度	所属チーム	試合数	打数	得点	安打	二塁打	三塁打	本塁打	打点	四球	三振	盗塁	盗塁死	出塁率	OPS	打率
2023	ブリュワーズ	19	65	10	16	2	1	3	7	7	26	1	1	.315	.761	.246
通算成績		47	126	19	35	5	1	5	16	13	54	1	1	.343	.795	.278

12 開幕前のケガで、昨季は全休
リース・ホスキンス Rhys Hoskins

ファースト／DH　移籍

31歳 1993.3.17生 | 193cm | 110kg | 右投右打 ◆昨季はメジャー出場なし [ド]2014⑤フィリーズ [出]カリフォルニア州 [年]1200万ドル（約16億8000万円）

ミ3 パ5 守2 肩2

　2年3400万ドルの契約で加入した強打の一塁手。フィリーズで活躍していたパワーヒッターで、2022年には30本塁打をマーク。しかし昨年は、春季キャンプで左ヒザの前十字靭帯を断裂し、全休を余儀なくされた。好不調の波が激しく、好調時には長打が止まらなくなる。また、ボールをじっくり見ていくタイプで、19年にはナショナル・リーグ最多の四球（116）を選んでいる。人柄が良く、ブリュワーズはリーダーシップの高さも評価しているようだ。ただ、一塁の守備はワーストレベル。趣味は旅行。18年に日米野球で来日した際は、浅草観光を満喫していた。

年度	所属チーム	試合数	打数	得点	安打	二塁打	三塁打	本塁打	打点	四球	三振	盗塁	盗塁死	出塁率	OPS	打率
2022	フィリーズ	156	589	81	145	33	2	30	79	72	169		1	.332	.794	.246
通算成績		667	2427	392	588	149	7	148	405	388	689	15	8	.353	.845	.242

9 プラトーンで使うと生きるタイプ
ジェイク・バウアーズ Jake Bauers

ファースト／レフト／DH　移籍

29歳 1995.10.6生 | 180cm | 88kg | 左投左打 [対左].185 [対右].205 [因].192 [ア].213 [得].170 [ド]2013⑦パドレス [出]カリフォルニア州 [年]135万ドル（約1億8900万円）

ミ2 パ5 走3 守2 肩2

　ヤンキースから移籍した、ハッキリした長所と短所があるスラッガー。長所は、20打数に1本のペースで本塁打を生産できるパワーがあること。速球系に強く、昨年の12本塁打のうち8本は、フォーシームないしはシンカー（ツーシーム）を叩いたものだ。短所は左投手を極端に苦手にしていることで、昨年ヤンキースでは、相手の先発が右投手のときだけ、プラトーンで起用された。ブリュワーズでも、相手先発が右投手の際に、ファースト、DH、レフトなどでスタメン起用されることになるだろう。ファーストの守備はイマイチ。守備範囲がやや狭く、悪送球が多い。

年度	所属チーム	試合数	打数	得点	安打	二塁打	三塁打	本塁打	打点	四球	三振	盗塁	盗塁死	出塁率	OPS	打率
2023	ヤンキース	84	242	28	49	15	0	12	30	27	95	3	2	.279	.692	.202
通算成績		412	1219	149	257	60	3	39	140	156	392	18	12	.302	.663	.211

パワーが空回りしている未完の大器

28 ジョーイ・ウィーマー *Joey Wiemer* 外野手

25歳 1999.2.11生 | 193cm | 99kg | 右投右打 | 対左.267 対右.175 ホ.215 ア.192 得.188 ド2020④ブリュワーズ 出オハイオ州 年74万ドル（約1億360万円）+α

ミ **5**
パ **5**
走 **4**
守 **4**
肩 **5**

今季は4人目の外野手という位置づけでシーズンに入る、ワクワクする要素がたくさんある選手。昨季は開幕直後の4月1日にメジャーデビュー。4月19日にミッチェルが肩のケガでIL入りしたあとは、その代役で9月末までセンターのレギュラー格でプレーした。打者としては当たれば飛ぶが、なかなか当たらないため、三振が異常に多い。気負ってオーバースイングになる傾向があり、パワーが空回りしている印象を受ける。守備では身体能力にものを言わせて、スーパーキャッチを連発。勝負強さも持ち合わせていて、昨季はサヨナラ打を2度放ち、ヒーローになった。

年度	所属チーム	試合数	打数	得点	安打	二塁打	三塁打	本塁打	打点	四球	三振	盗塁	盗塁死	出塁率	OPS	打率
2023	ブリュワーズ	132	367	48	75	19	0	13	42	36	116	11	4	.283	.645	.204
通算成績		132	367	48	75	19	0	13	42	36	116	11	4	.283	.645	.204

並外れたパワーがウリのキャッチャー

13 エリック・ハース *Eric Haase* キャッチャー/レフト/DH 移籍

32歳 1992.12.18生 | 178cm | 95kg | 右投右打 | ◆盗塁阻止率/.154(26-4) 対左.135 対右.225 ホ.250 ア.158 得.226 ド2011⑦インディアンズ 出ミシガン州 年100万ドル（約1億4000万円）

ミ **2**
パ **5**
走 **2**
守 **2**
肩 **3**

1年100万ドルで入団した強打の捕手。2021年にタイガースで21本塁打を放ち、正捕手格に出世。昨季も正捕手でシーズンに入ったが、7月以降打撃不振が続き、さらに守備力の高いロジャーズが台頭したことでメジャー枠から外された。その後、すぐに古巣のガーディアンズに拾われたが、3試合に出ただけで解雇。並外れたパワーを備えた打者に成長したのは、父ドンさんが、広い駐車小屋をマシン付きの打撃練習場に改築してくれたため、一年中、好きなだけ打つことができたからだ。妻マリアさんは東洋系の美女で、15歳のとき交際を始め、結婚。子供が4人いる。

年度	所属チーム	試合数	打数	得点	安打	二塁打	三塁打	本塁打	打点	四球	三振	盗塁	盗塁死	出塁率	OPS	打率
2023	タイガース	86	264	22	53	8	1	4	26	16	78	3	1	.246	.530	.201
2023	ガーディアンズ	3	10	0	2	0	0	0	0	1	3	0	0	.273	.473	.200
2023	2チーム計	89	274	22	55	8	1	4	26	17	81	3	1	.247	.528	.201
通算成績		323	997	113	224	37	3	41	137	69	317	6	1	.276	.667	.225

76 ジェファーソン・ケーロ *Jeferson Quero* キャッチャー 期待度 A ルーキー

22歳 2002.10.8生 | 180cm | 97kg | 右投右打 | ◆昨季は2Aでプレー ド2019⑥ブリュワーズ 出ベネズエラ

メジャーの正捕手になる資質をフルに備えた捕手のホープ。守備で評価されているのは、ピッチャーと密にコミュニケーションを取り、ゲームプランをしっかり立てることだ。肩も強く、ボールブロック、レシービングもうまい。打者としてはトップレベルのパワーがあり、球種の見極めも良い。

ー タイラー・ブラック *Tyler Black* サード 期待度 A ルーキー

24歳 2000.7.26生 | 178cm | 92kg | 右投左打 | ◆昨季は2A、3Aでプレー ド2021①ブリュワーズ 出カナダ

昨年3Aで打率3割1分0厘、出塁率4割2分8厘という見事な数字を出し、昇格が秒読み段階に入った内野手。ウリは、打撃センスとスピードを併せ持つこと。昨年は2Aと3Aで55盗塁を記録。メジャーで優秀なチャンスメーカーになる可能性が高い。守備は、肩の強さが平均以下。セカンド向き。

対左=対左投手打率 対右=対右投手打率 ホ=ホーム打率 ア=アウェー打率 得=得点圏打率 ド=ドラフトデータ 出=出身地 年=年俸

シカゴ・カブス

◆創　立：1876年
◆本拠地：イリノイ州シカゴ市

◆ワールドシリーズ制覇：3回／◆リーグ優勝：17回
◆地区優勝：8回／◆ワイルドカード獲得：3回

主要オーナー ▶ トム・リケッツ（証券会社インキャピタル代表）

過去5年成績

年度	勝	負	勝率	ゲーム差	地区順位	ポストシーズン成績
2019	84	78	.519	7.0	③	―
2020	34	26	.567	(3.0)	①	ワイルドカードシリーズ敗退
2021	71	91	.438	24.0	④	―
2022	74	88	.457	19.0	③	―
2023	**83**	**79**	**.512**	**9.0**	**②**	―

監督 ▶ **30 クレイグ・カウンセル** *Craig Counsell*

新

◆年　　齢…………54歳（インディアナ州出身）
◆現役時代の経歴…16シーズン　ロッキーズ（1995、97）、マーリンズ（1997～99）、
（セカンド、ショート）ドジャース（1999）、ダイヤモンドバックス（2000～03）、
ブリュワーズ（2004）、ダイヤモンドバックス（2005～06）、
ブリュワーズ（2007～11）
◆現役通算成績……1624試合　.255　42本　390打点
◆監督経歴…………9シーズン　ブリュワーズ（2015～23）
◆通算成績…………707勝625敗（勝率.531）

　昨年まで9シーズン、ブリュワーズで長期政権を築いていた名将。同球団との契約は昨季まで。そのためシーズンが終わると、新監督を探していた球団がこぞって招聘に乗り出し、最終的には「ブリュワーズ残留」か「メッツ移籍」に落ち着くと思われた。だが、招聘に成功したのは、まったくのノーマークだったカブスだった。契約は5年4000万ドル（約56億円）。監督の契約ではMLB史上最高規模だ。最優秀監督賞の受賞歴はないが、次点に4度なっている。

注目コーチ ▶ **84 ライアン・フラハティ** *Ryan Flaherty*

　ベンチコーチ。38歳。昨季まではパドレスでコーチを務め、オフのパドレス新監督選考において、最終候補にもなっていた。現役時代は、ユーティリティとして活躍した。

編成責任者 ▶ **ジェド・ホイヤー** *Jed Hoyer*

　51歳。「再建」と「勝利の追求」を同時進行で進め、チーム力は徐々に向上。このオフには、ロス監督を電撃解任し、カウンセルを後任に据えるサプライズを見せた。

スタジアム ▶ **リグレー・フィールド** *Wrigley Field*

◆開場年…………1914年
◆仕　様…………天然芝
◆収容能力………41,649人
◆フェンスの高さ…3.5～4.6m
◆特　徴…………現在のメジャーの球場の中で、2番目に古い。フェンウェイ・パークとともに、国定歴史建造物に指定されている。ツタで覆われた美しい外野フェンスでも有名だ。このツタにボールがうまり、取れなくなると、二塁打になる。

ニュートラルパーク

343

Best Order
[ベストオーダー]

① ニコ・ホーナー……セカンド
② ダンズビー・スワンソン……ショート
③ イアン・ハップ……レフト
④ コーディ・ベリンジャー……センター
⑤ 鈴木誠也……ライト
⑥ マイケル・ブッシュ……ファースト
⑦ クリストファー・モレル……DH
⑧ ヤン・ゴームス……キャッチャー
⑨ ニック・マドリガル……サード

Depth Chart
[ポジション別選手層・メンバーリスト]

※2024年2月25日時点の候補選手。
数字は背番号（開幕前に変更する
場合もあり）、右・左等は投・打の順。

センター
24 コーディ・ベリンジャー [左・左]
40 マイク・トークマン [左・左]
5 クリストファー・モレル [右・右]
52 ピート・クロウ＝アームストロング [左・左]
4 アレグザンダー・キャナリオ [右・右]

レフト
8 イアン・ハップ [右・両]
40 マイク・トークマン [左・左]
5 クリストファー・モレル [右・右]
16 パトリック・ウィズダム [右・右]

ライト
27 鈴木誠也 [右・右]
40 マイク・トークマン [左・左]
5 クリストファー・モレル [右・右]
16 パトリック・ウィズダム [右・右]

ショート
7 ダンズビー・スワンソン [右・右]
2 ニコ・ホーナー [右・右]
5 クリストファー・モレル [右・右]
20 マイルズ・マストロブーニ [左・右]

セカンド
2 ニコ・ホーナー [右・右]
1 ニック・マドリガル [右・右]
5 クリストファー・モレル [右・右]
20 マイルズ・マストロブーニ [左・右]

ローテーション
35 ジャスティン・スティール [左・左]
18 今永昇太 [左・左]
50 ジェイムソン・タイヨン [右・右]
28 カイル・ヘンドリックス [右・右]
36 ジョーダン・ウィックス [左・左]
72 ハヴィエア・アサド [右・右]

サード
1 ニック・マドリガル [右・右]
16 パトリック・ウィズダム [右・右]
5 クリストファー・モレル [右・右]
20 マイルズ・マストロブーニ [左・右]

ファースト
29 マイケル・ブッシュ [右・左]
24 コーディ・ベリンジャー [左・左]
16 パトリック・ウィズダム [右・右]

キャッチャー
15 ヤン・ゴームス [右・右]
6 ミゲール・アマヤ [右・右]

DH
5 クリストファー・モレル [右・右]
16 パトリック・ウィズダム [右・右]

ブルペン
73 アドバート・アルゾレイ [右・右] CL
51 ヘクター・ネリス [右・右]
66 ジュリアン・メリウェザー [右・右]
38 マーク・ライター・ジュニア [右・右]
74 ホセ・クアス [右・右]
11 ドルー・スマイリー [左・左]
48 ダニエル・バレンシア [右・右]
25 イェンシー・アルモンテ [右・右]
43 リーク・リトル [左・左]
72 ハヴィエア・アサド [右・右]
19 ヘイデン・ウェズネスキー [右・右]

※CL＝クローザー

カブス試合日程……＊はアウェーでの開催

3月28・30・31	レンジャーズ＊	29・30・5月1・2	メッツ＊	31・6月1・2	レッズ＊
4月1・2・3	ロッキーズ	3・4・5	ブリュワーズ	4・5	ホワイトソックス
5・6・7	ドジャース	6・7・8	パドレス	6・7・8・9	レッズ＊
8・9・10	パドレス＊	10・11・12	パイレーツ＊	11・12・13	レイズ＊
12・13・14	マリナーズ＊	13・14・15	パイレーツ	14・15・16	カーディナルス
15・16・17	ダイヤモンドバックス＊	16・17・18・19	パイレーツ	17・18・19	ジャイアンツ
18・19・20・21	マーリンズ	21・22・23	ブレーブス	21・22・23	メッツ
23・24・25	アストロズ	24・25・26	カーディナルス＊	24・25・26・27	ジャイアンツ＊
26・27・28	レッドソックス＊	27・28・29・30	ブリュワーズ＊	28・29・30	ブリュワーズ

球団メモ 昨季前半終了時点では42勝47敗と負け越していたものの、後半に入って急上昇。
ワイルドカード争いに加わったが、最終盤に失速し、ポストシーズン進出をのがした。

■投手力 ⬆ …★★★⯨ ☆ 【昨年度チーム防御率4.08、リーグ6位】

ローテーションは昨年ブレイクしたスティールがエースで、2番手以降がヘンドリックス、新加入の今永昇太、タイヨン、ウィックスという顔ぶれになるだろう。カブスは昨シーズンの先発防御率が4.26で、ナショナル・リーグの6位だったが、今永が加わったことで、順位が上がる可能性が高い。リリーフ陣はクローザーがアルゾレイ、セットアッパーがメリウェザーと、新たにアストロズから加入したネリスで、平均より多いくらいのレベル。

■攻撃力 ➡ …★★★★ ☆ 【昨年度チーム得点819、リーグ3位】

昨季、26本塁打、97打点をマークしたベリンジャーが、オフにFAになったが、再契約を交わすことに成功。それによって、「上」レベルの得点力を維持している。ブレイクを期待されるのは、ドジャースから来たブッシュと、覚醒間近のモレルだ。どちらかがブレイクすれば、チーム得点は増えるだろう。

■守備力 ➡ …★★★★ ☆ 【昨年度チーム失策数92、リーグ13位】

昨季は、ホーナーとスワンソンの二遊間コンビがゴールドグラブ賞。内野の守備力は最高レベルだ。ピンチにファインプレーがよく出るため、チーム全体でDRS（守備で防いだ失点）が36あった。これはリーグ4位。ゴームス、スワンソン、ホーナー、トークマンと続くセンターラインは、鉄壁の布陣だ。

■機動力 ➡ …★★★★ ☆ 【昨年度チーム盗塁数140、リーグ4位】

チーム盗塁140は、リーグ4位の数字。成功率も、84.4％と高い。ロス前監督は、しばしば送りバントのサインを出していた。機動力は、変わらぬ評価。

総合評価　➡
★★★★☆

カブスがうまく立ち回り、ブリュワーズのカウンセル監督に5年4000万ドルの契約を提示し、カブスの監督にしてしまったのは、稀に見る編成の大殊勲。同監督はカブスでも様々な戦術を繰り出して勝ち星を重ね、90勝ラインをクリアするだろう。

カブス

IN　主な入団選手	OUT　主な退団選手
投手 今永昇太←横浜DeNA ヘクター・ネリス←アストロズ	**投手** マーカス・ストローマン➡ヤンキース ブラッド・ボックスバーガー➡所属先未定
野手 マイケル・ブッシュ←ドジャース	**野手** ジャイマー・キャンデラリオ➡レッズ

7月2・3・4	フィリーズ	8月1・2・3・4	カーディナルス	2・3・4	パイレーツ
5・6・7	エンジェルス	5・6・7	ツインズ	6・7・8	ヤンキース
9・10・11	オリオールズ＊	9・10	ホワイトソックス＊	9・10・11	ドジャース＊
12・13・14	カーディナルス＊	12・13・14	ガーディアンズ＊	13・14・15	ロッキーズ＊
16	オールスターゲーム	16・17・18	ブルージェイズ	16・17・18	アスレティックス
19・20・21	ダイヤモンドバックス	20・21・22	タイガース	19・20・21・22	ナショナルズ＊
22・23・24	ブリュワーズ	23・24・25	マーリンズ＊	23・24・25	フィリーズ
26・27・28	ロイヤルズ＊	26・27・28	パイレーツ＊	27・28・29	レッズ
29・30・31	レッズ＊	30・31・9月1	ナショナルズ＊		

日本人投手の成功例が少ないカブスを選択

先発

ルーキー

18 今永昇太
Shota Imanaga

31歳 1993.9.1生 178cm 79kg 左投左打

◆速球のスピード/140キロ台後半（フォーシーム、ツーシーム）
◆決め球と持ち球/◎フォーシーム、◎チェンジアップ、
　◎スライダー、○カーブ、△カッター、△ツーシーム
◆メジャーでのプレー経験なし
◆ドラフトデータ/2015①横浜DeNA、2024㉘カブス
◆出身地/福岡県
◆年俸/900万ドル（約12億6000万円）

球威	4
制球	5
緩急	4
守備・走塁	4
度胸	4

　4年5300万ドルの契約で入団した、横浜DeNAの元エース。2年が経過した時点で、カブスは5年目の契約をするか否かの選択をする権利を有し、行使した場合、契約規模は8000万ドルにふくらむ。

　今回、今永の獲得に動いた球団は、カブスのほかにも数球団あった。すべての球団が評価したのは、①フォーシーム、チェンジアップ、スライダーを効果的に使い、ハイペースで三振を奪える、②トップレベルの制球力があるため、昨年四球で歩かせたのは対戦した打者のわずか4％で、無駄な走者を出さない、③左投手なのに右打者を苦にしない、④変化球はスプリットチェンジ、スライダー、カーブ、カッターの4つで、このすべてでどんなカウントからでもストライクを取れる、といった点だ。浮き上がる軌道になるフォーシームを、高めに投げ込んで狙って三振を取れる点を評価した球団もあった。その一方で、疲労でフォーシームのキレが落ちると立て続けに一発を食うことや、悪いときでも頼りになる必殺変化球がないことは、マイナス材料になった。それでも各スポーツ・メディアが発表するFA選手ランキングで10〜20位にランクされ、契約規模も6000万〜9000万ドル（84〜126億円）と予測されていたため、メジャー球団の実際の評価とメディアの評価の間に、大きな乖離が生じることになった。

　同じチームに鈴木誠也がいることは、集団に溶け込むうえで大きなプラスになるだろう。しかし、カブスはデーゲームが多いため、体力の消耗が激しく、ファンもメディアも高給を取る働きの悪い選手に辛辣、といったネガティブな要素もある。そんな過酷な環境でも、今永には決して折れない強靭な精神力があるので、期待がふくらむ。

　駒澤大学からドラフト1位で横浜DeNAに入団し、8年間プレー。日本プロ野球での通算成績は、165試合64勝50敗、1021奪三振。最多奪三振のタイトルを獲得した昨シーズンは、9月に通算1000奪三振をマークしているが、981回1/3での達成は、史上8番目のスピード記録だ。昨年3月のWBCでは、アメリカとの決勝戦で先発を任されている。

年度	所属チーム	勝利	敗戦	防御率	試合数	先発	セーブ	投球イニング	被安打	失点	自責点	被本塁打	与四球	奪三振	WHIP
2023	横浜DeNA	7	4	2.80	22	22	0	148.0	132	46	46	17	24	174	1.05
日本通算成績		64	50	3.18	165	158	0	1002.2	841	382	354	114	280	1021	1.12

2つの軌道を持つフォーシームが最強の武器　先発

35 ジャスティン・スティール
Justin Steele

29歳　1995.7.11生｜188cm｜92kg｜左投左打

◆球速のスピード／140キロ台後半（フォーシーム主体）
◆決め球と持ち球／☆フォーシーム、◎スライダー
◆対左打者被打率／.267　◆対右打者被打率／.247
◆ホーム防御率／2.65　◆アウェー防御率／3.66
◆ドラフトデータ／2014⑤カブス
◆出身地／ミシシッピ州
◆年俸／400万ドル（約5億6000万円）

球威	5
制球	4
緩急	4
守備・走塁	2
度胸	4

カブス

　昨年大ブレイクして、チームを地区優勝争いに導いたカブスの新エース。昨季の16勝、防御率3.06は、ともにナショナル・リーグで3位の数字だ。サイ・ヤング賞の投票でも、5位に入っている。

　投手としての特徴は、球種がフォーシームとスライダーのツーピッチ・ピッチャーであること。このようなケースでは、フォーシームの球速が160キロ近くあり、3つ目の球種は不要というケースが多い。しかし、スティールのフォーシームは平均球速が148.0キロしかない。普通に考えれば、滅多打ちにあっても仕方がないところだ。ところが、スティールのフォーシームは、不思議なほど打たれない。それは左打者と右打者に投げるフォーシームの軌道が違うからだ。左打者には通常の軌道で投げるが、右打者に投げるときはカッター軌道に近くなり、しかも打者の手元で心もち浮き上がる。これをインサイドに投げ込まれた打者は、差し込まれてまともなスイングができなくなる。チーム内で「カットライド」と呼ばれるようになったこのユニークな速球は、2022年のシーズン終了後、スティールが試行錯誤の末に原型を創出し、キャンプでホットビー投手コーチの助言を受けながら、完成型にしたものだ。

　昨年27歳になってからブレイクしたので、遅咲きと言っていい。これは最貧州であるミシシッピ州中部にある人口346人の田舎町アグリコーラで生まれ育ち、野球エリートを量産する、見本市のようなショーケースリーグやベースボールアカデミーとは無縁の環境で、プレーしていたからだ。

　尊敬する人物は、曾祖父のジョン・ウェズリー・スティールさん。アメリカ軍の野球チームで活躍した左投手で、朝鮮戦争で戦死している。そのため、ジャスティンは曾祖父に会ったことはないが、自分のピッチャー人生の原点はこの人物にあると思っており、心のよりどころとしているのだ。

カモ　A・マカッチェン（パイレーツ）.067（15-1）0本　D・カールソン（カーディナルス）.083（12-1）0本
苦手　T・スティーヴンソン（レッズ）.700（10-7）1本　K・ヘイズ（パイレーツ）.556（9-5）1本

年度	所属チーム	勝利	敗戦	防御率	試合数	先発	セーブ	投球イニング	被安打	失点	自責点	被本塁打	与四球	奪三振	WHIP
2021	カブス	4	4	4.26	20	9	0	57.0	50	29	27	12	27	59	1.35
2022	カブス	4	7	3.18	24	24	0	119.0	111	53	42	8	50	126	1.35
2023	カブス	16	5	3.06	30	30	0	173.1	167	71	59	14	36	176	1.17
通算成績		24	16	3.30	74	63	0	349.1	328	153	128	34	113	361	1.26

投|手

先発
50 ジェイムソン・タイヨン Jameson Taillon
どのような巻き返しを見せるか注目

33歳 1991.11.18生｜196cm｜104kg｜右投右打

◆速球のスピード／150キロ前後（フォーシーム、シンカー）
◆決め球と持ち球／◎スライダー、○シンカー、△フォーシーム、
　△カーブ、△カッター、△チェンジアップ ◆対左.266 ◆対右.252
◆床防4.62 ◆ア防5.07 ◆ド2010①パイレーツ
◆囲フロリダ州 ◆囲1800万ドル（約25億2000万円）

球威	3
制球	4
緩急	3
守備・牽制	2
度胸	3

　昨季は地区優勝の請負人として4年契約でカブスに来たのに、前半戦不調で逆に足を引っ張ってしまったベテラン右腕。突然ひどいスランプにおちいったのは5月から6月にかけてのことで、このふた月だけで本塁打を12本打たれ、失点が40もあった。これは、肩が早く開くことで、投球が浮くようになったため。とくにフォーシームとカーブの軌道がおかしくなり、長打を食って失点した。ただ逆境に強く、2度目のトミー・ジョン手術と精巣腫瘍（睾丸にできる癌）を乗り越え、投手人生を継続してきた不屈の精神の持ち主なので、今季は昨年の借りを返すような働きをする可能性は十分ある。

カモ J.デュラン（レッドソックス）.000(14-0)0本　苦手 J.スウィンスキー（パイレーツ）.800(5-4)3本

年度	所属チーム	勝利	敗戦	防御率	試合数	先発	セーブ	投球イニング	被安打	失点	自責点	被本塁打	与四球	奪三振	WHIP
2016	パイレーツ	5	4	3.38	18	18	0	104.0	99	40	39	13	17	85	1.12
2017	パイレーツ	8	7	4.44	25	25	0	133.2	125	69	66	11	46	125	1.48
2018	パイレーツ	14	10	3.20	32	32	0	191.0	179	69	68	20	46	179	1.18
2019	パイレーツ	2	3	4.10	7	7	0	37.1	34	24	17	4	8	30	1.13
2021	ヤンキース	8	6	4.30	29	29	0	144.1	130	73	69	24	44	140	1.21
2022	ヤンキース	14	5	3.91	32	32	0	177.1	168	78	77	26	32	151	1.13
2023	カブス	8	10	4.84	30	29	1	154.1	156	96	83	27	41	140	1.28
通算成績		59	45	4.00	173	172	0	942.0	918	449	419	125	234	850	1.22

先発
28 カイル・ヘンドリックス Kyle Hendricks
頭脳派投手の代表格。あだ名はプロフェッサー

35歳 1989.12.7生｜190cm｜86kg｜右投右打

◆速球のスピード／140キロ台前半（シンカー、フォーシーム）
◆決め球と持ち球／☆チェンジアップ、◎シンカー、△フォーシーム、△カーブ
◆対左.225 ◆対右.286 ◆床防4.16 ◆ア防3.29
◆ド2011⑧レンジャーズ ◆囲カリフォルニア州
◆囲1600万ドル（約22億4000万円） ◆最優秀防御率1回（16年）

球威	2
制球	4
緩急	5
守備・牽制	2
度胸	4

　球団がオプションを行使し、今シーズンもカブスで投げることになった技巧派右腕。制球力が生命線なのに、チェンジアップとシンカーを低めに決められなくなり、2021年と22年は防御率が4点台後半になった。しかし昨季はチェンジアップの制球力がよみがえり、一発を最小限に抑えた。タイミングを外すことと、芯を外す技術はメジャー屈指のレベルを誇る。チェンジアップを、シンカーと同じ腕の振りで投げて打者をあざむくテクニックもピカイチ。

カモ W.アダメス（ブリュワーズ）.150(20-3)0本　苦手 J.アブレイユ（アストロズ）.600(25-15)2本

年度	所属チーム	勝利	敗戦	防御率	試合数	先発	セーブ	投球イニング	被安打	失点	自責点	被本塁打	与四球	奪三振	WHIP
2014	カブス	7	2	2.46	13	13	0	80.1	72	24	22	4	15	47	1.08
2015	カブス	8	7	3.95	32	32	0	180.0	166	82	79	17	43	167	1.16
2016	カブス	16	8	2.13	31	30	0	190.0	142	53	45	15	44	170	0.98
2017	カブス	7	5	3.03	24	24	0	139.2	126	49	47	17	40	123	1.19
2018	カブス	14	11	3.44	33	33	0	199.0	184	82	76	22	44	161	1.15
2019	カブス	11	10	3.46	30	30	0	177.0	168	78	68	19	32	150	1.13
2020	カブス	6	5	2.88	12	12	0	81.1	73	26	26	10	8	64	1.00
2021	カブス	14	7	4.77	32	32	0	181.0	200	101	96	31	44	131	1.35
2022	カブス	4	6	4.80	16	16	0	84.1	85	45	45	15	24	66	1.29
2023	カブス	6	8	3.74	24	24	0	137.0	138	68	57	13	27	93	1.20
通算成績		93	69	3.48	247	246	0	1449.2	1354	608	561	163	321	1172	1.16

348　対左=対左打者被打率　対右=対右打者被打率　床防=ホーム防御率　ア防=アウェー防御率
ド=ドラフトデータ　囲=出身地　囲=年俸　カモ 苦手 は通算成績

チーム内で人望がある新守護神　　クローザー

73 アドバート・アルゾレイ *Adbert Alzolay*

29歳 1995.3.1生 | 185cm | 94kg | 右投右打
◆速球のスピード／150キロ台前半（シンカー、フォーシーム）
◆決め球と持ち球／☆スライダー、◎シンカー、○カッター、
　○チェンジアップ、△フォーシーム ◆対左.263 ◆対右.199
◆本防2.41 ◆ア防2.97 ◆ド2012外カブス
◆囲ベネズエラ ◆囲211万ドル（約2億9540万円）

球威	4
制球	5
緩急	3
守備・敏捷	4
度胸	4

カブス

昨季、ロス前監督はクローザーを固定せず、ボックスバーガー、ライター、アルゾレイの3人を状況に応じて9回の抑えに使っていた。しかし、6月になると投球内容の良いアルゾレイだけが使われるようになり、7月からクローザーに固定された。もともとは先発で期待されていた投手で、2019年には開幕からローテーション入りして5番手で使われる予定だったが、広背筋を痛めてIL（故障者リスト）入り。その後も故障続きで、メジャーに定着できない状態が続いた。肩の故障が癒えた昨季は、リリーフで開幕メンバーに入り、レパートリーにカッターを加えたことで、ピッチングがさらに安定。クローザーになってからは、カウントを悪くしないことを最優先にして投げている。

カモ P・ゴールドシュミット（カーディナルス）.083（12-1）0本　苦手 J・ベル（マーリンズ）.600（10-6）2本

年度	所属チーム	勝利	敗戦	防御率	試合数	先発	セーブ	投球イニング	被安打	失点	自責点	被本塁打	与四球	奪三振	WHIP
2019	カブス	1	1	7.30	4	2	0	12.1	13	10	10	4	9	13	1.78
2020	カブス	1	1	2.95	6	4	0	21.1	12	8	7	1	13	29	1.17
2021	カブス	5	13	4.58	29	21	1	125.2	112	66	64	25	34	128	1.16
2022	カブス	2	1	3.38	6	0	0	13.1	9	5	5	1	2	19	0.83
2023	カブス	2	5	2.67	58	0	22	64.0	52	23	19	5	13	67	1.02
通算成績		11	21	3.99	103	27	20	236.2	198	112	105	36	71	256	1.14

先発で投げた10試合は防御率3.02　　スイングマン

72 ハヴィエア・アサド *Javier Assad*

27歳 1997.7.30生 | 185cm | 90kg | 右投右打
◆速球のスピード／150キロ前後（シンカー、フォーシーム）
◆決め球と持ち球／☆シンカー、◎カッター、○スライダー、△フォーシーム、△チェンジアップ、△カーブ ◆対左.215 ◆対右.245
◆本防3.30 ◆ア防2.74 ◆ド2015外カブス
◆囲メキシコ ◆囲74万ドル（約1億360万円）+α

球威	4
制球	3
緩急	4
守備・敏捷	4
度胸	4

今季もスイングマンとして使われる可能性が高い、成長著しい右腕。昨季はまずメキシコ代表としてWBCに出場。準々決勝のプエルトリコ戦で、2回2/3を1安打無失点に抑える好投を見せた。WBCで張り切りすぎたためか、シーズン開幕後は制球が安定せず、昇降格を3度繰り返したが、7月に入るとよく動くシンカーを武器に効率良くアウトを取れるようになり、ほとんど失点しなくなった。そのため8月から先発に抜擢され、良い働きを見せた。先発で投げた10試合は3勝1敗、防御率3.02。リリーフで投げた22試合は2勝2敗、防御率3.07で、どちらかと言えば先発向きという結果が出ている。2022年2月に、同じメキシコのティファナ出身の女優メリッサ・デュランさんと結婚。メリッサさんは昨年、ティファナにケーキ店をオープンした。

カモ N・アレナード（カーディナルス）.000（6-0）0本　苦手 J・スウィンスキー（パイレーツ）.500（6-3）1本

年度	所属チーム	勝利	敗戦	防御率	試合数	先発	セーブ	投球イニング	被安打	失点	自責点	被本塁打	与四球	奪三振	WHIP
2022	カブス	2	2	3.11	9	8	0	37.2	35	14	13	4	20	30	1.46
2023	カブス	5	3	3.05	32	10	0	109.1	93	38	37	13	41	94	1.23
通算成績		7	5	3.06	41	18	0	147.0	128	52	50	17	61	124	1.29

51 ヘクター・ネリス *Hector Neris*

昨季の31ホールドはメジャー最多タイ

セットアップ　移籍

35歳 1989.6.14生 | 188cm | 102kg | 右投右打 國150キロ前後(フォーシーム主体) 致◎スプリッター
対左.163 対右.181 ▷2010⑳フィリーズ 囲ドミニカ 匭900万ドル(約12億6000万円)

球 4
制 2
緩 3
守•走 2
度 4

　アストロズを出て、1年900万ドルの契約で加入したドミニカ出身のリリーフ右腕。3年連続で70試合以上に登板しており、メジャー10年目の昨季は自己ベストの防御率1.71をマーク。メジャー最多タイの31ホールドも記録し、頼れるセットアッパーとして、アストロズの地区優勝に貢献した。ピッチングの基本は、速球とスプリッターのコンビネーション。時折、スライダーも交える。スプリッター依存が強く、全投球の約3割がこの球種。これでも減ったほうで、以前は約半分を占め、6割を超えていたシーズンもあった。フィリーズ時代にクローザーの経験がある。

年度	所属チーム	勝利	敗戦	防御率	試合数	先発	セーブ	投球イニング	被安打	失点	自責点	被本塁打	与四球	奪三振	WHIP
2023	アストロズ	6	3	1.71	71	0	2	68.1	41	16	13	7	31	77	1.05
通算成績		33	36	3.24	546	0	89	541.1	425	216	195	69	199	676	1.15

36 ジョーダン・ウィックス *Jordan Wicks*

トレードマークは黒いフレームの近眼用ゴーグル

先 発　ルーキー

25歳 1999.9.1生 | 190cm | 99kg | 左投左打 國140キロ台後半(シンカー、フォーシーム) 致◎チェンジアップ
対左.188 対右.261 ▷2021①カブス 囲アーカンソー州 匭74万ドル(約1億360万円)+α

球 2
制 3
緩 4
守•走 2
度 3

　昨年8月26日にメジャーデビューした左腕。6つの球種を効果的に使い、打たせて取るピッチングを展開する。長所は学習能力の高さ。デビュー戦のパイレーツ戦では、先頭打者キーブライアン・ヘイズにインハイのフォーシームをレフト席に叩き込まれた。これでフォーシームを多投できないことを思い知らされると、フォーシームと同じ腕の振りで投げるチェンジアップ主体のピッチングに切り替え、2匹目のどじょうを狙って強振する打者たちを次々三振にしとめた。デビュー戦9奪三振を記録したカブスの投手は4人目。学習能力の高さが呼び込んだ快挙だった。

年度	所属チーム	勝利	敗戦	防御率	試合数	先発	セーブ	投球イニング	被安打	失点	自責点	被本塁打	与四球	奪三振	WHIP
2023	カブス	4	1	4.41	7	7	0	34.2	33	17	17	5	11	24	1.27
通算成績		4	1	4.41	7	7	0	34.2	33	17	17	5	11	24	1.27

74 ホセ・クアス *Jose Cuas*

内野手からリリーフ投手に転向した苦労人

ミドルリリーフ

30歳 1994.6.28生 | 190cm | 88kg | 右投ジャヒ右打 國150キロ前後(シンカー、フォーシーム) 致◎シンカー
対左.211 対右.279 ▷2015⑪ブリュワーズ 囲ドミニカ 匭74万ドル(約1億360万円)+α

球 4
制 2
緩 3
守•走 5
度 4

　昨年7月末のトレードでロイヤルズから移籍し、多目的に使われたサイドハンドのリリーフ右腕。移籍後は、シンカーとスライダーを両サイドの低めに集めて効率良くゴロを引っかけさせることに徹し、重要な戦力と見なされるようになった。2015年にブリュワーズに11巡目で指名され、内野手としてプロ入り。17年に球団の勧めでリリーフ投手に転向したが、翌年クビになった。しかし、あきらめきれず、兄のサポートを得て投球練習を継続し、独立リーグに加入。すぐにダイヤモンドバックスのスカウトの目に留まり、マイナー契約。それから3年で、メジャー到達。

年度	所属チーム	勝利	敗戦	防御率	試合数	先発	セーブ	投球イニング	被安打	失点	自責点	被本塁打	与四球	奪三振	WHIP
2023	ロイヤルズ	3	0	4.54	45	1	0	41.2	46	21	21	6	21	52	1.61
2023	カブス	0	2	3.04	27	1	1	23.2	17	9	8	2	14	19	1.31
2023	2チーム計	3	2	3.99	72	2	1	65.1	63	30	29	8	35	71	1.5
通算成績		7	4	3.84	119	2	2	103.0	102	48	44	10	59	105	1.56

國=速球のスピード　致=決め球　対左=対左打者被打率　対右=対右打者被打率
▷=ドラフトデータ　囲=出身地　匭=年俸

11 最後の意地を見せてくれることに期待
ロングリリーフ

ドルー・スマイリー *Drew Smyly*

35歳 1989.6.13生 | 188cm | 85kg | 左投左打 | 國140キロ台後半(シンカー主体) | 國○カッター
対左.338 対右.241 | ⑤2010②タイガース | 田アーカンソー州 | 囲850万ドル(約11億9000万円)

球 2
制 3
緩 3
守備 2
度 3

　投手生命の危機に瀕している技巧派左腕。2年1900万ドルの契約でカブスに来た昨季は、先発4番手でシーズンに入り、カーブ、シンカー、チェンジアップを効果的に使う、打たせて取るピッチングで6月中旬までに7勝し、防御率も3点台前半だった。ところが、6月下旬から左打者に立て続けに長打を食うようになり、4試合で18失点したためローテーションを外され、ロングリリーフに回った。これは疲労に年齢的な衰えが重なって生じた現象なので、カブスは今季、先発に戻す気はない。ロングリリーフで使われながら、投手人生の終焉を迎えることになりそうだ。

年度	所属チーム	勝利	敗戦	防御率	試合数	先発	セーブ	投球イニング	被安打	失点	自責点	被本塁打	与四球	奪三振	WHIP
2023	カブス	11	11	5.00	41	23	0	142.1	147	89	79	26	56	141	1.43
通算成績		64	58	4.22	280	179	3	1086.0	1050	551	509	180	348	1063	1.29

66 登板過多に耐えて、好投を続ける
セットアップ

ジュリアン・メリウェザー *Julian Merryweather*

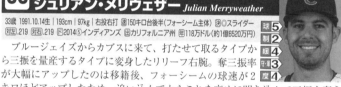

33歳 1991.10.14生 | 193cm | 97kg | 右投右打 | 國150キロ台後半(フォーシーム主体) | 國○スライダー
対左.219 対右.219 | ⑤2014⑤インディアンズ | 田カリフォルニア州 | 囲118万ドル(約1億6520万円)

球 5
制 2
緩 4
守備 4
度 4

　ブルージェイズからカブスに来て、打たせて取るタイプから三振を量産するタイプに変身したリリーフ右腕。奪三振率が大幅にアップしたのは移籍後、フォーシームの球速が2キロほどアップしたため。追い込んでからこれを高めに叩き込んで三振を奪うパターンのほか、球速が増したフォーシームを見せ球に使って、スライダーで空振りを誘うパターンでも三振を取れるようになった。カブスでは走者を2人出しても、狙って三振を取れるため、生還を許さないことが多くなっている。そのため重要度の高い場面で使われることが多くなり、昨季は17ホールドをゲット。

年度	所属チーム	勝利	敗戦	防御率	試合数	先発	セーブ	投球イニング	被安打	失点	自責点	被本塁打	与四球	奪三振	WHIP
2023	カブス	5	1	3.38	69	0	2	72.0	58	28	27	8	36	98	1.31
通算成績		5	5	4.33	116	4	4	124.2	113	61	60	16	53	148	1.33

38 七光りとは無縁の中身のあるサラブレッド
セットアップ

マーク・ライター・ジュニア *Mark Leiter Jr.*

33歳 1991.3.13生 | 183cm | 95kg | 右投右打 | 國140キロ台後半(シンカー、フォーシーム) | 國◎スプリッター
対左.185 対右.254 | ⑤2013㉒フィリーズ | 田フロリダ州 | 囲150万ドル(約2億1000万円)

球 2
制 3
緩 4
守備 3
度 4

　父マーク・シニアは、メジャーで11シーズン投げたリリーバー。叔父のアルはメッツの元エースという、野球一家出身のサラブレッド。マーク・ジュニアがメジャーに上がった際、22巡目指名と聞き、叔父の七光りで情実指名されたに違いないと思う者が多く、メジャーの戦力になると思った者は皆無だった。しかし、父と叔父は教えることに意欲を見せ、マークもそれを吸収することに熱心だった。それによって、少しずつ進化し、デビューから7年かけて、メジャーでフルシーズン投げられるリリーバーに成長。昨季序盤には、クローザーで起用されたケースも数試合あった。

年度	所属チーム	勝利	敗戦	防御率	試合数	先発	セーブ	投球イニング	被安打	失点	自責点	被本塁打	与四球	奪三振	WHIP
2023	カブス	1	3	3.50	69	0	4	64.1	48	27	25	7	24	77	1.12
通算成績		6	17	4.57	151	15	7	246.0	225	146	125	42	92	256	1.29

カブス

ピンチで登板してもまったく動じない強心臓

ミドル
リリーフ

48 ダニエル・パレンシア *Daniel Palencia*

24歳 2000.2.5生｜180cm｜72kg｜右投右打 ⚾150キロ台後半(フォーシーム、シンカー) 決○フォーシーム
対左.154 対右.254 ド2020外アスレティックス 田ベネズエラ 年74万ドル(約1億360万円)+α

球 5
制 2
緩 3
守·速 3
度 5

　メジャー昇格当日のゲームで、延長10回と11回に投げ、いきなり勝ち投手になった、大きな可能性を秘めたリリーフ右腕。この初登板初勝利はメディアで大きく報じられたが、扱いが大きくなったのは、フォーシームの球速が何度も160キロを超え、異次元のリリーバーが出現したようなインパクトがあったからだ。これほどの逸材なのだから、莫大(ばくだい)な契約金が支払われたと思われがちだが、実際の契約金はたったの1万ドル。なぜならすでに20歳になっていたため、ベネズエラの基準では適齢期(てきれいき)を大幅に過ぎた売れ残りということになり、容赦なく買い叩かれたからだ。

年度	所属チーム	勝利	敗戦	防御率	試合数	先発	セーブ	投球イニング	被安打	失点	自責点	被本塁打	与四球	奪三振	WHIP
2023	カブス	5	3	4.45	27	0	0	28.1	22	16	14	3	14	33	1.27
通算成績		5	3	4.45	27	0	0	28.1	22	16	14	3	14	33	1.27

一からやり直しになった将来のエース候補

先発
ロングリリーフ

19 ヘイデン・ウェズネスキー *Hayden Wesneski*

27歳 1997.12.5生｜190cm｜95kg｜右投右打 ⚾150キロ前後(フォーシーム、シンカー) 決⚪スライダー
対左.298 対右.202 ド2019⑥ヤンキース 田テキサス州 年74万ドル(約1億360万円)+α

球 3
制 3
緩 3
守·速 4
度 3

　カブスが将来⑥エース級になると評価して、2022年8月のトレードで獲得。早速ローテーションに入れて試したところ、打者を追い込んでから変化球をボールゾーンに外して空振りを誘うクレバーなピッチングで、3勝2敗、防御率2.18という、なかなかの数字を出した。そのため期待が一気に高まり、昨季は開幕からローテーションに入り、定着することを望まれた。本人もやる気満々で、新たにスイーパーをレパートリーに加えて新シーズンに臨んだが、制球難でストライク先行に持っていけないため、苦しいピッチングが続き、7月末にローテーションから外された。

年度	所属チーム	勝利	敗戦	防御率	試合数	先発	セーブ	投球イニング	被安打	失点	自責点	被本塁打	与四球	奪三振	WHIP
2023	カブス	3	5	4.63	34	11	0	89.1	82	50	46	20	32	83	1.28
通算成績		6	7	3.97	40	15	0	122.1	106	59	54	23	39	116	1.19

86 ベン・ブラウン *Ben Brown*

先発
リリーフ

期待度 B+

ルーキー

25歳 1999.9.9生｜198cm｜95kg｜右投右打 ◆昨季は2A、3Aでプレー ド2017㉝フィリーズ 田ニューヨーク州

　2メートル近い長身を利して、高いリリースポイントからフォーシーム、カーブ、スライダーを投げ込んでくる右腕。武器はスピードのあるパワーカーブ。奪三振率が高いのは、これがあるからだ。課題は制球力。四球を出しすぎるので、メジャーでは先発でなく、セットアッパーで使われる可能性も。

43 ルーク・リトル *Luke Little*

リリーフ

期待度 A

ルーキー

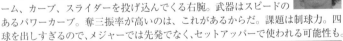

24歳 2000.8.30生｜203cm｜99kg｜左投左打 ◆昨季はメジャーで7試合に出場 ド2020④カブス 田ノースカロライナ州

　昨年、開幕を1A+級で迎えたあと、5月に2A級、8月に3A級、そして、9月にはメジャーに呼ばれ、7試合に登板。速球とスライダーを効果的に使って、ハイペースで三振を奪い、1度も失点しなかった。スライダーはスリークォーターの低いアングルから出てくるため、左打者泣かせのボールだ。

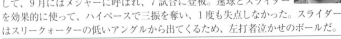

速=速球のスピード 決=決め球 対左=対左打者被打率 対右=対右打者被打率
ド=ドラフトデータ 田=出身地 年=年俸
※メジャー経験がない投手の「先発」「リリーフ」はマイナーでの役割

危機感をバネに、8月以降目を見張る活躍　ライト

27 鈴木誠也
Seiya Suzuki

30歳｜1994.8.18生｜180cm｜82kg｜右投右打
- ◆対左投手打率／.306(144-44)　◆対右投手打率／.278(371-103)
- ◆ホーム打率／.269(238-64)　◆アウェー打率／.300(277-83)
- ◆得点圏打率／.275(138-38)
- ◆23年のポジション別出場数／ライト＝132、DH＝5
- ◆ドラフトデータ／2013②広島、2022㊗カブス
- ◆出身地／東京都
- ◆年俸／2000万ドル（約28億円）

ミート	4
パワー	5
走塁	4
守備	3
肩	4

カブス

　昨年はチームのポストシーズン進出をフイにする悪夢の落球をやらかし、今季はその埋め合わせをする活躍を期待される、広島東洋カープの元主砲。1年目は14本塁打に終わったため、オフにハードな筋トレに励んで体重を10キロ増やし、キャンプに入った。昨年は侍ジャパンに加わってWBCに予選プールから出場する予定だったが、東京に向けて飛び立つ数日前に脇腹の肉離れが起きたため、それをキャンセル。チームの開幕にも間に合わず、4月中旬からの出場になった。その後は復帰戦で1号が出たが、調整不足のため2戦目からは1本も出ない状態が続き、地元シカゴの口うるさいメディアから「先発から外せ」という声が出た。

　すると、持ち前のガッツで反発。5月16日から17日にかけて、3打席連続本塁打をやってのけた。しかし、5月23日に6号が出たあと、また出なくなり、今度は1カ月半、本塁打日照りが続いた。7月下旬になっても復調しないため、ロス監督は8月1日に打線改造を行った際、左打者のマイク・トークマンを鈴木の守るライトに回し、鈴木はライトのプラトーン・プレーヤーに格下げになった。これがまたも鈴木の負けん気に火を付ける結果になり、8月は打率3割2分1厘、5本塁打、13打点。9月は打率3割7分0厘、7本塁打、26打点と打ちまくった。

　この鈴木の活躍もあって、チームもポストシーズン進出圏内に入っていたので、9月26日のブレーブス戦で、1点リードで迎えた9回表2死二、三塁の場面でやってしまった落球は、痛恨のプレーとなった。守備力の高い鈴木がこのようなミスを起こしたのは、落下点に入って捕球する直前に、打球が照明塔のライトとかぶる形になったからだ。本人は捕ったという感覚があったようだが、強い海風が吹くリグレー・フィールドではフライが流されるため、想定した軌道にならなかったようだ。

カモ　M・ケラー（パイレーツ）.571(7-4)0本　J・ベリオス（ブルージェイズ）.600(5-3)0本
苦手　G・アシュクラフト（レッズ）.091(11-1)0本　M・マイコラス（カーディナルス）.182(11-2)0本

年度	所属チーム	試合数	打数	得点	安打	二塁打	三塁打	本塁打	打点	四球	三振	盗塁	盗塁死	出塁率	OPS	打率
2022	カブス	111	397	54	104	22	2	14	46	42	110	9	5	.336	.769	.262
2023	カブス	138	515	75	147	31	6	20	74	59	130	6	7	.357	.842	.285
通算成績		249	912	129	251	53	8	34	120	101	240	15	12	.348	.811	.275

カモ　苦手　は通算成績

野手

リーダーの資質を備えたスター遊撃手　ショート

7　ダンズビー・スワンソン
Dansby Swanson

30歳　1994.2.11生｜185cm／86kg｜右投右打

◆対左投手打率／.245(143-35)　◆対右投手打率／.244(422-103)

◆ホーム打率／.277(278-77)　◆アウェー打率／.213(287-61)

◆得点圏打率／.267(150-40)

◆23年のポジション別出場数／ショート＝147

◆ドラフトデータ／2015①ダイヤモンドバックス

◆出身地／ジョージア州

◆年俸／2500万ドル（約35億円）

◆ゴールドグラブ賞2回(22、23年)

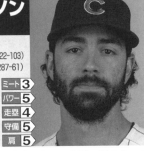

ミート **3**
パワー **5**
走塁 **4**
守備 **5**
肩 **5**

　7年契約の2年目に入る、打撃と守備の両面でチームを引っ張るオールラウンドプレーヤー。総額1億7700万ドルの大型契約で来たため、昨季は大きな期待を背負い、打撃では中軸打者として打点を生産。ショートの守備では2年連続でゴールドグラブ賞を受賞しただけでなく、内野の守りの要として絶えずボディランゲージや口パクで、セカンドとサードに合図を送って見事に統率し、内野全体のレベルを引き上げた。もう1つ高く評価されていたのは、日々のプレーする姿勢が、カブスの選手たちに好影響を与えていたことだ。ロス前監督は「彼は余計なことを考えず、チームの勝利に貢献することだけに集中している。準備をしっかりやるけど、それはその日の試合で勝つための準備なんだ。そうした姿勢は良い影響を及ぼしている」と語っており、若い選手のお手本になっている点を称賛した。

　スワンソンがFAになったあと、カブスを選択したのは、2022年10月に結婚した女子プロサッカーの有名選手マロリー・ピューが、シカゴ・レッドスターに所属していたことが大きい。マロリーは結婚後、登録名を「マロリー・スワンソン」に改め、2023年2月にアメリカ代表チームが、なでしこジャパンとテネシー州ナッシュビルにて開催された「シービリーブス・カップ」で対戦したときも、マロリー・スワンソンとして出場。このときは世界ランキング1位のチームUSAが、なでしこジャパンに1対0で辛勝したが、唯一のゴールを決めたのはマロリー・スワンソンだった。これで女子サッカー・ワールドカップに向けて期待が高まったが、4月8日に行われたアイルランドとの親善試合で膝蓋腱断裂の大ケガを負い、出場はならなかった。

カモ　K・ギブソン(カーディナルス).692(13-9)1本　C・バーンズ(ブリュワーズ).600(15-9)2本
苦手　E・ディアス(メッツ).000(10-0)0本　W・ビューラー(ドジャース).111(9-1)0本

年度	所属チーム	試合数	打数	得点	安打	二塁打	三塁打	本塁打	打点	四球	三振	盗塁	盗塁死	出塁率	OPS	打率
2016	ブレーブス	38	129	20	39	7	1	3	17	13	34	3	0	.361	.803	.302
2017	ブレーブス	144	488	59	113	23	2	6	51	59	120	3	3	.312	.636	.232
2018	ブレーブス	136	478	51	114	25	4	14	59	44	122	10	4	.304	.699	.238
2019	ブレーブス	127	483	77	121	26	3	17	65	51	124	10	5	.325	.747	.251
2020	ブレーブス	60	237	49	65	15	0	10	35	22	71	5	0	.345	.809	.274
2021	ブレーブス	160	588	78	146	33	2	27	88	52	167	9	3	.311	.760	.248
2022	ブレーブス	162	640	99	177	32	1	25	96	49	182	18	7	.329	.776	.277
2023	カブス	147	565	81	138	25	3	22	80	66	154	9	1	.328	.744	.244
通算成績		974	3608	514	913	186	16	124	491	356	974	67	23	.322	.739	.253

野手

ゴールドグラブ+43盗塁は大きな勲章　セカンド

2 ニコ・ホーナー Nico Hoerner

27歳 1997.5.13生 | 185cm | 90kg | 右投右打

◆対左投手打率／.306　◆対右投手打率／.274
◆ホーム打率／.291　◆アウェー打率／.274　◆得点圏打率／.302
◆23年のポジション別出場数／セカンド＝135、ショート＝20、DH＝1
◆①2018①カブス　◆囲カリフォルニア州
◆囲1150万ドル（約16億1000万円）　◆ゴールドグラブ賞1回（23年）

ミート	4
パワー	2
走塁	5
守備	5
肩	4

カブス

　チャンスメーカーとして機能している野球IQの高い内野手。昨シーズンはスワンソンの加入で、ポジションがショートからセカンドに代わり、それを快く受け入れたため、開幕直前に球団から2024年に始まる3年3500万ドルの契約をプレゼントされた。開幕後は1番か2番打者で起用され、頻繁に出塁して足で相手にプレッシャーをかけ、警戒がゆるんだと見ると盗塁を試みて、高い確率で成功させた。40盗塁以上は、カブスでは06年のホワン・ピエール以来のことだ。セカンドの守備は、名手スワンソンからいい刺激を受け、DRS（守備で防いだ失点）が12あり、初めてゴールドグラブ賞に輝いた。

カモ	M・マイコラス（カーディナルス）.391（23-9）0本											苦手	W・マイリー（ブリュワーズ）.143（14-2）0本		
年度	所属チーム	試合数	打数	得点	安打	二塁打	三塁打	本塁打	打点	四球	三振	盗塁	盗塁死	出塁率	OPS	打率
2019	カブス	20	78	13	22	1	1	3	17	3	11	0	0	.305	.741	.282
2020	カブス	48	108	19	24	4	0	0	13	12	24	3	2	.312	.571	.222
2021	カブス	44	149	13	45	10	0	0	16	17	25	5	3	.382	.751	.302
2022	カブス	135	481	60	135	22	5	10	55	28	57	20	2	.327	.737	.281
2023	カブス	150	619	98	175	27	4	9	68	49	83	43	3	.346	.729	.283
通算成績		397	1435	203	401	64	10	22	169	109	200	71	14	.339	.723	.279

修正力が高く計算できるバッター　レフト

8 イアン・ハップ Ian Happ

30歳 1994.8.12生 | 183cm | 92kg | 右投両打

◆対左投手打率／.225　◆対右投手打率／.258
◆ホーム打率／.232　◆アウェー打率／.264　◆得点圏打率／.250
◆23年のポジション別出場数／レフト＝154、DH＝4
◆①2015①カブス　◆囲ペンシルヴァニア州
◆囲2000万ドル（約28億円）　◆ゴールドグラブ賞2回（22,23年）

ミート	3
パワー	5
走塁	3
守備	4
肩	3

　3番打者で使われることが多い、両打ちのスラッガー。昨季はシーズン序盤、右打席では三振が異様に多く、ヒットがほとんど出なかった。中盤以降持ち直したが、最終的に左打席が打率2割5分8厘、16本塁打だったのに対し、右打席は打率2割2分5厘、5本塁打。昨季はシーズン終了後にFA権を取得するため、キャンプ中から8月初旬のトレード期限までに、移籍する可能性が取りざたされていた。だが、球団は4月12日という異例の時期に、ハップと2024年に始まる3年6100万ドルの契約を交わし、プレーに集中させた。昨年5月、以前から一緒に住んでいたジュリー・マズーアさんと婚約。

カモ	S・グレイ（カーディナルス）.500（12-6）1本											苦手	ダルビッシュ有（パドレス）.111（9-1）0本		
年度	所属チーム	試合数	打数	得点	安打	二塁打	三塁打	本塁打	打点	四球	三振	盗塁	盗塁死	出塁率	OPS	打率
2017	カブス	115	364	62	92	17	3	24	68	39	129	8	4	.328	.842	.253
2018	カブス	142	387	56	90	19	2	15	44	70	167	8	4	.353	.761	.233
2019	カブス	58	140	25	37	7	1	11	30	15	39	2	0	.333	.897	.264
2020	カブス	57	198	27	51	11	1	12	28	30	63	1	3	.361	.866	.258
2021	カブス	148	465	63	105	20	1	25	66	62	156	9	2	.323	.757	.226
2022	カブス	158	573	72	155	42	2	17	72	58	149	9	4	.342	.782	.271
2023	カブス	158	580	86	144	35	4	21	84	99	153	14	3	.360	.791	.248
通算成績		836	2707	391	674	151	14	125	392	373	856	51	20	.343	.797	.249

本塁打の生産ペースではベリンジャーを圧倒

DH 外野手 セカンド

5 クリストファー・モレル Christopher Morel

25歳 1999.6.24生｜180cm｜65kg｜右投右打
- ◆対左投手打率／.250　◆対右投手打率／.247
- ◆ホーム打率／.234　◆アウェー打率／.260　◆得点圏打率／.270
- ◆23年のポジション別出場数／DH=61、セカンド=19、センター=12、
  レフト=8、ライト=8、サード=5、ショート=2　◆Ⓓ2015Ⓐカブス
- ◆Ⓤドミニカ　◆Ⓨ74万ドル（約1億360万円）+α

ミート **4**
パワー **5+**
走塁 **4**
守備 **2**
肩 **3**

　40本塁打を期待できる、規格外のパワーを備えたスラッガー。一昨年、ルーキーながら16本塁打を放ち、昨季はさらなる飛躍を期待されたが、チーム方針で3月中旬、オープン戦打撃好調にもかかわらず3Aに降格。そのうっぷんを晴らすように、3Aでは開幕から打ちまくり、5月8日にメジャー再昇格。すると、火山爆発のような勢いで、本塁打を生産。11試合目までに8本叩き込んだ。その後は相手投手に研究されペースが落ちたが、それでもシーズン全体で見ると、14.9打数に1本という目を見張るペースで打っていた。守備では7つのポジションに入ったが、セカンドで使うと平均レベルを期待できる。

カモ A・パランテ（カーディナルス）.667(6-4)1本　苦手 C・ロドーン（ヤンキース）.000(7-0)0本

年度	所属チーム	試合数	打数	得点	安打	二塁打	三塁打	本塁打	打点	四球	三振	盗塁	盗塁死	出塁率	OPS	打率
2022	カブス	113	379	55	89	19	4	16	47	38	137	10	7	.308	.741	.235
2023	カブス	107	388	62	96	17	3	26	70	36	133	6	2	.313	.821	.247
通算成績		220	767	117	185	36	7	42	117	74	270	16	9	.311	.782	.241

守備の司令塔、若い投手の教育係として重要に

キャッチャー

15 ヤン・ゴームス Yan Gomes

37歳 1987.7.19生｜188cm｜95kg｜右投右打　◆盗塁阻止率／.221(77-17)
- ◆対左投手打率／.281　◆対右投手打率／.260
- ◆ホーム打率／.275　◆アウェー打率／.260　◆得点圏打率／.280
- ◆23年のポジション別出場数／キャッチャー=103、DH=12
- ◆Ⓓ2009⑩ブルージェイズ　◆Ⓤブラジル
- ◆Ⓨ600万ドル（約8億4000万円）　◆シルバースラッガー賞1回（14年）

ミート **2**
パワー **4**
走塁 **2**
守備 **4**
肩 **4**

　3年契約の最終年に入る、若い投手の力を引き出すことに長けたブラジル出身の捕手。昨季は正捕手として92試合に先発出場。守備、打撃、ゲームコーリング（リード）のすべてで、良い働きを見せた。とくにスティールの女房役となって、ブレイクを支えたことが光る。今季は今永の女房役も務めるが、12歳で米国に移住するまで、サンパウロの日系人コミュニティの中で野球をしていたので、古風な野球日本語をいくつか覚えている。妻ジーナさんは、日米大学野球でも活躍した日系ハーフの投手アトリー・ハムメーカーの娘だ。

カモ ダルビッシュ有（パドレス）.455(11-5)1本　苦手 P・ロペス（ツインズ）.000(10-0)0本

年度	所属チーム	試合数	打数	得点	安打	二塁打	三塁打	本塁打	打点	四球	三振	盗塁	盗塁死	出塁率	OPS	打率
2012	ブルージェイズ	43	98	9	20	4	0	4	13	6	32	0	0	.264	.631	.204
2013	インディアンズ	88	293	45	86	18	2	11	38	18	67	2	0	.345	.826	.294
2014	インディアンズ	135	485	61	135	25	3	21	74	24	120	0	0	.313	.785	.278
2015	インディアンズ	95	363	38	84	22	0	12	45	13	104	0	0	.267	.658	.231
2016	インディアンズ	74	251	22	42	11	1	9	34	9	69	0	0	.201	.528	.167
2017	インディアンズ	105	341	43	79	15	0	14	56	31	99	0	0	.309	.708	.232
2018	インディアンズ	112	403	52	107	26	0	16	48	21	119	0	0	.313	.762	.266
2019	ナショナルズ	97	314	36	70	16	0	12	43	38	84	2	0	.316	.705	.223
2020	ナショナルズ	30	109	14	31	6	1	4	13	6	22	1	0	.319	.787	.284
2021	ナショナルズ	63	218	30	59	11	1	9	35	13	47	0	0	.323	.777	.271
2021	アスレティックス	40	131	19	29	4	0	5	17	6	31	0	0	.264	.630	.221
2021	2チーム計	103	349	49	88	15	1	14	52	19	78	0	0	.301	.722	.252
2022	カブス	86	277	23	65	12	0	8	31	8	47	2	0	.260	.625	.235
2023	カブス	116	382	44	102	20	2	10	63	21	81	1	0	.315	.723	.267
通算成績		1084	3665	436	909	190	10	135	510	214	922	8	0	.298	.714	.248

野手

セカンド サード

1 ニック・マドリガル Nick Madrigal
スモールボール志向の新監督がどう使うか注目

27歳 1997.3.5生 | 173cm | 79kg | 右投右打 対左.250 対右.268 ホ.255 ア.271
得.275 ド2018①ホワイトソックス 田カリフォルニア州 年181万ドル(約2億5340万円)

ミ4
パ4
走4
守4
肩2

　グラブと小ワザで貢献する、内野のユーティリティ。一昨年はセカンドのレギュラー格だったが、昨シーズンはスワンソンが加入してショートに入り、その玉突きでホーナーがセカンドのレギュラー格に回った。そのため、マドリガルはユーティリティに回ると思われたが、球団内でサードのレギュラー格で使うというアイディアが浮上。それに沿って、開幕からサードで先発出場することに。これはフライ級をミドル級のポジションにつけるようなものなので、体にツケが行き、2度、ハムストリングの肉離れでIL入り。一発もほとんど出なかったが、なぜかサードで使われ続けた。

年度	所属チーム	試合数	打数	得点	安打	二塁打	三塁打	本塁打	打点	四球	三振	盗塁	盗塁死	出塁率	OPS	打率
2023	カブス	92	270	34	71	16	1	2	28	10	24	10	2	.311	.663	.263
通算成績		234	782	91	219	36	5	4	67	39	75	16	6	.328	.682	.280

ファースト 移籍 ルーキー

29 マイケル・ブッシュ Michael Busch
長所も短所もマックス・マンシーにそっくり

27歳 1997.11.9生 | 185cm | 95kg | 右投左打 対左.200 対右.158 ホ.235 ア.105
得.235 ド2019①ドジャース 田ミネソタ州 年74万ドル(約1億360万円)+α

ミ3
パ5
走3
守2
肩2

　カブスがファーストのレギュラーで使うことを想定して、今年1月のトレードでドジャースから獲得。ウリは、並外れたパワーがあり、動体視力も良いため、長打の量産を期待できること。失投をじっくり待つタイプなので四球も多いが、三振も多いという特徴もある。昨季、ドジャースのマイナーでは、サードかセカンドで使われていたが、大学時代は一塁手だったので、カブスでファーストに入ることについては何の支障もない。寒冷地であるミネソタ州の出身。身体能力が抜群に高く、高校時代は秋はアメフト、冬はアイスホッケー、春は野球の中心選手として活躍。

年度	所属チーム	試合数	打数	得点	安打	二塁打	三塁打	本塁打	打点	四球	三振	盗塁	盗塁死	出塁率	OPS	打率
2023	ドジャース	27	72	9	12	3	0	2	7	8	27	0		.247	.539	.167
通算成績		27	72	9	12	3	0	2	7	8	27	0		.247	.539	.167

サード ファースト DH

16 パトリック・ウィズダム Patrick Wisdom
ソムリエの資格を持つ本塁打生産マシン

33歳 1991.8.27生 | 188cm | 99kg | 右投右打 対左.217 対右.196 ホ.190 ア.217
得.200 ド2012①カーディナルス 田カリフォルニア州 年273万ドル(約3億8220万円)

ミ2
パ5+
走3
守3
肩3

　バットで多大な貢献をしている内野手。長所はトップレベルのパワーがあることと、早打ちせず打席で失投をじっくり待てること。打球を上げるコツも心得ているため、本塁打の生産力はピカイチで、昨年は11.7打数に1本というペースで、外野席に叩き込んでいる。これはオルソンや大谷翔平よりやや劣るが、47本塁打のシュワーバーの上を行く生産ペース。ただ確実性に欠けるという点でも突出しているので、三振が多く、打率が低い。守備はサードで使うとワーストレベル、ファーストだと「中の下」レベル。ワインの愛好家で、ソムリエの資格を持っている。

年度	所属チーム	試合数	打数	得点	安打	二塁打	三塁打	本塁打	打点	四球	三振	盗塁	盗塁死	出塁率	OPS	打率
2023	カブス	97	268	43	55	8	1	23	46	30	111	4	2	.289	.789	.205
通算成績		380	1153	176	247	51	1	80	184	122	481	18	8	.298	.766	.214

カブス

対左=対左投手打率 対右=対右投手打率 ホ=ホーム打率 ア=アウェー打率 得=得点圏打率　357

センター

24 ナショナル・リーグのカムバック賞を受賞
コーディ・ベリンジャー Cody Bellinger

29歳 1995.7.13生 | 193cm | 91kg | 左投左打 | 対左.337 対右.291 困.302 ⑦.311 個.323
⑤2013④ドジャース 凷アリゾナ州 囲3000万ドル（約42億円）＋α ◆MVP1回（18年）、ゴールドグラブ賞1回（19年）、シルバースラッガー賞2回（19.23年）、カムバック賞1回（23年）、新人王（17年）

ミ **4**
パ **5**
走 **4**
守 **3**
肩 **3**

　一昨年、ドジャースで戦力外の烙印を押されたあと、昨年カブスでよみがえった強打の外野手。2018年にMVPに輝いた実績があるが、その後、肩の関節唇の損傷、スネの骨折と2度の大きなケガによる影響で、相手ピッチャーの緩急を使った攻めに対応できないことが多くなり、打撃成績が低迷。21年は打率が1割6分5厘、22年も2割1分0厘で、契約更新を拒否された。カブスに移籍して迎えた昨季は、体調も戻ってきたのか、タメをうまく取ってチェンジアップやスライダーをドンピシャのタイミングで叩けるようになり、変化球をしとめた一発が5本から15本に急増。

年度	所属チーム	試合数	打数	得点	安打	二塁打	三塁打	本塁打	打点	四球	三振	盗塁	盗塁死	出塁率	OPS	打率
2023	カブス	130	499	95	153	29	1	26	97	40	87	20	6	.356	.881	.307
通算成績		875	3126	529	805	163	20	178	519	367	778	82	20	.335	.828	.258

キャッチャー

6 守備面で課題が多い、将来の正捕手候補
ミゲール・アマヤ Miguel Amaya

25歳 1999.3.9生 | 183cm | 104kg | 右投右打 ◆盗塁阻止率／.088(34-3) 対左.250 対右.187 困.246
⑦.182 個.281 ⑤2015外カブス 凷パナマ 囲74万ドル（約1億360万円）＋α

ミ **3**
パ **4**
走 **2**
守 **2**
肩 **2**

　バックアップに登用された、パナマ出身のキャッチャー。昨年5月初旬、正捕手ヤン・ゴームスが脳震盪で7日間IL入りした際、穴埋めに2Aからメジャーに呼ばれ、6試合に出場。160キロの速球をライナーで弾き返す打力が評価された。一旦、送り返されたが、打力を買われて6月3日に再昇格。その後、捕手で35試合に、DHで9試合に出場した。打者としてのウリは長打力。捕手としては、盗塁阻止力とボールブロックに難があるが、フレーミングは平均以上のレベル。投手ではヘンドリックスと相性が良く、「打者をしっかり観察しているのがいい」と称賛された。

年度	所属チーム	試合数	打数	得点	安打	二塁打	三塁打	本塁打	打点	四球	三振	盗塁	盗塁死	出塁率	OPS	打率
2023	カブス	53	131	17	28	4	0	5	18	12	40	0	0	.329	.688	.214
通算成績		53	131	17	28	4	0	5	18	12	40	0	0	.329	.688	.214

52 ピート・クロウ＝アームストロング Pete Crow-Armstrong
センター　期待度 **A**　ルーキー

22歳 2002.3.25生 | 180cm | 83kg | 左投左打 ◆昨季はメジャーで13試合に出場 ⑤2020①メッツ 凷カリフォルニア州

　有名女優アシュリー・クロウを母に持つ、ハリウッド育ちのホープ。動体視力が抜群に良く、基本的にはライナーを広角に弾き返すタイプ。本塁打を10〜15本期待できるパワーもある。守備では守備範囲が広く、フライの軌道を的確に読めるので、最短ルートで落下点に入れる。25盗塁可能な足もある。

88 ケヴィン・アルカンタラ Kevin Alcantara
センター／レフト　期待度 **B**　ルーキー

22歳 2002.7.12生 | 198cm | 85kg | 右投右打 ◆昨季はルーキー級、1A＋、2Aでプレー ⑤2018外ヤンキース 凷ドミニカ

　16歳の誕生日当日に、契約金100万ドルでプロ入りした、ドミニカ出身の逸材。身長が2メートル近くある痩身なので、一見パワーがないように見えるが、スイングスピードが速く、豪速球に力負けしない。身体能力が高いため、守備範囲が広く、ジャンプ力もある。肩の強さは平均的なレベルだ。

対左＝対左投手打率　対右＝対右投手打率　困＝ホーム打率　⑦＝アウェー打率　個＝得点圏打率　⑤＝ドラフトデータ　凷＝出身地　囲＝年俸

ナショナル・リーグ……中部地区　　*CINCINNATI REDS*

シンシナティ・レッズ

◆創 立：1881年
◆本拠地：オハイオ州シンシナティ市

◆ワールドシリーズ制覇：5回　◆リーグ優勝：9回
◆地区優勝：10回　◆ワイルドカード獲得：2回

主要オーナー　ロバート・カステリーニ（野菜果物卸売り企業カステリーニ社代表）

過去5年成績

年度	勝	負	勝率	ゲーム差	地区順位	ポストシーズン成績
2019	75	87	.463	16.0	④	―
2020	31	29	.517	3.0	③	ワイルドカードシリーズ敗退
2021	83	79	.512	12.0	③	―
2022	62	100	.383	31.0	④（同率）	―
2023	82	80	.506	10.0	③	―

監 督　　25 デイヴィッド・ベル David Bell

◆年　　齢…………52歳（オハイオ州出身）
◆現役時代の経歴…12シーズン　インディアンズ（1995）、カーディナルス
（サード、セカンド）　（1995〜98）、インディアンズ（1998）、マリナーズ
（1998〜2001）、ジャイアンツ（2002）、フィリーズ
（2003〜06）、ブリュワーズ（2006）
◆現役通算成績……1403試合　.257　123本　589打点
◆監督経歴…………5シーズン　レッズ（2019〜）
◆通算成績…………333勝375敗（勝率.470）

　祖父、父、弟もメジャーリーガーだった、ベースボールファミリー出身の監督。ベンチから審判に向かって、文句を叫ぶことがよくあり、昨季の退場数は7回。これは、同じく親子3代のメジャーリーガーであるヤンキースのブーン監督と同数で、昨季のメジャー最多タイだった。契約は昨季までだったが、昨年7月28日に、2026年までの延長契約をレッズと交わしている。球団はベルの、若手選手に対する指導力やサポート力を、とくに高く評価しているようだ。

注目コーチ　54 コリン・カウギル Collin Cowgill

　一塁ベースコーチ。38歳。就任1年目の昨季、走塁面の意識や技術の改善に取り組んだ。その結果、3年前はリーグ最少だったチーム盗塁数が、昨年はリーグ最多に。

編成責任者　ニック・クラール Nick Krall

　47歳。20年以上、レッズの組織に属し、編成トップにまで上り詰めた叩き上げ。厳しいシーズンが続いていたが、昨季は期待をかけていた若手選手たちが続々台頭。

スタジアム　グレートアメリカン・ボールパーク *Great American Ball Park*

◆開 場 年…………2003年
◆仕　　様…………天然芝
◆収容能力…………43,500人
◆フェンスの高さ…2.4〜3.7m
◆特　　徴…………外野面積が狭く、ホームランが非常に出やすい球場。水上交通の要所として栄えた歴史があるシンシナティの球場らしく、センター後方のライト寄りスタンドに、蒸気船の煙突をイメージした、2本のモニュメントがそびえている。

ヒッターズパーク

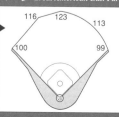

116　123　113
100　　　　99

Best Order [ベストオーダー]

① TJ・フリードル……センター
② マット・マクレイン……セカンド
③ スペンサー・スティーア……レフト
④ ジャイマー・キャンデラリオ……サード
⑤ ジョナサン・インディア……DH
⑥ エリー・デラクルーズ……ショート
⑦ クリスチャン・エンカーナシオン=ストランド……ファースト
⑧ ウィル・ベンソン……ライト
⑨ タイラー・スティーヴンソン……キャッチャー

Depth Chart [ポジション別選手層・メンバーリスト]

※2024年2月25日時点の候補選手。数字は背番号(開幕前に変更する場合もあり)、右・左等は投・打の順。

センター
29 TJ・フリードル [左・右]
27 ジェイク・フレイリー [左・左]
30 ウィル・ベンソン [左・左]
17 ステュワート・フェアチャイルド [右・右]

レフト
7 スペンサー・スティーア [右・右]
27 ジェイク・フレイリー [左・左]
30 ウィル・ベンソン [左・左]
17 ステュワート・フェアチャイルド [右・右]

ライト
30 ウィル・ベンソン [左・左]
27 ジェイク・フレイリー [左・左]
17 ステュワート・フェアチャイルド [右・右]

ショート
44 エリー・デラクルーズ [右・両]
9 マット・マクレイン [右・右]
16 ノエルヴィ・マーテイ [右・右]

セカンド
9 マット・マクレイン [右・右]
6 ジョナサン・インディア [右・右]
7 スペンサー・スティーア [右・右]

サード
3 ジャイマー・キャンデラリオ [右・両]
6 ジョナサン・インディア [右・右]
16 ノエルヴィ・マーテイ [右・右]
44 エリー・デラクルーズ [右・両]

ローテーション
21 ハンター・グリーン [右・右]
51 グラム・アシュクラフト [右・左]
40 ニック・ロドロ [左・左]
41 アンドルー・アボット [左・左]
47 フランキー・モンタス [右・右]
55 ブランドン・ウィリアムソン [左・右]
28 ニック・マルティネス [右・左]

ファースト
33 クリスチャン・エンカーナシオン=ストランド [右・右]
7 スペンサー・スティーア [右・右]
3 ジャイマー・キャンデラリオ [右・両]

キャッチャー
37 タイラー・スティーヴンソン [右・右]
22 ルーク・メイリー [右・右]

DH
6 ジョナサン・インディア [右・右]
7 スペンサー・スティーア [右・右]
37 タイラー・スティーヴンソン [右・右]

ブルペン
43 アレクシス・ディアス [右・右] CL
39 ルーカス・シムズ [右・右]
15 エミリオ・パガン [右・右]
31 ブレント・スーター [左・左]
46 バック・ファーマー [右・右]
79 イアン・ジボー [右・右]
63 フェルナンド・クルーズ [右・右]
50 サム・モル [左・左]
48 アレックス・ヤング [左・左]
68 カーソン・スパイアーズ [右・右]
28 ニック・マルティネス [右・左]

※CL=クローザー

レッズ試合日程……＊はアウェーでの開催

3月		
28・30・31	ナショナルズ	
4月		
1・2・3	フィリーズ＊	
5・6・7	メッツ	
8・9・10・11	ブリュワーズ	
12・13・14	ホワイトソックス＊	
15・16・17	マリナーズ＊	
19・20・21	エンジェルス	
22・23・24・25	フィリーズ	
26・27・28	レンジャーズ＊	
29・30・**5月1**	パドレス＊
3・4・5	オリオールズ
7・8・9	ダイヤモンドバックス
10・11・12	ジャイアンツ＊
13・14・15	ダイヤモンドバックス＊
16・17・18・19	ドジャース＊
21・22・23	パドレス
24・25・26	ドジャース
27・28・29	カーディナルス
31・**6月1・2**	カブス＊
3・4・5	ロッキーズ＊
6・7・8・9	カブス
11・12	ガーディアンズ
14・15・16	ブリュワーズ＊
17・18・19	パイレーツ
21・22・23	レッドソックス
24・25・26	パイレーツ
27・28・29・30	カーディナルス＊

球団メモ 昨季メジャーデビューした選手数16名は、30球団中最多。メジャーでプレーした選手数105名も、エンジェルスと並んで最多だった。最少はアストロズの65名。

■投手力⬆…★★★☆☆【昨年度チーム防御率4.83、リーグ13位】

　ローテーションは、グリーン、ロドロ、アシュクラフトに、新しく加入したモンタスとマルティネスで、開幕を迎える予定だ。昨季、グリーンとロドロの2人は、飛躍を大きく期待されていたが、故障もあってブレイクならず。ただ、潜在能力の高さに疑いはなく、今季の巻き返しに期待。ブルペンは昨季、クローザーのディアスを中心に健闘し、リリーフ防御率はリーグ平均よりも良かった。オフにパガン、スーターが加わり、厚みが増している。

■攻撃力⬆…★★★☆☆【昨年度チーム得点783、リーグ5位】

　昨季開幕前は不安要素が多かったが、若手の台頭により、チーム打率、出塁率、本塁打数などは、どれもリーグ平均と同レベルの数字になった。これに機動力が加わったことで、チーム得点数は一昨年（リーグ12位）から100点以上アップしている。今季は、新鋭デラクルーズの大ブレイクに期待。

■守備力⬜…★★☆☆☆【昨年度チーム失策数91、リーグ10位タイ】

　昨季は守備に関する指標の多くが、悪い結果に。今季は開幕からセカンドに、インディアではなくマクレインが入るので、多少、改善するだろう。

■機動力⬜…★★★★☆【昨年度チーム盗塁数190、リーグ1位】

　昨季、走者に有利な新ルールに備えて、ベル監督はアグレッシブな走塁を選手に求め、春季キャンプからその対策に取り組んだ。それが奏功し、一昨年、リーグ13位だった盗塁数58が、昨季はリーグトップの190と大幅に増加。2ケタ盗塁をマークした選手の数は、0人から8人になっていた。

総合評価 ⬆	他球団に比べて平均年齢が低く、若手中心で構成されたチーム。波に乗ると勢いが止まらなくなる。今季も、昨季のようにポストシーズン進出争いに食い込む可能性は十分ある。ただ、一旦崩れると、どんどん負けが込み、立て直せなくなる懸念（けねん）も。
★★★☆☆	

IN　主な入団選手	OUT　主な退団選手
投手	投手
ニック・マルティネス←パドレス	とくになし
フランキー・モンタス←ヤンキース	野手
エミリオ・パガン←ツインズ	ジョーイ・ヴォト→所属先未定
ブレント・スーター←ロッキーズ	ハンター・レンフロー→ロイヤルズ
野手	ニック・センゼル→ナショナルズ
ジャイマー・キャンデラリオ←カブス	ハリソン・ベイダー→メッツ

7月2・3・4	ヤンキース*	8月2・3・4	ジャイアンツ	2・4・5	アストロズ
5・6・7	タイガース	5・6・7・8	マーリンズ*	6・7・8	メッツ*
8・9・10・11	ロッキーズ	9・10・11	ブリュワーズ*	10・11・12	カーディナルス*
12・13・14	マーリンズ	12・13・14	カーディナルス	13・14・15	ツインズ*
16	オールスターゲーム	16・17・18	ロイヤルズ	17・18・19	ブレーブス
19・20・21	ナショナルズ*	19・20・21	ブルージェイズ*	20・21・22	パイレーツ
22・23・24	ブレーブス	22・23・24・25	パイレーツ	24・25	ガーディアンズ*
26・27・28	レイズ*	27・28・29	アスレティックス	27・28・29	カブス*
29・30・31	カブス	30・31・9月1	ブリュワーズ		

球団メモ　昨季は、アウェーでは44勝37敗と勝ち越したが、ホームでは38勝43敗と負け越し。アウェーで勝ち越し、ホームで負け越したのは、ナショナル・リーグではレッズだけ。

レッズ

レッズ躍進を支えた若き守護神

クローザー

43 アレクシス・ディアス Alexis Diaz

28歳 1996.9.28生｜188cm｜101kg｜右投右打

◆速球のスピード／150キロ台中盤（フォーシーム）
◆決め球と持ち球／◎フォーシーム、◎スライダー
◆対左.176 ◆対右.197 ◆ホ防4.01 ◆ア防2.14
◆ド2015⑫レッズ ◆田プエルトリコ
◆年74万ドル（約1億360万円）+α

球威	5
制球	2
緩急	3
守備・牽制	4
度胸	5

　メジャー2年目にして、守護神として不動の地位を築いた若きクローザー。昨季開幕前にはWBCのプエルトリコ代表にも選出された。開幕後はクローザーとしての役目をしっかり果たし、オールスターにも初選出。2ケタ勝利の投手が1人もいなかったにもかかわらず、レッズが82勝80敗と勝ち越せたのは、最終的に37セーブをあげたディアスの貢献が大きかった。なお、通算205セーブをマークしているメッツのエドウィン・ディアスは、2歳上の兄。アレクシスがキャリア初セーブをあげた2022年5月17日には、兄エドウィンもセーブをマークしており、MLB史上3組目となる「兄弟で同日セーブ」の快挙達成となった。昨年のWBCには、この兄もプエルトリコ代表で出場していたが、大会中に右ヒザを負傷し、シーズンを棒に振ってしまった。

カモ P・ゴールドシュミット（カーディナルス）.000(8-0)0本　苦手 L・トーマス（ナショナルズ）.750(4-3)1本

年度	所属チーム	勝利	敗戦	防御率	試合数	先発	セーブ	投球イニング	被安打	失点	自責点	被本塁打	与四球	奪三振	WHIP
2022	レッズ	7	3	1.84	59	0	10	63.2	28	18	13	5	33	83	0.96
2023	レッズ	9	6	3.07	71	0	37	67.1	44	30	23	4	36	86	1.19
通算成績		16	9	2.47	130	0	47	131.0	72	48	36	9	69	169	1.08

3年目の巻き返しに期待のエース候補

先発

21 ハンター・グリーン Hunter Greene

25歳 1999.8.6生｜196cm｜109kg｜右投右打

◆速球のスピード／150キロ台後半（フォーシーム）
◆決め球と持ち球／☆フォーシーム、◎スライダー、△チェンジアップ
◆対左.215 ◆対右.288 ◆ホ防5.13 ◆ア防4.65
◆ド2017①レッズ ◆田カリフォルニア州
◆年300万ドル（約4億2000万円）

球威	5
制球	3
緩急	2
守備・牽制	3
度胸	5

　メジャー2年目の昨シーズンは結果を出せず、今季、改めて真価が問われるエース候補。先発投手ながら、平均球速が160キロ近い現役屈指のファイアーボーラーで、2017年のドラフト全体2位指名でプロ入りしてから常に、最有望株として注目を集めていた存在。デビューして間もない一昨年4月のドジャース戦では、100マイル（約161キロ）超えのボールが39球というMLB新記録を打ち立て、早速非凡な才能を証明している。しかし、昨季は6月に股関節を痛めて離脱。8月に復帰したものの、物足りない成績に終わってしまった。ただ、奪三振率は先発投手では超トップクラスの12.21をマークしている。青少年育成に熱心な面があり、母校のノートルダム高校にて、私費を投じての奨学金制度を実施。毎年2名の優秀な生徒に、学費援助をしている。

カモ P・ゴールドシュミット（カーディナルス）.167(12-2)0本　苦手 T・エドマン（カーディナルス）.389(18-7)0本

年度	所属チーム	勝利	敗戦	防御率	試合数	先発	セーブ	投球イニング	被安打	失点	自責点	被本塁打	与四球	奪三振	WHIP
2022	レッズ	5	13	4.44	24	24	0	125.2	104	64	62	24	48	164	1.21
2023	レッズ	4	7	4.82	22	22	0	112.0	111	65	60	19	48	152	1.42
通算成績		9	20	4.62	46	46	0	237.2	215	129	122	43	96	316	1.31

対左=対左打者被打率　対右=対右打者被打率　ホ防=ホーム防御率　ア防=アウェー防御率
ド=ドラフトデータ　田=出身地　年=年俸　カモ 苦手 は通算成績

若い先発投手陣に加わるベテラン

28 ニック・マルティネス *Nick Martinez*

スイングマン　移籍

34歳 1990.8.5生｜185cm｜90kg｜右投左打
◆速球のスピード／150キロ前後（シンカー主体）
◆決め球と持ち球／◎チェンジアップ、◎カーブ、○シンカー、○フォーシーム、△カッター　◆[対左].263　◆[対右].223
◆[ホ防]2.60　◆[ア防]4.50　◆[ド]2011⑱レンジャーズ
◆[出]フロリダ州　◆[年]1400万ドル（約19億6000万円）

球威 2
制球 4
緩急 5
守備・牽制 2
度胸 4

レッズ

　2年2600万ドルの契約で加入した、日本でのプレー経験もある右腕。ウリは、先発でもリリーフでも計算できる投手であること。パドレスでプレーした昨季は、シーズン序盤と終盤は先発で投げたが、それ以外はリリーフで起用されていた。今季レッズでも、まずは先発ローテーションに入って投げる見込みだ。昨季は先発で9試合に登板し、先発防御率は2.32。打者のタイミングを外す技術に、さらに磨きがかかり、多くの内野ゴロを打たせてアウトをかせいでいた。2014年にレンジャーズでメジャーデビュー。18年から21年までは北海道日本ハム、福岡ソフトバンクで投げ、そこから大きく成長した。

[カモ] M・ヤストレムスキー（ジャイアンツ）.000(11-0)0本　　[苦手] C・コレイア（ツインズ）.667(12-8)3本

年度	所属チーム	勝利	敗戦	防御率	試合数	先発	セーブ	投球イニング	被安打	失点	自責点	被本塁打	与四球	奪三振	WHIP
2014	レンジャーズ	5	12	4.55	29	24	0	140.1	150	79	71	18	55	77	1.46
2015	レンジャーズ	7	7	3.96	24	21	0	125.0	135	66	55	16	46	77	1.45
2016	レンジャーズ	2	3	5.59	12	5	0	38.2	45	24	24	8	19	16	1.66
2017	レンジャーズ	3	8	5.66	23	18	0	111.1	124	74	70	26	28	67	1.37
2022	パドレス	4	4	3.47	47	10	8	106.1	96	44	41	15	41	95	1.29
2023	パドレス	6	4	3.43	63	9	1	110.1	99	45	42	12	40	106	1.26
通算成績		27	38	4.31	198	87	9	632.0	649	332	303	95	229	438	1.39

ソトの真似がチームメートに大受け

51 グラム・アシュクラフト *Graham Ashcraft*

先発

26歳 1998.2.11生｜188cm｜112kg｜右投左打
◆速球のスピード／150キロ台前半（カッター主体）
◆決め球と持ち球／◎カッター、◎スライダー、○シンカー
◆[対左].243　◆[対右].287　◆[ホ防]5.60　◆[ア防]3.68
◆[ド]2019⑥レッズ　◆[出]アラバマ州
◆[年]74万ドル（約1億360万円）+α

球威 5
制球 4
緩急 2
守備・牽制 3
度胸 4

　フォーシームの握りのカッターに、スライダー、シンカーを組み合わせて投げる右腕。2022年のオフ、さらなる進化を求めて新球種の導入も考えたが、投手コーチと相談の末、スライダーの向上に注力することに。その結果、昨季もカッター中心の投球に変わりはなかったが、スライダーの投球比率が上がり、カッター5割、スライダー4割、シンカー1割の割合で投げていた。成績の大幅アップにはつながらなかったが、テーマの1つであった奪三振率は6.1から6.9に微増。このスタイルを貫くのか、さらなる改良を加えるのか、今シーズンの投球スタイルに注目だ。昨年6月30日のパドレス戦でホアン・ソトを三振にしとめた際には、ソトが打席で見せる「ソトシャッフル」と呼ばれるダンスのように足踏みするパフォーマンスを、マウンドで披露した。

[カモ] 鈴木誠也（カブス）.091(11-1)0本　　[苦手] P・ゴールドシュミット（カーディナルス）.667(6-4)3本

年度	所属チーム	勝利	敗戦	防御率	試合数	先発	セーブ	投球イニング	被安打	失点	自責点	被本塁打	与四球	奪三振	WHIP
2022	レッズ	5	6	4.89	19	19	0	105.0	119	61	57	11	30	71	1.42
2023	レッズ	7	9	4.76	26	26	0	145.2	148	78	77	23	52	111	1.37
通算成績		12	15	4.81	45	45	0	250.2	267	139	134	34	82	182	1.39

投手

輝きを取り戻せるか注目の元トップ・プロスペクト　先発

40 ニック・ロドロ Nick Lodolo

26歳 1998.2.5生｜198cm｜97kg｜左投左打 球150キロ台前半（フォーシーム主体） 決○フォーシーム
対左.240 対右.361 ド2019①レッズ 出カリフォルニア州 年74万ドル（約1億360万円）+α

球4 制3 緩4 守番3 度3

2019年のドラフトで、レッズから1巡目（全体7位）に指名された長身のサウスポー。22年にメジャーデビューすると、19試合で防御率3.66と内容のある投球を見せて、新人王投票でも得票があった。ところが躍進が期待された昨季は、ローテーションの2番手で開幕入りするも打ち込まれる試合が続き、7試合先発したところで足を痛めて離脱。そのままシーズンを終えた。昨季は速球のスピード、変化球の曲がり幅がともに一昨年から低下しており、制球にも苦しんでいた。本来はグリーンとともに、レッズ先発陣を背負って立つ逸材だけに、完全復活が望まれる。

年度	所属チーム	勝利	敗戦	防御率	試合数	先発	セーブ	投球イニング	被安打	失点	自責点	被本塁打	与四球	奪三振	WHIP
2023	レッズ	2	1	6.29	7	7	0	34.1	50	24	24	10	10	47	1.75
通算成績		6	8	4.31	26	26	0	137.2	140	68	66	23	49	178	1.37

デビュー3戦連続で5回以上無失点！　先発

41 アンドルー・アボット Andrew Abbott

25歳 1999.6.1生｜183cm｜86kg｜左投左打 球150キロ前後（フォーシーム） 決○スイーパー
対左.188 対右.261 ド2017⑥ヤンキース 出ヴァージニア州 年74万ドル（約1億360万円）+α

球3 制3 緩3 守番3 度4

昨年6月にメジャーデビューした左腕。メジャー初登板から、17回2/3を連続無失点と最高のスタート。デビューから3試合連続で5回以上を投げて無失点だったのは、1893年以降ではメジャー初という快挙だった。ただ、8月以降はやや息切れ。スライダーのキレが良い技巧派タイプ。フォーシームやチェンジアップ、カーブなどでカウントを整え、スライダーでしとめるのが得意パターンで、奪三振率も高い。昨季は左打者にとくに強さを発揮していたが、8月23日のエンジェルス戦では大谷翔平に本塁打を献上。これは大谷が昨季放った最後の本塁打（44号）だった。

年度	所属チーム	勝利	敗戦	防御率	試合数	先発	セーブ	投球イニング	被安打	失点	自責点	被本塁打	与四球	奪三振	WHIP
2023	レッズ	8	6	3.87	21	21	0	109.1	100	47	47	16	44	120	1.32
通算成績		8	6	3.87	21	21	0	109.1	100	47	47	16	44	120	1.32

ヤンキースでは期待を裏切る結果に　先発　移籍

47 フランキー・モンタス Frankie Montas

31歳 1993.3.21生｜188cm｜115kg｜右投右打 球150キロ台前半（フォーシーム、シンカー） 決○スプリッター
対左1.000 対右.200 ド2009⑧レッドソックス 出ドミニカ 年1600万ドル（約22億4000万円）

球4 制4 緩4 守番3 度3

レッズの若い先発陣に加わる、メジャー9年目のドミニカ出身右腕。アスレティックス時代の2021年に、アメリカン・リーグ4位の防御率（3.37）と奪三振（207）をマークした実績がある。しかし、22年途中にヤンキースへ移籍後は、苦難続き。昨季は開幕前に右肩を手術し、9月30日のロイヤルズ戦で1試合、リリーフ登板しただけだった。この試合では1回1/3を、2安打、1四球ながら無失点に抑え、幸運な勝ち星もゲットしている。ただ、速球のスピードはまだ、以前のレベルに戻っていなかった。スプリッターの使い手で、これが空振りを奪う武器になっている。

年度	所属チーム	勝利	敗戦	防御率	試合数	先発	セーブ	投球イニング	被安打	失点	自責点	被本塁打	与四球	奪三振	WHIP
2023	ヤンキース	1	0	0.00	1	0	0	1.1	2	0	0	0	1	1	2.25
通算成績		37	35	3.90	130	99	0	593.2	571	288	257	72	197	612	1.29

364 球=速球のスピード 決=決め球 対左=対左打者被打率 対右=対右打者被打率 ド=ドラフトデータ 出=出身地 年=年俸

投　手

与四球率の悪化が心配
39 ルーカス・シムズ *Lucas Sims*

セットアップ

30歳 1994.5.10生 | 188cm | 96kg | 右投右打 ❐150キロ台前半（フォーシーム） ❿○スライダー
❒左.209 ❒右.126 ❑2012①ブレーブス ❑ジョージア州 ❑285万ドル（約3億9900万円）

球 **4**
制 **2**
緩 **3**
守走 **3**
度 **4**

中継ぎから抑えまでこなす万能リリーフ。2018年途中にブレーブスから移籍。一昨年は腰を痛めて6試合しか投げられなかったが、昨季はキャリアハイの67試合に登板。若手が多い先発陣だけに出番も多くなり、昨季は23ホールドをマークしている。ミドルリリーフ、セットアッパーとして起用されただけでなく、8回以降の試合終盤に投げて、セーブをあげた試合もあった。気がかりなのは、9イニング平均の与四球が5.75個と急増したこと。故障前の21年は3.4個だっただけに、やや不安が残る。ピッチングの基本は、フォーシームとスライダーのコンビネーション。

年度	所属チーム	勝利	敗戦	防御率	試合数	先発	セーブ	投球イニング	被安打	失点	自責点	被本塁打	与四球	奪三振	WHIP
2023	レッズ	7	3	3.10	67	0	3	61.0	33	23	21	5	39	72	1.18
通算成績		21	13	4.52	187	14	11	256.2	195	138	129	34	129	304	1.26

クローザー経験もある新戦力
15 エミリオ・パガン *Emilio Pagan*

セットアップ　移籍

33歳 1991.5.7生 | 188cm | 94kg | 右投右打 ❐150キロ台中頃（フォーシーム） ❿○フォーシーム
❒左.206 ❒右.163 ❑2013⑩マリナーズ ❑サウスカロライナ州 ❑800万ドル（約11億2000万円）

球 **4**
制 **3**
緩 **3**
守走 **3**
度 **4**

メジャー7年間で5球団を渡り歩き、昨季は4年ぶりに2点台の防御率を記録したリリーフ右腕。今季は2年1600万ドルの契約で入団したレッズで、セットアッパーとしての役割を期待されている。低迷する状況を打破すべく、ツインズ1年目の一昨年はスプリッターを新たに取り入れたが、それにより奪三振率はアップしたものの、被打率、与四球率が悪化。そこで昨季は従来のフォーシームとカッターのコンビネーションに戻しつつ、たまにスプリッターを交えるスタイルに変えたところ、好結果につながった。2017年のWBCには、父の故郷プエルトリコの代表で出場。

年度	所属チーム	勝利	敗戦	防御率	試合数	先発	セーブ	投球イニング	被安打	失点	自責点	被本塁打	与四球	奪三振	WHIP
2023	ツインズ	5	2	2.99	66	1	1	69.1	45	26	23	5	21	65	0.95
通算成績		22	18	3.71	369	1	32	400.0	314	177	165	69	114	456	1.07

環境保全活動に熱心な秀才投手
31 ブレント・スーター *Brent Suter*

ミドルリリーフ　移籍

35歳 1989.8.29生 | 193cm | 96kg | 左投右打 ❐140キロ前後（フォーシーム、シンカー） ❿○チェンジアップ
❒左.284 ❒右.229 ❑2012㉛ブリュワーズ ❑イリノイ州 ❑300万ドル（約4億2000万円）

球 **2**
制 **4**
緩 **5**
守走 **5**
度 **4**

毎年、安定して3点台の防御率を出す技巧派リリーフ左腕。ブリュワーズで7シーズン投げたあと、昨季はロッキーズでプレー。投手に不利な本拠地球場で投げていたにもかかわらず、防御率3.38と好成績を残した。腰を曲げ、お尻を後ろに突き出した独特の姿勢から、テンポ良く投げ込み、打者を手玉に取る。ハーバード大学で、環境工学と公共政策を学んだインテリ。環境活動家としての顔を持ち、プラスチックや発泡スチロール製容器の蔓延に嫌悪感を示す。清掃や植林イベントに積極的に参加したり、チームメートにリサイクルの重要性を訴えたりもしている。

年度	所属チーム	勝利	敗戦	防御率	試合数	先発	セーブ	投球イニング	被安打	失点	自責点	被本塁打	与四球	奪三振	WHIP
2023	ロッキーズ	4	3	3.38	57	2	0	69.1	65	36	26	3	25	55	1.30
通算成績		40	22	3.49	253	41	1	464.0	445	212	180	55	123	393	1.22

カッターの習得で大成長した鉄腕リリーバー

79 イアン・ジボー *Ian Gibaut*

ミドル
リリーフ

31歳 1993.11.19生 | 190cm | 113kg | 右投右打 | 國150キロ台前半（フォーシーム）| 缺◎フォーシーム
対左.278 対右.215 图2015⑪レイズ 田テキサス州 囲74万ドル（約1億360万円）+α

球 4
制 3
緩 2
守・盗 3
度 3

　2022年途中にガーディアンズから獲得し、レッズ2年目
の昨季はチーム最多の74試合に登板した掘り出し物の右腕。
レッズ移籍前は3年半で4球団を渡り歩き、合計28試合し
か投げられていなかったことを思えば、大出世と言えるだろう。転機は22年に
カッターを使い始めたこと。精度が低かったチェンジアップの割合を減らしてカ
ッターに頼り始めたことで、フォーシームとの相互作用も生まれ、投球内容が向
上した。とはいえ三者凡退でビシッと抑えるタイプではなく、走者を出しながら
も切り抜けるスタイルなので、研究される24年シーズンは真価が問われそうだ。

年度	所属チーム	勝利	敗戦	防御率	試合数	先発	セーブ	投球イニング	被安打	失点	自責点	被本塁打	与四球	奪三振	WHIP
2023	レッズ	8	4	3.33	74	0	1	75.2	69	33	28	8	28	69	1.28
通算成績		10	8	4.10	135	0	4	145.0	138	72	66	16	67	151	1.41

10シーズンで、故障者リスト入りは1回だけ

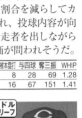

46 バック・ファーマー *Buck Farmer*

ミドル
リリーフ

33歳 1991.2.20生 | 193cm | 109kg | 右投右打 | 國150キロ前後（フォーシーム）| 缺◎スライダー
対左.235 対右.201 图2013⑤タイガース 田ジョージア州 囲225万ドル（約3億1500万円）

球 3
制 3
緩 3
守・盗 2
度 3

　メジャー10年目の昨季、71試合に登板したリリーバー。
この登板数は、ナショナル・リーグで5番目に多い数字だ。
とくに、回またぎのリリーフの多さが評価された。ただ、
シーズン後半は制球が乱れるようになり、防御率が悪化した。オフにFAとな
ったが、レッズはファーマーの価値を強く認識しており、1年225万ドルの再
契約を交わしている。この契約には、登板数に応じてパフォーマンスボーナス
がつき、最大で35万ドル（65試合以上）が加算される。球種はフォーシーム、
スライダー、チェンジアップ。故障離脱の心配がないタフさも、大きな魅力だ。

年度	所属チーム	勝利	敗戦	防御率	試合数	先発	セーブ	投球イニング	被安打	失点	自責点	被本塁打	与四球	奪三振	WHIP
2023	レッズ	4	5	4.20	71	0	3	75.0	58	36	35	11	29	70	1.16
通算成績		21	28	4.98	356	21	5	442.2	428	257	245	64	207	416	1.43

34 コナー・フィリップス *Connor Phillips*

先発 | 期待度 B+ | ルーキー

23歳 2001.5.4生 | 188cm | 94kg | 右投右打 | ◆昨季はメジャーで5試合に出場 | 图2020②マリナーズ 田テキサス州

　2022年の開幕前、エウヘイニオ・スアレスらを放出したマリナーズ
とのトレードでやって来た若手選手の1人。昨年9月にメジャーデビ
ュー、3戦目のツインズ戦で7回2失点と好投して、初勝利をあげた。球威はあ
るが制球難というタイプで、課題はまだ多く、まずは3Aで経験を積むところからか。

─ チェイス・ペティ *Chase Petty*

先発 | 期待度 B | ルーキー

21歳 2003.4.4生 | 185cm | 86kg | 右投右打 | ◆昨季は1A+、2Aでプレー | 图2021①ツインズ 田ニュージャージー州

　2021年のドラフト1巡目でツインズから指名された有望株で、高校
時代に100マイル（約161キロ）をマークしたこともある本格派。もと
もとレッズも、ドラフトでの指名を狙っていた選手で、22年3月、ソニー・グレイ
放出の見返りにトレードで獲得した。速球だけでなく、スライダーの評価も高い。

野手

やれることは何でもやる献身的な選手

センター

29 TJ・フリードル
TJ Friedl

29歳 1995.8.14生 | 178cm | 81kg | 左投左打
◆対左投手打率／.354(96-34) ◆対右投手打率／.260(392-102)
◆ホーム打率／.291(230-67) ◆アウェー打率／.267(258-69)
◆得点圏打率／.319(113-36)
◆23年のポジション別出場数／センター=126、レフト=23、ライト=2、DH=1
◆ドラフトデータ／2016㊀レッズ
◆出身地／ペンシルヴァニア州
◆年俸／74万ドル(約1億360万円)+α

ミート 4
パワー 4
走塁 5
守備 4
肩 4

レッズ

体は大きくないが、ガッツあふれるプレーでチームを牽引(けんいん)する外野手。2021年9月にメジャーデビュー。2年目の22年は72試合の出場にとどまったが、昨季は正中堅手の座を手にし、138試合に出場。打順は主に1番、2番を打ち、いずれもチーム2位となる18本塁打、66打点、27盗塁と期待に応えてみせた。打撃スタイルは、オープンスタンスのプルヒッターで、昨季の18本塁打（ランニングホームラン1本を含む）はすべてライト方向へ放ったもの。大きな武器は、スピード。バントの達人でもあり、セーフティーバントが得意技になっている。昨季は、メジャー最多の17本のバントヒットを成功させた。1シーズンに「17本塁打・17バントヒット」をクリアした選手は、過去50年間で2人目で、殿堂入り選手のロベルト・アロマーが、1999年に記録（24本塁打・17バントヒット）して以来のことだったという。ちなみに、昨季は556打席に立って、内野ゴロ併殺打は1本もなし。ここでもスピードが大いに役立った。

昨季は、外野守備でもチームに大きく貢献。7月19日のジャイアンツ戦では、右中間への大飛球をフェンスに激突しながらジャンピングキャッチ。これにはレッズOBで殿堂入り選手のバリー・ラーキンも「彼の最も際立ったところは、チームのために自分を犠牲にすることをいとわず、必要なことは何でもしようという意欲。彼のことが大好きだ」と、大絶賛だった。

大学3年で急成長した選手。2016年にドラフト資格がありながら指名されず、ドラフト終了後にアマチュアFA（いわゆるドラフト外）でレッズに入団した風変わりな経歴を持つ。そもそもドラフト資格があることを、フリードル自身が気づいていなかった。フリードルは大学2年のとき、1年間プレーしていなかったが、4年制の大学では「プレー3年以上」がドラフトの条件と勘違いしていたのだ（実際は「在学3年以上」）。

カモ K・ギブソン(カーディナルス).600(5-3)本　M・マイコラス(カーディナルス).357(14-5)1本
苦手 M・ケラー(パイレーツ).059(17-1)0本　C・バーンズ(ブリュワーズ).000(10-1)0本

年度	所属チーム	試合数	打数	得点	安打	二塁打	三塁打	本塁打	打点	四球	三振	盗塁	盗塁死	出塁率	OPS	打率
2021	レッズ	14	31	9	9	1	0	1	2	4	2	0	0	.361	.780	.290
2022	レッズ	72	225	33	54	10	5	8	25	20	40	7	2	.314	.750	.240
2023	レッズ	138	488	73	136	22	8	18	66	47	90	27	6	.352	.819	.279
通算成績		224	744	115	199	33	13	27	93	71	132	34	8	.341	.797	.267

カモ 苦手 は通算成績

身体能力MAXな次世代スーパースター候補　ショート

44 エリー・デラクルーズ　*Elly De La Cruz*

22歳 2002.1.11生｜196cm／90kg｜右投両打

◆対左投手打率／.184　◆対右投手打率／.255
◆ホーム打率／.199　◆アウェー打率／.266　◆得点圏打率／.231
◆23年のポジション別出場数／ショート=69、サード=32、DH=1
◆⑤2018⑥レッズ　◆⊞ドミニカ
◆⊛74万ドル（約1億360万円）+α

ミート	2
パワー	4
走塁	5
守備	3
肩	5

　身体能力においては何から何まで規格外な、異次元級の才能の塊。その破格のポテンシャルはマイナー時代からトップクラスとして知られており、昨年6月に満を持してメジャーデビューを果たした。すると、デビュー15試合目の6月23日ブレーブス戦で、サイクルヒットを達成。これは史上3番目の速さで、21歳163日での達成は史上5番目の若さだった。さらに7月8日のブリュワーズ戦では、味方の1打席の間に二盗、三盗、本盗を相次いで成功。これもまた、1969年のロッド・カルー以来の快挙だった。守備でも魅せ、同月16日のブリュワーズ戦では、本職ではないサードの守備につき、内野ゴロ捕球からの一塁送球で、97.9マイル（約157.6キロ）の補殺を記録。2015年のスタットキャスト導入後では、内野手として史上最速となる強肩ぶりを披露した。あとは打撃の粗さが取れてくれば、スター選手の仲間入りだ。

カモ P・コービン（ナショナルズ）.667(6-4)1本	苦手 F・ペラルタ（ブリュワーズ）.000(5-0)0本

年度	所属チーム	試合数	打数	得点	安打	二塁打	三塁打	本塁打	打点	四球	三振	盗塁	盗塁死	出塁率	OPS	打率
2023	レッズ	98	388	67	91	15	7	13	44	35	144	35	8	.300	.710	.235
通算成績		98	388	67	91	15	7	13	44	35	144	35	8	.300	.710	.235

伸びしろ十分なチーム二冠王　レフト DH ファースト

7 スペンサー・スティーア　*Spencer Steer*

27歳 1997.12.7生｜180cm／83kg｜右投右打

◆対左投手打率／.313　◆対右投手打率／.256
◆ホーム打率／.277　◆アウェー打率／.267　◆得点圏打率／.261
◆23年のポジション別出場数／ファースト=73、サード=47、レフト=45、セカンド=16、DH=6、ライト=3　◆⑤2019③ツインズ
◆⊞カリフォルニア州　◆⊛74万ドル（約1億360万円）+α

ミート	4
パワー	4
走塁	4
守備	2
肩	3

　昨季、23本塁打、86打点でチーム二冠王となった若き主砲。メジャー2年目で初のフルシーズンだったことを思えば、まだまだ伸びしろはあるだろう。足も速いほうで、15盗塁、37二塁打、3三塁打をマークしたのも高ポイントだ。四球をしっかり選べるタイプなので、出塁率は3割5分6厘まで上がっており、OPS.820としっかり強打者としての指標もクリアした。課題は守備面。昨季は一塁を筆頭に三塁、左翼、二塁、右翼と複数のポジションについたが、かろうじて平均レベルの左翼以外はお粗末だった。自身も双子の兄弟だが、2歳上の兄たちも双子。ツインズ（双子）に縁がある家族の出身にふさわしく、2019年のドラフトではツインズに指名され、プロ入りしている。

カモ M・マイコラス（カーディナルス）.444(9-4)0本	苦手 C・バーンズ（ブリュワーズ）.000(7-0)0本

年度	所属チーム	試合数	打数	得点	安打	二塁打	三塁打	本塁打	打点	四球	三振	盗塁	盗塁死	出塁率	OPS	打率
2022	レッズ	28	95	12	20	5	0	2	8	11	26	0	1	.306	.632	.211
2023	レッズ	156	582	74	158	37	3	23	86	68	139	15	3	.356	.820	.271
通算成績		184	677	86	178	42	3	25	94	79	165	15	4	.349	.794	.263

野手

メジャー2年目は定位置確保で、さらなる飛躍を セカンド／ショート

9 マット・マクレイン Matt McLain

25歳 1999.8.6生｜173cm｜81kg｜右投右打

- ◆対左投手打率／.326 ◆対右投手打率／.278
- ◆ホーム打率／.304 ◆アウェー打率／.279 ◆得点圏打率／.329
- ◆23年のポジション別出場数／ショート＝53、セカンド＝37、DH＝4
- ◆Ⓓ2021①レッズ ◆Ⓑカリフォルニア州
- ◆Ⓨ74万ドル（約1億360万円）＋α

ミート	4
パワー	3
走塁	3
守備	4
肩	4

2021年のドラフトで、レッズが1巡目に指名した期待の内野手。昨年5月15日にメジャーデビューを果たすと、8月末に故障離脱するまでに、ショートとセカンドをこなしながら89試合に出場。173センチと小柄な体から、広角に打球を飛ばして安打を量産し、走塁、守備でもハッスルプレーを連発した。打率2割9分0厘、16本塁打、14盗塁の成績を残したが、単純に162試合換算すれば29本塁打、25盗塁ペースだから、秘めているポテンシャルは相当なものと言っていいだろう。今季、故障さえなければ、出場機会が大幅に増えるのは確実。若手ぞろいのレッズで、中心メンバーとなれる器だ。

カモ A・ハウザー（ブリュワーズ）.667(6-4)0本　苦手 F・ペラルタ（ブリュワーズ）.000(6-0)0本

年度	所属チーム	試合数	打数	得点	安打	二塁打	三塁打	本塁打	打点	四球	三振	盗塁	盗塁死	出塁率	OPS	打率
2023	レッズ	89	365	65	106	23	4	16	50	31	115	14	5	.357	.864	.290
通算成績		89	365	65	106	23	4	16	50	31	115	14	5	.357	.864	.290

本塁打と打点で、キャリアハイを記録 サード／ファースト　移籍

3 ジャイマー・キャンデラリオ Jeimer Candelario

31歳 1993.11.24生｜188cm｜100kg｜右投両打

- ◆対左投手打率／.254 ◆対右投手打率／.251
- ◆ホーム打率／.250 ◆アウェー打率／.253 ◆得点圏打率／.274
- ◆23年のポジション別出場数／サード＝115、ファースト＝21、DH＝8
- ◆Ⓓ2010㊙カブス ◆Ⓑニューヨーク州
- ◆Ⓨ1500万ドル（約21億円）

ミート	3
パワー	4
走塁	2
守備	3
肩	3

若い頃に期待された長距離砲にはなれなかったが、二塁打を量産する中距離ヒッターとして活躍を続ける内野手。タイガースでプレーしていた短縮シーズンの2020年に、長打率5割0分3厘を記録し、球団最優秀選手賞である「タイガー・オブ・ザ・イヤー」を受賞。翌21年にはアメリカン・リーグ最多の42二塁打を放ったが、22年の低迷でタイガースを去ることに。昨季はナショナルズで開幕を迎えたあと、7月末に古巣カブスへ復帰。2球団合計でキャリアハイの22本塁打、70打点を記録した。また、39二塁打はナショナル・リーグ3位の数字だった。オフに、3年4500万ドルの契約で、レッズに加入。

カモ M・ゴンザレス（パイレーツ）.455(11-5)0本　苦手 千賀滉大（メッツ）.000(8-0)0本

年度	所属チーム	試合数	打数	得点	安打	二塁打	三塁打	本塁打	打点	四球	三振	盗塁	盗塁死	出塁率	OPS	打率
2016	カブス	5	11	0	1	0	0	0	0	2	5	0	0	.286	.377	.091
2017	カブス	11	33	2	5	2	0	1	3	1	12	0	0	.222	.525	.152
2017	タイガース	27	94	16	31	7	0	2	13	12	18	0	0	.406	.874	.330
2017	2チーム計	38	127	18	36	9	0	3	16	13	30	0	0	.359	.784	.283
2018	タイガース	144	539	78	121	28	3	19	54	66	160	3	2	.317	.710	.224
2019	タイガース	94	335	33	68	17	2	8	32	43	99	3	1	.306	.643	.203
2020	タイガース	52	185	30	55	11	3	7	29	20	49	1	1	.369	.872	.297
2021	タイガース	149	557	75	151	42	3	16	67	65	135	0	0	.351	.794	.271
2022	タイガース	124	429	49	93	19	2	13	50	28	109	0	1	.272	.633	.217
2023	ナショナルズ	99	368	57	95	30	2	16	53	36	88	6	1	.342	.823	.258
2023	カブス	41	137	20	32	9	1	6	17	17	39	2	0	.318	.763	.234
2023	2チーム計	140	505	77	127	39	3	22	70	53	127	8	1	.336	.807	.251
通算成績		746	2688	360	652	165	16	88	318	290	714	15	6	.325	.739	.243

レッズ

369

生え抜きのドラフト1位捕手だが、攻守に課題あり

キャッチャー DH

37 タイラー・スティーヴンソン *Tyler Stephenson*

28歳 1996.8.16生 | 193cm | 101kg | 右投右打 ◆盗塁阻止率／.169(65-11) 対左.283 対右.228 ホ.248
ア.239 得.214 ド2015①レッズ 田ジョージア州 年253万ドル(約3億5420万円)

ミ	2
パ	3
走	2
守	2
肩	3

2015年のドラフト1巡目指名でレッズ入りした生え抜き捕手。一昨年はファウルチップによる骨折で長期離脱を余儀なくされたが、昨年はキャリアハイの142試合に出場。ただ、先発マスクをかぶったのは78試合で、DHでの出場も多かった。一昨年の故障前は好調だった打撃が、昨季は復調せず、打率が低迷。全体的に物足りない成績に終わった。課題は守備面にも見られ、とくにフレーミング技術とスローイングの精度はまだまだ平均点に達していない。肩の強さ自体は悪くないので、細かいメカニズムを修正できれば、より良い捕手になれる余地は残されている。

年度	所属チーム	試合数	打数	得点	安打	二塁打	三塁打	本塁打	打点	四球	三振	盗塁	盗塁死	出塁率	OPS	打率
2023	レッズ	142	465	59	113	20	2	13	56	47	135	0	1	.317	.695	.243
通算成績		332	998	143	271	50	2	31	142	102	266	1	1	.345	.764	.272

控え捕手として存在感ある「幸運の弾丸」

キャッチャー

22 ルーク・メイリー *Luke Maile*

33歳 1991.2.6生 | 190cm | 101kg | 右投右打 ◆盗塁阻止率／.176(68-12) 対左.259 対右.224 ホ.226
ア.244 得.204 ド2012⑥レイズ 田ケンタッキー州 年300万ドル(約4億2000万円)

ミ	2
パ	2
走	2
守	4
肩	3

レイズ、ブルージェイズ、ブルワーズ、ガーディアンズ、そしてレッズと渡り歩き、控え捕手としてキャリアを積んできたベテラン。レッズ移籍1年目だった昨季も57試合で先発マスクをかぶって、スティーヴンソンの負担を軽減した。打撃面では、地力が上のスティーヴンソンにかなわないが、キャッチャーとしての守備力だけならこちらが上。正捕手はあくまでもスティーヴンソンだろうが、メイリーも一定の出番は与えられるはずだ。愛称の「ラッキーバレルズ」は、ブルージェイズ時代に打ったサヨナラホームランから、同僚やキャスターにそう呼ばれるようになった。

年度	所属チーム	試合数	打数	得点	安打	二塁打	三塁打	本塁打	打点	四球	三振	盗塁	盗塁死	出塁率	OPS	打率
2023	レッズ	78	179	17	42	10	0	6	25	14	49	2	1	.308	.699	.235
通算成績		385	995	95	211	54	2	19	105	76	289	6	1	.275	.603	.212

インパクト抜群なMLB史上最も長い名前

ファースト DH

33 クリスチャン・エンカーナシオン＝ストランド *Christian Encarnacion-Strand*

25歳 1999.12.1生 | 183cm | 101kg | 右投右打 対左.259 対右.274 ホ.296 ア.243
得.314 ド2021④ツインズ 田カリフォルニア州 年74万ドル(約1億360万円)+α

ミ	3
パ	4
走	2
守	2
肩	3

昨年7月にメジャーデビューすると、ファミリーネームだけで18文字(ハイフンも含む)、フルネームだと27文字も使う長い名前が話題となったルーキー。この長さはMLB史上最長記録だ。ドラフト指名はツインズからだったが、22年途中にタイラー・マーリーとのトレードで、スペンサー・スティーアらとともにレッズへ。昨季は3Aでの67試合で打率3割3分1厘、20本塁打、62打点と活躍し、オールスター明けにメジャーデビューを果たした。一番の魅力は長打力で、メジャーでも63試合で13本塁打。守備位置は限られるものの、ブレイクの予感がただよっている。

年度	所属チーム	試合数	打数	得点	安打	二塁打	三塁打	本塁打	打点	四球	三振	盗塁	盗塁死	出塁率	OPS	打率
2023	レッズ	63	222	29	60	7	0	13	37	14	69	2	0	.328	.805	.270
通算成績		63	222	29	60	7	0	13	37	14	69	2	0	.328	.805	.270

対左=対左投手打率 対右=対右投手打率 ホ=ホーム打率 ア=アウェー打率 得=得点圏打率
ド=ドラフトデータ 田=出身地 年=年俸

16 ノエルヴィ・マーテイ *Noelvi Marte*

同世代との、激しい競争で生き残りを　**ユーティリティ**　**ルーキー**

23歳 2001.10.16生｜183cm｜97kg｜右投右打 [対左].313 [対右].317 [ホ].313 [ア].318 [得].400 [ド]2018外マリナーズ [出]ドミニカ [年]74万ドル（約1億360万円）+α

ミ	4
パ	2
走	3
守	3
肩	3

　昨年8月、21歳の若さでメジャーデビューしたドミニカ出身の逸材。35試合と限られた出場機会ながら、打率3割1分6厘をマークして、打力の高さを見せている。ゴロを打つ確率が高いバッティングスタイルのため、ホームランはマイナーでも年間20本に達したことがないが、二塁打が比較的多く、長打率は意外と高い。とはいえ同世代の内野陣にはデラクルーズとマクレインがいるので、レギュラー奪取への道は険しそう。まずは5人目の内野手として、メジャー定着を目指す。昨季、メジャーでは主に三塁を守ったが、マイナーでは遊撃手としての出場も多い。

年度	所属チーム	試合数	打数	得点	安打	二塁打	三塁打	本塁打	打点	四球	三振	盗塁	盗塁死	出塁率	OPS	打率
2023	レッズ	35	114	15	36	7	0	3	15	8	25	6	2	.366	.822	.316
通算成績		35	114	15	36	7	0	3	15	8	25	6	2	.366	.822	.316

30 ウィル・ベンソン *Will Benson*

8三塁打はナショナル・リーグ3位タイ　**ライトレフト**

26歳 1998.6.16生｜196cm｜104kg｜左投左打 [対左].146 [対右].297 [ホ].234 [ア].308 [得].196 [ド]2016①インディアンズ [出]ジョージア州 [年]74万ドル（約1億360万円）+α

ミ	3
パ	2
走	5
守	3
肩	3

　2016年のドラフトで、インディアンズ（現ガーディアンズ）から1巡目に指名された外野手。22年にメジャーデビューは果たしたが、期待ほど伸び切れず、昨年の開幕前にトレードでレッズへ加入。すると、108試合の出場で11本塁打、10盗塁とようやく開花の兆しを見せ始めた。最大の武器は足の速さで、盗塁数はもちろんだが、昨季の8三塁打も目を引く数字だ。この数は、大谷翔平やチームメートのTJ・フリードルらと並びメジャー5位タイ。規定打席未満の選手に限れば、メジャートップだった。打撃面の特徴は、右投手に強いが、左投手はさっぱり打てないこと。

年度	所属チーム	試合数	打数	得点	安打	二塁打	三塁打	本塁打	打点	四球	三振	盗塁	盗塁死	出塁率	OPS	打率
2023	レッズ	108	287	51	79	15	8	11	31	40	103	19	3	.365	.863	.275
通算成績		136	342	59	89	16	8	11	34	43	122	19	3	.347	.797	.260

27 ジェイク・フレイリー *Jake Fraley*

愛する娘のため、是が非でもレギュラーに　**ライトレフト**

29歳 1995.5.25生｜183cm｜93kg｜左投左打 [対左].147 [対右].268 [ホ].257 [ア].255 [得].305 [ド]2016②レイズ [出]メリーランド州 [年]215万ドル（約3億1000万円）

ミ	3
パ	3
走	4
守	3
肩	3

　メジャー5年目の昨季、キャリアハイの111試合に出場した、豊かなあごヒゲがトレードマークの外野手。ライトとレフトで併用されながら15本塁打、21盗塁を記録したように、出番を与えられれば一定の結果は出してくれていた。ただし、レッズの外野陣は層が厚く、今季の出場争いも激しいものとなるだろう。とくに同じ左打者のベンソンは、直接のライバルとなりそうだ。オフに、5歳になる愛娘が白血病を患っていることを公表。公私ともに2024年は重要なシーズンとなる。マリナーズ時代の21年に、投手・大谷翔平と5度対決。結果は5三振と散々だった。

年度	所属チーム	試合数	打数	得点	安打	二塁打	三塁打	本塁打	打点	四球	三振	盗塁	盗塁死	出塁率	OPS	打率
2023	レッズ	111	336	41	86	18	0	15	65	37	71	21	5	.339	.782	.256
通算成績		276	832	107	197	37	1	36	130	111	221	37	9	.334	.747	.237

レッズ

若手の台頭でトレード要員に

6 ジョナサン・インディア *Jonathan India*

DH / セカンド / サード

28歳 1996.12.15生｜183cm｜90kg｜右投右打 対左.207 対右.257 困.272 ⑦.220 圏.219 Ⓓ2018①レッズ 出フロリダ州 囲380万ドル（約5億3200万円）◆新人王（21年）

ミ3
バ4
走4
守2
肩2

　2021年に21本塁打を放ち、ナショナル・リーグの新人王に輝いた強打の二塁手。ただ、22年、23年は故障もあって満足できる成績を残せず、とくに守備で大苦戦。内野に続々と有望株が台頭してきたため、新人王を取ってからたったの2年で、居場所がなくなりつつある。オフにはトレードの噂も絶えなかったが、まとまらなかった。今季はセカンドのほか、プロ入り時に守っていたサードのバックアップも務めることになりそうだ。チームのまとめ役としても貴重な存在で、ベル監督は、若手選手たちを引っ張ってくれているインディアのリーダーシップを高く評価。

年度	所属チーム	試合数	打数	得点	安打	二塁打	三塁打	本塁打	打点	四球	三振	盗塁	盗塁死	出塁率	OPS	打率
2023	レッズ	119	454	78	111	23	0	17	61	52	109	14	2	.338	.745	.244
通算成績		372	1372	224	350	73	4	48	171	154	344	29	9	.350	.769	.255

昨季は台湾代表をことわり、シーズンに集中

17 ステュワート・フェアチャイルド *Stuart Fairchild*

外野手

28歳 1996.3.17生｜183cm｜92kg｜右投右打 対左.226 対右.230 困.190 ⑦.263 圏.246 Ⓓ2017②レッズ 出ワシントン州 囲74万ドル（約1億360万円）+α

ミ2
バ2
走3
守3
肩3

　2022年だけで3チームを渡り歩いたが、昨年はレッズに腰を落ち着けて、キャリアハイの97試合に出場した外野手。ベンソンやフレイリーらに比べると打撃や走塁面での見劣りが否めないが、レッズでは貴重な右打ちの外野手であること、外野なら3ポジションどこでも守れることなどから、昨季は意外と出場機会が多かった。17年のドラフトでレッズから指名され、プロ入り。その後、移籍を繰り返し、22年6月、レッズに復帰している。お母さんは台湾の出身。そのため昨年のWBCでは、台湾代表チームから誘われていたが、シーズンに集中するため、ことわっている。

年度	所属チーム	試合数	打数	得点	安打	二塁打	三塁打	本塁打	打点	四球	三振	盗塁	盗塁死	出塁率	OPS	打率
2023	レッズ	97	219	34	50	16	2	5	28	25	69	10	3	.321	.709	.228
通算成績		155	331	51	76	21	3	10	36	34	106	10	5	.322	.724	.230

－ リース・ハインズ *Rece Hinds*

ライト / レフト　期待度 B−　ルーキー

24歳 2000.9.5生｜193cm｜97kg｜右投右打 ◆昨季は2Aでプレー Ⓓ2019②レッズ 出フロリダ州

　パワーヒッターとしての才能を秘めている若手有望株。2019年のドラフト2巡目指名選手で、昨季は2Aでの109試合で23本塁打、98打点、20盗塁をマークした。三振も多いフリースインガーだが、長打力も機動力もあるという、現在のレッズのトレンドにマッチした選手。外野守備では、強肩が光る。

－ ブレイク・ダン *Blake Dunn*

外野手　期待度 B−　ルーキー

26歳 1998.9.15生｜183cm｜95kg｜右投右打 ◆昨季は1A+、2Aでプレー Ⓓ2021⑮レッズ 出ミシガン州

　プロ入りから故障続きで苦労していたが、ようやく真価を見せ始めた外野手。昨年は1Aと2Aで計124試合に出場し、23本塁打、54盗塁をマークした。走塁技術の高さがウリの1つで、外野守備ではセンターにも対応可能。大学では野球に専念したが、高校ではアメフト、バスケ、陸上競技でも大活躍。

対左=対左投手打率　対右=対右投手打率　困=ホーム打率　⑦=アウェー打率　圏=得点圏打率　Ⓓ=ドラフトデータ　出=出身地　囲=年俸

ピッツバーグ・パイレーツ

◆創　立：1882年
◆本拠地：ペンシルヴァニア州ピッツバーグ市
◆ワールドシリーズ制覇：5回　◆リーグ優勝：9回
◆地区優勝：9回　◆ワイルドカード獲得：3回

主要オーナー ▶ ロバート・ナッティング（出版社オグデン・ニュースペーパーズ代表）

過去5年成績

年度	勝	負	勝率	ゲーム差	地区順位	ポストシーズン成績
2019	69	93	.426	22.0	⑤	―
2020	19	41	.317	15.0	⑤	―
2021	61	101	.377	34.0	⑤	―
2022	62	100	.383	31.0	④(同率)	―
2023	76	86	.469	16.0	④	―

監督 ▶ **17** デレク・シェルトン *Derek Shelton*

◆年　　齢…………54歳（イリノイ州出身）
◆現役時代の経歴…メジャーでのプレー経験なし
　（キャッチャー）
◆監督経歴…………4シーズン　パイレーツ（2020～）
◆通算成績…………218勝328敗（勝率.399）

　マイナーでの指導歴も長い、若手選手の扱いが上手な監督。契約最終年だった昨季、開幕からチームは絶好調。4月下旬に契約が延長され、2024年シーズンも指揮を執ることが決まったが、その後、失速した。フィリーズの監督トムソンとは、ヤンキースのマイナー組織でともにコーチを務めた仲。7歳年上の彼から、多くのことを学んだという。昨年のオールスターでは、ナショナル・リーグの監督を務めたそのトムソンからコーチに指名され、感激していた。

注目コーチ ▶ **12** ドン・ケリー *Don Kelly*

　ベンチコーチ。44歳。昨季終了後を含め、これまでに何度も、他球団の新監督候補になっている。シェルトン監督も、ケリーのリーダーとしての資質を絶賛している。

編成責任者 ▶ ベン・チェリントン *Ben Cherington*

　50歳。元レッドソックスGMで、2013年にワールドシリーズを制している。少年時代から分析好き。野球選手カード裏面のデータ部分に、異常な興味を示していたという。

スタジアム ▶ **PNCパーク** *PNC Park*

◆開場年…………2001年
◆仕　様…………天然芝
◆収容能力…………38,747人
◆フェンスの高さ…1.8～6.4m
◆特　徴…………左中間が深く、右打者のホームランが最も出にくいメジャーの球場になっている。ライトフェンスは、21フィート（6.4メートル）の高さがあるが、これは球団の偉大なOBロベルト・クレメンテの背番号「21」にちなんだものだ。

ピッチャーズパーク ▶

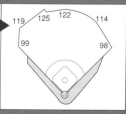

119　125　122　114
99　　　　　　98

Best Order

① オニール・クルーズ……ショート
② ブライアン・レイノルズ……レフト
③ アンドルー・マカッチェン……DH
④ キーブライアン・ヘイズ……サード
⑤ ジャック・スウィンスキー……センター
⑥ ヘンリー・デイヴィス……キャッチャー
⑦ ロウディ・テレーズ……ファースト
⑧ エドワード・オリヴァレス……ライト
⑨ ニック・ゴンザレス……セカンド

Depth Chart
[ポジション別選手層・メンバーリスト]

※2024年2月25日時点の候補選手。数字は背番号(開幕前に変更する場合もあり)、右・左等は投・打の順。

センター
65 ジャック・スウィンスキー [左・左]
3 裵智桓(ペ・ジファン) [右・右]
10 ブライアン・レイノルズ [右・両]
77 ジョシュア・パラシオス [右・右]

レフト
10 ブライアン・レイノルズ [右・両]
65 ジャック・スウィンスキー [左・左]
2 コナー・ジョー [右・右]
22 アンドルー・マカッチェン [右・右]

ライト
38 エドワード・オリヴァレス [右・右]
65 ジャック・スウィンスキー [左・左]
2 コナー・ジョー [右・右]
32 ヘンリー・デイヴィス [右・右]

ショート
15 オニール・クルーズ [右・左]
39 ニック・ゴンザレス [右・右]
31 リオヴァー・ペゲーロ [右・右]

セカンド
39 ニック・ゴンザレス [右・右]
31 リオヴァー・ペゲーロ [右・右]
3 裵智桓(ペ・ジファン) [右・右]
19 ジャレッド・トリオーロ [右・右]

サード
13 キーブライアン・ヘイズ [右・右]
19 ジャレッド・トリオーロ [右・右]

ローテーション
23 ミッチ・ケラー [右・右]
54 マーティン・ペレス [左・右]
64 クイン・プリースター [右・右]
27 マルコ・ゴンザレス [左・右]
48 ルイス・L・オーティズ [右・右]
26 ベイリー・ファルター [左・右]
59 ロアンシー・コントレラス [右・右]

ファースト
44 ロウディ・テレーズ [左・左]
2 コナー・ジョー [右・右]
19 ジャレッド・トリオーロ [右・右]

キャッチャー
32 ヘンリー・デイヴィス [右・右]
55 ジェイソン・ディレイ [右・右]
6 ヤスマニ・グランダル [右・両]

DH
22 アンドルー・マカッチェン [右・右]

ブルペン
51 デイヴィッド・ベドナー [右・右] CL
45 アロルディス・チャップマン [左・右]
35 コリン・ホルダーマン [右・右]
36 ダウリ・モレタ [右・右]
50 カーメン・ムジンスキー [右・右]
43 ライアン・ボラッキー [左・右]
61 ホセ・ヘルナンデス [右・右]
52 コリン・セルビー [右・右]
26 ベイリー・ファルター [左・右]
59 ロアンシー・コントレラス [右・右]
66 ジャクソン・ウルフ [左・右]
28 ジョシュ・フレミング [左・右]

※ CL =クローザー

パイレーツ試合日程……＊はアウェーでの開催

3月28・29・30・31	マーリンズ＊	29・30・5月1	アスレティックス＊	31・6月1・2	ブルージェイズ＊
4月1・3・4	ナショナルズ＊	3・4・5	ロッキーズ	4・5・6	ドジャース
5・6・7	オリオールズ	6・7・8	エンジェルス	7・8・9	ツインズ
8・9	タイガース	10・11・12	カブス	11・12・13	カーディナルス＊
11・12・13・14	フィリーズ＊	13・14・15	ブリュワーズ＊	14・15・16	ロッキーズ＊
15・16・17	メッツ＊	16・17・18・19	カブス＊	17・18・19	レッズ
19・20・21	レッドソックス	21・22・23	ジャイアンツ	21・22・23	レイズ
22・23・24・25	ブリュワーズ	24・25・26	ブレーブス	24・25・26	レッズ＊
26・27・28	ジャイアンツ＊	28・29	タイガース＊	28・29・30	ブレーブス＊

球団メモ 前評判は高くなかった昨季だったが、驚きの開幕ダッシュを見せ、4月の勝率.690 (20勝9敗) はリーグトップだった。だが、5月に入って成績が急落してしまった。

■投手力 🔼 … ★★🌛 ★ ★【昨年度チーム防御率4.60、リーグ11位】

　開幕ローテーションは、ケラーと新加入のベテラン左腕 2 人（ペレス、ゴンザレス）が確定。4 番手以降を、オーティズ、プリースター、ファルターらが争うことになる。計算できる投手はケラーだけで、他球団に比べて見劣りする陣容。ゴンザレスは故障明け、ペレスも昨季活躍したのは序盤だけで、新加入組に過度な期待は禁物だ。一方、リリーフ陣は平均レベルの陣容が整っている。守護神ベドナーは昨季、セーブ王のタイトルを獲得。オフには、昨年復活した「元メジャー最速の男」チャップマンが加入している。

■攻撃力 🔼 … ★★🌛 ★ ★【昨年度チーム得点692、リーグ13位】

　昨シーズンのチーム本塁打数159は、リーグ14位。20本塁打以上はスウィンスキーとレイノルズの 2 人だけだった。オフに、パワーのあるテレーズとオリヴァレスを獲得したが、得点や本塁打数を平均レベルに引き上げるほどではない。ただ、故障明けのクルーズが大ブレイクすれば、それが可能となる。

■守備力 🔽 … ★★🌛 ★ ★【昨年度チーム失策数91、リーグ10位タイ】

　サードのヘイズの守備は超一流。昨年、ゴールドグラブ賞を獲得した。不安なのは捕手だ。正捕手に予定されていたエンディ・ロドリゲスが、ヒジの故障で今季全休となり、守備に不安のあるデイヴィスが代役を務める。

■機動力 ➡ … ★★★🌛 ★【昨年度チーム盗塁数117、リーグ10位】

　クルーズ、レイノルズ、スウィンスキーほか、スピードのある選手は多い。昨季のチーム盗塁王は、24盗塁の裵智桓。ただ、成功率は低かった。

総合評価 🔼 ★★🌛★★	2年連続で100敗していたチームが、昨季は開幕からまさかの快進撃。しかし、その魔法も5月には解けてしまい、5月以降の勝率は地区最下位のカーディナルスより悪かった。オフの補強も他球団におくれを取っており、今季も勝率5割は厳しいか。

IN　主な入団選手	**OUT**　主な退団選手
投手	投手
マーティン・ペレス ◀レンジャーズ	トーマス・ハッチ ▶広島東洋
アロルディス・チャップマン ◀レンジャーズ	
マルコ・ゴンザレス ◀マリナーズ	野手
野手	とくになし
ロウディ・テレーズ ◀ブリュワーズ	
エドワード・オリヴァレス ◀ロイヤルズ	
ヤスマニ・グランダル ◀ホワイトソックス	

パイレーツ

7月2・3・4	カーディナルス	8月2・3・4	ダイヤモンドバックス	2・3・4	カブス*
5・6・7・8	メッツ	6・7・8	パドレス	5・6・7・8	ナショナルズ
9・10・11	ブリュワーズ*	9・10・11	ドジャース*	9・10・11	マーリンズ
12・13・14	ホワイトソックス*	12・13・14	パドレス*	13・14・15	ロイヤルズ
16	オールスターゲーム	16・17・18	マリナーズ*	16・17・18・19	カーディナルス*
19・20・21	フィリーズ	19・20・21	レンジャーズ*	20・21・22	レッズ*
22・23・24	カーディナルス	22・23・24・25	レッズ	24・25・26	ブリュワーズ
26・27・28	ダイヤモンドバックス*	26・27・28	カブス	27・28・29	ヤンキース*
29・30・31	アストロズ*	30・31・9月1	ガーディアンズ*		

球団メモ　昨シーズン、チャレンジ（審判の判定に異議を唱え、ビデオ判定を要求すること）の成功率は38.0％で、リーグ最低だった。なお、メジャー最低はエンジェルスで、29.4％。

絶大な人気を誇る地元産クローザー

クローザー

51 デイヴィッド・ベドナー
David Bednar

30歳 1994.10.10生 | 183cm | 101kg | 右投左打

◆速球のスピード／150キロ台中頃（フォーシーム）
◆決め球と持ち球／☆フォーシーム、☆カーブ、◎スプリッター
◆対左打者被打率／.220 ◆対右打者被打率／.209
◆ホーム防御率／2.57 ◆アウェー防御率／1.39
◆ドラフトデータ／2016㉟パドレス
◆出身地／ペンシルヴァニア州
◆年俸／415万ドル（約5億8100万円）
◆最多セーブ1回（23年）

球威	5
制球	3
緩急	5
守備·走塁	3
度胸	5

　ナショナル・リーグの最多セーブ王に輝いた、ピッツバーグの守護神。昨年は開幕前にまず、WBCに参加。アメリカ代表チームの一員として、準優勝に貢献した。開幕後も「WBC疲れ」におちいることなく、シーズン終了まで安定したピッチングを見せ、リーグ最多タイの39セーブをマーク。セーブ失敗は3試合だけで、成功率92.9%はメジャーのクローザーで最も良い数字だった。一昨年、初選出となったオールスターにも、故障で辞退したクレイトン・カーショウの代替選手として2年連続で選出されている。

　ピッチングはフォーシームの速球を軸に、カーブ、スプリッターを交えて投げる。とくにフォーシームとカーブは、空振り率の高い一級品。昨年5月、野球専門チャンネル『MLBネットワーク』が特集した、「最もやっかいな球ベスト5」では、「大谷のスイーパー」や「千賀のゴーストフォーク」とともに、「ベドナーのフォーシーム」がランクインしていた。

　本拠地ピッツバーグの出身で、地元では絶大な人気を誇る。ベドナー自身も「地元愛」がこのうえなく強く、様々な社会貢献活動を通じて、地域との絆を深めている。スポーツでは、アメフトの「スティーラーズ」、アイスホッケーの「ペンギンズ」という地元チームを熱心に応援。また、地元ビール会社が製造する「アイアンシティ・ライト」を愛飲し、オールスター前にはこの地ビールを、カーショウにプレゼントしていた。

　2016年のドラフトで、パドレスから指名されてプロ入りしたが、35巡目と期待された選手ではなかった。だが、21年にトレードでパイレーツに移籍すると、この生まれ育ったピッツバーグで、大ブレイクを果たしたのだった。弟ウィルは、大きな期待を背にプロ入りした投手。21年のドラフトでジャイアンツから1巡目に指名されたが、現在、故障に苦しんでいる。

カモ W・コントレラス（カーディナルス）.000(8-0)0本　N・アレナード（カーディナルス）.000(6-0)0本
苦手 B・ドノヴァン（カーディナルス）.500(6-3)0本　鈴木誠也（カブス）.375(8-3)0本

年度	所属チーム	勝利	敗戦	防御率	試合数	先発	セーブ	投球イニング	被安打	失点	自責点	被本塁打	与四球	奪三振	WHIP
2019	パドレス	0	2	6.55	13	0	0	11.0	10	8	8	3	5	14	1.36
2020	パドレス	0	0	7.11	4	0	0	6.1	11	6	5	1	2	5	2.05
2021	パイレーツ	3	1	2.23	61	0	3	60.2	40	15	15	5	19	77	0.97
2022	パイレーツ	3	4	2.61	45	0	19	51.2	42	19	15	4	16	69	1.12
2023	パイレーツ	3	3	2.00	66	0	39	67.1	53	22	15	3	21	80	1.10
通算成績		9	10	2.65	189	0	61	197.0	156	70	58	16	63	245	1.11

投 手

シーズン前半の防御率は3.31 先 発

23 ミッチ・ケラー *Mitch Keller*

28歳 1996.4.4生 190cm／99kg 右投右打

◆速球のスピード／150キロ台前半（フォーシーム、シンカー）
◆決め球と持ち球／◎フォーシーム、◎シンカー、◎スイーパー、
○カッター、○カーブ、△チェンジアップ ◆対左.253 ◆対右.244
◆床防2.90 ◆ア防5.35 ◆ド2014②パイレーツ
◆田アイオワ州 ◆年544万ドル（約7億6160万円）

球威	5
制球	4
緩急	4
守備・牽制	3
度胸	3

「エース候補」から、「真のエース」になった先発右腕。プロ入り後、期待されながらイマイチ伸び切れずにいたが、外部のトレーニング施設で指導をあおぐなどして、投球フォームを確立。一昨年、投球内容が大幅に良くなり、昨季はさらに良化した。とくに最初の3カ月間の投球には目を見張るものがあり、オールスターにも初めて選出されている。昨季の奪三振数210はナショナル・リーグ5位タイ、投球イニング数194回1/3はリーグ4位の数字だ。シーズン後半は炎上する試合もあったが、これは疲労が大きいと球団は見ている。兄ジョンも元投手で、オリオールズ傘下のマイナーで投げていた。

カモ T・フリードル（レッズ）.059(17-1)0本　苦手 I・ハップ（カブス）.409(22-9)3本

年度	所属チーム	勝利	敗戦	防御率	試合数	先発	セーブ	投球イニング	被安打	失点	自責点	被本塁打	与四球	奪三振	WHIP
2019	パイレーツ	1	5	7.13	11	11	0	48.0	72	41	38	6	16	65	1.83
2020	パイレーツ	1	1	2.91	5	5	0	21.2	9	7	7	4	18	16	1.25
2021	パイレーツ	5	11	6.17	23	23	0	100.2	131	69	69	10	49	92	1.79
2022	パイレーツ	5	12	3.91	31	29	0	159.0	162	77	69	14	60	138	1.40
2023	パイレーツ	13	9	4.21	32	32	0	194.1	187	97	91	25	55	210	1.25
通算成績		25	38	4.71	102	100	0	523.2	561	291	274	59	198	521	1.45

2022年シーズンが出来すぎだった!? 先 発 移籍

54 マーティン・ペレス *Martin Perez*

33歳 1991.4.4生 183cm／90kg 左投左打

◆速球のスピード／140キロ台後半（シンカー主体）
◆決め球と持ち球／◎シンカー、◎チェンジアップ、○カッター、
○フォーシーム、○カーブ、△スライダー ◆対左.248 ◆対右.282
◆床防3.67 ◆ア防5.18 ◆ド2007⑳レンジャーズ
◆田ベネズエラ ◆年800万ドル（約11億2000万円）

球威	2
制球	4
緩急	4
守備・牽制	4
度胸	4

1年800万ドルの契約で加入した、ベネズエラ出身の左腕。一昨年、レンジャーズへ移籍して大活躍し、昨季も4月は4勝と好調。しかし、5月以降、不安定な投球が続き、8月からはリリーフに回った。最大の武器であるチェンジアップの制球に苦しみ、空振りを取れる球がなかったのが、成績悪化の要因だ。2019年にツインズで1シーズン投げ、10勝をマークしているが、そのときのツインズのベンチコーチが、現パイレーツ監督のシェルトンだった。

カモ B・ハーパー（フィリーズ）.077(13-1)0本　苦手 F・フリーマン.833(ドジャース)(6-5)1本

年度	所属チーム	勝利	敗戦	防御率	試合数	先発	セーブ	投球イニング	被安打	失点	自責点	被本塁打	与四球	奪三振	WHIP
2012	レンジャーズ	1	4	5.45	12	6	0	38.0	47	26	23	3	15	25	1.63
2013	レンジャーズ	10	6	3.62	20	20	0	124.1	129	55	50	15	37	84	1.34
2014	レンジャーズ	4	3	4.38	8	8	0	51.1	50	25	25	3	19	35	1.34
2015	レンジャーズ	3	6	4.46	14	14	0	78.2	88	45	39	3	24	48	1.42
2016	レンジャーズ	10	11	4.39	33	33	0	198.2	205	110	97	18	76	103	1.41
2017	レンジャーズ	13	12	4.82	32	32	0	185.0	221	108	99	23	63	115	1.54
2018	レンジャーズ	2	7	6.22	22	15	0	85.1	116	68	59	16	36	52	1.78
2019	ツインズ	10	7	5.12	32	29	0	165.1	184	104	94	23	67	135	1.52
2020	レッドソックス	3	5	4.50	12	12	0	62.0	55	33	31	8	28	46	1.34
2021	レッドソックス	7	8	4.74	36	22	0	114.0	136	71	60	19	36	97	1.51
2022	レンジャーズ	12	8	2.89	32	32	0	196.1	178	70	63	11	69	169	1.26
2023	レンジャーズ	10	4	4.45	35	20	0	141.2	150	74	70	21	49	93	1.40
通算成績		85	81	4.44	288	243	0	1440.2	1559	789	710	163	519	1002	1.44

対左＝対左打者被打率　対右＝対右打者被打率　床防＝ホーム防御率　ア防＝アウェー防御率
ド＝ドラフトデータ　田＝出身地　年＝年俸

377

45 アロルディス・チャップマン *Aroldis Chapman*

奪三振率15.89は、全盛期レベル

セットアップ / 移籍

36歳 1988.2.28生｜193cm｜106kg｜左投左打 國160キロ前後（フォーシーム、シンカー） 國☆スライダー
対左.243 対右.161 回2010州レッズ 曲キューバ 毎1050万ドル（約14億7000万円）◆最優秀救援投手賞1回（19年）

球 5
制 2
緩 5
守 2
度 3

昨年、ロイヤルズで復活をとげた、キューバ出身の豪腕リリーバー。今年1月末、パイレーツに1年1050万ドルの契約で加入。ヤンキースとの契約最終年だった2022年は、速球のスピードが低下し、防御率は4点台半ば。トラブルメーカーぶりも相変わらずで、昨年1月末、ロイヤルズに1年375万ドルで入団した際は、活躍を予想する声はほとんど聞かれなかった。だが、シーズンが始まると、速球の威力が全盛期に近いレベルに戻っており、セットアッパーとして大活躍。それを見たレンジャーズが、ポストシーズン進出の戦力と見て、7月1日にトレードで獲得した。

年度	所属チーム	勝利	敗戦	防御率	試合数	先発	セーブ	投球イニング	被安打	失点	自責点	被本塁打	与四球	奪三振	WHIP
2023	ロイヤルズ	4	2	2.45	31	0	2	29.1	16	10	8	0	20	53	1.23
2023	レンジャーズ	2	3	3.72	30	0	4	29.0	21	14	12	4	16	50	1.28
2023	2チーム計	6	5	3.09	61	0	6	58.1	37	24	20	4	36	103	1.25
通算成績		50	40	2.53	728	0	321	698.1	403	215	196	46	354	1148	1.08

35 コリン・ホルダーマン *Colin Holderman*

レアな記録「イマキュレート・イニング」を達成

セットアップ

29歳 1995.10.8生｜193cm｜104kg｜右投右打 國150キロ台後半（シンカー） 國◎スイーパー
対左.255 対右.256 回2016州メッツ 曲イリノイ州 毎74万ドル（約1億360万円）+α

球 4
制 4
緩 3
守 3
度 4

8回に登板し、守護神ベドナーにバトンを渡すセットアッパー。ピッチングは最速162キロのシンカーに、スイーパーとカッターを組み合わせて投げる。スイーパーは、右打者だけでなく左打者にも多用し、空振りを奪う効果的な武器になっている。昨年5月4日のレイズ戦では、3者連続三球三振で1イニングを終わらせる「イマキュレート・イニング」を達成。球場を出れば、家族をこよなく愛する心優しき男。難病の姉を献身的にサポートしている。妻と弟の名前はともに「ケイシー」。そのため家族は、「ケイシーガール」「ケイシーボーイ」と呼び分けているそうだ。

年度	所属チーム	勝利	敗戦	防御率	試合数	先発	セーブ	投球イニング	被安打	失点	自責点	被本塁打	与四球	奪三振	WHIP
2023	パイレーツ	0	3	3.86	58	0	2	56.0	55	25	24	4	20	58	1.34
通算成績		5	3	3.84	82	0	2	84.1	75	39	36	4	34	82	1.29

36 ダウリ・モレタ *Dauri Moreta*

武器は奇妙なスライダー

セットアップ

28歳 1996.4.15生｜188cm｜83kg｜右投右打 國150キロ台前半（フォーシーム） 國◎スライダー
対左.186 対右.187 回2015州レッズ 曲ドミニカ 毎74万ドル（約1億360万円）+α

球 3
制 4
緩 2
守 3
度 4

捕手泣かせのスライダーを投げるリリーフ右腕。トレードでレッズから加入した昨季、早速、ブルペンに欠かせない存在となった。MLB公式のデータサイトによると、昨季の投球割合は、スライダー65％、フォーシームの速球26％、チェンジアップ9％となっている。スライダーの多投が目立つが、このスライダーは、様々な変化を見せるクセの強い球。スクリューボールのように、本来とは逆方向への変化を見せることもあり、「あれはスライダーじゃない」と話す捕手もいた。本人は意識して投げ分けておらず、なぜおかしな変化をするのかは「わからない」とのこと。

年度	所属チーム	勝利	敗戦	防御率	試合数	先発	セーブ	投球イニング	被安打	失点	自責点	被本塁打	与四球	奪三振	WHIP
2023	パイレーツ	5	2	3.72	55	0	1	58.0	39	26	24	4	24	76	1.09
通算成績		5	4	4.32	94	1	2	100.0	73	51	48	15	38	119	1.11

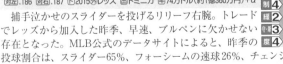

國=速球のスピード 國=決め球 対左=対左打者被打率 対右=対右打者被打率
回=ドラフトデータ 曲=出身地 毎=年俸

先 発

64 クイン・プリースター *Quinn Priester*

動画サイトでピッチングを学んだ現代っ子

24歳 2000.9.15生｜190cm｜95kg｜右投右打 ⑱150キロ前後（シンカー、フォーシーム）⑱○カーブ
対左.333 対右.250 Ⓓ2019①パイレーツ ⑭イリノイ州 ⑭74万ドル（約1億360万円）+α

球 2
制 2
緩 3
守・走 4
度

開幕ローテーション入りを狙う、発展途上の右腕。高校卒業時の2019年ドラフトで、パイレーツが1巡目（全体18位）に指名。昨年7月、メジャーデビューを果たした。ピッチングは、シンカー、スライダー、カッター、フォーシーム、カーブ、チェンジアップと多彩な球種を駆使し、ゴロを打たせてアウトを取るスタイル。ただ、カーブ以外の球種は、まだ改善の余地が多く残されている。制球力も課題だ。高校時代に力を入れたのが、「YouTube」でメジャーの好投手の動画を見ること。彼らのフォームやピッチングを参考にしたことで、ドラフト1位の投手に成長できたのだ。

年度	所属チーム	勝利	敗戦	防御率	試合数	先発	セーブ	投イニング	被安打	失点	自責点	被本塁打	与四球	奪三振	WHIP
2023	パイレーツ	3	3	7.74	10	8	0	50.0	58	43	43	12	27	36	1.70
通算成績		3	3	7.74	10	8	0	50.0	58	43	43	12	27	36	1.70

先 発 | 移籍

27 マルコ・ゴンザレス *Marco Gonzales*

総年俸削減のため、マリナーズが放出

32歳 1992.2.16生｜185cm｜92kg｜左投左打 ⑱140キロ台前半（フォーシーム）⑱○チェンジアップ
対左.262 対右.288 Ⓓ2013①カーディナルス ⑭コロラド州 ⑭1200万ドル（約16億8000万円）

球 2
制 4
緩 3
守・走 3
度 3

2017年からプレーしていたシアトルを離れ、今季はピッツバーグで投げる左腕。昨季はマリナーズで、先発4番手としてシーズンに入ったが、5月下旬に前腕の神経障害で戦線離脱。痛みが引かないため、8月に手術を受けた。コロラド出身だが、大学はシアトルに近いゴンザガ大学。妻エリカさんもシアトル出身であるため、「シアトル愛」が強かったが、昨年12月3日のトレードでブレーブスへ移籍となった。しかし、これはジャレッド・ケルニックとの抱き合わせトレードだったため、ブレーブスも戦力と見ておらず、移籍の2日後、今度はパイレーツへ放出された。

年度	所属チーム	勝利	敗戦	防御率	試合数	先発	セーブ	投イニング	被安打	失点	自責点	被本塁打	与四球	奪三振	WHIP
2023	マリナーズ	4	1	5.22	10	10	0	50.0	55	32	29	5	18	34	1.46
通算成績		65	49	4.14	163	155	0	893.0	913	449	411	125	238	665	1.29

ミドルリリーフ

50 カーメン・ムジンスキー *Carmen Mlodzinski*

リリーフに回ってブレイク

25歳 1999.2.19生｜188cm｜99kg｜右投右打 ⑱150キロ台中頃（フォーシーム主体）⑱○フォーシーム
対左.214 対右.213 Ⓓ2020①パイレーツ ⑭サウスカロライナ州 ⑭74万ドル（約1億360万円）+α

球 4
制 2
緩 3
守・走 3
度 3

2020年ドラフトで、1巡目（全体31位）にパイレーツが指名した右腕。球団は先発投手としての大成を願っていたが、マイナーで思うような結果が出ないため、22年にリリーフ転向を決断した。すると見違えるように投球内容が良くなり、昨年6月にメジャー初昇格。首脳陣の評価は上々で、9月には、リードした試合の大事な場面で投げるようになっていた。最大の武器はフォーシーム。昨年7月22日のエンジェルス戦では、大谷翔平から158キロのハイファストボールで、空振り三振を奪っている。高校の途中までは主に遊撃手としてプレーし、大学で投手の才能開花。

年度	所属チーム	勝利	敗戦	防御率	試合数	先発	セーブ	投イニング	被安打	失点	自責点	被本塁打	与四球	奪三振	WHIP
2023	パイレーツ	3	3	2.25	35	1	1	36.0	28	14	9	3	18	34	1.28
通算成績		3	3	2.25	35	1	1	36.0	28	14	9	3	18	34	1.28

パイレーツ

48 ルイス・L・オーティズ Luis L. Ortiz

速球のスピードが大きくダウン **先発**

25歳 1999.1.27生｜188cm｜106kg｜右投右打 速150キロ台中頃（シンカー、フォーシーム）決○スライダー
対左.333 対右.253 D2018⑰パイレーツ 田ドミニカ 年74万ドル（約1億360万円）+α

球速3 制1 緩2 守備2 度3

　短所を直そうとしたら、長所がなくなってしまったドミニカ出身右腕。一昨年9月半ばにメジャー初昇格。160キロを超える速球を武器に好投し、2023年シーズンへの期待が高まった。しかし、迎えた昨季は、期待外れの結果に。原因は、ハッキリしている。課題の制球を意識するあまり、速球の平均スピードが3〜4キロ落ち、それによって変化球の効果も薄れてしまったのだ。だからと言って制球力が良くなったわけではなく、真ん中に集まった力ない速球を痛打される場面が目立った。四球を連発するため球数もかさみ、先発15登板で6イニングを投げ切ったのは3試合だけ。

年度	所属チーム	勝利	敗戦	防御率	試合数	先発	セーブ	投球イニング	被安打	失点	自責点	被本塁打	与四球	奪三振	WHIP
2023	パイレーツ	5	5	4.78	18	15	0	86.2	99	50	46	13	48	59	1.70
通算成績		5	5	4.73	22	19	0	102.2	107	59	54	14	58	76	1.61

43 ライアン・ボラッキー Ryan Borucki

VS大谷翔平は、5打数無安打2奪三振 **ミドルリリーフ**

30歳 1994.3.31生｜193cm｜95kg｜左投左打 速150キロ前後（シンカー）決○スライダー
対左.149 対右.213 D2012⑮ブルージェイズ 田イリノイ州 年160万ドル（約2億2400万円）

球速2 制4 緩3 守備3 度3

　度重なる故障を乗り越えてきたリリーフ左腕。2018年にブルージェイズでメジャーデビューし、先発で好投したが、その後、左ヒジや左腕の故障もあり、低迷。リリーフに転向した。昨年は5月にパイレーツとマイナー契約を交わし、6月にメジャー昇格。スライダーを中心とした投球で、とくに左打者に対して好投し、8月20日以降の16試合（計17イニング）は、自責点が0だった。大谷翔平とは通算で5度対戦し、無四球ノーヒットに抑えている。シカゴ近郊で育ち、少年時代はホワイトソックスのファン。父レイモンドは、マイナーでのプレー経験がある元三塁手。

年度	所属チーム	勝利	敗戦	防御率	試合数	先発	セーブ	投球イニング	被安打	失点	自責点	被本塁打	与四球	奪三振	WHIP
2023	パイレーツ	4	0	2.45	38	2	0	40.1	26	11	11	4	4	33	0.74
通算成績		14	9	4.06	134	21	0	210.1	191	104	95	25	77	169	1.27

― ポール・スキーンズ Paul Skenes

先発 **期待度A+** **ルーキー**

22歳 2002.5.29生｜198cm｜106kg｜右投右打 ◆昨季はルーキー級、1A+、2Aでプレー D2023①パイレーツ 田カリフォルニア州

　大投手になると誰もが断言する、2023年ドラフトのメジャー全体1位。契約金920万ドル（約13億8000万円）は、ドラフト史上最高額だった。160キロを超える速球と、驚異的な空振り率を誇るスライダーが武器。早くも今季、メジャーデビューの予定だ。二刀流を期待されたほど、打撃も一流。

― ジャレッド・ジョーンズ Jared Jones

先発 **期待度B+** **ルーキー**

23歳 2001.8.6生｜185cm｜86kg｜右投左打 ◆昨季は2A、3Aでプレー D2020②パイレーツ 田カリフォルニア州

　150キロ台後半の速球を武器にするパワーピッチャー。変化球（スライダー、カーブ、チェンジアップ）も着実に進化しており、今季中のメジャーデビューが濃厚になっている。課題は制球力。2016年、福島県で開催の「WBSC U-15 ワールドカップ」では、米国代表チームの銅メダル獲得に貢献した。

サードの守備はメジャーナンバーワン！ サード

13 キーブライアン・ヘイズ
Ke'Bryan Hayes

27歳 1997.1.28生 ／ 180cm ／ 88kg ／ 右投右打

◆対左投手打率／.294(160-47) ◆対右投手打率／.260(334-87)
◆ホーム打率／.316(234-74) ◆アウェー打率／.231(260-60)
◆得点圏打率／.265(113-30)
◆23年のポジション別出場数／サード=122、DH=1
◆ドラフトデータ／2015①パイレーツ
◆出身地／テキサス州
◆年俸／700万ドル（約9億8000万円）
◆ゴールドグラブ賞1回（23年）

ミート 3
パワー 4
走塁 4
守備 5+
肩 5

　メジャー4年目の昨季、初めてゴールドグラブ賞を獲得した好守の三塁手。打球への反応、守備範囲の広さ、グラブさばきはどれも一級品で、捕球からスローイングまでの流れも実にスムーズ。無理な体勢からの送球も、正確だ。昨季のDRS（守備で防いだ失点）は21もあり、これはメジャーの三塁手でトップの数字だった。ナショナル・リーグにおける三塁手のゴールドグラブ賞は、2022年まで10年連続でノーラン・アレナード（カーディナルス）が受賞してきた。その牙城をついに崩したのだ。DRSのうえでは、ヘイズが21年も22年もアレナードを上回っていたが、今回の受賞で、守備では名実ともにナンバーワンの三塁手になった感がある。今後、連続受賞記録をどこまで伸ばすことになるか、注目だ。

　超一流の守備でファンを魅了しているヘイズだが、打撃では苦労している。22年4月に、8年7000万ドル（約98億円）の球団史上最高額（当時）の大型契約をゲットしたが、打撃成績は、強打が求められる三塁手にしては物足りない数字。そのため、「守備の人」に大盤振る舞いしすぎたとの声も多い。昨年は7月に入ってすぐ、腰を痛めて離脱したが、それまでの3カ月間で本塁打はわずか5本だった。ただ、8月に復帰後は打球が良い角度で上がるようになり、8〜9月の2カ月間の本塁打は10本と倍増。今季は打撃面での真価を問われることになる。

　口数は少ないほうで、感情をあまり表に出さないタイプではない。だが、昨年9月10日のブレーブス戦で、明らかなボールをストライクと判定されたときは、怒りが収まらなかったようで、自身のSNSに審判批判を投稿。ABS（自動ボールストライク判定システム）の導入も求め、波紋を呼んだ。

　父チャーリーも、元メジャーの三塁手。14シーズンで、通算144本塁打をマークしている。兄タイリーは、マイナーで投げていた元投手。

| カモ | T・メギル（メッツ）.700(10-7)0本　K・ヘンドリックス（カブス）.429(21-9)2本 |
| 苦手 | C・バーンズ（ブリュワーズ）.063(16-1)1本　T・ウォーカー（フィリーズ）.000(8-0)0本 |

年度	所属チーム	試合数	打数	得点	安打	二塁打	三塁打	本塁打	打点	四球	三振	盗塁	盗塁死	出塁率	OPS	打率
2020	パイレーツ	24	85	17	32	7	2	5	11	9	20	1	0	.442	1.124	.376
2021	パイレーツ	96	362	49	93	20	2	6	38	31	87	9	1	.316	.689	.257
2022	パイレーツ	136	505	55	123	24	3	7	41	48	122	20	5	.314	.659	.244
2023	パイレーツ	124	494	65	134	31	7	15	61	28	104	10	6	.309	.762	.271
通算成績		380	1446	186	382	82	14	33	151	116	333	40	12	.320	.729	.264

カモ 苦手 は通算成績

球団史上初の1億ドル超え契約　レフト

10 ブライアン・レイノルズ Bryan Reynolds

29歳 1995.1.27生｜188cm／92kg｜右投両打

◆対左投手打率／.285　◆対右投手打率／.252
◆ホーム打率／.244　◆アウェー打率／.280　◆得点圏打率／.290
◆23年のポジション別出場数／レフト＝119、DH＝19、センター＝18
◆Ｄ2016②ジャイアンツ　◆田メリーランド州
◆囲1000万ドル（約14億円）

ミート	4
パワー	4
走塁	4
守備	3
肩	3

　2021年、22年と、2年連続でチームのMVPに輝いた主砲。22年シーズン終了後、延長契約の内容をめぐって球団に不信感を持ち、トレードを要求する事態に発展。球団はトレードの可能性を否定したが、両者の間に溝ができたまま、昨年2月の春季キャンプに突入することになった。ただ、開幕直前には、合意形成の気運が高まっていたようだ。気持ちがすっきりしたのか、シーズンが始まるとレイノルズのバットは快音を響かせ、チームのロケットダッシュに大きく貢献。そして、ついに4月25日、8年1億675万ドル（約150億円）の延長契約が成立した。この契約規模は、球団史上最高のものだ。

カモ F.ペラルタ（ブリュワーズ）.440（25-11）1本　苦手 L.カスティーヨ（マリナーズ）.000（11-0）0本

年度	所属チーム	試合数	打数	得点	安打	二塁打	三塁打	本塁打	打点	四球	三振	盗塁	盗塁死	出塁率	OPS	打率
2019	パイレーツ	134	491	83	154	37	4	16	68	46	121	3	2	.377	.880	.314
2020	パイレーツ	55	185	24	35	6	2	7	19	21	57	1	1	.275	.632	.189
2021	パイレーツ	159	559	93	169	35	8	24	90	75	119	5	2	.390	.912	.302
2022	パイレーツ	145	542	74	142	19	4	27	62	56	141	7	3	.345	.806	.262
2023	パイレーツ	145	574	85	151	31	5	24	84	53	138	12	1	.330	.790	.263
通算成績		638	2351	359	651	128	23	98	323	251	576	28	9	.354	.830	.277

ピッツバーグのニュースターはすべてが規格外　ショート

15 オニール・クルーズ Oneil Cruz

26歳 1998.10.4生｜201cm／97kg｜右投左打

◆対左投手打率／.600　◆対右投手打率／.185
◆ホーム打率／.222　◆アウェー打率／.261　◆得点圏打率／.429
◆23年のポジション別出場数／ショート＝9
◆Ｄ2015㊾ドジャース　◆田ドミニカ
◆囲74万ドル（約1億360万円）＋α

ミート	2
パワー	4
走塁	4
守備	3
肩	5+

　驚くべき身体能力を誇る遊撃手。身長は201センチあり、メジャーの現役野手では、アーロン・ジャッジと並んで最も背が高い。マイナー時代から打球速度はピカイチで、メジャー昇格後はさらにアップ。塁に出ればダイナミックな走りで次の塁をおとしいれ、ショートの守備ではその体格にもかかわらず、機敏な動きを見せる。特筆すべきは肩の強さで、150キロ台半ばの送球が、一塁手のミットに突き刺さる。このように走攻守において、とてつもないスケールの大きさを感じさせる選手のため、実質メジャー2年目の昨季は大いに期待された。だが、開幕9試合目のホワイトソックス戦で、本塁に突入した際、捕手と交錯。左足首を骨折し、最後まで復帰できずに終わった。

カモ J.デグローム（レンジャーズ）.500（6-3）1本　苦手 G.アシュクラフト（レッズ）.167（6-1）0本

年度	所属チーム	試合数	打数	得点	安打	二塁打	三塁打	本塁打	打点	四球	三振	盗塁	盗塁死	出塁率	OPS	打率
2021	パイレーツ	2	9	2	3	0	0	1	3	0	4	0	0	.333	1.000	.333
2022	パイレーツ	87	331	45	77	13	4	17	54	28	126	10	4	.294	.744	.233
2023	パイレーツ	9	32	7	8	1	0	1	4	7	8	3	0	.375	.750	.250
通算成績		98	372	54	88	14	4	19	61	35	138	13	4	.302	.751	.237

65 ジャック・スウィンスキー *Jack Suwinski*

バリー・ボンズ以来、2人目の快挙を達成　外野手

26歳 1998.7.29生｜188cm｜97kg｜左投左打　対左.200 対右.232 ホ.209 ア.240
得.262 ド2016⑮パドレス 出イリノイ州 年74万ドル（約1億360万円）+α

ミ2 バ5 走4 守2 肩3

確実性には欠けるが、30本塁打以上を期待させるロマン砲。メジャーデビューした2022年に19本塁打。さらなる成長を期待された昨季は、チーム最多の26本塁打を記録した。とにかく三振が多く、左投手を極端に打てない欠点もあるが、何かをやってくれるという期待感はいだかせてくれる選手だ。5月29日の敵地ジャイアンツ戦では、2本のスプラッシュヒット（海に飛び込む特大本塁打）を記録。1試合2本のスプラッシュヒットは、過去にバリー・ボンズしかいない快挙だった。ただ、2本のスプラッシュヒットは、大差のついた場面で、野手が登板した際のもの。

年度	所属チーム	試合数	打数	得点	安打	二塁打	三塁打	本塁打	打点	四球	三振	盗塁	盗塁死	出塁率	OPS	打率
2023	パイレーツ	144	447	63	100	21	2	26	74	75	172	13	2	.339	.793	.224
通算成績		250	773	108	166	32	2	45	112	116	286	17	4	.322	.758	.215

44 ロウディ・テレーズ *Rowdy Tellez*

2年前にナショナル・リーグ5位タイの35本塁打　ファースト DH　移籍

29歳 1995.3.16生｜193cm｜122kg｜左投左打　対左.174 対右.223 ホ.217 ア.214
得.244 ド2013㉚ブルージェイズ 出カリフォルニア州 年320万ドル（約4億4800万円）

ミ2 バ5 走2 守3 肩3

昨季まではブリュワーズでプレーしていた、パワーと明るいキャラクターが魅力の巨漢一塁手。2022年に35本塁打を記録したため、昨季も期待されたが、右前腕や左手薬指の故障もあり、冴えない成績に終わった。今季パイレーツでは、相手先発が右投手のとき、ファーストやDHで起用されることになるだろう。昨年9月22日のマーリンズ戦では、大量リードした場面で投手としてマウンドに。巨体を揺らして投げるユーモラスな姿が、チームメートたちに大ウケだった。1イニングを無失点に抑えた試合後は、「サイ・ヤング賞の候補になったんじゃないかな」とご満悦。

年度	所属チーム	試合数	打数	得点	安打	二塁打	三塁打	本塁打	打点	四球	三振	盗塁	盗塁死	出塁率	OPS	打率
2023	ブリュワーズ	106	311	26	67	9	1	13	47	35	86	0	0	.291	.667	.215
通算成績		534	1690	206	393	79	3	92	263	162	429	3	3	.304	.750	.233

22 アンドルー・マカッチェン *Andrew McCutchen*

通算300本塁打は今季に持ち越し　DH

38歳 1986.10.10生｜178cm｜86kg｜右投右打　対左.261 対右.254 ホ.277 ア.234
得.276 ド2005①パイレーツ 出フロリダ州 年500万ドル（約7億円）◆MVP1回（13年）、ゴールデングラブ賞1回（12年）、シルバースラッガー賞4回（12〜15年）、ロベルト・クレメンテ賞1回（15年）

ミ3 バ3 走3 守2 肩2

1年500万ドルで再契約し、今年もパイレーツでプレーすることになったレジェンド選手。6年ぶりにピッツバーグへ戻ってきた昨季開幕前は、引退のための帰還と見る向きもあった。しかし、シーズンが始まると、しっかり戦力として機能。通算1000四球（5月7日）、通算2000安打（6月11日）、通算400二塁打（6月24日）と、マイルストーン（節目の記録）も、次々とクリアしていった。後半戦は失速したが、高い出塁率は維持していた。残念だったのは、9月に入ってすぐ左アキレス腱を痛めて、シーズンを終えたこと。そのため、通算300本塁打にあと1本、届かなかった。

年度	所属チーム	試合数	打数	得点	安打	二塁打	三塁打	本塁打	打点	四球	三振	盗塁	盗塁死	出塁率	OPS	打率
2023	パイレーツ	112	390	55	100	19	0	12	43	75	100	11	3	.378	.775	.256
通算成績		2007	7425	1173	2048	411	49	299	1045	1058	1642	216	87	.369	.834	.276

対左=対左投手打率　対右=対右投手打率　ホ=ホーム打率　ア=アウェー打率　得=得点圏打率　383

大谷翔平から1試合2本塁打の衝撃

32 ヘンリー・デイヴィス Henry Davis

キャッチャー / ライト

25歳 1999.9.21生 | 183cm | 95kg | 右投右打 ◆盗塁阻止率／── 対左.192 対右.224 ホ.226 ア.202 得.162 ド2021①パイレーツ 出ニューヨーク州 年74万ドル(約1億360万円)+α

ミ3
パ4
走2
守2
肩5

2021年のドラフトで、パイレーツがメジャー全体1位で指名した希望の星。ウリは打撃。昨季は2Aと3Aでレベルの違いを見せつけ、6月にドラフトから2年弱でメジャー初昇格を果たした。本来は捕手だが、守備はまだ低レベル。そのため昇格後は、右翼手での出場がメインだった。強烈なインパクトを残したのが、昨年7月21日のエンジェルス戦。先発投手・大谷翔平のスイーパーをとらえ、レフト方向への本塁打を放つと、次の打席では速球を打ち返し、ライト方向への本塁打。これによりデイヴィスは、大谷から1試合2本塁打を放ったメジャー初の選手となった。

年度	所属チーム	試合数	打数	得点	安打	二塁打	三塁打	本塁打	打点	四球	三振	盗塁	盗塁死	出塁率	OPS	打率
2023	パイレーツ	62	225	27	48	10	0	7	24	25	69	3	5	.302	.653	.213
通算成績		62	225	27	48	10	0	7	24	25	69	3	5	.302	.653	.213

正捕手候補の離脱で、出番が増える見込み

55 ジェイソン・ディレイ Jason Delay

キャッチャー

29歳 1995.3.7生 | 180cm | 86kg | 右投右打 ◆盗塁阻止率／.093(54-5) 対左.266 対右.243 ホ.250 ア.253 得.283 ド2017④パイレーツ 出テキサス州 年74万ドル(約1億360万円)+α

ミ2
パ1
走2
守3
肩3

昨季は53試合で先発マスクをかぶった、フレーミングのうまさが光る捕手。今季のパイレーツは、昨年7月にメジャーデビューしたエンディ・ロドリゲスを正捕手として起用する予定だった。しかし、そのロドリゲスが、ドミニカのウインターリーグ参加中に右ヒジを故障。今季絶望となってしまった。もう1人の若手捕手ヘンリー・デイヴィスは、守備に不安があり、昨シーズン、マスクをかぶったのは2イニングのみ。そのため今季、球団はディレイに多くの出番を与えるつもりのようだ。マイナーでくすぶり、引退を考え始めた2022年に、メジャー初昇格を果たしている。

年度	所属チーム	試合数	打数	得点	安打	二塁打	三塁打	本塁打	打点	四球	三振	盗塁	盗塁死	出塁率	OPS	打率
2023	パイレーツ	70	167	20	42	11	1	1	18	14	44	0	0	.319	.666	.251
通算成績		127	322	37	75	17	1	2	29	23	94	0	3	.293	.604	.233

気になる存在だったのは、イチローと松井秀喜

2 コナー・ジョー Connor Joe

レフト / ライト / ファースト

32歳 1992.8.16生 | 183cm | 92kg | 右投右打 対左.265 対右.235 ホ.265 ア.230 得.165 ド2014①パイレーツ 出カリフォルニア州 年213万ドル(約2億9820万円)

ミ3
パ3
走3
守3
肩3

長髪をなびかせて躍動する、中国系アメリカ人の外野手兼一塁手。ロッキーズからトレードで、プロ入り時の球団であるパイレーツに移籍した昨季は、チームで3番目に多い133試合に出場。自身初の2ケタ本塁打をマークした。両親はともにアメリカ生まれだが、一家のルーツは中国にある。アジア系アメリカ人のメジャーリーガーは数が少ないため、本人は自身が活躍することで、アメリカに住むアジア系の子供たちの希望になりたいと考えているようだ。同じ「アジア」ということで、少年時代は、日本からやって来たイチローや松井秀喜がお気に入りの選手だった。

年度	所属チーム	試合数	打数	得点	安打	二塁打	三塁打	本塁打	打点	四球	三振	盗塁	盗塁死	出塁率	OPS	打率
2023	パイレーツ	133	413	63	102	31	4	11	42	50	110	3	5	.339	.760	.247
通算成績		315	1011	143	250	60	8	26	105	132	253	9	7	.343	.743	.247

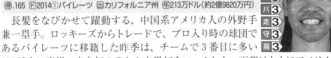

対左=対左投手打率 対右=対右投手打率 ホ=ホーム打率 ア=アウェー打率 得=得点圏打率 ド=ドラフトデータ 出=出身地 年=年俸

38 エドワード・オリヴァレス *Edward Olivares*

昨年9月、超一流の打者に変身

ライト / 移籍

28歳 1996.3.6生｜188cm｜86kg｜右投右打 対左.277 対右.256 困.266 ⑦.260
得.236 ⑤2014外ブルージェイズ 田ベネズエラ 囲135万ドル（約1億8900万円）

ミ2
バ4
走4
守2
肩5

今年1月のトレードでロイヤルズから獲得した、ベネズエラ出身の外野手。メジャー4年目の昨季は、前年（2022年）の53試合から倍増となる107試合に出場し、自身初の2ケタ本塁打、初の2ケタ盗塁をマーク。とくにシーズン終盤、打棒好調で、9月の長打率6割3分6厘は、アメリカン・リーグでトップ（70打席以上）だった。打撃面ではパワーがウリで、詰まりながらも、内野の頭を越えたヒットが多い。本塁打は12本ながら特大の一発が多く、昨季の本塁打の平均飛距離は、アメリカン・リーグ4位（10本塁打以上）。外野の守備は平均未満だが、肩は強いほうだ。

年度	所属チーム	試合数	打数	得点	安打	二塁打	三塁打	本塁打	打点	四球	三振	盗塁	盗塁死	出塁率	OPS	打率
2023	ロイヤルズ	107	354	47	93	23	4	12	36	22	64	11	5	.317	.769	.263
通算成績		230	712	94	186	35	5	24	73	41	144	15	12	.310	.736	.261

39 ニック・ゴンザレス *Nick Gonzales*

変化球に手こずり、評価ダウン

セカンド / ルーキー

25歳 1999.5.27生｜175cm｜86kg｜右投右打 対左.158 対右.234 困.222 ⑦.197
得.214 ⑤2020①パイレーツ 田アリゾナ州 囲74万ドル（約1億360万円）+α

ミ3
バ2
走3
守3
肩3

ハイアベレージが期待できる選手として、高評価を得いた元トップ・プロスペクト（最有望株）。2020年のドラフトで、パイレーツが1巡目（全体7位）に指名した内野手で、契約金543万ドルでプロ入り。マイナーでは、三振が多いものの、四球を選べるので高い出塁率を維持し、昨年6月にメジャーデビューを果たした。しかし、メジャーでは質の高い変化球に対応できず、今季改めて、正二塁手の座に挑むことになった。兄ダニエルさんは海兵隊員。弟がドラフトされた2020年は沖縄県勤務だったため、指名の瞬間はオンラインで家族とつながり、感動を分かち合った。

年度	所属チーム	試合数	打数	得点	安打	二塁打	三塁打	本塁打	打点	四球	三振	盗塁	盗塁死	出塁率	OPS	打率
2023	パイレーツ	35	115	12	24	8	1	2	13	6	36	0	1	.268	.616	.209
通算成績		35	115	12	24	8	1	2	13	6	36	0	1	.268	.616	.209

31 リオヴァー・ペゲーロ *Liover Peguero*

ダルビッシュ有からメジャー初本塁打

セカンド / ショート

24歳 2000.12.31生｜183cm｜99kg｜右投右打 対左.308 対右.203 困.283 ⑦.198
得.294 ⑤2017外ダイヤモンドバックス 田ドミニカ 囲74万ドル（約1億360万円）+α

ミ2
バ3
走4
守2
肩3

セカンドのレギュラーの座を狙う内野手。実質的なメジャーデビューとなった昨シーズンは、オニール・クルーズの故障離脱もあり、ショートで39試合に出場。また、セカンドでも33試合に出場した。ただ、攻守ともに、やや期待外れな結果に終わっている。メジャー初本塁打は、昨年7月24日のパドレス戦。ダルビッシュ有から、レフトポール際に打ち込んでいる。ドミニカ出身。アメリカのヒップホップ音楽が大好きで、10歳のときから英語の歌詞を、母語であるスペイン語に自ら訳し、楽しんでいた。そのおかげで、特別なレッスンを受けずに英語をマスターできたという。

年度	所属チーム	試合数	打数	得点	安打	二塁打	三塁打	本塁打	打点	四球	三振	盗塁	盗塁死	出塁率	OPS	打率
2023	パイレーツ	59	198	21	47	4	1	7	26	11	67	6	2	.280	.654	.237
通算成績		60	201	21	48	4	1	7	26	12	69	6	2	.284	.657	.239

パイレーツ

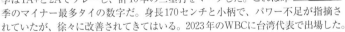

韓国出身選手による初のアベック弾

セカンド センター

3 裵智桓（ペ・ジファン）*Ji Hwan Bae*

25歳 1999.7.26生｜180cm｜83kg｜右投左打 [対左].269 [対右].213 [ホ].216 [ア].243
[得].296 [ド]2017㋙ブレーブス [出]韓国 [年]74万ドル（約1億360万円）+α

ミ **2**
パ **2**
走 **5**
守 **3**
肩 **3**

　韓国出身の俊足ユーティリティ。主なポジションはセカンドとセンターで、昨季はセカンドで56試合、センターで33試合に先発出場している。最大の武器はスピード。塁上では積極果敢な走塁を見せ、昨季の24盗塁もチームトップの数字だった。課題は出塁率の低さで、パワーにも欠ける。昨季のハイライトは、4月11日のアストロズ戦。9回裏にサヨナラ本塁打を放ち、チームに勝利をもたらした。この試合ではチームメートの崔志萬も本塁打を打っており、韓国人選手によるメジャー初のアベック弾となった。韓国の高校を卒業後、韓国プロ野球を経ずに米国球界入り。

年度	所属チーム	試合数	打数	得点	安打	二塁打	三塁打	本塁打	打点	四球	三振	盗塁	盗塁死	出塁率	OPS	打率
2023	パイレーツ	111	334	54	77	17	2	2	32	30	92	24	9	.296	.607	.231
通算成績		121	367	59	88	20	2	2	38	32	98	27	9	.306	.628	.240

グラブだけでなく、バットでもアピール

ユーティリティ

19 ジャレッド・トリオーロ *Jared Triolo*

26歳 1998.2.8生｜190cm｜95kg｜右投右打 [対左].293 [対右].301 [ホ].276 [ア].319
[得].319 [ド]2019②パイレーツ [出]ニューハンプシャー州 [年]74万ドル（約1億360万円）+α

ミ **3**
パ **2**
走 **3**
守 **4**
肩 **3**

　昨年6月にメジャーデビューした、好守の内野手。打撃面の特徴は、広角に打球を放つ技術があること。9月に2度目の昇格をした際は、フォームに調整を加え、強い打球を打てるようになった。9月後半からは、4割4分4厘（45打数20安打）の高打率をマークしている。守備の評価は、打撃以上に高い。本職はサードで、マイナーのゴールドグラブ賞を獲得したことがある。ただ、キーブライアン・ヘイズがいるため、メジャーでは今季も、セカンドやファーストで出場することが多くなるだろう。プロ入り後も、オンライン授業で単位を取得し、大学を卒業した努力家。

年度	所属チーム	試合数	打数	得点	安打	二塁打	三塁打	本塁打	打点	四球	三振	盗塁	盗塁死	出塁率	OPS	打率
2023	パイレーツ	54	181	30	54	9	0	3	21	24	63	6	1	.388	.786	.298
通算成績		54	181	30	54	9	0	3	21	24	63	6	1	.388	.786	.298

71 鄭宗哲（チェン・ツォンチェ）*Tsung-Che Cheng*

ユーティリティ **期待度 B⁻** **ルーキー**

23歳 2000.7.26生｜170cm｜78kg｜右投左打 ◆昨季は1A+、2Aでプレー [ド]2019㋙パイレーツ [出]台湾

　台湾出身の内野のユーティリティ。ウリは、堅実な守備と俊足。昨季は1A+と2Aでプレーし、計10本の三塁打をマークした。これは昨季のマイナー最多タイの数字だ。身長170センチと小柄で、パワー不足が指摘されていたが、徐々に改善されてきてはいる。2023年のWBCに台湾代表で出場した。

— ジェイス・ボーエン *Jase Bowen*

ライト ファースト **期待度 B** **ルーキー**

24歳 2000.9.2生｜183cm｜86kg｜右投右打 ◆昨季は1A+、2Aでプレー [ド]2019⑪パイレーツ [出]オハイオ州

　急成長している外野手兼一塁手。もともと打撃がウリだったが、昨年あたりからさらにパワーが増し、長打の割合が増えてきている。スピードもあり、肩の強さも平均以上。高校時代はアメリカンフットボールでも大活躍し、大学からも誘われていたが、本人の夢はあくまでもプロ野球選手だった。

[対左]=対左投手打率　[対右]=対右投手打率　[ホ]=ホーム打率　[ア]=アウェー打率　[得]=得点圏打率
[ド]=ドラフトデータ　[出]=出身地　[年]=年俸

セントルイス・カーディナルス

◆創　立：1882年
◆本拠地：ミズーリ州セントルイス市
◆ワールドシリーズ制覇：11回／◆リーグ優勝：19回
◆地区優勝：15回／ワイルドカード獲得：5回

過去5年成績	年度	勝	負	勝率	ゲーム差	地区順位	ポストシーズン成績
	2019	91	71	.562	(2.0)	①	リーグ優勝決定シリーズ敗退
	2020	30	28	.517	3.0	②	ワイルドカードシリーズ敗退
	2021	90	72	.556	5.0	②	ワイルドカードゲーム敗退
	2022	93	69	.574	(7.0)	①	ワイルドカードシリーズ敗退
	2023	**71**	**91**	**.438**	21.0	⑤	―

監督　37 オリヴァー・マーモル *Oliver Marmol*

◆年　齢…………38歳（フロリダ州出身）
◆現役時代の経歴 … メジャーでのプレー経験なし
（ショート、セカンド、レフト）
◆監督経歴…………2シーズン　カーディナルス（2022～）
◆通算成績…………164勝160敗（勝率.506）

　今季開幕時はまだ37歳の、現役メジャー最年少監督。ダルビッシュ有とは同い年、チームの主砲ゴールドシュミットとは1歳しか年齢が違わない。ベンチコーチから昇格し、2021年オフに監督就任。1年目の一昨年は、地区優勝を果たし、早速結果を残した。しかし、フィールド上の監督的存在だった正捕手モリナが去った昨季は、一気に最下位まで転落。采配を批判されることが増え、一部の選手との確執も噂された。アメリカ生まれだが、両親はドミニカ出身。

注目コーチ　87 ブランドン・アレン *Brandon Allen*

　打撃コーチ補佐。38歳。昨季、マイナーの打撃コーチから昇格。マイナー時代に指導した選手たちが、現在メジャーで活躍中。福岡ソフトバンクでのプレー経験がある。

編成責任者　ジョン・マゼリアック *John Mozeliak*

　55歳。補強能力、若手の力を見抜く眼力はともに高い。だが昨季、編成責任者になってから初の負け越し。夏のトレード市場では今季以降を見据え、売り手に回った。

スタジアム　ブッシュ・スタジアム *Busch Stadium*

◆開場年…………2006年
◆仕　様…………天然芝
◆収容能力………45,494人
◆フェンスの高さ…2.4m
◆特　徴…………ホームランがやや出にくい、投手に有利な球場の1つ。外野が奥深いため、守備範囲の広さが外野手には求められる。また、ホームプレートまわりのファウルテリトリーが他球場よりも広いので、ファウルフライも多くなりがち。

ピッチャーズパーク

114　122　114
102　　　　102

Best Order [ベストオーダー]

①**ブレンダン・ドノヴァン**……セカンド
②**ポール・ゴールドシュミット**……ファースト
③**ラーズ・ヌートバー**……レフト
④**ノーラン・アレナード**……サード
⑤**ウィルソン・コントレラス**……キャッチャー
⑥**ノーラン・ゴーマン**……DH
⑦**ジョーダン・ウォーカー**……ライト
⑧**トミー・エドマン**……センター
⑨**メイシン・ウィン**……ショート

Depth Chart [ポジション別選手層・メンバーリスト]

※2024年2月25日時点の候補選手。数字は背番号（開幕前に変更する場合もあり）、右・左等は投・打の順。

センター
19 トミー・エドマン [右・両]
21 ラーズ・ヌートバー [右・左]
3 ディラン・カールソン [左・両]

レフト
21 ラーズ・ヌートバー [右・左]
18 ジョーダン・ウォーカー [右・右]
33 ブレンダン・ドノヴァン [右・左]
41 アレック・バールソン [左・左]

ライト
18 ジョーダン・ウォーカー [右・右]
33 ブレンダン・ドノヴァン [右・左]
41 アレック・バールソン [左・左]
3 ディラン・カールソン [左・両]

ショート
0 メイシン・ウィン [右・右]
19 トミー・エドマン [右・両]
33 ブレンダン・ドノヴァン [右・左]

セカンド
33 ブレンダン・ドノヴァン [右・左]
16 ノーラン・ゴーマン [右・左]
19 トミー・エドマン [右・両]

ローテーション
54 ソニー・グレイ [右・右]
39 マイルズ・マイコラス [右・右]
44 カイル・ギブソン [右・右]
31 ランス・リン [右・両]
32 スティーヴン・マッツ [左・右]
57 ザック・トンプソン [左・左]

サード
28 ノーラン・アレナード [右・右]
33 ブレンダン・ドノヴァン [右・左]
24 マット・カーペンター [右・左]

ファースト
46 ポール・ゴールドシュミット [右・右]
41 アレック・バールソン [左・左]
26 ルーキン・ベイカー [右・右]
24 マット・カーペンター [右・左]

キャッチャー
40 ウィルソン・コントレラス [右・右]
48 イヴァン・ヘレーラ [右・右]

DH
16 ノーラン・ゴーマン [右・左]
26 ルーキン・ベイカー [右・右]
24 マット・カーペンター [右・左]

ブルペン
56 ライアン・ヘルズリー [右・右] 🆑
27 アンドルー・キトレッジ [右・右]
65 ジオヴァニー・ガイエゴス [右・右]
59 ジョジョ・ロメーロ [左・左]
53 アンドレ・パランテ [右・右]
99 キーナン・ミドルトン [右・右]
47 ジョン・キング [右・右]
29 ニック・ロバートソン [右・右]
52 マシュー・リバトーレ [右・右]
55 ライリー・オブライエン [右・右]
32 スティーヴン・マッツ [左・右]
57 ザック・トンプソン [左・左]

※🆑=クローザー

カーディナルス試合日程……＊はアウェーでの開催

3月28・29・30・31	ドジャース＊	29・30・**5月**1	タイガース＊	31・**6月**1・2	フィリーズ＊
4月1・2・3	パドレス＊	3・4・5	ホワイトソックス	3・4・5	アストロズ＊
4・6・7	マーリンズ	6・7・8	メッツ	6・7・8・9	ロッキーズ
8・9・10	フィリーズ	9・10・11・12	ブリュワーズ＊	11・12・13	パイレーツ
12・13・14	ダイヤモンドバックス＊	13・14・15	エンジェルス＊	14・15・16	カブス＊
15・16・17	アスレティックス＊	17・18・19	レッドソックス	17・18・19	マーリンズ＊
19・20・21	ブリュワーズ	20・21・22	オリオールズ	20・22・23	ジャイアンツ
22・23・24	ダイヤモンドバックス	24・25・26	カブス	24・25・26	ブレーブス
26・27・28	メッツ＊	27・28・29	レッズ＊	27・28・29・30	レッズ

388

球団メモ 2008年から、15シーズン連続で勝ち越していたが、昨シーズンは大きく負け越し、まさかの地区最下位に。名捕手ヤディアー・モリナの抜けた穴は非常に大きかった。

■投手力 ➡…★★★ ☆ ☆ 【昨年度チーム防御率4.79、リーグ12位】

ローテーションを再整備するため、実績のあるグレイ、ギブソン、リンのベテラン3人を、オフに獲得した。これにより、グレイ（今季開幕時34歳）、マイコラス（同35歳）、ギブソン（同36歳）、リン（同36歳）、マッツ（同32歳）と、非常に高齢なローテーションが完成。とりあえず今季は戦える陣容になった。リリーフ陣は、キトレッジとミドルトンを加えたが、「中の下」レベル。

■攻撃力 ➡…★★★★ ☆ 【昨年度チーム得点719、リーグ10位】

30本塁打が当たり前になっていた2人の主砲（アレナード、ゴールドシュミット）が、昨季は両者とも30本に届かず。ただ、新加入のコントレラスや、メジャー2年目のゴーマン、1年目のウォーカーがコンスタントに一発を放ち、チーム本塁打数は一昨年の197本から209本に微増した。打線は「中の上」レベルの力はある。今季のチーム得点は、昨季ほど落ち込まないだろう。

■守備力 ➡…★★★★ ☆ 【昨年度チーム失策数67、リーグ2位】

堅守がチームのウリの1つ。ただ昨季は、三塁手アレナードのゴールドグラブ受賞が、10年連続でついにストップ。レジェンド捕手ヤディアー・モリナ引退の穴も大きかった。2021年は5人、22年は2人いたゴールドグラブ受賞者が、昨年は0人。最終候補に残ったのも、エドマンだけだった。

■機動力 ➡…★★★ ☆ ☆ 【昨年度チーム盗塁数101、リーグ12位】

スピードが大きな武器になっている選手は、主力ではエドマンのみ。ヌートバーも走塁センスは高いので、今季は盗塁数を増やすかもしれない。

カーディナルス

総合評価 ➡
★★★★ ☆

一昨年の地区1位から、昨季は最下位に転落。「現場監督」のモリナの存在が、いかに大きかったかを感じさせた。オフに球団は、コーチとしてモリナを呼び戻そうとしたが、家族との時間を優先したいと、ことわられた。ただ、アドバイザー役でフロント入り。

IN 主な入団選手
投手
ソニー・グレイ ← ツインズ
カイル・ギブソン ← オリオールズ
アンドルー・キトレッジ ← レイズ
ランス・リン ← ドジャース
キーナン・ミドルトン ← ヤンキース
野手
マット・カーペンター ← パドレス

OUT 主な退団選手
投手
ダコタ・ハドソン ➡ ロッキーズ
ドルー・ヴァーヘイゲン ➡ 北海道日本ハム
アダム・ウェインライト ➡ 引退
野手
タイラー・オニール ➡ レッドソックス
リッチー・パラシオス ➡ レイズ
アンドルー・キズナー ➡ レンジャーズ

7月2・3・4	パイレーツ*	**8月**1・2・3・4	カブス*	2・3・4	ブリュワーズ*
5・6・7・8	ナショナルズ*	6・7・8	レイズ	6・7・8	マリナーズ*
9・10	ロイヤルズ	9・10	ロイヤルズ*	10・11・12	レッズ
12・13・14	カブス	12・13・14	レッズ*	13・14・15	ブルージェイズ*
16	オールスターゲーム	16・17・18	ドジャース	16・17・18	パイレーツ
19・20・21	ブレーブス*	20・21・22	ブリュワーズ	20・21・22	ガーディアンズ*
22・23・24	パイレーツ*	23・24・25	ツインズ*	24・25・26	ロッキーズ*
26・27・28	ナショナルズ	26・27・28・29	パドレス	27・28・29	ジャイアンツ*
29・30・31	レンジャーズ	30・31・**9月**1	ヤンキース*		

球団メモ アダム・ウェインライトが昨季で引退。18シーズン、カーディナルス一筋にプレー。通算成績は478試合200勝128敗、防御率3.53。最多勝にも2度、輝いている。

地味ながら安定感抜群の新エース

先 発　移籍

54 ソニー・グレイ
Sonny Gray

35歳 | 1989.11.7生 | 178cm | 88kg | 右投右打
◆速球のスピード／150キロ台前半（フォーシーム）
◆決め球と持ち球／◎フォーシーム、◯スイーパー、
　◎カーブ、◯シンカー、◯カッター、◯チェンジアップ
◆対左打者被打率／.233　◆対右打者被打率／.220
◆ホーム防御率／2.67　◆アウェー防御率／2.92
◆ドラフトデータ／2011①アスレティックス
◆出身地／テネシー州
◆年俸／1000万ドル（約14億円）

球威	4
制球	5
緩急	5
守備・走塁	4
度胸	4

　オフに3年7500万ドルの契約で加入した新エース右腕。これまではアスレティックス、レッズ、ツインズといったワールドシリーズ制覇を狙えるほど強くない球団でのキャリアが長く、そうではなかったヤンキース時代に目立つ結果を出せなかったことから、日本人ファンの印象は良くない、あるいは薄いと思われる。しかし実際は、現役メジャーリーガーの中でも屈指の安定感を誇るベテラン投手だ。

　アスレティックス時代は2年連続で14勝をあげ、15年はサイ・ヤング賞投票で3位に。不遇のヤンキース時代を挟んでの19年には、レッズで2度目のオールスター選出。ツインズで投げた昨季は8勝8敗ながら防御率2.79、9イニング平均の被本塁打がわずか0.4本（184イニングで8被弾）という抜群の安定感が高く評価され、3度目のオールスター選出だけでなく、サイ・ヤング賞投票でも2位に入った。投球スタイルは150キロ超えのフォーシームに、スイーパーとカーブで緩急をつけ、シンカーやカッターでゴロを打たせるというもの。それでいて三振も奪えるので、ビッグイニングを作らせることなく、イニングを食っていく。

　ニックネームの「ピクルス」は、アスレティックス時代にニックネームを考えるよう言われて思いつかなかった際、チームメートが、グレイがピクルス好きなことから名付けたもの。本人も気に入っているようで、ウォームアップ中に「ピクルス」と書かれたTシャツを着ていたこともあった。

カモ C・コレイア（ツインズ）.125(16-2)0本　B・ハーパー（フィリーズ）.125(16-2)0本
苦手 I・ハップ（カブス）.500(12-6)1本　A・ベニンテンディ（ホワイトソックス）.423(26-11)1本

年度	所属チーム	勝利	敗戦	防御率	試合数	先発	セーブ	投球イニング	被安打	失点	自責点	被本塁打	与四球	奪三振	WHIP
2013	アスレティックス	5	3	2.67	12	10	0	64.0	51	22	19	4	20	67	1.11
2014	アスレティックス	14	10	3.08	33	33	0	219.0	187	84	75	15	74	183	1.19
2015	アスレティックス	14	7	2.73	31	31	0	208.0	166	71	63	17	59	169	1.08
2016	アスレティックス	5	11	5.69	22	22	0	117.0	133	80	74	18	42	94	1.50
2017	アスレティックス	6	5	3.43	16	16	0	97.0	84	48	37	8	30	94	1.18
2017	ヤンキース	4	7	3.72	11	11	0	65.1	55	31	27	11	27	59	1.26
2017	2チーム計	10	12	3.55	27	27	0	162.1	139	79	64	19	57	153	1.21
2018	ヤンキース	11	9	4.90	30	23	0	130.1	138	73	71	14	57	123	1.50
2019	レッズ	11	8	2.87	31	31	0	175.1	122	59	56	17	68	205	1.08
2020	レッズ	5	3	3.70	11	11	0	56.0	42	26	23	4	26	72	1.21
2021	レッズ	7	9	4.19	26	26	0	135.1	115	67	63	19	50	155	1.22
2022	ツインズ	8	5	3.08	24	24	0	119.2	99	44	41	11	36	117	1.13
2023	ツインズ	8	8	2.79	32	32	0	184.0	156	59	57	8	55	183	1.15
通算成績		98	85	3.47	279	270	0	1571.0	1348	664	606	146	544	1521	1.20

2年連続負け越しで正念場の逆輸入右腕 【先発】

39 マイルズ・マイコラス Miles Mikolas

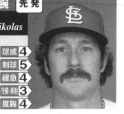

36歳 1988.8.23生 193cm／104kg 右投右打

◆速球のスピード／150キロ台前半（フォーシーム、シンカー）
◆決め球と持ち球／◎フォーシーム、◎スライダー、○カーブ、
○シンカー、○チェンジアップ ◆対左.285 ◆対右.279
◆ホ防5.55 ◆ア防4.05 ◆ド2009⑦パドレス ◆出フロリダ州
◆年1600万ドル（約22億4000万円） ◆最多勝1回（18年）

- 球威 4
- 制球 5
- 緩急 4
- 耐久・制 3
- 度胸 4

読売巨人軍で3年間プレーした経験がある、日本のファンにもおなじみのベテラン右腕。日本での活躍を経てMLBに復帰し、その1年目の2018年にいきなり18勝をあげて最多勝のタイトルを獲得。ただしその後はあまり順調ではなく、19年は一転してリーグ最多の14敗（9勝）。20年は全休して右腕を手術し、21年も9試合の登板のみ。22年から2年連続で200イニング以上を投げたが、12勝13敗の22年はともかく、9勝13敗だった昨季は、被安打（226）と自責点（107）がともにリーグワーストと、内容はイマイチだった。

カモ A・マカッチェン（パイレーツ）.105（19-2）0本　苦手 K・ヘイズ（パイレーツ）.500（16-8）0本

年度	所属チーム	勝利	敗戦	防御率	試合数	先発	セーブ	投球イニング	被安打	失点	自責点	被本塁打	与四球	奪三振	WHIP
2012	パドレス	2	1	3.62	25	0	0	32.1	32	15	13	4	15	23	1.45
2013	パドレス	0	0	0.00	2	0	0	1.2	0	0	0	0	1	1	0.60
2014	レンジャーズ	2	5	6.44	10	10	0	57.1	64	43	41	8	18	38	1.43
2018	カーディナルス	18	4	2.83	32	32	0	200.2	186	70	63	16	29	146	1.07
2019	カーディナルス	9	14	4.16	32	32	0	184.0	193	90	85	27	32	144	1.22
2021	カーディナルス	1	3	4.23	9	9	0	44.2	43	24	21	6	11	31	1.21
2022	カーディナルス	12	13	3.29	33	32	0	202.1	170	81	74	25	39	153	1.03
2023	カーディナルス	9	13	4.78	35	35	0	201.1	226	110	107	26	39	137	1.32
通算成績		54	53	3.93	178	150	0	924.1	914	433	404	112	184	673	1.19

チーム最年長選手が、最多イニング登板 【先発】 【移籍】

44 カイル・ギブソン Kyle Gibson

37歳 1987.10.23生 198cm／90kg 右投右打

◆速球のスピード／140キロ台後半（シンカー、フォーシーム）
◆決め球と持ち球／◎スイーパー、◎チェンジアップ、○シンカー、
○フォーシーム、△カッター、△カーブ ◆対左.292 ◆対右.249
◆ホ防4.97 ◆ア防4.57 ◆ド2009①ツインズ
◆出インディアナ州 ◆年1200万ドル（約16億8000万円）

- 球威 3
- 制球 4
- 緩急 4
- 耐久・制 3
- 度胸 3

メジャー11年間で、8度のシーズン2ケタ勝利をあげているベテラン右腕。1年1000万ドルの契約でオリオールズに加入した昨季は、開幕から離脱することなくローテーションを守り抜き、チーム最多の192イニングを投げ、キャリアハイの15勝を記録。「イニングイーター」＋「若い投手たちの教育係」という役割を十分に果たし、チームの地区優勝に貢献した。同レベルの働きを期待し、オフに1年1200万ドルの契約でカーディナルスが迎え入れている。

カモ W・コントレラス（ブリュワーズ）.000（11-0）0本　苦手 D・スワンソン（カブス）.692（13-9）1本

年度	所属チーム	勝利	敗戦	防御率	試合数	先発	セーブ	投球イニング	被安打	失点	自責点	被本塁打	与四球	奪三振	WHIP
2013	ツインズ	2	4	6.53	10	10	0	51.0	69	38	37	7	20	29	1.75
2014	ツインズ	13	12	4.47	31	31	0	179.1	178	91	89	12	57	107	1.31
2015	ツインズ	11	11	3.84	32	32	0	194.2	186	88	83	18	65	145	1.29
2016	ツインズ	6	11	5.07	25	25	0	147.1	175	89	83	20	55	104	1.56
2017	ツインズ	12	10	5.07	29	29	0	158.0	182	93	89	24	60	121	1.53
2018	ツインズ	10	13	3.62	32	32	0	196.2	177	88	79	23	79	179	1.30
2019	ツインズ	13	7	4.84	34	29	0	160.0	175	99	86	23	56	160	1.44
2020	レンジャーズ	2	6	5.35	12	12	0	67.1	73	44	40	12	30	58	1.53
2021	レンジャーズ	6	3	2.87	19	19	0	113.0	92	38	36	9	41	94	1.18
2021	フィリーズ	4	6	5.09	12	11	0	69.0	66	40	39	8	23	61	1.29
2021	2チーム計	10	9	3.71	31	30	0	182.0	158	78	75	17	64	155	1.22
2022	フィリーズ	10	8	5.05	31	31	0	167.2	176	98	94	24	48	144	1.34
2023	オリオールズ	15	9	4.73	33	33	0	192.0	198	101	101	23	55	157	1.32
通算成績		104	100	4.54	300	294	0	1696.0	1747	907	856	203	589	1359	1.38

対左＝対左打者被打率　対右＝対右打者被打率　ホ防＝ホーム防御率　ア防＝アウェー防御率
ド＝ドラフトデータ　出＝出身地　年＝年俸

カーディナルス

ニックネームは名守護神の登場曲　クローザー

56　ライアン・ヘルズリー　*Ryan Helsley*

30歳 1994.7.18生 | 188cm | 104kg | 右投右打 | 速160キロ前後(フォーシーム) | 決◎フォーシーム
対左.224 対右.134 ド2015⑤カーディナルス 出オクラホマ州 年380万ドル(約5億3200万円)

球 5
制 3
縦 4
守 3
度 5

　平均球速160キロのフォーシームを投げる、カーディナルス生え抜きのファイアーボーラー。ブレイクしたのは2022年で、54イニングで94奪三振、防御率1.25をマークし、リリーバーながらサイ・ヤング賞争いで票を得た。昨季は開幕から安定を欠き、右前腕の故障による長期離脱もあったが、9月に復帰後は好投している。アメリカ先住民族のチェロキー族の血を引いており、チェロキー語もいくらか話すことができる。愛称の「ヘルズ・ベルズ」は名前にかけたものだが、同名の名曲は、通算601セーブの殿堂入り投手トレヴァー・ホフマンの登場曲としても有名。

年度	所属チーム	勝利	敗戦	防御率	試合数	先発	セーブ	投球イニング	被安打	失点	自責点	被本塁打	与四球	奪三振	WHIP
2023	カーディナルス	3	4	2.45	33	0	14	36.2	21	11	10	1	17	52	1.06
通算成績		21	12	2.83	174	0	35	197.1	132	67	62	19	84	235	1.09

新天地で右ヒジ手術からの完全復活を　セットアップ　移籍

27　アンドルー・キトレッジ　*Andrew Kittredge*

34歳 1990.3.17生 | 185cm | 104kg | 右投右打 | 速150キロ台前半(シンカー) | 決◎スライダー
対左.118 対右.333 ド2008㊺マリナーズ 出ワシントン州 年263万ドル(約3億6820万円)

球 4
制 4
縦 3
守 4
度 4

　オフにレイズとのトレードで獲得した元オールスター右腕。2021年に57試合で防御率1.88と活躍して球宴初選出を果たしたが、ここ2年はトミー・ジョン手術の影響で登板機会が少なかった。それでも昨季の復帰後は14試合で防御率3.09と復調の気配を示したことで、カーディナルスがブルペン強化の一環として白羽の矢を立てた。本来はシンカー主体でゴロを打たせるタイプだが、故障明けの昨季はライナー性の打球を打たれることが多かった。本格的な復帰となる今季は完全復活といきたい。ちなみに21年の球宴は、菊池雄星らの出場辞退による代替選出だった。

年度	所属チーム	勝利	敗戦	防御率	試合数	先発	セーブ	投球イニング	被安打	失点	自責点	被本塁打	与四球	奪三振	WHIP
2023	レイズ	2	0	3.09	14	0	1	11.2	12	4	4	1	2	10	1.20
通算成績		18	7	3.65	181	15	15	214.2	208	97	87	28	56	206	1.23

7年ぶりに古巣へ帰還した技巧派右腕　先発　移籍

31　ランス・リン　*Lance Lynn*

37歳 1987.5.12生 | 196cm | 122kg | 右投両打 | 速140キロ台後半(フォーシーム) | 決◎カッター
対左.290 対右.230 ド2008①カーディナルス 出インディアナ州 年1000万ドル(約14億円)

球 3
制 3
縦 4
守 4
度 4

　2017年以来となるカーディナルス復帰を果たした右腕。以前は、メジャー2年目の2012年に18勝をあげてからトミー・ジョン手術による全休を挟んで、5回の2ケタ勝利とエース級の働きを見せていた。当時と比べるとカーブの比率が減ってカッターに頼ることが多くなり、さらにここ2年はスライダーの割合も増えて技巧派のイメージが強くなっている。昨季はホワイトソックスとドジャースで13勝をあげたものの、防御率は5.73とキャリアワーストだった。防御率が悪くなった最大の原因は、ホームランを打たれまくったこと。昨季の本塁打44はメジャー最多。

年度	所属チーム	勝利	敗戦	防御率	試合数	先発	セーブ	投球イニング	被安打	失点	自責点	被本塁打	与四球	奪三振	WHIP
2023	ホワイトソックス	6	9	6.47	21	21	0	119.2	130	94	86	28	45	144	1.46
2023	ドジャース	7	2	4.36	11	11	0	64.0	59	33	31	16	22	47	1.27
2023	2チーム計	13	11	5.73	32	32	0	183.2	189	127	117	44	67	191	1.39
通算成績		136	95	3.74	341	317	1	1889.0	1743	852	784	215	660	1906	1.27

速=速球のスピード　決=決め球　対左=対左打者被打率
ド=ドラフトデータ　出=出身地　年=年俸　対右=対右打者被打率

投 手

65 ジオヴァニー・ガイエゴス *Giovanny Gallegos*

WBCでは日本に逆転サヨナラ負け セットアップ

33歳 1991.8.14生｜188cm｜97kg｜右投右打 速140キロ台後半(フォーシーム) 決◎スライダー
対左.299 対右.220 ド2011外ヤンキース 田メキシコ 囲550万ドル(約7億7000万円)

球3
制3
緩3
守・走4
度4

昨季はヘルズリーが故障で不在だったシーズン中盤に、クローザーを務めたメキシコ出身のリリーフ右腕。2021年はアレックス・レイエスに次ぐ14セーブ、22年もヘルズリーに次ぐ14セーブをあげているように、中継ぎをメインとしつつも、クローザーの負担を軽減する貴重な役割を果たしている。昨年3月のWBCには、メキシコ代表のクローザーとして出場。セーブもマークしたが、準決勝の日本戦では先頭の大谷翔平にツーベースを許したのをきっかけに崩れ、吉田正尚への四球後、村上宗隆に逆転サヨナラ負けとなる2点タイムリーツーベースを浴びてしまった。

年度	所属チーム	勝利	敗戦	防御率	試合数	先発	セーブ	投球イニング	被安打	失点	自責点	被本塁打	与四球	奪三振	WHIP
2023	カーディナルス	2	4	4.42	56	0	10	55.0	54	28	27	11	12	59	1.20
通算成績		16	20	3.29	290	0	44	315.0	232	121	115	38	78	375	0.98

32 スティーヴン・マッツ *Steven Matz*

先発ローテーション再定着を目指すサウスポー 先発ロングリリーフ

33歳 1991.5.29生｜188cm｜90kg｜左投右打 速150キロ前後(シンカー) 決◎チェンジアップ
対左.215 対右.275 ド2009②メッツ 田ニューヨーク州 囲1200万ドル(約16億8000万円)

球4
制4
緩3
守・走3
度3

4年4400万ドルの契約の、3年目を迎えた左腕。メッツ時代から才能は高く評価されていたが、故障の多さが難点で、カーディナルスと契約後も左肩の故障などを繰り返し、ここ2年間で9勝にとどまっている。本来は先発型で、ブルージェイズ時代の2021年にはキャリアハイの14勝をあげているが、昨季はビハインドのゲームで、リリーフ登板するシーンも多く見られた。子供の頃の夢は消防士で、プロキャリアが浅い時期に故障した際は、転職も考えたという。妻のテイラーさんはミュージシャン。夫婦で、小児医療の支援など、様々な慈善活動に取り組んでいる。

年度	所属チーム	勝利	敗戦	防御率	試合数	先発	セーブ	投球イニング	被安打	失点	自責点	被本塁打	与四球	奪三振	WHIP
2023	カーディナルス	4	7	3.86	25	17	0	105.0	108	48	45	11	32	98	1.33
通算成績		54	58	4.25	181	163	0	883.1	901	447	417	133	265	848	1.32

53 アンドレ・パランテ *Andre Pallante*

快速球が魅力のWBCイタリア代表 ミドルリリーフ

26歳 1998.9.18生｜183cm｜91kg｜右投右打 速150キロ台後半(フォーシーム) 決◎フォーシーム
対左.234 対右.357 ド2019④カーディナルス 田カリフォルニア州 囲74万ドル(約1億360万円)+α

球5
制2
緩2
守・走3
度4

速球が持ち味のメジャー3年目の豪腕。マイナー時代は主に先発を務め、メジャーデビューした2022年も10試合に先発したが、2年目の昨季は、62試合の登板すべてがリリーフだった。まだ大事な局面を任せられるほどの信頼も実績もないが、160キロ近い豪速球は魅力的で、この球速をより生かせるのは、先発よりブルペンという首脳陣の判断なのだろう。今季は、リードしている場面での登板を増やしていくのが課題となる。カリフォルニア州で生まれ育っているが、イタリア系でもあり、昨年3月のWBCには、イタリア代表チームの一員として出場している。

年度	所属チーム	勝利	敗戦	防御率	試合数	先発	セーブ	投球イニング	被安打	失点	自責点	被本塁打	与四球	奪三振	WHIP
2023	カーディナルス	4	1	4.76	62	0	0	68.0	76	37	36	6	30	43	1.56
通算成績		10	6	3.78	109	10	0	176.0	189	76	74	15	70	116	1.47

カーディナルス

WBCメキシコ代表で2勝をマーク

セットアップ

59 ジョジョ・ロメーロ *JoJo Romero*

28歳 1996.9.9生｜180cm｜90kg｜左投左打｜園150キロ台前半(シンカー主体)｜図◎スライダー
対左.105 対右.260 Ⓟ2016④フィリーズ 岡カリフォルニア州 囲86万ドル(約1億2040万円)

球	4
制	3
緩	3
守	3
度	4

高速シンカーを軸に、チェンジアップとスライダーでゴロを打たせるのが持ち味のリリーフ左腕。奪三振も悪くなく、昨季は課題だった制球力にも大幅な向上が見られた。2020年にフィリーズでメジャーデビューし、22年途中にカーディナルスへトレードで移籍。さらなる首脳陣の信頼を勝ち取り、今季はメジャー定着を目指す。昨年3月のWBCでは、ガイエゴスとともにメキシコ代表でプレー。4試合の登板で2勝をあげた。登録名の「ジョジョ」は祖父が付けたニックネームで、本名は「ジョセフ」。メキシコ人の祖父には、「ジョセフ」の発音が難しかったのだとか。

年度	所属チーム	勝利	敗戦	防御率	試合数	先発	セーブ	投球イニング	被安打	失点	自責点	被本塁打	与四球	奪三振	WHIP
2023	カーディナルス	4	2	3.68	27	0	3	36.2	29	17	15	1	10	42	1.06
通算成績		4	2	4.95	67	0	3	72.2	67	44	40	9	26	77	1.28

2018年の大谷初登板試合で、セーブを記録

ミドルリリーフ **移籍**

99 キーナン・ミドルトン *Keynan Middleton*

31歳 1993.9.12生｜190cm｜97kg｜右投右打｜園150キロ台中頃(フォーシーム)｜図◎チェンジアップ
対左.205 対右.221 Ⓟ2013③エンジェルス 岡オレゴン州 囲500万ドル(約7億円)

球	4
制	2
緩	4
守	3
度	4

昨季はホワイトソックスとマイナー契約を交わして開幕を迎えたが、4月に入ってすぐメジャー昇格。リリーフでまずまずのピッチングを見せ、8月1日にトレードでヤンキースへ移籍後は、12試合(14回1/3)に投げて防御率は1.88だった。2017年にエンジェルスでメジャーデビューし、その年、64試合に登板。翌18年4月1日、大谷翔平が先発し、メジャー初登板初勝利を飾った試合で最後を締めたのが、このミドルトンだった。だが、同年5月に右ヒジを痛め、トミー・ジョン手術を受けることに。復帰後は数年、低迷していたが、昨季、復活の気配を見せている。

年度	所属チーム	勝利	敗戦	防御率	試合数	先発	セーブ	投球イニング	被安打	失点	自責点	被本塁打	与四球	奪三振	WHIP
2023	ホワイトソックス	2	2	3.96	39	0	2	36.1	33	17	16	7	16	47	1.35
2023	ヤンキース	0	0	1.88	12	0	0	14.1	7	3	3	1	7	17	0.98
2023	2チーム計	2	2	3.38	51	0	2	50.2	40	20	19	8	23	64	1.24
通算成績		10	8	3.84	205	0	15	194.1	176	91	83	29	85	199	1.34

ゴードン・グラセッフォ *Gordon Graceffo*

先発 **期待度 B+**

24歳 2000.3.17生｜193cm｜95kg｜右投右打｜◆昨季は3Aでプレー Ⓟ2021⑤カーディナルス 岡ニュージャージー州

2021年のドラフト5巡指名でのプロ入りから、スピード出世してきた若手右腕。ただ、3Aでの1年目だった昨季は、右肩の故障もあり、目立った成績は残せなかった。武器は、チェンジアップとタテに鋭く変化するスライダー。昨季は制球に苦しんだため、オフに投球フォームの見直しを行っている。

61 セム・ロバーサ *Sem Robberse*

先発 **期待度 B-** **ルーキー**

23歳 2001.10.12生｜185cm｜83kg｜右投右打｜◆昨季は2A,3Aでプレー Ⓟ2019⑭ブルージェイズ 岡オランダ

昨季途中のトレードで、ブルージェイズ傘下から移籍の右腕。スライダーと冷静なマウンドさばきが評価されている。オランダ出身だが、キュラソー島育ちではなく、生まれも育ちもオランダ本土。ブルージェイズの国際スカウトが発掘した掘り出し物だ。野球経験者の父から指導を受け、成長した。

園=速球のスピード 図=決め球 対左=対左打者被打率 対右=対右打者被打率
Ⓟ=ドラフトデータ 岡=出身地 囲=年俸

※メジャー経験がない投手の「先発」「リリーフ」はマイナーでの役割

WBCで日本人の心をつかんだ「たっちゃん」 レフト／センター

21 ラーズ・ヌートバー
Lars Nootbaar

27歳 1997.9.8生｜190cm｜95kg｜右投左打
◆対左投手打率／.229(109-25)　◆対右投手打率／.271(317-86)
◆ホーム打率／.243(206-50)　◆アウェー打率／.277(220-61)
◆得点圏打率／.293(92-27)
◆23年のポジション別出場数／センター＝73、
ライト＝34、レフト＝24、DH＝2
◆ドラフトデータ／2018⑧カーディナルス
◆出身地／カリフォルニア州
◆年俸／74万ドル(約1億360万円)＋α

ミート 3
パワー 3
走塁 4
守備 4
肩 4

カーディナルス

　2023年のWBCでは、史上初の日系メジャーリーガーとして日本代表入りし、優勝に貢献した「たっちゃん」。この愛称はミドルネームの「タッジ」から来ている。本人はカリフォルニア州生まれの米国人だが、母親が埼玉県出身の日本人だったため、WBCで日本代表入りの資格があった。日本語はほとんどしゃべれないものの、明るい性格ですぐに代表に溶け込み、カーディナルスで同僚が活躍したときに見せていたペッパーミル・パフォーマンス(両手でコショウをひく仕草)は、代表でも人気を博し、定着した。

　当初は、日本国籍を持たず、メジャーリーガーとしての実績もまだ浅いヌートバーの侍ジャパン入りに、否定的な声も聞かれた。だが、WBCでは決勝までの全7試合で「1番・センター」で先発出場し、出塁率4割2分4厘とチャンスメーカーの役目をきっちりこなした。明るいキャラクター性もあってファンからの人気も高まり、のちに母親とともに、CM出演まで果たした。メジャーデビューは21年。この年は58試合で5本塁打をマークし、翌22年はライトを中心に外野のポジション争いに割って入って、108試合で14本塁打。打率こそ2割2分8厘だったが、持ち前の選球眼で四球をよく選び、出塁率は3割4分0厘と高かった。

　WBC優勝を手土産に開幕を迎えた23年は、2度のIL入りこそあったものの、メジャー3年目で初めて規定打席に到達。117試合で14本塁打を放ち、打率と出塁率は前年(22年)より向上するなど、着実な成長を見せた。

　ただし、カーディナルスの外野陣は激戦区。正左翼手タイラー・オニールはオフにレッドソックスへトレードされたが、まだ有望株としての序列はヌートバーより上のジョーダン・ウォーカーや、内野も守れるブレンダン・ドノヴァンとトミー・エドマン、さらにアレック・バールソンやディラン・カールソンらもいて、ヌートバーといえども気は抜けない。

カモ M・ケラー(パイレーツ).417(12-5)1本　D・スマイリー(カブス).429(7-3)1本
苦手 C・バーンズ(ブリュワーズ).133(15-2)1本　D・ベドナー(パイレーツ).000(6-0)0本

年度	所属チーム	試合数	打数	得点	安打	二塁打	三塁打	本塁打	打点	四球	三振	盗塁	盗塁死	出塁率	OPS	打率
2021	カーディナルス	58	109	15	26	3	1	5	15	13	28	2	1	.317	.739	.239
2022	カーディナルス	108	290	53	66	16	3	14	40	51	71	4	1	.340	.788	.228
2023	カーディナルス	117	426	74	111	23	1	14	46	72	99	11	1	.367	.785	.261
通算成績		283	825	142	203	42	5	33	101	136	198	17	3	.351	.780	.246

カモ 苦手 は通算成績

野手

一時は正捕手の座を下ろされる屈辱を味わう キャッチャー

40 ウィルソン・コントレラス *Willson Contreras*

32歳 1992.5.13生 | 185cm | 101kg | 右投右打 ◆盗塁阻止率／.236(55-13)

◆対左投手打率／.296 ◆対右投手打率／.253
◆ホーム打率／.259 ◆アウェー打率／.269 ◆得点圏打率／.314
◆23年のポジション別出場数／キャッチャー＝97、DH＝30
◆Ⓓ2009㋕カブス ◆⊞ベネズエラ
◆㍊1800万ドル（約25億2000万円）

ミート **3**
パワー **4**
走塁 **2**
守備 **2**
肩 **5**

オールスターに３度選出された実績を持つ強打の捕手。22年オフ、同地区カブスをFAとなり、５年8750万ドルの契約で、レジェンド捕手ヤディアー・モリナの抜けたカーディナルスに招かれた。しかし、リードやフレーミングに難があるコントレラスに、グラウンド上の監督として、長年カーディナルスを支えたモリナの代わりは無理な話だった。開幕から投手と息が合わず、５月には一時期、マスクをかぶる機会を奪われ、DHで出場していた。打撃面では、昨季も強打者ぶりを発揮。３年連続となる20本塁打をクリアした。

カモ M・ケリー（ダイヤモンドバックス）.600(10-6)1本　苦手 D・ベドナー（パイレーツ）.000(8-0)0本

年度	所属チーム	試合数	打数	得点	安打	二塁打	三塁打	本塁打	打点	四球	三振	盗塁	盗塁死	出塁率	OPS	打率
2016	カブス	76	252	33	71	14	1	12	35	26	67	2	2	.357	.845	.282
2017	カブス	117	377	50	104	21	0	21	74	45	98	5	4	.356	.855	.276
2018	カブス	138	474	50	118	27	5	10	54	53	121	4	1	.339	.729	.249
2019	カブス	105	360	57	98	18	2	24	64	38	102	1	2	.355	.888	.272
2020	カブス	57	189	37	46	10	0	7	26	20	57	1	2	.356	.763	.243
2021	カブス	128	413	61	98	20	0	21	57	52	138	5	4	.340	.778	.237
2022	カブス	113	416	65	101	23	2	22	55	45	103	4	3	.349	.815	.243
2023	カーディナルス	125	428	55	113	27	0	20	67	51	111	6	3	.358	.825	.264
通算成績		859	2909	408	749	160	10	137	432	330	797	28	20	.350	.811	.257

通算300本塁打と通算1000打点を達成したが… サード

28 ノーラン・アレナード *Nolan Arenado*

33歳 1991.4.16生 | 188cm | 97kg | 右投右打

◆対左投手打率／.220 ◆対右投手打率／.280
◆ホーム打率／.276 ◆アウェー打率／.255 ◆得点圏打率／.258
◆23年のポジション別出場数／サード＝128、DH＝15
◆Ⓓ2009②ロッキーズ ◆⊞カリフォルニア州
◆㍊3500万ドル（約49億円）◆本塁打王3回（15、16、18年）、打点王2回（15、16年）、
ゴールドグラブ賞10回（13～22年）、シルバースラッガー賞5回（15～18、22年）

ミート **4**
パワー **5**
走塁 **2**
守備 **5**
肩 **4**

昨季、通算300本塁打を達成した、将来の殿堂入りが見込まれる三塁手。ただし、昨季はやや精彩を欠き、短縮シーズンを除けば７年連続で続いていた「30本塁打・100打点」が途切れ、メジャーデビューから続いていたゴールドグラブ賞の獲得も、10年連続で途切れてしまった。スタッツを分析すると、目についたのは、フライを打つ割合がここ２年に比べて１割ほど落ちて約４割になり、その分、ゴロ率が増加したこと。この修正が復活のカギとなるか。

カモ G・コール（ヤンキース）.455(22-10)3本　苦手 前田健太（タイガース）.133(30-4)0本

年度	所属チーム	試合数	打数	得点	安打	二塁打	三塁打	本塁打	打点	四球	三振	盗塁	盗塁死	出塁率	OPS	打率
2013	ロッキーズ	133	486	49	130	29	4	10	52	23	72	2	0	.301	.706	.267
2014	ロッキーズ	111	432	58	124	34	2	18	61	25	58	2	1	.328	.828	.287
2015	ロッキーズ	157	616	97	177	43	4	42	130	34	110	2	5	.323	.898	.287
2016	ロッキーズ	160	618	116	182	35	6	41	133	68	103	2	3	.362	.932	.294
2017	ロッキーズ	159	606	100	187	43	7	37	130	62	106	3	2	.373	.959	.309
2018	ロッキーズ	156	590	104	175	38	2	38	110	73	122	2	2	.374	.935	.297
2019	ロッキーズ	155	588	102	185	31	2	41	118	62	93	3	2	.379	.962	.315
2020	ロッキーズ	48	182	23	46	9	0	8	26	15	20	0	0	.303	.737	.253
2021	カーディナルス	157	593	81	151	34	3	34	105	50	96	2	0	.312	.806	.255
2022	カーディナルス	148	557	73	163	42	1	30	103	52	72	5	3	.358	.891	.293
2023	カーディナルス	144	560	71	149	26	2	26	93	41	101	3	1	.315	.774	.266
通算成績		1528	5828	874	1669	364	33	325	1061	505	953	26	21	.343	.870	.286

Ⓓ=ドラフトデータ　⊞=出身地　㍊=年俸　カモ 苦手 は通算成績

19 俊足堅守が光る韓国代表ユーティリティ

トミー・エドマン *Tommy Edman*

センターセカンドレフト

29歳｜1995.5.9生｜178cm｜81kg｜右投両打
- ◆対左投手打率／.250　◆対右投手打率／.248
- ◆ホーム打率／.258　◆アウェー打率／.238　◆得点圏打率／.222
- ◆23年のポジション別出場数／セカンド=51、ショート=48、センター=42、ライト=8
- ◆Ⓓ2016⑥カーディナルス　◆Ⓑカリフォルニア州
- ◆Ⓢ700万ドル（約9億8000万円）　◆ゴールドグラブ賞1回（21年）

ミート **3**
パワー **3**
走塁 **5**
守備 **5**
肩 **3**

　母親が韓国出身の韓国系アメリカ人で、昨年3月のWBCでは韓国代表でプレー。ただし3試合で2安打に終わり、1次リーグ敗退。MLBでは3年連続で30盗塁前後をマークしている俊足と、二塁手として21年にゴールドグラブ賞を獲得しながら、三塁や遊撃、外野も守れる万能性で、チームに貢献している。今季も二塁と外野を中心に、チームが必要とするポジションを埋めて回る働きが期待されている。妻のクリスティンさんは、お父さんが日本人。

カモ B・ウィルソン（ブリュワーズ）.700(10-7)1本　苦手 A・ノーラ（フィリーズ）.063(16-1)0本

年度	所属チーム	試合数	打数	得点	安打	二塁打	三塁打	本塁打	打点	四球	三振	盗塁	盗塁死	出塁率	OPS	打率
2019	カーディナルス	92	326	59	99	17	7	11	36	16	61	15	1	.350	.850	.304
2020	カーディナルス	55	204	29	51	7	1	5	26	16	48	2	4	.317	.685	.250
2021	カーディナルス	159	641	91	168	41	3	11	56	38	95	30	5	.308	.695	.262
2022	カーディナルス	153	577	95	153	31	4	13	57	46	111	32	3	.324	.724	.265
2023	カーディナルス	137	479	69	119	25	4	13	47	35	84	27	4	.307	.706	.248
通算成績		596	2227	343	590	121	19	53	222	151	399	106	17	.319	.727	.265

カーディナルス

46 まだまだ攻守の主軸として活躍を

ポール・ゴールドシュミット *Paul Goldschmidt*

ファースト

37歳｜1987.9.10生｜190cm｜99kg｜右投右打
- ◆対左投手打率／.295　◆対右投手打率／.259
- ◆ホーム打率／.278　◆アウェー打率／.258　◆得点圏打率／.255
- ◆23年のポジション別出場数／ファースト=133、DH=21
- ◆Ⓓ2009⑧ダイヤモンドバックス　◆Ⓑデラウェア州
- ◆Ⓢ2200万ドル（約30億8000万円）　◆MVP1回（22年）、本塁打王1回（13年）、打点王1回（13年）、ゴールドグラブ賞4回（13、15、17、21年）、シルバースラッガー賞5回（13、15、17、18、22年）、ハンク・アーロン賞2回（13、22年）

ミート **5**
パワー **5**
走塁 **3**
守備 **4**
肩 **3**

　万年候補どまりから脱却し、2022年に初のナショナル・リーグMVPを獲得したスラッガー。ただし、昨季はアレナードともども成績が下降したことで、チーム低迷の要因となってしまった。25本塁打、80打点、OPS.810は十分に水準以上で、一塁の守備でも貢献していたが、期待の高さに応えたとは言い難い。昨年6月、イギリスのロンドンで開催されたゲームに出場。これまでアメリカとカナダ以外に、オーストラリア、メキシコでもレギュラーシーズンの試合を経験しており、5カ国で試合に出たメジャー初の選手になった。

カモ K・ゴーズマン（ブルージェイズ）.667(9-6)1本　苦手 A・ディアス（レッズ）.000(8-0)0本

年度	所属チーム	試合数	打数	得点	安打	二塁打	三塁打	本塁打	打点	四球	三振	盗塁	盗塁死	出塁率	OPS	打率
2011	ダイヤモンドバックス	48	156	28	39	9	1	8	26	20	53	4	0	.333	.807	.250
2012	ダイヤモンドバックス	145	514	82	147	43	4	20	82	60	130	18	3	.359	.849	.286
2013	ダイヤモンドバックス	160	602	103	182	36	3	36	125	99	145	15	7	.401	.952	.302
2014	ダイヤモンドバックス	109	406	75	122	39	1	19	69	64	110	9	3	.396	.938	.300
2015	ダイヤモンドバックス	159	567	103	182	38	2	33	110	118	151	21	5	.435	1.005	.321
2016	ダイヤモンドバックス	158	579	106	172	33	3	24	95	110	150	32	5	.411	.900	.297
2017	ダイヤモンドバックス	155	558	117	166	34	3	36	120	94	147	18	5	.404	.967	.297
2018	ダイヤモンドバックス	158	593	95	172	35	5	33	83	90	173	7	4	.389	.922	.290
2019	カーディナルス	161	597	97	155	25	1	34	97	78	166	3	1	.346	.822	.260
2020	カーディナルス	58	191	31	58	13	0	6	21	37	43	1	0	.417	.883	.304
2021	カーディナルス	158	603	102	177	36	2	31	99	67	136	12	0	.365	.879	.294
2022	カーディナルス	151	561	106	178	41	0	35	115	79	141	7	0	.404	.982	.317
2023	カーディナルス	154	593	89	159	31	0	25	80	87	161	11	2	.363	.810	.268
通算成績		1774	6520	1134	1909	413	22	340	1122	1003	1706	158	35	.388	.907	.293

397

野手

パワーを証明した次代の中軸候補
16 ノーラン・ゴーマン *Nolan Gorman*

セカンド DH

24歳 2000.5.10生｜185cm｜95kg｜右投左打｜対左.260｜対右.231｜ホ.274｜ア.204
得.271｜ド2018①カーディナルス｜出アリゾナ州｜年74万ドル（約1億360万円）+α

ミ2 バ4 走2 守3 肩3

　2018年のドラフトで、カーディナルスから1巡目に指名された強打の内野手。もともとは三塁手だったが、アレナードとの兼ね合いで二塁手として22年にメジャーデビュー。1年目から89試合で14本塁打と持ち前のパワーを発揮し、昨季は119試合でチーム最多の27本塁打と、さらなる成長を見せている。学習能力が高く、1年目に苦戦したハイ・ファストボールに、昨季はうまく対応できるようになっていた。チームメートの左腕マシュー・リベラトーレは幼馴染。ともにルーキーだった22年5月、自らのメジャー初本塁打で、親友のメジャー初勝利をアシストした。

年度	所属チーム	試合数	打数	得点	安打	二塁打	三塁打	本塁打	打点	四球	三振	盗塁	盗塁死	出塁率	OPS	打率
2023	カーディナルス	119	406	59	96	17	0	27	76	53	148	7	2	.328	.806	.236
通算成績		208	689	103	160	30	0	41	111	81	251	8	2	.317	.771	.232

メジャーデビューから12試合連続安打
18 ジョーダン・ウォーカー *Jordan Walker*

ライト レフト

22歳 2002.5.22生｜198cm｜110kg｜右投右打｜対左.231｜対右.292｜ホ.310｜ア.237
得.248｜ド2020①カーディナルス｜出ジョージア州｜年74万ドル（約1億360万円）+α

ミ3 バ4 走3 守2 肩5

　現在のカーディナルスで、最も将来を期待されている新鋭。2020年のドラフトで、1巡目に指名されプロ入り。プロデビューから2年しか経っていない昨季開幕戦、20歳でメジャーデビューを果たした。デビュー戦から12試合連続で安打を放ったが、これは近代メジャーにおける21歳未満の選手の記録としては、1912年のエディ・マーフィー以来で、111年ぶりの快挙だった。最終的には117試合に出場し、打率2割7分6厘、16本塁打と1年目にしては十分に合格点。ただ、プロ入り時は三塁手だったため、外野の守備には、まだ不安が多く残る。肩は強いほうだ。

年度	所属チーム	試合数	打数	得点	安打	二塁打	三塁打	本塁打	打点	四球	三振	盗塁	盗塁死	出塁率	OPS	打率
2023	カーディナルス	117	420	51	116	19	2	16	51	37	104	7	4	.342	.787	.276
通算成績		117	420	51	116	19	2	16	51	37	104	7	4	.342	.787	.276

指揮官を喜ばせる万能プレーヤー
33 ブレンダン・ドノヴァン *Brendan Donovan*

ユーティリティ

27歳 1997.1.16生｜185cm｜88kg｜右投左打｜対左.236｜対右.294｜ホ.275｜ア.294
得.310｜ド2018⑦カーディナルス｜出ドイツ｜年74万ドル（約1億360万円）+α ◆ゴールドグラブ賞1回（22年）

ミ4 バ3 走3 守4 肩4

　2022年のメジャー1年目に、ゴールドグラブ賞（ユーティリティ部門）を獲得したスーパーサブ。二塁を本職としつつ、内野の全ポジションと外野の両翼の合計6ポジションを2年連続で守って、大いにベンチを助けている。2年目の昨季は7月末までに2ケタの本塁打を放つなど、打撃面でも成長を示した。95試合の出場にとどまったのは、ヒジを痛め、8月以降、試合に出られなかったため。回復は順調で、今季は開幕からプレーできる見込みだ。USACRC（アメリカ陸軍戦闘即応センター）所属の父が駐在していた関係で、ドイツのヴュルツブルクで生まれている。

年度	所属チーム	試合数	打数	得点	安打	二塁打	三塁打	本塁打	打点	四球	三振	盗塁	盗塁死	出塁率	OPS	打率
2023	カーディナルス	95	327	48	93	10	1	11	34	33	53	5	1	.365	.787	.284
通算成績		221	718	112	203	31	2	16	79	93	123	7	4	.381	.779	.283

対左=対左投手打率　対右=対右投手打率　ホ=ホーム打率　ア=アウェー打率　得=得点圏打率
ド=ドラフトデータ　出=出身地　年=年俸

投打二刀流から卒業した正遊撃手候補

ショート **ルーキー**

0 メイシン・ウィン *Masyn Winn*

22歳 2002.3.21生｜180cm｜81kg｜右投右打 [対左].200 [対右].161 [ホ].224 [ア].125 [得].091 [ド]2020②カーディナルス [出]テキサス州 [年]74万ドル（約1億360万円）+α

ミ **3**
バ **2**
走 **4**
守 **4**
肩 **5**

昨年8月にメジャーデビューし、ポール・デヨングがトレードされたあとのショートを守った若手有望株。37試合の出場と限られた機会で、あまりアピールはできなかったが、3Aでは約100試合で3割弱の打率に20本塁打・20盗塁近い成績を残していたように、伸びしろには十分期待が持てる。今季は開幕から正遊撃手としての働きが期待されており、メジャー2年目にして、キャリアを左右するシーズンとなりそうだ。2020年のドラフト2巡目で指名された当時は、投打の二刀流という触れ込みだったが、プロ入り後、投手としての登板はマイナーでの1試合のみ。

年度	所属チーム	試合数	打数	得点	安打	二塁打	三塁打	本塁打	打点	四球	三振	盗塁	盗塁死	出塁率	OPS	打率
2023	カーディナルス	37	122	8	21	2	0	2	12	10	26	2	1	.230	.468	.172
通算成績		37	122	8	21	2	0	2	12	10	26	2	1	.230	.468	.172

メジャーの壁で伸び悩む若手スラッガー

レフト **ライト** **ファースト**

41 アレック・バールソン *Alec Burleson*

26歳 1998.11.25生｜188cm｜95kg｜左投左打 [対左].259 [対右].243 [ホ].279 [ア].211 [得].213 [ド]2020①カーディナルス [出]ノースカロライナ州 [年]74万ドル（約1億360万円）+α

ミ **3**
バ **3**
走 **2**
守 **2**
肩 **3**

ウィンと同じく2020年のドラフト2巡目指名（全体70位、ウィンは全体54位）で、1年早く22年にメジャーデビューした一塁手兼外野手。初めてメジャーでフルシーズンを過ごした昨季は、107試合で8本塁打と苦しんだものの、22年は3Aで打率3割3分1厘、20本塁打、87打点をマークしたようにポテンシャルは秘めている。ただし、昨季はアピール失敗により、外野のポジション争いでの序列を下げてしまい、今季はマイナーでプレーする機会が増えるかもしれない。大学時代は投打の二刀流プレーヤーで、昨季は大量リードを許したゲームで2試合、登板した。

年度	所属チーム	試合数	打数	得点	安打	二塁打	三塁打	本塁打	打点	四球	三振	盗塁	盗塁死	出塁率	OPS	打率
2023	カーディナルス	107	315	34	77	20	1	8	36	23	45	3	1	.300	.690	.244
通算成績		123	363	38	86	21	1	9	39	28	54	4	1	.295	.670	.237

早くも正念場を迎えた元新人王候補

センター **ライト**

3 ディラン・カールソン *Dylan Carlson*

26歳 1998.10.23生｜188cm｜92kg｜左投両打 [対左].268 [対右].196 [ホ].220 [ア].219 [得].292 [ド]2016①カーディナルス [出]カリフォルニア州 [年]235万ドル（約3億2900万円）

ミ **2**
バ **2**
走 **2**
守 **3**
肩 **3**

2016年のドラフト1巡目指名で入団した元トップ・プロスペクト。20年に21歳でメジャーデビューし、21年には149試合出場で18本塁打を放って、新人王投票でも3位に入った。ただし以降は伸び悩んでいる印象で、22年は128試合に出場したものの8本塁打に終わるなど軒並み成績を落とし、昨季は76試合の出場にとどまった。その間にヌートバーらの台頭があったことで、今季開幕時点ではバールソンと控え外野手の座を争う立ち位置になると思われる。ブレイクした21年と比べると、四球が増えて三振が減ったのは良い傾向だが、出塁率と長打率がダウン。

年度	所属チーム	試合数	打数	得点	安打	二塁打	三塁打	本塁打	打点	四球	三振	盗塁	盗塁死	出塁率	OPS	打率
2023	カーディナルス	76	219	27	48	8	1	5	27	26	49	3	0	.318	.651	.219
通算成績		388	1303	173	316	76	10	34	150	136	330	11	4	.322	.716	.243

カーディナルス

モリナから多くを学んだ期待の若手捕手

キャッチャー ルーキー

48 イヴァン・ヘレーラ *Ivan Herrera*

24歳 2000.6.1生｜180cm｜99kg｜右投右打 ◆盗塁阻止率／.333(6-2) 対左.286 対右.300 ホ.500 ア.200 得.267 ド2016㉑カーディナルス 出パナマ 年74万ドル（約1億360万円）+α

ミ	3
パ	2
走	2
守	3
肩	3

カーディナルスのレジェンド捕手であるヤディアー・モリナにあこがれ、実際に薫陶を受けてきたパナマ出身の捕手。2022年のメジャーデビューも、モリナが忌引きリストに入ったことによる代役抜擢だった。正捕手コントレラスと比べると打撃は見劣りするが、限られた出場機会ながら、昨季はメジャーでも3Aでも3割近い打率を残している。とくに3Aでは83試合の出場で、出塁率が4割5分を超え、OPS.951をマークした。総合的な守備力はコントレラスよりも上。今年で24歳とまだ若いこともあって、将来的にはスタメンマスクの機会が増えていくかもしれない。

年度	所属チーム	試合数	打数	得点	安打	二塁打	三塁打	本塁打	打点	四球	三振	盗塁	盗塁死	出塁率	OPS	打率
2023	カーディナルス	13	37	6	11	2	0	0	4	5	11	0	0	.409	.760	.297
通算成績		24	55	6	13	2	0	0	5	7	19	0	0	.338	.611	.236

3Aではホームランを量産

ファースト DH

26 ルーキン・ベイカー *Luken Baker*

27歳 1997.3.10生｜193cm｜126kg｜右投右打 対左.189 対右.224 ホ.171 ア.244 得.217 ド2018②カーディナルス 出テキサス州 年74万ドル（約1億360万円）+α

ミ	2
パ	5
走	1
守	2
肩	4

昨季、インターナショナル・リーグ（3Aのリーグ）のMVPに輝いた右のパワーヒッター。3Aでは9.5打数に1本という驚異的なペースで一発を放ち、84試合で33本塁打をマークした。メジャーでは6月と7月に数試合プレーしたあと、8月半ばに3度目の昇格を果たしたが、メジャーの投手の質の高い変化球に手を焼き、2本塁打に終わっている。ゴールドシュミットが不動の一塁手として存在しているため、3Aでいくら打っても、メジャーではDHや代打がメインとなり、出場機会が限られてしまうのが現状。そのため今後、トレードで放出される可能性もある。

年度	所属チーム	試合数	打数	得点	安打	二塁打	三塁打	本塁打	打点	四球	三振	盗塁	盗塁死	出塁率	OPS	打率
2023	カーディナルス	33	86	9	18	3	0	2	10	13	31	0	0	.313	.627	.209
通算成績		33	86	9	18	3	0	2	10	13	31	0	0	.313	.627	.209

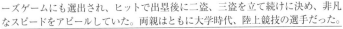

― ヴィクター・スコット2世 *Victor Scott II*

センター 期待度 B⁺ ルーキー

23歳 2001.2.12生｜178cm｜86kg｜左投左打 ◆昨季は1A+、2Aでプレー ド2022⑤カーディナルス 出ジョージア州

昨季、マイナーで94盗塁を決めた韋駄天。外野の守備もうまく、マイナーリーグのゴールドグラブ賞を獲得。オールスター・フューチャーズゲームにも選出され、ヒットで出塁後に二盗、三盗を立て続けに決め、非凡なスピードをアピールしていた。両親はともに大学時代、陸上競技の選手だった。

― シーザー・プリエト *Cesar Prieto*

ユーティリティ 期待度 B⁻ ルーキー

25歳 1999.5.10生｜175cm｜79kg｜右投左打 ◆昨季は2A、3Aでプレー ド2022㉗オリオールズ 出キューバ

キューバ国内リーグで新人最多安打を記録し、2021年の東京オリンピック予選で米国入りした際、亡命した若手内野手。当初はオリオールズでプロ入りしたが、昨季途中、ジャック・フラハティを放出したトレードで移籍してきた。その昨季は2Aと3Aで計123試合に出場し、打率3割2分3厘。

対左＝対左投手打率　対右＝対右投手打率　ホ＝ホーム打率　ア＝アウェー打率　得＝得点圏打率
ド＝ドラフトデータ　出＝出身地　年＝年俸

ナショナル・リーグ……西部地区　*LOS ANGELES DODGERS*

ロサンジェルス・ドジャース

◆創　立：1883年
◆本拠地：カリフォルニア州ロサンジェルス市
◆ワールドシリーズ制覇：7回／◆リーグ優勝：24回
◆地区優勝：21回／◆ワイルドカード獲得：3回

主要オーナー　マーク・ウォルター（投資会社グッゲンハイム・パートナーズ代表）

過去5年成績

年度	勝	負	勝率	ゲーム差	地区順位	ポストシーズン成績
2019	106	56	.654	(21.0)	①	地区シリーズ敗退
2020	43	17	.717	(6.0)	①	ワールドシリーズ制覇
2021	106	56	.654	1.0	②	リーグ優勝決定シリーズ敗退
2022	111	51	.685	(22.0)	①	地区シリーズ敗退
2023	100	62	.617	(16.0)	①	地区シリーズ敗退

監　督　**30 デイヴ・ロバーツ** *Dave Roberts*

◆年　　齢…………52歳（沖縄県出身）
◆現役時代の経歴…10シーズン　インディアンズ（1999～2001）、
（センター、レフト）　ドジャース（2002～04）、レッドソックス（2004）、
　パドレス（2005～06）、ジャイアンツ（2007～08）
◆現役通算成績……832試合　.266　23本　213打点
◆監督経歴 …………8シーズン　ドジャース（2016～）
◆通算成績…………753勝442敗（勝率.630）　最優秀監督賞1回（16年）

　就任から8シーズンで、7度の地区優勝を果たしている名将。監督通算勝率.630は、1000試合以上指揮を執ったメジャー歴代監督142人の中で、トップの数字だ。ただ、ワールドシリーズ制覇は、短縮シーズンだった2020年の1回だけ。ファンは地区優勝は当然と考えており、なかなか正当な評価を得られていない。とくに、継投策を非難されることが多い。退場になることはほとんどなく、昨季も1試合だけだった。沖縄県那覇市の生まれで、お母さんは日本人。

注目コーチ　**0 ダニー・レーマン** *Danny Lehmann*

　ベンチコーチ。39歳。現役時代は捕手で、メジャー経験はない。現役引退後、ドジャースの組織で分析やゲームプランニングなどを担当。能力を買われ、昨季から現職。

編成責任者　**アンドルー・フリードマン** *Andrew Friedman*

　48歳。28歳でレイズのGMとなり、成功を収めた人物。その後、好待遇でドジャースの編成トップに迎え入れられると、チームは9シーズン連続でポストシーズン進出。

スタジアム　**ドジャー・スタジアム** *Dodger Stadium*

◆開 場 年…………1962年
◆仕　　様…………天然芝
◆収容能力…………56,000人
◆フェンスの高さ…1.4～2.4m
◆特　　徴……外野が広い、投手にやや有利な
球場。昨季のドジャース投手陣の防御率は、アウェーが4.66だったのに対し、この球場では3.49だった。打者・大谷のこの球場での通算成績は、打率.357（28打数10安打）、1本塁打、OPS1.136。

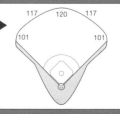

ピッチャーズパーク

Best Order [ベストオーダー]

①ムーキー・ベッツ……セカンド
②大谷翔平……DH
③フレディ・フリーマン……ファースト
④ウィル・スミス……キャッチャー
⑤マックス・マンシー……サード
⑥ジェイムズ・アウトマン……センター
⑦テオスカー・ヘルナンデス……レフト
⑧ジェイソン・ヘイワード……ライト
⑨ギャヴィン・ラックス……ショート

Depth Chart [ポジション別選手層・メンバーリスト]

※2024年2月25日時点の候補選手。数字は背番号（開幕前に変更する場合もあり）、右・左等は投・打の順。

センター
33 ジェイムズ・アウトマン [右・左]
25 マニュエル・マーゴウ [右・左]
3 クリス・テイラー [右・右]
23 ジェイソン・ヘイワード [左・左]

レフト
37 テオスカー・ヘルナンデス [右・右]
3 クリス・テイラー [右・右]

ライト
23 ジェイソン・ヘイワード [左・左]
25 マニュエル・マーゴウ [右・左]
50 ムーキー・ベッツ [右・右]

ショート
9 ギャヴィン・ラックス [右・左]
11 ミゲール・ロハス [右・右]
3 クリス・テイラー [右・右]

セカンド
50 ムーキー・ベッツ [右・右]
— ミゲール・ヴァルガス [右・右]
3 クリス・テイラー [右・右]

ローテーション
18 山本由伸 [右・右]
31 タイラー・グラスナウ [右・右]
28 ボビー・ミラー [右・右]
21 ウォーカー・ビューラー [右・右]
80 エメット・シーハン [右・右]
65 ジェイムズ・パクストン [左・左]
56 ライアン・ヤーブロウ [左・右]
22 クレイトン・カーショウ [左・左]

サード
13 マックス・マンシー [右・左]
3 クリス・テイラー [右・右]

ファースト
5 フレディ・フリーマン [右・左]

キャッチャー
16 ウィル・スミス [右・右]
15 オースティン・バーンズ [右・右]

DH
17 大谷翔平 [右・左]

ブルペン
59 エヴァン・フィリップス [右・右] CL
48 ブルスダー・グラテロル [右・右]
51 アレックス・ヴェシア [左・左]
99 ジョー・ケリー [右・右]
57 ライアン・ブレイジャー [右・右]
58 ガス・ヴァーランド [左・右]
49 ブレイク・トライネン [右・右]
45 J.P.ファイアライゼン [右・右]
63 カイル・ハート [右・右]
78 マイケル・グローヴ [右・右]
56 ライアン・ヤーブロウ [左・右]
71 ギャヴィン・ストーン [右・右]
95 マット・ゲージ [左・右]

※ CL =クローザー

ドジャース試合日程……＊はアウェーでの開催

3月20・21	パドレス(韓国開催)	26・27・28	ブルージェイズ＊	27・28・29	メッツ＊
28・29・30・31	カーディナルス	29・30・**5月**1	ダイヤモンドバックス＊	31・**6月**1・2	ロッキーズ
4月1・2・3	ジャイアンツ	3・4・5	ブレーブス	4・5・6	パイレーツ＊
5・6・7	カブス＊	6・7・8	マーリンズ	7・8・9	ヤンキース＊
8・9・10	ツインズ＊	10・11・12	パドレス＊	11・12・13	レンジャーズ
12・13・14	パドレス	13・14・15	ジャイアンツ＊	14・15・16	ロイヤルズ
15・16・17	ナショナルズ	16・17・18・19	レッズ	17・18・19・20	ロッキーズ＊
19・20・21	メッツ	20・21・22	ダイヤモンドバックス	21・22	エンジェルス
23・24・25	ナショナルズ＊	24・25・26	レッズ＊	24・25・26	ホワイトソックス＊

球団メモ 過去に所属した日本人選手には、投手では野茂英雄・石井一久・木田優夫・斎藤隆・黒田博樹・前田健太・ダルビッシュ有、野手では中村紀洋・筒香嘉智がいる。

■投手力 ⬆ … ★★★★☆ 【昨年度チーム防御率4.06、リーグ5位】

　ドジャースは先発投手を7人用意して、5人ローテーションで回すのが常套手段だ。今季は山本由伸、グラスナウ、ビューラー、ミラー、パクストン、シーハン、ヤーブロウの7人が用意されている。このうちパクストンは故障リスクが高く、ビューラーはトミー・ジョン手術明けという事情がある。来年は大谷翔平の復帰で6人ローテーションになることが決まっているので、途中から6人制に移行するかもしれない。リリーフ防御率がナショナル・リーグ2位だったブルペン陣は、今季もほぼ同じ顔ぶれで、ハイレベル。

■攻撃力 ⬆ … ★★★★◢ 【昨年度チーム得点906、リーグ2位】

　昨年はチーム得点が900の大台に乗った。打順は2番か3番が想定される大谷の加入で、今季はさらに増える可能性がある。完成度の高い打者が多いため、四球による出塁が多く、併殺打が少ない。ユーティリティプレーヤーたちも優秀なので、中軸に長期故障者が出ても、得点力が落ちないのも強み。

■守備力 ⬆ … ★★★◢☆ 【昨年度チーム失策数76、リーグ4位】

　ピンチのときほどファインプレーが出るので、DRS（守備で防いだ失点）の多さはリーグの中で2位（57）。大谷がDHに固定されると、守備に難のあるマンシーがフルタイムでサードの守備につく。これは多少マイナス。

■機動力 ➡ … ★★◢☆☆ 【昨年度チーム盗塁数105、リーグ11位】

　ロバーツ監督は現役時代、バントと盗塁のエキスパートだった人だ。チーム盗塁数は多くないが、勝負を決める値千金の盗塁が多い。

総合評価 ⬆ ★★★★◢	今季も地区シリーズ敗退だと、ロバーツ監督は、詰め腹を切らされるだろう。それを避けるには、ポストシーズンで勝ち進むしかない。チーム力を10月にピークに持っていくための戦略も必要になる。そこに向けて、秘密兵器と隠し玉が欲しいところだ。

IN 主な入団選手	**OUT** 主な退団選手
投手	投手
山本由伸 ← オリックス	ランス・リン → カーディナルス
タイラー・グラスナウ ← レイズ	フリオ・ウリーアス → 所属先未定
ジェイムズ・パクストン ← レッドソックス	シェルビー・ミラー → タイガース
野手	ケイレブ・ファーガソン → ヤンキース
大谷翔平 ← エンジェルス	野手
テオスカー・ヘルナンデス ← マリナーズ	J.D.マルティネス → 所属先未定
マニュエル・マーゴウ ← レイズ	マイケル・ブッシュ → カブス

ドジャース

28・29・30	ジャイアンツ*	30・31	パドレス*	30・31・9月1・2	ダイヤモンドバックス*
7月2・3・4	ダイヤモンドバックス	**8月**2・3・4	アスレチックス*	3・4	エンジェルス*
5・6・7	ブリュワーズ	5・6・7	フィリーズ	6・7・8	ガーディアンズ*
9・10・11	フィリーズ*	9・10・11	パイレーツ	9・10・11	カブス
12・13・14	タイガース*	12・13・14・15	ブリュワーズ*	13・14・15・16	ブレーブス*
16	オールスターゲーム	16・17・18	カーディナルス*	17・18・19	マーリンズ*
19・20・21	レッドソックス	19・20・21	マリナーズ	20・21・22	ロッキーズ*
22・23・24・25	ジャイアンツ	23・24・25	レイズ	24・25・26	パドレス
26・27・28	アストロズ*	27・28・29	オリオールズ	27・28・29	ロッキーズ*

球団メモ	昨季開幕投手を務め、オフのFA市場の目玉になると思われていたフリオ・ウリーアスだが、9月に女性に暴力をふるって逮捕され、大型契約をフイに。先行きも不透明。

サイ・ヤング賞級の活躍を期待される新エース　先発

ルーキー

18 山本由伸
Yoshinobu Yamamoto

26歳｜1998.8.17生｜178cm｜79kg｜右投右打

◆速球のスピード／150キロ台前半～中頃（フォーシーム、シンカー＝シュート）

◆決め球と持ち球／☆フォークボール、☆フォーシーム、◎カーブ、○シンカー（シュート）、△カッター

◆メジャーでのプレー経験なし

◆ドラフトデータ／2016④オリックス、2023㉚ドジャース

◆出身地／岡山県　◆年俸／500万ドル（約7億円）

球威	5
制球	5
緩急	5
守備・牽制	4
度胸	4

　昨シーズンも日本で華々しい活躍を見せ、3年連続となる沢村賞も受賞したオリックスの元エース。オフにポスティングシステムを利用して、ドジャースに12年3億2500万ドルで入団した。この契約は、期間、金額とも、ピッチャーではメジャーリーグ史上最大である。この契約が成立したことにより、ドジャースから元の球団であるオリックスに、譲渡金5062万ドル（約70億8680万円）が支払われる。

　山本獲得をめぐっては、10を超えるメジャー球団が獲得を検討していたようだが、当初本命視されたのはヤンキースだった。キャッシュマンGMが、山本のピッチングを直に見るために来日し、千葉ロッテを相手にノーヒットノーランを達成したゲームをスタンドから観戦して、絶賛していたからだ。その後、メッツも千賀以上と評価される山本の獲得に熱意を見せ、全米きっての富豪の1人である、オーナーのスティーヴ・コーヘン氏が自ら来日して、入団を勧誘した。しかし、大谷翔平が入団したことが決め手となって、最終的にドジャースを選択した。

　契約期間が12年になったことを考えれば、ドジャース入団は山本にとって、ベストの選択だったと言っていいだろう。なぜなら、大谷翔平が投手として復帰する2025年から、6人ローテーションに移行するため、肩やヒジの故障リスクが減り、最後の2、3年を不良債権化せずに、契約を完遂できる可能性が出てくるからだ。

　ドジャースに入団したメリットは、ほかにもある。①同じチームに面倒見のいい大谷翔平がいて、必要な情報やアドバイスをいつでも受けることができる、②これまでドジャースには野茂英雄、石井一久、斎藤隆、黒田博樹らが在籍し活躍したため、球団が日本人選手の扱いに慣れている。球団内に、日本人スタッフが数人いるのも心強い、③女房役になる捕手ウィル・スミスは、カーショウ、ウリーアス、シャーザーといった必殺変化球のある大投手とバッテリーを組んできたので、山本のフォークボールを効果的に使うリードを期待できる、といったことがある。

年度	所属チーム	勝利	敗戦	防御率	試合数	先発	セーブ	投球イニング	被安打	失点	自責点	被本塁打	与四球	奪三振	WHIP
2023	オリックス	16	6	1.21	23	23	0	164.0	117	27	22	2	28	169	0.88
日本通算成績		70	29	1.82	172	118	1	897.0	633	210	181	36	206	922	0.94

新天地で故障のデパートを返上できるか注目　先発　移籍

31　タイラー・グラスナウ
Tyler Glasnow

31歳｜1993.8.23生｜203cm｜101kg｜右投左打

◆速球のスピード／150キロ台中頃(フォーシーム主体)
◆決め球と持ち球／☆カーブ、◎フォーシーム、◎スライダー
◆対左打者被打率／.247　◆対右打者被打率／.164
◆ホーム防御率／3.18　◆アウェー防御率／3.84
◆ドラフトデータ／2011⑤パイレーツ
◆出身地／カリフォルニア州
◆年俸／1500万ドル(約21億円)

球威	5
制球	4
緩急	5
弾・制球	2
度胸	4

ド ジ ャ ー ス

　昨年12月のトレードでレイズから移籍後、ドジャースと5年1億3656万ドルの契約を交わした先発右腕。ドジャースは、ローテーションの2本柱だったカーショウとウリーアスに代わるエース級の実力を備えた投手の補強が、急務になっていた(カーショウは、その後、再契約)。その第1弾として獲得したのがこのグラスナウで、第2弾となったのが山本由伸だ。

　アウトピッチ(決め球)はカーブ。昨年の被打率は0割9分5厘。空振り率は52%という魔球レベルのボールだ。長所は、身長が2メートル以上あり、腕も長いため、リリースポイントが前にあること。そのため打者は155キロの速球を、160キロくらいに感じる。短所は、毎年、体のどこかに異変が生じ、長期間IL(故障者リスト)入りするため、稼働率が低いこと。

　ロサンジェルス北郊のサンタクラリータ出身。高校時代はジェイムズ・シールズやトレヴァー・バウアーの母校であるウィリアム・S・ハート高校の野球チームでプレー。卒業時に行われたドラフトで、パイレーツから5巡目に指名され、プロ入り。順調に出世して4年でメジャー(パイレーツ)に到達したが、その後、制球難におちいり、伸び悩んだ。転機になったのは2018年7月末のトレード。このときは、パイレーツがレイズからアーチャーを獲得した見返りにレイズに放出されたのだが、ピッチャーの育成力に定評があるレイズに入団したことで、高い潜在能力が花開き、先発投手として急成長した。向こう見ずなことを平気でやる豪胆な性格で、ハワイで高さ16.8メートルの崖の上から、海に飛び込んだことがある。タイ観光に行ったときは、60メートルのバンジージャンプにトライした。

カモ　C・マリンズ(オリオールズ).000(11-0)0本　J・ラミレス(ガーディアンズ).000(10-0)0本
苦手　K・ブライアント(ロッキーズ).667(6-4)1本　M・シミエン(レンジャーズ).444(9-4)2本

年度	所属チーム	勝利	敗戦	防御率	試合数	先発	セーブ	投球イニング	被安打	失点	自責点	被本塁打	与四球	奪三振	WHIP
2016	パイレーツ	0	2	4.24	7	4	0	23.1	22	13	11	2	13	24	1.50
2017	パイレーツ	2	7	7.69	15	13	0	62.0	81	61	53	13	44	56	2.02
2018	パイレーツ	1	5	4.34	34	0	0	56.0	47	28	27	5	34	72	1.45
2018	レイズ	1	5	4.20	11	11	0	55.2	42	27	26	10	19	64	1.10
2018	2チーム計	2	5	4.27	45	11	0	111.2	89	55	53	15	53	136	1.27
2019	レイズ	6	1	1.78	12	12	0	60.2	40	13	12	4	14	76	0.89
2020	レイズ	5	1	4.08	11	11	0	57.1	43	26	26	11	22	91	1.13
2021	レイズ	5	2	2.66	14	14	0	88.0	55	26	26	10	27	123	0.93
2022	レイズ	0	0	1.35	2	2	0	6.2	4	1	1	1	2	10	0.90
2023	レイズ	10	7	3.53	21	21	0	120.0	93	52	47	13	37	162	1.08
通算成績		30	27	3.89	127	88	0	529.2	427	247	229	69	212	678	1.21

大学時代はデトマーズに次ぐ2番手

先発

28 ボビー・ミラー *Bobby Miller*

25歳 1999.4.5生｜196cm｜99kg｜右投左打

◆速球のスピード／160キロ前後（フォーシーム、シンカー）
◆決め球と持ち球／☆フォーシーム、◎カーブ、◎チェンジアップ、
　○スライダー、○シンカー　◆対左.202　◆対右.252
◆ホ防4.55　◆ア防3.09　◆ド2020①ドジャース
◆田イリノイ州　◆甲74万ドル（約1億360万円）+α

球威	5
制球	3
緩急	5
守備・敏捷	2
度胸	3

　昨年5月にメジャーデビューし、先発で11勝した右腕。ルーキーながら、フォーシームの平均球速がメジャーの先発投手で最速の159.5キロあった。そのため、豪速球で三振を量産するタイプと勘違いされているが、実際は5つの球種を効果的に使って、強い打球を打たせないことに主眼を置いている。今シーズンは、先発4番手で使われる予定だ。大学時代は、エンジェルスのデトマーズと同学年のチームメート。ドラフトではデトマーズが1巡目全体10位（契約金467万ドル）、ミラーが1巡目全体29位（同220万ドル）。デトマーズのほうが高い評価を受けたが、ミラーが投手の育成力がある球団に、デトマーズはない球団に入ったため、逆転現象が起き、差がどんどん拡大中。

カモ C・キャロル（ダイヤモンドバックス）.000(6-0)0本　　**苦手** O・オルビーズ（ブレーブス）.600(5-3)0本

年度	所属チーム	勝利	敗戦	防御率	試合数	先発	セーブ	投球イニング	被安打	失点	自責点	被本塁打	与四球	奪三振	WHIP
2023	ドジャース	11	4	3.76	22	22	0	124.1	105	53	52	12	32	119	1.10
通算成績		11	4	3.76	22	22	0	124.1	105	53	52	12	32	119	1.10

大谷翔平レベルのスイーパーが武器

クローザー

59 エヴァン・フィリップス *Evan Phillips*

30歳 1994.9.11生｜188cm｜97kg｜右投右打

◆速球のスピード／150キロ台中頃（フォーシーム、シンカー）
◆決め球と持ち球／☆スイーパー、◎フォーシーム、
　○カッター、△シンカー　◆対左.222　◆対右.131
◆ホ防1.67　◆ア防2.48　◆ド2015⑰ブレーブス
◆田メリーランド州　◆甲400万ドル（約5億6000万円）

球威	4
制球	4
緩急	3
守備・敏捷	3
度胸	4

　昨季初めて開幕からクローザーを務め、見事な活躍をした右腕。最弱時代のオリオールズでも通用しなかったダメなピッチャーが、2021年8月にドジャースに来てから滅多に失点しないリリーバーに変身したのは、スイーパーが魔球レベルの変化球になったからだ。これはオリオールズ時代にホルト投手コーチから教わったもので、ヒジを下げてヨコの曲がりを大きくするタイプのスライダーだ。これを使うとフォーシームに悪影響が出るような気がしてオリオールズでは使わなかったが、ドジャース移籍後、再度使い出したところ、右打者を抑える強力な武器になった。弱点は、左打者に有効な武器がないこと。

カモ 金河成（パドレス）.000(6-0)0本　　**苦手** X・ボーガーツ（パドレス）.429(7-3)1本

年度	所属チーム	勝利	敗戦	防御率	試合数	先発	セーブ	投球イニング	被安打	失点	自責点	被本塁打	与四球	奪三振	WHIP
2018	ブレーブス	0	0	8.53	4	0	0	6.1	6	6	6	3	4	3	1.58
2018	オリオールズ	0	1	118.56	5	0	0	5.1	7	13	11	2	6	5	2.44
2018	2チーム計	0	1	113.11	9	0	0	11.2	13	19	17	5	10	8	1.97
2019	オリオールズ	0	1	6.43	25	0	0	28.0	32	20	20	2	20	40	1.86
2020	オリオールズ	1	1	5.02	14	0	0	14.1	14	8	8	1	10	20	1.67
2021	レイズ	0	0	3.00	1	0	1	3.0	3	1	1	1	0	2	1.00
2021	ドジャース	1	0	3.48	7	0	0	10.1	8	5	4	0	5	9	1.26
2021	2チーム計	1	0	3.34	8	0	1	13.1	11	6	5	1	5	11	1.20
2022	ドジャース	7	3	1.14	64	0	2	63.0	33	11	8	2	15	77	0.76
2023	ドジャース	2	4	2.05	62	0	24	61.1	38	19	14	6	13	66	0.83
通算成績		11	11	3.38	182	0	27	191.2	141	83	72	17	73	222	1.12

対左＝対左打者被打率　　対右＝対右打者被打率　　ホ防＝ホーム防御率　　ア防＝アウェー防御率
ド＝ドラフトデータ　　田＝出身地　　甲＝年俸　　カモ 苦手 は通算成績

48 17歳のときに160キロを投げていた天才 セットアップ
ブルスダー・グラテロル Brusdar Graterol

26歳 1998.8.26生｜185cm｜119kg｜右投右打｜球150キロ台後半（シンカー、フォーシーム）｜決◎シンカー
対左.208｜対右.229｜ド2014外ツインズ｜田ベネズエラ｜年270万ドル（約3億7800万円）

一昨年までは、160キロの超高速シンカーがトレードマークだったベネズエラ出身の豪腕リリーバー。昨季はスピードより、効率良くアウトを取ることにシフトしたため、シンカーの平均球速は2キロ落ちたが、防御率は最高レベルになった。昨年うれしかったのは、7年間会えずにいた母イスマリアさんの出国が可能になり、LAで再会できたこと。グラテロルがメジャーリーガーになれたのは、シングルマザーで優秀なソフトボールの選手でもあったお母さんが、3歳のときから基礎を叩き込んでくれたからだ。少年時代はコーチ役を務め、練習相手にもなってくれた。

球制 5
緩 3
守力 3
度 4

年度	所属チーム	勝利	敗戦	防御率	試合数	先発	セーブ	投球イニング	被安打	失点	自責点	被本塁打	与四球	奪三振	WHIP
2023	ドジャース	4	2	1.20	68	1	7	67.1	53	14	9	3	12	48	0.97
通算成績		11	9	2.80	181	5	11	183.1	154	66	57	10	40	141	1.06

57 スライダーがよみがえり、奇跡の復活 ミドルリリーフ 移籍
ライアン・ブレイジャー Ryan Brasier

37歳 1987.8.26生｜183cm｜100kg｜右投右打｜球150キロ台前半～中頃（フォーシーム、シンカー）｜決☆スライダー
対左.226｜対右.175｜ド2007⑥エンジェルス｜田テキサス州｜年450万ドル（約6億3000万円）

昨年レッドソックスを解雇されたあと、ドジャースに来てよみがえったリリーフ右腕。2017年は広島で投げ、リリーフで26試合に登板（防御率3.00）。30歳になった翌年、スライダーを武器にレッドソックスで大化けした遅咲きの投手だ。昨季は開幕から制球難で、四球からピンチを招いて頻繁に失点したため、5月21日に解雇された。だがその後、ドジャースに来たブレイジャーは、スライダーの制球が冴えわたり、ほとんど失点しない投手に変身。移籍後の防御率は、39試合の登板で0.70。その間のスライダーの被打率は、0割8分3厘という魔球レベルの数字になった。

球制 5
緩 3
守力 2
度 3

年度	所属チーム	勝利	敗戦	防御率	試合数	先発	セーブ	投球イニング	被安打	失点	自責点	被本塁打	与四球	奪三振	WHIP
2023	レッドソックス	1	0	7.29	20	0	1	21.0	24	18	17	2	9	18	1.57
2023	ドジャース	2	0	0.70	39	0	1	38.2	18	6	3	1	10	38	0.72
2023	2チーム計	3	0	3.02	59	0	2	59.2	42	24	20	3	19	56	1.02
通算成績		9	8	3.88	268	1	10	257.1	223	125	111	28	79	256	1.17

21 今季は先発3番手でシーズンに入る模様 先発
ウォーカー・ビューラー Walker Buehler

30歳 1994.7.28生｜188cm｜83kg｜右投右打｜球150キロ台前半（フォーシーム、シンカー）｜決◎シンカー
◆昨季はメジャー出場なし｜ド2015①ドジャース｜田ケンタッキー州｜年803万ドル（約11億2420万円）

2022年8月に2度目のトミー・ジョン手術を受けたため、今季がカムバックイヤーになる先発右腕。同手術を担当したのは、大谷の2度の手術も手掛けたニール・エラトラシュ博士で、屈筋の修復手術も併せて行われた。2度目のトミー・ジョン手術では、1度目には見られなかった様々な不都合が生じ、手術が失敗に終わるケースもあるが、ビューラーの場合は順調に回復している。今季はキャンプから参加し、開幕時に復帰を果たす。ロバーツ監督は「ローテーションの頭の3人は山本、グラスナウ、ビューラーになる」と明言している。（5段階評価は手術前のもの）

球制 5
緩 4
守 5

年度	所属チーム	勝利	敗戦	防御率	試合数	先発	セーブ	投球イニング	被安打	失点	自責点	被本塁打	与四球	奪三振	WHIP
2022	ドジャース	6	3	4.02	12	12	0	65.0	67	30	29	8	17	58	1.29
通算成績		46	16	3.02	115	106	0	638.1	499	237	214	68	162	690	1.04

フォーシームの制球に苦しむ

ミドル
リリーフ

51 アレックス・ヴェシア　*Alex Vesia*

28歳 1996.4.11生｜185cm｜94kg｜左投左打 |速|150キロ台前半(フォーシーム主体) |決|○スライダー
|対左|.279 |対右|.250 |ド|2018⑰マーリンズ |出|カリフォルニア州 |年|100万ドル(約1億4000万円)

球 **4**
制 **2**
緩 **3**
守 **3**
度 **4**

気合で投げるタイプの勝負師リリーバー。昨季は6月までフォーシームの制球が定まらず、5月上旬と6月下旬に2度マイナー落ちしたが、7月以降は四球をほとんど出さなくなり、重要度の高い場面で使われるケースも出てきた。ウリは、ピンチを三振で切り抜ける胆力があること。打者を追い込むと、ボールになるスライダーを振らせるのではなく、真ん中の高めに浮き上がる軌道のフォーシームを叩き込んで、豪快に三振を奪うことが多い。NCAA(全米大学体育協会)2部のチームでプレーしていたため、ドラフトでは高い評価を得られず、17巡目指名でプロ入り。

年度	所属チーム	勝利	敗戦	防御率	試合数	先発	セーブ	投球イニング	被安打	失点	自責点	被本塁打	与四球	奪三振	WHIP
2023	ドジャース	2	5	4.35	56	1	1	49.2	52	27	24	7	17	64	1.39
通算成績		10	7	3.40	165	1	3	148.1	113	68	56	18	70	202	1.23

白いポルシェは妻アシュリーさんの所有に

ミドル
リリーフ

99 ジョー・ケリー　*Joe Kelly*

36歳 1988.6.9生｜185cm｜78kg｜右投右打 |速|160キロ台前後(シンカー、フォーシーム) |決|○スライダー
|対左|.197 |対右|.195 |ド|2009③カーディナルス |出|カリフォルニア州 |年|800万ドル(約11億2000万円)

球 **5**
制 **3**
緩 **4**
守 **3**
度 **4**

昨年12月に大谷翔平の入団が決まったあと、自分が2023年シーズンにつけていた背番号「17」をゆずって感謝されたベテラン・リリーバー。そのお礼に大谷がポルシェを1台贈ったため、メディアの取材が殺到し、時の人になった。サイン盗みで得をしたアストロズの主力選手たちに、わざと死球をぶつけ、私的制裁を加えることで知られる。ぶつけられないシチュエーションでは、バカにする仕草や間抜けな顔を作って敵意を示す。それが1つの芸になっているところがすごい。私的制裁の死球は、致命的な箇所は避けているが、当たれば痛いところに投げている。

年度	所属チーム	勝利	敗戦	防御率	試合数	先発	セーブ	投球イニング	被安打	失点	自責点	被本塁打	与四球	奪三振	WHIP
2023	ホワイトソックス	5	1	4.97	31	0	1	29.0	26	19	16	3	12	41	1.31
2023	ドジャース	1	0	1.74	11	0	0	10.1	3	3	2	0	6	19	0.87
2023	2チーム計	6	1	4.12	42	0	1	39.1	29	22	18	3	18	60	1.19
通算成績		53	37	3.95	450	81	7	807.0	762	390	354	69	339	732	1.36

ジェイミー・モイヤーに似てきた頭脳派

スイング
マン

56 ライアン・ヤーブロウ　*Ryan Yarbrough*

33歳 1991.12.31生｜196cm｜97kg｜左投右打 |速|140キロ台前後(フォーシーム主体) |決|○カッター
|対左|.280 |対右|.268 |ド|2014④マリナーズ |出|テキサス州 |年|390万ドル(約5億4600万円)

球 **1**
制 **4**
緩 **4**
守 **5**
度 **4**

先発、ロングリリーフからピンチの火消し屋、モップアップまで、どんな役目にも対応するピッチャー版のスーパーユーティリティ。昨季は開幕からロイヤルズで「何でも屋」として使われたあと、8月1日のトレード期限最終日にドジャースへ。移籍後は、主にロングリリーフと先発で起用された。一番のハマリ役は、ブルペンデーの2番手で登板するロングリリーバーだ。2018年にはこの役目を何度も務め、16勝をマーク。最近は110キロ台の遅すぎる変化球を使って、三振も取れるようになった。遅い球を賢く使う姿は、ジェイミー・モイヤーを彷彿とさせる。

年度	所属チーム	勝利	敗戦	防御率	試合数	先発	セーブ	投球イニング	被安打	失点	自責点	被本塁打	与四球	奪三振	WHIP
2023	ロイヤルズ	4	5	4.24	14	7	0	51.0	52	24	24	5	9	29	1.20
2023	ドジャース	4	2	4.89	11	2	0	38.2	44	21	21	8	5	38	1.27
2023	2チーム計	8	7	4.52	25	9	2	89.2	96	45	45	13	14	67	1.23
通算成績		48	38	4.36	152	68	2	669.1	662	346	324	88	145	534	1.21

|速|=速球のスピード |決|=決め球 |対左|=対左打者被打率 |対右|=対右打者被打率
|ド|=ドラフトデータ |出|=出身地 |年|=年俸

投 手

高めに投げ込んで、三振を大量生産

先 発

80 エメット・シーハン *Emmet Sheehan*

25歳 1999.11.15生 | 196cm | 99kg | 右投右打 圏150キロ台半ば（フォーシーム主体）圏◎フォーシーム
対左.200 対右.219 F2021⑥ドジャース 田ニューヨーク州 囲74万ドル（約1億360万円）+α

球 **5**
制 **3**
緩 **3**
守・走 **3**
度 **3**

　ローテーション定着を期待される先発5番手の有力候補。昨年6月16日にメジャーデビュー。初登板となったジャイアンツ戦で、6回をノーヒットに抑える圧巻のピッチングを見せ、注目された。その後は失点が多くなるが、連続して大量失点することはなかったので、防御率は許容範囲で推移し、最終的に11試合の先発で4勝した。球種はフォーシーム、スライダー、チェンジアップ、スイーパーの4つで、フォーシームはスピンの効いた浮き上がる軌道になるボール。これがあるため奪三振率が高い。弱点はフライボール・ピッチャーであるため、一発を食いやすいこと。

年度	所属チーム	勝利	敗戦	防御率	試合数	先発	セーブ	投球イニング	被安打	失点	自責点	被本塁打	与四球	奪三振	WHIP
2023	ドジャース	4	1	4.92	13	11	1	60.1	46	33	33	11	26	64	1.19
通算成績		4	1	4.92	13	11	1	60.1	46	33	33	11	26	64	1.19

長期離脱明けの翌月に、月間最優秀投手賞

先 発　移籍

65 ジェイムズ・パクストン *James Paxton*

36歳 1988.11.6生 | 193cm | 95kg | 左投左打 圏150キロ台半ば（フォーシーム主体）圏◎ナックルカーブ
対左.289 対右.239 F2010④マリナーズ 田カナダ 囲700万ドル（約9億8000万円）

球 **4**
制 **4**
緩 **4**
守・走 **2**
度 **3**

　1年1100万ドルの契約で新たに加入した、カナダ出身のベテラン左腕。マリナーズ時代の2018年にノーヒットノーラン、ヤンキース時代の19年には15勝をマークした実績がある。だが、21年4月にトミー・ジョン手術を受け、長期離脱。ほかの故障も重なり、昨年5月にレッドソックスで、ようやくメジャー復帰を果たした。すると6月には5試合の先発で、月間防御率1.74を記録し、月間最優秀投手賞を受賞。その直後には、第2子となる女の子が誕生と、苦難を乗り越えたあとに、幸せが続いた。しかし、9月最初の試合で炎上後、右ヒザの故障でシーズン終了。

年度	所属チーム	勝利	敗戦	防御率	試合数	先発	セーブ	投球イニング	被安打	失点	自責点	被本塁打	与四球	奪三振	WHIP
2023	レッドソックス	7	5	4.50	19	19	0	96.0	93	51	48	18	24	101	1.31
通算成績		64	38	3.69	156	156	0	850.2	777	384	349	99	264	932	1.22

ブルドッグ・メンタリティの効果

**ミドル
リリーフ**

58 ガス・ヴァーランド *Gus Varland*

28歳 1996.11.6生 | 185cm | 96kg | 右投右打 圏150キロ台前半（フォーシーム主体）圏◎スライダー
対左.364 対右.288 F2018⑭アスレティックス 田ミネソタ州 囲74万ドル（約1億360万円）+α

球 **3**
制 **2**
緩 **2**
守・走 **2**
度 **4**

　ルール5ドラフトでの指名がきっかけになって、メジャーデビューが実現した強運のリリーバー。もともとは、ドジャースのマイナーでくすぶっていて忘れ去られた存在だったが、ブリュワーズにルール5ドラフトで指名され、状況が一変した。オープン戦では良い数字を出せなかったが、インサイドにどんどん投げ込む強気なブルドッグ・メンタリティを首脳陣に評価され、開幕メジャー入り。半月ほどでドジャースに送り返されたが、メジャーリーガー気分を味わった。これが良い刺激になり、ドジャースでも好成績を出して、本物のメジャーリーガーに近づきつつある。

年度	所属チーム	勝利	敗戦	防御率	試合数	先発	セーブ	投球イニング	被安打	失点	自責点	被本塁打	与四球	奪三振	WHIP
2023	ブリュワーズ	0	0	11.42	8	0	0	8.2	15	12	11	3	8	6	2.65
2023	ドジャース	1	1	3.09	8	0	0	11.2	12	6	4	0	8	14	1.71
2023	2チーム計	1	1	6.64	16	0	0	20.1	27	18	15	3	16	20	2.11
通算成績		1	1	6.64	16	0	0	20.1	27	18	15	3	16	20	2.11

ドジャース

22 今季はオールスター明けに復帰する見込み　先発

クレイトン・カーショウ Clayton Kershaw

36歳 1988.3.19生｜193cm｜101kg｜左投左打 ⑤140キロ台後半（フォーシーム主体）　⑱☆スライダー 対左.162 対右.217
⑤2006 ⑤ドジャース ⑤テキサス州（約7億円）
◆MVP1回（14年）、サイ・ヤング賞3回（11.13.14年）、最多勝利率5回
(11〜14.17年)、最多勝3回（11.13.17年）、最多奪三振3回（11.13.15年）、ゴールドグラブ賞1回（11年）、ロベルト・クレメンテ賞1回（12年）

球 **3**
制 **5**
緩 **5**
守 **3**
度 **4**

　2年契約で残留したサイ・ヤング賞3回の大エース。昨季
は序盤から安定した投球を見せていたが、6月末に10勝目
をあげたあと、肩を痛めて6週間IL入り。8月10日に復帰
後はフォーシームの球速が2キロほど落ちていたが、そのマイナスをスライダー
の多投でおぎない、先発の役目を果たした。ただポストシーズンでは、勢いの
あるダイヤモンドバックス打線に、初回に滅多打ちにあい、アウトを1つしか取
れずに降板。これに危機感を覚え、痛みの原因になっていた肩関節の上腕靭帯
と関節包の再建手術を11月3日に受けた。今季はオールスター明けに復帰予定。

年度	所属チーム	勝利	敗戦	防御率	試合数	先発	セーブ	投球イニング	被安打	失点	自責点	被本塁打	与四球	奪三振	WHIP
2023	ドジャース	13	5	2.46	24	24	0	131.2	100	39	36	19	40	137	1.06
通算成績		210	92	2.48	425	422	0	2712.2	2055	816	747	225	669	2944	1.00

17 「大谷型スライダー」はスイーパーに　先発　移籍

大谷翔平 Shohei Ohtani

30歳 1994.7.5生｜193cm｜95kg｜右投左打 ⑤150キロ台中頃（フォーシーム・シンカー）　⑱☆スイーパー 対左.197 対右.170
⑤2012 ⑤北海道日本ハム、2018 ⑥エンジェルス ⑤7000万ドル（約98億円）
◆MVP2回（21.23年）、本塁打王1回（23年）、シルバースラッガー賞1回（21年）、ハンク・アーロン賞1回（21年）、新人王（18年）

球 **5**
制 **4**
緩 **5**
守 **4**
度 **5**

　今季はリハビリに費やす二刀流投手。突然投げられなく
なったのは、昨年8月のレッズ戦でのこと。右ヒジの側副靭
帯の損傷が著しいため、9月中旬に2度目となる側副靭帯の
再建手術を受けた。①損傷個所が前回とは別のところ、②断裂の度合いが前回
より軽い、などが考慮され、今回は人工靭帯を移植する手術が行われたと見ら
れている。この術式は従来型のトミー・ジョン手術より復帰時期を早くできるの
で、25年開幕時に復帰できる見込み。昨年見られた特筆すべきことは、ヨコの
変化の大きい「大谷型スライダー」を、MLBが「スイーパー」と呼び出したことだ。

年度	所属チーム	勝利	敗戦	防御率	試合数	先発	セーブ	投球イニング	被安打	失点	自責点	被本塁打	与四球	奪三振	WHIP
2023	エンジェルス	10	5	3.14	23	23	0	132.0	85	50	46	18	55	167	1.06
通算成績		38	19	3.01	86	86	0	481.2	348	169	161	53	173	608	1.08

─ ニック・フラッソ Nick Frasso　先発　期待度 A⁻　ルーキー

26歳 1998.10.18生｜196cm｜90kg｜右投右打 ◆昨季は2A、3Aでプレー ⑤2020④ブルージェイズ ⑤カリフォルニア州

　フォーシームに、チェンジアップとスライダーを組み合わせて投げ
るホープ。一番のウリは、フォーシームの威力だ。150キロ台中頃か
ら後半のスピードがあり、しかもリリースポイントが前にあるため、バッターはそ
れ以上に感じてしまう。コントロールも良く、四球からピンチを招くことが少ない。

71 ギャヴィン・ストーン Gavin Stone　先発リリーフ　期待度 B⁺　ルーキー

26歳 1998.10.15生｜185cm｜79kg｜右投右打 ◆昨季はメジャーで8試合に出場 ⑤2020⑤ドジャース ⑤アーカンソー州

　揺れながら落ちるチェンジアップを多投して、タイミングを外すこ
とに重点を置いた投球を見せる右腕。これと組み合わせて投げるフォ
ーシームは、フラットな軌道になりがちで、痛打されることが多い。カッターも不
安定。この2つを見直して多投できるようになれば、メジャーに定着できるだろう。

---

⑤＝速球のスピード　⑱＝決め球　対左＝対左打者被打率　対右＝対右打者被打率
⑤＝ドラフトデータ　⑤＝出身地　⑤＝年俸

※メジャー経験がない投手の「先発」「リリーフ」はマイナーでの役割

手術明けでもあり、過大な期待は望ましくない　**DH**　移籍

17 大谷翔平
Shohei Ohtani

30歳　1994.7.5生｜193cm｜95kg｜右投左打

◆対左投手打率／.245(139-34)　◆対右投手打率／.327(358-117)
◆ホーム打率／.282(234-66)　◆アウェー打率／.323(263-85)
◆得点圏打率／.317(101-32)
◆23年のポジション別出場数／DH=134、ピッチャー=23
◆ドラフトデータ／2012①北海道日本ハム、2018㊾エンジェルス
◆出身地／岩手県　◆年俸／7000万ドル（約98億円）
◆MVP2回(21、23年)、本塁打王1回(23年)、
　シルバースラッガー賞2回(21、23年)、
　ハンク・アーロン賞1回(23年)、新人王(18年)

ミート **5**
パワー **5**
走塁 **5**
守備 **ー**
肩 **ー**

ドジャース

　ロサンジェルスの南側にあるエンジェルスを出て、北側にあるドジャースに10年7億ドルの契約で入団した二刀流のスーパースター。昨年9月中旬に、2度目の右ヒジ手術を受けたため、今季は一刀流となるが、開幕から出場できる見込みだ。

　昨季は春先、WBCに出場し、投打に大活躍。MVPに輝いたあと、疲労困憊の状態でチームに合流した。しかし、春先に無理をしたことは中盤以降、体のあちこちに異変が生じる遠因になり、また、チームが弱体で休みたくても休めないという事情も重なって、右ヒジを痛めるという悲劇的な結末を迎えた。その一方で、打者大谷は6月に15本打ったのが効いて、9月5日以降欠場したにもかかわらず、初めて本塁打王のタイトルを獲得。シーズン終了後には、満票で2度目のアメリカン・リーグMVPに輝いた。

　ドジャースでは、塁に走者がいる場面で打席に入るケースが増える。打順は「3番説」もあるが、後ろ(3番)にフリーマンを置き、勝負を避けられることが少なくなる2番に入ったほうが、大谷は打点をかせぎやすくなり、チームとしても機能しそう。ドジャースと交わした10年7億ドルの契約は、MLBにとどまらず、あらゆるプロスポーツの史上最高額。この契約の特徴は、7億ドルのうち6億8000万ドルが10年後に支払われることだ。利子がなければ貨幣価値が目減りする分、損をするので、MLB選手会はこの契約を実質4億6000万ドルと分析している。年俸の大部分を後払いにするというアイディアは、代理人ではなく大谷本人から出たものだという。自分だけで7000万ドルも取れば、年俸総額が贅沢税ラインを大きく越えてしまい、球団が補強に消極的になる。それを避けるには、球団が補強資金を潤沢に持っている必要があるので、自分の給料は後払いでも構わないと考えたのだ。

カモ　L・リン(カーディナルス).435(23-10)3本　J・ベリオス(ブルージェイズ).444(18-8)3本
苦手　J・マズグローヴ(パドレス).000(7-0)0本　N・イヴォルディ(レンジャーズ).118(17-2)0本

年度	所属チーム	試合数	打数	得点	安打	二塁打	三塁打	本塁打	打点	四球	三振	盗塁	盗塁死	出塁率	OPS	打率
2018	エンジェルス	114	326	59	93	21	2	22	61	37	102	10	4	.361	.925	.285
2019	エンジェルス	106	384	51	110	20	5	18	62	33	110	12	3	.343	.848	.286
2020	エンジェルス	46	153	23	29	6	0	7	24	22	50	7	1	.291	.657	.190
2021	エンジェルス	158	537	103	138	26	8	46	100	96	189	26	10	.372	.964	.257
2022	エンジェルス	157	586	90	160	30	6	34	95	72	161	11	9	.356	.875	.273
2023	エンジェルス	135	497	102	151	26	8	44	95	91	143	20	6	.412	1.066	.304
通算成績		716	2483	428	681	129	29	171	437	351	755	86	33	.366	.922	.274

カモ　苦手　は通算成績

野手

セカンドへのコンバートは本人の希望 [セカンド]

50 ムーキー・ベッツ
Mookie Betts

32歳 | 1992.10.7生 | 175cm | 81kg | 右投右打

◆対左投手打率／.300(150-45) ◆対右投手打率／.309(434-134)
◆ホーム打率／.334(287-96) ◆アウェー打率／.279(297-83)
◆得点圏打率／.383(120-46)
◆23年のポジション別出場数／ライト=107、セカンド=70、ショート=16
◆ドラフトデータ／2011⑤レッドソックス
◆出身地／テネシー州 ◆年俸／2500万ドル（約35億円）
◆MVP1回(18年)、首位打者1回(18年)、
　ゴールドグラブ賞6回(16～20、22年)、
　シルバースラッガー賞6回(16、18、19、20、22、23年)

ミート	5
パワー	5
走塁	4
守備	4
肩	4

　2018年以来のハイレベルな成績をマークし、ナショナル・リーグのMVP投票で2位になったリードオフマン。MVP投票の次点は2016年、20年に次いで3度目だ。昨季は出だし不調だったが、4月下旬からタイムリーと一発が途切れることなく出て打線を牽引。とくにチームが、ナショナル・リーグ西地区の3位から首位に躍り出た6月下旬から7月中旬にかけては、欲しい場面でよくタイムリーが出て、ドジャー・スタジアムのファンを熱狂させた。その勢いはシーズン後半になっても続き、8月には打率4割7分6厘、11本塁打、30打点を記録して、8月の月間MVPに選出された。昨年の打点107は、リードオフマンの打点としては史上最多記録。

　ポジションは長い間、ライトに固定され、右翼手として6回ゴールドグラブ賞を受賞。だが、昨季は開幕直後からしばしばセカンドやショートで先発出場するようになり、7月9日にセカンドのレギュラー格だったミゲール・ヴァルガスがマイナー落ちしたあとは、セカンドがメインになった。これは、ベッツ本人が以前から希望していたこと。昨年のキャンプ中、首脳陣に再度強く申し入れたことによって、実現した。メジャーに上がるまで、マイナーでは二塁手としてプレーしていたが、当時のレッドソックスは二塁手のペドロイアが中心選手でポジションが重なるため、昇格の際、外野にコンバートされていた。昨季はライトで77試合、セカンドで62試合、ショートで12試合先発し、まずまずの守備を見せたため、ゴールドグラブ賞のユーティリティ部門で最終候補になったが、受賞はならなかった。

カモ W・マイリー（ブリュワーズ）.524(21-11)1本　K・ギブソン（カーディナルス）.391(23-9)3本
苦手 ダルビッシュ有（パドレス）.194(31-6)1本　J・ヴァーランダー（アストロズ）.053(19-1)0本

年度	所属チーム	試合数	打数	得点	安打	二塁打	三塁打	本塁打	打点	四球	三振	盗塁	盗塁死	出塁率	OPS	打率
2014	レッドソックス	52	189	34	55	12	1	5	18	21	31	7	3	.368	.812	.291
2015	レッドソックス	145	597	92	174	42	8	18	77	46	82	21	6	.341	.820	.291
2016	レッドソックス	158	672	122	214	42	5	31	113	49	80	26	4	.363	.897	.318
2017	レッドソックス	153	628	101	166	46	2	24	102	77	79	26	3	.344	.803	.264
2018	レッドソックス	136	520	129	180	47	5	32	80	81	91	30	6	.438	1.078	.346
2019	レッドソックス	150	597	135	176	40	5	29	80	97	101	16	3	.391	.915	.295
2020	ドジャース	55	219	47	64	9	1	16	39	24	38	10	2	.366	.928	.292
2021	ドジャース	122	466	93	123	29	3	23	58	68	86	10	5	.367	.854	.264
2022	ドジャース	142	572	117	154	40	3	35	82	55	104	12	2	.340	.873	.269
2023	ドジャース	152	584	126	179	40	1	39	107	96	107	14	3	.408	.987	.307
通算成績		1265	5044	996	1485	347	34	252	756	614	799	172	37	.373	.900	.294

旧友から刺激を受け、33歳で「20-20」

[5] フレディ・フリーマン
Freddie Freeman

35歳 1989.9.12生 | 196cm | 99kg | 右投左打
- ◆対左投手打率／.335(197-66)　◆対右投手打率／.330(440-145)
- ◆ホーム打率／.312(321-100)　◆アウェー打率／.351(316-111)
- ◆得点圏打率／.370(135-50)
- ◆23年のポジション別出場数／ファースト=161
- ◆ドラフトデータ／2007②ブレーブス
- ◆出身地／カリフォルニア州
- ◆年俸／2700万ドル（約37億8000万円）
- ◆MVP1回(20年)、ゴールドグラブ賞1回(18年)、シルバースラッガー賞3回(19〜21年)、ハンク・アーロン賞1回(20年)

ミート **5**
パワー **5**
走塁 **4**
守備 **2**
肩 **3**

ドジャース

　2022年にドジャースに来てから、1年ごとに若くなっている感がある強打の一塁手。昨季は打撃成績の各部門で軒並み上位に入り、MVP投票で3位に入った。とくに称賛されたのが、メジャー15年目で初めて、本塁打20と盗塁20をクリアしたことだ。パワーとスピードを併せ持つ20代のトップ選手にはそう難しい記録ではないが、30代になると難易度がどんどん上がる。足の衰えが進み、20盗塁が実現困難になるからだ。

　昨年、フリーマンが33歳でこの「20-20」を達成できたのは、3つの好条件が重なったことによる。1つは、新ルールで牽制球が事実上2球までに制限されたこと。ベースが38.1センチ四方から、45.7センチ四方に拡大されたことも、プラスになった。2つ目は、フリーマンが一塁手で、投手のモーションを盗むコツを知っていたこと。3つ目は、フリーマンに「中の上」レベルの脚力があったこと。24回の盗塁で23回成功させたのは、これらの条件が三位一体となって挑戦を後押ししたからだ。

　33歳で「20-20」への挑戦を思い立ったのは、マイナー契約で来たブレーブス時代の親友ヘイワードの必死な姿を見て、自分も新しいものに挑戦したくなったからだ。ヘイワードはオープン戦で結果を出せないと解雇される身だったので、打撃でも守備でも球に食らいつく気迫を見せ、開幕メジャーを実現。それによって2人は、9年ぶりに長いシーズンをともに戦うことになり、それはフリーマンにとって大きなプラス要素になった。

カモ L・ウェッブ(ジャイアンツ).407(27-11)1本　C・モートン(ブレーブス).500(20-10)3本
苦手 L・リン(カーディナルス).091(11-1)0本　T・ウォーカー(フィリーズ).190(21-4)1本

年度	所属チーム	試合数	打数	得点	安打	二塁打	三塁打	本塁打	打点	四球	三振	盗塁	盗塁死	出塁率	OPS	打率
2010	ブレーブス	20	24	3	4	1	0	1	0	0	8	0	0	.167	.500	.167
2011	ブレーブス	157	571	67	161	32	0	21	76	53	142	4	4	.346	.794	.282
2012	ブレーブス	147	540	91	140	33	2	23	94	64	129	2	0	.340	.796	.259
2013	ブレーブス	147	551	89	176	27	2	23	109	66	121	1	0	.396	.897	.319
2014	ブレーブス	162	607	93	175	43	4	18	78	90	145	3	4	.386	.847	.288
2015	ブレーブス	118	416	62	115	27	0	18	66	56	98	3	1	.370	.841	.276
2016	ブレーブス	158	589	102	178	43	6	34	91	89	171	6	1	.400	.969	.302
2017	ブレーブス	117	440	84	135	35	2	28	71	65	95	8	5	.403	.989	.307
2018	ブレーブス	162	618	94	191	44	4	23	98	76	132	10	3	.388	.893	.309
2019	ブレーブス	158	597	113	176	34	2	38	121	87	127	6	3	.389	.938	.295
2020	ブレーブス	60	214	51	73	23	1	13	53	45	37	2	0	.462	1.102	.341
2021	ブレーブス	159	600	120	180	25	2	31	83	85	107	8	3	.393	.896	.300
2022	ドジャース	159	612	117	199	47	2	21	100	84	102	13	3	.407	.918	.325
2023	ドジャース	161	637	131	211	59	2	29	102	72	121	23	1	.410	.977	.331
通算成績		1885	7016	1217	2114	473	29	321	1143	932	1535	89	28	.388	.902	.301

メジャーを代表するバッティングの良い捕手 [キャッチャー]

16 ウィル・スミス *Will Smith*

29歳 1995.3.28生｜178cm｜88kg｜右投右打 ◆盗塁阻止率／.163(86-14)

◆対左投手打率／.240　◆対右投手打率／.268
◆ホーム打率／.271　◆アウェー打率／.250　◆得点圏打率／.303
◆23年のポジション別出場数／キャッチャー=111、DH=14
◆Ⓓ2016①ドジャース　◆Ⓗケンタッキー州
◆Ⓨ855万ドル（約11億9700万円）

ミート	4
パワー	4
走塁	2
守備	4
肩	3

　守備力も平均以上のレベルになった強打の捕手。昨年はまずアメリカ代表の一員としてWBCに出場。3試合に捕手として先発出場し、ヒットは2本しか出なかったが、この2本は本塁打と二塁打だった。シーズン開幕後は3番打者で起用され、本塁打は前年（2022年）より減少したものの、クラッチヒッターぶりは健在で、打点と得点はナショナル・リーグの捕手で最多だった。守備面では「中の下」レベルだった盗塁阻止率が、平均レベルにアップ。フレーミングの能力は「中の下」レベル。最近はゲームコーリング（リード）のうまい捕手という評価も得ており、昨季はボビー・ミラーを好リードで支え、ブレイクに貢献。ケンタッキー出身のカントリーボーイで、無口で地味なキャラ。

[カモ] Z・ギャレン（ダイヤモンドバックス）.375(16-6)0本　[苦手] A・ゴンバー（ロッキーズ）.000(9-0)0本

年度	所属チーム	試合数	打数	得点	安打	二塁打	三塁打	本塁打	打点	四球	三振	盗塁	盗塁死	出塁率	OPS	打率
2019	ドジャース	54	170	30	43	9	0	15	42	18	52	2	0	.337	.908	.253
2020	ドジャース	37	114	23	33	9	0	8	25	20	22	0	0	.401	.980	.289
2021	ドジャース	130	414	71	107	19	2	25	76	58	101	3	0	.365	.860	.258
2022	ドジャース	137	508	68	132	26	3	24	87	56	96	1	0	.343	.808	.260
2023	ドジャース	126	464	80	121	21	2	19	76	63	89	3	0	.359	.797	.261
通算成績		484	1670	272	436	84	7	91	306	215	360	9	0	.357	.840	.261

引っ張り至上主義で36本塁打、105打点 [サード]

13 マックス・マンシー *Max Muncy*

34歳 1990.8.25生｜183cm｜97kg｜右投左打

◆対左投手打率／.155　◆対右投手打率／.237
◆ホーム打率／.227　◆アウェー打率／.198　◆得点圏打率／.199
◆23年のポジション別出場数／サード=124、DH=10
◆Ⓓ2012⑤アスレティックス　◆Ⓗテキサス州
◆Ⓨ700万ドル（約9億8000万円）

ミート	2
パワー	5
走塁	2
守備	2
肩	3

　昨年、塁間に内野手を3人配置する「シフト」が禁止されたのにともなって、可能な限り引っ張るバッティングに変えたスラッガー。バッティングのテキストブックでは行ってはいけないことの1つとされているが、それを実践してみると、本塁打がよく出るようになった。マンシーは引っ張ると距離が出るので、ライト方向へ飛んだフライ球の43%が本塁打になったのだ。アッパースイングで打っているためゴロ打球が少なく、一、二塁間をゴロで抜けるヒットはわずかだったが、それでも打率は2割1分台には戻った。サードの守備はグラブさばきに難があり、守備範囲の広さも「中の下」レベルだ。

[カモ] M・ケリー（ダイヤモンドバックス）.412(34-14)1本　[苦手] ダルビッシュ有（パドレス）.179(28-5)0本

年度	所属チーム	試合数	打数	得点	安打	二塁打	三塁打	本塁打	打点	四球	三振	盗塁	盗塁死	出塁率	OPS	打率
2015	アスレティックス	45	102	14	21	8	1	3	9	9	31	0	0	.268	.660	.206
2016	アスレティックス	51	113	13	21	2	0	3	8	20	24	0	0	.308	.565	.186
2018	ドジャース	137	395	75	104	17	2	35	79	79	131	3	0	.391	.973	.263
2019	ドジャース	141	487	101	122	22	1	35	98	90	149	4	1	.374	.889	.251
2020	ドジャース	58	203	36	39	4	0	12	27	39	60	1	0	.331	.720	.192
2021	ドジャース	144	497	95	124	26	2	36	94	83	120	2	1	.368	.895	.249
2022	ドジャース	136	464	69	91	22	1	21	69	90	141	0	0	.329	.713	.196
2023	ドジャース	135	482	95	102	17	1	36	105	85	153	1	2	.333	.808	.212
通算成績		847	2743	498	624	118	8	180	488	495	809	13	4	.351	.824	.227

33 スイッチが入ると超人的な活躍をする異能派　センター
ジェイムズ・アウトマン James Outman

27歳　1997.5.14生｜190cm｜97kg｜右投左打

◆対左投手打率／.254　◆対右投手打率／.246
◆ホーム打率／.249　◆アウェー打率／.248　◆得点圏打率／.260
◆23年のポジション別出場数／センター＝135、レフト＝17、ライト＝6、DH＝3　◆Ⓓ2018⑦ドジャース
◆⑪カリフォルニア州　◆⑭74万ドル（約1億360万円）＋α

ミート3／パワー5／走塁4／守備4／肩4

　センターのレギュラーにのし上がり、新人王投票で3位に入った外野のホープ。昨季4月は6本塁打、18打点を叩き出して月間最優秀新人に選出されたが、5月中旬からスランプとなり、打率が急降下。マイナーへの降格も仕方のない状況になった。しかし、プラトーンでセンターに起用されていたトンプソンがもっとひどい状態で、こちらがマイナー落ち。アウトマンにはスイングの見直しを行う猶予が与えられ、大きくなったスイングを矯正。シーズン後半は長打がよく出た。身体能力は高いが穴もあり、安定感に欠けるタイプ。魅力はスイッチが入ると、120%の力が出ること。メジャー初打席で初本塁打。3Aでは、5日間で2度サイクルヒットをやってのけたことがある。

ドジャース

カモ　L・ウェッブ（ジャイアンツ）.667(6-4)0本　苦手　J・マスグローヴ（パドレス）.000(4-0)0本

年度	所属チーム	試合数	打数	得点	安打	二塁打	三塁打	本塁打	打点	四球	三振	盗塁	盗塁死	出塁率	OPS	打率
2022	ドジャース	4	13	6	6	2	0	1	3	2	7	0	0	.563	1.409	.462
2023	ドジャース	151	483	86	120	16	3	23	70	68	181	16	3	.353	.790	.248
通算成績		155	496	92	126	18	3	24	73	70	188	16	3	.358	.806	.254

37 25本塁打前後を計算できるベテラン　レフト　移籍
テオスカー・ヘルナンデス Teoscar Hernandez

32歳　1992.10.15生｜188cm｜97kg｜右投右打

◆対左投手打率／.287　◆対右投手打率／.249
◆ホーム打率／.217　◆アウェー打率／.295　◆得点圏打率／.300
◆23年のポジション別出場数／ライト＝135、DH＝28
◆Ⓓ2011⑭アストロズ　◆⑪ドミニカ
◆⑭2350万ドル（約32億9000万円）　◆シルバースラッガー賞2回(20、21年)

ミート3／パワー5／走塁3／守備3／肩4

　マリナーズをFAで出て、1年2250万ドルという破格の待遇で入団した長距離砲。ウリはパワー。豪速球に力負けしないスイングスピードがあり、空振りを誘うハイファストボールが中途半端な高さに行くと、外野席に直行することになる。タメをうまく取れるので、緩急を使った攻めにも強い。その一方で、フリースインガーではないが、追い込まれてもフルスイングをするので、三振のボタ山ができあがる。昨年の211三振は、シュワーバーに4つ及ばないワースト3位。今季はエブリデー・プレーヤーとして使われる予定。

カモ　E・ロドリゲス（ダイヤモンドバックス）.381(21-8)3本　苦手　C・クワントリル（ロッキーズ）.000(9-0)0本

年度	所属チーム	試合数	打数	得点	安打	二塁打	三塁打	本塁打	打点	四球	三振	盗塁	盗塁死	出塁率	OPS	打率
2016	アストロズ	41	100	15	23	7	0	4	11	11	28	0	2	.304	.724	.230
2017	アストロズ	1	0	0	0	0	0	0	0	0	0	0	0	.000	.000	.000
2017	ブルージェイズ	26	88	16	23	6	0	8	20	6	36	0	1	.305	.907	.261
2017	2チーム計	27	88	16	23	6	0	8	20	6	36	0	1	.305	.907	.261
2018	ブルージェイズ	134	476	67	114	29	7	22	57	41	163	5	5	.302	.770	.239
2019	ブルージェイズ	125	417	58	96	19	2	26	65	45	153	6	3	.306	.778	.230
2020	ブルージェイズ	50	190	33	55	7	0	16	34	14	63	6	1	.340	.919	.289
2021	ブルージェイズ	143	550	92	163	29	1	32	116	36	148	12	4	.346	.870	.296
2022	ブルージェイズ	131	499	71	133	35	1	25	77	34	152	6	3	.316	.807	.267
2023	マリナーズ	160	625	70	161	29	2	26	93	38	211	7	2	.305	.740	.258
通算成績		811	2945	422	768	161	12	159	473	225	954	42	21	.316	.802	.261

野手

ユーティリティ

3 値千金の満塁アーチ2本で存在感を示す
クリス・テイラー *Chris Taylor*

34歳 1990.8.29生｜185cm｜88kg｜右投右打

◆対左投手打率／.210 ◆対右投手打率／.255
◆ホーム打率／.256 ◆アウェー打率／.219 ◆得点圏打率／.260
◆23年のポジション別出場数／レフト＝57、ショート＝31、サード＝28、
DH＝7、センター＝5、セカンド＝3 ◆D2012⑤マリナーズ
◆田ヴァージニア州 ◆甲1300万ドル（約18億2000万円）

ミート **3**
パワー **4**
走塁 **5**
守備 **4**
肩 **4**

メジャーにあまたいるスーパーサブの中で、最高の待遇を受けているユーティリティ。昨季前半は打率が低空飛行を続けたが、勝負強さは健在で、存在感を示した。とくにチームが地区3位から首位に駆け上がった6月下旬から7月中旬にかけては、満塁アーチを2本打つという離れ業をやってのけ、チームを勢いづかせた。特徴は、追い込まれても長打を狙ってフルスイングするため、三振がやたらに多いこと。昨季も、3打数に1回のペースで三振。

| カモ T・キンリー(ロッキーズ).571(7-4)1本 | 苦手 ダルビッシュ有(パドレス).000(13-0)0本 |

年度	所属チーム	試合数	打数	得点	安打	二塁打	三塁打	本塁打	打点	四球	三振	盗塁	盗塁死	出塁率	OPS	打率
2014	マリナーズ	47	136	16	39	8	0	0	9	11	39	5	2	.347	.693	.287
2015	マリナーズ	37	94	9	16	3	1	0	1	6	31	3	2	.220	.443	.170
2016	マリナーズ	2	3	0	1	0	0	0	0	0	2	0	0	.333	.666	.333
2016	ドジャース	34	58	8	12	2	2	1	7	4	13	0	0	.258	.620	.207
2016	2チーム計	36	61	8	13	2	2	1	7	4	15	0	0	.262	.623	.213
2017	ドジャース	140	514	85	148	34	5	21	72	50	142	17	4	.354	.850	.288
2018	ドジャース	155	536	85	136	35	8	17	63	55	178	9	6	.331	.775	.254
2019	ドジャース	124	366	52	96	29	4	12	52	37	115	8	0	.333	.795	.262
2020	ドジャース	56	185	30	50	10	2	8	32	26	55	3	2	.366	.842	.270
2021	ドジャース	148	507	92	129	25	4	20	73	63	167	13	1	.344	.782	.254
2022	ドジャース	118	402	45	89	25	3	10	43	44	160	10	1	.304	.677	.221
2023	ドジャース	117	318	51	80	15	1	15	56	41	125	16	3	.326	.746	.237
通算成績		978	3139	473	796	186	30	104	408	337	1027	84	21	.331	.762	.254

ショート

11 リーダーシップを発揮できる価値あるベテラン
ミゲール・ロハス *Miguel Rojas*

35歳 1989.2.24生｜183cm｜85kg｜右投右打

◆対左投手打率／.286 ◆対右投手打率／.210
◆ホーム打率／.228 ◆アウェー打率／.245 ◆得点圏打率／.267
◆23年のポジション別出場数／ショート＝121、ピッチャー＝3、
DH＝2、セカンド＝1、サード＝1 ◆D2005外レッズ
◆田ベネズエラ ◆甲500万ドル（約7億円）

ミート **3**
パワー **2**
走塁 **3**
守備 **5**
肩 **4**

守備力とスモールボールのうまさがウリの遊撃手。昨年は内野のユーティリティとしてドジャースに来たが、ショートのレギュラー候補ラックスが長期欠場となったため、住み慣れたポジションであるショートのレギュラー格となって、内野の守備の要になった。ドジャースは前年（2022年）の地区シリーズでパドレスに敗れたことがトラウマになって、昨季序盤は調子の出ない選手が多かった。そこで「1勝の大事さをみんなに感じさせる」ために、リーダーシップを発揮。チームに様々な働きかけを行い、上昇気流に乗せた。

| カモ J・マスグローヴ(パドレス).500(12-6)0本 | 苦手 ダルビッシュ有(パドレス).091(11-1)0本 |

年度	所属チーム	試合数	打数	得点	安打	二塁打	三塁打	本塁打	打点	四球	三振	盗塁	盗塁死	出塁率	OPS	打率
2014	ドジャース	85	149	16	27	3	0	1	9	10	28	0	1	.242	.463	.181
2015	ドジャース	69	142	13	40	7	1	1	17	11	16	0	1	.329	.695	.282
2016	マーリンズ	123	194	27	48	12	0	1	14	11	27	2	1	.288	.613	.247
2017	マーリンズ	90	272	37	79	16	2	1	26	27	32	2	1	.361	.736	.290
2018	マーリンズ	153	488	44	123	13	0	11	53	24	69	6	3	.297	.643	.252
2019	マーリンズ	132	483	52	137	29	1	5	46	32	62	9	5	.331	.710	.284
2020	マーリンズ	40	138	20	38	10	1	4	20	16	18	5	1	.392	.888	.304
2021	マーリンズ	132	495	66	131	30	3	9	48	37	74	13	3	.322	.714	.265
2022	マーリンズ	140	471	34	111	19	2	6	36	26	66	6	3	.283	.606	.236
2023	ドジャース	125	365	49	91	16	1	5	31	26	48	8	3	.290	.612	.236
通算成績		1080	3204	358	825	155	11	44	300	220	435	54	21	.311	.665	.257

抜け目のない走塁をする外野の名脇役

25 マニュエル・マーゴウ Manuel Margot

30歳 1994.9.28生｜180cm｜81kg｜右投右打 対左.277 対右.258 ホ.219 ア.303
得.293 ド2011外レッドソックス 田ドミニカ 年1000万ドル（約14億円）

ミ	3
バ	2
走	5
守	5
肩	5

レイズから移籍したプラトーン・プレーヤー。今季は左打者のヘイワード、アウトマンとコンビを組む形で、ライトとセンターに起用される。グラブと足で貢献するタイプ。守備範囲が広く、フライ打球の軌道を読む能力が高い。強肩で、送球も正確。打者としては早打ちで、打率は平均以上だが、出塁率は平均以下になりがち。ウリはアグレッシブな走塁。相手の野手が内野後方の小フライやボテボテゴロの処理にまごついている間に二塁まで行ってしまうような、足でかせぐ二塁打が多い。ハイチ系ドミニカ人。姓は「MARGOT」と書いて、フランス風に最後の「T」は読まない。

年度	所属チーム	試合数	打数	得点	安打	二塁打	三塁打	本塁打	打点	四球	三振	盗塁	盗塁死	出塁率	OPS	打率
2023	レイズ	99	311	39	82	21	1	4	38	18	55	9	3	.310	.686	.264
通算成績		788	2612	315	667	133	25	52	283	197	507	91	39	.309	.694	.255

昨年全休の影響が心配される遊撃手

9 ギャヴィン・ラックス Gavin Lux

27歳 1997.11.23生｜188cm｜86kg｜右投左打 対左◆昨季は全休
ド2016①ドジャース 田ウィスコンシン州 年123万ドル（約1億7220万円）

ミ	3
バ	4
走	3
守	3
肩	2

ヒザの前十字靱帯断裂により、昨季は全休したツキのない内野手。その後はリハビリに励んで、今シーズンの復活を目指した。今年1月、ゴームズGMは「ラックスは復帰に向けて着実に前進している。100%の状態で開幕を迎えることができる」と断言している。ラックスが不在の間、ミゲール・ロハスがショートに入って優れた守備を見せたことや、ゲーム勘を取り戻すのに一定の時間が必要なことなどを考え合わせると、今季前半は、ロハスとポジションを分け合うことになりそうだ。ショートのレギュラーの経験はなく、一昨年はセカンドのレギュラー格だった。

年度	所属チーム	試合数	打数	得点	安打	二塁打	三塁打	本塁打	打点	四球	三振	盗塁	盗塁死	出塁率	OPS	打率
2022	ドジャース	129	421	66	116	20	7	6	42	47	95	7	2	.346	.745	.276
通算成績		273	894	135	226	38	12	18	105	101	221	14	3	.329	.712	.253

チーム内で人望がある賢人外野手

23 ジェイソン・ヘイワード Jason Heyward

35歳 1989.8.9生｜196cm｜108kg｜右投左打 対左.192 対右.276 ホ.244 ア.293
得.213 ド2007①ブレーブス 田ニュージャージー州 年900万ドル（約12億6000万円）

ミ	3
バ	4
走	3
守	5
肩	4

ドジャースが死に場所になると思われたが、見事によみがえった外野手。2016年、カブスに8年契約で入団。7年目の2022年はヒザの故障で長期欠場したため、再起不能と判断され、契約を1年残して解雇された。自分ではまだやれると思っていたので、ドジャースにマイナー契約で入団。オープン戦での2本のフェンス越えを評価され、4人目の外野手として開幕メジャー入り。若い頃は速球に強い打者だったが、昨年は鋭いスイングが復活し、豪速球を痛烈なライナーで弾き返すシーンがよく見られた。面倒見が良く、若手のメンター的存在にもなっていた。

年度	所属チーム	試合数	打数	得点	安打	二塁打	三塁打	本塁打	打点	四球	三振	盗塁	盗塁死	出塁率	OPS	打率
2023	ドジャース	124	334	56	90	23	0	15	40	34	64	2	2	.340	.813	.269
通算成績		1703	5861	837	1512	292	39	174	681	678	1165	120	42	.339	.749	.258

右側縦書き：ドジャース

若い投手の教育係として重要なベテラン捕手

15 オースティン・バーンズ Austin Barnes

キャッチャー

35歳 1989.12.28生 | 178cm | 84kg | 右投右打 ◆盗塁阻止率/.045(66-3) 対左.080 対右.219 ホ.181 ア.179 得.095 D2011⑨マーリンズ 出カリフォルニア州 年350万ドル（約4億9000万円）

ミ 2
パ 2
走 2
守 4
肩 1

　若い投手の力を引き出すことに長けたバックアップ捕手。昨季は52試合に先発出場。リード面ではカーショウの女房役として良い働きをしたほか、ペピオの好投を巧みなリードで支えた。フレーミング、レシービング、ボールブロッキングも平均以上のレベルだが、盗塁阻止率はフリーパスに近い4.5%だった。母方の叔父マイク・ガイエゴは、アスレティックスが最も強かった1980年代後半にセカンドのレギュラーとして活躍。バントの名手として知られた。引退後はコーチに転身し、2020年には当時のマドン監督に請われ、エンジェルスのベンチコーチを務めた。

年度	所属チーム	試合数	打数	得点	安打	二塁打	三塁打	本塁打	打点	四球	三振	盗塁	盗塁死	出塁率	OPS	打率
2023	ドジャース	59	178	15	32	5	0	2	11	17	43	2	1	.256	.498	.180
通算成績		545	1334	190	292	57	3	34	149	181	341	20	6	.323	.666	.219

他球団ならレギュラーになれるレベル

一 ミゲール・ヴァルガス Miguel Vargas

セカンド

25歳 1999.11.17生 | 190cm | 92kg | 右投右打 対左.171 対右.206 ホ.195 ア.195 得.186 D2017外ドジャース 出キューバ 年74万ドル（約1億360万円）+α

ミ 3
パ 2
走 2
守 2
肩 3

　昨年、開幕からセカンドのレギュラーに抜擢されたキューバ亡命組の内野手。抜擢に至ったのは、2022年に3Aで3割台の打率と4割台の出塁率をマークし、長打もよく出ていたからだ。開幕後は6月半ばまで、打率が2割2分台から3分台で推移。その後、ひどいスランプで、打率が急降下。持ち直せないまま7月9日にマイナー落ち。3Aでは安打製造機だったのに、その片鱗すら見られなかったのは、キャンプ中に小指を骨折して2週間打撃練習を休んだことが響いたようだ。父ラサーロは、キューバ・ナショナルチームで活躍したレジェンドで、一緒に亡命。

年度	所属チーム	試合数	打数	得点	安打	二塁打	三塁打	本塁打	打点	四球	三振	盗塁	盗塁死	出塁率	OPS	打率
2023	ドジャース	81	256	36	50	15	4	7	32	38	61	3	2	.305	.672	.195
通算成績		99	303	40	58	16	4	8	40	40	74	4	2	.290	.640	.191

76 ディエゴ・カルタヤ Diego Cartaya

キャッチャー 期待度 B ルーキー

23歳 2001.9.7生 | 190cm | 99kg | 右投右打 ◆昨季は2Aでプレー D2018外ドジャース 出ベネズエラ

　打撃面のウリは、トップレベルのパワーと、逆方向にも飛距離が出ること。その一方で空振りが多く、変化球への対応力がイマイチ。捕手としては、巨漢なのに敏捷。強肩でボールブロック、フレーミング、ゲームコーリング（リード）も平均以上のレベル。投手とのコミュニケーション能力も高い。

84 アンディ・パヘス Andy Pages

ライト 期待度 B ルーキー

24歳 2000.12.8生 | 185cm | 95kg | 右投右打 ◆昨季は2A、3Aでプレー D2017外ドジャース 出キューバ

　2017年に30万ドルで契約したキューバ亡命組。打撃面のウリは、アーチを量産できる並外れたパワーがあること。その半面、早打ちで選球眼がイマイチ。極端なアッパースイングのため、高打率も期待できない。守備面での一番のウリは、強肩。打球への反応や、フライの軌道を読む能力も平均以上。

対左=対左投手打率　対右=対右投手打率　ホ=ホーム打率　ア=アウェー打率　得=得点圏打率　D=ドラフトデータ　出=出身地　年=年俸

アリゾナ・ダイヤモンドバックス

◆創　立：1998年
◆本拠地：アリゾナ州フェニックス市

◆ワールドシリーズ制覇：1回／◆リーグ優勝：2回
◆地区優勝：5回／◆ワイルドカード獲得：2回

主要オーナー　ケン・ケンドリック（実業家）

過去5年成績

年度	勝	負	勝率	ゲーム差	地区順位	ポストシーズン成績
2019	85	77	.526	21.0	②	―
2020	25	35	.417	18.0	⑤	―
2021	52	110	.321	55.0	⑤	―
2022	74	88	.457	37.0	④	―
2023	84	78	.519	16.0	②	ワールドシリーズ敗退

監　督　**17 トーリ・ロヴロ** *Torey Lovullo*

◆年　齢……………59歳（カリフォルニア州出身）
◆現役時代の経歴…8シーズン　タイガース（1988〜89）、
　（セカンド）　　　　ヤンキース（1991）、エンジェルス（1993）、
　　　　　　　　　　マリナーズ（1994）、アスレティックス（1996）、
　　　　　　　　　　インディアンズ（1998）、フィリーズ（1999）
◆現役通算成績……303試合　.224　15本　60打点
◆監督経歴…………7シーズン　ダイヤモンドバックス（2017〜）
◆通算成績…………495勝537敗（勝率.480）　最優秀監督賞1回（17年）

　日本でのプレー経験もある、イタリア系アメリカ人監督。昨季は足を積極的に使った「スモールボール」を展開。送りバントの数も30球団トップだった。ポストシーズンでは、持ち前のリーダーシップで選手の士気を高め、ワールドシリーズまでチームを押し上げている。現役最終年の2000年にヤクルトでプレーし、チームメートだった古田敦也の技術や野球への取り組みに、深い感銘を受けた。昨年の春季キャンプでは、その古田を臨時コーチとして招いている。

注目コーチ　**73 リック・ショート** *Rick Short*

　打撃コーチ補佐。52歳。現役時代、日本の千葉ロッテ（2003年）と東北楽天（2006〜09年）でプレー。日本通算打率は3割1分4厘。08年に打率3割3分2厘で首位打者に。

編成責任者　**マイク・ヘイゼン** *Mike Hazen*

　48歳。再建が思いのほか早く進み、球団も高く評価。昨年のレギュラーシーズン終了後、2028年までの契約延長が決まった。マイナーでのプレー経験がある元外野手。

スタジアム　**チェイス・フィールド** *Chase Field*

◆開場年…………1998年
◆仕　様…………人工芝、開閉式屋根付き
◆収容能力………48,519人
◆フェンスの高さ…2.3〜7.6m
◆特　徴…………砂漠地帯にある球場。屋根は雨対策ではなく、暑さ対策。2018年までは天然芝だったが、高温で管理が難しく、19年から人工芝になった。乾燥しているためボールがよく飛び、二塁打や三塁打の出る割合が、他球場に比べて高い。

ヒッターズパーク

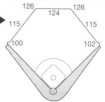

419

Best Order [ベストオーダー]

① コービン・キャロル……ライト
② ケテル・マーテイ……セカンド
③ クリスチャン・ウォーカー……ファースト
④ エウヘイニオ・スアレス……サード
⑤ ジョック・ピーダーソン……DH
⑥ ガブリエル・モレーノ……キャッチャー
⑦ アレック・トーマス……センター
⑧ ルルデス・グリエル・ジュニア……レフト
⑨ ヘラルド・ベルドモ……ショート

Depth Chart [ポジション別選手層・メンバーリスト]

※2024年2月25日時点の候補選手。数字は背番号（開幕前に変更する場合もあり）、右・左等は投・打の順。

センター
5 アレック・トーマス [左・左]
7 コービン・キャロル [左・左]
31 ジェイク・マッカーシー [左・左]
15 ランドール・グリチック [右・右]

レフト
12 ルルデス・グリエル・ジュニア [右・右]
26 ペイヴィン・スミス [左・左]
3 ジョック・ピーダーソン [左・左]
15 ランドール・グリチック [右・右]

ライト
7 コービン・キャロル [左・左]
26 ペイヴィン・スミス [左・左]
31 ジェイク・マッカーシー [左・左]
15 ランドール・グリチック [右・右]

ショート
2 ヘラルド・ベルドモ [右・両]
10 ジョーダン・ロウラー [右・右]

セカンド
4 ケテル・マーテイ [右・両]
6 ジェイス・ピーターソン [右・左]
2 ヘラルド・ベルドモ [右・両]

ローテーション
23 ザック・ギャレン [右・右]
57 エドゥアルド・ロドリゲス [左・左]
29 メリル・ケリー [右・右]
32 ブランドン・ファート [左・左]
19 ライン・ネルソン [右・右]
47 トミー・ヘンリー [左・左]
43 スレイド・セコーニ [右・右]

サード
28 エウヘイニオ・スアレス [右・右]
13 エマヌエル・リヴェラ [右・右]
6 ジェイス・ピーターソン [右・左]
2 ヘラルド・ベルドモ [右・両]

ファースト
53 クリスチャン・ウォーカー [右・右]
26 ペイヴィン・スミス [左・左]
13 エマヌエル・リヴェラ [右・右]

キャッチャー
14 ガブリエル・モレーノ [右・右]
11 ホセ・ヘレーラ [右・両]

DH
3 ジョック・ピーダーソン [左・左]
12 ルルデス・グリエル・ジュニア [右・右]

ブルペン
38 ポール・シーウォルド [右・右] CL
37 ケヴィン・ギンケル [右・右]
30 スコット・マクガフ [右・右]
35 ジョー・マンティプライ [左・右]
27 アンドリュー・ソーフランク [左・左]
81 ライアン・トンプソン [右・右]
50 ミゲール・カストロ [右・右]
24 カイル・ネルソン [左・左]
65 ルイス・フリアス [右・右]
40 ブライス・ジャーヴィス [右・右]
43 スレイド・セコーニ [右・右]

※CL＝クローザー

ダイヤモンドバックス試合日程……＊はアウェーでの開催

3月28・29・30・31	ロッキーズ	29・30・5月1 ドジャース	30・31・6月1・2 メッツ＊
4月1・2・3	ヤンキース	3・4・5 パドレス	3・4・5 ジャイアンツ
5・6・7	ブレーブス＊	7・8・9 レッズ＊	6・7・8・9 パドレス＊
8・9・10	ロッキーズ＊	10・11・12 オリオールズ＊	11・12・13 エンジェルス
12・13・14	カーディナルス	13・14・15 レッズ	14・15・16 ホワイトソックス
15・16・17	カブス	17・18・19 タイガース	18・19・20 ナショナルズ＊
18・19・20・21	ジャイアンツ	20・21・22 ドジャース＊	21・22・23 フィリーズ
22・23・24	カーディナルス＊	24・25・26 マーリンズ	25・26・27 ツインズ
26・27・28	マリナーズ＊	28・29 レンジャーズ＊	28・29・30 アスレティックス

球団メモ　昨季は開幕から好スタート。地区首位にいる期間も長かったが、7月に入って失速。ドジャースに突き放された。ただ、ポストシーズンではそのドジャースをスイープ。

■投手力🔽…★★★☆☆ 【昨年度チーム防御率4.48、リーグ10位】

今シーズンのローテーションは、ギャレン、ケリー、ロドリゲス、フォート、ネルソンという布陣でスタートするだろう。昨シーズンは故障者が続出したこともあって、先発防御率がナショナル・リーグ10位の4.67だったが、今季は抜群の安定感を誇るロドリゲスが加わったので、大幅に改善されるはず。リリーフ陣は、クローザーがシーウォルド、トップ・セットアッパーがギンケルで、全体のレベルは平均を多少上回る程度だ。

■攻撃力➡️…★★★☆☆ 【昨年度チーム得点746、リーグ7位】

打線にスアレスとピーダーソンが加わることになったが、どちらもピークを過ぎているので、さほど大きなプラスにはならないだろう。特徴は、俊足でベースランニングのうまい打者がそろっているため、三塁打が多いこと。昨年の44三塁打は、メジャー全体でトップの数字を誇っている。

■守備力⬆️…★★★★✦ 【昨年度チーム失策数56、リーグ1位】

昨年は正捕手に抜擢されたモレーノがいきなりゴールドグラブ賞に輝き、センターラインが最強レベルになった。ピンチに好守を見せる選手が多いため、DRS（守備で防いだ失点）が46ある。新加入のスアレスは、バットの人というイメージがあるが、守備力が向上し、守りのほうでも戦力になる。

■機動力➡️…★★★★✦ 【昨年度チーム盗塁数166、リーグ2位】

昨シーズンの盗塁数は、ナショナル・リーグで2位の166。成功率は86.5％という目を見張る数字だった。ロヴロ監督は、送りバントを多用する。

総合評価 ★★★☆☆

メジャーリーグで、スモールボール志向が最も強いチーム。その主役が、正捕手のモレーノだ。この優秀な捕手がいるおかげで、ダイヤモンドバックスは昨年、許盗塁が84しかない。その一方で、166盗塁を記録したので、盗塁貯金が82もあった。

ダイヤモンドバックス

IN 主な入団選手	OUT 主な退団選手
投手	**投手**
エドゥアルド・ロドリゲス ⬅タイガース	とくになし
野手	**野手**
エウヘイニオ・スアレス ⬅マリナーズ	トミー・ファム ➡所属先未定
ジョック・ピーダーソン ⬅ジャイアンツ	エヴァン・ロンゴリア ➡所属先未定
ランドール・グリチック ⬅エンジェルス	ドミニック・フレッチャー ➡ホワイトソックス

7月2・3・4	ドジャース*	8月2・3・4	パイレーツ*	3・4・5	ジャイアンツ*
5・6・7	パドレス*	5・6・7	ガーディアンズ*	6・7・8	アストロズ*
8・9・10・11	ブレーブス	8・9・10・11	フィリーズ*	10・11	レンジャーズ*
12・13・14	ブルージェイズ	12・13・14	ロッキーズ	13・14・15	ブリュワーズ
16	オールスターゲーム	16・17・18	レイズ*	16・17・18	ロッキーズ*
19・20・21	カブス*	19・20・21	マーリンズ	19・20・21・22	ブリュワーズ*
22・23・24	ロイヤルズ*	23・24・25	レッドソックス*	23・24・25	ジャイアンツ
26・27・28	パイレーツ	27・28・29	メッツ	27・28・29	パドレス
29・30・31	ナショナルズ	30・31・9月1・2	ドジャース		

球団メモ 昨季の地区シリーズ（対ドジャース）第3戦3回裏に、ベルドモ、マーテイ、ウォーカー、モレーノが本塁打を放った。1イニング4本塁打はポストシーズン史上初。

サイ・ヤング賞の最終候補になったエース　先発

23 ザック・ギャレン
Zac Gallen

29歳 1995.8.3生｜188cm｜85kg｜右投右打

◆速球のスピード／150キロ前後（フォーシーム主体）
◆決め球と持ち球／☆フォーシーム、◎カーブ、
　◎チェンジアップ、△カッター、△スライダー
◆対左打者被打率／.244　◆対右打者被打率／.232
◆ホーム防御率／2.47　◆アウェー防御率／4.42
◆ドラフトデータ／2016③カーディナルス
◆出身地／ニュージャージー州
◆年俸／1000万ドル（約14億円）

球威	4
制球	5
緩急	4
守備・牽制	4
度胸	4

　頭脳的なピッチングが光る、投球時の黒縁（くろぶち）メガネがトレードマークの右腕。昨季は3度目の先発となった4月10日のブリュワーズ戦から、4試合連続無失点の快投を見せ、注目された。このときはフォーシームにカーブとチェンジアップを組み合わせて打者のタイミングを外すことに徹し、強い打球を許さなかったことが好結果につながった。

　昨季は、なるべく多くのイニングを投げることを目標に掲げて、効率良くアウトを取るために、これまで以上に相手打者を研究してマウンドに立ち、ストライクゾーンに緩急をつけながらどんどん投げ込んで、早めにアウトを取った。その結果、イニング数はメジャーで2番目に多い210まで伸びた。投手として最優先で行っていることは、すべての持ち球をレベルアップさせること。「球種によってやり方が異なるので、十種競技の選手と同じような努力を強いられる」と本人は語っている。

　マイナー時代はB級プロスペクトだったギャレンがメジャーのエースに出世できたのは、この「十種競技の選手と同じような努力」でフォーシーム、カーブ、チェンジアップを磨き上げ、強力な武器にすることができたからだ。子供の頃、野球の基礎を叩き込んでくれたのは父ジムさん。米国では珍しいラグビー選手だった人だが、野球経験もあり、地元のリトルリーグチームの監督をしていたので、教えるのが上手だった。家はフィラデルフィア郊外にあったが、少年時代はフィリーズファンではなく、カーディナルスファン。ドラフトでもカーディナルスから3巡目に指名され、プロ入り。以前からエリース・ロックリンさんという女性と一緒に暮らしている。エリースさんはアリゾナ大学を出たあと、地元の大手会計法人に勤務。

[カモ] J・ソト（ヤンキース）.158（19-3）1本　L・ウェイド・ジュニア（ジャイアンツ）.190（21-4）0本
[苦手] T・エストラーダ（ジャイアンツ）.400（15-6）0本　M・シミエン（レンジャーズ）.625（8-5）1本

年度	所属チーム	勝利	敗戦	防御率	試合数	先発	セーブ	投球イニング	被安打	失点	自責点	被本塁打	与四球	奪三振	WHIP
2019	マーリンズ	1	3	2.72	7	7	0	36.1	25	12	11	3	18	43	1.18
2019	ダイヤモンドバックス	2	3	2.89	8	8	0	43.2	37	14	14	5	18	53	1.26
2019	2チーム計	3	6	2.81	15	15	0	80.0	62	26	25	8	36	96	1.23
2020	ダイヤモンドバックス	3	2	2.75	12	12	0	72.0	55	24	22	9	25	82	1.11
2021	ダイヤモンドバックス	4	10	4.30	23	23	0	121.1	108	61	58	19	49	139	1.29
2022	ダイヤモンドバックス	12	4	2.54	31	31	0	184.0	121	56	52	15	47	192	0.91
2023	ダイヤモンドバックス	17	9	3.47	34	34	0	210.0	188	87	81	22	47	220	1.12
通算成績		39	31	3.21	115	115	0	667.1	534	254	238	73	204	729	1.11

7月末、ドジャースへのトレードを拒否 先 発 移籍

57 エドゥアルド・ロドリゲス Eduardo Rodriguez

31歳 1993.4.7生｜188cm｜104kg｜左投左打

◆速球のスピード／150キロ前後（フォーシーム、シンカー）
◆決め球と持ち球／◎フォーシーム、◎スライダー、◎カーブ、
◎カッター ◎シンカー ◆対左.183 ◆対右.240
◆ホ防3.31 ◆ア防3.30 ◆ド2010④オリオールズ
◆田ベネズエラ ◆年1400万ドル（約19億6000万円）

球威	3
制球	4
緩急	5
守備・牽制	2
度胸	3

　4年8000万ドルの契約で入団した先発左腕。一昨年は故障が続いたうえ、夫婦間の痴話ゲンカで雲隠れし、1カ月以上連絡が取れない時期もあった。昨季は地に落ちた評判を取り戻そうと、出だしから好投を続け、5月末時点の防御率は2.12。7月末にはドジャースが獲得に乗り出し、トレードされることになったが、契約書に記された「トレードを拒否できる10球団」にドジャースが含まれていたので、これを盾に拒否。のちに「ドジャースが嫌いなわけじゃない。家族との時間をできるだけ長くしたかったんだ」と語った。

カモ M・マチャード（パドレス）.171(35-6)0本　苦手 F・フリーマン（ドジャース）.455(11-5)0本

年度	所属チーム	勝利	敗戦	防御率	試合数	先発	セーブ	投球イニング	被安打	失点	自責点	被本塁打	与四球	奪三振	WHIP
2015	レッドソックス	10	6	3.85	21	21	0	121.2	120	55	52	13	37	98	1.29
2016	レッドソックス	3	7	4.71	20	20	0	107.0	99	58	56	16	40	100	1.30
2017	レッドソックス	6	7	4.19	25	24	0	137.1	126	66	64	19	50	150	1.28
2018	レッドソックス	13	5	3.82	27	23	0	129.2	119	56	55	16	45	146	1.26
2019	レッドソックス	19	6	3.81	34	34	0	203.1	195	88	86	24	75	213	1.33
2021	レッドソックス	13	8	4.74	32	31	0	157.2	172	87	83	19	47	185	1.39
2022	タイガース	5	5	4.05	17	17	0	91.0	87	49	41	12	34	72	1.33
2023	タイガース	13	9	3.30	26	26	0	152.2	128	59	56	15	48	143	1.15
通算成績		82	53	4.03	202	196	0	1100.1	1046	518	493	134	376	1107	1.29

ワールドシリーズで目を見張る快投 先 発

29 メリル・ケリー Merrill Kelly

36歳 1988.10.14生｜188cm｜91kg｜右投右打

◆速球のスピード／140キロ台後半（フォーシーム、シンカー）
◆決め球と持ち球／☆チェンジアップ、◎カッター、◎フォーシーム、
○シンカー、△カーブ、△スライダー ◆対左.218 ◆対右.226
◆ホ防2.59 ◆ア防4.07 ◆ド2010⑧レイズ
◆田テキサス州 ◆年800万ドル（約11億2000万円）

球威	3
制球	3
緩急	5
守備・牽制	4
度胸	4

　韓国リーグで4年投げたあと、Uターンして30歳でメジャーデビューした苦労人。昨季は、まずアメリカ代表としてWBCに参加。日本との決勝に先発し、2回に村上宗隆のソロなどで2点を失い敗戦投手に。開幕後は多彩な球種を駆使して、打者に的をしぼらせないピッチングを続け、勝ち星を積み重ねた。正捕手に抜擢されたモレーノとの相性が良く、バッテリーを組んだ20試合の防御率は2.90だった。ポストシーズンでは、4試合に先発して3勝。ワールドシリーズ第2戦では、レンジャーズの強力打線を7回まで1失点に抑え、9つの三振を奪う好投を見せ、ヒーローに。妻ブリーさんとは高校時代から交際を続け、2018年12月に結婚。22年2月に長女ハドリーちゃんが誕生。

カモ J・デイヴィス（ジャイアンツ）.000(12-0)0本　苦手 J・アウトマン（ドジャース）.444(9-4)0本

年度	所属チーム	勝利	敗戦	防御率	試合数	先発	セーブ	投球イニング	被安打	失点	自責点	被本塁打	与四球	奪三振	WHIP
2019	ダイヤモンドバックス	13	14	4.42	32	32	0	183.1	184	95	90	29	57	158	1.31
2020	ダイヤモンドバックス	3	2	2.59	5	5	0	31.1	26	9	9	5	5	29	0.99
2021	ダイヤモンドバックス	7	11	4.44	27	27	0	158.0	163	82	78	21	41	130	1.29
2022	ダイヤモンドバックス	13	8	3.37	33	33	0	200.1	167	77	75	21	61	177	1.14
2023	ダイヤモンドバックス	12	8	3.29	30	30	0	177.2	143	71	65	20	69	187	1.19
通算成績		48	43	3.80	127	127	0	750.2	683	334	317	96	233	681	1.22

対左＝対左打者被打率　対右＝対右打者被打率　ホ防＝ホーム防御率　ア防＝アウェー防御率
ド＝ドラフトデータ　田＝出身地　年＝年俸

ダイヤモンドバックス

38 ポール・シーウォルド *Paul Sewald*

投げすぎがたたり、失投を多発　クローザー

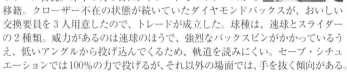

34歳 1990.5.26生｜190cm｜99kg｜右投右打　速140キロ台後半(フォーシーム主体)　決☆フォーシーム
対左.202 対右.214 ド2012⑩メッツ 出ネヴァダ州 年735万ドル(約10億2900万円)

球4 制3 種4 守・走4 度3

　レンジャーズとのワールドシリーズの初戦で、9回裏に登板して痛恨の同点アーチを打たれ、首脳陣の信頼を失ったリリーフ右腕。昨年8月1日に、トレードでマリナーズから移籍。クローザー不在の状態が続いていたダイヤモンドバックスが、おいしい交換要員を3人用意したので、トレードが成立した。球種は、速球とスライダーの2種類。威力があるのは速球のほうで、強烈なバックスピンがかかっているうえ、低いアングルから投げ込んでくるため、軌道を読みにくい。セーブ・シチュエーションでは100%の力で投げるが、それ以外の場面では、手を抜く傾向がある。

年度	所属チーム	勝利	敗戦	防御率	試合数	先発	セーブ	投球イニング	被安打	失点	自責点	被本塁打	与四球	奪三振	WHIP
2023	マリナーズ	3	1	2.93	45	0	21	43.0	30	15	14	5	14	60	1.02
2023	ダイヤモンドバックス	0	1	3.57	20	0	13	17.2	16	8	7	3	10	20	1.47
2023	2チーム計	3	2	3.12	65	0	34	60.2	46	23	21	8	24	80	1.15
通算成績		19	23	4.06	317	0	68	336.2	270	162	152	48	116	407	1.15

30 スコット・マクガフ *Scott McGough*

被本塁打14は、リリーフ投手では最多タイ　ミドルリリーフ

35歳 1989.10.31生｜180cm｜86kg｜右投右打　速150キロ前後(フォーシーム主体)　決◎スプリッター
対左.163 対右.280 ド2011⑤ドジャース 出ペンシルバニア州 年300万ドル(約4億2000万円)

球3 制2 種5 守・走4 度3

　2019年から4シーズン、東京ヤクルトスワローズに在籍し、スプリッターを決め球に使う投球術を習得。21年と22年はクローザーとして、2年連続でリーグ優勝に貢献した。それを評価されて昨年、2年625万ドルの契約でダイヤモンドバックスに入団。6月中旬からクローザーで使われたが、疲労で投球が浮くようになり、半月ほどでお役御免になった。その後は重要度の低い場面で使われるケースが多くなったが、一発を食い続け、防御率は高いまま。ヤクルト最終年のスプリッターの投球比率は27%だったが、昨季は40%に。課題は、シーズン中のペース配分と疲労管理。

年度	所属チーム	勝利	敗戦	防御率	試合数	先発	セーブ	投球イニング	被安打	失点	自責点	被本塁打	与四球	奪三振	WHIP
2023	ダイヤモンドバックス	2	7	4.73	63	1	9	70.1	60	40	37	14	30	86	1.28
通算成績		2	7	5.14	69	1	9	77.0	72	47	44	14	34	90	1.38

37 ケヴィン・ギンケル *Kevin Ginkel*

スライダーが魔球レベルに進化　セットアップ

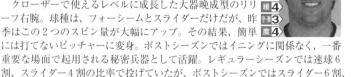

30歳 1994.3.24生｜193cm｜106kg｜右投右打　速150キロ台前半(フォーシーム主体)　決☆スライダー
対左.178 対右.184 ド2016㉒ダイヤモンドバックス 出カリフォルニア州 年123万ドル(約1億7200万円)

球5 制4 種4 守・走3 度4

　クローザーで使えるレベルに成長した大器晩成型のリリーフ右腕。球種は、フォーシームとスライダーだけだが、昨季はこの2つのスピン量が大幅にアップ。その結果、簡単には打てないピッチャーに変身。ポストシーズンではイニングに関係なく、一番重要な場面で起用される秘密兵器として活躍。レギュラーシーズンでは速球6割、スライダー4割の比率で投げていたが、ポストシーズンではスライダー6割、速球4割。スライダーを低めのボールゾーンに投げ込んで空振りを誘うこともあれば、ストライクゾーンの真ん中に投げ込んで凡打にしとめるケースもあった。

年度	所属チーム	勝利	敗戦	防御率	試合数	先発	セーブ	投球イニング	被安打	失点	自責点	被本塁打	与四球	奪三振	WHIP
2023	ダイヤモンドバックス	9	1	2.48	60	0	4	65.1	41	24	18	3	23	70	0.98
通算成績		13	5	3.58	166	0	8	163.1	134	82	65	16	70	177	1.25

　速=速球のスピード　決=決め球　対左=対左打者被打率　対右=対右打者被打率
ド=ドラフトデータ　出=出身地　年=年俸

投 **手**

ブルドッグ・メンタリティのホープ
32 ブランドン・フォート *Brandon Pfaadt* 先発

26歳 1998.10.15生｜193cm｜99kg｜右投右打 ⑱150キロ前後（フォーシーム主体）⑬○スライダー
対左.273 対右.290 ⑮2020⑤ダイヤモンドバックス ⑪ケンタッキー州 ⑭74万ドル（約1億360万円）+α

球3
制4
緩3
守2
度4

　昨季終盤にピッチングに開眼し、ルーキーながらポストシーズンで5試合に先発した幸運児。球種はフォーシーム、スライダー、チェンジアップ、シンカー、カーブとあるが、多投するのはフォーシームとスライダー。フォーシームは、通常のグリップで投げてもナチュラルカッターになる。ただ、読みやすい軌道なので、見かけほど有効なボールではない。闘争心旺盛な、ブルドッグ・メンタリティの持ち主。ホームランを打たれたあとでも表情ひとつ変えず、次の打者のインサイドに速球を叩き込む。練習熱心で、問題解決力が高いため、シーズン中に成長するタイプ。

年度	所属チーム	勝利	敗戦	防御率	試合数	先発	セーブ	投球イニング	被安打	失点	自責点	被本塁打	与四球	奪三振	WHIP
2023	ダイヤモンドバックス	3	9	5.72	19	18	0	96.0	109	63	61	22	26	94	1.41
通算成績		3	9	5.72	19	18	0	96.0	109	63	61	22	26	94	1.41

弱点は武器になる球種がないこと
19 ライン・ネルソン *Ryne Nelson* 先発

26歳 1998.2.1生｜190cm｜83kg｜右投右打 ⑱150キロ前後（フォーシーム主体）⑬○スライダー
対左.294 対右.276 ⑮2019②ダイヤモンドバックス ⑪ネヴァダ州 ⑭74万ドル（約1億360万円）+α

球3
制2
緩3
守5
度3

　「炎上」を半減させて、頼れる先発4番手に成長することを期待されている右腕。昨季は開幕から先発5番手で使われたが、制球に波があるため、調子が良い日は1失点以内に抑えるが、悪い日は四球や一発がらみで大量失点というパターンになった。防御率が5点台になったのは、5失点以上でKOされる「炎上」が10回もあったからだ。弱点は、武器になる球種がないこと。その一方で野球IQが高く、ゲームプランを綿密に立てることができる。大学時代に円錐角膜に罹患。ものが変形して見えるため、一時的に野球ができなくなったが、根気強く治療を続け、復帰した。

年度	所属チーム	勝利	敗戦	防御率	試合数	先発	セーブ	投球イニング	被安打	失点	自責点	被本塁打	与四球	奪三振	WHIP
2023	ダイヤモンドバックス	8	8	5.31	29	27	0	144.0	159	87	85	24	46	96	1.42
通算成績		9	9	4.88	32	30	0	162.1	168	91	88	26	52	112	1.36

ポストシーズンで5つのホールドを記録
81 ライアン・トンプソン *Ryan Thompson* ミドルリリーフ

32歳 1992.6.26生｜196cm｜95kg｜右投右打 ⑱140キロ台中盤（シンカー主体）⑬○スライダー
対左.209 対右.169 ⑮2014㉓アストロズ ⑪オレゴン州 ⑭135万ドル（約1億8900万円）

球2
制4
緩3
守3
度3

　昨年8月に加入した、長身のサイドハンド右腕。2020年、28歳のときにレイズでメジャーデビュー。以後、リリーフでまずまずの働きをしていたが、昨年は5月に失点する試合が続き、マイナー落ち。その後、40人枠から外されてしまった。ただ、ダイヤモンドバックスに移籍後は、13試合（13イニング）に登板して、失点はわずか1。ポストシーズンでも9試合に登板している。ピッチングの基本は、シンカーとスライダーのコンビネーション。スライダーは、曲がりの大きな一級品だ。大谷翔平とは、過去に2度対戦。1度目は強烈なショートライナー、2度目は二塁打。

年度	所属チーム	勝利	敗戦	防御率	試合数	先発	セーブ	投球イニング	被安打	失点	自責点	被本塁打	与四球	奪三振	WHIP
2023	レイズ	1	2	6.11	18	0	0	17.2	14	13	12	2	7	12	1.19
2023	ダイヤモンドバックス	0	0	0.69	13	0	1	13.0	6	1	1	1	1	9	0.54
2023	2チーム計	1	2	3.82	31	0	1	30.2	20	14	13	3	8	21	0.91
通算成績		8	9	3.57	139	1	5	133.2	114	64	53	14	36	120	1.12

ダイヤモンドバックス

35 遅咲きのリリーフ投手版ジェイミー・モイヤー
ジョー・マンティプライ Joe Mantiply

ミドルリリーフ

33歳 1991.3.1生 | 193cm | 99kg | 左投右打 | 速140キロ台中盤(シンカー主体) | 決◎スライダー
対左.185 | 対右.277 | ド2013⑦タイガース | 出ヴァージニア州 | 年93万ドル(約1億3020万円)

球 3
制 4
緩 3
守 2
度 4

　制球力が格段に良くなったことで、30歳を過ぎてからメジャーに定着したリリーフ左腕。ウリは、打者のタイミングを外すことと、芯を外すことに長けている点。一昨年はチーム最多の69試合に登板し、オールスターにも選ばれる活躍を見せた。しかし、昨季は35試合の登板にとどまっている。これはシーズン前半、左肩やハムストリングの故障で離脱している期間があったため。夏に復帰してからも走者を背負うと制球が甘くなり、失点が増加。マイナー落ちも経験した。ただ、9月に入ってからはまずまずのピッチングで、ポストシーズンでは9試合に登板している。

年度	所属チーム	勝利	敗戦	防御率	試合数	先発	セーブ	投球イニング	被安打	失点	自責点	被本塁打	与四球	奪三振	WHIP
2023	ダイヤモンドバックス	2	2	4.62	35	3	0	39.0	35	22	20	4	9	28	1.13
通算成績		5	10	4.05	171	3	2	146.2	152	80	66	13	40	133	1.31

27 3歳の頃から、夢はメジャーリーガー
アンドルー・ソーフランク Andrew Saalfrank

ミドルリリーフ **ルーキー**

27歳 1997.8.18生 | 190cm | 92kg | 左投左打 | 速150キロ前後(シンカー主体) | 決◎シンカー
対左.077 | 対右.250 | ド2019⑥ダイヤモンドバックス | 出インディアナ州 | 年74万ドル(約1億360万円)+α

球 3
制 2
緩 3
守 3
度 3

　ボールを低めに集め、内野ゴロを量産してアウトを積み上げるタイプのリリーフ左腕。昨季は2A、3Aでそれぞれ2点台の防御率を記録し、9月にメジャーデビュー。10回1/3(計10試合)を、自責点ゼロに抑えて注目された。デビュー戦の中継インタビューでは、球場で応援していた母ハイジさんが「彼は3歳のときからメジャーリーガーになると宣言していた」と、エピソードを語っていた。ポストシーズンのメンバーにも選ばれ、11試合に登板。5回2/3を投げ、自責点は2だったが、制球に苦しむ試合が多かった。ピッチングはシンカーとカーブのコンビネーション。

年度	所属チーム	勝利	敗戦	防御率	試合数	先発	セーブ	投球イニング	被安打	失点	自責点	被本塁打	与四球	奪三振	WHIP
2023	ダイヤモンドバックス	0	0	0.00	10	0	0	10.1	7	2	0	0	4	6	1.06
通算成績		0	0	0.00	10	0	0	10.1	7	2	0	0	4	6	1.06

43 スレイド・セコーニ Slade Cecconi

先発リリーフ **期待度 B** **ルーキー**

25歳 1999.6.24生 | 193cm | 99kg | 右投右打 | ◆昨季はメジャーで7試合に出場 | ド2020①ダイヤモンドバックス | 出フロリダ州

　昨年8月にメジャーデビューした、スライダーを一番の武器にしている技巧派右腕。昨季3Aでは、このスライダーが抜けて真ん中に入ることが多く、度々一発を食った。それに加え、速球の投げミスも多く、4月から6月までは3Aで被本塁打が21もあり、それが防御率を6点台にする元凶になった。

一 林昱珉(リン・ユウミン) Yu-Min Lin

先発 **期待度 B** **ルーキー**

21歳 2003.7.12生 | 180cm | 72kg | 左投左打 | ◆昨季は1A+、2Aでプレー | ド2021⑯ダイヤモンドバックス | 出台湾

　6つの球種を効果的に使い、打者に的をしぼらせないピッチングを見せる細身の左腕。フォーシームは球速が143〜146キロしかないが、浮き上がる軌道になるため、見た目よりずっと威力がある。タイミングを外すことに長けており、好調時はチェンジアップとカーブを大胆に使い、三振の山を築く。

イチローのようになることを目標に成長

7 コービン・キャロル
Corbin Carroll

24歳 2000.8.21生 | 178cm | 74kg | 左投左打

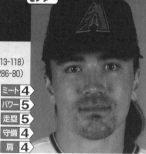

- ◆対左投手打率／.283(152-43) ◆対右投手打率／.286(413-118)
- ◆ホーム打率／.290(279-81) ◆アウェー打率／.280(286-80)
- ◆得点圏打率／.280(118-33)
- ◆23年のポジション別出場数／レフト=74、ライト=64、センター=44、DH=3
- ◆ドラフトデータ／2019①ダイヤモンドバックス
- ◆出身地／ワシントン州
- ◆年俸／300万ドル(約4億2000万円) ◆新人王(23年)

ミート **4**
パワー **5**
走塁 **5**
守備 **4**
肩 **4**

ダイヤモンドバックス

　昨年、ダイヤモンドバックスのチャンスメーカーとしてフルに機能したため、満票でナショナル・リーグの新人王に選出された外野手。ダイヤモンドバックスは1998年の球団創設以降、1人も新人王が出ていないため、キャロルが栄えある第1号になった。最大のウリは、5ツール(高打率、長打力、スピード、フィールディング、肩の強さ)をフル装備していること。それに加え、選球眼も良いため、高い出塁率を期待できる。さらに学習能力も高く、失敗から学ぶこともできる。東洋的な顔立ちなのは、母ペイリンさんが台湾出身の方だからだ。生まれ育ったのはシアトルで、少年時代はマリナーズファン。球場ではイチローの一挙手一投足がよく見えるところに席を取って、観察していた。2019年のドラフトが始まる前に、指名される可能性のある選手が、マリナーズの本拠地T-モバイル・パークに呼ばれて球場内の施設を見学した際、イチロー本人と対面。毎日同じルーティンを繰り返すことの重要さをアドバイスされた。キャロルからもいくつか質問が出たので、かなり長い間、2人だけで話し込んでいたようだ。

　両親が勉強もしっかりやらせる教育方針で、本人の成績も良かったので、高校はビル・ゲイツの母校である有名私立レイクサイド高校に進み、ここで全米屈指の外野手に成長した。大学はUCLAにフル奨学金で進むことが決まっていたが、ダイヤモンドバックスから1巡目(全体16位)で指名されたため、UCLAに対し、ことわりの連絡を入れ、プロ入りした。

　昨年のポストシーズンでは、2022年に「ミス・ユニヴァース」に選ばれた長身美女エマ・リー・ブロイルズさんと一緒に球場入りし、親密な関係になっていることをメディアに知らしめた。エマさんはアラスカ州出身で、アラスカ州立大学を卒業後、高校の先生をしていたが、「ミス・アラスカ」になったのを足掛かりに「ミス・ユニヴァース」に出場。栄冠を手にした。

カモ　ダルビッシュ有(パドレス).545(11-6)1本　J・マスグローヴ(パドレス).714(7-5)0本
苦手　B・ミラー(ドジャース).000(6-0)0本　J・ヴァーランダー(アストロズ).000(5-0)0本

年度	所属チーム	試合数	打数	得点	安打	二塁打	三塁打	本塁打	打点	四球	三振	盗塁	盗塁死	出塁率	OPS	打率
2022	ダイヤモンドバックス	32	104	13	27	9	2	4	14	8	31	2	1	.330	.830	.260
2023	ダイヤモンドバックス	155	565	116	161	30	10	25	76	57	125	54	5	.362	.868	.285
通算成績		187	669	129	188	39	12	29	90	65	156	56	6	.357	.862	.281

カモ　苦手 は通算成績

ゴールドグラブ獲得の若き強肩捕手

キャッチャー

14 ガブリエル・モレーノ
Gabriel Moreno

24歳 2000.2.14生／180cm／88kg／右投右打 ◆盗塁阻止率／.375(56-21)

◆対左投手打率／.352(108-38) ◆対右投手打率／.253(233-59)
◆ホーム打率／.333(174-58) ◆アウェー打率／.234(167-39)
◆得点圏打率／.280(93-26)
◆23年のポジション別出場数／キャッチャー＝104、DH＝1
◆ドラフトデータ／2016⑨ブルージェイズ
◆出身地／ドミニカ
◆年俸／74万ドル（約1億360万円）+α
◆ゴールドグラブ賞1回（23年）

ミート	4
パワー	3
走塁	2
守備	5
肩	5

　レギュラー1年目でゴールドグラブ賞に輝いたキャッチャーの逸材。一昨年の12月、トレードでブルージェイズから移籍したが、球団はメジャーでの出場経験が少ししかないモレーノをいきなり正捕手で使う気はなく、昨季に関してはカーソン・ケリーを正捕手格で使い、モレーノはバックアップに回して徐々に出番を増やしていく方針だった。しかし、3月21日のオープン戦で、ケリーが前腕部に死球を受けて骨折したため、モレーノが開幕から正捕手格でマスクをかぶることになった。

　シーズンが始まるとモレーノは、守備でファンやメディアを魅了した。真っ先に称賛されたのは盗塁阻止力。昨季からMLBでは、牽制球を制限するルールが導入され、その影響で捕手の平均盗塁阻止率は15.9%まで低下した。そんな中でモレーノは37.5%という高率で刺し、最強のライフルアーム（鉄砲肩）と称賛された。一塁走者を油断させることにも長けていて、昨季はファーストへの捕手牽制刺を2つ記録。グラブさばきが巧みでボールブロックもうまいため、ワイルドピッチを出す頻度は最小レベルだ。打者としては、やや早打ちでパワーもイマイチだが、動体視力が良く、スイングスピードも速いため、高打率を期待できる。なお、レギュラーシーズンでは7本塁打だけだったが、ポストシーズンでは4本塁打の活躍を見せた。

　ベネズエラ北部のバニシキエト出身。経済混乱と食糧不足が続いた時期に少年期を過ごし、9歳のとき、父ホセさんが失業。野球道具を買えなくなり、しばらく野球チームを離れ、カネのかからないサッカーに専念していた。野球再開後、ショートから捕手にコンバートされたのをきっかけに、どんどんレベルアップ。16歳のとき、ブルージェイズの現地スカウトの目に留まり、格安の契約金（2万5000ドル）でプロ入り。まだ24歳だが既婚で、妻ロスミラさんは同じバニシキエト出身。昨年4月に、男の子が誕生。

カモ L・ウェッブ（ジャイアンツ）.444(9-4)0本　J・スティール（カブス）.800(5-4)0本
苦手 R・ヤーブロー（ドジャース）.000(4-0)0本　M・ケラー（パイレーツ）.000(4-0)0本

年度	所属チーム	試合数	打数	安打	二塁打	三塁打	本塁打	打点	四球	三振	盗塁	盗塁死	出塁率	OPS	打率
2022	ブルージェイズ	25	69	10	22	1	0	1	7	4	8	0	0	.356	.733	.319
2023	ダイヤモンドバックス	111	341	33	97	19	1	7	50	29	75	6	2	.339	.747	.284
通算成績		136	410	43	119	20	1	8	57	33	83	6	2	.342	.744	.290

30本塁打以上&2年連続ゴールドグラブ ファースト

53 クリスチャン・ウォーカー *Christian Walker*

33歳 1991.3.28生｜183cm｜94kg｜右投右打

◆対左投手打率／.255 ◆対右投手打率／.259

◆ホーム打率／.271 ◆アウェー打率／.246 ◆得点圏打率／.197

◆23年のポジション別出場数／ファースト=152、DH=4

◆⑤2012④オリオールズ ◆⑪ペンシルヴァニア州

◆㊨1090万ドル(約15億2600万円) ◆ゴールドグラブ賞2回(22、23年)

- ミート **3**
- パワー **5**
- 走塁 **3**
- 守備 **5**
- 肩 **3**

　2年連続で、攻守にわたる活躍を見せた一塁手。打っては昨季も4番を務め、チーム二冠となる33本塁打、103打点。守ってはゴールドグラブ賞を獲得。スモールボール志向のチームの流れに乗って、自身初の2ケタ盗塁もマークした(11盗塁で失敗は0)。練習熱心で、研究熱心。たゆまぬ努力が、30歳を過ぎてからのレベルアップにつながっている。単純な成績だけでなく、野球に向き合う真摯な姿勢も、ロヴロ監督は高く評価。若手選手への声かけも積極的に行うなど、最近はリーダーとしての役割も担うようになっている。

カモ Z・ウィーラー(フィリーズ).529(17-9)1本　苦手 A・デスクラファーニ(ジャイアンツ).154(13-2)0本

年度	所属チーム	試合数	打数	得点	安打	二塁打	三塁打	本塁打	打点	四球	三振	盗塁	盗塁死	出塁率	OPS	打率
2014	オリオールズ	6	18	1	3	1	0	1	1	1	9	0	0	.211	.600	.167
2015	オリオールズ	7	9	0	1	0	0	0	0	3	4	0	0	.333	.444	.111
2017	ダイヤモンドバックス	11	12	2	3	1	0	2	2	1	5	0	0	.400	1.233	.250
2018	ダイヤモンドバックス	37	49	6	8	2	0	3	6	3	22	1	0	.226	.614	.163
2019	ダイヤモンドバックス	152	529	86	137	26	1	29	73	67	155	8	1	.348	.824	.259
2020	ダイヤモンドバックス	57	218	35	59	18	1	7	34	19	50	1	1	.333	.792	.271
2021	ダイヤモンドバックス	115	401	55	98	23	1	10	46	38	106	0	0	.315	.697	.244
2022	ダイヤモンドバックス	160	583	84	141	25	2	36	94	69	131	2	2	.327	.804	.242
2023	ダイヤモンドバックス	157	582	86	150	36	2	33	103	62	127	11	0	.333	.830	.258
通算成績		702	2401	355	600	132	7	121	359	263	609	23	4	.329	.791	.250

打点マシーンになることを期待され、移籍 サード 移籍

28 エウヘイニオ・スアレス *Eugenio Suarez*

33歳 1991.7.18生｜180cm｜96kg｜右投右打

◆対左投手打率／.252 ◆対右投手打率／.227

◆ホーム打率／.232 ◆アウェー打率／.233 ◆得点圏打率／.277

◆23年のポジション別出場数／サード=159、DH=3

◆⑤2008⑨タイガース ◆⑪ベネズエラ

◆㊨1100万ドル(約15億4000万円)

- ミート **3**
- パワー **5**
- 走塁 **3**
- 守備 **4**
- 肩 **5**

　トレードでマリナーズから移籍した、通算246本塁打の大打者。以前は強打の三塁手の代表格で、2019年には49本塁打を記録しているが、守備はエラーが多く、イマイチという印象を受けた。しかし、昨年は逆になり、一発の生産力が低下した半面、守備力は目に見えて向上。ヒット性の当たりをグラブに収めて一塁に送球し、間一髪アウトにする場面が度々見られた。今季は7年契約の最終年。3年契約を手にしたいなら、25本以上打つ必要がある。

カモ M・マイコラス(カーディナルス).429(14-6)2本　苦手 W・ビューラー(ドジャース).000(7-0)0本

年度	所属チーム	試合数	打数	得点	安打	二塁打	三塁打	本塁打	打点	四球	三振	盗塁	盗塁死	出塁率	OPS	打率
2014	タイガース	85	244	33	59	9	1	4	23	22	67	3	2	.316	.652	.242
2015	レッズ	97	372	42	104	19	2	13	48	17	94	4	1	.315	.761	.280
2016	レッズ	159	565	78	140	25	2	21	70	51	155	11	5	.317	.728	.248
2017	レッズ	156	534	87	139	25	2	26	82	84	147	4	5	.367	.828	.260
2018	レッズ	143	527	79	149	22	2	34	104	64	142	1	1	.366	.892	.283
2019	レッズ	159	575	87	156	22	2	49	103	70	189	3	2	.358	.930	.271
2020	レッズ	57	198	29	40	8	0	15	38	30	67	2	0	.312	.782	.202
2021	レッズ	145	505	71	100	23	0	31	79	56	171	0	0	.286	.714	.198
2022	マリナーズ	150	543	76	128	24	2	31	87	73	196	0	0	.332	.791	.236
2023	マリナーズ	162	598	68	139	29	0	22	96	70	214	2	1	.323	.714	.232
通算成績		1313	4661	650	1154	206	13	246	730	537	1442	30	18	.332	.788	.248

ダイヤモンドバックス

野手

血統書付きのキューバ産サラブレッド

12 ルルデス・グリエル・ジュニア *Lourdes Gurriel Jr.*

レフト DH

31歳 1993.10.10生 | 193cm | 97kg | 右投右打 | 対左.301 | 対右.247 | ホ.261 | ア.262
得.266 | ド2016外ブルージェイズ | 出キューバ | 年1400万ドル（約19億6000万円）

ミ **3**
パ **4**
走 **3**
守 **3**
肩 **4**

昨季終了後FAになったが、新たに球団と3年4200万ドルの契約を交わし、結果的に残留することになった外野手。ブルージェイズから移籍して迎えた昨季は、20本塁打以上いけば3年契約をゲットできる可能性が高まるため、序盤から打球を上げることに注力。5月から良いペースで一発が出るようになった。24本塁打はキャリアハイの数字だが、一発志向を強めたことは二塁打を増やす結果にもなり、二塁打35もキャリアハイだった。昨季はレフトの守備でも著しい進化が見られ、DRS（守備で防いだ失点）が14もあった。父グリエル・シニアはキューバ野球界の英雄。

年度	所属チーム	試合数	打数	得点	安打	二塁打	三塁打	本塁打	打点	四球	三振	盗塁	盗塁死	出塁率	OPS	打率
2023	ダイヤモンドバックス	145	551	65	144	35	2	24	82	33	103	5	0	.309	.772	.261
通算成績		613	2275	289	635	136	7	92	336	139	481	19	14	.324	.790	.279

家には子供が5人いて、いつもにぎやか

4 ケテル・マーテイ *Ketel Marte*

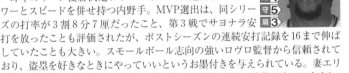

セカンド

31歳 1993.10.12生 | 185cm | 95kg | 右投両打 | 対左.313 | 対右.259 | ホ.303 | ア.250
得.275 | ド2010外マリナーズ | 出ドミニカ | 年1300万ドル（約18億2000万円）

ミ **3**
パ **3**
走 **4**
守 **5**
肩 **3**

昨年のリーグ優勝決定シリーズでMVPに選出された、パワーとスピードを併せ持つ内野手。MVP選出は、同シリーズの打率が3割8分7厘だったこと、第3戦でサヨナラ安打を放ったことも評価されたが、ポストシーズンの連続安打記録を16まで伸ばしていたことも大きい。スモールボール志向の強いロヴロ監督から信頼されており、盗塁を好きなときにやっていいというお墨付きを与えられている。妻エリースさんはヴラディミール・ゲレーロ・ジュニアのいとこ。子供は次々に生まれ、5人。ケリー、マヒンソン、ケイデン、ケイシャ、カドミールと、個性的な名が多い。

年度	所属チーム	試合数	打数	得点	安打	二塁打	三塁打	本塁打	打点	四球	三振	盗塁	盗塁死	出塁率	OPS	打率
2023	ダイヤモンドバックス	150	569	94	157	26	9	25	82	71	109	8	2	.358	.843	.276
通算成績		968	3550	508	990	219	41	107	420	342	620	54	16	.344	.798	.279

ワールドシリーズを考えての補強!?

3 ジョック・ピーダーソン *Joc Pederson*

DH レフト

移籍

32歳 1992.4.21生 | 185cm | 99kg | 左投左打 | 対左.186 | 対右.241 | ホ.232 | ア.238
得.263 | ド2010⑪ドジャース | 出カリフォルニア州 | 年950万ドル（約13億3000万円）

ミ **3**
パ **4**
走 **2**
守 **2**
肩 **3**

ドジャース時代の2019年に、36本塁打をマークしている外野手。オフに1年契約でダイヤモンドバックス入り。ナショナル・リーグ西部地区の球団でプレーするのは、これで3つ目。直近2年はジャイアンツでプレーし、一昨年はオールスターに選ばれる活躍。昨季は打撃に波があったが、ヒットの出ない期間でも四球でしっかり塁に出ていた。欠点は、左投手が苦手なこと。20年にドジャースで、21年にブレーブスでワールドシリーズ制覇を経験。10月（オクトーバー）のポストシーズンで勝負強さを発揮するため、「ジョクトーバー」のニックネームを付けられている。

年度	所属チーム	試合数	打数	得点	安打	二塁打	三塁打	本塁打	打点	四球	三振	盗塁	盗塁死	出塁率	OPS	打率
2023	ジャイアンツ	121	358	59	84	14	3	15	51	57	89	0	0	.348	.764	.235
通算成績		1140	3320	516	786	164	16	186	485	442	915	22	23	.336	.800	.237

430　対左=対左投手打率　対右=対右投手打率　ホ=ホーム打率　ア=アウェー打率　得=得点圏打率　ド=ドラフトデータ　出=出身地　年=年俸

野手

2 緻密な野球ができる守備のエキスパート
ヘラルド・ペルドモ Geraldo Perdomo

ショート
セカンド

25歳 1999.10.22生 | 188cm | 91kg | 右投両打 対左.242 対右.246 困.221 ⑦.271
得.313 ⑤2016④ダイヤモンドバックス ⊞ドミニカ 俸74万ドル（約1億360万円）+α

ミ 3
パ 2
走 4
守 5
肩 4

今季は成長著しいジョーダン・ロウラーとショートのレギュラー争いをする、軽快でリズミカルな動きを見せる内野手。ショートの守備は、守備範囲の広さは平均レベルだが、グラブさばきがうまく、肩も強い。打撃面ではパワーに欠け、ヒットを打つ能力も並のレベルだが、選球眼が良く、ボール球にあまり手を出さない。ドミニカのサントドミンゴ出身。16歳のとき、ダイヤモンドバックスのスカウトの目に留まり、契約金9万ドルでプロ入り。その後、5年でメジャーに到達。このときに行ったスイングの改造が吉と出て、ヒットがコンスタントに出るようになった。

年度	所属チーム	試合数	打数	得点	安打	二塁打	三塁打	本塁打	打点	四球	三振	盗塁	盗塁死	出塁率	OPS	打率
2023	ダイヤモンドバックス	144	407	71	100	20	4	6	47	64	86	16	4	.353	.712	.246
通算成績		303	869	134	192	33	7	11	88	120	195	25	6	.321	.634	.221

5 ゴールドグラブ賞の最終候補に
アレック・トーマス Alek Thomas

センター

24歳 2000.4.28生 | 180cm | 79kg | 左投左打 対左.143 対右.253 困.257 ⑦.206
得.229 ⑤2018②ダイヤモンドバックス ⊞イリノイ州 俸74万ドル（約1億360万円）+α

ミ 2
パ 3
走 4
守 5
肩 3

昨季は前足（右足）を高く上げてタイミングを取る打撃スタイルの弱点を突かれたことや、左投手にうまく対応できないことなどで打撃成績が低迷し、5月下旬にマイナー落ち。ひと月ほどで復帰したが、不安定な打撃は続いた。思い切りのいいバッティングが復活したのはポストシーズンになってからで、フィリーズとのリーグ優勝決定シリーズ第6戦では、クローザーのキンブルから値千金の同点ツーランを放った。守備面の長所は、フライの軌道を的確に読んで、最短距離で落下点に入れること。母マルセラさんがメキシコ人で、昨年のWBCは、メキシコ代表として出場。

年度	所属チーム	試合数	打数	得点	安打	二塁打	三塁打	本塁打	打点	四球	三振	盗塁	盗塁死	出塁率	OPS	打率
2023	ダイヤモンドバックス	125	374	51	86	17	5	9	39	19	86	9	1	.273	.647	.230
通算成績		238	755	96	174	34	6	17	78	41	160	13	4	.274	.633	.230

6 若手に人気がある、陽気な野球職人
ジェイス・ピーターソン Jace Peterson

ユーティリティ

34歳 1990.5.9生 | 183cm | 97kg | 右投左打 対左.189 対右.215 困.185 ⑦.237
得.274 ⑤2011①パドレス ⊞ルイジアナ州 俸500万ドル（約7億円）

ミ 4
パ 4
走 4
守 3
肩 3

低予算のチームを渡り歩いて、いぶし銀の働きを見せている内野のユーティリティ。バットで貢献するタイプのユーティリティで、配球を読む能力が高いため、パターン化された配球をしているバッテリーは長打を浴びて泣きを見ることになる。どのチームに行っても若手の面倒をよく見て、役立つ知識やタイムリーな助言を授けるため、人気がある。奥さんの姉が女子サッカー界のスター選手マロリー・ピューで、ブレーブスのスター選手であるダンズビー・スワンソンがマロリーと恋に落ちて結婚にまで至ったのは、ピーターソンが上手にキューピッド役を務めたからだ。

年度	所属チーム	試合数	打数	得点	安打	二塁打	三塁打	本塁打	打点	四球	三振	盗塁	盗塁死	出塁率	OPS	打率
2023	アスレチックス	93	281	30	62	7	2	6	28	36	77	11	1	.313	.637	.221
2023	ダイヤモンドバックス	41	93	5	17	3	2	0	9	11	24	4	1	.276	.534	.183
2023	2チーム計	134	374	35	79	10	4	6	37	47	101	15	2	.304	.611	.211
通算成績		875	2393	274	545	100	18	42	244	307	611	77	23	.318	.655	.228

ダイヤモンドバックス

26 打撃低迷で、7～8月はマイナー暮らし
ペイヴィン・スミス *Pavin Smith*

ライト
レフト
ファースト

28歳 1996.2.6生｜188cm｜94kg｜左投左打 [対左].158 [対右].196 [ホ].210 [ア].165 [得].230 [ド]2017④ダイヤモンドバックス [出]フロリダ州 [年]74万ドル（約1億360万円）+α

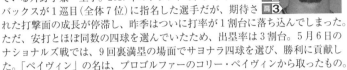

ミ 2
パ 3
走 2
守 2
肩 3

　ジリ貧傾向に歯止めがかからず、あとがない状態になっている外野手兼一塁手。2017年のドラフトで、ダイヤモンドバックスが1巡目（全体7位）に指名した選手だが、期待された打撃面の成長が停滞し、昨季はついに打率が1割台に落ち込んでしまった。ただ、安打とほぼ同数の四球を選んでいたため、出塁率は3割台。5月6日のナショナルズ戦では、9回裏満塁の場面でサヨナラ四球を選び、勝利に貢献した。「ペイヴィン」の名は、プロゴルファーのコリー・ペイヴィンから取ったもの。代理人業を営んでいた父ティムさんの顧客の1人が、コリー・ペイヴィンだった。

年度	所属チーム	試合数	打数	得点	安打	二塁打	三塁打	本塁打	打点	四球	三振	盗塁	盗塁死	出塁率	OPS	打率
2023	ダイヤモンドバックス	69	191	26	36	5	0	7	30	35	45	1	1	.317	.642	.188
通算成績		301	971	125	233	41	5	28	116	110	226	4	1	.319	.698	.240

11 ギャレンの女房役として、評価される
ホセ・ヘレーラ *Jose Herrera*

キャッチャー

27歳 1997.2.24生｜178cm｜98kg｜右投両打 ◆盗塁阻止率━.222(27-6) [対左].190 [対右].213 [ホ].182 [ア].239 [得].138 [ド]2013⑥ダイヤモンドバックス [出]ベネズエラ [年]74万ドル（約1億円）+α

ミ 2
パ 2
走 2
守 3
肩 3

　一昨年からバックアップ捕手を務めているスイッチヒッター。昨季は捕手として36試合に先発出場している。盗塁阻止率は22.2%（27-6）で、「中の上」レベル。ワイルドピッチを出す頻度も平均以下と悪くないが、リード面とフレーミングはイマイチ。子だくさんで、同じベネズエラ人の妻ジェニファーさんとの間に4人の子供（マチアス、ソフィア、アレックス、ヌーア）がいる。パワーがないため、マイナー時代の2018年に禁止薬物（興奮剤）のメチルヘキサンアミンとオキシロフリンに手を出して、薬物検査で使用が発覚。50試合の出場停止処分を受けている。

年度	所属チーム	試合数	打数	得点	安打	二塁打	三塁打	本塁打	打点	四球	三振	盗塁	盗塁死	出塁率	OPS	打率
2023	ダイヤモンドバックス	43	101	15	21	5	0	0	7	13	30	1	0	.296	.553	.208
通算成績		90	212	24	42	7	0	0	12	22	64	1	0	.272	.503	.198

10 ジョーダン・ロウラー *Jordan Lawlar*

ショート　期待度 A　ルーキー

22歳 2002.7.17生｜185cm｜86kg｜右投右打 ◆昨季はメジャーで14試合に出場 [ド]2021①ダイヤモンドバックス [出]テキサス州

　ショートのレギュラーになるだけでなく、打線の中軸を担う打者になることも期待されているスター候補生。打撃面の長所は、球種を瞬時に見分ける能力が高いことと、逆方向に飛距離が出ること。20盗塁以上を期待できる足もある。遊撃手としては、強肩で守備範囲が広い。送球も正確になった。

1 ホルヘ・バローサ *Jorge Barrosa*

センター
ライト　期待度 B　ルーキー

23歳 2001.2.17生｜165cm｜74kg｜左投両打 ◆昨季は3Aでプレー [ド]2017⑯ダイヤモンドバックス [出]ベネズエラ

　身長165センチの小柄な快足外野手。打撃面のウリは、選球眼が良く、高い出塁率を期待できること。守備ではフライ打球の軌道を的確に読み、最短ルートで落下点に入る能力が高い。守備範囲の広さも、平均以上。スモールボール志向の強いチームが、4人目の外野手で使うのにうってつけのタイプだ。

[対左]＝対左投手打率 [対右]＝対右投手打率 [ホ]＝ホーム打率 [ア]＝アウェー打率 [得]＝得点圏打率
[ド]＝ドラフトデータ [出]＝出身地 [年]＝年俸

サンディエゴ・パドレス

◆創　立：1969年
◆本拠地：カリフォルニア州サンディエゴ市
◆ワールドシリーズ制覇：0回／リーグ優勝：2回
◆地区優勝：5回／ワイルドカード獲得：2回

主要オーナー エリック・クッツェンダ（投資家）

過去5年成績

年度	勝	負	勝率	ゲーム差	地区順位	ポストシーズン成績
2019	70	92	.432	36.0	⑤	―
2020	37	23	.617	6.0	②	地区シリーズ敗退
2021	79	83	.488	28.0	③	―
2022	89	73	.549	22.0	②	リーグ優勝決定シリーズ敗退
2023	82	80	.506	18.0	③	―

監　督 **8 マイク・シルト** *Mike Shildt*

新

◆年　　齢…………56歳（ノースカロライナ州出身）
◆現役時代の経歴 … メジャーでのプレー経験なし（マイナー経験もなし）
◆監督経歴…………4シーズン　カーディナルス（2018～2021）
◆通算成績…………255勝199敗（勝率.559）
　　　　　　　　　　最優秀監督賞1回（19年）

　プロ野球選手としての経歴がない、異色の新監督。昨季まではパドレスのアドバイザーを務めており、監督就任1週間前に亡くなったオーナーのピーター・サイドラー（享年63）から、絶大な信頼を得ていた。温和な性格で、カーディナルス監督時代は、選手やコーチたちが気分良くプレーや指導ができるように、気を配っていた。大学野球でプレーしたあと、高校や大学チームの指導者として活躍していたが、その後、カーディナルスの組織に加わり、大出世。

注目コーチ **― ヴィクター・ロドリゲス** *Victor Rodriguez*

　新打撃コーチ。63歳。昨季まで6年間、ガーディアンズで打撃コーチ補佐を、それ以前にはレッドソックスで打撃コーチ補佐を務めていた。マイナーでの指導経験も長い。

編成責任者 **A.J.プレラー** *A.J. Preller*

　47歳。ここ数年、積極的にFA選手の獲得やトレードを行い、戦力向上に努めていたが、思うような結果を得られずにいる。昨季はメルヴィン監督との確執も噂された。

スタジアム **ペトコ・パーク** *Petco Park*

◆開場年…………2004年
◆仕　様…………天然芝
◆収容能力…………42,445人
◆フェンスの高さ…1.2～3.0m
◆特　徴…………右中間が深く、左打者にホームランが出にくい傾向がある。また、湿った海風も、打者に不利に働くことが多い。シンボルは、左翼スタンドにある古いレンガ造りの大きな建物で、建物の角が左翼ポールの役割を果たしている。

ピッチャーズパーク

119　121　119
109　　　　116
102　　　　　98

Best Order
[ベストオーダー]

①金河成（キム・ハソン）……ショート
②フェルナンド・タティース・ジュニア……ライト
③マニー・マチャード……サード
④ザンダー・ボーガーツ……セカンド
⑤ジェイク・クローネンワース……ファースト
⑥ルイス・キャンピュサーノ……キャッチャー
⑦マシュー・バッテン……DH
⑧ジュリクソン・プロファー……レフト
⑨ホセ・アゾーカー……センター

Depth Chart
[ポジション別選手層・メンバーリスト]

※2024年2月25日時点の候補選手。
数字は背番号（開幕前に変更する
場合もあり）、右・左等は投・打の順。

センター
28 **ホセ・アゾーカー [右・右]**
23 フェルナンド・タティース・ジュニア [右・右]

レフト
10 **ジュリクソン・プロファー [右・両]**
28 ホセ・アゾーカー [右・右]
16 トゥクピタ・マルカーノ [右・左]
17 マシュー・バッテン [右・右]

ライト
23 **フェルナンド・タティース・ジュニア [右・右]**
28 ホセ・アゾーカー [右・右]

ショート
7 **金河成（キム・ハソン）[右・右]**
2 ザンダー・ボーガーツ [右・右]
16 トゥクピタ・マルカーノ [右・左]
5 エギー・ロザリオ [右・右]

セカンド
2 **ザンダー・ボーガーツ [右・右]**
7 金河成（キム・ハソン）[右・右]
9 ジェイク・クローネンワース [右・左]
5 エギー・ロザリオ [右・右]

サード
13 **マニー・マチャード [右・右]**
7 金河成（キム・ハソン）[右・右]
5 エギー・ロザリオ [右・右]
17 マシュー・バッテン [右・右]

ローテーション
11 ダルビッシュ有 [右・右]
44 ジョー・マズグローブ [右・右]
34 マイケル・キング [右・右]
98 ランディ・ヴァスケス [右・右]
60 ペドロ・アヴィーラ [右・右]
76 ジョニー・ブリトー [右・右]

ファースト
9 **ジェイク・クローネンワース [右・左]**
17 マシュー・バッテン [右・右]

キャッチャー
12 **ルイス・キャンピュサーノ [右・右]**
20 カイル・ヒガシオカ [右・右]

DH
17 **マシュー・バッテン [右・右]**

ブルペン
75 ロベルト・スアレス [右・右] CL
1 松井裕樹 [左・左]
59 トム・コスグローヴ [左・左]
36 スティーヴン・ウィルソン [右・右]
62 エンジェル・デロスサントス [右・右]
21 高佑錫（コ・ウソク）[右・右]
50 エイドリアン・モレホン [左・左]
56 ジャレミア・エストラーダ [右・両]
71 ローガン・ギラスピー [右・右]
58 ワンディ・ペラルタ [左・左]
76 ジョニー・ブリトー [右・右]
68 アレック・ジェイコブ [右・右]

※CL=クローザー

パドレス試合日程……*はアウェーでの開催

3月20・21	ドジャース（韓国開催）	26・27・28	フィリーズ
28・29・30・31	ジャイアンツ	29・30・**5月**1	レッズ
4月1・2・3	カーディナルス	3・4・5	ダイヤモンドバックス*
5・6・7	ジャイアンツ*	6・7・8	カブス*
8・9・10	カブス	10・11・12	ドジャース
12・13・14	ドジャース*	13・14・15	ロッキーズ*
15・16・17	ブリュワーズ*	17・18・19・20	ブレーブス*
19・20・21	ブルージェイズ	21・22・23	レッズ*
22・23・24・25	ロッキーズ*	24・25・26	ヤンキース
27・28・29	マーリンズ		
31・**6月**1・2	ロイヤルズ*		
3・4・5	エンジェルス*		
6・7・8・9	ダイヤモンドバックス		
10・11・12	アスレティックス		
14・15・16	メッツ*		
17・18・19	フィリーズ		
20・21・22・23	ブリュワーズ		
24・25・26	ナショナルズ		

球団メモ 昨季は接戦を落とす試合が多く、延長戦の成績は2勝12敗。一昨年、メジャートップだった1点差試合の勝率が、昨季は.281（9勝23敗）で、メジャーワースト。

■投手力 …★★♪★★【昨年度チーム防御率3.73、リーグ2位】

ローテーションから、昨年のサイ・ヤング賞投手スネル、ワカ、ルーゴ、ニック・マルティネスが抜け、キング、プリトー、ヴァスケスが入る。その結果、今シーズンのローテーションは、マズグローヴ、ダルビッシュ有、キング、アヴィーラ、ヴァスケスの5人でスタートする可能性が高い。平均レベルの陣容に見えるが、故障者が出た場合、6番手以下が弱体なので、「中の下」レベルにダウンしそうだ。ブルペンは、抑えのヘイダーが抜けて、松井裕樹が入る形になった。今季のクローザーには、スアレスが予定されているが、このNPB経験者の2人がどの程度機能するか、読めない状態だ。

■攻撃力 ⬇️…★★★★★【昨年度チーム得点752、リーグ6位】

昨年37本塁打で、109打点かせいだ主砲のソトが抜けた。超高額年俸トリオ（マチャード、タティース・ジュニア、ボーガーツ）がサラリーに見合った働きをしてくれれば、マイナスにはならないのだが……。

■守備力 ⬇️…★★★★♪★【昨年度チーム失策数73、リーグ3位】

このオフのトレードで、ゴールドグラブ賞を2回獲得している中堅手グリシャムが、チームを去った。これは大きなマイナス。昨シーズンは捕手の守備力がワーストレベルだったが、今シーズンも打高守低のキャンピュサーノが正捕手を務めるので、大きなレベルアップは望めない。

■機動力 ➡️…★★★★♪★【昨年度チーム盗塁数137、リーグ5位】

スモールボールのスキルのある選手が数人いるので、今季も期待したい。

| 総合評価 ⬇️ ★★★★★ | シルト新監督は誠実な人柄で、選手と密にコミュニケーションを取るタイプ。予算的な制約で、若手主体にならざるを得ないチーム事情を考えれば適任と言える人事で、チームをそれなりに機能させるはずだ。それでも勝ち越すのは難しいだろう。 |

IN 主な入団選手	**OUT** 主な退団選手
投手	**投手**
松井裕樹←東北楽天	ブレイク・スネル➡所属先未定
マイケル・キング←ヤンキース	ジョシュ・ヘイダー➡アストロズ
ランディ・ヴァスケス←ヤンキース	セス・ルーゴ➡ロイヤルズ
高佑錫←LG（韓国）	マイケル・ワカ➡ロイヤルズ
ワンディ・ペラルタ←ヤンキース	ニック・マルティネス➡レッズ
野手	**野手**
カイル・ヒガシオカ←ヤンキース	ホアン・ソト➡ヤンキース

28·29·30	レッドソックス*	30·31	ドジャース	30·31·**9**月1	レイズ*
7月2·3·4	レンジャーズ*	**8**月2·3·4	ロッキーズ	2·4·5	タイガース
5·6·7	ダイヤモンドバックス	6·7·8	パイレーツ*	6·7·8	ジャイアンツ
9·10	マリナーズ	9·10·11	マーリンズ*	10·11	マリナーズ*
12·13·14	ブレーブス	12·13·14	パイレーツ	13·14·15	ジャイアンツ
16	オールスターゲーム	16·17·18	ロッキーズ*	16·17·18	アストロズ
19·20·21	ガーディアンズ*	19·20·21	ツインズ	20·21·22	ホワイトソックス
23·24·25	ナショナルズ*	22·23·24·25	メッツ	24·25·26	ドジャース*
26·27·28	オリオールズ*	26·27·28·29	カーディナルス*	27·28·29	ダイヤモンドバックス*

| 球団メモ | 昨夏のトレードでは、勝率5割程度ながら「買い手」に回り、勝負に出たが、8月に大きく負け越して、沈没。ただ、シーズン最終15試合は13勝2敗と意地を見せた。 |

パドレス

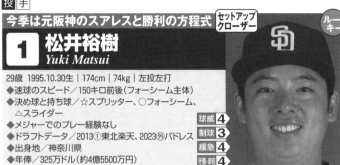

今季は元阪神のスアレスと勝利の方程式 セットアップ/クローザー ルーキー

1 松井裕樹
Yuki Matsui

29歳｜1995.10.30生｜174cm｜74kg｜左投左打

- ◆速球のスピード／150キロ前後（フォーシーム主体）
- ◆決め球と持ち球／☆スプリッター、○フォーシーム、△スライダー
- ◆メジャーでのプレー経験なし
- ◆ドラフトデータ／2013①東北楽天、2023㉘パドレス
- ◆出身地／神奈川県
- ◆年俸／325万ドル（約4億5500万円）

球威	4
制球	3
緩急	4
守備・牽制	4
度胸	4

　東北楽天ゴールデンイーグルスをFAで出て、5年2600万ドルの契約で入団した、NPB通算236セーブの実績があるリリーフ左腕。パドレスと交わしたこの契約には、3年目と4年目の終了時に、本人が望めば契約を打ち切って他球団と契約できる「オプトアウト条項」が設定されている。また、契約期間中にヒジの故障が続いた場合は、5年目に関しては雇用するか否かの選択権を球団が持つことも記されている。

　パドレスはオフに、年俸総額の大幅縮小が最優先課題になっていたため、3年を超すような長期契約は結ばないと思われていた。それなのにリリーフ投手の松井裕樹と破格の5年契約を交わしたのは、松井が日本人投手で最も成功例の多い、フォーシームとスプリッターを高低に投げ分けて三振を量産するタイプだからだ。

　それに加え、パドレスは、前リリーフ陣の中核メンバーだった2人のリリーフ投手（ジョシュ・ヘイダー、ティム・ヒル）がオフにチームを去ったため、計算できるリリーフ左腕の獲得が急務になっていたこと、クローザーに予定されているロベルト・スアレスが昨シーズンから故障がちで、その保険になる投手を確保しておく必要があったことも、追い風要素になった。

　懸念されるのは、メジャーリーグの使用球をすぐに使いこなせるか、という点だ。昨春のWBCに松井は日本代表チームの一員として参加したが、メジャーの公式球が手に合わず、苦労していた。

　一方で、何よりも心強いのは、同じチームに面倒見の良い先輩ダルビッシュ有がいることだ。ダルビッシュはWBCでリーダーシップを発揮して、若い投手が多いチームをまとめ上げて称賛されたが、松井は今季、その恩恵をフルに受けることができる。1年目はわからないことだらけだ。キャッチャーや投手コーチ、ブルペンコーチとの接し方、クラブハウスやブルペンでのしきたりやルール、各球場のマウンドの特徴と注意点、対戦する打者の強みと弱み……。こうした事柄に的確な答えを返してくれる兄貴分が、いつもそばにいることは、松井にとって無形の財産になるだろう。

年度	所属チーム	勝利	敗戦	防御率	試合数	先発	セーブ	投球イニング	被安打	失点	自責点	被本塁打	与四球	奪三振	WHIP
2023	東北楽天	2	3	1.57	59	0	39	57.1	38	14	10	2	13	72	0.89
	日本通算成績	25	46	2.40	501	29	236	659.2	436	188	176	31	295	860	1.11

　カモ 苦手 は通算成績

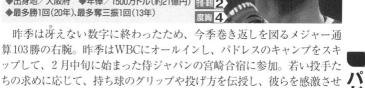

投手

偶数年に活躍する傾向。今年は期待できる！ 先発

11 ダルビッシュ有
Yu Darvish

38歳 1986.8.16生｜196cm｜99kg｜右投右打
◆速球のスピード／150キロ台前半（フォーシーム、シンカー）
◆決め球と持ち球／☆カーブ、◎スライダー、◎カッター、
　○スプリッター、○シンカー、△フォーシーム
◆対左打者被打率／.271　◆対右打者被打率／.245
◆ホーム防御率／4.36　◆アウェー防御率／4.80
◆ドラフトデータ／2004①日本ハム、2012㉘レンジャーズ
◆出身地／大阪府　◆年俸／1500万ドル（約21億円）
◆最多勝1回(20年)、最多奪三振1回(13年)

球威 **4**
制球 **4**
緩急 **4**
守備・牽制 **2**
度胸 **4**

　昨季は冴えない数字に終わったため、今季巻き返しを図るメジャー通算103勝の右腕。昨季はWBCにオールインし、パドレスのキャンプをスキップして、2月中旬に始まった侍ジャパンの宮崎合宿に参加。若い投手たちの求めに応じて、持ち球のグリップや投げ方を伝授し、彼らを感激させた。ただピッチングのほうはイマイチで、WBCで登板した3試合でいずれも一発を食い、3試合で6.0イニングを投げ、防御率は6.00だった。

　その後、チームに合流したが、パドレスのメルヴィン監督は開幕投手には起用せず、別途調整させたうえで、4月4日のダイヤモンドバックス戦からローテーション入りさせた。その後はフォーシームとスライダーの制球に苦しみ、波の大きい展開になったが、5月下旬のヤンキース戦で3回途中7失点KOされたあとは、防御率が4点台で推移した。8月下旬にヒジに痛みが走るようになったため、戦列を離れてヒジの権威であるキース・マイスター博士（レンジャーズのチームドクター）の診察を受けたところ、痛みはヒジ関節に以前からある骨棘が原因で「ヒジの靱帯には、どこにも悪いところはない」と言われたため、ホッと胸をなでおろした。一昨年の2月8日に、球団と新たに6年1億800万ドル（151億円）の契約を交わしており、今季はまだ2年目で、契約は42歳になる2028年までである。

　昨年7月にメジャー通算100勝を達成したが、今年は故障がなければ、6月にメジャー通算2000奪三振を達成することになるだろう。

パドレス

カモ C・テイラー（ドジャース）.000(13-0)0本　M・ベッツ（ドジャース）.194(31-6)1本
苦手 C・キャロル（ダイヤモンドバックス）.545(11-6)1本　N・アレナード（カーディナルス）.400(20-8)3本

年度	所属チーム	勝利	敗戦	防御率	試合数	先発	セーブ	投球イニング	被安打	失点	自責点	被本塁打	与四球	奪三振	WHIP
2012	レンジャーズ	16	9	3.90	29	29	0	191.1	156	89	83	14	89	221	1.28
2013	レンジャーズ	13	9	2.83	32	32	0	209.2	145	68	66	26	80	277	1.07
2014	レンジャーズ	10	7	3.06	22	22	0	144.1	133	54	49	13	49	182	1.26
2016	レンジャーズ	7	5	3.41	17	17	0	100.1	81	43	38	12	31	132	1.12
2017	レンジャーズ	6	9	4.01	22	22	0	137.0	115	63	61	20	45	148	1.17
2017	ドジャース	4	3	3.44	9	9	0	49.2	44	20	19	7	13	61	1.15
2017	2チーム計	10	12	3.86	31	31	0	186.2	159	83	80	27	58	209	1.16
2018	カブス	1	3	4.95	8	8	0	40.0	36	24	22	7	21	49	1.43
2019	カブス	6	8	3.98	31	31	0	178.2	140	82	79	33	56	229	1.10
2020	カブス	8	3	2.01	12	12	0	76.0	59	18	17	5	14	93	0.96
2021	パドレス	8	11	4.22	30	30	0	166.1	138	81	78	28	44	199	1.09
2022	パドレス	16	8	3.10	30	30	0	194.2	148	67	67	22	37	197	0.95
2023	パドレス	8	10	4.56	24	24	0	136.1	134	71	69	18	43	141	1.30
通算成績		103	85	3.59	266	266	0	1624.1	1329	680	648	205	522	1929	1.14

防御率は3年連続トップレベル 先発

44 ジョー・マズグローヴ Joe Musgrove

32歳 1992.12.4生｜196cm｜104kg｜右投右打

◆速球のスピード／150キロ前後（フォーシーム、シンカー）
◆決め球と持ち球／☆フォーシーム、◎カッター、◎カーブ、◎シンカー、○チェンジアップ、△スライダー ◆対左.216 ◆対右.281
◆ホ防3.04 ◆ア防3.07 ◆ド2011①ブルージェイズ
◆出カリフォルニア州 ◆年2000万ドル（約28億円）

球威	4
制球	5
緩急	4
精神・対戦	4
度胸	4

昨季は2度IL（故障者リスト）入りし、稼働率は5割強だったが、それでも10勝したトップレベルの実力を備えた右腕。最初のIL入りは3月下旬で、トレーニング中にケトルベル（筋トレ用の器具の1つ）を足のつま先に落として骨折。復帰は4月22日で、それからひと月ほど安定感を欠いたが、5月末から見違えるように制球が安定。5月26日以降の12試合は、1失点以内に抑えたゲームが8試合もあった。しかし、8月初旬に肩を痛め、肩関節唇の炎症と診断されたため、IL入り。シーズン終了まで復帰できなかった。

カモ 大谷翔平（ドジャース）.000(7-0)0本 　苦手 F・フリーマン（ドジャース）.385(26-10)1本

年度	所属チーム	勝利	敗戦	防御率	試合数	先発	セーブ	投球イニング	被安打	失点	自責点	被本塁打	与四球	奪三振	WHIP
2016	アストロズ	4	4	4.06	11	10	0	62.0	59	28	28	9	16	55	1.21
2017	アストロズ	7	8	4.77	38	15	2	109.1	117	59	58	18	28	98	1.33
2018	パイレーツ	6	9	4.06	19	19	0	115.1	113	56	52	12	23	100	1.18
2019	パイレーツ	11	12	4.44	32	31	0	170.1	168	98	84	21	39	157	1.22
2020	パイレーツ	1	5	3.86	8	8	0	39.2	33	17	17	5	16	55	1.24
2021	パドレス	11	9	3.18	32	31	0	181.1	142	68	64	22	54	203	1.08
2022	パドレス	10	7	2.93	30	30	0	181.0	154	67	59	22	42	184	1.08
2023	パドレス	10	3	3.05	17	17	0	97.1	90	35	33	10	21	97	1.14
通算成績		60	57	3.72	187	161	2	956.1	876	428	395	119	239	949	1.17

2020年と21年に阪神でクローザーを経験 クローザー セットアップ

75 ロベルト・スアレス Robert Suarez

33歳 1991.3.1生｜188cm｜95kg｜右投右打

◆速球のスピード／150キロ台中頃～後半（フォーシーム、シンカー）
◆決め球と持ち球／シンカー、◎フォーシーム、◎チェンジアップ、○カッター、△スライダー ◆対左.146 ◆対右.161
◆ホ防4.76 ◆ア防3.86 ◆ド2021外パドレス
◆出ベネズエラ ◆年1000万ドル（約14億円）

球威	5
制球	3
緩急	4
精神・対戦	4
度胸	3

1年目のシーズン終了後、新たに5年4600万ドルの契約にサインしていたため、昨季は張り切ってキャンプに入った。だが、3月12日に腕の張りを訴えて投球を中断。その後、ヒジの炎症と診断され、開幕直前にIL入りした。復帰まで4カ月近くかかり、7月21日から実戦で投げ始めたが、不安定な投球が続いたあげく、8月24日のゲームで登板した際、粘着物検査で右手とグラブに粘着物質を仕込んでいるのが見つかり、10試合の出場停止になった。9月11日に復帰後は安定感を取り戻したため、再度評価が上がり、今季はFAでチームを去ったジョシュ・ヘイダーに代わって、クローザーに回る。クローザーは、阪神タイガースに在籍した2020年と21年に経験しており、20年にはセントラル・リーグ最多の25セーブ、21年には同42セーブをマーク。

カモ ── 苦手 ──

年度	所属チーム	勝利	敗戦	防御率	試合数	先発	セーブ	投球イニング	被安打	失点	自責点	被本塁打	与四球	奪三振	WHIP
2022	パドレス	5	1	2.27	45	0	1	47.2	29	13	12	4	21	61	1.05
2023	パドレス	4	3	4.23	26	0	0	27.2	15	13	13	4	10	24	0.90
通算成績		9	4	2.99	71	0	1	75.1	44	26	25	8	31	85	1.00

対左＝対左打者被打率　対右＝対右打者被打率　ホ防＝ホーム防御率　ア防＝アウェー防御率
ド＝ドラフトデータ　出＝出身地　年＝年俸　カモ 苦手 は通算成績

34 マイケル・キング Michael King

先 発 / 移籍

昨年先発で投げた9試合の防御率は2.33

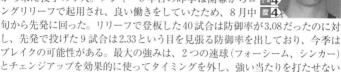

29歳 1995.5.25生｜190cm｜95kg｜右投右打 速150キロ台前半(シンカー、フォーシーム) 決☆チェンジアップ
対左.179 対右.259 下2016⑫マーリンズ 出ニューヨーク州 囲315万ドル(約4億4100万円)

球4 制4 緩4 守・走4 度4

パドレスでは先発に固定される、トレードでヤンキースから来た投手の1人。メジャー5年目の昨季は開幕からロングリリーフで起用され、良い働きをしていたため、8月中旬から先発に回った。リリーフで登板した40試合は防御率が3.08だったのに対し、先発で投げた9試合は2.33という目を見張る防御率を出しており、今季はブレイクの可能性がある。最大の強みは、2つの速球(フォーシーム、シンカー)とチェンジアップを効果的に使ってタイミングを外し、強い当たりを打たせないこと。フォーシームを高めいっぱいに決める制球力もあるため、奪三振率も高い。

年度	所属チーム	勝利	敗戦	防御率	試合数	先発	セーブ	投球イニング	被安打	失点	自責点	被本塁打	与四球	奪三振	WHIP
2023	ヤンキース	4	8	2.75	49	9	6	104.2	88	35	32	10	32	127	1.15
通算成績		13	17	3.38	115	19	7	247.2	212	103	93	24	83	282	1.19

96 ランディ・ヴァスケス Randy Vasquez

先 発 ロングリリーフ / 移籍

打者に的をしぼらせない頭脳的な投球が持ち味

26歳 1998.11.3生｜183cm｜74kg｜右投右打 速150キロ台前半(フォーシーム、シンカー) 決◎フォーシーム
対左.206 対右.216 下2018㊿ヤンキース 出ドミニカ 囲74万ドル(約1億360万円)+α

球3 制2 緩3 守・走3 度4

先発でフルシーズン投げることを期待されている、トレードでヤンキースから移籍した4投手の1人。昨季は5月26日にメジャーデビューし、先発で5試合に、リリーフで6試合に登板。先発で使われたときは防御率が2.42、リリーフで使われたときは3.52で先発向きという結果になっている。特徴は、球種がフォーシーム、シンカー、カッター、チェンジアップ、スイーパー、カーブと6つあるだけでなく、どの球種も10%以上の頻度で使うこと。これは裏を返せば、絶対的な球種がないことを意味するので、自分の名刺代わりになる強力な武器を持つ必要がある。

年度	所属チーム	勝利	敗戦	防御率	試合数	先発	セーブ	投球イニング	被安打	失点	自責点	被本塁打	与四球	奪三振	WHIP
2023	ヤンキース	2	2	2.87	11	5	0	37.2	30	12	12	4	18	33	1.27
通算成績		2	2	2.87	11	5	0	37.2	30	12	12	4	18	33	1.27

21 高佑錫(コ・ウソク) Woo-Suk Go

セットアップ / ルーキー

大谷翔平への「故意死球」発言が波紋

26歳 1998.8.6生｜180cm｜89kg｜右投右打 速150キロ台中頃(フォーシーム) 決◎フォーシーム
◆メジャーでのプレー経験なし 下2024㊿パドレス 出韓国 囲175万ドル(約2億4500万円)

球4 制2 緩2 守・走2 度4

ポスティングシステムを利用して加入した、韓国出身のリリーフ右腕。昨季まで6シーズン、韓国プロ野球のLGツインズでプレーし、通算139セーブをマーク。フォーシームでぐいぐい押してくるパワーピッチャーで、高速スライダーも一級品だ。ただ、昨季は防御率が3.89と、最多セーブに輝いた22年の1.78から、大きくダウンしていた。妻は、今季から同地区ジャイアンツでプレーする李政厚の妹。昨年3月のWBC開催前、刺激的なコメントを求める韓国メディアに乗せられ、大谷選手相手に投げる場所がなくなれば、痛くないところにぶつけちゃおうかな」と発言。これが「故意死球宣言」と日本のメディアに取り上げられ、物議をかもした。発言はすぐに撤回し、謝罪。肝心のWBCには直前に負傷し、登板できなかった。

武器はヨコに69センチ曲がるスライダー

ミドルリリーフ

59 トム・コスグローヴ *Tom Cosgrove*

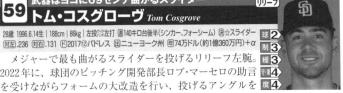

28歳 1996.6.14生 | 188cm | 86kg | 左投左打 圏140キロ後半（シンカー、フォーシーム） 阒☆スライダー
対左.236 対右.131 №2017⑫パドレス 囲ニューヨーク州 囲74万ドル（約1億360万円）+α

球	2
制	3
緩	3
守・走	4
度	4

メジャーで最も曲がるスライダーを投げるリリーフ左腕。2022年に、球団のピッチング開発部長ロブ・マーセロの助言を受けながらフォームの大改造を行い、投げるアングルを上からヨコに変え、メインの変化球も垂直に変化するカーブから、ヨコに大きく曲がるスライダーに変えた。その成果は、すぐに現れた。昨季は3Aで開幕から7試合連続無安打に抑え、4月29日にメジャーデビュー。ここでも制球が冴えを見せ、14試合連続無失点をやってのけた。7月3日のエンジェルス戦では、1死一、三塁の場面で大谷と対戦。曲がり幅69センチのスライダーで、三振にしとめている。

年度	所属チーム	勝利	敗戦	防御率	試合数	先発	セーブ	投球イニング	被安打	失点	自責点	被本塁打	与四球	奪三振	WHIP
2023	パドレス	1	2	1.75	54	0	1	51.1	31	12	10	3	19	44	0.97
通算成績		1	2	1.75	54	0	1	51.1	31	12	10	3	19	44	0.97

大学6年生のとき、タダ同然の契約金でプロ入り

セットアップ

36 スティーヴン・ウィルソン *Steven Wilson*

30歳 1994.8.24生 | 190cm | 99kg | 右投右打 圏150キロ台前半（フォーシーム主体） 阒☆スライダー
対左.187 対右.184 №2018⑧パドレス 囲コロラド州 囲74万ドル（約1億360万円）+α

球	4
制	2
緩	3
守・走	3
度	3

球の出どころが見えにくいショートアーム投法で、フォーシームとスライダーを投げ込んでくるセットアッパー。一昨年は2つの比率が6：4くらいだったが、スライダーのほうが威力があるため、昨年は4：6くらいに逆転した。このスライダーは2022年のシーズン中に、ニーブレ投手コーチに勧められて投げ始めたもので、従来のスライダーに比べてタテの変化が小さく、ヨコの曲がりが大きい。大学時代、トミー・ジョン手術を受けたため、ドラフトでパドレスに指名されたのが大学6年生のとき。通常より3年プロ入りが遅れたため、メジャーデビューも27歳のとき。

年度	所属チーム	勝利	敗戦	防御率	試合数	先発	セーブ	投球イニング	被安打	失点	自責点	被本塁打	与四球	奪三振	WHIP
2023	パドレス	1	2	3.91	52	0	0	53.0	35	23	23	7	27	57	1.17
通算成績		5	4	3.48	102	1	1	106.0	71	43	41	14	47	110	1.11

右打者封じの切り札に最適

ミドルリリーフ　移籍

62 エンジェル・デロスサントス *Enyel De Los Santos*

29歳 1995.12.25生 | 190cm | 106kg | 右投右打 圏150キロ台半ば～中盤（フォーシーム主体） 阒☆フォーシーム
対左.272 対右.171 №2014⑪マリナーズ 囲ドミニカ 囲116万ドル（約1億6240万円）

球	4
制	3
緩	3
守・走	4
度	3

昨年11月のトレードでガーディアンズから移籍した、酷使に耐えるリリーフ右腕。球の出どころが見えにくいフォームで、フォーシーム、スライダー、チェンジアップを投げ込むが、スライダーはホームベース付近で鋭く曲がるハイレベルなボール。昨年は空振り率が47.6%という驚異的な高さで、右打者には、ほとんど打たれなかった。一方、チェンジアップは左打者にさほど有効とは言えないので、右打者との対戦が多いイニングで使うと、大きな戦力になる。課題は、フォーシームの制球。とくにストライクゾーンの外側半分に決められないときは、与四球が増加。

年度	所属チーム	勝利	敗戦	防御率	試合数	先発	セーブ	投球イニング	被安打	失点	自責点	被本塁打	与四球	奪三振	WHIP
2023	ガーディアンズ	5	2	3.29	70	0	0	65.2	50	26	24	4	25	62	1.14
通算成績		13	4	4.20	165	3	1	184.1	165	95	86	21	73	195	1.29

圏=速球のスピード 阒=決め球 対左=対左打者被打率 対右=対右打者被打率
№=ドラフトデータ 囲=出身地 囲=年俸

多目的に使える耐久性抜群の左腕

58 ワンディ・ペラルタ *Wandy Peralta*

ミドル
リリーフ / 移籍

33歳 1991.7.27生 | 183cm | 102kg | 左投左打 | 圏150キロ台前半(シンカー、フォーシーム) | 図○チェンジアップ | 対左.138 | 対右.229 | 下2009外レッズ | 田ドミニカ | 囲335万ドル(約4億6900万円)

球 4
制 2
緩 5
守・盗 5
度 4

4年1650万ドルの契約で入団した、昨年までヤンキースで良い働きをしていたリリーフ左腕。打たせて取るタイプで、チェンジアップ、シンカー、スライダーを効果的に使ってタイミングを外し、強い当たりを打たせないことに主眼を置いたピッチングを見せる。連投しても球威が落ちないタイプ。ヤンキース時代の2021年のポストシーズンでは、5試合すべてに登板し、驚異的な耐久性を賞賛された。昨季はセットアッパー、クローザー、ミドルリリーフ、ピンチの火消し役などで使われたが、ピンチの火消し役で使われたときは、引き継いだ走者の82%を生還させなかった。

年度	所属チーム	勝利	敗戦	防御率	試合数	先発	セーブ	投球イニング	被安打	失点	自責点	被本塁打	与四球	奪三振	WHIP
2023	ヤンキース	4	2	2.83	63	0	4	54.0	36	19	17	7	30	51	1.22
通算成績		19	18	3.88	385	1	13	345.2	311	167	149	40	157	291	1.35

強い打球を打たせない、先発5番手の有力候補

60 ペドロ・アヴィーラ *Pedro Avila*

先発
ロングリリーフ

27歳 1997.1.14生 | 180cm | 95kg | 右投右打 | 圏150キロ前後(フォーシーム、シンカー) | 図○スプリッター | 対左.188 | 対右.262 | 下2014外ナショナルズ | 田ベネズエラ | 囲74万ドル(約1億360万円)+α

球 3
制 2
緩 5
守 3
度 4

球種は、フォーシーム、シンカー、チェンジアップ、カーブの4つ。試合ではこれらを効果的に組み合わせてタイミングを外すことと、ゴロを引っかけさせることに主眼を置いたピッチングを見せる。こうした頭脳的なピッチングは、経験豊富なベテラン捕手と組むと、うまくいくことが多い。今季、パドレスにはヤンキースから移籍したカイル・ヒガシオカがいるので、大きな力になってくれる可能性がある。変化球はカーブとチェンジアップだが、この2つは左打者に有効なので、昨年は対左打者の被打率が1割8分8厘。右打者には有効な武器がなく、2割6分2厘。

年度	所属チーム	勝利	敗戦	防御率	試合数	先発	セーブ	投球イニング	被安打	失点	自責点	被本塁打	与四球	奪三振	WHIP
2023	パドレス	2	2	3.22	14	6	0	50.1	43	23	18	3	25	54	1.35
通算成績		3	3	3.11	18	8	0	63.2	54	29	22	5	31	69	1.34

— ハイロ・イリアルテ *Jairo Iriarte*

リリーフ / 期待度 B+ / ルーキー

23歳 2001.12.15生 | 188cm | 72kg | 右投右打 | ◆昨季は1A+、2Aでプレー | 下2018外パドレス | 田ベネズエラ

フォーシームは150キロ台中頃の球速があり、浮き上がる軌道になる一級品。チェンジアップもブレーキの利いたハイレベルなボールだ。課題は制球力。早打ちをしない打者には、カウントを悪くして四球を出すことが多い。そのため、球団は昨季後半からリリーフに回し、メジャー入りの準備に入った。

68 アレック・ジェイコブ *Alek Jacob*

リリーフ / 期待度 B / ルーキー

26歳 1998.6.16生 | 190cm | 86kg | 右投右左打 | ◆昨季はメジャーで3試合に出場 | 下2021外パドレス | 田ワシントン州

サイドハンドの低いアングルから、シンカーとチェンジアップを駆使するリリーフ右腕。どちらの球種も、シュートしながら沈む軌道を描く。しかも、同じ腕の振りで投げ込んでくるので、打者は見分けがつきにくい。ウリは、そうした沈む軌道のボールが多いため、一発を食うリスクが低いことだ。

パドレス

3年間で貧打のサブから万能選手に成長　ショート・セカンド・サード

7　金河成（キム・ハソン）

Ha-Seong Kim

29歳 1995.10.17生｜175cm｜76kg｜右投右打

- ◆対左投手打率／.302(169-51)　◆対右投手打率／.241(369-89)
- ◆ホーム打率／.257(265-68)　◆アウェー打率／.264(273-72)
- ◆得点圏打率／.231(121-28)
- ◆23年のポジション別出場数／セカンド=106、サード=32、ショート=20、DH=1
- ◆ドラフトデータ／2021⑭パドレス　◆出身地／韓国
- ◆年俸／800万ドル（約11億2000万円）
- ◆ゴールドグラブ賞1回（23年）

ミート **4**
パワー **4**
走塁 **5**
守備 **5**
肩 **4**

　アジア人の内野手では初めてゴールドグラブ賞に輝いた、韓国出身のマルチポジション・プレーヤー。一昨年、遊撃手としてゴールドグラブ賞候補になる活躍を見せたのに、昨年はスター選手ボーガーツの加入でポジションを失い、ユーティリティに逆戻り。「セカンドの1番手、サードとショートの2番手」という位置づけで使われることになり、セカンドで98試合、サードで29試合、ショートで16試合に先発で起用された。そのどのポジションでも好守を見せたため、ゴールドグラブ賞は「ユーティリティ部門」での受賞となった。守備面の長所は、①敏捷でフットワークが良い、②グラブさばきが柔軟で、リリースが素早い、③強肩で悪送球が少ない、といった点。最大の長所は、ピンチのときほどファインプレーが出るクラッチ・ディフェンダーであることだ。昨季はDRS（守備で防いだ失点）がセカンドで10、サードとショートで各3の計16もあり、ゴールドグラブ賞はこれが高く評価された。本人はユーティリティ部門で受賞した感想を聞かれ、「1つではなく、3つのポジションでゴールドグラブ賞の守備を見せたのだから、より価値がある」と胸を張った。今季は、元のショートで起用予定。

　打撃面ではボール球に手を出す比率が減少し、出塁率が上昇。また、パワーアップしたことで一発がよく出るようになった。昨季の17本塁打の中には、価値ある一発が4本含まれている。第1号ソロは4月3日のダイヤモンドバックス戦で9回裏に飛び出した自身初となるサヨナラアーチであり、13号と14号は同じパイレーツ戦で生まれた1試合2本塁打だ。17号は自身初となる満塁アーチで、3週間前までチームメートだったライアン・ウェザーズのキレのないフォーシームを叩いたもの。昨季は牽制球制限令が出たため、盗塁しやすくなったと判断し、47回試みて38回成功させた。成功率は80.9%だったので、今年も積極的に試みるだろう。

| カモ | A・ゴンバー（ロッキーズ）.429(14-6)0本　C・クアントリル（ロッキーズ）.600(5-3)0本 |
| 苦手 | R・ネルソン（ダイヤモンドバックス）.091(11-1)0本　E・フィリップス（ドジャース）.000(6-0)0本 |

年度	所属チーム	試合数	打数	得点	安打	二塁打	三塁打	本塁打	打点	四球	三振	盗塁	盗塁死	出塁率	OPS	打率
2021	パドレス	117	267	27	54	12	2	8	34	22	71	6	1	.270	.622	.202
2022	パドレス	150	517	58	130	29	3	11	59	51	100	12	2	.325	.708	.251
2023	パドレス	152	538	84	140	23	0	17	60	75	124	38	9	.351	.749	.260
通算成績		419	1322	169	324	64	5	36	153	148	295	56	12	.325	.708	.245

10月3日にヒジの手術。出遅れる可能性も　サード

13　マニー・マチャード　*Manny Machado*

32歳 1992.7.6生 | 190cm | 98kg | 右投右打
- ◆対左投手率／.308　◆対右投手率／.241
- ◆ホーム率／.279　◆アウェー打率／.236　◆得点圏打率／.266
- ◆23年のポジション別出場数／サード＝105、DH＝33
- ◆Ⓓ2010①オリオールズ　◆Ⓗフロリダ州
- ◆Ⓨ1300万ドル（約18億2000万円）　◆ゴールドグラブ賞2回
  （13、15年）、シルバースラッガー賞1回（20年）

ミート	4
パワー	5
走塁	3
守備	4
肩	5

　30本塁打と90打点がノルマの強打の三塁手。昨季はキャンプイン早々、メディアに「今季終了後オプトアウトできる契約なので、パドレスを出るつもり」と発言。その数日後、球団から新たに11年（2023～33）3億5000万ドルの契約を交わしたという発表があり、発言が交渉を有利にするためのブラフであることがバレてしまった。感情の起伏が激しく、審判への抗議の激しさ、相手チームに浴びせる言葉の汚さは、メジャーで1、2を争うレベル。

カモ J・グレイ（レンジャーズ）.364(33-12)4本　苦手 E・ロドリゲス（ダイヤモンドバックス）.171(35-6)0本

年度	所属チーム	試合数	打数	得点	安打	二塁打	三塁打	本塁打	打点	四球	三振	盗塁	盗塁死	出塁率	OPS	打率
2012	オリオールズ	51	191	24	50	8	3	7	26	9	38	2		.294	.739	.262
2013	オリオールズ	156	667	88	189	51	3	14	71	29	113	6	7	.314	.746	.283
2014	オリオールズ	82	327	38	91	14	0	12	32	20	68	2	0	.324	.755	.278
2015	オリオールズ	162	633	102	181	30	1	35	86	70	111	20	8	.359	.861	.286
2016	オリオールズ	157	640	105	188	40	1	37	96	48	120	0	3	.343	.876	.294
2017	オリオールズ	156	630	81	163	33	1	33	95	50	115	9	4	.310	.787	.259
2018	オリオールズ	96	365	48	115	21	1	24	65	45	51	8	1	.387	.962	.315
2018	ドジャース	66	267	36	73	14	2	13	42	25	53	6	1	.338	.825	.273
2018	2チーム計	162	632	84	188	35	3	37	107	70	104	14	2	.367	.905	.297
2019	パドレス	156	587	81	150	21	2	32	85	65	128	5	3	.334	.796	.256
2020	パドレス	60	224	44	68	12	1	16	47	26	37	6	3	.370	.950	.304
2021	パドレス	153	564	92	157	31	2	28	106	63	102	12	3	.347	.836	.278
2022	パドレス	150	578	100	172	37	1	32	102	63	133	9	1	.366	.897	.298
2023	パドレス	138	543	75	140	31	0	30	91	50	109	3	2	.319	.781	.258
通算成績		1583	6216	914	1757	333	10	313	944	563	1178	88	36	.339	.829	.279

ライト1年目でプラチナ・ゴールドグラブ賞　ライト

23　フェルナンド・タティース・ジュニア　*Fernando Tatis Jr.*

25歳 1999.1.2生 | 190cm | 98kg | 右投右打
- ◆対左投手率／.305　◆対右投手率／.244
- ◆ホーム打率／.283　◆アウェー打率／.234　◆得点圏打率／.285
- ◆23年のポジション別出場数／ライト＝137、センター＝5、DH＝3、セカンド＝1
- ◆Ⓓ2015㉚ホワイトソックス　◆Ⓗドミニカ
- ◆Ⓨ1100万ドル（約15億4000万円）　◆本塁打王1回（21年）、ゴールドグラブ賞1回（23年）、シルバースラッガー賞2回（20、21年）

ミート	3
パワー	5
走塁	5
守備	5
肩	5

　2022年は、手首の骨折と薬物検査陽性の処分で全休。昨季も出場停止が21試合残っていたため、4月21日に復帰した。この時点で、活躍を予言する者はいなかった。ポジションがショートからライトに変わること、長いブランクがあること、筋肉増強剤の力を借りられなくなることなどが、マイナスに作用すると思われたからだ。しかし、いざプレーを開始すると、それは杞憂であることがすぐにわかった。とくにライトの守備では、DRS（守備で防いだ失点）がナショナル・リーグ最多の27もあった。アシスト12もメジャー全体で2位タイの数字だったため、ゴールドグラブ賞を受賞。併せて受賞者の中で、守備力ナンバーワンに贈られるプラチナ・ゴールドグラブ賞も受賞。

カモ M・ケリー（ダイヤモンドバックス）.364(22-8)4本　苦手 M・シャーザー（レンジャーズ）.176(17-3)1本

年度	所属チーム	試合数	打数	得点	安打	二塁打	三塁打	本塁打	打点	四球	三振	盗塁	盗塁死	出塁率	OPS	打率
2019	パドレス	84	334	61	106	13	6	22	53	30	110	16	6	.379	.969	.317
2020	パドレス	59	224	50	62	11	2	17	45	27	61	11	3	.366	.937	.277
2021	パドレス	130	478	99	135	31	0	42	97	62	153	25	4	.364	.975	.282
2023	パドレス	141	575	91	148	33	1	25	78	53	141	29	4	.322	.771	.257
通算成績		414	1611	301	451	88	9	106	273	172	465	81	17	.353	.896	.280

パドレス

セカンドへのコンバートに前向き

2 **ザンダー・ボーガーツ** *Xander Bogaerts*

セカンド
ショート

32歳 1992.10.1生｜188cm｜98kg｜右投右打

◆対左投手打率／.291 ◆対右投手打率／.283
◆ホーム打率／.298 ◆アウェー打率／.273 ◆得点圏打率／.191
◆23年のポジション別出場数／ショート=146、DH=9
◆ⓓ2009㉑レッドソックス ◆ⓑオランダ領アルバ島
◆ⓔ2500万ドル（約35億円）◆シルバースラッガー賞5回（15,16,19,21,22年）

ミート **5**
パワー **4**
走塁 **4**
守備 **3**
肩 **3**

打者として価値が高い、カリブ海のオランダ領アルバ島出身の内野手。昨季は11年2億8000万ドルの超大型契約で入団したため、打点量産を期待された。しかし、チャンスに考えすぎて結果を出せず、得点圏打率は1割9分1厘という悲惨な数字になった。ショートの守備は、平均よりやや落ちる程度だが、チーム内に一昨年（2022年）、ショートでゴールドグラブ賞候補になった金河成がいるため、球団は今季、ボーガーツをセカンドで起用予定。

カモ R・ヤーブロウ（ドジャース）.419(31-13)1本　苦手 J・アーキーディ（アストロズ）.000(11-0)0本

年度	所属チーム	試合数	打数	得点	安打	二塁打	三塁打	本塁打	打点	四球	三振	盗塁	盗塁死	出塁率	OPS	打率
2013	レッドソックス	18	44	7	11	2	0	1	5	5	13	1	0	.320	.684	.250
2014	レッドソックス	144	538	60	129	28	1	12	46	39	138	2		.297	.659	.240
2015	レッドソックス	156	613	84	196	35	3	7	81	32	101	10	2	.355	.776	.320
2016	レッドソックス	157	652	115	192	34	1	21	89	58	123	13	4	.356	.802	.294
2017	レッドソックス	148	571	94	156	32	6	10	62	56	116	15	1	.343	.746	.273
2018	レッドソックス	136	513	72	148	45	3	23	103	55	102	8	2	.360	.882	.288
2019	レッドソックス	155	614	110	190	52	0	33	117	76	122	4	2	.384	.939	.309
2020	レッドソックス	56	203	36	61	8	0	11	28	21	41	8	0	.364	.866	.300
2021	レッドソックス	144	529	90	156	34	1	23	79	62	113	5	1	.370	.863	.295
2022	レッドソックス	150	557	84	171	38	0	15	73	57	118	8	2	.377	.833	.307
2023	パドレス	155	596	83	170	31	2	19	58	56	110	19	2	.350	.790	.285
通算成績		1419	5430	835	1580	339	17	175	741	517	1097	93	19	.355	.811	.291

2030年まで契約がある名脇役

9 **ジェイク・クローネンワース** *Jake Cronenworth*

ファースト
セカンド

30歳 1994.1.21生｜183cm｜84kg｜右投左打

◆対左投手打率／.229 ◆対右投手打率／.230
◆ホーム打率／.250 ◆アウェー打率／.206 ◆得点圏打率／.239
◆23年のポジション別出場数／ファースト=106、セカンド=35
◆ⓓ2015⑦レイズ ◆ⓑミシガン州
◆ⓔ700万ドル（約9億8000万円）

ミート **3**
パワー **3**
走塁 **4**
守備 **4**
肩 **4**

今季、巻き返しを図る練習熱心な内野手。26歳でメジャーデビューした遅咲きで、初めは内野のサブで使われていた。だが、ハイレベルな打撃成績を毎年出したため、セカンドのレギュラーに固定され、2021年と22年には2年連続でオールスターに出場。そんな立派な実績がありながら、昨季はボーガーツ加入による玉突き異動でファーストにコンバートされて、シーズンに入った。球団はフラストレーションがたまっていると見て、開幕直後の4月1日に7年8000万ドルの長期契約をプレゼントし、気分良くプレーさせようとした。しかし、期待とは裏腹に出だしからスランプで、効果はなかった。

カモ J・グレイ（レンジャーズ）.385(13-5)0本　苦手 W・ビューラー（ドジャース）.077(13-1)0本

年度	所属チーム	試合数	打数	得点	安打	二塁打	三塁打	本塁打	打点	四球	三振	盗塁	盗塁死	出塁率	OPS	打率
2020	パドレス	54	172	26	49	15	3	4	20	18	30	3	1	.354	.831	.285
2021	パドレス	152	567	94	151	33	7	21	71	55	90	4	3	.340	.800	.266
2022	パドレス	158	587	88	140	30	4	17	88	70	131	3	0	.332	.722	.239
2023	パドレス	127	458	54	105	24	4	10	48	46	97	6	1	.312	.690	.229
通算成績		491	1784	262	445	102	21	52	227	189	348	16	5	.331	.749	.249

正捕手として起用される強打の逸材

12 ルイス・キャンピュサーノ Luis Campusano

キャッチャー

26歳 1998.9.29生 | 180cm | 104kg | 右投右打 ◆盗塁阻止率/.033(30-1) 対左.405 対右.289 困.333
⑦.304 得.320 ℗2017②パドレス 曲ジョージア州 囲74万ドル（約1億360万円）+α

ミ4
バ5
走2
守2
肩2

今季は正捕手としてマスクをかぶる、バットで貢献するタイプのキャッチャー。打者としては早打ちをせず、失投をじっくり待てるタイプ。タイミングの取り方がうまく、ゆるい変化球が来ても上手にタメを取り、外野席に運んでしまう。選球眼が良いので、高出塁率も期待できる。守備は、発展途上の部分が多い。肩は強いほうなのに、昨年は盗塁阻止率が3.3%（30-1）だった。オフにこれを向上させる練習に励んでいるので、今季は悪くても2ケタの数字にはなるだろう。リードもイマイチだが、ダルビッシュとは相性が良く、バッテリーを組んだ6試合の防御率は3.22。

年度	所属チーム	試合数	打数	得点	安打	二塁打	三塁打	本塁打	打点	四球	三振	盗塁	盗塁死	出塁率	OPS	打率
2023	パドレス	49	163	27	52	7	0	7	30	7	21	0	0	.356	.847	.319
通算成績		77	248	33	68	8	0	9	37	12	45	0	0	.316	.731	.274

WBCにアメリカ代表の捕手として出場

20 カイル・ヒガシオカ Kyle Higashioka

キャッチャー｜移籍

34歳 1990.4.20生 | 185cm | 91kg | 右投右打 ◆盗塁阻止率/.127(63-8) 対左.242 対右.233 困.212
⑦.254 得.246 ℗2008⑦ヤンキース 曲カリフォルニア州 囲218万ドル（約3億520万円）

ミ3
バ4
走2
守4
肩2

昨年12月のトレードでソトを放出した見返りに、4人の若い投手と一緒にヤンキースから移籍した日系4世の捕手。パドレスがキング、ブリ１ 、ヴァスケス、ソープの4人だけでなくヒガシオカの獲得にこだわったのは、昨年ヤンゲと24試合、ブリトーと11試合、ヴァスケスと5試合バッテリーを組み、度々好投を引き出していたからだ。それに加え、若い正捕手キャンピュサーノの良い教育係になると見ているようだ。守備ではフレーミングのうまさが光る。昨年6月28日、ヤンキースのヘルマンがノーヒットノーランを達成した際は、巧みなリードで支え続けた。

年度	所属チーム	試合数	打数	得点	安打	二塁打	三塁打	本塁打	打点	四球	三振	盗塁	盗塁死	出塁率	OPS	打率
2023	ヤンキース	92	242	24	57	13	0	10	34	14	74	0	0	.274	.687	.236
通算成績		314	858	94	180	38	0	40	121	51	244	0	1	.253	.647	.210

守備一流、打撃三流の代表格

28 ホセ・アゾーカー Jose Azocar

外野手

28歳 1996.5.11生 | 180cm | 81kg | 右投右打 対左.184 対右.286 困.222 ⑦.239
得.227 ℗2012⑩タイガース 曲ベネズエラ 囲74万ドル（約1億360万円）+α

ミ2
バ2
走4
守5
肩5

センターのグリシャムがチームを去ったため、その後釜候補に名が挙がっている、守備範囲の広さと強肩がウリの外野手。守備面では、フライの軌道を読む能力が高く、最短ルートで落下点に入ることができる。アグレッシブな守備を見せることでも知られ、フェンスに激突しながら大飛球を好捕するシーンや、ダイビングキャッチで長打性の打球をグラブに収めるシーンは、スタンディングオベーションで称賛される。その一方、打撃面では進化できずにいる。早打ちのフリースインガーであるため、出塁率が低く、メジャーでは出塁率が3割を超えたことが1度もない。

年度	所属チーム	試合数	打数	得点	安打	二塁打	三塁打	本塁打	打点	四球	三振	盗塁	盗塁死	出塁率	OPS	打率
2023	パドレス	55	91	16	21	6	0	2	9	4	24	8	2	.278	.641	.231
通算成績		153	293	40	73	15	3	2	19	16	68	13	8	.292	.633	.249

対左=対左投手打率　対右=対右投手打率　困=ホーム打率　⑦=アウェー打率　得=得点圏打率　445

パドレス

最適のポジションはセカンド

5 エギー・ロザリオ *Eguy Rosario*

ユーティリティ

25歳 1999.8.25生 | 170cm | 68kg | 右投右打 | 対左.556 対右.148 ホ.294 ア.211 得.333 D2015外パドレス 出ドミニカ 年74万ドル（約1億360万円）+α

ミ3 / バ2 / 走3 / 守3 / 肩4

　メジャー定着を目論む、セカンド、サード、ショートをカバーする内野のユーティリティ。昨年1月、故国ドミニカでウインターリーグに参加中、足首を骨折。完治まで時間がかかり、6月6日に3Aで実戦に復帰。その後は、球種の見極めが良くなったことや、ボール球にあまり手を出さなくなったことなどがプラスに作用して、ヒットがコンスタントに出るようになり、9月中旬、メジャーに再昇格した。14歳の頃からメジャー球団のドミニカ駐在スカウトたちに、バッティングの才能を注目されるようになり、16歳の誕生日が来ると同時に、契約金30万ドルでパドレスに入団。

年度	所属チーム	試合数	打数	得点	安打	二塁打	三塁打	本塁打	打点	四球	三振	盗塁	盗塁死	出塁率	OPS	打率
2023	パドレス	11	36	6	9	1	1	2	6	1	12	0	0	.270	.770	.250
通算成績		18	41	6	10	1	1	2	6	2	14	0	0	.279	.742	.244

ロッキーズで1番打者の役割を果たせず

10 ジュリクソン・プロファー *Jurickson Profar*

レフト

31歳 1993.2.20生 | 183cm | 83kg | 右投両打 | 対左.275 対右.229 ホ.273 ア.216 得.170 D2009外レンジャーズ 出オランダ領キュラソー島 年100万ドル（約1億4000万円）

ミ3 / バ3 / 走3 / 守3 / 肩3

　2018年と19年に20本塁打を記録している、オランダ領キュラソー島出身の外野手。昨年3月、オランダ代表チームの一員として、自身3度目のWBCに出場後、1年775万ドルの契約でロッキーズ入り。シーズンが始まると、1番打者で起用された。しかし、期待された働きができず、8月下旬、戦力外に。その後は、20年から22年まで所属していたパドレスに拾われ、まずまずの働きを見せたため、1年100万ドルの契約で、今季もパドレスでプレーすることになった。以前は内野手での出場も多かったが、昨季はファーストで5試合、セカンドで1試合出場したのみ。

年度	所属チーム	試合数	打数	得点	安打	二塁打	三塁打	本塁打	打点	四球	三振	盗塁	盗塁死	出塁率	OPS	打率
2023	ロッキーズ	111	415	51	98	25	2	8	39	45	86	1	0	.316	.680	.236
2023	パドレス	14	44	4	13	2	0	1	7	5	4	0	0	.367	.776	.295
2023	2チーム計	125	459	55	111	27	2	9	46	50	90	1	0	.321	.689	.242
通算成績		961	3183	434	759	166	12	87	359	354	591	47	14	.322	.705	.238

― ジャクソン・メリル *Jackson Merrill*

ショート｜期待度A⁻｜ルーキー

21歳 2003.4.19生 | 190cm | 88kg | 右投左打 ◆昨季は1A+,2Aでプレー D2021①パドレス 出メリーランド州

　高校卒業時に、1巡目指名でパドレス入り。打撃守備の両面で期待通りに成長し、昨季後半は2Aでプレー。今季は3Aでメジャー昇格の準備段階に入るが、メジャー（パドレス）はショート、セカンド、サードが長期契約の有名選手で埋まっているので、トレードの目玉商品として活用されるだろう。

― ジェイコブ・マーシー *Jakob Marsee*

センター｜期待度A｜ルーキー

23歳 2001.6.28生 | 183cm | 81kg | 左投左打 ◆昨季は1A+,2Aでプレー D2022⑥パドレス 出ミシガン州

　有望選手が一堂に会する、昨年秋のアリゾナリーグでMVPに輝き、スピード出世の可能性が出てきた快足中堅手。長所は動体視力と選球眼が抜群に良いため、高打率と高出塁率を期待できること。昨年急速にパワーアップし、逆方向にも本塁打が出るようになった。足もあり、昨年マイナーで46盗塁。

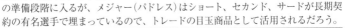

対左=対左投手打率　対右=対右投手打率　ホ=ホーム打率　ア=アウェー打率　得=得点圏打率　D=ドラフトデータ　出=出身地　年=年俸

サンフランシスコ・ジャイアンツ

◆創　立：1883年
◆本拠地：カリフォルニア州サンフランシスコ市
◆ワールドシリーズ制覇：8回　◆リーグ優勝：23回
◆地区優勝：9回　◆ワイルドカード獲得：3回

主要オーナー ▶ ラリー・ベア（実業家）

過去5年成績

年度	勝	負	勝率	ゲーム差	地区順位	ポストシーズン成績
2019	77	85	.475	29.0	③	—
2020	29	31	.483	14.0	③	—
2021	107	55	.660	(1.0)	①	地区シリーズ敗退
2022	81	81	.500	30.0	③	—
2023	**79**	**83**	**.488**	**21.0**	**④**	**—**

監　督 ▶ **6 ボブ・メルヴィン** *Bob Melvin*

新

◆年　　齢……63歳（カリフォルニア州出身）
◆現役時代の経歴…10シーズン　タイガース（1985）、ジャイアンツ（1986〜88）、
　（キャッチャー）　　オリオールズ（1989〜91）、ロイヤルズ（1992）、レッドソックス（1993）、ヤンキース（1994）、ホワイトソックス（1994）
◆現役通算成績……692試合　.233　35本　212打点
◆監督経歴……………20シーズン　マリナーズ（2003〜04）、ダイヤモンドバックス（2005〜09）、アスレティックス（2011〜2021）、パドレス（2022〜23）
◆通算成績……………1517勝1425敗（勝率.516）最優秀監督賞3回（07, 12, 18年）

　昨季まではパドレスの監督だった、最優秀監督賞に3度輝いている名将。パドレスとの契約はまだ残っていたが、昨年のポストシーズン中、ジャイアンツがパドレスに許可を得たうえで、メルヴィンと面談。急転直下で移籍が決まった。A.J.プレラー（パドレス編成トップ）との関係悪化が、今回の移籍に影響しているようだ。2004年、マリナーズのイチローがシーズン262安打のメジャー記録を打ち立てたが、そのときマリナーズの監督を務めていたのがメルヴィンだった。

注目コーチ ▶ **9 マット・ウィリアムズ** *Matt Williams*

　新三塁ベースコーチ。59歳。昨季はパドレスのコーチ。オフにメルヴィンとともに、現役時代に長くプレーしたジャイアンツに移った。ナショナルズで監督経験がある。

編成責任者 ▶ **ファーハン・ザイディ** *Farhan Zaidi*

　48歳。2018年まではドジャースの要職にあったが、同年オフに、ライバルのジャイアンツへ移り、編成トップの座に就いた。このオフには大谷の獲得を狙ったが、失敗。

スタジアム ▶ **オラクル・パーク** *Oracle Park*

◆開場年…………2000年
◆仕　様…………天然芝
◆収容能力………41,265人
◆フェンスの高さ…2.4〜7.6m
◆特　徴…………海風の影響などもあって、ホームランが出にくい球場。ライトスタンドの後ろはすぐ海で、この海に飛び込む場外アーチは、「スプラッシュヒット」と呼ばれている。右翼ポール付近のフェンスが7.6メートルと、高くなっている。

ピッチャーズパーク

111　122　128
103
94

Best Order [ベストオーダー]

① 李政厚（イ・ジョンフ）……センター
② タイロ・エストラーダ……セカンド
③ ラモンテ・ウェイド・ジュニア……ファースト
④ ホルヘ・ソレーア……DH
⑤ マイケル・コンフォルト……レフト
⑥ J.D.デイヴィス……サード
⑦ マイク・ヤストレムスキー……ライト
⑧ パトリック・ベイリー……キャッチャー
⑨ マルコ・ルチアーノ……ショート

Depth Chart [ポジション別選手層・メンバーリスト]

※2024年2月25日時点の候補選手。
数字は背番号（開幕前に変更する
場合もあります）、右・左等は投・打の順。

センター
51 李政厚（イ・ジョンフ）[右・左]
29 ルイス・マトス [右・右]
5 マイク・ヤストレムスキー [左・右]
49 タイラー・フィッツジェラルド [右・右]

レフト
8 マイケル・コンフォルト [右・左]
13 オースティン・スレイター [右・右]
26 ブレイク・セイボル [右・右]
2 ホルヘ・ソレーア [右・右]

ライト
5 マイク・ヤストレムスキー [左・左]
8 マイケル・コンフォルト [右・右]
17 ヘリオット・ラモス [右・右]
2 ホルヘ・ソレーア [右・右]

ショート
37 マルコ・ルチアーノ [右・右]
10 ケイシー・シュミット [右・右]
49 タイラー・フィッツジェラルド [右・右]

セカンド
39 タイロ・エストラーダ [右・右]
41 ウィルマー・フローレス [右・右]
49 タイラー・フィッツジェラルド [右・右]

ローテーション
62 ローガン・ウェッブ [右・右]
12 ジョーダン・ヒックス [右・右]
45 カイル・ハリソン [左・右]
67 キートン・ウィン [右・右]
43 トリスタン・ベック [右・右]
23 ロビー・レイ [左・左]

サード
7 J.D.デイヴィス [右・右]
41 ウィルマー・フローレス [右・右]
10 ケイシー・シュミット [右・右]
49 タイラー・フィッツジェラルド [右・右]

ファースト
31 ラモンテ・ウェイド・ジュニア [左・左]
41 ウィルマー・フローレス [右・右]
7 J.D.デイヴィス [右・右]

キャッチャー
14 パトリック・ベイリー [右・両]
19 トム・マーフィー [右・右]
26 ブレイク・セイボル [右・右]

DH
2 ホルヘ・ソレーア [右・右]
41 ウィルマー・フローレス [右・右]
31 ラモンテ・ウェイド・ジュニア [左・左]

ブルペン
75 カミーロ・ドヴァル [右・右] CL
71 タイラー・ロジャーズ [右・右]
33 テイラー・ロジャーズ [左・右]
77 ルーク・ジャクソン [右・右]
43 トリスタン・ベック [右・右]
74 ライアン・ウォーカー [右・右]
64 ショーン・ジェリー [右・右]
67 キートン・ウィン [右・右]
68 エリック・ミラー [左・左]
63 イーサン・スモール [左・左]

※CL＝クローザー

ジャイアンツ試合日程……＊はアウェーでの開催

3月28・29・30・31	パドレス＊	30・5月1・2	レッドソックス＊	31・6月1・2	ヤンキース
4月1・2・3	ドジャース＊	3・4・5・6	フィリーズ＊	3・4・5	ダイヤモンドバックス＊
5・6・7	パドレス	7・8・9	ロッキーズ＊	7・8・9	レンジャーズ＊
8・9・10	ナショナルズ	10・11・12	レッズ	10・11・12	アストロズ
12・13・14	レイズ＊	13・14・15	ドジャース	14・15・16	エンジェルス
15・16・17	マーリンズ＊	17・18・19	ロッキーズ	17・18・19	カブス＊
18・19・20・21	ダイヤモンドバックス	21・22・23	パイレーツ	20・22・23	カーディナルス＊
22・23・24	メッツ	24・25・26	メッツ＊	24・25・26・27	カブス
26・27・28	パイレーツ	27・28・29	フィリーズ	28・29・30	ドジャース

球団メモ オフに球団が、今季の新監督候補の1人として、アシスタント・コーチのアリッサ・ナッケン（MLB初の女性の常勤コーチ）と面談。女性監督誕生かと、話題になった。

■投手力⬆…★★✦★★ 【昨年度チーム防御率4.02、リーグ3位】

今季のローテーションはウェッブ、ハリソン、ヒックス、ウィン、ベックでスタートする可能性が高い。ウェッブ以外の4人は、全員負け越すかもしれないが、武器になる球種を持っているので、ブレイクする可能性もある。リリーフ陣は、クローザーがドヴァル、セットアッパーはアンダーハンドのロジャーズ弟とルーク・ジャクソンという顔ぶれで、「中の上」レベル。

■攻撃力⬆…★★✦★★ 【昨年度チーム得点674、リーグ14位】

昨シーズンはチーム得点が674でリーグ14位だったが、シーズン後半だけに限ると、最下位だった。本拠地球場が、ホームランの出にくい広いオラクル・パークであるため、打線を牽引するリードオフマンが必要ということで、李政厚を獲得。これは得点力アップに、多少寄与するだろう。

■守備力⬆…★★✦★★ 【昨年度チーム失策数117、リーグ15位】

昨年はエラーが異常に多く、117失策はナショナル・リーグで最多だった。その元凶になっていたショートのクロフォードがチームを去り、その後継には、守備力の高い内野のホープであるルチアーノが入る。ジャイアンツの守備面で最強の部分となっているのは、キャッチャーのベイリーだ。今シーズンは開幕から、正捕手として出場するので、大きな貢献をするだろう。

■機動力⬆…★✦★★★ 【昨年度チーム盗塁数57、リーグ15位】

昨年はチーム盗塁数が、リーグ最少の57だった。牽制球制限令で走りやすい環境になったのに、俊足が少ないため、その恩恵を受けられなかった。

総合評価➡

★★✦★★

2021年にプラトーン起用を可能な限り増やして、得点力がメジャーでも屈指のレベルになった。しかし、もともと点が入りにくい本拠地球場であるため、戦略を誤ると攻撃が噛み合わなくなり、極貧打線になる。メルヴィン新監督の手腕が問われる。

ジャイアンツ

IN 主な入団選手	**OUT** 主な退団選手
投手	**投手**
ジョーダン・ヒックス←ブルージェイズ	ショーン・マナエア➡メッツ
ロビー・レイ←マリナーズ	ジョン・ブレビア➡ホワイトソックス
野手	アンソニー・デスクラファーニ➡マリナーズ
李政厚←キウム（韓国）	**野手**
ホルヘ・ソレーア←マーリンズ	ポール・デヤング➡ホワイトソックス
トム・マーフィー←マリナーズ	ミッチ・ハニガー➡マリナーズ
	ブランドン・クロフォード➡所属先未定

7月2・3・4	ブレーブス*	**8**月2・3・4	レッズ*	3・4・5	ダイヤモンドバックス
5・6・7	ガーディアンズ*	5・6・7・8	ナショナルズ*	6・7・8	パドレス*
9・10・11	ブルージェイズ	9・10・11	タイガース	10・11・12	ブリュワーズ
12・13・14	ツインズ	12・13・14・15	ブレーブス	13・14・15	パドレス
16	オールスターゲーム	17・18	アスレティックス*	17・18・19	オリオールズ*
19・20・21	ロッキーズ*	19・20・21	ホワイトソックス	20・21・22	ロイヤルズ*
22・23・24・25	ドジャース*	23・24・25	マリナーズ*	23・24・25	ダイヤモンドバックス*
26・27・28	ロッキーズ	27・28・29	ブリュワーズ*	27・28・29	カーディナルス
30・31	アスレティックス	30・31・**9**月1	マーリンズ		

球団メモ 昨年8月下旬、独立リーグで好成績を収めていた筒香嘉智が、マイナー契約で入団。だが、メジャー昇格は、かなわなかった。今年の春季キャンプにも、招待選手で参加。

いとこが薬物で亡くなり,フェンタニルに警鐘 先発

62 ローガン・ウェッブ
Logan Webb

28歳 | 1996.11.18生 | 185cm | 99kg | 右投右打

◆速球のスピード／150キロ前後（シンカー主体）
◆決め球と持ち味／☆チェンジアップ、◎シンカー、○スライダー、△フォーシーム
◆対左打者被打率／.228　◆対右打者被打率／.268
◆ホーム防御率／2.26　◆アウェー防御率／4.31
◆ドラフトデータ／2014④ジャイアンツ
◆出身地／カリフォルニア州
◆年俸／800万ドル（約11億2000万円）

球威	4
制球	5
緩急	5
守備・総合	4
度胸	5

　昨年のサイ・ヤング賞投票で、2位に入ったジャイアンツのエース。勝敗は11勝13敗と2個の負け越しだったにもかかわらず、これほど高い評価を得たのは、勝星と同等か、それ以上に重視されるイニング数（216.0）、WHIP（1.07）、QS数（24）が、どれもナショナル・リーグで1位だったからだ。また、与四球率1.29も、規定投球回に達したナショナル・リーグの投手の中でトップだった。ピッチャーとしては、典型的なグラウンドボール・ピッチャーで、チェンジアップ、シンカー、スライダーを効果的に組み合わせて、ゴロを引っかけさせることに主眼を置いたピッチングを見せる。昨年のゴロ打球比率は62.1%で、規定投球回に達した投手では最も高かった。これは三振より、効率良くアウトをとることを優先していたからだ。

　サンフランシスコから内陸のほうに車を1時間半ほど走らせたところにある、人口7万人の地方都市ロックリンの出身。少年時代はアスレティックスのファンで、あこがれの選手はシンカーボーラーのエースだったティム・ハドソン。子供の頃はひどい乱視で、メガネをかけていたので、野球はできても体と体が激しくぶつかるアメフトはできなかった。しかし、スポーツ用のコンタクトレンズを使用するようになって、その制限も解け、高校時代は、秋はアメフトのクォーターバック、春は野球のエース投手として活躍。

　妻シェリダンさんは、同じ高校でチアリーダーをしていた女性。高校時代に交際を始めて、2021年12月に結婚した。シェリダンさんは大学の看護学部に進み、22年に看護師資格を取得している。

　2021年の結婚式2日前に、いとこがフェンタニル（米国で乱用が問題になっているオピウム系の鎮痛剤）の過剰摂取で死亡。それにショックを受け、青少年にその危険性を啓発する活動を行っている。

カモ J・ソト（ヤンキース）.077（13-1）0本　G・ラックス（ドジャース）.111（9-1）0本
苦手 F・フリーマン（ドジャース）.407（27-11）1本　J・アウトマン（ドジャース）.667（6-4）0本

年度	所属チーム	勝利	敗戦	防御率	試合数	先発	セーブ	投イニング	被安打	失点	自責点	被本塁打	与四球	奪三振	WHIP
2019	ジャイアンツ	2	3	5.22	8	8	0	39.2	44	25	23	5	14	37	1.46
2020	ジャイアンツ	3	4	5.47	13	11	0	54.1	61	38	33	4	24	46	1.56
2021	ジャイアンツ	11	3	3.03	27	26	0	148.1	128	53	50	9	36	158	1.11
2022	ジャイアンツ	15	9	2.90	32	32	0	192.1	174	76	62	11	49	163	1.16
2023	ジャイアンツ	11	13	3.25	33	33	0	216.0	201	83	78	20	31	194	1.07
通算成績		42	32	3.40	113	110	0	650.2	608	275	246	49	154	598	1.17

一番の応援団は、23人もいる兄弟姉妹 クローザー

75 カミーロ・ドヴァル
Camilo Doval

27歳 1997.7.4生 | 188cm | 83kg | 右投右打

◆速球のスピード／160キロ前後（フォーシーム、シンカー）
◆決め球と持ち球／☆スライダー、◎フォーシーム、△シンカー
◆対左打者被打率／.174　◆対右打者被打率／.244
◆ホーム防御率／2.75　◆アウェー防御率／3.18
◆ドラフトデータ／2015㉕ジャイアンツ
◆出身地／ドミニカ
◆年俸／74万ドル（約1億360万円）+α
◆最多セーブ1回（23年）

球威 **5**
制球 **3**
緩急 **3**
守備・牽制 **2**
度胸 **3**

ジャイアンツ

　ナショナル・リーグ最多の39セーブをマークしたジャイアンツの守護神。昨季は序盤から好調で、5月に月間最優秀リリーバーに選出され、さらに7月のオールスターゲームに初めて出場し、勝利投手になった。球種はMLBのスタットキャスト・データには、カッター、シンカー、スライダーと出ていて、カッターの平均球速は160.6キロになっている。これを真に受けると、ドヴァルはマリアーノ・リヴェラよりすごい超高速カッターを投げていることになるが、実際はフォーシームをリリースするとき、指の圧力を一球一球変えながら投げていて、中指で強い圧力を加えたボールが、横回転がかかってカッターに似た軌道になっている、というのが真相だ。アウトピッチ（決め球）はスライダーで、空振り率49.3%という魔球レベルのボール。強みは、ピンチになってもこのスライダーで、狙って三振を取れること。一発リスクが低いことも、大きな強みだ。弱点は、プレッシャーがかかる場面で制球が甘くなりがちなこと。

　ドミニカ出身で、父セルヒオさんは豪農。艶福家（えんぷくか）で、ドヴァルの母ロサンさんに4人の子を産ませたあと、離婚してほかの女性に乗り換えたため、母1人、子供4人のシングルマザーの家庭で育った。ただ、セルヒオさんが養育費をしっかり支払ってくれたうえ、母ロサさんが小学校の先生になって働いたので、中学の途中でドロップアウトするのが普通のドミニカで、兄弟全員が高校に進学。ドヴァルは高校の野球チームでプレーして上達し、卒業後ジャイアンツと契約。両親の離婚後も、父の家に頻繁（ひんぱん）に行く生活が続き、20人いる異母兄弟たちとも仲良し。現在もメールのやりとりを、よく行っている。異母兄弟がそこまで増えたのは、セルヒオさんが結婚と離婚を繰り返し、そのたびに子ができたからだ。ドヴァルは父の血を受け継いだせいか、1度も結婚していないのに、2歳になる子がいる。

カモ R・ホスキンス（ブリュワーズ）.000(5-0)0本　E・ディアス（ロッキーズ）.143(7-1)0本
苦手 E・モンテーロ（ロッキーズ）.800(5-4)0本　C・ブラックモン（ロッキーズ）.444(9-4)1本

年度	所属チーム	勝利	敗戦	防御率	試合数	先発	セーブ	投球イニング	被安打	失点	自責点	被本塁打	与四球	奪三振	WHIP
2021	ジャイアンツ	5	1	3.00	29	0	3	27.0	19	10	9	4	9	37	1.04
2022	ジャイアンツ	6	6	2.53	68	0	27	67.2	54	27	19	4	30	80	1.24
2023	ジャイアンツ	6	6	2.93	69	0	39	67.2	51	32	22	3	26	87	1.14
通算成績		17	13	2.77	166	0	69	162.1	124	69	50	11	65	204	1.16

いくら登板しても壊れないサブマリン

**セット
アップ**

71 タイラー・ロジャーズ Tyler Rogers

34歳 | 1990.12.17生 | 190cm | 81kg | 右投アンダーハンド右打

◆速球のスピード／130キロ台前半（シンカー）
◆決め球と持ち球／◎スライダー
◆対左.200 ◆対右.263 ◆ホ防2.48 ◆ア防3.71
◆ド2013⑩ジャイアンツ ◆田コロラド州
◆年320万ドル（約4億4800万円）

球威	3
制球	4
緩急	5
守備・牽制	3
度胸	4

　昨年、ナショナル・リーグ最多の30ホールドを記録した、耐久性抜群のセットアッパー。アンダーハンドの変則的な投球フォームから、シンカーとスライダーを投げ込む技巧派で、アウトピッチ（決め球）は浮き上がる軌道になるスライダー。奪三振は多くないが、タイミングを外すことと、芯を外すことに長けている。昨季は一卵性双生児の兄であるテイラー・ロジャーズが、3年3300万ドルの契約で入団。双子の兄弟のそろい踏みが見られたゲームが、29試合あった。テイラーが兄ということにされたのは、お母さんのおなかから30秒早く出てきたからだ。30歳を過ぎてから進化が始まった大器晩成タイプ。

カモ F・フリーマン（ドジャース）.100（10-1）0本　苦手 M・マチャード（パドレス）.375（16-6）2本

年度	所属チーム	勝利	敗戦	防御率	試合数	先発	セーブ	投球イニング	被安打	失点	自責点	被本塁打	与四球	奪三振	WHIP
2019	ジャイアンツ	2	0	1.02	17	0	0	17.2	12	3	2	0	3	16	0.85
2020	ジャイアンツ	3	3	4.50	29	0	3	28.0	31	16	14	2	6	27	1.32
2021	ジャイアンツ	7	1	2.22	80	0	13	81.0	74	23	20	5	13	55	1.07
2022	ジャイアンツ	3	4	3.57	68	0	0	75.2	73	34	30	3	23	49	1.27
2023	ジャイアンツ	4	5	3.04	68	0	2	74.0	66	27	25	7	19	60	1.15
通算成績		19	13	2.96	262	0	18	276.1	256	103	91	17	64	207	1.16

双子の弟タイラーが「専属の投手コーチ」

**セット
アップ**

33 テイラー・ロジャーズ Taylor Rogers

34歳 | 1990.12.17生 | 190cm | 86kg | 左投左打

◆速球のスピード／150キロ前後（フォーシーム主体）
◆決め球と持ち球／◎スイーパー、◎シンカー、△カッター
◆対左.101 ◆対右.313 ◆ホ防5.72 ◆ア防1.54
◆ド2012⑪ツインズ ◆田コロラド州
◆年900万ドル（約12億6000万円）

球威	4
制球	2
緩急	4
守備・牽制	4
度胸	3

　ジャイアンツ1年目は、期待の半分以下の働きに終わったリリーフ左腕。右打者用の武器として習得したカッターが、立て続けに一発を食い、モノにならなかった。その結果、苦手な右打者との相性がさらに悪くなり、被打率が3割1分3厘まで悪化した。同じチームにいる双子の弟タイラーが、専属投手コーチのような存在。オフの間は2人でトレーニングに励み、どうやって巻き返すか知恵を出し合っている。今季、その成果が出るかもしれない。

カモ J・ラミレス（ガーディアンズ）.067（15-1）1本　苦手 N・カステヤノス（フィリーズ）.500（10-5）0本

年度	所属チーム	勝利	敗戦	防御率	試合数	先発	セーブ	投球イニング	被安打	失点	自責点	被本塁打	与四球	奪三振	WHIP
2016	ツインズ	3	1	3.96	57	0	0	61.1	63	29	27	7	16	64	1.29
2017	ツインズ	7	3	3.07	69	0	0	55.2	52	20	19	6	21	49	1.31
2018	ツインズ	1	2	2.63	72	0	2	68.1	49	20	20	3	16	75	0.95
2019	ツインズ	2	4	2.61	60	0	30	69.0	58	20	20	8	11	90	1.00
2020	ツインズ	2	4	4.05	21	0	9	20.0	26	14	9	2	4	24	1.50
2021	ツインズ	2	4	3.35	40	0	9	40.1	38	18	15	4	8	59	1.14
2022	パドレス	1	5	4.35	42	0	28	41.1	37	22	20	1	9	48	1.11
2022	ブリュワーズ	3	3	5.48	23	0	3	23.0	20	16	14	6	10	36	1.30
2022	2球団計	4	8	4.76	66	0	31	64.1	57	38	34	7	19	84	1.18
2023	ジャイアンツ	6	4	3.83	60	0	2	51.2	39	27	22	6	25	64	1.24
通算成績		27	30	3.47	445	0	83	430.2	382	186	166	43	120	509	1.17

対左＝対左打者被打率　対右＝対右打者被打率　ホ防＝ホーム防御率　ア防＝アウェー防御率
ド＝ドラフトデータ　田＝出身地　年＝年俸　カモ 苦手＝通算成績

先発にチャレンジする火の玉投手

12 ジョーダン・ヒックス *Jordan Hicks* 先発 移籍

28歳 1996.9.6生｜188cm｜99kg｜右投右打 速160キロ前後（シンカー主体）決☆シンカー
対左.225 対右.234 ド2015③カーディナルス 出テキサス州 年600万ドル（約8億4000万円）

球5 制3 緩4 守5度2 度3

　4年4400万ドルで入団した豪腕。昨年までは160キロの豪速球を多投するリリーバーで、クローザー、セットアッパーとして大活躍した実績がある。だが、ゴロを打たせる能力が高いこと、ピンチを三振で切り抜けるケースが多いことなどは先発向きと思うようになり、昨季終了後、FAになったのを機に先発転向を決意。大半の球団はギャンブルと判断し、興味を示さなかったが、先発の頭数が足りないジャイアンツが、ダメならセットアッパーで使うというスタンスで獲得した。以前ほど四球を出さなくなり、必殺変化球（スイーパー）もあるので、成功する可能性も。

年度	所属チーム	勝利	敗戦	防御率	試合数	先発	セーブ	投球イニング	被安打	失点	自責点	被本塁打	与四球	奪三振	WHIP
2023	カーディナルス	1	6	3.67	40	0	8	41.2	39	21	17	2	24	59	1.51
2023	ブルージェイズ	2	3	2.63	25	0	4	24.0	18	9	7	2	8	22	1.08
2023	2チーム計	3	9	3.29	65	0	12	65.2	57	30	24	4	32	81	1.36
通算成績		11	21	3.85	212	8	32	243.1	183	112	104	13	133	255	1.30

どんどん進化している将来のエース候補

45 カイル・ハリソン *Kyle Harrison* 先発 ルーキー

23歳 2001.8.12生｜188cm｜90kg｜左投右打 速150キロ台前半（フォーシーム主体）決☆フォーシーム
対左.333 対右.179 ド2020③ジャイアンツ 出カリフォルニア州 年74万ドル（約1億360万円）+α

球4 制2 緩3 守3度3 度3

　今季は開幕からローテーションに入って投げる、ピッチャーのホープ。高校卒業時にジャイアンツがドラフトで3巡目指名し、マイナーで育成。昨季は開幕から3Aで投げたあと、8月22日にメジャーデビュー。2度目の先発となったレッズ戦で7回途中まで無失点に抑え、初勝利。球種はフォーシーム、スラーブ、チェンジアップとあるが、評価が高いのはフォーシーム。スピン量の多い浮き上がる軌道で、3Aでは空振り率が4割を超えていた。短所は制球力がイマイチで、球数が多くなること。母方の祖父スキップ・ギエンは、アストロズなどで3シーズン投げた元投手。

年度	所属チーム	勝利	敗戦	防御率	試合数	先発	セーブ	投球イニング	被安打	失点	自責点	被本塁打	与四球	奪三振	WHIP
2023	ジャイアンツ	1	1	4.15	7	7	0	34.2	29	19	16	8	11	35	1.15
通算成績		1	1	4.15	7	7	0	34.2	29	19	16	8	11	35	1.15

スタンフォード大ファミリーから出た頭脳派投手

43 トリスタン・ベック *Tristan Beck* ロングリリーフ 先発

28歳 1996.6.24生｜193cm｜74kg｜右投右打 速150キロ台前半～中頃（フォーシーム主体）決☆フォーシーム
対左.269 対右.242 ド2018④ブレーブス 出カリフォルニア州 年74万ドル（約1億360万円）+α

球4 制4 緩4 守4度3 度3

　昨年4月にメジャーデビューしたあと、ロングリリーフで、良い働きをした注目の右腕。スピン量の多いパワーカーブと、伸びのあるフォーシームは、どちらもハイレベル。にもかかわらずマイナーでは故障続きで、出世が遅れていた。しかし、2022年以降は大きな故障がなく、昨年4月20日に待望のメジャーデビュー。今季は先発とロングリリーフを兼ねるスイングマンとしてシーズンに入り、先発陣に赤信号が点灯する者が出れば、それに代わってローテーション入りすることになる。お母さんと4人の子供全員が、難関のスタンフォード大学で学んだ秀才一家の出身。

年度	所属チーム	勝利	敗戦	防御率	試合数	先発	セーブ	投球イニング	被安打	失点	自責点	被本塁打	与四球	奪三振	WHIP
2023	ジャイアンツ	3	3	3.92	33	3	2	85.0	83	40	37	10	21	68	1.22
通算成績		3	3	3.92	33	3	2	85.0	83	40	37	10	21	68	1.22

速=速球のスピード　決=決め球

ジャイアンツ

77 ルーク・ジャクソン Luke Jackson
「スライダー7割」で三振の山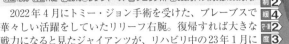

セットアップ

33歳 1991.8.24生 | 188cm | 95kg | 右投右打 速150キロ前半(フォーシーム) 決☆スライダー
対左.263 対右.182 ド2010①レンジャーズ 出フロリダ州 囲650万ドル(約9億1000万円)

球4 制2 緩4 守2 度3

　2022年4月にトミー・ジョン手術を受けた、ブレーブスで華々しい活躍をしていたリリーフ右腕。復帰すれば大きな戦力になると見たジャイアンツが、リハビリ中の23年1月に2年契約で獲得。このギャンブルは吉と出て、昨年5月末にメジャー復帰。伝家の宝刀スライダーを武器にハイペースで三振を奪い、並の実力ではないことを知らしめた。昨季はフォーシームの球速が戻っていないためスライダー依存が顕著で、全投球の7割を占めた。少年時代は、ジャイアンツのエースだったティム・リンスカムのファン。投球フォームがどことなく似ているのは、そのためだ。

年度	所属チーム	勝利	敗戦	防御率	試合数	先発	セーブ	投球イニング	被安打	失点	自責点	被本塁打	与四球	奪三振	WHIP
2023	ジャイアンツ	2	2	2.97	33	0	0	33.1	26	14	11	3	15	43	1.23
通算成績		18	8	4.10	286	0	19	305.1	309	151	139	33	133	327	1.45

67 キートン・ウィン Keaton Winn
スプリッター55%のユニークな先発有望株

先発 / **ルーキー**

26歳 1998.2.20生 | 193cm | 107kg | 右投右打 速150キロ台前半〜中頃(フォーシーム主体) 決○スプリッター
対左.273 対右.200 ド2017⑳ジャイアンツ 出アイオワ州 囲74万ドル(約1億360万円)+α

球3 制2 緩4 守3 度3

　開幕ローテーション入りが期待される、昨年メジャーデビューした右腕。2021年にトミー・ジョン手術を受けたあと、速球のスピードが格段にアップ。それを機に、サークルチェンジをスプリッターに置き換えたところ、ハイペースで三振を奪えるようになった。その後、スプリッターの比率がどんどん増え、昨年メジャーでは、全投球の55%がスプリッターだった。アイオワ州の人口198人の町オリー出身。高校時代、秋はアメフト、冬はバスケットボール、春は野球で活躍。その合間に陸上短距離の練習にも加わり、州の陸上選手権で、200メートル×4リレーで優勝。

年度	所属チーム	勝利	敗戦	防御率	試合数	先発	セーブ	投球イニング	被安打	失点	自責点	被本塁打	与四球	奪三振	WHIP
2023	ジャイアンツ	1	3	4.68	9	5	1	42.1	36	22	22	6	8	35	1.04
通算成績		1	3	4.68	9	5	1	42.1	36	22	22	6	8	35	1.04

64 ショーン・ジェリー Sean Hjelle
211センチの巨漢だが、ダンスの名手

ミドルリリーフ

27歳 1997.5.7生 | 211cm | 103kg | 右投右打 速150キロ台前半(シンカー主体) 決○ナックルカーブ
対左.294 対右.333 ド2018②ジャイアンツ 出ミネソタ州 囲74万ドル(約1億360万円)+α

球3 制2 緩4 守3 度2

　昨季もメジャーとマイナーの間を5往復した、メジャーで最も背が高い投手。姓は「HJELLE」と書いて「ジェリー」と読ませている。本人のコメントによるとドイツ系の姓だそうで、祖父のそのまた祖父の代に、ロシア帝国政府から勧誘されて農業移民としてロシアに渡ったが、戦争が始まり、家の働き手たちが徴兵されそうになったため、脱出して米国に移住した家系だという。身長が211センチあるわりには敏捷で、ダンスの名手。2020年、アリゾナで行われたNBAの試合の、ハーフタイム中のダンスコンテストに、奥さんと一緒に出場。見事グランプリになった。

年度	所属チーム	勝利	敗戦	防御率	試合数	先発	セーブ	投球イニング	被安打	失点	自責点	被本塁打	与四球	奪三振	WHIP
2023	ジャイアンツ	2	1	6.52	15	0	0	29.0	38	25	21	3	13	31	1.76
通算成績		3	3	6.17	23	0	0	54.0	71	44	37	6	21	59	1.70

速=速球のスピード　決=決め球　対左=対左打者被打率　対右=対右打者被打率
ド=ドラフトデータ　出=出身地　囲=年俸

23 今季は、後半の開始時に復帰予定　先発　移籍

ロビー・レイ　*Robbie Ray*

33歳 1991.10.1生｜188cm｜101kg｜左投左打　園150キロ台前半（シンカー主体）　図◎スライダー
短対左.400 短対右.250　Ｄ2010⑫ナショナルズ　国テネシー州　囲2300万ドル（約32億2000万円）
◆サイ・ヤング賞1回（21年）、最優秀防御率1回（21年）、最多奪三振1回（21年）

球 **4**
制 **3**
緩 **4**
守塁 **2**
度 **3**

　ブルージェイズ在籍時の2021年に、ワンチャンスをものにしてサイ・ヤング賞に輝いたあと、マリナーズに5年1億1500万ドルの大型契約で迎えられた。しかし、昨年の最初の登板でヒジを痛めてトミー・ジョン手術を受けたため、長期欠場が不可避となった。今年1月5日のトレードでジャイアンツに放出されたのは、マリナーズでハイレベルな先発投手が次々と台頭したので、レイが今季後半に復帰しても、ローテーションに枠がない状態になっていたからだ。球団は今季、6月から慣らし登板を開始させ、7月19日のシーズン後半開始時、メジャーに引き上げる計画だ。

年度	所属チーム	勝利	敗戦	防御率	試合数	先発	セーブ	投球イニング	被安打	失点	自責点	被本塁打	与四球	奪三振	WHIP
2023	マリナーズ	0	1	8.10	1	1	0	3.1	4	5	3	0	5	3	2.70
通算成績		74	71	3.96	226	222	0	1228.0	1082	577	541	188	520	1505	1.30

74 契約金2500ドルからはい上がった苦労人　ミドルリリーフ

ライアン・ウォーカー　*Ryan Walker*

29歳 1995.11.26生｜188cm｜90kg｜右投右打　園150キロ台前半（シンカー主体）　図◎シンカー
短対左.221 短対右.286　Ｄ2018⑪ジャイアンツ　国ワシントン州　囲74万ドル（約1億360万円）＋α

球 **3**
制 **2**
緩 **2**
守塁 **5**
度 **4**

　昨年、開幕からマイナーで好投し、5月19日にメジャーデビューしたリリーフ右腕。最大の特徴は、左足をサード方向に踏み出し、シンカーとスライダーを、低いアングルから投げること。そのためスライダーはヨコすべりし、シンカーは大きくシュートする軌道になる。メジャーデビュー後は、走者を出しても失点は最小限に抑える粘りのピッチングを見せ、称賛された。2018年のドラフトで、31巡目指名という低い評価でプロ入り。契約金はわずか2500ドルだったが、シンカーとスライダーを効果的に使ってゴロにしとめる投球術を身につけ、メジャーに上り詰めた。

年度	所属チーム	勝利	敗戦	防御率	試合数	先発	セーブ	投球イニング	被安打	失点	自責点	被本塁打	与四球	奪三振	WHIP
2023	ジャイアンツ	5	3	3.23	49	13	1	61.1	61	25	22	8	24	78	1.39
通算成績		5	3	3.23	49	13	1	61.1	61	25	22	8	24	78	1.39

70 鄧愷威（テン・カイウェイ）　*Kai-Wei Teng*　先発　期待度 **B+**　ルーキー

26歳 1998.12.1生｜193cm｜117kg｜右投右打　◆昨季は2A、3Aでプレー　Ｄ2017㉒ツインズ　国台湾

　台湾出身の巨漢投手。ウリはチェンジアップで、三振をたくさん奪えること。速球、カーブ、スライダーは「中の下」レベルだが、制球力はあるほうなので、大崩れはほとんどない。昨年6月に、3A昇格。9月中盤まで安定した投球を見せていた。メジャーでは、イニングイーターとして使いたいタイプ。

― ブライス・エルドリッジ　*Bryce Eldridge*　先発　期待度 **A**　ルーキー

20歳 2004.10.20生｜201cm｜101kg｜右投左打　◆昨季はルーキー級、1Aでプレー　Ｄ2023①ジャイアンツ　国ヴァージニア州

　ジャイアンツが二刀流選手として養成するため、昨年のドラフトで1巡目に指名した注目株。高校の最終学年の打率は4割2分2厘、防御率は1.06。7月17日に契約金400万ドルで入団後、ルーキー級と1A級で野手として出場し、109打数で本塁打を6本記録。二刀流は今季、1Aでスタートする。

ジャイアンツ

韓国リーグで2度の首位打者に輝く

51 李政厚（イ・ジョンフ） Jung Hoo Lee

センター / ルーキー

26歳 1998.8.20生 | 185cm | 87kg | 右投左打

◆メジャーでのプレー経験なし
◆Ⓓ2023外ジャイアンツ　◆出愛知県
◆囲700万ドル（約9億8000万円）

ミート	5
パワー	3
走塁	5
守備	5
肩	4

　6年1億1300万ドルの大型契約で入団した、韓国リーグ屈指の外野手。血統書付きの選手で、父の李鐘範は、中日ドラゴンズでも活躍した韓国球界のレジェンドだ。小さい頃からこの父の指導を受けたため、若くして完成度の高い打者に成長。まだ25歳だが、韓国リーグで首位打者に2度、打点王に1度輝いた実績がある。一番のウリは、毎年、四球が三振の2倍くらいあり、出塁能力が際立って高いことだ。昨季のジャイアンツは、打線のつながりが悪く、チーム得点がナショナル・リーグ14位の674点。これを大幅に増やすには、チャンスメーカーになる出塁率の高い打者が不可欠になっていた。また、ジャイアンツは、メジャー屈指の広い球場でプレーしているのに、昨年は外野陣の守備範囲の広さがワーストレベルだった。そのため、守備範囲の広い外野手の補強も急務になっていたので、これらの条件にぴったり合う李政厚を獲得したのだ。背番号は「51」。尊敬するイチローの番号だ。

ゴールドグラブ賞争いの常連になりそうな逸材

14 パトリック・ベイリー Patrick Bailey

キャッチャー

25歳 1999.5.29生 | 183cm | 95kg | 右投両打 ◆盗塁阻止率／.241(83-20)

ミート	2
パワー	3
走塁	2
守備	5
肩	5

◆対左投手打率／.298　◆対右投手打率／.203
◆ホーム打率／.237　◆アウェー打率／.230　◆得点圏打率／.330
◆23年のポジション別出場数／キャッチャー=94、DH=1
◆Ⓓ2020①ジャイアンツ　◆出ノースカロライナ州
◆囲74万ドル（約1億360万円）+α

　昨年5月19日にメジャーデビューし、守備面で目を見張る活躍をした優秀なキャッチャー。シーズン途中の昇格だったため、キャッチャーで先発出場したのは84試合だったが、ゴールドグラブ賞の最終候補になり、ダイヤモンドバックスのモレーノと一騎打ちになった。しかし、盗塁阻止力の高さが決め手になって、モレーノが受賞している。ベイリーがとくに高く評価されたのは、フレーミングの能力を得点換算した指標が、メジャー全体で1位だったことだ。それ以外にも、昨季は盗塁阻止率が24.1%（83-20）でトップレベル。捕手牽制率4はメジャー1位タイと、鉄砲肩をいかんなく発揮した。さらにレシービングとボールブロックもうまいため、ワイルドピッチを出す頻度は最小レベルだ。ゲームコーリング（リード）も上手で、捕手防御率3.69は「上」レベルの数字。エースのウェッブ、マナエア、ストリップリング、ベックなどと相性が良かった。打者としてのウリは、チャンスに強いこと。

| カモ | | 苦手 M・ケリー（ダイヤモンドバックス）.167(6-1)0本 |

年度	所属チーム	試合数	打数	得点	安打	二塁打	三塁打	本塁打	打点	四球	三振	盗塁	盗塁死	出塁率	OPS	打率
2023	ジャイアンツ	97	326	29	76	18	1	7	48	21	100	1	0	.285	.644	.233
通算成績		97	326	29	76	18	1	7	48	21	100	1	0	.285	.644	.233

野手

あのウィリー・メイズが話し相手に指名

ファースト DH

31 ラモンテ・ウェイド・ジュニア *LaMonte Wade Jr.*

30歳 1994.1.1生｜185cm｜92kg｜左投左打

◆対左投手打率／.269　◆対右投手打率／.254
◆ホーム打率／.242　◆アウェー打率／.268　◆得点圏打率／.234
◆23年のポジション別出場数／ファースト=116、レフト=14、
ライト=7、DH=3、センター=2　◆Ⓓ2015⑨ツインズ
◆囲メリーランド州　◆囲350万ドル（約4億9000万円）

ミート **3**
パワー **4**
走塁 **2**
守備 **2**
肩 **3**

　昨年高い出塁率をキープし、リードオフマンとして、良い働きをした一塁手。高出塁率は、ボール球に手を出す比率が大幅に減少したことと、追い込まれてもカットして粘る技術を身につけたことで可能になったものだ。一昨年までは左投手が苦手な左打者で、もっぱらプラトーンで使われる半レギュラーだったが、昨季は左投手に対しては大きいものを狙わず「ミート優先」で臨み、苦手にしなくなり、左投手が出てきても代えられなくなった。そのため、初めて規定打席数に達し、エブリデープレーヤーに格が上がった。知名度も上がり、神格化されたウィリー・メイズがオラクル・パークに来たとき、話し相手にウェイドを指名。92歳のメイズと、しばし世間話を楽しんだ。

| カモ A・ノーラ（フィリーズ）.600(5-3)1本 | | | 苦手 E・シーハン（ドジャース）.000(5-0)0本 | | | | | | | | | | | |

年度	所属チーム	試合数	打数	得点	安打	二塁打	三塁打	本塁打	打点	四球	三振	盗塁	盗塁死	出塁率	OPS	打率
2019	ツインズ	26	56	10	11	2	1	2	5	11	9	0	1	.348	.723	.196
2020	ツインズ	16	39	3	9	3	0	0	1	4	9	1	1	.318	.626	.231
2021	ジャイアンツ	109	336	52	85	17	3	18	56	33	89	6	1	.326	.808	.253
2022	ジャイアンツ	77	217	29	45	7	1	8	26	26	51	1	0	.305	.664	.207
2023	ジャイアンツ	135	429	64	110	14	2	17	45	76	95	2	0	.373	.790	.256
通算成績		363	1077	158	260	43	7	45	133	150	253	10	3	.342	.762	.241

「タイロ」は世界でも珍しい変わった名前

セカンド

39 タイロ・エストラーダ *Thairo Estrada*

28歳 1996.2.22生｜178cm｜83kg｜右投右打

◆対左投手打率／.257　◆対右投手打率／.276
◆ホーム打率／.256　◆アウェー打率／.283　◆得点圏打率／.227
◆23年のポジション別出場数／セカンド=102、ショート=24、
レフト=3、DH=2　◆Ⓓ2012㉙ヤンキース
◆囲ベネズエラ　◆囲470万ドル（約6億5800万円）

ミート **3**
パワー **3**
走塁 **4**
守備 **4**
肩 **3**

　ヤンキース時代は、強盗にピストルで撃たれた経験があることだけが有名で、プレーヤーとしては貧打のサブという程度に見られていた。ところが、不用品扱いされてジャイアンツにトレードされたあと、高い潜在能力が次々に開花し、セカンドのレギュラーに出世。みにくいアヒルの子が、実は美しい白鳥だったという物語と同じ展開になった。「THAIRO」と書いて「タイロ」と読ませている。出生時、お父さんは初め、自分と同じ「JAIRO（ハイロ）」と命名するつもりだった。しかし、伯父にも「ハイロ」がいたので、米国風に響くよう、頭の「J」を「TH」に置き換えたことで、このユニークな名ができた。

| カモ K・フリーランド（ロッキーズ）.417(12-5)2本 | | | 苦手 W・ビューラー（ドジャース）.000(7-0)0本 | | | | | | | | | | | |

年度	所属チーム	試合数	打数	得点	安打	二塁打	三塁打	本塁打	打点	四球	三振	盗塁	盗塁死	出塁率	OPS	打率
2019	ヤンキース	35	64	12	16	3	0	3	12	3	15	4	0	.294	.732	.250
2020	ヤンキース	26	48	8	8	0	0	1	3	1	19	1	0	.231	.460	.167
2021	ジャイアンツ	52	121	19	33	4	0	7	22	9	23	1	0	.333	.812	.273
2022	ジャイアンツ	140	488	71	127	22	2	14	62	33	89	21	6	.322	.722	.260
2023	ジャイアンツ	120	495	63	134	26	2	14	49	22	120	23	7	.315	.731	.271
通算成績		373	1216	173	318	55	4	39	148	68	266	50	13	.315	.725	.262

野手

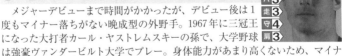

---

7 J.D.デイヴィス J.D. Davis
守備力が突然向上し、メディアもビックリ （サード／ファースト）

31歳 1993.4.27生｜190cm｜98kg｜右投右打 対左.246 対右.249 ホ.251 ア.245 得.259 ド2014③アストロズ 出カリフォルニア州 年690万ドル（約9億6600万円）

ミ4 バ4 走2 守3 肩4

一昨年までは「バットを持てば一流、グラブを持たせれば三流」というタイプの代表格と見なされていた選手。それゆえレギュラーポジションを与えられず、「バットで貢献するタイプのユーティリティ」として使われてきた。しかし、昨季はサードの守備で、別人のように軽快な動きを見せるようになり、メディアから驚きの目で見られた。本人は「構えるとき、左右の足を広げすぎていたので、狭くしたら素早く反応できるようになった」と語っている。ただ、攻守ともシーズン後半になって疲労で成績が低下したため、ブレイクしたとは言えないシーズンになった。

年度	所属チーム	試合数	打数	得点	安打	二塁打	三塁打	本塁打	打点	四球	三振	盗塁	盗塁死	出塁率	OPS	打率
2023	ジャイアンツ	144	480	61	119	23	1	18	69	52	152	1	0	.325	.738	.248
通算成績		595	1742	233	454	88	3	68	215	198	544	7	2	.343	.775	.261

---

41 ウィルマー・フローレス Wilmer Flores
ウィルマー・フローレスが4人いる家で育つ （ファースト／DH）

33歳 1991.8.6生｜188cm｜96kg｜右投右打 対左.303 対右.271 ホ.279 ア.289 得.178 ド2007⑥メッツ 出ベネズエラ 年650万ドル（約9億1000万円）

ミ3 バ3 走2 守2 肩2

ファーストとDHで先発出場することが多い、バットで貢献するタイプのユーティリティ。パワーは平均レベルだが、勝負強く、値千金の一発が多い。これまで満塁アーチを5本、代打本塁打を11本打った実績がある。昨季はサードでも16試合先発出場したが、エラーを7つやらかしたので、途中からサードでは使われなくなった。ベネズエラ出身。家には男の家族が5人いるが、そのうち4人のファーストネームが「ウィルマー」で、タイガースのマイナーで投手をしていた兄も「ウィルマー」だった。紛らわしいので、兄は登録名を、母方の姓「デヘスース」にしていた。

年度	所属チーム	試合数	打数	得点	安打	二塁打	三塁打	本塁打	打点	四球	三振	盗塁	盗塁死	出塁率	OPS	打率
2023	ジャイアンツ	126	405	51	115	22	0	23	60	41	63	0	0	.355	.864	.284
通算成績		1141	3648	455	962	191	5	149	506	274	550	5	3	.319	.760	.264

---

5 マイク・ヤストレムスキー Mike Yastrzemski
昨季はハムストリングの肉離れで、3度IL入り （ライト／センター）

34歳 1990.8.23生｜178cm｜80kg｜左投左打 対左.203 対右.243 ホ.283 ア.195 得.286 ド2013⑭オリオールズ 出マサチューセッツ州 年790万ドル（約11億6600万円）

ミ3 バ3 走3 守4 肩3

メジャーデビューまで時間がかかったが、デビュー後は1度もマイナー落ちがない晩成型の外野手。1967年に三冠王になった大打者カール・ヤストレムスキーの孫で、大学野球は強豪ヴァンダービルト大学でプレー。身体能力があまり高くないため、マイナーの出世競争を駆け抜けることができず、7年目でようやくメジャーに到達できた。打者としては、パワーと選球眼を兼ね備えていることがウリ。早打ちせず、じっくり見ていくので、四球が多く、出塁率が高い。外野の守備は、スピードは並のレベルだが、球際に強く、ジャンプ力もある。得意技はダイビングキャッチ。

年度	所属チーム	試合数	打数	得点	安打	二塁打	三塁打	本塁打	打点	四球	三振	盗塁	盗塁死	出塁率	OPS	打率
2023	ジャイアンツ	106	330	54	77	23	1	15	43	45	99	2	2	.330	.775	.233
通算成績		554	1846	305	444	118	13	88	261	219	533	15	8	.327	.789	.241

対左＝対左投手打率 対右＝対右投手打率 ホ＝ホーム打率 ア＝アウェー打率 得＝得点圏打率 ド＝ドラフトデータ 出＝出身地 年＝年俸

ジャイアンツ待望のパワーヒッター

2 **ホルヘ・ソレーア** *Jorge Soler*

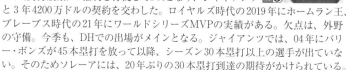

`DH` `レフト` `ライト` **移籍**

32歳 1992.2.25生 | 193cm | 106kg | 右投右打 対左.277 対右.242 併.252 ⑦.248
得.236 ⓓ2012⑨カブス 出キューバ 年700万ドル（約9億8000万円）◆本塁打王1回（19年）

ミ3 バ5 走2 守1 肩3

　昨季、マーリンズで36本塁打を放った、キューバ出身の長距離砲。契約はあと1年残っていたが、オフにオプトアウト（契約破棄）の権利を行使してFAとなり、ジャイアンツと3年4200万ドルの契約を交わした。ロイヤルズ時代の2019年にホームラン王、ブレーブス時代の21年にワールドシリーズMVPの実績がある。欠点は、外野の守備。今季も、DHでの出場がメインとなる。ジャイアンツでは、04年にバリー・ボンズが45本塁打を放って以降、シーズン30本塁打以上の選手が出ていない。そのためソレーアには、20年ぶりの30本塁打到達の期待がかけられている。

年度	所属チーム	試合数	打数	得点	安打	二塁打	三塁打	本塁打	打点	四球	三振	盗塁	盗塁死	出塁率	OPS	打率
2023	マーリンズ	137	504	77	126	24	0	36	75	66	141	1	0	.341	.853	.250
通算成績		870	3030	416	736	163	3	170	452	365	927	11	5	.330	.797	.243

若い投手から好投を引き出す賢人捕手

19 **トム・マーフィー** *Tom Murphy*

`キャッチャー` **移籍**

33歳 1991.4.3生 | 185cm | 93kg | 右投右打 ◆盗塁阻止率／.036(28-1) 対左.292 対右.288 併.289
⑦.290 得.138 ⓓ2012③ロッキーズ 出ニューヨーク州 年400万ドル（約5億6000万円）

ミ3 バ2 走2 守4 肩2

　マリナーズを出て、2年825万ドルの契約で入団したベテラン捕手。今季と来季は、バックアップ捕手として60試合前後に先発出場するほか、若い正捕手ベイリーの教育係、左投手用の代打の切り札という役回りも担う。打者としては長打力がウリで、昨季は145打数という限られた機会で、外野席に8本叩き込んでパワー健在をアピール。ディフェンス面では、ゲームコーリングで冴えを見せ、捕手防御率は3.18という、目を見張る数字だった。とくに、ヤングエースのカービーと組んだ8試合は防御率2.08、ギルバートと組んだ12試合は2.86で、2人の飛躍を支えた。

年度	所属チーム	試合数	打数	得点	安打	二塁打	三塁打	本塁打	打点	四球	三振	盗塁	盗塁死	出塁率	OPS	打率
2023	マリナーズ	47	145	19	42	12	0	8	17	10	44	0	0	.335	.873	.290
通算成績		315	911	114	222	45	2	48	126	90	325	3	1	.313	.769	.244

ジャイアンツ

レギュラーより役に立つと称賛される名脇役

13 **オースティン・スレイター** *Austin Slater*

`外野手`

32歳 1992.12.13生 | 185cm | 92kg | 右投右打 対左.288 対右.226 併.318 ⑦.227
得.341 ⓓ2014⑧ジャイアンツ 出フロリダ州 年400万ドル（約5億6000万円）

ミ3 バ4 走3 守3 肩3

　地元の名門スタンフォード大学出身の名脇役。基本的には4人目の外野手だが、ボール球にあまり手を出さない、簡単にアウトにならない、抜け目のない走塁をするといった野球巧者型の長所があり、調子の波も小さいため、2018年のメジャーデビューから、毎年一定の出場機会を与えられてきた。意外性もあり、21年7月4日に敵地で記録した142.3メートルの特大アーチは、MLBが記録を取り始めた2015年以降では最長の本塁打。盗塁のエキスパートで、牽制球制限令が出た昨季は荒かせぎのチャンスだったが、ハムストリングの肉離れに悩まされ、2つに終わった。

年度	所属チーム	試合数	打数	得点	安打	二塁打	三塁打	本塁打	打点	四球	三振	盗塁	盗塁死	出塁率	OPS	打率
2023	ジャイアンツ	89	185	24	50	6	0	5	20	20	58	2	2	.348	.748	.270
通算成績		550	1305	186	336	56	9	38	153	154	410	45	6	.345	.747	.257

これがラストチャンス！

一 筒香嘉智 *Yoshi Tsutsugo*　ファースト DH

33歳 1991.11.26生 | 185cm | 102kg | 右投左打 ◆昨季はメジャー出場なし
Ⓓ2009①横浜DeNA、2019㊫レイズ Ⓗ和歌山県

ミ3 / パ4 / 走2 / 守3 / 肩3

キャンプに招待選手として参加し、開幕メジャーを目指す強打の一塁手。昨季はレンジャーズとマイナー契約。6月22日時点で、51試合で打率2割4分9厘、出塁率3割8分0厘、本塁打6本を記録していたが、昇格の望みがないため、退団。その後、独立リーグの球団でプレーしていたところ、ジャイアンツから声がかかり、マイナー契約で入団。2Aで13試合、3Aで4試合に出場した。今年もジャイアンツでは、ファーストのレギュラーにウェイド・ジュニアとフローレスが予定されているが、この2人が開幕前に故障すれば、チャンスがめぐってくるかもしれない。

年度	所属チーム	試合数	打数	得点	安打	二塁打	三塁打	本塁打	打点	四球	三振	盗塁	盗塁死	出塁率	OPS	打率
2022	パイレーツ	50	170	11	29	4	0	2	19	19	50	0	0	.249	.478	.171
通算成績		182	557	65	110	21	2	18	75	74	172	0	1	.291	.630	.197

今季ダメなら、選手生命が終わってしまう

8 マイケル・コンフォルト *Michael Conforto*　レフト ライト

31歳 1993.3.1生 | 185cm | 97kg | 右投左打 　対左.219 対右.245 ホ.234 ア.243 得.255 Ⓓ2014①メッツ Ⓗワシントン州 Ⓔ1800万ドル（約25億2000万円）

ミ3 / パ3 / 走3 / 守2 / 肩3

中軸を担うパワーはまだ残っているように見える、故障続きのスラッガー。2022年はFA市場で辣腕代理人が値札を下げなかったため、所属先が決まらないまま、4月に肩の関節唇修復手術を受けた。その後、23年1月に2年2500万ドルでジャイアンツに入団。昨季は、開幕からライトのレギュラーで出場。5月にバットが火を噴き、アーチを7本放ったが、その後は精彩を欠いた。さらに、8月下旬にハムストリングの肉離れでIL入りし、そのままシーズンを終えたため、中途半端な復活の年になってしまった。高い身体能力は、シンクロで五輪金の母トレイシーさんゆずり。

年度	所属チーム	試合数	打数	得点	安打	二塁打	三塁打	本塁打	打点	四球	三振	盗塁	盗塁死	出塁率	OPS	打率
2023	ジャイアンツ	125	406	58	97	14	0	15	58	53	106	4	0	.334	.718	.239
通算成績		882	2957	458	747	155	4	147	454	414	816	22	11	.353	.810	.253

37 マルコ・ルチアーノ *Marco Luciano*　ショート　期待度 A　ルーキー

23歳 2001.9.10生 | 185cm | 80kg | 右投右打 ◆昨季はメジャーで14試合に出場 Ⓓ2018㊫ジャイアンツ Ⓗドミニカ

今年度のトップ・プロスペクト。スイングスピードの速さはピカイチで、広角に飛距離が出る。学習能力が高く、投手のタイプによって一発狙いのときと、ヒット狙いのときがある。メジャーの投手の投球術に慣れれば、中軸打者に成長すると見る向きが多い。ショートの守備は、急速にレベルアップ。

53 ウェイド・メクラー *Wade Meckler*　センター レフト　期待度 A　ルーキー

24歳 2000.4.21生 | 178cm | 80kg | 右投左打 ◆昨季はメジャーで20試合に出場 Ⓓ2022⑧ジャイアンツ Ⓗカリフォルニア州

パワーに欠けるがミートが上手で、足でかせぐヒットも多いため、高打率を期待できる。昨季は1A＋級で打率4割5分6厘、2Aで3割3分6厘、3Aで3割5分4厘をマークしている。野球IQが高いタイプで、状況判断が良く、抜け目のない走塁を見せる。俊足で盗塁技術があり、守備力も高い。

対左＝対左投手打率 対右＝対右投手打率 ホ＝ホーム打率 ア＝アウェー打率 得＝得点圏打率
Ⓓ＝ドラフトデータ Ⓗ＝出身地 Ⓔ＝年俸

コロラド・ロッキーズ

◆創　立：1993年
◆本拠地：コロラド州デンバー市

◆ワールドシリーズ制覇：0回／◆リーグ優勝：1回
◆地区優勝：0回／◆ワイルドカード獲得：5回

主要オーナー　チャーリー・モンフォート、ディック・モンフォート（実業家）

過去5年成績

年度	勝	負	勝率	ゲーム差	地区順位	ポストシーズン成績
2019	71	91	.438	35.0	④	―
2020	26	34	.433	17.0	④	―
2021	74	87	.460	32.5	④	―
2022	68	94	.420	43.0	⑤	―
2023	**59**	**103**	**.364**	**41.0**	**⑤**	―

監　督　　10　バド・ブラック　*Bud Black*

◆年　　齢…………67歳（カリフォルニア州出身）
◆現役時代の経歴 … 15シーズン　マリナーズ（1981）、
（ピッチャー）　　　ロイヤルズ（1982〜88）、インディアンズ（1988〜90）、
　　　　　　　　　　ブルージェイズ（1990）、ジャイアンツ（1991〜94）、
　　　　　　　　　　インディアンズ（1995）
◆現役通算成績 ……398試合　121勝116敗11S　防御率3.84
◆監督経歴…………16シーズン　パドレス（2007 - 16年）、ロッキーズ（2017〜）
◆通算成績…………1125勝1269敗（勝率.470）　最優秀監督賞1回（10年）

　メジャーでは珍しい、ピッチャー出身の監督。「投手で100勝、監督で1000勝」を記録しているのは、MLB史上、ブラックしかいない。また、昨年8月には、「異なる2つの球団で、監督として通算1000試合以上」を達成。これはMLB史上12人目の偉業だ。投手出身ではあるが、チームの投手陣は壊滅状態で、なかなか立て直せずにいる。一昨年、昨年と、チーム防御率は2年連続でリーグ最低だった。両親はともにカナダ出身。お父さんは、アイスホッケーの選手だった。

注目コーチ　　31　ヘンスリー・ミューレンス　*Hensley Meulens*

　打撃コーチ。57歳。オランダ領キュラソー島出身の初のメジャーリーガー。現役時代には、日本の千葉ロッテ（1994年）、ヤクルト（1995〜96年）でもプレーしている。

編成責任者　　ビル・シュミット　*Bill Schmidt*

　65歳。20年以上、スカウト部門の責任者を務めたのち、2021年5月から編成トップの座にある。チームの課題「投手力の底上げ」に関して、有効な手を打てずにいる。

スタジアム　　クアーズ・フィールド　*Coors Field*

◆開場年…………1995年
◆仕　様…………天然芝
◆収容能力………46,897人
◆フェンスの高さ…2.4〜5.2m
◆特　徴…………ロッキー山脈のふもとに位置する球場。標高1600メートルの高地にあるため、ほかの球場に比べて気圧が低く（空気が薄く）、打球が飛びやすい。また、ピッチングにおける変化量や回転数も、ほかの球場に比べて少なくなる。

ヒッターズパーク

128　129
119　127
106　114
107

461

Best Order [ベストオーダー]

① チャーリー・ブラックモン……DH
② エゼキエル・トーヴァー……ショート
③ ノーラン・ジョーンズ……レフト
④ クリス・ブライアント……ライト
⑤ ライアン・マクマーン……サード
⑥ ブレンダン・ロジャーズ……セカンド
⑦ エレウリス・モンテーロ……ファースト
⑧ エリアス・ディアス……キャッチャー
⑨ ブレントン・ドイル……センター

Depth Chart [ポジション別選手層・メンバーリスト]

※2024年2月25日時点の候補選手。
数字は背番号（開幕前に変更する
場合もあり）、右・左等は投・打の順。

センター
⑨ ブレントン・ドイル [右・右]
㉒ ノーラン・ジョーンズ [右・左]

レフト
㉒ ノーラン・ジョーンズ [右・左]
⑫ ショーン・ブーシャード [右・右]
⑮ ハンター・グッドマン [右・右]

ライト
㉓ クリス・ブライアント [右・右]
㉒ ノーラン・ジョーンズ [右・左]
⑫ ショーン・ブーシャード [右・右]
⑲ チャーリー・ブラックモン [左・左]

ショート
⑭ エゼキエル・トーヴァー [右・右]
㊂ ジュリオ・カレラス [右・右]

セカンド
⑦ ブレンダン・ロジャーズ [右・右]
㉔ ライアン・マクマーン [右・左]

ローテーション
㉑ カイル・フリーランド [左・左]
㉖ オースティン・ゴンバー [左・右]
㊼ カル・クワントリル [右・左]
⑱ ライアン・フェルトナー [右・右]
㉜ ダコタ・ハドソン [右・右]
⑳ ピーター・ランバート [右・右]
㉟ ジャレン・ビークス [左・左]

サード
㉔ ライアン・マクマーン [右・左]

ファースト
㊹ エレウリス・モンテーロ [右・右]
㉓ クリス・ブライアント [右・右]
⑮ ハンター・グッドマン [右・右]

キャッチャー
㉟ エリアス・ディアス [右・右]
㉕ ジェイコブ・スターリングス [右・右]

DH
⑲ チャーリー・ブラックモン [左・左]
㊹ エレウリス・モンテーロ [右・右]
㉓ クリス・ブライアント [右・右]

ブルペン
㉛ ジャスティン・ローレンス [右・右] CL
㊵ タイラー・キンリー [右・右] CL
㊾ ジェイク・バード [右・右]
㊼ ダニエル・バード [右・右]
㊻ ニック・ミアーズ [右・右]
㊽ ギャヴィン・ホロウェル [右・右]
㊽ ルーカス・ギルブレス [左・右]
㊳ ヴィクター・ヴォドニック [右・右]
㊻ エヴァン・ジャスティス [左・左]
㊶ ライリー・パイント [右・右]
⑳ ピーター・ランバート [右・右]
㉟ ジャレン・ビークス [左・左]

※ CL＝クローザー

ロッキーズ試合日程……＊はアウェーでの開催、7月27日はダブルヘッダー

3月28・29・30・31	ダイヤモンドバックス＊	30・5月1・2	マーリンズ＊	31・6月1・2	ドジャース＊
4月1・2・3	カブス＊	3・4・5	パイレーツ＊	3・4・5	レッズ
5・6・7	レイズ	7・8・9	ジャイアンツ	6・7・8・9	カーディナルス＊
8・9・10	ダイヤモンドバックス	10・11・12	レンジャーズ	10・11・12	ツインズ＊
12・13・14	ブルージェイズ＊	13・14・15	パドレス＊	14・15・16	パイレーツ
15・16・17	フィリーズ＊	17・18・19	ジャイアンツ＊	17・18・19・20	ドジャース
19・20・21	マリナーズ	21・22・23	アスレティックス＊	21・22・23	ナショナルズ
22・23・24・25	パドレス	24・25・26	フィリーズ	25・26	アストロズ＊
27・28	アストロズ(メキシコ開催)	27・28・29	ガーディアンズ	28・29・30	ホワイトソックス＊

462 **球団メモ** 昨季もシーズン序盤から大苦戦で、浮上できなかった。勝率.364（59勝103敗）は、リーグ最低。負け数が100を超えたのは、1993年の球団創立以来初のこと。

■投手力 ➡ …★☆★★★★ 【昨年度チーム防御率5.67、リーグ15位】

　昨季も先発防御率、リリーフ防御率が、ともにリーグ最下位。先発防御率は5.91で、危うく6点台に乗るひどさだった。オフにクワントリル、ハドソンをローテーションに加えたが、焼け石に水。昨季の開幕投手マルケスは、5月にトミー・ジョン手術を受けたため、復帰は今季中盤以降になる予定だ。ブルペンも不安定なままなので、今季もチーム防御率は最下位がほぼ確実。「本拠地球場が打者有利」は周知の事実なので、優秀な投手を獲得するには、よほどの好条件を出さないといけないが、それにも限界があり、打つ手なし。

■攻撃力 ➡ …★★★★★★ 【昨年度チーム得点721、リーグ9位】

　チームの看板打者と言えるようなスラッガーが不在。昨シーズンはトレードで獲得したジョーンズが20本塁打を放ち、打線を引っ張ったが、今季も同等の活躍をできるかはわからない。昨季、20本塁打以上は、ほかにマクマーンのみ。ただ、マクマーンは敵地では、平均以下の打者になってしまう。

■守備力 ➡ …★★★★★ 【昨年度チーム失策数81、リーグ6位】

　ロッキーズは本拠地球場の特性上、ゴロを打たせる投手を多く集めているため、内野手には、守備のうまさが求められている。外野では昨季、メジャー1年目の中堅手ドイルが、いきなりゴールドグラブ賞を獲得した。

■機動力 ➡ …★★★★★ 【昨年度チーム盗塁数76、リーグ14位】

　走力が平均未満の選手が多い。昨季はジョーンズとドイルが20盗塁をクリアしたが、彼らに続くような、走塁技術の高い選手が見当たらない。

ロッキーズ

総合評価 ➡

★★★★★

　課題は何と言っても投手力。これが改善されない限り、上位進出は難しいが、言うは易しで、どうにもならない状態が続いている。攻撃面では、本来打線の核とならなければならないブライアントが、不良資産化しており、復活の気配も見られない。

IN　主な入団選手	OUT　主な退団選手
投手	**投手**
カル・クワントリル ← ガーディアンズ	クリス・フレクセン → ホワイトソックス
ダコタ・ハドソン ← カーディナルス	ブレント・スーター → レッズ
ジャレン・ビークス ← レイズ	
野手	**野手**
ジェイコブ・スターリングス ← マーリンズ	とくになし

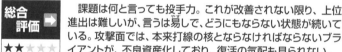

7月1・2・3・4	ブリュワーズ	2・3・4　パドレス＊	3・4・5　ブレーブス＊
5・6・7	ロイヤルズ	6・7・8　メッツ	6・7・8　ブリュワーズ＊
8・9・10・11	レッズ＊	9・10・11　ブレーブス	10・11・12　タイガース＊
12・13・14	メッツ＊	12・13・14　ダイヤモンドバックス＊	13・14・15　カブス
16	オールスターゲーム	16・17・18　パドレス	16・17・18　ダイヤモンドバックス
19・20・21	ジャイアンツ	20・21・22　ナショナルズ＊	20・21・22　ドジャース＊
22・23・24	レッドソックス	23・24・25　ヤンキース＊	24・25・26　カーディナルス
26・27・28	ジャイアンツ＊	26・27・28・29　マーリンズ	27・28・29　ドジャース
30・31・**8**月1	エンゼルス＊	30・31・**9**月1　オリオールズ	

大谷翔平のホームランにビックリ

先 発

21 カイル・フリーランド Kyle Freeland

31歳 1993.5.14生｜193cm｜92kg｜左投左打

◆速球のスピード／140キロ台前半（シンカー、フォーシーム）
◆決め球と持ち球／◎スライダー、◎カーブ、○シンカー、
　○フォーシーム、△チェンジアップ ◆対左.257 ◆対右.311
◆ホ防4.94 ◆ア防5.13 ◆ド2014①ロッキーズ
◆田コロラド州 ◆年1500万ドル（約21億円）

球威	2
制球	4
緩急	3
守備・牽制	3
度胸	4

　打たせて取るタイプの、地元デンバー出身の左腕。メジャー2年目（2018年）に記録した防御率2.85は、先発投手の球団記録だ。ただ、その後、防御率が4点台を超えるシーズンが続いている。昨季は一発をよく浴び、被本塁打29本は、ナショナル・リーグで4番目に多い数字。6月23日のエンジェルス戦では、大谷翔平に本塁打を打たれている。ただ、このとき打たれた速球はインハイの厳しいコースで、決して悪いボールではなかった。試合後、「あの球を打てるのは地球上に大谷しかいない」と語っている。昨季開幕前には、アメリカ代表でWBCに参加。決勝の日本戦で、岡本和真に本塁打を浴びた。

カモ K・シュワーバー（フィリーズ）.083(12-1)0本　苦手 C・シーガー（レンジャーズ）.609(23-14)1本

年度	所属チーム	勝利	敗戦	防御率	試合数	先発	セーブ	投球イニング	被安打	失点	自責点	被本塁打	与四球	奪三振	WHIP
2017	ロッキーズ	11	11	4.10	33	28	0	156.0	169	78	71	17	63	107	1.49
2018	ロッキーズ	17	7	2.85	33	33	0	202.1	192	64	64	17	70	173	1.25
2019	ロッキーズ	3	11	6.73	22	22	0	104.1	126	85	78	25	39	79	1.58
2020	ロッキーズ	2	3	4.33	13	13	0	70.2	77	34	34	9	23	46	1.42
2021	ロッキーズ	7	8	4.33	23	23	0	120.2	133	59	58	20	38	105	1.42
2022	ロッキーズ	9	11	4.53	31	31	0	174.2	193	96	88	19	53	131	1.41
2023	ロッキーズ	6	14	5.03	29	29	0	155.2	187	96	87	29	42	94	1.47
通算成績		55	65	4.39	184	179	0	984.1	1067	512	480	136	328	735	1.42

連続無四球イニングの球団記録を更新

先 発

26 オースティン・ゴンバー Austin Gomber

31歳 1993.11.23生｜196cm｜99kg｜左投左打

◆速球のスピード／140キロ台中頃（フォーシーム）
◆決め球と持ち球／◎カーブ、○フォーシーム、○スライダー、
　○チェンジアップ ◆対左.372 ◆対右.278
◆ホ防7.05 ◆ア防3.68 ◆ド2014④カーディナルス
◆田フロリダ州 ◆年315万ドル（約4億4100万円）

球威	2
制球	3
緩急	4
守備・牽制	3
度胸	3

　昨季、チーム最多の9勝をマークした先発左腕。好調時は、緩急を生かしたピッチングが冴え、打者を手玉に取る。しかし、序盤で大量失点し、試合をぶち壊してしまうことも少なくない。昨季は先発陣に故障者が多数出る中、開幕からローテーション通りに投げ、絶好調だった7月には、連続無四球29回2/3の球団記録を樹立している。8月もまずまずのピッチングを見せていたが、同月28日の試合で腰を痛め、シーズン終了となった。2021年2月のトレードで、ロッキーズがノーラン・アレナードをカーディナルスに放出した際、その見返りとして、エレウリス・モンテーロらとともにコロラドへ。

カモ W・スミス（ドジャース）.000(9-0)0本　苦手 大谷翔平（ドジャース）.500(6-3)1本

年度	所属チーム	勝利	敗戦	防御率	試合数	先発	セーブ	投球イニング	被安打	失点	自責点	被本塁打	与四球	奪三振	WHIP
2018	カーディナルス	6	2	4.44	29	11	0	75.0	81	40	37	7	32	67	1.51
2020	カーディナルス	1	1	1.86	14	4	0	29.0	19	6	6	1	15	27	1.17
2021	ロッキーズ	9	9	4.53	23	23	0	115.1	102	64	58	20	41	113	1.24
2022	ロッキーズ	5	7	5.56	33	17	0	124.2	137	80	77	20	34	95	1.37
2023	ロッキーズ	9	9	5.50	27	27	0	139.0	164	88	85	26	43	87	1.49
通算成績		30	28	4.90	126	82	0	483.0	503	278	263	74	165	389	1.38

対左=対左打者被打率　対右=対右打者被打率　ホ防=ホーム防御率　ア防=アウェー防御率
ド=ドラフトデータ　田=出身地　年=年俸　カモ 苦手は通算成績

スイーパーは左打者にも効果抜群 ［クローザー］

61 ジャスティン・ローレンス Justin Lawrence

30歳 1994.11.25生｜190cm｜96kg｜右投げ右打

◆速球のスピード／150キロ台前半（シンカー）
◆決め球と持ち球／◎スイーパー、○シンカー
◆対左.221　◆対右.245　◆ホ防5.40　◆ア防1.62
◆ド2015⑫ロッキーズ　◆出パナマ
◆年74万ドル（約1億360万円）+α

球威	4
制球	2
緩急	2
守備・牽制	3
度胸	4

　気迫あふれるピッチングを見せる、ワイルドな風貌のサイドハンド右腕。昨季は開幕からセットアッパーとして好投を続け、6月以降はクローザーとしてマウンドに上がることも増えた。シンカーとスイーパーを半々の割合で投げるツーピッチ・ピッチャーで、とくに曲がりの大きなスイーパーは一級品。マイナーでは160キロ前後の速球を投げていたが、球速を落としてでも制球を重視するようになった結果、メジャーに定着できるようになった。2歳の頃からアメリカで育っているが、生まれたのはパナマ。そのため、昨季開幕前のWBCには、パナマ代表として出場している。台湾戦では最後の9回を締めくくり、パナマのWBC本戦初勝利の喜びを、マウンド上で味わった。

［カモ］C・ウォーカー（ダイヤモンドバックス）.000（5-0)0本　［苦手］T・ターナー（フィリーズ）.800（5-4)0本

年度	所属チーム	勝利	敗戦	防御率	試合数	先発	セーブ	投球イニング	被安打	失点	自責点	被本塁打	与四球	奪三振	WHIP
2021	ロッキーズ	1	0	8.64	19	0	0	16.2	21	16	16	0	9	17	2.40
2022	ロッキーズ	3	1	5.70	38	0	1	42.2	44	27	27	3	22	48	1.55
2023	ロッキーズ	4	7	3.72	69	0	11	75.0	65	37	31	5	36	78	1.35
通算成績		8	8	4.96	126	0	12	134.1	130	80	74	8	77	143	1.54

肩を痛めて、防御率が大幅に悪化 ［先発］ ［移籍］

47 カル・クワントリル Cal Quantrill

29歳 1995.2.10生｜190cm｜88kg｜右投左打

◆速球のスピード／150キロ前後（シンカー）
◆決め球と持ち球／◎シンカー、◎カーブ、○スプリッター、○カッター、○チェンジアップ　◆対左.272　◆対右.284
◆ホ防5.67　◆ア防4.95　◆ド2016①パドレス
◆出カナダ　◆年655万ドル（約9億1700万円）

球威	3
制球	3
緩急	4
守備・牽制	4
度胸	4

　オフのトレードで、ガーディアンズから移籍の先発右腕。一昨年、15勝をマークしたが、昨季はなかなか波に乗れず、夏場は右肩を痛めてほとんど登板できなかった。ただ、9月に復帰後は、6試合で防御率2.76をマークしている。向上心が高く、昨季はスプリッターを持ち球に加えるなど、さらなる進化を目指していた。昨季は開幕前、カナダ代表チームの一員としてWBCに出場したが、同チームには、父ポールもコーチとして加わっていた。ポールは、オールスター出場歴もある元メジャーの投手。主にリリーフで活躍し、通算841試合登板は、カナダ出身のメジャーリーガーでは、歴代最多の数字だ。

［カモ］J・ポランコ（マリナーズ）.000（19-0)0本　［苦手］M・モニアック（エンジェルス）.800（5-4)2本

年度	所属チーム	勝利	敗戦	防御率	試合数	先発	セーブ	投球イニング	被安打	失点	自責点	被本塁打	与四球	奪三振	WHIP
2019	パドレス	6	8	5.16	23	18	0	103.0	106	61	59	15	28	89	1.30
2020	パドレス	2	0	2.60	10	1	1	17.1	17	6	5	2	6	18	1.33
2020	インディアンズ	0	0	1.84	8	2	0	14.2	14	6	3	2	2	13	1.09
2020	2チーム計	2	0	2.25	18	3	1	32.0	31	12	8	4	8	31	1.22
2021	インディアンズ	8	3	2.89	40	22	0	149.2	129	55	48	16	47	121	1.18
2022	ガーディアンズ	15	5	3.38	32	32	0	186.1	178	78	70	21	47	128	1.21
2023	ガーディアンズ	4	7	5.24	19	19	0	99.2	111	59	58	11	35	58	1.46
通算成績		35	23	3.83	132	94	1	570.2	555	265	243	67	165	427	1.26

ロッキーズ

465

58 ルーカス・ギルブレス Lucas Gilbreath

地域貢献に熱心な地元産リリーバー

ミドル
リリーフ

28歳 1996.3.5生｜185cm｜83kg｜左投左打 ⑱150キロ前後（フォーシーム主体）㊙◎スライダー
◆昨季は全休 ⑰2017⑦ロッキーズ ⑭コロラド州 ㊷76万ドル（約1億640万円）

球 **3**
制 **2**
緩 **3**
守備 **3**
度 **4**

昨年3月にトミー・ジョン手術を受けたため、昨季は全休したリリーフ左腕。回復は順調で、今年はシーズン序盤から、メジャーで投げることができそうだ。ピッチングの基本は、フォーシームとスライダーのコンビネーション。2022年シーズン後半には、リードしている試合の7回や8回に登板することが多かった。ロッキーズの本拠地デンバー近郊で生まれ育ったため、地元愛が強い。子供たちが野球にもっと気軽に取り組めるよう、用具提供の活動を行っている。また、自身が大学の工学部出身であることから、工学や科学などに関する教育支援活動も行っている。

年度	所属チーム	勝利	敗戦	防御率	試合数	先発	セーブ	投球イニング	被安打	失点	自責点	被本塁打	与四球	奪三振	WHIP
2022	ロッキーズ	2	0	4.19	47	0	0	43.0	37	22	20	2	26	49	1.47
通算成績		5	2	3.78	94	1	1	85.2	70	40	36	7	49	93	1.39

59 ジェイク・バード Jake Bird

フィリーズ戦でハーパーとロゲンカ

ミドル
リリーフ

29歳 1995.12.4生｜190cm｜90kg｜右投右打 ⑱150キロ台前半（シンカー）㊙◎カーブ
⑱左.224 ⑱右.314 ⑰2018⑤ロッキーズ ⑭カリフォルニア州 ㊷74万ドル（約1億360万円）+α

球 **3**
制 **3**
緩 **2**
守備 **3**
度 **4**

メジャー2年目の昨季、チーム最多の70試合に登板したゴロ打たせ投手。ロー・スリークォーターから投げ込むシンカーが、投球の約6割を占める。これに加え、カッター、カーブを低めに集めて投げるため、打球がゴロになりやすい。闘争心旺盛な性格。昨年5月14日のフィリーズ戦では、相手ベンチをあおるような言動を行い、両軍が入り乱れる騒動を巻き起こしている。幼少期から将来の夢はメジャーリーガー。8歳のとき、「取っておきなよ。ぼくは将来、メジャーリーガーになるから」と、友人たちのイヤーブック（学校アルバム）に自らのサインをしたためた。

年度	所属チーム	勝利	敗戦	防御率	試合数	先発	セーブ	投球イニング	被安打	失点	自責点	被本塁打	与四球	奪三振	WHIP
2023	ロッキーズ	3	3	4.33	70	3	0	89.1	94	47	43	6	27	77	1.35
通算成績		5	7	4.53	108	3	0	137.0	139	76	69	13	50	119	1.38

18 ライアン・フェルトナー Ryan Feltner

打球が頭部を直撃し、4カ月間の離脱

先 発

28歳 1996.9.2生｜193cm｜86kg｜右投右打 ⑱150キロ台前半（フォーシーム、シンカー）㊙◎チェンジアップ
⑱左.267 ⑱右.263 ⑰2018④ロッキーズ ⑭フロリダ州 ㊷74万ドル（約1億360万円）+α

球 **3**
制 **2**
緩 **3**
守備 **3**
度 **4**

アクシデントを乗り越え、今季の復活にかける先発右腕。昨季は開幕5番手でシーズンに入り、4月20日以降、良い投球が見られるようになってきた。ところが、5月13日のフィリーズ戦で、カステヤノスの放った打球が頭部を直撃。頭蓋骨骨折および脳震盪の症状が続き、長期離脱を余儀なくされた。選手生命も危ぶまれたフェルトナーだったが、そこから不屈の精神でよみがえり、シーズン終盤の復帰にこぎつけたのは、称賛に値する。復帰後は帽子の下に保護シールドを装着し、頭を守りながら投げていた。チェンジアップが、左打者を封じる有効な武器として機能している。

年度	所属チーム	勝利	敗戦	防御率	試合数	先発	セーブ	投球イニング	被安打	失点	自責点	被本塁打	与四球	奪三振	WHIP
2023	ロッキーズ	2	4	5.82	10	10	0	43.1	45	29	28	2	28	38	1.68
通算成績		6	14	6.06	32	31	0	147.0	156	102	99	21	68	128	1.52

⑱=速球のスピード ㊙=決め球 ⑱左=対左打者被打率 ⑱右=対右打者被打率
⑰=ドラフトデータ ⑭=出身地 ㊷=年俸

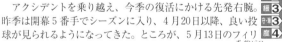

右ヒジの回復具合が気がかり

セットアップ / クローザー

40 タイラー・キンリー *Tyler Kinley*

33歳 1991.1.31生 | 193cm | 99kg | 右投右打 | 球150キロ台中頃(フォーシーム) | 決◎スライダー
対左.304 対右.326 ド2013⑯マーリンズ 出フロリダ州 年130万ドル(約1億8200万円)

球 **4**
制 **3**
緩 **2**
守・走 **3**
度 **4**

　昨年8月、右ヒジの故障から1年2カ月ぶりにメジャー復帰したが、満足な投球ができなかったリリーフ右腕。ヒジを痛めたのは、一昨年6月のこと。それまでの前半戦は、25試合に登板し、防御率0.75というすばらしい数字を残していた。1901年、在任中に暗殺された、第25代アメリカ大統領ウィリアム・マッキンリーの末裔を自称。安全上の懸念から、子孫は「McKinley」の最初の2文字を削り、「Kinley」と称するようになったという。ただ、本人も大統領の子孫であることを、完全に信じているわけではなく、歴史を調査した記者も、可能性はゼロと結論づけている。

年度	所属チーム	勝利	敗戦	防御率	試合数	先発	セーブ	投球イニング	被安打	失点	自責点	被本塁打	与四球	奪三振	WHIP
2023	ロッキーズ	0	4	6.06	18	0	5	16.1	21	11	11	3	6	17	1.65
通算成績		7	10	4.58	202	0	6	194.2	172	103	99	24	94	197	1.37

息子は野球ではなく、サッカーを選択

先発　**移籍**

32 ダコタ・ハドソン *Dakota Hudson*

30歳 1994.9.15生 | 196cm | 97kg | 右投右打 | 球140キロ台後半(シンカー、フォーシーム) | 決◎スライダー
対左.307 対右.259 ド2016①カーディナルス 出テネシー州 年150万ドル(約2億1000万円)

球 **2**
制 **2**
緩 **2**
守・走 **3**
度 **3**

　昨シーズンまではカーディナルスで投げていた、クアーズ・フィールド向きのゴロ打たせ投手。2019年には16勝、防御率3.35の好成績をマークしている。しかし、20年のトミー・ジョン手術後、球速が戻らず、また、変化球の制球にも苦しみ、低迷。首の痛みにも、悩まされ続けている。昨季前半はマイナーでプレー。7月からメジャーで投げ始め、先発防御率が12試合で5.26だった。チームメートだったマイルズ・マイコラスは、大親友。妻アシュレンさんは高校時代、サッカーで鳴らしたスポーツウーマン。3児のパパで、長男も最近、サッカーを始めたそうだ。

年度	所属チーム	勝利	敗戦	防御率	試合数	先発	セーブ	投球イニング	被安打	失点	自責点	被本塁打	与四球	奪三振	WHIP
2023	カーディナルス	6	3	4.98	18	12	0	81.1	88	46	45	9	34	45	1.50
通算成績		38	20	3.84	114	79	1	470.2	439	221	201	45	215	315	1.39

故障が多く、本来の実力を発揮できず

先発　**ロングリリーフ**

20 ピーター・ランバート *Peter Lambert*

27歳 1997.4.18生 | 188cm | 94kg | 右投右打 | 球150キロ前後(フォーシーム) | 決◎チェンジアップ
対左.283 対右.265 ド2015②ロッキーズ 出カリフォルニア州 年125万ドル(約1億7500万円)

球 **3**
制 **3**
緩 **3**
守・走 **3**
度 **3**

　故障禍にさいなまれている右腕。2019年にメジャーデビューを果たしたが、その後はヒジを痛めてトミー・ジョン手術を受けたほか、故障が重なり、ほとんど投げられない状態が続いていた。復帰した昨季は、5月からリリーフ投手としてメジャーで投げ、シーズン後半から、先発ローテーション入り。しかし、9月10日の試合で投げたあと、肩の故障でシーズンを終えている。ピッチングは、速球にスライダー、チェンジアップ、スイーパー、カーブを交える。守備面では、打球処理後の悪送球が多いが、牽制はうまい。兄のジミーは、ホワイトソックスで投げているリリーフ投手。

年度	所属チーム	勝利	敗戦	防御率	試合数	先発	セーブ	投球イニング	被安打	失点	自責点	被本塁打	与四球	奪三振	WHIP
2023	ロッキーズ	3	7	5.36	25	11	0	87.1	93	54	52	18	28	71	1.39
通算成績		6	14	6.47	46	32	0	182.1	224	135	131	38	66	131	1.59

ロッキーズ

スイングマンにうってつけの異能派

69 ジャレン・ビークス *Jalen Beeks*

スイングマン / 移籍

31歳 1993.7.10生 | 180cm | 97kg | 左投左打 | 球150キロ台前半(フォーシーム) | 決◎チェンジアップ
対左.269 対右.243 ド2014⑫レッドソックス 出アーカンソー州 年168万ドル(約2億3520万円)

球	3
制	2
緩	3
守備	4
度	3

昨季までレイズで投げていた、様々な役回りに対応可能な左腕。ただ、昨季は投球が安定せず、マイナー落ちも経験。大事な場面では起用されなくなっていた。先発でも8試合投げているが、これはブルペンデーやオープナー戦法の先発を任されたもので、2〜3イニング投げただけだ。オフに1年契約でロッキーズに加入。変則フォームで、投げるほうの手(左手)を、体でぎりぎりまで隠すようにして投げる。ピッチングの基本はフォーシームの速球とチェンジアップのコンビネーション。チェンジアップは145キロぐらいの球速が出る、見た目はシンカーのようなボールだ。

年度	所属チーム	勝利	敗戦	防御率	試合数	先発	セーブ	投球イニング	被安打	失点	自責点	被本塁打	与四球	奪三振	WHIP
2023	レイズ	2	3	5.95	30	8	1	42.1	42	28	28	4	21	47	1.49
通算成績		16	11	4.38	131	19	5	277.2	279	146	135	30	111	274	1.40

大乱調で選手生命の危機、与四球率は8.9

52 ダニエル・バード *Daniel Bard*

ミドルリリーフ

39歳 1985.6.25生 | 193cm | 97kg | 右投右打 | 球150キロ台前半(シンカー、フォーシーム) | 決◎スライダー
対左.196 対右.211 ド2006①レッドソックス 出テキサス州 年950万ドル(約13億3300万円) ◆カムバック賞1回(20年)

球	4
制	1
緩	3
守備	3
度	3

2009年にレッドソックスでメジャーデビューし、リリーフ投手として活躍したが、イップスを発症。現役を引退し、ダイヤモンドバックスのメンタルコーチに就任した。ところが、そこでイップスを克服。20年にロッキーズで7年ぶりのメジャー復帰を果たし、一昨年は34セーブ、防御率1.79の好成績を収めた。だが、昨年は開幕前、米国代表として参加したWBCで制球がまったく定まらず。そこでバードは自ら不安を訴え、昨季は4月後半からのスタートとなり、最初はまずまずの投球を続けていた。しかし、またストライクが入らなくなり、後半戦の防御率は9.16だった。

年度	所属チーム	勝利	敗戦	防御率	試合数	先発	セーブ	投球イニング	被安打	失点	自責点	被本塁打	与四球	奪三振	WHIP
2023	ロッキーズ	4	2	4.56	50	0	1	49.1	35	30	25	5	49	47	1.70
通算成績		31	35	3.74	408	10	66	457.1	354	210	190	43	241	475	1.30

― ジョー・ロック *Joe Rock*

先発 / 期待度 C+ / ルーキー

24歳 2000.7.29生 | 198cm | 90kg | 左投右打 ◆昨季は2A、3Aでプレー ド2021②ロッキーズ 出ペンシルヴァニア州

オールスター出場を夢見る、長い手足が特徴的な長身サウスポー。スリークォーターから、150キロ前後の速球、スライダー、チェンジアップを投げ込んでくる。速球のスピードは、今後まだ上がっていきそうだ。細かな制球力に欠けるため、メジャー昇格には、その部分の改善が不可欠になっている。

― カーソン・パームキスト *Carson Palmquist*

先発 リリーフ / 期待度 C+ / ルーキー

24歳 2000.10.17生 | 190cm | 83kg | 左投左打 ◆昨季は1A+、2Aでプレー ド2022③ロッキーズ 出フロリダ州

スライダーと140キロ台後半の速球を組み合わせて投げる、サイドハンドの変則サウスポー。対右打者用のチェンジアップも進化中。現在、マイナーでは先発で投げているが、将来的にメジャーでは、リリーフ投手として投げることになりそうだ。大学時代、クローザーとして活躍した時期もある。

球=速球のスピード 決=決め球 対左=対左打者被打率 対右=対右打者被打率
ド=ドラフトデータ 出=出身地 年=年俸

※メジャー経験がない投手の「先発」「リリーフ」はマイナーでの役割

走攻守でインパクトを残したルーキー

レフト
ライト

22 ノーラン・ジョーンズ
Nolan Jones

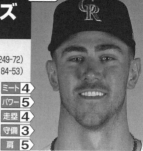

26歳 1998.5.7生｜193cm｜88kg｜右投左打

◆対左投手打率／.314(118-37)　◆対右投手打率／.289(249-72)
◆ホーム打率／.306(183-56)　◆アウェー打率／.288(184-53)
◆得点圏打率／.434(76-33)
◆23年のポジション別出場数／レフト＝60、ライト＝34、ファースト＝10、センター＝5、サード＝1
◆ドラフトデータ／2016②インディアンズ
◆出身地／ペンシルヴァニア州
◆年俸／74万ドル（約1億360万円）＋α

ミート	4
パワー	5
走塁	4
守備	3
肩	5

　ナショナル・リーグの新人王投票で、4位に入った強打の外野手。昨季の開幕は3Aで迎えたが、そこで打ちまくり、5月下旬からメジャーでのプレーをスタート。昇格後もコンスタントに長打を放ち、レギュラーの座を確固たるものとした。最大の魅力はパワー。6月7日のジャイアンツ戦で放ったホームランは、飛距離が147メートルあり、昨季のナショナル・リーグ最長本塁打だった。打撃面の特徴は、長いリーチを生かしたローボール・ヒッターで、変化球にもうまく対応すること。じっくり見ていくタイプなため、三振が多いが四球も多く、昨季の出塁率3割8分9厘はメジャーのルーキー（200打席以上）でトップの数字だ。シーズン最終戦では1本塁打、1盗塁を記録し、「20本塁打・20盗塁」を達成。シーズン424打席での「20-20」達成は、MLB史上最少記録だった。ロッキーズの本拠地球場は打者に有利なため、昨季の好成績もその恩恵に浴したと思われそうだが、そんなことはなく、敵地でも本拠地とほぼ同等の数字を残している。

　外野の守備では、強肩が光る。昨季、外野手として記録した19のアシスト（補殺）は、両リーグでトップの数字だ。

　2016年のドラフトで、インディアンズ（現ガーディアンズ）から2巡目に指名され、プロ入り。直後に遊撃手から三塁手にコンバートされたが、メジャーのサードにはホセ・ラミレスがいたため、3Aで外野手に転向し、22年に待望のメジャーデビュー。しかし、三振率の低い選手を好むガーディアンズは、同年オフのトレードで、ジョーンズをロッキーズに出してしまった。球団の有望株ランキングで、トップになったこともあるジョーンズの放出には、専門家やファンの間で「見切りが早すぎるのでは」との声も出ていたが、まさにその懸念通りの結果になったのだった。

　少年時代の夢はアイスホッケー選手だったが、高校入学後、プレー中に脳震盪の症状が繰り返し出てしまい、断念。野球の道に進むことにした。

ロッキーズ

カモ A・カッブ（ジャイアンツ）1.000(3-3)0本　B・シンガー（ロイヤルズ）.800(5-4)0本
苦手 L・ウェッブ（ジャイアンツ）.182(11-2)1本　B・エルダー（ブレーブス）.000(5-0)0本

年度	所属チーム	試合数	打数	得点	安打	二塁打	三塁打	本塁打	打点	四球	三振	盗塁	盗塁死	出塁率	OPS	打率
2022	ガーディアンズ	28	86	10	21	5	0	2	13	8	31	0	0	.309	.681	.244
2023	ロッキーズ	106	367	60	109	22	4	20	62	53	126	20	4	.389	.931	.297
通算成績		134	453	70	130	27	4	22	75	61	157	20	4	.375	.885	.287

カモ **苦手** は通算成績

ファインプレーと三振が多い三塁手

サード

24 ライアン・マクマーン *Ryan McMahon*

30歳 1994.12.14生 | 188cm | 99kg | 右投左打

◆対左投手打率／.191　◆対右投手打率／.260
◆ホーム打率／.261　◆アウェー打率／.219　◆得点圏打率／.214
◆23年のポジション別出場数／サード＝130、セカンド＝22、DH＝3
◆⑫2013②ロッキーズ　◆⑪カリフォルニア州
◆⑭1200万ドル（約16億8000万円）

ミート	3
パワー	4
走塁	3
守備	5
肩	3

　3年連続で、20本塁打以上放っているスラッガー。昨季の23本塁打は、チームトップの数字だ。ただ、ホームではよく打つが、アウェーでは打てなくなる内弁慶ぶりは相変わらず。打者に有利な本拠地球場に、助けられている面が大きい。また、三振の多さも相変わらず。昨季の198三振は、ナショナル・リーグでは、カイル・シュワーバーの215三振に次ぐ多さだった。一方、サードの守備はハイレベルで、昨季も好プレーを連発。3年連続で、ゴールドグラブ賞の最終候補に入っている。故障知らずの頑丈さも大きな魅力だ。

カモ A・カップ（ジャイアンツ）.545（11-6）0本　苦手 G・コール（ヤンキース）.000（7-0）0本

年度	所属チーム	試合数	打数	得点	安打	二塁打	三塁打	本塁打	打点	四球	三振	盗塁	盗塁死	出塁率	OPS	打率
2017	ロッキーズ	17	19	2	3	1	0	0	1	5	5	0	0	.333	.544	.158
2018	ロッキーズ	91	181	17	42	9	1	5	19	18	64	1	0	.307	.683	.232
2019	ロッキーズ	141	480	70	120	22	1	24	83	56	160	5	1	.329	.779	.250
2020	ロッキーズ	52	172	23	37	6	1	9	26	18	66	0	1	.295	.714	.215
2021	ロッキーズ	151	528	80	134	32	1	23	86	59	147	6	2	.331	.780	.254
2022	ロッキーズ	153	529	67	130	23	3	20	67	60	158	7	3	.327	.741	.246
2023	ロッキーズ	152	555	80	133	31	3	23	70	68	198	5	5	.322	.753	.240
通算成績		757	2464	339	599	124	10	104	352	284	798	24	12	.323	.751	.243

守備力はすでにゴールドグラブ級

ショート

14 エゼキエル・トーヴァー *Ezequiel Tovar*

23歳 2001.8.1生 | 183cm | 73kg | 右投右打

◆対左投手打率／.246　◆対右投手打率／.256
◆ホーム打率／.276　◆アウェー打率／.229　◆得点圏打率／.264
◆23年のポジション別出場数／ショート＝153
◆⑫2017㉟ロッキーズ　◆⑪ベネズエラ
◆⑭74万ドル（約1億360万円）＋α

ミート	3
パワー	3
走塁	4
守備	5
肩	4

　高い守備力を誇る、ベネズエラ出身の若き正遊撃手。一昨年9月23日に、野手では球団史上最年少となる、21歳1カ月でメジャーデビュー。昨季は開幕からショートのレギュラーを任され、自慢の好守を存分に披露した。特長は、打球への反応がいいため守備範囲が広く、グラブさばきもうまいこと。シーズン終了後、ゴールドグラブ賞の最終候補にもなった。打撃面では昨季、球団のルーキー記録タイとなる37本の二塁打をマーク。この数字は、ベネズエラ出身選手のルーキー記録でもあった。ファンの間では早くも、ロッキーズのスター遊撃手だったトロイ・トゥロウィツキーやトレヴァー・ストーリーのような存在になることを、期待する声であふれている。ロッキーズが13歳のときから目をつけていた選手で、16歳の誕生日に80万ドルで契約。

カモ R・ネルソン（ダイヤモンドバックス）.750（4-3）0本　苦手 T・コスグローヴ（パドレス）.000（5-0）0本

年度	所属チーム	試合数	打数	得点	安打	二塁打	三塁打	本塁打	打点	四球	三振	盗塁	盗塁死	出塁率	OPS	打率
2022	ロッキーズ	9	33	2	7	1	0	1	2	2	9	0	0	.257	.590	.212
2023	ロッキーズ	153	581	79	147	37	4	15	73	25	166	11	5	.287	.695	.253
通算成績		162	614	81	154	38	4	16	75	27	175	11	5	.285	.689	.251

野手

9 ブレントン・ドイル *Brenton Doyle*

ルーキーながら、ゴールドグラブを獲得 [センター]

26歳 1998.5.14生｜188cm／90kg｜右投右打
◆対左投手打率／.194　◆対右投手打率／.207
◆ホーム打率／.168　◆アウェー打率／.236　◆得点圏打率／.277
◆23年のポジション別出場数／センター＝125
◆[ド]2019④ロッキーズ　◆[田]ヴァージニア州
◆[年]74万ドル（約1億360万円）＋α　◆ゴールドグラブ賞1回（23年）

ミート **2**
パワー **3**
走塁 **5**
守備 **5**
肩 **5+**

　昨年4月下旬にメジャーデビューした、中堅守備で観客をわかせる千両役者。長所の1つは、驚異的な守備範囲の広さ。スピードと、打球の軌道を的確に読む能力があるため、最短ルートで落下点に入ることができる。フェンスを恐れないガッツもあるほか、球際にも強く、ダイビングキャッチやスライディングキャッチで、何度も味方のピンチを救った。肩も非常に強く、往年のイチローばりのレーザービームで、走者の進塁を防いでいる。シーズン終了後には、ゴールドグラブ賞を受賞。ルーキー外野手によるゴールドグラブ賞の受賞は、ナショナル・リーグでは初で、MLB史上6人目。21世紀以降では、イチロー（2001年）、ルイス・ロバート・ジュニア（20年）、スティーヴン・クワン（22年）が、ルーキー外野手で受賞している。昨季、攻撃面では、22盗塁がチームトップ。課題はバッティング。出塁率が低く、三振も多い。

[カモ] M・ケリー（ダイヤモンドバックス）.000(6-0)0本　[苦手] M・ケリー（ダイヤモンドバックス）.000(6-0)0本

年度	所属チーム	試合数	打数	得点	安打	二塁打	三塁打	本塁打	打点	四球	三振	盗塁	盗塁死	出塁率	OPS	打率
2023	ロッキーズ	126	399	48	81	16	5	10	48	22	151	22	5	.250	.593	.203
通算成績		126	399	48	81	16	5	10	48	22	151	22	5	.250	.593	.203

19 チャーリー・ブラックモン *Charlie Blackmon*

ロッキーズでの1500試合出場は歴代2位 [DH][ライト]

38歳 1986.7.1生｜190cm／99kg｜左投左打
◆対左投手打率／.299　◆対右投手打率／.272
◆ホーム打率／.309　◆アウェー打率／.237　◆得点圏打率／.294
◆23年のポジション別出場数／DH＝61、ライト＝30
◆[ド]2008②ロッキーズ　◆[田]テキサス州
◆[年]1300万ドル（約18億2000万円）
◆首位打者1回（17年）、シルバースラッガー賞2回（16、17年）

ミート **4**
パワー **3**
走塁 **3**
守備 **3**
肩 **4**

　コロラドの偉大なフランチャイズ・プレーヤー。昨季は故障で戦列を離れる期間はあったものの、高い出塁率を維持し、試合に出れば、リードオフマンとして機能していた。契約は昨季までだったが、シーズン終盤に契約を1年延長。ロッキーズ14年目のシーズンを迎えることになった。外野が広く、打球がよく飛ぶ本拠地球場で三塁打を量産し、通算63三塁打は現役トップ。

[カモ] L・ウェッブ（ジャイアンツ）.394(33-13)1本　[苦手] ダルビッシュ有（パドレス）.167(24-4)1本

年度	所属チーム	試合数	打数	得点	安打	二塁打	三塁打	本塁打	打点	四球	三振	盗塁	盗塁死	出塁率	OPS	打率
2011	ロッキーズ	27	98	9	25	1	0	1	8	3	8	5	1	.277	.573	.255
2012	ロッキーズ	42	113	15	32	8	0	2	9	4	17	1	2	.325	.732	.283
2013	ロッキーズ	82	246	35	76	17	2	6	22	7	49	7	0	.336	.803	.309
2014	ロッキーズ	154	593	82	171	27	3	19	72	31	96	28	10	.335	.775	.288
2015	ロッキーズ	157	614	93	176	31	9	17	58	46	112	43	13	.347	.797	.287
2016	ロッキーズ	143	578	111	187	35	5	29	82	43	102	17	9	.381	.933	.324
2017	ロッキーズ	159	644	137	213	35	14	37	104	65	135	14	10	.399	1.000	.331
2018	ロッキーズ	156	626	119	182	31	7	29	70	59	134	12	4	.358	.860	.291
2019	ロッキーズ	140	580	112	182	42	7	32	86	40	104	2	5	.364	.940	.314
2020	ロッキーズ	59	221	31	67	12	1	6	42	19	44	2	1	.356	.804	.303
2021	ロッキーズ	150	514	76	139	25	4	13	78	54	91	3	0	.351	.762	.270
2022	ロッキーズ	135	540	60	140	22	6	16	78	32	109	4	1	.314	.733	.264
2023	ロッキーズ	96	359	57	100	24	5	8	40	39	55	4	1	.363	.803	.279
通算成績		1500	5716	937	1690	310	63	215	749	442	1056	142	57	.355	.840	.296

ロッキーズ

オールスターでまさかのMVP
35 エリアス・ディアス Elias Diaz

キャッチャー

34歳 1990.11.17生 | 185cm | 100kg | 右投右打 ◆盗塁阻止率/.207(92-19) 対左.185 対右.298 ホ.277
ア.258 得.331 ド2009外パイレーツ 田ベネズエラ 年600万ドル(約8億4000万円)

ミ3
バ3
走2
守2
肩4

ミットよりバットで貢献するタイプの、ベネズエラ出身捕手。昨季開幕前のWBCには、コロンビア代表チームの一員として参加。亡き父の母国の代表になれて、感激していた。シーズンが始まると快調にヒットが出て、6月半ばまで3割台の打率をキープ。オールスターにも初選出された。オールスターには、全球団から最低1人は選ばれることになっている。ディアスはそのおかげで、選ばれたようなものだった。しかし試合では、決勝点となる代打逆転ツーランを放つ活躍を見せたのだ。これにより、ロッキーズの選手としては初となる、オールスターのMVPを受賞した。

年度	所属チーム	試合数	打数	得点	安打	二塁打	三塁打	本塁打	打点	四球	三振	盗塁	盗塁死	出塁率	OPS	打率
2023	ロッキーズ	141	486	48	130	25	1	14	72	34	118	1	0	.316	.725	.267
通算成績		628	1992	215	496	103	4	56	258	149	411	2	2	.302	.691	.249

連続捕逸なしのメジャー記録保持者
25 ジェイコブ・スターリングス Jacob Stallings

キャッチャー
移籍

35歳 1989.12.22生 | 196cm | 101kg | 右投右打 ◆盗塁阻止率/.108(65-7) 対左.213 対右.186 ホ.213
ア.168 得.175 ド2012⑦パイレーツ 田カンザス州 年200万ドル(約2億8000万円) ◆ゴールドグラブ賞1回(21年)

ミ2
バ2
走2
守4
肩3

キャッチングとボールブロッキングの能力に定評がある捕手。パイレーツ時代の2021年には、ゴールドグラブ賞を獲得している。特筆すべきは、20年8月14日から、昨年4月10日に途切れるまで、マスクをかぶった試合でパスボールを一切しなかったこと。260試合連続パスボールなしは、ジョニー・ベンチの224試合を大きく上回る、MLB記録だ。ただ、キャッチングに集中しすぎるせいか、フレーミングはワーストレベルとのデータが出ている。19年にパイレーツで、エリアス・ディアスのバックアップを務めたが、今季はロッキーズで、同じ役割を担うことになる。

年度	所属チーム	試合数	打数	得点	安打	二塁打	三塁打	本塁打	打点	四球	三振	盗塁	盗塁死	出塁率	OPS	打率
2023	マーリンズ	89	241	22	46	14	0	3	20	27	67	0	0	.278	.564	.191
通算成績		452	1343	129	315	61	1	24	148	141	330	1	1	.312	.647	.235

6歳ですでに傑出した存在
7 ブレンダン・ロジャーズ Brendan Rodgers

セカンド

28歳 1996.8.9生 | 183cm | 92kg | 右投右打 対左.229 対右.269 ホ.312 ア.200
得.241 ド2015①ロッキーズ 田フロリダ州 年320万ドル(約4億4800万円) ◆ゴールドグラブ賞1回(22年)

ミ4
バ3
走2
守4
肩3

昨季は故障で、シーズンの大半を棒に振った二塁手。一昨年、攻守に活躍を見せたため、昨季もチームの中心としての躍動を期待された。しかし、オープン戦で左肩を負傷。何とかシーズン中に復帰できたが、メジャーでプレーできたのは、2カ月間ほどだった。2015年のドラフトで、ロッキーズが1巡目(全体3位)に指名した生え抜き。能力の高さは疑うべくもないが、故障の多さがネックで、大ブレイクできずにいる。6歳のロジャーズを見たダンテ・ビシェット(1995年のナショナル・リーグ二冠王)が、「この子はメジャーリーガーになる」と断言したとの逸話が残る。

年度	所属チーム	試合数	打数	得点	安打	二塁打	三塁打	本塁打	打点	四球	三振	盗塁	盗塁死	出塁率	OPS	打率
2023	ロッキーズ	46	178	21	46	9	1	4	20	11	41	0	0	.313	.701	.258
通算成績		317	1189	151	315	63	7	32	143	80	259	0	0	.317	.727	.265

対左=対左投手打率 対右=対右投手打率 ホ=ホーム打率 ア=アウェー打率 得=得点圏打率
ド=ドラフトデータ 田=出身地 年=年俸

野手

故障と打撃不振に苦しむ、チーム1の高給取り
23 クリス・ブライアント *Kris Bryant*

ライト
ファースト

32歳 1992.1.4生 | 196cm | 104kg | 右投右打 | 対左.212 対右.239 困.236 ⑦.230
慣.279 ⑤2013①カブス 田ネヴァダ州 囲3億8000万ドル（約37億6000万円）
◆MVP1回(16年)、ハンク・アーロン賞1回(16年)、新人王(15年)

ミ 3
パ 3
走 2
守 2
肩 3

　ロッキーズの財政を圧迫する、元カブスのスター選手。2022年の開幕前に、7年1億8200万ドル（約255億円）の超大型契約でロッキーズに加入。しかし、度重なる故障やケガで、移籍1年目は42試合、2年目の昨季は80試合の出場にとどまった。しかも昨季は打撃不振で、試合に出ても期待された働きがほとんどできなかった。チームには成長中の若手外野手が、多数在籍している。そのため9月に復帰した際は、定位置のライトに戻れず、ファーストに回されていた。2015年にカブスでメジャーデビューし、新人王を獲得。翌16年にはナショナル・リーグMVPを受賞。

年度	所属チーム	試合数	打数	得点	安打	二塁打	三塁打	本塁打	打点	四球	三振	盗塁	盗塁死	出塁率	OPS	打率
2023	ロッキーズ	80	300	36	70	10	0	10	31	29	68	44	0	.313	.680	.233
通算成績		1006	3747	656	1033	226	19	182	532	489	1003	44	20	.371	.863	.276

速球にはめっぽう強い未完の大器
44 エレウリス・モンテーロ *Elehuris Montero*

ファースト
DH

26歳 1998.8.17生 | 190cm | 106kg | 右投右打 | 対左.234 対右.249 困.306 ⑦.175
慣.268 ⑤2014⑨カーディナルス 田ドミニカ 囲74万ドル（約1億360万円）+α

ミ 3
パ 4
走 2
守 2
肩 4

　バットでチームに勢いをもたらす、ドミニカ出身の内野手。昨季は「5番・サード」で開幕を迎えたが、打撃守備の両面で大苦戦。すぐにマイナーに落とされた。3Aでは超一流の打者なのに、メジャーでは三振の山を築いたが、これはメジャーの投手の質の高い変化球に、対応できなかったのが原因。再昇格後は、ミューレンス打撃コーチとフォームの修正に取り組み、徐々に成績が向上。9月は6本塁打と、結果を残した。また、球団は守備に関しては、サードをあきらめ、再昇格後はファーストに専念させている。ちなみに、生年月日（1998年8月17日）が山本由伸と同じ。

年度	所属チーム	試合数	打数	得点	安打	二塁打	三塁打	本塁打	打点	四球	三振	盗塁	盗塁死	出塁率	OPS	打率
2023	ロッキーズ	85	284	40	69	15	2	11	39	15	111	0	0	.290	.716	.243
通算成績		138	460	61	110	30	3	17	59	23	171	0	0	.283	.711	.239

レギュラー獲りのチャンスを故障で失う
12 ショーン・ブーシャード *Sean Bouchard*

レフト
ライト

28歳 1996.5.16生 | 190cm | 97kg | 右投右打 | 対左.545 対右.222 困.409 ⑦.188
慣.182 ⑤2017⑨ロッキーズ 田カリフォルニア州 囲74万ドル（約1億360万円）+α

ミ 2
パ 4
走 3
守 3
肩 3

　昨季は故障に泣いた、右のパワーヒッター。プロ入り時の期待はそれほど大きなものではなかったが、マイナーで打力がぐんぐん向上。一昨年、メジャーデビューを果たし、昨季はレフトのレギュラー候補一番手として、開幕を迎える予定だった。しかし、3月に左の上腕二頭筋を損傷。手術を受けることになり、9月1日までメジャーの試合には出られなかった。復帰後はなかなか調子が上がらなかったが、シーズン最後の5試合は、15打数8安打、4本塁打と、今季の完全復活を期待させている。オフには、メキシコのウインターリーグに参加。実戦の感覚を養っている。

年度	所属チーム	試合数	打数	得点	安打	二塁打	三塁打	本塁打	打点	四球	三振	盗塁	盗塁死	出塁率	OPS	打率
2023	ロッキーズ	21	38	11	12	2	0	4	7	4	14	0	1	.372	1.056	.316
通算成績		48	112	20	34	8	0	7	18	25	39	0	1	.429	.992	.304

15 父も母も元キャッチャー
ハンター・グッドマン *Hunter Goodman*

ファースト／レフト／ライト　ルーキー

25歳 1999.10.8生｜180cm｜95kg｜右投右打 対左.231 対右.193 ホ.229 ア.229
得.364 ド2021④ロッキーズ 出テネシー州 年74万ドル（約1億360万円）+α

ミ2　パ4　走2　守2　肩3

　自慢のパワーを武器に、メジャー定着を目指す一塁手兼外野手。昨年は2Aで打棒好調で、8月に3A昇格。15試合で9本塁打を放ったため、同月27日にメジャー初昇格を果たした。2021年のドラフトで、ロッキーズから4巡目に指名されてプロ入り。そこから2年で、メジャーの舞台に上がってきた。野球の基礎を叩き込んでくれたのは、少年野球の指導者をしている父ロバートさん。母ステファニーさんも、大学時代にソフトボールで活躍したスポーツウーマン。両親ともに元捕手で、グッドマンも、もともとは捕手。昨季も、マイナーで12試合だけ、マスクをかぶった。

年度	所属チーム	試合数	打数	得点	安打	二塁打	三塁打	本塁打	打点	四球	三振	盗塁	盗塁死	出塁率	OPS	打率
2023	ロッキーズ	23	70	6	14	4	3	1	17	5	24	1	0	.247	.633	.200
通算成績		23	70	6	14	4	3	1	17	5	24	1	0	.247	.633	.200

13 WBCではメキシコ代表の正遊撃手
アラン・トレホ *Alan Trejo*

ユーティリティ

28歳 1996.5.30生｜188cm｜92kg｜右投右打 対左.202 対右.257 ホ.235 ア.229
得.291 ド2017⑯ロッキーズ 出カリフォルニア州 年74万ドル（約1億360万円）+α

ミ2　パ2　走3　守4　肩4

　昨季、自己最多の83試合に出場した内野のユーティリティ。守備のウリは、セカンド、ショート、サードのどのポジションを守っても、平均以上にこなせるところ。一方、打撃は多くを期待できないが、昨年7月16日のヤンキース戦では、11回裏にシーズン第1号となるサヨナラ弾を放ち、ヒーローになった。メキシコ系アメリカ人で、昨年のWBCにはメキシコ代表チームの一員として参加。正遊撃手として、メキシコ代表の4強入りに貢献した。ブラック監督と同じ、サンディエゴ州立大学の出身。高校時代、ドジャー・スタジアムでアルバイトをしていたことがある。

年度	所属チーム	試合数	打数	得点	安打	二塁打	三塁打	本塁打	打点	四球	三振	盗塁	盗塁死	出塁率	OPS	打率
2023	ロッキーズ	83	207	24	48	11	0	4	26	16	51	5	1	.288	.631	.232
通算成績		146	371	46	90	19	0	9	46	24	97	6	3	.292	.659	.243

― ドルー・ロモ *Drew Romo*

キャッチャー　期待度 B+　ルーキー

23歳 2001.8.29生｜180cm｜92kg｜右投両打 ◆昨季は2A、3Aでプレー ド2020①ロッキーズ 出カリフォルニア州

　肩の強さに定評がある若手捕手。守備力が全般的に高く、将来、メジャーでゴールドグラブ賞を狙える存在になると、期待されている。打撃面は、スイッチヒッターだが、左打席での打率が低い。パワーも平均以下のレベルだ。ただ、まだ若いので、球団はバッティングもさらに向上すると見ている。

― ジョーダン・ベック *Jordan Beck*

外野手　期待度 B+　ルーキー

23歳 2001.4.19生｜190cm｜102kg｜右投右打 ◆昨季は1A+、2Aでプレー ド2022①ロッキーズ 出アラバマ州

　パワフルな打撃がウリの外野手。ポジティブで、明るい性格。コーチの話によく耳を傾け、研究熱心で修正能力も高い。そのためマイナーのコーチたちは、メジャーで成功できると固く信じている。外野の守備も大きな穴がなく、肩も強い。スピードも平均以上で、センターの守備にも対応できる。

対左=対左投手打率　対右=対右投手打率　ホ=ホーム打率　ア=アウェー打率　得=得点圏打率
ド=ドラフトデータ　出=出身地　年=年俸

所属先未定選手

※2024年2月25日時点で、所属先が決まっていない主なプレーヤー

投 手

魔球レベルのカーブを武器にサイ・ヤング賞 先 発

ブレイク・スネル
Blake Snell

32歳 1992.12.4生｜193cm｜101kg｜左投左打
◆球速のスピード／150キロ台前半〜後半（フォーシーム主体）
◆決め球と持ち球／☆カーブ、☆スライダー、◎フォーシーム、◎チェンジアップ
◆対左打者被打率／.204 ◆対右打者被打率／.176
◆ホーム防御率／2.52 ◆アウェー防御率／1.99
◆ドラフトデータ／2011①レイズ ◆出身地／ワシントン州
◆サイ・ヤング賞2回（18、23年）、
　最優秀防御率2回（18、23年）、
　最多勝1回（18年）

球威	4
制球	3
緩急	5
守備・牽制	2
度胸	5

　昨年パドレスで、自身2度目のサイ・ヤング賞に輝いたサウスポー。最大の長所は、3つの変化球（カーブ、スライダー、チェンジアップ）がどれもトップレベルなこと。昨年はとくにカーブの制球が良く、フォーシームを高めに、カーブを低めに投げ分けて打者の目線を狂わせ、ハイペースで三振を奪った。投球におけるカーブの使用頻度は19.8％で、奪三振の46.6％はカーブで決めたものだ。

　スネルのカーブは、人差し指を少し立ててリリースする際にトップスピンをかけるナックルカーブに近いスタイルだが、ナックルカーブほど指を深い角度に立てて投げているわけではないので、通常のカーブに分類されることが多い。軌道もループ状に変化するクラシックなカーブで、スピン量が前年（2022年）より大幅に増し、ホームベース付近で鋭く下方に変化するようになったため、魔球レベルに。昨季のカーブの被打率は、0割7分9厘。空振り率は56.3％という、驚異的な数字だった。

　父デイヴィッドは、6年間マイナーリーグに在籍した元投手で、引退後、シアトルでベースボールアカデミーを開業。スネルはこの父の指導を受け、ハイレベルな投手に成長した。少年時代はマリナーズの大ファンで、エースだったフェリックス・ヘルナンデスにあこがれていた。

カモ M・マンシー（ドジャース）.056(18-1)1本　N・アレナード（カーディナルス）.077(13-1)0本
苦手 J・ラミレス（ガーディアンズ）.412(17-7)3本　L・メイリー（レッズ）.556(9-5)0本

年度	所属チーム	勝利	敗戦	防御率	試合数	先発	セーブ	投球イニング	被安打	失点	自責点	被本塁打	与四球	奪三振	WHIP
2016	レイズ	6	8	3.54	19	19	0	89.0	93	44	35	5	51	98	1.62
2017	レイズ	5	7	4.04	24	24	0	129.1	113	65	58	15	59	119	1.33
2018	レイズ	21	5	1.89	31	31	0	180.2	112	41	38	16	64	221	0.97
2019	レイズ	6	8	4.29	23	23	0	107.0	96	53	51	14	40	147	1.27
2020	レイズ	4	2	3.24	11	11	0	50.0	42	19	18	10	18	63	1.20
2021	パドレス	7	6	4.20	27	27	0	128.2	101	61	60	16	69	170	1.32
2022	パドレス	8	10	3.38	24	24	0	128.0	103	51	48	11	51	171	1.20
2023	パドレス	14	9	2.25	32	32	0	180.0	115	47	45	15	99	234	1.19
通算成績		71	55	3.20	191	191	0	992.2	775	381	353	102	451	1223	1.24

カモ 苦手 は通算成績

同じ腕の振りで変化球を投げ分け、打たせて取る 【先発】

ジョーダン・モンゴメリー *Jordan Montgomery*

32歳 1992.12.27生 | 198cm | 103kg | 左投左打 球150キロ前後（シンカー、フォーシーム）
決◎カーブ 対左.277 対右.241 ド2014④ヤンキース 田サウスカロライナ州

球 3
制 4
緩 5
守 2
度 4

　昨年のポストシーズンで、レンジャーズの先発投手とし
て好投を続け、商品価値が急騰した技巧派サウスポー。基
本的には、強豪チームが先発の4番手で使うのにうってつ
けのイニングイーター・タイプ。ヤンキース育ちで、2022年7月末にヤンキース
がポストシーズンの戦力にならないと見て放出したところ、移籍先のカーディナ
ルスで開花。傑出した球種はないが、同じような軌道を描くシンカーとチェン
ジアップを、同じ腕の振りで投げることができるため、打者はどちらか判別が
つきにくく、バットに当てることはできても、芯でとらえるのが難しくなるのだ。

年度	所属チーム	勝利	敗戦	防御率	試合数	先発	セーブ	投球イニング	被安打	失点	自責点	被本塁打	与四球	奪三振	WHIP
2023	カーディナルス	6	9	3.42	21	21	0	121.0	116	54	46	12	35	108	1.25
2023	レンジャーズ	4	2	2.79	11	11	0	67.2	61	21	21	6	13	58	1.09
2023	2チーム計	10	11	3.20	32	32	0	188.2	177	75	67	18	48	166	1.19
通算成績		38	34	3.68	141	140	0	755.0	706	333	309	90	207	705	1.21

打撃面の復活は、昨季もならず 【サード】

マット・チャップマン *Matt Chapman*

31歳 1993.4.28生 | 183cm | 97kg | 右投右打 対左.307 対右.223 田.223 ア.254
得.217 ド2014①アスレティックス 田カリフォルニア州 ◆ゴールドグラブ賞4回(18.19.21.23年)

ミ 2
バ 5
走 3
守 5
肩 4

　2019年に36本塁打をマークしている強打好守の三塁手。
ブルージェイズ2年目の昨季は開幕からバットが火を噴き、
4月末時点で打率3割8分4厘、5本塁打、20打点。だが、
5月以降は当たりが止まってしまった。三塁の守備は相変わらずレベルが高く、
昨季、自身4度目のゴールドグラブ賞を受賞した。監督の采配にも口を挟む、う
るさ型。昨年7月末のエンジェルス戦では、先発ゴーズマンが大谷翔平にホーム
ランを浴びたあと、シュナイダー監督に「なぜ大谷と勝負させたんだ。あとは
誰も怖い打者がいないのに」と、ベンチで食ってかかるシーンが話題となった。

年度	所属チーム	試合数	打数	得点	安打	二塁打	三塁打	本塁打	打点	四球	三振	盗塁	盗塁死	出塁率	OPS	打率
2023	ブルージェイズ	140	509	66	122	39	2	17	54	62	165	4	2	.330	.754	.240
通算成績		868	3138	487	754	191	19	155	426	381	976	11	12	.329	.790	.240

ドジャースで打棒復活 【DH】

J.D.マルティネス *J.D. Martinez*

37歳 1987.8.21生 | 190cm | 104kg | 右投右打 対左.274 対右.270 田.244 ア.295
得.325 ド2009⑳アストロズ 田フロリダ州 田◆打点王1回(18年)、シルバースラ
ッガー賞3回(15.18年 ※18年は外野とD田で受賞)、ハンク・アーロン賞1回(18年)

ミ 4
バ 5
走 2
守 1
肩 2

　一昨年、レッドソックスでスランプにあえいだが、昨年ド
ジャースで復活した強打者。113試合の出場ながら、自身5
度目となる30本塁打&100打点をクリアし、打撃面に限れば、
いまだメジャー最高レベルの実力があることを証明した。これだけの成績を残し
たのに、ドジャースが再契約を見送ったのは、ほぼDH専任（昨季は、レフトで
の先発出場が1試合）で、大谷翔平との併用が困難なためだ。代理人のスコッ
ト・ボラスは、大型契約を球団から引き出すために、交渉の長期化をいとわない
タイプで、スネル、モンゴメリー、マット・チャップマンの代理人も務めている。

年度	所属チーム	試合数	打数	得点	安打	二塁打	三塁打	本塁打	打点	四球	三振	盗塁	盗塁死	出塁率	OPS	打率
2023	ドジャース	113	432	61	117	27	2	33	103	34	149	1	0	.321	.893	.271
通算成績		1522	5718	851	1639	366	23	315	1002	552	1573	26	11	.350	.874	.287

ド=ドラフトデータ 田=出身地 投手 球=速球のスピード 決=決め球
対左=対左打者被打率 対右=対右打者被打率 野手 ス=スピード 対左=対左投手打率
対右=対右投手打率 田=ホーム打率 ア=アウェー打率 得=得点圏打率

2023年度
MAJOR LEAGUE BASEBALL
最終成績

巻末付録
1

アメリカン・リーグ

東部地区　　　　　　　　　　　　　　　　　　EAST

順位	チーム名	勝数	負数	勝率	差	打率	得点	本塁打	盗塁	防御率	失策
1位	*オリオールズ	101	61	.623	－	.255	807	183	114	3.89	71
2位	*レイズ	99	63	.611	2.0	.260	860	230	160	3.86	75
3位	*ブルージェイズ	89	73	.549	12.0	.256	746	188	99	3.78	71
4位	ヤンキース	82	80	.506	19.0	.227	673	219	100	3.97	96
5位	レッドソックス	78	84	.481	23.0	.258	772	182	112	4.52	102

中部地区　　　　　　　　　　　　　　　　　CENTRAL

順位	チーム名	勝数	負数	勝率	差	打率	得点	本塁打	盗塁	防御率	失策
1位	*ツインズ	87	75	.537	－	.243	778	233	86	3.87	66
2位	タイガース	78	84	.481	9.0	.236	661	165	85	4.24	100
3位	ガーディアンズ	76	86	.469	11.0	.250	662	124	151	3.96	83
4位	ホワイトソックス	61	101	.377	26.0	.238	641	171	86	4.87	95
5位	ロイヤルズ	56	106	.346	31.0	.244	676	163	163	5.17	80

西部地区　　　　　　　　　　　　　　　　　　WEST

順位	チーム名	勝数	負数	勝率	差	打率	得点	本塁打	盗塁	防御率	失策
1位	*アストロズ	90	72	.556	－	.259	827	222	107	3.94	81
2位	*レンジャーズ	90	72	.556	－	.263	881	233	79	4.28	57
3位	マリナーズ	88	74	.543	2.0	.242	758	210	118	3.74	73
4位	エンジェルス	73	89	.451	17.0	.245	739	231	72	4.64	95
5位	アスレティックス	50	112	.309	40.0	.223	585	171	149	5.48	102

ナショナル・リーグ

東部地区　　　　　　　　　　　　　　　　　　EAST

順位	チーム名	勝数	負数	勝率	差	打率	得点	本塁打	盗塁	防御率	失策
1位	*ブレーブス	104	58	.642	－	.276	947	307	132	4.14	82
2位	*フィリーズ	90	72	.556	14.0	.256	796	220	141	4.03	91
3位	*マーリンズ	84	78	.519	20.0	.259	666	166	86	4.21	98
4位	メッツ	75	87	.463	29.0	.238	717	215	118	4.30	88
5位	ナショナルズ	71	91	.438	33.0	.254	700	151	127	5.02	90

中部地区　　　　　　　　　　　　　　　　　CENTRAL

順位		勝数	負数	勝率	差	打率	得点	本塁打	盗塁	防御率	失策
1位	*ブリュワーズ	92	70	.568	－	.240	728	165	129	3.71	77
2位	カブス	83	79	.512	9.0	.254	819	196	140	4.08	92
3位	レッズ	82	80	.506	10.0	.249	783	198	190	4.83	91
4位	パイレーツ	76	86	.469	16.0	.239	692	159	117	4.60	91
4位	カーディナルス	71	91	.438	21.0	.250	719	209	101	4.79	67

西部地区　　　　　　　　　　　　　　　　　　WEST

順位	チーム名	勝数	負数	勝率	差	打率	得点	本塁打	盗塁	防御率	失策
1位	*ドジャース	100	62	.617	－	.257	906	249	105	4.06	76
2位	*ダイヤモンドバックス	84	78	.519	16.0	.250	746	166	166	4.48	56
3位	パドレス	82	80	.506	18.0	.244	752	205	137	3.73	73
4位	ジャイアンツ	79	83	.488	21.0	.235	674	174	57	4.02	117
5位	ロッキーズ	59	103	.364	41.0	.249	721	163	76	5.67	81

*はポストシーズン出場チーム。アストロズ、レンジャーズの順位は直接対決の成績による。

2023年度 ポストシーズン結果

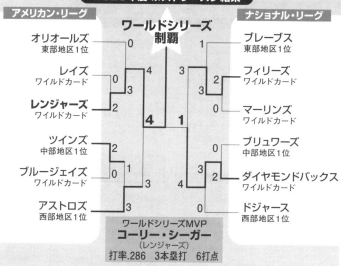

アメリカン・リーグ　　　　**ワールドシリーズ制覇**　　　　**ナショナル・リーグ**

オリオールズ 東部地区1位	0								ブレーブス 東部地区1位	1
レイズ ワイルドカード	0	4						3	フィリーズ ワイルドカード	2
レンジャーズ ワイルドカード	2	3	**4**	**1**			3	0	マーリンズ ワイルドカード	0
ツインズ 中部地区1位	2							0	ブリュワーズ 中部地区1位	0
ブルージェイズ ワイルドカード	0	1					4	3	ダイヤモンドバックス ワイルドカード	2
アストロズ 西部地区1位	3	3						0	ドジャース 西部地区1位	0

ワールドシリーズMVP
コーリー・シーガー
（レンジャーズ）
打率.286　3本塁打　6打点

2023年度 タイトル受賞者

アメリカン・リーグ	**ナショナル・リーグ**
MVP MOST VALUABLE PLAYER	**MVP** MOST VALUABLE PLAYER
大谷翔平 （エンジェルス） 打率.304　44本塁打　95打点　20盗塁	**ロナルド・アクーニャ・ジュニア** （ブレーブス） 打率.337　41本塁打　106打点　73盗塁
サイ・ヤング賞 CY YOUNG AWARD	**サイ・ヤング賞** CY YOUNG AWARD
ゲリット・コール （ヤンキース） 33試合15勝4敗　防御率2.63　222奪三振	**ブレイク・スネル** （パドレス） 32試合14勝9敗　防御率2.25　234奪三振
新人王 ROOKIE OF THE YEAR	**新人王** ROOKIE OF THE YEAR
ガナー・ヘンダーソン （オリオールズ） 打率.255　28本塁打　82打点　10盗塁	**コービン・キャロル** （ダイヤモンドバックス） 打率.285　25本塁打　76打点　54盗塁
最優秀監督 MANAGER OF THE YEAR	**最優秀監督** MANAGER OF THE YEAR
ブランドン・ハイド （オリオールズ） リーグ最多の101勝で地区優勝に導く。	**スキップ・シューマーカー** （マーリンズ） 接戦での采配が光り、チームは躍進。

アメリカン・リーグ　投手

勝利　WINS

順位	選手名(チーム名)	勝利
1位	クリス・バシット(ブルージェイズ)	16
1位	ザック・エフリン(レイズ)	16
3位	ゲリット・コール(ヤンキース)	15
3位	カイル・ギブソン(オリオールズ)	15
5位	ルイス・カスティーヨ(マリナーズ)	14
6位	ローガン・ギルバート(マリナーズ)	13
6位	ジョージ・カービー(マリナーズ)	13
6位	ディーン・クレーマー(オリオールズ)	13
6位	エドゥアルド・ロドリゲス(タイガース)	13
10位	ブライアン・ベイヨ(レッドソックス)	12
10位	カイル・ブラディッシュ(オリオールズ)	12
10位	デイン・ダニング(レンジャーズ)	12
10位	ネイサン・イヴォルディ(レンジャーズ)	12
10位	ケビン・ゴーズマン(ブルージェイズ)	12
10位	コリン・ポシェイ(レイズ)	12
10位	フランバー・ヴァルデス(アストロズ)	12

防御率*　EARNED RUN AVERAGE

順位	選手名(チーム名)	防御率
1位	ゲリット・コール(ヤンキース)	2.63
2位	ソニー・グレイ(ツインズ)	2.79
3位	カイル・ブラディッシュ(オリオールズ)	2.83
4位	ケビン・ゴーズマン(ブルージェイズ)	3.16
5位	ルイス・カスティーヨ(マリナーズ)	3.34
6位	ジョージ・カービー(マリナーズ)	3.35
7位	フランバー・ヴァルデス(アストロズ)	3.45
8位	ザック・エフリン(レイズ)	3.50
9位	クリス・バシット(ブルージェイズ)	3.60
10位	ホセ・ベリオス(ブルージェイズ)	3.65

セーブ　SAVES

順位	選手名(チーム名)	セーブ
1位	エマヌエル・クラセー(ガーディアンズ)	44
2位	ジョーダン・ロマーノ(ブルージェイズ)	36
3位	フェリックス・バウティスタ(オリオールズ)	33
4位	カルロス・エステヴェス(エンジェルス)	31
4位	ライアン・プレスリー(アストロズ)	31
6位	ケンリー・ジャンセン(レッドソックス)	29
7位	ヨアン・ドゥラン(ツインズ)	27
8位	アレックス・ラング(タイガース)	26
9位	ピート・フェアバンクス(レイズ)	25
10位	クレイ・ホームズ(ヤンキース)	24

奪三振　STRIKEOUTS

順位	選手名(チーム名)	奪三振
1位	ケビン・ゴーズマン(ブルージェイズ)	237
2位	パブロ・ロペス(ツインズ)	234
3位	ゲリット・コール(ヤンキース)	222
4位	ルイス・カスティーヨ(マリナーズ)	219
5位	ディラン・シース(ホワイトソックス)	214
6位	ルーカス・ジオリート(ガーディアンズ)	204
7位	フランバー・ヴァルデス(アストロズ)	200
8位	ジョー・ライアン(ツインズ)	197
9位	ローガン・ギルバート(マリナーズ)	189
10位	クリス・バシット(ブルージェイズ)	186
10位	ザック・エフリン(レイズ)	186

登板試合　GAMES

順位	選手名(チーム名)	試合
1位	マット・ブラッシュ(マリナーズ)	78
2位	エマヌエル・クラセー(ガーディアンズ)	75
2位	ジャスティン・トーパ(マリナーズ)	75
4位	ジミー・ガルシア(ブルージェイズ)	73
5位	ブライアン・アブレイユ(アストロズ)	72
5位	イェニエル・カノー(オリオールズ)	72
7位	グリフィン・ジャックス(ツインズ)	71
7位	ヘクター・ネリス(アストロズ)	71
7位	トレヴァー・ステファン(ガーディアンズ)	71
10位	エンジェル・デロスサントス(ガーディアンズ)	70
10位	ジェイソン・フォーリー(タイガース)	70

登板イニング　INNING PITCHED

順位	選手名(チーム名)	イニング
1位	ゲリット・コール(ヤンキース)	209
2位	クリス・バシット(ブルージェイズ)	200
3位	フランバー・ヴァルデス(アストロズ)	198
4位	ルイス・カスティーヨ(マリナーズ)	197
5位	パブロ・ロペス(ツインズ)	194
6位	カイル・ギブソン(オリオールズ)	192
7位	ローガン・ギルバート(マリナーズ)	190⅔
7位	ジョージ・カービー(マリナーズ)	190⅔
9位	ホセ・ベリオス(ブルージェイズ)	189⅔
10位	ケビン・ゴーズマン(ブルージェイズ)	185

奪三振率*　STRIKE PER 9 INNINGS

順位	選手名(チーム名)	9イニング平均数
1位	ケビン・ゴーズマン(ブルージェイズ)	11.53
2位	ディラン・シース(ホワイトソックス)	10.88
3位	パブロ・ロペス(ツインズ)	10.86
4位	ルイス・カスティーヨ(マリナーズ)	10.01
5位	ルーカス・ジオリート(ガーディアンズ)	9.96
6位	菊池雄星(ブルージェイズ)	9.72
7位	ゲリット・コール(ヤンキース)	9.56
8位	ザック・エフリン(レイズ)	9.42
9位	フランバー・ヴァルデス(アストロズ)	9.09
10位	カイル・ブラディッシュ(オリオールズ)	8.96

被打率*　OPP BATTING AVG AGAINST

順位	選手名(チーム名)	被打率
1位	ゲリット・コール(ヤンキース)	.206
2位	カイル・ブラディッシュ(オリオールズ)	.215
3位	ルイス・カスティーヨ(マリナーズ)	.218
4位	ソニー・グレイ(ツインズ)	.226
5位	フランバー・ヴァルデス(アストロズ)	.228
6位	ケビン・ゴーズマン(ブルージェイズ)	.233
6位	ローガン・ギルバート(マリナーズ)	.233
8位	クリスチャン・ハヴィエア(アストロズ)	.234
9位	クリス・バシット(ブルージェイズ)	.235
9位	ザック・エフリン(レイズ)	.235

　*の付いたランキングは、規定投球回数以上の投手に限る。

アメリカン・リーグ　打者

打率*　BATTING AVERAGE

順位	選手名(チーム名)	打率
1位	ヤンディ・ディアス(レイズ)	.330
2位	コーリー・シーガー(レンジャーズ)	.327
3位	ボー・ビシェット(ブルージェイズ)	.306
4位	大谷翔平(エンジェルス)	.304
5位	吉田正尚(レッドソックス)	.289
6位	カイル・タッカー(アストロズ)	.284
7位	ホセ・ラミレス(ガーディアンズ)	.282
8位	アドリー・ラッチマン(オリオールズ)	.277
9位	ボビー・ウィット・ジュニア(ロイヤルズ)	.27613
10位	マーカス・シミエン(レンジャーズ)	.27611

本塁打　HOME RUNS

順位	選手名(チーム名)	本塁打
1位	大谷翔平(エンジェルス)	44
2位	アドリス・ガルシア(レンジャーズ)	39
3位	ルイス・ロバート・ジュニア(ホワイトソックス)	38
4位	アーロン・ジャッジ(ヤンキース)	37
5位	ラファエル・デヴァーズ(レッドソックス)	33
5位	コーリー・シーガー(レンジャーズ)	33
7位	フリオ・ロドリゲス(マリナーズ)	32
8位	ヨーダン・アルヴァレス(アストロズ)	31
8位	アイザック・パレデス(レイズ)	31
8位	スペンサー・トーケルソン(タイガース)	31

打点　RUNS BATTED IN

順位	選手名(チーム名)	打点
1位	カイル・タッカー(アストロズ)	112
2位	アドリス・ガルシア(レンジャーズ)	107
3位	フリオ・ロドリゲス(マリナーズ)	103
4位	ラファエル・デヴァーズ(レッドソックス)	100
4位	マーカス・シミエン(レンジャーズ)	100
6位	アレックス・ブレグマン(アストロズ)	98
6位	アイザック・パレデス(レイズ)	98
8位	ヨーダン・アルヴァレス(アストロズ)	97
8位	ジョシュ・ネイラー(ガーディアンズ)	97
10位	コーリー・シーガー(レンジャーズ)	96
10位	フリオ・ロドリゲス(マリナーズ)	96
10位	ジャスティン・ターナー(レッドソックス)	96
10位	ボビー・ウィット・ジュニア(ロイヤルズ)	96

OPS*　ON-BASE PLUS SLUGGING

順位	選手名(チーム名)	OPS
1位	大谷翔平(エンジェルス)	1.066
2位	コーリー・シーガー(レンジャーズ)	1.013
3位	ヤンディ・ディアス(レイズ)	.932
4位	カイル・タッカー(アストロズ)	.886
5位	ルイス・ロバート・ジュニア(ホワイトソックス)	.857
6位	トリストン・カサス(レッドソックス)	.856
7位	ラファエル・デヴァーズ(レッドソックス)	.851
8位	アイザック・パレデス(レイズ)	.840
9位	アドリス・ガルシア(レンジャーズ)	.836
10位	ホセ・ラミレス(ガーディアンズ)	.831

安打　HITS

順位	選手名(チーム名)	安打
1位	マーカス・シミエン(レンジャーズ)	185
2位	フリオ・ロドリゲス(マリナーズ)	180
3位	ボビー・ウィット・ジュニア(ロイヤルズ)	177
4位	ボー・ビシェット(ブルージェイズ)	175
5位	ヤンディ・ディアス(レイズ)	173
6位	ホセ・ラミレス(ガーディアンズ)	172
7位	スティーヴン・クワン(ガーディアンズ)	171
8位	アレックス・ブレグマン(アストロズ)	163
8位	ナサニエル・ロウ(レンジャーズ)	163
8位	アドリー・ラッチマン(オリオールズ)	163
8位	グレイバー・トーレス(ヤンキース)	163
8位	カイル・タッカー(アストロズ)	163

盗塁　STOLEN BASES

順位	選手名(チーム名)	盗塁
1位	エステウリー・ルイーズ(アスレティックス)	67
2位	ボビー・ウィット・ジュニア(ロイヤルズ)	49
3位	フリオ・ロドリゲス(マリナーズ)	37
4位	ウィリー・カストロ(ツインズ)	33
5位	ジョシュ・ロウ(レイズ)	32
5位	ホルヘ・マテオ(オリオールズ)	32
7位	ワンダー・フランコ(レイズ)	30
7位	アンドレス・ヒメネス(ガーディアンズ)	30
7位	カイル・タッカー(アストロズ)	30
10位	ホセ・ラミレス(ガーディアンズ)	28

四球　WALKS

順位	選手名(チーム名)	四球
1位	J.P.クロフォード(マリナーズ)	94
2位	ナサニエル・ロウ(レンジャーズ)	93
3位	アレックス・ブレグマン(アストロズ)	92
3位	アドリー・ラッチマン(オリオールズ)	92
5位	大谷翔平(エンジェルス)	91
6位	アーロン・ジャッジ(ヤンキース)	88
7位	ランディ・アロザレーナ(レイズ)	80
7位	カイル・タッカー(アストロズ)	80
9位	ライアン・ノダ(アスレティックス)	77
10位	ホセ・ラミレス(ガーディアンズ)	73

犠打　SACRIFICE HITS

順位	選手名(チーム名)	犠打
1位	マーティン・マルドナード(アストロズ)	12
2位	トニー・ケンプ(アスレティックス)	7
3位	ニック・アレン(アスレティックス)	6
4位	マイルズ・ストロウ(ガーディアンズ)	6
5位	ホルヘ・マテオ(オリオールズ)	5
5位	ケヴィン・スミス(アスレティックス)	5
7位	アダム・フレイジャー(オリオールズ)	4
7位	アンドレス・ヒメネス(ガーディアンズ)	4
7位	ライアン・ジェファーズ(ツインズ)	4
7位	ニッキー・ロペス(ロイヤルズ)	4
7位	ザック・レミラード(ホワイトソックス)	4
7位	エステウリー・ルイーズ(アスレティックス)	4

*の付いたランキングは、規定打席以上の打者に限る。

481

ナショナル・リーグ　投手

勝利　WINS

順位	選手名(チーム名)	勝利
1位	スペンサー・ストライダー(ブレーブス)	20
2位	ザック・ギャレン(ダイヤモンドバックス)	17
3位	ジャスティン・スティール(カブス)	16
4位	タイワン・ウォーカー(フィリーズ)	15
5位	チャーリー・モートン(ブレーブス)	14
5位	ブレイク・スネル(パドレス)	14
5位	マイケル・ワカ(パドレス)	14
8位	ミッチ・ケラー(パイレーツ)	13
8位	クレイトン・カーショウ(ドジャース)	13
8位	ザック・ウィーラー(フィリーズ)	13

防御率*　EARNED RUN AVERAGE

順位	選手名(チーム名)	防御率
1位	ブレイク・スネル(パドレス)	2.25
2位	千賀滉大(メッツ)	2.98
3位	ジャスティン・スティール(カブス)	3.06
4位	ローガン・ウェッブ(ジャイアンツ)	3.25
5位	メリル・ケリー(ダイヤモンドバックス)	3.29
6位	コービン・バーンズ(ブリュワーズ)	3.39
7位	ザック・ギャレン(ダイヤモンドバックス)	3.47
8位	ザック・ウィーラー(フィリーズ)	3.61
9位	ヘスース・ルザード(マーリンズ)	3.63
10位	チャーリー・モートン(ブレーブス)	3.64

セーブ　SAVES

順位	選手名(チーム名)	セーブ
1位	デイヴィッド・ベドナー(パイレーツ)	39
1位	カミーロ・ドヴァル(ジャイアンツ)	39
3位	アレクシス・ディアス(レッズ)	37
4位	デヴィン・ウィリアムズ(ブリュワーズ)	36
5位	ジョシュ・ヘイダー(パドレス)	33
5位	ライセル・イグレシアス(ブレーブス)	33
7位	カイル・フィネガン(ナショナルズ)	28
8位	エヴァン・フィリップス(ドジャース)	24
9位	クレイグ・キンブル(フィリーズ)	23
10位	アドバート・アルソレイ(カブス)	22

奪三振　STRIKEOUTS

順位	選手名(チーム名)	奪三振
1位	スペンサー・ストライダー(ブレーブス)	281
2位	ブレイク・スネル(パドレス)	234
3位	ザック・ギャレン(ダイヤモンドバックス)	220
4位	ザック・ウィーラー(フィリーズ)	212
5位	ミッチ・ケラー(パイレーツ)	210
5位	フレディ・ペラルタ(ブリュワーズ)	210
7位	ヘスース・ルザード(マーリンズ)	208
8位	アーロン・ノーラ(フィリーズ)	202
8位	千賀滉大(メッツ)	202
10位	コービン・バーンズ(ブリュワーズ)	200

登板試合　GAMES

順位	選手名(チーム名)	試合
1位	ミゲール・カストロ(ダイヤモンドバックス)	75
2位	イアン・ジボー(レッズ)	74
2位	タナー・スコット(マーリンズ)	74
4位	ホービー・ミルナー(ブリュワーズ)	73
5位	アレクシス・ディアス(レッズ)	71
5位	バック・ファーマー(レッズ)	71
5位	クレイグ・キンブル(フィリーズ)	71
8位	ジェイク・バード(ロッキーズ)	70
8位	A.J.ミンター(ブレーブス)	70
10位	カミーロ・ドヴァル(ジャイアンツ)	69
10位	ジャスティン・ローレンス(ロッキーズ)	69
10位	マーク・ライター(カブス)	69
10位	ジュリアン・メリウェザー(カブス)	69
10位	ジョエル・パヤンプス(ブリュワーズ)	69
10位	グレゴリー・ソト(フィリーズ)	69

登板イニング　INNING PITCHED

順位	選手名(チーム名)	イニング
1位	ローガン・ウェッブ(ジャイアンツ)	216
2位	ザック・ギャレン(ダイヤモンドバックス)	210
3位	マイルズ・マイコラス(カーディナルス)	201⅓
4位	ミッチ・ケラー(パイレーツ)	194⅓
5位	コービン・バーンズ(ブリュワーズ)	193⅔
5位	アーロン・ノーラ(フィリーズ)	193⅔
7位	ザック・ウィーラー(フィリーズ)	192
8位	スペンサー・ストライダー(ブレーブス)	186⅔
9位	サンディ・アルカンタラ(マーリンズ)	184⅔
10位	パトリック・コービン(ナショナルズ)	180
10位	ブレイク・スネル(パドレス)	180

奪三振率*　STRIKE PER 9 INNINGS

順位	選手名(チーム名)	9イニング平均値
1位	スペンサー・ストライダー(ブレーブス)	13.55
2位	ブレイク・スネル(パドレス)	11.70
3位	フレディ・ペラルタ(ブリュワーズ)	11.41
4位	千賀滉大(メッツ)	10.93
5位	ヘスース・ルザード(マーリンズ)	10.48
6位	チャーリー・モートン(ブレーブス)	10.08
7位	ザック・ウィーラー(フィリーズ)	9.94
8位	ミッチ・ケラー(パイレーツ)	9.73
9位	メリル・ケリー(ダイヤモンドバックス)	9.47
10位	ザック・ギャレン(ダイヤモンドバックス)	9.43

被打率*　OPP BATTING AVG AGAINST

順位	選手名(チーム名)	被打率
1位	ブレイク・スネル(パドレス)	.181
2位	コービン・バーンズ(ブリュワーズ)	.200
3位	千賀滉大(メッツ)	.208
4位	スペンサー・ストライダー(ブレーブス)	.210
5位	フレディ・ペラルタ(ブリュワーズ)	.212
6位	メリル・ケリー(ダイヤモンドバックス)	.222
7位	ザック・ウィーラー(フィリーズ)	.229
8位	ヨハン・オヴィエド(パイレーツ)	.237
9位	ザック・ギャレン(ダイヤモンドバックス)	.238
9位	タイワン・ウォーカー(フィリーズ)	.238

　*の付いたランキングは、規定投球回数以上の投手に限る。

ナショナル・リーグ　打者

打率* BATTING AVERAGE

順位	選手名(チーム名)	打率
1位	ルイス・アラエズ(マーリンズ)	.354
2位	ロナルド・アクーニャ・ジュニア(ブレーブス)	.337
3位	フレディ・フリーマン(ドジャース)	.331
4位	コーディ・ベリンジャー(カブス)	.3066
5位	ムーキー・ベッツ(ドジャース)	.3065
6位	ブライス・ハーバー(フィリーズ)	.293
7位	マイケル・ハリス2世(ブレーブス)	.293
8位	ウィリアム・コントレラス(ブリュワーズ)	.291
9位	鈴木誠也(カブス)	.2854
10位	ザンダー・ボーガーツ(パドレス)	.2852

本塁打 HOME RUNS

順位	選手名(チーム名)	本塁打
1位	マット・オルソン(ブレーブス)	54
2位	カイル・シュワーバー(フィリーズ)	47
3位	ピート・アロンゾ(メッツ)	46
4位	ロナルド・アクーニャ・ジュニア(ブレーブス)	41
5位	マーセル・オズナ(ブレーブス)	40
6位	ムーキー・ベッツ(ドジャース)	39
7位	オースティン・ライリー(ブレーブス)	37
8位	マックス・マンシー(ドジャース)	36
8位	ホルヘ・ソレーア(マーリンズ)	36
10位	ホアン・ソト(パドレス)	35

打点 RUNS BATTED IN

順位	選手名(チーム名)	打点
1位	マット・オルソン(ブレーブス)	139
2位	ピート・アロンゾ(メッツ)	118
3位	オジー・オルビーズ(ブレーブス)	109
3位	ホアン・ソト(パドレス)	109
5位	ムーキー・ベッツ(ドジャース)	107
6位	ロナルド・アクーニャ・ジュニア(ブレーブス)	106
6位	ニック・カステヤノス(フィリーズ)	106
8位	マックス・マンシー(ドジャース)	105
9位	カイル・シュワーバー(フィリーズ)	104
10位	J.D.マルティネス(ドジャース)	103
10位	クリスチャン・ウォーカー(ダイヤモンドバックス)	103

OPS* ON-BASE PLUS SLUGGING

順位	選手名(チーム名)	OPS
1位	ロナルド・アクーニャ・ジュニア(ブレーブス)	1.012
2位	マット・オルソン(ブレーブス)	.993
3位	ムーキー・ベッツ(ドジャース)	.987
4位	フレディ・フリーマン(ドジャース)	.976
5位	ホアン・ソト(パドレス)	.930
6位	マーセル・オズナ(ブレーブス)	.905
7位	ブライス・ハーバー(フィリーズ)	.900
8位	コーディ・ベリンジャー(カブス)	.881
9位	コービン・キャロル(ダイヤモンドバックス)	.868
10位	ルイス・アラエズ(マーリンズ)	.861

安打 HITS

順位	選手名(チーム名)	安打
1位	ロナルド・アクーニャ・ジュニア(ブレーブス)	217
2位	フレディ・フリーマン(ドジャース)	211
3位	ルイス・アラエズ(マーリンズ)	203
4位	ムーキー・ベッツ(ドジャース)	179
4位	オースティン・ライリー(ブレーブス)	179
6位	ニコ・ホーナー(カブス)	175
7位	マット・オルソン(ブレーブス)	172
8位	ザンダー・ボーガーツ(パドレス)	170
8位	ニック・カステヤノス(フィリーズ)	170
8位	トレイ・ターナー(フィリーズ)	170

盗塁 STOLEN BASES

順位	選手名(チーム名)	盗塁
1位	ロナルド・アクーニャ・ジュニア(ブレーブス)	73
2位	コービン・キャロル(ダイヤモンドバックス)	54
3位	C.J.エイブラムズ(ナショナルズ)	47
4位	ニコ・ホーナー(カブス)	43
5位	金河成(キム・ハソン)(パドレス)	38
6位	エリー・デラクルーズ(レッズ)	35
7位	フランシスコ・リンドーア(メッツ)	31
7位	ブライソン・ストット(フィリーズ)	31
9位	トレイ・ターナー(フィリーズ)	30
10位	フェルナンド・タティース・ジュニア(パドレス)	29

四球 WALKS

順位	選手名(チーム名)	四球
1位	ホアン・ソト(パドレス)	132
2位	カイル・シュワーバー(フィリーズ)	126
3位	マット・オルソン(ブレーブス)	104
4位	イアン・ハップ(カブス)	99
5位	ムーキー・ベッツ(ドジャース)	96
6位	ポール・ゴールドシュミット(カーディナルス)	87
7位	マックス・マンシー(ドジャース)	85
8位	ロナルド・アクーニャ・ジュニア(ブレーブス)	80
8位	ブライス・ハーバー(フィリーズ)	80
10位	クリスチャン・イェリッチ(ブリュワーズ)	78

犠打 SACRIFICE HITS

順位	選手名(チーム名)	犠打
1位	ヘラルド・ペルドモ(ダイヤモンドバックス)	14
2位	オースティン・ヘッジス(パイレーツ)	9
3位	TJ・フリードル(レッズ)	8
4位	コービン・キャロル(ダイヤモンドバックス)	6
4位	ヨハン・ロハス(フィリーズ)	6
6位	ホセ・アソーカー(パドレス)	5
6位	ホセ・ヘレーラ(ダイヤモンドバックス)	5
6位	金河成(キム・ハソン)(パドレス)	5
6位	ニック・マドリガル(カブス)	5
10位	トレント・グリシャム(パドレス)	4
10位	ジェイク・マッカーシー(ダイヤモンドバックス)	4
10位	オースティン・ノーラ(パドレス)	4
10位	ヴィクター・ロブレス(ナショナルズ)	4
10位	ラモンテ・ウェイド・ジュニア(ジャイアンツ)	4

*の付いたランキングは、規定打席以上の打者に限る。

ゴールドグラブ賞　Gold Glove Awards

■アメリカン・リーグ

ポジション	選手名(チーム名)	受賞回数
投　手	ホセ・ベリオス(ブルージェイズ)	初受賞
捕　手	ジョナ・ハイム(レンジャーズ)	初受賞
一塁手	ナサニエル・ロウ(レンジャーズ)	初受賞
二塁手	アンドレス・ヒメネス(ガーディアンズ)	2度目
三塁手	マット・チャップマン(ブルージェイズ)	4度目
遊撃手	アンソニー・ヴォルピー(ヤンキース)	初受賞
左翼手	スティーヴン・クワン(ガーディアンズ)	2度目
中堅手	ケヴィン・キアマイア(ブルージェイズ)	4度目
右翼手	アドリス・ガルシア(レンジャーズ)	初受賞
ユーティリティ	マウリシオ・デュポン(アストロズ)	初受賞

■ナショナル・リーグ

ポジション	選手名(チーム名)	受賞回数
投　手	ザック・ウィーラー(フィリーズ)	初受賞
捕　手	ガブリエル・モレーノ(ダイヤモンドバックス)	初受賞
一塁手	クリスチャン・ウォーカー(ダイヤモンドバックス)	2度目
二塁手	ニコ・ホーナー(カブス)	初受賞
三塁手	キーブライアン・ヘイズ(パイレーツ)	初受賞
遊撃手	ダンズビー・スワンソン(カブス)	2度目
左翼手	イアン・ハップ(カブス)	2度目
中堅手	ブレントン・ドイル(ロッキーズ)	初受賞
右翼手	フェルナンド・タティース・ジュニア(パドレス)	初受賞
ユーティリティ	金河成(キム・ハソン)(パドレス)	初受賞

※受賞回数は同ポジション・同リーグとは限らない。

シルバースラッガー賞　Silver Slugger Awards

■アメリカン・リーグ

ポジション	選手名(チーム名)	受賞回数
捕　手	アドリー・ラッチマン(オリオールズ)	初受賞
一塁手	ヤンディ・ディアス(レイズ)	初受賞
二塁手	マーカス・シミエン(レンジャーズ)	2度目
三塁手	ラファエル・デヴァース(レッドソックス)	2度目
遊撃手	コーリー・シーガー(レンジャーズ)	3度目
外野手	ルイス・ロバート・ジュニア(ホワイトソックス)	初受賞
外野手	フリオ・ロドリゲス(マリナーズ)	2度目
外野手	カイル・タッカー(アストロズ)	初受賞
Ｄ　Ｈ	大谷翔平(エンジェルス)	2度目
ユーティリティ	ガナー・ヘンダーソン(オリオールズ)	初受賞

■ナショナル・リーグ

ポジション	選手名(チーム名)	受賞回数
捕　手	ウィリアム・コントレラス(ブリュワーズ)	初受賞
一塁手	マット・オルソン(ブレーブス)	初受賞
二塁手	ルイス・アラエズ(マーリンズ)	2度目
三塁手	オースティン・ライリー(ブレーブス)	2度目
遊撃手	フランシスコ・リンドーア(メッツ)	3度目
外野手	ロナルド・アクーニャ・ジュニア(ブレーブス)	3度目
外野手	ムーキー・ベッツ(ドジャース)	6度目
外野手	ホアン・ソト(パドレス)	4度目
Ｄ　Ｈ	ブライス・ハーパー(フィリーズ)	3度目
ユーティリティ	コーディ・ベリンジャー(カブス)	2度目

※受賞回数は同ポジション・同リーグとは限らない。

MAJOR LEAGUE BASEBALL
歴代記録

歴代ワールドシリーズ成績

年度	アメリカン・リーグ	成績	ナショナル・リーグ
1903	ボストン・ピルグリムス	5−3	ピッツバーグ・パイレーツ
1904	ボストン・ピルグリムス	中止 (ジャイアンツがボイコット)	ニューヨーク・ジャイアンツ
1905	フィラデルフィア・アスレティックス	1−4	**ニューヨーク・ジャイアンツ**
1906	**シカゴ・ホワイトソックス**	4−2	シカゴ・カブス
1907	デトロイト・タイガース	0①4	**シカゴ・カブス**
1908	デトロイト・タイガース	1−4	**シカゴ・カブス**
1909	デトロイト・タイガース	3−4	**ピッツバーグ・パイレーツ**
1910	**フィラデルフィア・アスレティックス**	4−1	シカゴ・カブス
1911	**フィラデルフィア・アスレティックス**	4−2	ニューヨーク・ジャイアンツ
1912	**ボストン・レッドソックス**	4①3	ニューヨーク・ジャイアンツ
1913	**フィラデルフィア・アスレティックス**	4−1	ニューヨーク・ジャイアンツ
1914	フィラデルフィア・アスレティックス	0−4	**ボストン・ブレーブス**
1915	**ボストン・レッドソックス**	4−1	フィラデルフィア・フィリーズ
1916	**ボストン・レッドソックス**	4−1	ブルックリン・ロビンス
1917	**シカゴ・ホワイトソックス**	4−2	ニューヨーク・ジャイアンツ
1918	**ボストン・レッドソックス**	4−2	シカゴ・カブス
1919	シカゴ・ホワイトソックス	3−5	**シンシナティ・レッズ**
1920	**クリーブランド・インディアンズ**	5−2	ブルックリン・ロビンス
1921	ニューヨーク・ヤンキース	3−5	**ニューヨーク・ジャイアンツ**
1922	ニューヨーク・ヤンキース	0①4	**ニューヨーク・ジャイアンツ**
1923	**ニューヨーク・ヤンキース**	4−2	ニューヨーク・ジャイアンツ
1924	**ワシントン・セネタース**	4−3	ニューヨーク・ジャイアンツ
1925	ワシントン・セネタース	3−4	**ピッツバーグ・パイレーツ**
1926	ニューヨーク・ヤンキース	3−4	**セントルイス・カーディナルス**
1927	**ニューヨーク・ヤンキース**	4−0	ピッツバーグ・パイレーツ
1928	**ニューヨーク・ヤンキース**	4−0	セントルイス・カーディナルス
1929	**フィラデルフィア・アスレティックス**	4−1	シカゴ・カブス
1930	**フィラデルフィア・アスレティックス**	4−2	セントルイス・カーディナルス
1931	フィラデルフィア・アスレティックス	3−4	**セントルイス・カーディナルス**
1932	**ニューヨーク・ヤンキース**	4−0	シカゴ・カブス
1933	ワシントン・セネタース	1−4	**ニューヨーク・ジャイアンツ**
1934	デトロイト・タイガース	3−4	**セントルイス・カーディナルス**
1935	**デトロイト・タイガース**	4−2	シカゴ・カブス
1936	**ニューヨーク・ヤンキース**	4−2	ニューヨーク・ジャイアンツ
1937	**ニューヨーク・ヤンキース**	4−1	ニューヨーク・ジャイアンツ
1938	**ニューヨーク・ヤンキース**	4−0	シカゴ・カブス
1939	**ニューヨーク・ヤンキース**	4−0	シンシナティ・レッズ
1940	デトロイト・タイガース	3−4	**シンシナティ・レッズ**
1941	**ニューヨーク・ヤンキース**	4−1	ブルックリン・ドジャース
1942	ニューヨーク・ヤンキース	1−4	**セントルイス・カーディナルス**
1943	**ニューヨーク・ヤンキース**	4−1	セントルイス・カーディナルス
1944	セントルイス・ブラウンズ	2−4	**セントルイス・カーディナルス**
1945	**デトロイト・タイガース**	4−3	シカゴ・カブス
1946	ボストン・レッドソックス	3−4	**セントルイス・カーディナルス**
1947	**ニューヨーク・ヤンキース**	4−3	ブルックリン・ドジャース
1948	**クリーブランド・インディアンズ**	4−2	ボストン・ブレーブス
1949	**ニューヨーク・ヤンキース**	4−1	ブルックリン・ドジャース
1950	**ニューヨーク・ヤンキース**	4−0	フィラデルフィア・フィリーズ
1951	**ニューヨーク・ヤンキース**	4−2	ニューヨーク・ジャイアンツ
1952	**ニューヨーク・ヤンキース**	4−3	ブルックリン・ドジャース
1953	**ニューヨーク・ヤンキース**	4−2	ブルックリン・ドジャース
1954	クリーブランド・インディアンズ	0−4	**ニューヨーク・ジャイアンツ**
1955	ニューヨーク・ヤンキース	3−4	**ブルックリン・ドジャース**
1956	**ニューヨーク・ヤンキース**	4−3	ブルックリン・ドジャース
1957	ニューヨーク・ヤンキース	3−4	**ミルウォーキー・ブレーブス**
1958	**ニューヨーク・ヤンキース**	4−3	ミルウォーキー・ブレーブス
1959	シカゴ・ホワイトソックス	2−4	**ロサンジェルス・ドジャース**
1960	ニューヨーク・ヤンキース	3−4	**ピッツバーグ・パイレーツ**
1961	**ニューヨーク・ヤンキース**	4−1	シンシナティ・レッズ
1962	**ニューヨーク・ヤンキース**	4−3	サンフランシスコ・ジャイアンツ
1963	ニューヨーク・ヤンキース	0−4	**ロサンジェルス・ドジャース**

年度	アメリカン・リーグ	成績	ナショナル・リーグ
1964	ニューヨーク・ヤンキース	3−4	**セントルイス・カーディナルス**
1965	ミネソタ・ツインズ	3−4	**ロサンジェルス・ドジャース**
1966	**ボルティモア・オリオールズ**	4−0	ロサンジェルス・ドジャース
1967	ボストン・レッドソックス	3−4	**セントルイス・カーディナルス**
1968	**デトロイト・タイガース**	4−3	セントルイス・カーディナルス
1969	ボルティモア・オリオールズ	1−4	**ニューヨーク・メッツ**
1970	**ボルティモア・オリオールズ**	4−1	シンシナティ・レッズ
1971	ボルティモア・オリオールズ	3−4	**ピッツバーグ・パイレーツ**
1972	**オークランド・アスレティックス**	4−3	シンシナティ・レッズ
1973	**オークランド・アスレティックス**	4−3	ニューヨーク・メッツ
1974	**オークランド・アスレティックス**	4−1	ロサンジェルス・ドジャース
1975	ボストン・レッドソックス	3−4	**シンシナティ・レッズ**
1976	ニューヨーク・ヤンキース	0−4	**シンシナティ・レッズ**
1977	**ニューヨーク・ヤンキース**	4−2	ロサンジェルス・ドジャース
1978	**ニューヨーク・ヤンキース**	4−2	ロサンジェルス・ドジャース
1979	ボルティモア・オリオールズ	3−4	**ピッツバーグ・パイレーツ**
1980	カンザスシティ・ロイヤルズ	2−4	**フィラデルフィア・フィリーズ**
1981	ニューヨーク・ヤンキース	2−4	**ロサンジェルス・ドジャース**
1982	ミルウォーキー・ブリューワーズ	3−4	**セントルイス・カーディナルス**
1983	**ボルティモア・オリオールズ**	4−1	フィラデルフィア・フィリーズ
1984	**デトロイト・タイガース**	4−1	サンディエゴ・パドレス
1985	**カンザスシティ・ロイヤルズ**	4−3	セントルイス・カーディナルス
1986	ボストン・レッドソックス	3−4	**ニューヨーク・メッツ**
1987	**ミネソタ・ツインズ**	4−3	セントルイス・カーディナルス
1988	オークランド・アスレティックス	1−4	**ロサンジェルス・ドジャース**
1989	**オークランド・アスレティックス**	4−0	サンフランシスコ・ジャイアンツ
1990	オークランド・アスレティックス	0−4	**シンシナティ・レッズ**
1991	**ミネソタ・ツインズ**	4−3	アトランタ・ブレーブス
1992	**トロント・ブルージェイズ**	4−2	アトランタ・ブレーブス
1993	**トロント・ブルージェイズ**	4−2	フィラデルフィア・フィリーズ
1994	中止（選手会ストライキのため）		
1995	クリーブランド・インディアンズ	2−4	**アトランタ・ブレーブス**
1996	**ニューヨーク・ヤンキース**	4−2	アトランタ・ブレーブス
1997	クリーブランド・インディアンズ	3−4	**フロリダ・マーリンズ**
1998	**ニューヨーク・ヤンキース**	4−0	サンディエゴ・パドレス
1999	**ニューヨーク・ヤンキース**	4−0	アトランタ・ブレーブス
2000	**ニューヨーク・ヤンキース**	4−1	ニューヨーク・メッツ
2001	ニューヨーク・ヤンキース	3−4	**アリゾナ・ダイヤモンドバックス**
2002	**アナハイム・エンジェルス**	4−3	サンフランシスコ・ジャイアンツ
2003	ニューヨーク・ヤンキース	2−4	**フロリダ・マーリンズ**
2004	**ボストン・レッドソックス**	4−0	セントルイス・カーディナルス
2005	**シカゴ・ホワイトソックス**	4−0	ヒューストン・アストロズ
2006	デトロイト・タイガース	1−4	**セントルイス・カーディナルス**
2007	**ボストン・レッドソックス**	4−0	コロラド・ロッキーズ
2008	タンパベイ・レイズ	1−4	**フィラデルフィア・フィリーズ**
2009	**ニューヨーク・ヤンキース**	4−2	フィラデルフィア・フィリーズ
2010	テキサス・レンジャーズ	1−4	**サンフランシスコ・ジャイアンツ**
2011	テキサス・レンジャーズ	3−4	**セントルイス・カーディナルス**
2012	デトロイト・タイガース	0−4	**サンフランシスコ・ジャイアンツ**
2013	**ボストン・レッドソックス**	4−2	セントルイス・カーディナルス
2014	カンザスシティ・ロイヤルズ	3−4	**サンフランシスコ・ジャイアンツ**
2015	**カンザスシティ・ロイヤルズ**	4−1	ニューヨーク・メッツ
2016	クリーブランド・インディアンズ	3−4	**シカゴ・カブス**
2017	**ヒューストン・アストロズ**	4−3	ロサンジェルス・ドジャース
2018	**ボストン・レッドソックス**	4−1	ロサンジェルス・ドジャース
2019	ヒューストン・アストロズ	3−4	**ワシントン・ナショナルズ**
2020	タンパベイ・レイズ	2−4	**ロサンジェルス・ドジャース**
2021	ヒューストン・アストロズ	2−4	**アトランタ・ブレーブス**
2022	**ヒューストン・アストロズ**	4−2	フィラデルフィア・フィリーズ
2023	**テキサス・レンジャーズ**	4−1	アリゾナ・ダイヤモンドバックス

※○内の数字は引き分け。1903年、1919年、1920年、1921年は5戦先取。

歴代投手記録

通算勝利　TOTAL WINS

順位	選手名（チーム名）	勝利
1位	サイ・ヤング（スパイダース→カーディナルス→レッドソックス→ナップス→ラスラーズ）1890〜1911	511
2位	ウォルター・ジョンソン（セネタース）1907〜1927	417
3位	グローバー・アレクサンダー（フィリーズ→カブス→カーディナルス→フィリーズ）1911〜1930	373
3位	クリスティ・マシューソン（ジャイアンツ→レッズ）1900〜1916	373
5位	ウォーレン・スパーン（ブレーブス→メッツ→ジャイアンツ）1942〜1965	363
6位	ジム・ガルビン（ブラウンストッキングス→バイソンズ→パイレーツ→カーディナルス）1879〜1892	361
6位	キッド・ニコルズ（ビーンイーターズ→カーディナルス→フィリーズ）1890〜1906	361
8位	グレッグ・マダックス（カブス→ブレーブス→カブス→ドジャース→パドレス→ドジャース）1986〜2008	355
9位	ロジャー・クレメンス（レッドソックス→ブルージェイズ→ヤンキース→アストロズ→ヤンキース）1984〜2007	354
10位	ティム・キーフ（トロージャンズ→メトロポリタンズ→ジャイアンツ→フィリーズ）1880〜1893	342

通算防御率　※通算2000イニング以上の投手対象　ERA

順位	選手名（チーム名）	防御率
1位	エド・ウォルシュ（ホワイトソックス→ブレーブス）1904〜1917	1.82
2位	アディ・ジョス（ナップス）1902〜1910	1.89
3位	モーデカイ・ブラウン（カーディナルス→カブス→レッズ→テリアーズ→ティップトップス→ホエールズ→カブス）1903〜1916	2.06
4位	ジョン・ウォード（グレイズ→ガッサムス→ワンダーズ→グルームス→ジャイアンツ）1878〜1894	2.10
5位	クリスティ・マシューソン（ジャイアンツ→レッズ）1900〜1916	2.13
6位	ルーヴ・ワッデル（カーネルズ→パイレーツ→カブス→アスレティックス→ブラウンズ）1897〜1910	2.16
7位	ウォルター・ジョンソン（セネタース）1907〜1927	2.17
8位	トミー・ボンド（アスレティックス→ダークブルース→レッドキャップス→ルビーレッグス→レッズ→フージャーズ）1876〜1884	2.25
9位	ウィル・ホワイト（レッドキャップス→レッズ→ウルバリーンズ→レッドストッキングス）1877〜1886	2.28
9位	エド・ロイルバック（カブス→ドジャース→ペパー→ブレーブス）1905〜1917	2.28

通算セーブ　TOTAL SAVES

順位	選手名（チーム名）	セーブ
1位	マリアーノ・リヴェラ（ヤンキース）1995〜2013	652
2位	トレヴァー・ホフマン（マーリンズ→パドレス→ブリュワーズ）1993〜2010	601
3位	リー・スミス（カブス→レッドソックス→カーディナルス→ヤンキース→オリオールズ→エンジェルス→レッズ→エクスポズ）1980〜1997	478
4位	フランシスコ・ロドリゲス（エンジェルス→メッツ→ブリュワーズ→オリオールズ→ブリュワーズ→タイガース）2002〜2017	437
5位	ジョン・フランコ（レッズ→メッツ→アストロズ）1984〜2005	424
6位	ビリー・ワグナー（アストロズ→フィリーズ→メッツ→レッドソックス→ブレーブス）1995〜2010	422
7位	*ケンリー・ジャンセン（ドジャース→ブレーブス→レッドソックス）2010〜	420
8位	*クレイグ・キンブル（ブレーブス→パドレス→レッドソックス→カブス→ホワイトソックス→ドジャース→フィリーズ）2010〜	417
9位	デニス・エカーズリー（インディアンズ→レッドソックス→カブス→アスレティックス→カーディナルス→レッドソックス）1975〜1998	390
10位	ジョー・ネイサン（ジャイアンツ→ツインズ→レンジャーズ→タイガース）1999〜2016	377

通算奪三振　TOTAL STRIKEOUTS

順位	選手名（チーム名）	奪三振
1位	ノーラン・ライアン（メッツ→エンジェルス→アストロズ→レンジャーズ）1966〜1993	5714
2位	ランディ・ジョンソン（エクスポズ→マリナーズ→アストロズ→ダイヤモンドバックス→ヤンキース→ダイヤモンドバックス→ジャイアンツ）1988〜2009	4875
3位	ロジャー・クレメンス（レッドソックス→ブルージェイズ→ヤンキース→アストロズ→ヤンキース）1984〜2007	4672
4位	スティーヴ・カールトン（カーディナルス→フィリーズ→ジャイアンツ→ホワイトソックス→インディアンズ→ツインズ）1965〜1988	4136
5位	バート・ブライレブン（ツインズ→レンジャーズ→パイレーツ→インディアンズ→ツインズ→エンジェルス）1970〜1992	3701
6位	トム・シーバー（メッツ→レッズ→メッツ→ホワイトソックス→レッドソックス）1967〜1986	3640
7位	ドン・サットン（ドジャース→アストロズ→ブリュワーズ→エンジェルス→ドジャース）1966〜1988	3574
8位	ゲイロード・ペリー（ジャイアンツ→インディアンズ→レンジャーズ→パドレス→レンジャーズ→ヤンキース→ブレーブス→マリナーズ→ロイヤルズ）1962〜1983	3534
9位	ウォルター・ジョンソン（セネタース）1907〜1927	3508
10位	グレッグ・マダックス（カブス→ブレーブス→カブス→ドジャース→パドレス→ドジャース）1986〜2008	3371

歴代打者記録

通算本塁打　TOTAL HOME RUNS

順位	選手名 (チーム名)	本塁打
1位	バリー・ボンズ (パイレーツ→ジャイアンツ) 1986〜2007	762
2位	ハンク・アーロン (ブレーブス→ブリュワーズ) 1954〜1976	755
3位	ベーブ・ルース (レッドソックス→ヤンキース→ブレーブス) 1914〜1935	714
4位	アルバート・プーホールス (カーディナルス→エンジェルス→ドジャース→カーディナルス) 2001〜2022	703
5位	アレックス・ロドリゲス (マリナーズ→レンジャーズ→ヤンキース) 1994〜2016	696
6位	ウィリー・メイズ (ジャイアンツ→メッツ) 1951〜1973	660
7位	ケン・グリフィー・ジュニア (マリナーズ→レッズ→ホワイトソックス→マリナーズ) 1989〜2010	630
8位	ジム・トーミィ (インディアンズ→フィリーズ→ホワイトソックス→ドジャース→ツインズ→インディアンズ→フィリーズ→オリオールズ) 1991〜2012	612
9位	サミー・ソーサ (レンジャーズ→ホワイトソックス→カブス→オリオールズ→レンジャーズ) 1989〜2007	609
10位	フランク・ロビンソン (レッズ→オリオールズ→ドジャース→エンジェルス→インディアンズ) 1956〜1976	586

通算安打　TOTAL HITS

順位	選手名 (チーム名)	安打
1位	ピート・ローズ (レッズ→フィリーズ→エクスポズ→レッズ) 1963〜1986	4256
2位	タイ・カッブ (タイガース→アスレティックス) 1905〜1928	4191
3位	ハンク・アーロン (ブレーブス→ブリュワーズ) 1954〜1976	3771
4位	スタン・ミュージアル (カーディナルス) 1941〜1963	3630
5位	トリス・スピーカー (レッドソックス→インディアンズ→セネタース→アスレティックス) 1907〜1928	3515
6位	デレク・ジーター (ヤンキース) 1995〜2014	3465
7位	ホーナス・ワグナー (カーネルズ→パイレーツ) 1897〜1917	3430
8位	カール・ヤストレムスキー (レッドソックス) 1961〜1983	3419
9位	アルバート・プーホールス (カーディナルス→エンジェルス→ドジャース→カーディナルス) 2001〜2022	3384
10位	ポール・モリター (ブリュワーズ→ブルージェイズ→ツインズ) 1978〜1998	3319

通算打点　TOTAL RBIS

順位	選手名 (チーム名)	打点
1位	ハンク・アーロン (ブレーブス→ブリュワーズ) 1954〜1976	2297
2位	アルバート・プーホールス (カーディナルス→エンジェルス→ドジャース→カーディナルス) 2001〜2022	2218
3位	ベーブ・ルース (レッドソックス→ヤンキース→ブレーブス) 1914〜1935	2213
4位	アレックス・ロドリゲス (マリナーズ→レンジャーズ→ヤンキース) 1994〜2016	2086
5位	バリー・ボンズ (パイレーツ→ジャイアンツ) 1986〜2007	1996
6位	ルー・ゲーリッグ (ヤンキース) 1923〜1939	1995
7位	スタン・ミュージアル (カーディナルス) 1941〜1963	1951
8位	タイ・カッブ (タイガース→アスレティックス) 1905〜1928	1938
9位	ジミー・フォックス (アスレティックス→レッドソックス→カブス→フィリーズ) 1925〜1945	1922
10位	エディ・マレー (オリオールズ→ドジャース→メッツ→インディアンズ→オリオールズ→エンジェルス→ドジャース) 1977〜1997	1917

通算盗塁　TOTAL STEALS

順位	選手名 (チーム名)	盗塁
1位	リッキー・ヘンダーソン (アスレティックス→ヤンキース→アスレティックス→ブルージェイズ→アスレティックス→パドレス→エンジェルス→アスレティックス→メッツ→マリナーズ→パドレス→レッドソックス→ドジャース) 1979〜2003	1406
2位	ルー・ブロック (カブス→カーディナルス) 1961〜1979	938
3位	ビリー・ハミルトン (カウボーイズ→フィリーズ→ビーンイーターズ) 1888〜1901	912
4位	タイ・カッブ (タイガース→アスレティックス) 1905〜1928	892
5位	ティム・レインズ (エクスポズ→ホワイトソックス→ヤンキース→アスレティックス→エクスポズ→オリオールズ→マーリンズ) 1979〜2002	808
6位	ヴィンス・コールマン (カーディナルス→メッツ→ロイヤルズ→マリナーズ→レッズ→タイガース) 1985〜1997	752
7位	エディ・コリンズ (アスレティックス→ホワイトソックス→アスレティックス) 1906〜1930	745
8位	アーリー・レイサム (バイソンズ→カーディナルス→パイレーツ→レッズ→カーディナルス→セネタース→ジャイアンツ) 1880〜1899, 1909	739
9位	マックス・キャリー (パイレーツ→ロビンズ) 1910〜1929	738
10位	ホーナス・ワグナー (カーネルズ→パイレーツ) 1897〜1917	722

*は現役選手。

489

歴代MVP

年度	アメリカン・リーグ	ナショナル・リーグ
1931	レフティ・グローブ（アスレティックス）	フランク・フリッシュ（カーディナルス）
1932	ジミー・フォックス（アスレティックス）	チャック・クライン（フィリーズ）
1933	ジミー・フォックス（アスレティックス）	カール・ハッベル（ジャイアンツ）
1934	ミッキー・コークレーン（タイガース）	ディジー・ディーン（カーディナルス）
1935	ハンク・グリーンバーグ（タイガース）	ギャビー・ハートネット（カブス）
1936	ルー・ゲーリッグ（ヤンキース）	カール・ハッベル（ジャイアンツ）
1937	チャーリー・ゲーリンジャー（タイガース）	ジョー・メドウィック（カーディナルス）
1938	ジミー・フォックス（レッドソックス）	アーニー・ロンバルディ（レッズ）
1939	ジョー・ディマジオ（ヤンキース）	バッキー・ウォルターズ（レッズ）
1940	ハンク・グリーンバーグ（タイガース）	フランク・マコーミック（レッズ）
1941	ジョー・ディマジオ（ヤンキース）	ドルフ・カミリ（ドジャース）
1942	ジョー・ゴードン（ヤンキース）	モート・クーパー（カーディナルス）
1943	スパッド・チャンドラー（ヤンキース）	スタン・ミュージアル（カーディナルス）
1944	ハル・ニューハウザー（タイガース）	マーティ・マリオン（カーディナルス）
1945	ハル・ニューハウザー（タイガース）	フィル・キャバレッタ（カブス）
1946	テッド・ウィリアムズ（レッドソックス）	スタン・ミュージアル（カーディナルス）
1947	ジョー・ディマジオ（ヤンキース）	ボブ・エリオット（ブレーブス）
1948	ルー・ブードロー（インディアンス）	スタン・ミュージアル（カーディナルス）
1949	テッド・ウィリアムズ（レッドソックス）	ジャッキー・ロビンソン（ドジャース）
1950	フィル・リズート（ヤンキース）	ジム・コンスタンティ（フィリーズ）
1951	ヨギ・ベラ（ヤンキース）	ロイ・キャンパネラ（ドジャース）
1952	ボビー・シャンツ（アスレティックス）	ハンク・サウアー（カブス）
1953	アル・ローゼン（インディアンス）	ロイ・キャンパネラ（ドジャース）
1954	ヨギ・ベラ（ヤンキース）	ウィリー・メイズ（ジャイアンツ）
1955	ヨギ・ベラ（ヤンキース）	ロイ・キャンパネラ（ドジャース）
1956	ミッキー・マントル（ヤンキース）	ドン・ニューカム（ドジャース）
1957	ミッキー・マントル（ヤンキース）	ハンク・アーロン（ブレーブス）
1958	ジャッキー・ジェンセン（レッドソックス）	アーニー・バンクス（カブス）
1959	ネリー・フォックス（ホワイトソックス）	アーニー・バンクス（カブス）
1960	ロジャー・マリス（ヤンキース）	ディック・グロート（パイレーツ）
1961	ロジャー・マリス（ヤンキース）	フランク・ロビンソン（レッズ）
1962	ミッキー・マントル（ヤンキース）	モーリー・ウィルス（ドジャース）
1963	エルストン・ハワード（ヤンキース）	サンディ・コーファックス（ドジャース）
1964	ブルックス・ロビンソン（オリオールズ）	ケン・ボイヤー（カーディナルス）
1965	ゾイロ・ベルサイエス（ツインズ）	ウィリー・メイズ（ジャイアンツ）
1966	フランク・ロビンソン（オリオールズ）	ロベルト・クレメンテ（パイレーツ）
1967	カール・ヤストレムスキー（レッドソックス）	オルランド・セペダ（カーディナルス）
1968	デニー・マクレーン（タイガース）	ボブ・ギブソン（カーディナルス）
1969	ハーモン・キルブルー（ツインズ）	ウィリー・マッコビー（ジャイアンツ）
1970	ブーグ・パウエル（オリオールズ）	ジョニー・ベンチ（レッズ）
1971	バイダ・ブルー（アスレティックス）	ジョー・トーリ（カーディナルス）
1972	ディック・アレン（ホワイトソックス）	ジョニー・ベンチ（レッズ）
1973	レジー・ジャクソン（アスレティックス）	ピート・ローズ（レッズ）
1974	ジェフ・バローズ（レンジャーズ）	スティーヴ・ガービー（ドジャース）
1975	フレッド・リン（レッドソックス）	ジョー・モーガン（レッズ）
1976	サーマン・マンソン（ヤンキース）	ジョー・モーガン（レッズ）
1977	ロッド・カルー（ツインズ）	ジョージ・フォスター（レッズ）
1978	ジム・ライス（レッドソックス）	デイヴ・パーカー（パイレーツ）
1979	ドン・ベイラー（エンジェルス）	キース・ヘルナンデス（カーディナルス）、ウィリー・スターゲル（パイレーツ）
1980	ジョージ・ブレット（ロイヤルズ）	マイク・シュミット（フィリーズ）
1981	ロリー・フィンガーズ（ブリュワーズ）	マイク・シュミット（フィリーズ）
1982	ロビン・ヨーント（ブリュワーズ）	デール・マーフィー（ブレーブス）
1983	カル・リプケン（オリオールズ）	デール・マーフィー（ブレーブス）
1984	ウィリー・ヘルナンデス（タイガース）	ライン・サンドバーグ（カブス）
1985	ドン・マティングリー（ヤンキース）	ウィリー・マギー（カーディナルス）
1986	ロジャー・クレメンス（レッドソックス）	マイク・シュミット（フィリーズ）
1987	ジョージ・ベル（ブルージェイズ）	アンドレ・ドーソン（カブス）
1988	ホセ・カンセコ（アスレティックス）	カーク・ギブソン（ドジャース）
1989	ロビン・ヨーント（ブリュワーズ）	ケヴィン・ミッチェル（ジャイアンツ）
1990	リッキー・ヘンダーソン（アスレティックス）	バリー・ボンズ（パイレーツ）
1991	カル・リプケン（オリオールズ）	テリー・ペンドルトン（ブレーブス）
1992	デニス・エカーズリー（アスレティックス）	バリー・ボンズ（パイレーツ）
1993	フランク・トーマス（ホワイトソックス）	バリー・ボンズ（ジャイアンツ）
1994	フランク・トーマス（ホワイトソックス）	ジェフ・バグウェル（アストロズ）
1995	モー・ボーン（レッドソックス）	バリー・ラーキン（レッズ）
1996	ホアン・ゴンザレス（レンジャーズ）	ケン・カミネッティ（パドレス）
1997	ケン・グリフィー・Jr.（マリナーズ）	ラリー・ウォーカー（ロッキーズ）
1998	ホアン・ゴンザレス（レンジャーズ）	サミー・ソーサ（カブス）
1999	イヴァン・ロドリゲス（レンジャーズ）	チッパー・ジョーンズ（ブレーブス）
2000	ジェイソン・ジオンビ（アスレティックス）	ジェフ・ケント（ジャイアンツ）
2001	イチロー（マリナーズ）	バリー・ボンズ（ジャイアンツ）
2002	ミゲール・テハダ（アスレティックス）	バリー・ボンズ（ジャイアンツ）
2003	アレックス・ロドリゲス（レンジャーズ）	バリー・ボンズ（ジャイアンツ）
2004	ウラディミール・ゲレーロ（エンジェルス）	バリー・ボンズ（ジャイアンツ）
2005	アレックス・ロドリゲス（ヤンキース）	アルバート・プーホールス（カーディナルス）
2006	ジャスティン・モルノー（ツインズ）	ライアン・ハワード（フィリーズ）
2007	アレックス・ロドリゲス（ヤンキース）	ジミー・ロリンズ（フィリーズ）
2008	ダスティン・ペドロイア（レッドソックス）	アルバート・プーホールス（カーディナルス）
2009	ジョー・マウアー（ツインズ）	アルバート・プーホールス（カーディナルス）
2010	ジョシュ・ハミルトン（レンジャーズ）	ジョーイ・ヴォット（レッズ）
2011	ジャスティン・ヴァーランダー（タイガース）	ライアン・ブラウン（ブリュワーズ）
2012	ミゲール・カブレラ（タイガース）	バスター・ポージー（ジャイアンツ）
2013	ミゲール・カブレラ（タイガース）	アンドルー・マカッチェン（パイレーツ）
2014	マイク・トラウト（エンジェルス）	クレイトン・カーショウ（ドジャース）
2015	ジョシュ・ドナルドソン（ブルージェイズ）	ブライス・ハーパー（ナショナルズ）
2016	マイク・トラウト（エンジェルス）	クリス・ブライアント（カブス）
2017	ホセ・アルトゥーヴェ（アストロズ）	ジャンカルロ・スタントン（マーリンズ）
2018	ムーキー・ベッツ（レッドソックス）	クリスチャン・イェリッチ（ブリュワーズ）
2019	マイク・トラウト（エンジェルス）	コーディ・ベリンジャー（ドジャース）
2020	ホセ・アブレイユ（ホワイトソックス）	フレディ・フリーマン（ブレーブス）
2021	大谷翔平（エンジェルス）	ブライス・ハーパー（フィリーズ）
2022	アーロン・ジャッジ（ヤンキース）	ポール・ゴールドシュミット（カーディナルス）
2023	大谷翔平（エンジェルス）	ロナルド・アクーニャ・ジュニア（ブレーブス）

索引　A to Z

監修者略歴

村上雅則 (むらかみ まさのり)

1944年、山梨県生まれ。法政二高卒。1963年、南海ホークスに入団。64年、サンフランシスコ・ジャイアンツ傘下の1Aフレズノ（カリフォルニア・リーグ）に野球留学。同リーグでの好成績（のちに同リーグの新人王、ベストナイン）を買われ、シーズン途中の9月1日に3階級特進でメジャー（ジャイアンツ）入りを果たし、日本人として初のメジャーリーガーとなる。その年は、1勝1セーブ。翌65年は、主にリリーフで45試合に登板。74回1/3を投げ、4勝1敗8セーブ（防御率3.75）奪三振85という抜群の成績を残した。66年に帰国後は南海、阪神、日本ハムで活躍し、103勝をマーク。のちに算出されたセーブポイントも100を超す。82年に引退後は、日本ハム、ダイエー、西武のコーチ、そしてサンフランシスコ・ジャイアンツの春季キャンプのピッチングコーチ（日本人初のメジャーコーチ）、および極東スカウトのほか、NHKの解説者などを歴任。現役中も今も、「マッシー」の愛称で多くのファンに親しまれている。2004年、日米交流150周年記念外務大臣表彰を受ける。12年12月、国連UNHCR協会国連難民親善アスリートに就任。23年10月にワシントンD.C.で名誉あるマーシャルグリーン賞、24年1月に日本スポーツ学会大賞を受賞。著書に、「たった一人の大リーガー」（恒文社）、『ヒット・バイ・ピッチ』（ザ・マサダ）など。アメリカでは15年に、同氏を描いた評伝『MASHI』（ROBERT K. FITTS著）も刊行された。

編著者略歴

友成那智 (ともなり なち)

1956年、青森県生まれ。上智大卒。学生時代にアメリカで生のゲームに接してメジャーリーグ・マニアとなる。卒業後、雑誌のスポーツ担当編集記者として、日本で活躍する元メジャーリーガーたちと交流。メジャーに関する知識を深める。現在、様々な新聞、雑誌などにメジャーリーグ関連の記事を寄稿する一方、『NHKメジャーリーグガイド』『白夜ムック ウェルカム・メジャーリーグ』『別冊宝島 日本人大リーガー全戦績』等の執筆やプロデュースも手がけている。著書に、イチローのバットなどを作った職人たちをテーマにした『258本をうんだバット』（ポプラ社）。

装　幀	二宮貴子（ジャムスッカ）
本文デザイン	木村ミユキ
写真協力	アフロ　AP/アフロ　CTK Photo/アフロ
	ロイター/アフロ　USA TODAY Sports/ロイター/アフロ
	MEXSPOR/アフロ　YONHAP NEWS/アフロ
	産経新聞社
制作協力	吉川優則・野口聡太（明昌堂）
編集協力	鳥羽 唯　佐野之彦　関口隆哉　井上幸太　矢島規男
	松本 恵　山内英吉朗　長岡伸治（プリンシパル）
編　集	岩崎隆宏（廣済堂出版）

メジャーリーグ・完全データ選手名鑑2024

2024年3月25日　第1版第1刷

監修者	村上雅則
編著者	友成那智
発行者	伊藤岳人
発行所	株式会社 廣済堂出版
	〒101-0052　東京都千代田区神田小川町2-3-13 M&Cビル7F
	電話　03-6703-0964（編集）
	03-6703-0962（販売）
	FAX　03-6703-0963（販売）
	振替　00180-0-164137
	URL　https://www.kosaido-pub.co.jp/
印刷所 製本所	三松堂株式会社

ISBN978-4-331-52411-4 C0075